《张謇全集》索引

上

《张謇全集》索引编纂组　编

上海辞书出版社

图书在版编目(CIP)数据

《张謇全集》索引/《张謇全集》索引编纂组编
. —上海：上海辞书出版社，2023
ISBN 978-7-5326-6128-2

Ⅰ.①张… Ⅱ.①张… Ⅲ.①张謇(1853-1926)-全集-索引 Ⅳ.①Z89:Z426

中国国家版本馆CIP数据核字(2023)第185683号

ZHANGJIAN QUANJI SUOYIN

《张謇全集》索引

《张謇全集》索引编纂组 编

责任编辑 裴 杰 王伊艺
装帧设计 杨钟玮
责任印制 王亭亭

出版发行 上海世纪出版集团
上海辞书出版社®(www.cishu.com.cn)
地 址 上海市闵行区号景路159弄B座(邮政编码：201101)
印 刷 苏州市越洋印刷有限公司
开 本 787毫米×1092毫米 1/16
印 张 83.25
字 数 2 182 000
版 次 2023年10月第1版 2023年10月第1次印刷
书 号 ISBN 978-7-5326-6128-2/Z·55
定 价 680.00元

目录

《张謇全集》(2012年版)
人名索引凡例

1.《张謇全集》(2012年版)人名索引(以下简称“索引”)根据2012年版《张謇全集》编排,所列人名分中国人名、外国人名两大部分。凡《张謇全集》中出现的中外人名,一般均列入“索引”。

2.“索引”收录的人名,除了与张謇有直接关联或与张謇处于同一时期的中外人士外,尚有大量对张謇而言的历史人物。前者可以反映张謇与社会各阶层的互动、张謇与不同人士的亲疏关系,揭示张謇的人际关系网络;后者则能够彰显张謇的知识结构及其价值观的源泉。

3.“索引”以姓氏笔画为序排列,同笔画字按起笔笔形横、竖、撇、点、折顺序排列,同姓人名按第二字笔画顺序排列;“索引”以表格的形式呈现,分姓名、其他称谓、册(页)、备考四列。

4.《张謇全集》中出现的中国人名,有用名的,有用字号的,甚至还有用出生地望或官职乃至谥号代替的。为便于检索,“索引”人名以在《张謇全集》中第一次出现的人名列入第一列,其余则列入第二列;《张謇全集》中第一次出现的人名如用地望、官职或谥号代替的,“索引”则直接用其人的姓名。

5.“索引”第三列“册(页)”是指人名出现在《张謇全集》中的册次和页码,如“8(533)”即指该人名出现于第8册第533页。同一页同一人名出现多次,表中仅列一次。

6.《张謇全集》中有少数人名只有名、号,没有姓氏,编入“索引”前编者作了必要的考证,然而仍有一些人名无从考订,即按名、号第一字编排。

7.《张謇全集》中的外国人名按全集中的中译名写法编排，姓名后注明国籍；少数附有外文名。

8.《张謇全集》中个别人名有误，列入“索引”时作了订正，并加注予以说明。

《张謇全集》篇名对照索引

凡　例

一　《张謇全集》篇名对照索引以《张季子九录》、1994 年版《张謇全集》和 2012 年版《张謇全集》的篇名为基本内容编辑，共有两部分，一为《张季子九录》与《张謇全集》(2012 年版)篇名对照索引，一为 1994 年版和 2012 年版《张謇全集》篇名对照索引。

二　《张季子九录》与《张謇全集》(2012 年版)篇名对照索引以《张季子九录》篇名为底本，与《张謇全集》(2012 年版)篇名对照；1994 年版和 2012 年版《张謇全集》篇名对照索引以 1994 年版《张謇全集》篇名为底本，与《张謇全集》(2012 年版)篇名对照。

三　本索引采用简体字横排，字形以《通用规范汉字表》为准，采用表格形式排列。《张季子九录》篇名中的文章纪年，清代文章采用年号干支兼用纪年法，民国文章采用民国纪年；1994 年版与 2012 年版《张謇全集》篇名中的文章纪年，清代文章采用年号纪年并括注公元纪年，民国文章采用民国纪年并括注公元日期。

四　本索引项目栏分篇名、卷次和页码三栏。《张季子九录》原有录别一项，在第二栏中以“录别、卷次”合并表示。页码统一用阿拉伯数字表示。《张季子九录》原版系仿古籍排印，每页用汉语数字表示，且有前后两面，现不分前后面，统一改汉语数字为阿拉伯数字。

一、《张謇全集》(2012 年版)人名索引

(一)《张謇全集》(2012 年版)中国人名索引

续 表

姓 名	其他称谓	册（页）	备 考
丁芝孙		2(518) 2(539)	翰墨林印书局执事
丁有煜	字丽中，号群子，晚号个老人	6(378)	康熙江北名士，画家、篆刻家
丁廷贵		3(1242)	伪造张謇书信者
丁 传		5(123)	宋进士
丁亦康		8(236)	张謇同年
丁汝昌	字禹亭(廷)、雨亭，号次章	1(12) 1(14) 1(160) 2(18) 8(175) 8(180) 8(383) 8(1001) 8(1009)	参将，总兵，北洋水师提督
丁秀峰	丁峥	8(162)	静海乡诸生
丁启之	名祖佑，号思贱	3(1426) 6(460) 7(512)	丁树人子，附生，通师教师
丁叔衡	丁立钧，号恒斋	2(63) 2(71) 2(74) 2(83) 2(84) 6(458) 7(118) 7(119) 7(288) 7(503) 7(515) 8(307) 8(341) 8(345) 8(380) 8(381) 8(382) 8(384) 8(385) 8(394) 8(405) 8(422) 8(423) 8(442) 8(449) 8(475) 8(477) 8(485) 8(487) 8(488) 8(495) 8(500) 8(508) 8(525) 8(526) 8(591) 8(592) 8(800) 8(1004) 8(1011) 8(1017)	张謇友，翁同龢门生，光绪六年进士，沂州知府，强学会总董
丁其誉	字蜚公	5(123)	顺治十二年进士，山西石楼县知县，医家
丁知毅	字寄湄	3(1163) 3(1356)	华成公司管理者
丁泽华		3(1355)	投考南通农校者
丁宝臣	字元珍	5(123)	北宋景祐元年进士

续 表

姓 名	其他称谓	册(页)	备 考
丁宝桢	字稚璜,谥文诚	6(355)	咸丰三年进士,山东巡抚、四川总督
丁宝铨	字衡甫,号佩芬、默存	1(132) 2(264) 2(412) 2(469) 2(475) 2(493) 2(494) 2(498) 2(520) 2(599) 2(608) 2(609) 2(632) 2(635) 3(1567) 3(1630) 7(163) 8(526) 8(584) 8(595) 8(597) 8(604) 8(615) 8(616) 8(622) 8(780) 8(1020) 8(1021)	光绪十五年进士,山西巡抚,水利局副总裁,张謇称之“默公”“衡公”
丁宗一		5(184) 5(185)	旅通学者
丁宗彝		2(240) 8(633)	中学英文教员
丁树人		6(460)	张汇源婿
丁俭卿	名晏,号柘堂	7(28)	道光元年举人,经学家,校勘家
丁 显	字西圃,号韵渔	4(108) 4(109) 4(110) 4(111) 4(390) 4(391) 8(26) 8(994)	咸丰九年举人,睢宁训导,治淮学者
丁星五	名奎联	8(163) 8(876)	南通乡绅
丁 度		8(572)	丁顗孙,端明殿学士
丁振铎	字声伯,号巡卿	8(583) 8(711) 8(1020) 8(1026) 8(1020) 8(1026)	同治十年进士,国史馆总纂,云贵总督
丁哲夫		7(468) 8(107) 8(185) 8(186) 8(195)	张謇早年友
丁 铁		5(122)	明人
丁润之	名仁泽	8(26) 8(29)	李经方师,同治三年举人,李鸿章幕僚,江苏清河、邳州、铜山知县,沈葆桢幕僚

续 表

姓　名	其他称谓	册（页）	备　　考
丁润斋		7(510) 8(37) 8(64) 8(143) 8(150) 8(152) 8(174) 8(197) 8(208) 8(216) 8(223) 8(225) 8(290) 8(710)	张謇乡友，二甲镇富商
丁　宽		6(437)	西汉易学家
丁梅溪		8(685)	医士
丁雪农		6(588)	张謇金融友
丁辅之	原名仁友，以字行，号鹤庐	7(310) 7(311) 8(941) 8(942) 8(944) 8(952)	篆刻家，书画家，西泠印社创办人
丁笠湖		6(460)	丁树人兄
丁维藩		5(101) 5(102)	中国图书公司发起人
丁联三		8(92)	大令
丁道护		8(333)	隋书家
丁　渭	晋国公	8(186)	北宋枢密使
丁勤略		2(584)	驻南通陆军军官
丁　锦	字慕韩，号乾斋	3(856) 3(870)	保定将弁学堂毕业，云贵总督李经羲幕僚，北洋政府航空署署长
丁腹松	字木公，号挺夫	5(123)	康熙四十二年进士，内阁中书，陕西扶风知县
丁先生	名不详	6(285)	江苏静海人张彭年塾师
丁　廙		6(563)	曹植亲信
丁　顗		8(572)	宋藏书家
卜钰森		8(95)	镇军
八赤蛮		6(110)	钦察首领

续 表

姓 名	其他称谓	册（页）	备 考
力 牧		6(68)	黄帝臣
又 亭		8(15)	张謇学友
		三画	
三 省		8(13)	通州川至庵僧
干 宝		6(126) 6(162) 6(168) 6(176)	东晋文史家
于人骙		4(190)	三年级级长
于少湘		8(604)	海州运判
于小岩		5(149)	中华佛教总会南通分会名誉会长
于夫人		8(858)	袁世凯元配
于右任	原名伯循,字诱人,又字右任	1(236) 1(243) 2(296) 2(327) 2(347) 8(730)	光绪二十九年举人,南京临时政府交通部次长,共和统一会发起人
于幼彦		2(117)	张謇友
于式枚	字晦若,号穗生	6(363) 8(175) 8(181) 8(229) 8(230) 8(271) 8(723)	光绪六年进士、庶吉士,李鸿章幕僚,侍郎,京师大学堂总办
于成龙	字北溟	8(284)	顺治十八年国子监生,广西罗城县知县,福建按察使,两江总督
于成龙	字振甲	8(284)	清江宁知府
于次棠	名荫霖,又字樾亭,号悚斋	8(423) 8(445)	咸丰九年进士,安徽布政使
于寿田		8(474) 8(635)	张謇友
于志圣		2(682)	果树苗商

续 表

姓　名	其他称谓	册（页）	备　　考
于伯周		8(893)	南通养老院院长
于采岩		7(518)	张謇通州乡人
于定一	字谨怀	1(182) 1(196)	江苏咨议局议员，民元丹徒县知事，常州纺织公司创办人
于香草		7(428)	画家
于振声	字香谷	1(439) 2(584) 2(716) 3(883) 3(1604) 5(138) 5(139) 5(148) 5(179) 5(249) 7(382) 7(478) 7(513) 8(755) 8(822)	南通水利会副会长，南通教养公积社社长
于敬之	名忱	2(488) 2(508) 2(509) 2(667) 2(696) 6(403) 8(749)	通州师范学校斋务主管、校长
于　谦	谥忠肃	8(487)	明重臣
于瑾怀		7(224) 8(868)	武进富商
于翼华		6(92)	赣榆训导
士　可		8(616)	张謇乡友
大　延		3(1522) 3(1538) 8(623)	张謇后辈
大　封		6(68)	黄帝相
大　庭		6(67) 6(68)	传说中上古帝
大　根		7(374)	僧侣
大　姬		6(80)	周武王女
大　鸿		6(68)	黄帝臣
万士和	字思节	5(122)	明嘉靖进士，南礼部尚书
万方沛		1(718)	江苏运河工程局委员

续 表

姓　名	其他称谓	册(页)	备　　考
万立钰		1(499) 1(542) 1(543) 1(559) 1(605) 1(607) 1(616) 1(625) 1(644) 1(650) 1(651) 1(671) 1(672) 1(684) 1(690) 1(691) 1(692) 1(693) 1(694) 1(703) 1(711) 1(714) 1(715) 1(731) 1(735) 1(744) 1(757) 1(761) 1(771) 1(781) 1(782) 1(785) 1(790) 1(793) 3(1320)	江北运河工程局上游堤工坐办
万欣陶	名中立,字星涛,号梅岩	8(635)	张謇汉阳友
万春荣		4(73)	海门地主
万莲君		8(288)	张謇津友
万　章		4(599)	孟子高足弟子
万寅墀		8(87) 8(92)	军门
万霞如		8(196) 8(197) 8(206) 8(207) 8(227) 8(232) 8(1002)	张謇乡友
上官竹庄	名周	3(916)	清布衣画家
小　延		3(1522) 3(1538) 8(623) 8(708)	张謇后辈
小　块		3(1568)	和尚
小　晋		8(13) 8(18) 8(19) 8(20) 8(21) 8(23) 8(24) 8(25) 8(28) 8(29) 8(30) 8(31) 8(32) 8(33) 8(45)	张謇同砚,孙云锦幕客
小　桐		8(18) 8(19) 8(20) 8(22) 8(33)	张謇江宁友

续 表

姓 名	其他称谓	册(页)	备 考
小 槐		3(1491)	謇友
山巨源	名涛	8(193)	三国曹魏、西晋政治家,竹林七贤之一
乞 升		8(340)	张謇仆
广 台		8(73)	张謇乡友
卫元嵩		6(145)	北周易学者
卫汝成		2(61)	卫汝贵弟,淮军记名提督衔总兵
卫汝贵	字达三	1(13) 1(14) 2(59) 2(61)	淮军总兵
卫 宏		6(105)	东汉学者
卫 青	字仲卿	7(487) 8(203) 8(111)	西汉大将军
卫荣光	字静波、静澜	8(26) 8(27) 8(28) 8(29) 8(30) 8(83) 8(84) 8(108)	咸丰二年进士、侍讲学士,安徽按察使、浙江布政使,山西、江苏巡抚
卫 衎		6(97)	春秋卫国国君卫献公
子 一		8(62)	张謇友
子 贡	端木赐	4(337) 6(4) 6(66) 6(359) 8(77) 8(88) 8(138) 8(155) 8(306) 8(361) 8(784)	孔子弟子
子 车		6(445)	春秋秦人
子 文		8(4) 8(10) 8(14) 8(72) 8(75) 8(127)	张謇乡学友
子 叶		2(11)	庆军都尉
子 光		2(120)	张謇友

续 表

姓　名	其他称谓	册(页)	备　　考
子　仲		8(124) 8(238)	张謇乡友
子　产		4(52) 6(608)	春秋政治家、思想家
子　均		8(410)	张謇友
子　张	颛孙师	6(74) 6(75) 6(245) 8(137) 8(238)	孔子学生
子　纯		8(479)	张謇友
子　青		3(1344) 3(1345)	冷遹系团长
子　叔		6(213)	孟子弟子
子　姝		8(432)	张謇友
子　珊		8(16) 8(54) 8(119) 8(273) 8(285)	张謇如皋友
子　突		8(177)	周庄王属官
子　夏		3(1534) 3(1546) 6(175) 6(176) 6(177) 6(179) 6(181) 6(182) 6(187) 6(188) 6(191) 6(192) 6(193) 6(194) 6(196) 6(198) 6(200) 6(202) 6(534) 8(56) 8(155)	孔子门生
子　翀		8(10) 8(11) 8(14) 8(79) 8(101) 8(102) 8(108) 8(157) 8(199)	张謇乡友
子　琡		8(161)	张謇如皋友
子　路	仲由	8(105)	孔子门生
子　鲍		6(211)	宋文公
子　新		8(32) 8(48)	张謇友
子　燕		8(54)	刘长英友

续 表

姓 名	其他称谓	册(页)	备 考
女 鸠		6(5)	商汤时贤人
女 须		6(68)	先秦楚人
女 宽		4(85)	春秋晋国将领
女 娲	娲皇	6(3) 6(67)	上古神
飞 卿		8(39) 8(41)	张謇友
刁位思	名艮枢,号苦行	2(248) 2(267) 2(335) 2(340) 2(417) 2(600) 3(826) 3(1569) 5(138) 5(139) 7(316) 7(326) 7(327) 7(330) 7(478) 8(699) 8(730) 8(948)	金泽荣文友,日本法政学校毕业生,松阳令,巡警教练所舍监,通州巡警总局警务长,张謇秘书,民初司法、财政部部员
刁荐孚	名观枢	7(525)	举人,刁位思弟
刁鉴清		3(1114)	盐垦职员
马三宝		6(214)	唐初将领
马三俊	字命之	6(49) 6(219)	桐城优贡
马士杰		1(498) 1(520) 2(407) 2(603) 3(799) 3(815) 3(832) 3(896) 3(944) 3(1148) 3(1225)	中国银行商股联合会干事,苏社理事
马千乘		6(510)	秦良玉夫,石柱宣抚使
马 义		2(4)	字磬持有者
马勿庵	名毓鋆,原名钊,又字莲卿	8(167) 8(189)	张謇早年友,光绪三年进士
马文渊	名援,伏波将军	2(21) 4(551) 6(8) 6(11) 6(443) 7(474) 8(861)	东汉名将
马文炳		6(424)	南通乡绅

续 表

姓　名	其他称谓	册(页)	备　考
马玉山		3(854) 3(888) 3(950) 5(212) 5(213) 5(216) 5(249)	糖果饼干公司老板
马玉昆	字景山,又字荆山,封博奇巴图鲁	1(13) 8(383)	武童,补授太原镇总兵,浙江、直隶提督
马世涓		3(1588)	垦牧职员
马甲东	字荫亭	3(991)	民初马玉仁军幕,江苏省议员
马仪颛		7(189)	姚鼐四妹夫
马　汉	注:疑为马汉三(马毓章)	4(280)	晚清山水画家
马有章	字倬庭	5(122)	嘉庆六年通州进士
马成孚		8(946)	马福祥继子
马廷亮		1(260)	驻日代办
马江香	名荃	7(282)	清女画家
马次垣		8(35) 8(79) 8(101) 8(104) 8(119) 8(122) 8(141)	张謇世丈,乡绅
马　芬	字湘芷	6(550) 8(950)	唐闸小学教员
马连良		7(378)	京剧须生
马秀英		7(378)	京剧演员,马连良胞妹
马伯良	名玉仁	2(747) 3(816) 3(865) 3(923) 3(1351) 3(1357) 3(1363) 3(1378) 3(1390) 3(1405) 8(896) 8(945) 8(956) 8(959) 8(971)	淮扬镇守使,冯国璋副总统府咨议
马伯闲		5(171) 6(624)	医士江立全徒,马棣华子

续表

姓　名	其他称谓	册（页）	备　　考
马闰生		8(728)	大维营业所会计所长
马怀素		6(214)	唐朝左台监察御史
马宏琦	字景韩，号逊诸	5(122)	通州雍正五年进士
马　良	字相伯，又字湘伯	1(131) 1(219) 2(156) 2(207) 2(298) 2(299) 2(338) 2(687) 2(697) 3(1559) 5(100) 5(101) 5(102) 6(522) 6(543) 7(161) 7(165) 7(474) 8(616) 8(617) 8(619) 8(620) 8(636) 8(704) 8(731) 8(765) 8(768) 8(773) 8(783) 8(790) 8(861) 8(1033) 8(1034)	马建忠四兄，同治九年神学博士，司铎，震旦学院总教习，江苏代理都督，北洋政府政治会议议员
马君武	字厚山，以号行	1(236) 1(243) 2(325) 2(347)	日本留学生，同盟会秘书长，首届国会参议员，共和统一会发起人
马武周	名世雍	5(171)	乾嘉间通州名医
马其昶	字通伯，号抱润	4(280) 7(490) 8(256) 8(281) 8(285)	张謇友，张裕钊门生，学部主事，清史馆总纂，桐城派文人
马　林		3(818)	张謇友
马叔平	名升平	6(345) 8(144) 8(146) 8(159)	提督
马国翰	字词溪，号竹吾	6(116) 6(159) 6(160) 6(161) 6(162) 6(163) 6(167) 6(169) 6(188)	道光二十年进士，陇州知州，文献学家
马肤武		3(1662) 5(182)	南通通明电气公司发起人
马炎文		5(183)	南通富绅

续 表

姓　名	其他称谓	册(页)	备　考
马建忠	字眉叔,别名乾	1(12) 2(14) 2(15) 2(17) 2(18) 6(52) 8(176) 8(180) 8(181) 8(1002)	法国留学生,李鸿章幕僚,上海机器织布局总办,语法学家
马树周		3(875)	张謇友
马是龙		5(124)	明通州文人
马　贵		3(1569)	盐垦职员
马秋芳		7(351) 8(954)	马雪芳妹
马俊良	字嵫山	2(293)	清作家
马起升	字慎甫,号慎庵、趣园	8(110) 8(119)	张謇早年友,马其昶父,咸丰年生员
马晋蕃		8(163)	张謇庆军幕友
马砺廷		8(48)	张謇友
马隽卿		3(1211) 3(1318) 4(447) 8(714) 8(742) 8(754) 8(858) 8(872) 8(896)	江北运河工程局总办
马息深		3(1398) 5(171) 5(182) 5(212) 5(216)	涨滩承包主
马继祖		5(123)	明御史
马雪芳		7(351) 8(954)	女伶
马晚农		8(208)	张謇海门友
马惕吾		3(1419) 3(1423) 3(1428) 3(1503) 8(601)	垦牧职员
马　瑛	字紫珉	8(964)	虞楼记室
马联甲		3(1264)	安徽督军、省长
马棣华	乡谥和慎	6(624)	医家,马伯闲父

续 表

姓　名	其他称谓	册（页）	备　　考
马黍良		3(1351) 3(1357) 3(1363)	马伯良荡地经理人
马　裕		1(117)	乾隆年间两淮藏书家
马翚伯	名鸿翰	2(459) 2(487) 2(666) 2(667) 3(1429) 3(1575)	通师优等生，南通纺校主任
马聘三	又名马席珍	5(212) 5(216)	神户三江帮侨领
马锡蕃		8(139)	张謇友，莲池书院吴汝纶弟子
马锦繁		6(326)	如皋董事
马新贻	字谷山，号燕门，谥端敏	4(111) 6(221) 6(222) 6(493)	咸丰进士，闽浙、两江总督
马福祥	字云亭	3(1265) 8(946) 8(947) 8(1047)	光绪二十二年武举人，总兵，绥远都统
马　骝		6(550)	马芬父
马嘉桢		8(282)	吴县举人
马榕轩		2(259)	“钧和”轮管带，上海市清真董事会总董
马端临		2(27)	宋元之际史学家
马敷五		5(175) 5(178)	大赉盐垦公司股东
马　融		4(153) 6(66) 6(105) 6(170) 6(187) 7(474) 8(755) 8(861)	东汉经学家
马　燧		6(12)	唐中期名将
四画			
王一山		8(12) 8(79)	张謇乡丈
王一斋		8(494)	张謇友

续 表

姓　名	其他称谓	册(页)	备　考
王二泉		8(9)	张謇学友
王人文	字采臣、采丞	2(327) 2(668)	光绪十三年进士，锦州知府，署四川总督，上海蒙藏交通公司发起人
王　三		3(968)	盗窃疑犯
王士珍	字聘卿，号冠儒	2(662) 3(1055) 8(673) 8(698) 8(1025)	正定总兵叶志超亲随，江北提督，陆军部大臣
王士槐		6(90)	清嘉庆《赣榆县志》采访
王万年		5(212) 5(213) 5(216)	中华国民制糖公司筹备员
王小某	名素，字小梅	3(1645)	清画家
王小尹		8(160)	驾部官员
王小亭		8(55)	孙云锦幕僚
王小徐	名季同，又名季锴，字孟晋	2(181)	王颂蔚子，北京同文馆毕业，《俄事警闻》主编，镇江大照电气公司、中国铁工厂主任
王小航	名照，字筱航，号水东	2(418)	光绪二十年进士，礼部主事，拼音文字提倡者
王广珍		1(634)	河段承办员
王广福		1(631)	运河工程局工员
王义成		3(823)	淮阴劝学所职员
王之城		8(530)	明通州知州
王己劲	名敢	2(418) 2(485) 3(1063) 3(1078) 3(1091) 3(1488) 5(138) 5(139) 5(183) 3(1510) 6(424) 8(722) 8(774) 8(908) 8(1028) 8(1035)	保安队长，大丰公司前坐办

续 表

姓　名	其他称谓	册（页）	备　　考
王子寿		6(594)	清刑部主事，诗文家
王子环		3(1472) 3(1473) 3(1494) 7(511) 8(736)	张謇僚属
王子青		8(165) 8(603)	张謇乡医
王子相	名韶	8(203)	隋并州总管
王子带		6(100)	周惠王子
王子崧		6(588)	张謇金融友
王子安	名勃	5(190)	唐诗人
王子翔	字祖畬	7(86) 8(199) 8(201) 8(268) 8(269) 8(270) 8(281) 8(282) 8(283) 8(284) 8(285) 8(296) 8(303) 8(344) 8(460) 8(1006)	张謇学友，庶常，王汝骐侄，《太仓志》编辑者
王子尊	又三	1(598) 1(636) 1(637) 1(646) 1(647) 1(767) 1(788) 2(339) 2(475) 2(517) 2(577) 3(1031) 3(1033) 3(1553) 6(513)	江苏运河局员司
王干臣		2(512)	张謇友
王开之		8(32)	孙云锦幕宾
王天纵	字旭九，号光复	2(497)	河南副都督，靖国豫军总司令
王元烈		2(754)	汉口《大中国日报》发行人
王元颐		6(513)	渠堤工程负责人
王元鑫	字幼园	8(999)	太仓诸生
王云漂		7(489) 8(279)	王豫熙族兄

续 表

姓 名	其他称谓	册(页)	备 考
王友三		3(1550) 3(1594)	张謇友
王友园		8(296) 8(304) 8(315)	张謇友
王友林		2(109) 7(523) 8(915)	大生纱厂职员
王 尤	字云悔	7(108) 7(492) 8(243) 8(320) 8(449)	张謇乡友,光绪十五年进士,太史
王少华		6(107)	唐如京使
王少谷	名念祖	8(636)	张謇友,翁同龢门生,苏路公司股东,全国铁路协会会计干事
王少亭		8(816)	京剧老生
王少卿		2(40) 8(97) 8(113) 8(117) 8(135) 8(163) 8(174) 8(180) 8(181) 8(192) 8(206) 8(209) 8(210) 8(215) 8(216) 8(217) 8(218) 8(231) 8(236) 8(252) 8(271) 8(272) 8(310) 8(315) 8(617) 8(638) 8(665) 8(1001)	张謇庆军幕友
王壬秋	名闿运,又字壬父,号湘绮	8(116) 8(308) 8(332)	咸丰七年举人,曾国藩幕僚,清史馆馆长,经学家
王介甫	名安石,号半山、荆公,人称王临川	2(461) 4(639) 6(20) 6(186) 6(489) 6(521) 6(618) 7(449) 7(483) 8(128) 8(145) 8(177) 8(283) 8(494) 8(495) 8(830) 8(994)	北宋政治家,文学家
王公侠		8(619)	震旦学院学生,复旦公学创办人
王月涛		2(259) 8(677)	张謇友

续 表

姓 名	其他称谓	册(页)	备 考
王 丹		6(40) 8(330)	东汉官吏
王凤曦		3(1182)	直鲁运河治理职员
王心斋	名艮,字汝止	6(204) 6(212) 7(450) 8(18) 8(841)	明泰州学派创立者
王文治		6(520)	临安知府,书法家
王文炳		6(89) 6(92)	署赣榆教谕
王文焕		8(175)	张謇差弁
王文韶	字夔石,号耕娱、庚虞、退圃	1(36) 2(223) 8(145) 8(591)	咸丰二年进士,直隶总督,武英殿大学士
王为毅		1(608) 1(600) 1(610) 1(614) 1(615) 1(629) 1(630) 1(635)	运河下游善后工程总办
王心源		8(58)	县令
王引之	字伯申	6(116) 6(117) 6(118) 6(119) 6(122) 6(123) 6(125) 6(126) 6(128) 6(129) 6(131) 6(134) 6(135) 6(137) 6(138) 6(141) 6(143) 6(145) 6(149) 6(152) 6(153) 6(157) 6(158) 6(159) 6(160) 6(163) 6(166) 6(169) 6(170) 6(171) 6(172) 6(173) 6(174) 6(175) 6(176) 6(177) 6(178) 6(180) 6(182) 6(183) 6(188) 6(189) 6(190) 6(192) 6(194) 6(195) 6(196—197) 6(197) 6(199) 6(200) 6(202) 7(28) 8(676)	清著名学者

续 表

姓 名	其他称谓	册(页)	备 考
王予坊		5(140)	汉口既济水电公司副理
王 玉		2(559)	王同春子
王玉树		1(656)	江苏运河工程局评议员
王玉德		8(197)	遣北使
王正廷	字儒堂,号子白	1(243) 1(244) 2(345) 2(347) 2(461) 3(806) 3(993) 3(1321) 4(467) 5(171) 5(209) 5(212) 5(216) 8(1040)	同盟会员,耶鲁大学法律系毕业,临时参议院副议长,中国公学董事
王平仲		8(191)	元人
王世裕	名子余	7(257) 8(900)	会稽县学堂督办,同盟会、光复会会员,浙江咨议局议员,民初嵊县知事,中国银行浙江分行行长
王世麟		6(280) 6(281)	通州佣工,扬州江都西麻镇人
王石谷		3(868) 6(304) 6(524)	清画家
王右军	名羲之,字逸少	3(781) 5(202) 8(26) 8(170) 8(211) 8(212) 8(213) 8(214) 8(215) 8(810)	东晋书家,会稽内史
王东园	名栎,以字行	3(1175)	木刻学徒,《四明日报》创办经理,民初浙江议员,天厨味精经理,《宁波商报》经理
王占元	字子春	3(908) 3(1055)	北洋陆军第2镇第3协统领,湖北督军兼民政长,两湖巡阅使
王 业		5(125)	清通州画家

续 表

姓 名	其他称谓	册（页）	备 考
王业修		1(547)	高邮县教育会会长
王 旦		6(89)	北宋名相
王 生	名芸芳		民国名伶
王仪侃	又名仪可	2(571) 2(598)	通州农校学生
王令树		5(123)	明御史
王印川	字月波	2(381)	早稻田大学法学博士，北京政府参议院院长，统一党理事，河南省长
王 尔	与公输般合称“般尔”	8(424)	春秋工匠
王处仲		8(87)	张謇友
王 兰		6(106)	后赵史家
王兰泉	名昶	6(251) 8(313)	清司寇，金石家
王兰伯		7(489) 8(279)	王豫熙族兄，孝廉
王永吉	谥文通	4(492)	明蓟辽总督
王永光		5(125)	清画家
王发蒙		3(789) 3(799)	江苏省议会议员
王 弁		2(9)	王姓武官
王邦鼎		8(379)	京南通会馆主事
王 玑	字在叔	5(122)	明嘉靖八年进士，右佥都御史
王式通	字书衡，又字仪通，号志盦	3(770) 3(789) 3(933) 3(934) 3(1127)	光绪二十四年进士，刑部主事，民初司法部次长，全国水利局副总裁，河海工科专门学校职员，清史馆纂修

续 表

姓 名	其他称谓	册(页)	备 考
王 戎		6(104) 8(342)	竹林七贤之一
王 吉		6(80)	西汉博士、谏大夫
王 吉		6(521)	通州总兵
王夷甫	名衍	2(35) 7(82) 8(313)	西晋司徒
王芝兰	字伯芳	8(334) 8(421)	丹徒知县
王芝成		4(89)	清《云南盐法议》作者
王芝祥	字铁珊	2(668)	光绪十一年举人,广西布政使,广西副都督,统一共和党干事,和平期成会发起人
王师曾		1(656)	江苏运河工程局评议员
王 光		6(38)	唐人
王光国		5(183)	南通富绅
王光宾		3(1212)	股东
王光焮		1(551)	江苏运河工程局委员
王同春	字浚川	1(415) 1(416) 2(525) 2(559) 2(598) 2(606) 8(779) 8(780)	黄河后套"开渠大王"、地主,张謇治淮参谋
王同愈	字胜之,号栩缘	1(96) 1(138) 1(139) 1(140) 2(164) 2(174) 2(180) 2(205) 2(206) 2(207) 2(210) 2(220) 2(221) 2(222) 2(223) 2(225) 2(232) 2(234) 2(235) 2(236) 2(247) 3(1197) 4(105) 4(147) 5(102) 7(157) 8(631) 8(632) 8(634) 8(635) 8(640) 8(673) 8(674) 8(676) 8(677) 8(680) 8(755) 8(861) 8(876) 8(1022)	光绪十五年进士,翰林院编修,清廷驻日参赞,湖北学政,苏经、苏纶纱厂总经理,书画家

续 表

姓 名	其他称谓	册（页）	备 考
王阳明	名守仁	3(1426) 6(318) 6(406) 8(841)	明思想家
王廷臣		3(791)	通海镇守使副官
王廷栋		8(170) 8(173) 8(175)	游击
王廷楠		8(210)	张謇盐城友
王 乔		6(80)	古代道教神仙
王乔松		3(761)	风水师
王延世		2(37)	西汉河堤使者
王仲宣	名粲	6(602)	三国曹魏名臣、文家
王 伦		4(88)	乾隆清水教起义领袖
王仰先		3(1238) 3(1270) 3(1272)	新通贸易公司发起人
王全寿		3(1490) 3(1943) 3(1495) 3(1499)	盐垦职员
王全斌		6(247) 8(383)	北宋初将领
王会扬		3(1457)	盐垦会计
王旭庄	名仁东，字勖庄、勖臧，号完巢	3(1573) 3(1595) 5(105) 5(140) 6(304) 6(521) 7(81) 7(124) 7(133) 7(288) 7(469) 7(473) 8(228) 8(229) 8(231) 8(233) 8(235) 8(240) 8(244) 8(288) 8(305) 8(311) 8(312) 8(323) 8(337) 8(343) 8(346) 8(372) 8(373) 8(374) 8(466) 8(532) 8(534) 8(535) 8(575) 8(586) 8(602) 8(617) 8(619) 8(632) 8(1004) 8(1008)	王仁堪弟，光绪二年举人，通州知州，苏州粮道兼苏州关监督，江苏候补道，清流派

续 表

姓　名	其他称谓	册(页)	备　　考
王兆珍		6(513)	渠堤工程负责人
王庆尧		1(758)	邵伯镇董事
王庆蕃		1(608) 1(624) 1(603) 1(660) 1(682) 1(686) 1(755) 1(756)	江苏运河工程局技士
王　充		6(213)	东汉思想家
王汝圻		3(1217)	国会议员
王汝骐	字菘畦	6(324) 6(499) 6(500) 8(4) 8(35) 8(159) 8(162) 8(199) 8(268) 8(269) 8(270) 8(281) 8(282) 8(284) 8(303) 8(458) 8(460) 8(992) 8(1014)	张謇"菘师",海门师山书院山长
王汝琳		8(434)	张仁祖友
王汝霖	字云石	5(122)	嘉庆六年进士
王汝麟		7(498)	医家
王守基		4(86) 4(89) 4(173) 8(405)	清大臣
王字河		3(1414) 3(1609)	地主
王　导	字茂弘	8(50) 8(212)	东晋政治家,书法家
王　观		5(123)	宋知县,诗人
王寿芸	名慈劭,谱名光弟,字曼容	8(453) 8(456) 8(470) 8(473)	举人,内阁中书,北海海军劳务提调,南洋洋务文案,江苏巡抚秘书官
王运开		6(90)	清《赣榆县志》采访
王贡三	实为黄贡三	6(399)	大有晋盐垦职员

续 表

姓　名	其他称谓	册（页）	备　　考
王孝祺	原名得胜，号福臣	1(10)	淮军张树声部将，广西右江镇、北海镇总兵，广东水师提调
王孝缙	字彦强	2(459)	王可庄三子，法国曩西农科大学毕业生
王芷香		7(195) 8(825)	嵊县名绅
王芷寒		5(171)	南通名绅
王克斋		8(94) 8(173)	观察
王克敏	字叔鲁	1(706) 2(668) 3(808) 3(1187) 3(1188) 3(1232) 3(1234) 3(1240) 3(1255) 3(1256) 3(1257) 3(1270) 3(1272)	举人，留日浙江学生监督，中法实业银行总经理，财政总长
王杏园		8(84) 8(85)	张謇友
王酉林		7(499) 8(464)	黄体芳友
王西室	名榖祥	7(61)	清进士，吏部员外郎，画家
王步先		7(72) 8(211) 8(216) 8(219) 8(220) 8(223) 8(229) 8(232) 8(233) 8(247) 8(258) 8(266) 8(336) 8(352) 8(353)	孙云锦幕客
王步瀛	字景唐	8(39) 8(73) 8(142) 8(401) 8(411)	张謇余西镇金兰友，庆军下级军官
王　时		8(12) 8(13) 8(77)	张謇早年师
王秀廷		8(127)	浙人
王佐良		1(540)	赣榆县知事
王　攸		6(303) 8(573)	东晋齐人

续 表

姓　名	其他称谓	册（页）	备　　考
王作三		8(45) 8(68) 8(70) 8(72) 8(129) 8(154)	张謇江宁友
王作和		8(43) 8(103) 8(151)	张謇友
王作堂		3(1468)	盐垦职员
王伯舆		7(426)	晋士人
王伯藩		7(526)	张謇友
王希可		2(638) 2(639) 7(190) 8(820) 8(821) 8(826) 8(828) 8(829)	张謇管家
王希成		3(1436) 3(1438) 3(1442) 3(1443) 3(1447) 3(1450) 3(1456) 3(1457) 3(1460) 3(1461) 3(1462) 3(1465) 3(1466) 3(1468) 3(1470) 3(1471) 3(1473) 3(1475) 3(1480) 3(1487) 3(1489) 8(447) 8(514) 8(623) 8(979)	颐生酒厂厂长，通海垦牧公司股东
王　谷		7(540)	宋大理寺卿
王谷礽		8(270)	王菘畦子
王　免		8(4)	张謇乡友
王忍庵	名仁堪，字可庄	2(9) 2(29) 2(41) 2(459) 6(230) 7(81) 7(82) 7(257) 7(282) 7(288) 8(223) 8(224) 8(288) 8(311) 8(312) 8(313) 8(323) 8(328) 8(329) 8(334) 8(356) 8(372) 8(449) 8(596) 8(900) 8(1004) 8(1008)	张謇好友，王仁东弟，光绪三年状元，山西学政，镇江、苏州知府，清流派

续　表

续 表

姓　名	其他称谓	册(页)	备　　考
王叔均		3(1476)	石沱港专办
王叔和		7(185) 8(813)	晋医
王肯堂	字宇泰	8(342)	明万历十七年进士,福建参政,医家
王卓庵		6(588)	张謇金融友
王尚辰	字伯垣、北垣,号谦斋,别号五峰老人,张謇称“五丈”	7(119) 8(97) 8(112) 8(494) 8(514)	张謇友,贡生,翰林院典籍,诗家
王昌龄	字少伯	6(11)	唐诗人
王果亭		8(858)	冯煦徐州云龙书院弟子
王国钧		3(1268)	南通盲哑学校教员
王鸣盛		6(520)	清经史家、考据学家
王凯均		1(334)	民初农商部矿务监督署技士
王　季	姬姓,名历	5(106) 6(210) 8(341)	周文王父,周大王第三子
王季樵		2(160) 8(617)	烟台渔业公司总办
王岳崧	字啸牧	8(333)	瑞安人
王侃叔	名慕陶	2(305)	附贡,中国教育会会员,比利时远东通讯社总理
王金寿		3(1439) 3(1461) 8(685)	盐垦职员
王念孙		6(117) 6(125) 6(127) 6(137) 6(148) 6(151) 6(161) 6(174) 6(194) 6(197) 7(28)	清经学家
王　周		7(84) 8(324)	王豫熙四子
王　育		6(169)	西晋经史学者

续 表

姓　名	其他称谓	册（页）	备　　考
王法勤	字励斋	1(196)	留日学生，京津同盟会纠察部长，直隶国会请愿代表
王治覃	字子敷	6(327) 7(46) 8(5) 8(9) 8(12) 8(22) 8(32) 8(35) 8(45) 8(46) 8(59) 8(62) 8(67) 8(68) 8(69) 8(75) 8(79) 8(80) 8(81) 8(91) 8(119) 8(121) 8(124) 8(159) 8(996)	张謇"王子师"，观察
王学先		6(92)	廪生
王宝崙	又名宝仑	5(261) 5(265) 5(269) 8(669)	上海金融家、慈善家，通泰盐垦五公司银团代表
王宝槐	字叔相	1(602) 1(603) 1(604) 1(605) 1(616) 1(638) 1(640) 1(641) 1(644) 1(693) 1(694) 1(698) 1(709) 1(711) 1(714) 1(716) 1(719) 1(731) 1(733) 1(735) 1(738) 1(741) 1(746) 1(748) 1(752) 1(753) 1(754) 1(755) 1(756) 1(757) 1(761) 1(763) 1(764) 1(766) 1(769) 1(771) 1(782) 1(785) 1(786) 1(790) 1(793) 1(794) 1(795) 1(798) 1(799) 1(802) 3(1243) 8(858)	张謇官绅友，民国大总统巡行督办水利专家、工程处处长，慈善家
王宗基	字稷堂，又作吉堂	8(303) 8(448)	王欣甫子，光绪二十九年进士，会文学堂创办人
王定元		6(306)	张謇族东宅执业
王宠惠	字亮畴	1(236) 2(668) 2(706) 3(931) 3(932) 5(171) 5(172)	耶鲁大学法学博士，外交总长，共和统一会发起人，华盛顿会议中国全权代表

续 表

姓　名	其他称谓	册(页)	备　　考
王　诚		3(1600)	张謇家佣
王　建		4(88)	五代前蜀开国皇帝
王　建		6(107)	唐司徒
王　肃	字子雍	6(66) 6(79) 6(118) 6(121) 6(124) 6(125) 6(126) 6(127) 6(129) 6(130) 6(131) 6(132) 6(133) 6(135) 6(137) 6(139) 6(140) 6(141) 6(142) 6(143) 6(144) 6(145) 6(146) 6(147) 6(151) 6(152) 6(153) 6(154) 6(155) 6(156) 6(157) 6(158) 6(159) 6(160) 6(161) 6(163) 6(166) 6(169) 6(170) 6(171) 6(172) 6(173) 6(174) 6(175) 6(176) 6(177) 6(178) 6(179) 6(180) 6(181) 6(182) 6(183) 6(184) 6(185) 6(186) 6(187) 6(188) 6(189) 6(190) 6(191) 6(192) 6(193) 6(194) 6(195) 6(196) 6(197) 6(198) 6(199) 6(200) 6(201) 6(202) 6(213) 6(215)	三国曹魏经学家
王弢甫	名彦威,字弢夫	6(38) 8(188) 8(195) 8(197) 8(216) 8(233) 8(349)	张謇同年,光绪六年进士,工部虞衡司主事,军机章京,太常寺少卿
王承谊		5(211)	海上名流
王承斌		3(1211)	北洋军阀

续 表

姓　名	其他称谓	册（页）	备　　考
王绍延	名燮	3(1586) 3(1632) 8(648) 8(679) 8(694)	江南商务局总办
王绍曾	字溯沂	2(533) 3(1096) 3(1100) 3(1111) 3(1114) 3(1115) 3(1148) 3(1209) 3(1263) 3(1264) 3(1268) 3(1305) 3(1313) 3(1322) 3(1654) 5(248) 7(329) 7(381) 7(412) 7(420) 8(802) 8(976) 8(977)	光绪二十九年进士，海门县长、知事
王绍瀛		1(317) 1(334) 3(1663)	民初农商部矿务监督署技正
王　经		6(494)	王楹从父
王　贯		2(167) 2(168)	江苏金坛县乡绅
王春轩		8(96) 8(160) 8(875)	太守
王春岩		8(127)	浙绸缎商
王春渲		1(445)	农商部学习员
王　珉		7(481)	东晋中书令
王韨卿		8(592)	清末官员
王　城	字成之，号香海	6(90)	道光二十四年进士，知县
王拾珊	名琼泽	7(181)	内阁中书
王荫乔		5(212) 5(216)	中华国民制糖公司发起人
王相孙		8(486)	张謇友
王柏心	字子寿，号螺州	1(37) 6(569)	道光二十四年进士，刑部主事，治江学者，左宗棠军幕
王柱卿		8(29)	吴长庆幕宾

续 表

姓 名	其他称谓	册(页)	备 考
王 览		6(89)	西晋光禄大夫
王省三	名丰镐,号木堂	5(136)	补邑庠生,盛宣怀幕僚,浙江交涉员,淞沪督办,光华大学校董
王星斋		3(1181)	中华国民制糖公司股东
王昭明		8(944)	通州师范学生
王昭素		6(117)	北宋著名学者
王 修		6(302) 7(432) 8(190) 8(572)	东汉大司农,郎中令
王保衡	字颂平	8(157) 8(172) 8(999)	张謇同年
王 俭	字仲宝	6(106) 7(27)	南朝齐目录家
王信铸		6(494)	实业家,王楹幼子
王勉之	以字行,号祖懋	7(525) 8(42) 8(75)	江都乡绅
王饶生	名潜刚,号观沧	2(291) 2(292) 2(309) 2(320) 6(310) 7(316) 7(329) 8(711) 8(732) 8(743) 8(949) 8(959) 8(960)	王宾子,张謇信使,山东海关监督
王彦方	名烈	6(439)	东汉名士
王恒风	字仁安	8(223)	提督
王恒晋		2(270)	陕西咨议局议长
王恺之		8(28)	张謇友
王恽合		8(236)	画家
王觉斯	名铎	8(185)	清礼部尚书,书家
王冠生		4(271)	大生崇明分厂庶务

续 表

姓 名	其他称谓	册(页)	备 考
王祖同	字认庵,号有庭	2(668)	光绪十五年进士,民初河南布政使,北京政府参议院议员
王祖懋		6(622)	江都友人
王 昶		6(89)	三国曹魏大臣
王 珪	字禹玉,封岐国公	6(618)	北宋监郡、辅相
王 珣		7(481)	东晋尚书令
王素娥		8(127)	词史
王 载		5(123)	宋尚书郎
王 莽		4(207) 6(169) 6(199)	新朝开国皇帝
王晋蕃	名康寿,人称晋翁	3(761) 3(1416) 3(1417) 3(1418) 3(1419) 3(1420) 3(1421) 3(1423) 3(1439) 3(1449) 3(1457) 3(1474) 3(1476) 3(1500) 3(1501) 3(1506) 3(1510) 4(69) 6(499) 8(281) 8(282) 8(372) 8(373) 8(374) 8(382) 8(386) 8(460) 8(520) 8(580) 8(628) 8(876) 8(883) 8(1037)	王汝骐子,江南乡试副榜,通海垦牧公司自治会议长
王晋名		3(1231)	东台官员
王晋卿		8(598)	北宋书画家
王桂林	字清泉	3(766) 3(1023)	警察署长
王 祯		6(217—218)	元代农家
王桐绶		8(159) 8(163) 8(172)	张謇庆军幕友
王恩甫	名乃斌,亦字恩溥	3(885) 3(887) 3(891) 3(969)	北京政府农商总长
王恩绶	字乐山,号佩纶,谥武愍	7(18)	咸丰湖北知县

续 表

姓 名	其他称谓	册(页)	备 考
王恩霖		1(547)	高邮绅商农学界代表
王息庐		7(196) 8(825)	张謇友
王颂蔚	字芾卿,号蒿隐	7(288) 8(591) 8(163) 8(239) 8(383) 8(1004) 8(1008)	张謇庆军幕友,光绪六年进士,军机处行走,户部郎中
王益吾	名先谦,号葵园	3(1603) 8(269)	同治四年进士,国子监祭酒,江苏学政,岳麓书院院长
王凌霄		3(1337)	县长
王资秀		8(628)	海门士绅
王宽甫	名敬之,字仲恪	3(847)	高邮增贡,诗词家
王家富		5(26)	海门地主
王家襄	字幼山、幼珊	2(668) 7(322)	留日学生,浙江高等学校教习,进步党党务部长,河南中福矿务督办,和平期成会发起人
王家麟		6(439) 8(997)	海门厅同知
王 宾	字雁臣,张謇亦作雁丞	2(78) 2(91) 3(1476) 4(27) 6(266) 6(311) 6(349) 6(408) 7(35) 8(194) 8(198) 8(368) 8(370) 8(386) 8(388) 8(394) 8(409) 8(410) 8(412) 8(423) 8(425) 8(426) 8(442) 8(444) 8(448) 8(476) 8(483) 8(484) 8(485) 8(488) 8(491) 8(492) 8(505) 8(508) 8(509) 8(521) 8(594) 8(614) 8(630) 8(690) 8(1023)	拔贡,海门厅同知

续 表

姓　名	其他称谓	册（页）	备　　考
王朗亭		8(163)	庆军将领
王　祥		3(1359)	通海乡民
王调甫		3(1352)	盐垦职员
王　陶		8(685)	农校事务生
王　骏		8(860)	西汉京兆尹
王乾定		6(494)	王楹次子
王菽原	名藻，字燕稿	6(459)	道光二年进士，礼部员外郎，湖南布政使署巡抚
王梦臣		2(561)	张謇友
王梧冈	又名悟冈	7(248) 8(333) 8(334) 8(474) 8(500) 8(502) 8(570) 8(574) 8(576) 8(635)	张謇友
王梅村		8(93)	军门
王雪山	名质	6(20) 8(551)	南宋诗人
王雪澂	名秉恩	2(94)	同治十二年举人，张之洞幕僚，广东布政司，广雅书局提调
王　冕	字元章	5(124) 7(132)	明画家
王　彪	字叔虎	6(386) 注：疑为王彪之	东晋人
王　符		6(608)	东汉政论家、思想家
王船山	名夫之，字而农	1(231) 7(28) 7(440) 8(285) 8(493) 8(579) 8(627) 8(859)	明末清初大儒
王象五		3(949) 8(942)	大生职员
王　逸	字叔师	6(399)	东汉文学家
王惕甫	名芑孙	7(105)	清华亭教谕，书法家

续 表

姓 名	其他称谓	册(页)	备 考
王惕斋	名仁乾	2(124) 2(126) 3(1419) 5(108) 6(341) 8(553) 8(561) 8(562) 8(563) 8(564) 8(565) 8(567) 8(568) 8(569) 8(570) 8(572) 8(582) 8(583) 8(584) 8(586) 8(589) 8(594) 8(617) 8(618)	在日华商,张謇盐垦僚属
王鹿鸣	名尘	7(519) 8(829)	南通育婴堂职员
王 章		8(860)	西汉京兆尹,谏臣
王章之		8(602)	张謇友,悦生公司主
王 商		6(80)	西汉丞相
王率真		6(549)	李世义妻
王清泰		2(207)	江南巨绅
王清穆	字希林,号丹揆	1(97) 1(144) 1(520) 1(587) 1(588) 2(170) 2(171) 2(172) 2(173) 2(180) 2(210) 2(220) 2(221) 2(222) 2(223) 2(234) 2(235) 2(234) 2(247) 2(269) 2(480) 2(727) 3(786) 3(799) 3(815) 3(896) 3(916) 3(942) 3(944) 3(951) 3(955) 3(1040) 3(1041) 3(1148) 3(1218) 3(1225) 3(1231) 3(1238) 3(1312) 3(1316) 3(1369) 3(1473) 3(1561) 3(1600) 3(1627) 3(1641) 4(137) 4(138) 4(145) 4(146) 4(147) 4(252) 4(253) 4(254) 4(269) 5(229) 6(409) 8(583) 8(584) 8(587)	光绪十六年进士,商部左丞,预备立宪公会职员,苏社理事,江苏财政司长,大生纱厂股东,富安、大通纱厂创办人。张謇称“丹翁”“丹老”“穆丈”

续 表

姓　名	其他称谓	册（页）	备　　考
		8(598) 8(603) 8(604) 8(616) 8(620) 8(621) 8(629) 8(630) 8(632) 8(634) 8(638) 8(640) 8(643) 8(662) 8(673) 8(690) 8(712) 8(1022)	
王鸿藻		1(570) 1(656) 1(726) 3(991) 8(908) 8(1043)	高邮县民代表
王　混		6(28)	晋司马
王渔洋	名士祯	8(51) 8(79)	清文士
王惟清		5(123)	宋大理寺丞
王惟熙		5(123)	宋尚书郎
王　隐		6(105) 6(217)	东晋史家
王　维	字摩诘	7(443) 7(539) 8(60) 8(207) 8(818) 8(825)	唐诗人
王维夒		1(334)	民初农商部矿务监督署技士
王彭年		1(673)	江苏运河工程局职员
王敬芳		2(233)	中国公学职员
王敬甫		8(981)	上海利民火柴厂创办人，火柴联合会会董
王植三		3(1655) 8(586) 8(627) 8(694) 8(701)	江宁卫生讲习会
王植厚	字坤生	8(16) 8(35) 8(68) 8(69) 8(74) 8(83) 8(91)	张謇世兄

续 表

姓 名	其他称谓	册(页)	备 考
王揖唐		2(333) 2(381)	北洋官僚
王 觌		5(123)	宋如皋人,翰林学士,润州知州
王紫云		8(47)	太守
王景晖		6(106)	南燕史家
王景塘		8(72)	张謇乡友
王景献		6(318)	雍正元年进士,怀远知县,清通州珠媚园主
王程氏		6(622)	王祖懋妻
王舒文		8(723)	中央教育会会员
王敦甫		8(23) 8(47) 8(50) 8(52) 8(55) 8(56) 8(57) 8(58) 8(66) 8(67) 8(68) 8(105) 8(110) 8(116) 8(118) 8(119) 8(159)	张謇早年友
王 尊		8(860)	西汉名臣
王 弼	字辅嗣	6(68) 6(116) 6(117) 6(119) 6(120) 6(125) 6(126) 6(135) 6(136) 6(139) 6(140) 6(141) 6(143) 6(144) 6(154) 6(168) 6(169) 6(171) 6(172) 6(173) 6(174) 6(175) 6(176) 6(177) 6(178) 6(182) 6(183) 6(185) 6(186) 6(188) 6(191) 6(193) 6(194) 6(196) 6(199) 6(200) 6(201) 6(213) 6(436) 8(283)	魏晋经学家

续 表

姓　名	其他称谓	册（页）	备　考
王　瑚	字禹功，号铁珊	1(522) 1(536) 1(537) 1(538) 1(546) 1(553) 1(560) 1(564) 1(569) 1(574) 1(595) 2(372) 3(808) 3(809) 3(851) 3(858) 3(868) 3(874) 3(876) 3(882) 3(896) 3(903) 3(905) 3(911) 3(914) 3(915) 3(916) 3(925) 3(932) 3(937) 3(943) 3(967) 3(968) 3(980) 3(981) 3(983) 3(989) 3(1004) 3(1007) 3(1019) 3(1022) 3(1024) 3(1033) 3(1035) 3(1040) 3(1054) 3(1057) 3(1058) 3(1059) 3(1116) 3(1117) 4(464)	光绪二十年进士，吉林依兰兵备道，江苏省长
王　�		5(124)	明通州人
王毂园		6(458)	张謇江都诗友
王聘三	名乃徵，号平珊	3(1113) 3(1601)	光绪十六年进士，贵州巡按，湖北布政使，大丰盐垦总经理
王　蒙	自号黄鹤山樵	8(185) 8(818)	赵孟頫外孙，元画家
王幹臣		2(512) 2(548)	镇江乡绅
王献之	字子敬	7(363) 8(129) 8(211) 8(212) 8(214) 8(215)	东晋书画家
王　楹		6(494)	王信铸父，商人
王鉴清		1(334)	民初农商部矿务监督署技士
王道尹		4(377)	江苏官员

续 表

姓　名	其他称谓	册（页）	备　　考
王嗣宗		6(132) 6(184)	宋状元
王锡畴	字心耕	6(536)	画家
王锡爵	字宝廉,乡谥孝静	7(522)	附贡
王锡爵	字元驭,号荆公	5(122) 5(123)	明尚书
王　锦		6(494)	王楹从父
王　筠	字贯山,号箓友	8(1004)	道光元年举人,山西宁乡知县,语言文字家,《说文释例》作者
王　筠	字元礼、德柔	6(28)	南朝梁司徒左长史
王筱云		6(380)	临淮自治会会员
王鹏运	字幼遐,又字幼霞、佑遐,自号半塘,晚号鹜翁	8(446)	同治十二年举人,江西道监察御史,词人,金石家
王　廉		6(494)	王锦子
王新令		7(423)	通州师范天水籍毕业生
王静亭		8(180) 8(183) 8(187) 8(189)	张謇友
王静安	名国维,字伯隅,晚号观堂、永观	3(1416) 3(1417) 3(1419) 3(1421) 4(69) 8(532) 8(569) 8(578) 8(1019)	秀才,日本留学生,通州师范教员,学部名词馆协修
王静波	字溶	8(370)	张謇友
王瑶卿	原名瑞臻,字希庭,号菊痴	3(1348)	京剧武旦、青衣
王　嘉		6(428) 6(470)	东晋小说家
王嘉翰		6(513)	渠堤工程负责人
王蔚德		1(602)	淮阴第四市团总

续 表

姓 名	其他称谓	册(页)	备 考
王箬林	名澍,世称王良常	2(122) 6(251) 8(533)	康熙五十一年进士,礼部员外郎,书家
王鼎丞	王定安	8(352) 8(353)	同治元年举人,曾国藩幕僚,冀宁道台,史志家、金石家
王豪三		8(308)	秦扶九友
王 廙		6(129) 6(143) 6(144) 6(151) 6(158) 6(159) 6(160) 6(161) 6(176) 6(184) 6(190) 6(192) 6(198) 6(202)	东晋文学家、书画家
王漱六	名兆芳,人称文者先生,私谥文简	6(294) 6(311) 7(505) 8(676) 8(594)	张謇早年畏友,举人,南菁书院肄业
王 髯		7(84) 8(324) 8(325)	王豫熙五子
王蕙芳		3(771)	梅兰芳表兄,京剧旦角
王 震	字一亭,号白龙山人	1(144) 2(296) 3(994) 5(212) 5(216)	日清轮船公司买办,上海总商会主席,大达轮船公司董事,预备立宪公会会董,上海军政府商务总长
王德卿		8(370)	张謇熟人
王 翦		8(110)	秦国名将
王豫熙	字欣甫,又字欣父、忻甫	2(44) 3(1403) 3(1568) 3(1597) 3(1600) 6(92) 6(292) 7(48) 7(67) 7(84) 7(242) 7(307) 7(489) 8(50) 8(51) 8(52) 8(53) 8(54) 8(55) 8(56) 8(57) 8(58) 8(60) 8(61) 8(63) 8(65) 8(66) 8(68) 8(70) 8(71) 8(72) 8(76) 8(80) 8(81) 8(82)	张謇友,附贡,署粮道库大使,赣榆、东台、上元、萧县、上海等县知县,与张謇合编《赣榆县志》

续 表

姓　名	其他称谓	册(页)	备　　考
		8(85) 8(86) 8(87) 8(88) 8(89) 8(90) 8(91) 8(93) 8(94) 8(95) 8(96) 8(97) 8(98) 8(99) 8(105) 8(108) 8(110) 8(112) 8(113) 8(114) 8(115) 8(116) 8(117) 8(118) 8(120) 8(122) 8(123) 8(125) 8(126) 8(128) 8(129) 8(130) 8(131) 8(132) 8(133) 8(136) 8(139) 8(140) 8(141) 8(142) 8(143) 8(144) 8(145) 8(146) 8(148) 8(149) 8(150) 8(151) 8(154) 8(157) 8(159) 8(174) 8(175) 8(180) 8(182) 8(187) 8(194) 8(196) 8(198) 8(199) 8(207) 8(208) 8(209) 8(210) 8(211) 8(216) 8(218) 8(219) 8(223) 8(225) 8(229) 8(231) 8(236) 8(243) 8(244) 8(258) 8(264) 8(266) 8(267) 8(268) 8(269) 8(271) 8(272) 8(273) 8(276) 8(279) 8(281) 8(285) 8(301) 8(303) 8(304) 8(309) 8(311) 8(314) 8(315) 8(316) 8(317) 8(318) 8(321) 8(324) 8(325) 8(326) 8(328) 8(329) 8(330) 8(336) 8(337) 8(351) 8(407) 8(465) 8(514) 8(876) 8(881) 8(938) 8(996) 8(1007)	

续 表

续 表

姓 名	其他称谓	册(页)	备 考
韦处厚		6(353) 8(702)	唐中书舍人
韦 平		6(8)	西汉名相韦贤、韦玄成,平当、平晏合称
韦应物		8(209) 8(332)	唐诗家
韦服裾		6(90)	清嘉庆《赣榆县志》分纂
韦 昭		6(105) 6(149)	三国吴史家
韦 道		2(76) 8(397) 8(398)	书局提调
韦增复		2(455) 2(456)	吴淞商船学校毕业生
韦 叡		2(708) 6(12)	南朝梁武帝名将
天 侯		3(1545) 8(744)	张謇家仆
云 九		8(131)	张謇友
云竹亭		5(208)	暹罗华侨
云 沚		8(63)	张謇乡友
云 泉		8(39)	张謇友
云海秋	名韶	2(535) 3(826) 7(479) 8(721)	张謇世兄,花县、奉贤知县
云 熙		8(134)	庆军幕客
艺 郛		3(1603) 8(172) 8(224) 8(307) 8(308)	海门乡董
木华黎		6(107) 6(211)	大蒙古国成吉思汗铁木真骁将
五 福		3(1525) 3(1555)	张謇家佣
支竹楼		3(1315) 3(1376)	张謇友
支季卿	名恒荣	8(416)	张謇友,光绪三年进士,浙江提学使

续 表

姓 名	其他称谓	册(页)	备 考
太 山		6(68)	轩辕相
太 戊		6(88)	商朝君主太庚子
太史子义	名慈	8(186)	东汉名将
太 任		5(106) 5(107)	季历妻
太 姒		5(106) 5(107)	文王正妃
太 昊	太皞	6(67) 6(148)	上古东夷先祖
太 宰		8(155) 8(361)	子贡友
太 虚	吕沛林,法名唯心	2(696) 2(697) 2(722) 7(724) 3(1360) 4(615) 4(616) 4(619) 4(620) 4(624) 4(625) 7(227) 7(250) 8(870) 8(954) 8(1040) 8(1047)	太虚和尚,觉社、中国佛学会创立者
太 常		6(68)	黄帝相
友 峰		8(54)	刘长英友
尤世拔		7(121)	漕督
尤式度		3(1504)	博物苑职员
尤先甲	字鼎孚	2(174) 3(896) 7(523) 8(632) 8(876) 8(930)	光绪二年举人,内阁中书,苏州苏经丝厂、苏纶纱厂主
尤 荫	字贡父,号水村	6(398)	清画家,《东坡石铫图》作者
尤逵庵		2(24)	慈善家
尤 福		8(150) 8(163) 8(165)	庆军信使
戈百洪	名铭猷,自号慎园	6(620)	署铜鼓同知,东台诗人
戈 忠	字朋云	8(604) 8(619)	张謇友,公忠演说会会长

续 表

姓 名	其他称谓	册(页)	备 考
比 干		4(206)	商纣王叔父
少 农		8(626)	张謇如皋友
少 甫		3(1601)	张謇企业职员
少 轩		8(255)	丙初父
少 连	惠连	8(798)	春秋时人
少 昊		6(68)	五帝之一
少 亮		8(583)	张謇政友
少 姚		8(146)	庆军僚属
少 峰		2(110)	张謇学兄
少 峰		6(526)	灵源和尚徒
少 卿		3(1020) 7(485)	乡董
少 塘	少唐	8(287) 8(296)	张謇友
少 筠		8(58)	张謇友
中 木		8(150) 8(153) 8(159) 8(164) 8(188) 8(216)	张謇通州友
中 央		6(67)	传说中上古帝
中 垕	亦称中厚	8(125) 8(141) 8(143)	张謇乡友
毛尔梅		8(284)	毛文简裔孙
毛兆麟		1(301)	江西绅商
毛庆蕃	字实君	2(230) 8(144) 8(506)	张謇友,光绪十五年进士,天津湘军粮台,金陵机器局总办,江苏提学使,护理陕甘总督,北京政府参政院参政
毛 纪	字维之,谥文简	8(284)	明礼部尚书兼东阁大学士

续 表

姓 名	其他称谓	册(页)	备 考
毛奇龄		6(119) 6(126) 6(130) 6(131) 6(132) 6(136) 6(138) 6(140) 6(143) 6(146) 6(150) 6(151) 6(156) 6(158) 6(161) 6(162) 6(163) 6(164) 6(166) 6(169) 6(172) 6(174) 6(180) 6(181) 6(183) 6(184) 6(185) 6(186) 6(187) 6(188) 6(199) 6(200) 6(202)	清初经学家
毛昌骏		1(148) 8(501)	运司特委候补道,第8卷原文为“毛运判”
毛居正		6(183) 6(185)	南宋学者
毛祖怡		1(334)	民初农商部矿务监督署技正
毛 珵	字贞甫	5(122)	明成化进士,南京右副都御史
毛 嫱		6(560)	春秋越国美女
毛懿修		2(728)	南通医校学生
升 甫		3(1507)	张謇友
升 庭		8(36)	张謇乡友
升梦麟		8(126)	清画家
长 萃		8(377)	光绪三年进士,光绪二十年会试监考官,吏部右侍郎
仇十洲		7(60)	明画家
仇汝成	字翼民	8(607)	“大村”人
仇实父	名英	8(146) 8(186)	明画家

续 表

姓 名	其他称谓	册(页)	备 考
仇 洪		8(785)	船主
仇继恒	字徕之,又字涞之	1(198) 1(354) 1(355) 2(235) 2(257) 3(944) 3(1211) 3(1225) 3(1410) 3(1411) 7(395) 8(694) 8(673) 8(676) 8(680) 8(688) 8(689) 8(691) 8(694) 8(698) 8(701) 8(711) 8(749) 8(971) 8(1024)	光绪十二年进士,陕西高等学堂监督,江苏咨议局副议长
介 庭		8(228)	张謇友
公山弗扰		8(69)	鲁国季桓子家臣
公子阳生	名阳生	6(97)	齐悼公
公西赤	字子华	6(12) 6(57) 6(58) 8(39) 8(228)	孔子弟子
公 刘		6(20) 6(210) 6(215)	周部族首领,周文王的先祖
公孙子阳	名述	2(21)	东汉益州牧,曾称帝
公孙子都	姬阏	6(12)	春秋郑国人
公孙弘	封平津侯	8(111)	西汉丞相
公孙衍		6(17)	战国纵横家
公 弢		8(675)	张謇友
月 峰		8(140)	张謇乡友
月 溪		8(11) 8(36) 8(55) 8(56) 8(67) 8(101) 8(127) 8(153)	张謇乡友
风 后		6(68)	黄帝臣
丹 朱		4(264)	远古部落联盟首领尧子

续 表

姓 名	其他称谓	册（页）	备 考
凤 沼		8(3)	张謇早年乡友
勾 践		4(627) 4(336) 4(553) 4(576) 8(550) 8(678)	越王
卞玉京		7(62) 7(418)	明末清初"秦淮八艳"之一
卞伯玉		6(147)	南朝宋东阳太守
卞 和		8(679) 8(680)	春秋楚人
卞恒隆		8(163)	张謇庆军幕友
卞颂臣	名宝第,军中称"颂帅"	2(117) 8(306) 8(318)	咸丰元年举人,湖南巡抚,闽浙总督兼兵部尚书
文 玉		8(593)	张謇家人
文天祥	号文山,封信国公,谥文忠	6(402) 6(521) 7(11) 7(218) 7(461) 8(871)	南宋政治家、文学家
文汉光		6(219)	孙云锦同乡
文廷式	字云阁、云(芸)谷、道希,号纯常子、罗霄山人	2(40) 7(322) 8(225) 8(227) 8(228) 8(229) 8(230) 8(231) 8(233) 8(234) 8(235) 8(307) 8(240) 8(332) 8(333) 8(345) 8(382) 8(384) 8(402) 8(404) 8(424) 8(425) 8(444) 8(445) 8(453) 8(456) 8(591) 8(1008) 8(1011) 8(1014)	张謇友,光绪十六年榜眼,侍读学士,强学会发起人,词人,清流派
文 宗		3(1232)	观音堂劣僧
文绍諴		6(228)	前监司
文星垣		8(85) 8(86) 8(108)	张謇友
文 种		4(576) 8(550) 8(678)	春秋越王勾践谋臣

续 表

姓 名	其他称谓	册(页)	备 考
文彦博	别号文潞公	6(84) 6(614)	北宋著名政治家、书法家
文 翁		6(113)	西汉循吏
文容寿		3(1208)	京剧老旦
文 彬	辉发那拉氏,字质夫	8(112)	咸丰二年进士,沂州知府,漕运总督
文逸民		7(35)	北宋苏辙婿
文 群		2(668)	和平期成会发起人
文衡山	名壁,字徵明,更字徵仲	6(376) 6(385) 6(548) 7(105) 7(319) 8(109)	明翰林待诏,书家
文 龢		3(808)	财政厅长
六 九		8(401)	张謇仆
方 干	字雄飞,号玄英	7(540) 7(482) 8(34)	唐代诗人
方小东		6(45) 6(46) 8(32) 8(49) 8(52) 8(53)	直刺
方小泉		2(259) 8(131) 8(231) 8(224)	庆军将领
方久徵		8(17) 8(18) 8(19) 8(22) 8(23) 8(24) 8(25) 8(26) 8(27) 8(28) 8(29) 8(30) 8(31) 8(33) 8(34) 8(43) 8(44) 8(46) 8(47) 8(104) 8(352)	张謇发审局同僚
方子村		6(323)	张謇乡人
方子箴	名浚颐	8(8) 8(71) 8(83)	道光二十四年进士,两淮盐运使,扬州淮南书局、梅花书院、安定书院创办人
方中德		6(302) 6(303) 8(573)	清文学家

续 表

姓　名	其他称谓	册（页）	备　　考
方心斋	小石	2(12) 2(30) 8(227) 8(234) 8(236) 8(424)	济南总戎
方世琼		3(1265)	南通商校学生
方尔咸	字泽山，又字无争	8(580) 8(626) 8(676)	光绪十五年举人，张之洞幕僚，扬州富绅，文家
方礼臣		8(570)	张謇友
方训谋		8(963) 8(964)	镌碑高手
方永斋		8(44) 8(116) 8(161)	大令
方贞吉		6(318)	石刻家
方传鸿		8(333)	张謇九江友
方伦叔	名守彝，号贲初	2(386) 7(501) 8(256) 8(258) 8(276) 8(292) 8(304) 8(333) 8(334) 8(335) 8(337) 8(353) 8(401) 8(402) 8(403) 8(404) 8(406) 8(407) 8(409) 8(411) 8(421) 8(423) 8(425) 8(426) 8(432) 8(443) 8(489) 8(496) 8(499) 8(506)	张謇友，张裕钊门生，方守敦兄，诸生，太常博士
方汝谦	字敬承，又字牧园、牧原	5(122) 5(124) 7(301) 8(235) 8(1004)	乾隆二十二年进士，山东馆陶知县，珠湖书院讲席
方守六		8(723)	《大公报》首任主笔
方寿之		8(474)	张謇友
方孝冲		8(856)	富绅
方孝远		8(564)	张謇友

续 表

姓 名	其他称谓	册(页)	备 考
方 还	字惟一、唯一	1(196) 1(520) 3(799) 3(1225) 7(236) 7(237) 7(254) 8(678) 8(680) 8(681) 8(689) 8(716) 8(740) 8(771) 8(870) 8(871) 8(873) 8(878) 8(882) 8(894) 8(895) 8(896)	例贡,资政院民选议员,昆山民政长,南通女师校长,苏社理事,国会代表
方时简		2(125)	留日学生
方佑民		2(15)	观察
方伯梅		8(18) 8(44)	张謇钟山书院业师
方伯谦		1(14) 2(59)	福州船政学堂毕业,海军副将,济远号管带
方 苞	字灵皋,又字凤九,晚号望溪,又号南山牧叟	8(269) 8(992) 8(994)	桐城派创始人
方 叔		8(183)	西周宣王卿士
方国珍		4(88)	元末明初浙东农民起义领袖
方明山		8(163)	庆军将领
方 凯		3(882)	阜宁学界代表
方和斋		2(48) 8(340)	余诚格友
方泽山		6(464)	解元,张之洞幕僚,大生纱厂股东
方宗诚	字存之,号柏堂	7(489) 8(18) 8(93) 8(276)	曾国藩幕僚,枣强县令,安徽学政,桐城派后期名家

续 表

姓　名	其他称谓	册（页）	备　　考
方咸五		8(731)	日本陆军士官学校毕业，陆军军咨府人员
方俊民	名琴	8(19) 8(22) 8(264)	吴汝纶、孙云锦关系人
方剑溪		8(26)	张謇清河友
方养秋		3(1182)	汕头韩江治河处总理
方恪敏		6(72)	乾隆军机处任职
方振民		3(1417) 3(1424) 3(1435) 3(1475) 8(711)	张謇僚属
方　莹		2(455) 2(456)	吴淞商船学校毕业生
方阆仙		8(98)	王豫熙友
方益善		2(553)	张謇庆军幕友子
方海秋		8(615) 8(723)	张謇京友
方硕甫		2(556) 2(589) 2(590) 2(591)	两淮盐运使
方常季	名守敦，字盘君	8(258) 8(276) 8(333) 8(423) 8(602)	张謇友，方宗诚子，创办芜湖安徽公学，书家
方铭山		8(133) 8(205) 8(208) 8(231) 8(380)	都督
方鼎文		8(38)	张謇乡友
方鼎甫		8(669)	江南富商
方裕仁		3(1475)	盐垦职员
方鉴溪		8(27)	孙云锦关系人
方慎盦		7(481)	张謇老友，医家黄石屏入室弟子
方　穀		8(29)	张謇友

续表

姓　名	其他称谓	册（页）	备　　考
方　澜		8(798)	元诗人
方履中	字玉山,又字聘商	2(269) 2(386)	光绪进士,两淮盐运使,安徽矿务总理,安徽咨议局议长
方　橙		8(126)	清画家
计　然		4(576)	春秋谋士
心　畬		8(159) 8(169)	大令
尹　文		7(325)	战国齐国稷下道家
尹元仲	名德坤	8(210) 8(406) 8(1000) 8(1003)	润昌公局负责人
尹吉甫		8(183)	西周尹国君
尹仲伊		3(1085)	录事
尹念兹		3(902)	张謇扬州友
尹树人		3(1629)	袁树勋友
尹彦明	名焞	6(271) 8(208) 8(210) 8(211) 8(406) 8(410) 8(1000) 8(1003)	宋礼部侍郎
尹崇高		5(122)	明永乐进士
尹铭绶	字佩芝	2(55)	翁同龢门生,光绪二十年榜眼,山东学政,礼部侍郎,袁世凯总统幕僚
孔二尹		8(51)	南通人
孔　仅		4(90) 6(108)	西汉盐铁商、财政家
孔　孔		3(1521) 3(1529)	佣人
孔以立	字毓礼	8(339)	医家

续 表

姓 名	其他称谓	册（页）	备 考
孔 丘	别称孔子、尼父、孔夫子，字仲尼，谥宣尼公、文宣王等	1(22) 1(114) 2(204) 2(417) 2(419) 2(422) 2(480) 2(583) 2(696) 3(842) 3(971) 3(972) 3(973) 3(1006) 3(1427) 3(1538) 3(1546) 3(1549) 3(1642) 3(1656) 4(95) 4(122) 4(151) 4(153) 4(154) 4(207) 4(250) 4(264) 4(265) 4(267) 4(268) 4(337) 4(397) 4(458) 4(498) 4(554) 4(558) 4(599) 4(626) 4(631) 4(632) 4(634) 5(54) 5(257) 5(258) 5(259) 5(486) 6(4) 6(26) 6(35) 6(36) 6(47) 6(55) 6(57) 6(58) 6(59) 6(60) 6(65) 6(66) 6(67) 6(94) 6(115) 6(139) 6(154) 6(163) 6(164) 6(166) 6(168) 6(178) 6(186) 6(197) 6(206) 6(207) 6(213) 6(214) 6(215) 6(234) 6(235) 6(239) 6(244) 6(245) 6(257) 6(268) 6(270) 6(282) 6(284) 6(294) 6(295) 6(300) 6(318) 6(334) 6(353) 6(359) 6(370) 6(372) 6(373) 6(375) 6(376) 6(411) 6(437) 6(443) 6(456) 6(457) 6(458) 6(467) 6(468) 6(490) 6(535) 6(538) 6(541) 6(542) 6(573) 6(587) 6(589) 6(619) 6(620) 7(132)	儒学始祖

续　表

姓　名	其他称谓	册(页)	备　考
		8(69) 8(85) 8(86) 8(109) 8(115) 8(136) 8(148) 8(149) 8(152) 8(155) 8(170) 8(214) 8(224) 8(228) 8(232) 8(289) 8(306) 8(340) 8(361) 8(376) 8(421) 8(449) 8(478) 8(523) 8(547) 8(566) 8(600) 8(784) 8(814) 8(1040)	
孔　伋	字子思	6(215)	孔子嫡孙
孔令贻	袭衍圣公	8(762) 8(767)	孔子第76代嫡孙
孔安国		6(66)	西汉经学家
孔　驯	又名昭驯	2(95) 2(98) 3(1518) 3(1520) 3(1522) 3(1524) 3(1537) 3(1545) 8(429) 8(445) 8(461) 8(468) 8(472) 8(483) 8(491) 8(564) 8(571) 8(574) 8(576) 8(577) 8(600) 8(603) 8(615) 8(617) 8(623) 8(630) 8(632) 8(633) 8(635) 8(646) 8(651) 8(658) 8(670) 8(677) 8(727)	张謇管家、秘书
孔伯鱼	名鲤	4(153) 8(149)	孔子儿子
孔　奋		6(87)	东汉官员
孔昭武		3(1531)	张謇家佣
孔昭晋	字康侯	3(896)	光绪二十九年进士，江苏省议员
孔宥函		7(28)	鲁一同友，清太仆，诗人
孔绶卿		8(33)	张謇同年

续 表

姓 名	其他称谓	册（页）	备 考
孔 戣		8(312)	唐大臣
孔颖达		6(168) 6(214) 6(437) 8(185)	隋唐经学家
孔静山		8(22) 8(38)	孙云锦幕客
孔 融	字文举，世称孔北海	6(288) 6(351) 8(36) 8(169) 8(278) 8(363)	东汉“建安七子”之一，北海相
巴恭祖		8(479)	东汉名士
巴鸿逵		8(535)	通师试验生
邓艺孙	又名艺荪，字绳侯	8(353)	邓完白孙，安徽公学监督，安徽省教育司长
邓心镜		6(335)	如皋监生
邓世昌	字正卿	1(14) 1(160)	福州船政学堂首届毕业生，致远号管带
邓 艾		6(8) 6(247)	三国魏名将
邓业良		6(521)	游击
邓邦述	字孝先	1(96) 2(259) 3(1211) 3(1225) 8(598)	邓嘉缜子，翁同龢门生，光绪二十四年进士，翰林院编修，端方幕僚，奉天交涉司长
邓朴君	名季昌，又字璞君	2(451) 3(1348) 7(386)	民初山东登州总兵，山东政务厅长济宁道尹
邓 先		6(28)	汉武帝城阳中尉
邓廷楠	号双坡	7(482) 8(79) 8(104)	道光二十四年进士，工部郎中，署九江道，广东布政使
邓华石		3(1315)	督办蚌埠公署谘议
邓孝威		6(547)	清诗人

续表

姓　名	其他称谓	册(页)	备　考
邓完白	名琰,字石如,号完白山人	4(640) 8(79) 8(256) 8(353)	清书家
邓纯臣		6(263) 7(501) 8(403) 8(495)	通州游击
邓拐子		6(314)	红帮吴地头目
邓和斋		8(163) 8(267) 8(272)	张謇庆军幕友
邓　泽		4(268)	通师学生
邓春澍		3(936)	常州画家
邓俞森		8(812)	职员
邓家金		1(641)	徐坝汛队目
邓辅纶	字弥之	7(98) 8(404) 8(332)	咸丰副贡,浙江候补道,诗家
邓颇生	字芷灵	2(672) 2(673)	议员
邓嘉缜	原名嘉统,字季垂,号文密	8(60)	光绪元年举人,两广总督邓廷桢孙,于荫霖幕僚,锦州知府,署奉天巡警道
邓德甫	又名德溥	3(1450) 3(1454—1455) 3(1455) 3(1465) 3(1457)	测绘员
邓熙止	名嘉缉,又字熙之	7(102) 8(409) 8(412) 8(426) 8(605) 8(882) 8(996)	张謇庆军幕友,薛时雨门生,优贡
双　卿		8(103)	酒伎
双　斌	字肖竹	8(57) 8(58)	直刺
书　恪		3(1463)	张謇友
书　农		8(37)	张謇乡人
书　城		2(667)	通州士绅
书　堂		8(503)	张謇友

续 表

姓 名	其他称谓	册(页)	备 考
五画			
玉 山		2(29)	观察,安徽布政使
玉 峰		8(376)	张謇友
正 传		8(12)	张謇乡丈
甘 茂		8(109)	秦国名将
甘德蕃		2(269)	广西咨议局议长,宪友会广西发起组建人
世 续	索勒豁金氏,字伯轩	8(695) 8(1025)	光绪元年举人,文渊阁大学士,军机大臣
艾华森		3(1085)	求助者
艾善润		3(1025)	江苏旗绅
丙 生		8(79)	张謇友
丙 初		7(433) 8(166) 8(255) 8(280) 8(301)	张謇"张家沙"友
左士钺		6(410)	陶鸿恩岳丈
左太冲	名思	3(1537) 6(297) 8(798)	西晋文家
左丘明		6(90)	东周鲁国太史
左光斗	字遗直,谥忠毅	7(319)	明水利专家,东林党成员
左克斋		8(111) 8(129) 8(145) 8(163)	军门
左宝贵	字冠亭,又字冠廷	1(13) 2(21)	提督衔总兵
左宗棠	字恪靖、季高,封恪靖侯,谥文襄	1(4) 1(6) 1(37) 1(131) 1(137) 1(500) 1(501) 2(72) 2(90) 2(251) 4(12) 4(108) 4(109) 4(111) 4(143) 4(196) 6(52) 6(53) 6(221) 6(290) 6(459) 8(183) 8(202)	道光十二年举人,张亮基、骆秉章幕僚,浙江巡抚,闽浙、陕甘、两江总督,东阁大学士

续 表

姓　名	其他称谓	册(页)	备　考
左　棻	字兰芝	6(38)	左思妹,西晋女诗家
左　慈		6(80)	东汉方士
左懋修		8(1031)	丝鱼港董事
厉骇谷	名志,初名允怀,字心甫,号白华山人	7(296)	诸生,书画家,诗家
丕　甫		2(40)	张謇友
石一泉	名文源	7(19) 7(485) 8(8) 8(42) 8(63) 8(65) 8(104) 8(147) 8(150) 8(186)	海门中医
石　父		6(31)	张謇友
石　庆		6(113)	西汉齐相
石守道	名介	7(500) 8(495)	北宋理学家
石　丞		8(128) 8(129) 8(130)	庆军幕宾
石子明	名作蜀	6(12)	孔子弟子
石次仲		8(855)	宋词人
石　君		2(11)	刘子钦友
石　虎		6(106)	后赵武帝
石鸣镛		1(656) 1(726)	江苏运河工程局评议员
石　勒	字世龙	7(82) 8(313)	后赵明帝
石　崇		7(242)	西晋文学家
石琢堂	名韫玉	8(108)	清诗人
石　渠	字芸亭	8(4) 8(8) 8(37)	诸生,塾师
石　瑶		5(122)	明左侍郎
石　璜		5(125)	清学者

续　表

姓　名	其他称谓	册（页）	备　　考
石　樵		6(487)	南通法轮禅寺主持
龙仁夫		6(166)	宋末元初儒家
龙师亮		2(516)	安徽望江乡绅
龙湛霖	字资生、芝生	7(135) 8(401) 8(1011)	同治元年进士、侍郎，江西、江苏学政，内阁学士
龙　璋	字砚仙、研仙，号甓勤斋主人	2(81) 8(415) 8(627)	左宗棠外孙女婿，光绪举人，如皋知县，候补道，湖湘派诗人
左汉起		3(1300)	阜绅
平　晏		6(8)	平当子，西汉名相
东方朔		8(213) 8(341)	西汉文学家
东　庐		3(1423) 3(1439) 3(1466)	盐垦股东
子　嘉	卢永祥	2(644) 2(706) 3(775) 3(777) 3(778) 3(944) 3(1048) 3(1097) 3(1254) 8(958) 8(960) 8(961) 8(1047) 8(1048)	北洋武备学堂毕业，皖系军阀，浙江督军
卢少刘		8(879)	张謇友
卢文伯		8(186)	张謇友
卢　匡		8(573)	唐尚书
卢　枫		5(124)	明人
卢宗吕		3(1037)	盐政同僚
卢荆林		2(551) 3(1375)	东北农垦职员
卢眉娘		6(428) 6(470)	唐名绣家
卢　晖		6(238) 6(240)	唐水利家

续 表

姓 名	其他称谓	册(页)	备 考
卢鸿钧	字子衡	1(636) 1(637) 1(647) 1(676) 2(518) 2(584) 2(635) 2(733) 3(883) 3(891) 3(930) 3(1076) 3(1271) 3(1326) 3(1329) 3(1353) 3(1377) 3(1378) 5(139) 5(148) 5(179) 7(240) 7(252) 7(358) 7(415) 8(826) 8(877) 8(958)	南通县知事
卢鸿昶	又名鸿沧	1(444) 1(445) 8(728)	汉冶萍公司转运局坐办,汉口商务总会总理
卢鸿渐		2(656)	卢鸿钧弟,江苏省第七中学毕业生
卢 绾		8(111)	西汉燕王
卢 植		6(10)	东汉末年经学家,将领
卢紫香		8(95)	张謇友
卢景裕		6(169)	后魏经学者
卢蒙升		5(123)	明人
卢辑五		8(171)	张謇友
卢殿虎		3(896) 3(1225)	淮扬道尹
卢 肇		6(429) 8(820)	唐诗人
卢德仪	字俪兰,室名焦尾阁	6(37) 8(38)	王弢甫母,通五经大义、文史,女诗人
卢翰屏		5(274)	大豫盐垦公司股东
卢瀚荫		1(617)	绅董
帅 寿		3(1514)	垦牧职员
归有光	字熙甫,又字开甫,别号震川	6(259) 8(281) 8(288) 8(298) 8(321) 8(801) 8(825) 8(962) 8(1048)	明古文家

续 表

姓 名	其他称谓	册（页）	备 考
叶乙青		3(1435) 3(1440) 3(1446) 3(1453) 8(516)	盐垦职员
叶一清		8(829)	张謇临海友
叶子晋		8(288)	张謇津友
叶少臣		2(13)	张謇友
叶玉书		8(345)	张謇友，吏部官员
叶玉昆	张謇称“玉老”“玉翁”	2(302) 3(1433) 3(1435) 3(1436) 3(1438) 3(1439) 3(1440) 3(1441) 3(1442) 3(1443) 3(1444) 3(1445) 3(1446) 3(1447) 3(1449) 3(1450) 3(1451) 3(1453) 3(1454) 3(1455) 3(1456) 3(1458) 3(1459) 3(1460) 3(1461) 3(1462) 3(1463) 3(1466) 3(1467) 3(1468) 3(1471) 3(1473) 3(1475) 3(1485) 3(1486) 3(1492) 3(1496) 3(1499) 3(1503) 3(1506) 3(1514) 3(1517) 3(1588) 3(1595) 3(1599) 3(1606) 3(1637) 4(181) 7(488) 8(256) 8(258) 8(273) 8(286) 8(382) 8(402) 8(515) 8(525) 8(621) 8(622) 8(698) 8(726) 8(875)	垦牧总账
叶甘泉		8(670)	“大新”轮账房
叶石林		6(302) 8(573) 8(641)	张謇属僚
叶礼丞	又名礼臣	2(44) 7(486) 8(193) 8(206) 8(210) 8(217) 8(226) 8(231) 8(264) 8(288)	淮军庆军将领

续 表

姓　名	其他称谓	册(页)	备　　考
叶先圻	字君邃,号紫封	2(269)	光绪三十年进士,江西咨议局议长
叶仰高		6(441)	留日学生,光复会、同盟会会员,江浙联军司令部参谋、队官
叶行百		8(926)	青浦诗人
叶汝兰		8(161)	庆军军官
叶远荣		6(432)	余仁宾孙女婿
叶赤滨	名亭珠	3(1434) 8(503)	湖北武备学堂毕业,姚锡光幕宾
叶志超	字曙青、曙卿	1(13) 1(14) 2(53) 2(54) 2(67) 8(382) 8(673)	庆军将领,直隶提督
叶芸莱		6(220)	太平军将领
叶来青		3(930)	张謇南京友
叶沛青		3(1496)	叶玉昆女,南通女校职员
叶范予		3(1527) 8(654) 8(656) 8(665) 8(670) 8(671) 8(677) 8(690)	张謇扬州友,都门
叶昌炽	字鞠裳,又字颂鲁,号缘督	8(291)	光绪十六年进士,国史馆提调、甘肃学政,金石家
叶咏霓		8(467) 8(469) 8(470) 8(473)	张謇友,大生股东
叶显廷	字在扬	3(1617) 8(635) 8(636) 8(638)	江苏教育会员
叶树维		3(890)	南汇知事
叶笃臣		8(230)	张謇友
叶亮星		8(713)	张謇乡友

续 表

姓　名	其他称谓	册（页）	备　　考
叶恭绰	字誉虎、裕甫、誉甫、玉虎，号遐庵	2(350) 2(351) 2(406) 2(407) 3(789) 3(814) 3(830) 3(851) 3(856) 3(864) 3(887) 3(928)	京师大学堂毕业，代理铁路总局局长，交通总长
叶浩吾		3(1651)	张謇友
叶桂园		3(1329)	查账员
叶菡园		3(1476)	工程练习生
叶　笙		8(6) 8(7) 8(8) 8(11) 8(12)	张謇乡友
叶鸿英	本名叶逵	5(103) 5(118) 5(265) 5(269) 5(274)	中国图书公司收支所主任，通泰盐垦公司债票银团代表
叶遇春		3(768) 3(769)	张謇门生，浙军驻京代表
叶景葵	字揆初、癸初，号卷盦	1(241) 2(334) 2(338) 2(350) 2(368) 2(369) 2(598) 2(600) 2(603) 3(1079) 4(211) 4(647) 5(140) 8(693) 8(708) 8(709) 8(711) 8(763)	光绪二十九年进士，赵尔巽幕僚，大清银行正监督，汉冶萍公司经理，中国银行商股联合会副会长，中国公学董事，藏书家
叶惺斋	名甘棠	7(189)	泰兴画家
叶楚珍		8(816)	医士
叶　龄		3(1311)	崇明外沙商会会董
叶愿书		3(1439)	垦牧职员
叶愿庭		3(1425)	垦牧职员
叶缦卿	名意深，又字叔言	8(411) 8(421) 8(427)	张謇同年，光绪十五年举人，江苏候补知县，淡水、新竹知县，金匮知县，医家
叶墨林	叶文翰	8(11) 8(125) 8(157) 8(158) 8(197) 8(999)	张謇同年

续 表

姓 名	其他称谓	册(页)	备 考
叶澄衷	原名成忠、成衷,以字行	2(214) 8(502) 8(663)	学徒,捐道员衔,纶华缫丝厂主,澄衷学堂创办者
叶翰甫	名祥鋆,号伟成,以字行	8(639) 8(658) 8(668) 8(669)	典业学徒,扬州大生、淮阴德生、镇江道生钱庄主,大德制盐公司创办人
叶 諴		3(1429) 3(1431)	通师优等生
申用懋		6(238) 6(240)	明顺天巡抚
申 江		8(42)	张謇友
申时行	字汝默	5(122)	明嘉靖状元,内阁首辅
申 标		8(757)	北洋军官
申 保		3(1651)	职员
田少瀛		6(601)	金城银行上海分行经理
田子泰	名畴	3(880) 6(263) 6(534) 7(300) 8(438) 8(579) 8(686)	东汉末隐士
田中玉	字蕴山、韫山	3(1005) 3(1051) 7(451)	天津武备学堂毕业,东三省督练公所总参议,察哈尔都统
田 文	孟尝君	8(110)	齐国贵族
田华宾		4(368)	徐家汇气象台台长
田步蟾	字桂舫	1(267) 1(452) 2(521) 8(774) 8(915) 8(933)	光绪二十九年进士,农工商部员外郎,北京政府农商部渔牧司长,海州商埠督办
田 何		6(437)	西汉今文易学开创者
田 完	字敬仲,原名陈完	8(109)	齐国贵族
田舍汉		8(9)	张謇乡友

续 表

姓 名	其他称谓	册（页）	备 考
田 单		6(263) 8(110)	齐安平君
田宝荣		3(1019) 8(680) 8(682) 8(740) 8(772) 8(1031)	通州知州，南通民政长，山东河工稽查
田祈原		3(1197) 5(211) 5(238)	上海钱庄、木行主，中央信托公司董事长，上海钱业公会会长，通泰盐垦五公司债票银团代表
田春霆		3(763) 3(783) 3(1095) 3(1166)	江西财政厅长
田彦和		6(11)	东汉书法家
田 蚡		6(80)	西汉宰相
田焕庭	名文烈，字姚堂	2(675) 2(682) 2(729)	江汉、经心书院肄业，袁世凯、姜桂题幕僚，陆军副大臣，山东、河南民政长，农商、内务、交通总长
田象乾		8(92)	镇军
田 琴		5(125) 6(378)	清通州画家
田 雯		5(122—123)	康熙三年进士，江苏巡抚
田韫山		8(844)	陆军次长
田献臣		3(1001) 8(677)	技师
田蔼臣		8(173)	张謇关系人
田 横		4(130) 6(394)	秦末群雄之一
田 儋		8(111)	齐国王族
由宗龙	字幼先	2(668)	云南留日学生，和平期成会发起人
史小石		8(661)	厘局委员

续 表

姓　名	其他称谓	册(页)	备　考
史　丹		6(80)	西汉关内侯
史可法	别称史阁部	7(22) 8(17) 8(626)	明末将领
史如意		8(61)	毗陵女史
史致容		5(140)	上海宁波帮商人
史维城		2(544)	南通盲哑学校教员
史维藩	字介人	3(884) 5(248) 8(692) 8(710) 8(711)	张謇"宋季港"友，南通中学学监
史量才	名家修，又字良才	2(286) 2(335) 2(681) 3(920) 3(955) 3(961) 3(965) 3(971) 3(1003) 3(1013) 3(1035) 3(1043) 3(1052) 3(1211) 3(1225) 3(1254) 3(1329) 3(1431) 8(731) 8(733) 8(820) 8(911) 8(946) 8(949) 8(1043) 8(1047)	杭州蚕业馆肄业，上海女子蚕业学校创办人，《时报》主笔，《申报》总经理
史善诒		2(259)	直隶候补知府，红十会创办人
史　湔	字锦波	8(78)	张謇友
史震林	字公度，号梧冈	7(303)	乾隆二年恩科进士，淮安府学教授，《西青散记》作者
史　徵		6(138) 6(192)	唐学者
冉　子	冉求，字子有，通称冉有	4(337) 6(57) 6(58)	孔子弟子
仗　昱		2(393)	不详
白　丹		2(35)	战国水利家
白正蒙		5(122) 5(124)	明通州诗文家

续 表

姓 名	其他称谓	册（页）	备 考
白 圭		6(266)	
白会清		6(51)	天主教民
白作霖	字振民	1(144) 2(123) 2(134) 3(1424) 7(519) 8(533) 8(586) 8(599) 8(600) 8(622) 8(653) 8(720) 8(723) 8(829)	廪生，南洋公学、广东高等学堂、京师译学馆讲席
白 佩		5(125)	清通州画家
白宝山	字俊卿	2(685) 2(689) 3(817) 3(1378) 8(749) 8(974) 8(1049)	海州镇守使，孙传芳部属
白养瑜		8(533)	张謇友
白香山	名居易，字乐天，号香山居士	4(467) 7(533) 7(540) 8(40) 8(125) 8(307) 8(308) 8(342) 8(478) 8(931)	唐诗人
白 起		8(110)	秦国将领
白道文		3(1306)	张謇友
白懋初	字慎旃	5(125)	清通州增广生，书家
印元祥		3(1507)	垦牧初小学生
印 光	俗姓赵，名丹桂，法名圣量	3(1369)	净土宗法师
印隽臣		8(636)	苏路公司银钱总司理
印锡章	印锡璋	1(418) 7(515) 8(798)	实业家，商务印书馆总经理
乐 毅		8(110) 8(213)	战国兵家
乌 明		6(68)	伏羲佐

续 表

姓　名	其他称谓	册(页)	备　　考
包少书		3(1433) 3(1441) 3(1442) 3(1443) 3(1445) 3(1446) 3(1447) 3(1448) 3(1453) 3(1454) 3(1456) 3(1458) 3(1460) 3(1462) 3(1463) 3(1465) 3(1470) 3(1471) 3(1484) 3(1510) 3(1516) 5(183) 8(526)	张謇乡医,垦牧职员
包允刚		3(1476) 3(1478)	垦牧总账练习生
包世臣	字慎伯,晚号倦翁、安吴	4(86) 4(91) 7(82) 8(311) 8(313) 8(373)	嘉庆二十年举人,学者,书家
包壮行	字稚修,号石圃老人	5(124) 5(125) 6(329) 6(330) 8(520) 8(523)	明崇祯十五年进士,工部主事,通州书画家
包　拯	字希仁,谥孝肃	8(138) 8(255)	北宋名臣
包胜奎		3(1324)	盗
包　咸		6(66)	东汉经学家
包蕴刚		3(1502)	垦牧公司银钱出纳
主父偃		8(111)	汉武帝大臣
立　山	土默特氏,字豫甫,谥忠贞	8(496) 8(1017)	户部尚书
冯子材	字南干,号萃亭	1(10)	广西关外军务帮办,云南、贵州提督
冯子因	名学泮	8(301) 8(332) 8(333) 8(334)	张詧友,举人,知县,画家
冯天锡		3(1644) 3(1652) 3(1654) 3(1659)	长班
冯云孙		2(1426) 8(658)	绘图员,测量教员
冯云鹏	字九扶,号晏海	5(124) 6(549) 7(427) 8(81)	通州增贡生,清金石家

续　表

姓　名	其他称谓	册（页）	备　　考
冯云鹓 注：5(124)“云”原文误为“雪”	字葆芝，号集轩，亦号仪叔	5(124) 8(81)	冯云鹏弟，清嘉庆十六年通州进士，山东胶州知府，金石家
冯少青		8(467)	张謇湖州友
冯孔怀	名国勋	2(695)	北京政府江苏省金陵关监督、外交部特派山东交涉员，天生港海关监督
冯玉祥	字焕章	3(1321) 8(959) 8(978) 8(1049)	第16混成旅旅长，陕西、河南督军，河南省主席，西北边防督办
冯生兰	字黄中，号颐斋	5(124)	嘉庆二十一年通州举人
冯尔昌		8(225)	江南乡试主考
冯弁云		8(23)	大令
冯幼伟	名耿光，字友炜	3(803) 3(954)	日本陆军士官学校毕业，临城矿务局督办，中国银行总裁
冯芝生	字芳郁	8(370)	张謇友
冯光九		4(441)	南通乡绅
冯光宽		3(1095)	知事
冯汝桓	字果卿	7(89) 8(346)	张謇同年，内阁中书
冯连城		3(828) 3(829) 3(830)	张謇公司职员
冯启铎		3(1261)	张謇帮助之人
冯林一	名桂芬，号景亭、敬亭	2(204) 4(36) 4(40) 4(44) 4(86) 4(89) 6(606) 6(264)	道光二十年进士，李鸿章幕僚，詹事府右中允
冯卓如	名誉骧，字仲良，“冯中丞”	2(87) 8(159)	道光二十一年进士，刑部左侍郎任江南考官，陕西巡抚

续 表

姓 名	其他称谓	册(页)	备 考
冯国端		6(621)	张謇天水友
冯国璋	字华甫、华符	1(479) 2(401) 2(478) 2(481) 2(549) 2(585) 2(586) 2(587) 2(620) 2(634) 2(646) 2(649) 2(652) 2(659) 2(664) 2(665) 6(442) 8(777) 8(780) 8(808) 8(965) 8(1048)	北洋武备学堂毕业,军学司正使,江苏督军
冯 征		6(354)	《农学通释》作者
冯金鉴		8(343)	张謇光绪十八年会试考官
冯俨若		5(212) 5(216)	中华国民制糖公司发起人
冯修庵	名文蔚,字联棠	8(380) 8(1009)	光绪二年探花,翰林院侍讲,河南学政
冯俊升		8(4)	通州籍举人
冯诵清		1(96)	翰林院编修
冯 炳		3(1650)	办事员
冯振之		7(339)	张謇庐江晚辈属僚
冯振元		8(763)	沪人
冯爱玉		5(260) 6(611)	如皋农民
冯爱国		6(611)	冯爱玉弟
冯衷博		3(1230)	张謇文友
冯 唐		8(111)	西汉大臣
冯梦华	名煦,字孟华,号蒿盦、蒿庵	2(352) 2(520) 3(919) 3(1211) 5(267) 7(243) 8(60) 8(89) 8(162) 8(165) 8(239) 8(344) 8(409) 8(882)	陈三立友,光绪十二年探花,安徽巡抚,参政院参政,云龙书院山长
冯梦桂	字孝原,号念斋	5(124)	乾隆二十二年通州贡生,画家

续 表

姓 名	其他称谓	册（页）	备 考
冯焕初		3(1575)	通州乡绅
冯涵初	名澂，号清渠	7(395) 8(972)	征士，浙江辨志精舍肄业，南通“西学中源”说学者
冯焌光 注：原文误为“光焌”	字竹儒	8(59) 8(94)	咸丰二年举人，江南制造局总办，上海道台、观察，《新报》创办者
冯道立	字务堂，号西园	4(390) 4(391) 8(994)	清咸丰元年孝廉方正，治淮专家
冯 察		3(1379)	军人
冯德勋		1(497) 1(507) 1(530) 1(535) 1(547) 1(548) 1(556) 1(557) 1(578) 1(598) 1(600) 1(601) 1(606) 1(608) 1(610) 1(613) 1(615) 1(623) 1(624) 1(627) 1(632) 1(633) 1(635) 1(644) 1(647) 1(669) 1(670) 1(674) 1(682) 1(686) 1(687) 1(688) 1(689) 1(702) 1(709) 1(710) 1(712) 1(713) 1(716) 1(717) 1(719) 1(720) 1(733) 1(734) 1(738) 1(741) 1(746) 1(748) 1(752) 1(758) 1(763) 1(764) 1(766) 1(767) 1(769) 1(786) 1(788) 1(794) 1(795) 1(797) 1(798) 1(799) 1(801) 1(802) 1(803) 8(770) 8(771)	江苏运河技正，堤工坐办
冯 澂		2(463)	南通学人
冯 驩		7(7)	孟尝君门客

续 表

姓　名	其他称谓	册(页)	备　　考
玄　烨	爱新觉罗氏	4(50) 6(238) 6(242) 3(1409)	康熙帝,清圣祖
氾胜之		6(217)	西汉农家
宁　戚	别名姬戚	7(523) 8(930)	春秋卫国人,齐国大司田
宁德顺	字怀钦	8(93)	参戎
永　贞		1(196)	奉天国会代表
永　庆		3(1507)	盐垦职员
永　龄		3(1476)	张謇僚属
司马光	字君实,号迂叟,追赠温国公	3(1527) 6(78) 6(140) 6(443) 6(541) 6(578) 7(531) 8(186) 8(820)	北宋史家
司马迁	字子长	1(115) 6(67) 6(84) 6(90) 6(203) 6(213) 6(215) 6(541) 8(581)	西汉史家,"太史令"
司马炎		4(207)	晋朝开国皇帝
司马相如		8(111)	西汉辞赋家
司马彪	字绍统	6(105) 6(203)	西晋史家
司马晴江		8(431)	江宁文人
司马龢		1(533)	代理高邮县知事
司年方		2(41)	江西会馆友
司步瀛		3(1204)	树强高小学生
弘　一	李叔同,法名演音	2(724)	留日习西洋画、音乐,南京高师教习,法师
弘　历	爱新觉罗氏	6(242) 6(243)	乾隆帝,清高宗
召　虎	召伯虎	6(88) 6(236)	周召穆公
召信臣		6(113)	西汉循吏

续 表

姓 名	其他称谓	册(页)	备 考
皮日休	字逸少	7(540) 8(307) 8(308)	晚唐诗人
皮 坤		8(664)	大令
边苇间	名寿民,字颐公,号苇间居士	6(466) 8(888) 8(889)	康雍乾时期花鸟画家
圣 田		3(1018)	寺僧
六画			
匡 衡		6(80) 6(298) 6(303) 8(573)	西汉经学家
邢殿元		4(303)	阎锡山"金兰之交"
戎 昱		7(60)	唐诗人
吉公和		8(163)	张謇庆军幕友
吉 村		8(74)	张謇乡友
吉 城	字凤池、凤墀,号曾甫、曾父	8(324)	东台秀才,夏虎臣友
吉 亭		8(8)	张謇乡友
吉 墉	字崇如	8(324)	夏虎臣友
扬 云		8(274)	东汉人
扬 雄		6(68) 8(212) 8(345) 8(561)	西汉学者
芝 荪		2(176)	盛宣怀僚属
芝 阁		8(37)	张謇乡友
芝 圃		8(55)	张謇乡友
芗 衫		8(36)	张謇乡友
朴 禅	名密荫	8(878)	扬州兴教寺僧

续 表

姓 名	其他称谓	册(页)	备 考
西门豹		6(608)	战国魏国政治家、水利家
西 施		6(560)	春秋越国美女
有 巢		4(264) 6(604)	远古部落首领
存 庆		3(1024) 3(1025)	江苏旗人代表
达少卿	名寿增	8(36)	张謇如皋友,通海五属学务公所会计员
达尹旁		3(1419) 8(586)	举人,教科书编者
达 孚		8(535) 8(1019)	通师学生
达季聃		2(156)	高等小学教员
达 圆		3(1355)	普陀山法雨寺僧
成子完		8(12)	张謇友
成兰陔		5(501)	通海沙田主
成 志		5(123)	明知县
成启元		1(530)	宝应县公民
成启昌		1(497)	江苏省议员
成彦雄		7(540)	南唐进士
成 僎		5(124)	清文家
成翼然		8(12)	张謇乡友
夷白山人		8(126)	清画家
尧	别称陶唐、唐尧	2(289) 2(300) 2(419) 3(1538) 8(334) 4(60) 4(70) 4(82) 4(206) 4(263) 4(264) 4(265) 4(266) 4(267) 4(268) 4(498) 4(601) 4(632)	上古帝王

续　表

姓　名	其他称谓	册（页）	备　考
		6(6) 6(7) 6(22) 6(26) 6(61) 6(66) 6(67) 6(68) 6(71) 6(78) 6(100) 6(102) 6(148) 6(192) 6(193) 6(214) 6(215) 6(234) 6(242) 6(300) 6(467) 6(541) 6(556) 6(589) 6(604) 7(45) 7(132) 7(207) 7(250) 8(119) 8(123) 8(156) 8(312) 8(346) 8(581) 8(600) 8(750)	
仲　丁	中丁	4(323)	商王
多隆阿	谥忠勇	4(628) 6(219)	清名将
毕小亭		8(97)	总戎
毕并舫		8(965)	毕庶澄兄
毕如臣		8(658)	与张謇同席者
毕秀章		8(580)	久隆恒泰典股东
毕　沅	字秋帆	3(1527) 8(186)	乾隆二十五年状元，修撰，湖广总督，经史金石家
毕诒策		1(532) 1(546) 1(557) 1(559) 1(574) 1(578)	河段督工委员
毕庶澄	字莘舫	8(965) 8(1048)	烟台宪兵学校肄业，奉军旅长，胶东镇守使，直鲁联军第八军军长
毕儒臣		2(587) 2(590)	扬州钱庄经理
至　甫		8(225)	张謇友
贞　倩		7(200)	梁惠休上人

续 表

姓　名	其他称谓	册(页)	备　　考
师　丹		8(443)	西汉大臣
师进信		3(1253)	甘肃临洮北街小学创办人
师　旷		6(516)	春秋乐师,道家
师润生		3(1641)	湖南关心盐政者
曲锦川		1(449) 1(450)	朝鲜华侨
曲辕子		8(997)	北宋文人
吕大防		6(84)	北宋政治家
吕小白		6(100)	春秋齐桓公
吕不韦		8(110)	战国名臣
吕长镛		1(646)	瓜泗税务所长
吕介丞		2(535)	张謇友
吕公美		8(270)	北宋进士
吕公著		6(89)	北宋龙图阁直学士
吕公望	字戴之,号叔尚	2(600)	廪生,光复会员,浙军嘉湖镇守使,浙江都督兼巡按使
吕　布		6(86)	东汉名将
吕　光		6(23) 6(24)	后凉建立者
吕　向		6(185)	唐知名学者
吕　全		8(270)	北宋进士
吕　忱		6(140) 6(188)	西晋文字学家

续 表

续 表

姓 名	其他称谓	册(页)	备 考
吕道象	字鹿笙	1(279) 1(414) 1(468) 2(464) 2(465) 2(490) 2(754) 3(917) 3(923) 3(959) 3(1559) 7(224) 7(330) 7(337) 7(341) 7(345) 7(347) 7(348) 7(355) 7(362) 7(369) 7(381) 7(383) 7(389) 7(393) 7(397) 7(399) 7(404) 7(406) 7(409) 7(481) 8(402) 8(669) 8(728) 8(780) 8(915) 8(951) 8(958) 8(963) 8(964) 8(951) 8(959) 8(969) 8(973) 8(976)	通州知州,淮南垦务局总办
吕 蒙		4(628)	东汉末名将
吕颐浩	字元直,谥忠穆	2(108) 2(109) 8(487)	南宋初名相
吕 雉	世称吕后	8(107)	刘邦皇后
吕熙虞		8(404)	张謇友
吕瑞田		2(9)	科考应试者
吕新吾	名坤,字叔简	8(69) 8(996)	明代文学家、思想家
吕 端	字易直,别号吕正惠、吕司空	8(526)	北宋太子太保
吕賁青	名贤彬,字文卿	7(494) 8(73) 8(328) 8(338)	海门知县
刚 毅	他塔拉氏,字子良	2(109) 7(322) 7(323) 8(456) 8(487) 8(489) 8(490) 8(496) 8(1014) 8(1016) 8(1017)	笔帖式出身,兵部尚书,协办大学士
年士臣	字汝邻,又字瘦生,别字寄涛	8(753) 注:原文“年[士臣]”误,应为“年[王臣]”	清山水、木竹石画家

续 表

姓　名	其他称谓	册（页）	备　　考
朱一新	字蓉生，号鼎甫、拙盦	2(57)	光绪二年进士，翰林院编修，陕西道监察御史
朱九江	名次琦，字稚圭，号子襄，世称九江先生	8(749) 8(1010)	康有为、梁士诒师，道光二十七年进士，知县
朱三郎		7(417)	常乐人
朱大兴	名珪	8(585)	清初名臣
朱大斌		1(197) 1(203)	游击
朱小初		8(8) 8(10)	张謇乡友
朱小鲁		8(577)	张謇僚属
朱之纯		8(270)	北宋进士
朱之幹		8(29)	大令
朱子权		8(307)	张謇友
朱子尧	又名志尧	2(130) 2(459) 8(616) 8(617) 8(633) 8(635) 8(641)	马良、马建忠外甥，买办，求新机器厂主
朱子咸		8(326)	陈南琴亲戚
朱子濒		3(1164)	某县职员
朱开甲		5(100) 5(101) 5(102) 5(118)	中国图书公司董事
朱元璋		6(15) 6(70) 6(99) 8(281)	明太祖
朱中道		5(950) 6(593) 8(940) 8(945) 8(951) 8(965) 8(979) 8(1046)	张孝若使团秘书长，哈佛大学博士
朱水澄		3(1329)	吴淞商埠局参事

续 表

姓 名	其他称谓	册(页)	备 考
朱丹溪		7(185) 8(813)	元名医
朱文宗		6(307)	粤东督学
朱以增		2(207)	江苏名绅
朱古微	名祖谋,又名孝臧,字藿生,一字古薇	8(617)	光绪九年进士,礼部侍郎,江西法政学堂监督
朱石甫	名玮,号悔之	2(417) 5(124) 5(125) 6(376) 6(377) 8(283)	嘉道年间通州书画家
朱仙舫		6(458)	留日生,上海恒丰纺织厂技师
朱立轩		6(352)	顾士魁塾师
朱冯寿		1(128)	金陵、镇江招商河轮委员
朱幼之		8(639)	张謇友,苏路公司股东
朱式程		8(190) 8(203)	张謇庆军幕友
朱 巩		8(270)	北宋进士
朱达善		6(449)	留英博士
朱尧望		6(90)	清嘉庆《赣榆县志》分纂
朱廷桢		6(440)	朱瑞父
朱仲雅		8(256) 8(375) 8(380)	张謇友
朱行中		1(317) 1(334)	民初农商部矿务监督署技正
朱庆澜	字子桥、子樵、子乔	2(502) 3(801) 3(931) 3(1155) 3(1333—1334) 3(1337) 4(609) 5(194) 5(195) 8(842) 8(850) 8(879) 8(947) 8(1039)	东三省总督赵尔巽幕僚,哈尔滨将军,华成盐垦公司总务董事

续 表

姓　名	其他称谓	册（页）	备　　考
朱守愚		8(361)	贵溪生员
朱如圭	字稚兰	8(70) 8(71) 8(88)	文士
朱芸阶 注：8(131)原文误为“芝阶”	礼元	8(46) 8(47) 8(48) 8(49) 8(50) 8(51) 8(56) 8(70) 8(71) 8(72) 8(80) 8(83) 8(94) 8(131) 8(132) 8(160) 8(996)	广文，张謇泾县友
朱进之		5(212) 5(213) 5(216)	教育家，经济学者
朱时帆		8(468)	张謇杭州友
朱　邑		6(113)	西汉循吏
朱伯虎		8(270)	北宋进士
朱伯旗		8(434)	朱曼君子
朱伯熊		8(270)	北宋进士
朱希眉		6(90)	清嘉庆《赣榆县志》采访
朱饮真		8(332)	张謇江宁友
朱　良		6(513)	渠堤工程负责人
朱良卿		8(154)	朱雪卿弟
朱良裘		6(185)	乾隆间儒臣
朱启钤	字桂莘、桂辛	1(255) 1(262) 1(286) 1(291) 1(343) 1(458) 2(453) 2(487) 2(502) 2(524) 2(528) 2(572) 5(142) 5(143) 8(764)	光绪举人，京师大学堂译学馆监督，民初内务部总长
朱际云		1(497) 3(799)	江苏省议员
朱直如		8(122)	张謇乡人
朱厚照		6(14)	明武宗

续 表

姓　名	其他称谓	册(页)	备　　考
朱厚熜		6(14)	明世宗
朱述曾		8(605)	窑主
朱　茂		1(293)	商人
朱叔源		3(817)	江苏省议员
朱国铭		1(775) 1(776) 1(777) 3(1382) 4(635)	南通保坍会委员
朱　昇		6(119)	元末明初文家
朱佩珍	字葆三	1(134) 1(418) 2(296) 2(691) 2(694) 2(698) 4(68) 4(386) 5(100) 5(101) 5(102) 5(118) 5(140)	实业家,中国通商银行总董,上海总商会会长,中国图书公司查账
朱佩苍	名兆堂	8(35) 8(36) 8(39) 8(40) 8(41) 8(47) 8(48) 8(86) 8(104) 8(187)	张謇乡友
朱建勋		1(546)	高界运河切滩工程工员
朱承恩		1(196)	山东国会代表
朱绍文		2(671) 3(799) 3(949) 3(997)	江苏省议员
朱绍霖		8(350)	张謇友
朱春轩		8(140) 8(142)	张謇乡友
朱荫棠		8(13) 8(43) 8(68) 8(79) 8(134)	大令
朱是承	又名是程	8(34) 8(160) 8(163)	军门
朱复初		6(441)	朱瑞兄,廪膳生
朱胜非		2(108) 2(109) 8(487)	南宋初宰相

续 表

姓 名	其他称谓	册(页)	备 考
朱亮玉		4(73)	清同治初年灶民
朱 泚		6(11)	唐朝将领
朱祐樘		6(15)	明孝宗
朱袚华		2(240)	原中国公学学生
朱 素		5(125)	清泰兴画家
朱素云	字舫仙,号纫秋	2(734) 2(736) 2(740) 2(744) 2(753) 3(779) 7(229) 8(872)	京剧小生
朱桂卿	名福诜,晚号复翁	2(83—84) 7(152) 8(340) 8(343) 8(344) 8(422) 8(723)	张謇同年,光绪六年进士,河南、贵州学政,房考
朱 轼		8(442)	清雍正大学士
朱积勋		6(442)	朱瑞子
朱积櫄		6(442)	朱瑞子
朱倩霞		8(849)	传习所花边教员
朱席珍		6(380)	临淮自治会会长
朱润南	名汝,人称朱三先生	6(344) 8(607)	海州生员
朱家宝	字经田,号墨农	1(350) 2(213) 2(514) 2(515) 2(520) 8(631) 8(642) 8(728) 8(1028)	光绪十八年进士,江苏按察使,安徽巡抚,安徽都督
朱继文		1(520)	苏社理事
朱 紘		8(270)	北宋进士
朱培生		8(9) 8(17) 8(23) 8(30) 8(627)	张謇江宁友

续 表

姓 名	其他称谓	册(页)	备 考
朱雪卿		8(127) 8(154)	词史
朱曼伯		8(261)	孙云锦幕友
朱曼君	名铭盘,字日新	2(3) 2(4) 2(6) 2(12) 2(20) 2(21) 2(29) 2(71) 6(244) 6(251) 6(269) 6(363) 6(453) 7(36) 7(52) 7(53) 7(54) 7(55) 7(62) 7(65) 7(66) 7(108) 7(119) 7(247) 8(108) 8(109) 8(110) 8(111) 8(114) 8(115) 8(116) 8(117) 8(118) 8(119) 8(122) 8(123) 8(126) 8(128) 8(129) 8(131) 8(132) 8(134) 8(135) 8(138) 8(140) 8(141) 8(142) 8(143) 8(144) 8(146) 8(147) 8(148) 8(149) 8(150) 8(153) 8(154) 8(155) 8(158) 8(160) 8(162) 8(163) 8(164) 8(165) 8(167) 8(168) 8(169) 8(175) 8(181) 8(183) 8(184) 8(192) 8(201) 8(202) 8(204) 8(205) 8(206) 8(216) 8(226) 8(229) 8(240) 8(251) 8(288) 8(291) 8(292) 8(308) 8(335) 8(340) 8(341) 8(368) 8(374) 8(380) 8(395) 8(423) 8(434) 8(449) 8(494) 8(599) 8(885) 8(997) 8(1000) 8(1001) 8(1004) 8(1008)	张謇庆军幕友、乡里知交,张裕钊弟子,光绪八年举人,两淮盐运使方浚颐、庆军将领吴长庆幕僚,知州

续 表

姓　名	其他称谓	册（页）	备　　考
朱晦庵	名熹，字元晦，晚号晦翁，谥文，世称朱文公，别称紫阳先生	2(157) 4(96) 4(534) 6(20) 6(81) 6(168) 6(212) 6(215) 6(229) 6(239) 6(240) 6(241) 6(426) 6(437) 6(622) 7(465) 8(67) 8(185) 8(225) 8(233) 8(289) 8(356) 8(379) 8(447) 8(708) 8(992) 8(1009) 8(1013)	南宋理学家
朱象鼎	字禹九	8(605)	煤矿主
朱清斋		8(728)	大维会计兼庶务
朱鸿章		6(319) 8(523)	总兵
朱淮森	字春山	8(84) 8(94)	镇标行伍，淮阳镇、九江镇总兵
朱维藩		6(90)	明文家
朱绶卿	名学安	8(43) 8(639)	张謇友
朱　董		8(620)	江宁学生代表
朱葆康		1(236)	共和统一会发起人
朱　棣		6(15)	明成祖，永乐帝
朱斐章		3(1181)	纱布号学徒，英商买办，中华国民制糖公司股东
朱　畴	谱名朱爵，字幼鸿	1(77) 1(78) 4(130) 7(111) 8(464) 8(465) 8(495)	已革浙江候补道，上海裕通纱厂主
朱　智（朱祁翁）	字茗笙	8(173)	兵部侍郎
朱赓石		8(849)	张謇早年友

续　表

续 表

续 表

姓 名	其他称谓	册(页)	备 考
伍绍棠		7(82)	清代文人
伍崇曜		7(82)	清代文人
伏 龙	原名维锦,字云程	2(586) 2(624) 3(762) 8(806) 8(1038)	同盟会员,反袁世凯帝制志士,第6师师长
伏 生		6(69)	西汉经学者
伏曼容		6(200)	南朝宋、齐大臣,儒士
伏 羲	庖羲,羲皇,太昊	4(264) 4(265) 6(67) 6(68) 6(115) 6(168) 7(207) 7(250) 7(390) 8(600)	华夏先祖
延 岑		6(11)	东汉初年割据将领
延 茂	字松岩	8(592)	同治二年进士,大理寺少卿,黑龙江将军
仲山甫		6(88)	西周卿士
仲子休		6(548)	唐开元名相
仲长统		6(608)	东汉末哲学家、政论家
仲少梅		3(1376)	崇明县长
仲绍周		1(602) 1(691) 1(692)	淮阴县第四市市董
仲 虺		6(5)	商王朝名相
仲 选		8(49) 8(136)	张謇友
仲 宣		8(71)	张謇友
仲 起		6(68)	伏羲佐
仲 舒		8(403)	张謇友
仲 鲁	志钧,他塔喇氏,号陶安	8(229) 8(231)	瑾妃、珍妃胞兄,志锐弟,光绪九年进士,满洲正黄旗副都统,列名上海强学会
仲 慎		2(498)	张謇政友

续 表

续 表

姓 名	其他称谓	册(页)	备 考
华 振		1(334)	民初农商部矿务监督署技士
华 辉		1(27)	前御史
仰 之		8(54)	刘长英友
仰玉符		3(805) 3(948) 8(876)	南通乡绅
伊 尹	名挚	1(231) 4(207) 4(264) 6(26) 6(72) 6(266) 6(428)	商初贤相
伊 陟		6(88)	商朝大臣
伊 益		6(282)	百虫将军
向 戌		6(103) 6(104)	春秋宋国大夫
向 秀		6(175) 8(342)	竹林七贤之一
向迪琮		3(1026)	内务部佥事
向淑予	名瑞琨	8(763)	明治大学工商科毕业,端方商务文案,农工商部次长,全国商会联合会副会长,进步党员
后 士		6(68)	黄帝相
后 稷		3(884) 3(1388) 3(1551) 6(210) 6(217) 8(123)	农神
兆 康		8(39)	张謇乡友
旨 纯		3(878) 3(967) 3(1076)	高邮承天寺主持
名 山		8(132)	张謇友
邬松扬		3(1616)	工头
庄 元		5(122)	明郎中

续 表

姓　名	其他称谓	册（页）	备　　考
庄孔旸	名昶，定山先生，谥文节	6(263) 8(114)	明翰林检讨
庄叔豪		6(588)	张謇金融友
庄　周	字子休，人称庄子、庄生	4(268) 4(558) 6(280) 7(325) 7(432) 8(187) 8(189) 8(210) 8(215) 8(359) 8(485) 8(516) 8(750)	战国时期道家
庄　姜		6(38) 7(403)	卫庄公夫人
庄蕴宽	字思缄，号抱闳	1(279) 2(284) 2(368) 2(389) 2(400) 2(533) 2(653) 2(654) 2(668) 2(695) 3(784) 3(786) 3(798) 3(815) 3(935) 4(209) 4(358) 4(360) 7(156) 7(162) 8(729) 8(734) 8(749) 8(750) 8(773) 8(774) 8(858) 8(1030)	副贡，知县，上海商船学校教务长，江苏都督
庄　暴		8(275)	齐宣王近臣
庄彝卿		8(877)	张謇闽县友
庄　蘩		7(251)	诗家、书家
亦　泉		8(233) 8(234)	张謇友
刘一士		8(339)	张謇友
刘又程		6(407)	刘炜次子
刘士木		6(457)	刘灵华友
刘士宏		5(122)	明副将
刘大夏		2(37) 4(108)	明名臣，兵部尚书

续 表

姓 名	其他称谓	册(页)	备 考
刘大魁		8(269)	清桐城派
刘义门	又名仪门	8(5) 8(7) 8(77)	张謇叔辈
刘义庆		6(562)	南朝宋文家
刘之洁		2(333)	江北护军使兼19师师长
刘子才	名长英	8(49) 8(54) 8(55) 8(56) 8(58) 8(70) 8(71) 8(81) 8(82) 8(83) 8(84) 8(85) 8(86) 8(89) 8(91) 8(95) 8(96) 8(98) 8(105) 8(107) 8(110) 8(113) 8(114) 8(116) 8(117) 8(135) 8(174)	刘长蔚弟
刘子朴		2(325)	天津京剧名票
刘子光		6(393)	《海战公法》译者
刘子臣		6(591)	商人
刘子贞	名庆汾	8(621)	清国驻日参赞,苏州知府
刘子钦		2(8) 2(11) 2(12) 7(485) 8(234)	张裕钊门生
刘子雄		8(942)	张謇属僚
刘子鹤		3(1354)	大丰盐垦公司董事
刘子璞		8(724)	张謇友
刘子翼		8(57) 8(59) 8(60) 8(81) 8(82) 8(83) 8(84) 8(90) 8(111)	张謇同砚,举人,吴长庆幕友
刘元吉		6(290)	刘镛祖
刘元素		7(185) 8(813)	唐医
刘云程		3(1313)	炮目

续 表

续 表

姓 名	其他称谓	册(页)	备 考
刘文澈	字少涵	8(336) 8(337) 8(352)	海门同知
刘心源	字亚甫,号幼丹	2(486)	光绪二年进士,国史馆协修,湖北省民政长,湖南巡察使,金石家
刘玉鸿		3(1460)	酒工
刘世岐		6(493)	刘念祖子
刘世俊		6(493)	刘长蔚孙
刘世瑜		6(493)	刘焕女
刘世儒	字继相	7(132)	明画家
刘可毅	原名毓麟,字葆真	8(343) 8(344) 8(1008)	翁同龢门生,光绪十八年进士,河督许振祎幕僚
刘丙卿	名世玮	3(1650) 7(501) 8(499)	刘世珩兄
刘石公		3(929)	张謇"年家之谊"者
刘石庵	名墉,字崇如,谥文清	6(310) 6(386) 7(82) 7(105) 8(128) 8(186) 8(236) 8(368) 8(793)	清乾隆十六年进士,体仁阁大学士,书家
刘东武		8(341)	书家
刘汇清		6(462)	刘树森次子,优行廪贡生
刘玄德	名备	4(3) 6(288) 6(351) 7(395) 8(738)	蜀汉皇帝,蜀先主
刘永之		6(547)	明诗人
刘永庆	字延年	8(607) 8(609)	提督
刘永福	字渊亭	1(10) 2(53) 2(55) 2(57) 2(58) 6(227) 8(202)	广东南澳镇、碣石镇总兵,广东民团总长
刘召民		8(466)	商人
刘台拱		7(28)	清经学家、训诂家

续 表

姓　名	其他称谓	册（页）	备　　考
刘　邦		4(3) 6(80) 6(172) 6(457) 6(523) 8(107)	汉太祖，高皇帝
刘邦鼎	字石臣	5(122) 注：5(122)中列在“明朝”之列。错了。	嘉庆二十二年进士，南陵知县
刘式郛		1(445)	农商部办事员
刘式譔		3(1058)	如皋县知事
刘吉人		5(235)	如皋书法家
刘芝田	名瑞芬、瑞棻，号青山	3(1623) 8(59) 8(87) 8(225) 8(1002)	李鸿章淮军幕宾，苏松太道，驻英、俄、法、意、比公使，广东巡抚
刘朴生		2(206) 8(600)	太守
刘再飞		6(407)	刘炜幼子
刘　协		4(3) 8(132)	汉献帝
刘存真		3(1405)	张謇友
刘师向		6(513)	渠堤工程负责人
刘师培	字申叔，号左庵、左盦	8(792) 8(1036)	光绪二十八年举人，端方幕客，筹安会六君子
刘光世		2(108) 8(487)	南宋抗金名将
刘光汉		3(1030) 1922年信件，与刘师培非一人	股东
刘光第	字裴邨	8(453) 8(1014)	光绪九年进士，军机章京上行走
刘光谦		6(393)	《海战公法》翻译
刘竹君		8(722) 8(743) 8(744) 8(763)	张謇秘书、翻译
刘竹屏	名文林	7(492) 8(318)	海门商人

续 表

姓 名	其他称谓	册(页)	备 考
刘 伟		5(183) 5(248)	张謇门生
刘传曾		6(521)	知州
刘仲夷		3(804)	县长
刘 伊	字莘儒,号素园	5(122) 5(125) 6(378) 注:全集5(122)列在明代,错。	乾隆十七年进士,松滋、鹤山知县,书法家
刘 向	字子政	4(280) 6(79) 6(106) 6(146) 6(187) 6(200) 6(214) 6(238) 6(240) 6(298) 8(283)	西汉经史学家
刘 邠		6(80)	北宋史家
刘旭初		3(1473)	逊志堂同仁泰盐业公司股东
刘名芳	字南庐	6(414) 6(459) 7(294)	清旅通闽处士,《南通州五山全志》作者
刘 交	楚元王	8(109)	西汉诸侯
刘汝奎	原名刘复基,字尧澄	8(728)	文学社评议部长,武昌首义志士
刘汝霖	字雨生	8(60)	举人
刘汝麟		1(458) 1(459)	安徽萧县乡绅
刘兴甲		1(196)	奉天国会代表
刘 庄		4(172) 6(353) 8(702)	汉明帝
刘安世		4(363) 8(825)	北宋谏臣
刘安泩		6(290)	刘镛子,廪贡,候选直隶知州
刘安溥		6(290)	刘镛子
刘安澜	字紫回	6(290)	刘镛子,附贡

续 表

姓 名	其他称谓	册(页)	备 考
刘艮生		7(520) 8(859)	教席
刘 观		6(462)	刘树森兄
刘 志		8(131) 8(132)	汉桓帝
刘志圻		1(640) 1(641)	江苏运河工程局技士
刘孝思		3(1330)	海门常乐区长
刘杏生		7(319)	求诗者
刘步溪	名鸿寿,号景屏	8(617)	光绪十七年举人,民初福建省财政司长、盐运使
刘步蟾	字子香	1(160) 2(56)	福州船政学堂肄业,留英习武备,北洋水师右翼总兵
刘 秀		4(3) 6(99) 6(172) 8(130) 8(131) 8(191) 8(488) 8(1016)	汉光武帝
刘伯升		8(497)	张謇友,刘厚生兄
刘伯远		6(92)	廪生
刘伯延	昌寿	2(641) 7(491) 8(310)	张謇早年友,刘馥畴子
刘伯英		5(171) 7(333) 8(942) 8(943)	南通名绅
刘伯昌		3(799)	江苏省议员
刘伯森	原名树森,字柏森、柏生	2(122) 2(477) 2(530) 3(868) 3(886) 3(1205) 8(711) 8(719) 8(724) 8(728) 8(856) 8(1027)	上海总商会秘书,大维总经理,华商纱厂联合会议董
刘伯襄		3(863)	张謇友
刘 伶	字伯伦	7(501) 8(342) 8(499)	西晋贤士

续 表

姓　名	其他称谓	册(页)	备　　考
刘佛卿	名岳云,号震庵	8(53) 8(54) 8(55) 8(57) 8(60) 8(88) 8(89) 8(90) 8(98) 8(128) 8(159) 8(160) 8(210) 8(233) 8(239)	张謇友,光绪十二年进士,户部主事,绍兴知府
刘　彻		3(86) 6(83) 6(239) 6(241) 6(353) 8(108) 8(702)	汉武帝
刘希夷		7(60)	唐诗人
刘谷诒		3(1599) 6(462)	刘树森祖,大生纱厂文书
刘甸侯		8(467)	张謇杭州友
刘　彤		6(241)	唐贞元初大臣
刘　沪		6(82)	北宋渭州监押
刘宋世		8(846)	久隆、大生二厂职员
刘　宏		8(132) 8(185)	汉灵帝
刘宏基		6(12)	唐初名将
刘牢之		6(28)	东晋名将
刘　启		6(80) 8(108)	汉景帝
刘启佑		1(731)	盐城公民
刘启勤		3(1051)	宝应乡绅
刘灵华		2(697) 2(722) 2(729) 3(841) 5(193) 6(457) 8(859)	居士
刘　玮		8(6)	厅试冠军
刘　武		8(109)	西汉梁孝王
刘　环		6(8)	古代小说中人

续 表

续 表

姓 名	其他称谓	册(页)	备 考
		8(526) 8(528) 8(548) 8(591) 8(843) 8(1011) 8(1012) 8(1013) 8(1014) 8(1015) 8(1016) 8(1017) 8(1018) 8(1020)	
刘若曾	字仲鲁,号庶园	8(230) 8(237) 8(238) 8(239) 8(240) 8(291) 8(340) 8(632) 8(1004)	张謇顺天乡试同年,光绪十五年进士,修订法律馆大臣,参政院参政
刘松千		8(173)	吴长庆关系人
刘松年	号清波	6(385) 8(744)	南宋宫廷画家
刘述禹		2(544)	南通盲哑学校教员
刘叔敏		2(745)	南通名医
刘叔璜	名渭清	2(469) 4(352) 4(368) 6(414) 6(417) 6(462) 7(513) 8(757) 8(789)	军山气象台主任台长
刘卓拭		8(574) 8(577) 8(580) 8(582) 8(587)	海门厅同知
刘国权		4(635)	议员
刘昌言		2(327)	上海蒙藏交通公司发起人
刘昌宗		6(92)	东晋经师
刘忠恕		6(216)	宋朝学者
刘知几		6(80) 6(106) 6(213)	唐史家
刘和涵		3(1246)	股东
刘季陵	名胜	8(495)	东汉太守
刘秉璋	字仲良	1(36) 6(50) 8(146) 8(467)	咸丰十年进士,淮军名将,浙江巡抚,四川总督
刘命侯		7(166) 8(783)	三益采矿公司老板

续 表

姓 名	其他称谓	册(页)	备 考
刘念祖		6(493)	刘焕兄
刘 攽		8(849)	北宋史家
刘 肥	齐悼惠王	8(109)	西汉诸侯
刘 炜	字一飞,亦字云程	6(407) 8(726) 8(805)	海门良农
刘泽人		7(518) 8(471)	如皋孝廉,公羊学家,藏书家
刘学祖		6(493)	刘焕次妹
刘宝寿	字荼生	3(1166)	张謇进士同年
刘宝楠		7(28)	宝应人,清知县
刘宗元		6(462)	刘树森本生曾祖
刘宗璧		6(462)	刘树森曾祖
刘承恩		6(462)	刘树森父
刘孟晋		4(617) 7(335)	张謇暑期讲习会演说记录人
刘 垣	字厚生	1(144) 2(259) 2(260) 2(262) 2(284) 2(290) 2(291) 2(319) 2(321) 2(325) 2(380) 2(388) 2(401) 2(492) 2(567) 2(578) 2(602) 2(603) 2(631) 2(675) 2(726) 2(727) 3(785) 3(802) 3(846) 3(1007) 3(1017) 3(1086) 3(1106) 3(1211) 3(1329) 3(1496) 3(1509) 3(1528) 4(171) 4(271) 5(120) 5(140) 6(351) 7(171) 8(488) 8(497) 8(634) 8(636) 8(648) 8(667) 8(674) 8(697)	何嗣焜婿,大生二厂经理,苏路公司稽核,中国银行商股联合会干事,熊希龄内阁工商兼农林次长

续 表

姓 名	其他称谓	册(页)	备 考
		8(704) 8(708) 8(714) 8(719) 8(722) 8(724) 8(726) 8(727) 8(728) 8(734) 8(743) 8(751) 8(754) 8(755) 8(758) 8(760) 8(762) 8(763) 8(764) 8(765) 8(766) 8(781) 8(793) 8(795) 8(803) 8(805) 8(806) 8(808) 8(846) 8(648) 8(854) 8(856) 8(911) 8(924) 8(971) 8(973) 8(1016) 8(1028) 8(1033) 8(1034) 8(1038)	
刘荫人	名邦泽	3(1414) 3(1570) 7(496) 8(333) 8(334) 8(337) 8(391) 8(393)	张謇早年友
刘荃孙		8(618)	张謇友
刘树屏	字葆良	1(96) 2(207) 3(1480) 5(100) 5(101) 5(102)	光绪十六年进士,安徽候补道,南洋公学总理,津浦铁路南段总办,中国图书公司发起人
刘树堂	亦作树棠,字景韩,号仲良	1(36)	监生,福建、浙江布政使,河南、浙江巡抚
刘树堂	又名树棠,号芋珊	1(285) 1(301) 2(469)	江西赣县公民、商绅
刘树森	字旭初	1(144) 1(439)(注:误为树声) 6(414) 6(461) 6(462)	刘渭清父,钱庄主,预备立宪公会职员
刘 咸		4(111)	清淮扬道
刘 晒	刘景	6(106) 6(198)	北魏史家
刘 昫	又朐	6(3) 6(213)	后晋《唐书》监修
刘 昱		7(69)	宋后废帝

续 表

续 表

姓　名	其他称谓	册(页)	备　　考
刘冠嘉		6(462)	刘树森孙
刘　祜		8(185)	汉安帝
刘贯经	名镛,人称贯丈、贯翁	3(1595) 6(289) 6(290) 7(498) 8(384) 8(386) 8(463) 8(502) 8(503)	湖州富商,员外郎
刘　珩		6(619)	清雍正吕四士大夫
刘恭录		1(95) 1(148)	督部
刘桂馨	字一山	1(26) 2(76) 2(87) 2(103) 2(259) 2(417) 2(446) 2(468) 2(476) 2(529) 3(1475) 3(1569) 3(1596) 3(1636) 4(27) 4(125) 4(277) 5(136) 5(138) 5(139) 5(145) 5(148) 7(59) 7(516) 8(282) 8(283) 8(285) 8(296) 8(323) 8(328) 8(339) 8(398) 8(402) 8(403) 8(404) 8(407) 8(409) 8(410) 8(411) 8(420) 8(423) 8(426) 8(429) 8(434) 8(447) 8(576) 8(598) 8(668) 8(716) 8(755) 8(804) 8(1011) 8(1012)	通州关庄布商,大生纱厂股东
刘桓公		6(64)	春秋刘国国君
刘　贾		8(109)	西汉荆王
刘烈卿		2(240) 2(461) 2(648) 2(656) 2(733) 3(843) 3(1618) 5(139) 5(212) 5(216) 5(249) 5(250) 7(258) 7(288) 7(300) 7(311) 7(316) 7(319)	张謇晚年挚友、幕僚,通州乡绅

续 表

姓　名	其他称谓	册(页)	备　　考
		7(321) 7(326) 7(330) 7(337) 7(338) 7(340) 7(345) 7(347) 7(355) 7(357) 7(362) 7(370) 7(376) 7(381) 7(389) 7(391) 7(393) 7(397) 7(404) 7(406) 7(409) 7(420) 8(892) 8(903) 8(915) 8(941) 8(942) 8(944) 8(945) 8(946) 8(949) 8(951) 8(953) 8(955) 8(958) 8(959) 8(964) 8(967) 8(969) 8(973) 8(980)	
刘　晏		2(33) 3(1235) 4(86) 4(88) 4(89) 4(90) 4(173) 4(203) 6(87) 6(239) 6(241) 6(353) 8(312) 8(702)	唐理财家
刘健之	名体乾	7(420)	刘秉璋子,四川宣慰使,碑版家
刘　颂		6(99)	西晋吏部尚书
刘益卿		3(1438) 3(1597) 8(337) 8(374) 8(398)	张謇乡友,盐垦职员
刘海楼		6(28) 7(485) 8(71) 8(85) 8(86) 8(97) 8(99) 8(105) 8(108) 8(116) 8(117) 8(118) 8(133) 8(134) 8(144) 8(146) 8(163) 8(180) 8(182) 8(183) 8(184) 8(185) 8(186) 8(188) 8(192) 8(193)	张謇庆军幕友,光禄寺署正
刘浚卿	名钟灵	8(84) 8(93)	观察

续 表

姓　名	其他称谓	册(页)	备　考
刘　逵		6(148)	《吴都赋》注者
刘乾一		1(334)	民初农商部矿务监督署技士
刘崇佑	字崧生	1(196)	早稻田大学毕业,福建咨议局副议长,福建国会代表
刘铭传	字省三,人称省帅	1(4) 1(10) 1(36) 2(53) 2(54) 3(1607) 8(82)	淮军将领,直隶提督,台湾首任巡抚
刘　猛	灭蝗保穑之神	6(281) 7(436) 8(437) 8(485) 8(486)	传说原型为宋将刘锜
刘　焕		2(684) 2(738) 6(492) 6(493) 8(896)	刘长蔚子,如皋知事,江苏沙田局总办,咨议
刘焕章		6(290)	刘镛父
刘鸿生	字克定	3(1194)	上海圣约翰大学肄业,英商开平矿务局买办,苏州鸿生火柴公司、上海水泥公司创办人
刘渔珊	名兆梅	8(83) 8(84) 8(85) 8(93) 8(106) 8(109)	张謇吴长庆幕友
刘　隆		8(131)	汉殇帝
刘　综		6(15)	宋刑部郎中
刘絅宧		5(41) 5(42) 5(607) 5(626) 5(628) 5(652) 5(657) 5(681)	进士,南浔首富刘镛子,同仁泰盐业公司股东
刘琴堂		8(237)	庆军将领
刘　琨		6(8) 6(183)	西晋政治家、文学家、军事家
刘　琰		5(123)	明知县

续 表

姓 名	其他称谓	册(页)	备 考
刘彭寿		3(1413) 3(1414)	建筑承包人
刘葆良		8(588) 8(589) 8(598) 8(620)	张謇友
刘 敬	原名娄敬	8(111)	西汉郎中
刘敬熙		3(1430)	农科教员
刘葱石		6(464) 7(150) 8(716)	参议
刘朝贵		2(23)	清总兵
刘朝宰		3(1613)	张謇职员
刘紫回		6(72) 6(73)	张謇友刘锦藻兄
刘鼎祥		4(238)	通师学生
刘景山		2(274)	译员
刘景华		6(492)	刘长蔚父
刘景星		8(219)	张謇早年友
刘景烈		4(303)	资政院议员,民初江西临时议会议长
刘 斌	字伴霞	8(93)	观察
刘善奎		7(351)	京剧名伶
刘善渥		1(196)	湖南国会代表
刘道士		3(1618)	垦牧职员
刘道昭		1(530)	铜山农会会长
刘湛恩		6(290)	刘镛曾祖,赠中议大夫
刘温甫		3(1457) 3(1463) 8(219)	盐垦职员
刘 裕		4(207) 8(191)	南朝宋开国皇帝

续 表

姓 名	其他称谓	册(页)	备 考
刘 禅		6(247) 7(69)	蜀汉后主
刘 谦		1(317) 1(334)	民初农商部矿务监督署技正
刘瑞亭		3(1402)	“钧和”舰长
刘蓂墀		8(6) 8(12) 8(40) 8(54) 8(55) 8(57) 8(63) 8(75) 8(156) 8(875)	张謇早年友
刘颐伯		8(467)	张謇杭州友
刘献之		2(302) 8(315) 8(339)	张謇僚属
刘椿龄		6(461)	清乾嘉吕四盐业大商,淮南藏书家
刘 槐		6(407)	刘炜父
刘锡恩		1(641)	徐坝汛段队目
刘锦棠	字毅斋	1(10) 2(54)	湘军将领,新疆首任巡抚
刘锦藻	字徵如,又字澂如、澄如	1(129) 2(221) 2(222) 2(269) 3(1652) 5(140) 6(290) 7(435) 8(305) 8(334) 8(484) 8(496) 8(503) 8(570) 8(574) 8(604) 8(618) 8(620)	张謇同科进士,工部郎中,内阁侍读学士,与张謇同创大达轮埠公司,民初参政院参政
刘鹏万		1(546)	高界运河切滩工程工员
刘 靖		6(238) 6(240)	三国魏镇北将军
刘 歆		4(280) 6(80) 6(125) 6(138) 6(212) 6(238) 6(240) 6(489) 8(589)	西汉古文经学家
刘源汇		8(91)	通州举人、乡绅
刘福彪		8(756)	陈其美福字营司令

续 表

续 表

姓 名	其他称谓	册(页)	备 考
刘 肇		8(131)	汉和帝
刘 瑾		6(14)	明正德年间宦官
刘 蕡		8(64)	唐进士
刘镇华		3(1156)	镇嵩军统领,陕西督军、省长
刘德保		8(578)	船东
刘鹤龄	字云皋	6(520)	清乾隆宜昌知府
刘 勰		6(67) 6(297) 6(298)	南朝梁文学理论家
刘燕翼		1(241) 1(242) 1(243) 1(244) 2(337) 2(338)	苏松太道
刘懋赏		1(196)	山西国会代表
刘燮钧	字乙青	6(311) 6(313)	吴县附生,寄居海门,试用训导,县商会会长
刘襄孙		8(446)	张謇友
刘 濞		8(111)	西汉吴王
刘 曜		6(106)	赵昭文帝
刘馥畴	字逢吉	3(1602) 3(1603) 6(325) 6(327) 6(489) 7(21) 7(48) 7(482) 7(490) 7(491) 8(3) 8(4) 8(5) 8(6) 8(7) 8(8) 8(9) 8(10) 8(11) 8(12) 8(14) 8(17) 8(20) 8(22) 8(23) 8(27) 8(31) 8(35) 8(36) 8(37) 8(38) 8(39) 8(40) 8(41) 8(43) 8(44) 8(46) 8(50) 8(54) 8(55) 8(56) 8(57) 8(59) 8(60) 8(61) 8(62) 8(63) 8(65) 8(66)	张謇乡友、幕僚,贡生、明经

续 表

姓　名	其他称谓	册（页）	备　　考
		8(67) 8(70) 8(73) 8(75) 8(78) 8(89) 8(95) 8(99) 8(101) 8(102) 8(103) 8(108) 8(111) 8(115) 8(119) 8(121) 8(124) 8(125) 8(126) 8(127) 8(136) 8(140) 8(141) 8(142) 8(143) 8(145) 8(147) 8(150) 8(151) 8(153) 8(155) 8(157) 8(161) 8(162) 8(164) 8(165) 8(166) 8(188) 8(195) 8(196) 8(197) 8(203) 8(206) 8(216) 8(217) 8(221) 8(222) 8(224) 8(226) 8(229) 8(230) 8(233) 8(280) 8(281) 8(302) 8(310) 8(991) 8(1002)	
刘　彝		6(81)	北宋均州团练使
刘瀚清		6(462)	刘树森长子，优行附生
刘瀛清		6(462)	刘树森四子，江南高等学堂肄业
刘瀛宾	名于澣	2(32) 2(36) 8(264) 8(265) 8(266)	张謇孙云锦幕友，候补知县
刘懿孙		3(1311)	张謇世讲
刘馥如		7(480) 8(914)	张謇僚属
刘　瓛		6(116) 6(131) 6(132) 6(134) 6(144) 6(145) 6(147) 6(154) 6(155) 6(183) 6(188) 6(272)	南朝齐文家
齐　琸	又名卓元	6(600)	齐茂林长子，军需官

续 表

姓 名	其他称谓	册(页)	备 考
齐圣传		6(600)	齐茂林父
齐自生		6(599)	齐茂林祖
齐兆举		6(599)	齐茂林曾祖
齐如山		2(648) 2(702) 2(704) 2(735) 2(739) 2(744) 2(753) 3(771) 3(815) 3(916) 8(864) 8(873)	京剧名编剧,梅兰芳合作者
齐苏勒		8(117)	清河道总督
齐体元		6(600)	齐茂林子
齐茂林	字孟芳,清封通议大夫,累封武功将军	3(900) 6(599) 8(956)	江苏督军齐燮元父
齐国湘		8(982)	通州垦牧乡女教师
齐济元		6(600)	齐茂林子
齐鸿达		6(600)	齐茂林孙
齐鸿远		6(600)	齐茂林孙
齐鸿鹄		6(600)	齐茂林孙
齐惠安	字惠庵	3(1061) 3(1096)	统领
齐 瑸		6(600)	齐茂林次子,江西榷运局长
齐燮元	原名瑛,字抚万	3(812) 3(813) 3(869) 3(871) 3(882) 3(896) 3(911) 3(990) 3(1004) 3(1007) 3(1019) 3(1024) 3(1035) 3(1054) 3(1058) 3(1060) 3(1069) 3(1076) 3(1081) 3(1102) 3(1152) 3(1154) 3(1160) 3(1187)	直系军阀,江苏督军,苏皖赣巡阅使,导淮督办,陆军上将

续 表

续 表

姓 名	其他称谓	册(页)	备 考
米万钟		8(58)	明书画家
米占元		2(394)	旅长
米襄阳	名芾	8(43)	宋书家
守 禅		2(648)	南通西寺住持
江一麟		6(564)	明进士
江又新		3(1622)	垦牧职员
江 干		5(125)	清如皋诗家
江干卿		3(999)	盐商代表
江小楼		8(648)	大生股东
江 开	号龙门	8(109)	道光十五年举人,陕西紫阳知县
江天铎	字竞庵,又字靳盦	3(1177) 3(1273)	早稻田大学法律政治科毕业,农商次长,扬子江水道讨论委员会副委员长
江元良		3(882)	阜宁商界代表
江升初		6(564)	江导岷族老
江月楼		8(19)	孙云锦友
江亢虎	号亢庐、洪水	3(1167) 3(1173)	北京东文学堂毕业,刑部主事,中国社会党创始人,无政府主义者
江立全		5(171)	马世雍世徒
江汉三		3(1181)	中华国民制糖公司股东
江汉龙		5(125)	清如皋画家
江有潮		6(564)	江导岷父

续　表

姓　名	其他称谓	册（页）	备　　考
江知源	名导岷，字滋园	1(167) 1(197) 1(203) 2(259) 2(446) 2(447) 2(448) 2(460) 2(468) 2(478) 2(741) 3(761) 3(1016) 3(1063) 3(1066) 3(1068) 3(1071) 3(1072) 3(1075) 3(1082) 3(1087) 3(1101) 3(1102) 3(1147) 3(1148) 3(1158) 3(1176) 3(1183) 3(1184) 3(1201) 3(1205) 3(1221) 3(1222) 3(1251) 3(1298) 3(1354) 3(1400) 3(1421) 3(1423) 3(1433) 3(1434) 3(1435) 3(1436) 3(1438) 3(1439) 3(1441) 3(1442) 3(1443) 3(1444) 3(1445) 3(1446) 3(1447) 3(1448) 3(1449) 3(1450) 3(1451) 3(1452) 3(1455) 3(1456) 3(1457) 3(1458) 3(1459) 3(1460) 3(1461) 3(1463) 3(1464) 3(1465) 3(1466) 3(1467) 3(1468) 3(1469) 3(1470) 3(1471) 3(1472) 3(1473) 3(1474) 3(1475) 3(1476) 3(1477) 3(1478) 3(1479) 3(1480) 3(1481) 3(1482) 3(1483) 3(1484) 3(1485) 3(1486) 3(1487) 3(1488) 3(1489) 3(1490) 3(1491) 3(1492) 3(1493) 3(1494) 3(1495) 3(1496) 3(1497) 3(1498) 3(1499) 3(1500) 3(1501) 3(1502) 3(1503) 3(1504) 3(1505) 3(1506) 3(1507) 3(1508) 3(1509) 3(1510) 3(1513) 3(1514) 3(1515) 3(1516) 3(1517)	张謇江宁文正书院门生，陆师学堂毕业生，通海垦牧公司副经理，南通实业总务处副主任

续 表

续 表

姓 名	其他称谓	册(页)	备 考
江雨棠		8(96)	太守
江叔海	名瀚,又作翰,别号石翁山民	7(400) 8(743)	重庆东川书院山长,江苏高等学堂、两级师范学堂监督,京师图书馆长,四川盐运使
江忠源	字常儒,号岷樵	1(5)	道光举人,浙江知县,湖北巡按使,安徽巡抚
江学权		2(628) 2(641) 2(658) 4(238) 7(190)	通师优等生,张謇僚属
江宗侯		3(1179)	安徽教育官员
江建糓	名标,字建霞,号师邧,自署誃笘	8(453) 8(1014)	光绪十五年进士,编修,湖南学政,陈宝箴新政幕僚
江树滋		6(564)	江导岷族老
江祖照		1(497)	江苏省议员
江致恭		6(563)	宋忠翼郎
江 恩		5(122)	明千户
江 敌		6(563)	江祯八世孙,进贤尉
江席珍		6(564)	江导岷族老
江益原		2(98) 2(722) 3(1419) 3(1435) 3(1464) 3(1465) 3(1469) 7(122) 8(518) 8(577) 8(578)	张謇幕僚
江 祯	原姓萧	6(563)	萧遘次子,江南节度使
江 焕		6(513)	渠堤工程负责人
江淑康		6(572)	吴佐良妻,南通慈善家
江淦泉		6(564)	江导岷族老

续表

姓　名	其他称谓	册(页)	备　考
江　董		6(563)	江祯长子,婺源主簿
江禅山		6(588)	张謇金融友
江　谦	字易园,号阳复	2(156) 2(259) 2(390) 2(478) 2(488) 2(509) 2(696) 2(724) 3(789) 3(806) 3(1349) 3(1369) 3(1413) 3(1423) 3(1424) 3(1425) 3(1426) 3(1427) 3(1431) 3(1432) 3(1477) 3(1480) 3(1486) 3(1501) 3(1506) 3(1509) 3(1526) 3(1530) 3(1554) 3(1573) 3(1618) 4(467) 5(155) 5(171) 5(248) 6(270) 6(425) 7(116) 7(405) 7(406) 7(116) 7(245) 7(246) 8(402) 8(434) 8(483) 8(604) 8(622) 8(675) 8(677) 8(686) 8(694) 8(713) 8(714) 8(719) 8(723) 8(724) 8(725) 8(727) 8(771) 8(883) 8(884) 8(1008) 8(1011) 8(1028) 8(1035)	张謇崇明书院门生,南洋公学毕业生,通州师范代校长,安徽教育会长,江苏教育司长,南京高师校长
江幹卿		7(372) 8(824) 8(939) 8(954) 8(963) 8(964)	太学生,大豫盐垦公司职员
江锡轩		8(369)	庙镇衣庄主
江筠松		6(564)	江导岷族老
江慎修	名永	5(155) 6(270) 7(116) 8(282) 8(483)	江谦祖父,徽府学生、贡生,经学家、音韵家
江福霖		6(564)	江导岷族老
江碧云		6(564)	江导岷族老

续 表

姓　名	其他称谓	册（页）	备　　考
江霄纬	名衡	7(312)	江标胞兄，进士，固县知县，荣德生僚属
江德纯		8(167)	十里坊名医
江赞禹		6(564)	江导岷叔祖
江　藩		6(136) 6(137) 6(138) 6(139) 6(165) 6(197) 6(198) 6(201) 6(202)	清经学家、目录学家
江馨甫		6(588)	张謇金融友
汲　黯		8(111)	西汉大臣
池仲英	名文藻	3(1421) 3(1422) 4(69) 8(580)	通州师范教习
汝　南		3(1568) 8(116) 8(205)	张謇友
汤		6(68) 6(300)	上古帝
汤小秋		8(47) 8(85) 8(235)	观察
汤不疑	字袭明	5(123)	明经、诗家
汤化龙	字济武、跻武、继武	2(269) 2(338) 2(381) 4(303) 4(304) 4(305) 5(172) 8(728)	光绪三十年进士，山西大学堂教席，湖北咨议局议长，武昌都督府政事部长，段祺瑞内阁内务总长
汤化能		5(171)	中华书局董事
汤玉兰		8(670)	“大新”轮司柁
汤乐民	禄名	7(170) 8(794)	两淮盐运判，书画家
汤有光	字慈明	5(124)	明文家
汤寿潜	初名震，字蛰先、蛰仙	1(32) 1(33) 1(118) 1(132) 1(144) 2(111) 2(114) 2(115) 2(118) 2(119) 2(121) 2(141)	张謇友，光绪十八年进士，内阁中书，安徽寿阳知县，张之洞幕僚，浙路公司总理，

续 表

姓　名	其他称谓	册(页)	备　考
		2(143) 2(145) 2(175) 2(176) 2(210) 2(211) 2(221) 2(222) 2(234) 2(271) 2(296) 2(309) 2(318) 2(321) 2(442) 2(468) 2(479) 2(496) 2(498) 3(804) 3(945) 3(1420) 3(1424) 3(1440) 3(1458) 3(1465) 3(1466) 3(1467) 3(1470) 3(1571) 3(1585) 3(1626) 4(35) 4(597) 5(33) 5(102) 5(136) 5(140) 5(171) 5(431) 6(288) 6(441) 6(442) 6(457) 6(581) 6(605) 7(200) 7(372) 7(376) 7(506) 8(385) 8(483) 8(489) 8(494) 8(496) 8(497) 8(498) 8(499) 8(506) 8(508) 8(509) 8(511) 8(512) 8(513) 8(515) 8(516) 8(523) 8(525) 8(527) 8(530) 8(533) 8(536) 8(553) 8(567) 8(568) 8(569) 8(570) 8(571) 8(574) 8(576) 8(577) 8(582) 8(584) 8(588) 8(589) 8(590) 8(597) 8(598) 8(603) 8(616) 8(618) 8(624) 8(632) 8(633) 8(638) 8(649) 8(653) 8(654) 8(655) 8(656) 8(658) 8(665) 8(675) 8(679) 8(687) 8(689) 8(690) 8(693) 8(698) 8(705) 8(706) 8(712) 8(714) 8(731) 8(742) 8(748) 8(750)	预备立宪公会副会长,浙江咨议局议长,杭州军政府都督,统一党参事

续 表

姓　名	其他称谓	册（页）	备　　考
		8(760) 8(761) 8(831) 8(494) 8(590) 8(831) 8(1007) 8(1016) 8(1017) 8(1018) 8(1020) 8(1022) 8(1023) 8(1025) 8(1026) 8(1029) 8(1030) 8(1032) 8(1033) 8(1039)	
汤孝佶		6(608)	汤寿潜子
汤孝德		6(608)	汤寿潜子
汤甸源		6(606)	汤寿潜祖
汤饮和		5(125)	清通州画家
汤沛恩		6(606)	汤寿潜父
汤雨生	名贻汾，字若仪，号若翁，谥贞愍	7(157) 7(295) 8(753)	以祖父荫袭云骑尉，清温州镇副总兵，浙江乐清副将，常州诗人、书画家
汤拙存		8(574) 8(728) 8(763)	汤寿潜长子，大维营业所考工所长
汤　城		2(611)	《民法》编译者，《民事诉讼法讲义》油印本编者
汤思斋	又名思哉	2(610) 3(886) 3(1107) 3(1538) 3(1616) 8(929)	张謇友
汤钦文		6(606)	汤寿潜曾祖
汤癸生		8(567)	华新纺织总局经理
汤继瑞		2(166) 2(167)	宰官，江苏金坛县学务总董
汤　彬		3(1431)	通师学生
汤铭之		8(405)	张謇乡人
汤　斌		5(123)	清尚书

续 表

姓　名	其他称谓	册(页)	备　　考
汤尊三		8(79)	张謇乡友
汤　福		8(744)	张謇下属
汤锦城		4(238)	通师学生
汤鹏举		6(606)	汤寿潜先祖
汤慎台		8(51)	明府
汤静山	名舜耕	4(379) 4(381)	鼎丰垦殖公司发起人
汤　叡		1(477)	中国银行总裁
汤憩棠		8(34)	张謇友
宇文士及		6(107)	唐宰相
守　藩		8(38)	张謇乡丈
祁世长	字子禾、子和,号敏斋,谥文恪	2(50) 6(53) 8(87) 8(94) 8(96) 8(131) 8(173) 8(182) 8(238) 8(340) 8(343) 8(344) 8(605) 8(997)	咸丰十年进士,学使,内阁学士,工部尚书,会试典试大臣
祁　月	字师曾	6(466) 7(89) 8(347) 8(360)	祁世长孙
祁重喆		1(682) 1(712) 1(713) 1(734)	运河总稽查
祁祖鎏		5(118)	中国图书公司董事
祁祖彝		2(259)	耶鲁大学毕业生,政府官员
祁冕庭		8(669) 8(674)	苏路公司董事
祁孳闵		8(604) 8(605)	祁世长庶子
祁瑞符		2(12)	孝廉
祁寯藻	字叔颖,谥文端	6(614)	清体仁阁大学士,太子太保

续 表

姓　名	其他称谓	册（页）	备　　考
许乃文		3(1311)	张謇友
许士泰		8(556) 8(557)	北海道山东籍农人
许小若		3(1633)	垦牧盐业经理
许小泉		3(1479) 3(1485)	盐垦职员
许飞琼		8(189)	神话人物
许少斋		8(420)	张謇嘉兴友
许心武		3(1223)	河海工科毕业生，顺直水利会职员
许世英	字静仁，又字俊人、隽人，号云楼	3(992) 3(1095) 3(1162)	拔贡，刑部主事，山西布政使，安徽省长
许石卿		8(36) 8(77) 8(79) 8(156) 8(187)	张謇乡友
许　由		6(604) 8(122)	唐尧时高士
许乐如		8(115) 8(120) 8(154) 8(155)	张謇沪友，太古账房
许　芝		6(126)	三国魏太史
许有麟		8(159)	编修
许贞幹	字豫生	8(187)	张謇同年，翁同龢门生
许廷献		8(604)	张謇友
许　行		7(405)	战国思想家
许仲仪		1(705)	江北木商代表
许汝桢		1(715) 1(762)	江苏运河工程局委员
许　孚		5(123)	明主事
许应骙	字德昌，号筠庵	8(456) 8(1014)	道光三十年进士，总理各国事务衙门大臣，江宁布政使，闽浙总督

续 表

姓 名	其他称谓	册(页)	备 考
许良芳		6(457)	三宝垄华侨领袖
许 直	字若鲁	5(123)	明太仆卿
许松甫	又作崧甫	7(474) 7(529) 8(871)	张謇友
许受益		6(617)	许嘉谷子
许受培		6(617)	许嘉谷子
许受善		6(617)	许嘉谷子
许受道		6(617)	许嘉谷子
许受祺		6(617)	许嘉谷子
许受禄		6(617)	许嘉谷子
许庚身	字星叔,号吉珊	8(58) 8(173)	同治元年进士,礼部侍郎,江西学使,大理寺卿,兵部尚书
许泽初	名德润,又字汝玉	2(522) 2(535) 2(685) 3(919) 3(1141) 3(1432) 3(1519) 3(1520) 3(1521) 3(1522) 3(1523) 3(1524) 3(1525) 3(1526) 3(1527) 3(1528) 3(1529) 3(1530) 3(1531) 3(1533) 3(1539) 3(1540) 3(1541) 3(1544) 3(1550) 3(1553) 3(1556) 3(1560) 3(1571) 3(1572) 7(164) 7(194) 7(353) 8(627) 8(631) 8(642) 8(654) 8(657) 8(658) 8(677) 8(678) 8(679) 8(680) 8(681) 8(682) 8(683) 8(684) 8(685) 8(686) 8(687) 8(688) 8(689) 8(690) 8(691) 8(694) 8(695) 8(696)	张謇门生,新通、新南、阜通盐垦公司负责人

续 表

姓　名	其他称谓	册（页）	备　　考
		8(698) 8(699) 8(701) 8(702) 8(704) 8(705) 8(712) 8(713) 8(714) 8(716) 8(719) 8(722) 8(724) 8(725) 8(726) 8(727) 8(729) 8(730) 8(734) 8(742) 8(743) 8(749) 8(750) 8(754) 8(761) 8(765) 8(767) 8(772) 8(774) 8(776) 8(777) 8(778) 8(779) 8(780) 8(781) 8(782) 8(783) 8(784) 8(785) 8(799) 8(804) 8(820) 8(822) 8(823) 8(824) 8(831) 8(832) 8(842) 8(895) 8(929) 8(1032)	
许宝善		6(91)	清监察御史
许春波		8(48) 8(49)	张謇友
许厚如		8(34) 8(50)	观察
许星璧	字东畬	7(509) 8(656) 8(658) 8(664) 8(669) 8(679) 8(1023)	常州、江宁知府
许钧和		2(140)	袁树勋属僚
许秋飒		3(1329) 8(957)	吴淞商埠局参事
许剑青		3(1300)	沪闸北工巡局局长
许　浑		7(60)	晚唐诗人
许　振		7(165) 7(166) 7(254) 8(686) 8(790) 8(1028) 8(1034) 8(1036)	张謇秘书
许振祎	字仙屏，号大泽村人	7(86) 6(282) 8(399)	同治二年进士，江宁布政使，东河河道总督，广东巡抚，文正书院创办者

续 表

姓　名	其他称谓	册(页)	备　考
许恩溥	字子博	7(503) 8(408) 8(534)	许鼎霖父,县丞,同知衔
许健云		8(711)	张謇乡友
许海珊		8(609) 8(621)	张謇友
许　容	字默公,号实夫	5(124) 5(125)	清康熙如皋篆刻家、画家
许鸿祝		3(1594) 3(1595) 8(299) 8(421)	张謇友
许情荃		2(181)	如皋师范学监,民政署实业、警务课长,书画家
许敬五	名宏恩	5(139) 8(729) 8(732)	吴淞水师参将,狼山镇总兵
许朝桢		8(990)	余东诸生
许鼎霖	字九香、久香	1(96) 1(132) 1(134) 1(414) 2(141) 2(200) 2(205) 2(206) 2(208) 2(209) 2(210) 2(220) 2(221) 2(222) 2(223) 2(234) 2(235) 2(247) 2(293) 2(445) 2(474) 2(512) 2(538) 2(548) 2(560) 3(793) 3(1535) 3(1541) 3(1542) 3(1544) 3(1567) 3(1569) 3(1570) 3(1629) 3(1634) 3(1642) 4(140) 4(141) 4(143) 4(382) 7(133) 7(503) 7(514) 7(515) 8(273) 8(276) 8(584) 8(589) 8(597) 8(598) 8(600) 8(601) 8(602) 8(603) 8(604) 8(605) 8(606) 8(607) 8(608) 8(609) 8(614) 8(615) 8(619) 8(620) 8(622) 8(631) 8(632) 8(638) 8(639)	光绪八年举人,秘鲁领事,安徽候补道,浙江省洋务局总办,江苏咨议局议员,资政院议长,江苏省议会议长,与张謇合办耀徐玻璃公司

续 表

姓　名	其他称谓	册（页）	备　　考
		8(640) 8(642) 8(645) 8(648) 8(650) 8(658) 8(661) 8(668) 8(669) 8(671) 8(673) 8(674) 8(676) 8(677) 8(678) 8(679) 8(685) 8(688) 8(689) 8(690) 8(693) 8(694) 8(698) 8(701) 8(704) 8(711) 8(720) 8(721) 8(723) 8(743) 8(744) 8(747) 8(763) 8(775) 8(796) 8(1020) 8(1021) 8(1022) 8(1023) 8(1032)	
许鼎馨		1(540) 1(554)	赣榆商务会长
许景澄	字竹筼、竹云，又字拱辰，谥文肃	8(496) 8(790) 8(1017)	同治七年进士，总理各国事务衙门大臣，京师大学堂总教习，中东铁路公司督办
许铸江		7(309)	张謇友
许鲁山		8(577) 8(604) 8(609)	张謇同年，江淮巡抚
许巽公		8(940) 8(951) 8(952) 8(1046)	张孝若出使随员
许聘三		2(488) 3(1505) 3(1661) 3(1662) 7(529) 8(402) 8(403) 8(405) 8(445) 8(448) 8(601) 8(778) 8(802) 8(876) 8(1013)	张謇友，常乐社仓仓董
许　源		5(209)	中华职业教育社副总队长
许　慎		6(126) 6(169) 8(110)	东汉学者

续 表

姓　名	其他称谓	册(页)	备　考
许静山	名珏,号复庵	8(56) 8(60) 8(107) 8(229)	张謇谓"锡山志士",举人,山东巡抚丁宝桢幕宾,出使意大利大臣
许嘉谷	字稻荪	6(617)	茧丝商,慈善家
许蔚生		3(1091) 3(1112) 3(1146)	大丰公司场长
许肇南	字石楠	1(420) 2(521) 2(564) 2(651) 3(803) 3(862) 3(895) 3(933)	河海工程学校校长
许　僮		8(625)	不详
许慧轩		8(56)	张謇友
许　徵		1(317) 1(334)	民初农商部矿务监督署技正
许鹤丞		8(858)	导淮测量局长
许篑竹		8(37) 8(38) 8(64) 8(125) 8(143) 8(150) 8(152) 8(153) 8(282) 8(310) 8(311) 8(401) 8(421) 8(423)	张謇助手
那　桐	叶赫那拉氏,字琴轩	1(220) 4(233) 4(234) 8(538) 8(545) 8(546) 8(720) 8(721) 8(969)	光绪举人,尚书衔户部侍郎,外务部左侍郎,皇族内阁协理大臣
阮　元	字伯元、良伯,谥文达	6(198) 7(75) 8(262) 8(318) 8(467)	乾隆五十四年进士,两湖、两广、云贵总督,学海堂创办者,经学家
阮斗瞻	名忠枢	8(721)	淮军将领,袁世凯幕僚,民初总统府副秘书长、内史长
阮申仲	阮引传	2(49) 8(344) 8(345) 8(1008)	国子监官

续 表

姓 名	其他称谓	册（页）	备 考
阮孝绪		6(106)	南朝梁史家
阮步兵	名籍	2(3) 8(61) 8(65) 8(342)	三国魏步兵校尉
阮 咸		8(342)	三国魏竹林七贤
阮 逸	字天隐	5(123) 6(192)	宋天圣五年进士，音乐家
孙一致	字惟一	6(90)	进士，侍读学士，诗家
孙 大		8(82) 8(84) 8(129)	张謇仆
孙万疆		6(43)	孙谨斋祖
孙小搢		8(5) 8(7) 8(8) 8(9)	张謇乡友
孙子与		6(31) 8(135) 8(145) 8(147) 8(148) 8(150)	张謇友
孙子荆	名楚	6(12)	晋参军、冯翊太守
孙子鈇	名钺	2(259) 2(576) 3(1414) 3(1416) 3(1504) 3(1530) 3(1532) 3(1552) 3(1614) 3(1616) 3(1617) 6(424) 7(472) 8(621) 8(725) 8(727) 8(780)	通州师范毕业，博物苑主任
孙元方	字景西	2(603)	美国白郎大学博士，财政币制委员会董事，上海银行公会副会长，中国银行商股联合会干事
孙云阶		1(170) 5(28)	海门小安沙地主
孙云锦	字海岑	2(11) 2(31) 2(37) 2(38) 3(1644) 6(86) 6(112) 6(113) 6(218) 6(219) 6(221) 6(224) 6(225) 6(261) 6(326) 6(439)	张謇“海师”，通州知州，江宁发审局，开封知府，道员

续 表

续 表

姓 名	其他称谓	册（页）	备 考
		8(265) 8(266) 8(267) 8(269) 8(271) 8(272) 8(273) 8(276) 8(282) 8(289) 8(291) 8(295) 8(303) 8(304) 8(315) 8(319) 8(322) 8(323) 8(333) 8(334) 8(335) 8(337) 8(339) 8(340) 8(348) 8(349) 8(350) 8(352) 8(353) 8(361) 8(365) 8(401) 8(402) 8(409) 8(569) 8(993) 8(994) 8(995) 8(996) 8(997) 8(998) 8(1001) 8(1003) 8(1004) 8(1005) 8(1006) 8(1007) 8(1008) 8(1009) 8(1011)	
孙五郎		8(710) 8(1026)	宋季镇民
孙友朋		6(617)	与许嘉谷合创培工学校者
孙少卿		8(82)	张謇乡友
孙少筠		3(790) 3(842)	张謇友
孙中山	名文，字逸仙，化名中山樵	1(237) 1(241) 1(243) 1(244) 2(300) 2(303) 2(306) 2(307) 2(309) 2(312) 2(313) 2(314) 2(316) 2(321) 2(325) 2(327) 2(583) 3(873) 3(907) 3(1203) 3(1371) 4(234) 4(601) 4(602) 4(605) 4(607) 4(608) 4(622) 4(623) 4(626) 7(525) 8(732) 8(733) 8(736) 8(768) 8(964) 8(1030) 8(1048)	民主革命先驱

续 表

姓　名	其他称谓	册(页)	备　　考
孙见侯		8(51)	张謇友
孙文涛		3(1497)	孙观澜弟
孙玉仙	名锵,室名十二万卷楼	3(876)	张謇友,光绪二十年进士,中书科中书授越隽厅篆,藏书家
孙正联		6(219)	孙云锦祖
孙世仪	字渔曹	5(122)　注:孙世仪志刘伊墓,列在明代,误。	清通州书家、诗家
孙世缵		2(532)	留美学生
孙尔福		1(600) 1(608) 1(610) 1(630) 1(634) 1(721) 1(731)	运河局技士
孙亚甫	名仲平,字雅甫	2(30) 6(222) 6(261) 6(262) 7(489) 8(43) 8(47) 8(48) 8(58) 8(60) 8(63) 8(97) 8(98) 8(112) 8(118) 8(183) 8(210) 8(211) 8(216) 8(222) 8(223) 8(224) 8(226) 8(229) 8(230) 8(232) 8(233) 8(235) 8(237) 8(255) 8(269) 8(272) 8(276) 8(499) 8(994) 8(1003) 8(1004) 8(1006)	增贡,孙云锦四子
孙巩圻		2(335)	律师
孙芝亭	名登瀛,字芝庭,又字继亭,通人称其大痴、痴丈	7(466) 8(15) 8(88) 8(103) 8(104) 8(124) 8(125)	张謇乡友,咸丰二年通州进士
孙过庭		6(622) 8(12)	唐书家
孙成功		3(882)	旅宁阜宁绅界代表

续 表

姓 名	其他称谓	册（页）	备 考
孙廷林		1(134)	湖北候补道
孙廷标		3(1482)	盐垦公司管账
孙廷翰	号问清	5(100) 5(102) 8(693)	光绪十五年进士，国史馆纂修，文渊阁校理，沪杭甬铁路董事，书法家
孙传芳	字馨远，法号智圆，世称馨帅	1(775) 3(1375) 3(1377) 3(1379) 3(1381) 3(1382) 3(1383) 3(1384) 3(1391) 3(1396) 3(1401) 3(1405) 3(1407) 3(1408) 3(1412) 3(1578) 4(627) 7(402) 8(962) 8(972) 8(973) 8(974) 8(975) 8(976) 8(977) 8(979) 8(981) 8(1048) 8(1049)	日本陆军士官学校留学，直系师长，闽浙巡阅使兼浙江军务督理，浙闽苏皖赣五省联军总司令兼省长，苏皖两省淮河流域浚垦督办
孙传学		1(700)	工程事务管理员
孙延钊		6(490)	孙诒让三子
孙延甸		6(490)	孙诒让次子
孙延炯		6(490)	孙诒让七子
孙延畴		6(490)	孙诒让长子
孙延锴		6(490)	孙诒让四子
孙延箸		6(490)	孙诒让九子
孙延撰		6(490)	孙诒让六子
孙延瀚		6(490)	孙诒让五子
孙延灏		6(490)	孙诒让八子
孙仲英	名璞，号阿瑛，别号太璞	3(961) 3(965) 3(971) 3(1003) 3(1013) 3(1043) 3(1052)	留日学生，孙中山秘书，财政部、实业部法规委员会咨议科长，华洋义赈会负责人

续 表

姓 名	其他称谓	册(页)	备 考
孙仰曾		1(117)	乾隆年间浙江藏书家
孙会阳		7(500)	通州州董,广文
孙多森	字荫庭、荫廷	1(144) 1(418) 3(1082)	孙家鼐子,贡生,直隶劝业道,安徽民政长,预备立宪公会会董,启新洋灰公司、滦州矿务局协理,阜丰面粉厂总经理,中国银行总裁
孙如仪		6(522)	督学
孙衣言	字绍闻,号琴西	6(490) 7(523) 8(133) 8(134) 8(142) 8(146) 8(147)	孙诒让父,光绪三十年进士,江宁布政使,太仆寺卿
孙次明	名莾	7(23) 8(17) 8(18) 8(19) 8(20) 8(21) 8(22) 8(28) 8(31) 8(34) 8(43) 8(44) 8(48) 8(49) 8(53) 8(56) 8(57) 8(58) 8(62) 8(63) 8(71) 8(81) 8(82) 8(84) 8(90) 8(115) 8(118) 8(120) 8(129) 8(136) 8(137) 8(148) 8(246) 8(251)	张謇发审局幕友
孙寿祺	字锡祉,号子福	8(8) 8(11) 8(15) 8(16) 8(22) 8(31) 8(35) 8(36) 8(38) 8(39) 8(42) 8(43) 8(48) 8(114) 8(993)	张謇"子师",道光二十四年进士,刑部主事,柳州知府,海门师山书院山长
孙 杞	字支夏	2(469) 2(490) 2(572) 2(573) 2(574) 2(575) 2(576) 2(628) 2(641) 2(642) 3(1507) 3(1555) 3(1614) 3(1659) 4(352) 4(368) 6(404) 6(414) 6(417) 6(456) 8(685) 8(694) 8(746) 8(853)	通师毕业生,技士

续 表

姓 名	其他称谓	册(页)	备 考
孙励清		3(1423)	通海五属中学体操教员
孙步鳌		1(54)	苏狼营田承佃人
孙时雨		7(528)	孙云锦族孙
孙伯龙	名锦标,号慕庐	7(472) 8(594)	张孝若启蒙师,廪贡生,南通商校国文教师,语言学家
孙伯安		8(16)	张謇海安友
孙希贤		7(189) 8(818)	孙观澜祖父
孙希曾		6(490)	县学增广生,孙诒让祖
孙应林		6(43)	孙万疆子
孙应朋		6(43)	孙万疆子
孙应鳌		5(123)	明尚书
孙闳达	字天士,号逊庵	5(122)	康熙三年进士,太原知县
孙良夫		8(238)	春秋卫国执政
孙良璧		5(178)	大赉盐垦公司股东
孙启盛		8(163)	张謇庆军幕友
孙启堂		8(73) 8(82) 8(83)	张謇早年友
孙启晨		6(611)	如皋碾坊主
孙启椿	字绍筠	8(479) 8(495)	孝廉
孙诒让	字仲容、仲颂,晚号籀庼	6(489) 6(490) 7(508) 8(664)	张謇友,同治六年举人,刑部主事,算学书院、瑞安方言馆创办人,经学家、训诂家,礼学馆总纂
孙诒经	字子绶、子授,号孟常,又号景坡	7(493) 8(319) 8(322)	张謇座师,咸丰十年进士,户部右侍郎,吏部右侍郎

续 表

姓　名	其他称谓	册(页)	备　考
孙　武	字尧卿	2(381) 4(303)	湖北军政府军务部长
孙　武	尊称孙子	8(109)	春秋兵家
孙郁林		8(88) 8(112)	念臣友
孙叔敖		8(48)	楚令尹
孙叔和	名鼎烈,号四槐老人	8(344)	钱基博舅父,光绪十五年进士,浙江新昌、会稽、太平、临海知县
孙国珍		3(1182)	靖江县代表
孙明复	名复	6(86) 7(500) 8(495)	北宋理学家
孙　岳		3(1321)	京畿警备副总司令
孙　炎		6(68)	三国时期经学家
孙学智		6(219)	孙云锦曾祖
孙宝书	字敬铭、镜民、敬民	1(96) 2(147) 2(156) 2(236) 2(240) 2(260) 2(301) 2(417) 3(1423) 3(1424) 3(1425) 3(1431) 3(1572) 3(1573) 3(1574) 3(1575) 3(1576) 5(138) 7(133) 7(513) 8(599) 8(602) 8(675) 8(699) 8(732) 8(759)	光绪二十九年进士,户部候补主事,通州公立高等小学校长,南通县民政长
孙宝林		5(125)	清书家
孙宝桢		1(334)	矿务监督署技正
孙宝琦	字慕韩,号珠泉	1(227) 1(255) 1(309) 1(314) 1(317) 1(321) 1(324) 1(325) 1(341) 1(345) 1(346) 1(349) 1(352) 1(360) 1(363) 1(364) 1(377) 1(400) 1(401) 2(443) 2(668) 3(887) 3(1028) 3(1258) 8(385) 8(711) 8(1026) 8(1034)	孙诒经子,荫生,直隶道台,山东巡抚,外交总长,扬子江水利委员会副会长

续 表

姓　名	其他称谓	册（页）	备　　考
孙宝瑔		5(248)	南通名绅
孙宝瑄	字仲屿、子屿	8(385)	孙诒经子，荫生，员外郎，民初浙江关监督
孙实甫		2(40) 8(538) 8(539) 8(543) 8(546) 8(549) 8(550) 8(551) 8(552) 8(561) 8(563) 8(564) 8(567) 8(568) 8(569)	日本华商，张謇访日陪员
孙询刍		8(460)	张謇同年
孙承宗		5(123)	明礼部右侍郎
孙孟平	字东甫	6(222) 6(261) 6(262) 7(17) 7(497) 8(34) 8(38) 8(39) 8(42) 8(43) 8(45) 8(47) 8(48) 8(50) 8(51) 8(53) 8(54) 8(55) 8(56) 8(58) 8(60) 8(63) 8(81) 8(82) 8(83) 8(84) 8(85) 8(86) 8(87) 8(88) 8(89) 8(90) 8(91) 8(92) 8(93) 8(94) 8(95) 8(96) 8(97) 8(98) 8(105) 8(106) 8(107) 8(108) 8(110) 8(112) 8(113) 8(115) 8(120) 8(122) 8(124) 8(125) 8(129) 8(136) 8(137) 8(146) 8(223) 8(224) 8(225) 8(233) 8(235) 8(236) 8(255) 8(256) 8(257) 8(261) 8(262) 8(265) 8(266) 8(267) 8(268) 8(269) 8(271) 8(272) 8(274) 8(276) 8(279) 8(280) 8(281) 8(282) 8(283) 8(284) 8(285)	优廪贡生，孙云锦长子

续 表

姓 名	其他称谓	册(页)	备 考
		8(286) 8(292) 8(293) 8(294) 8(295) 8(301) 8(302) 8(304) 8(308) 8(311) 8(314) 8(315) 8(333) 8(334) 8(335) 8(337) 8(341) 8(347) 8(348) 8(349) 8(351) 8(352) 8(353) 8(354) 8(358) 8(361) 8(365) 8(367) 8(370) 8(374) 8(375) 8(379) 8(394) 8(401) 8(402) 8(461) 8(569) 8(994) 8(996) 8(1005) 8(1006) 8(1010) 8(1011)	
孙孟詹		3(1640)	垦牧职员
孙函述		2(638)	张謇友
孙织云		8(36) 8(77)	张謇乡丈
孙绍何		4(191)	通师员工
孙星衍		6(171)	清藏书家、目录学家
孙荫祥		8(402) 8(461) 8(496) 8(569)	孙孟平子
孙荔轩	名多鑫,字筠孙	2(143)	孙多森兄,光绪十七年举人,阜丰面粉公司协理,袁世凯工商幕僚,农学会会员
孙树人	名振铨	8(48) 8(93)	观察
孙树枡		6(92)	巡检
孙 点		7(85) 8(334)	张謇来安友
孙显寅		1(14)	重庆镇总兵

续 表

姓　名	其他称谓	册（页）	备　　考
孙思邈		6(214) 7(185) 8(813) 8(342)	唐名医
孙炳照		3(877)	乡绅
孙洪伊	字伯兰	1(193) 1(195) 1(196)	袁世凯幕僚，直隶咨议局代表，直隶国会代表，广州军政府顾问
孙　觉		5(123)	北宋进士
孙祖铎		6(490)	县学附生，孙诒让曾祖
孙逊之		8(45) 8(47) 8(49) 8(51) 8(56) 8(58) 8(70) 8(71) 8(72) 8(84) 8(87) 8(92) 8(93) 8(118) 8(129) 8(135) 8(144) 8(146) 8(251) 8(252)	张謇友
孙莱山	名毓汶	2(50) 8(158) 8(238) 8(307) 8(385) 8(591) 8(1003)	咸丰六年榜眼，宫詹，军机大臣，会试典试大臣，刑部、兵部尚书
孙虔礼	字过庭	8(132)	唐书家
孙恩洪		3(1115)	工程员
孙恩湛		3(1149)	水利会职员
孙　逖		8(809)	唐大臣，史家
孙润江	名观澜	2(459) 2(598) 3(885) 3(1176) 3(1497) 3(1612) 6(372) 6(427) 6(444) 6(445) 7(189) 7(519) 8(831)	南通农校主任
孙家鼐	字燮臣，号蛰生、容卿、澹静老人	8(230) 8(450) 8(1013)	咸丰九年状元，侍郎，张謇殿试阅卷大臣，工、礼、吏、户部尚书，资政院总裁，河南安阳广益纱厂创办人

续 表

姓 名	其他称谓	册(页)	备 考
孙继绪		6(43)	舒城太学生
孙菊仙		3(771)	京剧老生
孙 梃		8(385)	孙毓汶子
孙章甫	名多钰	3(894)	孙多森弟,留美学生,工科进士,翰林院检讨,中孚银行总经理,浦口商埠管理局局长
孙常本		5(201)	文峰塔院院徒
孙麻山	本名孙学颜,别称华农子	8(18) 8(45) 8(46)	孙云锦族先人,桐城派早期学者
孙渠田	名锵鸣,又字韶甫,号止庵	6(264)	道光二十一年进士,侍读学士,上海龙门书院教习
孙焕章		8(26) 8(27)	大令
孙琴西		8(91)	方伯
孙琼华	号铁厓女史	6(557) 7(282) 7(336) 7(355) 7(364) 8(898) 8(899) 8(920) 8(921) 8(941) 8(947)	女书画家
孙期汉		6(219)	孙云锦父
孙葆田	字佩南	6(411)	张謇学友,同治十三年进士,史家
孙葆桢		1(334)	民初农商部矿务监督署技士
孙朝彦		8(270)	北宋进士
孙 雄	字师郑	3(1349)	张謇同年
孙雅林		8(19)	孙云锦友
孙 斌		3(1640) 3(1644)	孙云锦疏族

续 表

姓　名	其他称谓	册（页）	备　　考
孙赓虞	名赞尧，号有卿	8(7)	光绪元年举人，沭阳县教谕
孙善堂		8(354)	张謇玉山友
孙　翔	字吕溪	5(125)	清通州诸生
孙　禄		3(799)	江苏省议员
孙蓉之		3(1601)	棉栈职员
孙锦岳		2(97)	大生职员
孙锦裳		6(323)	宋琛妻弟，通州乡绅
孙锦瞻		3(876)	孙玉仙子，冶矿实业家
孙廉卿	名汝霖	7(495) 8(341) 8(350)	张謇学友，辛卯南榜
孙谨斋		6(42) 8(163) 8(186) 8(192) 8(407) 8(478)	都督
孙瑶圃		8(8)	张謇早年友
孙毓筠	字少侯	2(372) 8(792) 8(1036)	孙家鼐侄孙，捐资道台，同盟会员，安徽都督，筹安会副会长
孙　儆	字谨臣、儆臣，又字敬人，其别墅号“沧园”	1(520) 2(417) 2(529) 2(584) 2(752) 3(1423) 3(1424) 3(1425) 3(1428) 3(1647) 3(1569) 6(388) 8(359) 8(360) 8(361) 8(362) 8(386) 8(599) 8(730) 8(780) 8(959)	光绪二十九年举人，南菁书院肄业，南通知县，通州教育会会长，苏社理事
孙德全	字慎钦	8(557)	锦州开垦公司首领
孙遵法	字衡甫	5(140)	浙江银行上海分行经理，四明商业储蓄银行总经理
孙澄清	字伯滂	8(362)	张謇友

续 表

姓　名	其他称谓	册（页）	备　　考
孙鹤笙		8(135)	张謇六合友
孙履平		5(136)	海上名医
孙穆如		3(1605) 7(501) 8(4) 8(5) 8(6) 8(7) 8(10) 8(12) 8(15) 8(16) 8(17) 8(21) 8(26) 8(32) 8(34) 8(35) 8(36) 8(38) 8(54) 8(56) 8(57) 8(68) 8(79) 8(350) 8(352) 8(502)	张謇早年西亭学友、朋僚,户部通海文士
孙翼生		8(29) 8(47—48)	孙寿祺子
孙鑫所		3(1497) 3(1501)	农校毕业生
阳　货		4(558) 8(69) 8(115)	春秋鲁国人
阳　侯		2(33) 6(68)	伏羲佐
阴康氏		6(67) 6(68)	传说古帝
观　乔		8(125)	张謇乡友
牟　融		7(540)	东汉太尉
纪雨农		2(23) 8(184)	吴长庆幕宾
纪　昀	字晓岚	1(117) 3(1606) 4(604)	清乾隆协办大学士,藏书家
纪钟琪		1(334)	民初农商部矿务监督署技士
七画			
扶　苏		4(3)	秦始皇长子
贡　禹		6(80)	西汉凉州刺史
赤老昆[温]注：原文误为“昆”		6(107)	蒙古国大将

续 表

姓 名	其他称谓	册（页）	备 考
孝哲毅皇后	阿鲁特氏，谥嘉顺皇后	8(46) 8(995)	同治帝皇后
志 义		8(38)	张謇乡友
志 青		3(936) 3(956) 3(1007)	南通乡绅
志 森		1(315)	浙江庆余堂药店主
志 锐	他塔喇氏，字伯愚，又字公颖、廓轩，号穷塞主，晚号遇安，谥文贞	7(322) 7(343) 8(229) 8(231) 8(378) 8(589) 8(1009)	瑾妃、珍妃胞兄，光绪六年进士，“翁门六子”，侍郎，编修，阅卷大臣，伊犁将军
却 縠		6(11)	晋中军元帅
邯郸淳		8(213)	三国魏书家
芸 谷		8(16)	张謇如皋友
芾 庭		8(97) 8(105) 8(106) 8(109)	张謇友
芷 香		8(47) 8(48) 8(51)	张謇友
花光长老	仲仁，字超然	7(132)	北宋画僧
芥 舟	号杯渡	8(13)	清淮提庵僧
严乃钊		3(1618)	土木工程练习生
严小舫	名信厚，字筱舫	4(130) 5(100) 5(101) 5(102) 8(464) 8(465)	学徒出身，李鸿章幕客，上海商务总会总理，中国通商银行首任总经理，上海商业会议首届总理
严子颖		8(16) 8(35) 8(36) 8(80) 8(119)	张謇如皋友
严开第		2(470)	上海求志学堂
严元善		3(783)	南通纺校赴英实习生

续 表

姓 名	其他称谓	册(页)	备 考
严少陵		5(212) 5(216)	中华国民制糖公司发起人
严月船		6(325)	杨泰熯熟人
严以亭		2(262)	秘书
严以盛	字同生、琴墅,号觐侍	8(376) 注:原文"觐侍"误作"觐传"	张謇同年,直隶州知州
严石逸		8(163)	张謇庆军幕友
严礼卿	名家让,字鸣谦	2(5) 2(9) 2(10) 2(12) 2(13) 2(40) 2(44) 3(1602) 6(302) 7(37) 7(38) 7(81) 8(91) 8(92) 8(93) 8(94) 8(95) 8(96) 8(97) 8(102) 8(106) 8(110) 8(117) 8(129) 8(134) 8(135) 8(140) 8(143) 8(145) 8(154) 8(155) 8(159) 8(160) 8(172) 8(174) 8(183) 8(184) 8(192) 8(216) 8(223) 8(224) 8(226) 8(228) 8(229) 8(230) 8(231) 8(233) 8(234) 8(244) 8(251) 8(265) 8(271) 8(279) 8(288) 8(290) 8(292) 8(293) 8(294) 8(295) 8(300) 8(305) 8(306) 8(313) 8(402) 8(403) 8(409) 8(456) 8(488) 8(489) 8(996) 8(1004)	张謇庆军幕友,光绪三年进士,编修
严 光	字子陵	8(356)	东汉隐士
严仲子		7(501) 8(499)	春秋韩国大夫
严皂芗		7(468) 8(195) 8(199) 8(224) 8(314) 8(324)	张謇同年

续 表

姓　名	其他称谓	册（页）	备　　考
严庆澄		8(806)	张泽霖同党志士
严次约		2(478)	张謇友
严伯平	名治道	3(1443) 8(408)	严家让子，通海垦牧公司司牧，安徽咨议局议员
严直方		3(888) 3(950) 5(212) 5(213) 5(216) 5(249)	中华国民制糖公司筹备主任
严　虎		6(8)	东汉末豪强
严秉枢		1(192) 1(197) 1(203)	海门千总
严饴庭		2(532) 3(929) 3(1556) 6(395) 8(708) 8(738) 8(739) 8(763) 8(771) 8(775) 8(779) 8(780) 8(785) 8(796) 8(858)	全国水利局佥事，《申报》主笔
严　怡	字士和	5(124)	明如皋诗人
严树森	初名澍森，字渭春	6(227) 6(432)	道光举人，河南、湖北、广西巡抚
严　复	字又陵、几道	2(47) 8(486) 8(792) 8(1036)	英国格林威治皇家海军学院留学，福州船政学堂、天津水师学堂总教习，筹安会六君子
严　修	字范孙，别号静远	2(545) 2(550) 2(662) 2(706) 3(932) 5(171) 5(172) 8(440)	光绪九年进士，编修，学部左侍郎，中华书局董事，教育家
严俊卿		8(80) 8(119) 8(211) 8(216) 8(272) 8(276) 8(317)	泰州裕昌行主
严济宽		3(1573)	师范生
严桂芬		6(325)	张謇友
严桂林	九姜	8(161)	不详

续 表

姓　名	其他称谓	册(页)	备　　考
严家炽	字孟蕃、孟繁	1(537) 1(554) 1(570) 1(658) 3(808) 3(822) 3(852) 3(858) 3(867) 3(890) 3(892) 3(894) 3(895) 3(902) 3(903) 3(915) 3(927) 3(930) 3(932) 3(963) 3(974) 3(1013) 3(1057) 3(1033) 3(1097) 3(1098) 3(1225) 3(1226) 3(1242) 3(1255)	广东财政司司长,粤海关监督,湖南省、江苏省财政厅长
严钰卿	名景华	8(80)	张謇世伯,咸丰九年举人,睢宁县教谕、议叙知县
严铁桥	名可钧,字景文,号铁樵、非池	6(250) 6(251)	嘉庆举人,建德县教谕,小学家
严谔书		2(533)	检阅使
严景希		3(1379)	司令
严善坊		2(482) 3(1018)	全国水利局佥事
严　嵩		6(14)	明内阁首辅
严谨凡		8(61)	张謇海门友
严墨卿		7(522)	张謇门徒之父
劳玉初	名乃宣,字季瑄,张謇之"玉翁"	2(182) 2(183) 2(418) 6(510)	同治十年进士,江宁提学使,学复代理大臣,江宁提学使,京师大学堂总监,学部副大臣,音韵学家
劳敬修	名念祖,以字行	5(212) 5(213) 5(216) 5(250) 8(892)	广东银行总经理,中华国民制糖公司筹备员
苏　三		3(1450) 3(1453) 3(1472) 3(1473) 3(1614) 3(1615)	木作承包商

续 表

续 表

姓 名	其他称谓	册(页)	备 考
苏 筠		3(1608)	张謇友
苏 鹗		6(470)	唐学者
苏 德		3(1000)	运河局股长
杜子远		3(1460) 3(1461) 3(1463) 3(1469)	盐垦职员
杜元颖		8(318)	唐循州司马
杜云秋	名俞	8(10) 8(235) 8(483)	营务处,顺天乡试亚元
杜 甫	字子美,号少陵野老,别称杜工部	4(640) 7(158) 7(419) 7(449) 8(19) 8(76) 8(83) 8(84) 8(85) 8(119) 8(232) 8(252) 8(299) 8(332) 8(361) 8(755) 8(758) 8(775) 8(795) 8(798) 8(809) 8(849) 8(869)	唐诗人
杜伯葱		8(392) 8(419)	大令
杜君卿	名佑	6(78)	唐政治家、史学家
杜周甫	名密	8(495)	东汉名臣
杜 牧	号樊川居士	6(16) 8(44)	唐文家
杜荀鹤		7(61)	唐诗人
杜 度		8(213)	东汉书家
杜 根		6(10)	东汉郎中
杜 兼		6(303) 8(573)	唐诗人
杜 预		6(152)	西晋政治家、军事家
杜道宗		1(334)	民初农商部矿务监督署技士

续 表

姓 名	其他称谓	册(页)	备 考
杜 默		6(9)	宋诗人
杜黼周		8(820)	大生花庄创办者、经理
杏 庄		8(73)	张謇乡友
巫 贤		6(88)	商宰相
巫野苹		8(55) 8(119)	张謇发审局幕友
李一凤		6(90)	明教谕
李二曲	名颙	6(411)	明清之际哲学家
李大逊		6(439)	东汉名士
李 万		1(642)	徐坝汛修守员
李万里		3(1088) 3(1089) 5(264)	警务
李小轩		8(423)	张謇年丈
李小峰		8(23) 8(47)	观察
李 山		5(125)	清通州画家
李 广		6(590) 7(476) 7(487) 8(32) 8(203) 8(111)	汉武帝大将
李广达	名彻	8(203)	隋车骑将军
李广业		6(214)	唐剑州长史
李之香	名晓村	7(17)	张謇友
李之椿	字大生	5(124)	明天启二年进士
李 卫		4(86) 4(173) 6(265) 6(266)	清康雍乾三朝名臣,直隶总督,浙江巡抚、总督
李子占		3(1481) 8(144) 8(159)	张謇友
李子范		8(208) 8(339)	张謇友

续 表

姓 名	其他称谓	册(页)	备 考
李子松		3(1430)	农科体操教员
李子瞻	又名子詹	8(105) 8(106) 8(107) 8(109) 8(110) 8(131) 8(154)	张謇庆军幕友
李也恭		3(1476)	练习生
李也廉		3(1473)	盐垦职员
李云谷		7(170) 8(792)	明文人
李云浦		8(50)	张謇友
李少园		2(551)	张謇友
李少岩	又名少崖、少厓	2(107) 2(119) 2(129) 2(674) 3(993) 3(1522) 3(1618) 5(145) 8(189) 8(401) 8(402) 8(674)	张謇友,通州花布厘捐董事
李少穆		8(671)	张謇友
李少白	名宗莲,号啸伯	8(35)	张謇如皋友,秀才
李中一		3(1242)	乡绅
李月湖	名京雍,字璧人	8(43)	诸生,教师
李丹崖	名凤苞,号海客	8(59) 8(94)	同文馆肄业,丁日昌幕僚,福建船政总考工,驻奥、意、荷、法公使,北洋营务总办
李长郁		8(333)	清泉人
李文田	字仲约,又字畬光,号芍农,谥文诚	8(235) 8(1008)	咸丰九年进士,礼部右侍郎,张謇会课评定人
李文治	字南彬	2(418)	留日生,云南咨议局议员,民初云南督都府参议处议长,音韵学家

续 表

姓　名	其他称谓	册（页）	备　　考
李方叔		2(739)	北宋文学家
李方膺	字虬仲，号晴江	5(122) 5(124) 5(125) 6(378)	清雍正元年贤良方正，知县，诗画家
李　斗	号艾塘	6(461) 6(520)	清戏曲作家
李心原		8(467)	张謇杭州友
李心传		6(137)	南宋史学家
李书芸		4(492)	治淮专家
李正荣	字子木	6(85) 8(94) 8(116) 8(261)	署河道
李左车		6(8)	赵国名将
李世义		6(549)	江宁人
李世由		8(838)	李典臣子，吴江知事
李世民		1(3) 6(109) 7(412)	唐太宗
李世芳		8(774)	张謇幕僚
李世衡		8(353)	明藏家
李本钦		8(593) 8(595) 8(602)	狼山镇总兵
李石山	又字石珊	8(56) 8(57) 8(58) 8(81) 8(129) 8(147)	张謇世丈
李石生		8(161)	医士
李申伯	名登魁，又字升伯	8(970) 8(1048)	大生纱厂经理
李申耆		6(547) 8(664)	清诗人
李幼清	名曰廉	8(393) 8(668)	张謇、朱铭盘、范当世通州友
李东垣		7(185) 8(813)	元名医

续表

姓 名	其他称谓	册(页)	备 考
李业兴		8(573)	北魏学者
李 生		7(376)	不详
李 白	字太白,号青莲居士	2(734) 4(640) 8(9) 8(78) 8(90) 8(95) 8(255) 8(342)	唐诗人
李兰滨		6(314)	红帮吴地首领
李 耳	字聃,世称老子	2(288) 3(1538) 4(59) 4(268) 4(280) 8(109) 8(538) 8(568) 8(739)	道家学派创始人
李亚生		6(227)	天地会部领
李亚贤		3(1238)	张謇晚辈
李朴生		8(107)	张謇早年友
李 过		6(167)	南宋学者,撰《西溪易说》
李 协		3(1018)	南京河海工科校长
李有棨		8(1018)	藩司
李达孚		6(570)	张謇休宁友,胡祥鑅婿
李达卿		3(1553) 6(404)	南通县钟楼监工
李 轨		6(123) 6(126) 6(179)	东晋经师
李 光		6(303)	李冲从兄
李光地	字晋卿,号厚庵	6(205)	清初理学名臣
李光进		6(214)	唐安定郡王
李光泰		2(124) 2(126) 8(538)	神户华商
李光颜		6(214)	唐武威郡开国公
李刚已		6(510)	光绪二十四年进士,署大同知府,桐城派学者

续 表

姓 名	其他称谓	册（页）	备 考
李先义		2(53) 2(54)	淮军“战将”，广州协副将
李廷箫		8(332)	太守
李 乔		6(521)	知州
李仲璞		3(1067) 3(1068) 3(1516)	盐垦会计
李 华		6(549)	冯晏海文友
李兆受		4(88)	清捻军领袖
李兆洛	字绅琦、申耆	6(608) 7(508)	嘉庆十年进士，安徽凤台知县，江阴暨阳书院讲习，《武进阳湖合志》作者
李兆麟	字善卿	8(108)	江浦人
李亦固		6(386)	光绪名士
李亦杭	名元蘅，字亦航，又字逸航	2(156) 2(252) 2(259) 2(667) 2(508) 2(509) 2(732) 3(1031) 3(1431) 6(552)	日本留学生，通师附小主事，乙种小学教员讲习所所长
李 冲		6(303) 8(573)	北魏镇北将军
李 冰		8(551)	战国水利工程专家
李 庆		8(784)	全国水利局职员
李庆芳	字枫圃、枫浦	4(303)	民初山西众议院议员，《宪法新闻》社社长
李庆翱	字公度，又字小湘	8(117)	咸丰二年进士，河南巡抚
李 充		6(213)	东晋文家
李安甫	名思危	3(1473) 6(399)	大有晋盐垦职员
李汝谦	字一山	8(842)	留日学生，泰安知府，“唐拓武梁祠画像”收藏者

续 表

姓 名	其他称谓	册(页)	备 考
李汝榧		8(282)	举人
李兴业		6(302)	北魏历算家、藏书家
李兴锐	字勉林,军中称勉帅	6(299) 8(503) 8(595) 8(1017) 8(1018)	诸生,曾国藩幕客,江西巡抚,两江总督
李守让		3(1477)	李守谦弟,垦牧练习生
李守谦		3(1477)	垦牧职员
李 祁		6(85) 8(230) 8(261) 8(262) 8(1005)	上南厅工员,殿试阅卷官
李许夔	字鸣镛,号拊石	5(124)	道光三年贡生
李阳冰		8(437)	唐书家
李寿山		8(872)	京剧净角
李寿卿		2(587) 2(590) 2(606) 3(1111)	扬州钱庄经理
李芸晖	字伯香,学者称草堂先生	6(295) 7(500) 8(490) 8(492) 8(494) 8(526) 8(530)	鹤城书院创建者,李审之父
李 芳		1(196)	吉林国会代表
李 芳		5(122)	明参政
李 芳		7(310)	西亭人
李芳梅	号拙斋	5(125)	乾隆五十七年顺天举人,礼部主事,书家
李 克 注:李亮之误		6(214)	唐郑孝王
李克嗣		6(23)	明巡抚右副都御史
李丽生		8(116)	张謇友

续 表

姓 名	其他称谓	册(页)	备 考
李连城		8(163)	张謇庆军幕友
李步余		3(1021)	东台案死者
李 坚		2(303) 2(304) 2(305)	扬州民政部长
李时泉		3(1658)	账房
李佑三	名经楚,字友三	2(274) 4(358)	李瀚章次子,廪贡生,邮传部右丞,交通银行总理
李秀成		6(220)	太平天国将领
李伯生	又名伯升	3(1020) 3(1428) 8(674)	测绘预备班旁听生
李伯芝	名士伟	2(600) 2(603)	民初财政部顾问,中国银行总裁,中国银行商股联合会干事
李伯时	号公麟	8(654)	宋画家
李伯言		2(468) 8(271) 8(274) 8(275) 8(282) 8(287) 8(380) 8(383)	张謇幕僚
李伯揆		8(91) 8(97)	张謇友
李伯蕴	亦为伯韫	2(446) 3(1433) 3(1437) 3(1451) 3(1452) 3(1453) 3(1457) 3(1458) 3(1468) 3(1494) 3(1510) 4(181)	大生纱厂董事,盐垦执事
李伯幹		8(73)	张謇乡同学
李怀琳		8(342)	唐书家
李 完		6(296)	李审之弟,廪贡生
李 诒		8(530)	明通州乡耆
李君协		3(1018)	河海工科校长候选人

续 表

姓　名	其他称谓	册(页)	备　考
李　纯	字秀山、秀珊,又字静山	2(640) 2(654) 2(661) 2(668) 2(669) 2(680) 3(762) 3(768) 3(769) 3(775) 3(777) 3(778) 3(783) 3(785) 3(788) 3(792) 3(795) 3(798) 3(809) 3(812) 3(813) 7(521)	天津武备学堂毕业,第 6 镇第 11 协协统,江西都督,江苏督军
李　纯	本名李淳	6(110)	唐宪宗
李苾园	又名端芬、端棻,字信臣	8(234) 8(340) 8(453) 8(1014)	同治二年进士,云南学政,刑部侍郎,会试总裁,礼部尚书
李拔可	名宣龚,号观槿、墨巢	2(463) 3(994) 3(1104) 3(1576) 3(1577) 3(1578) 3(1579) 8(539) 8(544) 8(553) 8(561) 8(637)	光绪二十年举人,江苏候补知府,商务印书馆经理
李抱贞		6(82)	唐潞州节度使
李林甫		6(489)	唐玄宗宰相
李松谷		8(656) 8(657) 8(690)	中医
李　叔		5(125)	清如皋画家
李肯堂	朝斌	8(147) 8(149) 8(160)	江南提督
李　贤		6(128)	唐章怀太子
李虎臣	名以炳,字岵臣	2(80) 2(88) 2(89) 2(247) 2(478) 2(728) 3(883) 3(1094) 3(1095) 3(1206) 3(1317) 3(1598) 7(107) 8(408) 8(433) 8(633) 8(681) 8(876) 8(1011)	张謇家塾先生

续　表

姓　名	其他称谓	册（页）	备　　考
李厚祐	又名云书	1(129) 1(144) 2(234) 3(1241) 3(1253) 5(100) 5(101) 5(102) 8(598)	上海商务总会协理，上海大达轮步公司副经理
李国芝		3(827)	上海华义银行经理
李国珍	字硕远	3(770) 3(788) 3(856) 3(933) 3(943) 3(1018) 3(1028)	留日学生，北京政府众议院议员，国务院参议，教育部、农商部次长，全国水利总裁
李国桢	字子衡	7(500) 8(12) 8(15) 8(103) 8(208) 8(243) 8(339) 8(352) 8(485)	张謇同砚
李易安	名清照	3(1570)	宋词人
李　昉		6(89)	五代至北宋名相
李典臣	谥忠壮	7(205) 8(838)	清提督
李　垂		6(83)	宋著作佐郎
李和甫		8(92)	太守
李季莹		6(264)	学者
李季皋	名经迈，又字季高	8(721)	李鸿章三子，工部员外郎，江苏、河南、浙江按察使，署民政部右侍郎
李　委		7(258) 8(903)	北宋秀才，苏东坡友
李　泌		4(83) 6(303) 8(573)	唐道家，谋臣
李　治		6(104) 7(412) 7(413)	唐高宗
李宝仁		4(190) 4(238)	通州师范学生
李　宗		6(296)	李审之弟，附学生
李宗一		3(1329)	吴淞商埠局参事

续 表

姓 名	其他称谓	册(页)	备 考
李宗羲	字雨亭、禹亭,号耐轩,人称雨帅,开县李公	6(51) 6(221) 6(222) 8(25) 8(26) 8(28) 8(29) 8(50) 8(57)	道光二十七年进士,安徽按察使,山西巡抚,两江总督
李定明	字本钦	2(186) 2(189) 2(225) 2(226) 6(521) 7(134)	霆军部将,通州总兵
李宜之	名仪祉	3(1338)	留德学生,南京河海工校教授,陕西省水利局长
李宜民		2(12) 2(13) 8(171) 8(172) 8(173) 8(174) 8(208) 8(222) 8(226) 8(231) 8(379)	张謇庆军幕友
李审之	又名安,字且顽,号磐硕、盘硕	1(32) 3(1445) 3(1448) 3(1455) 3(1466) 3(1467) 3(1489) 3(1594) 3(1598) 3(1618) 4(180) 5(33) 5(431) 6(296) 6(581) 7(108) 7(119) 7(121) 7(180) 7(300) 7(500) 7(507) 7(509) 7(514) 8(402) 8(403) 8(408) 8(445) 8(446) 8(448) 8(449) 8(451) 8(467) 8(476) 8(477) 8(478) 8(479) 8(485) 8(486) 8(487) 8(488) 8(490) 8(492) 8(494) 8(495) 8(500) 8(501) 8(504) 8(507) 8(508) 8(509) 8(510) 8(514) 8(518) 8(519) 8(520) 8(521) 8(529) 8(539) 8(568) 8(569) 8(570) 8(571) 8(572) 8(576) 8(578) 8(579) 8(580) 8(582) 8(594) 8(596) 8(603)	光绪十六年进士,户部主事,总理衙门章京

续　表

姓　名	其他称谓	册（页）	备　　考
		8(610) 8(614) 8(615) 8(616) 8(620) 8(622) 8(633) 8(637) 8(640) 8(641) 8(647) 8(648) 8(663) 8(667) 8(668) 8(674) 8(694) 8(695) 8(771) 8(810) 8(837)	
李　诚	字仲琴，号眉盦	8(852)	光绪二十年举人，两江总督张之洞幕宾，安徽巡按使倪嗣冲幕僚，合肥、六安、宣城知县
李诩亭		5(178)	大赉盐垦公司股东
李审言	名详，亦字慎言，号寓斋	3(779) 3(1307) 7(247) 7(382) 8(424)	秀才，国文研究会发起人，东南大学教授
李承休		6(303) 8(573)	唐县令
李承实		8(281)	唐黜陟使
李经方	又名经芳，字伯行，又字端甫	1(132) 3(1169) 5(212) 5(213) 5(216) 8(892)	李鸿章嗣子，李鸿章秘书、翻译，出使英国大臣，中华国民制糖公司发起人
李经邦	字巽之，又字达夫，号冰谷	8(92)	光绪二年优贡、明经，江苏候补道
李经羲	字仲山、仲仙，号悔庵，又称仲轩、仲宣、宓生	2(630) 3(1169) 8(711) 8(1026) 8(1037)	李鹤章次子，优贡捐奖道员，广西、云南巡抚，云贵总督，民初国务总理，嵩山四友之一
李春轩	名芳	8(19) 8(20) 8(26) 8(27) 8(28) 8(34)	张謇孙云锦幕友
李春溪		8(16)	张謇海安友
李胡夫人		7(519) 8(837)	李磐硕继室

续 表

姓　名	其他称谓	册(页)	备　　考
李柳溪	名家驹,又字昂若	8(456)	光绪二十年进士,京师大学堂提调,考察日本宪政大臣,资政院总裁
李树之	字成傒	8(141)	张謇乡人
李砚樵	又名研樵	8(10) 8(32) 8(35) 8(36) 8(54) 8(55) 8(56) 8(57) 8(58) 8(70) 8(77) 8(79) 8(81) 8(98) 8(116) 8(118) 8(119) 8(121) 8(124) 8(128)	张謇师
李耐庵		8(575) 8(604) 8(707)	大令
李映庚	字耀西,又字啸溪	1(415) 8(590)	光绪十五年进士,正定、天津知府,北京政府肃政史
李星沅	又名星元,字子湘,号石梧,谥文恭	8(7)	道光十二年进士,陕西、云南巡抚,陕甘、云贵、两江总督
李思贻		8(604)	常州人
李思浩	字赞侯	2(738)	光绪三十年进士,户部主事,北洋政府财政总长
李秋槎		8(92) 8(112)	太守
李　俨		5(123)	明尚书
李俊有		6(90)	清知县
李钟珏	字平书,原名安曾	1(96) 1(144) 2(162) 2(207) 2(234) 2(235) 2(291) 2(296) 2(327) 3(1023) 3(1026) 3(1031) 5(100) 5(101) 5(102) 5(118) 5(119) 8(598) 8(603) 8(634) 8(635) 8(636) 8(669) 8(671)	知县,江南制造局提调,中国通商银行、轮船招商局董事,江苏铁路公司董事,中国图书公司协理

续　表

姓　名	其他称谓	册（页）	备　　考
李剑农	字桂馥	2(650)	留学生
李　胜		6(179)	三国曹魏大臣
李庭芝		6(403)	宋末两淮安抚制置大使
李　洁		8(282)	举人
李　洞		7(60)	晚唐诗人
李济东	字泮溪	8(947)	朱庆澜助手
李济生	又名李达	7(327)	上海永丰钱庄协理，钱业股东
李　恒		6(353) 8(702)	唐穆宗
李　宣		6(296)	李审之弟
李　宬		6(296)	李审之弟，国学生
李　宫		6(296)	李审之弟
李祚康		6(555)	江都士绅
李　贺	字长吉	6(28) 6(214) 7(364) 7(481) 8(9) 8(33) 8(34)	唐诗人
李　绛		6(16) 8(379)	唐中期名臣
李　泰		5(124) 5(125)	清如皋画家
李耆卿	名锡纯	3(788) 3(822) 3(1089) 3(1195) 3(1213) 3(1255) 3(1337) 3(1404) 3(1402) 5(139) 5(226) 5(274) 6(588) 8(945)	江苏财政厅长
李　素		1(196)	山西国会代表
李顽石		3(1578)	清画家
李哲濬	字子川	8(693) 8(694)	广东补用道

续 表

姓 名	其他称谓	册(页)	备 考
李桂山		3(813)	中将,李纯弟
李根源	字印泉,又字雪生	3(1152)	留日学习陆军,同盟会员,云南陆军讲武堂总办,大汉军政府军政总长
李烈钧	字协和,号侠黄	2(334)	日本陆军士官学校留学,江西混成协管带,江西都督,讨袁军总司令
李 晟	别名李西平	6(89) 6(247)	唐宰相、名将
李晓江		8(39) 8(73) 8(75)	张謇乡医士
李晓轩		2(31) 8(252) 8(253) 8(259)	江宁知府
李晓峰		8(721)	张謇友
李 铉		6(272)	北齐才童,书家
李 准		3(1543)	广东钱局提调,广东巡防营统领,民初袁世凯系模范团副官,天津寓公
李 唐		6(622)	北宋画家
李海门		8(103)	张謇乡友
李海峰		8(107) 8(154) 8(163)	张謇友
李 润		3(1618)	张謇职员
李 悝		6(580)	战国法家
李家湖		3(1418)	通州师范学生
李家鏊	字兰舟、兰洲	1(144) 2(477) 8(722)	留俄生,预备立宪公会职员,驻俄、芬兰公使,吉林交涉使
李家瀚		3(1418)	通州师范学生

续 表

姓 名	其他称谓	册（页）	备 考
李 祯	字筱湖、晓芙，号苦李	5(171) 8(1035)	吴昌硕弟子，翰墨林印书局经理，南通金石家、书画家
李祥椿		6(319) 8(637)	狼山镇总兵
李 陵		4(551)	西汉名将
李通源		1(47)	盐垣地主
李梦发		8(658)	采木公司把头
李梦莲	字慕仙	8(31) 8(34)	张謇早年友
李菊农		8(445)	张謇同僚
李盛铎	字义樵、椒微，号木斋	2(87) 2(92) 2(103) 2(400) 8(420) 8(445) 8(447) 8(472) 8(620) 8(1021)	光绪十五年进士，侍御，出使日本大臣，山西巡抚，民初参议院议长，国政商榷会会长
李 堂	字心构	5(124)	清湖州知府
李崧生	名钟岳，又字申甫，号晴岚	8(467)	光绪二十四年进士，浙江江山县、绍兴县知县
李崇文		8(37)	张謇江宁友
李崇如		8(412)	大生股东
李 铨		1(702)	归江各坝差遣员
李 铭	字馥荪	2(603)	留日学生，浙江银行经理，中国银行商股联合会干事
李敏孚		3(829) 3(830) 8(951)	张孝若出使随员，通州农校主任
李彩升	字荆州	5(124)	清同知，李方膺弟
李商隐	字义山	7(60) 8(103) 8(342)	唐诗人

续 表

姓　名	其他称谓	册(页)	备　　考
李　密	一名虔,字令伯	6(544)	西晋大臣
李鸿章	字渐甫、子黻,号少荃,谥文忠,封肃毅伯,人称傅相、伯相	1(6) 1(12) 1(13) 1(14) 1(36) 1(63) 1(160) 2(8) 2(17) 2(18) 2(53) 2(55) 2(65) 2(108) 2(109) 2(110) 2(271) 3(1088) 3(1552) 4(12) 6(8) 6(11) 6(36) 6(45) 6(50) 6(299) 7(14) 8(69) 8(85) 8(98) 8(106) 8(112) 8(135) 8(136) 8(146) 8(180) 8(181) 8(199) 8(204) 8(208) 8(231) 8(223) 8(226) 8(229) 8(251) 8(258) 8(384) 8(404) 8(445) 8(453) 8(483) 8(487) 8(489) 8(490) 8(498) 8(590) 8(591) 8(592) 8(724) 8(990) 8(996) 8(997) 8(1002) 8(1003) 8(1004) 8(1005) 8(1009) 8(1011) 8(1016) 8(1017)	道光二十七年进士,曾国藩幕僚,两江、湖广、两粤、直隶督抚,文华殿大学士
李鸿祺		3(1605)	大生职员
李鸿藻	字兰荪、寄云,号石孙、砚斋,另称高阳相国,谥文正	2(35) 2(39) 3(1587) 6(228) 8(264) 8(266) 8(273) 8(274) 8(289) 8(291) 8(376) 8(378) 8(379) 8(585) 8(589) 8(1003) 8(1005) 8(1008) 8(1009)	咸丰二年进士,兵、户、礼、吏部尚书,会试房师,清流领袖
李　渔	号笠翁	8(103)	明末清初文家
李隆基		6(527) 8(342)	唐玄宗,唐明皇

续 表

姓 名	其他称谓	册(页)	备 考
李续宾	字如九、克惠,号迪庵,谥忠武	6(219) 8(330)	清湘军将领,罗泽南、曾国藩军幕,浙江布政使
李维格	字一琴,亦字绎琴、峄琴	1(445) 2(175) 2(176) 2(334) 2(350) 2(368) 2(369) 2(462) 3(828) 4(211) 4(647) 5(104) 8(622) 8(711)	张謇"李一翁",江南制造局提调,南洋公学教授,汉阳铁厂总办
李 琪	字元朗,号少山	5(124)	道光十五年通州贡生,词赋家
李博孙	名翊煌	2(87) 2(534) 7(43) 8(52) 8(115) 8(116) 8(117) 8(118) 8(123) 8(146—147) 8(158) 8(239) 8(333) 8(334) 8(335) 8(371) 8(638)	张謇友,光绪十二年进士,濂溪书院山长,知州,藏家
李 斯		6(68) 6(214) 7(94) 8(110)	秦政治家
李联琇	字季莹,号小湖,别号师山	6(397) 6(522) 6(623) 7(82) 7(483) 8(19) 8(20) 8(21) 8(22) 8(28) 8(31) 8(32) 8(33) 8(34) 8(42) 8(45) 8(55) 8(57) 8(58) 8(60) 8(70) 8(81) 8(87) 8(90) 8(105) 8(116) 8(128) 8(215) 8(313) 8(473) 8(500) 8(994) 8(995) 8(998)	道光二十五年进士,国子监祭酒,江苏学政,张謇惜阴书院业师
李 植		5(123)	明御史
李惠仙		7(525)	梁启超原配,李端棻堂妹
李 雯		4(44) 4(86)	清内阁中书舍人
李 斐		6(123)	晋代学者

续 表

姓　名	其他称谓	册(页)	备　　考
李斐叔	名金章	3(1240) 3(1348) 7(320) 7(322) 8(941) 8(943) 8(946)	伶工学社学员,张謇派赴京师梅兰芳者
李曾麟		1(599)	内务部秘书
李鼎祚		6(117) 6(120) 6(121) 6(123) 6(124) 6(125) 6(126) 6(134) 6(135) 6(136) 6(137) 6(140) 6(141) 6(143) 6(144) 6(145) 6(146) 6(149) 6(151) 6(153) 6(154) 6(155) 6(156) 6(161) 6(162) 6(163) 6(165) 6(168) 6(172) 6(173) 6(183) 6(187) 6(188) 6(189) 6(191) 6(192) 6(196) 6(198) 6(180)	唐经学家
李景昇		5(133) 7(500)	通海垦牧股东
李景龢	字孟鲁	1(415)	内阁中书,军咨处副官,众议员
李智俦	字鹤侪,号洛才	2(48) 8(344) 8(433) 8(1008)	国子监生,湖南龙山知县,两江总督刘坤一幕宾
李　善		6(122) 6(185) 6(214)	唐学者
李湛田		3(1105)	淮安关监督
李鉴堂	名秉衡,人称鉴帅,谥忠节	8(20) 8(39) 8(483) 8(487) 8(496) 8(591) 8(1016) 8(1017)	纳资县丞,永平知府,山东巡抚,长沙巡阅水师大臣
李湘帆		1(179)	军门
李敩谟		5(125) 6(378)	清南通画家
李释戡	原名汰书,字蔬畦,号宣倜	2(735)	留学日本,曾为梅兰芳编剧

续 表

姓 名	其他称谓	册(页)	备 考
李 登		6(198)	明书家
李登辉	字腾飞	5(171)	耶鲁大学毕业,环球中国学生会会长,复旦公学校长,中华书局董事
李 勣		8(551)	唐兵家
李瑞安		3(788)	江阴富商
李瑞卿		8(120) 8(131) 8(134) 8(163) 8(154) 8(307)	张謇吴长庆幕友,会元
李瑞清	字仲麟,号梅庵、梅痴	1(418) 2(155) 2(261) 2(300) 4(280)	光绪二十一年进士,两江师范监督,江苏布政使,南洋劝业会研究会董,书画家
李椿庆		1(546)	高界运河切滩工程工员
李 楠		5(123)	清侍讲学士
李锡亭		3(1093)	吴淞炮台同济中学教员
李锡唐		3(1093)	找张謇求职者
李锡麟		1(534) 1(671) 1(673) 1(739) 1(741) 1(747) 1(749) 3(1300) 3(1320)	江苏运河工程局委员
李稚白		8(285)	张謇助手
李 筠	字子薪	8(18) 8(19) 8(21)	张謇钟山书院学友
李筱轩		8(409) 8(411)	张謇年丈
李筱荃		8(112) 8(146)	督部
李鹏翰	字少云	8(49) 8(50) 8(53) 8(54) 8(55) 8(56) 8(57) 8(61) 8(63) 8(70) 8(71) 8(72) 8(81) 8(82) 8(83) 8(85) 8(86) 8(88) 8(89) 8(92)	张謇庆军幕友

续表

姓名	其他称谓	册(页)	备考
		8(95) 8(96) 8(97) 8(98) 8(99) 8(105) 8(111) 8(116) 8(118) 8(129) 8(131) 8(132) 8(133) 8(134) 8(143) 8(146) 8(147) 8(148) 8(154) 8(163)	
李靖		6(11)	药师
李慈铭	字式侯,又字爱伯,号莼客,晚年自署"越缦老人"	8(225) 8(236) 8(591)	光绪六年进士,山西道监察御史,文史家
李煜		7(69)	陈后主
李福培	字仲谦,号心畬,谥刚烈	7(18)	道光举人,广东从化知县
李群玉		7(60)	唐诗人
李静波		2(638) 2(639) 2(640) 8(826)	张謇僚属
李觏		4(88)	北宋思想家、改革家
李嘉树		8(69)	清举人
李嘉猷		6(306)	张謇族东宅执业
李嘉德		1(134)	候补道
李愿		8(147)	唐韩愈友人
李肇甫	字伯申,又字柏森	2(668)	南社社友,南京临时政府秘书处总务长,众议院议员,和平期成会发起人
李肇统		1(445)	农商部学习员
李德立		3(807)	衣周塘地业主
李德明		3(1444) 3(1479) 3(1480)	张謇僚属

续 表

续表

姓　名	其他称谓	册(页)	备　考
李　夔		5(122)	明千户
李懿曾	字拾珊,号渔衫	5(124) 5(125) 6(549)	冯晏海文友,清南通诗家
李龢庆	字眉孙	8(640)	分司
李　鱓	字宗扬,号复堂	7(159)	清画家
李麟生	名玉方	8(20) 8(30)	大使
杨一魁		4(323)	明工部尚书兼都察院右副都御史总理河道
杨士晟	字蔚霞	8(594)	杨士燮二弟,举人,无锡、崇明知县,芜湖米厘总办,芜湖关、苏州关监督
杨士峨		6(323)	张謇乡人
杨士琦	字杏城、杏丞	1(477) 2(132) 2(352) 4(597) 8(583) 8(621) 8(714) 8(766) 8(790) 8(797) 8(1026) 8(1034)	光绪八年举人,李鸿章、袁世凯幕僚,邮传部大臣,招商局董事长
杨士骢	字季青	8(609)	张謇友,杨士琦弟,光绪十九年举人,广东补用道,京奉铁路总办,山西巡盐道,民初众议院议员
杨大加		6(227)	天地会部领
杨万里	字廷秀,号诚斋	6(140) 8(102)	南宋文家
杨小苏		8(41)	张謇乡丈
杨小荔		8(407)	张謇友
杨小川	名晟	5(212) 5(213) 5(216)	留日、德学生,袁世凯、张人骏幕僚,中国红十会副会长,中华国会维持会、工商业研究会会长,中华国民制糖公司筹备员

续 表

姓　名	其他称谓	册（页）	备　　考
杨　亿		6(107)	北宋文家
杨广荫		8(10)	张謇乡友
杨子丞		6(351) 8(85)	张謇吴长庆幕友，何嗣焜友，孝廉
杨子钦		2(29) 7(48) 8(142) 8(143) 8(144) 8(145) 8(146) 8(147) 8(149) 8(150) 8(151) 8(154) 8(155) 8(165) 8(171) 8(172) 8(174) 8(180) 8(181) 8(183) 8(187) 8(196) 8(203) 8(208)	张謇乡友，庆军幕友
杨子卿		3(1007) 5(446)	第七堤工头
杨子麟		8(596)	张謇友
杨王孙		6(149)	西汉道家
杨天牖		6(513)	渠堤工程负责人
杨天骥	原名锡骥，字千里	2(327)	南洋公学门生，上海澄衷中学教师，《沪报》主笔，上海蒙藏交通公司发起人
杨夫人		8(804)	张詧妻
杨艺芳	名宗濂，号潜斋	8(131)	杨宗翰兄，户部员外郎，曾国藩、李鸿章幕僚，观察
杨巨源		7(540)	唐诗人
杨少青		3(1263)	海门溥善堂职员
杨月如	名保恒	7(516) 8(804)	教员
杨　朱	杨子	4(632)	先秦思想家

续 表

姓　名	其他称谓	册(页)	备　　考
杨仁山	名文会，号仁山居士	7(102) 8(426) 8(591)	曾国藩幕僚，佛学研究会会长，金陵刻经处创办者
杨　仆		6(8) 6(11)	西汉名将
杨文鼎	字俊卿、晋卿	2(201) 3(938) 3(1642) 4(505) 8(639)	光绪五年举人，福建、贵州、湖北按察使，淮扬道，湖南巡抚
杨允中		3(1338)	南京河海工校教授
杨玉环		7(405)	贵妃
杨玉和		8(270)	宋将领
杨世纶	字尚因，亦字弥之	5(122) 6(307)	乾隆三十三年通州举人，廉州知府
杨世祺		8(556)	旅日农民
杨可生		8(556)	旅日农民
杨龙友	名文骢，号山子	7(123) 8(533)	南明兵备副使，画家
杨令茀	字清如	7(321) 7(324) 7(417) 7(418) 7(419) 8(40) 8(925) 8(982) 8(983)	无锡女书画家
杨立言	字兰圃	8(943)	陆军校官，齐燮元代表
杨汉公	名显汉	8(934) 8(1045)	甘肃第一师范校长，理学家
杨式金	名清镳	3(1503)	附生，海门地主、乡绅，海门孔教支会会长
杨地三		3(1093)	乡绅
杨　朱		4(631) 4(633) 6(35)	战国魏哲人
杨仲乾	字德亨	8(21) 8(22) 8(24) 8(31) 8(45) 8(48) 8(994)	张謇师辈，恩贡生，候选教谕，曾国藩幕僚(安庆忠义局主持)

续 表

姓　名	其他称谓	册（页）	备　　考
杨仲达	名恩湛	2(538) 3(1523) 8(708) 8(709) 8(711) 8(749) 8(1032)	清华教务长
杨廷栋	字翼之	1(231) 2(237) 2(284) 2(286) 2(290) 2(376) 2(395) 2(396) 2(409) 4(303) 4(304) 4(305) 8(635) 8(689) 8(699) 8(704) 8(711) 8(728) 8(729) 8(743) 8(744) 8(749) 8(754) 8(763) 8(1022) 8(1029)	早稻田大学留学，江苏咨议局议员，农商部矿政局长
杨廷熙		8(143)	杨觳荣弟，直隶知州
杨廷撰	字述臣	5(124) 5(125)	清通州增贡，杨世纶孙
杨廷和		8(46)	明臣
杨　庄		8(75)	张謇友
杨安震	字子青	2(6) 2(7) 7(70) 8(8) 8(39) 8(42) 8(43) 8(54) 8(56) 8(57) 8(58) 8(59) 8(62) 8(65) 8(66) 8(70) 8(87) 8(88) 8(89) 8(99) 8(100) 8(101) 8(102) 8(103) 8(104) 8(112) 8(121) 8(123) 8(125) 8(126) 8(127) 8(128) 8(131) 8(132) 8(133) 8(134) 8(135) 8(136) 8(138) 8(139) 8(140) 8(141) 8(142) 8(143) 8(155) 8(156) 8(157) 8(159) 8(160) 8(165) 8(171) 8(173) 8(232) 8(294) 8(1000) 8(1001)	张謇乡友，海门名医

续 表

姓　名	其他称谓	册(页)	备　　考
杨　圻	字云史	7(405) 8(977)	举人,杨崇伊子,李鸿章长孙女婿,邮传部郎中,吴佩孚秘书
杨岐珍	字西园	2(53) 2(54) 2(55)	武童,庆军记名提督,狼山镇、定海镇、海门镇总兵,福建水师提督
杨补堂	名荫杭,字补塘	2(324) 2(335)	留日留美大学生,江苏省高等审判厅长
杨希贤		2(428)	贫民
杨坤乾		3(1436) 3(1441) 3(1467)	守坝员
杨　枢	字星垣	8(619)	广东候补道,驻日公使
杨叔平		8(144) 8(154) 8(155) 8(460)	张謇菊泉师同门
杨叔乔		8(230) 8(231)	张謇顺天乡试同年
杨叔鼎		6(588)	张謇金融友
杨卓莽		8(21)	太守
杨味云	名寿枏,晚号苓泉	8(721)	杨令茀长兄,光绪十七年举人,商部、农工商部主事,粤海关监督
杨味莼	名士燮	6(279)	张謇同科进士,杨士琦长兄,横滨总领事,知府,浙江巡警道
杨昌祐	字子承,又字紫城、紫丞、子诚	7(38) 7(56) 7(465) 7(504) 8(84) 8(85) 8(87) 8(88) 8(90) 8(91) 8(92) 8(93) 8(94) 8(95) 8(96) 8(97) 8(101) 8(113) 8(115) 8(135) 8(137) 8(139) 8(143) 8(149) 8(170) 8(460) 8(572) 8(996) 8(997) 8(998)	张謇师,张謇庆军幕友,赵菊泉戚

续 表

姓 名	其他称谓	册(页)	备 考
杨昌祥		1(537)	江苏运河局委员
杨昌龄		6(345) 8(144)	总兵
杨昌濬	又名昌浚,字石泉	1(501) 8(26) 8(210)	附生,知县,漕运总督,闽浙总督
杨金华	字廉卿	8(10) 8(45)	张謇泰兴友
杨治清		1(196)	河南国会代表
杨学涛	字石泉	8(33) 8(53) 8(71) 8(72) 8(97) 8(101) 8(103) 8(105) 8(110) 8(183)	张謇惜阴书院友
杨定甫	名晨,又字定敷、蓉初	2(40)	光绪三年进士,山东道监察御史,倪文蔚幕宾
杨宜申		3(1497) 3(1501)	农校毕业生
杨详州		8(993)	学官
杨建益		1(418)	藏家
杨春生		2(485)	南通警察教练官
杨厚德		1(170) 5(28)	海门沙绅
杨姨太		3(1547)	张詧妾
杨 恽		6(420)	西汉中郎将,平通侯,司马迁外孙
杨 贵		3(1414) 3(1415) 3(1418) 3(1420) 3(1444) 3(1462) 3(1493) 3(1520) 3(1552) 3(1554) 3(1557) 3(1590) 3(1613) 8(514) 8(571) 8(596)	张謇仆
杨 钧	字少白	2(551)	旅通人士
杨香圃		3(1342) 3(1385) 3(1393) 5(26) 5(436)	海门地主

续表

姓名	其他称谓	册(页)	备考
杨修	字德祖	6(240) 6(563) 8(36) 8(622)	东汉文学家
杨保彝		3(1430)	农科教员
杨叙伦		3(1366)	常乐乡绅
杨度	字哲子,号虎公、虎禅	8(792) 8(1036)	日本弘文学院师范速成科留学,宪政编查馆参议,筹安会六君子之一
杨养之		8(81)	张謇江宁友
杨洪胜	字益三	8(728)	武昌首义志士
杨济青		2(601)	刘文撰旧友
杨泰瑛		6(324) 6(327) 6(499) 6(500) 6(501) 8(992) 8(993)	如皋训导
杨载福	又名岳斌,字厚庵	8(387)	湘军水师营官,陕甘总督
杨晋卿		3(877)	文庙荡地租户
杨倞		6(214—215) 6(215)	唐大理评事
杨豹灵		2(444) 2(604) 2(709) 3(966) 3(1026) 3(1343) 3(1513) 4(236) 8(775) 8(779) 8(780)	水利局技正
杨梅汀	名点,乡人私谥孝威	3(1247) 3(1263) 3(1501) 3(1503) 3(1504) 3(1505) 3(1589) 3(1606) 6(439) 6(558) 6(559) 6(571) 7(325) 7(524) 8(195) 8(196) 8(197) 8(198) 8(337) 8(352) 8(492) 8(531) 8(577) 8(641) 8(696) 8(713) 8(753) 8(875) 8(939) 8(943) 8(958) 8(997) 8(1001) 8(1007) 8(1046)	行医好武者乡绅,孙云锦幕僚,海门溥善堂主事,通海垦牧股东

续表

姓名	其他称谓	册(页)	备考
杨辅臣	名黻荣,字黼臣	2(8) 8(81) 8(82) 8(83) 8(85) 8(86) 8(87) 8(88) 8(91) 8(92) 8(143) 8(159) 8(195) 8(996)	张謇师,孙云锦子塾师
杨崇伊	字莘伯,号正甫	8(402) 8(404) 8(1011)	李鸿章姻戚,光绪六年进士,广西道监察御史
杨鹿城		4(73)	地主
杨鸿仪	名渐逵	1(68) 8(635) 8(637) 8(638)	制造局委员
杨深秀	字漪村、仪村,号孴孴子	8(453) 8(592) 8(1014)	张謇同年,光绪十五年进士,山东道监察御史,戊戌六君子之一
杨　梁		5(122)	明嘉靖进士
杨维桢		8(166)	元末明初文学家、书画家
杨　绾		6(70)	唐名相
杨琴锡		6(51)	天主教民
杨斯作		8(143) 8(187)	张謇友杨子钦弟
杨斯盛	字锦春	2(214) 7(508) 8(662) 8(663) 8(664) 8(665)	上海近代建筑创始人,教育、公益事业慈善家,清廷追赠盐运使
杨　森	字子惠	3(889)	川军师长
杨惠安		3(1447)	地主
杨　鼎		3(1311)	崇明外沙商会会董
杨鼎臣	名增新,又字子周	2(142) 3(1226) 3(1265) 3(1340) 4(557) 7(322) 8(944) 8(946) 8(947) 8(1047)	张謇同年,光绪十五年进士,新疆镇迪道尹兼提法司,新疆督军
杨鼎勋		6(53)	提督

续 表

姓 名	其他称谓	册(页)	备 考
杨鼎盛		3(855)	南汇商会会董
杨 锐	字叔峤、钝叔	8(227) 8(453) 8(1004) 8(1014)	张謇同年,光绪十一年举人,张之洞幕僚,北京强学会发起人,四品衔军机章京,戊戌六君子之一
杨善琭	字西山	8(195) 8(219)	张謇乡友
杨善德	字树棠、树堂	7(518) 8(820)	松江镇守使,淞沪护军使,浙江督军
杨道霖	又名楷,字端书,号仁山	3(1408)	翁同龢门生,光绪十八年进士,柳州知府,热河实业厅长,华兴木植公司上海总号经理
杨瑞生		3(767) 3(1011) 3(1012) 3(1086) 3(1192) 5(212) 5(216)	上海盐业银行扬州分行行长
杨 颐	字子异,号蓉浦,晚号蔗农	8(376) 8(1009)	同治四年进士,副宪,会试总裁,江苏学政,兵部右侍郎
杨 楫	字石渔	2(489) 8(157) 8(999)	张謇同年
杨鉴莹		1(285) 1(308) 2(480) 3(794)	南洋大利树胶公司创办人
杨锡仁		3(1266)	海京洋行经理
杨锦江		3(791)	统领
杨 简		6(169)	南宋学者
杨静山		5(138)	南通名绅
杨静祺		5(261) 5(265) 5(269)	通泰盐垦五公司董事
杨蝶庵	名棨,字羡门	8(58)	清道光五年镇江选贡
杨蒲芳		8(654)	张謇友

续 表

姓　名	其他称谓	册（页）	备　　考
杨　樛		6(251)	秦二世从官
杨瞎子		6(314)	红帮吴地头目
杨德清		2(468)	天生港火柴制盒厂主
杨　潜		8(270)	宋方志家
杨　鋆		1(701)	工程处事务管理员
杨慰农	字应台	3(1210)	海门乡人
杨薇生		2(375) 3(821) 3(924) 3(1031) 3(1077) 3(1543) 3(1544) 6(420) 6(421) 6(589) 8(742) 8(754) 8(761) 8(774) 8(789) 8(842) 8(853) 8(915) 8(916)	张謇警卫
杨翰西	名寿楣，号静斋，以字行	2(545)	业勤纱厂主，中国银行无锡分行行长
杨　暾		3(1310)	南通医校优等毕业生
杨镜崖		8(523)	军门
杨　儒	字子通，号退庵	8(498)	同治六年举人，江苏常镇通海道道员，驻美、西班牙、俄公使
杨懋荣	字子薇	1(506) 1(527) 3(766) 3(814) 6(404) 8(1035)	张謇警卫，两江督辕警卫队巡官，南通县警务长
杨懋卿		1(595)	铜山县劝学所所长、教育会长，江苏省议员
杨藕芳	名宗翰，亦作宗瀚，又字浩农	7(507) 8(460)	杨令茀三伯父，李鸿章、刘铭传幕宾，河南道员，无锡业勤纱厂总办
杨　瀚	亦署杨翰，字伯飞、海琴	8(275)	道光二十五年进士，知事

续 表

姓　名	其他称谓	册(页)	备　　考
束曰璐	字勖俨	1(460) 2(685) 2(750) 3(770) 3(788) 3(1433) 3(1434) 3(1435) 3(1437) 3(1451) 3(1452) 3(1455) 3(1457) 3(1463) 3(1465) 3(1467) 3(1469) 5(175) 5(178) 6(465) 6(579) 8(478) 8(713)	束纶次子，盐垦公司负责人
束　氏		6(494)	王信铸母
束劭直	名曰琯	2(335) 2(464) 3(1205) 3(1449) 3(1545) 3(1532) 3(1592) 5(171) 5(226) 5(248) 6(424) 6(579) 7(198) 7(236) 7(472) 8(408) 8(411) 8(412) 8(422) 8(425) 8(426) 8(428) 8(429) 8(685) 8(710) 8(716) 8(719) 8(724) 8(725) 8(727) 8(730) 8(745) 8(780) 8(960) 8(1008) 8(1011) 8(1035) 8(1042) 8(1048)	束纶长子，张謇门生、秘书
束劼生		3(1449) 3(1453) 3(1456) 3(1460) 3(1461) 3(1471)	钱庄职员，大生司账
束实夫	又作石夫	8(37) 8(38) 8(103) 8(104)	束锦子
束织云	名锦	6(27) 6(514) 7(14) 7(21) 7(470) 8(5) 8(7) 8(10) 8(15) 8(16) 8(31) 8(32) 8(36) 8(37) 8(38) 8(39) 8(40) 8(43) 8(60) 8(63) 8(64) 8(65) 8(73) 8(77) 8(78) 8(79) 8(100) 8(101) 8(102)	张謇江都忘年友

续 表

姓 名	其他称谓	册（页）	备 考
		8(103) 8(104) 8(117) 8(118) 8(122) 8(123) 8(125) 8(126) 8(127) 8(134) 8(136) 8(141) 8(142) 8(143) 8(146) 8(150) 8(151) 8(152) 8(153) 8(155) 8(161) 8(710) 8(774) 8(993)	
束 经	字次云，号补之	6(514) 6(515) 7(14) 7(490) 8(8) 8(9) 8(164) 8(296)	张謇友，束锦弟，廪贡生，候选训导
束畏皇	名纶，又名增煦，号渭璜	2(3) 2(4) 2(5) 2(6) 2(7) 2(10) 2(11) 2(12) 2(27) 2(41) 2(44) 6(92) 6(244) 6(363) 6(514) 6(515) 6(579) 7(14) 7(69) 7(483) 7(484) 8(7) 8(23) 8(27) 8(31) 8(32) 8(33) 8(34) 8(41) 8(46) 8(49) 8(50) 8(51) 8(52) 8(53) 8(54) 8(55) 8(74) 8(76) 8(78) 8(80) 8(84) 8(85) 8(86) 8(87) 8(88) 8(89) 8(92) 8(93) 8(94) 8(95) 8(96) 8(97) 8(98) 8(99) 8(100) 8(103) 8(105) 8(106) 8(108) 8(109) 8(110) 8(111) 8(112) 8(113) 8(114) 8(115) 8(116) 8(117) 8(118) 8(119) 8(120) 8(122) 8(126) 8(128) 8(129) 8(130) 8(131) 8(132) 8(133) 8(134) 8(138) 8(140) 8(141) 8(143) 8(144) 8(145) 8(146) 8(147)	扬州人，江都增贡，张謇庆军幕友

续 表

姓 名	其他称谓	册(页)	备 考
		8(150) 8(151) 8(154) 8(155) 8(156) 8(160) 8(167) 8(169) 8(171) 8(172) 8(180) 8(183) 8(189) 8(195) 8(197) 8(199) 8(208) 8(217) 8(222) 8(258) 8(266) 8(267) 8(269) 8(270) 8(271) 8(276) 8(279) 8(280) 8(281) 8(283) 8(285) 8(292) 8(294) 8(301) 8(304) 8(308) 8(311) 8(313) 8(316) 8(318) 8(319) 8(321) 8(326) 8(329) 8(336) 8(337) 8(350) 8(351) 8(356) 8(369) 8(373) 8(379) 8(387) 8(993) 8(997) 8(999) 8(1008) 8(1009)	
束海帆		3(1592) 3(1605)	应聘大生职员者
束渔仲		8(34)	张謇安东友
吾丘子赣	吾丘寿王	8(551)	汉武帝光禄寺大夫,侍中
丽 先		8(4)	张謇早年学友
励守谦		1(117)	清乾隆司经局洗马,书画家
来君叔	名歙,人称来大中	3(1537) 7(513) 8(102) 8(757)	东汉名将,大中大夫
邑 姜		5(106) 5(107)	姬发后
轩 辕		8(213)	黄帝
连文徵		5(100)	中国图书公司董事
连贤基		1(196)	福建国会代表
肖 方		6(106)	南朝梁史家

续 表

姓　名	其他称谓	册(页)	备　　考
时乃功	字懋哉	7(28) 7(29) 8(29) 8(33) 8(34) 8(43) 8(44) 8(45) 8(46) 8(59) 8(87) 8(128) 8(129) 8(143) 8(146) 8(148) 8(273) 8(288)	张謇同寅,大令
时功玖	字季友	4(303)	留日学生,同盟会会员,民初国会众议院议员
时应元		1(720) 1(757) 1(763) 1(765) 1(795) 1(798) 1(803)	江苏省运河局员司
时萼卿	名乃凤,又字鄂卿	8(146) 8(158) 8(163) 8(164)	松江知府、太守,都转,书家
时蓬仙		2(413) 2(414) 2(415) 2(416) 8(467) 8(468) 8(477)	张謇幕僚
吴士迈		1(37)	左宗棠军幕
吴大球	字琬卿	7(13) 8(3) 8(8) 8(28) 8(200) 8(201) 8(295)	张謇早年友
吴小鲁		3(1475)	职员
吴小林		3(1660)	职员
吴义高		8(954)	张謇警卫,刺杀张孝若凶手
吴子青		3(1181)	萨镇冰信使
吴子恒		3(1623) 6(392) 8(233) 8(762)	吴长庆子
吴元炳	字子健、子建	6(52) 8(47) 8(115) 8(133) 8(136) 8(148) 8(156) 8(159) 8(172) 8(180) 8(999)	咸丰十年进士,湖南布政使,江苏巡抚,署两江总督兼江宁学政

续 表

姓　名	其他称谓	册(页)	备　考
吴元盛		6(457)	清婆罗洲华侨领袖
吴元默		6(437)	清经学家
吴　升		8(480)	张謇仆
吴长庆	字筱轩、小轩,号延陵,谥武壮,人称筱帅、小帅	1(5) 1(9) 1(12) 1(13) 2(6) 2(7) 2(8) 2(10) 2(11) 2(13) 2(14) 2(15) 2(17) 2(18) 2(19) 2(21) 2(22) 2(23) 2(25) 2(26) 2(27) 2(39) 2(53) 2(57) 2(66) 2(68) 2(79) 2(116) 2(186) 2(270) 3(1623) 6(10) 6(32) 6(35) 6(36) 6(37) 6(41) 6(44) 6(45) 6(49) 6(243) 6(244) 6(263) 6(264) 6(301) 6(331) 6(351) 6(363) 6(391) 6(453) 6(493) 6(537) 6(579) 6(595) 7(26) 7(70) 7(76) 7(119) 7(466) 7(483) 7(485) 7(486) 7(487) 8(18) 8(28) 8(29) 8(33) 8(34) 8(44) 8(45) 8(48) 8(53) 8(58) 8(59) 8(60) 8(71) 8(74) 8(81) 8(82) 8(83) 8(84) 8(85) 8(86) 8(87) 8(90) 8(91) 8(93) 8(94) 8(95) 8(96) 8(97) 8(98) 8(99) 8(103) 8(105) 8(106) 8(111) 8(112) 8(114) 8(116) 8(117) 8(120) 8(122) 8(123) 8(128) 8(129) 8(131) 8(132) 8(133) 8(134) 8(135) 8(137) 8(138)	世袭云骑尉出身,淮军统领,补直隶正定镇缺,浙江提督,广东水师提督,张謇称"筱公""吴公"

续　表

姓　名	其他称谓	册(页)	备　　考
		8(140) 8(141) 8(144) 8(145) 8(146) 8(148) 8(149) 8(150) 8(155) 8(156) 8(157) 8(158) 8(160) 8(162) 8(163) 8(164) 8(165) 8(166) 8(169) 8(170) 8(172) 8(173) 8(174) 8(175) 8(176) 8(177) 8(178) 8(179) 8(180) 8(181) 8(182) 8(183) 8(184) 8(187) 8(190) 8(192) 8(193) 8(194) 8(195) 8(196) 8(197) 8(199) 8(200) 8(201) 8(202) 8(203) 8(204) 8(205) 8(210) 8(218) 8(224) 8(225) 8(229) 8(267) 8(274) 8(330) 8(494) 8(995) 8(996) 8(997) 8(998) 8(1000) 8(1001) 8(1002) 8(1003)	
吴长纯		8(204)	庆军将领
吴长泰		8(204)	庆军将领
吴介臣		8(580)	商人
吴　氏	封孺人	6(35) 6(256) 8(987) 8(988)	张謇祖母
吴心斋		8(171)	张謇友
吴玉墀		1(117)	乾隆年间浙江藏书家
吴玉树		1(26) 8(392)	文童
吴玉哲		3(1604) 8(390)	千总
吴世式		5(124)	明如皋诸生

续 表

续 表

续 表

姓 名	其他称谓	册(页)	备 考
吴庆华		6(35) 6(40)	张謇同母吴姓兄
吴庆坻	字子修,又字敬疆	8(341)	张謇友,光绪十二年进士,会典馆总纂,四川、湖南学政,资政院硕学通儒议员
吴汝纶	字挚甫、挚父、贽甫	2(45) 6(510) 8(29) 8(93) 8(106) 8(173) 8(174) 8(180) 8(183) 8(223) 8(233) 8(289) 8(290) 8(350) 8(527) 8(1001)	同治四年进士,曾国藩、李鸿章幕僚,冀州知州,京师大学堂总教习
吴 兴		8(38)	张謇乡友
吴讷士	字本善	6(438) 7(293)	吴万父,苏州草桥中学创办人
吴观乐	字子佩	8(615)	医士
吴观礼	字子隽,号圭庵	1(37)	左宗棠军幕,陕西候补道,同治十年进士
吴丽孙		6(54)	吴长庆孙
吴孝亭	名兆有,字小亭	2(21) 2(22) 2(23) 2(24) 8(129) 8(133) 8(163) 8(196) 8(197) 8(199) 8(216) 8(1003)	庆军将领
吴 均		6(105)	南朝梁文家
吴均卿		8(114)	吴长庆僚属
吴志堂		2(545)	周学熙委派购纺机代表
吴芳生	名德基	5(226)	大生纺织公司驻沪事务所业务主任,大生第八纺织公司发起人

续　表

续表

姓名	其他称谓	册(页)	备考
吴承勋		8(434)	吴淑娟父
吴芰庵		8(36) 8(120)	范铸外舅
吴松山		4(352) 4(368)	军山气象台制图
吴松年		6(35) 8(785)	张謇外高祖
吴杰		1(68)	宁波总兵
吴卓信	字项儒,号立峰	2(421) 2(422)	清经古文家,舆地家,《汉书地理志补注》作者
吴昌		4(73)	海门地主
吴昌硕	初名俊,又名俊卿,署仓石、苍石	1(418) 5(266) 7(309)	诸生,丞尉,县令,西泠印社社长,书画家、篆刻家
吴鸣盛		6(49)	吴长庆祖
吴和玉	字益之	8(596)	张謇助手
吴和卿		2(259) 3(1084) 3(1471) 4(271) 8(597) 8(622) 8(713) 8(726)	大生崇明分厂考工董
吴佩孚	字子玉	3(918) 3(920) 3(1199) 3(1370) 3(1386) 3(1406) 5(208) 6(595) 6(595) 7(476) 8(959) 8(976) 8(979) 8(1049)	秀才,曹锟部管带,陆军第3师师长,两湖、直鲁豫三省巡阅使,直系军阀
吴欣生		3(1079) 3(1230) 6(588) 8(951) 8(944) 8(945) 8(951)	张謇友
吴朋三		2(117)	秀才,张謇故人子
吴学春		3(1350)	农民
吴宝林		6(314)	吴地粮帮首领
吴宝斋		8(23) 8(209)	张謇友

续　表

姓　名	其他称谓	册（页）	备　　考
吴　宗	字万时，号研北	5(125)	雍正七年如皋贡生
吴定邦		6(49)	吴长庆曾祖
吴建寿		8(204)	庆军将领
吴春帆	名赞臣，亦作赞诚，字春甫	7(486) 8(108) 8(112) 8(113) 8(146) 8(148) 8(201)	广东知县，天津道顺天府尹，光禄寺卿，署福建巡抚兼船政大臣
吴挺如		8(865)	张謇学生辈
吴　荣	字少云	8(53)	张謇友
吴荣萃		1(196)	国会代表
吴荷屋	名荣光	3(1578)	湖南巡抚，湖广总督，福建布政使
吴荫川	人称荫翁、荫丈	8(82) 8(84) 8(85) 8(86) 8(90) 8(96) 8(99) 8(105) 8(117) 8(118)	吴长庆幕僚
吴荫培	字树百，号颖芝	3(896) 8(663)	翁同龢门生，光绪十六年榜眼，编修，潮州、镇远知府，吴县乡贤
吴重憙	字仲怡、仲饴，号石莲	8(515) 8(517)	同治元年举人，潘祖荫门客，江宁布政使，江西、河南巡抚
吴　俨		6(443)	明进士，礼部左、右侍郎
吴俪笙	号松髯老人	8(79)	张謇友，画家
吴保德		6(54) 8(1003)	吴长庆长子
吴俊年		1(573) 1(575)	归江坝委员
吴庭香		3(1214)	南通银行专修科毕业生，中国银行高级职员

续 表

姓　名	其他称谓	册(页)	备　　考
吴彦复	名保初,亦名葆初,字君遂,号北山	2(79) 2(216) 2(306) 2(366) 3(1579) 3(1580) 3(1581) 6(54) 6(392) 7(93) 7(156) 7(319) 8(202) 8(337) 8(341) 8(343) 8(351) 8(352) 8(358) 8(382) 8(473) 8(487) 8(589) 8(598) 8(603) 8(604) 8(614) 8(751) 8(1003)	吴长庆次子,章士钊岳父,以荫补刑部郎中
吴洪甫		3(1481)	盐垦职员
吴晋卿	名玠	6(15)	宋抗金名将
吴　起		8(109)	战国兵家
吴莲卿		8(3) 8(45)	张謇早年友
吴　桢		6(99)	明漕运总督
吴桐林	字蛰卿、质钦	2(458)	刘永福军幕,商部郎中,中国货运公司创办人,农商部秘书
吴致进		5(140)	南通乡绅
吴晓江		2(493) 2(494) 2(629) 2(634) 2(640) 2(641) 2(642) 2(674) 2(689)	营造张謇园林负责人
吴　崍	字庶晨	2(543) 8(685)	农校教习
吴峻峰		8(173)	张謇友
吴　钰		6(432)	余仁宾孙女婿
吴铁琴		7(75) 8(262)	清道光刺史,阮元甥
吴笈荪		3(762)	徐世昌亲信
吴俶岷		8(311) 8(313)	张謇表弟

续 表

姓　名	其他称谓	册（页）	备　　考
吴浸阳		6(535) 6(536)	苏州盐公堂职员，古琴家
吴骏才		3(1096)	大丰、通遂公司警卫连长
吴莱孙		6(54)	吴长庆孙
吴　彬		7(72) 8(247)	明画家
吴梅村	名伟业	2(295) 6(325) 6(547) 8(66)	明末清初诗家，国子监左庶子
吴野人	名嘉纪，舍名陋轩	6(204) 6(358) 6(547)	清灶民，诗人
吴寄荃	名燕绍	8(460)	张謇同科进士，内阁中书，蒙藏院佥事，清史馆编纂
吴清卿	名大澂，字止敬，号窸斋、恒轩	6(226) 6(438) 7(293) 8(347) 8(591)	同治七年进士，编修，广东巡抚，署河南山东河道总督，湖南巡抚
吴　逸		2(300)	两江师范庶务员
吴淑娟	名杏芬	8(434)	江宁太守唐锟华妻，画家
吴尉若	名郁生，字蔚若，号钝斋、钟斋	8(721)	张謇友，光绪三年进士，内阁学士兼礼部侍郎，尚书，军机大臣，袁世凯内阁弼德院顾问大臣，书家
吴琼仙	字子佩，号珊珊	7(106)	清书画家
吴　琚		8(58)	南宋书家
吴博泉		8(251) 8(287) 8(292) 8(409) 8(422) 8(423) 8(425) 8(426)	张謇友
吴彭嫣	吴彭夫人	2(216) 2(306) 2(710) 5(132)	吴彦复侍妾
吴葆之		8(41) 8(49)	张謇友

续 表

姓 名	其他称谓	册(页)	备 考
吴葆斋		8(31) 8(32) 8(33) 8(34) 8(38) 8(43) 8(44) 8(45) 8(46) 8(47) 8(48) 8(49) 8(51) 8(52) 8(54) 8(55) 8(56) 8(57) 8(58) 8(59) 8(60) 8(61) 8(66) 8(92) 8(93) 8(95) 8(97) 8(98) 8(105) 8(106) 8(110) 8(113) 8(114) 8(115) 8(116) 8(118) 8(123) 8(124) 8(125) 8(126) 8(127) 8(129) 8(130) 8(132) 8(136) 8(145) 8(146) 8(164) 8(165) 8(169) 8(215) 8(216)	张謇发审局友
吴敬初		3(1459) 3(1460) 3(1468)	堤渠工程监核
吴敬恒	字稚晖	1(243) 5(171)	举人,《新世纪》主编,教育部读音统一会议长,中法大学校长,中国公学董事
吴戟门		3(1114) 3(1147)	盐垦管理处职员
吴朝杰		8(112)	军门
吴 棫		6(126) 6(127)	宋音韵家
吴雅三		8(4) 8(5) 8(11) 8(12) 8(100) 8(188) 8(194) 8(198)	张謇乡"雅丈",中医
吴翘士		8(197) 8(200) 8(332)	张謇江宁友
吴景濂	字莲伯、莲白,亦字濂伯,号述唐	2(270) 5(171)	留学日本,奉天咨议局议长、自治会会长,北京众议院议长
吴赐龄		1(196)	广东国会代表

续 表

姓 名	其他称谓	册(页)	备 考
吴粤生		6(259) 8(404) 8(460)	太仓令
吴赓廷		1(196)	浙江国会代表
吴善臣		8(244)	主事
吴翔甫		2(522) 2(523)	张謇属水利局职员
吴羡门		8(354) 8(362) 8(538)	张謇友
吴湖帆	原名翼燕,后更名万	6(438) 7(293) 7(298) 8(943)	吴大澂嗣孙,潘祖年婿,书画家
吴温叟	名涑,字白石,号击存	3(779)	诸生,民初议员,国文研究会发起人,诗画家
吴道子		3(1656) 6(517) 8(90) 8(523) 8(896)	唐画家
吴道愔	吴氏,吴姬	2(632) 2(740) 2(741) 3(1518) 3(1533) 3(1543) 3(1553) 6(276) 6(336) 6(537) 8(206) 8(375) 8(401) 8(414) 8(418) 8(423) 8(431) 8(434) 8(441) 8(477) 8(478) 8(479) 8(481) 8(571) 8(593) 8(652) 8(659) 8(677) 8(686) 8(715) 8(771) 8(789) 8(810) 8(822) 8(823) 8(829) 8(832) 8(839) 8(851) 8(909) 8(923) 8(933) 8(939) 8(942) 8(947) 8(951) 8(957) 8(958) 8(981) 8(1008) 8(1012) 8(1049)	张謇吴夫人,张孝若母
吴巽沂	名佑曾、彝曾,字巽仪	7(358) 7(391) 8(958)	张謇友,广州广雅书局提调,两广学务处委员,书画家

续 表

姓 名	其他称谓	册(页)	备 考
吴 瑞		3(1472) 3(1473)	盐垦职员
吴萁阶		8(6)	大生纱厂职员
吴鉴若		7(495) 8(348)	张謇友
吴鉴春	字藻新	3(1498) 8(716) 8(849) 8(856)	农校园艺教员
吴鉴泉		2(63) 8(95)	张謇乡人
吴 煦	字子和	3(1407)	光绪十六年进士,广东布政使,南通交通银行经理,北京政府平政院评事
吴 照		5(125)	明画家
吴锡嘉		3(1079) 3(1082) 3(1083) 3(1084) 3(1220) 8(780)	大生高级职员,南通纺织管理处副主任
吴榘馨		6(437)	将军
吴稚木		8(339) 8(375)	张謇友
吴 鹏		3(1305) 7(324)	崇明县县长
吴 颖		2(490)	江西袁州等府中学监督、实业司科长
吴颖之		7(137)	张謇前辈
吴颖志		3(1181)	中华国民制糖公司股东
吴新之		8(374) 8(375)	张謇乡友
吴新民		4(238)	通州师范学生
吴韵清		8(205)	张謇庆军幕友
吴 滨		7(396)	吴江画家
吴 溶		6(322)	通州附生,塾师
吴 福		8(687)	张謇家仆

续 表

姓　名	其他称谓	册（页）	备　　考
吴福廷		4(359)	掘港地主
吴福桢		3(1164)	盐垦技术员
吴　缜		6(90)	北宋史学家
吴静安		8(237)	庆军将领
吴毓贤		5(124)	清末民初罗盘制作家
吴毓麟	字秋舫	3(1199)	交通总长
吴　端		6(527)	萧嗣宗妻
吴蕴斋		5(212) 5(216)	金城银行上海分行经理
吴蝶卿		6(570)	李达孚友
吴　徵		3(1359)	沙田局委员
吴　澄		6(142) 6(145) 6(150)	元理学家、经学家
吴镜潭	名炳湘	3(1357)	袁世凯部属，山东巡警道总理，京师警察厅总监，安徽省长
吴钱荪	字彭秋	3(762)	天津巡警督办，外城巡警总厅左丞
吴鞠农	名敬修，字菊农，号怍盦	6(259)	张謇进士同年，吴粤生仲子，编修，广西学政，肃政厅肃政使
吴懋源		6(90)	清嘉庆《赣榆县志》分纂
吴瞻莪	字芸士	8(21)	张謇友
吴　廖		6(549)	冯晏海文友
吴瀚涛	又名汉涛，字广霈、琴爱	8(616)	张謇友，文史家
吴骥臣		7(480)	南通红十会第12救济妇孺收容所所长

续 表

姓　名	其他称谓	册(页)	备　考
吴　瓒		3(804)	南通警局文牍
吴攘之	名熙载,原名廷飏,以字行,又字让之	8(533)	包世臣入室弟子,清书家,篆刻家
虬髯客		6(457)	唐侠士
粤　耆		2(29) 8(223) 8(224) 8(227) 8(228)	中书
听　秋		8(189)	张謇友
岑春煊	字云阶、西林,号炯堂	1(227) 2(215) 2(278) 2(291) 2(327) 2(595) 2(644) 2(649) 2(673) 2(674) 2(676) 2(678) 2(680) 6(355) 8(638) 8(718) 8(1022)	光绪十一年举人,广东、甘肃布政使,陕西、山西巡抚,四川、两广总督,粤汉铁路督办,上海蒙藏交通公司发起人
秀　轩		8(81)	张謇友
秀　卿		8(62)	张謇友
邱大璋	字畏之	6(286) 8(78) 8(988) 8(989)	张謇塾师
邱子昂		5(102)	印刷所主任
邱尔臧		1(684) 1(685)	江苏运河工程局评议员
邱廷銮		8(222) 8(1004)	江宁科试考生
邱克庄		6(547)	明诗人
邱季贞		6(547)	清诗人
邱神勣		6(214)	唐左金吾卫将军
邱逢甲	字仙根,又字吉甫,号蛰仙	8(590)	光绪十五年进士,工部主事,台湾义勇军统领,广东咨议局副议长
邱榷南		8(607)	邱履平三子

续 表

续 表

姓 名	其他称谓	册(页)	备 考
何子永		8(85)	张謇友
何丰林	字茂如	3(1163) 3(1224) 3(1233) 8(944) 8(958) 8(1047)	天津武备学堂毕业,淞沪护军使,浙沪联军第1军司令
何无忌		6(28)	东晋将领
何木斋		8(126)	清画家
何玉斋		8(205) 8(208) 8(232)	张謇早年友
何正宗		8(227)	山西北镇兵将领
何世德		2(516)	安徽望江公民
何立坦		3(874) 3(1178)	张謇友
何 休		6(115) 6(174) 6(213)	东汉今文经学家
何伊榘		8(779) 8(780)	张謇僚属
何汝安		8(31)	张謇孙云锦幕友
何伯准		8(673)	垦牧公司职员
何 妥		6(155) 6(156) 6(159) 6(186) 6(195)	隋哲学家
何 启	字迪之,号沃生	8(477) 8(1014)	思想家,香港皇仁书院毕业,英国大律师资格,香港立法局华人议员
何其杰	字俊卿	8(351)	中书
何尚平		3(1561)	垦牧技术员
何法盛		6(105)	南朝宋史家
何宝珊		3(1329) 3(1378)	遂生堂药铺管帐
何承矩		6(15) 6(238) 6(240)	宋节度副使,水利家

续 表

姓 名	其他称谓	册(页)	备 考
何绍基	字子贞,晚号猨叟、蝯叟	2(87) 2(626) 4(640) 6(387) 7(82) 8(313)	道光十五年进士,四川学政,山东、湖南书院讲习,诗人,书画家
何南金		5(124)	明进士
何恢禹		1(264)	农林部佥事
何祖泽		3(1080)	南通师范教员
何 逊	字仲言	7(18)	南朝诗人
何晓生	名东,原名何启东,英文名 Robert Hotung	3(1203) 8(941) 8(1046)	香港皇仁书院毕业,英商怡和洋行买办,香港富豪
何 晏	字平叔	6(66) 8(283)	三国魏玄学家
何凌汉	字仙槎,又字云门,谥文安	6(387)	何绍基父,嘉庆十年探花,浙江学政,户部尚书,书法家
何海鸣	本名时俊,字一雁	8(758) 8(1032)	讨袁总司令
何敏斋		8(43)	吴长庆幕僚
何 渚		6(51)	建平乡绅
何敬甫		8(606)	徐州青山泉、贾家汪煤矿经理
何惠若		7(527)	张謇友
何 棐	字辅之	5(123)	明弘治进士
何弼元	字赞卿	8(29) 8(30) 8(31) 8(32) 8(47)	吴长庆幕宾
何 塘		5(123) 5(124)	明理学家、文学家
何 楷		6(151) 6(167) 6(175) 6(183) 6(189) 6(194)	明户部尚书,经学家

续 表

姓 名	其他称谓	册(页)	备 考
何嗣焜	字眉孙、眉生、枚生、梅生、梅孙,又字定庵	1(32) 1(33) 1(35) 1(36) 1(37) 2(19) 2(20) 2(30) 2(31) 2(38) 2(39) 2(40) 2(41) 2(42) 2(43) 2(44) 2(111) 2(116) 2(122) 3(1418) 3(1581) 3(1590) 3(1594) 3(1600) 4(35) 4(130) 6(288) 6(351) 6(363) 6(431) 6(520) 7(133) 7(137) 7(288) 7(372) 7(468) 7(501) 8(75) 8(175) 8(176) 8(177) 8(180) 8(181) 8(190) 8(192) 8(195) 8(197) 8(199) 8(208) 8(217) 8(218) 8(231) 8(232) 8(253) 8(263) 8(264) 8(265) 8(266) 8(267) 8(271) 8(272) 8(273) 8(358) 8(368) 8(401) 8(402) 8(404) 8(409) 8(410) 8(420) 8(425) 8(426) 8(430) 8(444) 8(453) 8(466) 8(467) 8(473) 8(475) 8(478) 8(479) 8(483) 8(484) 8(485) 8(486) 8(488) 8(489) 8(492) 8(494) 8(495) 8(496) 8(497) 8(498) 8(502) 8(503) 8(525) 8(602) 8(997) 8(1002) 8(1005) 8(1015) 8(1016) 8(1017)	张謇友,诸生,从军出身,候补知府,铁路参赞,李鸿章、张树声、倪文蔚、盛宣怀幕僚,盐运使,南洋公学总理
何 煜	字南孙、兰孙	3(910)	工部主事,黑龙江全省学务总办,内务部、教育部次长
何福奎	字星桥	8(264)	河南候补道

续 表

续 表

姓 名	其他称谓	册(页)	备 考
余三胜	名开龙,字起云,以艺名行	7(306)	京剧老生,徽班春台班台柱
余大鹏		1(293)	哈尔滨林务分局主任
余子行		3(1433) 3(1445) 3(1447) 3(1449) 3(1450) 3(1451) 3(1453) 3(1454) 3(1595) 3(1601) 3(1622)	复兴面粉厂管账
余日章		5(171)	中华圣公会牧师,文华大学附中校长,中华全国基督教协进会会长,中华书局董事
余仁宾		6(431)	余诚格父,部选江西石镇卫巡检
余文蔚		8(1043)	治水测量员
余冰臣	名觉,初名兆熊,又字冰人	2(428) 2(450) 2(457) 3(897) 3(902) 3(1223) 6(507) 7(203) 8(841) 8(842) 8(851) 8(879) 8(905)	沈寿夫,光绪二十七年举人,天津自立女工传习所创办人,南通贫民工场主任,诗词家,书法家
余 灿	字旭初	8(275)	张謇宁波友
余虎恩		8(591)	湘军提督
余 杲		6(432)	余仁宾孙
余明德		3(1274)	安徽委派赴美考察员
余学慈		2(633) 2(692) 3(900) 6(531) 8(830) 8(850) 8(920) 8(923)	沈寿养女,余学缜妹,张孝若妾
余诚格	字寿平、寿屏,号至斋、愧庵、罪庵	1(132) 2(40) 2(48) 2(516) 2(538) 3(793) 3(1113) 3(1354) 3(1510) 3(1597) 5(93) 5(175)	张謇同年,光绪十五年进士,翰林院编修,湖南巡抚,大生董事,大丰盐垦公司董事会会董

续 表

姓　名	其他称谓	册（页）	备　　考
		5(178) 6(431) 7(404) 7(527) 8(273) 8(332) 8(333) 8(337) 8(340) 8(445) 8(489) 8(494) 8(502) 8(506) 8(507) 8(530) 8(583) 8(658) 8(711) 8(756) 8(808) 8(810) 8(876) 8(936)	
余承祜		6(432)	余仁宾祖
余孟麟		8(530)	明编修
余春生		8(43) 8(44) 8(45) 8(59)	吴长庆记室
余　昶		6(432)	余仁宾曾孙
余晋珊	名联沅	3(1658) 8(471) 8(495)	光绪三年榜眼，国史馆协修，苏松太兵备道，上海道，浙江巡抚
余振庭		2(540)	京剧武生
余起人		2(757) 8(908) 8(932)	张謇治水助手，南通清丈主任
余　臯		6(432)	余仁宾孙
余　棻		6(432)	余仁宾孙
余彬蔚		7(236)	赵菊泉外孙
余梦麟		6(331)	明榜眼
余焕东		1(327) 1(328)	民初农商部第七区矿务监督署署长
余　椉		6(432)	余仁宾孙
余紫云	名金棵，字砚芬	7(306)	余三胜子，京剧青衣
余道存		6(432)	余仁宾曾祖

续 表

姓　名	其他称谓	册(页)	备　考
余道潜	字希隐	6(309)	宋进士,婺源余氏始祖
余锡福		8(29)	张謇友
余　粢		6(432)	余仁宾孙
余新第		6(432)	余仁宾父
余　阙	字廷心	1(231) 7(88) 8(479)	元都元帅府佥事,淮南行省左丞,文学家
余　粟		6(432)	余仁宾孙
余　粲		6(432)	余仁宾孙
余韶九		3(810)	大生股东,盐垦股东
余　璜		6(85) 6(86) 8(261) 8(262)	上南厅同知
余鹤松		1(301) 1(450)	江西绅商
希　白		3(1300)	江苏运河工程局参赞
希　实		8(234)	张謇友
启　祥		1(8)	张謇僚属
兑　之		2(393)	不详
谷芝瑞		1(196)	直隶国会代表
谷应泰		8(132)	“清代文苑第一人”
谷　宜		8(468)	张謇杭州友
谷钟秀	字九峰	2(668)	留日生,直隶巡抚署秘书,民初众议院议员,农商总长兼全国水利总裁,政学会发起人,和平期成会发起人
狄仁杰		8(52) 8(342)	武周重臣

续 表

姓 名	其他称谓	册（页）	备 考
狄葆贤	又名楚卿、楚青，号平子，别署平等阁主	1(144) 2(539) 2(540) 3(920) 5(100) 5(102) 5(118) 6(345) 6(370) 8(614) 8(635) 8(711) 8(747)	诸生，《时报》馆总经理，预备立宪公会职员
邹大钧		7(508)	湖南舆地学家
邹之麟	字臣虎	5(123)	明万历三十八年进士，画家
邹长茂		4(389)	地主
邹申远		3(1025)	张謇太仓友
邹礼门	名学浩	8(74) 8(83) 8(84) 8(85) 8(87) 8(90) 8(96) 8(97) 8(107) 8(108) 8(109) 8(110) 8(112) 8(114) 8(116)	张謇乡友
邹 阳		8(110)	西汉文人
邹沅帆	名代钧，字伯陶，又字君甫	2(486) 8(664)	中国舆地学会创办人，舆地学家
邹 忌		7(61)	战国齐相
邹学伊		2(486)	京师大学堂农科毕业生
邹 衍		6(13)	战国末期齐国人，五行创始人
邹 湛		6(174) 6(187)	晋学者
邹福保	字咏春，号芸巢	2(235) 8(157) 8(999)	张謇同年，光绪十二年榜眼，侍讲，江苏咨议局议员
邹嘉来	字孟方、孟芳，号子东、紫东	3(1543) 8(619) 8(721)	光绪十二年进士，礼部主事，弼德院副院长

续 表

姓　名	其他称谓	册(页)	备　考
迎　元		5(149)	中华佛教总会南通分会长
况周仪	又名周颐,字葵生、夔笙,号蕙风	7(105) 8(435)	张謇友,光绪五年举人,内阁中书,张之洞、端方幕僚,词家
况　钟		6(222)	明苏州知府
应　劭		6(67) 6(69) 6(79) 6(162) 6(198) 6(199)	东汉学者
应宝时	字心易、可帆、敏斋,号适园	8(30) 8(34) 8(47)	光绪二十四年举人,江苏按察使,苏松太道,龙门书院创建者
应贻诰		1(196)	浙江国会代表
应桂馨		2(379) 2(380)	刺宋案要犯
应德闳	字季中,号伊泉	1(279) 2(360) 2(460) 2(664) 3(1540) 3(1543) 7(217) 8(744) 8(749) 8(754) 8(761) 8(762)	举人,淮安知府,程德全幕僚,江苏布政使,江苏首任民政长
应　璩		6(242)	曹魏文学家
冷　遹	字御秋、禦秋,又字雨秋、遇秋	3(1344)	安徽武备学堂毕业,南京新军管带,同盟会员,护国军政府总参议,中华职业教育社理事,大丰、泰和、华成盐垦公司董事长
辛丑年	号左峰	7(195)	明无锡经史学者,《寒蛩诗稿存》作者
辛　甲		6(66)	商末周初史官
辛弃疾	字幼安	7(7)	南宋将领,文学家
冶　开		2(722) 2(723)	佛教慈悲会创办人

续 表

续 表

姓 名	其他称谓	册(页)	备 考
汪凤藻	字云章,号芝房	1(13) 3(1225)	光绪九年进士,户部广东司行走,驻日钦使,南洋公学总办
汪凤瀛		3(944) 3(1148)	汪凤藻弟,光绪拔贡,纳资为中书舍人,张之洞督署洋务文案,江苏省议员
汪文彬		3(1434) 3(1439) 3(1465)	张謇拟聘职员
汪玉峰		3(1091) 3(1112)	捐客
汪世丈		8(416)	通州义绅
汪石山		7(185) 8(813)	元名医
汪龙标	汉溪	2(487)	上海南洋公学总务,《新闻报》总经理、董事,保荐知事
汪龙光		1(196)	江西国会代表
汪朴斋		3(770) 3(774) 3(894)	海门县长
汪有龄	字子健、子建	2(668)	日本留学生,《商务官报》编辑,和平期成会发起人,民初司法次长
汪成之		8(48)	张謇友
汪兆铭	笔名精卫,字季新,以笔名行	1(236) 2(316) 2(360) 2(389) 2(662) 3(907) 3(932) 5(171) 8(733) 8(1030) 8(1032)	日本法政大学速成科留学,同盟会评议部部长,民军议和代表,共和统一会发起人,伍廷芳之参赞
汪仲伊	名宗沂,号弢庐	8(42) 8(53) 8(55) 8(74) 8(78)	张謇早年同砚,山西知县,江西中江书院讲席
汪仲卿		8(713)	溥善堂老人
汪仲篪	字次如	8(70)	张謇早年友

续 表

姓 名	其他称谓	册（页）	备 考
汪舟次		6(547)	清诗人
汪汝瑮		1(117)	乾隆年间浙江藏书家
汪如藻		1(117)	清乾隆进士，四库馆总目协勘官
汪志渊		5(136)	通州乡绅
汪克丞		6(380)	江皖振会会董
汪杜芬		3(771)	京剧老生
汪杨宝		1(417)	农商部技正
汪彤程		6(92)	赣榆进士
汪应蛟		6(238) 6(240)	明南京兵部尚书
汪辛籽		8(474)	苏经纱厂司账
汪启淑		1(117)	乾隆年间浙江藏书家
汪 直		4(88)	明代权宦
汪叔芾		3(1439) 8(506)	张謇友
汪 诗		3(1655)	张謇乡里老辈
汪尚华		3(1297)	拟聘中学校长
汪尚荣		2(388)	命理家
汪国祥	字瑞卿	8(10)	张謇乡友
汪秉忠	字彝伯	2(455) 2(467) 3(1217) 3(1347) 3(1358) 3(1359) 3(1364) 3(1382) 3(1384) 3(1391) 3(1393) 3(1395) 3(1398) 3(1399) 3(1400)	南京沙田局总办，国会议员
汪郎亭	名鸣銮，字柳门，又号郋亭	2(87) 7(322) 7(323) 8(376) 8(378) 8(379) 8(474) 8(589) 8(1009)	同治四年进士，吏部侍郎，阅卷大臣，杭州诂经精舍、敷文书院讲席，藏家

续 表

姓 名	其他称谓	册(页)	备 考
汪宝卿		8(61)	吴门女史
汪届豫		2(212)	留英海军生
汪荣宝	字衮甫、衮父,号太玄	2(302) 2(321)	上海南洋公学肄业,京师译学馆教习,协纂宪法大臣,临时参议院议员
汪栋臣		8(532)	张謇友
汪树堂	字剑星	1(148) 2(65) 2(78) 2(91) 2(209) 4(27) 4(129) 6(582) 7(111) 8(381) 8(386) 8(387) 8(391) 8(394) 8(397) 8(401) 8(402) 8(409) 8(410) 8(412) 8(421) 8(423) 8(426) 8(438) 8(443) 8(445) 8(451) 8(457) 8(501) 8(509) 8(515) 8(1011)	通州知州,淮安知府
汪贻书	又名诒书	2(668)	和平期成会发起人
汪钟霖	字岩征,号甘卿	5(100) 8(617) 8(635)	张謇友,光绪十九年举人,驻奥参赞,张勋幕僚,冯国璋咨议官,中国图书公司、苏路公司股东
汪重卿		8(577)	张謇乡友
汪笃甫		2(590) 8(453)	盐垦股东
汪保诚		3(1404)	张謇友,前知县
汪禹门		8(829)	张謇黄冈友
汪叙之		8(116)	张謇友
汪 甡		4(86)	清学者
汪阆轩		2(107) 3(1516)	垦牧账务

续 表

姓 名	其他称谓	册(页)	备 考
汪铭恩		6(424)	南通乡绅
汪康年	字穰卿,号毅伯	2(87) 2(90) 2(103) 2(143) 2(145) 3(1581) 3(1582) 3(1583) 3(1584) 3(1585) 7(322) 8(420) 8(432) 8(434) 8(613)	光绪十八年进士,张之洞幕僚,《时务报》经理,内阁中书
汪鸿勋		3(1440) 3(1443) 3(1445) 3(1465) 3(1481) 8(515) 8(588)	张謇僚属
汪鸿懃		3(1437)	盐垦股东
汪朝宗		6(547)	明诗人
汪鼎丞		2(156)	高等小学监理
汪蛟门		6(547)	清诗人
汪鲁门	原名泳沂	2(587) 2(590) 8(698)	张謇同僚,海州知州,两淮盐业总商,大德制盐公司创办人
汪翔甫		8(113)	张謇庆军幕友
汪道昆	字伯玉	5(122)	明嘉靖进士,兵部左侍郎,戏曲家
汪谢城		6(389)	湖州耆宿
汪瘦岑	名彭年,字寿臣	8(762)	参议院议员
汪融甫		8(129)	厘捐局员
汪襄甫		8(721)	官员
沐 英		6(15) 8(28)	明开国功臣
沙元度		5(138)	南通名绅

续 表

姓　名	其他称谓	册(页)	备　考
沙元炳	字健庵,别号碻髯翁	1(43) 1(96) 2(171) 2(182) 2(236) 2(238) 2(273) 2(459) 2(460) 2(528) 2(588) 2(657) 2(736) 2(741) 2(745) 3(824) 3(868) 3(916) 3(1058) 3(1136) 3(1239) 3(1370) 3(1469) 3(1622) 3(1623) 3(1625) 3(1636) 4(160) 4(479) 4(481) 4(483) 4(581) 5(138) 5(139) 5(171) 5(175) 5(178) 5(211) 6(271) 6(272) 6(555) 7(193) 7(214) 7(215) 7(236) 7(258) 7(311) 7(328) 7(339) 7(389) 7(403) 7(414) 7(476) 8(382) 8(401) 8(408) 8(409) 8(416) 8(418) 8(419) 8(434) 8(437) 8(445) 8(446) 8(450) 8(469) 8(518) 8(521) 8(525) 8(527) 8(528) 8(594) 8(615) 8(626) 8(627) 8(654) 8(656) 8(671) 8(688) 8(823) 8(829) 8(844) 8(873) 8(874) 8(877) 8(878) 8(880) 8(892) 8(893) 8(896) 8(901) 8(902) 8(903) 8(941) 8(942) 8(944) 8(949) 8(952) 8(1018) 8(1019) 8(1046)	光绪十八年进士,翰林院编修,如皋水利会会长,江苏省议会长,张謇"健公""健翁"
沙玉沼	字鉴渠	6(312) 7(477)	海门乡绅
沙　迎		6(574)	沙健庵仲子
沙国华		3(824)	沙健庵族人

续 表

姓　名	其他称谓	册(页)	备　　考
沙养瑜		3(1048) 3(1246)	海门友
沙循矩		8(287)	张謇友
沈士超		4(362)	清同治末年海门绅董
沈士模		3(1155) 3(1156)	嘉兴士绅
沈之瑾	字仲瑜	1(34) 1(39) 1(40) 1(41) 3(1585) 7(528) 8(9) 8(14) 8(75) 8(77) 8(283) 8(303) 8(306) 8(570) 8(575)	赵菊泉门生,光绪九年恩贡,候选教谕,师山书院山长
沈子封	名曾桐,号同叔	2(109) 3(1583) 7(288) 8(230) 8(231) 8(233) 8(234) 8(237) 8(239) 8(271) 8(340) 8(343) 8(345) 8(382) 8(385) 8(405) 8(419) 8(445) 8(494) 8(1004)	张謇顺天乡试同年,光绪十二年进士,李鸿章幕僚,北京强学会副董,广东提学使
沈子培	名曾植,号巽斋,别号乙盦、乙庵,晚号寐叟	2(30) 2(63) 2(71) 2(74) 2(83) 2(84) 2(114) 2(115) 2(121) 2(140) 2(142) 2(294) 3(802) 3(1583) 3(1586) 3(1587) 3(1627) 3(1630) 3(1632) 3(1654) 4(35) 4(280) 6(288) 6(604) 7(80) 7(81) 7(82) 7(288) 7(323) 7(524) 8(149) 8(225) 8(228) 8(229) 8(230) 8(233) 8(234) 8(235) 8(236) 8(239) 8(240) 8(244) 8(251) 8(271) 8(279) 8(286) 8(288) 8(290) 8(291) 8(305) 8(311) 8(312) 8(313) 8(337) 8(340)	张謇同年,翁同龢门生,光绪六年进士,刑部主事,江西广信知府,署安徽巡抚,金石家,张謇称"乙公""培公"

续 表

姓名	其他称谓	册(页)	备考
		8(341) 8(342) 8(343) 8(345) 8(360) 8(362) 8(381) 8(382) 8(383) 8(384) 8(385) 8(394) 8(405) 8(419) 8(421) 8(423) 8(449) 8(456) 8(480) 8(481) 8(486) 8(493) 8(495) 8(497) 8(498) 8(499) 8(502) 8(504) 8(508) 8(512) 8(513) 8(533) 8(536) 8(545) 8(582) 8(585) 8(590) 8(591) 8(592) 8(596) 8(610) 8(617) 8(621) 8(625) 8(635) 8(638) 8(693) 8(694) 8(706) 8(750) 8(225) 8(958) 8(1004) 8(1008) 8(1017) 8(1019) 8(1026) 8(1032) 8(1045)	
沈子承	名曾棨,号戟廷	8(419)	沈曾植兄,厘局运判
沈子肃		3(1528)	张孝若师
沈天池		8(7) 8(8) 8(9) 8(15) 8(37) 8(101) 8(102) 8(219)	张謇乡友
沈元祥		2(486)	实业家
沈云沛	字雨辰,又字雨人	1(96) 2(214) 2(215) 2(301) 3(1439) 3(1570) 6(279) 6(315) 6(344) 8(421) 8(431) 8(432) 8(434) 8(445) 8(446) 8(494) 8(514) 8(570) 8(595) 8(604) 8(605) 8(606) 8(607) 8(608) 8(609) 8(621) 8(622) 8(743)	张謇同年,光绪二十年进士,翰林院编修,邮传部右侍郎,参政院参政,实业家

续 表

姓　名	其他称谓	册（页）	备　　考
沈友兰		8(587) 8(621)	垦牧公司职员
沈少安		8(119)	张謇乡友
沈少卿		8(9) 8(97) 8(252)	张謇乡友
沈长发		3(1420)	通师学生亲属
沈　氏		8(269) 8(418) 8(430) 8(1012) 8(1023)	张亮祖妻
沈凤楼		2(162) 6(317) 8(47) 8(621) 8(622) 8(625)	南京学务处观察
沈文翰		1(96)	翰林院编修
沈文黼	字宸臣	8(54)	全椒人
沈书斑		4(190)	通师二年级级长
沈右衡		2(633) 3(1553) 3(1586) 6(531) 7(522) 8(833) 8(840) 8(849) 8(924) 8(926) 8(1039)	沈寿胞兄，苏州藏家，南通博物苑主任
沈平章		6(265)	安徽知府
沈汉奎		3(1510)	垦牧公司第一堤主任
沈　发		3(1477)	盐垦职员
沈幼彦		8(352) 8(353) 8(366) 8(375) 8(494)	江宁藩司
沈幼清		8(446) 8(164)	张謇友
沈幼瑜	字抑之	8(696) 8(712) 8(771)	海门县参议会主席
沈邦基		4(190)	通州师范四年级级长
沈吉甫		3(1445)	盐垦职员
沈芝轩		8(151) 8(161)	张謇如皋友

续 表

姓 名	其他称谓	册(页)	备 考
沈在善		3(1370)	工程人员
沈同午		8(979)	苏皖两省淮河流域浚垦警备处长,沙田主
沈同芳	字友卿,又字幼卿	1(96) 1(144) 2(155) 2(156) 2(523) 3(1204) 3(1585) 3(1586) 6(363) 6(364) 6(376) 7(163) 7(203) 8(614) 8(621) 8(622) 8(628) 8(634) 8(665) 8(780) 8(785) 8(833) 8(1039)	光绪二十年进士,河南唐县知县,预备立宪公会职员,幕僚
沈廷荣		6(507)	沈寿祖父
沈伟田	字羲民	7(30) 8(47) 8(48)	江阴知县
沈休文		6(263)	南朝史家,文学家
沈兆祉	字小沂	8(537)	沈兆禔弟
沈兆禔	字再宜	8(354) 8(537)	张謇同年
沈次裳		8(835)	沈瑜庆弟
沈沅泗		3(1208)	海门人
沈汝奎	字惺斋	8(4)	同治十三年进士,河南知县,常州府教授
沈 约	字休文	2(46)	南朝史家
沈 寿	初名云芝,后名寿,字雪君、雪宧,别号天香阁主人、谦亭主人、雪楼居士	1(520) 1(521) 2(633) 2(692) 2(693) 2(698) 2(723) 2(740) 2(741) 2(745) 3(897) 3(898) 3(899) 3(900) 3(910) 3(1586) 4(347) 4(366) 4(482) 4(483) 5(186) 6(360) 6(412) 6(428)	农工商部辖绣工科总教习,南通女工传习所所长

续 表

姓 名	其他称谓	册（页）	备 考
		6(429) 6(469) 6(470) 6(471) 6(498) 6(503) 6(506) 6(508) 6(509) 6(511) 6(530) 6(533) 6(570) 7(191) 7(201) 7(203) 7(206) 7(212) 7(214) 7(215) 7(241) 7(248) 7(259) 7(261) 7(264) 7(265) 7(270) 7(286) 7(365) 7(387) 7(473) 7(521) 7(522) 8(723) 8(743) 8(817) 8(821) 8(828) 8(829) 8(830) 8(831) 8(832) 8(833) 8(834) 8(836) 8(837) 8(838) 8(839) 8(840) 8(841) 8(842) 8(843) 8(844) 8(847) 8(848) 8(849) 8(850) 8(851) 8(852) 8(853) 8(854) 8(855) 8(856) 8(857) 8(859) 8(860) 8(863) 8(865) 8(868) 8(877) 8(878) 8(879) 8(884) 8(887) 8(888) 8(892) 8(893) 8(894) 8(899) 8(901) 8(902) 8(903) 8(904) 8(905) 8(906) 8(907) 8(908) 8(909) 8(920) 8(921) 8(933) 8(940) 8(941) 8(942) 8(950) 8(951) 8(953) 8(964) 8(979) 8(1037) 8(1039) 8(1041) 8(1042) 8(1043) 8(1049)	
沈寿昌		2(68)	济远号帮带，甲午海战殉国

续 表

姓　名	其他称谓	册(页)	备　　考
沈　均		1(334)	民初农商部矿务监督署技士
沈坚亭		7(514) 8(387) 8(662) 8(769)	张謇乡友
沈听泉		3(1149)	崇明乡董
沈秀章		1(170) 5(28)	海门沙绅
沈佐庭		8(601)	张謇友
沈伯傅		3(1011)	乡绅
沈　彤	字冠云	8(313)	清方志家
沈宏豫		2(137)	留英海军学生
沈其光	字瘦东,号瓶翁,人称沈东阳	7(390) 8(926)	张謇青浦晚辈诗友,震旦大学肄业,民众教育馆员,中华书局编辑
沈茂林		3(1456) 8(580) 8(581)	栈主,海界河疏浚负责人
沈叔英		7(220) 7(523) 8(3) 8(4) 8(5) 8(6) 8(7) 8(8) 8(9) 8(10) 8(11) 8(15) 8(28) 8(35) 8(37) 8(38) 8(39) 8(40) 8(41) 8(59) 8(60) 8(63) 8(65) 8(67) 8(68) 8(75) 8(77) 8(99) 8(100) 8(101) 8(102) 8(103) 8(104) 8(121) 8(123) 8(124) 8(127) 8(140) 8(141) 8(150) 8(151) 8(152) 8(161) 8(197) 8(198) 8(865) 8(930)	张謇早年同窗诤友
沈昆山		2(617)	梅兰芳友,文人画家
沈国良		2(335) 8(374)	张謇乡人

续 表

姓　名	其他称谓	册（页）	备　　考
沈明九		8(565)	旅日鄞人
沈鸣吉		2(429)	贫民工场营业兼庶务
沈秉仁		1(196)	广东国会代表
沈秉成 注：2(46)将“成”误为“臣”	原名秉辉，字仲复，号耦园主人	2(46) 7(492) 8(311) 8(314) 8(333) 8(334) 8(335) 8(337) 8(353) 8(1011)	张謇座师，咸丰六年进士，内阁学士，广西、安徽巡抚，署两江总督，安徽经古书院创办人
沈秉琪		4(318)	江苏测绘舆图海门助测
沈秉璜	字豹君	1(495) 1(505) 1(598) 1(667) 1(678) 1(779) 2(231) 2(471) 2(473) 2(474) 2(475) 2(532) 2(560) 2(746) 3(794) 3(893) 3(800) 3(821) 3(823) 3(924) 3(956) 3(963) 3(1005) 3(1021) 3(1029) 3(1032) 3(1036) 3(1037) 3(1051) 3(1052) 3(1065) 3(1152) 3(1218) 3(1222) 3(1274) 3(1344) 3(1356) 6(591) 7(474) 8(771) 8(777) 8(779) 8(856) 8(874) 8(896) 8(915) 8(1047)	淮扬徐海平面剖面测量局长，扬子江技术委员会技术委员，张謇秘书
沈　佺	字期仲	3(1484) 8(678)	江苏候补道，复勘垦地委员，书家
沈佺期 注：原文为“徐期”疑误	字云卿	6(38)	唐诗人
沈金鉴	字叔詹，又字叙詹	1(342) 3(944)	武举，天津保甲总办，安徽提法使，顺天府尹，浙江省长

续 表

姓 名	其他称谓	册(页)	备 考
沈宝銮		1(503) 1(535) 1(662) 1(674) 1(688)	江苏运河技正
沈绍竹		3(1080)	张謇公司职员
沈南苹	名铨	8(186)	清画家
沈 括		6(24) 6(212) 6(282) 8(486)	北宋政治家、科学家
沈荣珍		7(243)	刺绣家
沈柏韬		6(540) 6(541)	海门乡绅
沈厚圻		8(222) 8(1004)	江宁科试考生
沈星台		8(72)	张謇乡友
沈星海		8(187) 8(228)	沈葆桢次子,比部
沈 钧		1(334) 3(765) 3(794) 3(839) 3(841)	张謇秘书民初农商部矿务监督署技士,海门乡绅
沈香田		3(1492)	应聘者
沈俪崐		8(460)	张謇无锡友
沈炳铨		6(424)	南通乡绅
沈祖伟	字奎侯	3(1143) 3(1224)	河海工科校长
沈素生		4(361) 4(362) 4(363)	江苏省议会海门议员
沈 起	字兴宗	8(849)	宋海门知县
沈莘夫		8(56)	张謇友
沈晋台		8(9) 8(61) 8(195)	张謇乡友
沈恩孚	字信卿,又字心磬	1(420) 1(520) 2(284) 2(286) 2(489) 2(512) 2(538) 2(557) 2(611) 3(767) 3(799) 3(806) 3(815) 3(817) 3(896)	光绪二十年举人,龙门师范学堂监督,苏社理事,江苏学务总会发起人,江苏都督秘书长

续 表

续 表

姓 名	其他称谓	册(页)	备 考
沈润生		4(642)	沙务房人员
沈海秋		2(236) 8(29) 8(49) 8(86) 8(87) 8(91) 8(95) 8(110) 8(134) 8(154) 8(163) 8(176) 8(177) 8(184) 8(190) 8(203) 8(204) 8(615) 8(627)	庆军文案
沈琇莹	字琛笙,号南岳、傲樵	8(966)	船山书院山长王闿运门徒,留日习法政,两广盐运使
沈梅孙	字晋祥	7(138) 8(678)	沈佺父,湖南按察使,甘肃布政使
沈雪门		8(659)	医士
沈雪香		8(10)	张謇乡友
沈铭竹		3(1296) 3(1647)	东台盐垦股东
沈铭清		5(140)	代理台湾巡抚浙江兴业银行办事董事
沈鹿苓	名书升、书绅,号鹿芹	6(614) 8(402) 8(404) 8(430) 8(1011)	沈爕均子,张謇门生,江苏试用训导,沈氏私立两等小学校长,文正书院学生
沈葆义		8(756)	讨袁军统领
沈葆桢	字幼丹、翰宇,谥文肃	2(625) 2(626) 4(71) 6(32) 6(34) 6(51) 6(52) 6(87) 6(221) 6(222) 6(264) 6(417) 6(418) 6(558) 6(559) 7(306) 7(487) 8(93) 8(94) 8(96) 8(97) 8(113) 8(129) 8(133) 8(134) 8(135) 8(136) 8(145)	林则徐女婿,道光二十七年进士,两江总督,“幼帅”

续 表

姓 名	其他称谓	册（页）	备 考
		8(147) 8(154) 8(156) 8(157) 8(158) 8(159) 8(163) 8(164) 8(166) 8(187) 8(203) 8(852) 8(996) 8(999) 8(1014)	
沈景苏		8(74) 8(76) 8(77)	张謇乡友
沈喻琴		6(513)	渠堤工程负责人
沈傅师		8(318)	唐吏部侍郎
沈敦和	字仲礼	2(479)	剑桥大学法政科肄业，江南水师学堂提调，全国路矿局提调，沪宁铁路总办，中国通商银行总董，万国红十会总董
沈善庆	字继卿	8(170)	新泰知县
沈瑞麟	字石卿，又字砚裔	8(32) 8(33) 8(47) 8(49) 8(53) 8(71) 8(92) 8(137)	张謇孙云锦幕友，沈秉成子，举人，外务部参议上行走，北京政府驻德参赞、驻奥公使
沈 椿		6(507)	沈寿父，幕僚
沈新甫	又名欣甫	8(57) 8(225)	张謇友
沈嘉澍		8(282)	举人
沈模存		4(73)	地主
沈粹缜		2(633) 8(830) 8(883)	沈寿侄女
沈德符		8(342)	明文家
沈鹤一		6(531) 8(942) 8(943) 8(964)	张謇家塾女师，女工传习所工人
沈燕谋		2(757) 3(799) 3(1186) 3(1205) 6(613) 6(614)	沈敬夫长孙，留美理化生，大生职员，纺校教授

续表

姓名	其他称谓	册(页)	备考
沈霖		6(306)	张謇族东宅执业
沈霖生		3(1003) 3(1014)	灶主
沈霖泽		3(1003)	灶主
沈镛	字联芳	2(691) 2(694) 4(386)	上海瑞纶缫丝厂职员,振纶洽记缫丝厂经理,闸北市政厅长,苏浙皖丝厂茧业公所总理,上海总商会副会长,地产商
沈赞清	字演公,号雁潭	3(1484)	沈葆桢孙,垦牧股东
沈懋昭	又名沈缦云	2(327)	举人,上海商务总会议董,同盟会员,全国商团联合会副会长,上海蒙藏交通公司发起人
沈燮均	字敬夫,乡谥惠悫	1(26) 1(31) 1(35) 2(85) 2(94) 2(103) 2(112) 2(178) 3(1587) 3(1589) 3(1590) 3(1591) 3(1593) 3(1594) 3(1595) 3(1596) 3(1597) 3(1598) 3(1599) 3(1600) 3(1601) 3(1602) 3(1603) 3(1604) 3(1605) 3(1606) 3(1607) 3(1622) 3(1638) 4(27) 4(73) 4(125) 4(127) 4(128) 4(130) 4(131) 4(132) 4(134) 6(313) 6(331) 6(369) 6(388) 6(525) 6(613) 6(614) 7(471) 7(511) 8(7) 8(140) 8(189) 8(192) 8(197) 8(199) 8(201) 8(203) 8(208) 8(217) 8(219) 8(222) 8(224) 8(229) 8(230) 8(252) 8(296)	候补训导,通州关庄布巨商,大生纱厂厂董

续 表

姓 名	其他称谓	册（页）	备 考
		8(334) 8(337) 8(339) 8(373) 8(374) 8(377) 8(379) 8(382) 8(400) 8(401) 8(402) 8(403) 8(404) 8(405) 8(407) 8(409) 8(410) 8(411) 8(412) 8(420) 8(422) 8(423) 8(425) 8(426) 8(427) 8(428) 8(429) 8(430) 8(431) 8(432) 8(433) 8(434) 8(440) 8(442) 8(447) 8(453) 8(455) 8(456) 8(457) 8(463) 8(465) 8(466) 8(470) 8(473) 8(475) 8(478) 8(479) 8(481) 8(488) 8(489) 8(491) 8(506) 8(513) 8(521) 8(567) 8(578) 8(580) 8(594) 8(700) 8(716) 8(744) 8(1002) 8(1011) 8(1012) 8(1018) 8(1025) 8(1026)	
沈夑源		6(290)	刘镛次婿
沈籁青	名元鼎，又字籁清	3(1175) 3(1190) 3(1362)	留美学生，上海银行公会会董，浙江兴业银行会计主任，盐垦股东
沈瀚如		6(588)	张謇金融友
沈骧云		8(7)	张謇前辈
怀 素	俗姓钱，字藏真	6(622) 7(426) 8(464) 8(984) 8(1049)	唐“草圣”
宋大峰		8(865)	宋进士，造桥和尚
宋小圃		8(36) 8(73)	张謇友

续 表

姓　名	其他称谓	册(页)	备　考
宋小珊		8(37)	张謇友
宋六桥		8(126)	清画家
宋文檟		5(122)	明文家
宋　玉		2(566) 6(242) 6(530) 6(560) 6(561) 7(169) 7(499) 8(90) 8(791) 8(795)	楚国文人
宋汉章	原名鲁,以字行	3(1151) 3(1197) 5(211) 5(238)	上海中西书院毕业,大清银行北京储蓄银行经理,中国银行经理,第一届银行公会会长
宋廷模		2(516)	安徽望江公民
宋　庆	字祝三	6(595)	袁甲三部属,南阳镇总兵,湖南、四川提督,太子少保
宋亦昭		6(598)	附生,宋希尚兄
宋亦辉		6(598)	宋希尚二兄,茧丝商
宋亦慧		6(598)	宋希尚三兄,茧丝商
宋　讷		6(15)	明初大臣
宋　祁		6(213)	北宋史家
宋芸子	名育仁,字芸岩,号道复	2(141) 2(458) 4(280) 8(620)	王闿运弟子,光绪十二年进士,翰林院检讨,公使衔参赞,《渝报》创办人,民初江西临时议会副议长晚清学者
宋声扬		3(1436) 3(1438) 3(1448) 8(490)	张謇垦牧友
宋声浩		3(1502)	职员

续 表

姓 名	其他称谓	册（页）	备 考
宋沧六		8(319) 8(429)	张謇乡人
宋希尚	原名亦盛，字达庵	1(503) 1(523) 2(651) 3(1209) 3(1222) 3(1274) 3(1314) 3(1325) 3(1382) 4(575) 6(598) 7(477) 8(979)	张謇秘书，南京河海工程专门学校毕业，南通、如皋水利工程参与者，吴淞商埠局建筑科长，南通保坍会经理
宋明善		2(406)	两淮缉私水陆全军统领
宋牧仲	名荦	8(895) 8(1042)	巡抚
宋佩庭	名金绶，又字珮廷、佩廷	7(495) 8(15) 8(16) 8(40) 8(69) 8(80) 8(82) 8(92) 8(153) 8(197) 8(350) 8(352) 8(525)	张謇友，宋琛子，通州诸生
宋金榜	字鸣远	7(496) 8(339) 8(373)	张謇友
宋育堂		2(462) 3(1552)	博物苑执事
宋炜臣 注：原文作伟臣	字渭润	8(728)	汉口宁邦巨商，汉口水电股份有限公司创办人，袁世凯政府参政院参政
宋治幹	字贞甫	8(275)	布衣
宋 居		5(123)	宋司法参军
宋 城		2(516)	安徽望江公民
宋荣华		8(637)	游击
宋树亭		7(335) 8(12) 8(61)	张謇乡丈
宋 钧		7(502)	张謇早年友
宋钧培		3(873)	崇明清乡董事
宋祚镳	字养田	7(7) 7(44) 8(21) 8(41) 8(79)	张謇乡友

续 表

姓　名	其他称谓	册(页)	备　　考
宋　衷		6(141) 6(142) 6(143) 6(148) 6(155) 6(161) 6(191) 6(193) 6(194)	三国时期学者
宋润生		1(705)	江北木商代表
宋教仁	字遁初、钝初，号渔父	2(296) 2(297) 2(366) 4(601) 7(513) 8(730) 8(750) 8(1032)	武昌文普通学堂肄业，同盟会领袖，南京临时政府法制院总裁
宋培根		7(466) 8(37) 8(38) 8(39) 8(40) 8(41) 8(42) 8(66) 8(67) 8(73) 8(123) 8(125) 8(127) 8(136) 8(140) 8(142) 8(150) 8(161) 8(310)	张謇海门友
宋跃门	名龙渊	2(416) 2(429) 3(1413) 3(1414) 3(1415) 3(1416) 3(1420) 3(1424) 3(1425) 3(1426) 3(1504) 3(1524) 3(1555) 3(1607) 3(1608) 3(1609) 3(1610) 3(1611) 3(1612) 3(1613) 3(1614) 3(1615) 3(1616) 3(1617) 3(1618) 3(1619) 3(1620) 5(133) 6(417) 6(456) 8(520) 8(523) 8(594) 8(621) 8(675) 8(746) 8(876) 8(893)	张謇幕僚，通州师范庶务
宋　铮		1(38)	监生
宋　焕		6(403)	通州乡绅
宋　琪		8(9)	张謇早年友
宋景祁	字子云	6(597)	宋希尚父，嵊县茧丝商

续 表

姓　名	其他称谓	册（页）	备　　考
宋紫卿	名琳	6(321) 6(322) 6(323) 6(324) 6(325) 7(497) 8(11) 8(12) 8(15) 8(26) 8(35) 8(36) 8(37) 8(55) 8(56) 8(57) 8(73) 8(77) 8(78) 8(88) 8(89) 8(103) 8(119) 8(157) 8(208) 8(319) 8(339) 8(352) 8(428) 8(429) 8(441) 8(443) 8(990) 8(991) 8(992) 8(1012)	张謇"紫师",宋效祁从子
宋　钘	又名牼、鈃	6(608) 7(325)	先秦宋尹学派代表
宋幹也		6(92)	赣榆布衣
宋蓬山	名效祁	6(286) 6(321) 6(323) 8(69) 8(373) 8(418) 8(989) 8(990) 8(992) 8(1012)	张謇师
宋锦标		6(540)	海门乡绅
宋　镔	字惕生、铁生	7(502) 7(503) 8(523)	张謇西亭友
宋德芳		8(298)	张謇友
宋德徵		6(598)	崇明人
宋澄之	名文蔚,又字彬儒	6(297) 6(298)	光绪举人,江宁府溧水县学训导
宋　璘		6(90)	清嘉庆《赣榆县志》采访
宋璞斋	名琛	6(321) 6(322) 6(323) 6(324) 6(327) 8(13) 8(15) 8(16) 8(23) 8(35) 8(36) 8(68) 8(69) 8(77) 8(78) 8(79) 8(94) 8(119) 8(124) 8(152) 8(157) 8(188) 8(225) 8(226) 8(233) 8(243) 8(989) 8(990) 8(991) 8(992) 8(993) 8(1004)	张謇"璞师",宋效祁子

续　表

姓　名	其他称谓	册（页）	备　考
宋燕生	名恕，亦名衡，原名存礼，字平子	2(66) 3(1620) 3(1621) 8(382) 8(383)	县学生，上海龙门书院、求志书院、北洋水师学堂教习，启蒙思想家
宏　农		2(559)	张謇友
初尚龄		6(46)	乾嘉泉学家
灵　源	名戒善，俗姓徐	5(201) 6(526) 7(236)	和尚
灵　澈	俗姓杨	7(200)	唐诗僧
张一爵	字雨葵	8(742)	张一麐堂弟，江苏都督府军政司副司长
张一麐	字仲仁，号公绂、民佣、峥角	1(519) 2(330) 2(450) 2(480) 2(485) 2(493) 2(496) 2(497) 2(498) 2(511) 2(520) 2(527) 2(528) 2(530) 2(537) 2(539) 2(557) 2(564) 2(668) 2(729) 3(762) 3(772) 3(774) 3(784) 3(786) 3(794) 3(815) 3(870) 3(885) 3(907) 3(920) 3(932) 3(1211) 3(1225) 3(1228) 4(464) 5(171) 5(172) 7(187) 8(763) 8(778) 8(783) 8(784) 8(790) 8(815) 8(856) 8(911) 8(1035) 8(1043)	光绪二十九年经济特科，袁世凯幕僚，苏社理事长
张　七		6(314)	红帮吴地头目
张人骏	字千里，号安圃，时称安帅	2(257) 2(259) 2(276) 2(277) 2(280) 2(282) 2(287) 2(293) 8(688) 8(689) 8(690) 8(691) 8(698) 8(709) 8(728) 8(1025) 8(1029)	张佩纶侄，同治七年进士，山西、河南巡抚，两广、两江总督

续 表

姓 名	其他称谓	册（页）	备 考
张九龄		7(190) 8(820)	唐政治家、文学家
张乃熊	字芹柏、芹圃	6(265)	张颂贤曾孙，藏书家
张乃燕	字君谋，号芸庐	6(265)	张颂贤曾孙，北京大学教授，浙江县教育会会长，广州大本营参议
张乃夔		6(265)	张颂贤曾孙
张又楼	名师江	8(5) 8(56) 8(225) 8(226) 8(229)	张謇早年友，副贡
张士诚		4(88) 8(373)	元末地方割据领袖
张 大		8(5) 8(7) 8(10) 8(122)	张謇乡人
张大雅		4(611)	通海垦牧公司股东
张小田		3(1460) 8(621)	张謇僚属
张小斋		6(379)	清画家
张山涛		3(1600) 3(1651)	学堂司事
张 久		8(303) 8(310)	张詧仆
张之万	字子清，号銮坡，谥文达	4(111) 8(379) 8(589) 8(1009)	道光二十七年状元，礼部侍郎，河南巡抚，阅卷大臣，体仁阁大学士
张之斗		8(826) 8(860) 8(1040)	明末总兵
张之洞	字孝达，号香涛，又号无竟居士、抱冰、壶公，人称香帅，谥文襄	1(36) 1(63) 1(100) 1(114) 2(11) 2(12) 2(26) 2(27) 2(29) 2(68) 2(70) 2(71) 2(73) 2(74) 2(76) 2(77) 2(80) 2(86) 2(92) 2(93) 2(109) 2(116) 2(122) 2(133) 2(139) 2(336) 3(1088) 3(1180) 3(1200) 3(1455)	同治二年进士，司经局洗马，两广、两江、湖广总督，体仁阁大学士，军机大臣，清流派，洋务派领袖

续 表

姓 名	其他称谓	册(页)	备 考
		3(1544) 3(1582) 3(1591) 3(1624) 4(14) 4(21) 4(22) 4(440) 5(6) 5(112) 6(45) 6(53) 6(363) 6(606) 7(208) 7(380) 7(469) 8(171) 8(182) 8(202) 8(206) 8(208) 8(223) 8(227) 8(308) 8(352) 8(387) 8(390) 8(391) 8(392) 8(393) 8(394) 8(396) 8(397) 8(398) 8(399) 8(400) 8(401) 8(402) 8(405) 8(409) 8(422) 8(423) 8(428) 8(432) 8(445) 8(453) 8(456) 8(477) 8(482) 8(489) 8(490) 8(498) 8(499) 8(504) 8(528) 8(533) 8(583) 8(591) 8(601) 8(711) 8(843) 8(1008) 8(1009) 8(1010) 8(1011) 8(1012) 8(1014) 8(1016) 8(1017) 8(1019) 8(1020) 8(1028)	
张子野	名先	7(389)	北宋词人
张子芝		8(81)	张謇友
张子房	名良,封留侯	3(1099) 3(1544) 3(1555) 8(109) 8(439)	汉初名臣
张子馀		8(62)	张謇乡友
张子密		8(976)	张謇友
张子鸿		3(1329)	查账员
张子骞		2(658) 2(664)	张謇浙江友

续 表

续表

姓名	其他称谓	册(页)	备考
张元济	字筱斋,号菊生、鞠生	1(144) 2(142) 2(143) 2(145) 2(173) 2(409) 2(554) 3(764) 3(1142) 5(130) 5(212) 5(213) 5(216) 8(567) 8(576) 8(592) 8(598) 8(613) 8(721) 8(723) 8(1013) 8(1023) 8(1027)	光绪十八年进士,总理衙门章京,南洋公学总理,商务印书馆董事长,预备立宪公会职员
张云山		3(1452)	揽头
张云山		6(621)	师长
张云生	字以亭	8(375)	无锡教谕,镇江府教授
张云阶		8(782) 8(784)	大生股东
张云林		6(398)	明画家
张云梯	字如峰	1(39) 1(41) 1(54) 1(164) 1(165) 1(180) 1(181) 1(191) 1(197) 2(302) 3(1419) 3(1435) 3(1440) 3(1447) 3(1448) 3(1453) 3(1451) 3(1454) 3(1457) 3(1462) 3(1469) 3(1473) 3(1476) 3(1504) 4(180—181) 6(311) 6(312) 7(514) 8(490) 8(492) 8(494) 8(495) 8(507) 8(510) 8(519) 8(574) 8(587) 8(629) 8(637) 8(694) 8(695) 8(710) 8(726) 8(751) 8(769) 8(771) 8(810)	监生,苏狼营承佃者
张云樵		5(212) 5(216)	中华国民制糖公司发起人
张不厌		3(1545) 6(424) 8(56)	南通中公园司事
张友仁		3(1136) 3(1544) 8(339)	张謇乡友

续 表

姓 名	其他称谓	册（页）	备 考
张友深		2(126)	旅日人士
张友曾		2(523) 8(822)	全国水利局会计
张升阶		6(443)	张家玉曾祖
张长裕	号治平	3(1357) 3(1363)	马伯良下属
张仁奎	字镜湖	2(635) 3(763) 3(1268) 3(1310) 3(1313) 3(1387) 3(1564) 5(248) 7(477) 8(375) 8(856) 8(915) 8(927) 8(943) 8(945) 8(953) 8(960) 8(961) 8(967) 8(971) 8(983) 8(1046)	通海镇守使
张仁祖	字敬孺	1(456) 2(81) 2(88) 2(89) 2(98) 2(112) 2(250) 2(459) 2(474) 3(1538) 3(1539) 3(1547) 3(1650) 3(1660) 5(116) 5(182) 6(488) 7(142) 7(471) 7(519) 8(269) 8(283) 8(401) 8(428) 8(429) 8(430) 8(434) 8(437) 8(439) 8(447) 8(454) 8(466) 8(472) 8(473) 8(474) 8(478) 8(480) 8(481) 8(501) 8(654) 8(660) 8(678) 8(684) 8(694) 8(708) 8(711) 8(713) 8(789) 8(790) 8(804) 8(824) 8(844) 8(845) 8(846) 8(852) 8(942) 8(1011) 8(1012) 8(1016) 8(1024) 8(1039)	张詧次子，资生铁厂经理，南通实业警卫团长，通州镀镍传习所监理，通明电气公司发起人
张仁辅		6(588)	张謇金融友

续 表

姓 名	其他称谓	册(页)	备 考
张仁晸	字清崖	8(94)	正一真人
张仁愿		8(860)	唐宰相
张化臣		6(346)	张廉卿学生
张从贞		3(1253)	高抱诚前室
张今颇		3(1055) 7(268) 8(743)	都督
张公权	名嘉璈	3(894) 3(1196) 3(1255) 3(1270) 3(1272) 3(1407) 8(808) 8(1038)	留日学生,邮传部路政司员,浙江都督朱瑞秘书,中国银行副总裁
张月江		8(58) 8(187) 8(188) 8(195) 8(197) 8(198) 8(207) 8(297) 8(309)	张謇友,医士
张月查		8(422)	张经甫弟,湖北枪炮厂官员
张月槎		8(73) 8(710)	初等小学教员
张凤年	字悼棠,号峡亭	6(459) 7(294)	诸生,通州文士
张文定		8(401) 8(403) 8(685)	张謇仆
张文奎	张謇称瞿园公	6(35) 6(256) 6(284) 8(220) 8(401) 8(418) 8(475) 8(517) 8(531) 8(534) 8(580) 8(752) 8(785) 8(824) 8(987) 8(1044)	张謇曾祖,12世张元臣子
张文潜		8(951)	张孝若出使随员
张双南		3(1416)	肥城县令
张 丑		8(110)	明书画家
张书绅		1(497)	苏省议员
张玉良		6(111)	清广西提督

续 表

续 表

姓 名	其他称谓	册(页)	备 考
张地山		2(548) 3(942) 3(1569) 4(642) 8(779)	保坍会职员
张 耳		8(110) 8(130)	魏名士
张 芝	字伯英	8(211) 8(212) 8(213) 8(215)	汉魏书家
张 机		7(185) 8(813)	汉名医
张 权	字君立,又字柳卿,号圣可	8(477)	张之洞子,光绪十七年举人,主事,强学会列名
张百熙	字诒孙、诒秋,号潜斋	2(211)	同治十三年进士,侍读学士,广东学政,管学大臣,邮传部尚书
张扬武		7(302)	张謇侄孙
张 轨		6(199)	前凉太祖
张尧祖		3(1080)	张謇族侄
张师石	名景良	2(182) 3(1573)	江谦同学,文明书局总纂
张师湛		5(248)	通州高等小学校长
张同寿		8(924)	大生纱厂高级职员
张廷玉		5(123)	清军机大臣
张廷珪		6(414)	清乾隆通州文家
张竹坪		8(186)	张謇友
张竹岩		8(161)	医士
张竹亭		3(1165)	张謇安徽友
张 迁		8(130)	东汉人
张 乔		3(1552)	工人
张伟如		6(360)	“露香园”绣品藏主

续 表

姓　名	其他称谓	册（页）	备　　考
张伟武		5(117)	张謇侄孙
张休武		5(117)	张謇侄孙
张延武	初名遗武	5(117) 8(429) 8(439) 8(442) 8(708) 8(815) 8(933) 8(1012)	张詧孙，亮祖子
张仲友	名福林	3(1506) 6(620) 7(526) 8(362) 8(377) 8(404) 8(411) 8(427) 8(657) 8(876)	张謇管家
张仲明	名光前	2(25) 2(53) 2(54) 2(60) 8(199) 8(216) 8(231) 8(294) 8(380) 8(381) 8(382) 8(401) 8(1008)	庆军将领，旅顺防营记名提督
张仲景		6(400)	东汉医家
张　华	字茂先	7(20)	西晋政治家、医家
张华秾		8(395)	镇军
张华清		6(442)	朱瑞岳丈
张会叔		6(300) 8(266) 8(281) 8(533)	张裕钊三子
张兆栋	字伯龙，又字伯隆，号友山	8(136) 8(146)	道光二十五年进士，陕西凤翔知府，漕运总督，福建巡抚、中丞
张兆熊		6(324) 6(325)	张镕祖父
张　旭		6(443)	唐常熟尉，张铁欧先祖
张名得		1(545) 1(702) 1(752)	坝工承修员
张庆祖	字庆孙	8(311)	张謇侄
张亦帆		3(1444)	盐垦职员

续 表

姓 名	其他称谓	册(页)	备 考
张江月		3(1263)	海门溥善堂职员
张汝梅	字翰仙	7(109) 8(449)	山西右江道、按察使，陕西布政使，山东巡抚
张安武		5(117)	张謇侄孙
张导岷		8(160) 8(244) 8(255) 8(283) 8(390)	张謇世兄，张裕钊子
张 羽		5(123)	明布政史
张 驯		6(324)	张駉弟，龙王庙洗心道士
张 纪		8(15) 8(141)	张謇乡人
张寿喜		8(206)	庆军幕客
张寿龄	字筱松、小松	4(374)	江苏省财政厅长，北京政府财政部次长
张寿镛	字伯颂，又字咏霓，号约园	3(796)	光绪二十九年举人，江苏淞沪捐厘总局提调，杭州关监督，江苏省财政厅长，光华大学创办人、校长
张孝田		2(604) 3(1020)	吕四乡绅
张孝延		8(844)	张督孙女
张孝移	字棣生	7(376)	张裕钊长孙，早稻田大学法科毕业，京师法政学堂、京师法律学堂教习，京师总检察厅首席检察官
张孝卿		2(667) 5(171) 6(552)	通师学生，乡绅
张均一		3(1175)	张美翊僚属
张志和		3(1450) 3(1451)	揽头

续 表

姓 名	其他称谓	册（页）	备 考
张志潜		5(211)	张佩纶子，宪政编查馆科员
张志潭	字远伯	1(502) 3(795) 3(856) 3(863)	绥远道尹，国务院秘书长，陆军次长，内务部总长
张志鹤		3(817) 3(896)	江苏省议员
张芷汀		3(1447)	土地买卖中人
张丽轩		6(301)	张謇张氏族长老
张时蔚		1(170) 5(26) 5(28)	海门沙绅
张秀升		6(265)	张颂贤祖
张秀昌		8(151)	张謇乡人
张体福		6(301)	张謇张氏族长老
张佐虞	名树典	3(810) 3(1176) 3(1441) 3(1494) 3(1496) 3(1507) 3(1510) 5(139) 5(248) 5(178) 6(350) 6(420) 6(424) 8(696) 8(908)	张云梯子，留日习警监，南通巡警教练所舍监，海门议事会议长，大赉盐垦、通遂盐垦、通海垦牧经理
张佑祖	字孝则	3(883) 3(1557) 8(843) 8(850) 8(947) 8(870) 8(903) 8(951)	张謇养子
张作三		3(1016) 3(1086) 3(1248) 3(1563) 3(1566) 3(1598) 3(1601) 3(1621) 3(1622) 5(120) 5(178) 5(211) 5(226) 8(656) 8(716) 8(790) 8(938) 8(950) 8(1046)	复兴面粉公司协理
张作霖	字雨亭	3(780) 3(1334) 3(1371) 3(1372) 7(476) 8(1048)	东三省巡阅使，蒙疆经略使，东三省保安司令，安国军总司令

续 表

姓 名	其他称谓	册(页)	备 考
张伯行		5(123)	清理学家
张伯岩	名之铭	8(553) 8(603)	王惕斋属下
张伯讷		8(669)	户部银库郎中
张伯纪	名云官	8(230) 8(234) 8(443) 8(1004)	张謇友
张伯驯		8(528)	张謇湘友
张伯初		2(555)	新式学校创办人
张伯熙		2(110)	张謇僚属
张坐舟	字芝舫	8(17) 8(30) 8(34) 8(43)	陈香谷友,张謇发审局幕友
张谷如		6(588)	张謇金融友
张谷原		6(619)	清道光吕四乡绅
张孚先		8(375)	张云生从子
张序庭		3(1595)	股东
张怀祖		8(297) 8(298) 8(323)	张謇从子
张宏业		3(799)	江苏省议员
张宏轩		8(673)	张謇友
张启祥		6(314)	红帮吴地头目
张启棠		8(170)	观察
张君劢	原名嘉森,以字行,号立斋	3(854) 3(1021) 3(1329) 4(558) 4(559)	早稻田大学毕业,宝山县议会会长,冯国璋总统府秘书长,中国公学代理校长
张劭武		3(1515) 5(117) 8(683)	张謇侄孙

续 表

姓 名	其他称谓	册（页）	备 考
张 纶		4(526)	北宋官员
张玮堂		8(196) 8(197)	刺史
张其美		6(90)	清《赣榆县志》采访
张茂先		1(284)	吕四场坍户
张茂枝	字因亓	5(124)	清康熙十五年泰兴进士
张范廉		5(182) 5(226)	通明电气公司股东
张 直		4(635)	南通乡绅
张 林		4(172) 6(353) 8(702)	东汉尚书
张述舆		2(754)	张謇侄辈
张 雨	又名雨霖	5(125)	清画家
张非武		2(632) 3(1567) 7(400) 8(818) 8(923) 8(940) 8(951) 8(1038)	张孝若长女
张叔陶		6(301)	张謇张氏族长老
张虎庭		8(167)	张謇乡友
张 尚		5(125)	清画家
张国珍	化名曾国璋	6(314)	红帮吴地首领
张国瑞		3(884)	张謇学生辈
张国梁	字殿臣，谥忠武	6(111)	天地会首领，后降清为把总，江南提督，督师大臣
张昌虔		6(549)	冯晏海文友
张 忠		5(123)	明知府
张忠全		3(1345)	东台角斜乡民
张凯臣	名世富，别名德胜	8(94)	湘军总兵，松江提督，军门

续 表

姓 名	其他称谓	册(页)	备 考
张季昌		8(151)	张謇乡友
张乖崖	名咏	6(12)	宋初大臣
张佩年		4(609) 6(465) 8(850)	华成盐垦股东
张佩纶	字幼樵,又字绳庵,号篑斋	8(186) 8(933) 8(1008) 8(1045)	同光两朝清流派,同治十年进士,李鸿章幕僚、女婿,左副都御史
张佩绅		6(588)	张謇金融友
张金门		2(8)	教谕
张念祖		5(117) 8(802) 8(1037)	张謇侄
张育才		6(324)	张謇曾用名
张育英		6(322) 6(325) 6(326) 8(991)	张駉孙
张泽霖		8(806)	同盟会员,孙儆学生,苏州警察局局长
张怡祖	字孝若,又字潜庐	1(456) 1(520) 1(523) 2(89) 2(267) 2(496) 2(578) 2(637) 2(724) 2(734) 2(735) 2(736) 2(753) 3(768) 3(786) 3(787) 3(799) 3(817) 3(868) 3(869) 3(896) 3(934) 3(944) 3(1015) 3(1016) 3(1066) 3(1067) 3(1076) 3(1081) 3(1136) 3(1151) 3(1193) 3(1198) 3(1272) 3(1274) 3(1294) 3(1406) 3(1408) 3(1426) 3(1500) 3(1507) 3(1519) 3(1525) 3(1526) 3(1527) 3(1528) 3(1529) 3(1530) 3(1531) 3(1532) 3(1533)	张謇子,吴夫人生,留美生,苏社理事,江苏省议会议员,北洋政府考察各国实业专使,扬子江水道委员会会长,驻智利公使,吴佩孚联军司令部参赞,大生纱厂董事长,大阜垦植公司总理,南通学院院长

续 表

续 表

续 表

姓　名	其他称谓	册（页）	备　　考
		8(946) 8(947) 8(948) 8(949) 8(950) 8(951) 8(952) 8(954) 8(956) 8(958) 8(962) 8(963) 8(965) 8(972) 8(973) 8(974) 8(975) 8(976) 8(977) 8(978) 8(979) 8(980) 8(981) 8(982) 8(983) 8(1012) 8(1019) 8(1021) 8(1032) 8(1036) 8(1037) 8(1038) 8(1039) 8(1041) 8(1044) 8(1045) 8(1046) 8(1047) 8(1049)	
张学醇		6(265)	前安徽按察使
张学德		3(882)	旅宁阜宁绅界代表
张宝庆		6(265)	张颂贤子，候选郎中
张宝琛	字少轩	6(321)	通州廪生，经史家、礼学家
张宝善		6(264) 6(265)	户部贵州司侍郎
张宗昌	字孝坤、效坤	3(1337) 3(1386) 3(1403) 8(972)	上海光复军团长，冯国璋侍从武官，张作霖部军长，直鲁联军总司令
张宗昞		6(420)	画家
张实声		1(445)	农商部学习员
张诚斋		6(420)	张佐虞祖父
张选甫	名毓骅	3(1157)	张謇商友
张总愚		6(50)	捻军将领
张　建		6(497)	南通张氏一世祖
张建勋	字铭臣	8(897)	张謇友

续 表

姓　名	其他称谓	册(页)	备　　考
张建秋		6(444)	张家玉孙
张建侯		7(495) 8(348)	张謇早年友
张建基		6(92)	典史
张居正		6(518) 8(226)	明政治改革家
张　弧	字岱杉、戴三，号超观	1(245) 2(371) 2(422) 2(466) 2(749) 2(750) 2(752) 3(1370) 8(743) 8(762) 8(766)	光绪举人，闽浙总督府文案，奉天盐运使，财政次长兼盐务署长
张承义		8(642) 8(657) 8(677)	张怡祖随员
张承训		8(537)	张謇翻译
张承祖		3(1313) 3(1539) 5(116) 8(356) 8(802)	张謇从子
张　驹		6(322) 6(326) 8(991) 8(992)	张駧兄，玄妙观庙祝
张绍华 注：原文"张方伯"	字絅甫，亦字小船	8(472) 8(479)	同治十三年进士，江宁布政使，湖南布政使护理巡抚
张绍荣		6(615)	江都纱商，慈善家
张绍庭		8(411)	常州人
张绍棠	字又堂、勉难	8(990)	监生，淮军提督，医家
张绍曾	字敬舆	2(285) 2(295) 2(308) 2(333) 2(644) 2(649) 3(931) 3(932) 3(1055) 3(1057) 3(1154) 3(1157) 8(732) 8(911) 8(1043)	日本士官学校毕业，新军第二十镇统制，国务总理
张　经		5(125)	清画家
张经甫	名焕纶	8(422)	龙门书院肄业，正蒙书院创办人，南洋公学总教习

续 表

姓　名	其他称谓	册（页）	备　　考
张贯如		3(1450) 3(1461)	盐垦职员
张春泉		8(9) 8(12) 8(37) 8(38) 8(41) 8(66) 8(95) 8(96) 8(101) 8(106) 8(144) 8(146)	张謇乡友
张春浦		8(173)	张謇关系人
张　城		5(124)	明中书舍人
张荫桓	字皓峦，号樵野	8(225) 8(445) 8(446) 8(453) 8(592) 8(1014)	纳资知县、道员，总理各国事务衙门三品京堂，特派出使大臣
张南郑		6(204)	《太仓志》作者
张相文	字蔚西，号沌谷，又号南园	2(522) 2(523) 2(525) 2(559) 2(598) 2(605) 3(1161) 3(1162) 3(1179) 3(1209) 3(1217) 3(1222) 3(1559) 7(161) 7(164) 7(165) 7(166) 8(765) 8(767) 8(779) 8(780) 8(782) 8(783) 8(790) 8(791) 8(1033) 8(1034) 8(1036)	南洋公学教习，北京大学国史馆编译，中国地学会会长，河套西通垦牧公司发起人，众议员
张树声	字振轩，又字信起，谥靖达	1(36) 2(13) 2(14) 2(15) 2(16) 2(17) 2(18) 2(19) 2(53) 2(271) 6(39) 6(52) 6(227) 6(351) 6(363) 8(20) 8(21) 8(25) 8(26) 8(27) 8(29) 8(30) 8(31) 8(34) 8(50) 8(97) 8(108) 8(112) 8(136) 8(146) 8(151) 8(175) 8(176) 8(181) 8(192) 8(197) 8(208) 8(252) 8(1001) 8(1002) 8(1003)	廪生，宫保，江苏、广西巡抚，两江、两广总督，署直隶总督

续 表

姓 名	其他称谓	册(页)	备 考
张树贤		2(741)	海门区董
张树森		4(303)	民初众议院议员
张树屏	名藩	3(1480) 8(419) 8(626) 8(627)	张謇弟子
张树源		5(139) 5(226)	通州徽商
张 勃		6(105)	西晋史家
张轶欧	名肇桐,字叶侯,以号行	1(341) 3(901) 4(303) 4(320) 6(443) 6(444) 8(766) 8(773) 8(846)	留学日本、比利时,北京政府工商部技正,农商部矿政局司长、第一区监督署监督,江苏实业厅长
张星五		3(1020) 3(1027)	火柴制造厂主
张星者		8(172)	藏家
张星垣		6(495)	张謇纺织业助手
张星焕		1(334)	民初农商部矿务监督署技士
张昭远		6(213)	后晋《唐史》修撰
张贵如		3(1445)	盐垦职员
张 勋	字少轩、绍轩,号松寿,谥忠武	2(285) 2(287) 2(293) 2(298) 2(300) 2(313) 2(397) 2(399) 2(400) 2(404) 2(405) 2(497) 6(607) 7(471) 8(758) 8(759) 8(780) 8(1029) 8(1033)	参将,总兵,江南提督,长江巡阅使
张钧衡	字石铭	6(265)	张颂贤孙,光绪二十年举人,浙江兴业银行股东,藏家
张修武		5(117)	张謇侄孙

续 表

姓　名	其他称谓	册（页）	备　　考
张禹声		3(1406)	张謇书画友
张亮祖		3(1588) 5(116) 7(104) 8(81) 8(269) 8(283) 8(296) 8(356) 8(363) 8(374) 8(401) 8(402) 8(403) 8(418) 8(426) 8(427) 8(428) 8(429) 8(430) 8(434) 8(439) 8(472) 8(474) 8(571) 8(1011) 8(1012) 8(1015) 8(1023)	张謇侄
张　度	字鹤涧	6(524)	清初画家
张美翊	字让三，号蹇硕，人称让老	3(1082) 3(1175) 3(1227) 3(1229) 8(589) 8(601) 8(603) 8(604) 8(624)	举人，盛宣怀、张曾敭幕僚，南洋公学总理，宪政编查馆咨议
张美翔		5(211)	海上名流
张宪秋		6(444)	张家玉孙
张祖荫		5(117)	张謇侄
张祖陶		2(524)	淮北督销局长
张祖续		1(159) 5(117)	张謇侄
张　说		8(318)	唐文家
张柔武		7(400) 8(923) 8(1040)	张孝若次女
张耕山		8(421)	张謇友
张振之		8(728)	张謇友
张振先		6(265)	张颂贤曾祖
张振鐄		6(51)	六合县令
张载之		8(319) 8(323)	张謇乡友

续　表

姓　名	其他称谓	册(页)	备　　考
张载阳(载扬)	字暄初,号春曦	3(1097) 3(1175)	浙江武备学堂毕业,皖系师长,浙江省长
张恭祖		6(69)	东汉经学家
张莘亭		6(243) 8(71) 8(81) 8(85) 8(86) 8(88) 8(99) 8(105) 8(107) 8(109) 8(113) 8(118) 8(134) 8(145) 8(147) 8(163) 8(235) 8(236) 8(383) 8(389)	张謇庆军幕友,"莘翁"
张晋蕃		6(588)	张謇金融友
张桂山		8(161)	医士
张桂川		8(691)	张詧仆
张桂辛		3(1408)	绅商,复旦公学干事
张桂卿		8(234)	张謇友
张　根		6(140)	北宋通直郎,学者
张　晏		6(80) 6(162) 6(199)	元进士,藏家
张颂贤	字竹斋	6(264) 6(265) 8(339) 8(405)	张宝善父,南浔"四象"之一
张高升		3(1451) 3(1453)	盐垦职员
张竞立		2(687)	中国银行发行局局长
张　浚	别名张魏公、紫岩先生	2(108) 2(109) 8(81) 8(487)	南宋名相
张　悌	字巨先	8(138)	三国东吴丞相
张家玉	字少蘧	6(443)	张轶欧父
张家彝		4(190)	三年级级长
张宾护	又名张彦远	6(303) 8(573)	唐画家

续　表

姓　名	其他称谓	册（页）	备　　考
张朗斋		2(45) 2(531)	张謇友
张祥书	字笏山	8(156) 8(157) 8(236) 8(276) 8(999)	张謇同年
张祥武		5(117)	张謇侄孙
张　恕	字近仁	6(524)	西画家
张　娴		8(227) 8(297) 8(298) 8(323) 8(1007)	张督女
张通武		8(683) 8(933)	张謇侄孙
张绥武		3(1313) 5(116)	张謇侄孙
张　继	字溥泉	5(171) 8(744)	早稻田大学留学，华兴会创立者，《新世纪》杂志创办者，同盟会交际部长，国民党中央监委，中华书局董事
张继高		2(752) 3(913)	苏社骨干
张培城		6(443)	张家玉祖
张　彬		5(117)	张謇族弟
张　梫		5(211)	海上书家
张盛恺		6(53)	京卿
张野愚		2(598)	通州农校学生
张唯一		8(186) 8(187)	张竹坪族孙
张啸谷	名兆彪	8(12) 8(35) 8(36) 8(37) 8(990) 8(991)	张謇族叔，武举人
张　婴		6(12)	东汉将领
张　铨		6(106)	南燕尚书郎
张　铨		6(325) 6(326) 8(991) 8(992)	张驹子

续 表

姓 名	其他称谓	册（页）	备 考
张铭勋		1(196)	直隶国会代表
张矫塵 注：应为 张矫尘		3(1389)	旅长
张笛帆		8(80) 8(104)	扬州刺史，直隶知州
张逸愚		3(1377)	吕四乡董
张商廷	又名商庭	1(33) 1(40) 1(54) 1(165) 1(166) 1(197) 5(27) 5(436) 5(501)	通海沙田主
张望明		3(1114) 3(1264) 3(1268) 5(227)	南通名绅，大生债务人
张望三		5(227)	南通名绅
张清鉴		8(931) 8(1045)	实业警卫团营长
张 淑		6(336) 7(48) 8(141) 8(998)	张謇女，徐夫人生
张淑贞		3(1253) 3(1254)	张从贞妹，临洮从德女校教员
张淮生		8(605)	鸿太钱庄主
张淮清		3(1339)	张謇川友
张隆武		5(117)	张謇侄孙
张 绪		6(443)	宋中书令，张轶欧先祖
张维岳		6(265)	张颂贤父
张维聪		2(269)	云南咨议局议长
张 琴		7(237) 8(873)	纺校学生
张 瑛		6(276) 8(1023)	张謇女
张 堪		6(238) 6(240)	后汉渔阳守

续 表

姓　名	其他称谓	册（页）	备　　考
张彭年	字润之，封朝议大夫，赠封中宪大夫	2(4) 5(3) 6(35) 6(253) 6(255) 6(256) 6(258) 6(269) 6(280) 6(285) 6(286) 6(287) 6(288) 6(301) 6(302) 6(303) 6(322) 6(323) 6(324) 6(326) 6(328) 6(335) 6(337) 6(349) 6(369) 6(381) 6(623) 7(394) 7(490) 8(3) 8(7) 8(9) 8(14) 8(15) 8(41) 8(64) 8(66) 8(67) 8(68) 8(72) 8(73) 8(79) 8(80) 8(92) 8(101) 8(102) 8(121) 8(127) 8(131) 8(135) 8(146) 8(147) 8(150) 8(151) 8(161) 8(162) 8(165) 8(167) 8(188) 8(190) 8(198) 8(199) 8(206) 8(236) 8(266) 8(274) 8(282) 8(287) 8(308) 8(309) 8(314) 8(315) 8(321) 8(331) 8(337) 8(338) 8(351) 8(359) 8(360) 8(362) 8(374) 8(375) 8(379) 8(385) 8(388) 8(389) 8(395) 8(401) 8(417) 8(418) 8(433) 8(436) 8(441) 8(443) 8(444) 8(492) 8(517) 8(534) 8(594) 8(599) 8(641) 8(660) 8(663) 8(664) 8(678) 8(714) 8(778) 8(785) 8(799) 8(822) 8(902) 8(912) 8(932) 8(958) 8(969) 8(987) 8(988) 8(989) 8(990) 8(991)	贡生，张謇父，张朝彦长子

续 表

姓　名	其他称谓	册(页)	备　考
		8(992) 8(993) 8(994) 8(995) 8(996) 8(997) 8(998) 8(999) 8(1000) 8(1002) 8(1005) 8(1007) 8(1008) 8(1009) 8(1010) 8(1012) 8(1019) 8(1023) 8(1038) 8(1048)	
张彭寿		6(286) 8(990)	张謇二叔父
张彭庚	字茂华	7(185) 8(12) 8(13) 8(15) 8(38) 8(59) 8(60) 8(61) 8(67) 8(69) 8(72) 8(73) 8(78) 8(79) 8(80) 8(101) 8(119) 8(122) 8(123) 8(124) 8(151) 8(153) 8(166) 8(197) 8(320) 8(433) 8(472) 8(474) 8(475) 8(681) 8(813) 8(988) 8(989) 8(1012)	张謇三叔父
张敬尧	字勋臣	2(580) 4(355)	保定军官学校毕业,皖系军阀,湖南督军
张朝彦	封朝议大夫,西亭公	6(35) 6(256) 6(284) 8(220) 8(371) 8(534) 8(580) 8(785) 8(987) 8(1044)	张謇祖父,张文奎三子
张森楷	字元翰,号石亲、式卿	3(1207) 7(478) 8(563) 8(634) 8(925)	举人,川汉铁路公司成都局总理,四川史学家,公益家
张棣生		3(1337)	张謇友
张惠言	字皋文	6(159) 6(160) 6(161) 6(162) 6(163) 6(168) 6(185) 6(186) 6(188) 6(196)	嘉庆四年进士,阳湖文派创立者

续 表

续 表

姓 名	其他称谓	册(页)	备 考
张 熿		6(324)	张僖牧子
张湘浦	名莲衢	6(242) 6(243) 8(55) 8(70) 8(85) 8(109) 8(113)	张謇同年
张 湛		6(162)	东汉大臣
张湖青		8(31)	张謇孙云锦幕友
张渥侯		8(55) 8(70)	张湘浦弟
张裕钊	字廉卿、濂卿,号濂亭,人称廉师	6(252) 6(300) 6(346) 6(397) 6(411) 6(605) 7(82) 8(28) 8(31) 8(33) 8(48) 8(94) 8(95) 8(105) 8(145) 8(146) 8(159) 8(162) 8(169) 8(190) 8(192) 8(201) 8(223) 8(224) 8(225) 8(227) 8(228) 8(230) 8(232) 8(233) 8(234) 8(236) 8(240) 8(244) 8(256) 8(260) 8(264) 8(282) 8(284) 8(289) 8(293) 8(313) 8(318) 8(334) 8(351) 8(352) 8(376) 8(482) 8(533) 8(994) 8(997) 8(1000) 8(1004) 8(1008)	道光二十六年举人,内阁中书,凤池书院院长
张谦培		2(572)	江苏省行政公署代表
张犀侯		2(480) 2(481) 2(571)	留日学生,江西瓷业公司经理
张登叔		8(420) 8(421) 8(481) 8(580)	张謇沪友

续 表

姓　名	其他称谓	册（页）	备　　考
张瑞玑	字衡玉，号老衡	2(709)	光绪二十九年进士，山西省军政府财政司长，陕西省军政府顾问
张　楫		6(188)	《易》注家
张勤生		1(106)	招商局江永船大领港
张幹臣		8(784)	张謇幕僚
张粲武		7(400) 8(904) 8(905) 8(923) 8(1042)	张孝若三女
张鉴亭		8(20)	孙云锦友人
张锡九		8(163)	张謇庆军幕友
张锡彤		1(497)	苏省议员
张锡恭	字闻远，号殷南	8(282)	南菁书院学生，光绪十四年举人，松江府中学堂教习，两湖书院分教
张锡銮	字金坡，亦字金波、今波、今坡	1(412) 2(459) 3(1050) 7(475) 8(914) 8(915)	监生，广东嘉应知州，淮军全军翼长，山西巡抚，直隶、吉林都督
张锡鑅		7(38)	编修，淮军敬字三营将领
张　詧	字培哥，又字叔俨，号退庵、退公，未更名时字树棠，小名长春，又名首梅	1(9) 1(75) 1(76) 1(279) 1(431) 1(438) 1(439) 1(455) 1(456) 1(460) 1(482) 1(520) 1(524) 1(723) 2(20) 2(21) 2(24) 2(37) 2(41) 2(42) 2(48) 2(49) 2(50) 2(51) 2(83) 2(98) 2(112) 2(134) 2(259) 2(339) 2(454) 2(455) 2(459) 2(464) 2(465) 2(467) 2(476) 2(487)	张謇三兄，张彭年金夫人生，监生，吴长庆幕府帮办，军功擢五品衔，江西候补知县，贵溪、宜春、东乡知县，江西学正，大生协理，劝学所总董，通崇海泰总商会会长，苏社理事，大有晋、大豫公司创办人，南通保坍会会长，南通农会会长，南通军政府总司令兼民政长

续 表

姓　名	其他称谓	册(页)	备　　考
		2(489) 2(502) 2(529) 2(549) 2(578) 2(584) 2(635) 2(657) 2(663) 2(712) 2(715) 2(716) 2(726) 2(727) 3(770) 3(771) 3(779) 3(847) 3(849) 3(850) 3(883) 3(896) 3(899) 3(906) 3(911) 3(912) 3(934) 3(935) 3(949) 3(951) 3(953) 3(1006) 3(1015) 3(1016) 3(1036) 3(1047) 3(1049) 3(1050) 3(1063) 3(1071) 3(1072) 3(1080) 3(1082) 3(1083) 3(1086) 3(1090) 3(1113) 3(1136) 3(1137) 3(1146) 3(1160) 3(1184) 3(1201) 3(1219) 3(1221) 3(1222) 3(1230) 3(1231) 3(1248) 3(1251) 3(1296) 3(1297) 3(1317) 3(1322) 3(1333) 3(1354) 3(1357) 3(1363) 3(1370) 3(1389) 3(1598) 3(1417) 3(1424) 3(1426) 3(1484) 3(1485) 3(1507) 3(1508) 3(1510) 3(1547) 3(1569) 3(1593) 3(1598) 3(1618) 3(1648) 3(1660) 3(1664) 4(134) 4(160) 4(166) 4(167) 4(270) 4(271) 4(358) 4(360) 4(364) 4(444) 4(463) 5(3) 5(4) 5(105) 5(117) 5(120) 5(133) 5(136) 5(138) 5(139) 5(145) 5(147) 5(148) 5(149) 5(150) 5(170) 5(171) 5(172) 5(173) 5(174)	

续 表

姓 名	其他称谓	册(页)	备 考

续表

姓名	其他称谓	册(页)	备考
		7(524) 8(3) 8(4) 8(5) 8(6) 8(7) 8(21) 8(22) 8(23) 8(26) 8(27) 8(28) 8(32) 8(34) 8(35) 8(36) 8(38) 8(39) 8(40) 8(42) 8(43) 8(44) 8(45) 8(48) 8(50) 8(52) 8(54) 8(68) 8(69) 8(70) 8(72) 8(73) 8(75) 8(76) 8(78) 8(79) 8(81) 8(82) 8(92) 8(95) 8(99) 8(100) 8(101) 8(104) 8(113) 8(114) 8(115) 8(117) 8(119) 8(125) 8(127) 8(128) 8(129) 8(131) 8(132) 8(133) 8(141) 8(143) 8(144) 8(145) 8(146) 8(147) 8(148) 8(149) 8(150) 8(151) 8(152) 8(159) 8(161) 8(162) 8(165) 8(166) 8(167) 8(175) 8(177) 8(180) 8(182) 8(183) 8(193) 8(194) 8(195) 8(196) 8(197) 8(199) 8(200) 8(201) 8(202) 8(203) 8(204) 8(205) 8(206) 8(207) 8(208) 8(222) 8(227) 8(228) 8(232) 8(239) 8(244) 8(245) 8(246) 8(247) 8(252) 8(264) 8(269) 8(271) 8(273) 8(274) 8(275) 8(276) 8(278) 8(279) 8(280) 8(281) 8(282) 8(283) 8(284) 8(285) 8(286) 8(288) 8(289) 8(290) 8(291) 8(292) 8(293) 8(294)	

续　表

姓　名	其他称谓	册（页）	备　　考
		8(296) 8(300) 8(301) 8(302) 8(303) 8(304) 8(305) 8(308) 8(309) 8(310) 8(311) 8(313) 8(314) 8(315) 8(316) 8(317) 8(318) 8(319) 8(320) 8(321) 8(322) 8(323) 8(324) 8(325) 8(326) 8(327) 8(328) 8(329) 8(331) 8(332) 8(333) 8(334) 8(335) 8(336) 8(337) 8(338) 8(339) 8(341) 8(342) 8(344) 8(345) 8(347) 8(348) 8(349) 8(350) 8(351) 8(352) 8(353) 8(354) 8(355) 8(356) 8(357) 8(358) 8(359) 8(361) 8(363) 8(364) 8(365) 8(366) 8(367) 8(368) 8(369) 8(371) 8(372) 8(373) 8(374) 8(375) 8(377) 8(378) 8(379) 8(380) 8(381) 8(382) 8(383) 8(385) 8(386) 8(390) 8(395) 8(399) 8(400) 8(401) 8(402) 8(403) 8(404) 8(405) 8(406) 8(407) 8(408) 8(409) 8(410) 8(411) 8(412) 8(414) 8(416) 8(417) 8(418) 8(421) 8(423) 8(425) 8(426) 8(427) 8(428) 8(429) 8(430) 8(431) 8(432) 8(433) 8(434) 8(435) 8(437) 8(439) 8(440) 8(441) 8(443) 8(444) 8(446) 8(447)	

续表

姓名	其他称谓	册(页)	备考
		8(450) 8(453) 8(454) 8(455) 8(456) 8(458) 8(459) 8(463) 8(464) 8(466) 8(467) 8(468) 8(469) 8(470) 8(472) 8(473) 8(474) 8(475) 8(476) 8(477) 8(478) 8(479) 8(481) 8(485) 8(489) 8(490) 8(491) 8(492) 8(493) 8(494) 8(495) 8(496) 8(501) 8(503) 8(504) 8(505) 8(506) 8(507) 8(508) 8(514) 8(516) 8(518) 8(519) 8(521) 8(522) 8(524) 8(525) 8(527) 8(528) 8(533) 8(536) 8(538—539) 8(553) 8(562) 8(567) 8(568) 8(569) 8(572) 8(576) 8(577) 8(578) 8(579) 8(580) 8(582) 8(584) 8(585) 8(586) 8(587) 8(589) 8(593) 8(594) 8(595) 8(597) 8(599) 8(600) 8(601) 8(602) 8(604) 8(606) 8(609) 8(610) 8(616) 8(621) 8(622) 8(623) 8(626) 8(636) 8(638) 8(640) 8(641) 8(647) 8(648) 8(654) 8(655) 8(656) 8(657) 8(658) 8(661) 8(662) 8(663) 8(664) 8(665) 8(667) 8(669) 8(671) 8(673) 8(675) 8(677) 8(678) 8(680) 8(682) 8(683) 8(684) 8(685) 8(686) 8(687)	

续 表

姓　名	其他称谓	册（页）	备　　考
		8(688) 8(689) 8(691) 8(695) 8(696) 8(697) 8(699) 8(700) 8(704) 8(705) 8(708) 8(709) 8(712) 8(713) 8(714) 8(716) 8(719) 8(725) 8(726) 8(730) 8(731) 8(732) 8(733) 8(734) 8(736) 8(737) 8(739) 8(740) 8(741) 8(744) 8(745) 8(746) 8(747) 8(748) 8(749) 8(752) 8(754) 8(759) 8(760) 8(761) 8(768) 8(769) 8(771) 8(772) 8(777) 8(778) 8(779) 8(783) 8(789) 8(790) 8(793) 8(795) 8(797) 8(802) 8(804) 8(805) 8(806) 8(807) 8(809) 8(815) 8(816) 8(819) 8(820) 8(821) 8(824) 8(826) 8(829) 8(830) 8(833) 8(837) 8(838) 8(844) 8(845) 8(852) 8(854) 8(855) 8(856) 8(857) 8(858) 8(859) 8(860) 8(864) 8(865) 8(878) 8(883) 8(884) 8(886) 8(887) 8(888) 8(890) 8(893) 8(896) 8(898) 8(902) 8(909) 8(910) 8(912) 8(915) 8(917) 8(921) 8(922) 8(923) 8(924) 8(925) 8(927) 8(929) 8(933) 8(935) 8(937) 8(940) 8(941) 8(942) 8(943) 8(945) 8(949) 8(950) 8(951)	

续 表

姓 名	其他称谓	册(页)	备 考
		8(953) 8(954) 8(956) 8(959) 8(971) 8(973) 8(979) 8(987) 8(988) 8(989) 8(994) 8(996) 8(998) 8(999) 8(1000) 8(1002) 8(1003) 8(1004) 8(1005) 8(1006) 8(1007) 8(1008) 8(1009) 8(1010) 8(1012) 8(1014) 8(1015) 8(1016) 8(1017) 8(1018) 8(1019) 8(1024) 8(1026) 8(1031) 8(1033) 8(1035) 8(1040) 8(1041) 8(1043) 8(1044) 8(1045) 8(1046) 8(1047)	
张新吾	又名星五	8(762)	东京帝国大学化学科毕业,农工商部主事,农商部代理总长
张慎修		8(925) 8(1044)	张詧曾孙
张慎培		8(942)	张詧曾孙
张 誉	小名长源	5(4) 5(117) 6(40) 6(253) 6(256) 8(37) 8(401) 8(778) 8(779) 8(785) 8(958) 8(987) 8(994) 8(1035)	张謇伯兄,张彭年葛夫人生
张 骞		6(13) 6(218) 6(535)	西汉使节,博望侯
张 福		3(1498) 3(1525) 8(129) 8(689) 8(701)	张謇家佣
张福保		1(627)	运河局工程科科员
张福卿		3(1661)	张謇友
张福增		3(896)	江苏省议员
张静武		7(425)	张謇从孙女

续 表

续 表

姓　名	其他称谓	册（页）	备　　考
张聪武		7(400) 8(924) 8(1044)	张孝若四女
张蕴辉		8(316)	张謇族人
张镇南		3(1137)	治淮专家
张　镕		6(321) 6(322) 6(323) 6(324) 6(325) 6(326) 6(327) 8(992) 8(993)	张駉子
张德山		8(189)	庆军将领
张德祖		7(47) 8(135) 8(141) 8(998)	张詧子
张德培		1(641)	徐坝汛段修守员
张摩诃		6(517)	普陀僧
张鹤龄	字小圃,又字长儒,号啸圃	8(445) 8(632)	张寿龄兄,光绪十八年进士,京师大学堂总教习,奉天提学使
张鹤樵		8(81)	张謇扬州友
张慰祖		3(1441) 5(116) 8(146)	张謇侄,张詧子
张豫祖	字敬安	8(789) 8(933) 8(951)	张詧养子
张　璠		6(134) 6(141) 6(145) 6(156) 6(179) 6(183) 6(185) 6(186) 6(188) 6(189) 6(192)	魏晋史家
张　翰	字季鹰	6(443)	晋齐王东曹掾,张轶欧先祖,文学家
张樵山		7(478) 7(524)	张謇同宗,金沙宿耆,昆曲家,道南社成员
张　融	字思光	6(28) 6(443) 8(883)	南齐文学家,张轶欧先祖

续 表

续 表

姓　名	其他称谓	册(页)	备　　考
张　警	小名长发	6(40) 6(256) 6(286) 8(95) 8(195) 8(197) 8(199) 8(231) 8(309) 8(363) 8(524) 8(531) 8(785) 8(801) 8(987) 8(989) 8(1003) 8(1018) 8(1019) 8(1037)	张謇五弟,张彭年葛夫人生,庆军蔡金章幕客
张攀桂	字樵秋	6(514)	束锦知交,同治二年进士,当涂知县
张缵武		7(302)	张謇侄孙
张馨谷	名蓁,字圣麟,号卉畦	4(366) 7(361) 7(478) 8(964)	张樵山四子,金沙孙氏小学主任,书画家
张耀轩	名鸿南,以字行	6(457)	印尼华侨实业家,南洋劝业会名誉理事
张　籍	字文昌	6(87) 8(142) 8(795)	唐诗人
张彝庵	名茂镛,原名懋镛	8(477)	张謇吴县友,光绪十七年举人,浙江洋务局委员,安徽糖捐局提调
张麟书		6(588)	张謇金融友
陆九渊	字子静	6(152) 6(215) 6(229) 8(225)	南宋心学家
陆才甫		2(486)	启东地主
陆之平		6(227)	天地会部领
陆元义		3(1453)	木匠
陆　云		8(520)	浙江人
陆云峰		7(157)	张謇友
陆少文		6(621)	陆建章子
陆少岩		3(1450) 3(1452)	揽头

续 表

姓 名	其他称谓	册(页)	备 考
陆中立		3(1649)	大丰公司旧职员
陆文椿	字寿山	4(490) 8(623)	宿迁举人
陆文蔚		2(182)	容县教习
陆文彩		3(784)	“匪首”
陆凤岐		8(510)	通海划界闹事者
陆玉和		1(33) 1(54) 1(165) 1(166) 1(197) 5(27) 5(436) 5(501)	通海沙田主
陆世勋		3(1306)	船运买办
陆占峰		3(1447) 3(1457) 3(1469)	盐垦职员
陆尔奎	字炜士	1(144)	商务印书馆字典部部长,预备立宪公会职员
陆先登		3(1437)	圩主
陆 机		6(106) 6(212)	西晋文家,书家
陆师凯	字景机	6(577)	江南武备学堂毕业,都阃府
陆兆华		8(950)	石港百岁老人
陆 江	字百川	3(1498)	农校教习
陆步鳌		1(39) 1(40) 1(41) 6(311) 6(312)	监生
陆 佃		6(182)	北宋名臣,学者
陆伯葵	名宝忠,号峰石,谥文慎	2(117)	光绪二年进士,湖南学政,内阁学士,礼部尚书
陆伯鸿		2(474)	上海企业家,天主教慈善家,公教进行会会长,法租界华董

续 表

姓　名	其他称谓	册(页)	备　　考
陆彤士	名增祎	8(460)	张謇太仓友,光绪二十四年进士,民政部郎中
陆希声		6(119) 6(125) 6(180) 6(195) 6(198) 6(200)	唐学者
陆龟蒙	字鲁望	6(72) 6(303) 8(307) 8(308) 8(573)	唐代农学家
陆纯伯		8(640)	江苏巡抚代表
陆规亮		3(817) 3(896)	江苏省议员
陆　茂		4(73)	地主
陆叔同		8(648)	大生纱厂股东
陆　杲		6(28)	南朝齐扬州大中正
陆国栋		1(39) 1(41) 1(164) 1(165) 1(181) 1(191)	苏狼两营兵田经办
陆牧斋		8(231)	张謇熟人
陆金富		3(1439)	垦牧巡丁
陆宗舆	字闰生,又字润生	2(302) 2(321) 8(720) 8(721) 8(1011)	张謇文正书院门生,早稻田大学高等师范部法制经济科留学,资政院议员,驻日公使
陆建章	字朗斋	6(621)	北洋武备学堂毕业,北洋军统领,袁世凯警卫军统领,陕西督军
陆建瀛	字立夫	4(44) 4(175)	道光二年进士,编修,云南、江苏巡抚,两江总督
陆　终		6(78)	上古传说人物
陆春和		3(1385)	圩主
陆春江	名元鼎,号少徐	8(276) 8(381) 8(474)	同治十三年进士,江宁知县,州牧,江苏候补道,河南、江苏巡抚

续 表

姓 名	其他称谓	册（页）	备 考
陆春源		3(1393) 3(1342) 5(26) 5(436)	海门地主
陆珍璠		1(40)	游击
陆 贵		2(122)	恽禹九随从
陆思成		2(573) 2(574) 2(628) 3(1548) 3(1549) 3(1550) 3(1553) 3(1554) 3(1555) 3(1559) 3(1660)	张謇房屋营造负责人
陆亮臣		3(1435) 3(1447) 3(1457) 3(1469) 5(26)	盐垦职员
陆 贽		6(82)	唐政治家、文学家
陆晓沧		8(4) 8(7) 8(10)	张謇早年友
陆 翁		7(333)	百岁寿星
陆訚如	字致和	3(1092)	南通纺校毕业生
陆润庠	字凤石，号云洒、固叟，谥文端	8(1011)	同治十三年状元，国子监祭酒，工部、吏部尚书，苏州商务局总办，苏纶纱厂、苏经丝厂创办人
陆 逊		6(534)	东吴大将
陆梅坞		8(373)	张謇熟人
陆桴亭	字世仪	8(416)	明末清初理学家
陆勖之		8(100)	张謇乡友
陆 深 注：谥文裕	字子渊	7(315)	明文学家、书法家
陆 绩		6(125) 6(155) 6(170) 6(196)	三国东吴天文家、历算家
陆博泉		8(58)	县令

续 表

姓 名	其他称谓	册(页)	备 考
陆棫人		3(774)	海门农会会长
陆敬轩	名景舆	8(370) 8(391) 8(461)	张謇同年
陆锄经		3(1341) 3(1359) 3(1384) 3(1385) 3(1386) 3(1391) 3(1392) 3(1394)	合新盐垦公司发起人
陆 游	字务观,世称陆剑南,号放翁	5(191) 7(105) 7(404) 7(419) 7(445) 8(435) 8(533) 8(741) 8(782) 8(818) 8(866) 8(894) 8(931)	南宋文学家、史学家、诗家
陆 溪		3(1487)	经营青龙山者
陆毓贤		1(39) 1(54) 1(181) 1(197)	文生
陆漱霞		1(164) 3(1476) 3(1488) 8(679)	海门地主
陆慧生		3(1504)	地主
陆稼书	谥清献	8(270)	清康熙进士
陆德良		3(1454) 3(1467) 3(1496)	盐垦职员
陆德林		3(1453)	揽头
陆德明		6(79) 6(163) 6(168) 6(199)	唐经学家、训诂学家
陆孺人		6(35)	张謇外曾祖母
陆徵祥	字子欣、子兴	1(187) 1(428) 1(429) 1(441) 1(449) 2(565) 2(592) 2(689) 2(690) 3(863) 4(387) 5(133) 8(743) 8(744) 8(1031) 8(1039) 8(1040)	上海广方言馆、北京同文馆毕业,驻荷兰、俄国公使,外交总长
陆 澄		6(106)	南朝齐藏书家

续 表

姓　名	其他称谓	册（页）	备　　考
陆鹤筹		8(37) 8(80)	张謇乡人
陆曜西		8(479)	张謇同年
阿　二		8(708)	张仁祖女
阿　王		2(321)	蒙古王
阿　辛		2(112)	张謇后辈
阿　桂	章佳氏，谥文成	2(33)	大学士
阿　祥		8(901)	张謇家仆
阿穆尔灵圭		8(720) 8(723)	僧格林沁曾孙，八旗都统、总司，蒙古实业公司主持人
孜　生		8(75)	张謇乡小辈
陈　于		8(273)	赣榆学官
陈士芸	字鹤洲	7(66) 8(205) 8(206) 8(207) 8(208) 8(1003)	同知
陈大士	名际泰	8(288)	明临川才子
陈大乾		8(530)	明通州人
陈大壮		5(122)	明进士，山东参政
陈大科	字思明	5(122) 5(123)	明进士，尚书
陈大𫐓		3(799)	江苏省议员
陈小峰		8(192)	张謇友
陈子枢		2(430)	贫民工场总务
陈子舫		8(19) 8(20)	江宁知府
陈子卿		8(37) 8(38) 8(133) 8(141) 8(164)	张謇乡友

续 表

续　表

续 表

姓 名	其他称谓	册(页)	备 考
陈为栋		3(882)	阜宁学界代表
陈心铭		5(212) 5(216)	中华国民制糖公司发起人
陈心颖	字鲁田	5(125)	清通州诸生
陈以良		3(870)	排长
陈以忠		3(870)	连长
陈允颐	字养源	8(591)	清同治十二年举人,浙江杭嘉湖道,横滨理事官候选同知,署按察使
陈玉山		8(163)	庆军将领
陈玉洤		8(275) 8(276)	张謇友
陈玉斌		8(29)	大令
陈丕平		1(535) 1(573) 1(598) 1(601) 1(613) 1(636) 1(637) 1(648) 1(690) 1(693) 1(703) 1(704) 1(744) 3(1300)	江苏运河工程局技正
陈石泉		8(39)	张謇友
陈石遗	名衍,字叔伊,号石遗老人	7(400)	光绪八年举人,台湾巡抚刘铭传幕僚,张之洞幕宾,学部主事
陈 平		8(109)	西汉开国功臣、丞相
陈东声		2(758)	华丰盐垦公司董事
陈占魁		2(406)	两淮缉私水陆全军淮北帮领
陈 申		5(125)	清泰兴画家
陈立元		6(600)	孝感宿儒

续 表

续 表

姓 名	其他称谓	册(页)	备 考
陈师德	名定	8(356)	朱熹弟子
陈光甫		3(792) 3(824) 3(827) 3(846) 3(849) 3(893) 3(950) 3(1012) 3(1086) 3(1151) 8(772) 8(824)	上海商业银行总理
陈光武		8(937)	如皋星命家
陈同礼	字润甫	1(132)	翰林院编修
陈廷经	名敬	4(83)	清顺治十五年进士,文渊阁大学士、吏部尚书
陈廷绪		2(318)	署宁远知府,东三省屯垦总局副局长
陈廷璐	字玉泉	6(92) 8(273) 8(274) 8(281) 8(286) 8(1006)	赣榆知县
陈竹甫		2(681)	货物税公所所长
陈仲久		3(792) 3(949) 3(1010) 3(1012) 8(866)	南通织绣局负责人
陈仲子	本名陈定,字子终	8(433) 8(837)	齐国隐士
陈仲容		8(209)	寺丞
陈任先	名箓,号止室	3(1217) 3(1563) 8(943)	巴黎大学法律学士,法部制勘司主事,驻法公使
陈后山	别名师道	6(86) 6(618) 6(547) 8(821) 8(824)	宋诗人
陈兆熊		6(452)	陈朝玉曾孙,咸丰朝翰林
陈 旭		6(314)	崇明镇守使
陈庆荣	字少珧	8(94)	张謇早年友
陈庆桂	字丹根	8(634)	张式卿弟子
陈庆瀛	字太尊	8(34)	孙云锦友

续 表

姓 名	其他称谓	册（页）	备 考
陈江鳞		5(212) 5(216)	中华国民制糖公司发起人
陈汝闳		3(851)	陈劭吾子，上海工业专门学校铁路管理科毕业生
陈 汤	字子公	8(203) 8(333)	西汉从事中郎
陈安卿		8(6) 8(37) 8(38) 8(40) 8(43) 8(63) 8(64) 8(73)	张謇早年乡友
陈安策		1(445)	农商部学习员
陈约斋		3(1262)	藏书家
陈 纪		8(15)	张謇乡人
陈 寿		4(3) 6(212)	蜀汉、西晋史家
陈寿仁		1(651)	江苏运河工程局委员
陈寿琳		3(1004)	张謇甲午科同年，知事
陈寿春		2(202)	盐城寓沪盐绅
陈运昌		1(38)	文生，唐家闸大兴磨面厂创办者
陈贡臣		8(71)	张謇友
陈孝思		8(963) 8(1048)	齐燮元部旅长
陈均石		4(192)	通师运动部部长
陈君梅		3(1523)	医生
陈君谋	名其嘉	5(139) 8(376) 8(380) 8(382) 8(387) 8(401) 8(419) 8(445)	僧立两等小学校长，清丈局副局长
陈佐清		8(722)	张謇幕僚
陈作霖	字润夫、雨生，号伯雨	1(134) 1(241) 1(243) 3(1470) 5(100) 5(101) 5(102) 7(178) 7(521) 8(60) 8(409) 8(806)	薛时雨门生，光绪元年举人，江楚编译局分纂，两江学务处参议，两江官报局总纂，中国公学董事，张謇“雨翁”

续 表

姓　名	其他称谓	册（页）	备　　考
陈伯文	字小舫	8(390)	团防官
陈伯方		8(596)	笔铅公司司事
陈伯玉	名子昂	7(130) 8(32)	唐文学家
陈伯严	名三立，号散原	2(40) 2(338) 6(435) 7(115) 7(243) 8(235) 8(239) 8(453) 8(482) 8(483) 8(488) 8(528) 8(578) 8(597) 8(600) 8(640) 8(882) 8(1014) 8(1016)	陈宝箴子，光绪十二年进士，吏部主事
陈伯奎		3(1649)	原垦牧职员
陈伯容		3(1262)	竹港委员
陈伯陶	字子励、子砺，号象华	2(249) 2(729) 3(1210) 3(1211) 3(1489) 7(137) 8(632) 8(640) 8(651) 8(652) 8(662) 8(686) 8(691)	翁同龢门生，光绪十八年进士，江宁提学使、布政使
陈伯葵		3(805)	海门绅商
陈伯雅		8(421) 8(423) 8(427)	医家
陈伯盟		3(765) 3(882) 3(1173)	阜宁士绅
陈　余		8(110) 8(130)	魏国名士
陈希周		3(1165)	张謇友
陈　奂	字倬云，号硕甫	6(452)	陈朝玉孙，咸丰初孝廉方正，两江总督陆建瀛幕校刊，研经学者
陈灿祺		1(426)	古巴华商总会会长
陈　完		5(124)	明诗人
陈宏谋		5(123)	清尚书

续 表

姓　名	其他称谓	册（页）	备　　考
陈启泰	字伯平、伯屏，号宝孚、伯元	1(136) 2(55) 2(228) 8(642)	同治七年进士，江苏布政使，江苏巡抚
陈启谦		1(76)	南通育婴堂会董
陈际唐		1(132)	甘肃镇迪道，新疆布政使
陈　邵		6(105)	西晋儒学家
陈劭吾	名惟彦	2(376) 2(386) 2(387) 2(578) 3(851) 5(178) 6(425) 7(316) 7(526) 8(761) 8(763) 8(799) 8(808) 8(809) 8(810) 8(876) 8(896) 8(938) 8(939) 8(940) 8(941) 8(942) 8(944) 8(951) 8(954) 8(955)	张孝若岳丈，陈开成父，大理寺寺丞
陈南琴	名坚	3(826) 3(1418) 7(481) 8(326) 8(675)	张謇乡人，通师教员
陈　坤		3(1497)	农校毕业生
陈其美	字英士，号无为	1(236) 2(296) 2(306) 2(307) 2(327) 2(372) 8(731) 8(756) 8(757) 8(1030) 8(1031) 8(1032) 8(1033)	留日习军事，同盟会中部总会庶务部长，沪军都督，共和统一会发起人
陈茂之		8(896) 8(937)	张謇友
陈　杭		2(163)	上书人
陈松泉		8(268)	赣榆令
陈卧子		6(547)	明诗人
陈雨亭		3(1261)	温州宜山乡绅
陈叔通	名敬第，以字行，号云廪	6(400)	光绪二十九年进士，留学日本法政大学，民国首届国会众议院议员，商务印馆董事，浙江兴业银行常务董事

续 表

姓 名	其他称谓	册(页)	备 考
陈卓立		3(1224) 3(1267) 3(1332)	张謇旧友
陈卓斋		8(174) 8(189)	张謇友
陈虎臣	名陈艾,以字行	8(17) 8(21) 8(31)	理学名儒,张謇师辈
陈尚志		5(122)	明侍郎
陈国瑞	字庆云,赐技勇巴图鲁	8(84) 8(87)	浙江处州总兵,御前正黄旗头等侍卫
陈国璋	字子璹,又字紫珊	2(117) 6(325) 7(509) 8(35) 8(36) 8(54) 8(60) 8(76) 8(77) 8(80) 8(88) 8(153) 8(164) 8(165) 8(168) 8(188) 8(219) 8(255) 8(258) 8(358) 8(359) 8(599) 8(669) 8(671) 8(991)	张謇如皋友,贡生,候选训导,卞宝第、陆伯葵幕客,海门师山书院院长,"同光体"诗人
陈昌绅		8(385)	翰林
陈明友		8(799)	陈开成弟
陈季方	名谌,以字行	7(187)	陈元方弟,东汉道德家
陈季同	字敬如	1(108)	驻法、德、意使节,刘铭传部副将,《各国渔业事略》编者
陈季苍		8(665)	昌图知府
陈岱源		6(310)	王宾"骨肉之交",知府
陈佩庭	名广绶,字佩廷、霈亭	7(492) 8(140) 8(319) 8(320)	张謇友,通州书画家
陈 金	又名周金	3(1232)	如皋马塘乡董
陈受之		6(588)	张謇金融友
陈念熊		8(29)	张謇友

续　表

姓　名	其他称谓	册（页）	备　　考
陈　宝		6(549)	冯晏海文友
陈宝丰		2(429) 3(1413) 3(1414) 3(1415) 3(1447) 3(1454)	张謇建筑助手
陈宝岑		6(310)	陈岱源子，直隶州知州
陈宝琛	字伯潜，号弢庵、陶庵	2(180) 3(1554) 3(1595) 6(435) 7(239) 8(114) 8(534) 8(617) 8(634) 8(721) 8(877) 8(1008)	同治七年进士，内阁学士，礼部侍郎，汉军副都统，弼德院顾问大臣，清流派
陈宝森		1(584)	高邮界首镇商会会长
陈宝箴	谱名陈观善，字相真，号右铭、右民	2(55) 8(453) 8(1014)	咸丰元年举人，曾国藩幕僚，知府，湖南巡抚
陈宝馨		3(1378)	遂生药材公司职员
陈宗彝	字守臣	3(1402)	张謇汕头诗友
陈宗麟		1(623) 1(624) 1(629) 1(630) 1(632) 1(633) 1(635) 1(758)	江苏运河工程局科长
陈宜甫		8(578)	杨仁山佛学弟子，金陵刻经处编校
陈学圃		1(700)	事务管理员
陈实功	号若虚	5(124) 7(11) 7(20) 7(185) 7(210) 8(813) 8(847)　注：7(185)误为“乾隆朝”。	明通州医家
陈迦陵		6(547)	清诗人
陈　绍		8(109)	张謇友
陈树藩	字伯生，又字柏森	6(621)	皖系军阀，陕南、陕北镇守使，陕西都督，存德中学创办人

续 表

姓　名	其他称谓	册(页)	备　　考
陈　威	字公猛	2(592)	早稻田大学留学,北京法律译学馆教员,北洋政府公债司司长
陈　轸		3(769)	战国谋士
陈省斋	名肇昌	6(24)	广东提学道
陈昭亹		1(293)	哈尔滨林务分局主任
陈星南	名祺寿	2(552) 3(793) 6(620) 7(288) 7(344) 7(409) 8(324)	夏虎臣友,金泽荣文友,南通图书馆馆长
陈星奎		8(739)	医生
陈　思	字慈首	4(375)	江阴县知事,河南、广西巡抚文案
陈思孝		6(251)	明嘉靖岁贡,南城副兵马
陈思忠	字秉卿	8(289)	德州知州子
陈峙西		5(266)	南通画家
陈贻范	字安生	2(338) 2(343) 2(344) 2(347) 2(348) 2(349)	英国林肯学院留学,驻英使馆代理公使,上海通商交涉使
陈修园	名念祖,号慎修	8(79)	清医家
陈香谷		8(11) 8(17) 8(18) 8(24) 8(78) 8(268)	张謇乡丈
陈香岩		3(1363)	地主
陈笃友		8(799)	陈开成弟
陈独秀		3(1250)	中共早期领导人
陈　亮		8(67)	南宋文家
陈亮伯	名浏,号寂园	8(394) 8(396)	贡生,总理各国事务衙门章京

续 表

续 表

姓 名	其他称谓	册(页)	备 考
陈峨僧		3(890)	张謇川友
陈铁床		8(13)	诗字作者
陈铁君		8(677)	张謇助手
陈铁珊	名宝璐,字叔毅,号韧庵	8(14) 8(223) 8(345)	陈宝琛弟,光绪十六年进士,刑部主事,驾部
陈铎时		8(722)	北京农事试验场主管
陈 倬		5(183)	通州乙种商业学校主任,南通富绅
陈舫仙	名湜	8(356) 8(1006)	陕西、江苏按察使,江西布政使
陈谅山	名模	8(462)	通州知州
陈 涉		4(3) 6(457) 8(109) 8(130)	秦末农民领袖
陈浚卿		3(1622)	大生纱厂职员
陈家荫		2(463)	文士
陈家熊	桓士	2(113) 2(114)	川沙厅同知
陈 祥		8(356)	张謇仆
陈祥燕	字子丰	8(538)	旅日鄱阳知县
陈调元	字燮轩、雪暄	3(1404) 8(974)	陆军大学毕业,皖军司令,安徽督办,苏皖两省淮河流域浚垦会办
陈 陶		7(540)	唐诗人

续 表

姓 名	其他称谓	册(页)	备 考
陈陶遗	原名瑶,亦曰陶怡,号道一	2(376) 2(380) 2(385) 3(1225) 3(1385) 3(1391) 3(1392) 3(1393) 3(1396) 3(1402) 3(1409) 3(1411) 4(359) 5(267) 8(755) 8(779) 8(780) 8(854)	江苏省长,国民党江苏支部长,苏皖两省淮河流域浚垦会办
陈骏公	名遹,号蓉曙	7(105) 8(435)	光绪进士,太守
陈 恕	字近仁	5(124)	清通州诸生
陈 培		6(403)	通州乡绅
陈 梅		3(1523)	医生
陈梅溪		8(875)	南通乡贤
陈 旉		6(72) 6(217)	南宋农学家
陈敔庭		8(57)	泰兴考生
陈盛昌		8(258)	张謇友
陈雪轩		7(477)	张謇晚辈友
陈辅庭	字鸿谟	3(1493)	海复镇自治分所监造
陈章云		5(139)	南通名绅
陈惕庵	名玉澍	6(409)	光绪十九年举人,尚志书院主讲,三师师范教务长
陈清泉		8(198)	乡绅
陈液兰		8(103)	张謇乡友
陈善余		8(403)	丹徒人,优贡
陈葆初	名琛	2(340) 2(468) 2(478) 2(550) 2(716) 2(746) 2(748) 2(749) 2(757) 3(949) 3(1070) 3(1112)	张謇幕僚,南通保坍会副会长

续 表

姓 名	其他称谓	册(页)	备 考
		3(1152) 3(1201) 3(1226) 3(1238) 3(1260) 3(1382) 3(1383) 3(1502) 3(1552) 3(1569) 3(1569) 5(136) 5(138) 5(139) 5(171) 5(183) 5(248) 8(36) 8(727) 8(779)	
陈寅生		2(752) 2(758)	通州乡董
陈 婧		8(949) 8(951)	通州女师学生
陈绩堂		8(206)	烟台人
陈维镛	字楚涛	1(26) 3(1598) 4(27) 4(125) 8(398) 8(401) 8(409) 8(1011)	大生纱厂股东
陈惠臣		1(773)	黄沙港工程局局长
陈喆甫		7(85) 8(196) 8(333)	张謇庆军友
陈朝玉		6(306) 6(450) 6(451)	张謇族东宅执业地主
陈朝栋		6(549)	冯晏海文友
陈植丈		8(17) 8(18) 8(19) 8(20) 8(21) 8(22) 8(24) 8(28) 8(30) 8(31) 8(32) 8(33) 8(37) 8(45)	张謇孙云锦幕友“陈丈”
陈植斋		8(48) 8(55) 8(87)	张謇友
陈 森		5(122)	明知事
陈厥修		8(77)	张謇友
陈紫垣		8(18) 8(19) 8(20) 8(22) 8(34) 8(45)	张謇早年友
陈景桓		2(429)	贫民工场营业兼庶务

续 表

姓 名	其他称谓	册（页）	备 考
陈景涛		2(305)	留美经济学博士，南京临时政府财政总长
陈景堂		8(154) 8(163)	张謇庆军幕友
陈 鹄		5(125)	明画家
陈焦桐		7(110)	画家
陈道菴		5(136) 8(853)	儒医
陈富文		4(73)	地主
陈 寔	字仲弓	7(476) 8(837)	东汉名士
陈 谟	字谅三	7(105) 7(498) 8(306) 8(332) 8(435)	通州知州
陈裕坤		3(1446)	盐垦职员
陈裕福		2(118) 8(506)	经理人
陈善馀	名庆年，号困学主人	8(403) 8(422) 8(423) 8(431) 8(616)	光绪十四年优贡，张之洞幕宾，江楚编译局主办，江苏学务公所议绅
陈 弼		6(424)	南通乡绅
陈 登		6(534)	东汉末年将领
陈登山		1(196)	湖北国会代表
陈瑞均		1(334)	民初农商部矿务监督署技士
陈聘三		8(49) 8(55) 8(57) 8(92) 8(136) 8(156)	张謇孙云锦幕友
陈聘初		5(171)	警官
陈幹卿		3(1504)	地主
陈蓝洲	名豪，号迈庵	6(283) 6(400) 7(99) 8(410) 8(468)	陈叔通父，同治九年优贡，知县，书画家

续 表

姓 名	其他称谓	册(页)	备 考
陈楚白		4(190)	通州农校誊写
陈楚贤		8(131) 8(132) 8(133) 8(134) 8(146) 8(149) 8(158) 8(163) 8(209) 8(217)	张謇庆军幕友
陈 楫		2(339)	测绘技师
陈鉴堂		8(20) 8(39)	司马
陈锡光		6(221) 6(222)	海门乡民
陈锡纯		1(493) 3(1123)	运河局委员
陈锡荣		1(497)	苏省议员
陈锡霈	字根雨	8(36)	张謇乡友
陈锦涛	字兰生、澜生,亦字兰荪	2(327) 2(436) 2(437) 2(503) 2(504) 2(600) 2(601) 2(621)	耶鲁大学经济学博士,大清银行监察,资政院资政,南京临时政府、段祺瑞内阁财政总长
陈简文		3(868) 3(900) 3(1022) 8(925)	张謇世兄,吴淞埠局秘书长
陈新周		3(1401)	查缉处长
陈新铭	名端,亦字心铭	3(1193)	加利福尼亚大学经济学硕士,南通淮海实业银行协理,阜昌染织公司创办人、经理
陈 群	字长文	6(66) 7(528)	三国曹魏重臣
陈嘉梁		2(739)	梅兰芳表叔,京剧笛师
陈聚元		4(73)	地主
陈蔗青		2(522) 2(523) 3(1338) 8(868)	留学生,盐业银行沪行经理

续 表

姓　名	其他称谓	册（页）	备　　考
陈蔼士		3(1248)	大丰盐垦公司执事
陈熙朝		1(196)	河南国会代表
陈蔚斋		8(19) 8(23) 8(29) 8(30) 8(31) 8(43) 8(45) 8(46)	张謇早年友
陈毓冬		7(519) 8(837)	乡绅
陈漱六		6(588)	张謇金融友
陈　嫦		8(949) 8(951)	通州女师学生
陈觐文		1(650) 1(670) 1(671) 1(689) 1(690)	江苏运河工程局工程科科员
陈徵祥		1(334)	民初农商部矿务监督署技士
陈檠钺		3(1357)	地主
陈慰廷		8(326)	陈南琴叔
陈履泰	字东皋	8(17)	陈香谷友
陈　镇		1(39)	苏松地区人
陈翰臣		8(171)	庆军僚属
陈镜清	号樨庵	2(106) 2(259) 3(1501) 3(1503)	杨仁山弟子，盐垦股东，地主
陈赢生		8(615)	留学生
陈　濡	字泽渔	4(352) 4(368) 7(479)	军山气象台助理
陈黻宸	字介石，号瑞安	2(269)	光绪二十九年进士，户部主事，浙江咨议局议长
陈　彝	字六舟，号听轩	8(263)	同治元年进士，安徽巡抚，顺天府尹

续 表

姓 名	其他称谓	册(页)	备 考
陈夔龙	字筱石,又字小石、韶石,号庸庵,又号庸叟,人称筱帅	2(209) 2(228) 8(642) 8(711) 8(1026) 注:2(228)有注为陈璧,疑误。可能是陈夔龙以江苏巡抚进京时,张汤发给他的电文,委托他上陈实情。后陈任四川总督。	光绪十二年进士,河南、江苏巡抚,四川、湖广、直隶总督
陈 籙		2(729)	代理外交总长
妙 莲		7(479)	广教寺僧
邵子亮		3(1305)	举报贩烟土者
邵夫人		1(455) 1(455) 1(456) 3(1547) 4(638) 7(514) 8(360) 8(361) 8(430) 8(442) 8(473) 8(474) 8(476) 8(587) 8(601) 8(768) 8(769) 8(810) 8(932) 8(1022) 8(1034)	张謇妻,二甲镇人
邵云庆		1(546)	高界运河切滩工程员
邵长镕		3(871) 3(872) 3(1222)	海州乡绅
邵 氏	封恭人	8(68)	王治覃妾
邵凤依	字瑞明,号芝台	5(122)	嘉庆十三年通州进士
邵幼亭		8(101)	张謇乡友
邵齐焘		8(460)	清庶吉士
邵承节		8(361)	贵溪生员
邵青门		6(547)	清诗人
邵 恕		6(90)	清《赣榆县志》采访
邵铭之	名文熔,以字行	2(758)	留日,土木工程师,华丰盐垦公司股东

续 表

姓　名	其他称谓	册（页）	备　　考
邵　棠		5(122)	明郎中
邵廉存	名希雍，号伯棠	2(162) 8(622)	上海会文堂书局编辑，上海翻译会社创办人
邵　聪		5(123)	明永乐七年如皋进士
邵　潜	字潜人	5(124)	明通州布衣诗文家
邵燮亭		8(37) 8(38) 8(40) 8(63)	张謇友
八画			
武　丁		6(78)	商君主
武　训	又名承训	4(94) 4(95) 4(187) 8(608) 8(611) 8(665)	山东教育丐
武则天		7(412)	唐女皇
武　庚		4(206)	商纣王子
武洞清		6(537)	宋画家
武霞峰	名同举，号雨轩	3(891) 4(596) 8(858) 8(872)	三江师范学堂毕业，海州直隶州通判，国民政府江苏水利署主任，江苏建设厅第二科科长
武蘧生		6(213)	古代学者
青　珮		8(197)	张謇友
叔　均		6(217)	后稷侄
炅　虚	俗姓施	6(459)	清康熙杭州净慈寺主持
若　丈		8(89)	张謇学友
若　海		8(9)	张謇学友
茂　轩		8(174)	张謇友
苗　生		8(345)	张謇友

续表

姓名	其他称谓	册(页)	备考
苗沛霖	字雨三	2(163)	塾师,道员,太平天国奏王
英子恭		8(184)	张謇友
英太君		8(135) 8(144) 8(174) 8(182) 8(201)	英翰母
英华	字敛之	7(165) 7(176) 8(765) 8(790) 8(801) 8(802) 8(864)	天主教徒,香山静宜园女子初等小学校长,天津《大公报》创办人
英孙		8(128) 8(148)	薰南侄,吴长庆幕侍读
英翰	萨尔图氏,字西林,谥果敏	6(36) 6(37) 6(45) 6(53) 7(483) 8(21) 8(94) 8(115) 8(133) 8(137)	道光二十九年举人,安徽巡抚,两广总督,乌鲁木齐都统
苻坚		6(106)	前秦世祖宣昭皇帝
荀翘芳		8(925)	川中大族
范士桢		5(125)	清通州画家
范大本	字心渊,号缺庵	5(125)	清如皋贡生,中书科中书
范大鸿	字宾门	8(96)	鹾尹
范元龙	字云生	5(124)	清如皋布衣经术家
范巨卿	名式	8(64)	东汉太学生,张劭友
范少谷		8(3) 8(5) 8(6) 8(11) 8(17) 8(21) 8(28) 8(30) 8(36) 8(54) 8(55) 8(62) 8(72) 8(73) 8(77) 8(101)	张謇早年友
范月槎	名志熙,字子穆,号月查	2(28) 7(73) 8(210) 8(251) 8(252) 8(265)	观察,藏书家
范丹	又作范冉,字史云,谥贞节	6(439)	东汉经学家,名士

续 表

续 表

姓 名	其他称谓	册(页)	备 考
		8(148) 8(150) 8(151) 8(153) 8(154) 8(156) 8(157) 8(160) 8(161) 8(162) 8(163) 8(164) 8(166) 8(167) 8(168) 8(169) 8(171) 8(174) 8(176) 8(180) 8(181) 8(182) 8(183) 8(189) 8(190) 8(194) 8(196) 8(197) 8(210) 8(219) 8(225) 8(226) 8(227) 8(231) 8(233) 8(234) 8(236) 8(237) 8(238) 8(239) 8(240) 8(273) 8(279) 8(281) 8(282) 8(289) 8(292) 8(296) 8(317) 8(323) 8(347) 8(376) 8(381) 8(423) 8(431) 8(449) 8(473) 8(476) 8(478) 8(484) 8(487) 8(488) 8(514) 8(521) 8(535) 8(567) 8(568) 8(571) 8(585) 8(594) 8(597) 8(598) 8(599) 8(600) 8(602) 8(621) 8(698) 8(713) 8(717) 8(991) 8(1000) 8(1001)	
范仲林	名钟,又字仲木、中子,乡谥孝和	3(1625) 7(498) 8(36) 8(69) 8(141) 8(162) 8(167) 8(183) 8(192) 8(196) 8(207) 8(208) 8(216) 8(217) 8(239) 8(279) 8(445) 8(448) 8(599) 8(600)	范铸弟,张裕钊、黄体芳门生,光绪二十四年进士,陈宝琛学幕,两湖书院教习,鹿邑知县,桐城派文人
范仲淹	字希文,谥文正	4(526) 6(15) 6(23) 6(82) 6(403) 6(521) 6(541) 7(11) 7(445) 8(45) 8(281) 8(849)	北宋思想家、政治家

续 表

姓 名	其他称谓	册（页）	备 考
范冰臣		8(632) 8(633) 8(837)	水利工程师
范利仁		5(125)	清通州画家
范 伸	字雨蛰，号松槃	5(124)	清人，《左传》学者
范其光		1(411) 1(412)	奉天工程司职员
范国禄	字汝受，号十山	5(124) 5(125)	明末清初南通诗家、书家
范 祎		1(127)	江苏教育总会会员
范荫堂	名如松	7(498) 8(79) 8(119) 8(122) 8(143) 8(146) 8(150) 8(167) 8(198) 8(216) 8(352) 8(458) 8(459)	范当世父，诸生，张謇称“荫丈”
范彦殊	名罕	2(204) 3(1625) 7(325)	范当世长子，留日习法律，统一党南通县支部发起人，通海五属中学教务长
范钦孟		2(231) 2(510) 4(318) 6(513) 8(935)	江苏测绘舆图海门测绘主任，渠堤工程负责人
范 顺		3(1530) 8(568) 8(601) 8(603) 8(632) 8(634) 8(635) 8(685) 8(701) 8(703) 8(719) 8(728)	张謇仆
范祖禹	字淳浦	8(142)	宋著名史学家
范 素		5(123)	宋人
范振之		8(115)	范当世叔
范高平		8(897)	大有晋盐垦公司创始人
范 铠	字秋门，号酉君	2(203) 5(145) 5(149) 6(501) 6(503) 7(498) 7(516) 8(196) 8(303) 8(469) 8(804)	范当世二弟，拔贡，知县，桐城派文人

续 表

姓 名	其他称谓	册(页)	备 考
范 望		6(174) 6(179)	晋学者
范鸿仙		2(296)	同盟会员,江浙联军组织者
范鸿磐		2(628) 8(716) 8(820) 8(826)	司账
范谔昌		6(197)	北宋易学家
范循廉		3(1182)	靖江县代表
范 睢		8(110)	秦国宰相
范源濂	又名源廉,字静生,号静川、静山	2(321) 2(706) 5(170) 8(743)	梁启超弟子,留日习法政,学部主事,宪政编查馆咨议,北京国民外交协会理事,教育部总长
范 滂	字孟博	4(139) 8(479)	东汉大臣,名士
范蔚宗	名晔	6(213) 6(419) 6(439)	南朝宋史家
范 端		5(123)	明员外郎
范 箴		5(125) 6(378)	清通州画家
范懋柱		1(117)	乾隆年间浙江藏书家
范 蠡	字少伯,自号陶朱公,改名鸱夷子皮	1(164) 3(1639) 4(18) 4(576) 6(266) 6(401) 7(516) 8(550) 8(804)	春秋末政治家,商圣
茆金淦		1(631)	工程员
茅友仁		2(130) 5(139)	大生纱厂执事
茅少笙		2(23) 8(176)	吴长庆幕宾
茅以升		3(1338)	南京河海工校校长
茅正生		7(123)	明篆刻家

续 表

姓 名	其他称谓	册（页）	备 考
茅乐山		8(285)	张謇友
茅师古		6(439)	海门乡绅
茅宗浏		4(635)	议员
茅晓棣		8(4) 8(7) 8(8) 8(9) 8(10) 8(12) 8(15)	张謇早年乡友
茅 铮		6(522)	川港生员
茅道元		3(1436)	蒿枝港工段长
茅蕴卿	又名韵卿	8(478) 8(531) 8(577)	张謇友通州师范讲习科教习
茅黼平		8(142)	张謇乡友
林万贤		2(494) 2(628)	营建张謇宅负责人
林云程		5(122)	明万历通州知州
林少云		8(159)	张謇友
林长民	字宗孟	2(307) 2(706) 8(692)	留日习政治经济学，福建官立法政学堂教务长，福建咨议局秘书长，司法总长
林友兰	名可培，字泽九	3(1473)	张謇瀛洲书院门生，垦牧公司职员，留学日本宏文师范，崇明师范传习所教员，江苏省咨议局议员
林兰孙	名世鑫，又字兰荪、兰生	2(95) 2(96) 2(98) 2(102) 2(104) 2(105) 2(106) 2(119) 2(129) 2(130) 2(302) 2(477) 3(948) 3(1499) 3(1587) 3(1588) 3(1592) 3(1596) 3(1598) 3(1590) 3(1600)	大生沪事务所所长

续 表

姓 名	其他称谓	册(页)	备 考
		3(1601) 3(1604) 4(138) 4(271) 6(388) 6(495) 7(512) 8(467) 8(470) 8(475) 8(477) 8(479) 8(481) 8(486) 8(514) 8(598) 8(604) 8(627) 8(641) 8(648) 8(658) 8(695)	
林幼臣		2(98)	张謇友
林达泉	字大埔	7(77) 8(272)	知州
林成兴		8(227)	山西北镇兵将领
林夷俶	名开暮,字饴书,号放庵	2(619) 8(143) 8(148) 8(160) 8(234) 8(595)	光绪二十一年进士,徐州兵备道,张謇"林世兄",林天龄三子,书画家
林则徐	字元抟,谥文忠	3(1266) 6(375) 7(18) 8(614) 8(1010)	嘉庆十六年进士,湖广、陕甘、云贵总督
林仲卿		8(580)	包场衣店主
林 旭	字暾谷,号晚翠	8(453) 8(1014)	光绪解元,内阁中书,军机章京上行走
林汝霖		8(467)	诸生,署仁和典史,书家
林志道	字次眉、稚眉	1(31) 3(1650) 7(198) 8(251) 8(352) 8(366) 8(464) 8(466) 8(473) 8(478) 8(827)	曾国荃幕僚,江南制造局总办
林肖瞻		8(605)	宿迁大令
林其灏		3(1544)	张孝若同学
林松唐		1(132) 1(133)	汉口耀华玻璃公司创设人

续 表

姓　名	其他称谓	册（页）	备　　考
林怡庵	名葵	6(44) 6(47) 6(244) 6(278) 6(363) 7(58) 7(486) 8(169) 8(174) 8(175) 8(176) 8(180) 8(183) 8(187) 8(189) 8(191) 8(192) 8(193) 8(194) 8(197) 8(201) 8(202) 8(203) 8(208) 8(226) 8(231) 8(289) 8(1001)	张謇庆军幕友，监生，画家
林述庆	字颂亭、松亭	2(279) 2(305) 2(315) 6(441) 2(449)	福建武备学堂毕业，镇江都督，国事维持会理事
林国祥		1(14) 2(68)	广乙舰管带
林迪臣	名启	8(467)	张謇“前辈”，光绪二年进士，杭州求是书院、蚕业学堂创办人
林咏清		3(1502) 3(1504) 3(1618) 3(1620)	垦牧公司司账
林绍年	字赞虞，又字赞如，号健斋，时称健帅	2(217) 2(225) 3(1544) 8(93) 8(583) 8(1020)	同治十三年进士，云南巡抚，军机大臣
林绍斐		2(668)	和平期成会发起人
林畏庐	名纾，字琴南	7(360)	光绪八年举人，京师大学堂教席，翻译家
林俊卿		8(580)	包场衣店主
林泰曾	字凯士	2(56)	林则徐侄孙，福州船政学堂毕业，北洋水师左翼总兵兼镇远舰管带
林颂僖		5(171)	南通名流
林梅卿		8(580)	包场衣店主

续 表

姓　名	其他称谓	册(页)	备　考
林　彪		6(546)	万国航业伦敦大会中国代表
林康侯		5(103) 8(648) 8(665) 8(674)	中华图书公司发行所主任
林维源	字时甫,号冏卿	2(59)	台湾团练大臣,太仆寺少卿,建昌公司创办人
林惠亭	名炳章,字蕙亭、蔚亭	8(721)	林则徐孙,光绪二十年进士,邮传部丞参,资政院议员,福建海关监督
林　滋	字后象	6(232)	唐金部郎中
林鹍翔		1(309)	驻日随员
林嵩寿	名绛秋	2(598) 2(603)	中国银行商股联合会副会长
林锡三	名天龄,又字受恒	6(329) 7(484) 8(33) 8(55) 8(71) 8(117) 8(142) 8(143) 8(147) 8(749) 8(995) 8(996) 8(998)	张謇师,咸丰十年进士,翰林院侍讲学士,江苏学政
林廉孙	名开章	8(228)	张謇世兄,林天龄长子,光绪二十五年举人,户部山西司郎中
林慕峤		4(370)	暨南学校访通代表
林蔚生		8(386) 8(391) 8(392) 8(402) 8(477) 8(569) 8(576)	张謇同年
林韶荣		3(873)	崇明县县长
林肇煌		3(1014)	福建闽侯人,上蔡县知事
林　镐		6(549)	清文士

续 表

姓　名	其他称谓	册（页）	备　　考
林颦卿		7(342)	京剧青衣花旦
林灏深		8(723)	中央教育会员
枝　五		8(39) 8(60)	张謇早年友
枚　乘		8(259)	西汉辞赋家
松　月		3(1307)	诗僧
松　生		8(172) 8(217)	张謇同年
松　寿	字鹤龄，人称鹤帅	2(85) 2(98) 8(432) 8(455) 8(472) 8(479)	荫生，江宁布政使，江西、江苏巡抚，闽浙总督
松　卿		2(118)	富商
松　崖		8(13) 8(16)	张謇乡丈
松　樵		3(864)	禅师
杭堇浦	名世骏，字大宗	7(448)	清御史
述　渔		8(410)	张謇乡友
画　溪		8(40)	张謇友
雨　田		8(33) 8(56)	张謇熟人
雨　堂		8(126)	清画家
郁乐群		3(1325)	通师学生
郁芑生	名寿丰	2(130) 2(545)	大生公司负责人
郁廷栋		8(339)	张謇友
郁亦亭		8(62)	张謇乡友
郁梓卿	谥诚恪	6(532) 8(3) 8(4) 8(6) 8(7) 8(8) 8(9) 8(10) 8(11) 8(36) 8(39) 8(41) 8(63) 8(78)	张謇早年乡友

续 表

姓 名	其他称谓	册(页)	备 考
郁维聪		3(1300)	通师毕业生
郁鉴人		8(42)	张謇乡人
郁 福		8(210) 8(405) 8(609)	张謇仆
郁慕侠		3(1206)	上海师范讲习所毕业,民初《时事新报》《沪报》记者
欧阳予倩	原名立袁,号南杰,艺名莲笙	2(715) 2(722) 2(724) 2(734) 2(735) 3(771) 3(772) 3(959) 3(994) 3(1092) 5(196) 5(239) 6(469) 7(218) 7(227) 7(228) 7(230) 7(231) 7(232) 7(233) 7(234) 7(276) 7(277) 7(281) 7(521) 8(862) 8(864) 8(872) 8(882) 8(922)	早稻田大学留学,剧作家,话剧创始人,南通伶工剧社主持
欧阳永叔	名修,谥文忠	4(468) 4(469) 6(15) 6(213) 6(249) 6(258) 7(87) 8(22) 8(82) 8(85) 8(255) 8(259) 8(274) 8(810) 8(841) 8(848)	北宋参知政事,文家
欧阳圭斋	名玄	6(84)	元史学家、文学家
欧阳信本	名询	8(9)	唐书家
欧阳炳		8(607)	树艺公司始事者
欧阳健飞		8(173)	淮扬总镇
欧阳霖		2(91)	厘局总办
郏 亶		6(24)	北宋水利学家
叔 容		2(109) 8(209)	张謇通州友
叔孙豹		6(103) 6(104)	春秋鲁国大夫

续　表

姓　名	其他称谓	册（页）	备　　考
叔孙通		6(578) 8(111)	西汉重臣
卓　云		8(41)	张謇乡友
卓云笙		3(855)	汉口太古洋行买办
卓文君		3(1570)	汉才女
卓　生		8(68)	张謇乡友
卓尧峰		3(855)	香港太古糖业买办
卓仲芬		3(855)	镇江太古糖业买办
卓宏谋		1(377) 1(378)	农商部技士
卓　然		6(330) 8(520)	顺庵弟子
尚其亨	字惠丞、惠臣，又字伯恒，号会臣、达庵	8(620) 8(1021)	翁同龢门生，山东布政使
昊　英		6(68)	上古帝
昆　冈	爱新觉罗氏，字小峰、筱峰，号子如，谥文端	8(289) 8(291)	同治元年进士，张謇光绪十五年会试主考官，政务大臣，文渊阁大学士
昆　吾		4(206)	黄帝时陶正
国　卿		8(60)	张謇山东友
昌　森		8(126)	清画家
明万里		6(521) 6(522)	通州义绅
明　中	俗姓施	6(386)	清杭州南屏净慈寺僧
明庆符		8(277)	明僧绍弟
明　斋		8(187) 8(190)	张謇友
明僧绍		6(92) 6(141) 6(145) 6(147) 8(277)	南朝宋经学家，隐士

续 表

姓 名	其他称谓	册(页)	备 考
明 徵		8(478)	萨玛希尔兵备道
易云题		8(189) 8(207) 8(405) 8(424)	张謇友,庆军都戎
易允升	字云梯	8(85) 8(87) 8(192)	琴家,兰竹侍女画家
易兰士		6(321) 8(36)	静海廪生
易永昇		6(306)	张謇族西宅执业
易志成	字佐庭	8(83)	差弁
易作霖		3(1189)	南通县视学
易怀远		8(194) 8(424)	庆军都戎易云题子,东三省陆军少将
易学清	字兰池	2(269)	同治七年进士,端溪书院、羊城书院教习,广东咨议局议长,藏书家
易顺鼎	字实甫,又字硕甫,号哭庵	7(85) 8(334)	光绪元年举人,两湖书院经史讲席,道台,民初印铸局长,诗人
易振生		3(1590)	受赠人
易蔚霞		6(321)	张謇师宋琳熟人
易耀庭	字焕文	8(35) 8(36) 8(39)	张謇同砚
昂 须		8(48)	张謇友
旻 宁	爱新觉罗氏	6(89) 7(246)	清宣宗道光帝
忠 恕		3(1355)	苏州光福玄墓山天寿寺僧
罗山人		6(398)	清画家
罗之清		2(516)	安徽望江公民
罗云客		8(36)	张謇乡友

续 表

续 表

姓　名	其他称谓	册(页)	备　　考
罗　贻		1(243) 2(347)	中国公学董事
罗振玉	字式如,又字叔蕴、叔耘、叔言、叔韫,号雪堂	1(32) 1(33) 2(121) 2(122) 2(132) 2(141) 3(1584) 3(1640) 3(1651—1652) 3(1653) 3(1656) 5(33) 5(42) 5(431) 6(341) 6(581) 7(504) 7(506) 8(423) 8(425) 8(479) 8(494) 8(504) 8(506) 8(508) 8(509) 8(515) 8(517) 8(518) 8(521) 8(527) 8(530) 8(534) 8(543) 8(554) 8(560) 8(563) 8(567) 8(584) 8(588) 8(617) 8(1018)	监生,通海垦牧公司股东,京师大学堂农科监督
罗　宽		6(424)	南通乡绅
罗　铭		3(1465) 3(1466)	采购
罗铭盂		3(1349) 8(862) 8(865)	张謇韵学弟子
罗铭钟		2(339) 2(756)	测绘技师
罗棪东		8(792—793)	名士
罗　愿		6(203) 6(204) 8(335)	宋进士,方志家
罗毓桐		1(498)	江苏省议员
罗稷臣	名丰禄	2(47) 8(330)	水师营业处道员
罗　毅		2(240)	原中国公学学生
罗毅卿		2(686)	咨议厅长
罗　儒		5(125)	清通州画家
罗瘿公	名敦曧,字掞东	2(739) 3(772) 3(779) 3(1192) 7(358) 7(360)	康有为弟子,光绪二十九年副贡,邮传部郎中,总统府参议,京剧剧作家

续 表

姓 名	其他称谓	册(页)	备 考
罗豫章	名从彦,字仲素	7(483) 8(128)	南宋经学家
罗 邃		5(125)	清通州画家
峄 山		8(12)	张謇学友
牧 丞	又名臣	2(12) 8(172)	吴长庆幕宾
牧犊子		7(523) 8(930)	战国齐国琴家
和 苞		6(106)	前赵史官
和 尚		8(1525)	张謇家佣
和 春		6(111)	清杭州将军
季子云		8(712)	阜宁邑绅,新通垦殖公司创办人
季开生	字天中,号冠月	5(124)	清顺治六年泰兴进士,兵科右给事中
季元邦		6(306)	张謇族西宅执业
季 历	尊称王季	6(18)	周文王之父
季心梅		8(42)	张謇早年友
季 札	公子札,季子	6(95) 6(516) 7(137) 8(120) 8(151) 8(174)	春秋吴国使节
季 布		8(111)	西汉将军
季邦英		3(1327)	坍地业主
季 孙		6(104) 6(213)	孟子弟子
季孙宿	季武子	8(377)	鲁国正卿
季远亭		8(16)	张謇海安友
季 连	芈姓	6(78)	陆终子
季伯勋		4(603)	南通乡人

续 表

姓 名	其他称谓	册(页)	备 考
季应召		5(125)	清泰兴画家
季沧苇	名振宜	7(82)	清藏书家
季咫云		2(444)	张謇友
季 通		4(374)	江苏省议员
季铭又		8(749) 8(824)	张謇友
季 康		8(198)	张謇乡人
季 屡		2(388)	张謇属僚
季楚白		8(167)	张謇乡友
季新益	字铭文	2(408)	宣统三年进士，检讨，江苏实业厅长
季端木		5(124)	清贡监
季融五		2(555) 2(559)	江苏省议员
季瀛洲		8(127) 8(128) 8(129) 8(130) 8(131) 8(132) 8(146) 8(147) 8(148) 8(149)	张謇早年友
竺 生		8(226)	张謇友
岳 飞	谥武穆、忠武	4(628) 6(12) 6(521) 7(11) 8(81) 8(184) 8(467)	南宋名将
岳维峻		8(978)	国民军将领
岱杉友	字吕舒	8(766)	张謇友
卑元泰		5(28)	海门地主
卑长春		3(1598) 5(26) 5(28)	海门小安沙地主
卑致和		1(170) 5(28)	海门沙地乡绅

续 表

姓　名	其他称谓	册（页）	备　考
卑象成		1(170) 5(28)	海门沙地乡绅
质　斋		8(6) 8(41)	张謇早年学友
金士安		1(546) 1(757) 1(772) 1(785)	高界运河切滩工程员
金上迪		6(362) 6(582) 8(571) 8(587) 8(694)	吕四盐场大使
金小香		7(353) 8(955)	张謇乡人
金子羲	又名子熙	8(416) 8(418) 8(428)	运判
金子丹		8(823)	堪舆家
金子惠		3(1493)	蒿枝港河工负责人
金元烺	字茗青	8(32) 8(55)	知府
金太夫人	封恭人	3(1547) 6(29) 6(35) 6(269) 6(285) 6(335) 6(336) 6(338) 6(349) 6(369) 6(370) 8(41) 8(62) 8(80) 8(92) 8(122) 8(123) 8(140) 8(142) 8(150) 8(161) 8(162) 8(164) 8(167) 8(189) 8(197) 8(201) 8(220) 8(319) 8(323) 8(348) 8(365) 8(401) 8(417) 8(418) 8(438) 8(441) 8(443) 8(492) 8(517) 8(534) 8(599) 8(660) 8(663) 8(671) 8(678) 8(693) 8(785) 8(799) 8(854) 8(855) 8(902) 8(969) 8(987) 8(988) 8(989) 8(990) 8(992) 8(995) 8(996) 8(998) 8(999) 8(1000) 8(1007) 8(1015) 8(1040) 8(1048)	张謇生母

续 表

姓 名	其他称谓	册（页）	备 考
金仁山		7(461)	临海金氏远祖
金仆辰		2(162)	张謇友
金文山		8(662)	知府
金 孔		7(520) 8(858)	乡绅
金冬心	名农	3(825) 7(163) 8(777)	扬州八怪之首
金 兰		3(1581)	婢女
金永庆		3(1449) 3(1470) 3(1474) 3(1481)	垦牧账务
金永安	字平季	8(437) 8(546) 8(549) 8(564) 8(568)	张謇表侄
金永寿		3(1450) 3(1457) 3(1469) 3(1462) 3(1469) 8(403) 8(447) 8(594)	张謇表侄,助手
金永清		8(677)	张謇助手
金邦平	字伯平、伯屏	1(470) 2(376) 2(387) 2(498) 2(546) 2(548) 2(562) 2(588) 2(600) 2(615) 8(721) 8(797)	早稻田大学留学,资政院秘书长,北洋政府农商部总长
金巩伯	名绍城,又名绍成,号北楼	3(897) 5(101) 5(102) 7(116) 8(483) 8(484) 8(624) 8(630)	增贡生,英国铿司大学法律专业肄业,上海会审公廨襄谳委员,南浔“八牛”,印家
金西林		3(1596) 3(1602) 7(379) 8(505) 8(603)	张謇同年
金西爰		4(236)	江北水利测量局测量员
金延百		3(1482) 3(1510)	盐垦公司管工
金仲瞿		3(1470)	张謇僚属

续 表

姓　名	其他称谓	册(页)	备　　考
金安清	字眉生,号傥斋	2(252) 4(89) 4(141)	国子监生,清海安通判,湖北盐运使、按察使
金　还	字仍珠,又字仁铸	1(96) 2(321) 3(1407) 8(617)	举人,山西知县,湖南候补道,东三省官银号总办,中国银行总裁,进步党员
金佐林	名其照,字左临	3(784) 3(1167) 3(1206) 7(243) 8(882) 8(960)	江苏省政府科长,坐办
金　应		7(461)	南宋将领
金　坤		3(1453)	垦牧职员
金其堡		1(510) 1(511) 3(842)	左海公司代表
金茗卿		8(24)	知州
金松岑		6(547)	国学大师
金叔初	名绍基	8(627)	留英学生,高等实业学堂教习
金国琛	字逸亭	8(83)	知县,知府,广东督粮道,按察使
金　贵		3(1642)	沪商务局仆
金香严	名蓉镜,字学范	2(481) 2(482) 7(161) 8(773)	光绪十五年进士,郴州知州,居士
金俊卿	又名晋卿	3(1492) 8(959) 8(195)	张謇友
金　彦		3(1477)	海复小学教员
金养田		8(72)	张謇幕友
金候城		3(1329)	吴淞商埠局参事
金益堂		8(43)	张謇乡人

续 表

姓　名	其他称谓	册（页）	备　　考
金翁叔	名日磾	7(517) 8(817)	匈奴王太子，汉武帝遗臣，昭帝佐臣
金球宝		3(1310)	南通农科投考生
金寅婴		8(315) 8(324)	张謇表妹
金　超		3(1152)	稽核员
金　提		6(67) 6(68)	伏羲佐
金彭年		1(537)	六合县代理知事
金道坚		8(240)	浙江人
金聘之		8(926)	南通儒医
金煦生		2(141) 2(477)	《新闻报》总编、主笔
金鹏远		8(37) 8(39) 8(40) 8(119)	张謇乡友
金慎六		8(82) 8(83) 8(407)	张謇吴长庆幕友
金嫩如		7(428)	钱礼南妻
金　榜	名蕙门	5(124)	清通州《海曲拾遗》作者
金　鉽	字范才，号蘅挹、蘅意、衡挹	1(132) 3(1623) 8(409) 8(446) 8(450) 8(469)	南菁书院监督，文史家
金蕺经		3(958) 3(1004) 3(1013) 3(1017) 3(1021)	提法使司科员
金德成		8(62) 8(70) 8(161)	张謇乡医
念　揆		8(409) 8(423)	张謇友
念　藏		8(61)	张謇友
周乃文	字季皋	3(1193)	苏省议员
周大烈		1(327) 1(328)	民初农商部第四区矿务监督署署长

续 表

姓 名	其他称谓	册(页)	备 考
周大镛		3(1496) 3(1497)	垦牧练习生
周小棠	名家楣,号筱塘	8(108)	咸丰九年进士,大理寺少卿,署吏部左侍郎
周小溪		8(23)	知府
周小濂		8(46)	观察
周广和		3(1413)	建筑承包商
周广隆		3(1413) 3(1448) 3(1449) 3(1457) 3(1493) 3(1494) 3(1495) 3(1496) 3(1550) 3(1611) 3(1613) 3(1614) 3(1618)	建筑承包商
周子迪	名莲	2(528)	如皋临时军政府总司令
周子复		8(8)	张謇乡友
周子京	名维都	7(354)	翁同龢至交
周子柔		3(1467)	盐垦职员
周子莲		8(894)	占卦者
周子容		8(721)	张謇京友
周子翔		8(74)	赵菊泉亲戚
周子嘉		6(92)	廪生
周艺园		8(165)	张謇乡人
周少墀		8(196)	孝廉
周 升	字蓉初	5(124) 6(419)	周冰曾祖,道光二年进士,刑部山东司郎中
周长应		5(122)	明都水司郎中
周 氏		8(269) 8(474)	张仁祖妻

续 表

姓 名	其他称谓	册(页)	备 考
周 氏		6(66)	汉经学家
周予觉		2(372)	宋教仁秘书
周予儆		2(372)	周予觉妹,女子暗杀团团长
周石卿		8(26)	太令
周石夔		8(392) 8(409) 8(472)	张謇友
周东村		6(398)	明画家,唐寅师
周生烈		6(66)	三国魏征士
周兰孙		8(237)	张謇友
周汇赢	又名汇瀛,字小楼	1(76) 8(652)	南通育婴堂会董
周 讯		8(336)	张謇乡人
周吉甫		8(19) 8(33) 8(72) 8(74)	张謇友
周 臣		5(122)	明参政
周臣燮		8(140)	崇明读书人
周百朋	字连锡	2(456) 3(1092) 6(567)	鲁丰纺织厂主
周同元		6(90)	清嘉庆《赣榆县志》采访
周先安		6(424)	南通乡绅
周仲缓		6(488) 8(724)	周彦升子
周 任		6(66)	周大夫
周自齐	字子廙、子异	1(255) 1(323) 1(325) 1(343) 1(452) 1(455) 1(477) 2(432) 2(442) 2(466) 2(505) 2(513) 2(529) 2(562) 2(668) 3(852) 3(856) 3(1052) 5(142) 5(143) 8(784)	美国哥伦比亚大学留学,外务部左参议,财政总长,署国务总理

续 表

姓　名	其他称谓	册（页）	备　　考
周　冰	字孟鲁	6(419)	周曾矱长女，通师附小教习
周庄云		1(334)	民初农商部矿务监督署技士
周庆云	字景星，又字逢吉，号湘舲	2(603) 6(283) 8(648)	光绪七年秀才，两浙盐业协会会长，天章丝织厂、长兴铁厂主，苏杭铁路股东，中国银行商股联合会干事
周汝星		8(428) 8(429)	周选楼弟，张謇乡医
周孝侯	名处	8(757)	三国人
周孝怀	名善培，字致祥	3(1183) 3(1190) 3(1197) 3(1624) 8(850)	光绪二十三年副贡，湘抚陈宝箴、川督鹿传霖、岑春煊幕僚，四川提法使，华成盐垦公司发起人
周扶九	名鹍	2(726) 2(726) 3(894) 5(178) 6(574) 7(522) 8(150) 8(875) 8(912) 8(913)	金融资本家，大丰盐垦、南通大储栈、大同钱庄创建者，绅商
周运杓		5(140)	定海旅津名商
周连钟		6(411)	周复卿子
周连钧		6(411)	周复卿子
周连淦		6(411)	周复卿子
周连锡		6(411)	周复卿子，南通纺校教员
周伯渔		3(861) 3(872) 3(873) 7(254) 8(895)	张謇常熟友
周伯璇		3(1598)	纱厂职员
周谷人		3(1340) 5(175)	扬州场运食商事务所、商会会长

续 表

姓 名	其他称谓	册(页)	备 考
周 亨		8(166) 8(188) 8(223) 8(269) 8(283) 8(298) 8(299) 8(302) 8(305) 8(331) 8(356) 8(358) 8(366) 8(368) 8(403) 8(421) 8(428) 8(431) 8(571) 8(685)	张謇家仆
周应时	字之篁,号哲谋	2(582) 2(584) 2(585) 4(359)	日本陆军士官学校留学,中华革命党军务部副部长,讨袁运动江苏总司令
周 忱		6(23)	明前期名臣
周宏正		6(194)	南朝梁吏部侍郎
周际云		8(236) 8(237) 8(635)	周景尧弟
周际霖		6(322) 8(993)	如皋知县
周 坦		5(183) 5(179) 5(248)	周家禄子
周拙耘		8(88)	杨昌祐友
周松孙		8(626) 8(627)	如皋知县
周雨生		1(535)	江苏运河临时雇员
周 昌		8(404)	西汉大臣
周昌漠		6(424)	南通乡绅
周咏和		6(419)	周冰妹
周牧云		8(76)	束纶友
周季諴	原名宝臣	5(182) 6(488) 注:5(182)误为周季诚	周家禄子,通明电气公司股东
周季馀		2(604)	三余镇乡绅
周金印		3(1329)	查账员

续 表

姓 名	其他称谓	册（页）	备 考
周金箴		2(234) 2(498)	上海商务总会、总商会总理
周学熙	字缉之，号止庵	1(402) 2(309) 2(535) 2(545) 2(602) 8(743) 8(744) 8(784)	光绪十九年举人，长芦盐运使，启新洋灰公司创办人，直隶按察使，民初财政总长
周宝孚		3(1232) 3(1268) 3(1349) 7(480)	如皋县长
周 诗		6(306)	张謇族西宅执业
周弢庵		8(113) 8(114) 8(135) 8(144) 8(145) 8(169) 8(174) 8(188) 8(375) 8(377) 8(382) 8(386)	刘坤一幕宾
周承基		3(799)	江苏省议员
周 垣		2(644)	通崇海泰总商会会长
周树年		1(725)	江苏运河工程局评议员
周树标		1(196)	山东国会代表
周树模	字少朴，号沈观	2(179) 7(525) 8(613) 8(631) 8(642) 8(711) 8(722) 8(1026) 8(1028)	张謇同年，光绪十五年进士，江苏提学使，江西道监察御史，黑龙江巡抚
周 勃	封绛侯	8(109) 8(766)	汉初名将
周厚卿		3(1588) 8(386) 8(430) 8(472) 8(512) 8(669)	风水先生
周厚堉		1(117)	乾隆年间江苏藏书家
周选楼		3(1599) 8(421) 8(425) 8(428) 8(429) 8(430)	医士
周香九		2(740)	医士
周复卿		6(411)	举人，单伯平弟子

续 表

姓　名	其他称谓	册(页)	备　　考
周顺昌	字景文	5(122)	明万历进士,文选员外郎
周　洽		4(492)	清河道总督靳辅幕僚
周恒祺	字子维,号福皆	8(146)	咸丰二年进士,山东督粮道,直隶布政使,山东巡抚,漕运总督
周祖荫		3(1476) 3(1478)	高级练习生
周　姜	姜女	5(106) 5(107)	周太王妻
周荷伯		3(1423) 3(1460) 3(1461) 3(1475) 3(1476)	账房
周晋镳	字金箴	1(418) 5(100) 5(101) 5(102)	华新纺织新局协理,轮船招商局董事,上海总商会总理,民初首届中华全国商会联合会会长,上海道尹
周致和		6(419)	周冰妹
周　恩		3(1557)	张謇家佣工
周恩隆		6(90)	清嘉庆《赣榆县志》采访
周　钺	字左麾	2(235)	江宁咨议局议员
周健甫	字府经	2(169) 2(259) 3(1066) 3(1148) 3(1149) 3(1471) 3(1476) 3(1479) 3(1150) 3(1633) 8(570) 8(578) 8(582) 8(587) 8(597) 8(601) 8(621) 8(622) 8(623) 8(637) 8(640) 8(657) 8(658)	张謇友,盐垦股东、经理
周家彦	字韬甫,又字弢甫,人称弢伯	1(314) 1(400) 1(401) 1(402) 3(1036) 8(229) 8(447) 8(762) 8(766) 8(767) 8(1034)	日本留学生,驻日使馆职员,工商部、农商部参事,代理农商总长

续 表

姓　名	其他称谓	册（页）	备　　考
周家禄	字彦升，又字念荪，号蕙修，晚号奥簃老人	1(34) 2(10) 2(11) 2(12) 2(29) 2(31) 2(86) 2(109) 3(1076) 3(1440) 3(1441) 3(1580) 3(1588) 3(1603) 3(1076) 3(1623) 3(1656) 3(1657) 6(31) 6(32) 6(41) 6(45) 6(46) 6(244) 6(278) 6(363) 6(438) 6(488) 6(489) 6(514) 6(522) 6(537) 6(602) 7(19) 7(20) 7(29) 7(30) 7(35) 7(36) 7(333) 7(439) 7(510) 8(3) 8(5) 8(6) 8(7) 8(8) 8(10) 8(12) 8(14) 8(17) 8(18) 8(20) 8(22) 8(23) 8(27) 8(28) 8(29) 8(31) 8(32) 8(33) 8(35) 8(37) 8(38) 8(39) 8(40) 8(42) 8(43) 8(44) 8(49) 8(50) 8(54) 8(55) 8(56) 8(57) 8(59) 8(60) 8(61) 8(62) 8(64) 8(65) 8(66) 8(67) 8(68) 8(70) 8(73) 8(74) 8(75) 8(76) 8(77) 8(78) 8(86) 8(88) 8(89) 8(90) 8(93) 8(98) 8(99) 8(101) 8(102) 8(103) 8(112) 8(113) 8(115) 8(121) 8(122) 8(123) 8(124) 8(125) 8(126) 8(127) 8(128) 8(129) 8(130) 8(131) 8(133) 8(134) 8(136) 8(137) 8(140) 8(143) 8(145) 8(147) 8(153) 8(157) 8(159) 8(160) 8(161) 8(162) 8(164) 8(166) 8(174) 8(175) 8(176)	优贡，张謇友，吴长庆、张之洞幕宾，候选教谕、江浦县训导，湖北武备学堂教员，南洋公学教习

续 表

姓 名	其他称谓	册(页)	备 考
		8(177) 8(180) 8(181) 8(182) 8(186) 8(187) 8(190) 8(192) 8(194) 8(196) 8(197) 8(200) 8(201) 8(202) 8(203) 8(207) 8(216) 8(224) 8(227) 8(228) 8(230) 8(231) 8(232) 8(258) 8(266) 8(268) 8(269) 8(271) 8(275) 8(282) 8(283) 8(284) 8(285) 8(290) 8(291) 8(292) 8(295) 8(296) 8(298) 8(303) 8(304) 8(306) 8(309) 8(315) 8(316) 8(317) 8(318) 8(320) 8(323) 8(327) 8(380) 8(385) 8(428) 8(431) 8(432) 8(434) 8(437) 8(447) 8(453) 8(474) 8(479) 8(485) 8(487) 8(488) 8(489) 8(490) 8(492) 8(504) 8(578) 8(584) 8(585) 8(599) 8(669) 8(694) 8(695) 8(697) 8(930) 8(993) 8(997) 8(1001) 8(1002) 8(1003) 8(1006) 8(1016) 8(1025)	
周宋丞	又名宋臣	3(868) 3(937) 3(1078) 5(211) 6(574)	南通绅商,大赉公司董事、大丰公司股东
周 焘		7(415)	如皋知事
周捷三		8(146) 8(164)	张謇友
周菊山		8(3)	张謇早年友
周萃元		6(90)	清嘉庆《赣榆县志》统校

续 表

姓　名	其他称谓	册（页）	备　　考
周盛传	字道林，号薪如，谥武壮	8(82) 8(91) 8(96) 8(183)	淮军将领，广西右江镇总兵，湖南提督
周象九		2(302)	荡地主
周象贤		1(599)	内务部技正
周渐逵		8(94)	大令
周　渊		4(238)	通师学生
周　隆		3(1415) 3(1418) 3(1476) 3(1478) 3(1482) 3(1608)	张謇仆
周维城		3(1429) 3(1431)	通师优等生
周维廉		1(451) 1(452) 8(774)	渔牧司技正
周　琮		8(270)	南宋人
周萼生		8(116)	张謇友
周惠生		8(225)	张謇京友
周紫垣		8(968) 8(1048)	海门居士
周景云		3(1436) 3(1438) 3(1442) 3(1444) 3(1448) 3(1457) 8(519)	张謇实业僚属
周景尧		8(37) 8(236) 8(570)	张謇友
周循六		8(324)	张謇乡卜师
周舜卿	名廷弼，字舜琴、舜钦，又字巽卿，号耐庵	2(143) 2(145) 2(234) 2(235) 2(269) 4(67) 5(100) 5(101) 5(102) 7(312) 7(475) 8(613) 8(657) 8(699)	张謇友，商部顾问，振源冶坊主，裕昌纱厂主，预备立宪公会董事
周曾镬		6(419)	候选训导，廪贡生

续 表

续 表

姓　名	其他称谓	册(页)	备　　考
周鞠人		8(784)	张謇友
周　瞽		8(434)	卜师
周　馥	字玉山,号兰溪,谥悫慎,人称玉帅	2(147) 2(157) 2(159) 2(182) 2(183) 2(184) 2(185) 6(316) 8(181) 8(223) 8(235) 8(596) 8(601) 8(602) 8(603) 8(604) 8(608) 8(609) 8(614) 8(615) 8(616) 8(619) 8(621) 8(622) 8(624) 8(625) 8(626) 8(636) 8(1002) 8(1021)	周学熙父,诸生,李鸿章幕僚,直隶按察使,山东巡抚,署两江总督,闽浙、两广总督
周警斋		5(149) 8(323) 8(324)	张謇金沙友
周缵庭	又名缵廷	3(1327) 3(1330) 3(1341) 3(1366) 3(1373) 3(1374) 3(1376) 3(1384)	海门县长
周　矗	字宅南,号葵圃	6(419)	周冰本生父,道光二十四年进士,庶吉士
鱼凤鸣		6(600)	直隶全省稽征税务总局副局长
鱼　豢		6(105)	三国曹魏史家
鱼潮江		6(600)	盐城人,鱼凤鸣父
忽必烈		4(322) 6(72)	元世祖
京　房	原名李君明	6(169) 6(437)	西汉易学家
庞士元	名统	2(477) 6(399)	刘备谋士
庞元济	字莱臣,号虚斋	1(289) 1(290)	南浔工商“四象”之一,藏家
庞仪鐕		1(289)	浙商

续 表

姓 名	其他称谓	册(页)	备 考
庞式鋆		1(289)	浙商
庞延祚		1(289)	浙商
庞次淮		3(1181)	中华国民制糖公司股东
庞劬庵	名鸿书,字渠庵,号郦亭	2(421) 2(422) 2(518) 2(539) 5(137)	光绪六年进士,湖南、贵州巡抚
庞启寿		1(289) 1(290)	浙商
庞青城	原名元澄,以字行,号渊如	1(289) 1(290)	庞元济弟,孙中山莫逆之交,同盟会员,南京临时政府实业部商业司司长,浙商
庞树桢		1(289)	浙商
庞贻曾		1(289)	浙商
庞 籍		6(14) 6(82)	北宋宰相
净 慈		8(468)	方丈
於兰亭		2(628) 2(675) 2(737) 3(1201) 3(1378) 6(414) 6(417) 8(826)	乡董,马路工程员
郑三俊	字用章	5(122)	明万历进士,吏部尚书
郑少卿		8(114)	张謇擅画友
郑 五	名綮	8(151)	唐昭宗宰相
郑孔镛		8(556)	旅日农民
郑玉轩		8(173)	观察
郑 旦		6(560)	春秋越国美女
郑立三		3(942) 3(972)	江苏省议员
郑礼明		3(863)	农商部技正,权度制造所长

续 表

姓名	其他称谓	册(页)	备考
郑芝岩		8(467)	张謇"前辈"
郑权	字仲敬、仲劲	2(338)	江南水师学堂毕业,镇江军政府军政使,中国公学董事,孙中山大元帅府参议
郑庄		8(111)	西汉大臣
郑汝成	字子敬	2(395) 7(516) 8(756) 8(757) 8(1032)	民初首任上海镇守使,彰武将军
郑汝谐		6(119)	进士,两浙转运判官
郑汝骙	字翰生	8(403)	同知
郑孝胥	字太夷,别字苏堪、苏戡、苏龛,别号海藏	1(32) 1(33) 1(95) 1(105) 1(142) 1(143) 1(144) 2(28) 2(37) 2(38) 2(39) 2(41) 2(63) 2(81) 2(85) 2(121) 2(141) 2(147) 2(234) 2(271) 2(386) 2(412) 2(496) 2(497) 2(498) 3(802) 3(1307) 3(1533) 3(1543) 3(1554) 3(1581) 3(1589) 3(1590) 4(127) 4(130) 4(597) 5(33) 5(140) 5(431) 6(268) 6(581) 7(74) 7(81) 7(82) 7(97) 7(98) 7(101) 7(102) 7(105) 7(118) 7(130) 7(139) 7(241) 7(288) 7(323) 7(400) 7(470) 8(187) 8(188) 8(207) 8(209) 8(210) 8(226) 8(229) 8(233) 8(234) 8(251) 8(260) 8(266) 8(267) 8(268) 8(269) 8(271)	光绪八年举人,李鸿章幕宾,端方幕僚,湖南布政使,预备立宪公会职员,张謇称"郑苏翁"

续 表

姓 名	其他称谓	册(页)	备 考
		8(272) 8(284) 8(287) 8(294) 8(295) 8(305) 8(307) 8(312) 8(313) 8(328) 8(344) 8(375) 8(382) 8(393) 8(402) 8(403) 8(404) 8(407) 8(409) 8(411) 8(412) 8(420) 8(423) 8(424) 8(425) 8(426) 8(427) 8(430) 8(431) 8(435) 8(444) 8(452) 8(454) 8(455) 8(456) 8(483) 8(485) 8(489) 8(495) 8(497) 8(498) 8(499) 8(504) 8(528) 8(536) 8(545) 8(551) 8(592) 8(614) 8(617) 8(624) 8(635) 8(636) 8(638) 8(639) 8(648) 8(656) 8(678) 8(679) 8(687) 8(694) 8(704) 8(750) 8(981) 8(1000) 8(1014) 8(1015) 8(1022) 8(1032)	
郑丽堂	名炳垣	8(273) 8(274) 8(275) 8(287)	怀仁院长
郑克己		3(1533)	郑孝胥三子,张孝若同学
郑肖彭	名鑁	8(474)	张謇友,光绪十五年进士,刑部,医家
郑时庆		6(380)	清乾隆知县
郑 沅	字叔进,号习水	3(1544)	张謇甲午同年探花,四川学政,总统府秘书
郑际平		1(196)	浙江国会代表
郑苕仙		7(102) 8(426)	扬州女画家

续　表

姓　名	其他称谓	册（页）	备　　考
郑　松		5(125)	清通州画家
郑　杰	字养卿	8(34) 8(36) 8(68) 8(69) 8(77) 8(79)	张謇早年友
郑雨辰		8(95)	直隶人
郑季申		2(49) 8(345)	瀛洲书院院长
郑秉清		3(1067) 3(1070)	盐垦执事
郑炎佐		8(981)	郑孝胥次子
郑建荣		8(740) 8(1031)	枭匪
郑　珍	字子尹，号含成	6(168) 6(179) 6(184) 6(188) 6(203) 6(307) 6(308)	清光绪十七年举人，候补江苏知县，清经学、小学家，《遵义府志》编纂者
郑禹铭		3(1309)	张謇友
郑俟斋		8(454)	郑孝胥弟
郑　闻		8(270)	北宋进士
郑洪年	字韶觉	3(1327)	两江法政学校毕业，交通次长
郑祖琛	字梦白	4(86) 4(90)	清嘉庆十年进士，广饶九南道，广西巡抚，云贵总督
郑　虔		7(105) 8(435)	唐画家，文学家
郑铁如		2(613) 8(828)	留美学生
郑润昌		1(414) 1(415)	地主
郑家栋		3(1476) 3(1478)	高级练习生
郑陶斋	名观应，字正翔	8(190) 8(444)	传教士傅兰雅徒，李鸿章幕僚，招商局帮办，汉阳铁厂总办

续 表

姓　名	其他称谓	册(页)	备　　考
郑辅东		1(759)	泰县知事
郑　勖		5(123)	明郎中
郑康成	名玄	4(153) 6(66) 6(68) 6(81) 6(169) 6(608) 7(18) 7(491) 8(310) 8(439) 8(589)	东汉经学家
郑密轩		8(20)	西蜀学人
郑　谦	字鸣之,号觉公	1(777) 1(778) 3(1343) 3(1345) 3(1346) 3(1352) 3(1356) 3(1359) 3(1364)	日本法政大学留学,张作霖秘书长,江苏省长
郑　群		8(52)	韩愈友
郑雷山		2(417)	书家
郑稚星		2(63) 8(347) 8(504) 8(617)	郑孝胥子
郑雍言		5(122)	明永乐十三年进士,中书舍人
郑　樵	世称夹漈先生	6(204) 6(217) 6(240)	南宋史学家
郑　默		6(239) 6(240)	魏晋光禄勋,目录家
郑赞成		2(296)	安庆青年励志学社发起人,中国同盟会中部总会安徽分会组织者,同盟会上海交通员
郑　勷		5(123)	明同知
单少堂		8(938)	张謇僚属
单汉勋		8(299)	张謇友
单邦杰		8(438)	张謇门生

续 表

姓 名	其他称谓	册（页）	备 考
单竹孙	名林，号游碧主人	3(1568) 6(522) 6(291) 7(121) 7(223) 8(503) 8(505) 8(867)	张謇友，画家
单自成		5(125)	清通州画家
单束笙	名镇	8(720) 8(721) 8(723)	进士，藏书家
单伯平		6(411)	高密大儒，孙葆田师
单治堂		2(388) 2(390) 7(517) 8(756) 8(818)	张謇幕僚
单承恩		1(758)	国会代表
单思恭		5(124)	明扬州诗人
单蛰堂		5(139)	南通名绅
单 锷		6(24)	宋学者
法 祖		3(967)	高邮承天寺僧
泊承升		6(521)	总兵
怡 云		8(234)	女词史
学 信		8(468)	杭州僧
宝竹坡	爱新觉罗氏，初名宝贤，字少溪	2(271)	礼部侍郎
宝 山		8(132) 8(146) 8(148) 8(209)	主簿
宝 卿		8(154)	张謇旧识
宝 善		8(479)	张謇“世兄”
宝 熙	爱新觉罗氏，字瑞臣，号沉盦	8(723)	光绪十八年进士，礼部侍郎，崇文门副监督，参政院参政

续 表

姓　名	其他称谓	册(页)	备　　考
宗子岱	名舜年,号耿吾	2(195) 5(211)	光绪十四年举人,张之洞、端方幕僚,杭嘉湖道,藏书家
宗书年		5(211)	画家
宗受于		8(578) 8(747)	治淮专家
宗渭川		2(467) 5(226)	达通船业转运公司经理
宗　裕	又名宗隃、宗玉	1(35) 3(1476) 3(1587) 3(1588) 3(1590) 3(1591) 3(1593) 3(1595) 3(1596) 3(1635) 3(1646) 8(402) 8(405) 8(408) 8(457) 8(479) 8(726)	张謇家仆
宗　强	宗隃	8(360)	张謇亲随
定　夫		3(1621)	张謇前辈
定　才		2(259)	南通乡绅
定　能		8(468)	理安寺僧
宜　轩	乡谥孝恭	6(623)	张謇里中耆宿
宛　邱		8(47)	张謇友
宓　妃		2(33)	伏羲氏之女
郎士元		7(540)	唐诗人
房玄龄	名乔,以字行,谥文昭	6(578) 7(483) 8(138)	唐初司空
房　傑	冠南	3(1365) 3(1366) 3(1373)	常乐警务分所长
视　默		6(68)	伏羲佐
居　正	字觉生,别号梅川居士	8(757)	国民党元老

续 表

姓 名	其他称谓	册（页）	备 考
居保第		1(497)	苏省议员
屈子木	名建	6(103)	楚令尹
屈均畹		3(948)	沪商校教员
屈映光	字文六，法名法贤	2(514) 2(515) 2(542) 6(442)	光复会员，浙江民政长，山东省长
屈 原		6(100) 6(530) 7(499) 8(110)	战国楚国三闾大夫
屈 蟠		1(418)	农商部主事
孟 子	名轲，字子舆	1(60) 1(231) 2(169) 2(204) 2(419) 2(422) 3(1040) 3(1539) 3(1582) 4(59) 4(60) 4(70) 4(77) 4(96) 4(97) 4(122) 4(153) 4(170) 4(207) 4(256) 4(265) 4(267) 4(268) 4(329) 4(332) 4(399) 4(410) 4(495) 4(511) 4(537) 4(549) 4(558) 4(599) 4(621) 4(622) 4(631) 4(632) 4(634) 5(107) 5(224) 5(235) 5(241) 5(257) 5(258) 6(13) 6(16) 6(93) 6(102) 6(209) 6(213) 6(215) 6(219) 6(236) 6(318) 6(330) 6(359) 6(372) 6(373) 6(538) 6(565) 6(580) 6(595) 6(599) 6(518) 6(580) 6(599) 8(49) 8(69) 8(110) 8(152) 8(190) 8(209) 8(226) 8(273) 8(275) 8(374) 8(432) 8(436) 8(545) 8(814)	战国思想家

续 表

姓 名	其他称谓	册(页)	备 考
孟东野	名郊	6(28)	唐代诗人
孟 朴		7(494) 8(303) 8(340) 8(445)	张謇乡友
孟 光		6(402) 7(270) 7(481) 8(327)	梁鸿妻
孟仲和		8(662)	张謇家仆
孟 华		8(169)	张謇友
孟庆荣	字绂臣	8(723)	张裕钊、吴汝纶门徒,光绪十六年进士,学部左参议、右丞,中央教育会员
孟伯扬		5(178)	大赉盐垦公司股东
孟昭常	字庸生,号沤风	1(144) 1(182) 2(237) 2(477) 4(256) 6(364) 7(192) 7(213) 8(688) 8(689) 8(720) 8(763) 8(764) 8(781) 8(822) 8(856) 8(1040)	武进人,孟森弟,日本法政大学留学,预备立宪公会副会长,民初农商部参事、黑龙江实业厅长
孟莼荪	名森,字莼生,又字莼孙,号心史	2(664) 2(276) 2(381) 2(396) 2(401) 2(446) 2(464) 2(511) 2(664) 3(906) 3(1104) 3(1171) 3(1234) 3(1360) 3(1361) 3(1496) 4(210) 4(559) 6(364) 6(501) 7(253) 7(528) 8(692) 8(704) 8(711) 8(722) 8(724) 8(725) 8(726) 8(742) 8(744) 8(749) 8(760) 8(761) 8(806) 8(843) 8(854) 8(856) 8(936) 8(1028) 8(1033) 8(1045)	武进人,张謇幕友,东京法政大学留学,郑孝胥幕僚,江苏咨议局议员,共和党执行书记,国会议员,史学家
孟浩然		8(332)	唐诗人

续 表

姓　名	其他称谓	册（页）	备　　考
孟　喜		6(159) 6(161) 6(160) 6(162) 6(163) 6(168) 6(177) 6(437)	汉易学家
孟雷飞		8(590)	道士
孟锡珏	字玉双	3(943)	光绪二十四年进士，江北提督署总文案，交通部参事，全国水利局副总裁
孟曙春	名恩远，字树村、树春	3(1055)	北洋第4镇马标标统，吉林督军，天津寓公
绂　斋		8(13) 8(56)	张謇乡友
绍越千	绍英，马佳氏，字宾旭	8(596) 8(614) 8(620)	京师大学堂提调，商部左丞，左都御史兼都统，度支部侍郎
绍　諴	马佳氏，字葛民	8(147)	安徽布政使
贯大圆		2(734) 2(740)	京剧老生
贯　如		8(145)	张謇乡友
九画			
耔　皋		8(495)	张謇友
契		8(123)	商始祖
拾　得		3(841)	唐诗僧
春　江		2(573) 2(576) 2(628) 2(658) 8(800)	张謇垦牧助手
春　珊		8(156)	张謇友
春　熙		3(1435) 3(1475)	盐垦职员
项开梯		1(574) 1(578—579) 1(753) 1(754) 1(755) 1(756)	江苏运河工程局委员

续 表

姓 名	其他称谓	册(页)	备 考
项本源	字子清	8(525)	如皋师范教员
项安世		6(124) 6(145) 6(164) 6(169) 6(175) 6(177)	南宋太府卿
项 羽		3(1259) 4(574) 6(457) 7(220) 8(95) 8(130) 8(605)	西楚霸王
城北公		8(59) 8(91) 8(106)	张謇友
赵小山	名庆宽,字筱珊,号松月居士	2(113) 3(1189) 4(280) 6(292) 6(385) 8(744) 8(767) 8(768) 8(1020) 8(1026)	内务府员外郎,书画家
赵子昂	名孟頫,号松雪道人	3(1645) 5(102) 8(186) 8(714) 8(818) 8(820) 8(434)	宋末元初书画家
赵飞燕		8(105)	汉成帝皇后
赵太夫人		7(343)	志锐婶辈
赵介丞		3(901)	赵菊泉曾孙
赵凤诏		2(213)	赵申乔子,康熙二十七年进士,太原知府
赵凤昌	字竹君,号惜阴、惜阴主人,人称竹翁	1(118) 1(236) 2(113) 2(116) 2(118) 2(119) 2(120) 2(121) 2(122) 2(131) 2(132) 2(135) 2(138) 2(145) 2(161) 2(173) 2(174) 2(180) 2(229) 2(234) 2(260) 2(261) 2(262) 2(263) 2(266) 2(267) 2(268) 2(269) 2(276) 2(279) 2(284) 2(285) 2(290) 2(291) 2(296) 2(299)	钱庄学徒,曾国荃幕僚,张之洞总文案,共和统一会发起人,吕四同仁泰盐业公司股东,袁世凯顾问

续 表

续 表

姓 名	其他称谓	册(页)	备 考
赵文府		8(946)	马福祥代表
赵文子	名武,人称赵孟	6(103)	晋国执政大夫
赵为幹		5(124)	清《春瘟集方》编者
赵申乔	字慎旃,谥恭毅	2(213)	清康熙九年进士,刑部主事,户部主事
赵尔丰	字季和	2(287)	赵尔巽弟,四川建昌道驻藏大臣,四川总督
赵尔巽	字公镶,号次珊、次山、无补,人称次帅	1(416) 2(317) 2(318) 2(463) 2(662) 3(1050) 3(1055) 8(423) 8(711) 8(715) 8(722) 8(1026) 8(1027) 8(1028) 8(1037)	同治十三年进士,安徽、陕西按察使,东三省总督,奉天都督,嵩山四友之一
赵汉文		6(513)	渠堤工程负责人
赵匡胤		4(50) 4(322) 6(14) 6(247) 8(383)	宋太祖
赵贞女		7(367)	孝女
赵仲覲		8(818)	宋宗室
赵仲宣	名从蕃	8(723)	光绪二十年进士,安徽清理财政正监理,京师大学堂副总办,江西民政长
赵师鼎		6(369)	沈敬夫弟子
赵次贞		2(656)	县长
赵充国	封营平侯	1(23) 3(811) 3(1136) 6(12) 8(102) 8(487)	西汉名将
赵寿仁		7(294)	诸生
赵邦彦		1(728)	知事
赵步阶		5(178)	大赉盐垦公司股东

续 表

续　表

姓　名	其他称谓	册(页)	备　　考
赵选青		8(582)	张謇僚属
赵秋心		3(1176)	张謇友
赵　盾		6(69) 6(80)	春秋晋国卿大夫
赵　胜	平原君	8(110)	赵国贵族
赵　恒		1(3) 4(322) 6(83) 8(469)	宋真宗
赵恒惕	字夷五,又字彝五,号炎午	3(879) 3(1301) 8(930)	日本陆军士官学校留学,广西新军协统,湖南省长兼湘军总司令
赵　莹		6(213)	《旧唐书》监修
赵　顼		4(322) 6(70)	宋神宗
赵恭人		6(292)	王訢甫母
赵恭人		6(296)	潘谨斋母
赵桐衫		3(771) 3(778)	京剧旦角
赵破奴		7(26)	西汉将领
赵　倜	字周人	3(1001)	淮系军阀
赵　衰		6(69)	春秋晋国大臣
赵　祯		4(322) 8(469)	宋仁宗
赵继元	名子芳	8(29) 8(31) 8(91)	李鸿章内兄,观察
赵菊泉	名彭渊,字养怡,以号行	1(35) 2(11) 3(901) 6(9) 6(10) 6(42) 6(46) 6(324) 6(397) 7(18) 7(44) 7(236) 7(439) 8(3) 8(4) 8(5) 8(6) 8(7) 8(8) 8(9) 8(10) 8(11) 8(12) 8(14) 8(15)	张謇称"菊师",海门训导

续 表

姓　名	其他称谓	册（页）	备　　考
		8(16) 8(22) 8(23) 8(26) 8(27) 8(29) 8(31) 8(35) 8(36) 8(38) 8(39) 8(42) 8(43) 8(45) 8(52) 8(59) 8(61) 8(62) 8(64) 8(65) 8(66) 8(67) 8(68) 8(70) 8(72) 8(73) 8(74) 8(75) 8(77) 8(78) 8(84) 8(86) 8(89) 8(91) 8(92) 8(99) 8(100) 8(101) 8(102) 8(103) 8(106) 8(108) 8(114) 8(119) 8(120) 8(121) 8(123) 8(124) 8(125) 8(126) 8(127) 8(129) 8(130) 8(133) 8(136) 8(139) 8(141) 8(142) 8(147) 8(151) 8(154) 8(155) 8(157) 8(159) 8(160) 8(161) 8(164) 8(165) 8(166) 8(174) 8(187) 8(460) 8(519) 8(677) 8(873) 8(896) 8(992) 8(994) 8(996) 8(998) 8(1002) 8(1009) 8(1014) 8(1017) 8(1042) 8(1048)	
赵　雪	字雨生	1(721) 1(731)	盐城"公民"，沙沟镇总董，苏省议员
赵野仙		3(1178) 3(1334)	泰县乡绅
赵望杏		8(627)	大生纱厂股东
赵望寅		8(981)	火柴联合会会董
赵　壹	字元叔	7(26)	东汉辞赋家
赵植甫		8(61)	张謇海门友

续 表

姓 名	其他称谓	册(页)	备 考
赵景贤	字竹生,号季侯,谥忠节	7(136) 8(626)	赵渭卿父,内阁中书,福建督粮道
赵智庵	名秉钧	2(372) 8(762) 8(768)	民政部尚书,巡警部右侍郎,国务总理,上将
赵舒翘	字展如,号琴舫、慎斋	8(490) 8(1016)	同治十三年进士,刑部主事,江苏巡抚,总理各国事务衙门大臣
赵善夫	宋子东	8(487)	张謇友
赵 普		6(9)	北宋政治家
赵曾蕃		3(1025)	旗民生计处总办
赵 温		6(562)	东汉宰辅
赵渭青	又名渭卿	2(243) 8(618) 8(626) 8(629)	都转盐运司
赵 棨		6(549)	冯晏海文友
赵瑞禾	字嘉生	7(49) 8(143—144)	张謇丹徒友
赵瑞如		8(723)	营口商会会董
赵楚芗	又名楚香	6(434) 7(181)	通州知州
赵 煦		6(70)	宋哲宗
赵锡秬	字玉瓒	8(314) 8(315)	张謇乡医
赵滨彦		4(346) 4(358) 8(1023)	淮运司
赵 熙		6(213)	唐起居郎
赵增桓		2(236)	元源钱庄经理
赵德三		2(681)	南通城建经办人
赵燧东		8(304)	张謇安庆友

续 表

姓 名	其他称谓	册(页)	备 考
赵燧山	名庆华,号溪隐	5(212) 5(216) 6(380)	监生,梁士诒内阁交通次长
赵 翼	字云崧	1(159) 7(348)	清乾隆二十六年进士,文史家
赵翼孙		7(236) 8(6) 8(11) 8(14) 8(22) 8(29) 8(32) 8(35) 8(38) 8(39) 8(40) 8(42) 8(50) 8(59) 8(60) 8(63) 8(72) 8(73) 8(74) 8(76) 8(77) 8(78) 8(84) 8(87) 8(88) 8(89) 8(100) 8(102) 8(115) 8(121) 8(135) 8(137) 8(138) 8(139) 8(140) 8(149) 8(187) 8(199) 8(232) 8(236) 8(373) 8(375) 8(460) 8(519) 8(873)	张謇学友"翼弟",赵菊泉子
郝仲赓		8(97)	清太史
郝应泰		1(497)	苏省议员
郝崇寿		3(991)	淮安县公民
郝聘三		8(97) 8(98) 8(156)	郝仲赓子
郝儒琳		1(726) 1(731)	江苏运河工程局评议员
荆保宸		3(789)	苏省议员
荀 子	名况,时人尊号为卿	4(105) 6(66) 6(213) 6(214) 6(215) 6(241) 6(242) 6(245) 6(415) 6(569) 8(110) 8(288) 8(289) 8(341) 8(379) 8(519) 8(713)	战国思想家,政治家
荀奉倩	名粲	7(514) 8(775)	三国曹魏玄学家
荀 庚		8(238)	春秋晋国卿大夫

续 表

姓 名	其他称谓	册(页)	备 考
荀柔之		6(141) 6(143) 6(144)	南朝宋学者
荀 悦		6(146) 6(158)	东汉史学家
荀 爽		5(150) 6(123) 6(128) 6(129) 6(135) 6(138) 6(141) 6(154) 6(155) 6(156) 6(157) 6(161) 6(166) 6(169) 6(180) 6(186) 6(187) 6(437)	东汉经学家
荀 勖		6(239) 6(240)	西晋开国功臣，音律学家、文学家
荣宗敬	原名宗锦	1(510) 1(511) 3(842)	面粉、棉纱业主
荣宗铨	字德生，号乐农	1(520) 3(799) 3(862) 3(868) 3(894) 8(896)	苏社理事，面粉、棉纱业主
荣 禄	瓜尔佳氏，字仲华	8(440) 8(453) 8(489)	荫生，侍郎，兵部尚书，总理各国事务衙门大臣，直隶总督，军机大臣
胡二梅		7(516) 8(758) 8(804)	建德书画家
胡大德		7(238)	张謇友
胡开文		3(820) 8(194)	清徽墨名家
胡元瑞	名应麟	7(132)	明代学者
胡元倓	字子靖，号耐庵	8(629) 8(673)	日本弘文学院师范速成科毕业，长沙明德学校创办人
胡少卿		8(129)	厘捐局员
胡长龄	字西庚，又字印渚	5(122)	乾隆五十四年状元，国子监祭酒，礼部尚书
胡仁甫		8(42)	张謇乡人
胡 介		5(122)	明人

续 表

姓 名	其他称谓	册(页)	备 考
胡介明		2(449)	张謇雇员
胡文辉		6(394)	如皋乡绅
胡为礼		3(882)	阜宁商界代表
胡为藩		1(676)	高邮县知事
胡允恭		3(789)	苏省议员
胡仪曾		3(1319)	张謇友
胡汉民	原名衍鹳,改衍鸿,字展堂,笔名汉民	3(907)	日本留学生,同盟会评议员、书记部书记,广东都督,国民党早期领导人
胡发珠		8(333)	白鹿洞书院高才生
胡廷松	字韵生,海峰	8(55) 8(91) 8(194)	大令
胡 延		8(517) 8(583) 8(1018)	盐道,粮道
胡仲明		8(91)	张謇友
胡仲恺		6(380)	江皖振会职员
胡壮猷		1(317) 1(334)	民初农商部矿务监督署技正
胡 亥		6(250)	秦二世
胡安国		8(95)	北宋学者
胡志正		6(394)	胡瑗三子
胡杏耕		3(902) 8(865)	福寿公司学徒,大生考工生
胡佐安		2(550)	张謇友
胡伯平	名礽泰	5(212) 5(216) 8(721)	日、美留学生,资政院议员,中华国民制糖公司发起人,驻长崎领事

续 表

姓　名	其他称谓	册(页)	备　　考
胡应庚	又名映庚,字启东	3(1217)	秀才,国会议员,护法国会众议院议员
胡　英		8(342)	唐文家
胡林翼	字贶生,号润芝,谥文忠	1(4) 1(5) 1(6) 2(47) 4(50) 6(219) 6(227) 6(519) 8(7) 8(263) 8(330)	道光十六年进士,贵州镇远知府,湖北巡抚,湘军将领,著有《胡文忠公遗集》
胡昆山		8(95)	营官
胡国廉		2(321)	南洋华商
胡季安		8(582)	吕四盐商
胡金邦		3(854)	吕四灶长
胡宝常		1(711) 1(736) 1(762) 1(783) 1(792)	工程处员司
胡宗瀛		1(293) 1(309) 1(417) 1(418)	清政府首批派遣的留日学生,吉林农事试验场监督,东三省林务总局主任
胡孟嘉		6(588)	张謇金融友
胡　城		6(394)	胡氏汉先祖
胡　威		8(188)	西晋平春侯
胡香九		7(489) 8(280) 8(403)	观察
胡香山	字梦白,号成村	5(123) 5(125)	雍正元年如皋进士,河南道监察御史
胡祖荫		2(200)	大使
胡眉叟		8(383)	顾锡祥同年
胡哲如		1(334)	民初农商部矿务监督署技士

续 表

姓　名	其他称谓	册（页）	备　　考
胡莲峰		3(793)	镇江大陶公司负责人
胡　峻	字雨岚，号贞庵	8(446) 8(1013)	光绪二十一年进士，四川高等学堂总理
胡家琪	字玉荪	3(850) 3(884)	江苏教育厅厅长
胡祥鑅		6(570)	光绪朝吴县参议
胡　铨	字邦衡	8(62)	南宋名臣
胡　焕	字藻青	5(100) 5(140)	浙江铁路公司董事，浙江兴业银行总经理，中国图书公司董事
胡维德	又名惟德，字馨吾、恭甫	8(1040)	光绪十四年举人，驻英随员，署外务大臣，外交总长，巴黎和会代表
胡　琪		1(144) 5(100) 5(101) 5(102)	预备立宪公会职员
胡　瑛	字蕴山	1(236) 1(243) 2(388) 8(792) 8(1036)	共和统一会发起人，筹安会六君子
胡景冀		3(1321)	中华民国国民军副司令
胡皖生		8(423)	张之洞幕宾
胡翔林	又名翔琳，字海帆	2(685) 3(765) 3(1243) 8(1042)	道尹，苏省财政厅长
胡　湛		6(513)	渠堤工程负责人
胡瑞霖	字子笏	8(728)	明治大学政经科毕业，湖北咨议局议员，湖北军政府财政部长，福建省长
胡　瑰		1(334)	民初农商部矿务监督署技士

续 表

姓 名	其他称谓	册(页)	备 考
胡 瑗	字翼之,世称安定先生	3(1651) 5(123) 6(188) 6(394) 6(521) 7(11) 7(470) 8(100) 8(520)	北宋理学家
胡愚若		4(236)	江北水利测量局测量员
胡 锦		6(394)	胡氏马塘祖
胡 满		6(394)	胡氏先祖
胡嬍斋		8(127)	张謇泾县友
胡槿村	又名锦村	3(1596) 8(339) 8(601)	张謇友
胡德斋		2(51) 8(368) 8(369)	贵溪知县
胡 濂		6(513)	洛阳天津桥工程会计
胡瀛生		8(93)	进士,大令,张謇光绪二年乡试房考
荫 昌	字午楼	1(136) 1(227) 2(287) 2(291) 3(1402) 8(639)	监生,驻德公使馆翻译,提督,陆军部尚书
茹雪樵		8(467)	张謇杭州友
荔 樵		8(231)	张謇友
南 仲		3(1377)	周宣王军事统帅
柯九思		8(186)	元奎章阁鉴书博士
柯贞贤		3(865)	京汉铁路参赞,华比银行经理
柯昌颐		6(464)	张謇弟子
柯逢时	字逊庵,又字懋修,号巽庵	4(358) 8(466) 8(524) 8(728) 8(1018)	光绪九年进士,以粤督护理江西巡抚,户部右侍郎
柯曾贤		3(1496)	日晖呢厂主
查彦昭		3(1455) 3(1459) 3(1461) 3(1463) 3(1646)	盐垦职员

续 表

姓 名	其他称谓	册(页)	备 考
查翼甫	名燕绪,号继亭	7(94) 8(383)	张謇同年,张裕钊弟子,湖北志局职员
相惟馨	又名维馨	1(531) 1(580)	永安闸工程委员
柏文蔚	字烈武	1(239) 1(252) 1(253) 3(1169) 4(245) 8(747) 8(1032)	统制,都督
柏如香		3(1477)	盐垦职员
柏良枢		6(90)	清《赣榆县志》采访
柏 皇		6(67)	传说中上古帝
柏 堂		8(499)	孙仲平岳父
柏 谦		8(460)	清书家
柳人寰	又名人环,字春生	2(372)	广东绿林改进团首领
柳下惠	展禽	8(125) 8(758) 8(977)	春秋鲁国大夫
柳公权		4(641) 8(402)	唐书家
柳公绰		6(89) 6(302) 8(573)	唐大臣,书家
柳 永	字耆卿	8(60)	宋词人
柳芝庭		3(1264)	张謇友
柳诒徵	字翼谋,号劬堂	3(1090) 7(148) 8(578) 8(698)	南京江楚编译局编辑,镇江县临时县议会议长,南京高师、东南大学教授
柳宗元	人称柳河东	8(152) 8(177) 8(209) 8(810)	唐文家
柳星卿		8(14)	张謇乡人
柳 聪		5(122)	明知事
树 轩		8(35)	张謇乡友

续 表

姓 名	其他称谓	册(页)	备 考
郦 商	封曲周侯	8(111)	西汉将领
郦道元		4(392) 6(282) 8(486)	北魏地理家
奎 伯		3(1606)	张謇友
奎 俊	瓜尔佳氏,字乐峰	1(36) 2(65) 6(355)	山西、江苏、陕西巡抚,四川总督,刑部、吏部尚书
奎 润	爱新觉罗氏,字星斋	8(228) 8(230) 8(1004)	同治二年进士,宝熙父,左都御史,乡试考官,礼部尚书
显 之		8(507)	张謇友
冒子佳		8(36)	张謇乡友
冒日乾		5(123)	明同知
冒守愚		5(123)	明知州
冒国柱	字帝臣,亦字缔尘	5(124) 7(165) 7(166)	乾隆五十五年如皋恩贡
冒春荣	字寒山	5(125)	清如皋邑庠生
冒起宗	字宗起	5(123) 5(124)	明崇祯元年进士
冒致中		5(123)	明运丞
冒朔桢		3(1497) 3(1501)	农校毕业生
冒梦龄		5(123)	明知州
冒 鸾		5(123)	明参议
冒鹤亭	名广生,号疚斋	8(721)	光绪二十年举人,刑部、农工部郎中,民初海关监督
冒 襄	字辟疆,号朴巢	5(123) 5(125) 7(212) 8(855)	明推官,诗人
映 中		8(13)	山僧

续 表

姓　名	其他称谓	册(页)	备　　考
贻　谷		1(416)	督办蒙旗垦务大臣
钟子期		8(551) 8(681)	楚国汉阳樵夫
钟文恢		1(241) 2(338)	中国公学董事
钟　陵		2(405)	疑为熊希龄
钟　馗		7(348)	传说打鬼驱邪神
钟敬安		2(534)	张謇商友
钟　新		8(36)	张謇乡友
钟　繇	字元常，别称钟太傅	8(24) 8(26) 8(211) 8(212) 8(215)	曹魏重臣，书家
钮永建	字惕生，号天行	1(236) 2(326) 8(756) 8(757) 8(503) 8(1032) 8(1033)	光绪恩科举人、孝廉，南京临时政府参谋部次长，共和统一会发起人
钮传善	字元伯，又字瑗伯	3(887)	天津海关道，重庆、丽江知府，财政次长
郜　连		5(125)	明画家
种世衡		6(82)	北宋将领
种　莘		2(667)	通州乡绅
重　耳	晋文公	6(64) 6(100)	春秋晋国国君
重　黎		8(172)	张謇京友
笃　哉		3(1650)	垦牧高级职员
段小湖		8(28)	观察
段子敬		8(598)	段书云子
段书云	字少沧，亦字少苍	2(235) 2(549) 3(871) 3(872) 3(944) 3(951) 3(1148) 3(1211) 3(1225) 8(598) 8(671) 8(673) 8(676)	拔贡，刑部员外郎，江宁咨议局议员，直隶清河道，海州商埠督办

续 表

姓　名	其他称谓	册(页)	备　　考
段玉裁	字若膺,号懋堂,晚号砚北居士	6(168) 8(31) 8(45) 8(282) 8(1002)	乾隆二十五年举人,玉屏、富顺县令,经学训诂家
段立纲		6(49)	太平军将领
段芝泉	名祺瑞,人称段合肥	2(289) 2(308) 2(470) 2(526) 2(537) 2(581) 2(594) 2(596) 2(598) 2(603) 2(607) 2(614) 2(616) 2(620) 2(621) 2(634) 2(646) 2(647) 2(649) 2(652) 2(660) 2(669) 2(703) 2(713) 2(730) 2(731) 3(775) 3(776) 3(782) 3(1318) 3(1328) 3(1330) 3(1371) 3(1372) 4(628) 8(844)	天津武备学堂毕业,留德习炮,新建炮兵统带,湖广总督,北洋政府陆军总长,总理
段庆熙		1(96)	浙江候补知府
段宇清		2(269)	云南咨议局副议长
段松苓		6(251)	乾隆间石刻家
顺　庵		6(330) 8(520)	明建千佛寺燕僧
保志宁		8(944)	通州女师学生
保思毓	字澐孙	5(248) 6(612) 6(613)	南通县教育局长
保培基	号西垣	5(122) 5(124)	清通州诗人,嘉兴府同知
保崇光	又名其寿,字似仙	5(124)	清通州廪贡,书画家
保　麟	字予良	5(122)	乾隆五十五年进士,济东道
皇　侃		8(289)	南朝梁儒家
皇甫文		6(11)	高峻军师
皇甫湜		8(39)	韩愈门生

续 表

姓　名	其他称谓	册（页）	备　　考
禹	别称夏禹，帝禹	2(289) 2(300) 3(884) 3(1138) 3(1388) 3(1555) 4(60) 4(206) 4(264) 4(265) 4(266) 4(267) 4(322) 4(323) 4(324) 4(332) 4(504) 4(505) 4(506) 4(631) 4(632) 6(10) 6(26) 6(68) 6(78) 6(83) 6(100) 6(102) 6(215) 6(238) 6(240) 6(245) 6(300) 6(431) 6(512) 6(561) 6(565) 6(568) 6(569) 6(580) 6(589) 6(616) 7(207) 7(390) 7(415) 8(153) 8(171) 8(547) 8(1005)	上古帝王
禹之鼎	字尚吉	7(136) 8(626)	清鸿胪
侯小莲		8(467) 8(468)	张謇友
侯　嬴	侯生	8(255)	信陵君门客
侯师圣	字仲良	8(930)	宋理学家
侯　果	名行果	6(121) 6(134) 6(138) 6(151) 6(152) 6(162) 6(173)	中唐十八学士之一
侯星桥		8(120)	张謇代“应保”
侯资生		8(426)	张謇友
侯端甫		8(284)	中医
侯镇平		1(334)	民初农商部矿务监督署技士
俞大猷		6(513) 6(595)	明抗倭名将
俞长城	字宁世，号硕园，又号桐川	6(72)	清康熙年间古文家

续 表

姓　名	其他称谓	册(页)	备　　考
俞介甫		1(76)	地主
俞世球	字德玶	8(488)	大令
俞训渊	字仲溥	7(324) 8(957)	崇明外沙行政委员
俞邦林		1(38)	江苏试用丞
俞廷瑞		6(90)	清知县
俞汝权		3(762) 3(957) 3(1205) 3(1542) 3(1544) 3(1549) 3(1551) 4(483) 5(183) 8(715) 8(737) 8(760) 8(771) 8(789) 8(793) 8(801) 8(817) 8(841) 8(843) 8(849) 8(853) 8(855) 8(877) 8(896) 8(901)	南通名医
俞寿丞		3(1503)	垦牧职员
俞步青		8(3) 8(9) 8(15) 8(37)	张謇乡长辈
俞伯牙		8(215) 8(551) 8(681)	楚国上大夫,琴师
俞　伻		8(32)	送信人
俞应震		8(590)	翁同龢台湾门人
俞若曾		3(1261)	张謇友
俞　贤		8(383)	张謇仆
俞　诚		4(238)	通师学生
俞春海		8(421)	张謇友
俞荫之		8(33)	张謇友
俞　复	字仲还,号仲培	1(182) 1(357) 5(100)	江阴南菁书院毕业,上海文明书局编辑,上海书业商会会董,无锡县长

续 表

姓　名	其他称谓	册（页）	备　　考
俞恪士	名明震，号觚庵，张謇称“俞恪翁”	3(1438) 3(1445) 3(1469) 8(391) 8(506) 8(572) 8(1019)	清光绪十六年进士，台湾布政使，江西赣宁道，甘肃提学使
俞振之		8(109)	张謇友
俞焕章		3(1355)	园艺工人
俞　琰		6(169) 6(200)	宋末元初道教学者
俞棣荪		3(1204)	张謇北京友
俞暎堂		2(162)	人物画家
俞彬蔚		8(873)	赵菊泉曾外孙
俞　楷		2(238) 2(239)	通师学生
俞廉甫		4(365)	南通公园执事
俞　福		8(22)	张謇仆
俞慧殊	名祖望，亦字渭儒，号仗之	3(1174)	南社诗人，青浦乡绅
俞德怀		3(1060)	暗探
俞　樾	字立甫，又字荫甫，号曲园	6(33) 6(34) 6(489) 8(592)	道光三十年进士，河南学政，紫阳书院、求志书院、诂经精舍教习，经学家，古文字学家
俞濂甫		8(403) 8(405) 8(523)	张謇友
俞麟年		8(42) 8(44)	海门厅同知
郗立丞		3(1156)	西安精业公司发起人，参事
郗　超		6(11) 7(241) 7(288) 8(212)	东晋官员，佛学家
剑　丈		3(1637) 3(1638)	大生股东

续 表

姓 名	其他称谓	册(页)	备 考
饶宓僧	名汉祥	7(252)	日本法政大学留学,黎元洪都督府秘书长,湖北民政长,参政院参政,黎元洪总统府秘书长
饶霆武		1(744)	兴化县知事
饶翰池		1(535)	江苏运河稽核助理
胤 禛	爱新觉罗氏,谥宪皇帝	5(25)	清雍正帝,世宗
亮 山		8(314) 8(337) 8(392)	张謇江宁友
奕 劻	爱新觉罗氏	1(220) 8(489) 8(1027)	和硕庆亲王,领班军机大臣,内阁总理大臣
奕 訢	爱新觉罗氏	8(384) 8(385) 8(446) 8(1003) 8(1009) 8(1013)	领班总理衙门大臣,谥恭忠亲王
奕 詝	爱新觉罗氏	6(89) 6(344)	清咸丰帝,文宗
奕 譞	爱新觉罗氏	8(474)	惇勤亲王
奕 譞	爱新觉罗氏,字朴庵,号九思堂人	1(19) 8(995) 8(1003) 8(1023)	醇亲王,道光帝七子,光绪帝生父,总理海军衙门大臣
帝 乙		6(137) 6(174) 6(175) 6(197)	商朝国君
帝 辛	名受,谥纣	4(206) 6(605)	商纣王
帝 挚		4(264)	远古部落联盟首领
帝 喾		4(264) 6(68)	远古部落联盟首领
施士升		6(334) 6(335)	施文德子,监生
施小亭		2(553) 2(554)	江南高等学堂书记
施之常		6(334)	孔子弟子

续 表

姓　名	其他称谓	册（页）	备　　考
施元龙		6(335)	施文德孙
施元辰		6(335)	施文德孙
施元和		6(334) 6(335)	施文德孙
施元桂		6(335)	施文德孙
施元森		6(335)	施文德孙
施元祺		6(335)	施文德孙
施元瑞		6(335)	施文德孙
施元福		6(335)	施文德孙
施元夔		6(335)	施文德孙
施云阶		2(462)	天津工业专门学校毕业生
施少钦		2(24)	施肇曾伯父，上海北市丝业会馆筹赈公所人士
施仁心		3(1373)	市房业主
施文德	字鲁堂	6(334)	施兰宾父
施以鏞	字朴斋	8(604)	会稽友
施世浤		6(334)	施文德曾祖
施丕光		8(875)	南通乡绅
施石根		3(1451) 3(1453) 8(48) 8(50)	盐垦职员
施用篚		6(334)	施文德祖
施兰宾	名允升	3(1569) 6(335) 7(478) 8(375) 8(394) 8(403) 8(411) 8(416) 8(418) 8(423) 8(425) 8(471) 8(609) 8(658) 8(682) 8(875)	张謇友，通州名绅，施文德子

续 表

姓 名	其他称谓	册(页)	备 考
施汉章		3(1502)	垦牧职员
施老窝子		6(314)	太湖枭首
施光发		4(238)	通师优等生
施则敬	号子英	2(198) 5(100) 5(101) 5(102)	光绪元年举人,直隶候补道,中国红十字会创办者,中国图书有限公司发起人
施仲厚	名祖珍	2(7) 7(51) 7(145) 8(3) 8(4) 8(5) 8(9) 8(10) 8(11) 8(12) 8(22) 8(28) 8(36) 8(37) 8(39) 8(40) 8(41) 8(59) 8(60) 8(61) 8(63) 8(66) 8(68) 8(72) 8(73) 8(78) 8(87) 8(100) 8(101) 8(104) 8(121) 8(132) 8(145) 8(147) 8(148) 8(149) 8(150) 8(151) 8(155) 8(161) 8(258) 8(266) 8(272) 8(286) 8(291) 8(348) 8(695) 8(696) 8(998)	施祖望弟,张謇早年乡友,茂才,庆军黄松亭军门幕宾
施纪云		6(510)	秦嵩年友
施廷凤		6(335)	施文德曾孙
施廷鹄		6(335)	施文德曾孙
施廷鹓		6(335)	施文德曾孙
施廷鹗		6(335)	施文德曾孙
施廷銮		6(335)	施文德曾孙
施仲敏		6(334)	宋建康太守
施华郎	施金狗	3(1443) 3(1446)	盐垦职员

续 表

姓 名	其他称谓	册(页)	备 考
施庆丰		4(73)	地主
施如昌		2(533)	海门天补镇国文专修学校教习
施进修		2(565)	张謇"世讲"
施启宇	字慰农	8(343)	光绪十八年进士,湖南道州知县、郴州知州,黑龙江官盐总局提调
施补华	字均甫,号岘俑	6(606)	同治九年举人,曾国藩、汤寿潜、张曜幕僚,山东河道
施若渠		2(519)	张謇世讲
施直卿		2(519)	施若渠兄
施金台		8(206)	船员
施承义		3(1475)	盐垦职员
施泽九		3(1649)	佃农
施树亭		2(42) 7(497) 8(8) 8(37) 8(42) 8(65) 8(104) 8(126) 8(141) 8(142) 8(144) 8(150) 8(395) 8(103) 8(104) 8(126) 8(127) 8(140) 8(142) 8(143) 8(150) 8(193) 8(199) 8(281) 8(287) 8(395)	张謇海门忘年交,"树丈"、乡绅
施显达		8(41)	施敬轩子
施信之		8(577) 8(621) 8(641)	张謇幕僚
施俊升		6(334)	施文德子,举人
施叙纲		3(1445) 3(1450) 3(1451)	揽头

续 表

姓　名	其他称谓	册(页)	备　　考
施恺卿		8(531) 8(577)	通州师范讲习科教习
施冠英		3(1555) 8(640) 8(662)	中医
施祖望	字伯厚	7(6) 7(8) 7(16) 7(145) 8(3) 8(5) 8(10) 8(17) 8(25) 8(26) 8(34) 8(61) 8(121) 8(133) 8(135) 8(143) 8(147) 8(148) 8(170) 8(258) 8(272) 8(290) 8(337) 8(382) 8(695) 8(696)	张謇乡友
施恩溥	字雨亭,晚号愚定	3(766) 3(771) 5(248)	宣统拔贡,海门检察长,养生方家
施理卿	名炳燮	2(90) 2(362) 2(363) 2(369) 2(370) 2(375) 2(384) 3(1067) 3(1087) 3(1653) 3(1655) 3(1656) 3(1657) 7(208) 8(444) 8(451) 8(452) 8(473) 8(483) 8(494) 8(495) 8(506) 8(507) 8(514) 8(577) 8(579) 8(604) 8(658) 8(659) 8(683) 8(684) 8(719) 8(843) 8(1016)	刘坤一幕僚,交涉使署员,张謇事业合作者
施　宿		6(203)	宋余姚县令、绍兴府通判
施敬轩	陈修	7(19) 7(29) 7(482) 8(3) 8(4) 8(5) 8(7) 8(8) 8(14) 8(22) 8(28) 8(37) 8(41) 8(78) 8(103)	张謇早年密友
施勤德		6(334)	施文德兄
施道焕		6(334)	施文德父
施滋卿		8(196) 8(197) 8(198) 8(199) 8(206) 8(208) 8(218) 8(226) 8(232) 8(239) 8(367)	张謇友

续 表

姓　名	其他称谓	册（页）	备　考
施滋培	字宗道	2(435) 2(568) 2(569) 2(570) 2(617) 2(618) 2(624) 2(625) 2(639) 2(693) 3(874) 3(955) 3(1157) 3(1158) 3(1273) 3(1350) 3(1351) 3(1395) 3(1396)	外沙士绅，民初崇明外沙分治代表
施　煦		2(741)	海门区董
施新康		8(556)	旅日农民
施　溶		6(513)	渠堤工程负责人
施肇基	字直之，又字植之	2(558) 3(1198) 3(1291) 8(936) 8(1040)	唐绍仪女婿，康奈尔大学博士，张之洞幕僚，京奉铁路局会办，民初交通、财政总长，驻英公使
施肇曾	字省之	2(409) 3(921) 3(922) 3(1087) 3(1088) 3(1121) 8(676) 8(698) 8(701) 8(720) 8(743) 8(762) 8(763) 8(790)	江西道员，驻纽约总领事，京汉南段总理
施徵睿	字少岩	2(513) 3(1300) 6(524) 6(525) 8(588) 8(594) 8(633) 8(875)	久隆镇董事
施霖长		3(1431)	通师学生
施懋升		6(335)	施文德子，监生
施　雠	又名讐	6(171) 6(334)	汉经学家
闺　卿		8(188)	张謇苏州友
闻　溥		2(257)	淮海士绅
养　清		8(87)	张謇友
姜大成		3(1436) 3(1444)	盐垦职员

续 表

姓 名	其他称谓	册(页)	备 考
姜日章	字旦童	5(124)	清如皋布衣学者
姜毛毛		3(1456)	垦牧学生
姜凤翔		6(513)	工赈会计简料
姜任修	字自芸,号退耕	5(125)	清康熙六十年进士,河北清苑知县
姜利川	名渭,又字璜溪,号沧亭	8(9)	南京朝天宫书局编辑,指画家
姜妙香	字慧波	2(617) 2(619) 2(636) 2(638) 2(648) 2(718) 2(734) 2(736) 2(737) 2(740) 2(744) 2(753) 3(761) 3(779) 3(795) 3(803) 3(916) 3(1057) 3(1192) 3(1259) 4(575) 7(229) 8(816) 8(872) 8(873)	京剧小生,梅兰芳戏伴
姜 金		8(39)	张謇早年友
姜绍书		6(360)	明末南京工部郎,画家
姜 钧		6(424)	南通乡绅
姜 辂	字一中	5(122)	明九江府同知
姜堉南		8(992)	如皋教谕
姜维新		4(238)	通师学生
姜颖新	字文庸,号至山	5(123)	雍正元年进士,直隶按察使
姜福清		3(1645)	画家
姜 潘		8(436)	齐昭公
姜 夑	字小峰	8(39)	张謇乡友

续 表

姓名	其他称谓	册(页)	备考
姜藜晖		8(382) 8(384)	张謇友
娄小秋		8(819)	张謇常熟友
娄师德		6(16) 7(463)	唐朝宰相、名将
娄赐书	名杰,字寿之	1(167) 7(123) 8(272) 8(290) 8(494) 8(519) 8(637) 8(647) 8(672) 7(123) 8(272) 8(290) 8(494) 8(519) 8(637) 8(647) 8(672)	吕四场大使
兹甫		6(211)	宋襄公,春秋宋国第二十任国君
炳初		8(102) 8(120)	张謇乡友
洁进		7(479)	狼山准提庵僧
洪右臣		8(233)	侍御
洪北江	名亮吉	2(52) 6(547)	乾隆五十五年进士,黔督学,经史学家、音韵学家、训诂学家、舆地学家、诗家
洪肖可		8(47) 8(48) 8(50) 8(53) 8(71)	张謇发审局幕友
洪秀全		2(163)	太平天国天王
洪述祖	字荫之、荫芝,号观川	2(372) 2(379) 2(380)	附贡,福建巡抚刘铭传、湖南巡抚俞廉三文案,直隶候补道,唐绍仪内阁内务府秘书
洪宜人		6(334)	施文德妻
洪承点		8(736)	洪江军首领
洪俊卿	名杰,亦字隽卿	3(1433) 3(1434) 3(1484) 8(492) 8(494) 8(495) 8(553) 8(1016)	南京陆师学堂测绘专业毕业生,通海垦牧公司干员

续 表

姓　名	其他称谓	册(页)	备　考
洪彦亮		1(317) 1(334)	民初农商部矿务监督署技正
洪润芝	又名闰芝	3(1091) 3(1112)	垣主
洪琴西	名汝奎,字莲舫	8(21) 8(47) 8(119) 8(128) 8(994)	张謇师辈,道光二十四年举人,曾国藩、胡林翼幕僚,江南道员,广东盐运使,出版家
洪锦堂		8(170)	太平店主
洪锦波		6(490)	孙诒让女婿
洪翰香	名恩广	8(51) 8(105) 8(118) 8(187)	天津水师学堂会办
洪攀桂		6(334)	处士,施文德岳父
济　川		8(59)	吴长庆幕客
济　堂		8(78)	张謇乡友
浑　沌		6(68)	上古凶神
恽子居		6(249)	恽祖祁先世
恽太夫人		6(248)	恽祖祁母
恽东麓		6(249)	兵家
恽仲谨		8(380)	张謇友
恽次远	名彦彬,又字次园,号樗园	8(383) 8(477) 8(493) 8(500) 8(506) 8(383) 8(477) 8(493) 8(500) 8(506)	张謇"次丈",同治十年进士,工部右侍郎,广东学政
恽次山		6(249)	湖南、江西巡抚
恽叔明	字叔茗	8(491) 8(633) 8(635)	张謇友
恽孟乐	字莒生	6(249) 7(502) 8(523)	张謇同年,恽祖祁从子

续 表

姓 名	其他称谓	册(页)	备 考
恽季申	名毓龄,号介騫	3(1181) 8(491)	光绪十四年举人,署安庆知府,中华国民制糖公司股东
恽南田	名寿平,原名格,以字行,改字正叔	6(248—249)	清画家
恽禹九		2(122) 4(138) 8(405) 8(435) 8(483) 8(587) 8(603) 8(604) 8(616) 8(618) 8(629) 8(772)	恽祖祁子,张勋幕僚,大生分厂银钱所经董
恽祖祁	字莘耘,又字莘云、心耘、心云,人称心翁、莘老	1(97) 2(51) 2(56) 2(73) 2(77) 2(137) 2(138) 3(1593) 3(1599) 3(1624) 3(1636) 3(1639) 3(1654) 4(127) 4(131) 4(133) 4(134) 4(137) 4(138) 4(269) 5(100) 5(101) 5(102) 6(249) 8(378) 8(379) 8(390) 8(393) 8(394) 8(395) 8(396) 8(397) 8(399) 8(401) 8(402) 8(405) 8(406) 8(407) 8(409) 8(410) 8(411) 8(412) 8(420) 8(422) 8(423) 8(425) 8(426) 8(427) 8(428) 8(431) 8(433) 8(440) 8(441) 8(450) 8(453) 8(473) 8(476) 8(477) 8(479) 8(480) 8(487) 8(489) 8(490) 8(491) 8(494) 8(495) 8(500) 8(504) 8(506) 8(527) 8(579) 8(580) 8(588) 8(615) 8(616) 8(617) 8(618) 8(620) 8(621) 8(625) 8(626) 8(645) 8(648) 8(690) 8(1013) 8(1023)	纳资盐运使,在籍前福建兴泉永道,武阳商会总理,武阳城厢自治公所所长,张謇“莘丈”“心丈”“心翁”,大生分厂股东

续 表

姓　名	其他称谓	册(页)	备　考
恽衷白		6(249)	兵家
恽菘耘	名祖翼,字崧云、叔谋	6(249) 8(467) 8(468) 8(477) 8(500) 8(506) 8(523)	同治三年举人,浙江巡抚
恽瑾叔	名毓珂,字晋叔,号醇庵	8(648)	恽祖祁侄,恽祖翼次子,太学生,署浙江盐运使、温处道
觉罗成孚	爱新觉罗氏,字嘉甫,号子鹤	6(85) 6(86) 8(261)	刑部笔帖式,兵部武选司郎中,河南、广东布政使,河东河道总督
觉　真		8(409)	宝应九华庵僧
宣子野		5(120) 8(667) 8(669)	大兴实业公司股东代表
宫玉柱		1(196)	河南国会代表
扁　鹊	秦越人,一名缓,别称卢医	6(400) 6(597) 7(20) 7(185) 8(111) 8(424) 8(681) 8(813)	战国名医
祖　乙		6(88)	商第十三任君主
祖　法		3(949)	南通绣织局负责人
神　农		4(264) 4(265) 6(67) 6(78) 6(419) 6(445) 6(556) 7(20) 7(132) 7(185) 8(813) 8(600)	炎帝
祝云卿		8(588)	永泰乡乡绅
祝少英		8(465)	华商
祝丹卿		3(855)	江阴礼延高等小学堂校长
祝允明	世称祝京兆	7(336) 8(81) 8(274)	明书家
祝书楷		5(139)	南通名绅

续 表

姓 名	其他称谓	册(页)	备 考
祝仲峙		4(609)	华成盐垦专任董事
祝启元		6(424)	南通乡绅
祝 斋		8(175) 8(190)	张謇友
祝 萼	字应乾	3(955)	崇明外沙沙绅
祝 融		6(68)	黄帝相
祢 衡		6(3)	东汉末年名士
垦 翁		3(1486)	张謇僚属
费师洪	字范九,号慧茂居士	5(248) 6(384)	张謇秘书,金泽荣友
费屺怀	字念慈,号西蠡	8(231) 8(424) 8(460) 8(474) 8(598)	光绪十五年进士,翰林院编修,藏书家,画家
费树夔		3(1148)	江苏省议员
费敏楷	字叔迁	3(764)	闽财长
费鸿生		3(1306)	船运买办
费善本		3(1317)	大生纱厂股东
费鉴清		6(384)	张謇乡友
姚小亭		3(1357)	张謇安徽友
姚小滨		8(307)	张謇友
姚子梁		8(449)	张謇友
姚夫人		6(284) 6(285) 8(897)	张謇曾祖母
姚太夫人		7(109)	桐城名儒姚永朴母
姚友梅		8(60)	薛时雨门生
姚少云		8(109)	张謇友

续 表

姓 名	其他称谓	册(页)	备 考
姚午兰		3(1020) 8(802) 8(876)	张謇乡友
姚文抻	又名文枏,字子让	1(96) 3(1023) 3(1026) 3(1031)	举人,候选道,江苏咨议局议员,民初众议员
姚玉芙		2(617) 2(619) 2(636) 2(638) 2(648) 2(702) 2(704) 2(707) 2(718) 2(725) 2(744) 2(753) 3(779) 3(916) 3(1057) 3(1192) 7(229) 8(816) 8(872) 8(873)	京剧青衣
姚石甫	名莹,号展和	2(417)	嘉庆十三年进士,湖南按察使,台湾兵备道,文史家
姚石泉	名锡光,又字石荃	2(321) 8(467) 8(503)	李鸿章幕僚,天津练兵处军政副使,参政院参政
姚永概	字叔节,号幸孙	4(280) 8(282) 8(597) 8(600)	光绪十四年解元,太平县教谕,安徽高等学堂总教习,清史馆协修
姚 存		7(111)	五代静海镇将
姚 列	字雪坡	6(549)	冯晏海文友,诸生,文家,诗家
姚仲实	名永朴,号素园	8(323)	张謇友,光绪二十年举人,安徽高等学堂、京师法政学堂教习
姚体善		1(87)	淮运司委员
姚诒庆		8(385)	翰林
姚纯夫	名应春	8(6) 8(15)	海门附生,通医理之士
姚 昕		6(494) 6(495)	南通女师毕业生,如皋教员

续 表

姓 名	其他称谓	册(页)	备 考
姚泽人		8(471)	张謇友
姚荣棣		6(494) 6(495)	姚昕父,贡生
姚思廉		8(318)	唐史家
姚 信		6(126) 6(175) 7(432) 8(190)	三国东吴太常卿
姚美华		3(1613)	宁波机匠
姚祖义		1(547) 1(584)	高邮知事
姚 桢		6(424)	南通乡绅
姚陶叔		8(81)	张謇扬州友
姚姬传	名鼐,室名惜抱轩,世称姚惜抱	7(189) 8(3) 8(4) 8(142) 8(256) 8(269) 8(309) 8(368) 8(369) 8(403) 8(994)	清散文家
姚继岩		5(122)	明弘治十八年进士,太常寺少卿
姚崇义		1(532) 1(551) 1(625)	河段督工委员
姚维升		1(68)	营弁
姚絜之		8(83)	张謇早年友
姚越生		2(165)	县令
姚紫若		5(212) 5(216)	上海证券物品交易所名誉董事
姚晴轩		8(70)	医士
姚锦堂		5(139)	南通钱庄主
姚榘之		8(86—87)	中医

续表

姓　名	其他称谓	册(页)	备　考
姚鹏图	字柳坪,又字柳屏,号古风	6(318) 8(460)	光绪十七年举人,邹县、聊城、临沂知县,国务总理钱能训秘书兼内务部礼俗司司长,金石藏家
姚　煜	字文甫,又字文敷	2(514) 3(800)	盐运使,南洋学监,上海海关监督,书家
姚慕庭	名濬昌,字孟成,晚号幸馀	8(48)	姚莹子,江西湖口、安福及湖北竹山、南漳知县
姚僧坦	姚僧垣	6(302) 8(572)	南朝梁大医正
姚　察		6(302) 8(572)	隋史家
姚蕴素	字倚云	3(1625) 4(166) 4(167) 4(638) 6(621) 7(479)	范当世继室(范姚夫人、范夫人),姚莹孙女,姚永朴妹,通州女师校长,诗词家
姚霞谷		8(225)	张謇乡友
贺长龄	字耦耕,号西涯	4(86)	嘉庆十三年进士,云贵总督,云南巡抚
贺振雄		8(792) 8(1037)	同盟会员
羿		4(267)	有穷氏首领
癸(夏桀)	一名履癸,谥桀	4(206) 6(167) 6(428) 6(605)	夏朝国君
癸　山		8(570)	盐业公司股东
骆云庆		8(912)	煎丁
骆　达		1(334)	民初农商部矿务监督署技士
骆恺志		8(912)	煎丁
骆宾王	字观光	6(521) 8(152)	初唐四杰之一

续　表

续 表

姓　名	其他称谓	册(页)	备　　考
秦岐臣		8(460)	张謇友
秦伯厚		5(130) 8(726)	咨议局泗州议员,通海垦牧公司职员
秦伯虞	名际唐,号霁潭,晚号南园老人	7(98) 8(53) 8(55) 8(90) 8(352) 8(402) 8(403) 8(404) 8(409) 8(425)	张謇友,薛时雨门生,同治六年举人,奎光、凤池书院主讲,师范传习所总教习,初级师范学堂教务长
秦　良		6(510)	秦安司孙
秦良玉		6(510)	明末女将,四川忠县秦氏族祖姑
秦君安		6(610)	颜料商,钱庄主,地产主
秦际浩		6(610)	秦君安子
秦际藩		6(610)	秦君安子
秦际瀚		6(610)	秦君安子
秦雨人		3(1263) 8(696)	秦兆鹏子,优附生,国会议员,东一区总董
秦　贤		6(223) 8(357)	秦兆鹏孙
秦忠如		4(603)	虚构之人
秦　季		6(509) 8(905)	清以军功擢知县,直隶知府
秦钟儒		4(603)	农校学生
秦驾鳌	字烟锄,人称烟丈、秦丈	1(35) 2(51) 2(110) 3(1568) 3(1597) 6(325) 6(450) 7(21) 7(490) 7(491) 7(502) 8(5) 8(6) 8(8) 8(9) 8(10) 8(11) 8(12) 8(28) 8(31)	张謇常乐镇忘年交,同治廪生,候选训导

续 表

姓　名	其他称谓	册（页）	备　　考
		8(35) 8(36) 8(37) 8(38) 8(39) 8(40) 8(41) 8(44) 8(47) 8(54) 8(55) 8(60) 8(61) 8(62) 8(64) 8(65) 8(66) 8(67) 8(68) 8(72) 8(73) 8(74) 8(76) 8(77) 8(78) 8(79) 8(82) 8(88) 8(89) 8(100) 8(101) 8(102) 8(103) 8(113) 8(119) 8(121) 8(123) 8(125) 8(126) 8(127) 8(128) 8(133) 8(140) 8(141) 8(142) 8(143) 8(145) 8(147) 8(148) 8(149) 8(150) 8(151) 8(154) 8(155) 8(157) 8(159) 8(160) 8(163) 8(164) 8(188) 8(189) 8(194) 8(195) 8(196) 8(197) 8(198) 8(199) 8(203) 8(208) 8(211) 8(217) 8(219) 8(221) 8(226) 8(230) 8(237) 8(244) 8(255) 8(258) 8(264) 8(280) 8(282) 8(283) 8(284) 8(301) 8(306) 8(310) 8(337) 8(338) 8(339) 8(344) 8(352) 8(362) 8(368) 8(369) 8(377) 8(379) 8(380) 8(440) 8(486) 8(510) 8(511) 8(514) 8(531) 8(991) 8(996) 8(997)	
秦　俭		6(510)	秦安司孙
秦亮夫		2(460) 5(182) 5(226) 8(790) 8(864) 8(932)	大生股东

续 表

姓 名	其他称谓	册(页)	备 考
秦炳礼		8(608)	湘潭附监道员
秦姚臣	名宝玑,号潜叔	6(42) 8(56) 8(60) 8(139) 8(143) 8(149) 8(161) 8(186) 8(188)	张謇早年友,同治六年副榜举人,粤督张树声幕宾,锡山志士
秦莔风		7(499) 8(473)	张謇友父
秦 恭		6(510)	秦安司孙
秦莲溪		8(122)	张謇早年友
秦晋华	名仲,又名瑞玠,字菁华、晋华	7(164) 7(165) 7(166) 8(782) 8(783) 8(791) 8(981) 8(1036)	留日学生,预备立宪公会会员,江苏省第一高等审判分厅监督推事,法学家
秦 桧		6(14)	南宋权臣
秦润卿	名祖泽	3(1151) 7(327)	上海协源钱庄经理,交通银行上海分行经理,上海钱业公会、上海总商会副会长
秦继辉		3(1365) 3(1366)	常乐绅
秦散之	名树敏,原名嘉树,号雅梅	6(283)	浙江库大使,画家
秦 湛		6(217) 6(223) 8(357)	秦兆鹏子
秦湘臣		8(188) 8(460)	秦姚臣弟
秦 温		6(510)	秦安司孙
秦韫明		1(334)	民初农商部矿务监督署技士
秦 嵩	又名伯高,字太岳	2(460) 6(510)	张謇友,吴汝纶门生
秦韬玉		7(60) 7(540)	唐诗人
秦蔚堂		1(170) 5(28)	海门沙绅、地主

续 表

姓 名	其他称谓	册（页）	备 考
秦蕙田	字树峰，号味经，谥文恭	8(484)	乾隆进士，工部、刑部尚书
秦穆公		6(445)	
秦孺人		6(35)	
珮 斋		8(132)	张謇友
班 固	字孟坚	6(67) 6(78) 6(79) 6(84) 6(173) 6(195) 6(213) 6(349) 8(318)	东汉史家
班 昭	又名姬，世称曹大家	7(444) 8(756)	东汉史家
班复斋	名广盛	8(87) 8(115) 8(1009)	庆军将领
班 彪		6(386)	东汉史家
班 超		6(109)	东汉军事家，外交家
素 云		8(67) 8(234)	酒伎
素 卿		8(103) 8(122) 8(123)	酒伎
振 荣		3(1663)	有斐馆执事
载 沣	爱新觉罗氏，字伯涵，号静云	2(283) 6(431) 8(670) 8(720) 8(721) 8(731) 8(1003) 8(1023) 8(1027) 8(1030)	光绪弟，宣统父，光绪十六年袭和硕醇亲王，摄政王
载 泽	爱新觉罗氏，别名载蕉，字荫坪	1(220) 2(250) 8(614) 8(619) 8(620) 8(631) 8(693) 8(720) 8(721) 8(724) 8(1021) 8(1027) 8(1028)	贝子衔奉恩镇国公，宪法大臣，皇族内阁度支部大臣
载 洵	爱新觉罗氏，字仲泉，号知云	8(689) 8(720) 8(721) 8(1027)	海军大臣，贝勒

续 表

姓 名	其他称谓	册(页)	备 考
载 振	爱新觉罗氏，字育周	8(538) 8(545) 8(546) 8(582) 8(603) 8(620) 8(1021)	奕劻长子，贝子衔镇国将军，农工商部尚书，资政院议员
载 涛	爱新觉罗氏，字叔源，号野云	8(720) 8(1027)	载沣弟，贝勒，军咨大臣，蒙古镶黄旗都统
载 淳	爱新觉罗氏，清穆宗	6(111) 6(344) 6(515) 8(142) 8(474) 8(995) 8(1011)	同治帝，咸丰帝奕詝子
载 湉	爱新觉罗氏，清德宗，景皇帝	1(3) 1(4) 1(5) 1(10) 1(12) 1(27) 1(28) 1(29) 1(115) 1(119) 1(126) 1(160) 1(164) 1(189) 1(190) 1(193) 1(196) 1(199) 2(235) 2(281) 2(283) 2(286) 6(52) 6(249) 6(431) 7(113) 7(137) 8(180) 8(379) 8(452) 8(455) 8(476) 8(500) 8(589) 8(590) 8(591) 8(592) 8(620) 8(670) 8(672) 8(720) 8(721) 8(763) 8(774) 8(995) 8(1006) 8(1013) 8(1014) 8(1023)	光绪帝
载 漪	爱新觉罗氏	8(404) 8(474) 8(489) 8(490) 8(1011) 8(1015)	端郡王
袁大化	字杏南、行南	7(509) 8(605) 8(606) 8(665)	廪生，徐州道按察使，新疆巡抚
袁大文	字彬之	8(576)	吴县人
袁山松		6(105)	西晋史家
袁广微		6(229)	南宋江东提刑

续 表

续 表

续　表

姓　名	其他称谓	册（页）	备　　考
		8(614) 8(620) 8(624) 8(653) 8(673) 8(703) 8(720) 8(724) 8(730) 8(733) 8(734) 8(743) 8(744) 8(750) 8(755) 8(759) 8(762) 8(772) 8(776) 8(781) 8(783) 8(787) 8(808) 8(809) 8(1001) 8(1002) 8(1003) 8(1014) 8(1016) 8(1020) 8(1021) 8(1025) 8(1026) 8(1027) 8(1028) 8(1029) 8(1030) 8(1031) 8(1032) 8(1033) 8(1037) 8(1038)	
袁甲三	字午桥，谥端敏	8(257) 8(1001)	袁世凯从祖父，道光十五年进士，江南道监察御史，帮办团练大臣，漕运总督御史
袁兰生	名国钧	2(587) 2(590) 8(605)	大令
袁志方		3(1366)	常乐乡绅
袁克定	字云台	2(593) 6(621)	袁世凯长子，纳资候补道，农工商部参议
袁克端		8(775)	袁世凯四子
袁伯揆	名思亮，又字伯夔	2(529) 3(1627) 3(1628) 3(1629) 3(1631) 8(539) 8(604) 8(619) 8(630) 8(721)	袁树勋子，藏书家，汉冶萍董事
袁希涛	字观澜，号霓孙	2(166) 2(419) 2(652) 2(666) 3(806) 3(1084) 3(1148) 3(1225) 3(1329) 4(467) 5(171) 8(610) 8(611) 8(617) 8(946)	光绪二十三年举人，广方言馆教授，地理学会创办人，教育部普通教育司司长，中华书局董事
袁其俊		4(238)	通师优等生

续 表

姓 名	其他称谓	册(页)	备 考
袁 枚	字子才,号简斋,晚号仓山居士、随园主人	5(122) 6(378) 6(434) 7(448) 8(68)	清诗文家
袁松如		8(332) 8(333) 8(334) 8(335)	上海隆记料器厂主
袁松亭		6(250)	袁退园父
袁叔党		8(197) 8(238)	张謇友
袁叔畬		2(655) 3(826) 3(855) 8(730)	宝山县红十字会会长
袁易门		8(195) 8(662) 8(669)	风水先生
袁易斋		6(250)	袁退园太高祖
袁宗濂		1(301)	江西绅商
袁承桢		2(156)	高等小学教员
袁 绍	字本初	6(99) 6(562)	东汉末年军阀
袁树勋	字海观,号抑戒老人,人称海帅	2(140) 2(152) 2(185) 3(1626) 3(1627) 3(1629) 3(1630) 7(163) 7(515) 8(503) 8(523) 8(533) 8(569) 8(570) 8(576) 8(594) 8(595) 8(596) 8(597) 8(598) 8(603) 8(604) 8(614) 8(615) 8(618) 8(619) 8(622) 8(624) 8(626) 8(628) 8(629) 8(630) 8(633) 8(639) 8(663) 8(687) 8(711) 8(749) 8(777) 8(787) 8(1026)	候补江苏按察使,苏松太道,两广总督,张謇称"海公"
袁保庆	字笃臣,谥中义	6(53) 8(1001)	袁世凯嗣父,江宁盐法道

续 表

姓 名	其他称谓	册（页）	备 考
袁保恒	字小午，号筱坞，谥文诚	8(117) 8(1001)	袁世凯叔，刑部左侍郎
袁剑侯	名圻，原名葆良，字怀南	5(248) 注：原文将“侯”误为“候”	张孝若英语教师、秘书，诗家
袁退园		6(249) 6(250)	丰城人，张詧友
袁致祥		3(1437) 3(1450) 3(1451) 3(1452)	揽头
袁莲辉	名炽	8(14)	廪贡，制义高手
袁 盎		8(111)	西汉大臣
袁俶傥		8(489)	张謇友
袁 谊		6(89)	唐苏州刺史
袁继安	字国新	8(34)	县试冠军
袁骏勤		1(497—498)	苏省议员
袁爽秋	名昶，谥忠节	3(1630) 4(129) 7(80) 7(151) 7(288) 8(172) 8(174) 8(227) 8(229) 8(234) 8(235) 8(236) 8(240) 8(295) 8(305) 8(307) 8(311) 8(312) 8(337) 8(340) 8(343) 8(344) 8(375) 8(401) 8(402) 8(403) 8(427) 8(496) 8(1000) 8(1004) 8(1008) 8(1017) 8(1027)	光绪二年进士，翁同龢门生，徽宁池太广道，江宁布政使，总理各国事务衙门章京，太常寺卿
袁崧蕃		6(588)	张謇金融友
袁 衔		8(282)	举人

续 表

姓 名	其他称谓	册(页)	备 考
袁 鸿	字恕堂	3(1435) 3(1436) 3(1439) 3(1440) 3(1441) 3(1442) 3(1443) 3(1444) 3(1455) 3(1488) 3(1494) 3(1597) 8(174) 8(175) 8(176) 8(186) 8(187) 8(204) 8(205) 8(206) 8(208) 8(216) 8(255) 8(463) 8(464) 8(472) 8(473) 8(480) 8(483) 8(489) 8(507) 8(1003) 8(1005)	张謇庆军幕友,垦牧公司僚属
袁 随		5(122)	明嘉靖进士
袁维纲		1(181)	批户
袁植丞		6(588)	张謇金融友
袁 遗	字伯业	6(302) 8(573)	东汉山阳太守
袁蓉裳		8(224)	张謇京友
袁 粲		6(28)	南朝宋大臣
袁 熙		6(561)	东汉幽州刺史
袁蔚章	字秋舫	1(134)	江西商务总会监会
袁 璜		5(125)	清如皋书家
袁 樊	又名心泰,字安圃,号卧雪、南生	7(298) 7(329) 7(310) 7(318) 7(330) 7(363) 7(393) 8(933) 8(934) 8(935) 8(941)	张謇诗弟子,画家,昆曲家
袁 璘		1(301)	江西绅商
袁薑龛		6(588)	张謇金融友
袁镜堂		4(73)	清同治初年沙民
袁 濯		8(276)	南宋扬州秀才

续 表

姓 名	其他称谓	册（页）	备 考
袁 翼		1(317) 1(334)	民初农商部矿务监督署技正
都兴阿	郭贝尔氏，字直夫	6(264)	将军
赀 翁		3(1435)	张謇盐垦公司僚属
耿伯齐		7(107) 8(447)	松江名绅
耿 忠		8(270)	明将领
耿南仲		6(170)	宋大臣
耿 望		6(15)	南宋京西转运使
耿 湋		8(238)	唐诗家
聂士成	字功亭，谥忠节	1(13) 2(53) 2(61) 2(67) 8(38) 8(485) 8(487) 8(1016)	武童，山西太原镇总兵，直隶提督
聂云台	名其杰，以字行	2(460) 3(860) 3(861) 3(949) 3(969) 5(140) 5(209) 5(216) 8(793) 8(824) 8(892)	秀才，复泰公司经理，恒丰纱厂总经理，华商纱厂联合会会长，上海总商会会长
聂植模		2(516)	安徽望江乡绅
莲 云		8(7) 8(36)	张謇乡友
莲 宗		3(1355)	僧人
莲 溪	释真然	7(368)	画僧
莫少儒	又名少孺，字自贤	8(270) 8(1006)	莫祥芝族孙
莫仲武	莫友芝，字子偲	2(453) 2(745) 7(78) 8(78) 8(1006)	晚清金石家、版本家，莫祥芝兄，道光十一年举人，曾国藩幕僚，刺史
莫宋叔		8(358)	张謇友
莫枚臣		2(236) 8(372) 8(377) 8(379) 8(390)	张謇世交

续 表

姓　名	其他称谓	册(页)	备　　考
莫郘亭		2(745)	莫仲武父
莫宝斋		8(108)	清山西学政
莫经农		2(745) 3(1159)	莫仲武子
莫梅城	莫梅岑	8(283) 8(292) 8(370) 8(373) 8(374) 8(375) 8(1004)	张謇友
莫善徵	名祥芝,号九茎	7(78) 8(44) 8(268) 8(269) 8(270) 8(271) 8(274) 8(276) 8(283) 8(284) 8(285) 8(290) 8(293) 8(295) 8(302) 8(303) 8(1006) 8(1007)	张謇师,太仓知州,独山人
莫楚生	名棠,字楚孙	6(604) 6(605) 6(621) 6(622) 7(363) 7(369) 7(373) 7(382) 7(412) 7(423) 8(270) 8(285) 8(286) 8(292) 8(300) 8(315) 8(334) 8(358) 8(359) 8(368) 8(402) 8(407) 8(496) 8(739) 8(957) 8(964) 8(969) 8(971) 8(978) 8(980) 8(1006) 8(1048)	莫祥芝三子,目录学家、版本学家、藏书家
莫谨斋		8(91) 8(93) 8(117) 8(185) 8(474)	张謇友
莅　君		8(11) 8(12)	张謇乡友
晋　山		8(41)	张謇乡友
晋　斋		8(154)	张謇庆军幕友
晋　笙	刘歆生	8(728)	汉口地产巨商
桂未谷	名馥,号雩门	6(398) 8(1002)	清永平知县,文字训诂家,书法家

续 表

姓 名	其他称谓	册（页）	备 考
桂 轩		2(752)	通州乡董
桂 良	瓜尔佳氏，字燕山，谥文端	6(111)	云贵、直隶总督，东阁大学士，军机大臣
桂直哉		8(578)	张謇友
桂厚之		8(602)	张謇乡友
桂嵩庆	字芗亭、香亭	2(86) 3(1605) 3(1652) 4(27) 4(28) 4(126) 4(127) 4(131) 7(111) 8(46) 8(97) 8(129) 8(173) 8(137) 8(148) 8(149) 8(158) 8(409) 8(411) 8(431) 8(429) 8(430) 8(1012)	江宁布政使
桂履贞		8(49)	孙云锦友
桓 玄		6(147)	东晋权臣
桓 伊	字叔夏	7(452) 8(824)	刺史，东晋“江左第一笛”
桓 如		8(131) 8(139)	镇军
桓 温	字元子，追谥楚宣武皇帝	2(374) 7(363)	东晋权臣
桓 嗣		6(28)	晋朝江夏相
桓 谭		8(274)	东汉经学家
桓 魋		2(583)	春秋宋国司马
桐 生		8(55)	张謇友
桐 江		8(267)	不详
桐 花	又名桐华	8(49) 8(52) 8(88)	女史
桥 仁		6(105)	西汉梁国人，戴圣门徒

续 表

姓 名	其他称谓	册(页)	备 考
桃 叶		8(129)	晋人
桃 根		8(44)	晋人,桃叶妹
桃 华		8(129)	歌伎
栗 陆		6(68)	上古帝王
贾士毅	字果伯,号荆斋	3(824) 3(1243)	日本留学,财政部编纂,镇江海关监督兼交涉员
贾 山		6(523)	西汉颍川人,《至言》作者
贾丰臻		3(817)	江苏省议员
贾公彦		6(167)	唐儒学家
贾兰田		8(403)	《璞山存稿》作者
贾 让		2(37) 6(83) 6(87)	西汉治河专家
贾 充		6(106)	西晋开国元勋
贾 岛	号长江	6(28) 7(540)	唐代诗人
贾 纬		6(213) 8(318)	唐、五代官员、史学家
贾思勰		6(72) 6(217) 6(309)	北魏农学家
贾 耕		4(303)	袁世凯大总统府咨议
贾致恩		8(266)	河南按察使
贾 谊		6(68) 8(110) 8(404)	西汉政论家
贾 逵		6(105) 6(116)	东汉经学家
贾婴臻		3(896)	江苏省议员
贾 鲁		6(84)	元河防使
贾敦颐		8(860)	唐沧州刺史
夏之芳		5(123)	清编修

续 表

姓 名	其他称谓	册(页)	备 考
夏之蓉		8(520)	清进士,检讨
夏少云		8(113)	孝廉
夏曰琖		1(96)	浙江候补知县
夏 中		3(1310)	南通医校优等毕业生
夏月珊		2(540)	京剧老生
夏月润		2(540)	京剧武生
夏丙亭	名锡宝,又字炳亭,号四泉翁	6(263) 6(264) 8(114) 8(115) 8(117) 8(130) 8(135) 8(146) 8(158) 8(405)	张謇庆军幕同僚,副贡
夏礼门		8(899)	张謇友
夏同善	字舜乐,号子松	1(3) 6(53) 6(110) 6(111) 8(144) 8(155) 8(156) 8(157) 8(158) 8(159) 8(160) 8(162) 8(164) 8(223) 8(244) 8(271) 8(998) 8(999) 8(1000)	咸丰六年进士,兵部、刑部侍郎,直隶、江苏学政
夏仲英	名寿康,字受之,号仲膺	8(750) 8(1032)	光绪二十九年进士,湖北咨议局副议长,北京政府铨叙局长
夏孙鹏		2(137) 2(455) 2(456)	吴淞商船学校校长
夏孙儒		2(212)	留英海军学生
夏岐山		5(178)	大赉盐垦公司股东
夏 纶		6(110)	夏同善曾祖,国子监生
夏松孙	名庚复	6(110) 6(112) 8(223)	夏同善子,户部主事
夏昆五		8(740) 8(1031)	枭匪

续 表

姓　名	其他称谓	册(页)	备　　考
夏　昕		6(264)	夏锡宝祖
夏　炅		8(530)	明通州碑刻人
夏　炘		1(37)	左宗棠军幕
夏　官		5(124)	明文家
夏建寅		6(110)	夏同善祖,县学廪生
夏绍甫		2(169)	嘉善盐董
夏厚庵	字敦复	6(110) 6(112) 8(14) 8(106) 8(107) 8(108) 8(223) 8(224) 8(225) 8(231) 8(233) 8(274) 8(287) 8(288) 8(292) 8(385) 8(1004)	夏同善仲子,刑部主事
夏侯婴	人称滕公	8(111)	西汉将领
夏浒臣		3(960) 3(1035)	王港乡绅
夏恒煜		6(110)	夏同善本生祖处士
夏　统		8(52)	西晋隐士
夏原吉		6(23)	明初重臣
夏健翁		8(123)	张謇东台友
夏辅宜		2(589) 6(380) 8(824)	皖名绅
夏偕复	字地山、棣三	2(436) 2(472) 2(482) 8(385)	日本留学生监督,驻美、古巴公使,天津造币厂总办
夏康吉		5(122)	明人
夏　堃		6(324)	如皋县学门斗
夏清贻	字颂莱、颂来,号公奴	5(100) 5(102)	早稻田大学肄业,北洋政府国务院秘书,教育家、出版家

续 表

姓　名	其他称谓	册（页）	备　　考
夏鸿铭		6(264)	夏锡宝子，府学生
夏鸿章		6(264)	夏锡宝子，县廪膳生
夏鸿翥		6(264)	夏锡宝子，监生
夏寅官	字虎臣、衡斋，号稺舫	1(665) 2(235) 8(324) 8(331) 8(350) 3(918) 3(991) 8(688)	光绪十六年进士，庶常，江宁咨议局议员
夏敬观	字剑丞，号盥人、缄斋	1(241) 1(243) 2(347)	光绪二十年举人，张之洞幕僚，江苏提学使，中国公学董事
夏朝柱		6(264)	夏锡宝父，监生
夏　鼎		1(547)	公团士绅代表
夏赋梅		2(173)	苏路工程人员
夏循坦		6(112)	夏同善孙
夏循垲	字爽夫，号蕊卿	6(112)	夏同善孙，日本留学，农商部参事，四川实业厅长
夏循垍		6(112)	夏同善孙
夏循垓		6(112)	夏同善孙
夏鉴臣	又名剑臣	3(1470) 8(577) 8(580) 8(589) 8(594) 8(601) 8(604)	张謇友
夏　暘		5(122)	明孝子
夏锡龄		6(110)	夏同善父，国子监生
夏　烓		8(325)	书院学生
夏镇民		4(191)	农校学生
夏穗卿	名曾佑，字遂卿，号碎庵、碎佛	3(1584) 8(292)	夏厚庵族叔，光绪十六年进士，礼部主事，《国闻报》创办者，经史学家

续 表

姓 名	其他称谓	册(页)	备 考
夏懿思		1(635)	江苏运河工程局委员
顾一飞		6(352)	顾士魁曾祖
顾人千	名俊基,以字行	8(310) 8(371)	南通举人
顾士魁	字一梅、一枚	6(352) 7(509) 8(412) 8(635) 8(656) 8(669) 8(675) 8(681) 8(682)	通州商会总理,纺织厂营业长
顾千里	名广圻,号涧苹	8(403)	嘉庆诸生,经学家、小学家、校勘家、目录家
顾已立		2(182)	容县教习
顾子山	名文彬,字子珊、蔚如	6(398)	道光二十一年进士,浙江宁绍台道,书画藏家
顾子鹏	名云,号石公	7(71) 7(85) 7(86) 7(95) 7(97) 7(98) 7(99) 7(102) 7(123) 7(469) 8(107) 8(110) 8(118) 8(131) 8(159) 8(165) 8(169) 8(246) 8(247) 8(281) 8(332) 8(335) 8(336) 8(381) 8(393) 8(402) 8(403) 8(404) 8(409) 8(410) 8(426) 8(435) 8(457) 8(478) 8(528) 8(882) 8(996)	张謇江宁友,薛时雨门生,贡生,吉林将军长顺幕宾,宜兴训导,署常州教授,江宁名士
顾云章		6(352)	顾士魁祖
顾少川	名维钧	1(238) 1(587) 3(807) 3(917) 3(922) 3(1199) 7(290) 8(732) 8(733) 8(1040)	哥伦比亚大学、耶鲁大学法学博士,北洋政府外交总长
顾仁卿	名锡祥	6(39) 6(40) 7(269) 8(55) 8(56) 8(77) 8(281) 8(287) 8(305)	张謇如皋友,举人,张之洞家庭教师,《易经》学者

续 表

姓　名	其他称谓	册（页）	备　　考
		8(307) 8(308) 8(329) 8(347) 8(350) 8(352) 8(358) 8(359) 8(375) 8(376) 8(383) 8(384) 8(404) 8(875) 8(991)	
顾从义		8(343)	明书家
顾公谟		6(430)	顾公毅弟
顾公毅	字怡生、宜孙	2(226) 2(478) 2(252) 2(508) 2(509) 2(667) 6(419) 6(430)	通州师范首届毕业生、教导主任
顾　氏		8(428) 8(480) 8(481) 8(1016)	张仁祖妻
顾未航	名佑基，字未杭	6(245) 8(237) 8(282) 8(376) 8(445)	张謇友，顾姓谷子，举人
顾可久	别号洞阳，字舆新，号前山	6(523)	明广东按察司副使
顾兰珍	字韵秋	6(574)	贞妇，沙迎妻
顾兰洲		8(680)	杨斯盛开办的杨瑞泰营造厂挡手，上海“石库门”营造商、房产商，中华职业教育社发起人慈善家
顾民元		6(430)	顾公毅长子
顾民伍		6(430)	顾公毅次子
顾民斡		6(430)	顾公毅女
顾民豫		6(430)	顾公毅女
顾亚蘧	名瑗	8(690)	编修，侍御，内务部秘书
顾　夸	字君齐	6(437)	东晋学者、文家
顾成天		4(86)	清翰林院编修

续 表

姓　名	其他称谓	册(页)	备　考
顾光圻	字甸安	8(481)	茂才
顾则范		3(896)	江苏省议员
顾廷评		6(360)	明士绅
顾竹庵		2(730)	扬州书法家
顾华封		6(352)	顾士魁父
顾似基		2(529) 8(36)	张謇乡友,南通士绅
顾会海		6(360)	沪士绅
顾次山		8(167)	张謇通州友
顾　欢	字景怡	6(157)	南朝道家
顾芳之		8(153)	张謇通州友
顾酉书	字芸谷	6(325)	张謇同治七年同榜秀才
顾延卿	名锡爵,字延青	2(31) 2(46) 2(47) 2(552) 3(1594) 5(515) 6(39) 6(40) 6(269) 6(363) 6(514) 7(108) 7(203) 7(269) 8(33) 8(35) 8(36) 8(54) 8(55) 8(56) 8(69) 8(77) 8(101) 8(104) 8(109) 8(111) 8(116) 8(126) 8(129) 8(135) 8(140) 8(141) 8(150) 8(153) 8(156) 8(162) 8(164) 8(165) 8(174) 8(181) 8(182) 8(188) 8(190) 8(209) 8(219) 8(235) 8(239) 8(240) 8(253) 8(279) 8(284) 8(317) 8(329) 8(330) 8(347) 8(350) 8(352) 8(371) 8(372) 8(373) 8(380)	张謇如皋"一生知已",同治七年廪生,张树声、薛福成幕僚,出使参赞,学者

续 表

姓　名	其他称谓	册（页）	备　　考
		8(387) 8(401) 8(423) 8(431) 8(449) 8(452) 8(457) 8(458) 8(487) 8(488) 8(585) 8(599) 8(833) 8(991) 8(1004) 8(1039)	
顾伯言		5(139) 8(287)	江苏银行南京分行经理
顾启我		6(245) 8(307) 8(308) 8(357) 8(376)	张謇友,顾延谷子
顾张夫人		7(348)	顾聘耆妻
顾述之	名倬,以字行	6(418)	直隶提学使署教育科长,江苏省第三师范学堂监督
顾叔培		6(588)	张謇金融友
顾国宝		5(124)	顾养谦子,明天启二年通州进士
顾国玺		5(124)	明文家
顾昌鼎		1(49) 5(53) 5(145) 5(183) 6(352)	顾士魁子,监生,光绪二十九年进士,广东知县,公栈合伙人
顾昌藩		6(352)	顾士魁子
顾昂千		3(845)	崇川乡绅
顾　岩		5(122)	明工部主事
顾侠君	名嗣立	6(614)	清藏书家
顾延谷	名曾煊,亦名曾烜	6(244) 6(245) 7(93) 8(124) 8(383)	张謇父执师友,顾聘耆父,顾曾焕弟,光绪九年进士,合阳、醴泉县令,耀州知州,诗人

续 表

姓　名	其他称谓	册(页)	备　考
顾宝枝		6(403)	通州乡绅
顾宝森		6(403)	通州乡绅
顾春台		3(1460) 3(1462) 3(1471)	盐垦职员
顾南庸		3(1385) 3(1386) 3(1395)	沙田局崇海专局委员
顾树荣		6(1359)	海军学校毕业生,大副
顾树森	号荫亭	3(817) 3(896)	龙门书院毕业,民初苏省议员,中华职校校长
顾亭林	名炎武,字忠清,又字宁人	1(171) 2(47) 2(85) 2(157) 3(880) 4(38) 4(44) 4(86) 4(91) 6(116) 6(118) 6(121) 6(126) 6(149) 6(169) 6(179) 6(197) 6(201) 7(300) 7(322) 7(348) 7(440) 8(316) 8(330) 8(367) 8(424) 8(493) 8(579) 8(627)	明末清初大儒
顾厚焜		2(56)	光绪九年进士,汉口镇司马,游历使司
顾响泉	名光旭	6(523)	署四川按察使,书法家
顾养谦	字益卿,号冲庵,谥襄敏	5(122) 5(124) 5(125) 6(318) 6(330) 7(5) 8(530)	明嘉靖进士,兵部左侍郎,书家,明通州珠媚园主
顾洁芬		6(531) 7(357) 8(917) 8(920) 8(921) 8(922) 8(923) 8(924) 8(925) 8(926) 8(928) 8(935) 8(936) 8(937) 8(939) 8(940) 8(941) 8(942) 8(944) 8(949) 8(951) 8(958) 8(961) 8(964) 8(966) 8(972) 8(975)	张謇内记室,女塾生

续 表

姓 名	其他称谓	册（页）	备 考
顾眉良		8(723)	张謇政友
顾涤香	名曾沐	3(1593) 8(467) 8(468) 8(477)	同治十三年通州进士，工部主事，浙江知县，江阴礼延书院掌教
顾 祥		5(122)	明主事
顾 琅	字石臣，号硕臣	1(316) 1(317) 1(334)	东京帝国大学工学学士，本溪煤矿技师，民初农商部矿务监督署技正
顾梦璞		2(48) 2(121) 2(496) 3(1568) 8(311) 8(323) 8(326) 8(328) 8(329) 8(332) 8(335) 8(339) 8(376) 8(520)	张謇乡友
顾野王		4(83) 8(110)	南朝梁黄门侍郎兼太学博士
顾康民	名肇新，号鼎卿	8(619)	光绪二年举人，顾肇熙弟，外务部侍郎
顾鸿闾	字泽轩	3(1647) 6(388) 6(403) 8(386) 8(876)	金沙乡绅
顾淑基	乡称顾处女	7(527)	狼山盲哑学校助办者
顾 绪		5(125)	清通州画家
顾绮岚		8(35) 8(36) 8(119) 8(122) 8(124)	张謇世伯
顾葆基		2(737)	乡董
顾森泰		6(520)	南通商人
顾 雄		5(122)	明义民
顾曾焕	原名家曾，字诵芬，号绮岚	8(381)	副贡，同治高淳学正兼六合教谕，醴泉“顾丈”

续 表

姓 名	其他称谓	册(页)	备 考
顾 滋	字莼溪	7(506) 8(609) 8(620) 8(621)	大达内河轮船公司经理
顾裘英		8(352)	张謇年伯
顾锡九	名振黄,以字行,号汰白	8(806) 8(1038)	同盟会员,两江政法专修科肄业,反帝制志士
顾慎夔		8(418)	张謇乡晚辈
顾 瑶		5(124)	明文家
顾 儆		3(1497) 3(1501)	农校毕业生
顾肇熙	字皞民,号缉庭	2(207)	台湾布政使,苏州士绅
顾 聪	又名骢	5(125) 6(377)	明末清初南通书画家
顾 震		5(125)	清通州画家
顾 磐		5(122)	明举人
顾 璘	字华玉	5(122)	明弘治进士,南京刑部尚书
顾儒基	字聘耆	2(529) 6(245) 7(93) 7(348) 7(524) 8(196) 8(197) 8(235) 8(265) 8(306) 8(308) 8(311) 8(312) 8(372) 8(373) 8(376) 8(381) 8(394) 8(403) 8(408) 8(420) 8(421) 8(422) 8(445) 8(628)	顾姓谷子,光绪九年进士,奉天候补同知,内阁中书,通州教育会劝学所总董、评议员
顾鍊鏐		1(531) 1(551) 1(739) 1(741) 1(747) 1(749) 1(753) 1(754)	江苏运河工程局委员
顾 顗		1(547) 3(991)	下河八县水利研究会会长
柴凤笙		8(596) 8(637)	张謇友
柴 嵘		1(705)	江北木商代表

续 表

续 表

姓　名	其他称谓	册(页)	备　考
恩　铭	于库里氏,字新甫	3(1495) 3(1651) 3(1656) 3(1657) 8(625) 8(626)	举人,兖州、太原知府,江宁布政使,安徽巡抚
恩　锡	苏完瓜尔佳氏,字竹樵	8(47)	江苏布政使署漕督,署江苏巡抚
钱一本	字国瑞,号启新	6(131)	明万历十一年进士,易学家
钱乙藜	名昌照	8(951)	张孝若出使随员
钱大昕	号竹汀,又号辛楣	6(119) 6(151) 6(251) 8(282) 8(283) 8(313)	清史家、汉学家,宫詹
钱小猷		8(103)	张謇乡友
钱子密	名应溥,字葆慎,人称葆真老人	8(172) 8(227) 8(271) 8(366) 8(379)	道光拔贡,礼部左侍郎,军机大臣
钱夫人	单士厘,字蕊珠,号受兹	8(617)	钱恂夫人
钱文伟	字景祎,号兰台	6(377)	道光十五年进士,商邱知县
钱文选	字士青	2(548) 6(578)	京师大学堂毕业,留英学生监督,驻旧金山领事
钱以振		1(182)	苏省咨议局议员
钱礼南		7(428)	张謇友,画家
钱兆鹏	字云门,号南溟	5(122)	乾隆四十三年进士,饶阳、安肃、清丰知县
钱志鏻		8(688) 8(1024)	度支部员
钱　佃		6(215)	宋孝宗秘阁修撰
钱辛伯		8(197)	张謇乡友
钱启翰		3(955)	崇明外沙委员

续　表

续　表

姓　名	其他称谓	册(页)	备　　考
钱剑秋		5(194)	书家
钱衎石	名仪吉,字蔼人	8(258)	嘉庆十三年进士,户部主事,粤学海堂、豫大梁书院讲习,经史家
钱　恂	字念劬	1(187) 2(173) 3(1423) 3(1514) 4(280) 6(361) 8(437) 8(447) 8(554) 8(617) 8(618) 8(635) 8(636) 8(764)	钱玄同兄,宁绍台道薛福成文案,自强学堂提调,留日学生监督,出使荷兰、意大利大臣,民初总统府顾问
钱祖耆		7(476)	钱基博父
钱泰吉	字辅宜,号警石	6(203)	廪膳生,海州训导,《海昌备志》作者,经学家、史学家、校勘家
钱　莹		5(125)	清通州画家
钱　倬		8(620)	江宁学生代表
钱　恕	字心斋	5(124) 5(125) 6(605)	清通州布衣山水画家
钱能训	字干臣、干丞	2(669) 2(691) 2(707) 2(709) 2(713)	光绪二十四年进士,广西学政,陕西布政使,北洋政府内阁总理
钱绥榘		8(284)	太仓州试首名
钱　球		5(125)	清通州画家
钱基厚	字孙卿、孙庵	3(1034) 3(1044)	钱基博孪生弟,无锡教育会会长,无锡商会会长,江苏省议员
钱崇固	字强斋	1(520) 3(787) 3(799) 3(896) 3(1225)	苏社理事,江苏省议会议长
钱　渊	字晓沧	8(332) 8(333) 8(334)	张詧武进友
钱舜举		3(1645)	画家

续 表

姓 名	其他称谓	册（页）	备 考
钱琳叔		3(907) 3(971)	常州邑绅
钱鼎甫		8(71)	嘉兴永明电灯公司创办人
钱策安		7(344)	张謇淮安友
钱 湘		1(520)	苏社理事
钱强斋		2(752)	江苏省议会议长
钱瑞清		6(324)	讼师
钱幹卿		8(15) 8(36)	张謇早年友
钱献之	名坫	7(89) 8(347)	清金石家
钱新之	名永铭	2(602) 2(603) 3(894) 3(1136) 3(1214) 3(1271) 3(1336) 3(1388) 5(212) 5(216) 6(588) 8(929)	日本留学生，交通银行总行协理，中国银行商股联合会干事
钱德英		6(306)	坍地业主
钱德培	字琴斋，号闰生	1(148) 1(278) 4(357) 6(298) 6(299) 6(300) 7(470) 8(388) 8(393) 8(442) 8(443) 8(444) 8(451) 8(470) 8(473) 8(516) 8(520) 8(560) 8(1013)	江苏候补道
钱 嶫	字君望	5(122) 5(124)	明嘉靖进士，浙江布政使司左参政
钱毯孙		3(1514)	钱念劬次子，垦牧公司股东
钱 藻		5(123)	明府尹
钱 鏐		4(88) 4(628)	五代十国吴越创国者

续 表

姓 名	其他称谓	册(页)	备 考
钱 鑅	字绍云	2(259)	光绪二十九年进士,庐江知县,芦汉铁路总办,北洋大学总办
铁 山		8(223) 8(224) 8(225) 8(228)	张謇京友
铁 心		8(15)	张謇早年友
铁 良	穆尔察氏,字宝臣,谥庄靖	2(186) 2(189) 2(281) 2(287) 8(595) 8(596) 8(602) 8(620) 8(715) 8(728) 8(1020) 8(1021) 8(1029)	监生,直隶总督荣禄幕僚,侍郎,江宁将军
特 秀		6(92)	赣榆知县
倪人泽		6(227)	倪文蔚父
倪子九		8(17) 8(32) 8(42) 8(99) 8(102) 8(103) 8(128) 8(136)	太守
倪子维		5(136)	杭州居民
倪也迂		8(8) 8(151)	张謇乡友
倪元璐		5(123)	明尚书
倪长犀		6(90)	清谷城知县
倪长龄		6(228)	倪文蔚孙
倪 氏		8(370)	崇明三光镇人
倪 氏		8(923) 8(924) 8(930) 8(1044)	张謇从堂嫂
倪文炳		3(857)	倪道烺族人

续　表

姓　名	其他称谓	册（页）	备　　考
倪文蔚	字豹岑，号望江	1(36) 2(32) 2(39) 6(85) 6(222) 6(225) 6(226) 6(227) 6(228) 8(261) 8(262) 8(263) 8(264) 8(265) 8(266) 8(267) 8(271) 8(273) 8(291) 8(295) 8(366) 8(1005) 8(1007)	咸丰二年进士，广西、广东、河南巡抚兼河道总督
倪文德		2(624)	民初崇明知事
倪世洵		6(432)	余仁宾婿
倪世焘		6(228)	倪文蔚子
倪世熙		6(228)	户部郎中，倪文蔚子
倪光彩		8(362)	贵溪生员
倪光耀		8(361)	贵溪生员
倪　伟		6(226)	休宁县训导，倪文蔚曾本生祖
倪兆林		3(1208)	海门地主
倪远甫		3(766)	上海盐业银行经理
倪若水		6(303)	唐尚书右丞
倪忠良		6(226)	倪文蔚祖
倪采臣		2(335) 2(486)	海门地主
倪学礼		3(1442) 8(515)	张謇乡人
倪柱堂		2(42)	厘局职员
倪思九	字锡畴	2(233)	苏州商会协理
倪　恺		5(26)	海门地主

续 表

姓 名	其他称谓	册(页)	备 考
倪莱山		8(326) 8(357) 8(366) 8(530)	张謇友
倪桂山		8(42) 8(72)	张謇乡友
倪维瑾		6(226)	倪文蔚曾祖
倪道烺	字炳文	3(857)	倪嗣冲侄,安徽烈山普益公司总经理,凤阳关税务监督
倪嗣冲	字丹忱、丹臣	3(938)	秀才,袁世凯幕僚,河南、安徽布政使,安徽都督、巡按使
倪镜人		5(139)	南通名绅
皋 陶		6(10) 6(26) 8(122) 8(432)	上古政治家、思想家
徐一田		8(12)	张謇乡友
徐人成		6(206)	徐云锦孙
徐人伟		6(206)	徐云锦孙
徐人纪		6(206)	徐云锦孙
徐人寿		6(603)	徐少石子
徐人纲		6(206)	徐云锦孙
徐人杰		6(206)	徐云锦孙
徐人鉴		3(1502)	垦牧职员
徐人治		6(206)	徐云锦孙
徐人瑞		6(206)	徐云锦孙
徐人镜		6(206)	徐云锦孙

续 表

姓　名	其他称谓	册（页）	备　考
徐又铮	名树铮，号铁珊、则林	3(1383) 7(402) 7(403) 7(428) 7(525) 8(975) 8(1049)	留学日本，段祺瑞军幕，北洋政府陆军部次长，国务院秘书长
徐乃昌	字积馀，号随庵、秀夫	1(148) 2(101) 2(110) 2(112) 2(116) 2(117) 2(386) 2(387) 2(390) 3(994) 3(1038) 3(1484) 3(1588) 3(1606) 3(1632) 3(1633) 3(1634) 3(1635) 3(1636) 3(1637) 3(1638) 3(1639) 3(1640) 3(1641) 3(1642) 3(1643) 3(1644) 3(1645) 3(1646) 6(204) 6(281) 6(298) 6(505) 6(537) 6(582) 7(102) 7(105) 7(106) 7(404) 8(426) 8(431) 8(435) 8(455) 8(466) 8(469) 8(483) 8(485) 8(488) 8(500) 8(501) 8(506) 8(518) 8(536) 8(570) 8(615) 8(616) 8(626) 8(639) 8(645) 8(650) 8(673) 8(756) 8(917) 8(903) 8(905) 8(917) 8(938) 8(1017) 8(1019)	翁同龢门生，光绪十九年举人，江苏候补知府，江南监法道兼金陵关监督，大生公司董事，纺织实业轮步栈管理主任
徐三易		5(125)	清泰兴画家
徐干廷		4(238)	通师优等生
徐大绅	字见行	5(123)	明通州贡生，同知
徐小娴		7(294)	赵寿仁妻
徐小湘		7(306)	京剧小生
徐个臣		8(849)	徐祖垿庶子
徐广之		6(80)	东晋学者

续 表

姓 名	其他称谓	册(页)	备 考
徐广文		3(1574)	待聘高小教员
徐广缙	字仲笙、仲升,又字靖侯	8(257)	嘉庆二十五年进士,湖广、两广总督
徐子山		8(640)	张謇僚属,南通举人
徐子美		8(656)	中医
徐子谦		8(161) 8(690) 8(801)	医士
徐子鏐		3(1438) 3(1444)	盐垦职员
徐元孝		6(206)	徐云锦父
徐元绶	字印士	8(957) 8(958)	张謇书画友,浙江知县
徐云锦	字石渔,谥孝懿	6(87) 6(88) 6(205) 6(206) 6(325) 7(465) 7(468) 7(491) 7(494) 8(3) 8(9) 8(10) 8(11) 8(12) 8(36) 8(38) 8(40) 8(41) 8(63) 8(65) 8(66) 8(67) 8(73) 8(75) 8(77) 8(78) 8(79) 8(99) 8(100) 8(101) 8(103) 8(104) 8(114) 8(122) 8(126) 8(140) 8(141) 8(142) 8(143) 8(150) 8(151) 8(152) 8(153) 8(156) 8(157) 8(195) 8(207) 8(216) 8(217) 8(218) 8(219) 8(303) 8(334) 8(338) 8(339) 8(360) 8(962) 8(991) 8(1007) 8(1048)	张謇常乐镇“石师”,徐端师,恩贡,候选教谕,征君
徐长厚		2(199)	
徐升吉		6(206)	徐云锦子
徐升叔		8(66)	张謇乡人

续 表

姓　名	其他称谓	册（页）	备　　考
徐仁山		6(7) 6(8) 6(9) 8(112) 8(159) 8(164) 8(169)	观察
徐仁铸	字研甫	8(340)	张謇友，徐致靖子，光绪十五年进士，湖南学政
徐介人		3(1308)	张謇金融友
徐　公		7(61)	战国齐美男子
徐公时		3(1202)	安徽旅扬公学堂长，上海《民声报》报馆主任
徐公溥		2(543) 2(554) 2(555) 2(562)	张謇友
徐凤池		6(206)	徐云锦祖
徐凤图		3(1430)	农科旁听生
徐凤钧		1(301)	江西绅商
徐文达	字仁山	1(501—502) 8(97)	淮扬海道
徐文达		3(1431) 3(1450) 3(1451) 3(1452)	揽头
徐文洞	字士远	8(634) 8(635) 8(641)	铁路工程师
徐文彬		3(1114) 3(1264) 3(1268)	保人
徐世昌	字卜五，号菊人、弢斋、东海、寿斋	1(220) 1(480) 1(481) 1(482) 1(485) 1(486) 1(487) 1(489) 1(490) 1(491) 1(494) 1(506) 1(508) 1(514) 1(515) 1(541) 1(563) 1(598) 1(599) 2(579) 2(660) 2(663) 2(675) 2(680) 2(683) 2(685) 2(691) 2(703) 2(704) 2(711) 2(713) 2(718) 2(730)	光绪十二年进士，东北三省总督，内阁协理大臣，国务卿，嵩山四友之一，大总统，张謇称“菊老”

续 表

姓 名	其他称谓	册(页)	备 考
		2(738) 3(775) 3(776) 3(780) 3(782) 3(786) 3(795) 3(799) 3(808) 3(812) 3(817) 3(856) 3(866) 3(871) 3(879) 3(887) 3(960) 3(982) 3(997) 3(1005) 3(1042) 3(1053) 3(1055) 8(620) 8(720) 8(721) 8(762) 8(772) 8(805) 8(844) 8(862) 8(959) 8(1021) 8(1027) 8(1037) 8(1038)	
徐石麟	名翔林	1(38) 1(45) 1(76) 3(1413) 3(1449) 3(1592) 3(1593) 3(1595) 3(1605) 3(1606) 3(1618) 3(1621) 3(1646) 4(134) 5(120) 5(121) 7(5) 7(7) 7(21) 7(33) 7(466) 7(502) 7(511) 8(9) 8(11) 8(37) 8(39) 8(60) 8(65) 8(67) 8(68) 8(70) 8(104) 8(166) 8(208) 8(220) 8(243) 8(272) 8(338) 8(339) 8(349) 8(352) 8(371) 8(373) 8(375) 8(394) 8(401) 8(402) 8(403) 8(408) 8(409) 8(410) 8(411) 8(426) 8(429) 8(430) 8(476) 8(477) 8(479) 8(491) 8(521) 8(522) 8(523) 8(594) 8(660) 8(682) 8(714)	张謇学友,江西试用巡检,大生纱厂杂务董,大新面粉厂首任经理
徐申如	名光缚,以字行	7(215) 8(648) 8(859)	徐志摩父,裕通钱庄、硖石电灯公司创办人,浙路公司董事

续 表

姓　名	其他称谓	册（页）	备　　考
徐禾生		6(531) 8(910) 8(920)	张謇友
徐用仪	字吉甫,号筱云,谥忠愍	8(385) 8(487) 8(496) 8(710) 8(1017)	咸丰举人,军机大臣,兵部尚书
徐尔玢		6(570)	徐宗干族孙
徐尔康		3(1425) 3(1429)	通师优等生,通海五属中学英文教员
徐尔瑛	亦名徐宣武,字修武	6(570)	徐宗干族孙,两江师范毕业,南通第三初等小学教员,南通大学农科教员
徐处缄		8(41)	张謇乡人
徐兰墅		3(1217) 3(1356)	江苏省实业厅长,国会议员
徐吉云		8(634)	提督
徐　刚		2(123)	理学家
徐有仁		6(564)	丹徒士绅
徐有临	字思潜	8(537) 8(546) 8(549) 8(564) 8(568) 8(631)	留日习工业者
徐　达		8(28)	明开国元勋,中山王
徐　光		6(106)	后赵史家
徐光启	字子先,号玄扈,谥文定	2(47) 6(72) 6(218) 6(354) 6(365) 8(330)	明科学家、政治家
徐廷秀		2(114)	垦牧公司职员
徐竹山		2(161) 7(294)	赵凤昌友
徐仲凡		6(308)	张謇友徐显民曾祖,会稽藏书家

续 表

姓　名	其他称谓	册（页）	备　考
徐华祥		6(290)	刘镛三婿
徐行贞		3(1592)	徐松涛子
徐兆桂	字南荣，号月岩	5(122)	清通州附贡，饶州知府
徐企文		2(371) 2(372) 2(380)	同盟会会员，中华民国工党正领袖
徐旭旦		4(492)	兴化县丞兼理河务
徐庆云	名维训，以字行	3(1064) 3(1135)	上海华商纱布交易所创始人，上海华商纱厂联合会董事，钱庄主，吴淞水利协会委员
徐庆沅		1(144)	预备立宪公会会董
徐亦轩		3(1432)	国文教员
徐守增		4(490)	海门乡绅
徐如坚		8(530)	南通人
徐阶平		8(59) 8(81) 8(83) 8(90) 8(91) 8(108) 8(111) 8(112) 8(113) 8(114) 8(130) 8(131) 8(138) 8(144) 8(145) 8(148) 8(172)	张謇早年友
徐寿慈	字秋谷，号元龛	2(529) 2(584) 5(139) 5(179)	徐云锦门生，南通名绅
徐芷孙	又名芝生	8(634) 8(635)	张謇幕僚
徐　圻	字安之	6(277) 8(470)	张謇老友
徐孝先		3(849)	张謇派沪借款人
徐芷生		2(175) 2(177) 5(104)	部郎
徐芙双	名联蓉，字镜缘	8(352) 8(376)	光绪五年通州举人，知县

续 表

姓　名	其他称谓	册（页）	备　　考
徐芳圃		8(55) 8(56) 3(1592)	张謇发审局幕友
徐利宾		8(199)	沪“泰亨源”店伙
徐秀岩		8(60)	张謇友
徐作霖		2(525)	关心治淮者
徐佛苏	字运奎、应奎，号佛公	2(668) 3(945)	东京高师毕业，宪友会常务干事，和平期成会发起人
徐孚吉	字元尹，号少石	1(35) 6(206) 6(602) 6(603) 7(333) 8(282) 8(371) 8(399) 8(439) 8(477) 8(962) 8(1048)	徐云锦六子，光绪二十年举人
徐灿英		6(92)	恩贡
徐沛之	名霈之，字辅清	7(4) 7(21) 8(5—6) 8(9) 8(11) 8(12) 8(13) 8(15) 8(35) 8(37) 8(73) 8(77) 8(103) 8(104) 8(220)	张謇契友，宋琳学生
徐　怀		8(977)	杨圻妻
徐怀礼	字宝山，以字行，人称“徐老虎”	2(239) 2(315) 2(327) 2(333) 7(513) 8(482) 8(639) 8(754) 8(757) 8(1016) 8(1032)	安青帮首领，两江总督刘坤一招抚授游击，扬州军政分府都督
徐宏成		5(123)	清如皋附贡，旌表孝子
徐启谟	字讦卿	8(96)	太守
徐灵胎	名大椿，号洄溪道人	7(210) 8(847)	清名医
徐君选		6(336)	张謇岳父
徐陆夫人		7(352)	徐铉错母

续 表

姓　名	其他称谓	册(页)	备　　考
徐苹双		8(89)	张謇熟识者
徐枚生		8(3) 8(4) 8(6) 8(7) 8(8) 8(9) 8(10) 8(11) 8(12) 8(35) 8(37) 8(38) 8(39) 8(40) 8(41) 8(55) 8(56) 8(60) 8(61) 8(63) 8(66) 8(101) 8(140) 8(156) 8(401)	张謇学友
徐松涛		8(423) 8(454) 3(1592)	张謇友
徐　枋		7(83) 8(323)	明末清初画家
徐雨邨		2(389)	张謇世兄
徐叔荪	名锡麒	2(479) 2(480)	徐锡麟三弟,绍兴民团局长,商会会长,武昌关监督
徐尚相		6(206)	徐云锦曾祖
徐国梁		3(1564)	将军府将军
徐明四		3(1601) 7(477)	大生一厂考工
徐　忠		4(374) 4(375)	领地经营者
徐季和		3(1601)	张謇盐垦助手
徐季荪		8(760)	日本药学士,浙江省立戒烟局长
徐泽和		7(488) 7(503) 8(9) 8(208) 8(216) 8(217) 8(243) 8(280) 8(339) 8(491) 8(531) 8(534)	张謇西亭友
徐宝珍		8(758) 8(759)	北洋军将领
徐宝善		3(1569)	资生铁厂木工

续 表

姓 名	其他称谓	册（页）	备 考
徐宗亮	字晦甫，晚号椒岑	8(46) 8(50) 8(221)	世袭骑都尉，胡林翼、李续宾、李鸿章幕僚，桐城派
徐宗幹	字树人，又字伯桢，谥清惠	5(124) 6(459) 6(570)	清嘉庆二十五年进士，浙江布政使，福建巡抚
徐建武		7(336)	索张謇诗者
徐承业	字由白	2(526) 3(1211) 3(1345) 3(1346) 8(580)	通师数学教习
徐贯恂	名鋆，号澹庐	7(295) 7(316)	张謇弟子，徐寿慈子，金泽荣文友，交通部官员，藏书家、金石家
徐绍垣	字星槎	2(87) 4(124) 4(129) 8(431) 8(432) 8(434) 8(447) 8(607) 8(1015)	海州分司运判，树艺公司始事者
徐绍修		1(728)	邳县知事
徐绍桢	字固卿	2(305) 2(565) 8(731)	光绪二十年举人，江南苏松镇总兵，江北提督，新军第九镇统制，民国开国元勋
徐 珏		6(90)	《赣榆县志》分辑者
徐郝夫人		7(336)	徐建武妻
徐栋廷		3(1310)	南通医校优等毕业生
徐树钧	字叔鸿	8(583) 8(1018)	粮道
徐树铭	字寿蘅、寿衡	7(109) 8(449)	道光二十七年进士，兵部、工部、吏部侍郎，左都御史
徐 郙	字寿蘅，号颂阁	8(376) 8(378) 8(379) 8(1009)	同治元年状元，会试总裁，礼部尚书
徐皆吉		6(206)	徐云锦子

续 表

姓 名	其他称谓	册(页)	备 考
徐省三		3(1437)	张謇盐垦助手
徐钟令	字庶侯	1(535) 1(547) 1(692) 1(693) 1(755) 1(756) 2(445) 3(823) 3(1119) 3(1299) 8(715) 8(874) 8(896)	江苏运河工程局总务科长,江阴史地家
徐钟性		2(644)	淮扬各属商会代表
徐钧树		8(517)	巡道
徐 侯		8(878)	张謇友
徐 爰		6(105)	南朝宋史家
徐亮星		3(1016) 4(138) 4(271) 8(656) 8(713) 8(751) 8(876)	大生纱厂司账
徐彦卿		8(273) 8(274) 8(276)	张謇选青书院友
徐养源		1(547)	公团士绅代表
徐冠卿		8(114)	吴长庆僚属
徐祖圻	字安之	8(68) 8(81) 8(87) 8(102) 8(126) 8(127) 8(128) 8(131) 8(140) 8(141) 8(146) 8(150) 8(187) 8(189) 8(470) 8(849)	张謇识砚之"安老""安翁"
徐 桂		2(537)	华侨,美洲华侨宣慰使
徐 桐	字豫如,号荫轩	8(230) 8(445) 8(477) 8(496) 8(1014) 8(1017)	道光三十年进士,实录馆协修,礼部、吏部尚书,体仁阁大学士
徐根存	字赓臣	8(332) 8(333) 8(334)	张謇友
徐致祥	字季和	8(173)	咸丰十年进士,浙江、安徽学政,内阁学士

续 表

姓 名	其他称谓	册（页）	备 考
徐致靖	字子静	8(453) 8(592) 8(1013) 8(1014)	光绪二年进士，侍读学士，礼部侍郎
徐晏如		8(215) 8(272)	张謇曲塘友
徐 恩		3(1420) 3(1555) 3(1612) 3(1613) 3(1615) 8(521)	张謇仆
徐恩元	字荣光	1(477) 1(478) 2(599) 2(600) 2(602) 2(603)	中国银行总裁，北洋政府国务院参议
徐峨门	又名峩门	7(482) 8(8) 8(10) 8(12) 8(41) 8(100) 8(101) 8(103) 8(125)	张謇早年乡友，张謇师徐云锦子
徐铁山	名方，字允平，号亦舟	3(1645)	清画马名家
徐铉错		7(352)	索张謇诗者
徐 隽	字果人	3(959) 3(971) 8(957)	张謇僚属
徐 竞		6(90)	《赣榆县志》分辑者
徐宾华	名嘉，一字遁庵	7(247) 8(885)	同治九年举人，昆山教谕，苏州师范监院，经史学者
徐 涛		4(359)	掘港地主
徐家昌		3(1163) 3(1197)	诉讼者
徐家宽		3(1481) 3(1482)	盐垦职员
徐陶庵	又名陶安	2(491) 2(641) 3(934) 3(935) 3(1646) 5(226) 8(790)	复新面粉厂经理
徐 球		1(277) 2(682)	留法学生，意大利农会常驻员，南通棉业试验场场长
徐逵吉		6(206)	徐云锦子

续 表

姓 名	其他称谓	册(页)	备 考
徐野梅		8(6)	张謇早年学友
徐啸岩		5(171) 8(578)	张謇乡友
徐康吉		6(206) 6(602) 6(603)	徐云锦子
徐清寿		8(217)	征士
徐鸿业		4(238)	通师学生
徐惟琨	又名惟锟,字锷青、锷清	8(467)	清书家
徐寄庼	名陈冕,以字行	5(261) 5(265) 5(269)	日本山口高等商校肄业,浙江兴业银行董事,大赉公司董事
徐维诚		8(102)	张謇友
徐敬亭		7(74) 8(262) 8(266) 8(272)	张謇友
徐惠吉		6(206)	徐云锦子
徐紫峰		3(1533)	牙医
徐鼎臣	名铉,世称大徐	6(251) 8(859)	南唐吏部尚书,文学、书法家
徐鼎康	字锡丞,号秋根	1(547) 1(548) 1(598) 1(599) 1(614) 2(746) 3(784) 3(786) 3(794) 3(823) 3(955) 3(1029) 3(1041) 3(1051) 3(1053) 3(1054) 3(1152) 3(1206) 3(1239) 3(1262) 3(1314) 3(1332) 8(879)	徐致祥子,江北运河工程局参赞
徐赓章		6(92)	廪生
徐瑞夫		8(16)	张謇海安友

续 表

续 表

姓 名	其他称谓	册(页)	备 考
徐静庵		8(218)	张謇内兄
徐碧云		7(314)	京剧旦角
徐蔼如		3(1516)	垦牧公司三堤主任
徐蔼卿		8(5) 8(9) 8(11) 8(15)	张謇乡友
徐 锴	字楚金,世称小徐	8(324) 8(859)	南唐训诂家
徐 儆		6(430)	通师毕业生
徐彰吉		6(206)	徐云锦子
徐 端	字蒨宜	1(438) 1(455) 1(456) 2(3) 3(1518) 3(1547) 3(1553) 4(166) 4(167) 4(638) 5(116) 6(602) 6(335) 6(336) 6(337) 6(338) 6(339) 6(371) 6(390) 6(403) 7(138) 7(140) 7(141) 7(146) 7(152) 7(160) 7(168) 7(179) 7(206) 7(399) 7(441) 7(507) 8(40) 8(41) 8(43) 8(60) 8(61) 8(82) 8(118) 8(127) 8(131) 8(140) 8(141) 8(167) 8(227) 8(255) 8(308) 8(322) 8(323) 8(359) 8(363) 8(367) 8(401) 8(403) 8(414) 8(417) 8(420) 8(421) 8(423) 8(425) 8(427) 8(430) 8(434) 8(441) 8(452) 8(479) 8(480) 8(492) 8(517) 8(524) 8(534) 8(582) 8(586) 8(587) 8(588) 8(589) 8(604) 8(615) 8(622)	张謇妻徐夫人

续 表

姓 名	其他称谓	册(页)	备 考
		8(623) 8(627) 8(642) 8(652) 8(655) 8(656) 8(657) 8(658) 8(659) 8(660) 8(661) 8(662) 8(663) 8(665) 8(666) 8(671) 8(672) 8(674) 8(675) 8(677) 8(678) 8(681) 8(682) 8(683) 8(697) 8(727) 8(740) 8(750) 8(785) 8(789) 8(790) 8(793) 8(799) 8(807) 8(832) 8(840) 8(844) 8(865) 8(883) 8(902) 8(971) 8(992) 8(995) 8(996) 8(998) 8(1007) 8(1008) 8(1012) 8(1019) 8(1021) 8(1022) 8(1023) 8(1024) 8(1032) 8(1048)	
徐肇钧	名赓起,号讷庐	6(549)	美国哥伦比亚大学毕业,淮海实业银行协理
徐 璆		2(547)	农商部部员
徐鋆涵		7(352)	索张謇诗者
徐觐侯		7(493) 8(323) 8(324)	张謇早年友
徐墨卿		8(41) 8(42)	张謇乡友
徐德贞		3(1592)	徐松涛子
徐德称		3(1316) 8(951)	张孝若出使随员
徐德培	字笃夫、笃甫	3(1592)	徐松涛子,纺厂拟聘执事,南社成员
徐德清		2(32)	治河专家

续 表

姓　名	其他称谓	册(页)	备　考
徐潜庵	名显民	5(41) 5(42) 5(607) 5(626) 5(652) 6(308) 6(341) 8(543) 8(567) 8(568) 8(569) 8(570) 8(571) 8(576)	同仁泰盐业公司股东,徐仲凡子
徐孺人		6(35)	张謇外曾祖母
徐默安		5(226)	相理名家
徐爵之		5(182)	通明电气公司股东
徐　邈		6(87)	三国曹魏颍川典农中郎将
徐耀南		8(3)	乡人
殷之辂		8(428)	张謇乡医
殷汝耕	字亦农	3(1267)	早稻田大学毕业,新农盐垦公司主任
殷汝骊	字铸夫,号桂公	3(1267)	殷汝耕兄,留学日本,众议院议员,财政部次长
殷甸青		2(428)	贫民工场分销
殷秋圃	又名秋浦	3(1473) 8(437) 8(586) 8(587) 8(588) 8(589) 8(593)	医士
爱　珠		8(62)	丹阳女史
奚　达		3(1087)	施炳燮女婿,交涉署、海关职员
奚　侗	字度青,号无识	3(851) 6(498) 7(255) 8(898)	附生,江浦知事,南通路工处处长
奚铁生	名冈	8(183)	清代篆刻家、画家
翁于门		3(861)	张謇常熟世兄

续 表

姓 名	其他称谓	册（页）	备 考
翁长森	字铁梅	7(72) 8(252)	安吉、临海、云和知县，藏书家，农学家
翁同书	号药房，谥文勤	6(50) 6(345) 第6卷中张謇误写翁同爵	道光二十年进士，贵州学政，安徽巡抚
翁同龢	字声甫，号叔平、松禅、瓶生、瓶庵、瓶安居士，追谥文恭	2(30) 2(49) 2(52) 2(64) 2(67) 2(68) 2(74) 2(83) 2(84) 2(132) 2(133) 2(271) 3(872) 3(873) 6(88) 6(89) 6(111) 6(304) 6(548) 7(80) 7(87) 7(107) 7(109) 7(120) 7(134) 7(151) 7(254) 7(257) 7(322) 7(504) 8(205) 8(224) 8(225) 8(228) 8(230) 8(231) 8(232) 8(234) 8(239) 8(244) 8(251) 8(263) 8(271) 8(289) 8(291) 8(307) 8(312) 8(340) 8(343) 8(344) 8(345) 8(360) 8(362) 8(378) 8(379) 8(380) 8(381) 8(382) 8(383) 8(384) 8(385) 8(396) 8(402) 8(404) 8(422) 8(423) 8(445) 8(446) 8(447) 8(451) 8(455) 8(456) 8(460) 8(472) 8(491) 8(500) 8(460) 8(500) 8(571) 8(585) 8(586) 8(587) 8(588) 8(589) 8(593) 8(720) 8(727) 8(895) 8(900) 8(1004) 8(1005) 8(1007) 8(1008) 8(1009) 8(1011) 8(1013) 8(1014) 8(1017) 8(1020) 8(1042)	张謇座师，光绪帝师，咸丰六年状元，工部尚书，军机大臣，乡试主考

续 表

姓 名	其他称谓	册(页)	备 考
翁振甫	字振夫	3(861) 3(866) 3(872) 3(873) 7(254) 8(895)	张謇常熟世兄
翁覃溪	名方纲	6(251) 7(82) 7(120) 7(150) 8(342) 8(500) 8(716) 8(717)	清金石家、文学家、书法家
翁斌孙	字弢夫、弢甫,号笏庵、笏斋	3(867) 8(209) 8(226) 8(231) 8(244) 8(343) 8(344) 8(431) 8(432) 8(588) 8(593)	张謇"弢公",翁同龢侄孙,光绪三年进士,检讨
凌于麟		6(591)	盐城乡绅
凌仁山		3(1140)	廪生,咨议局议员
凌公绩		6(591)	盐城凌氏祖
凌凤桥		6(591)	盐城乡绅
凌文渊	名庠,以字行,号植支、直之	2(274) 2(298) 2(544) 3(852) 3(869) 3(1170) 8(623) 8(689) 8(739) 8(936) 8(1042) 8(1045)	两江优级师范毕业,江苏咨议局议员,财政部参事
凌东周		5(124)	明诗家
凌 兰		5(124)	明文家
凌兆熊	字仲桓	8(59) 8(92) 8(97)	清进士
凌苍山		6(591)	清康熙盐城凌氏祖
凌 录	字木道	5(124)	明末清初通州诸生
凌绂曾	字初平,又字别驾	8(172)	医家,藏书家
凌南冈		6(591)	乡绅
凌 相		5(122) 5(124)	明湖广巡抚
凌陛卿		8(421)	张謇友

续 表

姓 名	其他称谓	册(页)	备 考
凌逸庵		6(591)	慈善家
凌 楷		5(122)	明郎中
凌慧庵		6(591)	商人,盐城凌氏后人
凌 儒		6(520)	明进士,山西屯田都御史
凌翼宸		6(387)	南通金沙塾师
栾 布		6(113) 8(111)	西汉燕相
高子波		8(659)	江宁医士
高云山		7(490) 8(167) 8(280)	张謇父执
高巨瑗		1(301)	江西绅商
高少山		8(48) 8(87)	张謇友
高凤谦		1(144)	预备立宪公会会董
高文蔚	名抱诚	3(1253)	甘肃高等巡警学堂、南通师范毕业,甘肃第三师范校长
高文炳		2(682)	南通棉业试验场场厂
高 允		8(442)	北魏大臣
高平子	原名高均,字君平,以号行	6(542)	蔡尚质弟子,震旦大学理学士,《太阴图说》翻译
高尔谦		8(580) 8(723)	扬州名士,中央教育会会员
高立曾		8(440)	侍御
高执瑶		6(387)	高寿阳父
高竹坪		8(349)	张謇金沙友
高仲舒		8(36)	唐中书舍人
高齐华		3(1265)	南通商校学生

续 表

姓 名	其他称谓	册(页)	备 考
高安九		3(875) 5(226) 8(820)	大生股东
高 欢		6(246)	东魏权臣,北齐高祖神武帝
高孝瓘	本名高肃,字长恭,封爵兰陵郡王	6(246)	北齐兰陵王
高 克		8(487)	春秋郑大夫
高秀杰		6(387) 6(388)	高清兄
高良甫		8(67) 8(69)	张謇乡友
高青邱		6(547)	明诗人
高其玉		6(513)	渠堤工程负责人
高其杰		7(289)	直隶法政学校政治经济科学生
高昂千	字梁甫	8(66) 8(67)	张謇早年友
高建礼		6(387)	高清祖
高孟启		6(388)	高清子
高孟藻		6(388)	高清子
高荣升		8(404)	张謇仆
高星修		7(526)	大生纱厂会计
高济霖	字润田	6(388) 7(495) 8(356)	张謇门生,高清侄子
高 诱		6(126) 6(128) 6(152) 6(174) 6(187)	东汉河东监,学者
高 柔		8(149)	三国魏臣
高舫琴		8(334) 8(337)	张謇宿松友,谭仲修弟子
高 峻		6(11)	隗嚣将领

续 表

姓 名	其他称谓	册（页）	备 考
高凌蔚	字泽畬	3(1026) 3(1028) 3(1029) 3(1031) 3(1034) 3(1042) 3(1059) 3(1092) 3(1199)	光绪举人，湖北武备学堂监督，民初国务院内务总长兼代理国务总理
高准培		2(693)	道尹
高容堂		8(623) 8(645)	张謇秘书，上海交通银行秘书
高骏烈	字仿青	8(402) 8(406) 8(431) 8(433) 8(434) 8(478)	谭仲修弟子，塾师
高野候	名时显，字欣木	5(211)	举人，内阁中书，中华书局董事，书画家
高啸桐		8(584)	张謇穗友
高 崧		8(443)	知事
高 偃		6(97) 8(290)	齐大夫
高 清	又名寿阳，字立卿	1(26) 1(49) 2(103) 2(107) 2(130) 2(259) 3(1590) 3(1596) 3(1597) 3(1599) 3(1603) 3(1604) 3(1605) 3(1606) 4(27) 4(126) 4(127) 4(131) 4(134) 5(53) 5(120) 6(357) 6(358) 6(387) 7(512) 8(411) 8(412) 8(416) 8(418) 8(420) 8(429) 8(431) 8(434) 8(440) 8(447) 8(465) 8(479) 8(599) 8(609) 8(669) 8(675) 8(709) 8(714) 8(716) 8(744) 8(1012)	通州木商，大生纱厂厂董，阜生蚕桑染织公司首任经理，张謇"立兄""立翁"
高紫波		8(658)	医士
高紫逢		8(92)	太守

续 表

姓 名	其他称谓	册(页)	备 考
高 斌		8(117)	清江南河道总督
高楚秋		7(316) 7(331) 8(950)	通崇海泰总商会会董
高 傒		6(97)	春秋齐卿,齐桓公功臣
高福安		2(539)	侏伶
高熙喆	字仲瑊	3(839) 3(841) 3(1218) 3(1386) 8(378) 8(972) 8(1009) 8(1048)	张謇会试房师
高蔚光		8(307) 8(1007)	房考官
高德权		6(388)	高清孙
高潜子	名毓浵,字淞荃	7(293)	进士,翰林院编修
高 澄		6(246)	东魏权臣,北齐文襄帝
高懿臣		8(477)	徐孚吉友
郭子仪	人称郭汾阳	3(798) 6(16)	唐代政治家、军事家
郭子实		7(486) 8(193) 8(231)	庆军将领
郭木初	名育才	3(1210)	光绪二十年进士,邮传部郎中,书家
郭凤鸣		6(333)	贡生,赴意大利米兰万国博览会代表团译员
郭文彻		2(661) 3(882) 6(425) 6(426) 8(1011)	睢宁、阜宁知事
郭公先		3(829)	张謇友
郭玉裁		3(858)	张謇同年
郭左淇		1(309)	驻日使随员
郭兰枝	字起庭、屺亭,号素盦	7(316)	张孝若文字友,书画家

续 表

姓　名	其他称谓	册（页）	备　　考
郭礼徵	名鸿诒、鸿仪，原名文献	2(161) 2(684) 3(793) 3(830) 6(425) 8(597) 8(646) 8(727) 8(1011)	张謇文正书院门生，镇江大照电灯公司总经理
郭　权	字仲衡	3(771)	京剧老生
郭　伋	字细侯	7(137) 8(655)	东汉太守
郭同彩		3(859)	郭重光子
郭守敬		6(238) 6(240)	元水利家
郭远振		2(455) 2(456)	吴淞商船学校毕业生
郭肖霆	又名肖艇、肖亭	3(764) 8(605) 8(723) 8(784)	张謇文正书院门生，郭鸿诒弟
郭林宗	名泰	8(278) 8(594)	东汉名学者
郭秉文	字鸿声	3(806) 4(467)	留美博士，南京高等师范学校校长
郭　京		6(117) 6(119) 6(122) 6(123) 6(124) 6(125) 6(126) 6(131) 6(139) 6(150) 6(151) 6(153) 6(164) 6(169) 6(182) 6(199)	北宋学者
郭宝昌	字善臣	8(84)	镇军
郭春华		2(23)	清北洋军官
郭勋	字茂之	1(26) 2(82) 3(909) 4(27) 4(28) 4(125) 4(126) 4(127) 8(409) 8(410) 8(411) 8(420) 8(1011) 8(1012)	沪洋行买办
郭重光	字子华	3(859) 8(635)	张謇同年，贵州耆老会成员，贵州省内务司长，黔西观察使

续 表

姓　名	其他称谓	册(页)	备　　考
郭　祚		6(87)	北魏谋臣
郭莆田	名宗泰	8(119) 8(143) 8(148) 8(149) 8(151) 8(165)	张謇乡友
郭　颁		6(106)	西晋史家
郭笛楼		8(49) 8(173)	张謇友
郭　琳		3(1060)	如皋农会会长
郭楚之	名步洲	8(80) 8(81)	泰州三元鞋店主
郭　煐		3(1060)	如皋掘港市助理员
郭　熙		3(859)	张謇年家子
郭　熙		6(614)	北宋画家
郭漱霞		3(1432) 3(1492) 8(679) 8(952)	广生油厂股东
郭　璞		6(163) 6(170) 6(174) 6(186) 6(194)	两晋文学、训诂学家
郭篴楼		8(49) 8(56) 8(57) 8(84) 8(85) 8(87) 8(88) 8(92)	张謇友
郭　衡		3(1060)	如皋教育会会长
郭瀛甫		8(339)	张謇友
郭瀛登		8(192)	张謇友
席咏梅		8(580)	商人
席鸣九	名德炯	8(940) 8(951) 8(1046)	张孝若出使秘书
席裕成		5(100) 5(101) 5(102)	汇丰银行买办
席裕光		5(100) 5(101) 5(102)	户部银行上海分行副经理
席裕福	字子佩	5(100) 5(102)	买办,《申报》报主,中国图书公司董事

续 表

姓　名	其他称谓	册（页）	备　　考
准仲莱	爱新觉罗氏，准良	8(231) 8(233) 8(1004)	编修，侍读学士
唐才常	字伯平，号黻丞、佛尘	8(488) 8(1016)	贡生，《湘学报》编辑，南学会创办人，自立军领袖
唐子明	名际昌，字庆成	3(1628)	江苏候补道署江南盐巡道
唐云台		8(173)	吴长庆关系人
唐云阶		8(23)	孙云锦关系人
唐介臣	名国安	8(743)	耶鲁大学毕业，圣约翰书院教授，外务部司员，清华学校监督
唐文治	字颖侯，号蔚芝、蔚之、纬之	1(236) 1(520) 2(146) 2(263) 2(283) 2(296) 2(333) 3(799) 3(1148) 3(1225) 3(1241) 3(1249) 3(1253) 3(1312) 3(1627) 8(578) 8(587) 8(590) 8(596) 8(603) 8(614) 8(615) 8(616) 8(617) 8(688) 8(711) 8(720) 8(1024)	翁同龢门生，光绪十八年进士，商部左丞，署理尚书，教育总会会长，苏社理事，南洋公学总办
唐允中		6(608) 6(609)	唐驼族子
唐在礼	字质夫、执夫	2(333) 3(864)	日本陆军士官学校毕业，直隶督练处参议，中将
唐在复	字心畲	2(558) 8(933)	巴黎大学毕业，驻荷兰、意大利公使
唐仲冕	号陶山居士	6(90) 6(307)	海州知州，陕西布政使
唐会之		8(957)	镇江兵灾救济会筹备人
唐安邦		6(608)	唐武进孝子
唐观察		3(1641)	不详

续 表

姓 名	其他称谓	册(页)	备 考
唐时熙		6(90)	明县学附生
唐 灼		3(968)	掘港公民
唐劭牧		3(1032)	长沙养能女子学校校长
唐易安		8(615)	留学生
唐 驼	原名守衡,字子权、孜权,号曲人	3(1338) 6(608) 6(609) 8(976) 8(980) 8(1049)	中国图书公司副理,中华书局印刷所主任,书家,唐孝子曾从孙
唐绍仪	字少川、少翁,号振超	2(297) 2(316) 2(319) 2(320) 2(322) 2(323) 2(330) 2(333) 2(338) 2(339) 2(367) 2(309) 3(907) 4(211) 5(171) 5(172) 8(621) 8(731) 8(732) 8(733) 8(1030)	美国哥伦比亚大学留学,全国铁路总公司督办,驻朝鲜总领事,民国首任内阁总理,国民党中央监察委员
唐俊侯	名定奎	8(82) 8(93) 8(97) 8(146) 8(157) 8(183)	淮军军门
唐亮余	名乃勤	8(354)	太令
唐陶山		8(273)	清嘉庆《海州志》主修
唐继尧	字蓂赓	3(859)	留日学生,新军管带,贵州、云南都督,八省靖国联军总司令
唐翊之	名慎坊	2(486) 2(680) 3(887) 3(1223) 6(464) 8(856) 8(878) 8(942)	张謇友,苏州国医学社社长
唐 寅	字伯虎,号六如居士	6(614) 7(100)	明书画家
唐绩臣		8(850) 8(853) 8(683)	医士
唐 絅		3(1544)	唐瑞铜父

续 表

姓　名	其他称谓	册（页）	备　　考
唐超周		8(925)	来通参观之川人
唐景崇	字春卿	2(225) 8(377) 8(451) 8(590) 8(721) 8(723) 8(1009) 8(1014) 8(1027)	同治十年进士，阅卷大臣，江苏学政，兵部、礼部、吏部侍郎，学部大臣
唐瑞铜		3(1544)	中国银行理事
唐椿卿		8(379)	张謇师
唐　甄		6(606)	明末清初思想家、政论家
唐锟华		7(97) 8(403) 8(434)	太守
唐慎培		1(742) 3(1023) 5(248) 6(589) 6(590)	南通税所所长，南通商埠警察局长
唐静山		3(991)	阜宁县公民
唐端甫		8(52) 8(53)	江宁医士
唐懋斋		8(94)	军门
唐露泉		3(855)	上海太古糖业买办
阆　翁		3(1465) 3(1472)	张謇僚属
阆　樨		8(419) 8(626)	张謇如皋友
益　源		8(601)	张謇乡友
浦心雅		6(588)	张謇金融友
浦　琮		8(126)	清画家
涔　西		8(45)	观察
海　月	俗姓陆	2(658)	广教寺僧，南通观音院监察僧
海　瑞		6(23)	明清官
涂仲明		8(677)	张謇友

续 表

姓　名	其他称谓	册(页)	备　　考
涂次衡		8(238)	张謇长沙友
涂桐吟		1(772)	运河工程局委员
涂朗轩	名宗瀛,字阆仙	8(16) 8(47) 8(50) 8(134) 8(148) 8(171) 8(334)	道光二十四年举人,曾国藩幕宾,河南巡抚,湖广总督
润　甫		8(725)	张謇助手
涧　蘋		8(38) 8(43) 8(68) 8(72) 8(78) 8(122) 8(123) 8(125) 8(162)	张謇乡友
悦　坡		8(64)	张謇乡友
朗　西		8(55)	张謇友
诸宗元	字贞壮,又字贞长、真长	1(470) 2(567) 3(1087) 8(523) 8(711) 8(727) 8(728) 8(740) 8(763) 8(777) 8(789) 8(803) 8(934) 8(1029) 8(1035) 8(1036)	湖广总督瑞澂幕宾,黄州知府,农商部佥事
诸葛亮	字孔明,号卧龙,谥忠武	4(191) 4(208) 4(534) 4(627) 6(11) 6(523) 6(534) 7(53) 8(27) 8(40) 8(168) 8(170) 8(184) 8(190) 8(203) 8(526) 8(600)	蜀汉丞相
调　卿		8(39) 8(100) 8(140)	张謇早年友
谈礼成		6(513)	工赈主任
谈叔雍		8(763)	张謇友
谈肃容		3(1182)	江苏运河工程局科长
谈觉农		2(444)	清江测量局员

续 表

姓 名	其他称谓	册（页）	备 考
谈祐成		6(513)	渠堤工程负责人
谈堉人		6(549)	张謇丹徒友
谈醴泉		8(6) 8(7) 8(8) 8(43) 8(121) 8(127)	赵菊泉僚属
谊 臣		8(576)	张謇友
蚩 尤		6(68)	黄帝相
陶士元		8(579)	通师学生
陶子青		3(885)	张謇助手
陶世凤	字端一、丹翼	8(1007)	光绪二十年会元，兵部主事，东林书院讲席
陶心耘	名濬宣，字心云，号稷山	8(455)	光绪二年举人，广雅书院山长，碑版家
陶吁门		3(1020)	火柴公司员工
陶贞白	名文韬	7(185) 8(807) 8(813)	南朝梁道家、医家
陶伟铎	字钜遒	8(966) 8(1048)	张作霖参谋
陶延瑞		6(388)	高清师
陶行知	又名知行	3(1188)	教育家
陶寿民		8(762)	统一党安徽领袖
陶秀峰		3(1460) 3(1510)	盐垦职员
陶 邻		6(409)	陆鸿恩祖，国子监生
陶昌言		2(502)	财政部司长
陶昌善	字俊人	1(267) 1(451) 2(604) 3(1151) 8(779) 8(784)	日本北海道帝国大学农科毕业，北洋政府农林司长，中央农事试验场场长

续 表

姓　名	其他称谓	册(页)	备　　考
陶季亮	名廷瑞	2(31) 7(467) 7(489) 7(491) 8(8) 8(9) 8(55) 8(56) 8(57) 8(60) 8(62) 8(79) 8(88) 8(104) 8(132) 8(157) 8(161) 8(183) 8(188) 8(189) 8(195) 8(226) 8(237) 8(271) 8(278) 8(280) 8(302) 8(303) 8(993)	张謇乡世丈,无锡师友
陶季屋		3(1440) 3(1444)	盐垦职员
陶　侃		6(8) 7(463)	东晋名将
陶宗元		6(410)	陶鸿恩孙
陶宗岱		6(410)	陶鸿恩孙
陶宗幹		6(410)	陶鸿恩孙
陶宗瀛		6(410)	陶鸿恩孙
陶宗鑫		6(410)	陶鸿恩孙
陶钟篪		1(698)	咨议
陶保晋		2(655)	日本法政大学毕业,江苏咨议局议员
陶亮贤		6(92)	赣榆教谕
陶炳南		6(380)	津浦铁路南段总局职员
陶祖诒		6(410)	陶鸿恩子,上江公学学生
陶祖武		6(410)	陶鸿恩子,上江公学学生
陶祖述		6(410)	陶鸿恩子,江宁府中学毕业生
陶祖典		6(410)	陶鸿恩子,附学生

续　表

姓　名	其他称谓	册（页）	备　考
陶宾南		8(578)	张謇友
陶跃龙	字叔渊	6(409)	陶鸿恩父，廪贡生，儒学训导
陶鸿恩	字湛春	6(409)	张謇事业友，盐城名绅，学正
陶鸿绪		6(409)	陶鸿恩兄
陶葆廉	又名宝廉，字拙存，号芦泾居士	8(487)	陶模子，学部咨议，陆军部军计司郎中
陶湛春		5(139) 8(673)	盐城富绅，"中央党"首领
陶　湘	字兰泉，号涉园	3(901)	纳捐道员，京汉铁路行车副监督，北京交通银行总行代总经理
陶巽甫		3(801)	张謇盐城友
陶榘林	名森甲	8(626)	光绪二年副贡生，新疆巡抚刘锦棠书记，刘坤一幕宾，寿春镇总兵
陶慧甫		3(1325)	运河局参事
陶　镕		1(196)	安徽国会代表
陶德琨	字仲涵	8(711)	留美财政学士，汉口财政商业学堂教务长，财政部参事
陶　澍	字子霖、子云，号云汀，谥文毅	3(1540) 4(44) 7(136) 8(607) 8(996)	嘉庆七年进士，监察御史，安徽、江苏巡抚，两江总督
陶　潜	名渊明，字元亮	2(566) 3(1646) 5(220) 6(538) 7(240) 7(443) 7(533) 8(100) 8(209) 8(332) 8(795) 8(877) 8(893) 8(897) 8(930)	东晋末南朝宋初诗人、辞赋家
陶䶮门		3(949) 8(772) 8(891)	南通织绣局负责人

续 表

姓　名	其他称谓	册(页)	备　　考
姬　旦	周公、周公旦	3(1551) 4(150) 4(207) 4(264) 4(632) 6(13) 6(26) 6(101) 6(115) 6(139) 6(512)	西周初政治家、思想家
姬　申		6(211)	鲁僖公,春秋鲁国第十八任君主
姬　发		4(206) 4(207) 4(264) 4(601) 4(618) 4(631) 4(632) 5(106) 6(167) 6(215) 6(300)	周武王
姬　昌		4(206) 4(631) 4(632) 5(106) 6(210) 6(211) 6(215) 6(299) 6(300) 8(341)	周文王
姬　诵		6(61)	周成王
姬　郑		6(100)	周襄王,东周君主
姬宜臼		6(541)	周平王,东周开国君主
姬　胡		6(605)	周厉王
姬　将		6(541)	鲁哀公,鲁国第二十六任君主
姬宫湦		6(605)	周幽王
姬　贾		6(80)	鲁缗公,鲁平公子
姬寤生		8(75)	郑庄公
姬　亶		5(106) 6(210) 6(215) 8(341)	周太王,又作周大王
姬　静		6(236) 6(245) 8(183) 8(184)	周宣王
姬　奭	召公奭	6(101) 8(108) 8(123)	西周宗室

续 表

续 表

姓 名	其他称谓	册(页)	备 考
黄广介	字励生	2(226) 3(1426) 3(1432) 3(1551) 4(554) 5(138) 5(155) 5(248) 6(553) 8(772) 8(799) 8(936) 8(1045)	张謇弟子,国文教员,通州国文专修科管理员,全国水利局主事,大纲公司职员
黄广祄		6(424)	南通乡绅
黄之绅		6(51)	天主教民
黄子芳		8(28) 8(92)	张謇友
黄子谦		8(4) 8(5) 8(6) 8(7) 8(9) 8(11) 8(14) 8(36) 8(37) 8(38) 8(39) 8(40) 8(62) 8(63) 8(64) 8(72) 8(73) 8(79) 8(100) 8(125) 8(141)	张謇早年友,医士
黄开之		8(104)	张謇孙云锦幕友
黄开基	号鲁山	6(459)	张凤年友,清末民初南通地方士绅
黄云鹏	字默咸、默涵	4(210)	留日生,众议院议员,统一党代表
黄少轩	名毓琳、毓龄	6(31) 6(325) 6(328) 6(329) 7(79) 7(496) 7(509) 8(3) 8(10) 8(13) 8(16) 8(21) 8(35) 8(36) 8(38) 8(45) 8(51) 8(54) 8(60) 8(69) 8(76) 8(77) 8(78) 8(80) 8(88) 8(99) 8(104) 8(119) 8(121) 8(122) 8(155) 8(160) 8(161) 8(163) 8(188) 8(255) 8(281) 8(284) 8(299) 8(371) 8(372) 8(373) 8(671) 8(993)	张謇如皋学友,黄世丰子,恩贡,如皋教谕

续 表

续 表

姓 名	其他称谓	册(页)	备 考
		8(89) 8(99) 8(103) 8(121) 8(122) 8(125) 8(133) 8(135) 8(136) 8(140) 8(141) 8(142) 8(143) 8(150) 8(153) 8(154) 8(158) 8(161) 8(163) 8(166) 8(195) 8(197) 8(283) 8(298) 8(303) 8(339) 8(363) 8(364)	
黄公度	名遵宪	3(1582) 8(432) 8(592)	光绪二年举人,外交官,署湖南按察使
黄石庆		8(642) 8(700)	张謇仆
黄石青		7(367) 黄生,1924	张謇同乡,司钟
黄石屏		6(401) 7(481) 8(780)	江西医肺专家
黄石卿		8(55) 8(93) 8(94) 8(95) 8(97) 8(130) 8(133) 8(183) 8(186) 8(187)	吴长庆幕客
黄石清		4(190)	学校采购
黄石麟	又名石林	3(1513) 3(1516)	垦牧职员
黄汉若		2(533)	海门天补镇国文专修学校校长
黄汉章		3(1481) 3(1482)	盐垦职员
黄召甘		3(1241)	张謇友
黄幼原		8(165) 8(166)	崇明庠生,堪舆家
黄式叙		7(387)	沈阳高师国文专科生
黄朴君	字绍兰	5(211)	黄侃妻,章太炎女弟子,京师女子师范学堂毕业,上海女子军事团团长,博文女校校长

续 表

姓 名	其他称谓	册(页)	备 考
黄协朝		1(426)	古巴中华总会馆总理
黄竹山		8(143)	黄兆年子
黄仲苏	名传祁,号绍溪,又号蘧斋	2(75) 8(368) 8(369) 8(370)	光绪十五年进士,崇明知县
黄仲则		6(547)	清诗人
黄仲宣		8(730)	张謇政友,江苏教育会会员
黄仲颂		8(197)	张謇同年
黄 华		8(361)	贵溪生员
黄自希		6(356)	黄承暄子,湖南补用道
黄兆年		8(143)	张謇乡友
黄兆祥		1(243)	中国公学董事
黄 旭	字庆符	6(602)	嘉庆海门诗家
黄 兴	字克强、廑午,号庆午、竞武	1(243) 1(244) 2(296) 2(297) 2(306) 2(307) 2(314) 2(316) 2(317) 2(345) 2(347) 2(371) 2(372) 2(377) 2(583) 2(597) 4(234) 4(607) 5(131) 7(517) 8(730) 8(732) 8(733) 8(743) 8(750) 8(754) 8(817) 8(1030) 8(1032)	同盟会执行部庶务,中国公学董事,华兴会会长,民初陆军总长
黄守孚		3(799)	江苏省议员
黄安甫		3(1438) 8(76) 8(582)	张謇乡友
黄阶平		3(1636)	汪树堂幕僚
黄 观	谥文贞	8(32)	明礼部右侍郎
黄远生		2(539) 2(540) 2(559) 2(578)	记者

续 表

姓 名	其他称谓	册(页)	备 考
黄 坚		5(125)	清通州画家
黄体芳	字漱兰,号莼隐,人称瑞安先生、漱公	1(127) 1(131) 2(27) 2(28) 2(29) 2(57) 2(70) 2(71) 3(1488) 3(1603) 6(282) 6(613) 7(87) 7(109) 7(499) 7(523) 8(175) 8(194) 8(197) 8(201) 8(209) 8(216) 8(222) 8(227) 8(233) 8(234) 8(236) 8(237) 8(244) 8(251) 8(271) 8(337) 8(341) 8(344) 8(346) 8(409) 8(411) 8(449) 8(464) 8(465) 8(1000) 8(1002) 8(1008) 8(1009) 8(1010) 8(1011) 8(1014)	同治二年进士,兵部左侍郎,江苏学政,上海强学会成员,同光清流派,张謇"安丈"
黄佐奎		2(533)	海门天补镇国文专修学校教习
黄伯荪		3(1114) 3(1647) 3(1648)	垦牧高级职员
黄应元		5(122) 5(124)	明御史
黄应龢		6(356)	黄承暄子,保升知县
黄序伟		6(356)	黄承暄孙
黄序华		6(356)	黄承暄孙
黄序国		6(356)	黄承暄孙
黄序俊		6(356)	黄承暄孙
黄序绩		6(356)	黄承暄孙
黄序储		6(356)	黄承暄孙
黄张夫人		7(345)	黄体芳妻

续 表

姓　名	其他称谓	册（页）	备　考
黄茂之		8(38) 8(39)	张謇早年友
黄茂高		3(1472)	盐垦职员
黄　松		8(79)	张謇乡人
黄松亭	名仕林	2(7) 7(485) 8(44) 8(91) 8(133) 8(145) 8(147) 8(150) 8(155) 8(158) 8(163) 8(193) 8(203) 8(204) 8(205) 8(1003)	庆军将领
黄雨辰	又名雨臣	3(1374) 7(479)	常乐小学教务主任，乡绅
黄叔枚	名世泰，字叔梅	7(481) 8(3) 8(5)	同治三年海门举人，内阁中书
黄叔游		4(238)	通师优等生
黄叔颂	名绍第，字叔容、叔庸，号缦庵	2(71) 8(445)	黄体芳侄，光绪十六年进士，编修，强学会成员，署湖北提学使
黄国德		6(354)	黄承暄十世祖
黄国豫		5(124)	《海阳纪逸》作者
黄秉淇		2(487)	教员
黄佩卿		8(112)	孝廉
黄金韶		6(521)	知州
黄金镛		8(104) 8(107) 8(117) 8(125) 8(129) 8(130) 8(135)	张謇早年助手
黄炎培	字任之、韧之、讱之，号楚南、抱一	1(420) 1(520) 2(286) 2(407) 2(420) 2(611) 2(625) 2(752) 2(755) 3(767) 3(794) 3(799)	光绪二十八年举人，苏社理事，江苏省教育会会长，江苏教育司长

续 表

姓 名	其他称谓	册(页)	备 考
		3(806) 3(815) 3(817) 3(896) 3(1047) 3(1069) 3(1225) 3(1239) 3(1249) 4(359) 4(383) 4(467) 5(172) 5(211) 8(729) 8(749) 8(778) 8(779) 8(780) 8(819) 8(878) 8(911) 8(1041) 8(1043)	
黄 河		5(122)	明御史
黄学圯		5(124) 5(125)	清如皋篆刻家、画家
黄学璠	字鲁传,号芍田,又号仲卿	8(74) 8(75) 8(76) 8(102)	张謇海门"芍翁"太世丈,监生,道光山西宁武府经历
黄宗炎		6(167)	明末清初学者
黄宗端		6(274)	明士大夫
黄宗羲	字太冲,号南雷、梨洲	7(440) 8(112) 8(424) 8(493) 8(579) 8(627)	明末清初大儒
黄建莞	字花农	3(1495) 8(583) 8(595) 注:8(583)原文"黄方伯"。	江宁布政使
黄承乙	字芝生	8(473)	张謇乡友
黄承暄		6(354) 6(521) 8(323)	四川盐茶道,通州知州
黄绍箕	又名绍基,字仲弢、穆琴,号鲜庵	2(29) 2(49) 2(50) 2(63) 2(71) 2(83) 2(109) 2(120) 2(122) 2(142) 7(66) 7(108) 7(288) 7(345) 8(188) 8(209) 8(218) 8(223) 8(224) 8(233) 8(236) 8(244) 8(318) 8(344) 8(345) 8(360) 8(369) 8(381)	张謇友,黄体芳子,光绪六年进士,上海强学会成员,京师大学堂督办,湖北存古学堂提调,清流派

续 表

姓 名	其他称谓	册(页)	备 考
		8(382) 8(384) 8(385) 8(445) 8(447) 8(448) 8(449) 8(480) 8(481) 8(499) 8(504) 8(525) 8(528) 8(533) 8(593) 8(603) 8(632) 8(1004) 8(1008) 8(1010)	
黄 经		5(125)	明画家
黄 封		7(35)	画家
黄柏荪		3(1114) 3(1147) 3(1647)	盐垦职员
黄厚成		5(211)	海上名流
黄厚安		3(1311) 3(1404)	张謇镇江友
黄厚莽		8(16) 8(39) 8(40) 8(66) 8(134) 8(135) 8(136)	张謇"黄厚丈"
黄思永	字慎之,号亦瓢	1(29) 2(154) 8(446) 8(701) 8(1013) 8(1025)	光绪六年状元,中允,浦口商埠督办,清商部顾问,商校监督
黄思淳		6(354)	黄承暄祖
黄品璋		3(814)	运河局局员
黄选璋		1(506) 1(638) 1(640) 1(641)	江苏运河工程局稽核科长
黄香山	名锡龄	7(498) 8(197) 8(328) 8(452) 8(991)	张謇早年学友
黄香浦		8(64)	张謇友
黄 郛		3(1321)	代理内阁总理
黄庥明		8(517)	张謇友

续 表

姓 名	其他称谓	册(页)	备 考
黄 帝		4(70) 4(264) 4(265) 6(22) 6(68) 6(148) 6(193) 6(300) 6(541) 6(556) 6(565) 6(400) 6(541) 7(132) 7(207) 8(156) 8(600)	远古部落首领
黄祖温		3(766) 3(771)	海门正绅
黄祖谦		5(248)	南通书法家,通海五属中学博物教员
黄耕心		8(927)	指画家
黄振声		3(1404)	张謇丹阳友
黄桂芬	又名传标,字香斋	8(553) 8(569)	王惕斋浙江丽水属下,秀才,处州双龙会擅拳术者
黄润书		3(886)	司长
黄 悦		1(170) 5(28)	海门沙绅
黄家禄		6(354)	黄承暄曾祖
黄陶庵	名淳耀	2(40) 8(102)	明末进士,抗清者
黄继曾		1(144) 2(177) 5(100) 5(101) 5(102) 5(118)	金山创办新学乡董,预备立宪公会议员
黄逸斋		3(1583)	张謇友
黄清元		8(141)	信使
黄铭黄		8(420)	不详
黄维衡		8(383)	海门小辈
黄 巢		4(88)	唐末农民起义领袖
黄彭年	字子寿,号陶楼	8(295) 8(304) 8(939) 8(1006) 8(1046)	道光二十七年进士,护院藩司,江苏布政使,护理江苏巡抚

续 表

姓　名	其他称谓	册（页）	备　　考
黄棣斋	名大壎，字伯音	2(142)	光绪二十四年进士，江西农工商局坐办，江西高等学堂监督咨议局议长，音韵学家、训诂家
黄敬熙		6(354) 6(356)	黄承暄父
黄雅谷		8(596)	笔铅公司股东
黄紫芝		8(86) 8(87)	医士
黄景仁		6(558) 8(997)	洪亮吉契友，孝廉方正
黄斌卿		7(127) 8(538) 8(566)	明末清初将领
黄善祥		4(191)	农校学生
黄尊素	谥忠端	8(448)	明东林党人，黄宗羲父
黄　棠		3(1305)	崇明外沙校董
黄登贤		1(117)	清乾隆漕运总督，藏书家
黄楚柟	名秉湘	8(620) 8(675)	江西余干、广丰知县
黄　歇	春申君	8(110)	楚国大臣
黄睪吾		2(508) 2(509) 3(1430)	算术教员
黄　锳		1(148) 8(501)	吕四场大使
黄锡龄		3(1476)	初级练习生
黄筱彤		6(588)	张謇金融友
黄筱蔼	名海安	6(326) 8(26) 8(27) 8(993)	太守，海门厘局总办
黄　颖		6(126) 6(179) 6(194) 6(200)	晋儒林从事
黄　群		1(327)	民初农商部第三区矿务监督署署长

续 表

姓　名	其他称谓	册(页)	备　　考
黄殿宣		8(164)	广文
黄慕德		1(301)	江西绅商
黄裳之		8(19)	张謇发审局幕友
黄毓之		1(497) 1(530)	江苏运河工程局技士
黄　镇		1(445)	农商部学习员
黄　澜		5(122)	明弘治六年进士,南京翰林院侍讲学士
黄　燕		5(125)	清通州画家
黄　霖		5(125)	清通州画家
黄　穆		2(70) 2(78)	汪树堂幕友
黄彝年	字梅岑	8(230) 8(1004)	编修,张謇乡试房师
黄藻轩	又名藻宣,士高	8(337) 8(531) 8(577) 8(641) 8(696) 8(713)	通州师范讲习科教习
黄　蘖		8(490)	唐高僧
黄　霸		6(87)	西汉颍川太守
菊　尊		8(583)	张謇政友
菊　池		3(1443)	垦牧员工
乾　初		2(667)	南通士绅
萧子云		8(213)	南朝梁文史家
萧子存		6(527)	唐常熟主簿
萧文元		6(527)	萧氏常熟始祖
萧允文	小虞	8(333) 8(335) 8(353) 8(374) 8(380)	安徽候补道
萧守诚		6(528)	萧嗣宗四子

续 表

姓 名	其他称谓	册(页)	备 考
萧 廷		2(521)	不详
萧 秀		6(260)	萧绍典曾祖
萧 何	萧相,文终侯	6(8) 6(11) 8(109) 8(188) 8(252)	汉丞相
萧佑什		6(527)	元海运万户
萧若钦		6(527)	清定番知州
萧叔衡		2(557)	湘绅商
萧 育		8(84)	西汉执金吾
萧绍典	字楷堂	6(260)	副榜贡生,浙江试用道
萧绍棻		6(260)	萧绍典兄
萧绍斞	字仲渊,号盅友、冲友	6(528)	萧嗣宗三子,诗家,书家
萧绍庭	名应椿	3(1140)	山东劝业道,山东大学堂总监,山东工商银行创办人
萧星鹄		6(527)	萧嗣宗父
萧昭业		7(69)	齐废帝
萧 衍	字叔达	6(106) 6(154) 6(182) 6(200)	梁武帝
萧美圣		6(260)	萧绍典祖
萧炳南		6(260)	萧绍典父
萧颂祥		3(1333) 3(1334)	华成员工
萧 宽		1(317) 1(334)	民初农商部矿务监督署技正
萧望之		8(404)	西汉太傅,经学家

续 表

姓 名	其他称谓	册(页)	备 考
萧敬孚	名穆,字敬甫	8(90)	张謇早年友,诸生,藏书家
萧景曾		6(527)	萧若钦后辈
萧 遘		6(563)	唐宰相
萧嗣宗	字阮生,晚号院僧	6(527)	苏州府学生员,常熟乡绅
萧锡三	字礼臣	8(43) 8(55) 8(61) 8(749)	吴长庆幕僚
萧颖士		6(527) 8(184)	唐文人名士
萧敷至		6(260)	萧绍典子
萧敷政		6(260)	萧绍典子,内阁中书
萧敷教		6(260)	萧绍典子,候补县丞
萧敷薰		6(260)	萧绍典子
萧 嶙	又名蜕,字蛊孚	6(528)	萧嗣宗次子,经史家、小学家,书家
萧徵麟		6(528)	萧嗣宗长子
萧 嶷		6(12)	齐高帝萧道成次子
萧耀南	字衡珊、衡山	3(1380)	北洋武备学堂毕业,两湖巡阅使,湖北省长
菡 珵		8(58) 8(59) 8(63) 8(64) 8(66) 8(70)	张謇友
萨镇冰	字鼎铭	1(94) 1(227) 2(455) 2(564) 3(1181) 8(614) 8(1022)	留学格林威治皇家海军学院,海军统制,提督民初海军总长,海陆军统率办事处委员,代理国务总理,福建省长
梅少岩		8(173)	翰林院编修
梅文鼎	字定九,号勿庵	2(32)	数学家、天文学家

续　表

姓　名	其他称谓	册（页）	备　考
梅玉如		8(4) 8(7)	张謇乡友
梅巧林	又名巧玲，绰号胖巧玲	6(344) 6(345) 7(168) 7(306) 8(608) 8(791)	梅兰芳祖父，旦角
梅兰芳	名澜，字畹华、浣华，缀玉轩主人	2(540) 2(617) 2(619) 2(620) 2(621) 2(622) 2(623) 2(627) 2(631) 2(632) 2(635) 2(636) 2(638) 2(647) 2(697) 2(700) 2(701) 2(702) 2(703) 2(704) 2(718) 2(725) 2(733) 2(734) 2(735) 2(736) 2(737) 2(739) 2(740) 2(753) 2(757) 2(758) 3(761) 3(762) 3(771) 3(772) 3(778) 3(795) 3(796) 3(803) 3(815) 3(816) 3(825) 3(915) 3(916) 3(1057) 3(1065) 3(1066) 3(1191) 3(1192) 3(1194) 3(1195) 3(1208) 3(1209) 3(1240) 3(1259) 3(1260) 3(1272) 3(1329) 3(1344) 3(1348) 3(1663) 4(574) 6(463) 6(469) 6(560) 7(168) 7(169) 7(170) 7(182) 7(188) 7(195) 7(199) 7(213) 7(228) 7(229) 7(230) 7(231) 7(232) 7(233) 7(234) 7(235) 7(243) 7(246) 7(253) 7(276) 7(277) 7(281) 7(284) 7(305) 7(306) 7(313) 7(314) 7(320) 7(321) 7(324) 7(351) 7(403) 7(422) 7(472) 7(473) 7(474)	张謇戏剧友，京剧旦角

续 表

姓　名	其他称谓	册(页)	备　　考
		7(480) 8(777) 8(791) 8(793) 8(794) 8(816) 8(825) 8(854) 8(855) 8(856) 8(858) 8(859) 8(864) 8(865) 8(868) 8(871) 8(872) 8(873) 8(881) 8(890) 8(921) 8(925) 8(939) 8(946) 8(947) 8(1035) 8(1044) 8(1047)	
梅圣俞	名尧臣	8(821)	北宋诗人
梅光熙	名光羲,字撷云、撷芸	8(711)	留学日本,湖北提法司使,两江总督张之洞幕僚,最高法院检察官
梅　孙		8(4) 8(28)	张謇乡友
梅伯言	名曾亮	8(403)	道光二年进士,户部郎中,桐城派代表
梅启照	字小岩、筱岩	6(85) 8(18) 8(25) 8(26) 8(28) 8(30) 8(31) 8(44) 8(94) 8(113) 8(133) 8(137) 8(173) 8(182) 8(265) 8(1005)	咸丰二年进士,江宁布政使,浙江巡抚,河督
梅履中		6(390)	与蒋锡绅女订婚者
梓　庭		8(11)	张謇师
曹一士		5(123)	清编修
曹大同		5(124)	明通州贡生
曹小泉		8(154) 8(230)	张謇沪友
曹小群		3(968)	盗犯
曹子平		3(1466) 3(1467)	盐垦职员

续 表

姓　名	其他称谓	册(页)	备　考
曹王群		3(968)	盗犯
曹元鼎	字彝仲	7(324)	光绪三十年进士,金坛、淮安、江都知事,护理徐海道尹
曹　五		8(282)	张謇乡人
曹少初		8(160)	张謇江阴友
曹文瀛		2(231)	测绘生
曹文麟	字勋阁,号君觉	3(1573) 7(401)	通州师范毕业生,日本宏文师范留学,通海五属中学监学,女师教员
曹引年		1(170) 5(28)	海门沙绅
曹　丕		3(1259) 4(3) 4(574) 6(561) 6(562) 6(563)	魏文帝
曹仙槎		8(269)	曹懋功祖
曹让之		5(212) 5(216)	中华国民制糖公司发起人
曹会之		8(284)	张謇友
曹　充		6(105)	东汉豫州刺史
曹汝霖	字润田	2(656) 3(1648) 8(721)	东京法学院毕业,财政总长,交通银行总理
曹寿铭	字维恭	8(369—370) 8(370)	教谕
曹　志		7(467) 8(142)	曹植庶子
曹克忠		1(4)	总兵
曹应鹄		5(123)	明总兵
曹青章		1(26) 2(107)	匠头
曹　叔	姬姓,名振铎	8(873)	周武王弟

续 表

续 表

续 表

姓 名	其他称谓	册(页)	备 考
龚士材		1(301)	江西绅商
龚士清		3(877)	绅士
龚小石		8(190) 8(196) 8(197) 8(206) 8(207) 8(218) 8(226) 8(227) 8(232) 8(1002)	张謇友,幕僚
龚子英	名杰	8(617) 8(638) 8(648) 8(749)	诸生,苏州铁路公司总稽核,上海《时报》记者,息楼骨干,江苏财政司长,数学家
龚云轩		8(30)	张謇友
龚少海		8(361)	贵溪生员
龚日孜		4(362)	清同治末年海门绅董
龚心友	字庆咸	8(369) 8(370)	张謇友
龚心如	字裕源	8(14)	张謇父友
龚心湛	字仙洲、仙舟	2(715) 8(743)	监生,驻美、日、英、法公使馆随员,云南提法使,民初安徽省长,北洋政府财政、内务、交通总长
龚允文		3(1370)	工程人员
龚世清	字绍康	6(311) 7(75) 8(9) 8(67) 8(103) 8(150) 8(151) 8(153) 8(258) 8(263) 8(351) 8(365)	张謇同年,拔贡,河内、花县知县,海门民政长兼县农会会长
龚廷鹗		6(598)	江宁律师,江苏省议员,龚宋太君子
龚自闳	字应皋,又字节兰	8(144) 8(147) 注:原文为"龚郎中"	道光二十四年进士,编修,礼部、工部侍郎

续 表

姓 名	其他称谓	册(页)	备 考
龚仰蘧	名照瑗	8(92) 8(139) 8(147) 8(160) 8(269)	江苏候补道、观察，郎中，浙江按察使，四川布政使，出使英、法、意大臣
龚会之		6(547)	宋诗人
龚齐衡		8(380)	张謇友
龚 纪		8(13) 8(16) 8(36) 8(38) 8(42)	张謇乡人
龚伯厚	名培基	2(446) 3(1354) 3(1433) 3(1435) 3(1437) 3(1440) 3(1441) 3(1443) 3(1444) 3(1445) 3(1447) 3(1451) 3(1452) 3(1453) 3(1454) 3(1455) 3(1467) 3(1458) 3(1462) 3(1464) 3(1468) 3(1473) 3(1474) 3(1482) 3(1485) 3(1489) 3(1494) 3(1510) 4(181) 6(424) 7(301) 7(405) 7(406) 8(515) 8(594) 8(595) 8(616) 8(621) 8(623) 8(686) 8(942)	两江讲武堂毕业，大生纱厂董事，通海垦牧公司骨干，张敬孺亲家
龚应生		3(1296) 3(1297) 3(1363) 3(1400) 3(1501) 3(1648) 3(1649) 3(1650) 5(269)	大赉盐垦公司总经理
龚宋太君		6(598)	宋德徵女
龚良佑		3(1078)	崇明外沙绅民
龚尚文		8(29)	庆军文案
龚鸣谦	字博夫	8(36)	张謇朝阳友
龚定庵	名自珍，字尔玉，号定盦	6(450) 6(452) 8(865)	段玉裁外孙，武英殿校录，道光九年进士，礼部主事，丹阳云阳书院掌教

续 表

姓 名	其他称谓	册(页)	备 考
龚树滋		5(41)	树滋堂,同仁泰盐业公司股东
龚 胜		6(80)	西汉光禄大夫
龚笠舟		8(124)	张謇乡(小海镇)友
龚敬山		8(110)	张謇友
龚渭夫		8(124)	龚笠舟子
龚照玙		8(401)	旅顺船坞工程总办
龚 璋		1(49) 5(53)	监生
龚 曜		5(125)	明画家
盛于亮		8(235) 8(1004)	清顺治甲午顺天乡试亚元
盛文华		3(1452)	盐垦职员
盛先觉		2(321)	参赞
盛竹书	名炳纪	3(1068) 3(1079) 3(1081) 3(1086) 3(1101) 3(1115) 3(1151) 3(1158) 3(1175) 3(1183) 3(1190) 3(1193) 3(1196) 3(1197) 3(1200) 3(1254) 5(140) 5(265) 5(269) 6(588) 7(327) 8(924) 8(945)	幕客,汉口商务总会协理,中华全国商会联合会湖北干事,交通银行上海分行经理,江浙渔业公会会长
盛守钰		3(1182)	靖江县代表
盛伯羲	盛昱,爱新觉罗氏,字伯熙、伯希,号意园、韵莳	2(29) 2(49) 2(57) 2(50) 6(281) 7(88) 7(288) 7(427) 7(499) 8(225) 8(226) 8(228) 8(229) 8(230) 8(231) 8(232) 8(233) 8(344) 8(345) 8(346) 8(360) 8(362) 8(381) 8(382) 8(384) 8(479) 8(1003) 8(1004) 8(1008) 8(1016)	张謇好友,光绪二年进士,国子监祭酒,诗文家、金石家,清流派

续 表

续 表

姓 名	其他称谓	册(页)	备 考
常遇春		8(28)	明开国名将
常 璩		6(106)	东晋史家
常耀奎		4(581) 8(954) 8(1047)	水利总裁
鄂尔泰	字毅庵,谥号文端	8(264)	清雍乾重臣
野 能		8(55)	张謇友
勖 亭		8(74) 8(121)	张謇乡友
勖 卿		8(38) 8(39) 8(40) 8(41) 8(42) 8(65) 8(217)	张謇乡友
曼 玉		8(155)	庆军幕宾
冕 伯		3(1580)	吴保初友
崔公度	号曲辕子	8(107)	北宋官吏,文家
崔正鸿		3(1327)	四川电局职员
崔永年		3(1553) 3(1554) 3(1557) 3(1558)	学生
崔 光		8(573)	崔亮兄
崔 丞		1(31)	刘坤一下属
崔伯渊	名浩	2(461) 8(342)	北魏道武、明元、太武三帝佐臣
崔评事		8(758)	杜甫内弟
崔季友		1(728)	铜山县知事
崔 亮		6(303) 8(573)	北魏吏部尚书
崔 骃		6(9)	东汉经学家
崔 恭		6(23)	明吏部尚书

续 表

姓 名	其他称谓	册（页）	备 考
崔 桐	字来凤，号东洲	5(122) 5(124) 6(254)	明正德十二年探花，编修，吏部侍郎
崔 润		5(122)	明同知
崔 琳		8(36—37)	唐太子少保
崔 董		3(1377)	名不详
崔 鼎		1(26) 2(85) 4(28) 8(431)	同知
崔集庵		6(306)	张謇族西宅执业
崔敦礼		5(123)	南宋绍兴三十年进士，文家
崔巽忱		8(858)	张謇友
崔聘臣	名朝庆	2(554) 3(1645) 3(1656) 6(254) 8(328)	南菁书院毕业，训导，通海五属中学数学教习京师大学堂、南京高等学堂算学教授，数学家
崔 瑗		8(213)	东汉书家
崔 新		3(1604)	大生股东
崔毅堂		3(1595) 3(1603) 8(428) 8(466)	筹建大生纱厂者
崔 憬		6(119) 6(169) 6(171) 6(190) 6(194)	唐易学家
崔鹤洲		8(16) 8(205) 8(206) 8(207) 8(208)	张謇海安友，司马
崔 儦		6(8)	隋易州刺史
崔 徽		8(247)	唐歌妓
崇昆嵩		8(230)	张謇殿试阅卷大臣

续 表

姓　名	其他称谓	册(页)	备　　考
崇　信		8(824)	澧州龙潭禅师
铭　勋		8(12) 8(13)	张謇乡友
铭　侯		3(1102) 3(1325)	张謇友
符　卿		8(53)	孙云锦关系人
符鼎升	字九铭	3(850) 3(876)	东京高等师范毕业,江西教育司长,参议院议员,广东、江苏教育厅长
第五琦		4(86) 4(90) 4(203) 6(239) 6(241) 6(353) 8(702)	唐户部侍郎,金融币制家
敏　生		8(74) 8(75) 8(76)	张謇乡小辈
盘　庚		4(323) 6(66)	商王祖丁子
猗　顿		6(266)	战国世商
庾　信	子山	7(12) 7(362) 8(622)	南北朝文学家
庾　怿		8(212)	东晋书家
庾　持		6(12)	南朝陈步兵校尉
庾　南		8(81)	张謇江宁友
康广仁	名用溥,以字行,号幼博,又号大中、大广	8(453) 8(1014)	康有为弟,澳门《知新报》主编,上海大同译书局主办,戊戌六君子
康有为	原名祖诒,字广厦,号长素、南海先生、更生	2(497) 7(323) 7(514) 8(394) 8(396) 8(452) 8(456) 8(477) 8(589) 8(591) 8(592) 8(763) 8(1010) 8(1013) 8(1014) 8(1016)	朱九江门徒,万木草堂创办者,强学会、保国会组织者,总理衙门章京
康　达	原名特璋	1(135) 2(480) 2(549) 2(571) 3(1107)	贡生,内阁中书,江西瓷业公司总经理

续　表

姓　名	其他称谓	册（页）	备　　考
康步厓		8(721)	惠潮嘉师范学堂校长
康茂才		6(15)	明初名将
康　海	字德涵	8(270)	明文家
康基田		8(106)	方伯
康滋圃		7(475) 8(912)	小海百岁寿星
庸　光		6(68)	南方司徒
庸　真		8(905)	张謇佣
鹿传霖	字润万，又字芝轩、滋轩，号迂叟	1(36) 6(349) 8(474) 8(477) 8(487) 8(490) 8(695) 8(1016) 8(1025)	同治元年进士，江苏巡抚兼署两江总督，两广总督，张謇"滋帅"
章一山	名梫馨，又名梫	6(297) 8(533)	俞樾门生，光绪三十年进士，学部左丞，国史馆纂修，邮传部传习所监督
章一衷		6(513)	渠堤工程负责人
章之湘		1(445)	农商部学习员
章　云		3(1663)	垦牧职员
章云须		3(1660)	大生纱厂分销主任
章以铨		3(783)	南通纺校赴英实习生
章世嘉	字啸斋	3(1176) 3(1180)	铜山、宿县县长
章仔钧		6(576)	章亮元先祖
章仲扬		7(528)	张謇盐垦助手
章行严	名士钊，号孤桐	2(324)	英国伦敦大学留学，《民立报》主笔，江苏都督顾问

续 表

姓 名	其他称谓	册(页)	备 考
章亦曾	字也泉	6(576) 7(523) 8(930) 8(932) 8(949) 8(967)	章亮元父
章寿麟		6(268)	曾国藩亲随
章希瑗	名邦直,号西园	2(301) 2(325) 2(336) 2(390) 3(1084) 3(1635) 3(1639) 3(1644) 4(271) 5(139) 7(329) 7(332) 8(174) 8(175) 8(233) 8(518) 8(527) 8(532) 8(533) 8(570) 8(594) 8(595) 8(596) 8(601) 8(603) 8(614) 8(622) 8(625) 8(639) 8(649) 8(658) 8(663) 8(673) 8(675) 8(720) 8(721) 8(724) 8(760) 8(761) 8(772) 8(876) 8(896) 8(941) 8(943)	张謇僚属,优廪生,署高邮知州,高邮致用书院创办人,江苏候补知州
章 孚	字中子	2(487) 8(537) 8(539) 8(582)	张謇助手
章际治		2(225)	庶常,南菁书院庶务长
章纯仁	字仁山	5(124)	清如皋增广生
章秉嘉		3(1459) 3(1460) 3(1461) 3(1471)	盐垦账房
章宗祥	字仲和	1(371) 1(377) 8(767) 8(768) 8(1034)	东京帝国大学、明治大学留学,进士馆教习,内阁法制院副使,代理农商总长
章定庵		8(289) 8(292) 8(460)	张謇友
章实斋	名学诚	8(353)	清史家

续 表

续 表

姓　名	其他称谓	册(页)	备　　考
章邦直		2(209)	海州知州
商子遐		8(110)	张謇友
商　汤	成汤	4(206) 4(207) 4(601) 4(618) 4(631) 4(632) 6(5)	商朝开国君主
商　均		4(264)	舜之子
商　辂	字弘,号素庵	5(123)	明正统十年进士,吏部尚书
商笙伯	名言志,原名镛,号安庐	2(434) 3(1554)	张謇友,张之洞幕僚,湖口知县,画家
商　鞅	封于商,号为"商君"	4(150) 6(266) 6(580) 8(109)	战国法家
商　瞿		6(9)	孔子弟子
阎丹书		2(20) 8(181)	张謇吴长庆幕友
阎汉亭		1(530)	沛县农会会长
阎永康		6(90)	清《赣榆县志》采访
阎毓善		1(264)	国务院甘肃调查员
阎锡山	字百川、伯川,号龙池	2(731) 2(732) 2(748) 4(479) 4(481) 6(552)	日本士官学校毕业,山西督军
阎潜丘	名若璩	6(203)	清汉学家
焕　南		8(68)	张謇乡友
清　彻		8(64)	张謇乡僧
鸿　逵		8(17) 8(18) 8(19) 8(20)	张謇发审局友
淞　渔		8(21)	张謇师辈

续 表

姓 名	其他称谓	册(页)	备 考
渠本翘	字楚南,号湘笙	1(196)	光绪十八年进士,内阁中书,太原火柴厂经理,驻横滨领事,山西大学堂监督,山西国会代表
淳于意	别名仓公	7(20) 8(111)	西汉太仓令
涪 翁		6(3)	汉代名医
梁士诒	字翼夫,号燕生、燕孙	1(402) 2(367) 2(409) 3(997) 3(1336) 7(155) 8(749) 8(762)	光绪二十年进士,邮传部左参议,民初税务处督办,国务总理
梁巨魁		1(197) 1(203)	光绪二十四年武进士,三等侍卫,狼山游击、总兵
梁公约	名荧,以字行,号慕韩、饮真、孟涵、苍生	3(1364) 8(878)	诸生,扬州花鸟画家,国文研究会发起人
梁世昌	字鲁斋	8(38)	鹾尹
梁节庵	名鼎芬,字星海、心海,号节盦、节厂	3(1584) 4(280) 7(70) 7(71) 7(105) 7(374) 8(224) 8(225) 8(226) 8(228) 8(229) 8(230) 8(235) 8(243) 8(304) 8(353) 8(356) 8(357) 8(396) 8(435) 8(504) 8(591) 8(658) 8(711) 8(1004) 8(1008) 8(1010)	张謇友,光绪六年进士,湖北布政使,广雅书院、钟山书院主讲,清流派
梁丘贺		6(171)	西汉今文易学家
梁孝熊	名伯通	1(167) 6(362) 6(582) 8(587) 8(594) 8(623) 8(627) 8(628) 8(637) 8(641) 8(694) 8(696) 8(710) 8(713)	光绪十七年举人,海门厅同知,海门师范传习所创办人,海门民政分府民政长

续 表

姓 名	其他称谓	册（页）	备 考
梁启超	字卓如、任甫，号任公，别号沧江、饮冰室主人	1(255) 2(103) 2(309) 2(381) 2(458) 2(512) 2(662) 2(698) 2(710) 3(802) 3(807) 3(846) 3(854) 3(873) 3(906) 3(1314) 3(1582) 4(388) 4(639) 5(171) 5(172) 7(167) 7(323) 7(525) 8(432) 8(452) 8(456) 8(591) 8(592) 8(600) 8(744) 8(761) 8(762) 8(764) 8(766) 8(767) 8(772) 8(777) 8(786) 8(790) 8(799) 8(808) 8(855) 8(1010) 8(1013) 8(1014) 8(1016) 8(1033) 8(1034) 8(1035) 8(1040)	光绪举人，《时务报》主笔，《新民丛报》创办人，进步党魁，司法总长
梁佩祥		6(311) 8(509) 8(1018)	进士，署海门同知
梁祖禄		2(261)	南洋劝业会研究会会董
梁晋卿		8(876)	南通乡贤
梁健甫		8(283)	张謇友
梁悦馨	字小曙	6(322) 6(327) 6(329) 8(32) 8(35)	通州知州
梁曼容	又名德菡	6(276) 8(375) 8(414) 8(418) 8(421) 8(423) 8(425) 8(434) 8(652) 8(659) 8(661) 8(662) 8(677) 8(678) 8(679) 8(680) 8(1008) 8(1012) 8(1024)	张謇姬“梁氏”
梁 鸿		6(402) 7(270) 7(481) 8(827)	东汉隐士
梁维岳		1(241) 1(243) 2(338)	中国公学董事

续　表

姓　名	其他称谓	册（页）	备　　考
梁敦彦	字崧生	1(343)	首批留美幼童，耶鲁大学毕业，汉阳、天津海关道，弼德院顾问大臣，交通总长
梁　竦	字叔敬	7(105)	东汉学者
梁善济	字伯强	2(269) 2(668) 4(303) 4(304) 4(305)	光绪三十年进士，留学日本，山西咨议局议长，教育部次长
梁道源	字心泉	3(1345)	大生股东
梁登仕		2(529) 5(179)	南通士绅
梁筱曙		8(5) 8(12) 8(36) 8(80) 8(104) 8(160) 8(161)	张謇早年师，太守
梁缙卿		5(139) 5(171)	前道台
梁镇廷		5(212) 5(216)	中华国民制糖公司发起人
梁鹤巢		1(399)	广东商人
寇　恂	字子翼，封雍奴侯	6(8) 6(11) 8(102)	东汉名将
寇　准	追赠莱国公	8(186)	北宋宰相
寅　丞		8(598)	张謇友
寅　叔		8(42)	张謇乡友
宰　予		8(75)	孔子门生
密　之		8(62) 8(66)	张謇乡友
密　照		6(487) 6(488)	南通法轮禅寺主持
谛　闲	俗名朱古虚	2(722) 3(841)	法师，观宗学社主讲
尉　元		4(83)	北魏大臣

续 表

姓 名	其他称谓	册(页)	备 考
屠仁守	字梅君,号墨君	2(57)	同治十三年进士,编修,江南道御史,光禄寺少卿
屠文溥		3(1394) 3(1395)	沙田局委员
屠念承	又名念臣	8(62) 8(88) 8(111)	屠楷子
屠彦臣	名绍恩	8(34) 8(107)	张謇世兄
屠晋卿	名楷	6(326) 7(482) 8(7) 8(8) 8(10) 8(11) 8(17) 8(19) 8(28) 8(34) 8(36) 8(37) 8(40) 8(54) 8(58) 8(88) 8(993) 8(994)	张謇"晋师",海门厅同知,扬州大河口厘局总办
屠振先		2(515)	天津宝兴长
屠敬山	名寄,字敬三、晋三、景山、静山	2(30) 2(40) 3(1426) 6(364) 8(38) 8(229) 8(230) 8(231) 8(684) 8(685) 8(1004)	光绪十八年进士,通州国文专修科教务长,京师大学堂教习,民初国史馆总纂
屠棫材		4(271)	大生崇明分厂营业董
隆裕太后	叶赫那拉氏,名静芬,谥孝定景皇后	8(731) 8(1030)	光绪帝皇后
绮 山		8(38)	张謇乡友
绰勒欢保		6(53)	同知
维 忱		8(127)	张謇乡友
巢 父		6(3) 8(122)	尧时高士
十二画			
琦 珊		6(362) 6(582) 8(682) 8(686) 8(694)	通州知州
琨 圃		8(38)	张謇早年乡友
塔齐布		8(387)	湘军名将

续 表

续表

姓名	其他称谓	册(页)	备考
彭雪琴	名玉麟，号退省庵主人，谥刚直，时称雪帅	2(20) 4(12) 6(53) 6(227) 6(296) 8(13) 8(144) 8(181) 8(182) 8(330) 8(387) 8(405) 8(618)	附生，曾国藩军幕，湘军水师提督，沿江水师巡阅使，两江总督，兵部尚书，书画家
彭雪眉		6(387)	清知府
彭越		8(111)	西汉诸侯
彭楚藩	字青云	8(728)	日知会评议员，武昌起义军事筹备员
彭辑五		8(332) 8(626)	张詧友
彭静山		3(1415) 3(1619)	捐贡
彭蕴璨	又名蕴灿，字振采，号郎峰	6(536)	清《历朝画史传》作者
葛□□		8(304)	清庶吉士
葛一桥		5(125)	清通州画家
葛山		5(122)	明人
葛太夫人	封宜人、恭人、孺人	2(10) 6(35) 6(40) 6(256) 8(331) 8(389) 8(394) 8(987) 8(1001) 8(1010)	张誉母
葛友梅		3(1589) 3(1591) 3(1592)	大生股东
葛权	字执中	6(571) 7(300) 7(476) 8(932)	张謇弟子
葛竹溪		5(171) 8(124)	张謇乡友
葛伯		4(206)	夏朝时葛国国君
葛启夫		8(17) 8(18) 8(19) 8(20) 8(21) 8(31) 8(32) 8(33) 8(34) 8(54) 8(56) 8(58) 8(70) 8(71) 8(72) 8(92) 8(98) 8(117) 8(118)	张謇早年友

续 表

续 表

姓 名	其他称谓	册(页)	备 考
董若愚		8(7) 8(14) 8(36) 8(38) 8(39) 8(40) 8(56) 8(57) 8(61) 8(64) 8(65) 8(66) 8(68) 8(74) 8(77)	张謇早年友
董 卓		8(44) 8(185)	东汉末权臣
董 昌		6(8)	唐末割据者
董金门		8(224)	张謇京尊者
董保顺		3(1450) 3(1453) 3(1454)	盐垦职员
董 诰	谥文恭	8(185)	清太傅,画家,工部尚书董邦达长子
董涤清		5(274)	大豫盐垦公司股东
董 谊		6(106)	晋著作郎
董紫珊		8(284)	《申报》作者
董 遇		6(129) 6(140) 6(174) 6(179) 6(191)	三国魏儒宗
董 煟		6(72)	南宋治荒名吏
董 瑾		6(90)	清《赣榆县志》采访
董增传		1(547) 1(595)	江苏省议员
董懋堂		8(723)	粤督陶模幕僚
敬 持		3(1417) 3(1423) 3(1424) 3(1428)	通州师范职员
敬 斋		8(19)	张謇友
敬 卿		8(60)	张謇友
蒋小轩		8(467)	张謇友
蒋女士		8(935) 8(1045)	张融武保姆

续 表

姓 名	其他称谓	册(页)	备 考
蒋飞涛		6(389)	蒋锡坤高祖
蒋月波		8(56) 8(60) 8(65) 8(68) 8(69) 8(79) 8(167)	张謇早年学友
蒋心馀	名士铨	8(127)	清翰林院编修
蒋丙然	字右沧	2(688) 3(1316)	比利时五卜罗大学气象博士,中央、青岛观象台台长
蒋立宣		6(92)	同知
蒋百里	名方震	3(932) 3(1047) 7(376) 8(976)	留日、德习军事,浙江都督府参议,浙江省议员
蒋师辙	字绍由	8(60)	薛时雨门生,拔贡史志、水利家
蒋庆祥	字文辉	8(170)	山东驿站主
蒋汝华		6(390)	蒋锡绅四子,国学生
蒋汝苹		6(389)	蒋锡绅次子,国学生
蒋汝荃		6(390)	蒋锡绅三子,员外郎
蒋汝藻	字孟苹、抱之,号长庵	1(414) 1(415) 2(269) 2(480) 2(727) 3(857) 3(1047) 3(1053) 3(1056) 3(1066) 3(1075) 3(1497) 5(140) 6(388) 6(389) 6(390) 8(648) 8(690) 8(712) 8(764) 8(816) 8(946)	光绪二十九年举人,学部总务司郎中,浙江铁路公司董事长
蒋志沂		1(148) 3(1094)	通州分司
蒋志范		2(421) 2(422) 2(518) 2(539)	翰墨林印书局执事
蒋 芳		5(125)	清通州画家

续 表

姓 名	其他称谓	册(页)	备 考
蒋作宾	字雨宾	3(908) 3(1099)	留学日本,陆军参谋部次长,陆军上将
蒋伯斧	名黼	3(1462) 8(423) 8(425) 8(434) 8(537) 8(538) 8(539) 8(540) 8(541) 8(543) 8(545) 8(547) 8(548) 8(550) 8(551) 8(552) 8(553) 8(558) 8(561) 8(562) 8(563) 8(564) 8(568)	张謇农会友
蒋 纯		6(389)	蒋锡绅曾祖,国学生
蒋叔良		3(889) 3(890)	为杨森传信人
蒋春航		8(163)	张謇庆军幕友
蒋研香		7(66) 8(82) 8(90) 8(118) 8(207) 8(209) 8(881) 8(938)	王欣甫夫人
蒋南沙	名廷锡	8(739)	大学士,画家
蒋 奎		1(334)	民初农商部矿务监督署技士
蒋省庵		8(209)	蒋研香父,大令
蒋 炳		6(389)	蒋锡绅祖,大田知县
蒋炳章	字季和,号留庵	1(198) 2(235) 2(257) 2(261) 2(557) 2(345) 2(561) 3(896) 8(861) 8(688) 8(689) 8(691) 8(694) 8(1024)	江苏咨议局副议长
蒋冠英		5(212) 5(216)	中华国民制糖公司发起人
蒋祖志		6(390)	蒋汝藻次子
蒋祖诒		6(390)	蒋汝藻长子

续 表

姓 名	其他称谓	册(页)	备 考
蒋铁琴		8(896)	清乾隆画家
蒋梦麟	字兆贤,号孟邻	3(806) 4(467)	哥伦比亚大学博士,商务印书馆编辑,北大总务长、代校长
蒋梅隐	名锡纶,字甫将,又字景庐	2(446)	蒋维基子,蒋锡绅弟,贡生,垣商、画家
蒋鸿远		8(8) 8(39)	张謇乡友
蒋鸿林	字抑卮	5(140)	绸商出身,留日习武备、经济,浙江兴业银行常务董事,中国银行汉口分行经理,藏书家
蒋维乔	字竹庄	3(1213) 3(1080)	留学日本,爱国女校校长,商务印书馆编辑,江西、江苏教育厅长
蒋维基	字子厚、子垕,号厚轩	6(389)	蒋锡绅父,候补布政司,藏书家、书画家
蒋雁行	字宾臣	2(331) 2(333) 2(524)	江北都督,民初靖威将军,陆军总长
蒋雅初		5(226)	大生第八纺织公司发起人
蒋尊簋	字百器、伯器	6(441) 6(442)	日本士官学校毕业,同盟会、光复会员,浙江都督,统一党魁
蒋 辉		1(134)	候补道
蒋曾莹		1(117)	乾隆年间江苏藏书家
蒋照生		8(147) 8(236)	张謇友
蒋锡绅	字书箴,别号撄宁居士	1(26) 2(129) 3(1593) 3(1594) 3(1595) 3(1598) 3(1605) 3(1606) 4(27) 4(124) 4(126) 4(127)	内阁中书舍人,大生纱厂银钱账目董,刘镛长婿,蒋汝藻父

续 表

姓 名	其他称谓	册(页)	备 考
		4(131) 4(134) 6(290) 6(291) 6(388) 8(389) 7(505) 8(301) 8(303) 8(304) 8(305) 8(307) 8(308) 8(320) 8(321) 8(328) 8(331) 8(334) 8(337) 8(339) 8(352) 8(360) 8(362) 8(371) 8(374) 8(375) 8(376) 8(382) 8(393) 8(402) 8(403) 8(404) 8(406) 8(411) 8(412) 8(420) 8(421) 8(426) 8(427) 8(428) 8(431) 8(434) 8(436) 8(437) 8(447) 8(454) 8(455) 8(476) 8(484) 8(485) 8(486) 8(487) 8(494) 8(495) 8(496) 8(505) 8(506) 8(517) 8(524) 8(531) 8(567) 8(593) 8(1007) 8(1010) 8(1012) 8(1015)	
蒋暇堂		2(464) 5(226) 8(716)	大达内河轮船公司经理
蒋 琏		3(1379)	军人
蒋德寿		3(808)	南通纺校毕业生
蒋德培		6(424)	南通乡绅
蒋翼之		3(1079)	上海金融家
蒋藻生		8(146)	张謇友
蒋爕臣		8(460)	州牧
韩子亭		3(934)	张謇熟人
韩王夫人		6(618)	韩国钧妻

续 表

姓　名	其他称谓	册（页）	备　　考
韩凤池	名奉持	2(259) 3(996) 3(997) 5(139) 5(175) 5(178) 5(182) 5(211) 8(658)	盐垦、通明电气公司股东
韩世忠	追封蕲王	2(108) 2(109) 8(24) 8(487)	南宋名将
韩邦靖	字汝庆	8(270)	明方志家
韩有喜		2(675)	马路工程员
韩竹平		3(1558) 8(762) 8(784)	议员
韩安国		6(80) 8(111)	西汉名臣
韩志正		8(605)	训导
韩　伯		6(140) 6(164)	东晋玄学、训诂学家
韩伯俞	又名伯愈	7(68)	汉代梁国孝子
韩　非		8(109)	战国末法家
韩叔起	名弼元，号艮叟	8(18) 8(19) 8(21) 8(994)	咸丰二年进士，钟山书院教习
韩尚智		5(248) 6(424)	吕四盐课司大使，通属总场长
韩国钧	字止石、紫石、子石、子实，号紫叟、止叟	1(423) 1(486) 1(487) 1(488) 1(489) 1(490) 1(491) 1(492) 1(493) 1(494) 1(495) 1(496) 1(497) 1(499) 1(500) 1(502) 1(503) 1(505) 1(506) 1(507) 1(508) 1(520) 1(522) 1(527) 1(529) 1(530) 1(531) 1(532) 1(533) 1(534) 1(535) 1(536) 1(537) 1(538) 1(539) 1(541)	光绪五年举人，镇平、浚县知县，奉天劝业道，苏社理事，江苏民政长，安徽巡按使，江苏省运河局会办，山东、江苏省长，张謇“紫公”

续 表

姓 名	其他称谓	册(页)	备 考
		1(542) 1(543) 1(545) 1(546) 1(548) 1(549) 1(551) 1(552) 1(553) 1(555) 1(556) 1(557) 1(559) 1(560) 1(563) 1(564) 1(565) 1(567) 1(568) 1(569) 1(570) 1(571) 1(572) 1(574) 1(575) 1(577) 1(579) 1(580) 1(581) 1(584) 1(588) 1(589) 1(590) 1(595) 1(596) 1(598) 1(599) 1(600) 1(601) 1(602) 1(603) 1(604) 1(605) 1(607) 1(608) 1(610) 1(614) 1(615) 1(616) 1(619) 1(621) 1(622) 1(623) 1(625) 1(627) 1(629) 1(630) 1(631) 1(633) 1(635) 1(636) 1(637) 1(640) 1(641) 1(642) 1(643) 1(645) 1(647) 1(649) 1(651) 1(652) 1(657) 1(658) 1(659) 1(660) 1(661) 1(662) 1(663) 1(664) 1(665) 1(666) 1(667) 1(668) 1(669) 1(671) 1(673) 1(676) 1(678) 1(681) 1(682) 1(684) 1(686) 1(687) 1(689) 1(690) 1(691) 1(693) 1(695) 1(697) 1(698) 1(702) 1(704) 1(705) 1(706) 1(707) 1(708) 1(709) 1(710) 1(712) 1(714) 1(716) 1(719) 1(721) 1(722) 1(726) 1(727) 1(729)	

续 表

续 表

姓　名	其他称谓	册(页)	备　考
		3(1120) 3(1122) 3(1123) 3(1125) 3(1126) 3(1159) 3(1160) 3(1185) 3(1186) 3(1187) 3(1188) 3(1189) 3(1197) 3(1210) 3(1216) 3(1217) 3(1218) 3(1224) 3(1226) 3(1227) 3(1229) 3(1230) 3(1241) 3(1242) 3(1243) 3(1244) 3(1245) 3(1256) 3(1260) 3(1262) 3(1271) 3(1299) 3(1308) 3(1320) 3(1322) 3(1323) 3(1328) 3(1370) 3(1543) 4(509) 4(510) 4(516) 5(139) 5(224) 5(266) 6(618) 8(754) 8(759) 8(768) 8(771) 8(908) 8(911) 8(915) 8(938) 8(944) 8(960) 8(961) 8(1042) 8(1043)	
韩　信	封淮阴侯	3(1544) 4(3) 8(111)	西汉开国功臣
韩　恢		2(623)	讨袁军江北总司令
韩祖翼		6(424)	南通乡绅
韩　起	谥号宣子	6(95)	春秋晋国卿大夫
韩朗斋		8(16) 8(37) 8(80) 8(119) 8(161)	张謇乡友
韩　荧		4(36) 5(123)	清尚书
韩康伯		6(437)	东晋玄学家
韩　琦	别号韩魏王	6(14) 6(82) 6(618) 8(177)	北宋政治家,封爵魏国公
韩　敕	字叔节	1(26)	东汉鲁相

续 表

续 表

姓 名	其他称谓	册(页)	备 考
惠树之	名森,人称惠公	6(283) 6(284) 8(671)	浙江廉访使、河南按察使
惠 施	惠子	8(750)	战国时政治家
覃四姊		6(227)	天地会部领
粟思祖		1(445)	农商部办事员
雁 屏		8(54)	刘长英友
雅 峰		8(5) 8(18) 8(48) 8(197)	张謇乡友
紫 翁		3(1488)	张謇僚属
紫 霞		3(1495)	张謇僚属
鼎 孙		8(72)	张謇友
景学钤	字本白,号韬伯	1(245) 2(497) 3(1107)	张謇门生辈,光绪二十九年举人,盐务署顾问
景弢白		8(897)	张謇友
景 差		6(530)	战国楚辞赋家
景 祺		1(29) 8(446) 8(1013)	副都统
景耀月	字太昭、太招,号秋陆	1(236)	留日法学士,同盟会、南社成员,南京参议院议员,共和统一会发起人
畴 叔		3(1471)	张謇属僚
跖	姬姓,盗跖,柳下跖	3(1389) 6(446) 8(750) 8(814)	春秋大盗
喻武功	名成龙	8(284)	清池州知府
喻嘉言		8(615)	明末清初医家
赐 麟		8(174)	张謇友

续 表

姓 名	其他称谓	册(页)	备 考
嵇公璜	谥文恭	3(1415)	清大学士
嵇 生		2(173) 2(174)	张謇资助之学生
嵇 康		6(10) 6(72) 8(342)	三国曹魏思想家、文学家
程一夔		6(565) 6(566)	张謇友,通师国文教师
程子大		7(381)	塾师
程子完	又名子垣	8(23) 8(29) 8(34)	张謇友
程子昭		8(80)	桃源人
程不识		6(590)	汉武帝大将
程少岩		8(114) 8(129)	吴长庆僚属
程长庚	字玉珊、玉山	7(306)	清代徽剧、京剧老生
程仁武		1(608) 1(609) 1(610) 1(630) 1(648)	江苏运河工程局技士
程文德	字舜敷	5(122)	明嘉靖八年进士,吏部左侍郎
程从周	名文炳	8(93)	镇军
程石甫		2(44) 8(96) 8(153) 8(216) 8(220) 8(231) 8(313) 8(315)	张謇友,大令
程 仪		5(125)	清通州画家
程仪洛	字雨亭	4(346) 8(567)	光绪进士,两淮盐运使
程尔治		3(1510) 8(786)	通海垦牧七堤经理
程汉章		8(72)	张謇乡友
程朴堂		8(39) 8(43 朴丈) 8(67) 8(114)	张謇乡丈

续 表

姓　名	其他称谓	册(页)	备　考
程廷聘		6(513)	渠堤工程负责人
程竹溪		8(163)	庆军将领
程宇瀍	名澍云	6(28) 6(29)	刘海楼舅,太学生
程次濂		8(339)	张謇友
程丽芬		8(91)	观察
程　伯	字休父	3(1377)	周宣王大臣
程青佩		8(217)	张謇乡人
程松圆	名嘉燧	7(49)	明书画、诗家
程学启	字方中、方忠,谥忠烈	6(50) 6(220)	太平军英王陈玉成先锋,降湘军,李鸿章部总兵
程宗沂	字志侯,号约斋	3(879)	程蒲孙之子
程定夷		5(136)	海上杭州客商
程绍周		3(1181)	中华国民制糖公司股东
程春藻	字摛芬	8(82)	观察
程艳秋		2(753) 3(815) 3(1208) 7(229) 7(250) 7(314) 7(358) 8(890)	京剧旦角
程桐孙		3(1418)	通州师范学生
程恩光		3(1179)	南通农科大学预科生
程家齐		3(1476) 3(1478) 3(1496) 3(1504)	高级练习生
程　姬		8(476)	张詧妾
程逵鸿		2(257)	淮海士绅
程梅溪		7(157)	张謇前辈

续 表

续 表

姓　名	其他称谓	册(页)	备　考
傅寿慈		2(184)	直牧
傅苕生		8(421) 8(426)	观察
傅宗耀	字筱庵、淑和	3(1306) 3(1359) 7(459)	上海英商船厂工人,大源五金号总经理,上海招商局总办,沪军都督府财政总参议
傅洪生		3(1599)	纺厂职员
傅　宽		8(111)	汉阳陵侯
傅　乾	资生	8(107)	张謇吴长庆幕友
傅　喜		6(80)	西汉右将军
傅筑岩		8(625)	天生港开埠委办
傅增湘	字沅叔,又字叔和	5(130) 8(721) 8(723) 8(1027)	光绪二十四进士,直隶提学使,中央教育会副会长,教育总长,藏书家,目录学家
焦书卿		8(288)	张謇津友
焦芷香		3(935)	冒名者
焦　竑		6(131)	明南京司业,著名学者
储丙鹑		5(118) 5(119)	中国图书公司查账
储南强	字铸农,号简翁	1(520) 2(458) 2(488) 2(572) 3(1372) 5(138) 5(139) 6(403) 6(404) 8(769) 8(858)	南菁书院肄业,南通知事,南洋公学国文教师
储　瓘		5(123)	明左侍郎
御　说	宋桓公	6(211)	春秋宋国国君
循　卿		6(276)	张謇友

续 表

姓 名	其他称谓	册(页)	备 考
舒 钧		1(279)	掘港清理局委员
舒 缨		5(122)	明通州同知
舒震东		3(1320) 3(1350)	上海震东机器厂主
释贯休		7(60)	唐末五代草书僧
舜	别称虞舜、姚舜	2(289) 2(300) 2(419) 3(884) 3(1389) 3(1538) 4(70) 4(82) 4(97) 4(206) 4(263) 4(264) 4(265) 4(266) 4(267) 4(268) 4(498) 4(601) 4(632) 6(6) 6(7) 6(14) 6(22) 6(26) 6(67) 6(68) 6(76) 6(77) 6(78) 6(100) 6(102) 6(148) 6(215) 6(242) 6(245) 6(300) 6(467) 6(541) 6(556) 6(561) 6(565) 6(589) 6(604) 6(616) 7(45) 7(132) 7(207) 7(220) 7(250) 7(390) 8(119) 8(123) 8(156) 8(290) 8(312) 8(346) 8(581) 8(600) 8(750)	上古帝王
鲁元煦		1(545) 1(610) 1(627) 1(669) 1(674) 1(681) 1(686) 1(713) 1(718) 1(720) 1(733) 1(752) 1(795)	运河工程处委员
鲁 台		8(11) 8(36) 8(37) 8(56)	张謇学友
鲁仲连		2(367) 3(1537) 7(513) 8(110) 8(191)	战国齐谋略家
鲁明善		6(72) 6(217)	元代畏兀儿农学家

续 表

姓 名	其他称谓	册(页)	备 考
鲁 肃		6(33)	东汉谋略家
鲁 般	与王尔合称“般尔”	8(424)	春秋工匠
鲁通甫	名一同,字通父,一字兰岑	6(547) 7(28) 8(211) 8(344) 8(885)	道光十五年举人,古文家
鲁 樾	字荫庭	8(344) 8(383)	清古文家鲁一同孙
鲁穆姜		6(154)	春秋鲁宣公夫人
颍 川		8(12) 8(38) 8(152)	张謇乡友
童伯吹	名保暄	3(768)	浙江光复临时都督,陆军第1师中将师长,“浙江之蔡锷”(反袁独立)
童原山		6(387)	华亭画家
童隆山		8(981)	英语通译
童溪石		3(1340)	新疆纺厂副工程师
童惺堪		3(1053)	镌刻家
童薇研	名华,字惟究	3(1536) 6(322) 8(228) 8(230) 8(991) 8(1004)	道光十八年进士,礼部右侍郎,江苏学政,张謇乙酉乡试座师
寒 山		3(841)	唐诗僧
善 之		8(495)	张謇友
善 耆	爱新觉罗氏,字艾堂、蔼堂,肃忠亲王	8(586) 8(720) 8(721) 8(1027)	镶白旗满洲都统,庆亲王内阁民政、理藩大臣
普 焌		3(878) 3(967)	高邮承天寺僧
普 静		8(969) 8(1048)	济南千佛山僧
尊 卢		6(67)	传说中上古帝

续 表

续 表

姓　名	其他称谓	册(页)	备　考
曾国葆	字季洪,谥靖毅	6(220)	曾国藩季弟
曾国藩	字伯涵,号涤生,谥文正	1(4) 1(6) 1(63) 1(137) 2(26) 2(47) 2(72) 2(251) 4(4) 4(5) 4(12) 4(50) 4(83) 4(87) 4(111) 4(143) 4(196) 5(456) 5(475) 6(8) 6(11) 6(34) 6(36) 6(45) 6(50) 6(53) 6(86) 6(111) 6(220) 6(221) 6(222) 6(227) 6(244) 6(268) 6(282) 6(283) 6(519) 6(584) 7(14) 7(487) 8(7) 8(23) 8(83) 8(90) 8(203) 8(231) 8(283) 8(387) 8(399) 8(401)	道光十八年进士,晚清重臣,两江、直隶总督,武英殿大学士,理学家
曾彦和		6(79)	古代学者
曾梦璞		2(496) 2(656) 2(683) 2(684) 4(374)	常熟沙田局长
曾　铸	号少卿	1(134) 2(143) 2(144) 2(171) 2(208) 2(209) 4(138) 5(100) 5(101) 5(102) 5(103) 5(104) 6(463) 7(507) 8(604) 8(619) 8(634) 8(636) 8(662) 8(663) 8(665) 8(1022)	上海商务总会总理,江苏铁路公司董事,候选道,富商
曾　福		3(1422) 3(1456)	通师职员
曾静臣	名纪渠	8(44) 8(49) 8(53)	知府
曾濂溪		8(354)	张謇友
湛　若		7(194) 8(826)	僧徒

续 表

姓 名	其他称谓	册(页)	备 考
湘 平		8(82)	张謇吴长庆幕友
湘 蘅		8(79)	张謇友
温仁和		5(123)待查	明尚书
温世珍	字佩珊	3(1314)	李鸿章英文翻译、洋务文案,同盟会员,上海交涉使,上海海关监督
温宗尧	字钦甫	1(236) 2(283) 2(296) 2(321) 2(327) 2(332) 5(136) 8(729)	自立军驻沪外交代表,广东军政府总裁,共和统一会发起人,南京临时政府上海通商交涉使
温庭筠		7(539)	晚唐诗人
渭 泉		8(44)	吴长庆幕僚
游春泽	字济生	8(29)	直隶州知州
富明阿	本姓袁,字治安	8(146) 8(182)	江北帮办钦差大臣,正红旗汉军都统,江宁、吉林将军
富 贵		8(807)	张謇家佣
富 弼		3(1099)	北宋大臣
寔 甫		8(7)	张謇乡友
裕 庚		8(779)	太仆寺少卿、驻西洋特使
裕 宽		8(182)	广东巡抚
裕 禄	喜塔腊氏,字寿山,号寿泉	1(36) 6(52) 8(32) 8(96) 8(132) 8(136) 8(146) 8(148) 8(158)	郎中,安徽巡抚,湖广、四川、直隶总督
褚伯约	名成博,又字百约	8(229) 8(231) 8(240) 8(344) 8(423) 8(424) 8(657)	张謇友,翰林院编修,惠潮嘉兵备道

续 表

姓　名	其他称谓	册(页)	备　考
禅　公		3(1006)	宁波观宗寺僧
谢子林		8(419)	张謇东台友
谢仁祖	名尚	2(702)	东晋名士
谢玉农		4(577)	通州女师校长
谢在增		8(209)	张謇通州友
谢仲笙		3(1306)	船头买办
谢庆荣		1(498)	江苏省议员
谢　安	人称谢东山	6(9) 8(50) 8(211) 8(212)	东晋书家
谢西山		8(884)	谢林风父
谢灵运	袭封康乐公	6(614) 7(445) 8(209)	南北朝诗人
谢纶辉		5(100) 5(101) 5(102)	上海北市钱业会馆董事,中国通商银行经理,轮船招商局查账员
谢林风	名珩,张謇称为"咏絮楼主"	7(244) 7(247) 7(282) 7(284) 7(302) 7(303) 7(342) 7(355) 7(364) 7(480) 8(879) 8(882) 8(883) 8(884) 8(885) 8(886) 8(888) 8(891) 8(898) 8(917) 8(920) 8(921) 8(922) 8(925) 8(926) 8(927) 8(935) 8(936) 8(947) 8(948) 8(949) 8(952) 8(956) 8(957) 8(1041)	张謇女诗弟子,上海亦社会员
谢　承		6(105)	三国时期史家
谢桂生		8(941)	张謇家佣

续 表

姓 名	其他称谓	册(页)	备 考
谢卿材		6(84)	北宋江淮荆浙路发运使
谢 雪		3(945) 3(1097)	南通女师主任
谢惠连		8(798) 8(873)	谢灵运族弟
谢道韫	字令姜	6(38)	东晋女诗家
谢强公		3(1018)	居士,中华道教会主席
谢源深	字志澄,号西山	6(464) 8(879)	谢珩父,江苏咨议局议员
谢霖甫	名霖	3(1214) 3(1624) 8(941) 8(1046)	公共会计师,日本明治大学毕业,户部银行总账,正则会计事务所创办者
谢蘅聪		2(531)	煤业巨子
强汝谔	字星源	8(267)	贡生,两江总督曾国荃书局襄校,震泽县训导
十三画			
瑞子良		8(236)	张謇同年
瑞 林		8(195)	张謇乡人
瑞 昌		6(111)	清杭州将军
瑞 澂	字莘儒、恕斋,号心如,时称莘帅	1(134) 2(212) 2(216) 2(287) 3(1532) 3(1624) 3(1627) 7(512) 8(624) 8(633) 8(634) 8(635) 8(636) 8(648) 8(657) 8(661) 8(662) 8(685) 8(686) 8(688) 8(689) 8(690) 8(693) 8(709) 8(711) 8(719) 8(727) 8(728) 8(740) 8(1024) 8(1025) 8(1026) 8(1029)	琦善孙,荫贡,江苏布政使、巡抚,湖广总督
鄢遇春		2(478) 2(481)	前陆军参谋官

续 表

姓 名	其他称谓	册(页)	备 考
勤 圃		8(40)	张謇乡人
靳云鹏	字翼卿、翼青	2(497) 3(794) 3(795) 3(799) 3(812) 3(817) 3(856) 3(857) 3(871) 3(887)	北洋武备学堂毕业,浙江新军标统,山东都督
靳 辅	谥文襄	3(938) 3(1132) 4(492) 4(509) 6(23) 6(24) 8(264) 8(994) 8(1005)	河道总督
靳维和		1(616) 1(640) 1(701)	江苏运河工程局委员
靳 歙		8(111)	汉信武侯
蒯礼卿	名光典,号季逑	2(43) 3(1588) 3(1643) 3(1644) 3(1653) 3(1655) 4(92) 4(93) 5(112) 6(520) 7(97) 8(146) 8(270) 8(403) 8(424) 8(432) 8(478) 8(488) 8(489) 8(567) 8(569) 8(596) 8(583) 8(615) 8(653) 8(654) 8(658) 8(848) 8(1020) 8(1023)	蒯德模子,李鸿章婿,光绪九年进士,张之洞、刘坤一幕僚,江南高等学堂总办,淮北四岸督销,欧洲留学生监督,南洋劝业会总提调
蒯德标		8(146)	蒯德模堂弟,湖北布政使,台湾布政使
蒯德模	字子范	8(270)	咸丰进士,太仓知州,江宁布政使
蒲殿俊	字伯英	2(269) 2(381)	光绪三十年进士,四川咨议局议长,四川保路同志会会长,段祺瑞内阁内务部次长
蓉 生		8(38) 8(39) 8(240)	张謇乡友
蒙 恬		8(110)	秦朝将领
幹 泉		2(625)	张謇僚属

续 表

姓　名	其他称谓	册（页）	备　　考
楠　甫		8(60)	张謇学友
楚竹湘		8(354)	张謇友
榻曾谋		1(334)	民初农商部矿务监督署技士
槐　卿		8(166)	张謇友
楼　缓		3(769)	战国赵武灵王大臣
裘六季		3(1444)	盐垦职员
裘文彬		6(424)	南通乡绅
裘质夫		5(178)	大赉盐垦公司股东
裘葆良		8(460)	张謇同年
赖绥丞		3(1360)	沪和平通信社编辑
甄　宇		6(8)	东汉太子少傅
甄皇后	人称甄夫人	3(1259) 4(574) 6(560) 6(561) 6(562) 6(563)	魏文帝妻，魏明帝曹叡母
酬　叔		8(621)	张謇僚属
雷　奋	字继兴，又字子勤	1(182) 2(286) 7(270) 7(528) 8(688) 8(689) 8(694) 8(711) 8(714) 8(720) 8(728) 8(729) 8(749) 8(760) 8(762) 8(763) 8(767) 8(781) 8(1029) 8(1033)	早稻田大学留学，政闻社干事，张謇江苏教育会同僚，资政院民选议员
雷　恒	字常伯，又字见吾	1(301)	光绪三十年进士，两江师范学堂教务长，江西绅商
雷震春	字朝彦	8(702) 8(1025)	江北提督
虞大荣		3(1450)	长乐瓦工

续 表

姓　名	其他称谓	册(页)	备　　考
虞允文		6(15)	南宋名臣
虞世南	谥文懿	6(386) 7(60) 8(27) 8(42) 8(55) 8(333)	黄门侍郎、秘书监,唐书家
虞　阳		8(491)	张謇友
虞含章	名辉祖,号寒庄	8(72) 8(603)	镇海四明实学会发起人,科学仪器馆经理
虞和钦		8(589)	张謇学生
虞和德	字洽卿	2(296) 5(101) 5(102) 5(140)	买办,都督府顾问官,外交次长,上海总商会会长
虞　卿		8(11) 8(38) 8(63) 8(75)	张謇乡友
虞　卿	名信	8(110)	战国上卿
虞　姬		8(95)	西楚霸王妃
虞　喜	字仲林	6(199)	东晋天文学家
虞　集		6(238) 6(240)	元水利家
虞　溥		6(190)	西晋教育家
虞　翻		6(437) 8(405)	三国吴官员,学者
煦　初		2(39) 8(273)	张謇友,河南巡抚倪文蔚幕僚
路壬甫	名孝植	8(553) 8(561) 8(568)	清学部总务司员外郎,民国教育部佥事
路敬淳		6(578)	唐人
畹　芬		3(1464)	学生
嵩　申		8(238)	户部左侍郎,会试典试大臣
嵩　骏	亦名崧骏	8(939) 8(1046)	江苏、浙江巡抚

续 表

姓　名	其他称谓	册（页）	备　　考
锡　彤		8(38) 8(325)	张謇乡人，赣榆选青书院教习
锡　良	巴岳特氏，字清弼，人称锡帅	2(259) 2(271) 8(711) 8(1026)	同治十三年进士，四川总督，东三省总督兼热河都统
锡　珍	字席卿、席之，号仲儒	8(238)	同治七年进士，吏部尚书，会试典试大臣
锡　桐	字闰生	8(38)	总理衙门章京，陕西按察使
锡　根		3(1025)	江苏宁旗代表
锦　屏		8(54)	刘长英友
锦　湖		3(1219)	镇守使
筠　垓		8(51)	张謇友
筱　鹏		8(238)	刘若曾友
简玉阶		5(212) 5(216)	南洋兄弟烟草公司经理
简照南	名耀登，字肇章，以号行	3(1141) 5(212) 5(216)	南洋烟草公司总经理，上海总商会会董
魁　升	字星阶，他塔拉氏	3(1155)	奉天、吉林省长
微　子	名启	4(206)	商纣王长兄
詹　嘉		4(85)	晋灵公大臣
鲍士恭		1(117)	乾隆年间浙江藏书家
鲍小斋		3(1306)	大达轮船局办
鲍友恪		1(656) 1(660) 1(682) 1(695) 1(726) 1(727) 3(991)	江苏运河工程局评议员

续 表

姓　名	其他称谓	册(页)	备　考
鲍心斋		3(868) 3(1251) 3(1647) 3(1648) 3(1661)	大达轮船公司经理
鲍心增	字川如,又字润漪,号蜕农	1(96)	光绪十二年进士,吏部郎中,前军机章京
鲍执之		3(791) 3(928)	张謇乡绅友
鲍达甫		8(39) 8(40) 8(329)	张謇友
鲍芹士	名贵藻,字勤士,号岛公	2(752) 3(787) 3(799)	留日习师范、博物、警务,同盟会员,咨议局议员江苏省议会副议长苏社骨干
鲍序生	名诚庠	3(948) 3(1508) 3(1509) 5(720 盐经理) 6(433) 6(495) 6(573) 7(517) 8(809) 8(1038)	吕四盐业公司主任
鲍季生		3(1513)	垦牧职员
鲍泽新		2(449)	张謇雇员
鲍泽初		6(369)	测绘员
鲍诚培		6(433) 6(573)	张謇航埠助手,鲍诚庠弟
鲍诚锦		6(433) 6(573)	鲍诚庠弟
鲍诚毅		6(433) 6(573)	鲍诚庠弟
鲍诚镳		6(433) 6(573)	鲍诚庠弟
鲍星舫		8(55) 8(57)	张謇早年友
鲍钟五		3(1251)	地主
鲍　宣		6(80)	西汉大夫
鲍　恩		2(231)	测绘生

续 表

姓　名	其他称谓	册（页）	备　　考
鲍　超	字春亭、春霆，赐号博通额巴图鲁	1(4) 6(219)	湘军名将，湖南绥靖镇总兵，浙江提督
鲍源深	字花潭、华潭，号穆堂、澹堂	8(115) 8(169)	道光二十七年探花，江苏学政，山西巡抚，和州西梁山义庄创办人
鲍德涟		6(433)	鲍诚庠子
鲍德澂	字渊如	6(433)	鲍诚庠子，南通师范毕业生
鲍德瀛		6(433)	鲍诚庠子
颖　生		3(1580)	吴保初友
解学龙	字石帆	5(122)	明万历四十年进士
解树强	字斐青	3(1161) 3(1162) 3(1177) 3(1217)	国会议员
解晴峰		8(131) 8(132) 8(133)	张謇友
廉　泉	字惠卿，号南湖，又号帆影楼主	5(171)	光绪二十年举人，礼部郎中，中华书局董事
廉　颇		3(1386) 8(110) 8(766)	赵国名将
韵　田		2(45)	张謇友
韵　初		8(38)	张謇乡友
韵　峰		8(36)	张謇乡友
阖　闾		2(293)	吴王
慈安太后	钮祜禄氏，谥孝贞显皇后	8(995)	咸丰帝皇后
慈禧太后	叶赫那拉氏，谥孝钦显皇后	1(3) 1(4) 1(5) 1(115) 1(119) 1(126) 1(193) 1(196) 1(199) 2(235)	咸丰帝妃，同治帝生母

续 表

姓　名	其他称谓	册(页)	备　考
		2(271) 3(1088) 6(52) 6(243) 6(249) 6(263) 6(355) 6(507) 7(113) 7(162) 7(413) 8(210) 8(264) 8(384) 8(404) 8(447) 8(452) 8(453) 8(590) 8(620) 8(670) 8(681) 8(774) 8(995) 8(1008) 8(1009) 8(1011) 8(1013) 8(1014) 8(1015) 8(1020) 8(1021) 8(1024)	
溥　仪	爱新觉罗氏	1(168) 1(195) 1(204) 1(223) 1(238) 2(293) 6(431) 8(670) 8(733) 8(736) 8(1023)	宣统帝
溥　伦	爱新觉罗氏,字彝庵,号叙斋、顺斋,人称伦贝子	2(725) 8(404) 8(624)	资政院总裁,皇族内阁农工商大臣,北京政府参政院院长
溥　良	爱新觉罗氏,字玉岑	2(49) 2(50) 2(51) 8(345) 8(347) 8(352) 8(359) 8(367) 8(368) 8(369) 8(370) 8(373) 8(375) 8(381) 8(383) 8(1008)	光绪六年进士,阁学,户部侍郎,江苏学政
溥　侗	爱新觉罗氏,字西园,号厚斋	2(725)	光绪七年袭封镇国将军,京剧名票友,词章音律家
溥　泉		3(1476) 8(71)	垦牧职员
溥　儁	爱新觉罗氏,大阿哥,辅国公	8(474) 8(1011) 8(1015)	端郡王载漪子,惇勤亲王奕誴之孙
溪山德性		5(149)	中华佛教总会南通分会副会长
慎　生		8(74) 8(75) 8(76)	张謇乡小辈

续 表

姓 名	其他称谓	册(页)	备 考
慎 到		6(17)	战国黄老家
骞 如		8(150) 8(151)	张謇乡友
窦子敬		2(273) 8(721) 8(723)	张謇友
窦以庄		2(552)	知县,《淮北水利纲要说》校正
窦价人	又名介人	8(605) 8(606) 8(632) 8(635) 8(636) 8(648) 8(661) 8(663) 8(676) 8(677)	张謇友
窦昌棨		3(1060)	如皋商会会长
窦宪卿		8(726)	张謇治淮友
窦 婴		6(80) 8(111)	西汉武安侯
窦 融		4(628)	新莽末至东汉军阀、名臣
褚子峰		6(605)	藏书家
褚廷辉		8(211)	严俊卿友
褚秉铎		3(1431)	通师管厨事务生
褚庭诲		8(342)	唐医家
褚絅堂		3(796) 3(854)	吕四盐垦股东
褚 鈇		4(323)	明嘉靖进士,治河淮者
褚 章	号木田	6(372)	泰兴画家
褚遂良	人称褚河南	3(1554) 8(8) 8(9) 8(18) 8(23) 8(333) 8(342)	唐书家
褚稼先		3(796) 3(929)	吕四盐垦股东
福(济)公	必禄氏,字元脩	6(11) 6(345) 8(144)	道光十三年进士,安徽巡抚,乌里雅苏台将军

续表

姓名	其他称谓	册(页)	备考
福斋		8(96)	张謇友
福润		8(402)	山东、安徽巡抚
福基		7(479)	广教寺僧
福盛		2(141)	金煦生幕主
十四画			
静夫		8(491)	张謇友
静法		2(658) 5(191) 6(517)	杭州井亭庵住持
静圆		2(723) 3(841) 6(506) 7(251) 7(475) 8(897) 8(903)	狼山观音院主持
瑶轩		8(103)	张謇乡人
赫胥		6(67)	传说中上古帝
翥轩		8(55)	张謇友
蔡一青		8(604)	张謇友
蔡二源		8(72)	大令
蔡乃煌	字克俭,号伯浩	1(241) 1(243)	光绪十七年举人,锡良幕僚,苏松太道
蔡万和		8(98)	张謇熟人
蔡小怀		3(1491) 3(1496) 3(1502)	张謇仆
蔡子方		8(112) 8(117) 8(173)	张謇友
蔡女萝		8(855)	冒辟疆妾
蔡元培	字孑民,又字鹤卿	1(243) 1(244) 2(345) 2(655) 2(662) 2(668) 3(806) 3(873) 4(467) 5(172)	光绪十六年进士,中国教育会会长,光复会会长,中国公学董事,南京临时政府教育总长

续　表

姓　名	其他称谓	册（页）	备　　考
蔡少岚		3(1483) 5(138)	东台乡绅
蔡　升		8(218)	张謇差仆
蔡文姬	名琰	7(20) 7(271)	汉末诗人
蔡以丰		1(445)	农商部办事员
蔡以台	字季实	5(122)	乾隆二十二年状元，日讲起居注
蔡式金	字梦丹	8(374)	张謇门生，张亮祖师
蔡成勋	字虎臣	3(1165)	绥远都统
蔡则沄		4(111)	淮绅
蔡　朱		6(97)	春秋蔡国国君
蔡竹贤		2(607) 5(139)	如皋军政长
蔡竹塘		8(10) 8(72)	张謇乡友
蔡如舟		2(533)	海门草棚镇民
蔡佑甫		8(605)	宿迁玻璃厂股东
蔡伯喈	名邕	2(702) 6(68) 6(199) 8(44) 8(182) 8(215) 8(280) 8(285)	东汉左中郎将，书家
蔡序东		8(295) 8(762)	周自齐妹夫，刺史，交涉员
蔡松坡	名锷	2(620) 2(624) 2(632) 4(353) 4(354) 4(355) 6(415) 6(595) 7(517) 7(518) 8(809) 8(817) 8(848) 8(1038)	横滨东亚商业学校、陆军成城及士官学校留学，云南都督，四川督军、省长
蔡和林		2(394) 2(396) 2(406) 2(485)	两淮缉私水陆全军帮领

续 表

姓 名	其他称谓	册(页)	备 考
蔡金章	字绶庭	2(53) 2(54) 2(57) 2(92) 8(59) 8(159) 8(183) 8(195) 8(206) 8(208) 8(231) 8(232) 8(379) 8(1003) 8(1004)	署粤陆路提督,庆军将领
蔡 京		2(311) 6(14) 6(107) 8(186)	北宋权相
蔡法度		6(106)	南朝梁尚书删定郎
蔡 泽		8(110)	秦昭王客卿
蔡 牵		4(88)	清船帮反清领袖
蔡映辰	字少岚,号浣雪	2(257)	诸生,通州训导,东台启秀两等小学堂校长
蔡 钧	字和甫	2(236) 8(453)	上海道台
蔡钧枢		3(799)	江苏省议员
蔡俊镛		1(127) 1(131)	苏州第一学堂首任监督,江苏教育总会会员
蔡 癸		6(217)	汉农学家
蔡悟轩		1(170) 5(28)	海门沙绅
蔡家矩	字芝芳	8(34)	吴长庆幕府记室
蔡陶模		2(752) 3(1192) 3(1213)	江苏省议员,大源轮局创办人
蔡彬懿		1(599)	全国水利局技正
蔡赓年		8(230)	学正
蔡 谟		6(10)	东晋重臣
蔡鲜民		1(418)	藏家
蔡 震		1(703) 1(741) 1(769)	瓜州石驳工程管理员

续 表

姓　名	其他称谓	册（页）	备　　考
蔡儒楷	字志赓	2(451) 2(454) 2(514) 2(515) 8(767) 8(772)	光绪举人，教育总长，山东巡按使
蔺　七		2(747)	通缉犯
蔺本芹		3(817)	海州与盐匪勾结者
蔺本诚		3(817)	海州与盐匪勾结者
蔺相如		6(33) 8(110) 8(766)	战国赵上卿
熙宁太后	刘娥	6(269)	北宋章献皇后，宋仁宗赵祯母，摄政皇太后
熙　麟	字小舫	8(291) 8(394) 8(1006—1007) 8(1010)	光绪九年进士，侍读学士，会试房考
蔚　华		8(37)	张謇乡人
榛　山		8(61) 8(87)	张謇友
臧纡青	字牧庵	6(49)	孙云锦父友，道光十一年宿迁举人，奕经军幕，通判
臧　琳	字玉林	6(143) 6(170)	清音韵训诂家
臧　彊	字子臧，谥僖	7(483) 8(138)	春秋鲁大夫
臧增庆	字雪楼	8(623)	宿迁举人
蜚　卿		8(4) 8(8)	张謇早年乡友
裴子野		6(105) 8(318)	南朝史家
裴　休		6(239) 6(241)	唐吏部尚书
裴松之		6(109)	南朝宋史家
裴荫森	字樾岑	4(111)	清同治二年进士，李鸿章军幕，福建按察使、船政大臣

续 表

姓　名	其他称谓	册(页)	备　考
裴　骃		4(82) 8(581)	南朝史家
裴　敖		7(95)	张謇友
裴耀卿		8(342)	唐宰相
箕　子	名胥余	2(206) 4(206) 6(187) 6(541) 8(191) 8(203) 8(343)	殷商太师
管云臣	字寄青	2(259) 2(446) 2(449) 2(511) 2(518) 2(584) 5(148) 5(179) 6(406) 6(407) 8(779) 8(806) 8(837) 8(842) 8(1038) 8(1039)	道员,东三省军事参谋,民初通海镇守使
管云庆		6(407)	管云臣弟
管云程		6(407)	管云臣兄,直隶知州
管云鹏		6(407)	管云臣兄
管日升		6(406)	管云臣父
管　氏		6(336) 7(168) 8(790) 8(1007—1008) 8(1036)	张謇妾
管凤龢		2(259)	海城知县,奉天高等审判厅厅丞
管　文		6(381)	管氏迁南通者
管玉堂		6(381)	管步云兄
管石臣	名国柱	3(1552) 3(1660) 5(248) 6(381) 7(254) 8(730) 8(742) 8(749) 8(765) 8(771) 8(772) 8(776) 8(781) 8(782) 8(783) 8(784) 8(789) 8(790) 8(797) 8(798) 8(801) 8(802) 8(806) 8(818)	张謇门生,秘书,庠生,南菁高等学堂、通州特设国文专修科毕业

续 表

续 表

姓　名	其他称谓	册（页）	备　　考
管遵坦		6(406)	盐城管氏先祖
毓　朗	爱新觉罗氏，字月华，号余痴	1(220)	光绪三十三年袭贝勒，巡警总监，步军统领，军咨大臣
僧大昜		7(540)	唐诗僧
僧格林沁	博尔济吉特氏	6(111) 6(452—453) 7(432) 8(275)	忠亲王
槃　瓠		6(80)	古代神话人物
瘦　梅		8(3) 8(4)	张謇早年乡友
廖子晦		8(447) 8(1013)	朱子门生
廖世功	号叙畴	3(1514)	法国政治科学院学士，北洋洋务局帮办，巴黎总领事，中法实业银行中方总经理
廖世经	字星石	2(259)	嘉定县学务总董，奉天承德地方监察厅检察长
廖寿恒	字仲山，晚号抑斋	8(289)	同治二年进士，礼部右侍郎，会试主考官，军机大臣
廖楚璜	字麓樵	3(1324)	县长
端　方	托忒克氏，字午桥，号陶斋、匋斋，人称午帅、陶帅。謇之“督帅”“端午帅”“陶斋”“节帅”	2(109) 2(138) 2(140) 2(142) 2(190) 2(193) 2(197) 2(198) 2(199) 2(200) 2(201) 2(201) 2(204) 2(205) 2(206) 2(207) 2(208) 2(209) 2(211) 2(212) 2(214) 2(216) 2(218) 2(223) 2(224) 2(225) 2(226) 2(229) 2(232) 2(233) 2(235) 2(236) 2(238)	光绪八年举人，湖北巡抚，署湖广总督，两江总督，湖南巡抚，闽浙总督，直隶总督，川汉、粤汉铁路督办大臣，署四川总督，金石家

续 表

续 表

续 表

姓　名	其他称谓	册（页）	备　　考
翟伯恒	字保之，号东泉	6(275) 8(4)	翟勋子，进士，给事中，泰兴举人，旅京南通会馆主事
翟季久		2(449)	知事
翟季桃		6(273)	翟登云曾祖
翟秉礼		6(273)	翟登云祖
翟秉忠		6(273)	翟登云本生祖
翟宝书		6(273)	翟登云子，数学家
翟宝源		6(273)	翟登云子
翟荣衮	世称镜山先生	6(273)	翟登云父
翟树礼	封通奉大夫	6(275)	翟文俊四子
翟　勋	封通奉大夫	6(275)	翟树礼子，县增广生
翟钦锡		6(275)	县学生
翟　恂		6(275)	翟伯恒兄，举人
翟　善	谥文德	6(275)	明洪武尚书
翟登云	字叔展，号望山	6(273) 6(620) 7(497) 8(428) 8(434)	清咸丰九年举人，西溪书院院长
翟德基		6(275)	清国子监生
翠　云		8(67)	青楼女史
翠姑太太		3(1525)	张謇亲戚
熊开泰		5(122)	明人
熊元锽		1(301)	江西绅商
熊太夫人		7(198)	熊希龄母

续表

姓 名	其他称谓	册(页)	备 考
熊 心		4(3)	义帝,秦末楚怀王
熊功甫	名兆元	8(208) 8(876)	同治举人,翁同龢姻亲,南通袁灶富绅
熊 过	字叔仁	6(124)	明学者
熊希龄	字秉三,别名熊凤凰	1(243) 1(255) 1(262) 1(264) 1(281) 1(286) 1(287) 1(290) 1(291) 1(292) 1(294) 2(199) 2(240) 2(241) 2(266) 2(271) 2(318) 2(324) 2(343) 2(351) 2(359) 2(361) 2(363) 2(370) 2(371) 2(381) 2(383) 2(393) 2(394) 2(395) 2(396) 2(397) 2(398) 2(400) 2(402) 2(406) 2(407) 2(408) 2(409) 2(412) 2(422) 2(434) 2(442) 2(460) 2(599) 2(600) 2(635) 2(637) 2(662) 2(667) 2(668) 2(672) 2(673) 2(706) 2(710) 2(744) 3(774) 3(797) 3(798) 3(805) 3(808) 3(909) 3(914) 3(1037) 3(1492) 4(258) 4(303) 5(142) 5(143) 8(453) 8(708) 8(709) 8(711) 8(724) 8(743) 8(758) 8(759) 8(761) 8(763) 8(766) 8(772) 8(777) 8(781) 8(792) 8(856) 8(864) 8(1014) 8(1026) 8(1029) 8(1033) 8(1034) 8(1035) 8(1040)	光绪二十年进士,中国公学董事,国务总理,京畿水灾河工善后事宜督办
熊季廉	名元锷	8(604)	南浔铁路驻沪坐办

续 表

姓 名	其他称谓	册（页）	备 考
熊省之		3(1555) 5(138)	医士
熊养和	字宇函	2(748)	熊渭珍之子，阜宁县警备营营长
熊铁岩		8(422)	张謇友
熊梦文	字飞伯	5(122)	清顺治通州诸生
熊辅龙		3(850) 8(737)	日本千叶医专毕业，南通医学专门学校、医院主任
熊鼎庵	又名鼎安	8(167) 8(197)	张謇乡友
熊渭珍		2(748)	清武举人
熊聘三		8(589) 8(617) 8(632)	张謇同年
熊 襄		6(105)	南朝齐史家
缪子才	名篆	2(485) 3(1663)	留学生，章太炎弟子
缪文功	字敏之	2(252) 2(667) 3(884) 3(1425) 3(1426) 3(1431)	通师讲习科生，日本宏文师范留学，通州国文专修科管理员、省立七中校长
缪仲淳		7(185) 8(813)	宋名医
缪杏村		2(728)	沪华英药房经理
缪希陶	缪步青	2(664)	韩国钧姻亲，道光栟茶市董、地主、知名绅士
缪金源		3(847)	南通中学学生，北大哲学科学生
缪荃荪	又名荃孙，字炎之，又字筱珊、小山，晚号艺风老人	1(131) 2(99) 2(195) 3(1636) 3(1650) 3(1651) 3(1652) 3(1653) 3(1654) 3(1655) 3(1656) 3(1657) 3(1658) 3(1659) 7(97)	光绪二年进士，编修，国史馆提调，清史稿总纂

续　表

姓　名	其他称谓	册（页）	备　　考
		7(102) 8(206) 8(403) 8(409) 8(424) 8(426) 8(432) 8(438) 8(443) 8(456) 8(462) 8(471) 8(473) 8(474) 8(477) 8(483) 8(488) 8(500) 8(501) 8(504) 8(508) 8(517) 8(546) 8(570) 8(574) 8(615) 8(635) 8(636)	
缪祐孙	字柚岑，又字孚民	8(52) 8(53) 8(60) 8(71) 8(83) 8(90) 8(116) 8(117) 8(118) 8(128) 8(129) 8(131) 8(133) 8(147) 8(159) 8(183)	张謇友，缪荃孙从弟，光绪十二年进士，户部郎中
缪　琛		3(1429) 3(1431)	通师优等生
缪蘅甫	名朝荃	8(282) 8(285) 8(303) 8(460)	藏书家
十五画			
慧　之		7(295) 7(296)	寺僧
慧　永		8(824)	晋高僧
慧　远		8(824)	晋高僧
慧　善		3(1355)	南通寺僧
蕙　儿		8(430) 8(593)	张謇侄女
瑾　山		8(35)	张謇乡友
增　韫	字子固	6(607) 8(665) 8(690) 8(711) 8(1026)	附生，直隶布政使，浙江巡抚
蕃　实		8(583)	张謇政友
蕊　珠		8(61)	金坛女史

续 表

姓　名	其他称谓	册（页）	备　考
横　林		8(688)	张謇友
槱　之		8(4) 8(8) 8(37)	张謇乡友
樗里疾	人称樗里子	8(109)	秦国宗室
樊云门		3(1594)	清总兵
樊民一	名璞	7(511) 8(641) 8(715)	通州师范讲习科生，日本宏文师范留学
樊兆程		6(90)	明赣榆知县
樊汝贤		3(906)	南通捐税官
樊守棻		1(68)	甬商
樊　迟	名须，字子迟	6(24) 6(25) 6(353) 6(359) 6(445) 7(405) 8(4) 8(117) 8(157)	孔子弟子
樊　哙	谥武	8(111)	西汉将军
樊恭煦	字觉先，号介轩	8(384)	同治十年进士，司经局洗马，江苏提学使
樊　莹	字廷璧，号澄江	5(122)	明天顺八年进士，刑部尚书
樊　棻	字时勋、时薰	1(26) 1(134) 2(118) 2(180) 2(200) 2(234) 2(410) 2(531) 3(1440) 3(1597) 3(1604) 3(1626) 3(1628) 4(27) 4(125) 4(126) 5(100) 5(101) 5(102) 5(667) 5(676) 5(688) 5(694) 5(698) 5(702) 5(706) 5(710) 5(714) 5(718) 5(723) 6(333) 6(359) 6(462) 7(523) 8(409) 8(467)	沈葆桢、李鸿章、张之洞幕客，大生纱厂沪董，同仁泰盐业公司股东，浙江兴业银行总经理

续 表

姓 名	其他称谓	册(页)	备 考
		8(480) 8(495) 8(567) 8(570) 8(597) 8(604) 8(614) 8(616) 8(617) 8(622) 8(648) 8(649) 8(669) 8(695) 8(713) 8(725) 8(1011)	
樊樊山	名增祥,字嘉父	6(560) 7(270) 8(679) 8(682) 8(688) 8(698) 8(704) 8(728) 8(1029)	光绪三年进士,江宁布政使,谢珩师
霈 之		8(103) 8(104)	张謇友
颛 顼		6(67) 6(68) 6(78) 6(148)	五帝之一
墨 翟	墨子	4(95) 4(537) 4(631) 4(632) 4(633) 6(35) 6(608)	墨家创始人
镇 援		3(1431)	通师管厨事务生
稽常先		6(68)	轩辕相
黎天才	字辅臣	6(441) 6(522) 8(749)	吴淞军政分府水陆军统领
黎元洪	字宋卿,人称黎黄陂	2(308) 2(329) 2(339) 2(391) 2(405) 2(471) 2(593) 2(594) 2(596) 2(620) 2(630) 2(631) 3(932) 3(1062) 3(1066) 3(1150) 3(1154) 3(1163) 3(1167) 3(1174) 3(1203) 3(1351) 3(1371) 4(233) 4(234) 4(555) 4(556) 8(744) 8(750) 8(763) 8(803) 8(921) 8(940) 8(959) 8(1031) 8(1032) 8(1046)	北洋水师学堂毕业,暂编陆二十一军统领,湖北军政府都督,总统

续 表

姓　名	其他称谓	册（页）	备　　考
黎功叙	字九成	8(46)	江苏候补知县
黎莼斋	名庶昌，又字蓴斋	2(18) 8(359)	廪贡生，曾国藩幕僚，驻英、德、法、西班牙参赞，驻日大臣
德兴阿	乔佳氏	6(264)	都统
德　泰		8(402)	张謇友
德　璘		8(779)	裕庚女
虢　仲		6(66)	周文王弟
虢　叔		6(66)	周文王弟
鲧		4(60) 6(167)	上古有崇部落首领
颜平原		7(106)	唐太子太师，书法家
颜师古		6(80) 6(93) 6(182) 6(202) 6(214) 6(229) 6(400) 8(185)	唐初经学、训诂家
颜　回	字子渊，人称颜子	3(1388) 6(94) 6(318) 8(146) 8(289) 8(814)	孔子弟子
颜连庆		4(236)	江北水利测量局测量员
颜作宾		1(497) 1(498) 1(531) 1(579) 1(681)	运河局委员
颜杲卿		2(626)	颜真卿兄，唐常山太守
颜季明		2(626)	颜真卿堂侄，颜杲卿子
颜季馀	名德庆	2(173)	颜惠庆弟，美国理海大学铁道工程毕业，粤汉铁路、上海铁道局技师，湘鄂铁路局长
颜　测		7(240) 8(877)	南朝人

续 表

姓 名	其他称谓	册(页)	备 考
颜真卿	字清臣,人称颜鲁公	2(626) 4(641) 8(10) 8(27) 8(53) 8(90) 8(236) 8(402)	唐开元进士,名臣,书家
颜惠庆	字骏人	1(514) 1(525) 3(917) 3(922) 3(964) 3(1021) 3(1027) 3(1042) 3(1066)	美国弗吉尼亚大学毕业,上海圣约翰大学教员,民初外交总长
潜说友		6(203) 8(270)	南宋进士,户部尚书
潘一山		2(449)	赵凤昌女婿,军界知名之士
潘小枚		8(8)	画工
潘小洲		8(555) 8(561)	潘荻洲子
潘月樵	艺名小连生	2(540)	京剧老生
潘丹庭	名矩楹,亦作榘楹	2(525)	日本振武学校留学,陆军第20镇统带,绥远都统
潘凤岐		3(1510)	垦牧公司第二堤主任
潘文超	字谨斋	6(296) 6(297)	张謇友
潘世杰		2(1157) 8(1011)	张謇门生
潘四农		6(547) 7(28) 8(885)	清诗人
潘兰寯		1(96)	前署邳州学政
潘 尼		8(192)	西晋文家
潘贞孝		8(528)	山阴人
潘邠老	名大临	7(524)	宋江西派诗人
潘仲午	名祖年	8(239)	潘祖荫弟,以兄荫官刑部云南司郎中

续 表

姓 名	其他称谓	册(页)	备 考
潘华茂	字鹤琴	1(26) 2(82) 3(1598) 3(1605) 4(27) 4(28) 4(125) 4(126) 4(127) 7(111) 8(409) 8(410) 8(411) 8(420) 8(421) 8(422) 8(423) 8(1011) 8(1012)	沪洋行买办
潘体元	名师正	7(524)	唐著名道士
潘沅溪		8(84) 8(86) 8(91) 8(115) 8(117) 8(149) 8(154) 8(163) 8(164) 8(166) 8(182) 8(183) 8(261) 8(263) 8(264) 8(265) 8(266) 8(267) 8(272) 8(273) 8(275)	张謇庆军友,军门
潘良材(才)	字幹贞,又字子贞、子桢	8(18) 8(19) 8(20) 8(21) 8(28) 8(29) 8(30)	张謇钟山书院学友
潘补之		8(55) 8(63) 8(64) 8(68) 8(80) 8(81) 8(89) 8(103) 8(104) 8(119) 8(142) 8(145) 8(161) 8(164) 8(166) 8(210)	张謇早年学友,扬州画家
潘其铃	字莘田	8(30) 8(45) 8(46) 8(84) 8(149)	都转盐运使
潘季驯	号印川	4(60) 4(323) 6(23) 6(24) 8(994) 8(1005)	明水利专家
潘 岳	名安	8(859)	西晋文学家
潘秉炎		3(1507)	垦牧初小学生
潘南村		6(547)	清诗人
潘思牧	字一樵,号樊川	6(614)	清画家

续 表

姓 名	其他称谓	册(页)	备 考
潘 复	字心航、馨航、心杭	2(456) 2(517) 2(524) 2(540) 2(563) 2(600) 2(615) 3(877) 3(887) 3(889) 3(954) 6(402) 7(472) 8(772) 8(811) 8(797) 8(798)	举人,江苏布政使陆钟琦幕僚,山东实业司司长,全国水利局副总裁
潘保之	名荫东,晚号樵叟	2(93) 6(413) 7(182) 7(193) 7(311) 7(316) 7(524) 8(223) 8(224) 8(225) 8(226) 8(228) 8(376) 8(418) 8(442) 8(468) 8(875) 8(942) 8(951)	同治九年举人,署高邮学正,如皋丰利两等小学创办人、校长,如皋商会名誉会员
潘祖光		1(196)	安徽国会代表
潘祖荫	字在钟、东镛,号伯寅、少棠、郑盦,谥文勤	2(30) 2(271) 4(83) 4(86) 6(114) 7(80) 8(228) 8(230) 8(231) 8(232) 8(234) 8(239) 8(244) 8(251) 8(263) 8(266) 8(271) 8(289) 8(291) 8(322) 8(343) 8(515) 8(1004) 8(1005) 8(1007)	咸丰二年探花,兵部尚书,乡试考官
潘祖廉		3(896)	江苏省议员
潘荻洲	名延初	7(442) 8(553) 8(555) 8(556) 8(559) 8(561) 8(564) 8(567) 8(702)	日本函馆华商董事
潘逢年		6(335)	静海增贡
潘 浩	字盈川	8(42)	南通画家
潘 骏		6(228)	前监司
潘淑贞		6(296)	潘谨斋姊

续 表

姓 名	其他称谓	册(页)	备 考
潘鼎立	字豫轩	8(93)	淮系镇军
潘鼎新	字琴轩	2(53) 8(72)	淮军鼎军首领,李鹏翰友,道光二十九年举人,李鸿章军幕,云南、湖南巡抚
潘瑞澂	又名瑞徵	2(95) 2(96) 2(97) 2(477—478)	大生沪事务所帮办,张謇称“潘瑞翁”
潘廉访		2(33)	名不详,廉访使
潘蔚人		2(428) 2(430) 8(459)	南通贫民工场执事
潘履园		6(588)	张謇金融友
潘藜阁		8(20) 8(45)	刺史
潘 霨		8(173)	湖北巡抚
额勒精额		1(36)	河南布政使
鹤 晏		8(684)	张謇友
鹤 皋		8(41)	张謇乡友
鹤 舫		8(199)	张謇沪友
履 武		8(200)	张謇仆
履 和		8(72) 8(78)	李鹏翰友
豫 让		4(551)	春秋战国晋国“国士”
十六画			
璞 生		8(189)	张謇友
燕 三		8(40)	张謇乡人
燕 伯		6(97)	春秋燕国国君燕惠公
燕 姞		8(75)	春秋时人

续 表

姓　名	其他称谓	册(页)	备　考
薛小亭		8(15) 8(89) 8(90) 8(130) 8(134) 8(135) 8(136) 8(154) 8(174) 8(196) 8(197) 8(216) 8(217) 8(231)	张謇早年良友
薛允升	字克猷,号云阶	8(148) 8(1009)	咸丰六年进士,山西按察使,刑部尚书,阅卷大臣,律学家
薛玉和	字义夫	8(14) 8(22)	夏厚庵晚辈
薛占奎		1(713) 1(721) 1(731)	宝应北闸引河工程技术监工员
薛立斋		7(185) 8(813)	明医家
薛时雨	字慰农,又字澍生,晚号桑根老人	6(33) 6(397) 6(400) 7(86) 7(120) 7(494) 8(20) 8(21) 8(22) 8(23) 8(24) 8(31) 8(32) 8(33) 8(34) 8(41) 8(45) 8(46) 8(47) 8(49) 8(50) 8(51) 8(52) 8(55) 8(57) 8(58) 8(60) 8(63) 8(70) 8(71) 8(76) 8(81) 8(82) 8(87) 8(90) 8(94) 8(95) 8(97) 8(98) 8(105) 8(110) 8(114) 8(116) 8(117) 8(128) 8(129) 8(134) 8(137) 8(148) 8(149) 8(156) 8(157) 8(158) 8(159) 8(165) 8(169) 8(209) 8(348) 8(403) 8(467) 8(500) 8(994) 8(996)	张謇"慰师",咸丰三年进士,李鸿章军幕,江宁尊经书院、惜阴书院山长
薛灵芸		3(1557) 6(470)	唐秀女
薛叔耘	名福成,号庸庵	2(14) 2(19) 8(180) 8(292) 8(1002)	同治副贡,曾国藩、李鸿章幕僚,宁绍台道,驻英、法、比、意公使

续 表

姓 名	其他称谓	册(页)	备 考
薛秉初	名䎃	2(578) 2(628) 2(715) 2(718) 2(725) 2(744) 2(753) 3(915) 3(1065) 3(1559) 3(1560) 3(1659) 3(1660) 3(1661) 3(1662) 3(1663) 3(1664) 7(164) 7(165) 7(166) 8(700) 8(701) 8(703) 8(704) 8(712) 8(714) 8(773) 8(774) 8(776) 8(777) 8(778) 8(779) 8(781) 8(782) 8(783) 8(784) 8(785) 8(786) 8(787) 8(788) 8(789) 8(791) 8(793) 8(794) 8(796) 8(797) 8(799) 8(800) 8(802) 8(803) 8(804) 8(805) 8(806) 8(812) 8(814) 8(815) 8(817) 8(819) 8(820) 8(821) 8(842) 8(864) 8(867) 8(868) 8(871) 8(1035) 8(1036)	张謇门生,曾任全国水利局主事,南通更俗剧场经理
薛饴澍		8(23) 8(28) 8(47) 8(49) 8(50) 8(51) 8(52) 8(53) 8(54) 8(55) 8(56) 8(57) 8(60) 8(63) 8(66) 8(70) 8(74) 8(81) 8(83) 8(86) 8(87) 8(88) 8(105) 8(106) 8(107) 8(110) 8(113) 8(116) 8(117) 8(118) 8(123) 8(131) 8(133) 8(137) 8(140) 8(148) 8(154) 8(159) 8(172) 8(173) 8(500)	薛时雨子,张謇挚友
薛祉常		6(409)	县学常董

续 表

姓 名	其他称谓	册(页)	备 考
薛南溟	名翼云,以字行	8(460)	薛福成长子,光绪十四年举人,李鸿章幕僚,丝茧巨商
薛郢生		5(171)	南通士绅
薛钧培		1(497)	江苏省议员
薛将仕		8(69)	南宋医家
薛屏山		2(304) 3(1625)	泉币收藏家
薛 珩		5(125)	清泰兴画家
薛颂瀛	字仙舟,以字行	1(243)	北洋大学法科肄业,美、德留学生,上海国民合作储蓄银行创办人,中国公学董事
薛扆彬		8(500)	薛饴澍次子
薛陶庵		8(4) 8(113)	张謇庆军幕友
薛淮生		8(22) 8(76)	学者
薛葆梿	字慕淮	7(120) 8(54) 8(55) 8(56) 8(57) 8(71) 8(87) 8(88) 8(91) 8(130) 8(134)	薛时雨子
薛葆楹		7(120) 8(23) 8(60) 8(500)	薛时雨子,光禄署正
薛 嵩		4(574)	安禄山部将
薛 虞		6(179) 6(180)	东汉易学者
薛穆清		4(635)	南通县教育会副会长,南通县自治会议员
薛 蘅		2(529) 5(145) 5(149)	南通士绅

续 表

姓　名	其他称谓	册（页）	备　　考
薛攀云		8(29)	“横云”轮管带
薪　甫		8(8) 8(11)注：疑为王欣甫	
翰　飏		8(78)	张謇乡友
霍去病		6(12) 8(111)	西汉骠骑将军
霍　翔	字骞甫	8(33) 8(34) 8(43) 8(172) 8(174) 8(233)	张謇惜阴书院友
霍穆欢		8(340)	会试总裁
冀　云		2(376)	赵凤昌友
默　识		2(658)	南通观音院监察僧
镜　台		8(39)	张謇早年友
镜　如		3(878)	高邮承天寺僧
镜　湖		8(15)	张謇学友
穆少若		8(485)	观察
穆克登布		2(91)	厘局总办
穆湘玥	字藕初	2(489) 3(806) 4(467) 5(209) 6(405) 8(779)	龙门书院学监，江苏铁路公司警务长，留美农学硕士，德大纱厂、厚生纱厂、豫丰纱厂创办人
穆湘瑶	字抒斋	3(817) 3(896) 8(658) 8(662)	穆藕初兄，德大纱厂创办人
穆彰阿	字子朴，号长白	6(52)	嘉庆十年进士，清江宁将军，军机大臣
衡　堂		8(136) 8(139) 8(147) 8(149) 8(150) 8(154) 8(155) 8(171)	张謇庆军幕友

续 表

姓 名	其他称谓	册(页)	备 考
廪 君		6(80)	巴国首领
十七画			
嬴 驷		6(79)	秦惠文王
嬴 政		6(233) 6(250) 6(251) 8(213)	秦始皇
羲 和		6(7)	太阳神、时间之神
燧 人		4(264)	三皇之首
戴士棻		6(424)	南通乡绅
戴大有		6(524)	清雍乾杭州画家
戴子静		6(380)	津浦路局职员
戴少怀	名鸿慈,字光孺,晚号毅庵	3(1581) 8(619) 8(631) 8(1021) 8(1022)	光绪二年进士,户部侍郎,军机大臣
戴东原	名震	8(282)	清学者
戴 生		3(1513)	垦牧职员
戴 圣		6(105) 6(578)	汉今文经学“小戴学”开创者
戴兆春	字青来	8(385)	戴熙孙,光绪三年进士,编修,山水画家
戴兆鉴		8(688) 8(1024)	度支部员
戴 良	号九灵山人	7(88) 7(499) 8(479)	元末明初诗人,余阙诗弟子
戴 妫		6(38) 7(403)	战国卫庄公妾
戴卓庵		3(1007)	南通乡董
戴 侗	字仲达	6(198)	南宋文学家

续　表

姓　名	其他称谓	册（页）	备　　考
戴性存		6(306)	张謇族西宅执业
戴　昱		5(125)	清泰兴画家
戴钧衡	字存庄，号榕洲	6(49) 6(219) 8(19)	道光二十九举人，桐城才子，孙云锦同乡
戴祝庆		2(550)	张謇友
戴展诚		8(723)	中央教育会员
戴彬元		8(225)	江南乡试主考
戴　福		8(132) 8(147)	张謇仆
戴　熙	字醇士，号鹿床，谥文节	6(46) 6(304)	道光十二年进士，兵部侍郎，画家
戴　德		6(105)	汉今文礼学“大戴学”开创者
戴德书		7(465) 8(15)	张謇早年乡友
鞠捷昌		8(261) 8(262) 8(266) 8(1005) 8(1007)	前署臬司，河南开归道
鞠同善		6(513)	洛阳桥督工
鞠　常		8(172)	张謇京友
鞠蒂芳		2(604) 2(756)	保坍会测绘技师
鞠德璜		3(855)	南汇产会会董
藏荣绪		6(105)	南齐史家
薰　南		2(25) 8(55) 8(56) 8(57) 8(58) 8(59) 8(62) 8(65) 8(66) 8(67) 8(68) 8(72) 8(73) 8(74) 8(75) 8(87) 8(88) 8(99) 8(101) 8(102) 8(103) 8(104)	张謇庆军幕密友

续 表

姓 名	其他称谓	册(页)	备 考
		8(106) 8(109) 8(120) 8(123) 8(128) 8(129) 8(130) 8(131) 8(132) 8(134) 8(139) 8(145) 8(155) 8(157) 8(159) 8(161) 8(189) 8(210) 8(231) 8(395) 8(403)	
檀文有	名敷	6(439)	东汉末年名士
毲 卿		2(142) 8(292) 8(345)	张謇政友
魏无忌	魏公子,信陵君	8(110)	魏国兵家
魏元忠		6(107)	唐宰相
魏 冉	封穰侯	8(110)	秦国大夫
魏光焘	字午庄,号石龙山人、湖山老人	1(52) 1(56) 2(123) 6(314) 8(533) 8(583) 8(584) 8(586) 8(587) 8(591) 8(1019) 8(1020)	两江总督
魏 收		6(109)	南北朝史家
魏 若		8(229) 8(240) 8(244) 8(292) 8(325)	张謇友
魏枝如		3(1533)	张謇友
魏诗铨		8(634)注:原文为"崇明令魏"	优贡,崇明知县
魏季子	魏礼,字和公	6(305)	明末清初文学家
魏诚经		1(49) 5(53)	州同衔
魏 相		6(16)	西汉政治家
魏 胜		6(315)	宋将领

续 表

姓 名	其他称谓	册(页)	备 考
魏 衍		8(824)	宋代诗人
魏栖梧		8(333)	唐书家
魏 豹		8(111)	魏国贵族
魏家枢		5(122)	明崇祯举人,清顺治三年进士,刑部尚书
魏家骅		2(195) 3(1211) 3(1225)	东昌知府,南京商会会长,实业家
魏梅孙		8(640)	义绅
魏景尧		6(513)	渠堤工程负责人
魏 搢	字书笏	8(83) 8(84) 8(85) 8(86) 8(87)	张謇早年友
魏 徵	字玄成(元成)	8(138) 8(551)	唐宰相
夔 莲		6(549)	冯晏海文友
濮止泉	名子潼,字止潜、子泉、子潜、止泉、紫泉,号霞孙	2(213) 3(1465) 7(288) 8(225) 8(228) 8(229) 8(231) 8(233) 8(236) 8(239) 8(240) 8(244) 8(251) 8(271) 8(288) 8(292) 8(295) 8(305) 8(337) 8(341) 8(360) 8(381) 8(465) 8(631) 8(803) 8(1004) 8(1008)	张謇友,光绪三年进士,杭州"风义"士,江苏布政使、巡抚
濮宗柏	字友松	7(395) 8(971)	仇继恒友,江宁救生局董事
濮莀生		3(1465)	濮止泉堂弟
濮桐楼		8(90) 8(92)	大令
蹇季常		8(743)	张謇立宪派政友

续 表

姓　名	其他称谓	册(页)	备　　考
十八画			
藕　香		8(61)	青楼女史
瞿宏馀		6(285)	张謇祖,金沙乡人
瞿学忠		6(285)	瞿宏馀子
瞿贵生		3(1496)	张謇表侄,垦牧公司佃种人
瞿竞成		4(635)	金泽荣文友,南通学者
瞿鸿宾	字莘畬	1(742) 2(648) 2(658) 2(675) 2(681) 2(737) 2(756) 3(763) 3(788) 3(797) 3(817) 3(820) 3(823) 3(859) 3(1099) 3(1201) 4(440) 5(248) 5(249) 7(345) 7(358) 8(884) 8(915) 8(943) 8(952) 8(953) 8(1045) 8(1047)	南通县长
瞿鸿禨	字子玖、子久,号止庵,晚号西岩老人	8(1020)	同治十年进士,江苏学政
瞿赓甫	名廷韶,字赓父,又字舜石	3(1651) 3(1652) 3(1657) 8(422)	同治九年举人,湖北盐法道、布政使,垦牧股东
瞿鼎翰	字葶馨	8(354) 8(381) 8(433)	张謇友
瞿　锁		3(1496)	张謇表侄,垦牧公司佃种人
彝　斋		2(107)	通海蚕桑公司司账
十九画			
蘧　瑗	字伯玉	6(33) 6(535) 8(155) 8(568)	卫国大夫

续 表

姓 名	其他称谓	册（页）	备 考
藻 江		8(6) 8(100)	张謇乡友
霭 卿		8(192)	张謇友
黼 屏		8(151)	张謇乡友
黼 卿		8(228) 8(231)	张謇友
瀛 士		3(1476)	张謇僚属
瀛 楂		8(90)	张謇友
瀛 槎		8(91) 8(473)	张謇友
韡 庄		3(955)	崇明外沙沙绅
二十画以上			
耀 亭		8(75)	张謇乡友
耀 德		3(1607)	垦牧职员
黥 布	原名英布	8(111)	西汉九江王
籍忠寅	字亮侪	2(668) 8(743) 8(808)	吴汝纶莲池书院门生，早稻田大学政治经济科毕业，资政院议员，云南财长
灌 英	封颍阴侯	8(111)	西汉将领
夔		6(26) 8(122)	虞舜乐官
懿 伦		3(1553)	张謇戚
鬻 熊		6(66)	楚国先祖
麟 书	爱新觉罗氏，字芝蓀	8(379) 8(589) 8(1009)	咸丰三年进士，殿试阅卷大臣，大学士

(二)《张謇全集》(2012 年版)外国人名索引

姓　名	字号/原名	册(页)	备　考
		一画	
一濑秀太郎[日]		8(537)	伊良林寻常小学校长
		二画	
丁义华[美]	Edward Waite Thwing	8(762)	美国长老会传教士,社会活动家
丁恩[英]	Richar Morris Dane	2(422) 2(423) 2(424) 2(425) 2(426) 2(427) 2(428) 8(1037)	民初财政部监务稽核会办,盐务顾问
丁家立[美]	Tenney Charles Daniel,号品斋	3(1552) 3(1556) 3(1558) 8(790)	参赞,传教士
卜夏[法]		1(346) 3(1548) 8(772) 8(773) 8(774) 8(777) 8(1035)	法国各省银行代表
人见[日]		8(929)	东拓职员
		三画	
三条实美[日]		6(320) 8(556)	政治家
土本峻一[日]		2(743)	宇治舰大尉
士遮夫[荷兰]	Baruch de Spinoza	4(75)	哲学家
大久保利通[日]		2(186)	明治维新政治家
大仓喜八郎[日]		1(441) 1(442) 7(352) 8(763) 8(782)	鸭绿江锯木厂主,军火财阀
大西奈良松[日]		8(545)	小学教员
大村芳树[日]		8(543)	桃山女师校长
大冢贡[日]		8(557) 8(559) 8(560)	北海道厅事务长

续 表

姓　名	字号/原名	册(页)	备　考
大隈重信[日]		1(187) 2(265)	内阁总理大臣
上岛正一[日]		8(560)	芍药园主
上原和音[日]		8(558)	平岸单级小学准教员
上野理一[日]		7(124) 8(540) 8(546)	《朝日新闻》社长
山内愚仙[日]		8(540)	《朝日新闻》社画师
山本赞七郎[日]		8(781)	照相馆主
山田新一郎[日]		8(539) 8(540) 8(567)	大阪府书记官
川岛礼次[日]		2(743)	宇治舰主计
小山春卿[日]		7(130) 8(548) 8(549) 8(551) 8(552) 8(553) 8(563) 8(567)	东京工业商业学校校长,文部省实业学务局长,大阪株式会社三十四银行总办
小田切万寿之助[日]		2(409) 8(444) 8(554) 8(724) 8(763) 8(773) 注:8(444)原名写作“小田七万岁之助”。	日驻沪代理总领事
小池信美[日]		8(539) 8(540) 8(542) 8(543) 8(544) 8(545) 8(546) 8(547) 8(548) 8(564)	朝日新闻社执笔人
小林光太郎[日]		8(554)	外务部翻译
小岸[日]		8(538)	京都伎
小野田嘉久二[日]		8(547)	鹤桥村农校书记兼教谕
小幡英之助[日]		8(553)	牙科医生
卫根[美]		2(709) 2(746) 2(747)	扬州运河局水利工程师
卫勒[英]		1(365)	民初农商部技正

续 表

姓　名	字号/原名	册(页)	备　考
马云卿[法]	马德赉，Josephus de Moidrey	2(611) 4(352) 4(368)	徐家汇观象台台长，天主教神父
马兰[比]		2(564)	化工投资人
马克斯(思)[德]	Karl Heinrich Marx	4(620) 4(623)	社会学家、思想家
马克谟[美]	John V. A. MacMurray	2(475) 2(483)	美代公使
马君[意]		3(827)	商船主
马林[加拿大]	Williams Edard Macklin	2(405)	传教士，医生
马济周[美]		8(779)	美驻沪副领事
马敦[美]		3(1455)	领事
		四画	
井上惣兵卫[日]		8(564) 8(565)	改良盐釜者
井上馨[日]		2(16)	政治家
井原百介[日]		8(547)	鹤桥村农校校长
天野恭太郎[日]		8(536) 8(1019)	江宁领事
木下[日]		8(551)	大学院长
木户幸一[日]		2(676) 2(682)	侯爵
木村忠次郎[日]		2(259) 3(1415) 3(1574) 8(587)	通州师范教习
木造高俊[日]		2(125) 4(69) 8(532) 8(553) 8(567) 8(1019)	通州师范教习
戈登[英]	Charles George Gordon	1(16) 1(486) 4(55)	英军将领

续 表

姓　名	字号/原名	册（页）	备　考
比必[美]		8(427) 8(428) 8(583)	江宁医生
比垂		6(543)	天文学家
中山[日]		8(928)	驹井德三秘书
中岛义光[日]		8(544)	高等工业学校书记
中野文次郎[日]		8(603)	医生
内松		6(543)	天文学家
内野高古[日]		8(561)	函馆商议会长
内藤湖南[日]	本名虎次郎，字炳卿	2(124) 7(125) 8(546) 8(563) 8(564) 8(567) 8(1046)	汉学家
冈千仞[日]	字振衣，号鹿门	7(115) 8(482)	东京府书籍馆干事，张裕钊门生
冈田祯三[日]		8(552) 8(553)	静冈商业学校校长
冈村增太郎[日]		8(542)	高等小学校长
贝龙猛[荷兰]		1(423) 1(485) 2(558) 2(609) 2(756) 2(757) 3(940) 4(309) 4(315) 4(374) 6(491) 8(769) 8(770) 8(1034)	水利工程师
贝拉斯[荷]	Beelaerts van Blokland	8(763)	荷兰驻华公使
手臼井辰之助[日]	字手石人	8(563)	凿井专家
手岛精一[日]		8(562)	高等工业学校校长
长冈护美[日]		8(555) 8(561)	子爵
长谷川[日]		8(478) 8(1016)	僧人

续 表

姓 名	字号/原名	册(页)	备 考
长谷川为治[日]		8(540)	造币局长
长谷川茂雄[日]	字泉崎人	8(563)	手臼井辰之助助手
长尾[日]		8(569)	教习
长屋[日]		8(560)	农会长
长根津一[日]		8(762)	东亚同文书院教员
片冈春子[日]		8(542)	幼稚园保姆
仓知铁吉[日]		8(763) 8(767) 8(1033)	外务省政务局长
氏原鋹子[日]		8(542) 8(544)	幼稚园保姆
丹羽[日]		8(728)	汉口三井大班
丹科[美]		2(96)	商人
乌阿通阿[法]	Voltaire	4(76)	启蒙思想家
文窦琳[德]		1(57) 1(67)	德荣华洋行商人,中国渔业有限公司创办人
方维因[荷]		1(412) 1(485) 2(482) 2(566) 3(944) 3(966) 4(315) 4(374) 6(491) 8(771) 8(775) 8(779) 8(780) 8(785) 8(1035)	全国水利局工程师
尹泰骏[朝]		2(22) 2(23) 2(25)	副主事
尹葵堂[朝]		2(26)	闵妃外戚权贵
孔明道[法]	Joseph de Lapparent,字鲁光	2(544)	神父,震旦大学院院长
巴尔格[丹]		2(565) 2(566)	工程师
巴尔登[英]		8(941) 8(1046)	英总领事

续 表

姓　名	字号/原名	册（页）	备　考
巴伦[美]		1(415)	农学家，东益公司经理
巴克[美]		8(722) 8(1028)	农技师
巴斯[德]		2(137) 2(138)	洋匠
五画			
艾文澜[美]	H. J. Everall	5(142)	美孚石油公司代表
古城贞吉[日]		2(103)	《时务报》记者
古柏[不详]		3(1630)	访客
辻武雄[日]		8(453)	庆应大学毕业生
辻筹夫[日]		8(559)	北海道泰晤士新闻社记者
石田清直[日]		8(540)	三井参事
石附喜三太[日]		8(560)	小学教员
布洛边白启绿[英]		8(782) 8(1036)	英国克利斯浦银行代表
平秀吉[日]	丰臣秀吉	6(513) 8(542)	太政大臣
平爵内[荷兰]	注：8(724)作意大利人	1(242) 1(485) 2(325) 2(572) 2(742) 2(744) 3(1503) 4(374) 6(491) 8(724) 8(743) 8(1031)	海河工程技师
北垣国道[日]		8(551)	前京都府知事
卢克斯[英]	亦译卢格斯、洛克司	1(478) 2(602) 2(603)	中国银行京行副理
卢梭[法]	Jean-Jacques Rousseau	4(200) 4(208) 4(633)	启蒙思想家

续 表

姓　名	字号/原名	册(页)	备　考
申紫霞[朝鲜]	名申纬,字汉叟,以号行	6(331) 6(332)	汉学家
申箕善[朝]	字阳园	8(181)	承旨
田中不二麻吕[日]	田中不二麿	8(562)	枢密顾问官
田中贞次[日]		8(937) 8(1046)	九州帝国大学教授
田边优[日]		2(743)	宇治舰军医
田华宾[法]		4(368)	徐家汇气象台台长,神父
史笃培[美]	G. G. Stroebe	3(1218)	水利工程师
史维德[德]		3(1128)	机械制造商
史蒂芬[美]		3(1198) 3(1562)	张謇友人
矢野次郎[日]		8(552)	日商业学校创办人
白秀生[美]	H. W. White	8(947)	基督教传教士
白昂[英]		8(981)	英驻长江水师军需书记
包文[美]	A. J. Bowen	2(535) 3(1258)	金陵大学监督
市村芳树[日]		8(552)	日商业学校校长
冯伯勋[德]		8(904) 8(905)	医师
永阪周二[日]		8(561)	汉学家
永野修身[日]		8(979) 8(1049)	长江日舰队司令
加尔来[英]	Thomas Carlyle	4(75)	哲学家
加海[不详]		2(32)	洋匠

续 表

姓 名	字号/原名	册(页)	备 考
圣西门[法]	Claude-Henri de Rouvroy	4(620)	思想家
六画			
吉川作之助[日]		8(552)	造纸厂主
吉泽嘉寿之丞[日]		2(156) 3(1413) 3(1421) 3(1423) 4(69) 8(532) 8(578) 8(1019)	通师算术、理科教习
吉理[不详]		8(773)	银行代表
吉野作造[日]		8(937) 8(1046)	东京帝国大学教授
吉植庄三[日]		8(947)	哈尔滨日本工商议会所会长
托姆司[德]		4(479) 4(481)	柏林大学药学教授
亚的士		2(596)	
西村[日]		8(478)	
西村天囚[日]	西村时彦,字子隽、子骏,号硕园	2(124) 7(115) 7(124) 7(125) 8(478) 8(482) 8(539) 8(540) 8(542) 8(543) 8(544) 8(545) 8(546) 8(553) 8(563) 8(564) 8(567) 8(569) 8(1016) 8(1046)	汉学家
西村庄五郎[日]		8(550)	旅馆主
西谷虎二[日]		3(1418) 3(1424)	通师日文、教育教习
达赉[美]	罗伯特·大赉,Robert Dollar	2(503) 8(698) 8(708) 8(1026)	实业巨子
有定[挪威]		8(693)	江平轮船主
有栖川宫威仁亲王[日]		8(540)	海军大将

续 表

姓　名	字号/原名	册(页)	备　考
毕达哥拉斯[希腊]	Pythagoras	4(75)	哲学家
朱尔典[英]	John Newell Jordan	2(432) 8(763)	英国驻华公使
竹内静胜[日]		8(559)	牧牛场事务长
竹添进一[日]	又名竹添光鸿,字渐卿	7(115) 7(467) 8(189) 8(191) 8(482) 8(555) 8(561) 8(1002)	日驻天津领事,驻朝鲜公使,汉学家
任荣镐[朝]		8(177)	仁川府使
华尔特[美]		8(708) 8(1026)	商人
华盛顿[美]	George Washington	1(231) 2(581) 3(773) 4(34) 4(265) 4(266) 4(529)	美首任总统
伊达邦成[日]		2(125) 8(540)	北海道开发者
伊藤贤道[日]		8(454)	净土真宗代表
伊藤泽次郎[日]		8(554)	凿井工
伊藤博文[日]		1(187) 6(320) 7(126) 8(568) 8(690)	政治家
齐美克[德]		3(1002) 3(1003) 5(285)	耀徐玻璃厂工程师
米田的道[日]		8(542)	高等小学学务课长
池田他人[日]		8(931) 8(1045)	对马舰舰长
汤若望[德]	Johann Adam Schall von Bell	1(486)	耶稣会传教士
汤姆司[英](汤姆斯)		2(456) 3(1604) 8(1046)	张謇友,大生纺织厂工程师
兴寅君[朝]		2(16)	缙绅

续 表

姓 名	字号/原名	册（页）	备 考
兴登堡[德]		4(607)	陆军元帅
宇佐美敬三郎[日]		8(553)	北海道拓殖银行职员
安东[日]		3(1335) 3(1339) 8(929)	东拓职员，上海东和洋行职员
安永意章[日]		8(544)	中之岛高等工业学校校长
安重根[朝鲜]	字节应	7(278) 8(690)	独立运动志士
安格斯[德]	H. Engels	3(1409)	水利工程师
安特森[瑞典]	Johan Gunnar Andersson	1(365) 1(366)	民初农商部顾问
安诺德[美]		8(824)	商务员
好博逊[英]	H. E. Hobson	8(638)	瓯海关税务司
七画			
寿尔慈[德]		2(563)	德驻南京领事
麦克莫里[美]	McMurray	3(1277) 3(1287)	国务院远东局局长
远藤民次郎[日]		3(1417) 3(1418) 8(586)	通师算术、外国地理教习
折井夫人[日]		8(563) 8(567)	保姆
坂西[日]		8(931)	中将
芮恩施[美]	Paul Samuel Reinsch	2(411) 2(432) 2(433) 2(436) 2(472) 2(537) 3(786) 3(844) 3(1246) 8(767) 8(768) 8(772) 8(777) 8(781) 8(762) 8(764) 注：2(472)美使莱英司即芮氏	美驻华公使

续 表

姓　名	字号/原名	册(页)	备　考
芮恩施夫人		3(1246)	
花房义质[日]		2(14) 2(15) 2(16) 2(17) 2(18) 8(179) 8(180) 8(1002)	驻朝鲜公使
严世荣[朝鲜]		8(179) 8(180)	左承旨
克虏伯[德]	Alfied Krupp	4(55) 4(212)	实业家
克敦华[英]		4(142)	水利工程师
杜威[美]	John Dewey	4(462) 8(881) 8(882) 8(1041)	哲学家
村山津田[日]		8(540)	新闻社长
村山隆平		7(124) 8(546)	汉学家
村井[日]		8(546)	烟商
村田庄次郎[日]		8(560)	农学校博物馆司馆
李斗璜[朝鲜]	号雪岳樵者	8(556)	书家
李立德[英]		8(606)	商人
李完用[朝鲜]	字敬德,号一堂	2(271) 7(278)	驻日公使
李佳白[美]	Gilbert Reid	8(698)	传教士
李治[英]	William Sheldon Ridge	2(322) 2(410) 2(540) 2(541) 6(395) 8(738) 8(761) 8(763) 8(1031)	《公论西报》主笔
李承纯[朝]		8(383) 8(1009)	朝鲜正使
李昰应[朝]		2(14) 2(15) 2(16) 2(17) 2(18) 2(58) 6(52) 8(176) 8(177) 8(178) 8(179—180) 8(1002)	大院君
李祖渊[朝]		2(22) 2(25)	左营使

续 表

续 表

姓 名	字号/原名	册(页)	备 考
希尔逊[英]		8(763)	
谷山一介[日]		8(558)	制麻工场长
狄西业[比]		8(768)	比前驻津领事
岛田孙市[日]		8(542)	玻璃厂长
岛津源吉[日]		8(550) 8(551)	教具厂主
亨利康贝		4(54)	
闵台镐[朝]		2(25)	闵妃族人
闵妃[朝]		2(18) 2(25) 6(52) 8(176—177) 8(177) 8(180)	李熙妃
闵应植[朝]		2(17)	左翊赞
闵昌植[朝]		2(16)	缙绅
闵泳喆[朝]		8(383) 8(1009)	朝鲜副使
闵泳翊[朝]		2(16) 2(25) 8(223)	来华使节
闵谦镐[朝]		2(16)	缙绅
沙海昂[法]	Antoine Henry Joseph Charignon	3(1162) 3(1168) 3(1171)	汉学家,土木工程师
沈宜涫[朝]		2(16)	前县监
怀德[美]		8(779)	裕庚婿
补海斯岱[德]		8(464) 8(466)	上海瑞生洋行商人
尾上久三郎[日]		8(564)	铸釜人
张敬夫[朝]		2(22)	汉学家

续 表

姓　名	字号/原名	册（页）	备　考
八画			
武井吉贞[日]		8(557)	北海道厅土木科长
青木[日]		8(724)	小田切万寿之助随员
耶稣/耶苏	Jesus	2(583) 6(412) 7(325)	基督教创始人
范多隆太郎[日]		8(547)	铁工厂主
林肯[美]	Abraham Lincoln	2(581)	总统
林庸介[日]		8(565)	盐业调查所技师
松平康国[日]		8(603)	早稻田大学教师
松浦[日]		8(929)	东拓职员
杰尔[奥]		1(345)	工程师
奈格[荷]	亦译乔亨纳司	1(226) 1(242) 1(485) 2(341) 2(572) 2(722) 3(1046) 4(374) 6(491)	特来克・亨利克父，水利工程师
欧文[英]	Robert Owen	4(620)	实业家，管理学家，思想家
欧洛德[美]		8(779)	美植棉专家
岸田吟香[日]		8(561)	汉学家
岩谷修[日]		8(560)	汉学家，杨守敬弟子
岩奇[日]	岩崎	8(478) 8(1016)	
罗丙生[美]		8(781)	实业家
罗杰[美]		2(472)	万国大学联合会会正
罗得维[德]		3(1179—1180)	农校教员

续 表

姓 名	字号/原名	册(页)	备 考
和田喜八郎[日]		8(563)	教授
卑士麦[德]	亦译毕士马克、毕士麻克、毕斯麦,Otto Eduard Leopold von Bismarck	4(48) 4(125) 4(363) 4(575) 4(576) 4(625) 8(449) 8(563)	普鲁士首相
金子笃寿[日]		8(551)	纺织学校校长
金允植[朝]	字云养,又字洵卿	2(16) 2(18) 2(26) 6(331) 6(332) 7(278) 8(175) 8(176) 8(177) 8(178) 8(179) 8(181) 8(182) 8(183) 8(187) 8(196) 8(216) 8(220) 8(916) 8(1001)	吏部参判
金玉均[朝]		2(16) 8(233)	朝鲜大臣
金永熙[朝鲜]		8(405)	张謇友
金岛文四郎[日]		8(547)	大阪邮船会社职员
金沧江[朝]	金泽荣,字于霖,别号韶濩生,晚号长眉翁	4(467) 4(468) 4(469) 6(331) 6(332) 6(349) 6(350) 6(542) 7(147) 7(193) 7(194) 7(216) 7(224) 7(249) 7(288) 7(363) 7(374) 7(427) 8(196) 8(697) 8(824) 8(859) 8(1021)	张謇友,朝鲜进士,正三品通政大夫,南通翰墨林书局督校
金宏集[朝]		2(15) 2(16) 6(52)	南阳属官
金昌熙[朝]	字石菱	7(62) 7(64) 7(467) 8(176) 8(177) 8(180) 8(181) 8(182) 8(184) 8(190) 8(192)	吏部参判
金桢均[朝]	又名莞居、明圭,字明叟	8(181) 8(182) 8(306)	司圃直长、参判文史家

续 表

姓　名	字号/原名	册（页）	备　考
金效曾[朝]	字景鲁	8(177)	金允植子
金辅铉[朝]		2(16)	缙绅
金教献[朝]	金敬献	7(62) 8(192)	金石菱子
鱼允中[朝]	字一斋	2(15) 2(16) 8(176) 8(181)	宏文馆侍讲
实相寺[日]		8(724)	小田切万寿之助随员
细川广世[日]		6(320)	政治学者
细谷利惠[日]		2(676)	三井调查员
驹井德三[日]		3(1148) 8(928) 8(946) 8(948)	农学家
九画			
春昌爱兰[德]		2(706)	侨民，南通监狱制皂厂顾问
赵冕镐[朝鲜]	字玉垂	7(62) 7(63)	汉学家
赵宁夏[朝]	赵惠人	2(15) 2(16) 2(25) 2(26) 8(176) 8(181) 8(184)	兵部判书
南鹰次郎[日]		8(557) 8(559) 8(560) 8(561)	农学教授
柯理尔[德]		2(457)	德华电报新闻社记者
柏满[英]		3(1064) 3(1218) 3(1226)	水利工程师
勃兰门[美]		8(709)	《泰晤士报》记者
勃兰克[美]		8(824)	
勃来雷[美]		8(824)	
勃郎姆[荷]		2(482)	水利工程师

续 表

姓　名	字号/原名	册（页）	备　考
勃德[美]	R. Buet	3(1185) 3(1186) 6(567) 6(568)	《中华名人传》编者
威尔逊[美]	亦译威前，Thomas Woodrow Wilson	2(700) 3(773) 3(1367)	总统
威妥玛[英]	Thomas Francis Wade	2(17)	外交官,汉学家
威廉[德]		2(708) 3(773) 4(34) 4(384) 4(575) 4(576) 4(626) 4(575) 4(576) 4(626)	威廉二世
哈豪生[德]	Herr von Haxthausen	8(763)	公使
牯满[英]		3(966)	水利工程师
秋山[日]		8(724)	小田切万寿之助随员
秋保辰三郎[日]		8(561)	函馆商议会书记长
门罗[美]	保罗·门罗，Paul Monroe	3(906)	教育家
胜子[日]		8(538)	京都伎
胜田弥吉[日]		8(556)	函馆旅店主
独逸人[日]		8(542) 8(542—543)	东京幼稚园创办者
施丹福[美]	Amasa Leland Stanford	2(214)	实业家,斯坦福大学创始人
施美时[美]		8(833)	张謇友
美卢[美]	Bertha Miller	8(571)	上海妇孺医院医生
前田名利[日]		8(559)	牧牛场主
洪英植[朝]		2(16)	缙绅

续 表

姓　名	字号/原名	册（页）	备　考
洪湢穆[朝]	字熙世，谥文翼	2(18)	朝鲜王朝领议政
洛炳生[美]		8(729)	
津田[日]		8(617) 8(618)	垦牧专家
津田[日]		8(540)	玻璃场总长
宫本几次[日]		3(1425)	通师教习
神山和雄[日]		8(556)	函馆商业学校校长
神倭伊波礼毗古命[日]		2(288)	神武天皇
费礼门[美]	John Ripley Freeman	3(1223) 3(1274) 3(1275) 3(1293) 3(1299) 3(1409) 4(505) 4(506) 8(872)	水利工程师
费信修[英]		8(763)	
费烈[不详]		3(1630)	访客
十画			
泰尔达[美]		2(537)	纺校教员
盐野吉兵卫[日]		8(541)	幼稚园长
莫理逊[澳]	George Ernest Morrison	8(764)	《泰晤士报》驻华记者，中华民国总统政治顾问
荷马[法]		4(352)	徐家汇天文台教士
荻原直四郎[日]		8(558)	重谷木拭工场技术长
桂太郎[日]		7(126) 8(568)	明治、大正重臣
贾海[不详]		8(1005)	水利工程师
夏德门[德]	Scheidmann	8(904) 8(905)	南通医院总医长
柴田菊藏[日]		8(558)	平岸单级小学校长

续 表

姓 名	字号/原名	册(页)	备 考
恩格尔太[德]		2(706)	侨民,南通铁厂顾问
恩格施[美]		3(1299)	工程师
铃木义尾[日]		2(743)	宇治舰大尉
特来克·亨利克[荷]	Hendrik C. de Rijke	1(485) 1(486) 2(656) 2(721) 2(722) 2(756) 2(757) 3(966) 3(1046) 3(1153) 3(1182) 3(1513) 3(1569) 4(374) 4(575) 5(231) 6(491) 8(898) 8(979) 8(1042) 8(1046) 8(1049)	水利专家
特来克夫人	玛丽	3(1044) 3(1045) 3(1145) 6(491)	
健三[日]		8(546) 8(548)	小山随员
徐光范[朝]		2(16)	调停使节
拿破仑[法]	Napoléon Bonaparte	2(596) 3(773) 4(34) 4(41) 4(56) 8(566)	第一帝国皇帝
爱而特[英]		2(545)	好华而特纱机厂驻沪职员
爱理思		5(250)	
爱赋雅[英]		8(754)	
高田早苗[日]		8(603)	博士,早稻田大学教师
高周[日]		8(1037)	盐政署职员
高诚身[美]	Garrett Frank	3(1367) 8(882)	南通基督会牧师,金陵大学创办人之一、校董,南通英化职业学校校长
高美克[德]		3(828)	矿产工程师

续 表

姓 名	字号/原名	册（页）	备 考
高桥季三郎[日]		8(541)	爱日小学校长
高桥喦吉[日]		7(125)	友人
高梅伦[英]		8(981) 8(1049)	英驻长江水师少将
高野周省[日]		8(554)	森村扇四郎友，打井专家
斋藤清之丞[日]		8(552)	商业学校教谕
海德生[瑞典]	Von Heidenstam	3(966) 3(1024) 4(374)	水利工程师
涩泽荣一[日]		1(418) 3(1335) 8(924)	日本实业家
朗士宁[意]		8(896)	宫廷画家
陶普施[比]	Robert DeVos	2(460) 2(564) 8(743)	华比银行大班
十一画			
琅威理[英]	Lang William Metcalfe	1(18)	北洋海军顾问
堀田中子[日]		8(587) 8(588) 8(621)	南通盐田技师
堀田信男[日]		8(565)	机械制造会社主
勒末		6(543)	天文学家
黄道园[朝鲜]		8(182)	张謇友
菅原道真[日]		8(537)	汉学家
萨科孟[法]		1(346) 8(772) 8(774) 8(1035)	法国各省银行代表
梭尔格[德]	F. Solgar	1(365) 1(366) 8(774) 8(1035)	矿师
虚而满[荷]		2(746)	公使
野元为辉[日]		2(743)	宇治舰中尉

续 表

姓　名	字号/原名	册(页)	备　考
野村吉三郎[日]		8(944) 8(1046)	对马舰长
野村角太郎[日]		8(552)	造纸厂主
野崎武吉郎[日]		8(565) 8(567)	盐田主，贵族院议员
崛田[日]		3(1424)	通师教习
麻田作三[日]		2(743)	宇治舰少佐
盖司得夫替尔[德]		2(729)	茶商
清水常次郎[日]		8(542) 8(543)	幼教专家
密勒[德]		4(479) 4(481)	柏林大学化学工程师
维礼士	维礼思	3(964) 3(971)	传教士
维多利亚		7(413)	英女王
十二画			
替尔[德]		2(706) 2(707) 2(729) 3(881) 3(949) 3(1002) 4(513)	博士，广生油厂顾问
堪纳基[美]	Andrew Carnegie	4(212)	钢铁企业家
博尔克[英]	Francis Bacon	4(75)	文艺复兴哲学家
葛雷夫[英]		2(339) 2(340) 2(342) 4(374) 8(738) 8(761) 8(1031)	鹰扬行大班
葛雷武[美]		1(485) 6(491)	水利工程师
韩圭稷[朝]		2(25) 2(26)	闵妃外戚权贵
森川正雄[日]		8(545)	大阪府立师范学校附属小学主事

续 表

姓 名	字号/原名	册（页）	备 考
森木清藏[日]		8(545)	大阪府立师范学校校长
森田政子[日]		8(578) 8(1019)	吉泽嘉寿之丞妻，张謇家塾师
森村要[日]		8(554)	冒名者
森村扇四郎[日]		8(553) 8(554)	打井专家
惠根[不详]		4(505)	水利工程师
雅大摩司[美]		1(452) 2(513) 2(538) 3(1548) 3(1549) 3(1550) 3(1551) 3(1552) 3(1553) 3(1556) 3(1558) 3(1559) 8(779) 8(780) 8(785) 8(786) 8(1035) 8(1036)	牧场技师，张孝若家教
斐义理[美]	Joseph Bailie	3(1365) 3(1410) 3(1411) 8(784)	江宁义农会职员
喇伯第[法]	Dejean de La Batie	8(619)	领事
黑田清隆[日]		8(540) 8(556) 8(556—557)	北海道开拓使
翕罗敦·高翕[德]	E. Kocher	3(1301) 8(874)	西门子洋行工程师
释加牟尼[印度]		6(621) 6(622)	佛教创始人
富子[日]		8(538)	京都伎
富岗治郎[日]		8(539)	农会技师
十三画			
睦仁[日]		4(34) 4(35) 8(541) 8(551)	明治天皇

续 表

姓　名	字号/原名	册(页)	备　考
锡伯德[美]		1(422) 4(321)	水利工程师
詹美生[美]	Charles Davis Jameson	1(252) 2(274) 2(279) 2(296) 2(433) 2(443) 2(504) 2(614) 4(195) 4(197) 4(235) 4(236) 4(505) 6(395)	水利工程师
鲍惠尔[英]		3(799) 3(800) 3(940) 3(967) 3(1153) 3(1182) 3(1185) 3(1186) 3(1206) 3(1258) 5(231) 6(567) 6(568)	水利工程师
鲍德门(女)[美]		2(475) 2(480)	红十字会职员
满斯德[英]		3(942)	镇江英商会代表
窦毕伊[法]		6(393)	法学博士,《海军战时公法》编辑,外交部官员
福井彦次郎[日]		8(540)	高等商业学校校长
福开森[美]	John Calvin Ferguson	2(96) 3(1600) 8(412) 8(453) 8(460)	南京汇文书院院长,刘坤一等人的顾问
福司德[英]		8(619) 8(620)	议员
福尼儿[法]	Fournier	8(199)	船主,中法战争议和钦使
福克斯[德]		2(563) 8(773)	北京大学测绘教员,土木工程工师
福泽谕吉[日]		2(125) 2(219)	启蒙思想家
十四画			
嘉仁[日]		8(540)	皇太子
嘉乐恒[美]	嘉乐衡,William James Calhon	2(354) 2(357) 2(358) 8(744)	驻华公使

续 表

姓 名	字号/原名	册（页）	备 考
嘉纳治五郎[日]		8(555) 8(561) 8(562)	竹添光鸿婿，教育家
嘉美麟[英]		8(981) 8(1049)	英长江水师司令
嘉藤义三[日]		8(1002)	竹添光鸿秘书
赫司[德]	亦译马尔特·哈瑟斯	2(502)	植物学家，青岛林务局长
赫绥[美]		3(844)	实业家
蔡尚质[法]	Stanislaus Chevaliev	6(542) 6(543)	天主教耶稣会司铎，天文学家
裴义理[美]	Joseph Bailie	3(1365) 3(1411) 7(243) 8(773) 8(784) 8(882)	北美长老会教士，义农会创办人，金陵大学教授
赛伯尔[美]	寨柏尔	2(532) 4(505) 4(506)	水利工程师
十五画			
暴曼脱育亨[德]		2(706)	侨民，南通医院顾问
墨司格雷夫[英]		2(726)	煤铁专家
德为门[英]	B. Twyman	8(619)	上海会审公廨陪审员副领事
德田山井[日]		8(582)	盐工
德隆格[法]		8(616) 8(617)	法商部专使
德璀琳[法]	Detring Gustav von	8(199)	海关税务司
十七画			
戴乐尔		3(940)	海关代理总税务司
魏武达[法]		8(744)	古玩商，法国公使

续 表

姓 名	字号/原名	册(页)	备 考
十八画			
藤井佐龟雄[日]		8(564)	商店主
藤元[日]		8(551)	盲哑院学生
藤叶[日]		8(538)	京都伎
藤田丰八[日]	字剑峰	8(509)	汉学家,《农学报》译员,岑春煊、端方幕客,早稻田大学、东京大学教授
藤泽元造[日]	藤泽士亨	8(540) 8(541) 8(542) 8(546)	藤泽南岳子
藤泽南岳[日]	名恒,字君成,晚号南岳	7(124) 8(540) 8(542) 8(546)	汉学老儒
噃尔唫(封号)[英]	詹姆斯·布鲁斯,James Bruce	6(111)	英军首领

（三）人名笔划目录

中国人名

八画

九画

十画

十一画

外国人名

《张謇全集》索引

下

《张謇全集》索引编纂组　编

上海辞书出版社

二、《张季子九录》与《张謇全集》（2012年版）篇名对照索引

《张季子九录》			《张謇全集》2012 年版		
篇　名	录别　卷次	页码	篇　名	卷次	页码
代夏学政沥陈时事疏 清光绪五年己卯	政闻录卷 1 (政治类)	1—3	代夏学政沥陈时事疏 清光绪五年(1879)	1	3—5
代吴武壮公拟陈中日战局疏 清光绪八年壬午	政闻录卷 1 (政治类)	3—4	代吴长庆拟陈中俄战和两策疏 清光绪六年五月(1880.6～7)	1	5—6
为韩乱事致驻防吴提督孝亭函 清光绪十年甲申	政闻录卷 1 (政治类)	4—5	致吴兆有函 清光绪十年(1884)	2	24—25
为韩乱事致韩参判金允植函 清光绪十年甲申	政闻录卷 1 (政治类)	5—6	致韩参判金允植函 清光绪十年(1884)	2	26—27
论出处及韩乱事致袁子久观察函 清光绪十年甲申	政闻录卷 1 (政治类)	6—7	致袁子久函 清光绪十年(1884)	2	27—28
代某公条陈朝鲜事宜疏 清光绪十一年乙酉	政闻录卷 1 (政治类)	7—10	代某公条陈朝鲜事宜疏 清光绪二十年六月初十日(1894.7.12)	1	9—12
呈翰林院掌院代奏劾大学士李鸿章疏 清光绪二十年甲午	政闻录卷 1 (政治类)	10—12	呈翰林院掌院代奏劾大学士李鸿章疏 清光绪二十年九月初四日(1894.10.2)	1	12—14
代鄂督条陈立国自强疏 清光绪二十一年乙未	政闻录卷 1 (政治类)	12—23	代鄂督条陈立国自强疏 清光绪二十一年闰五月二十七日(1895.7.19)	1	15—25
为拳乱致刘督部函 清光绪二十六年庚子	政闻录卷 1 (政治类)	23—24	致刘坤一函 清光绪二十六年七月二十二日(1900.8.16)	2	108—109

续 表

《张季子九录》			《张謇全集》2012年版		
篇　名	录别　卷次	页码	篇　名	卷次	页码
为招抚徐宝山致刘督部函 清光绪二十六年庚子	政闻录卷1（政治类）	24	致刘坤一函 清光绪二十六年五月二十四日（1900.6.20）	2	108
代刘张二督部为中俄交涉致枢府电 清光绪二十七年辛丑	政闻录卷1（政治类）	24—25	致枢府函 清光绪二十七年二月（1901.3～4）	2	111—112
代刘张二督部为中俄交涉致各国电 清光绪二十七年辛丑	政闻录卷1（政治类）	25	为江鄂二督部拟致各国电 清光绪二十七年二月（1901.3～4）	2	112
变法平议 清光绪二十七年辛丑	政闻录卷2（政治类）	1—26	变法平议 清光绪二十七年二月十八日（1901.4.6）	4	34—62
徐州应建行省议 清光绪三十年甲辰	政闻录卷3（政治类）	1—3	徐州应建行省议 清光绪三十年（1904）	4	83—85
代某给谏条陈理财疏 清光绪三十年甲辰	政闻录卷3（政治类）	3—7	代某给谏条陈理财疏 清光绪三十年（1904）	1	60—64
为沪公堂案致江督函 清光绪三十一年乙巳	政闻录卷3（政治类）	7—8	致周馥函 清光绪三十二年（1906）	2	184—185
为沪公堂案再致江督函 清光绪三十一年乙巳	政闻录卷3（政治类）	8—9	致周馥函 清光绪三十二年（1906）	2	185—186
为抵制美货事致袁直督函 清光绪三十一年乙巳	政闻录卷3（政治类）	9	致袁世凯函 清光绪三十一年（1905）夏	2	141—142
辞谢农工商大臣见招答友函 清光绪三十一年乙巳	政闻录卷3（政治类）	9—10	复商部大臣函 清光绪三十一年（1905）	2	160—161

续 表

《张季子九录》			《张謇全集》2012年版		
篇　名	录别　卷次	页码	篇　名	卷次	页码
儗组织江苏银行说 清光绪三十二年丙午	政闻录卷3 (政治类)	10—13	拟组织江苏银行说 清光绪三十二年(1906)	4	112—114
为运动立宪致袁直督函 清光绪三十二年丙午	政闻录卷3 (政治类)	13	致袁世凯函 清光绪三十二年(1906)	2	186
为时政致铁尚书函 清光绪三十二年丙午	政闻录卷3 (政治类)	13—14	致铁良函 清光绪三十二年(1906)	2	189—190
上度支部大垦淮徐海荒地为规复海军及地方自治教育费基本说 清光绪三十四年戊申	政闻录卷3 (政治类)	14—17	上度支部大垦淮徐海荒地为规复海军及地方自治教育费基本说 清宣统元年闰二月二十九日(1909.4.19)	1	171—174
代苏抚条陈规复海军疏 清光绪三十四年戊申	政闻录卷3 (政治类)	17—21	代苏抚条陈规复海军疏 清光绪三十四年(1908)	1	159—164
上度支部苇荡营开垦后说 清宣统元年己酉	政闻录卷3 (政治类)	21—24	上度支部苇荡营开垦后说 清宣统元年(1909)	1	184—187
为时政致度支部尚书泽公函 清宣统元年己酉	政闻录卷3 (政治类)	24—25	致载泽函 清宣统元年(1909)	2	250—251
请速开国会建设责任内阁以图补救意见书 清宣统元年己酉	政闻录卷3 (政治类)	25—28	请速开国会建设责任内阁以图补救意见书 清宣统元年(1909)	1	187—190
请新内阁发表政见书 清宣统二年庚戌	政闻录卷3 (政治类)	28—30	请新内阁发表政见书 清宣统三年六月(1911.7)	1	223—225

续 表

《张季子九录》			《张謇全集》2012年版		
篇 名	录别 卷次	页码	篇 名	卷次	页码
对于救国储金之感言 清宣统二年庚戌	政闻录卷3 (政治类)	30—33	对于救国储金之感言 民国四年(1915.5)	4	336—339
拟请提议照约速定裁厘加税请秘密会议文 清宣统二年庚戌	政闻录卷3 (政治类)	33—35	拟请提议照约速定裁厘加税请秘密会议文 清宣统二年(1910)	1	210—212
为东三省事复韩子石函 清宣统三年辛亥	政闻录卷3 (政治类)	35—36	致韩国钧函 清宣统三年三月(1911.4)	2	270—271
辛亥五月十七日召见拟对 清宣统三年辛亥	政闻录卷3 (政治类)	36—37	辛亥五月十七日召见拟对 清宣统三年五月十七日(1911.6.13)	1	215—216
代鲁抚孙宝琦苏抚程德全奏请改组内阁宣布立宪疏 清宣统三年辛亥	政闻录卷3 (政治类)	37—39	代鲁抚孙宝琦苏抚程德全奏请改组内阁宣布立宪疏 清宣统三年八月二十五日(1911.10.16)	1	227—229
劝告铁将军函 清宣统三年辛亥	政闻录卷3 (政治类)	39—40	致铁良函 清宣统三年九月十八日(1911.11.8)	2	281—282
致袁内阁代辞宣慰使农工商大臣电 清宣统三年辛亥	政闻录卷3 (政治类)	40—41	致袁世凯电 清宣统三年九月二十九日(1911.11.19)	2	286—287
辛亥九月致内阁电 清宣统三年辛亥	政闻录卷3 (政治类)	41—42	致内阁电 清宣统三年九月(1911.11)	2	288—289
复北京内阁歌电 清宣统三年辛亥	政闻录卷3 (政治类)	42	复内阁电 清宣统三年十月初七日(1911.11.27)	2	292
附内阁复电		42—43	附内阁复电		293

续 表

《张季子九录》			《张謇全集》2012 年版		
篇　名	录别　卷次	页码	篇　名	卷次	页码
建立共和政体之理由书 清宣统三年辛亥	政闻录卷 3 (政治类)	43—44	建立共和政体之理由书 清宣统三年(1911)	4	200—201
与汤蛰先复北方将士促进共和电 清宣统三年辛亥	政闻录卷 3 (政治类)	44	与汤寿潜复北方将士电 民国元年(1912.1.28)	2	309
劝告袁内阁速决大计电 民国元年壬子	政闻录卷 4 (政治类)	1	致袁世凯电 民国元年(1912.1)	2	309—310
致库伦商会及各界电 民国元年壬子	政闻录卷 4 (政治类)	1	致库伦商会及各界电 清宣统三年九月二十三日(1911.11.13)	2	284
为统一苏政致江北某都督电 民国元年壬子	政闻录卷 4 (政治类)	1—2	致蒋雁行函 民国元年(1912.3～4)	2	331
对于新政府财政之意见书 民国元年壬子	政闻录卷 4 (政治类)	2—3	对于新政府财政之意见书 清宣统三年十一月初十日(1911.12.29)	1	236—237
为财政事致赵竹君函 民国元年壬子	政闻录卷 4 (政治类)	3—4	致赵凤昌函 清宣统三年十一月(1911.12)	2	299
为时政致黄克强函 民国元年壬子	政闻录卷 4 (政治类)	4—5	致黄兴函 民国元年(1912.1.14)	2	306—307
为汉冶萍借款致孙总统黄部长函 民国元年壬子	政闻录卷 4 (政治类)	5—6	致孙中山黄兴函 民国元年(1912.2.7)	2	316—317
辞实业部长电 民国元年壬子	政闻录卷 4 (政治类)	6	辞实业部长电 民国元年(1912.2.12)	2	317

续 表

《张季子九录》			《张謇全集》2012年版		
篇　名	录别　卷次	页码	篇　名	卷次	页码
复孙总统电 民国元年壬子	政闻录卷4 （政治类）	6	复孙中山电 民国元年（1912.2.中下旬）	2	321
复马次长函 民国元年壬子	政闻录卷4 （政治类）	6—7	复马君武函 民国元年（1912.3.上中旬）	2	325—326
致袁内阁电 民国元年壬子	政闻录卷4 （政治类）	7	致袁世凯电 民国元年（1912.1）	2	309
为时局致袁总统函 民国元年壬子	政闻录卷4 （政治类）	7—8	致袁世凯电（三件之三） 民国元年（1912.2.25）	2	320—321
调和党争致汤济武函 民国元年壬子	政闻录卷4 （政治类）	8—9	致汤化龙函 民国元年（1912.5）	2	338—339
调和南北致孙少侯王铁珊函 民国二年癸丑	政闻录卷4 （政治类）	9—11	复王瑚孙毓筠函 民国二年（1913.5.14）	2	372—374
国际公法学会讨论加税免厘之意见 民国二年癸丑	政闻录卷4 （政治类）	11—12	国际公法学会讨论加税免厘之意见 民国二年（1913.11）	4	260—261
关于中美联合兴业致陈兰生函 民国三年甲寅	政闻录卷4 （政治类）	12—13	致陈兰生函 民国三年（1914）	2	503
为航业致周子廙函 民国三年甲寅	政闻录卷4 （政治类）	13—15	致周自齐函 民国三年（1914）	2	505—507
劝告袁氏退休致徐菊人函 民国五年丙辰	政闻录卷4 （政治类）	15—17	致徐世昌函 民国五年（1916.4.13）	2	579—582
促黄克强返国函 民国五年丙辰	政闻录卷4 （政治类）	17	致黄兴函 民国五年（1916.6.15）	2	597—598

续 表

《张季子九录》			《张謇全集》2012 年版		
篇 名	录别 卷次	页码	篇 名	卷次	页码
为中日秘约致徐总统段总理电 民国六年丁巳 附段总理复电	政闻录卷 4 (政治类)	17—18 18—19	致冯国璋段祺瑞电 民国七年(1918.4.8) 附录:段祺瑞复电	2	646—647 647
为陇海路线事复凌植支函 民国六年丁巳	政闻录卷 4 (政治类)	19—20	复凌文渊函 民国十二年(1923.5.28)	3	1170—1171
为陇海路线事复孟莼生函 民国六年丁巳	政闻录卷 4 (政治类)	20—22	复孟森函 民国十二年(1923.5.28)	3	1171—1173
劝息争通电 民国七年戊午	政闻录卷 4 (政治类)	22	致北京政府广东军政府等电 民国七年(1918.11.3)	2	670—671
调和南北复岑云阶函 民国七年戊午	政闻录卷 4 (政治类)	22—23	复岑春煊张敬舆卢子嘉函 民国七年(1918.4.7)	2	644—645
为苏长事通电 民国七年戊午	政闻录卷 4 (政治类)	23	致徐世昌靳云鹏张志潭李纯电 民国九年(1920.9.8)	3	795
致陆子欣注意改定税法电 民国七年戊午	政闻录卷 4 (政治类)	23—24	致陆徵祥电 民国七年(1918.12.1)	2	689—690
主张国际税法平等致巴黎和会电 民国七年戊午	政闻录卷 4 (政治类)	24—26	与朱佩珍沈镛等致巴黎和会电 民国八年(1919.1.18)	2	698—700
辞代表主张税法平等会往欧函 民国七年戊午	政闻录卷 4 (政治类)	26	致朱葆三沈联芳函 民国七年(1918.12.27)	2	694

续 表

《张季子九录》			《张謇全集》2012 年版		
篇　名	录别　卷次	页码	篇　名	卷次	页码
为胶济路事致钱总理函 民国七年戊午	政闻录卷 4 (政治类)	26—27	致钱能训函 民国七年(1918. 10. 下旬)	2	669—670
为时事致徐菊人函 民国八年己未	政闻录卷 4 (政治类)	27—28	致徐世昌函 民国八年(1919)	2	730—731
为中日交涉致徐总统电 民国八年己未	政闻录卷 4 (政治类)	28	致徐世昌电 民国八年(1919. 2. 2)	2	703
为山东路事致徐总统段督办电 民国八年己未	政闻录卷 4 (政治类)	28—29	致徐世昌段祺瑞电 民国八年(1919. 6. 11)	2	713—714
劝和致江浙督军电 民国八年己未	政闻录卷 5 (政治类)	1	复李纯卢永祥电 民国九年(1920. 7. 21)	3	777—778
复齐省长电 民国八年己未	政闻录卷 5 (政治类)	1	复齐耀琳函 民国九年(1920. 7. 中旬)	3	775
主和通电 民国九年庚申	政闻录卷 5 (政治类)	1—2	致北京中央广东军政府并各省军民长官并转严修赵尔巽王士珍熊希龄梁启超蔡元培汪精卫电 民国七年(1918. 10. 4)	2	662
主和致徐总统段督办电 民国九年庚申	政闻录卷 5 (政治类)	2—3	致徐世昌段祺瑞电 民国九年(1920. 7. 21)	3	776—777
再致段督办电 民国九年庚申	政闻录卷 5 (政治类)	3	致段祺瑞函 民国九年(1920. 7. 下旬)	3	782

续 表

《张季子九录》			《张謇全集》2012年版		
篇　名	录别　卷次	页码	篇　名	卷次	页码
为兵工事致徐总统曹张二使电 民国九年庚申	政闻录卷5(政治类)	3—4	致徐世昌张作霖电 民国九年(1920.7.23)	3	780—781
论时事复岑云阶函 民国九年庚申	政闻录卷5(政治类)	4—5	答岑春煊函 民国七年(1918.11.13)	2	676—678
反对龙军移防电 民国九年庚申	政闻录卷5(政治类)	5—6	致政府及苏社等电 民国九年(1920.10.10)	3	811—812
招待美团复省议会函 民国九年庚申	政闻录卷5(政治类)	6	复省议会电 民国九年(1920.8.9)	3	787
致美团芮恩施君等电 民国九年庚申	政闻录卷5(政治类)	6	致芮恩施等电 民国九年(1920.8.9)	3	786—787
辞赴太平洋会议高等顾问复外交部电 民国十年辛酉	政闻录卷5(政治类)	6	复外交部电 民国十年(1921.9.13)	3	916—917
再复外交部电 民国十年辛酉	政闻录卷5(政治类)	7	复外交部电 民国十年(1921.9.19)	3	922
复谢施省之电 民国十年辛酉	政闻录卷5(政治类)	7	复施肇曾电 民国十年(1921.9.19) 附录：施省之来电 民国十年(1921.9.15)	3	921—922
劝南北息争通电 民国十年辛酉	政闻录卷5(政治类)	7—8	致大总统国务总理等电 民国十年(1921.9.3)	3	907—909
劝京广湘鄂息内争通电 民国十年辛酉	政闻录卷5(政治类)	8—9	至京广湘鄂电 民国十年(1921.9.4)	3	910—911

续 表

《张季子九录》			《张謇全集》2012 年版		
篇 名	录别 卷次	页码	篇 名	卷次	页码
为劝和事致王亮畴电 民国十年辛酉	政闻录卷 5 （政治类）	9—10	致王亮畴等电 民国十年（1921. 10. 1）	3	931—932
为和平会议复吴将军电 民国十年辛酉	政闻录卷 5 （政治类）	10	致吴佩孚等电 民国十年（1921. 9. 13）	3	918
为鲁案致施顾王三代表电 民国十年辛酉	政闻录卷 5 （政治类）	10—11	致巴黎和会三代表电 民国十年（1921. 12. 10）	3	961
为鲁案致徐总统电 民国十年辛酉	政闻录卷 5 （政治类）	11	致徐世昌等电 民国十年（1921. 12. 10）	3	960—961
自筹赎回山东铁路之意见 民国十年辛酉	政闻录卷 5 （政治类）	11— 13	赎回山东路权通电 民国十一年（1922. 1. 22）	3	1008—1010
论省自治答赵炎午电 民国十年辛酉	政闻录卷 5 （政治类）	13—15	复赵恒惕函 民国十年（1921. 4～5）	3	879—881
为苏议会事致徐果人函 民国十年辛酉	政闻录卷 5 （政治类）	15	致徐隽函 民国十年（1921. 12. 下旬）	3	971—972
为苏议会事答季君等函 民国十年辛酉	政闻录卷 5 （政治类）	15—17	答季君等函 民国十年（1921. 12. 下旬）	3	972—974
为苏议会事复段王诸君函 民国十年辛酉	政闻录卷 5 （政治类）	17—18	附录：为苏议会事复段王诸君函 民国十年（1921. 11）	3	952—954
复段王诸君电 民国十年辛酉	政闻录卷 5 （政治类）	19	复段书云王清穆电 民国十年（1921. 11. 4）	3	944

续 表

《张季子九录》			《张謇全集》2012 年版		
篇　名	录别　卷次	页码	篇　名	卷次	页码
劝和致直奉两方电 民国十一年壬戌	政闻录卷 5 (政治类)	19	致直奉两方电 民国十一年(1922.5.20)	3	1055—1056
为江浙和平通电 民国十一年壬戌	政闻录卷 5 (政治类)	19—20	为江浙和平通电 民国十一年(1922.4.13)	3	1046—1047
劝和复张今坡赵次山等电 民国十一年壬戌	政闻录卷 5 (政治类)	20—21	致张锡銮赵尔巽函 民国十一年(1922.4～5)	3	1050—1051
复浙江卢督军电 民国十一年壬戌	政闻录卷 5 (政治类)	21	复卢永祥电 民国十一年(1922.4.下旬)	3	1048—1049
复齐督军电 民国十一年壬戌	政闻录卷 5 (政治类)	21—22	复齐燮元电 民国十一年(1922.5.上旬)	3	1054
为恢复县议会事答凌仁山萧绍庭等函 民国十一年壬戌	政闻录卷 6 (政治类)	1	致凌仁山萧绍庭函 民国十一年(1922)	3	1140—1141
复江苏省议会龚叶诸君电 民国十一年壬戌	政闻录卷 6 (政治类)	1—2	复龚叶宋诸君电 民国十一年(1922.11.12)	3	1101
论警政致李万里函 民国十一年壬戌	政闻录卷 6 (政治类)	2	复李万里函 民国十一年(1922.10.6)	3	1088—1089
为匪祸致政府电 民国十二年癸亥	政闻录卷 6 (政治类)	3	致黎元洪电 民国十二年(1923.5.10)	3	1163—1164
为江浙和平致政府暨江浙当道电 民国十二年癸亥	政闻录卷 6 (政治类)	3—4	致中央政府暨江浙当道电 民国十二年(1923.10)	3	1215—1216

续 表

《张季子九录》			《张謇全集》2012 年版		
篇 名	录别 卷次	页码	篇 名	卷次	页码
为沪警长事致何军使函 民国十二年癸亥	政闻录卷 6 (政治类)	4—5	致何丰林函 民国十二年(1923.12.7)	3	1233—1234
为沪警长事致齐韩何电 民国十二年癸亥	政闻录卷 6 (政治类)	5	致齐燮元韩国钧何丰林电 民国十二年(1923.11.22)	3	1224—1225
为沪警长事致韩省长电 民国十二年癸亥	政闻录卷 6 (政治类)	5—6	致韩国钧函 民国十二年(1923.12.1)	3	1227—1229
再致韩省长电 民国十二年癸亥	政闻录卷 6 (政治类)	6—7	致韩国钧函 民国十二年(1923.12.2)	3	1229
对于宪法之意见 民国十二年癸亥	政闻录卷 6 (政治类)	7—9	对于宪法之意见 民国十二年初(1923.12)	4	557—559
论理财致王叔鲁函 民国十二年癸亥	政闻录卷 6 (政治类)	9—12	致王克敏函 民国十二年(1923.12.12)	3	1234—1237
为陇海路线致张解二君函 民国十二年癸亥	政闻录卷 6 (政治类)	12—13	复张相文解树强函 民国十二年(1923.5.8)	3	1161—1162
辟诬致各报馆函 民国十二年癸亥	政闻录卷 6 (政治类)	13	致各报馆书 民国十二年(1923.10.下旬)	3	1214—1215
为江浙和平通电 民国十三年甲子	政闻录卷 6 (政治类)	13—14	为江浙和平通电 民国十三年(1924.8.25)	3	1302
再致江浙军政长官电 民国十三年甲子	政闻录卷 6 (政治类)	14	致江浙军政长官电 民国十三年(1924.8.下旬)	3	1303

续 表

《张季子九录》			《张謇全集》2012 年版		
篇 名	录别 卷次	页码	篇 名	卷次	页码
致江浙省议会及农商各团体电 民国十三年甲子	政闻录卷 6 (政治类)	14—15	致江浙省议会及农商各团体电 民国十三年(1924.8.28)	3	1303—1305
复摄政内阁电 民国十三年甲子	政闻录卷 6 (政治类)	15—16	复黄郛王正廷等电 民国十三年(1924.11.8)	3	1321
复段执政电 民国十三年甲子	政闻录卷 6 (政治类)	16	致段祺瑞电 民国十三年(1924.11.6)	3	1318
为疏治水利答湖南赵省长函 民国十三年甲子	政闻录卷 6 (政治类)	16	答赵恒惕函 民国十三年(1924.8)	3	1301
为取消不平等条约与美友函 民国十三年甲子	政闻录卷 6 (政治类)	16—18	复高诚身函 民国十四年(1925.10.3)	3	1367—1369
欢迎日本青年会来通参观演说 民国十三年甲子	政闻录卷 6 (政治类)	18—19	欢迎日本青年会来通参观演说 民国十三年(1924.4.19)	4	579—580
复某军长电 民国十四年乙丑	政闻录卷 6 (政治类)	20	致□军长函 民国十四年(1925.11)	3	1381—1382
致孙司令电 民国十四年乙丑	政闻录卷 6 (政治类)	20	复孙传芳函 民国十四年(1925.10)	3	1375—1376
再致孙司令电 民国十四年乙丑	政闻录卷 6 (政治类)	20	致孙传芳函 民国十四年(1925.11)	3	1381
致吴将军电 民国十四年乙丑	政闻录卷 6 (政治类)	20—22	致吴佩孚电 民国十四年(1925.10.27)	3	1370—1372

续 表

《张季子九录》			《张謇全集》2012年版		
篇 名	录别 卷次	页码	篇 名	卷次	页码
观新疆蒙哈回缠各族王公公函后之感言 民国十四年乙丑	政闻录卷6 (政治类)	22—23	观新疆蒙哈回缠各族王公公函后之感言 民国十二年(1923.11.16)	4	556—557
太虚以佛法批评社会主义录答问 民国十四年乙丑	政闻录卷6 (政治类)	23—28	太虚以佛法批评社会主义录答问 民国十四年(1925.7)	4	619—625
实业政见宣言书 民国二年癸丑	政闻录卷7 (农工商类)	1—4	实业政见宣言书 民国二年(1913.11.8)	4	257—260
宣布就部任时之政策 民国二年癸丑	政闻录卷7 (农工商类)	4—5	宣布就部任时之政策(向部员宣布农林工商政策的通告) 民国二年(1913.10.24)	1	256—258
就部任时之通告 民国二年癸丑	政闻录卷7 (农工商类)	5—6	就部任时之通告(用人原则的通告) 民国二年(1913.10.26)	1	258
合组农林工商两部复国务院文 民国二年癸丑	政闻录卷7 (农工商类)	6	合组农林工商两部复国务院文 民国二年(1913.12.18)	1	276
请用前清商律公司律为工商部现行条例呈 民国二年癸丑	政闻录卷7 (农工商类)	6—7	拟用前清商律公司律为工商部现行条例呈 民国二年(1913.12.16)	1	275—276
致财政部会拟保育商业呈 民国二年癸丑	政闻录卷7 (农工商类)	7	致财政部会拟保息商业呈 民国二年(1914.1)	1	287

续 表

《张季子九录》			《张謇全集》2012 年版		
篇 名	录别 卷次	页码	篇 名	卷次	页码
筹画利用外资振兴实业办法呈 民国二年癸丑	政闻录卷 7 (农工商类)	7— 10	筹画利用外资振兴实业办法呈 民国二年(1913. 12. 14)	1	272—274
为公司条例商人通例饬法制局提前审查以策令公布呈 民国三年甲寅	政闻录卷 7 (农工商类)	10—11	请饬法制局提前审查公司条例与商人通例施行细则呈大总统 民国三年(1914. 7. 15)	1	347—348
提议保息案 民国三年甲寅	政闻录卷 7 (农工商类)	11	提议保息案 民国三年(1914. 1. 2)	1	280—281
变通保息率及借款说明书 民国三年甲寅	政闻录卷 7 (农工商类)	11—12	变通保息率及借款说明书 民国三年(1914. 3. 23)	4	306
奖励农牧产案 民国三年甲寅	政闻录卷 7 (农工商类)	12—14	奖励农牧产案 民国三年(1914. 3. 22)	1	319—320
筹办棉糖林牧等场列表豫算经费呈(附表) 民国三年甲寅	政闻录卷 7 (农工商类)	14—26	为筹办棉糖林牧等试验场呈大总统(附表) 民国三年(1914. 10. 1)	1	383—398
咨复财部请仍酌拨筹办棉糖林牧等场经费文 民国三年甲寅	政闻录卷 7 (农工商类)	26—28	咨复财部请仍酌拨筹办棉糖林牧等场经费文 民国四年秋(1915)	1	473—474
奖励扩充改良植棉地五千五百万亩理由书 民国三年甲寅	政闻录卷 7 (农工商类)	28	奖励扩充改良植棉地五千五百万亩理由书 民国三年(1914)	4	330—331

续 表

《张季子九录》			《张謇全集》2012年版		
篇 名	录别 卷次	页码	篇 名	卷次	页码
条陈全国山林计画办法呈 民国三年甲寅	政闻录卷7 (农工商类)	28—33	规画全国山林办法呈大总统 民国三年(1914.5.3)	1	334—339
为地方植林致三兄函 民国三年甲寅	政闻录卷7 (农工商类)	33	致张詧函 民国三年(1914)	2	502
请先就淮北苇荡淮南盐场垦荒并分简专员呈 民国三年甲寅	政闻录卷8 (农工商类)	1	请先就淮北苇荡淮南盐场垦荒并分简专员呈 民国三年(1914)	1	413—414
致东三省民政长会商林垦事宜要旨函 民国三年甲寅	政闻录卷8 (农工商类)	1—4	致东三省民政长函 民国三年(1914)	2	499—501
为东三省垦务致朱省长函 民国三年甲寅	政闻录卷8 (农工商类)	4—5	致朱庆澜函 民国三年(1914)	2	502
黑龙江代垦合同之大概呈总统文 民国三年甲寅	政闻录卷8 (农工商类)	5	黑龙江代垦合同祈批密呈大总统文 民国三年(1914)	1	414—415
条陈开放蒙地破除旧例另布新规呈 民国三年甲寅	政闻录卷8 (农工商类)	6—8	条陈开放蒙地破除旧例另布新规呈 民国三年(1914)	1	415—417
对于移民殖边经费审查之意见 民国三年甲寅	政闻录卷8 (农工商类)	8	对于移民殖边经费审查之意见 民国三年(1914)	4	328—329
拟定垦荒暂行条例 民国三年甲寅	政闻录卷8 (农工商类)	8—13	就所拟国有荒地承垦条例提交国会审议呈文 民国三年(1914.2.26)	1	310—314

续　表

《张季子九录》			《张謇全集》2012年版		
篇　名	录别　卷次	页码	篇　名	卷次	页码
县市乡承领荒地条例说明书 民国三年甲寅	政闻录卷8 (农工商类)	13—15	县市乡承领荒地条例说明书 民国三年(1914.3)	4	307—308
拟具整理茶叶办法并检查条例呈(附条例) 民国三年甲寅	政闻录卷8 (农工商类)	15—17	为核准茶叶检查条例呈大总统文 民国三年(1914.10.26)	1	402—404
复核政治讨论会所议整理茶叶办法呈 民国三年甲寅	政闻录卷8 (农工商类)	17—18	关于茶叶检查征收费用及整理茶叶办法呈大总统文 民国三年(1914.11.29)	1	406—407
奖励扩充制糖原料地一千三百二十万亩理由书 民国三年甲寅	政闻录卷8 (农工商类)	18—19	扩充制糖原料耕地理由书 民国三年(1914.3.25)	4	306—307
拟定度量衡制度呈 民国三年甲寅	政闻录卷9 (农工商类)	1—2	拟定度量衡制度大纲呈大总统 民国三年(1914.2.6)	1	297—299
规画度量衡说帖 民国三年甲寅	政闻录卷9 (农工商类)	2—3	规画度量衡说帖 民国三年(1914.2.8)	1	299—300
拟具官营矿业办法呈 民国三年甲寅	政闻录卷9 (农工商类)	3—5	官营矿业办法铁业先行呈大总统文 民国三年(1914.8.20)	1	365—367
拟具官办商办铁矿办法呈 民国三年甲寅	政闻录卷9 (农工商类)	5—7	官矿商矿法祈裁呈大总统文 民国三年(1914.8.31)	1	371—373

续 表

《张季子九录》			《张謇全集》2012年版		
篇　名	录别　卷次	页码	篇　名	卷次	页码
密陈矿业条例未便变更呈 民国三年甲寅	政闻录卷9（农工商类）	7—8	矿税未便变更给大总统密呈 民国三年（1914.7.20）	1	350—351
拟请变通矿区税则呈 民国三年甲寅	政闻录卷9（农工商类）	8—9	拟请变通矿区税则呈 民国三年（1914.7.17）	1	349—350
维持矿务监督署经费呈 民国三年甲寅	政闻录卷9（农工商类）	9—10	维持矿务监督署经费呈大总统文 民国三年（1914.9.24）	1	379—381
拟具汉冶萍公司收归国有办法呈 民国三年甲寅	政闻录卷9（农工商类）	10—12	汉冶萍公司收归国有官商合办两项办法呈 民国三年（1914.8.5）	1	356—357
拟具汉冶萍公司官商合办理由呈 民国三年甲寅	政闻录卷9（农工商类）	12—13	汉冶萍公司官商合办理由呈 民国三年（1915.2.28）	1	444—445
拟官商合办汉冶萍公司办法呈 民国三年甲寅	政闻录卷9（农工商类）	13—15	拟官商合办汉冶萍公司办法呈 民国三年（1914.8.25）	1	367—370
汉冶萍官商合办说略 民国三年甲寅	政闻录卷9（农工商类）	15—16	汉冶萍官商合办说略 民国三年（1914.8）	4	320—321
请免土布税厘呈 民国三年甲寅	政闻录卷9（农工商类）	16	请免棉织土布税厘呈 民国三年（1918.9.21）	1	378—379
咨行赣闽川粤巡按使整顿糖业文 民国四年乙卯	政闻录卷9（农工商类）	16—17	咨江西巡按使整顿糖业文 民国四年（1915.3.16）	1	450

续 表

《张季子九录》			《张謇全集》2012年版		
篇　名	录别　卷次	页码	篇　名	卷次	页码
试验植糖复王仪侃函 民国四年乙卯	政闻录卷9 (农工商类)	17	复王仪侃函 民国四年(1915)	2	571
遵拟整饬国货建议案办法呈 民国四年乙卯	政闻录卷9 (农工商类)	17—20	遵拟整饬国货建议案办法呈 民国四年(1915.3.6)	1	446—449
请解农商部长职专任水利局务呈 民国四年乙卯	政闻录卷9 (农工商类)	20—21	请解农商部长职专任水利局务呈 民国四年(1914.11.20)	1	404—405
允任淞埠督办电 民国十年辛酉	政闻录卷9 (农工商类)	21	致大总统国务院电 民国九年(1920.11.15)	3	816
督办吴淞商埠就职宣言 民国十一年壬戌	政闻录卷9 (农工商类)	21—23	督办吴淞商埠就职宣言 民国十年(1921.2.12)	4	477—478
重定埠界绘图呈总统文 民国十一年壬戌	政闻录卷9 (农工商类)	23—24	呈大总统文 民国十一年(1922.9)	1	589—590
提议变置吴淞商埠及运河工程以节省费案 民国十二年癸亥	政闻录卷9 (农工商类)	24	提议裁撤吴淞商埠及运河工程二局以节支案 民国十二年(1923)	1	652—653
恳辞淞埠督办呈 民国十三年甲子	政闻录卷9 (农工商类)	25—26	恳辞淞埠督办呈 民国十二年(1923.5.31)	1	653—655
郑州决口记 清光绪十三年丁亥	政闻录卷10 (水利类)	1—2	郑州决口记 清光绪十三年九月初十日(1887.10.26)	6	84—86

续 表

《张季子九录》			《张謇全集》2012年版		
篇　名	录别　卷次	页码	篇　名	卷次	页码
论河工致倪中丞函 清光绪十三年丁亥	政闻录卷10 (水利类)	2—3	上倪文蔚书(五件之一) 清光绪十三年十月十九日(1887.12.3)	2	32—33
论河工再致倪中丞函 清光绪十三年丁亥	政闻录卷10 (水利类)	3—4	上倪文蔚书(五件之二) 清光绪十三年十月二十一日(1887.12.5)	2	33—34
论河工三致倪中丞函 清光绪十三年丁亥	政闻录卷10 (水利类)	4—5	上倪文蔚书(五件之三) 清光绪十三年十月二十三日(1887.12.7)	2	34—35
论河工四致倪中丞函 清光绪十三年丁亥	政闻录卷10 (水利类)	5—6	上倪文蔚书(五件之四) 清光绪十三年十月下旬(1887.12)	2	35—36
论河工五致倪中丞函 清光绪十三年丁亥	政闻录卷10 (水利类)	6—7	上倪文蔚书(五件之五) 清光绪十三年十月下旬(1887.12)	2	36—37
淮水疏通入海议 清光绪二十九年癸卯	政闻录卷10 (水利类)	7—10	淮水疏通入海议 清光绪二十九年十月初二日(1903.11.20)	4	70—73
请速治淮疏 清光绪三十年甲辰	政闻录卷10 (水利类)	10—11	请速治淮疏 清光绪三十年(1904)	1	73—74
复淮浚河标本兼治议 清光绪三十二年丙午	政闻录卷10 (水利类)	11—14	复淮浚河标本兼治议 清光绪三十二年十一月初七日(1906.12.22)	4	106—111

续 表

《张季子九录》			《张謇全集》2012年版		
篇 名	录别 卷次	页码	篇 名	卷次	页码
复淮浚河标本兼治议后 清光绪三十二年丙午	政闻录卷10(水利类)	14—15	复淮浚河标本兼治议后 清光绪三十二年十一月初七日(1906.12.22)	4	111—112
代岑粤督儗淮北工赈请拨镑余疏 清光绪三十二年丙午	政闻录卷10(水利类)	15—18	代岑粤督拟淮北工赈请拨镑余疏 清光绪三十二年十一月八日(1906.12.23)	1	123—126
议办导淮公司纲要 清光绪三十三年丁未	政闻录卷10(水利类)	18—23	议办导淮公司纲要 清光绪三十三年(1907)秋冬	4	140—144
代江督拟设导淮公司疏 清宣统元年己酉	政闻录卷10(水利类)	23—26	代江督拟设导淮公司疏 清光绪三十三年五月初(1907.6.中旬)	1	135—138
为导淮筹款事致江督函 清宣统元年己酉	政闻录卷10(水利类)	26	致端方函 附录：为导淮筹款事致江督函 清光绪三十三年五月(1907.6)	2	214—215
筹兴水利为谘议局基本金之设备议案 清宣统元年己酉	政闻录卷10(水利类)	27—30	筹兴水利为咨议局基本金之设备说 清宣统元年九月(1909.10)	4	154—157
拟江北水利公司最初第一节之办法 清宣统元年己酉	政闻录卷10(水利类)	30—34	拟江北水利公司最初第一节之办法 清宣统元年十二月初三日(1910.1.13)	4	161—165
论导淮复江督函 清宣统元年己酉	政闻录卷10(水利类)	34—35	致端方函 清宣统元年(1909)	2	251—252

续 表

《张季子九录》			《张謇全集》2012 年版		
篇　名	录别　卷次	页码	篇　名	卷次	页码
江北水利测量局对于詹美生报告之声明书 民国元年壬子	政闻录卷 11 (水利类)	1	江北水利测量局对于詹美生报告之声明书 民国元年(1912.11～12)	4	235—236
代苏皖二督关于导淮兴垦亟应筹备呈 民国元年壬子	政闻录卷 11 (水利类)	1—3	代苏皖二督关于导淮兴垦亟应筹备呈 民国元年(1912.12.22)	1	251—253
请就京城暂设导淮总局并颁给关防呈 民国二年癸丑	政闻录卷 11 (水利类)	4	就京城暂设导淮总局并颁给关防呈 民国二年(1913.11)	1	267—268
请设全国水利局呈 民国二年癸丑	政闻录卷 11 (水利类)	4—5	请设全国水利局呈 民国二年秋冬(1913)	1	254—255
兴垦必先通治沟渠量植林木以立水利基础呈 民国二年癸丑	政闻录卷 11 (水利类)	5	垦荒必先通治沟洫贯通水道呈 民国四年(1915.8.16)	1	467—468
条议全国水利约举四端一宜导淮兼治沂泗一宜穿辽以达松嫩一宜速设河海工程学校一宜并立农业地产银行呈 民国二年癸丑	政闻录卷 11 (水利类)	5— 10	条议全国水利呈 民国三年(1914.2.16)	1	302—307
导淮计画宣告书 民国二年癸丑	政闻录卷 11 (水利类)	10—16	导淮计画宣告书 民国二年(1913.5)	4	245—248
请设高等土木工科学校先开河海工科专班拟具办法呈 民国三年甲寅	政闻录卷 11 (水利类)	16—17	请设高等土木工科学校先开河海工科专班拟具办法呈 民国三年(1914.7)	1	353—354

续 表

《张季子九录》			《张謇全集》2012 年版		
篇 名	录别 卷次	页码	篇 名	卷次	页码
拟请拨款即设河海工程学校并分省摊筹常费办法呈 民国三年甲寅	政闻录卷 11 (水利类)	17—18	拟请拨款即设河海工程学校并分省摊筹常费办法呈 民国三年(1914)	1	409—410
为河海工程学校致熊秉三函 民国三年甲寅	政闻录卷 11 (水利类)	18—19	致熊希龄函 民国二年(1913.12)	2	412—413
拟请申令各省速设河海工程测绘养成所呈 民国三年甲寅	政闻录卷 11 (水利类)	19—20	拟请申令各省速设河海工程测绘养成所呈 民国四年(1915.8.5)	1	462—464
拟订测绘养成所章程附请核行呈 民国三年甲寅	政闻录卷 11 (水利类)	20	呈拟订河海工程测绘养成所章程请核定公布文 民国四年(1915.8.19)	1	470—471
河海工程测绘养成所章程	政闻录卷 11 (水利类)	20—23	河海工程测绘养成所章程 民国四年(1915.8.19)	5	152—153
陈明水利进行办法呈 民国三年甲寅	政闻录卷 12 (水利类)	1—2	陈明水利进行办法呈 民国四年(1915.8.15)	1	465—467
为福建水利事复福建民政长函 民国三年甲寅	政闻录卷 12 (水利类)	2—3	复福建民政长函 民国三年(1914)	2	507
关于导淮程序先宜注重淮河历史地理说帖 民国三年甲寅	政闻录卷 12 (水利类)	3—7	淮与江河关系历史地理说 民国三年(1914.11)	4	321—326
关于导淮借款附致陈兰生函 民国三年甲寅	政闻录卷 12 (水利类)	7—8	致陈兰生函 民国三年(1914)	2	504—505

续 表

《张季子九录》			《张謇全集》2012年版		
篇 名	录别 卷次	页码	篇 名	卷次	页码
关于导淮借款草议条件应注意之要点及余义 民国三年甲寅	政闻录卷12(水利类)	8—10	导淮借款草议条件之要点及余义 民国三年(1914)	4	326—328
答外交部述导淮借款大概 民国三年甲寅	政闻录卷12(水利类)	10—11	就导淮借款事宜复外交部 民国三年(1914)	1	410—411
规画导淮豫计之报告 民国三年甲寅	政闻录卷12(水利类)	11—17	复勘规画导淮豫计之报告 民国三年(1914.6)	4	309—315
拟具疏浚辽河应并筹沟通松辽之说帖 民国三年甲寅	政闻录卷12(水利类)	17—19	疏浚辽河沟通松辽之说帖 民国三年(1914)	1	411—412
拟沟通松辽密陈 民国三年甲寅	政闻录卷12(水利类)	19	沟通松辽筹备航业密呈 民国三年(1914)	1	412—413
致奉天省长密议沟通松辽函 民国三年甲寅	政闻录卷12(水利类)	20	致奉天省长函 民国三年(1914)	2	507—508
为驰勘淮北水灾请派员代理部务呈 民国三年甲寅	政闻录卷12(水利类)	20—21	为驰勘淮北水灾请派员代理部务呈 民国三年(1914.9.30)	1	382
为河工致韩省长函 民国三年甲寅	政闻录卷12(水利类)	21	致韩国钧函 民国三年(1914.5.1)	2	444—445
自请列席美国万国水利会议呈 民国四年乙卯	政闻录卷12(水利类)	21—22	自请列席美国万国水利会议呈 民国四年(1915.8.11)	1	464—465

续 表

《张季子九录》			《张謇全集》2012年版		
篇 名	录别 卷次	页码	篇 名	卷次	页码
勘察各试验场地亩并督同河海工校开学请给假呈 民国四年乙卯	政闻录卷12(水利类)	22—23	为查勘各试验场地亩等事请假呈 民国四年(1915.3.5)	1	445
江淮水利计划第三次宣言书 民国七年戊午	政闻录卷12(水利类)	23—29	江淮水利计划第三次宣言书 民国七年(1918)	4	390—396
江淮水利施工计画书 民国八年己未	政闻录卷13(水利类)	1—41	江淮水利施工计画书 民国八年(1919.2)	4	397—436
运河工程就职宣言 民国九年庚申	政闻录卷14(水利类)	1—4	运河工程局就职宣言 民国九年(1920.4.1)	4	454—458
运河工程局就职演说 民国九年庚申	政闻录卷14(水利类)	4—6	运河工程局就职演说 民国九年(1920.4.1)	4	446—448
江北运河分年施工计画书 民国九年庚申	政闻录卷14(水利类)	6—13	江北运河分年施工计画书 民国九年(1920.4.1)	4	448—454
淮沂沭治标商榷书 民国九年庚申	政闻录卷14(水利类)	13—16	淮沂沭治标商榷书 民国十年(1920.10)	4	487—490
先治王家港商榷书 民国九年庚申	政闻录卷14(水利类)	17—23	筹治王家斗龙新洋三港商榷书 民国十年(1921.10)	4	490—497
为运河局经费致财政部电 民国九年庚申	政闻录卷14(水利类)	24	致财政部电 民国九年(1920)	3	844—845
两淮串场大河施工计画书 民国九年庚申	政闻录卷15(水利类)	1—7	两淮串场大河施工计画书 民国十年初(1921)	4	470—476

续 表

《张季子九录》			《张謇全集》2012 年版		
篇 名	录别 卷次	页码	篇 名	卷次	页码
通告皖北水利局及十八县同人全省父老三河坝应归苏办理启 民国十年辛酉	政闻录卷 15（水利类）	7—9	通告皖省三河坝办理事宜启 民国十年(1922. 1)	5	222—224
发表淮南北治水商榷书启 民国十年辛酉	政闻录卷 15（水利类）	9—10	发表淮南北治水商榷书启 民国十年(1921. 11)	5	219—220
为三河坝事呈政府电 民国十年辛酉	政闻录卷 15（水利类）	10—12	为三河坝事呈政府文 民国十一年(1922. 1)	1	582—583
为勘视河患后致王省长函 民国十年辛酉	政闻录卷 15（水利类）	12—14	为勘视河患后致王省长函 民国十年(1921)	2	516—519
勘视河患后致鲍执之函 民国十年辛酉	政闻录卷 15（水利类）	14—15	致鲍执之函 民国十年(1921. 9. 下旬)	3	928
为浚治王港复水利协进会函 民国十年辛酉	政闻录卷 15（水利类）	15—18	复水利协进会函 民国十一年夏(1922)	3	1072—1074
辞运河督办呈 民国十年辛酉	政闻录卷 15（水利类）	18—19	辞运河督办呈 民国十一年(1922. 1)	1	580—581
浚治长江计画复王省长函 民国十年辛酉	政闻录卷 15（水利类）	19—24	复王瑚函 民国十年(1921. 10)	3	937—942
讨论下游治江事致下游九县各公团函 民国十年辛酉	政闻录卷 15（水利类）	24—25	致长江下游九县各公团函 民国十年(1921. 10～11)	3	942
敬告导淮会议与会诸君意见书 民国十一年壬戌	政闻录卷 15（水利类）	25—29	敬告导淮会议与会诸君意见书 民国十一年(1922)	4	503—507

续 表

《张季子九录》			《张謇全集》2012 年版		
篇　名	录别　卷次	页码	篇　名	卷次	页码
运河工程感言 民国十一年壬戌	政闻录卷 15 (水利类)	29—32	运河工程感言 民国十一年(1922)秋	4	516—519
讨论治淮复张镇南函 民国十一年壬戌	政闻录卷 15 (水利类)	32—35	致张镇南函 民国十一年(1922)	3	1137—1140
论淮水入下河应束堤归海复刘少青函 民国十一年壬戌	政闻录卷 15 (水利类)	35—42	致刘少青函 民国十一年(1922)	3	1129—1135
答下河九县来书人启 民国十一年壬戌	政闻录卷 15 (水利类)	42—43	答下河九县来书人启 民国十一年(1922.5)	4	509—510
再告东台人士函 民国十一年壬戌	政闻录卷 15 (水利类)	43—44	致东台人士函 民国十一年(1922)	3	1126—1127
辞勋一位电 民国十一年壬戌	政闻录卷 15 (水利类)	44—45	辞勋一位电 民国十一年(1922.11.10)	3	1098—1099
辞兼新运河督办电 民国十一年壬戌	政闻录卷 15 (水利类)	45	致徐世昌梁士诒电 民国十一年(1922.1.1)	3	997—998
为辟治江北沿海五县串场大河拟具计画书呈 民国十一年壬戌	政闻录卷 16 (水利类)	1—2	为辟治江北沿海五县串场大河拟具计画书呈 民国十年(1921.2)	1	516—518
开辟新运河于淮扬全部有利无害文 民国十一年壬戌	政闻录卷 16 (水利类)	2—5	开辟新运河于淮扬全部于里下河有利无害文 民国十一年(1922)	4	526—528
关于胡议员等质问辟治串场河复江苏省长文 民国十一年壬戌	政闻录卷 16 (水利类)	5—7	就胡议员等质问辟治串场河复江苏省长文 民国十一年(1922)	1	592—595

续 表

《张季子九录》			《张謇全集》2012年版		
篇 名	录别 卷次	页码	篇 名	卷次	页码
为变更新运河筹款呈 民国十一年壬戌	政闻录卷16 (水利类)	7—9	变更新运河筹款呈 民国十一年(1922.3)	1	585—587
辞运河督办电 民国十一年壬戌	政闻录卷16 (水利类)	9	致徐世昌颜惠庆高凌霨函 民国十一年(1922.4.6)	3	1042—1043
筹备浚治长江启 民国十一年壬戌	政闻录卷16 (水利类)	9—11	与王清穆筹备浚治扬子江下游启 民国十一年(1922.4)	5	229—231
告下游治江会九县父老书 民国十一年壬戌	政闻录卷16 (水利类)	11—14	告扬子江下游治江会九县父老书 民国十一年(1922.4)	5	231—234
告治江会代表启 民国十一年壬戌	政闻录卷16 (水利类)	14—15	敬告治江会代表书 民国十一年(1922.9)	4	515—516
为治江致韩省长函 民国十一年壬戌	政闻录卷16 (水利类)	15—16	致韩国钧函 民国十一年夏(1922)	3	1064—1065
论导淮致江总裁函 民国十二年癸亥	政闻录卷16 (水利类)	16—18	致江天铎函 民国十三年(1924.4)	3	1273—1275
论导淮致齐督军函 民国十二年癸亥	政闻录卷16 (水利类)	18—20	致齐燮元函 民国十三年(1924)	3	1275—1277
扬子江测量报告序 民国十二年癸亥	政闻录卷16 (水利类)	20—21	扬子江测量报告序 民国十二年(1923)	6	568—569
五辞运局督办呈 民国十二年癸亥	政闻录卷16 (水利类)	21—22	五辞运局督办呈 民国十二年(1923)	1	655
导淮测量处成绩目录序言 民国十三年甲子	政闻录卷16 (水利类)	22—23	导淮测量处成绩目录叙言 民国十三年(1924)	6	591—593

续　表

《张季子九录》			《张謇全集》2012年版		
篇　名	录别　卷次	页码	篇　名	卷次	页码
为下游治江致郑省长函 民国十四年乙丑	政闻录卷16 (水利类)	23—24	致郑谦函 民国十四年(1925.5)	3	1343—1344
怡儿奉特命长扬子江委员会因示 民国十五年丙寅	政闻录卷16 (水利类)	24—25	致张孝若函 民国十五年(1926.7)	3	1408—1409
卫国恤民化枭弭盗均宜变盐法议 清光绪三十年甲辰	政闻录卷17 (盐务类)	1—7	卫国恤民化枭弭盗均宜变盐法议 清光绪三十年(1904)	4	85—92
盐业改良后议 清光绪三十年甲辰	政闻录卷17 (盐务类)	7—8	盐业改良后议 清光绪三十年(1904)	4	92—93
变通通九场盐法议略 清光绪三十年甲辰	政闻录卷17 (盐务类)	8—12	变通通九场盐法议略 清光绪三十年二月初五日(1904.3.21)	4	78—81
为如皋聚众击毁盐栈事致江督函 清光绪三十四年戊申	政闻录卷17 (盐务类)	12—13	致端方函 清光绪三十四年十一月二十五日(1908.12.18)	2	238—239
豫备资政院建议通改各省盐法草案 清宣统二年庚戌	政闻录卷17 (盐务类)	13—19	豫备资政院建议通改各省盐法草案 清宣统二年(1910)	4	171—177
附拟减贵仍贱平剂盐价之税入比较说略 清宣统二年庚戌	政闻录卷17 (盐务类)	19—20	附录：拟减贵仍贱平剂盐价之税入比较说略 清宣统二年(1910)	4	177—178
敬告通泰场商同胞意见书 清宣统二年庚戌	政闻录卷17 (盐务类)	20	敬告通泰场商同胞意见书 清宣统二年(1910)	4	178—179
改革全国盐政计画书 民国元年壬子	政闻录卷18 (盐务类)	1—19	改革全国盐政计画书 民国元年(1912.8)	4	212—231

续 表

《张季子九录》			《张謇全集》2012 年版		
篇 名	录别 卷次	页码	篇 名	卷次	页码
改革全国盐法意见书 民国元年壬子	政闻录卷 18 (盐务类)	19—23	改革全国盐法意见书 民国元年(1912.1)	4	201—205
改革盐场宜官归民办以期效速而用舒说 民国元年壬子	政闻录卷 19 (盐务类)	1	改革盐场宜官归民办以期效速而用舒说 民国元年(1912)	4	237—238
答复湘鄂西皖全体运商函 民国元年壬子	政闻录卷 19 (盐务类)	1—3	复湘鄂西皖全体运商函 民国元年(1912.1)	2	310—312
为两淮盐务致熊总理函 民国元年壬子	政闻录卷 19 (盐务类)	3—4	致熊希龄函 民国元年(1912)	2	359
重申改革全国盐政计画宣言书 民国二年癸丑	政闻录卷 19 (盐务类)	4—7	重申改革全国盐政计画宣言书 民国二年(1913.5)	4	248—251
为改革盐政致熊总理函 民国二年癸丑	政闻录卷 19 (盐务类)	7—13	致熊希龄函 民国二年(1913)	2	422—428
为长尉教练所毕业生实习致张运司函 民国二年癸丑	政闻录卷 19 (盐务类)	13	致张运司函 民国二年(1913)	2	418—419
为淮盐事致李督军函 民国七年戊午	政闻录卷 19 (盐务类)	13—14	致李纯函 民国九年(1920.8)	3	785—786
致盐政讨论会函 民国十一年壬戌	政闻录卷 19 (盐务类)	14—15	致盐政讨论会函 民国十一年(1922.12.5)	3	1109—1111
提议淮南各场推行板晒维持盐权兼顾灶民生计案 民国十三年甲子	政闻录卷 19 (盐务类)	15—16	淮南各场试办板晒维持盐权兼顾煎丁生计案 民国十三年(1924.9)	1	725—726

续 表

《张季子九录》			《张謇全集》2012 年版		
篇 名	录别 卷次	页码	篇 名	卷次	页码
各国盐法序 民国十三年甲子	政闻录卷 19 (盐务类)	16—17	各国盐法叙 民国十三年(1924)	6	593—594
为缉私致孙司令函 民国十五年丙寅	政闻录卷 19 (盐务类)	17—18	致孙传芳函 民国十三年(1926)	3	1412
通海议办认捐(即包捐)本末要略 清光绪二十一年乙未	实业录 卷 1	页 1—3	通海议办认捐本末要略 清光绪二十二年四月十二日(1896.5.24)	4	21—22
农会议 清光绪二十二年丙申	实业录 卷 1	3—4	农会议 清光绪二十四年四月十四日(1898.6.2)	4	25—26
商会议 清光绪二十二年丙申	实业录 卷 1	4	商会议 清光绪二十四年(1898)	4	26—27
农工商标本急策 清光绪二十三年丁酉	实业录 卷 1	4—5	农工商标本急策 清光绪二十四年四月初三日(1898.5.22)	4	24—25
请兴农会奏 清光绪二十三年丁酉	实业录 卷 1	5—7	请兴农会奏 清光绪二十三年五月十二日(1897.6.11)	1	27—28
厂约 清光绪二十三年丁酉	实业录 卷 1	7—10	厂约 清光绪二十五年九月九日(1899.10.13)	5	6—9
为纱厂致南洋刘督部函 清光绪二十四年戊戌	实业录 卷 1	10	致刘坤一函 清光绪二十四年三月二十七日(1989.4.17)	2	88—89
为纱厂致两湖张督部函 清光绪二十四年戊戌	实业录 卷 1	10—11	致张之洞函 清光绪二十四年十一月十四日(1898.12.26)	2	93

续 表

《张季子九录》			《张謇全集》2012 年版		
篇 名	录别 卷次	页码	篇 名	卷次	页码
为纱厂致盛杏荪函 清光绪二十四年戊戌	实业录 卷 1	11	致盛宣怀函 清光绪二十四年十一月十四日(1898.12.26)	2	92—93
为纱厂致南洋刘督部函 清光绪二十四年戊戌	实业录 卷 1	11—12	复刘坤一函 清光绪二十四年十一月三十日(1899.1.11)	2	95
海通蚕桑兴衰事略复汪穰卿 清光绪二十四年戊戌	实业录 卷 1	12—13	复汪康年函 清光绪二十四年四月初十日(1898.5.29)	2	90—91
代拟请留各省股款振兴农工商务疏 清光绪二十四年戊戌	实业录 卷 1	13—14	代拟请留各省股款振兴农工商务疏 清光绪二十四年四月十三日(1898.6.1)	1	29—30
为纱厂致南洋刘督部函 清光绪二十五年己亥	实业录 卷 1	14—15	复刘坤一函 清光绪二十五年(1899)	2	99—101
为纱厂再致南洋刘督部函 清光绪二十五年己亥	实业录 卷 1	15—16	再致刘坤一函 清光绪二十五年九月十八日(1899.10.22)	2	102
承办通州纱厂节略 清光绪二十六年庚子	实业录 卷 1	16—18	承办通州纱厂节略 清光绪二十五年十月十五日(1899.11.17)	4	27—29
大生纱厂章程书后 清光绪二十六年庚子	实业录 卷 1	18—19	大生纱厂章程书后 清光绪二十六年二月十五日(1900.3.15)	6	279—280
通海垦牧公司集股章程启 清光绪二十七年辛丑	实业录 卷 2	1—9	通海垦牧公司集股章程启 清光绪二十七年五月初一日(1901.6.16)	5	25—33

续 表

《张季子九录》			《张謇全集》2012年版		
篇 名	录别 卷次	页码	篇 名	卷次	页码
劝通州商业合营储蓄兼普通商业银行说帖 清光绪二十八年壬寅	实业录卷2	9—10	劝通州商业合营储蓄兼普通商业银行说帖 清光绪二十八年(1902)	4	67—68
为通海垦牧通境补地无须缴价移吕四场文 清光绪二十九年癸卯	实业录卷2	10	为通海垦牧通境补地无须缴价移吕四场文 清光绪二十八年(1902)	1	46—47
为清理兵田咨苏松镇文 清光绪二十九年癸卯	实业录卷2	10—11	与苏松镇徐文 清宣统元年六月十一日(1909.7.27)	1	178—179
整顿垣章禀场立案文 清光绪二十九年癸卯	实业录卷2	11—12	整顿垣章禀场立案文 清光绪二十九年(1903)	1	47—49
吕四同仁泰盐业公司筹办整顿改良说略 清光绪二十九年癸卯	实业录卷2	12—15	吕四同仁泰盐业公司筹办整顿改良说略并帐略 清光绪二十九年(1903)	5	604—611
同仁泰盐业公司增股启 清光绪三十年甲辰	实业录卷2	15—16	吕四同仁泰盐业公司增股启并帐略 清光绪三十年十二月二十三日(1905.1.28)	5	611—619
为设立盐业公司并筹改良之法呈江督文 清光绪三十年甲辰	实业录卷2	17—18	为设立盐业公司并筹改良之法呈江督文 清光绪三十年(1904)	1	55—56
创设崇明大生分厂呈部立案文 清光绪三十年甲辰	实业录卷2	18—19	创设崇明大生分厂呈部立案文 清光绪三十年夏(1904.6～9)	1	51—52

续 表

《张季子九录》			《张謇全集》2012年版		
篇　名	录别　卷次	页码	篇　名	卷次	页码
因朱某图在海门设厂呈部文 清光绪三十年甲辰	实业录 卷2	19—20	因朱某图在海门设厂呈部文 清光绪三十年十二月初七日(1905.1.12)	1	76—77
又咨商部文 清光绪三十年甲辰	实业录 卷2	20—21	咨商部文 清光绪三十年十二月(1905.1～2)	1	78—79
请设上海大达轮步公司公呈 清光绪三十年甲辰	实业录 卷2	21—22	请设上海大达轮步公司公呈 清光绪三十年(1904)	1	72—73
为大达内河小轮致江督函 清光绪三十年甲辰	实业录 卷2	22	致魏光焘函 清光绪二十九年四月二十三日(1903.5.19)	2	123
为盐制改良咨呈江督文 清光绪三十年甲辰	实业录 卷2	22—23	为盐制改良咨呈江督文 清光绪三十年末(1905.1～2)	1	79—80
为吕四盐业复运司函 清光绪三十年甲辰	实业录 卷2	23—24	复运司函 清光绪三十二年四月中下旬(1906.5)	2	165—166
为盐业致运司函 清光绪三十年甲辰	实业录 卷2	24—25	致运司函 清光绪三十二年闰四月初(1906.5)	2	168
为盐业再致运司函 清光绪三十年甲辰	实业录 卷2	25—26	致运司函 清光绪三十二年闰四月初(1906.5)	2	169—170
咨呈江督商部盐垦两公司被灾情形 清光绪三十年甲辰	实业录 卷2	26—28	咨呈江督商部盐垦两公司被灾情形 清光绪三十一年八月十三日(1905.9.11)	1	88—91

续 表

《张季子九录》			《张謇全集》2012年版		
篇 名	录别 卷次	页码	篇 名	卷次	页码
咨呈江督垦牧盐业被灾补救筹款之办法 清光绪三十年甲辰	实业录 卷2	28—30	咨呈江督垦牧盐业被灾补救筹款之办法 清光绪三十一年八月十四日(1905.9.12)	1	91—92
拟开垦通分司九场蓄草余地章程 清光绪三十年甲辰 附:奏通州盐场余地略	实业录 卷3	1—2 3	拟开垦通分司九场蓄草余地章程 清光绪三十年(1904) 附录:奏通州盐场余地略	5	55—58
同仁泰盐业公司旧法盐业说略 清光绪三十一年乙巳	实业录 卷3	3—5	同仁泰盐业公司旧法盐业说略 清光绪三十一年(1905)	5	619—623
通州资生铁冶公司集股启 清光绪三十一年乙巳	实业录 卷3	5	通州资生铁冶公司集股启 清光绪三十一年(1905)	5	92—93
盐业整顿改良被阨记 清光绪三十一年乙巳	实业录 卷3	5—9	盐业整顿改良被扼记 清光绪三十四年(1908)	6	340—343
为盐业致两江周督函 清光绪三十一年乙巳	实业录 卷3	9—11	致周馥函 清光绪三十一年(1905)	2	157—159
垣改聚煎呈移盐院运司文 清光绪三十一年乙巳	实业录 卷3	11—13	垣改聚煎呈移盐院运司文 清光绪三十一年(1905)	1	110—113
为实业致周江督函 清光绪三十一年乙巳	实业录 卷3	13—15	致周馥函 清光绪三十一年(1905)	2	159—160

续 表

《张季子九录》			《张謇全集》2012年版		
篇　名	录别　卷次	页码	篇　名	卷次	页码
复李外部述商部属办商会及丝茶大公司函 清光绪三十一年乙巳	实业录 卷3	15—16	复李外部函 清光绪三十年二月初六日(1904.3.22)	2	131—132
致唐侍郎论渔业函 清光绪三十一年乙巳	实业录 卷3	16—17	复唐文治函 清光绪三十一年八月(1905.9)	2	146—147
请保护提倡实业呈商部文 清光绪三十一年乙巳	实业录 卷3	17—18	请保护提倡实业呈商部文 清光绪三十一年(1905)	1	99—100
为盐业事致两淮运司函 清光绪三十二年丙午	实业录 卷3	18—19	致两淮运司函 清光绪三十二年(1906)	2	196—197
为渔业事致江督函 清光绪三十二年丙午	实业录 卷3	19	致周馥函 清光绪三十一年(1905)	2	157
通海垦牧丙午年事例及日课时间表 清光绪三十二年丙午	实业录 卷3	20—22	通海垦牧丙午年事例及日课时间表 清光绪三十二年(1906)	4	116—119
同仁泰盐业公司丙午年说略 清光绪三十二年丙午	实业录 卷3	22—24	同仁泰盐业公司丙午年说略 清光绪三十二年(1906)	5	632—634
吕四同仁泰盐业公司仿日本法试验场说略 清光绪三十二年丙午	实业录 卷3	25—27	同仁泰盐业公司仿日本法试验场说略 清光绪三十二年(1906)	5	629—632
为开埠复两江周督函 清光绪三十二年丙午	实业录 卷3	27—28	致周馥电 清光绪三十二年(1906)	2	183—184

续 表

《张季子九录》			《张謇全集》2012 年版		
篇 名	录别 卷次	页码	篇 名	卷次	页码
为实业致两江周督函 清光绪三十二年丙午	实业录 卷 3	28	致周馥书 清光绪三十二年(1906)	2	182—183
为商航复商部文 清光绪三十二年丙午	实业录 卷 3	28—32	为商航复商部文 清光绪三十二年(1906)	1	128—131
为盐业致王小徐函 清光绪三十二年丙午	实业录 卷 3	32	致王小徐函 清光绪三十二年(1906)	2	181
大生纱厂股东会提议书 清光绪三十二年丙午	实业录 卷 4	1—4	在第一次股东会议上提议各事之说明 清光绪三十三年七月二十三日(1907. 8. 31)	4	132—136
答南皮尚书条陈兴商务改厘捐开银行用人材变习气要旨 清光绪三十二年丙午	实业录 卷 4	4—8	答南皮尚书条陈兴商务改厘捐开银行用人材变习气要旨 清光绪二十一年八月初四日(1895. 9. 22)	4	14—17
论银行致铁尚书函 清光绪三十二年丙午	实业录 卷 4	8—10	致铁良 清光绪三十二年(1906)	2	186—189
为通埠及铁冶厂事致江督函 光绪三十三年丁未	实业录 卷 4	10—11	致端方函 光绪三十三年(1907)	2	226—227
题通海垦牧公司界图扇箑 光绪三十三年丁未	实业录 卷 4	11	题通海垦牧公司界图扇箑 光绪三十三年(1907)	6	333—334
致吕四同仁泰盐业公司各股东公启 光绪三十三年丁未	实业录 卷 4	11—13	致吕四同仁泰盐业公司各股东公启 光绪三十三年(1907)	5	108—111

续 表

《张季子九录》			《张謇全集》2012年版		
篇　名	录别　卷次	页码	篇　名	卷次	页码
同仁泰盐业公司丁未年说略 光绪三十三年丁未	实业录 卷4	13	同仁泰盐业公司丁未年说略 光绪三十三年(1907)	5	649
为通海垦牧咨呈督部文 清光绪三十四年戊申	实业录 卷4	13—21	为通海垦牧咨呈督部文 清光绪三十四年八月至九月(1908.8～10)	1	147—154
为通海垦牧移复吕四场文 清光绪三十四年戊申	实业录 卷4	21—22	为通海垦牧移复吕四场文 清光绪三十四年二月初八日(1908.3.10)	1	145—146
为通海垦牧移请州厅场会衔出示建立界碑文 清光绪三十四年戊申	实业录 卷4	22	为通海垦牧移请州厅场会衔出示建立界碑文 清宣统元年十月十二日(1909.11.24)	1	184
同仁泰盐业公司戊申年说略 清光绪三十四年戊申	实业录 卷4	22	同仁泰盐业公司戊申年说略 清光绪三十四年(1908)	5	664
移海门厅缴价文 清宣统元年己酉	实业录 卷4	22—24	移海门厅缴价文 清宣统元年闰二月二十四(1909.4.14)	1	169—171
同仁泰盐业公司报告板盐归入正额拟于庚戌年推广晒板请股东赀本函 清宣统元年己酉	实业录 卷4	24—25	致同仁泰盐业公司股东函 清宣统元年(1909)	2	253
同仁泰盐业公司第七届营业说略 清宣统元年己酉	实业录 卷4	25—26	同仁泰盐业公司第七届营业说略 清宣统元年(1909)	5	673—674

续 表

《张季子九录》			《张謇全集》2012 年版		
篇　名	录别　卷次	页码	篇　名	卷次	页码
为板晒借款致运司函 清宣统元年己酉	实业录 卷 4	26	致运司函(二件之一) 清宣统元年二月(1909.2～3)	2	243
为板晒借款再致运司函 清宣统元年己酉	实业录 卷 4	26—27	致运司函(二件之二) 清宣统元年二月二十一日(1909.3.12)	2	243—244
为通海垦牧赋则移复州场请详咨报部文 清宣统二年庚戌	实业录 卷 4	27—28	移复州场请详咨报部文 清宣统元年十月十二日(1909.11.24)	1	183—184
咨呈江督苏狼营田按银入股垦熟后按亩升科请准立案文 清宣统二年庚戌	实业录 卷 4	28—29	咨呈江督苏狼营田按银入股垦熟后按亩升科请准立案文 清宣统二年五月二十二日(1910.6.28)	1	203—204
海关进出口货价比较表序 清宣统三年辛亥	实业录 卷 4	29—30	海关进出口货价比较表序 清宣统三年四月初三日(1911.5.1)	6	360—361
垦牧公司第一次股东会演说公司成立之历史 清宣统三年辛亥	实业录 卷 4	30—32	垦牧公司第一次股东会演说公司成立之历史 清宣统三年三月初二日(1911.3.31)	4	180—183
通海定界后记 清宣统三年辛亥	实业录 卷 4	33	通海定界后记 清宣统三年七月下旬(1911.8～9)	6	361—363
奖励植棉暨纺织业说 民国元年壬子	实业录 卷 5	1—4	奖励植棉暨纺织业说 清宣统二年(1910)	4	168—171

续 表

《张季子九录》			《张謇全集》2012 年版		
篇 名	录别 卷次	页码	篇 名	卷次	页码
拟请酌留苏路股本合营纺织公司意见书 民国元年壬子	实业录 卷 5	4—7	拟请酌留路股合营纺织公司意见书 民国二年(1913.6.23)	4	252—254
为合赀设立掘港开垦公司呈请部署立案文 民国二年癸丑	实业录 卷 5	7	为合资设立掘港开垦公司呈请部署立案文 民国二年(1913)	1	278—279
大生崇明分厂十年事述 民国二年癸丑	实业录 卷 5	7—13	大生崇明分厂十年事述 民国二年(1913)	4	269—277
汉冶萍就职演说 民国二年癸丑	实业录 卷 5	13—14	汉冶萍公司特别股东大会书面致词 民国元年(1912.8.12)	4	211—212
为江西瓷业有限公司请拨款维持致江西民政长函 民国四年乙卯	实业录 卷 5	14—15	致戚扬函 民国四年(1915)	2	571
宣告掘港场荡地历史及所规画 民国五年丙辰	实业录 卷 5	15—18	宣告掘港场荡地历史及所规画 民国五年(1916)	4	357—360
为中国银行风潮致段总理电 民国五年丙辰	实业录 卷 5	18	致段祺瑞陈兰生电 民国五年(1916.12.7)	2	621—622
大生纺织公司二十年纪念开会词 民国六年丁巳	实业录 卷 6	1	大生纺织公司二十年纪念开会词 民国七年(1918.5.23)	4	372—373
报告章静轩创始经办华成一年间之事实 民国六年丁巳	实业录 卷 6	2	报告章静轩创始经办华成一年间之事实 民国七年(1918)	4	388—389

续 表

《张季子九录》			《张謇全集》2012年版		
篇 名	录别 卷次	页码	篇 名	卷次	页码
复北京国民外交协会发展棉业说 民国七年戊午	实业录 卷6	2—3	复北京国民外交协会函 民国八年(1919.7)	2	716—717
通海实业根本计画宣言书 民国七年戊午	实业录 卷6	3	通海实业根本计画宣言书 民国七年(1918)	4	389—390
通如海棉业公会棉产统计报告书序 民国七年戊午	实业录 卷6	4	通如海棉业公会民国十二年棉产统计报告书序 民国十二年(1923.11)	6	560
忠告习工妇女之父兄 民国七年戊午	实业录 卷6	4	忠告习工妇女之父兄 民国七年(1918.3)	4	369—370
棉业季刊序 民国八年己未	实业录 卷6	4—5	华商纱厂联合会季刊弁言 民国八年(1919)	6	455
为组合中美实业复芮恩施博士函 民国八年己未	实业录 卷6	5	致芮恩施函 民国九年(1920)	3	844
淮海实业银行开幕演说 民国八年己未	实业录 卷6	5—6	淮海实业银行开幕演说 民国九年(1920.1)	4	446
敬告派人来南通见习纺织之团体 民国八年己未	实业录 卷6	6	敬告派人来南通见习纺织之团体 民国八年(1919)	4	445—446
皁宁学滩始末纪要序 民国八年己未	实业录 卷6	6—7	皁宁学滩始末纪要序 民国九年(1920.4)	6	465—466
天生港设立通燧火柴公司准予备案文 民国九年庚申	实业录 卷6	7—8	天生港设立通燧火柴公司请准予备案文 民国九年(1920)	1	511

续 表

《张季子九录》			《张謇全集》2012年版		
篇 名	录别 卷次	页码	篇 名	卷次	页码
驻沪淮海实业银行开业辞 民国九年庚申	实业录 卷6	8	拟淮海沪行训词 民国九年(1920.9)	4	463
告戒实业同人函 民国九年庚申	实业录 卷6	8—9	与张謇告戒实业同人书 民国八年(1919.5)	2	712—713
再告戒实业同人函 民国九年庚申	实业录 卷6	9	再告戒实业同人书 民国八年秋(1919)	2	724—725
为中比航业致大生厂董事诸君函 民国九年庚申	实业录 卷6	9—10	致大生厂董事诸君函 民国九年(1920)	3	845—847
布告通泰灶丁荡户文 民国十年辛酉	实业录 卷6	10—11	布告通泰灶丁荡户文 民国八年(1919.3.3)	5	192—193
保护垦佃通告 民国十年辛酉	实业录 卷6	11	保护垦佃通告 民国十年(1921)	5	195
南通联合交易所开幕辞 民国十年辛酉	实业录 卷6	11	南通联合交易所开幕词 民国十年(1921.9.21)	4	486—487
告戒各实业公司同人勿营交易所函 民国十年辛酉	实业录 卷6	12	告戒各实业公司同人书 民国十年(1921)秋	3	995
对于各盐垦公司之通告 民国十一年壬戌	实业录 卷6	12—14	对于各盐垦公司之通告 民国十一年(1922)	5	244—245
致各盐垦公司论水利函 民国十一年壬戌	实业录 卷6	14—15	致各盐垦公司函 民国九年(1920.4)	2	750—751
设实业管理处致徐积馀函 民国十一年壬戌	实业录 卷6	15	致徐积馀函 民国十一年(1922.3.24)	3	1038—1039

续 表

《张季子九录》			《张謇全集》2012 年版		
篇　名	录别　卷次	页码	篇　名	卷次	页码
设纺织管理处致徐静仁函 民国十一年壬戌	实业录 卷 6	15	致徐静仁函 民国十一年(1922.3.24)	3	1038
再致徐静仁函 民国十一年壬戌	实业录 卷 6	15—16	致徐静仁函 民国十一年(1922.4)	3	1049—1050
整理盐垦公司刍议 民国十一年壬戌	实业录 卷 6	16—21	整理盐垦公司刍议 民国十一年(1922)	4	519—524
为交易所事复吴季诚函 民国十一年壬戌	实业录 卷 6	21—22	致吴季诚函 民国十一年(1922.2.11)	3	1015—1017
定制布机致德人史维德函 民国十一年壬戌	实业录 卷 6	22—23	致史维德函 民国十一年(1922)	3	1128
为种植烟草致简照南函 民国十一年壬戌	实业录 卷 6	23	致简照南函 民国十一年(1922)	3	1141—1142
复制糖业公司及股东会电 民国十一年壬戌	实业录 卷 6	23—24	复制糖业公司及股东会函 民国十一年(1922)	3	1142
交通银行月刊发刊辞 民国十一年壬戌	实业录 卷 6	24	交通银行月刊发刊词 民国十二年(1923.1.15)	6	551—552
交通银行第一届行务会议记事序 民国十一年壬戌	实业录 卷 6	24—25	交通银行第一届行务会议记事序 民国十一年(1922)	6	546
维持招商局致政府电 民国十一年壬戌	实业录 卷 6	25	致政府电 民国十一年(1922.11)	3	1105—1106
交通银行二届行务会议记事序 民国十二年辛亥	实业录 卷 6	25—26	交通银行二届行务会议记事序 民国十二年(1923)	6	569—570

续 表

《张季子九录》			《张謇全集》2012年版		
篇　名	录别　卷次	页码	篇　名	卷次	页码
商榷世界实业宜供求统计中国实业宜应供求之趋势书 民国十二年癸亥	实业录 卷7	1—10	商榷世界实业宜供求统计中国实业宜应供求之趋势书 民国十二年(1923.3.1)	4	539—548
盐垦公司水利规画通告股东暨公司职员函(附图) 民国十二年癸亥	实业录 卷8	1—4	盐垦公司水利规画通告股东暨公司职员函 民国十二年(1923)	5	251—254
声辞中华国民制糖公司董事会议长启 民国十二年癸亥	实业录 卷8	5—6	声辞中华国民制糖公司董事会议长启 民国十二年(1923)	5	249—250
盐垦股东会宣言书 民国十三年甲子	实业录 卷8	6—7	盐垦股东会宣言书 民国十三年(1924.5)	4	580—581
垦牧乡志 民国十三年甲子	实业录 卷8	7—15	垦牧乡志 民国十三年(1924)	6	580—587
交通银行三届会议录序 民国十三年甲子	实业录 卷8	15—16	交通银行三届会议录序 民国十三年(1924)	6	588—589
为通泰各盐垦公司募集赀金之说明书 民国十三年甲子	实业录 卷8	16—26	为通泰各盐垦公司募集资金之说明书 民国十三年(1924)	4	582—594
拟发展盐垦借款成立后宣言 民国十三年甲子	实业录 卷8	26—29	拟发展盐垦借款成立后宣言 民国十三年(1924)	4	597—599
为实业致钱新之函 民国十四年乙丑	实业录 卷8	29	为实业致钱新之函 民国十四年(1925)	3	1388
为实业致吴季诚函 民国十四年乙丑	实业录 卷8	29—30	为实业致吴季诚函 民国十四年(1925)	3	1388—1389

续 表

《张季子九录》			《张謇全集》2012 年版		
篇 名	录别 卷次	页码	篇 名	卷次	页码
大生纱厂股东会建议书 民国十四年乙丑	实业录 卷 8	30—33	大生纱厂股东会建议书 民国十二年(1923)	4	571—574
大生纱厂股东会宣言书 民国十四年乙丑	实业录 卷 8	33—36	大生纱厂股东会宣言书 民国十二年(1923. 3. 26)	4	549—552
拟兴鱼堰充采芹会议 清光绪二十一年乙未	教育录 卷 1	1—2	拟兴鱼堰充采芹会议 清光绪二十一年(1895)	4	18—20
拟兴五山树艺扩充书院经费议 清光绪二十一年乙未	教育录 卷 1	2	拟兴五山树艺扩充书院经费议 清光绪二十一年(1895)	4	20
海通泰如合习乐舞议 清光绪二十一年乙未	教育录 卷 1	2—3	海通泰如合习乐舞议 清光绪二十二年八月(1896. 9～10)	4	23—24
金陵文正书院西学堂章程 清光绪二十五年己亥	教育录 卷 1	3—4	金陵文正书院西学堂章程 清光绪二十三年(1897)	5	5—6
文正书院丙庚课艺录序 清光绪二十六年庚子	教育录 卷 1	4—5	文正书院丙庚课艺录序 清光绪二十六年(1900)	6	282—283
通海请立师范学校公呈 清光绪二十八年壬寅 附开办章程	教育录 卷 1	5—7 7—8	通海请立师范学校公呈 清光绪二十八年四月十七日(1902. 5. 24) 通州师范学校开办章程	1 5	43—45 40—41

续 表

《张季子九录》			《张謇全集》2012年版		
篇 名	录别 卷次	页码	篇 名	卷次	页码
通州师范学校议 清光绪二十八年壬寅	教育录 卷1	8—12	通州师范学校议 清光绪二十八年十月(1902.10～11)	4	62—67
师范章程改订例言 清光绪二十八年壬寅	教育录 卷1	12—13	师范章程改订例言 清光绪三十一年(1905)	5	96
通州师范学校始建记 清光绪二十九年癸卯	教育录 卷1	13—14	通州师范学校始建记 清光绪三十三年(1907)	6	330—331
学制宜仿成周教法师孔子说 清光绪二十九年癸卯	教育录 卷1	14—16	学制宜仿成周教法师孔子说 清宣统元年闰二月至三月(1909.3～5)	4	151—154
师范学校开校演说 清光绪二十九年癸卯	教育录 卷1	16—17	师范学校开校演说 清光绪二十九年四月初一日(1903.4.27)	4	69—70
论国文示师范诸生 清光绪二十九年癸卯	教育录 卷1	17—18	教育手牒	3	1427—1428
师范学校年假演说 清光绪三十年甲辰	教育录 卷1	18—20	师范学校年假演说 清光绪二十九年十一月十六日(1904.1.3)	4	74—76
师范学校开学演说 清光绪三十年甲辰	教育录 卷1	20—21	师范学校开学演说 清光绪三十年正月二十一日(1904.3.7)	4	77
海门学费议 清光绪三十年甲辰	教育录 卷2	1—2	海门学费议 清光绪二十九年十月初四日(1903.11.22)	4	73—74
师范奖励约束补助说呈学部 清光绪三十年甲辰	教育录 卷2	2—5	上学部条陈 清光绪三十四年十月(1908.10)	1	154—158

续 表

《张季子九录》			《张謇全集》2012 年版		
篇　名	录别　卷次	页码	篇　名	卷次	页码
扶海垞家塾章程 清光绪三十年甲辰	教育录 卷 2	5—7	扶海垞家塾章程 清光绪三十年正月二十五日(1904.3.11)	5	53—55
请助留英海军学生致江督电 清光绪三十年甲辰	教育录 卷 2	7	致端方电 清光绪三十三年三月初十日(1907.4.22)	2	212
上南皮相国请京师建设帝国博览馆议 清光绪三十一年乙巳	教育录 卷 2	7—11	上南皮相国请京师建设帝国博览馆议 清光绪三十一年(1905)	1	114—118
正告通五属办学诸君文 清光绪三十一年乙巳	教育录 卷 2	11—12	正告通五属办学诸君文 清光绪三十二年(1906)	4	114—115
正告通五属各小学校教员文 清光绪三十一年乙巳	教育录 卷 2	12—13	正告通五属各小学校教员文 清光绪三十二年(1906)	4	115—116
江苏省学额学费学务议略 清光绪三十一年乙巳	教育录 卷 2	13—14	江苏省学额学费学务议略 清光绪三十一年(1905)	4	98—100
请设工科大学公呈 清光绪三十一年乙巳	教育录 卷 2	14—15	请设工科大学公呈 清光绪三十一年(1905)	1	100—101
请拨给捐款补助通州中学公呈 清光绪三十一年乙巳	教育录 卷 2	15—17	请拨给捐款补助通州中学公呈 光绪三十二年三月(1906.3～4)	1	120—122
上学部请设博览馆议 清光绪三十一年乙巳	教育录 卷 2	17—18	上学部请设博览馆议 清光绪三十一年(1905)	1	113—114

续 表

《张季子九录》			《张謇全集》2012年版		
篇　名	录别　卷次	页码	篇　名	卷次	页码
论通州乡镇初等小学事寄劝学所教育会函 清光绪三十一年乙巳	教育录 卷2	18—20	致通州劝学所教育会函 清宣统元年(1909)	2	253—256
代内子作通州女子师范学校募捐启 清光绪三十二年丙午	教育录 卷2	20—21	代内子作通州女子师范学校募捐启 清光绪三十二年十二月三十日(1907.2.12)	5	106—108
与周江督谈学务记 清光绪三十二年丙午	教育录 卷2	21—22	与周江督谈学务记 清光绪三十二年二月十二日(1906.3.6)	6	316—317
策画南洋大学致端江督函 清光绪三十二年丙午	教育录 卷2	22—25	复端方函 时清光绪三十二年下半年(1906)	2	190—192
致署江苏朱按察使劝兴盲哑学堂函 清光绪三十三年丁未	教育录 卷2	25—26	致朱家宝函 清光绪三十三年三月(1907.4～5)	2	213—214
通州中学附国文专修科述义并简章 清光绪三十三年丁未	教育录 卷2	26—28	通州中学附国文专修科述义并简章 清光绪三十三年(1907)	5	111—113
师范学校开学演说 清光绪三十四年戊申	教育录 卷2	28—29	师范学校开学演说 清光绪三十三年正月二十六日(1907.3.10)	4	122—124
请建图书馆呈 清光绪三十四年戊申	教育录 卷3	1	请建图书馆呈 清光绪三十四年(1908)	1	159
复江督论教育总会筹办情形函 清光绪三十四年戊申	教育录 卷3	1—2	致端方函 清光绪三十三年(1907)	2	224

续 表

《张季子九录》			《张謇全集》2012年版		
篇　名	录别　卷次	页码	篇　名	卷次	页码
初等小学教育必须改良之缘起 清光绪三十四年戊申	教育录 卷3	2—3	初等小学教育必须改良之缘起 清光绪三十四年(1908)	4	150—151
通州博物馆敬征通属先辈诗文集书画及所藏金石古器启 清光绪三十四年戊申	教育录 卷3	3	通州博物馆敬征通属先辈诗文集书画及所藏金石古器启 清光绪三十四年(1908)	5	121—125
致师范黄广介顾公毅函 清宣统元年己酉	教育录 卷3	4	致黄广介顾公毅函 清光绪三十三年(1907)	2	226
拟请将南菁高等学堂改为文科高等学校上督抚及提学使函 清宣统元年己酉	教育录 卷3	4—5	江苏教育总会拟请将南菁高等学堂改为文科高等学校上督抚帅及提学使书 清光绪三十二年十一月(1906.12)	1	131—132
请免提苏属积谷款仍留地方办学议 清宣统二年庚戌	教育录 卷3	5—6	请免提苏属积谷款仍留地方办学议 清光绪三十二年十一月(1906.12)	4	121—122
复江苏毛提学使函 清宣统二年庚戌	教育录 卷3	6	复毛庆蕃函 清光绪三十四年(1908.2)	2	230
答教育总会问学部考试奖励名目议 清宣统二年庚戌	教育录 卷3	6—7	答教育总会问学部考试奖励名目议 清宣统二年(1910)	4	179
江苏教育总会会场发布意见书 清宣统二年庚戌	教育录 卷3	7—8	江苏教育总会会场发布意见书 光绪三十二年九月(1906.11)	4	105—106

续 表

《张季子九录》			《张謇全集》2012年版		
篇 名	录别 卷次	页码	篇 名	卷次	页码
江苏教育总会会场发布意见词 清宣统二年庚戌	教育录 卷3	8—9	在江苏学务总会特别会议上之声明 光绪三十二年九月二十日(1906.11.6)	4	104—105
通州张氏家塾经史国文补习科答问序 清宣统三年辛亥	教育录 卷3	9—10	通州张氏家塾经史国文补习科答问序 民国元年(1912)	6	375—376
通州女师范校第一次本科实习教授评案序 清宣统三年辛亥	教育录 卷3	10—11	通州女师范校第一次本科实习教授评案序 清宣统三年(1911)	6	367—368
致师范缪文公李元蘅顾公毅函 清宣统三年辛亥	教育录 卷3	11	致缪文功李元蘅顾公毅函 清宣统元年(1909)	2	252
辞江苏教育总会会长意见书 清宣统三年辛亥	教育录 卷3	11—12	辞江苏教育总会会长意见书 清光绪三十三年九月二十日(1907.10.26)	4	138—139
致农校许生函 清宣统三年辛亥	教育录 卷3	12	致许生函 清宣统元年六月(1909.7)	2	248
论严格教育旨趣书 民国元年壬子	教育录 卷3	12—13	论严格教育旨趣书 民国元年(1912.2)	4	207—208
致黄任之论师范及小学函 民国元年壬子	教育录 卷3	13—14	致黄炎培函 民国二年(1913)	2	420—421
筹设盲哑师范传习所之意旨 民国元年壬子	教育录 卷3	14—15	筹设盲哑师范传习所之意旨 民国元年(1912)	4	239
复留日王于两生函 民国元年壬子	教育录 卷3	15	复王于两生函 民国元年(1912)	2	352

续 表

《张季子九录》			《张謇全集》2012年版		
篇　名	录别　卷次	页码	篇　名	卷次	页码
南通师范学校十年度支略序 民国元年壬子	教育录 卷3	15—16	南通师范学校十年度支略序 民国元年二月二十八日(1912.4.15)	6	370—371
国家博物院图书馆规画条例 民国二年癸丑	教育录 卷3	16—18	国家博物院图书馆规画条议 民国二年(1913)	4	278—280
银行专修科演说 民国二年癸丑	教育录 卷3	18—19	银行专修科演说 民国二年(1913)	4	277—278
北京商业学校演说 民国二年癸丑	教育录 卷3	19—22	北京商业学校演说 清宣统三年五月二十四日(1911.6.20)	4	185—188
为统一国文读音致汪伯唐函 民国二年癸丑	教育录 卷3	22—23	致汪大燮函 民国二年(1913)	2	418
致师范顾于李黄诸生函 民国三年甲寅	教育录 卷3	23	致顾于李黄诸贤函 民国三年(1914)	2	508—509
南通博物苑品目序 民国三年甲寅	教育录 卷4	1	南通博物苑品目序 民国三年(1914)	6	395—396
师范第十届本科毕业演说 民国三年甲寅	教育录 卷4	1—2	师范第十届本科毕业演说 民国三年(1914)	4	329
南通纺织专门学校旨趣书 民国三年甲寅	教育录 卷4	2—3	南通纺织专门学校旨趣书 民国三年(1914)	4	329—330
军山气象台报告书序 民国五年丙辰	教育录 卷4	3	军山气象台报告书序 民国五年(1916)	6	417
农校开学演说 民国五年丙辰	教育录 卷4	3	农校开学演说 民国五年(1916)	4	349

续 表

《张季子九录》			《张謇全集》2012 年版		
篇 名	录别 卷次	页码	篇 名	卷次	页码
师范校友会演说 民国五年丙辰	教育录 卷 4	3—5	师范校友会演说 民国四年(1915. 4)	4	335—336
南通图书馆记 民国六年丁巳	教育录 卷 4	5—6	南通图书馆记 民国七年(1918)后	6	446—448
棉作展览会报告序言 民国六年丁巳	教育录 卷 4	6—8	棉作展览会报告序言 民国六年(1917)	6	426—427
女工传习所记事序 民国六年丁巳	教育录 卷 4	8—9	女工传习所记事序 民国六年(1917)	6	428—429
本县农校欢迎暨南学校参观团演说 民国七年戊午	教育录 卷 4	9—10	本县农校欢迎暨南学校参观团演说 民国七年(1918. 4. 11)	4	370—371
为民治学会立案事致省政府函 民国七年戊午	教育录 卷 4	10	致省政府函 民国七年(1918)	2	697
尊孔会第一次演说 民国七年戊午	教育录 卷 4	10—11	尊孔会第一次演说 民国七年(1918)	4	397
师范校运动会演说 民国七年戊午	教育录 卷 4	11—12	师范校运动会演说 民国七年(1918. 11. 16)	4	383—384
南通教育状况序 民国七年戊午	教育录 卷 4	12—13	南通县教育状况序 民国七年(1918. 11)	6	435—436
商校本科毕业演说 民国八年己未	教育录 卷 4	13—14	商校本科毕业训词 附录：商校本科毕业演说 民国八年(1919. 11. 8)	4	442—443 443—444
因纺织校学生罢课停办农医校学生不停课筹备加高课程之宣言 民国八年己未	教育录 卷 4	14—15	因纺织校学生罢课停办农医校学生不停课筹备加高课程之宣言 民国九年(1920. 4)	4	459—460

续　表

《张季子九录》			《张謇全集》2012年版		
篇　名	录别　卷次	页码	篇　名	卷次	页码
为罢课学潮致教育厅函 民国八年己未	教育录 卷4	15	致教育厅函 民国九年(1920.4.下旬)	2	755—756
为撤换七中校长致省长教育厅电 民国八年己未	教育录 卷4	15—16	致省长教育厅电 民国十三年(1924.5)	3	1294
为七中校务致省长教育厅电 民国八年己未	教育录 卷4	16	致省长教育厅电 民国十三年(1924.7)	3	1297—1298
敬告全国学生 民国八年己未	教育录 卷4	16—18	敬告全国学生书 民国八年(1919.6)	4	437—439
拟集赀订中药经征求同意书 民国八年己未	教育录 卷5	1—2	拟集资订中药经征求同意书　附录：拟订中药经博征同意书 民国十年(1921.4)	4	478—481
为沟通中西医学致阎督军函 民国八年己未	教育录 卷5	2—3	复阎锡山函 民国八年(1919)	2	731—732
请拨漕粮特税为义务教育经费致省议会文 民国九年庚申	教育录 卷5	3	请拨漕粮特税为义务教育经费致省议会文 民国九年(1920)	1	509
公告七中商校农校医校县师范补习学校等 民国九年庚申	教育录 卷5	3—4	公告七中商校农校医校县师范补习学校等 民国十五年(1926.5.23)	5	270—271
通告南通各校校长主任 民国九年庚申	教育录 卷5	4—5	通告南通各校校长主任 民国九年(1920)	4	469—470
论学潮致政府电 民国九年庚申	教育录 卷5	5	致政府电 民国十年(1921)夏	3	885

续 表

《张季子九录》			《张謇全集》2012年版		
篇　名	录别　卷次	页码	篇　名	卷次	页码
中国科学社年会欢迎词 民国九年庚申	教育录 卷5	5—6	中国科学社年会欢迎词 民国十一年(1922.8.20)	6	533—534
科学社年会送别演说 民国九年庚申	教育录 卷5	6—7	科学社年会送别演说 民国十一年(1922.8.22)	4	513—514
为杜威博士介绍词 民国九年庚申	教育录 卷5	7	为杜威博士介绍词 民国九年(1920.6.6)	4	462—463
复河海工程学校学生自治会函 民国九年庚申	教育录 卷5	7—9	复河海工程学校学生自治会函 民国十一年(1922)	3	1143—1144
师范学校后记 民国十年辛酉	教育录 卷5	9—10	师范学校后记 民国十年(1921)	6	515—516
整饬南通教育界通告 民国十年辛酉	教育录 卷5	10	整饬南通教育界通告 民国十年(1921)	5	221
告六校营教练诸生 民国十年辛酉	教育录 卷5	10—11	告六校营教练诸生 民国十年(1921)	4	498—499
金沙市第十六国民学校演说 民国十年辛酉	教育录 卷5	11—12	金沙市第十六国民学校演说 民国十年(1921)	4	497—498
垦牧乡高等小学校开校演说 民国十年辛酉	教育录 卷5	12—13	垦牧乡高等小学开校演说 民国十一年(1922.2.23)	4	500—501
蚕桑发网女工招生二则 民国十一年壬戌	教育录 卷5	13—14	蚕桑发网女工招生二则 民国十一年(1922)	5	241—242

续　表

《张季子九录》			《张謇全集》2012 年版		
篇　名	录别　卷次	页码	篇　名	卷次	页码
女师范校友会演说 民国十一年壬戌	教育录 卷 5	14—15	女师范校友会演说 民国十二年(1923. 4. 17)	4	552
师范附属小学廿周纪念演说 民国十一年壬戌	教育录 卷 5	15	师范附属小学廿周纪念演说 民国十五年(1926. 5. 17)	4	639
南通中等以上学校联合运动会演说 民国十一年壬戌	教育录 卷 5	15—17	南通中等以上学校联合运动会演说 民国十一年(1922. 6. 18)	4	511—512
河海工程专门学校第四届毕业演说 民国十一年壬戌	教育录 卷 5	17—18	河海工程专门学校第四届毕业演说 约民国十三年(1924)	4	596—597
元旦日对南通各校学生演说 民国十二年癸亥	教育录 卷 5	18—21	元旦日对南通各校学生演说 民国十二年(1923. 1. 1)	4	532—535
论新教育致黄任之函 民国十二年癸亥	教育录 卷 5	21—23	致黄炎培函 民国十二年(1923)	3	1249—1251
忠告省议会省学校 民国十二年癸亥	教育录 卷 5	23—26	忠告省议会与学校 民国十二年(1923. 1. 28)	4	535—538
女师范校毕业演说 民国十二年癸亥	教育录 卷 5	26	女师范校毕业演说 民国十二年(1923. 7)	4	555
拟续办商船科致省政府函 民国十二年癸亥	教育录 卷 5	26—27	致省政府函 民国十二年(1923)	3	1252

续 表

《张季子九录》			《张謇全集》2012年版		
篇　名	录别　卷次	页码	篇　名	卷次	页码
拟续办商船科致省教育会函 民国十二年癸亥	教育录 卷5	27—28	致省教育会函 民国十二年(1923)	3	1252—1253
为婚姻问题复甘肃师进信等函 民国十二年癸亥	教育录 卷5	28	复甘肃师进信等函 民国十二年(1923)	3	1253—1254
复旅沪同乡会函 民国十二年癸亥	教育录 卷5	28—29	复旅沪同乡会函 民国十二年(1923)	3	1254
为更俗剧场停演告伶工学社 民国十二年癸亥	教育录 卷5	29	为更俗剧场停演告伶工学社 民国十三年(1924.9.16)	5	259
五九日国耻纪念会演说 民国十二年癸亥	教育录 卷5	29—30	五九日国耻纪念会演说 民国十二年(1923.5.9)	4	553—554
介绍宋生报告游历欧美情形 民国十三年甲子	教育录 卷5	30—31	介绍宋生报告游历欧美情形 民国十三年初(1924)	4	575—576
致美国政府请求以退还庚子赔款酌拨补助南通文化教育事业基金意见书 民国十三年甲子	教育录 卷6	1—3	致美国政府请求以退还庚子赔款酌拨补助南通文化教育事业基金意见书 民国十三年(1924.5)	1	722—725
女师范校友会演说 民国十三年甲子	教育录 卷6	3—5	女师范校友会演说 民国十三年(1924.4.17)	4	577—578
为角斜设小学复缪君等函 民国十四年乙丑	教育录 卷6	5	复缪金源等函 民国九年(1920)	3	847

续 表

《张季子九录》			《张謇全集》2012 年版		
篇　名	录别　卷次	页码	篇　名	卷次	页码
表扬如皋苴镇义犬演说 民国十四年乙丑	教育录 卷 6	5—6	表扬如皋苴镇义犬演说 民国十四年(1925.3.6)	4	600
正告南通自立非自立各学校学生及教职员 民国十四年乙丑	教育录 卷 6	6—8	正告南通自立非自立各学校学生及教职员 民国十四年(1925.7)	4	612—614
暑期讲习会演说 民国十四年乙丑	教育录 卷 6	8—9	暑期讲习会演说 民国十四年(1925.7.27)	4	614—615
暑期讲习会第二次演说 民国十四年乙丑	教育录 卷 6	9—10	暑期讲习会第二次演说 附录：通海新报所载之演说词 民国十四年(1925.8.2)	4	625—626 626—627
为沪案召集学生演说 民国十四年乙丑	教育录 卷 6	10—12	为沪案召集学生演说 民国十四年(1925.6)	4	607—609
南通教育年鉴序 民国十四年乙丑	教育录 卷 6	12—13	南通教育年鉴序 民国十四年(1925)	6	612—613
勘破近日毁坏南通教育名誉之事状 民国十四年乙丑	教育录 卷 6	13—16	勘破近日毁坏南通教育名誉之事状 民国十四年(1925.4.21)	4	602—605
南通女师范廿周纪念演说 民国十五年丙寅	教育录 卷 6	16	南通女师范廿周纪念演说 民国十五年(1926.4.17)	4	637—638
女师范纪念小学校记 民国十四年乙丑	教育录 卷 6	17	女师范纪念小学校记 民国十四年(1926)	6	621

续　表

《张季子九录》			《张謇全集》2012年版		
篇　名	录别　卷次	页码	篇　名	卷次	页码
为师范甘肃毕业学生演说 民国十五年丙寅	教育录 卷6	17	为师范甘肃毕业学生演说 民国十五年(1926.6)	4	640—641
全县童子军会操演说 民国十五年丙寅	教育录 卷6	17—18	全县童子军会操演说 民国十五年(1926.5.9)	4	638—639
全县童子军会操勗词 民国十五年丙寅	教育录 卷6	18	全县童子军会操勗词 民国十五年(1926.5.9)	6	620—621
海门团防营制 清光绪二十一年乙未	自治录 卷1	1—6	海门团防营制 清光绪二十一年二月至闰五月(1895.2～7)	4	8—14
通海劝防歌	自治录 卷1	6—7	通海劝防歌 清光绪二十一年(1895)	7	95—97
民团续议 清光绪二十一年乙未	自治录 卷1	7—8	民团续议 清光绪二十一年(1895)	4	17—18
论创办地方实业教育致瑞抚函 清光绪二十九年癸卯	自治录 卷1	8—9	致端方函 光绪三十年(1904)	2	138—140
规画江宁贡院改建市场说明书 清光绪三十二年丙午	自治录 卷1	9—10	规画江宁贡院改建市场说明书 清光绪三十二年二月中下旬(1906.3)	4	100—101
拟江宁贡院不留之屋售于公园事例 清光绪三十二年丙午	自治录 卷1	10—11	拟江宁贡院不留之屋售于公园事例 清光绪三十二年二月中下旬(1906.3)	4	101—102

续 表

《张季子九录》			《张謇全集》2012 年版		
篇 名	录别 卷次	页码	篇 名	卷次	页码
豫计地方自治经费厘订地方税界限应请开国会议 清光绪三十三年丁未	自治录 卷 1	11—14	预计地方自治经费厘订地方税界限应请开国会议 清宣统二年二月初六日(1910. 3. 16)	1	199—202
南通地方自治筹拨经费呈督部文 清光绪三十三年丁未	自治录 卷 1	14—16	南通地方自治筹拨经费呈督部文 清光绪三十三年九月初七日(1907. 10. 13) 附录:筹办地方自治预算各项开支数目清折	1	140—142
七月初八潮灾振济致度支部电 清宣统二年庚戌	自治录 卷 1	16	致度支部电 清宣统三年七月初八日(1911. 8. 31)	2	277
潮灾振济致民政部电 清宣统二年庚戌	自治录 卷 1	16—17	致民政部电 宣统三年七月初八日(1911. 8. 31)	2	278
为江坍请款上度支民政两部略 清宣统二年庚戌	自治录 卷 1	17—18	为江坍请款上度支民政两部略 清宣统三年闰六月初七日(1911. 8. 1)	1	225—227
南通县测绘全境图序 清宣统三年辛亥	自治录 卷 1	18—19	南通县测绘全境图序 清宣统三年(1911)	6	365—366
题保坍会纪念扇 清宣统三年辛亥	自治录 卷 1	20	题保坍会纪念扇 清宣统三年(1911)	6	368—369
通州江岸潮灾报告书序 清宣统三年辛亥	自治录 卷 1	20—21	通州江岸潮灾报告书序 清宣统三年(1911)	6	366—367
感言之设计 民国元年壬子	自治录 卷 2	1—2	感言之设计 民国元年(1912)	4	236—237

续 表

《张季子九录》			《张謇全集》2012 年版		
篇 名	录别 卷次	页码	篇 名	卷次	页码
筹款保坍致大总统及财政部农林部电 民国元年壬子	自治录 卷 2	2	致大总统及财政部农林部电 民国元年(1912. 6. 23)	2	341—342
请复议借款保坍书 民国元年壬子	自治录 卷 2	2—3	请复议借款保坍书 民国元年(1912. 8～9)	1	242—243
江苏测绘舆图议 民国二年癸丑	自治录 卷 2	3—6	江苏测绘舆图议 民国三年(1914. 6)	4	315—318
为江苏测绘舆图致韩巡按函 民国二年癸丑	自治录 卷 2	6—7	复韩国钧函 民国三年(1914)	2	509—511
为测量局议案致参议两会函 民国二年癸丑	自治录 卷 2	7—8	致南通县参议两会函 民国二年(1913. 9. 21)	2	403—404
为清丈经费复测量局函 民国三年甲寅	自治录 卷 2	8	复南通县测量局函 民国二年(1913. 9. 24)	2	404
为县会接收清图事致测量局函 民国四年乙卯	自治录 卷 2	8—9	致南通县测量局函 民国三年(1914. 1. 10)	2	431
为保坍事致沈次长函 民国四年乙卯	自治录 卷 2	9	致沈次长函 民国四年(1915)	2	572
拟领荒荡地为自治基本产请分期缴价呈 民国四年乙卯	自治录 卷 2	9—11	呈筹备自治基金拟领荒荡地分期缴价缮具单册请批示施行文 民国四年(1915. 2. 21)	1	430—441
为保卫地方复周某等函 民国五年丙辰	自治录 卷 2	11—12	复周应时等函 民国五年(1916. 4)	2	582—583

续 表

《张季子九录》			《张謇全集》2012 年版		
篇　名	录别　卷次	页码	篇　名	卷次	页码
南通公园记 民国六年丁巳	自治录 卷 2	12—14	南通公园记 民国六年(1917)	6	421—423
南通公园纪念会启事 民国七年戊午	自治录 卷 2	14	南通公园纪念会启事 民国七年(1918. 10. 12)	5	190—191
南通中公园赠石题名记 民国七年戊午	自治录 卷 2	14—15	南通中公园赠石题名记 民国六年(1917)	6	424
荷工程师逝世致荷驻沪总领事函 民国八年己未	自治录 卷 2	15	致荷驻沪总领事函 民国八年(1919. 8)	2	721
致荷总领事请介绍工程师函 民国八年己未	自治录 卷 2	15—16	致荷驻沪总领事函 民国八年(1919)	2	721—722
狼山观音院尊藏大士像楼落成会启事 民国八年己未	自治录 卷 2	16	狼山观音院尊藏大士像楼落成会启事 民国七年(1918. 10. 12)	5	191
函聘南通观音院院董启 民国八年己未	自治录 卷 2	16	致默识海月春江学权及各董事等函 民国八年(1918. 8～9)	2	658—659
附尊藏古今大士像保存瞻敬规则	自治录 卷 2	16—18	尊藏古今大士像保存瞻敬规则	5	188—189
访求和尚致欧阳予倩函 民国八年己未	自治录 卷 2	18	致欧阳予倩函 民国八年秋(1919)	2	722
又致江易园函 民国八年己未	自治录 卷 2	18	致江谦函 民国八年秋(1919)	2	724

续 表

《张季子九录》			《张謇全集》2012年版		
篇 名	录别 卷次	页码	篇 名	卷次	页码
又致程雪楼函 民国八年己未	自治录 卷2	18—19	致程德全函 民国八年秋(1919)	2	723
致金山寺静圆法师函 民国八年己未	自治录 卷2	19	致静圆函 民国八年秋(1919)	2	723
交通警察养成所开学演说 民国八年己未	自治录 卷2	19—20	交通警察养成所开学演说 民国八年(1919.9.14)	4	439—440
对于东台欢迎答词 民国八年己未	自治录 卷2	20	对于东台欢迎答词 民国九年(1920.4.17)	4	458—459
为南通警政致内务部函 民国八年己未	自治录 卷2	20—23	致内务部函 民国九年(1920)	3	837—839
为南通监狱致司法部函 民国八年己未	自治录 卷2	23—25	致司法部函 民国九年(1920)	3	839—841
为观音像致王省长函 民国九年庚申	自治录 卷2	25—26	致省公署函 民国十年(1921.4.23)	3	878—879
为已故荷国工程师请锡褒辞呈 民国九年庚申	自治录 卷2	26	乞特褒特来克呈大总统徐世昌文 民国九年(1920.6.23)	1	485—486
苏社开幕宣言 民国九年庚申	自治录 卷3	1	苏社开幕宣言 民国九年(1920.5.12)	4	460—461
敬告苏社诸君 民国九年庚申	自治录 卷3	1—2	敬告苏社诸君 民国九年(1920.9)	4	464

续 表

《张季子九录》			《张謇全集》2012年版		
篇　名	录别　卷次	页码	篇　名	卷次	页码
续告苏社诸君 民国九年庚申	自治录 卷3	2	续告苏社诸君 民国九年(1920.9)	4	464—465
规画县路请公议即日兴修案 民国九年庚申	自治录 卷3	2—4	规画县路请公议即日兴修案 民国九年三月二十五日(1920.3.25)	1	483—485
募集地方自治公债案 民国九年庚申	自治录 卷3	4—5	募集地方自治公债案 民国九年(1920)	1	509—510
劝募地方公债简言 民国九年庚申	自治录 卷3	5	劝募地方公债简言 民国十年(1921.4)	4	482
为南通保坍事声告全国及南通父老书 民国九年庚申	自治录 卷3	5—9	为南通保坍事声告全国及南通父老书 民国七年(1918.6)	4	373—376
正告江常聚丰公司仇视及分辩之人 民国九年庚申	自治录 卷3	9—11	正告江常聚丰公司仇视及分辩之人 民国七年(1918.9)	4	377—379
为段山夹滩地事致吴季诚函 民国九年庚申	自治录 卷3	11—12	致吴季诚函 民国九年(1920)	3	842—844
南通水利已办工程及未来之计画 民国十年辛酉	自治录 卷3	12—14	南通水利已办工程及未来之计画 民国十年(1921.8.25)	4	484—486
呈报南通地方自治第二十五年报告会筹备处成立文 民国十年辛酉	自治录 卷3	14—15	呈报南通地方自治第二十五年报告会筹备处成立文 民国十年(1921)	1	523—524
为南通地方自治二十五年报告会呈政府文 民国十年辛酉	自治录 卷3	15—16	为南通地方自治二十五年报告会呈政府文 民国十年(1921)夏	1	524—525

续　表

《张季子九录》			《张謇全集》2012年版		
篇　名	录别　卷次	页码	篇　名	卷次	页码
南通县图志续纂后序 民国十年辛酉	自治录 卷3	16—18	南通县图志续纂后序 民国十年(1921.4)	6	501—503
辞人称寿移助地方自治报告会启 民国十年辛酉	自治录 卷3	18—19	辞人称寿移助地方自治报告会启 民国十年(1921.6.21)	5	206—207
自治报告会因灾重展期至民国十六年举办通告 民国十年辛酉	自治录 卷3	19—20	自治报告会展期通告 民国十年(1921.9)	5	218—219
自治会报告书序 民国十年辛酉	自治录 卷3	20—21	自治会报告书序 民国十年(1921.1.1)	6	496—497
通告城区父老昨日一日之观念 民国十年辛酉	自治录 卷4	1—2	通告城区父老昨日一日之观念 民国八年(1919.11)	4	440—441
谢参观南通者之启事 民国十年辛酉	自治录 卷4	2	谢参观南通者之启事 民国九年(1920.3.6)	5	198—199
为海门水利致财政厅长函 民国十年辛酉	自治录 卷4	2—3	致胡翔琳函 民国九年(1920.6.3)	3	765—766
为日舰员擅自登陆游猎致日本政府函 民国十一年壬戌	自治录 卷4	3—4	致日本政府书 民国九年(1920.3.中旬)	2	743—744
为段山夹及导淮事复人电 民国十一年壬戌	自治录 卷4	4—5	为段山夹及导淮事复人电 民国十一年(1922.3.15)	3	1034
辞苏社理事函 民国十一年壬戌	自治录 卷4	5	致苏社理事会函 民国十一年(1922.3.7)	3	1030

续 表

《张季子九录》			《张謇全集》2012年版		
篇 名	录别 卷次	页码	篇 名	卷次	页码
答苏社诸君 民国十一年壬戌	自治录 卷4	5—6	答苏社诸君函 民国十一年春(1922)	3	1039—1040
南通水利计画书 民国十二年癸亥	自治录 卷4	6—14	南通水利计画书 民国十二年(1923)	4	559—571
论自治复刘君函 民国十二年癸亥	自治录 卷4	14—15	复刘君函 民国十二年(1923)	3	1247
南通县路工处公共汽车归并长途汽车公司之商榷 民国十三年甲子	自治录 卷4	15—16	南通县路工处公共汽车归并长途汽车公司之商榷 民国十三年(1924)	4	594—595
禁止地方采用五山石启事 民国十三年甲子	自治录 卷4	16—17	禁止地方采用五山石启事 民国十五年(1926.5)	5	270
为明岁公园征集通如海菊花大会启 民国十四年乙丑	自治录 卷4	17	为明岁公园征集通如海菊花大会启 民国十三年底(1924)	5	260
公园治沼记 民国十四年乙丑	自治录 卷4	17—18	公园治沼记 民国十四年(1925)	6	609—610
为南通保坍会及垦地致陈省长函 民国十四年乙丑	自治录 卷4	18—19	致陈陶遗函 民国十五年(1926.2.8)	3	1393—1395
为维持保坍经费原案复省政府函 民国十五年丙寅	自治录 卷4	20—21	致孙传芳陈陶遗函 民国十五年(1926.4.上旬)	3	1396—1398
请提积谷息款振海门下沙灾区呈 清光绪十四年戊子	慈善录	1—2	请提积谷息款振海门下沙灾区呈 清光绪十七年(1891)	1	8—9
为海门溥善堂禀厅呈 光绪十六年庚寅	慈善录	2	为海门溥善堂禀厅呈 光绪十六年(1890)	1	6—7

续 表

《张季子九录》			《张謇全集》2012年版		
篇 名	录别	卷次 页码	篇 名	卷次	页码
为溥善堂再禀厅呈 光绪十六年庚寅	慈善录	2—3	为溥善堂再禀厅呈 光绪十六年(1890)	1	7
南通新育婴堂发起原案呈 光绪三十年甲辰	慈善录	3	南通新育婴堂发起原案呈 光绪三十年十一月二十九日(1905.1.4)	1	75—76
南通新育婴堂募捐启 光绪三十年甲辰	慈善录	3—4	南通新育婴堂募捐启 清光绪三十二年(1906)	5	105
南通养老院记 民国元年壬子	慈善录	4—5	南通养老院记 民国元年(1912)	6	372—373
借款振江皖灾电政府 民国元年壬子	慈善录	5—6	致政府电 民国元年(1912)	2	352—353
南通义园记 民国二年癸丑	慈善录	6—7	南通义园记 民国二年(1913)	6	382—383
江苏同乡代表苏灾区人民陈谢呈 民国三年甲寅	慈善录	7	代表江苏灾区人民恭陈谢悃请钧鉴文 民国三年(1914.8.27)	1	370
答劝募南通振捐启 民国四年乙卯	慈善录	7—8	复劝募南通振捐启 民国十年(1921.8.25)	5	217—218
残废院募捐启 民国五年丙辰	慈善录	8	残废院募捐启 民国五年(1916.1.20)	5	169—170
为残废院盲哑学校鬻字启 民国五年丙辰	慈善录	8—9	为残废院盲哑学校鬻字启 民国五年(1916.1.8)	5	167—169
北方工振事致熊秉三函 民国九年庚申	慈善录	9	致熊希龄函 民国九年(1920.9.30)	3	805

续 表

《张季子九录》			《张謇全集》2012 年版		
篇　名	录别　卷次	页码	篇　名	卷次	页码
报告南通水灾并救济办法致省政府函 民国十年辛酉	慈善录	9—10	与张詧致齐燮元王瑚函 民国十年(1921. 9. 上旬)	3	911—912
垦牧乡设族葬处通告 民国十一年壬戌	慈善录	10—11	垦牧乡设族葬处通告 民国十一年(1922)	5	240—241
南通第三养老院开幕启 民国十一年壬戌	慈善录	11	南通第三养老院开幕启 民国十一年(1922. 5)	5	234—235
第三养老院开幕演说 民国十一年壬戌	慈善录	11—12	第三养老院开幕演说 民国十一年(1922. 5. 27)	4	508
为慈善公益鬻字启 民国十一年壬戌	慈善录	12	为慈善公益鬻字启 民国十一年(1922. 7. 12)	5	237
救济太嘉昆宝常五县难民募捐启 民国十三年甲子	慈善录	12—14	救济太嘉昆宝常五县难民募捐启 民国十三年(1924. 9)	5	256—257
为慈善鬻字启 民国十三年甲子	慈善录	14	为慈善鬻字启 民国十三年(1918. 3. 10)	5	186—187
大人命初易范氏地约 清光绪五年己卯	文录卷 1 (论说记述类)	1	大人命初易范氏地约 清光绪六年二月二十四日(1880. 4. 3)	6	33
代大人作合绘张氏吴氏四代支象记 清光绪六年庚辰	文录卷 1 (论说记述类)	1—2	代大人作合绘张氏吴氏四代支像记 清光绪六年(1880)	6	34—35
重修蓬莱县学宫记 清光绪六年庚辰	文录卷 1 (论说记述类)	2—3	重修蓬莱县学宫记 清光绪六年(1880)	6	35—36

续 表

《张季子九录》			《张謇全集》2012 年版		
篇　名	录别　卷次	页码	篇　名	卷次	页码
玄琴说为林怡庵作 清光绪八年壬午	文录卷 1 (论说记述类)	3	玄琴说为林怡庵作 清光绪九年六月二十三日(1883.7.26)	6	47
说文或从体例错出 清光绪十二年丙戌	文录卷 1 (论说记述类)	3	说文或从体例错出 清光绪十二年十一月初一日(1886.11.26)	6	84
蜀先主论 清光绪十三年丁亥	文录卷 1 (论说记述类)	3—4	蜀先主论 清光绪十三年(1887)	4	3
赣榆释 清光绪十四年戊子	文录卷 1 (论说记述类)	4—5	赣榆释 清光绪十四年(1888)	6	92—93
督抚提镇即古诸侯说 清光绪十五年己丑	文录卷 1 (论说记述类)	5—6	督抚提振即古诸侯说 清光绪十五年(1889)	6	99—100
不谷不仅诸侯自称说 清光绪十五年己丑	文录卷 1 (论说记述类)	6	不谷不仅诸侯自称说 清光绪十五年(1889)	6	100—101
移建象山书院记 清光绪十九年癸巳	文录卷 1 (论说记述类)	6—8	移建象山书院记 清光绪十九年七月十六日(1893.8.27)	6	229—230
述训 清光绪二十年甲午	文录卷 1 (论说记述类)	8—11	述训 清光绪二十六年(1900)后	6	284—288
记造桥和尚 清光绪二十一年乙未	文录卷 1 (论说记述类)	11—12	记造桥和尚 民国八年六月二十八日(1919.7.25)	6	454
重摹朱衣神象记 清光绪二十一年乙未	文录卷 1 (论说记述类)	12—13	重摹朱衣神像记 清光绪二十一年(1895)	6	258

续 表

《张季子九录》			《张謇全集》2012 年版		
篇 名	录别 卷次	页码	篇 名	卷次	页码
世麟桥记 清光绪二十一年乙未	文录卷 1 (论说记述类)	13	世麟桥记 清光绪二十六年四月初一日(1900.4.29)	6	280—281
易地约后记 清光绪二十二年丙申	文录卷 1 (论说记述类)	13	易地约后记 清光绪二十二年(1896)后	6	269
纪梦 清光绪二十二年丙申	文录卷 1 (论说记述类)	13—15	纪梦 清光绪二十五年(1899)后	6	277—279
西园记 清光绪二十四年戊戌	文录卷 1 (论说记述类)	15—16	西园记 清光绪二十二年八月二十一日(1896.9.28)	6	266—267
考订心太平本黄庭经凡与颖本不同者二十二处 清光绪二十四年戊戌	文录卷 1 (论说记述类)	16	考订心太平本黄庭经凡与颖本不同者二十二处 清光绪二十四年五月十六日(1898.7.4)	6	274
析产书 清光绪二十九年癸卯	文录卷 1 (论说记述类)	16—18	析产书 清光绪三十年正月二十九日(1904.3.15)	6	304—306
移箨记 清光绪二十九年癸卯	文录卷 1 (论说记述类)	18—19	移箨记 清光绪二十九年九月二十四日(1903.11.12)	6	301—302
辑移箨扉题 清光绪二十九年癸卯	文录卷 1 (论说记述类)	19—20	辑移箨扉题 清光绪二十九年十月初一日(1903.11.19)	6	302—303
记海门河工讼案 清光绪三十年甲辰	文录卷 2 (论说记述类)	1—3	记海门河工讼案 清光绪三十年(1904)	6	311—313

续 表

《张季子九录》			《张謇全集》2012年版		
篇 名	录别 卷次	页码	篇 名	卷次	页码
记吴枭 清光绪三十年甲辰	文录卷2 (论说记述类)	3—4	记吴枭 清光绪三十年(1904)	6	314
记论舜为实业政治家 清光绪三十年甲辰	文录卷2 (论说记述类)	4—5	记论舜为实业政治家 清光绪三十年(1904)	4	82
记沈雨辰说梅巧林 清光绪三十一年乙巳	文录卷2 (论说记述类)	5	记沈雨辰说梅巧林 清光绪三十四年(1908)	6	344—345
博物苑美人石记 清光绪三十二年丙午	文录卷2 (论说记述类)	5—6	博物苑美人石记 清光绪三十二年(1906)	6	318—319
记吴军门述马杨事 清光绪三十四年戊申	文录卷2 (论说记述类)	6	记吴军门述马杨事 清光绪三十四年(1908)	6	345
记海州朱翁 清光绪三十四年戊申	文录卷2 (论说记述类)	6—7	记海州朱翁 清光绪三十四年(1908)	6	343—344
书邱大刀 清宣统元年己酉	文录卷2 (论说记述类)	7—8	书邱大刀 民国八年六月二十八日(1919.7.25)	6	452—454
古食盐考 清宣统元年己酉	文录卷2 (论说记述类)	8—9	古食盐考 清宣统二年五月初六日(1910.6.12)	6	352—353
记顾绣董香光书画锦堂记 清宣统二年庚戌	文录卷2 (论说记述类)	9	顾绣锦堂记屏跋 清宣统三年二月(1911.3)	6	360
樊氏勤稼别墅记 清宣统三年辛亥	文录卷2 (论说记述类)	9—10	樊氏勤稼别墅记 清宣统三年正月初一日(1911.1.30)	6	359—360

续 表

《张季子九录》			《张謇全集》2012 年版		
篇　名	录别　卷次	页码	篇　名	卷次	页码
重修临淮广运桥记 民国元年壬子	文录卷 3 (论说记述类)	1	重修临淮广运桥记 民国二年(1913.5)	6	380
尧舜论上 民国二年癸丑	文录卷 3 (论说记述)	1—3	尧舜论上 民国二年(1913)	4	263—265
尧舜论中 民国二年癸丑	文录卷 3 (论说记述类)	3—4	尧舜论中 民国二年(1913)	4	265—266
尧舜论下 民国二年癸丑	文录卷 3 (论说记述类)	4—5	尧舜论下 民国二年(1913)	4	266—268
革命论 民国二年癸丑	文录卷 3 (论说记述类)	5—7	革命论 民国元年(1912.1.11)	4	205—207
江宁省议会通海议员公寓记 民国二年癸丑	文录卷 3 (论说记述类)	7—8	江宁省议会通海议员公寓记 民国二年(1913)	6	382
儿子怡祖字说 民国二年癸丑	文录卷 3 (论说记述类)	8—9	儿子怡祖字说 民国二年十二月二十四日(1913.1.30)	6	381—382
重建宋文忠烈公渡海亭记 民国四年乙卯	文录卷 3 (论说记述类)	9	重建宋文忠烈公渡海亭记 民国四年(1915)	6	402—403
重建狼山观音院记 民国四年乙卯	文录卷 3 (论说记述类)	9—10	重建狼山观音院记 民国四年(1915)	6	403—404
新辟林溪记 民国四年乙卯	文录卷 3 (论说记述类)	10	新辟林溪记 民国五年(1916)	6	416—417
江都李氏宗祠记 民国四年乙卯	文录卷 3 (论说记述类)	10—11	江都李氏宗祠记 民国十二年(1923.5)	6	555

续 表

《张季子九录》			《张謇全集》2012年版		
篇　名	录别　卷次	页码	篇　名	卷次	页码
迁吴氏张氏常乐先茔记 民国五年丙辰	文录卷3 (论说记述类)	11—12	迁吴氏张氏常乐先茔记 民国五年二月初二日(1916.3.5)	6	412—413
气象台新路记 民国五年丙辰	文录卷3 (论说记述类)	12	气象台新路记 民国五年十一月初四日(1916.11.28)	6	414
书陈君宦游偶记 民国六年丁巳	文录卷3 (论说记述类)	12	书陈君宦游偶记 民国六年(1917)	6	425
东奥山庄记 民国八年己未	文录卷3 (论说记述类)	12—13	东奥山庄记 民国八年五月(1919.5～6)	6	448—449
相山记 民国八年己未	文录卷3 (论说记述类)	13	相山记 民国八年(1919)	6	460
千龄观记 民国九年庚申	文录卷3 (论说记述类)	13—14	千龄观记 民国九年(1920)	6	468—469
狼山观音院后记 民国十年辛酉	文录卷4 (论说记述类)	1—2	狼山观音院后记 民国十年(1921)	6	516—517
重修南通孔庙记 民国十年辛酉	文录卷4 (论说记述类)	2—3	重修南通孔庙记 民国九年十二月十三日(1921.1.21)	6	467—468
重修兴化禅寺记 民国十年辛酉	文录卷4 (论说记述类)	3—4	重修兴化禅寺记 民国八年(1919)	6	455—456
重造洛阳天津桥记 民国十年辛酉	文录卷4 (论说记述类)	4—5	重造洛阳天津桥记 民国十年十月二十四日(1921.11.23)	6	511—513

续 表

《张季子九录》			《张謇全集》2012 年版		
篇 名	录别 卷次	页码	篇 名	卷次	页码
记葛裕泰 民国十年辛酉	文录卷 4 (论说记述类)	6	记葛裕泰 民国十年(1921)	6	517—518
家诫 民国十年辛酉	文录卷 4 (论说记述类)	6	家诫	无	无
地券 民国十年辛酉	文录卷 4 (论说记述类)	6—7	沈寿墓地券 民国十年七月初七日(1921. 8. 10)	6	509
黄泥山改建圆觉精篮记 民国十一年壬戌	文录卷 4 (论说记述类)	7	黄泥山改建圆觉精蓝记 民国十一年(1922)	6	538—539
马鞍山始建牟尼阁弥勒院记 民国十一年壬戌	文录卷 4 (论说记述类)	7—8	马鞍山始建牟尼阁弥勒院记 民国十一年(1922)	6	539—540
冯晏海红雪词题记 民国十一年壬戌	文录卷 4 (论说记述类)	8	冯晏海红雪词题记 民国十一年(1922)	6	549
海门长兴镇创建无量寺祔祀节孝记 民国十一年壬戌	文录卷 4 (论说记述类)	8—10	海门长兴镇创建无量寺祔祀节孝记 民国十一年(1922)	6	540—541
内园集宴留像记 民国十三年甲子	文录卷 4 (论说记述类)	10	内园集宴留像记 民国十三年(1924)	6	588
释惑 民国十四年乙丑	文录卷 4 (论说记述类)	10—13	释惑 民国十四年(1925)	4	631—634
记如皋二犬 民国十四年乙丑	文录卷 4 (论说记述类)	13	记如皋二犬 民国十四年(1925)	6	611
唐孝子祠校记 民国十四年乙丑	文录卷 4 (论说记述类)	13—14	唐孝子祠校记 民国十四年十二月初八日(1926. 1. 21)	6	608—609

续 表

《张季子九录》			《张謇全集》2012 年版		
篇 名	录别 卷次	页码	篇 名	卷次	页码
焦尾阁遗稿序 清光绪七年辛巳	文录卷 5 （论说记述类）	1	焦尾阁遗稿序 清光绪七年（1881）	6	37—38
代吴军门序焦尾阁遗稿 清光绪七年辛巳	文录卷 5 （论说记述类）	1—2	代吴军门序焦尾阁遗稿 清光绪七年（1881）	6	38—39
庐江舒城孙氏合修支谱序 清光绪八年壬午	文录卷 5 （论说记述类）	2—3	庐江舒城孙氏合修支谱序 清光绪八年十月初七（1882. 11. 17）	6	42—43
题方小东联 清光绪八年壬午	文录卷 5 （论说记述类）	3	题方小东联 清光绪八年（1882）	6	45—46
齐法化跋 清光绪八年壬午	文录卷 5 （论说记述类）	3	齐法化跋 清光绪八年（1882）	6	46
朝鲜金石菱参判谭屑序 清光绪九年癸未	文录卷 5 （论说记述类）	3—4	朝鲜金石菱参判谭屑序 清光绪九年（1883）	6	48
刘紫回制艺稿序 清光绪十一年乙酉	文录卷 5 （论说记述类）	4	刘紫回制艺稿序 清光绪十一年（1885）	6	72—73
光绪赣榆县志序 清光绪十四年戊子	文录卷 5 （论说记述类）	4—7	光绪赣榆县志序 清光绪十四年七月（1888. 8～9）	6	89—92
施报说跋章铜官感旧图 清光绪十六年庚寅	文录卷 5 （论说记述类）	7—8	施报说跋章铜官感旧图 清光绪二十二年八月二十二日（1896. 10. 4）	6	267—268
随庵先生匾跋 清光绪十七年辛卯	文录卷 5 （论说记述类）	8	随庵先生匾跋 清光绪十七年（1891）	6	204—205

续 表

《张季子九录》			《张謇全集》2012年版		
篇 名	录别 卷次	页码	篇 名	卷次	页码
严铁桥摹秦琅邪台刻石拓本跋 清光绪二十年甲午	文录卷5 (论说记述类)	8	严铁桥摹秦琅邪台刻石拓本跋 清光绪二十年(1894)	6	250—251
校次孙开封遗集后序 清光绪二十一年乙未	文录卷5 (论说记述类)	9	校次孙开封遗集后序 清光绪二十二年三月初一日(1896.4.13)	6	261—262
张氏四修族谱序 清光绪二十一年乙未	文录卷5 (论说记述类)	9—10	张氏四修族谱序 清光绪二十九年七月初十日(1903.9.1)	6	300—301
江宁同文馆课艺序 清光绪二十一年乙未	文录卷5 (论说记述类)	10—11	江宁同文馆课艺序 清光绪二十一年(1895)	6	256—258
经义征学序 清光绪二十四年戊戌	文录卷5 (论说记述类)	11—13	经义征学序 清光绪二十七年(1901)后	6	294—295
金溪邓氏家谱序 清光绪二十四年戊戌	文录卷5 (论说记述类)	13	金溪邓氏家谱序 清光绪二十二年三月二十三日(1896.5.5)	6	262—263
龚定庵海门先啬文书后 清光绪二十四年戊戌	文录卷5 (论说记述类)	13—15	龚定庵海门先啬文书后 民国八年六月二十六日(1919.7.23)	6	450—452
题黄忠端墨迹册子 清光绪二十四年戊戌	文录卷5 (论说记述类)	16	题黄忠端墨迹册子 清光绪二十四年五月初五日(1898.7.23)	6	274
天祚题名跋 清光绪二十五年己亥	文录卷6 (序跋类)	1	天祚题名跋 清光绪二十五年九月十一日(1899.10.15)	6	277

续 表

《张季子九录》			《张謇全集》2012年版		
篇　名	录别　卷次	页码	篇　名	卷次	页码
题补注洗冤录集证 清光绪二十六年庚子	文录卷6 （序跋类）	1	题补注洗冤录集证 清光绪二十六年（1900）	6	283
西湖载鹤图序 清光绪二十六年庚子	文录卷6 （序跋类）	1—2	西湖载鹤图序 清光绪二十六年（1900）	6	283—284
鄦斋丛书序 清光绪二十七年辛丑	文录卷6 （序跋类）	2	鄦斋丛书序 清光绪二十六年六月十八日（1900.7.14）	6	281
松月居士集印序 清光绪二十七年辛丑	文录卷6 （序跋类）	2—3	松月居士集印序 清光绪二十七年（1901）	6	292
寿松堂匾跋 清光绪二十八年壬寅	文录卷6 （序跋类）	3	通州师范学校寿松堂匾跋 清光绪二十八年（1902）	6	298
题濂亭师真书册 清光绪二十九年癸卯	文录卷6 （序跋类）	3	题濂亭师真书册 清光绪二十九年二月十七日（1903.3.15）	6	300
题戴文节公双松图 清光绪二十九年癸卯	文录卷6 （序跋类）	3—4	题戴文节公双松图 清光绪二十九年（1903）	6	304
题王石谷山水册 清光绪二十九年癸卯	文录卷6 （序跋类）	4	题王石谷山水册 清光绪二十九年（1903）	6	304
文简先生匾跋 清光绪三十年甲辰	文录卷6 （序跋类）	4	文简先生匾跋 清光绪三十年（1904）	6	311

续 表

《张季子九录》			《张謇全集》2012 年版		
篇　名	录别　卷次	页码	篇　名	卷次	页码
耕织图跋 清光绪三十一年乙巳	文录卷 6 (序跋类)	4	耕织图跋 清光绪三十一年(1905)	6	315—316
题博物苑石额 清光绪三十二年丙午	文录卷 6 (序跋类)	5	题博物苑石额 清光绪三十二年(1906)	6	318
日本议会史序 清光绪三十二年丙午	文录卷 6 (序跋类)	5—6	日本议会史序 清光绪三十二年(1906)	6	319—320
朝鲜金沧江刊申紫霞诗集序 清光绪三十三年丁未	文录卷 6 (序跋类)	6	朝鲜金沧江刊申紫霞诗集序 清光绪三十三年(1907)	6	331—332
意大利万国博览会纪略调查欧西实业纪要序 清光绪三十三年丁未	文录卷 6 (序跋类)	6—7	意大利万国博览会纪略调查欧西实业纪要序 清光绪三十三年(1907)	6	332—333
朝鲜金沧江云山韶頀堂集序 清宣统元年己酉	文录卷 6 (序跋类)	7—8	朝鲜金沧江云山韶濩堂集序 清宣统元年(1909)	6	349—350
违警律讲义序 清宣统元年己酉	文录卷 6 (序跋类)	8—9	违警律讲义序 清宣统元年(1909)	6	350
叶氏刻翁书金刚经塔拓本跋 清宣统元年己酉	文录卷 6 (序跋类)	9	叶氏刻翁书金刚经塔拓本跋 清宣统元年(1909)	6	350
吴陋轩遗象跋 清宣统二年庚戌	文录卷 6 (序跋类)	9	吴陋轩遗像跋 清宣统二年(1910)	6	358

续 表

《张季子九录》			《张謇全集》2012年版		
篇　名	录别　卷次	页码	篇　名	卷次	页码
农学通释序 清宣统二年庚戌	文录卷6 (序跋类)	9—10	农学通释序 清宣统二年五月(1910.6～7)	6	353—354
万物炊累室类稿序 清宣统三年辛亥	文录卷6 (序跋类)	10—11	万物炊累室类稿序 清宣统三年七月(1911.8～9)	6	363—364
农务联合会杂志序 清宣统三年辛亥	文录卷6 (序跋类)	11—12	农务联合会杂志序 清宣统三年(1911)	6	364—365
惠悫先生乡谥跋 清宣统三年辛亥	文录卷6 (序跋类)	12	惠悫先生乡谥跋 清宣统三年(1911)	6	369
题资政府君及金太夫人画像 清宣统三年辛亥	文录卷6 (序跋类)	12—13	题资政府君及金太夫人画像 清宣统三年(1911)	6	369—370
禁烟必读序 民国元年壬子	文录卷6 (序跋类)	13	禁烟必读序 民国元年(1912)	6	374—375
费氏哀思录序 民国元年壬子	文录卷7 (序跋类)	1	费氏哀思录序 民国二年(1913)	6	384
题朱石甫草书横幅 民国元年壬子	文录卷7 (序跋类)	1	题朱石甫草书横幅 民国元年(1912)	6	376
题包壮行墨梅 民国元年壬子	文录卷7 (序跋类)	1—2	题包壮行墨梅 清光绪三十三年八月二十二日(1907.9.29)	6	329—330
题白佩荷花 民国元年壬子	文录卷7 (序跋类)	2	题白佩荷花 民国元年(1912)	6	377
题钱文伟山水 民国元年壬子	文录卷7 (序跋类)	2	题钱文伟山水 民国元年(1912)	6	377
题朱石甫墨竹 民国元年壬子	文录卷7 (序跋类)	2	题朱石甫墨竹 民国元年(1912)	6	377

续 表

《张季子九录》			《张謇全集》2012年版		
篇 名	录别 卷次	页码	篇 名	卷次	页码
题顾骢墨竹 民国元年壬子	文录卷7 (序跋类)	2	题顾骢墨竹 民国元年(1912)	6	377
题范箴画牛 民国元年壬子	文录卷7 (序跋类)	2	题范箴画牛 民国元年(1912)	6	378
题李教谟荷花 民国元年壬子	文录卷7 (序跋类)	2	题李教谟荷花 民国元年(1912)	6	378
题刘伊草书田琴墨梅合帧 民国元年壬子	文录卷7 (序跋类)	2	题刘伊草书田琴墨梅合帧 民国元年(1912)	6	378
题丁有煜画牡丹 民国元年壬子	文录卷7 (序跋类)	2—3	题丁有煜画牡丹 民国元年(1912)	6	378
题张小斋缓带轻裘图 民国元年壬子	文录卷7 (序跋类)	3	题张小斋缓带轻裘图 民国元年(1912)	6	379
题文徵明山水 民国二年癸丑	文录卷7 (序跋类)	3	题文徵明山水 民国二年(1913)	6	385
题刘松年百寿图 民国二年癸丑	文录卷7 (序跋类)	3	题刘松年百寿图 民国二年(1913)	6	385
题绢本十虎三彪图 民国二年癸丑	文录卷7 (序跋类)	3	题绢本十虎三彪图 民国二年(1913)	6	386
题刘文清行楷册 民国二年癸丑	文录卷7 (序跋类)	4	题刘文清行楷册 民国二年(1913)	6	386
题僧明中山水册 民国二年癸丑	文录卷7 (序跋类)	4	题僧明中山水册 民国二年(1913)	6	386—387
题何子贞字屏 民国二年癸丑	文录卷7 (序跋类)	4	题何子贞字屏 民国二年(1913)	6	387
题童原山鼠图 民国二年癸丑	文录卷7 (序跋类)	4	题童原山鼠图 民国二年(1913)	6	387

续 表

《张季子九录》			《张謇全集》2012年版		
篇 名	录别 卷次	页码	篇 名	卷次	页码
工商统计表序 民国二年癸丑	文录卷7 (序跋类)	4	工商统计表序 民国二年(1913)	6	383—384
县署钟楼题甃 民国二年癸丑	文录卷7 (序跋类)	5	县署钟楼题甃 民国四年(1915)	6	404
道故斋榜跋 民国二年癸丑	文录卷7 (序跋类)	5	道故斋榜跋 民国二年(1913)	6	385
海战公法序 民国三年甲寅	文录卷7 (序跋类)	5—6	海战公法序 民国三年(1914)	6	393
如皋胡氏重修族谱序 民国三年甲寅	文录卷7 (序跋类)	6	如皋胡氏重修族谱序 民国三年(1914)	6	394
治淮计画英译序 民国三年甲寅	文录卷7 (序跋类)	6—7	治淮计画英译序 民国三年(1914)	6	395
博物中馆匾并题语 民国三年甲寅	文录卷7 (序跋类)	7	博物苑中馆匾并题语 民国四年十二月(1915.1～2)	6	392
题张云林九龙图 民国三年甲寅	文录卷7 (序跋类)	7	题张云林九龙图 民国三年(1914)	6	398
题说文统系图 民国三年甲寅	文录卷7 (序跋类)	7—8	题说文统系图 民国三年(1914)	6	398
题梁鸿传 民国四年乙卯	文录卷7 (序跋类)	8	题梁鸿传 民国四年十二月二十八日(1915.2.1)	6	402
山东物品展览会报告书序 民国四年乙卯	文录卷7 (序跋类)	8—9	山东物品展览会报告书序 民国四年(1915.5.9)	6	401—402
中华游美实业团报告序 民国四年乙卯	文录卷7 (序跋类)	9	中华游美实业团报告序 民国四年(1915)	6	404—405

续 表

《张季子九录》			《张謇全集》2012 年版		
篇　名	录别　卷次	页码	篇　名	卷次	页码
南通县警察状况序 民国五年丙辰	文录卷 7 (序跋类)	9—10	南通县警察状况序 民国六年(1917.6)	6	420—421
春晖小识书后 民国五年丙辰	文录卷 7 (序跋类)	10—11	春晖小识书后 民国五年(1916)	6	417—418
郭氏书序 民国六年丁巳	文录卷 7 (序跋类)	11—12	郭氏书序 民国六年(1917)	6	425—426
适然亭跋语 民国六年丁巳	文录卷 7 (序跋类)	12	适然亭跋语 民国六年(1917)	6	429
公园戒旦堂跋 民国六年丁巳	文录卷 7 (序跋类)	12	中公园戒旦堂跋 民国六年(1917)	6	429
濠阳小筑曼寿堂跋 民国六年丁巳	文录卷 7 (序跋类)	12	濠阳小筑曼寿堂跋 民国六年(1917)	6	429
奥簃遗训跋 民国七年戊午	文录卷 7 (序跋类)	12—13	奥簃遗训跋 民国七年(1918)	6	438
题吴万画山水横卷 民国七年戊午	文录卷 7 (序跋类)	13	题吴万画山水横卷 民国七年(1918)	6	438
易经遵朱序 民国七年戊午	文录卷 7 (序跋类)	13—14	易经遵朱序 民国七年(1918)	6	436—437
题遂生堂药店画屏 民国七年戊午	文录卷 7 (序跋类)	14	题遂生堂药店画屏 民国七年(1918)	6	438—439
张君耀轩从政三十年纪念录序 民国八年己未	文录卷 7 (序跋类)	14—15	张君耀轩从政三十年纪念录序 民国八年(1919)	6	457—458
中国关税问题序 民国八年己未	文录卷 7 (序跋类)	15—16	中国关税问题序 民国八年(1919.6)	6	449—450
理论实用纺绩学序 民国八年己未	文录卷 7 (序跋类)	16	理论实用纺绩学序 民国八年(1919)	6	458

续 表

《张季子九录》			《张謇全集》2012年版		
篇 名	录别 卷次	页码	篇 名	卷次	页码
榖园诗余题辞 民国八年己未	文录卷7 (序跋类)	16—17	榖园诗余题辞 民国八年(1919)	6	458—459
题僧芡虚画刘南庐入山图 民国八年己未	文录卷7 (序跋类)	17	题僧芡虚画刘南庐入山图 民国八年(1919)	6	459
题徐清惠公遗像 民国八年己未	文录卷7 (序跋类)	17	题徐清惠公遗像 民国八年(1919)	6	459—460
京观亭匾跋 民国八年己未	文录卷7 (序跋类)	17—18	京观亭匾跋 民国八年(1919)	6	460
丁节母节孝匾跋 民国八年己未	文录卷7 (序跋类)	18	丁节母节孝匾跋 民国八年(1919)	6	460
雪宧绣谱序 民国九年庚申	文录卷7 (序跋类)	18—19	雪宧绣谱序 民国九年(1920)	6	469—471
梅欧阁诗录序 民国九年庚申	文录卷7 (序跋类)	19	梅欧阁诗录序 民国九年(1920)	6	469
题怀素自序卷后 民国九年庚申	文录卷7 (序跋类)	20	题怀素自序卷后 民国九年(1920.3)	6	464
边苇间画册跋 民国九年庚申	文录卷7 (序跋类)	20	边苇间画册跋 民国九年八月二十三日(1920.10.4)	6	466
梅垞绣雪槛跋 民国九年庚申	文录卷7 (序跋类)	20	梅垞绣雪槛跋 民国九年(1920)	6	489
与浣华笺椟跋 民国九年庚申	文录卷7 (序跋类)	20—21	与浣华笺牍跋 民国九年(1920.1)	6	463
题张君度泰山松色图 民国十年辛酉	文录卷7 (序跋类)	21	题张君度泰山松色图 民国十年(1921)	6	524
南通张氏常乐支谱序 民国十年辛酉	文录卷7 (序跋类)	21	南通张氏常乐支谱序 民国十年(1921.1)	6	497—498

续 表

《张季子九录》			《张謇全集》2012年版		
篇 名	录别 卷次	页码	篇 名	卷次	页码
法轮禅寺同戒录序 民国十年辛酉	文录卷7 (序跋类)	21—22	法轮禅寺同戒录序 民国九年(1920)	6	487—488
寿恺堂集序 民国十年辛酉	文录卷7 (序跋类)	23	寿恺堂集序 民国十一年十一月二十三日(1923.1.9)	6	537—538
藤华馆遗诗序 民国十年辛酉	文录卷7 (序跋类)	23—25	藤华馆遗诗序 民国十年三月(1921.4)	6	499—501
题无锡顾响泉先生写洞阳公命子书真迹 民国十年辛酉	文录卷7 (序跋类)	25	题无锡顾响泉先生写洞阳公命子书真迹 民国十年(1921)	6	523
吕四鹤城书院丈室跋 民国十年辛酉	文录卷7 (序跋类)	25	吕四鹤城书院丈室跋 民国十年(1921)	6	523
题张恕寿星 民国十年辛酉	文录卷7 (序跋类)	25	题张恕寿星 民国十年(1921)	6	524
韩国历代小史序 民国十一年壬戌	文录卷8 (序跋类)	1—2	韩国历代小史序 民国十一年(1922)	6	541—542
太阴图说序 民国十一年壬戌	文录卷8 (序跋类)	2	太阴图说序 民国十一年(1922)	6	542—543
申报五十年纪念序 民国十一年壬戌	文录卷8 (序跋类)	2—3	申报五十年纪念序 民国十一年(1922)	6	543—544
新闻报三十年纪念序 民国十一年壬戌	文录卷8 (序跋类)	3—4	新闻报三十年纪念序 民国十一年(1922)	6	544—545
万国航业伦敦大会报告书序 民国十一年壬戌	文录卷8 (序跋类)	4—5	万国航业伦敦大会报告书序 民国十一年(1922)	6	545—546
虞楼匾跋 民国十一年壬戌	文录卷8 (序跋类)	5	虞楼匾跋 民国十一年(1922)	6	548

续　表

《张季子九录》			《张謇全集》2012 年版		
篇　名	录别　卷次	页码	篇　名	卷次	页码
题道愔绣大士像 民国十一年壬戌	文录卷 8 (序跋类)	5	题道愔绣大士像 民国十一年九月十九日(1922. 11. 7)	6	537
文衡山小字长卷跋 民国十一年壬戌	文录卷 8 (序跋类)	5—6	文衡山小字长卷跋 民国十一年(1922)	6	548
外录自序 民国十二年癸亥	文录卷 8 (序跋类)	6—7	外录自序 民国三年(1914)	6	396—397
年谱自序 民国十二年癸亥	文录卷 8 (序跋类)	7—8	年谱自序 民国十二年(1923)	6	564—565
程一夔君文甲集序 民国十二年癸亥	文录卷 8 (序跋类)	8	程一夔君文甲集序 民国十二年(1923)	6	565—566
程一夔君游陇集序 民国十二年癸亥	文录卷 8 (序跋类)	8—9	程一夔君游陇集序 民国十二年(1923)	6	566
棉纺辑要序言 民国十二年癸亥	文录卷 8 (序跋类)	9	棉纺辑要序言 民国十二年(1923)	6	567
中国名人小传序 民国十二年癸亥	文录卷 8 (序跋类)	9—10	美人勃德编中国名传序 民国十二年(1923)	6	567—568
欧美水利调查录序 民国十二年癸亥	文录卷 8 (序跋类)	10—11	欧美水利调查录序 民国十三年(1924)初	6	575
题沈绣 民国十二年癸亥	文录卷 8 (序跋类)	11	题沈绣 民国十二年(1923)	6	570
徐清惠公年谱书后 民国十二年癸亥	文录卷 8 (序跋类)	11	徐清惠公年谱书后 民国十二年	6	570—571
杨孝威匾跋 民国十二年癸亥	文录卷 8 (序跋类)	11—12	杨梅汀乡谥(拟孝威) 民国十二年(1923)	6	571
致沈敬夫旧牍跋 民国十二年癸亥	文录卷 8 (序跋类)	12	致沈敬夫旧牍跋 民国十四年(1925)	6	613—614

续 表

《张季子九录》			《张謇全集》2012 年版		
篇 名	录别 卷次	页码	篇 名	卷次	页码
南通商埠警察状况序 民国十三年甲子	文录卷 8 (序跋类)	12—13	南通商埠警察状况序 民国十三年(1924)	6	589—590
徐征君并子元尹孝廉遗著序 民国十三年甲子	文录卷 8 (序跋类)	13—14	徐征君并子少石孝廉遗著叙 民国十四年正月(1925.2)	6	602—603
凌氏重修宗谱序 民国十三年甲子	文录卷 8 (序跋类)	14	凌氏重修宗谱序 民国十三年(1924)	6	590—591
监利王氏道咸同光诸贤手札跋 民国十三年甲子	文录卷 8 (序跋类)	14—15	监利王氏道咸同光诸贤手札跋 民国十三年(1924)	6	594
李生诗册跋 民国十三年甲子	文录卷 8 (序跋类)	15	李生诗册跋 民国十三年(1924)	6	594—595
题钱心斋松月图 民国十四年乙丑	文录卷 8 (序跋类)	15	题钱心斋松月图 民国十四年六月(1925.7～8)	6	605
题潘思牧乔岳长松图 民国十四年乙丑	文录卷 8 (序跋类)	15	题潘思牧乔岳长松图 民国十四年(1925)	6	614
金松岑诗序 民国十四年乙丑	文录卷 8 (序跋类)	15—16	天放楼诗集序 民国十一年(1922)	6	547—548
失碑书铜井文房明拓礼器碑后 民国十四年乙丑	文录卷 8 (序跋类)	16—17	失碑书铜井文房明拓礼器碑后 民国十四年六月二十八日(1925.8.17)	6	604
亦秀野亭跋 民国十四年乙丑	文录卷 8 (序跋类)	17—18	亦秀野亭跋 民国十四年(1925)	6	614
又跋唐昭陵六骏图拓本 民国十五年丙寅	文录卷 8 (序跋类)	18	又跋唐昭陵六骏图拓本 民国十五年(1926)	6	621—622

续 表

《张季子九录》			《张謇全集》2012年版		
篇 名	录别 卷次	页码	篇 名	卷次	页码
题四相簪花图 民国十五年丙寅	文录卷8 (序跋类)	18	题四相簪花图 民国十五年正月十三日(1926.2.25)	6	618
题怀素帖 民国十五年丙寅	文录卷8 (序跋类)	18	题怀素帖 民国十五年(1926)	6	622
题李唐美人坐落花图 民国十五年丙寅	文录卷8 (序跋类)	19	题李唐美人坐落花图 民国十五年(1926)	6	622
代庆军寿徐仁山方伯五十生日序 清光绪三年丁丑	文录卷9 (赠序类)	1—2	代庆军寿徐仁山方伯五十生日序 清光绪三年(1877)	6	7—9
奉送赵训导师归无锡序 清光绪四年戊寅	文录卷9 (赠序类)	2—3	奉送赵训导师归无锡序 清光绪四年三月初一日(1878.4.3)	6	9—10
吴军门五十寿序 清光绪四年戊寅	文录卷9 (赠序类)	3—6	吴军门五十寿序 清光绪四年五月十六日(1878.6.16)	6	10—13
代吴军门寿萨尔图母宗室太夫人八十序 清光绪六年庚辰	文录卷9 (赠序类)	6—7	代吴军门寿萨尔图母宗室太夫人八十序 清光绪六年(1880)	6	36—37
寿顾母七十序 清光绪七年辛巳	文录卷9 (赠序类)	7—8	寿顾母七十序 清光绪七年(1881)	6	39—40
送林怡庵序 清光绪八年壬午	文录卷9 (赠序类)	8—9	送林怡庵序 清光绪八年(1882)	6	44
送李将军之山西序 清光绪八年壬午	文录卷9 (赠序类)	9—10	送李将军之山西序 清光绪八年(1882)	6	44—45
周彦升祖母八十母六十合寿序 清光绪八年壬午	文录卷9 (赠序类)	10	周彦升祖母八十母六十合寿序 清光绪八年十月初四日(1882.11.14)	6	41

续 表

《张季子九录》			《张謇全集》2012 年版		
篇　名	录别　卷次	页码	篇　名	卷次	页码
张丈七十寿序 清光绪十二年丙戌	文录卷 9 (赠序类)	10—11	张丈七十寿序 清光绪二十年七月二十九日(1894. 8. 29)	6	243—244
奉送孙江宁调守开封序 清光绪十三年丁亥	文录卷 9 (赠序类)	11—12	奉送孙江宁调守开封序 清光绪十三年(1887)	6	86—87
征士徐君清寿之颂(有序) 清光绪十三年丁亥	文录卷 9 (赠序类)	12—13	征士徐君清寿之颂(有序) 清光绪十三年(1887)	6	87—88
常熟尚书六十寿序 清光绪十三年丁亥	文录卷 9 (赠序类)	13—14	常熟尚书六十寿序 清光绪十三年(1887)	6	88—89
桐城孙先生七十寿序 清光绪十五年已丑	文录卷 10 (赠序类)	1—2	桐城孙先生七十寿序 清光绪十七年二月十三日(1891. 3. 22)	6	113—114
袁太恭人八十寿序 清光绪二十年甲午	文录卷 10 (赠序类)	2—3	袁太恭人八十寿序 清光绪二十年九月初八日(1894. 10. 6)	6	249—250
顾姓谷先生六十寿序 清光绪二十年甲午	文录卷 10 (赠序类)	3—4	顾姓谷先生六十寿序 清光绪二十年八月初一日(1894. 8. 31)	6	244—245
恽太夫人八十寿序 清光绪二十一年乙未	文录卷 10 (赠序类)	4—5	恽太夫人八十寿序 清光绪二十年八月二十四日(1894. 9. 23)	6	248—249
吴粤生年丈寿序 清光绪二十一年乙未	文录卷 10 (赠序类)	5—6	吴粤生年丈寿序 清光绪二十一年(1895)	6	259—260
钱观察六十寿序 清光绪二十二年丙申	文录卷 10 (赠序类)	6—7	钱观察六十寿序 清光绪二十八年(1902)	6	298—300

续 表

《张季子九录》			《张謇全集》2012年版		
篇　名	录别　卷次	页码	篇　名	卷次	页码
江生祖母七十寿序 清光绪二十三年丁酉	文录卷10 (赠序类)	7—8	江生祖母七十寿序 清光绪二十三年九月初十日(1897.10.5)	6	270—271
沙同年父母七十寿序 清光绪二十五年己亥	文录卷10 (赠序类)	8—9	沙同年父母七十寿序 清光绪二十三年九月十三日(1897.10.8)	6	271—272
送十六省议员诣阙上书序 清宣统元年己酉	文录卷10 (赠序类)	9—11	送十六省议员诣阙上书序 清宣统元年十一月十七日(1909.12.29)	6	347—348
杨梅汀八十寿序 民国七年戊午	文录卷10 (赠序类)	11—13	杨梅汀八十寿序 民国七年(1918)	6	439—440
怡儿使行之训 民国十一年壬戌	文录卷10 (赠序类)	13—14	怡儿使行之训 民国十一年六月(1922.8)	6	534—535
沙健庵六十生日序 民国十二年癸亥	文录卷10 (赠序类)	14—16	沙健庵六十生日序 民国十二年八月十五日(1923.9.25)	6	555—557
如皋葛佩华八十寿序 民国十二年癸亥	文录卷10 (赠序类)	16	如皋葛佩华八十寿序 民国十二年(1923)	6	571—572
赠吴将军入鸡公山序 民国十三年甲子	文录卷10 (赠序类)	16—18	赠吴将军入鸡公山序 民国十三年(1924)	6	595—596
束母曹太夫人九十寿颂(并序) 民国十三年甲子	文录卷10 (赠序类)	18—19	束母曹太夫人九十寿颂(并序) 民国十三年十一月初二日(1924.11.28)	6	579—580
书赠金品之 民国十三年甲子	文录卷10 (赠序类)	19	书赠金品之 民国十三年(1924)	6	597
施翁八十寿序 民国十四年乙丑	文录卷10 (赠序类)	19—20	施翁八十寿序 民国十年(1921)	6	524—525

续 表

《张季子九录》			《张謇全集》2012 年版		
篇 名	录别 卷次	页码	篇 名	卷次	页码
张母八十寿言(有序) 民国十四年乙丑	文录卷 10 (赠序类)	20—21	张母八十寿言(有序) 民国十四年(1925)	6	614—615
为陈峙西订画例 民国十四年乙丑	文录卷 10 (赠序类)	21	陈峙西画例 民国十四年(1925)	5	266
代父致孙师馈物函 清光绪三年丁丑	文录卷 11 (笺启类)	1	代父贺孙师函 清光绪三年十月(1877.11～12)	2	4
代杨辅臣师致张金门函 清光绪六年庚辰	文录卷 11 (笺启类)	1	为杨辅臣师拟答张金门书 清光绪六年(1880)	2	8—9
谢还朝鲜王酒具启 清光绪八年壬午	文录卷 11 (笺启类)	1	谢还朝鲜王酒具启 清光绪八年(1882.9.13)	2	19—20
致何梅生函 清光绪八年壬午	文录卷 11 (笺启类)	1	致何嗣焜函 清光绪八年八月二十二日(1882.10.3)	2	20
与朱曼君及叔兄致袁慰亭函 清光绪九年癸未	文录卷 11 (笺启类)	2—5	偕朱曼君张詧与袁世凯函 清光绪十年五月十一日(1884.6.4)	2	20—24
致黄学使函 清光绪十年甲申	文录卷 11 (笺启类)	5	致黄体芳函 清光绪十年(1884)冬	2	28
致倪中丞函 清光绪十二年丙戌	文录卷 11 (笺启类)	5—6	上倪文蔚书 清光绪十四年四月初八日(1888.5.18)	2	39
代孙师复调江宁知府李函 清光绪十三年丁亥	文录卷 11 (笺启类)	6	代孙师复李晓轩函 清光绪十三年二月二十六日(1887.3.20)	2	31

续　表

《张季子九录》			《张謇全集》2012年版		
篇　名	录别　卷次	页码	篇　名	卷次	页码
致吴挚甫先生函 清光绪十五年己丑	文录卷11 (笺启类)	6	致吴汝纶函 清光绪十五年二月二十九日(1889.3.30)	2	45
谢安徽沈抚院启 清光绪十六年庚寅	文录卷11 (笺启类)	6—7	谢沈秉臣函 清光绪十六年八月初八日(1890.9.21)	2	46
致顾延卿函 清光绪十七年辛卯	文录卷11 (笺启类)	7—8	致顾延卿函 清光绪十七年七月二十七日(1891.8.31)	2	46—47
致李智俦函 清光绪十八年壬辰	文录卷11 (笺启类)	8	致李智俦函 清光绪十八年四月二十一日(1892.5.17)	2	48—49
致意园师函 清光绪十八年壬辰	文录卷11 (笺启类)	8—9	致盛昱函 清光绪十八年四月二十九日(1892.5.25)	2	49
代文童吴玉树草捐助礼器禀 清光绪二十一年乙未	文录卷11 (笺启类)	9	代文童吴玉树草捐助礼器禀 清光绪二十一年六月二十九日(1895.8.19)	1	26
致如皋龙大令函 清光绪二十一年乙未	文录卷11 (笺启类)	9	致龙璋函 清光绪二十二年八月(1896.9)	2	81—82
致南皮辞书局事函 清光绪二十一年乙未	文录卷11 (笺启类)	9	致张之洞函 清光绪二十一年十一月二十一日(1896.1.5)	2	76
致韦道辞书局事函 清光绪二十一年乙未	文录卷11 (笺启类)	10	致韦道函 清光绪二十一年十一月二十一日(1896.1.5)	2	76

续 表

《张季子九录》			《张謇全集》2012 年版		
篇 名	录别 卷次	页码	篇 名	卷次	页码
致张南皮函 清光绪二十一年乙未	文录卷 11 (笺启类)	10—11	致张之洞函 清光绪二十一年二月十八日(1895.3.14)	2	68—69
复彦升问某公旨趣函 清光绪二十三年丁酉	文录卷 11 (笺启类)	11	复周彦升函 清光绪二十三年六月初三日(1897.7.2)	2	86
致丁恒斋函 清光绪二十三年丁酉	文录卷 11 (笺启类)	11—13	致丁立钧书 清光绪二十三年四月初七日(1897.5.8)	2	84—85
复汪穰卿函 清光绪二十三年丁酉	文录卷 11 (笺启类)	13	致汪康年函(十三件之三) 清光绪二十三年八月初十日(1897.9.6)	3	1582
致沈子培函 清光绪二十三年丁酉	文录卷 11 (笺启类)	13—14	致沈曾植函 清光绪二十三年三月初二日(1897.4.3)	2	83—84
致王雪澂函 清光绪二十四年戊戌	文录卷 11 (笺启类)	14	致王雪澂函 清光绪二十四年(1898)	2	94
致潘保之函 清光绪二十四年戊戌	文录卷 11 (笺启类)	14	致潘保之函 清光绪二十四年(1898)	2	93—94
请建赵亭禀牍 清光绪二十七年辛丑	文录卷 11 (笺启类)	14—15	请建赵亭禀牍 清光绪二十七年正月初八日(1901.2.26)	1	34—35
致许情荃函 清光绪三十二年丙午	文录卷 11 (笺启类)	15	致许情荃函 清光绪三十二年(1906)	2	181—182
谢亲友临贺启 清光绪三十三年丁未	文录卷 11 (笺启类)	15	谢亲友临贺启 清光绪三十三年正月(1907.2)	5	108

续 表

《张季子九录》			《张謇全集》2012 年版		
篇　名	录别　卷次	页码	篇　名	卷次	页码
致顾公毅函 清宣统三年辛亥	文录卷 11 (笺启类)	15	致顾公毅函 民国三年(1914)	2	509
答张生函 清宣统三年辛亥	文录卷 11 (笺启类)	15—16	答张生函 清宣统三年(1911)	2	300
复蒋志范函 民国二年癸丑	文录卷 11 (笺启类)	16	复蒋志范函 民国二年(1913)	2	421—422
又致蒋志范函 民国二年癸丑	文录卷 11 (笺启类)	16	致蒋志范函 民国二年(1913)	2	422
为儿子举行冠婚礼请观礼启 民国四年乙卯	文录卷 11 (笺启类)	16—17	为儿子举行冠婚礼请观礼启 民国四年(1915.12)	5	154—155
女孙汤饼会谢启 民国五年丙辰	文录卷 11 (笺启类)	17	女孙汤饼会谢启 民国五年(1916.12.14)	5	173
致梅浣华函 民国五年丙辰	文录卷 11 (笺启类)	17—18	致梅兰芳函(三件之三) 民国五年(1916.10～11)	2	619—620
(致梅浣华函) 民国六年丁巳	文录卷 11 (笺启类)	18	致梅兰芳函 民国五年(1916.11.18)	2	620—621
(致梅浣华函) 民国六年丁巳	文录卷 11 (笺启类)	18	致梅兰芳函(二件之二) 民国五年(1916.12.中旬)	2	622—623
(致梅浣华函) 民国七年戊午	文录卷 11 (笺启类)	18	致梅兰芳函(二件之二) 民国六年(1917.10.25)	2	636

续 表

《张季子九录》			《张謇全集》2012 年版		
篇　名	录别　卷次	页码	篇　名	卷次	页码
(致梅浣华函) 民国七年戊午	文录卷 11 (笺启类)	18	致梅兰芳函(二件之一) 民国八年(1919. 1. 初)	2	697—698
(致梅浣华函) 民国八年己未	文录卷 11 (笺启类)	19	致梅兰芳函 民国八年(1919. 2. 1)	2	702—703
(致梅浣华函) 民国八年己未	文录卷 11 (笺启类)	19	致梅兰芳函 民国八年(1919. 6. 16)	2	715
(致梅浣华函) 民国八年己未	文录卷 11 (笺启类)	19—20	致梅兰芳函 民国八年(1919. 8. 6)	2	718
复黄任之函 民国六年丁巳	文录卷 12 (笺启类)	1—2	致黄炎培函 民国六年(1917. 3. 25)	2	625—626
谢李督军贺寿启 民国七年戊午	文录卷 12 (笺启类)	2	谢李督军贺寿启 民国七年(1918)夏	5	189—190
复江易园函 民国七年戊午	文录卷 12 (笺启类)	2—3	致江谦函 民国七年(1918)	2	696—697
致谛闲冶开二法师函 民国七年戊午	文录卷 12 (笺启类)	3	分致冶开谛闲函 民国八年(1919)秋	2	722
致庄思缄函 民国七年戊午	文录卷 12 (笺启类)	3	复庄蕴宽函 民国七年(1918)	2	695—696
复徐君函 民国八年己未	文录卷 12 (笺启类)	3	复徐君函 民国八年(1919)	2	731
谢教育慈善募捐启 民国八年己未	文录卷 12 (笺启类)	3—4	谢教育慈善募捐启 民国八年(1919)	5	196—197

续　表

《张季子九录》			《张謇全集》2012年版		
篇　名	录别　卷次	页码	篇　名	卷次	页码
复吴徐蒋刘诸君函 民国八年己未	文录卷12 (笺启类)	4	与张詧复吴季诚等诸君函 民国八年(1919.11.15)	2	727
复谢淮扬诸君函 民国八年己未	文录卷12 (笺启类)	4	复谢淮扬诸君函 民国八年(1919)	2	733
复张仲仁函 民国八年己未	文录卷12 (笺启类)	4—5	致张一麐函 民国八年(1919)	2	729—730
复刘灵华函 民国八年己未	文录卷12 (笺启类)	5	复刘灵华函 民国八年(1919)	2	729
为叔兄生日敬告父老伯叔兄弟 民国八年己未	文录卷12 (笺启类)	5	为叔兄生日敬告父老伯叔兄弟 民国八年(1919.10)	5	196
致顾竹庵函 民国八年己未	文录卷12 (笺启类)	5—6	复顾竹庵函 民国八年(1919)	2	730
致顾昂千函 民国九年庚申	文录卷12 (笺启类)	6	答顾昂千书 民国九年(1920)	3	845
复谢李督军函 民国九年庚申	文录卷12 (笺启类)	6	致李纯函 民国九年(1920.7.31)	3	785
致刘灵华函 民国九年庚申	文录卷12 (笺启类)	6	致刘灵华函 民国九年(1920)	3	841—842
致江易园函 民国九年庚申	文录卷12 (笺启类)	7	致江谦函 民国九年(1920.8.19)	3	789—790
招友人千龄观会饮启 民国九年庚申	文录卷12 (笺启类)	7	招友人千龄观会饮启 民国九年(1920.10.24)	5	202—203

续 表

《张季子九录》			《张謇全集》2012 年版		
篇 名	录别 卷次	页码	篇 名	卷次	页码
与金沧江论舞笔谈 民国九年庚申	文录卷 12 (笺启类)	7—9	与金沧江论舞笔谈 民国九年(1920)	4	467—469
新年公宴醵资助赈启 民国十年辛酉	文录卷 12 (笺启类)	9	新年公宴醵资助赈启 民国十年(1922.1)	5	221—222
致翁振甫函 民国十年辛酉	文录卷 12 (笺启类)	9—10	致翁振甫函 民国十年(1921.2)	3	866—867
复谢予倩函 民国十年辛酉	文录卷 12 (笺启类)	10	谢欧阳予倩函 民国十年(1921)	3	994
谢寿启 民国十年辛酉	文录卷 12 (笺启类)	10	谢寿通函 民国十年(1921.6～7)	3	888—889
非公启 民国十一年壬戌	文录卷 12 (笺启类)	10—11	非公启 民国十一年(1922)	5	242—243
七十生日告客启 民国十一年壬戌	文录卷 12 (笺启类)	11—12	七十生日告客启 民国十一年(1922.6)	5	235—236
谢寿启 民国十一年壬戌	文录卷 12 (笺启类)	12	谢寿启 民国十一年(1922.6)	5	236
怡儿奉使谢总统电 民国十一年壬戌	文录卷 12 (笺启类)	12	致黎元洪颜惠庆电 民国十一年(1922.7.15)	3	1066—1067
致吴季诚函 民国十二年癸亥	文录卷 12 (笺启类)	12	致吴季诚函 民国十二年(1923)	3	1248
致吴季诚函 民国十二年癸亥	文录卷 12 (笺启类)	12—13	致吴季诚函 民国十二年(1923)	3	1248
复唐蔚之函 民国十二年癸亥	文录卷 12 (笺启类)	13	致唐文治函 民国十二年(1923)	3	1249
谢寿启 民国十二年癸亥	文录卷 12 (笺启类)	13	谢寿启 民国十二年(1923.7)	5	248

续 表

《张季子九录》			《张謇全集》2012年版		
篇 名	录别 卷次	页码	篇 名	卷次	页码
致刘和涵函 民国十二年癸亥	文录卷12 (笺启类)	13	致刘和涵函 民国十二年(1923)	3	1246
致杨梅汀函 民国十二年癸亥	文录卷12 (笺启类)	13—14	致杨梅汀函 民国十二年(1923)	3	1247
复人论夫妇函 民国十二年癸亥	文录卷12 (笺启类)	14—15	致余觉函 民国十年(1921.8.9)	3	897—900
观梅郎三剧之商榷 民国十三年甲子	文录卷12 (笺启类)	15—16	观梅郎三剧之商榷 民国十三年(1924.1)	4	574—575
复李审言函 民国十三年甲子	文录卷12 (笺启类)	16	复李审言书 民国十三年(1924)	3	1307
复松月和尚函 民国十三年甲子	文录卷12 (笺启类)	16	复松月和尚书 民国十三年(1924)	3	1307
复冯生函 民国十三年甲子	文录卷12 (笺启类)	16	致冯生函 民国十三年(1924)	3	1323—1324
聘女记室启 民国十三年甲子	文录卷12 (笺启类)	16—17	聘女记室启 民国十三年(1924)	5	259
代吴军门作庐江程先生传 清光绪五年己卯	文录卷13 (碑传类)	1	代吴军门作庐江程先生传 清光绪五年(1879)	6	28—29
金太夫人行述 清光绪五年己卯	文录卷13 (碑传类)	1—3	金太夫人行述 清光绪五年(1879)	6	29—30
葛太夫人行述 清光绪七年辛巳	文录卷13 (碑传类)	3	葛太夫人行述 清光绪七年(1881)	6	40
清建威将军广东水师提督三等轻车都尉世袭云骑尉瑚敦巴图鲁谥壮武吴公行状(代黄侍郎体芳作) 清光绪九年癸未	文录卷13 (碑传类)	3—9	清建威将军广东水师提督三等轻车都尉世袭云骑尉瑚敦巴图鲁谥壮武吴公行状(代黄侍郎体芳作) 清光绪十年闰五月二十七日(1884.7.19)	6	49—54

续 表

《张季子九录》			《张謇全集》2012年版		
篇　名	录别　卷次	页码	篇　名	卷次	页码
清故光禄大夫振威将军河南巡抚兼提督衔倪公墓志铭 清光绪十五年己丑	文录卷13 (碑传类)	9—11	清故光禄大夫振威将军河南巡抚兼提督衔倪公墓志铭 清光绪十九年六月二十一日(1893.8.2)	6	226—229
清故吏部侍郎仁和夏公墓志铭 清光绪十六年庚寅	文录卷13 (碑传类)	12—14	清故吏部侍郎仁和夏公墓志铭 清光绪十六年(1890)	6	110—112
候选教谕秦扶九墓铭 清光绪十八年壬辰	文录卷13 (碑传类)	14	候选教谕秦扶九墓铭 清光绪十八年十二月初五日(1893.1.22)	6	223
徐先生墓志铭 清光绪十八年壬辰	文录卷13 (碑传类)	14—15	徐先生墓志铭 清光绪十八年二月初七日(1892.3.5)	6	205—206
亡妾陈氏葬志 清光绪十九年癸巳	文录卷13 (碑传类)	15—16	亡妾陈氏葬志 清光绪十九年十二月二十四日(1894.1.30)	6	232
太和萧氏楷堂家传 清光绪二十一年乙未	文录卷13 (碑传类)	16—17	泰和萧氏楷堂家传 清光绪二十一年(1895)	6	260—261
乌程张封公墓碣 清光绪二十一年乙未	文录卷13 (碑传类)	17—18	乌程张封公墓碣 清光绪二十二年四月十六日(1896.5.28)	6	264—266
中宪府君墓志铭 清光绪二十一年乙未	文录卷13 (碑传类)	18—20	中宪府君墓志铭清光绪二十一年四月(1895.4～5)	6	255—256
江浦夏君丙亭墓志铭 清光绪二十二年丙申	文录卷13 (碑传类)	20—21	江浦夏君丙亭墓志铭 清光绪二十二年四月十三日(1896.5.25)	6	263—264

续 表

《张季子九录》			《张謇全集》2012年版		
篇 名	录别 卷次	页码	篇 名	卷次	页码
东台翟先生墓志铭 清光绪二十三年丁酉	文录卷13 (碑传类)	21—22	东台翟先生墓志铭 清光绪二十三年九月十八日(1897.10.13)	6	273
清通奉大夫福建分巡延建邵兵备道翟公墓表 清光绪二十四年戊戌	文录卷13 (碑传类)	22—23	清通奉大夫福建分巡延建邵兵备道翟公墓表 清光绪二十四年(1898)	6	275—276
清故中宪大夫李公墓志铭 清光绪二十七年辛丑	文录卷13 (碑传类)	23—24	清故中宪大夫李公墓志铭 清光绪二十八年八月二十二日(1902.9.21)	6	295—296
清通奉大夫工部郎中加五级南浔刘公墓志铭 清光绪二十七年辛丑	文录卷14 (碑传类)	1—3	清通奉大夫工部郎中加五级南浔刘公墓志铭 清光绪二十七年四月十六日(1901.5.23)	6	289—291
山阴潘贞孝墓志铭 清光绪二十七年辛丑	文录卷14 (碑传类)	3	山阴潘贞孝墓志铭 清光绪二十八年十月二十八日(1902.11.27)	6	296—297
黄生父大块葬铭 清光绪三十年甲辰	文录卷14 (碑传类)	3—4	黄生父大块葬铭 清光绪二十年八月十七日(1894.9.16)	6	248
束锦传 清光绪三十三年丁未	文录卷14 (碑传类)	4	束锦传 民国十年(1921)	6	514—515
婺源施丈鲁堂暨配洪宜人墓表 清光绪三十三年丁未	文录卷14 (碑传类)	4—5	婺源施丈鲁堂暨配洪宜人墓表 清光绪三十三年(1907)	6	334—335

续 表

《张季子九录》			《张謇全集》2012 年版		
篇 名	录别 卷次	页码	篇 名	卷次	页码
亡妻徐夫人墓表 清光绪三十四年戊申	文录卷 14 (碑传类)	5—7	亡妻徐夫人墓表 清光绪三十四年六月十五日(1908.7.13)	6	335—338
清赠光禄大夫原任四川盐茶道黄公墓志 清宣统元年己酉	文录卷 14 (碑传类)	7—9	清赠光禄大夫原任四川盐茶道黄公墓志铭 清宣统二年九月(1910.10～11)	6	354—356
顾君一梅墓志铭 清宣统元年己酉	文录卷 14 (碑传类)	9—10	顾君一梅墓志铭 清宣统元年(1909)	6	352
婴宁居士乌程蒋君墓志 民国二年癸丑	文录卷 14 (碑传类)	10—12	婴宁居士乌程蒋君墓志 民国二年(1913)	6	388—390
管氏先圹记 民国二年癸丑	文录卷 14 (碑传类)	12	管氏先圹记 民国二年六月(1913.7)	6	381
高君立卿墓志 民国二年癸丑	文录卷 14 (碑传类)	12—13	高君立卿墓志 民国二年(1913)	6	387—388
狼山近岸和尚塔铭 民国二年癸丑	文录卷 14 (碑传类)	13	狼山近岸和尚塔铭 民国四年(1915)	6	406
临川李君墓碣 民国三年甲寅	文录卷 14 (碑传类)	13—14	临川李君墓碣 民国三年(1914)	6	398
顾生母墓志铭 民国三年甲寅	文录卷 14 (碑传类)	14—15	顾生母墓志铭 民国六年(1917)	6	430
清赠资政大夫盐城管府君墓表 民国四年乙卯	文录卷 14 (碑传类)	15—16	清赠资政大夫盐城管府君墓表 民国四年(1915)	6	406—407
良农海门刘叟墓碣 民国四年乙卯	文录卷 14 (碑传类)	16—17	良农海门刘叟墓碣 民国四年(1915)	6	407—408

续 表

《张季子九录》			《张謇全集》2012 年版		
篇　名	录别　卷次	页码	篇　名	卷次	页码
盐城陶先生墓志铭 民国四年乙卯	文录卷 14 (碑传类)	17—19	盐城陶先生墓志铭 民国四年(1915)	6	409—411
长清周先生墓碣 民国四年乙卯	文录卷 14 (碑传类)	19—20	长清周先生墓碣 民国四年(1915)	6	411
兴武将军朱君墓志铭 民国五年丙辰	文录卷 14 (碑传类)	20—22	兴武将军朱君墓志铭 民国七年(1918)	6	440—442
鲍君墓志铭 民国五年丙辰	文录卷 14 (碑传类)	22—23	鲍君墓志铭 民国六年(1917)	6	433
何先生纪念碑 民国六年丁巳	文录卷 14 (碑传类)	23	何先生纪念碑 民国六年(1917)	6	431
清赠光禄大夫余府君墓志铭 民国六年丁巳	文录卷 14 (碑传类)	23—25	清赠光禄大夫余府君墓志铭 民国六年(1917)	6	431—432
书周冰墓碑阴 民国六年丁巳	文录卷 14 (碑传类)	25	书周冰墓碑阴 民国五年(1916)	6	419
无锡张君墓志铭 民国七年戊午	文录卷 14 (碑传类)	25—26	无锡张君墓志铭 民国七年(1918)	6	443—444
泰兴孙润江行述 民国七年戊午	文录卷 14 (碑传类)	26—27	泰兴孙润江行述 民国七年(1918)	6	444—445
刘君墓志铭 民国八年己未	文录卷 15 (碑传类)	1—2	刘君墓志铭 民国八年(1919)	6	461—462
姚女士昕葬铭 民国九年庚申	文录卷 15 (碑传类)	2	姚女士昕葬铭(有序) 民国九年(1920)	6	494—495
孙徵君墓表 民国九年庚申	文录卷 15 (碑传类)	2—4	孙征君墓表 民国九年(1920)	6	489—491
荷兰工程师特来克君墓表 民国九年庚申	文录卷 15 (碑传类)	4—5	荷兰工程师特来克君墓表 民国九年(1920)	6	491—492

续 表

《张季子九录》			《张謇全集》2012 年版		
篇　名	录别　卷次	页码	篇　名	卷次	页码
灵源和尚塔铭 民国九年庚申	文录卷 15 (碑传类)	5—6	灵源和尚塔铭 民国十年(1921)	6	526—527
临淮刘太夫人墓表 民国九年庚申	文录卷 15 (碑传类)	6—7	临淮刘太夫人墓表 民国九年(1920)	6	492—493
江都王母墓碣 民国十年辛酉	文录卷 15 (碑传类)	7—8	江都王母墓碣 民国九年(1920)	6	494
重修曹公祠碑 民国十年辛酉	文录卷 15 (碑传类)	8—9	重修曹公祠碑 民国十年十月二十六日(1921.11.25)	6	513—514
美术家吴县沈女士灵表 民国十年辛酉	文录卷 15 (碑传类)	9—11	美术家吴县沈女士灵表 民国十年七月初四日(1921.8.7)	6	506—509
常熟萧君暨吴孺人墓志铭 民国十年辛酉	文录卷 15 (碑传类)	11—12	常熟萧君暨吴孺人墓志铭 民国十年(1921)	6	527—528
贞节李王传 民国十一年壬戌	文录卷 15 (碑传类)	12	贞节李王传 民国十一年(1922)	6	549—550
吴江淑康传 民国十二年癸亥	文录卷 15 (碑传类)	12—13	吴江淑康传 民国十二年(1923)	6	572—573
鲍母汪宜人墓志铭 民国十二年癸亥	文录卷 15 (碑传类)	13—14	鲍母汪宜人墓志铭 民国十二年(1923)	6	573
沙贞妇传 民国十二年癸亥	文录卷 15 (碑传类)	14	沙贞妇传 民国十二年(1923)	6	574
盐城鱼节母陈太夫人节孝坊阴 民国十三年甲子	文录卷 15 (碑传类)	14	盐城鱼节母陈太夫人节孝坊阴 民国十三年(1924)	6	600

续 表

《张季子九录》			《张謇全集》2012 年版		
篇 名	录别 卷次	页码	篇 名	卷次	页码
海门孝威杨君墓碑 民国十三年甲子	文录卷 15 (碑传类)	14—16	海门孝威杨君墓碑 民国十二年十月(1923.11)	6	558—559
宁河齐太公墓表 民国十三年甲子	文录卷 15 (碑传类)	16—17	宁河齐太公墓表 民国十三年(1924)	6	599—600
宁海章太翁墓表 民国十三年甲子	文录卷 15 (碑传类)	17—19	宁海章太翁墓表 民国十三年二月初六日(1924.3.10)	6	576—577
四川忠县秦太公墓表 民国十三年甲子	文录卷 15 (碑传类)	19—20	四川忠县秦太公墓表 民国十年七月十七日(1921.8.20)	6	509—511
宋君子云家传 民国十三年甲子	文录卷 15 (碑传类)	20—21	宋君子云家传 民国十三年(1924)	6	597—598
龚宋太君传 民国十三年甲子	文录卷 15 (碑传类)	21—22	龚宋太君传 民国十三年(1924)	6	598
云阳程公纪念之碑 民国十四年乙丑	文录卷 15 (碑传类)	22—23	云阳程公纪念之碑 民国十四年(1925)	6	616
武进许君墓志铭 民国十四年乙丑	文录卷 15 (碑传类)	23	武进许君墓志铭 民国十四年(1925)	6	617—618
王祖懋妻歙程葬铭 民国十五年丙寅	文录卷 15 (碑传类)	23—24	王祖懋妻歙程葬铭 民国十五年(1926)	6	622
祭如皋黄丈文 清光绪三年丁丑	文录卷 16 (哀祭类)	1	祭如皋黄丈文 清光绪五年九月十二日(1879.10.26)	6	27
江督束织云哀辞 清光绪五年己卯	文录卷 16 (哀祭类)	1—2	江都束织云哀辞 清光绪五年十一月初四日(1879.12.16)	6	27—28

续 表

《张季子九录》			《张謇全集》2012 年版		
篇 名	录别 卷次	页码	篇 名	卷次	页码
周丈哀辞 清光绪五年己卯	文录卷 16 (哀祭类)	2—3	周丈哀辞 清光绪五年(1879)	6	31—32
告太子太保侯官沈文肃公文 清光绪五年己卯	文录卷 16 (哀祭类)	3—4	告太子太保侯官沈文肃公文 清光绪六年二月十三日(1880.3.23)	6	32—33
秦姚臣哀词 清光绪八年壬午	文录卷 16 (哀祭类)	4	秦姚臣哀词 清光绪八年十月初六日(1882.11.16)	6	42
祭吴县潘尚书文 清光绪十六年庚寅	文录卷 16 (哀祭类)	4—5	祭吴县潘尚书文 清光绪十七年二月十五日(1891.3.24)	6	114—115
祭桐城孙夫子文 清光绪十八年壬辰	文录卷 16 (哀祭类)	5—6	祭桐城孙夫子文 清光绪十八年六月十一日(1892.7.4)	6	218—219
祭亡友朱曼君文 清光绪二十年甲午	文录卷 16 (哀祭类)	6	祭亡友朱曼君文 清光绪二十年(1894)	6	251—252
祭张濂亭夫子文 清光绪二十年甲午	文录卷 16 (哀祭类)	7	祭张濂亭夫子文 清光绪二十年(1894)	6	252
中宪府君哀启 清光绪二十年甲午	文录卷 16 (哀祭类)	7—8	哀启 清光绪二十年(1894)	5	3—4
告父文 清光绪二十年甲午	文录卷 16 (哀祭类)	8—9	告奠文 清光绪二十年(1894)	6	253
题主祝辞 清光绪二十年甲午	文录卷 16 (哀祭类)	9	题主祝辞 清光绪二十年(1894)	6	254
祖奠祝辞 清光绪二十二年丙申	文录卷 16 (哀祭类)	9—10	祖奠祝辞 清光绪二十年(1894)	6	254

续 表

《张季子九录》			《张謇全集》2012年版		
篇　名	录别　卷次	页码	篇　名	卷次	页码
家庙落成祝文 清光绪二十二年丙申	文录卷16 (哀祭类)	10	家庙落成祝文 清光绪二十二年十二月二十日(1897.1.22)	6	268
焚黄祝文 清光绪二十二年丙申	文录卷16 (哀祭类)	10	丁酉焚黄祝文 清光绪二十三年正月十七日(1897.2.18)	6	269
祭苏州知府可庄王君文 清光绪二十六年庚子	文录卷16 (哀祭类)	10	祭苏州知府可庄王君文 清光绪十九年十一月二十八日(1894.1.4)	6	230—231
祭刘猛将军祝文 清光绪二十六年庚子	文录卷16 (哀祭类)	11	祭刘猛将军祝文 清光绪二十六年七月初六日(1900.7.31)	6	281—282
公祭何君梅生文 清光绪二十七年辛丑	文录卷17 (哀祭类)	1	公祭何君梅生文 清光绪二十七年正月十四日(1901.3.4)	6	288—289
王母赵恭人诔 清光绪二十七年辛丑	文录卷17 (哀祭类)	1—2	王母赵恭人诔 清光绪二十七年(1901)	6	292—293
祭神开工祝文 清光绪二十七年辛丑	文录卷17 (哀祭类)	2	祭神开工祝文 清光绪二十七年十月二十二日(1901.12.2)	6	291 日期原误
祭先室徐夫人文 清光绪三十四年戊申	文录卷17 (哀祭类)	2—3	祭先室徐夫人文 清光绪三十四年九月二十日(1908.10.14)	6	338—339
孙润江哀辞(并序) 民国七年戊午	文录卷17 (哀祭类)	3	孙润江哀辞(并序) 民国七年(1918)	6	445—446

续 表

《张季子九录》			《张謇全集》2012年版		
篇　名	录别　卷次	页码	篇　名	卷次	页码
祭张星垣文 民国九年庚申	文录卷17 (哀祭类)	3—4	祭张星垣文 民国九年(1920)	6	495
哀黄生辞(有序) 民国十年辛酉	文录卷17 (哀祭类)	4—5	哀黄生辞(有序) 民国十二年四月(1923.5)	6	553—554
追悼黄生演说 民国十年辛酉	文录卷17 (哀祭类)	5	追悼黄励生演说 民国十二年(1923.6.1)	4	554
雪宧哀辞 民国十年辛酉	文录卷17 (哀祭类)	5—7	雪宧哀辞(有序) 民国十年五月二十九日(1921.7.4)	6	503—505
九月九日祖奠沈所长文 民国十年辛酉	文录卷17 (哀祭类)	7—8	九月九日祖奠沈所长文 民国十年九月初九日(1921.10.9)	6	511
追悼女工传习所余沈所长演说 民国十年辛酉	文录卷17 (哀祭类)	8—9	追悼女工传习所余沈所长演说 民国十年(1921)夏	4	482—484
祭东奥山庄支庙文 民国十年辛酉	文录卷17 (哀祭类)	9—10	祭东奥山庄支庙文 民国十年三月初二日(1921.4.9)	6	499
祭告城隍神祈雨文 民国十一年壬戌	文录卷17 (哀祭类)	10	祭告城隍神祈雨文 民国十一年五月二十日(1922.6.15)	6	532—533
唁美国芮恩施夫人函 民国十二年癸亥	文录卷17 (哀祭类)	11	唁芮恩施夫人函 民国十二年(1923)	3	1246
哀马女士 民国十二年癸亥	文录卷17 (哀祭类)	11	哀马女士 民国十一年(1922)	6	550

续　表

《张季子九录》			《张謇全集》2012年版		
篇　名	录别　卷次	页码	篇　名	卷次	页码
追悼孙中山演说 民国十四年乙丑	文录卷17 (哀祭类)	11—12	追悼孙中山演说 民国十四年(1925.3)	4	601—602
无锡赵菊泉先生象赞 清光绪八年壬午	文录卷18 (词赋铭赞类)	1	无锡赵菊泉先生像赞 清光绪八年(1882)	6	46
自题象赞 清光绪十年甲申	文录卷18 (词赋铭赞类)	1	自题像赞 清光绪十年闰五月二十九日(1884.7.21)	6	54
癸巳水门铭 清光绪十九年癸巳	文录卷18 (词赋铭赞类)	1	癸巳水门铭 清光绪十九年十二月二十二日(1894.1.28)	6	231
云鹤印香铭 清光绪十九年癸巳	文录卷18 (词赋铭赞类)	1	印香炉铭(三则之一) 清光绪十八年十一月三十日(1893.1.17)	6	223
佛香铭 清光绪十九年癸巳	文录卷18 (词赋铭赞类)	1	印香炉铭(三则之二) 清光绪十八年十一月三十日(1893.1.17)	6	223
龙凤香铭 清光绪十九年癸巳	文录卷18 (词赋铭赞类)	1—2	印香炉铭(三则之三) 清光绪十八年十一月三十日(1893.1.17)	6	223
黄生母龚媪葬铭 清光绪二十年甲午	文录卷18 (词赋铭赞类)	2	黄生母龚媪葬铭 清光绪二十三年二月(1897.3～4)	6	270
为石公题梅花研铭 清光绪二十三年丁酉	文录卷18 (词赋铭赞类)	2	为石公题梅花研铭 清光绪二十三年十月初三日(1897.10.28)	6	274
水合铭 清光绪二十三年丁酉	文录卷18 (词赋铭赞类)	2	水合铭 清光绪二十年六月十八日(1894.7.20)	6	242

续 表

《张季子九录》			《张謇全集》2012年版		
篇　名	录别　卷次	页码	篇　名	卷次	页码
宜㝩作铜尺铭 清光绪二十四年戊戌	文录卷18 (词赋铭赞类)	2	宜㝩作铜尺铭(五则) 清光绪二十四年(1898)	6	276
员端研序铭 清光绪二十五年己亥	文录卷18 (词赋铭赞类)	2	员端研铭(并序) 清光绪二十五年九月十七日(1899.10.21)	6	277
摹晋张氏砖文于墨盒系之以铭 清光绪二十五年己亥	文录卷18 (词赋铭赞类)	2	摹晋张氏砖文于墨盒系之以铭 清光绪二十五年三月十三日(1899.4.22)	6	276
撄宁居士参禅图赞(并序) 清光绪二十六年庚子	文录卷18 (词赋铭赞类)	3	撄宁居士参禅图赞(并序) 清光绪二十七年六月二十四日(1901.8.8)	6	291
通海界柱铭 清光绪二十七年辛丑	文录卷18 (词赋铭赞类)	3	通海界柱铭 清光绪二十七年(1901)	6	293—294
孔子像赞 清光绪二十九年癸卯	文录卷18 (词赋铭赞类)	3	题通州师范学校孔子像碑 清光绪三十二年(1906)	6	318
床铭(并序) 清光绪二十九年癸卯	文录卷18 (词赋铭赞类)	3	床铭(并序) 清光绪二十九年十一月(1903.12～1904.1)	6	303
孟子像赞 清光绪三十一年乙未	文录卷18 (词赋铭赞类)	3—4	题通州师范学校石刻孟子像 清光绪三十二年(1906)	6	318

续 表

《张季子九录》			《张謇全集》2012年版		
篇　名	录别　卷次	页码	篇　名	卷次	页码
季寿缶铭 清光绪三十四年戊申	文录卷18 (词赋铭赞类)	4	季寿缶铭二则(并序) 清光绪三十四年十二月初三日(1908.12.25)	6	339
文峰塔院东原新阡石阙铭(有序) 清光绪三十四年戊申	文录卷18 (词赋铭赞类)	4	文峰塔院东原新阡石阙铭(有序) 清光绪三十四年五月十九日(1908.6.17)	6	335
蒨影室铭 清光绪三十四年戊申	文录卷18 (词赋铭赞类)	4—5	蒨影室铭(并序) 清光绪三十四年十一月十九日(1908.12.12)	6	339
周铎铭 清宣统三年辛亥	文录卷18 (词赋铭赞类)	5	周铎铭(并序) 清宣统三年(1911)	6	370
博物北馆金石书画之藏 清宣统三年辛亥	文录卷18 (词赋铭赞类)	5	博物苑北馆金石书画之藏 清宣统三年(1911)	6	370
钟研铭 清宣统三年辛亥	文录卷18 (词赋铭赞类)	5	钟研铭 清宣统元年六月三十日(1909.8.15)	6	346
荷叶研铭 清宣统三年辛亥	文录卷18 (词赋铭赞类)	5	荷叶研铭 清宣统元年六月三十日(1909.8.15)	6	346
苑中喷水钵龙铭 清宣统三年辛亥	文录卷18 (词赋铭赞类)	5	博物苑喷水钵龙铭 清宣统三年八月十二日(1911.10.3)	6	364
苑中喷水铜蟾蜍铭 清宣统三年辛亥	文录卷18 (词赋铭赞类)	5	博物苑喷水铜蟾蜍铭 清宣统三年八月十二日(1911.10.3)	6	364

续 表

《张季子九录》			《张謇全集》2012年版		
篇 名	录别 卷次	页码	篇 名	卷次	页码
狼山观音岩铭 民国二年癸丑	文录卷18 (词赋铭赞类)	5—6	狼山观音岩观音造像记 民国元年(1912.12)	6	371—372
徐夫人像赞 民国二年癸丑	文录卷18 (词赋铭赞类)	6	徐夫人像赞 民国二年(1913)	6	390—391
墨铭 民国二年癸丑	文录卷18 (词赋铭赞类)	6	自制墨铭 清光绪九年六月二十三日(1883.7.26)	6	47
代门人濠南别业上梁文 民国三年甲寅	文录卷18 (词赋铭赞类)	6—7	代门人濠南别业上梁文 民国三年(1914)	6	399—400
耶稣绣像赞 民国四年乙卯	文录卷18 (词赋铭赞类)	7	耶稣绣像赞 民国四年(1915)	6	412
林溪精舍上梁文 民国五年丙辰	文录卷18 (词赋铭赞类)	7—8	林溪精舍上梁文 民国五年(1916)	6	419—420
诚斋张丈像赞 民国五年丙辰	文录卷18 (词赋铭赞类)	8	诚斋张丈像赞 民国五年(1916)	6	420
图书馆曝书台铭 民国六年丁巳	文录卷18 (词赋铭赞类)	8	图书馆曝书台铭 民国六年(1917)	6	433
古檀本铭 民国六年丁巳	文录卷18 (词赋铭赞类)	8—9	古檀本铭(有序) 民国六年(1917)	6	434
味雪斋铭 民国六年丁巳	文录卷18 (词赋铭赞类)	9	味雪斋铭 民国六年(1917)	6	434

续 表

《张季子九录》			《张謇全集》2012年版		
篇　名	录别　卷次	页码	篇　名	卷次	页码
兴业银行颂词 民国八年己未	文录卷18 (词赋铭赞类)	9	兴业银行颂词 民国八年(1919)	6	462—463
曾少卿象赞 民国八年己未	文录卷18 (词赋铭赞类)	9	曾少卿像赞 民国八年(1919)	6	463
倚锦楼石屏铭 民国八年己未	文录卷18 (词赋铭赞类)	9	倚锦楼石屏铭 民国九年五月(1919.5～6)	6	448
题江苏运河工程局季刊词 民国九年庚申	文录卷18 (词赋铭赞类)	9	题江苏运河工程局季刊词 民国九年(1920)	6	495—496
山茶湾舍辞 民国九年庚申	文录卷18 (词赋铭赞类)	9—10	山茶湾舍辞(有序) 民国九年(1920)	6	496
题三罍铭 民国九年庚申	文录卷18 (词赋铭赞类)	10	题三罍铭 民国九年八月二十三日(1920.10.4)	6	466
谢君像赞 民国九年庚申	文录卷18 (词赋铭赞类)	10	谢君像赞 民国九年二月二十五日(1920.4.13)	6	464
南通张氏常乐支谱赞 民国十年辛酉	文录卷18 (词赋铭赞类)	10—11	南通张氏常乐支谱赞 民国十年(1921)	6	528—529
时报馆新屋落成颂词 民国十年辛酉	文录卷18 (词赋铭赞类)	11	时报馆新屋落成颂词 民国十年(1921)	6	529
周翁像赞 民国十年辛酉	文录卷18 (词赋铭赞类)	11	周翁像赞 民国十年(1921)	6	529

续 表

《张季子九录》			《张謇全集》2012年版		
篇 名	录别 卷次	页码	篇 名	卷次	页码
女红传习所所长室雪宧像赞 民国十年辛酉	文录卷18 (词赋铭赞类)	11	女红传习所所长室雪宧像赞 民国十年(1921)	6	530
雪宧遗像赞 民国十年辛酉	文录卷18 (词赋铭赞类)	11—12	雪宧遗像赞(有序) 民国十年(1921)	6	530
雪宧像铭(有序) 民国十年辛酉	文录卷18 (词赋铭赞类)	12	雪宧像铭(有序) 民国十年(1921)	6	530—531
汉未央宫瓦研铭(并序) 民国十年辛酉	文录卷18 (词赋铭赞类)	12	汉未央宫瓦研铭(并序) 民国十年五月(1921.6)	6	505
道路建设协会山东分会旬刊题词 民国十一年壬戌	文录卷19 (词赋铭赞类)	1	道路建设协会山东分会旬刊题词 民国十一年(1922)	6	550—551
周薇阁像赞 民国十一年壬戌	文录卷19 (词赋铭赞类)	1	周薇阁像赞 民国十一年(1922)	6	551
俞母像赞 民国十一年壬戌	文录卷19 (词赋铭赞类)	1	俞母像赞 民国十一年八月二十八日(1922.10.18)	6	536
汤壶甲铭 民国十一年壬戌	文录卷19 (词赋铭赞类)	1	汤壶甲铭 民国十一年(1922)	6	551
汤壶乙铭 民国十一年壬戌	文录卷19 (词赋铭赞类)	1	汤壶乙铭 民国十一年(1922)	6	551
古有有亭牓铭 民国十一年壬戌	文录卷19 (词赋铭赞类)	1	古有有亭榜铭 民国七年(1918)	6	437—438

续 表

《张季子九录》			《张謇全集》2012年版		
篇　名	录别　卷次	页码	篇　名	卷次	页码
吴浸阳六十四琴斋铭（有序） 民国十一年壬戌	文录卷19 （词赋铭赞类）	1—2	吴浸阳六十四琴斋铭（有序） 民国十一年七月十三日（1922.9.4）	6	535—536
画兰赋（为孙琼华作） 民国十二年癸亥	文录卷19 （词赋铭赞类）	2	画兰赋（为孙琼华作） 民国十二年八月十六日（1923.9.26）	6	557—558
周宷丞像赞 民国十二年癸亥	文录卷19 （词赋铭赞类）	2	周宷丞像赞 民国十二年（1923）	6	574
题黄泥山东南麓石 民国十三年甲子	文录卷19 （词赋铭赞类）	2—3	题黄泥山东南麓石 民国十三年（1924）	6	601
苍玉笏铭 民国十三年甲子	文录卷19 （词赋铭赞类）	3	苍玉笏铭 民国十三年（1924）	6	601—602
翕崖铭 民国十三年甲子	文录卷19 （词赋铭赞类）	3	翕崖铭 民国十三年三月十二日（1916.4.14）	6	413
王张夫人像赞 民国十三年甲子	文录卷19 （词赋铭赞类）	3	王张夫人像赞 民国十三年（1924）	6	601
田少瀛像赞 民国十三年甲子	文录卷19 （词赋铭赞类	3	田少瀛像赞 民国十三年（1924）	6	601
后洛神赋 民国十三年甲子	文录卷19 （词赋铭赞类）	3—6	后洛神赋（并叙） 民国十二年十二月二十八日（1924.2.2）	6	560—563
义犬环铭 民国十四年乙丑	文录卷19 （词赋铭赞类）	6	义犬环铭 民国十四年正月二十七日（1925.2.19）	6	602

续 表

《张季子九录》			《张謇全集》2012年版		
篇 名	录别 卷次	页码	篇 名	卷次	页码
王耀斗象赞 民国十四年乙丑	文录卷19 (词赋铭赞类)	6	王耀斗像赞 民国十四年(1925)	6	618
韩王夫人像赞 民国十四年乙丑	文录卷19 (词赋铭赞类)	6—7	韩王夫人像赞 民国十四年(1925)	6	618
西亭东桥铭(有序) 民国十五年丙寅	文录卷19 (词赋铭赞类)	7	西亭东桥铭(有序) 民国十五年(1926)	6	623
吕四文星阁铭 民国十五年丙寅	文录卷19 (词赋铭赞类)	7—8	吕四文星阁铭(有序) 民国十五年正月二十九日(1926.3.13)	6	619—620
紫檀笔筒铭 民国十五年丙寅	文录卷19 (词赋铭赞类)	8	紫檀笔筒铭 民国十五年(1926)	6	623
自清同治三年甲子讫光绪四年戊寅					
盆松	诗录 卷1	1	盆松 清光绪二年正月二十四日(1876.2.18)	7	33
画鸭	诗录 卷1	1	画鸭	7	3
中秋宋宅楼中对月	诗录 卷1	1	中秋宋宅楼中对月	7	3
宋氏塾冬夜大雪	诗录 卷1	1	宋氏塾冬夜大雪	7	3
过排河观	诗录 卷1	1	过排河观	7	3
叔兄徐沛之辅清偕宿州城东延寿庵	诗录 卷1	1	叔兄徐沛之辅清偕宿州城东延寿庵	7	4

续　表

《张季子九录》			《张謇全集》2012年版		
篇　名	录别　卷次	页码	篇　名	卷次	页码
西亭诗社分赋杏林春燕	诗录卷1	1	西亭诗社分赋杏林春燕	7	4
千佛寺	诗录卷1	1—2	千佛寺	7	4
题山水	诗录卷1	2	题山水	7	4
早梅	诗录卷1	2	早梅	7	4
南村	诗录卷1	2	南村	7	4—5
山寺遇雪	诗录卷1	2	山寺遇雪	7	5
习静	诗录卷1	2	习静	7	5
雨霁	诗录卷1	2	雨霁	7	5
西亭诗社分赋闺怨	诗录卷1	2	西亭诗社分赋闺怨	7	5
苦樵行为徐翔林石麟作	诗录卷1	2	苦樵行为徐翔林石麟作	7	5
游珠媚园	诗录卷1	2—3	游珠媚园园故前明顾大司马别业后归王氏	7	5—6
立秋日送人还蜀	诗录卷1	3	立秋日送人还蜀	7	6
作客	诗录卷1	3	作客	7	6

续 表

《张季子九录》			《张謇全集》2012 年版		
篇　名	录别　卷次	页码	篇　名	卷次	页码
施伯厚祖望归自山西见访	诗录 卷 1	3	施伯厚祖望归自山西见访	7	6
检衣	诗录 卷 1	3	检衣	7	6
晚霁	诗录 卷 1	3	晚霁	7	6
答宋养田(祚镳)	诗录 卷 1	3	答宋养田(祚镳)	7	7
宋先生宅旧有海棠一株岁直花时辄有佳会三数年来故老零落尽矣因时感触怆然赋之	诗录 卷 1	3—4	宋先生宅旧有海棠一株岁直花时辄有佳会三数年来故老零落尽矣因时感触怆然赋之	7	7
送徐翔林归丹徒	诗录 卷 1	4	送徐翔林归丹徒	7	7—8
观海	诗录 卷 1	4	观海	7	8
野渡	诗录 卷 1	4	野渡	7	8
消夏有怀同学	诗录 卷 1	4	消夏有怀同学	7	8
夜坐	诗录 卷 1	4	夜坐	7	8
登城东楼有感	诗录 卷 1	4	登城东楼有感	7	8
城南晚步	诗录 卷 1	4	城南晚步	7	8
怀施伯厚河南	诗录 卷 1	5	怀施伯厚河南	7	8—9

续　表

《张季子九录》			《张謇全集》2012年版		
篇　名	录别　卷次	页码	篇　名	卷次	页码
青龙港	诗录 卷1	5	青龙港	7	9
雪美人	诗录 卷1	5	雪美人	7	9
田家	诗录 卷1	5	田家	7	10
瓷盎兰花盛开芬郁蒨茂以诗宠之	诗录 卷1	5	瓷盎兰花盛开芬郁蒨茂以诗宠之	7	10
春思	诗录 卷1	5	春思	7	10
试时城东楼对月	诗录 卷1	5	试时城东楼对月	7	10
琅山	诗录 卷1	5—6	琅山	7	10
马鞍山	诗录 卷1	6	马鞍山	7	10
军山	诗录 卷1	6	军山	7	10—11
剑山	诗录 卷1	6	剑山	7	11
黄泥山	诗录 卷1	6	黄泥山	7	11
晚晴	诗录 卷1	6	晚晴	7	11
江都道中	诗录 卷1	6	江都道中 清同治十三年二月下旬(1874.4)	7	21

续 表

《张季子九录》			《张謇全集》2012 年版		
篇 名	录别 卷次	页码	篇 名	卷次	页码
扬州	诗录 卷 1	6	扬州 清同治十三年二月下旬(1874.4)	7	21—22
燕子矶怀古	诗录 卷 1	6—7	燕子矶怀古 清同治十三年三月二十三日(1874.5.8)	7	23
青溪杂咏	诗录 卷 1	7	青溪杂咏	7	11
古意仿庾子山体	诗录 卷 1	7	古意仿庾子山体	7	12
乾鹊	诗录 卷 1	7	乾鹊	7	12
除夕与叔兄守岁	诗录 卷 1	7	除夕与叔兄守岁 清同治十三年除夕(1875.2.5)	7	29
元日	诗录 卷 1	7	元日	7	29
占籍被讼将之如皋	诗录 卷 1	7	占籍被讼将之如皋 清同治十年五月(1871.6~7)	7	12
班子行 苦如皋学官与诸伧也	诗录 卷 1	7—8	班子行 苦如皋学官与诸伧也 清同治十年五月(1871.6~7)	7	12—13
生日被留如皋寄叔兄	诗录 卷 1	8	生日被留如皋寄叔兄 清同治十年五月二十五日(1871.7.12)	7	13
刍尼篇(并序)	诗录 卷 1	8	刍尼篇(并序) 清同治十年五月二十五日(1871.7.12)	7	13

续 表

《张季子九录》			《张謇全集》2012年版		
篇　名	录别　卷次	页码	篇　名	卷次	页码
寄怀吴琬卿大球陕西	诗录 卷1	8	寄怀吴琬卿（大球）陕西	7	13—14
赠束织云锦并示其弟畏皇纶次云经	诗录 卷1	8	赠束织云（锦）并示其弟畏皇（纶）次云（经）	7	14
奉送知州孙观察公三十韵	诗录 卷1	8—9	奉送知州孙观察公三十韵 清同治十年末（1872年初）	7	14
池上	诗录 卷1	9	池上	7	15
浒通港	诗录 卷1	9	浒通港	7	15
农妇叹	诗录 卷1	9	农妇叹	7	15
海门小鸥波馆	诗录 卷1	9	海门小鸥波馆	7	15
小鸥波馆再题	诗录 卷1	9—10	小鸥波馆再题	7	15
江晴远眺	诗录 卷1	10	江晴远眺	7	15
渡江	诗录 卷1	10	渡江	7	16
网船曲	诗录 卷1	10	网船曲	7	16
题元人塞外校猎图	诗录 卷1	10	题元人塞外校猎图	7	16
送施伯厚迎叔柩山西	诗录 卷1	10	送施伯厚迎叔柩山西	7	16—17

续 表

《张季子九录》			《张謇全集》2012 年版		
篇　名	录别　卷次	页码	篇　名	卷次	页码
赠沈晓芙煊	诗录 卷 1	10	赠沈晓芙(煊)	7	17
代赋闺思	诗录 卷 1	10—11	代赋闺思	7	17
李晓村之香挽词	诗录 卷 1	11	李晓村(之香)挽词	7	17
秋风篇答孙东甫孟平	诗录 卷 1	11	秋风篇答孙东甫(孟平)	7	17—18
病起题画梅寄人	诗录 卷 1	11	病起题画梅寄人	7	18
奉题赵训导师鞠隐图	诗录 卷 1	11	奉题赵训导师鞠隐图	7	18—19
柬施敬轩陈修病中兼怀石一泉	诗录 卷 1	12	柬施敬轩(陈修)病中兼怀石一泉	7	19
应孙观察公书记之召将之江宁答周彦升家禄三首	诗录 卷 1	12	应孙观察公书记之召将之江宁答周彦升家禄三首 清同治十三年二月初六日(1874. 3. 23)	7	19
药王庙题壁	诗录 卷 1	12	药王庙题壁	7	20
题文姬归汉图	诗录 卷 1	12	题文姬归汉图	7	20
留别诸友用彦升元夜赠行韵	诗录 卷 1	12	留别诸友用彦升元夜赠行韵	7	20
思故乡行	诗录 卷 1	12—13	思故乡行	7	20—21

续 表

《张季子九录》			《张謇全集》2012 年版		
篇 名	录别 卷次	页码	篇 名	卷次	页码
与徐沛之翔林话别	诗录 卷 1	13	与徐沛之(翔林)话别	7	21
谒明史阁部墓	诗录 卷 1	13	谒明史阁部墓 清同治十三年二月二十六日(1874. 4. 12)	7	22
听人说秦中风景二首	诗录 卷 1	13	听人说秦中风景二首	7	22
龙山出险歌	诗录 卷 1	13—14	龙山出险歌 清同治十三年二月二十六日(1874. 4. 12)	7	22—23
送孙次明莘赴书记之聘	诗录 卷 1	14	送孙次明(莘)赴书记之聘 清同治十三年三月初三日(1874. 4. 18)	7	23
江宁怀古二十四首	诗录 卷 1	14—15	江宁怀古二十四首 清同治十三年三月二十三(1874. 5. 8)	7	23—25
登北极阁	诗录 卷 1	15	登北极阁 清同治十三年四月十五日(1874. 5. 30)	7	25
从孙观察公奉差淮安纪行十六首	诗录 卷 1	15—16	从孙观察公奉差淮安纪行十六首 清同治十三年七月二十八日(1874. 9. 8)	7	26—28
湖上曲	诗录 卷 1	16	湖上曲	7	28
寄周彦升病中	诗录 卷 1	16	寄周彦升病中 清同治十三年八月二十日(1874. 9. 30)	7	29

续 表

《张季子九录》			《张謇全集》2012年版		
篇　名	录别　卷次	页码	篇　名	卷次	页码
施敬轩挽词	诗录 卷1	16	施敬轩挽词 清光绪元年正月十三日(1875.2.18)	7	29—30
谢时大令乃功赠画梅	诗录 卷1	16	谢时大令(乃功)赠画梅	7	28
谢时大令饯别即所见调之	诗录 卷1	16	谢时大令饯别即所见调之	7	29
奉呈庆军统领庐江吴提督	诗录 卷1	16	奉呈庆军统领庐江吴提督 清同治十三年七月二十二日(1874.9.2)	7	26
读史四首	诗录 卷1	16—17	读史四首 清同治十三年七月十二日(1874.8.23)	7	25—26
寿沈羲民明府伟田二十二韵	诗录 卷1	17	寿沈羲民明府(伟田)二十二韵 清光绪元年四月初二(1875.5.6)	7	30—31
燕燕篇　怜某生困于谗也	诗录 卷1	17	燕燕篇　怜某生困于谗也 清光绪元年夏(1875)	7	31
答人	诗录 卷1	18	答人 清光绪元年夏(1875)	7	31—32
江宁送周彦升归里	诗录 卷1	18	江宁送周彦升归里 清光绪元年二月(1875.3～4)	7	30
鹰次彦升韵	诗录 卷1	18	鹰(次彦升韵)	7	30
草堂偶成	诗录 卷1	18	草堂偶成	7	32

续 表

《张季子九录》			《张謇全集》2012年版		
篇　名	录别　卷次	页码	篇　名	卷次	页码
元夜吟	诗录 卷1	18	元夜吟 清光绪二年正月十五日(1876.2.9)	7	32
通州别叔兄	诗录 卷1	18—19	通州别叔兄 清光绪二年正月二十四日(1876.2.18)	7	32
雨泊白塔河中夜有作	诗录 卷1	19	雨泊白塔河中夜有作 清光绪二年正月二十七日(1876.2.21)	7	33
翔林屡约同游金焦不果今以旧约期翔林复以事不余偕因来送别赋此示之	诗录 卷1	19	翔林屡约同游金焦不果今以旧约期翔林复以事不余偕因来送别赋此示之	7	33—34
六闸	诗录 卷1	19	六闸 清光绪二年正月二十九日(1876.2.23)	7	34
将之瓜洲	诗录 卷1	19	将之瓜洲 清光绪二年正月三十日(1876.2.24)	7	34
喜风	诗录 卷1	19	喜风 清光绪二年二月初二(1876.2.26)	7	34
诘明风雨诗以自解	诗录 卷1	19—20	诘明风雨诗以自解	7	34
寄怀彦升用东坡陈州别文郎逸民韵	诗录 卷1	20	寄怀彦升用东坡陈州别文郎逸民韵	7	35
将归海门留示王大令江宁	诗录 卷1	20	将归海门留示王大令江宁 清光绪二年二月十七日(1876.3.12)	7	35

续　表

《张季子九录》			《张謇全集》2012年版		
篇　名	录别　卷次	页码	篇　名	卷次	页码
春晚黄氏塾	诗录 卷1	20	春晚黄氏塾 清光绪二年三月二十五日(1876.4.19)	7	35
黄封翁松鹤图	诗录 卷1	20	黄封翁松鹤图 清光绪二年四月初一日(1876.4.24)	7	35
示别黄氏诸子	诗录 卷1	20	示别黄氏诸子 清光绪二年四月二十五日(1876.5.18)	7	35—36
浦口军中答彦升用前韵	诗录 卷1	20	浦口军中答彦升用前韵 清光绪二年八月(1876.9～10)	7	36
酬泰兴朱曼君(铭盘)	诗录 卷1	20—21	酬泰兴朱曼君(铭盘)	7	36—37
梦中有诗醒忘其半因足成之	诗录 卷1	21	梦中有诗醒忘其半因足成之	7	37
浦子口中敌台	诗录 卷1	21	浦子口中敌台 清光绪二年十月初十日(1876.11.25)	7	37
酬含山严礼卿家让	诗录 卷1	21	酬含山严礼卿(家让)	7	37—38
送杨子承孝廉昌祐归无锡用酬严礼卿韵	诗录 卷1	21	送杨子承孝廉(昌祐)归无锡用酬严礼卿韵	7	38
海州邱生歌	诗录 卷1	21—22	海州邱生歌 清光绪二年十月(1876.11～12)	7	38—39
清明舟中	诗录 卷1	22	清明舟中 清光绪三年四月初一日(1877.5.13)	7	41

续 表

《张季子九录》			《张謇全集》2012年版		
篇　名	录别　卷次	页码	篇　名	卷次	页码
游摄山	诗录 卷1	22	游摄山 清光绪三年三月二十二日(1877.5.5)	7	41
松影	诗录 卷1	22	松影 清光绪三年三月初十(1877.4.23)	7	40
竹影	诗录 卷1	22	竹影 清光绪三年三月初十日(1877.4.23)	7	40
梅影	诗录 卷1	22	梅影 清光绪三年三月初十日(1877.4.23)	7	40—41
早萤	诗录 卷1	22	早萤 清光绪三年三月二十五日(1877.5.8)	7	41
履平饷带鱼	诗录 卷1	22	履平饷带鱼 清光绪三年五月初二日(1877.6.12)	7	42
雨叹	诗录 卷1	22—23	雨叹	7	42
奉送王子敷观察治覃归零陵	诗录 卷1	23	奉送王子敷观察(治覃)归零陵	7	46
从子德祖殇哭之	诗录 卷1	23	从子德祖殇哭之 清光绪四年十一月初一日(1878.11.24)	7	47—48
哭女淑 叔兄读季弟哭女淑诗书示	诗录 卷1	23—24	哭女淑 附录：叔兄读季弟哭女淑诗书示	7	48

续 表

《张季子九录》			《张謇全集》2012年版		
篇　名	录别　卷次	页码	篇　名	卷次	页码
题间蘋捉絮图	诗录 卷1	24	题间蘋捉絮图 清光绪三年十一月(1877.12～1878.1)	7	44
阻雪龚氏题箕踞图	诗录 卷1	24	阻雪龚氏题箕踞图 清光绪三年十二月初四日(1878.1.6)	7	45—46
自清光绪五年己卯讫十三年丁亥					
女贞篇为陈节母作	诗录 卷2	1	女贞篇为陈节母作 清光绪三年四月初五日(1877.5.17)	7	41—42
痖鹦	诗录 卷2	1	哑鹦	7	46
仿院本贴绒帐衔	诗录 卷2	1	仿院本贴绒帐衔 清光绪三年二月三十日(1877.4.13)	7	39—40
王欣父刘馥畴范肯堂黄君俭杨子钦同在海门作消寒会别后分寄诸君	诗录 卷2	1—2	王欣父刘馥畴范肯堂黄君俭杨子钦同在海门作消寒会别后分寄诸君 清光绪四年十一月二十四日(1878.12.17)	7	48—49
董伎	诗录 卷2	2	董伎	7	49
题丹徒赵嘉生瑞禾临程松圆山水遗卷	诗录 卷2	2	题丹徒赵嘉生(瑞禾)临程松圆山水遗卷 清光绪四年十二月十九日(1879.1.11)	7	49
西征官军收复新疆	诗录 卷2	2	西征官军收复新疆 清光绪三年八月初十日(1877.9.16)	7	43

续 表

《张季子九录》			《张謇全集》2012年版		
篇 名	录别 卷次	页码	篇 名	卷次	页码
答养田见示感怀之作	诗录 卷2	2	答养田见示感怀之作 清光绪三年十一月二十五日(1877.12.29)	7	44
瞽卜图	诗录 卷2	2	瞽卜图 清光绪三年十一月二十六日(1877.12.30)	7	44
良吏篇为故东台令常公作	诗录 卷2	2	良吏篇为故东台令常公作 清光绪三年十一月二十九日(1878.1.6)	7	45
桃叶山	诗录 卷2	3	桃叶山 清光绪四年二月十九日(1878.3.22)	7	46
舟行联句倒押五物韵	诗录 卷2	3	舟行联句倒押五物韵 清光绪六年三月二十日(1880.4.28)	7	52—53
诸葛忠武画象联句	诗录 卷2	3—4	诸葛忠武画象联句 清光绪六年三月二十一日(1880.4.29)	7	53
哀双凤联句三十二韵(并叙)	诗录 卷2	4	哀双凤联句三十二韵(并叙) 清光绪六年三月二十二日(1880.4.30)	7	53—54
仪征道中联句	诗录 卷2	4—5	仪征道中联句 清光绪六年三月二十五日(1880.5.3)	7	54—55
为黄仲弢题龙女图	诗录 卷2	5	为黄仲弢题龙女图 清光绪十年九月二十一日(1884.11.8)	7	66

续 表

《张季子九录》			《张謇全集》2012年版		
篇 名	录别 卷次	页码	篇 名	卷次	页码
扬州杂咏四首	诗录卷2	5	扬州杂咏四首 清光绪六年四月初(1880.5)	7	55—56
众兴旅舍书杨子承题名后	诗录卷2	5	众兴旅舍书杨子承题名后 清光绪六年四月初八日(1880.5.16)	7	56
晓发	诗录卷2	5—6	晓发 清光绪六年四月初九日(1880.5.17)	7	56
沂水	诗录卷2	6	沂水 清光绪六年四月十二日(1880.5.20)	7	56
沂州	诗录卷2	6	沂州 清光绪六年四月十二日(1880.5.20)	7	57
长清晓发	诗录卷2	6	长清晓发 清光绪六年四月十七日(1880.5.25)	7	57—58
病马	诗录卷2	6	病马 清光绪六年四月二十日(1880.5.28)	7	58
哀杭州汪子樵于宣南观音院	诗录卷2	6	哀杭州汪子樵于宣南观音院 清光绪六年五月初二日(1880.6.9)	7	58
驻军蓬莱阁呈节使	诗录卷2	7	驻军蓬莱阁呈节使 清光绪八年九月二十四日(1882.11.4)	7	60

续 表

《张季子九录》			《张謇全集》2012年版		
篇 名	录别 卷次	页码	篇 名	卷次	页码
分题仇十洲士女图戏集唐人句	诗录 卷2	7	分题仇十洲士女图戏集唐人句 清光绪八年十月十四日(1882.11.24)之后	7	60—61
为林怡莽葵题宫人饲鹤图	诗录 卷2	7	为林怡莽(葵)题宫人饲鹤图	7	58
荷臿图为刘生桂馨作	诗录 卷2	7	荷臿图为刘生桂馨作	7	59
有感	诗录 卷2	7	有感 清光绪八年九月初五日(1882.10.16)	7	59—60
重有感	诗录 卷2	7	重有感 清光绪八年九月(1882.10～11)	7	60
题王西室画本事诗后	诗录 卷2	7—8	题王西室画本事诗后 清光绪九年四月初九日(1883.5.15)	7	61
少年赠南海徐生	诗录 卷2	8	少年赠南海徐生 清光绪九年六月初十日(1883.7.13)	7	61
卞玉京小象	诗录 卷2	8	卞玉京小象 清光绪九年六月十八日(1883.7.21)	7	62
为曼君题梅因事嘲之	诗录 卷2	8	为曼君题梅因事嘲之 清光绪九年六月二十三日(1883.7.26)	7	62
朝鲜金石菱参判昌熙命其子教献既冠来见与诗勗之	诗录 卷2	8	朝鲜金石菱参判(昌熙)命其子教献既冠来见与诗勗之 清光绪九年六月二十五日(1883.7.28)	7	62

续 表

《张季子九录》			《张謇全集》2012 年版		
篇 名	录别 卷次	页码	篇 名	卷次	页码
书朝鲜赵玉垂参判冕镐异苔同岑诗卷后	诗录 卷2	8	书朝鲜赵玉垂参判(冕镐)异苔同岑诗卷后	7	62
历下亭	诗录 卷2	8	历下亭 清光绪九年秋(1883)	7	63
历山	诗录 卷2	8	历山 清光绪九年秋(1883)	7	63
题邱履平扇赠行	诗录 卷2	8	题邱履平扇赠行 清光绪四年八月十六日(1878.9.12)	7	47
题山水	诗录 卷2	8	题山水	7	63
调玉垂逸妾	诗录 卷2	8	调玉垂逸妾	7	63
书朝鲜近事	诗录 卷2	9	书朝鲜近事	7	63
送黄李二生归江原道	诗录 卷2	9	送黄李二生归江原道	7	64
招隐三首赠金石菱	诗录 卷2	9	招隐三首赠金石菱	7	64
奉和叔兄咏梅 叔兄咏梅	诗录 卷2	9	奉和叔兄咏梅 附:叔兄《咏梅》	7	64
镇海杨生示春燕诗即赠	诗录 卷2	9	镇海杨生示春燕诗即赠 清光绪十年正月十七日(1884.2.13)	7	65
海岳归来图为某作	诗录 卷2	10	海岳归来图为某作 清光绪十年五月二十九日(1884.6.22)	7	65

续 表

《张季子九录》			《张謇全集》2012年版		
篇　名	录别　卷次	页码	篇　名	卷次	页码
新晴游吴山	诗录 卷2	10	新晴游吴山 清光绪十年四月下旬(1884.5)	7	65
金州述别联句	诗录 卷2	10	金州述别联句 清光绪十年七月初十日(1884.8.30)	7	65—66
赠金州同知陈鹤洲士芸联句	诗录 卷2	10	赠金州同知陈鹤洲(士芸)联句 清光绪十年七月十四日(1884.9.3)	7	66
蒋研香女士画兰	诗录 卷2	10	蒋研香女士画兰 清光绪十年九月二十二日(1884.11.9)	7	66—67
为欣父题梅花士女图帐额(欣父方四十生日且有谓其将纳姬者)	诗录 卷2	10—11	为欣父题梅花士女图帐额(欣父方四十生日且有谓其将纳姬者) 清光绪十年九月二十三日(1884.11.10)	7	67
为欣父第四子周题扇	诗录 卷2	11	为欣父第四子周题扇 清光绪十七年三月二十九日(1891.5.7)	7	84
又题其第五子髯扇(髯以欣父蓄须之岁生故云)	诗录 卷2	11	又题其第五子髯扇 清光绪十七年三月二十九日(1891.5.7)	7	84
为欣父作富安串场河竣工喜示诸神	诗录 卷2	11	为欣父作富安串场河竣工喜示诸神 清光绪十七年三月二十三日(1891.5.1)	7	84
书乍所感明月	诗录 卷2	11	书乍所感明月 清光绪十年十月初八(1884.11.25)	7	68

续 表

《张季子九录》			《张謇全集》2012 年版		
篇　名	录别　卷次	页码	篇　名	卷次	页码
淮水	诗录 卷 2	11	淮水 清光绪十年十月初七日(1884.11.24)	7	67
邻船母答儿	诗录 卷 2	11	邻船母答儿 清光绪十年十月二十一日(1884.12.8)	7	68
还家	诗录 卷 2	11	还家 清光绪十年十月二十二日(1884.12.9)	7	68
赠赵参将	诗录 卷 2	11—12	赠赵参将 清光绪十年十一月初二日(1884.12.18)	7	69
读史杂感金州归后作	诗录 卷 2	12	读史杂感金州归后作	7	69
自题画象寄畏皇广州	诗录 卷 2	12	自题画象寄畏皇广州	7	69
送梁编修鼎芬归番禺二首	诗录 卷 2	12	送梁编修鼎芬归番禺二首 清光绪十一年八月二十八日(1885.10.6)	7	70
题王君泰山感旧图	诗录 卷 2	12	题王君泰山感旧图 清光绪十一年八月二十九日(1885.10.7)	7	70
题梁节盦青天倚剑图	诗录 卷 2	12	题梁节盦青天倚剑图 清光绪十一年九月初九日(1885.10.16)	7	71
李大令索赠	诗录 卷 2	12	李大令索赠 清光绪十二年七月二十六日(1886.8.25)	7	71

续 表

《张季子九录》			《张謇全集》2012年版		
篇　名	录别　卷次	页码	篇　名	卷次	页码
题翁铁梅长森诒研图	诗录 卷2	12—13	题翁铁梅（长森）诒研图 清光绪十三年三月初二日（1887.3.26）	7	72
集杜题仕隐图应范月查观察	诗录 卷2	13	集杜题仕隐图应范月查观察 清光绪十三年三月初三日（1887.3.27）	7	73
昔梅	诗录 卷2	13	昔梅 清光绪十三年七月二十九日（1887.9.16）	7	73
种树	诗录 卷2	13	种树 清光绪十三年七月二十九日（1887.9.16）	7	73—74
开封寄怀郑太夷江宁二十韵	诗录 卷2	13—14	开封寄怀郑太夷江宁二十韵 清光绪十三年八月初二日（1887.9.18）	7	74
送徐大归淮安	诗录 卷2	14	送徐大归淮安 清光绪十三年八月二十四日（1887.10.10）	7	74
题归舟载石图卷子	诗录 卷2	14	题归舟载石图卷子 清光绪十三年八月二十四日（1887.10.10）	7	75
书怀示同里生	诗录 卷2	14	书怀示同里生 清光绪十三年八月二十五日（1887.10.11）	7	75
桃源旅舍有感吴武壮公	诗录 卷2	14	桃源旅舍有感吴武壮公 清光绪十三年十一月二十四日（1888.1.7）	7	76

续 表

《张季子九录》			《张謇全集》2012 年版		
篇 名	录别 卷次	页码	篇 名	卷次	页码
徐州道上	诗录 卷 2	14	徐州道上 清光绪十三年十一月二十一日(1888. 1. 4)	7	75
双沟	诗录 卷 2	14—15	双沟 清光绪十三年十一月二十二日(1888. 1. 5)	7	75—76
自清光绪十四年戊子讫二十七年辛酉					
为曹大令懋功题其祖曹孝子闽归集	诗录 卷 3	1	为曹大令懋功题其祖曹孝子闽归集 清光绪十四年正月二十二日(1888. 3. 4)	7	76
清河至赣榆道中十首	诗录 卷 3	1	清河至赣榆道中十首 清光绪十四年三月十九日(1888. 4. 29)	7	76—77
太仓知州莫君善征祥芝挽词三首	诗录 卷 3	1	太仓知州莫君善徵(祥芝)挽词三首 清光绪十五年五月二十九日(1889. 6. 27)	7	78
检书看剑图题辞	诗录 卷 3	1—2	检书看剑图题辞 清光绪十五年十月十四日(1889. 11. 6)	7	78—79
归田图题辞	诗录 卷 3	2	归田图题辞 清光绪十五年十月二十五日(1889. 11. 27)	7	79
寄叔兄江西四首	诗录 卷 3	2	寄叔兄江西四首 清光绪十六年七月十三日(1890. 8. 28)	7	79—80
奉和袁爽秋侍御都门赠行即用其韵	诗录 卷 3	2—3	奉和袁爽秋侍御都门赠行即用其韵 清光绪十六年七月十八日(1890. 9. 2)	7	80

续 表

《张季子九录》			《张謇全集》2012年版		
篇 名	录别 卷次	页码	篇 名	卷次	页码
出都酬沈子培 附子培赠诗	诗录 卷3	3	出都酬沈子培 清光绪十六年七月十九日(1890.9.3) 附录：子培赠诗	7	81
闻下斜街旧寓因雨尽圮寄可庄勗臧舅季兼示苏龛	诗录 卷3	3	闻下斜街旧寓因雨尽圮寄可庄勗臧昆季兼示苏龛 清光绪十六年七月二十七日(1890.9.11)	7	81—82
检粤雅堂丛书寄王可庄修撰	诗录 卷3	3	检粤雅堂丛书寄王可庄修撰 清光绪十六年七月二十八日(1890.9.12)	7	82
题安吴包倦翁论书篇后用东坡醉墨堂韵索子培苏龛和之	诗录 卷3	3—4	题安吴包倦翁论书篇后用东坡醉墨堂韵索子培苏龛和之 清光绪十六年七月二十九日(1890.9.13)	7	82
初秋偶兴寄苏堪	诗录 卷3	4	初秋偶兴寄苏堪 清光绪十六年八月初五日(1890.9.18)	7	82—83
题缦卿所藏徐高士枋画山水	诗录 卷3	4	题缦卿所藏徐高士(枋)画山水 清光绪十七年二月三十日(1891.4.8)	7	83—84
录甲申以前诗八十余首寄石公附柬三首	诗录 卷3	4—5	录甲申以前诗八十余首寄石公附柬三首 清光绪十七年十一月十三日(1891.12.13)	7	85
廦庐喜晤石公敬怀桑根先生	诗录 卷3	5	薜庐喜晤石公敬怀桑根先生 清光绪十七年十一月十三日(1891.12.13)	7	86

续 表

《张季子九录》			《张謇全集》2012年版		
篇　名	录别　卷次	页码	篇　名	卷次	页码
河督奉新许公以哀逝百首见示奉寄	诗录卷3	5	河督奉新许公以哀逝百首见示奉寄 清光绪十八年四月十七日(1892.5.13)	7	86
为王子翔庶常题其太夫人课孙图	诗录卷3	5	为王子翔庶常题其太夫人课孙图 清光绪十八年四月十七日(1892.5.13)	7	86
奉呈常熟尚书四首	诗录卷3	5	奉呈常熟尚书四首 清光绪十八年五月初一日(1892.5.26)	7	87
瑞安黄先生以六十自寿诗见示报罢将归赋诗为献	诗录卷3	5—6	瑞安黄先生以六十自寿诗见示报罢将归赋诗为献 清光绪十八年五月初二日(1892.5.27)	7	87—88
被放将归意园祭酒贻书谓仆与君交大似余廷心之于戴九灵时人拟之泰不华之于煮石山农者妄也謇何足当斯语重悲盛惛奉诗呈别	诗录卷3	6	被放将归意园祭酒贻书谓仆与君交大似余廷心之于戴九灵时人拟之泰不华之于煮石山农者妄也謇何足当斯语重悲盛惛奉诗呈别 清光绪十八年五月初三日(1892.5.28)	7	88—89
因勗臧舍人索诸果木于冯果卿同年汝桓 自清光绪十四年戊子讫二十七年辛酉	诗录卷3	6—7	因勗臧舍人索诸果木于冯果卿同年(汝桓) 清光绪十八年五月初三日(1892.5.28)	7	89

续 表

《张季子九录》			《张謇全集》2012年版		
篇　名	录别　卷次	页码	篇　名	卷次	页码
为祁君月(师曾)题张石公钱献之石经题名册	诗录 卷3	7	为祁君月(师曾)题张石公钱献之石经题名册 清光绪十八年五月初六日(1892.5.31)	7	89
中秋日附舟省叔兄于江西	诗录 卷3	7	中秋日附舟省叔兄于江西 清光绪十八年八月十五日(1892.10.5)	7	90
至贵溪喜晤叔兄	诗录 卷3	7	至贵溪喜晤叔兄 清光绪十八年九月初一日(1892.10.21)	7	90
别叔兄归里	诗录 卷3	7	别叔兄归里 清光绪十八年九月二十三日(1892.11.12)	7	90
古樟	诗录 卷3	7	古樟 清光绪十八年九月二十四日(1892.11.13)	7	90
玉山女	诗录 卷3	7	玉山女 清光绪十八年九月二十八日(1892.11.17)	7	92
明日	诗录 卷3	7	明日 清光绪十八年九月二十七日(1892.11.16)	7	91
雨中望上饶诸山云气	诗录 卷3	7	雨中望上饶诸山云气 清光绪十八年九月二十七日(1892.11.16)	7	91
上滩二十二韵	诗录 卷3	7—8	上滩二十二韵 清光绪十八年九月二十七日作，十一月初一日定稿(1892.11.16～12.19)	7	92

续 表

《张季子九录》			《张謇全集》2012 年版		
篇 名	录别 卷次	页码	篇 名	卷次	页码
水碓二十四韵	诗录 卷 3	8	水碓二十四韵 清光绪十八年九月二十六日(1892.11.15)	7	90—91
嘲吴彦复	诗录 卷 3	8	嘲吴彦复 清光绪二十年七月二十三日(1894.8.23)	7	93—94
寄酬查翼甫同年	诗录 卷 3	8	寄酬查翼甫同年 清光绪二十年八月初六日(1894.9.5)	7	94
题松鹤图	诗录 卷 3	8	题松鹤图 清光绪二十一年七月十三日(1895.9.1)	7	94
裴敖宜人七十寿	诗录 卷 3	8—9	裴敖宜人七十寿	7	95
奉题江宁顾氏忠贞录从石公之请也	诗录 卷 3	9	奉题江宁顾氏忠贞录从石公之请也 清光绪二十一年七月二十二日(1895.9.10)	7	95
太夷置酒吴园修禊	诗录 卷 3	9	太夷置酒吴园修禊 清光绪二十二年三月十六日(1896.4.28)	7	97
礼卿约同小山石公太夷雨中看牡丹用石公韵	诗录 卷 3	9	礼卿约同小山石公太夷雨中看牡丹用石公韵 清光绪二十二年三四月间(1896.4～6)	7	97
唐夫人百花图为锟华太守作	诗录 卷 3	9	唐夫人百花图为锟华太守作 清光绪二十二年三月三十日(1896.5.12)	7	97

续 表

《张季子九录》			《张謇全集》2012 年版		
篇 名	录别 卷次	页码	篇 名	卷次	页码
同人集书院为旬会石公示所作诗依韵答之呈诸君兼怀前院长武冈邓弥之辅纶	诗录 卷 3	9	同人集书院为旬会石公示所作诗依韵答之呈诸君兼怀前院长武冈邓弥之(辅纶) 清光绪二十二年四月初四日(1896. 5. 16)	7	98
石公招集龙潭饯春和伯虞第一首韵	诗录 卷 3	9	石公招集龙潭饯春和伯虞第一首韵 清光绪二十二年四月初四日(1896. 5. 16)	7	98
吴园看芍药荼蘼次所语示太夷三首	诗录 卷 3	9—10	吴园看芍药荼蘼次所语示太夷三首 清光绪二十二年四月初八日(1896. 5. 20)	7	98—99
题陈蓝洲山水为石公作	诗录 卷 3	10	题陈蓝洲山水为石公作 清光绪二十二年八月三十日(1896. 10. 6)	7	99
题遁窟图	诗录 卷 3	10	题遁窟图 清光绪二十二年十月三十日(1896. 12. 4)	7	99
有感五行家言	诗录 卷 3	10	有感五行家言	7	99
顾丈调令醴泉政声益盛明年六十生日聘耆同年既令以小文为寿乡里官京曹者约更为诗	诗录 卷 3	10	顾丈调令醴泉政声益盛明年六十生日聘耆同年既令以小文为寿乡里官京曹者约更为诗 清光绪二十年七月初二(1894. 8. 2)	7	93

续 表

《张季子九录》			《张謇全集》2012 年版		
篇 名	录别 卷次	页码	篇 名	卷次	页码
题任朱胡合作棉花菊花老少年	诗录 卷 3	10	题任朱胡合作棉花菊花老少年 清光绪二十三年十月二十七日(1897. 11. 21)	7	106
题雪中送炭图	诗录 卷 3	10	题雪中送炭图 清光绪二十三年十月二十八日(1897. 11. 22)	7	106
东城	诗录 卷 3	10	东城 清光绪二十三年正月二十五日(1897. 2. 26)	7	99—100
病齿示家人	诗录 卷 3	11	病齿示家人 清光绪二十三年正月二十五日(1897. 2. 26)	7	100
东台谒外祖父母茔志哀	诗录 卷 3	11	东台谒外祖父母茔志哀 清光绪二十三年正月二十八日(1897. 3. 1)	7	100—101
重过如皋学宫	诗录 卷 3	11	重过如皋学宫 清光绪二十三年二月初一日(1897. 3. 3)	7	101
江宁送内子归海门	诗录 卷 3	11	江宁送内子归海门 清光绪二十三年四月初九日(1897. 5. 10)	7	101
题太夷濠堂用原诗首句惜哉此江山为韵	诗录 卷 3	11—12	题太夷濠堂用原诗首句惜哉此江山为韵 清光绪二十三年四月十八日(1897. 5. 19)	7	101—102

续 表

《张季子九录》			《张謇全集》2012年版		
篇　名	录别　卷次	页码	篇　名	卷次	页码
题扬州郑茗仙女士画卷	诗录 卷3	12	题扬州郑茗仙女士画卷 清光绪二十三年四月二十日(1897.5.21)	7	102
聚卿积余茗生招同缪小山谭复生杨仁山郑太夷邓熙止顾石公观水嬉秦淮熙之示诗和韵奉答并呈诸君	诗录 卷3	12	聚卿积余茗生招同缪小山谭复生杨仁山郑太夷邓熙止顾石公观水嬉秦淮熙之示诗和韵奉答并呈诸君 清光绪二十三年五月初五日(1897.6.4)	7	102
题秦淮图	诗录 卷3	12	题秦淮图 清光绪二十三年五月初七日(1897.6.6)	7	102—103
经通州西亭杂感四首	诗录 卷3	12	经通州西亭杂感四首 清光绪二十三年五月二十三日(1897.6.22)	7	103
书陈节妇殉夫事	诗录 卷3	12	书陈节妇殉夫事 清光绪二十三年九月初三日(1897.9.28)录前作	7	103—104
寄内子并示诸姬九首	诗录 卷3	13	寄内子并示诸姬十首 清光绪二十三年九月二十四日(1897.10.19)	7	104
题陈骏公太守峰泖官隐图	诗录 卷3	13	题陈骏公太守峰泖官隐图 清光绪二十三年九月二十五日(1897.10.20)	7	105

续 表

《张季子九录》			《张謇全集》2012 年版		
篇 名	录别 卷次	页码	篇 名	卷次	页码
题徐积馀太守定林访碑图十二韵(丙申七月积余与梁节庵郑太夷刘聚山况葵生周仪同游钟山得陆放翁题名)	诗录 卷 3	13	题徐积馀太守定林访碑图十二韵(丙申七月积余与梁节庵郑太夷刘聚山况葵生周仪同游钟山得陆放翁题名) 清光绪二十三年十月初二日(1897.10.27)	7	105
赠陈谅三大令谟	诗录 卷 3	13	赠陈谅三大令(谟) 清光绪二十三年十月初二日(1897.10.27)	7	105
积馀属题王惕甫曹墨琴合书前后赤壁赋卷	诗录 卷 3	13—14	积馀属题王惕甫曹墨琴合书前后赤壁赋卷	7	105—106
积馀属题颜平原麻姑仙坛记吴珊珊夫人故物	诗录 卷 3	14	积馀属题颜平原麻姑仙坛记吴珊珊夫人故物	7	106
积馀属题狼山访碑图	诗录 卷 3	14	积馀属题狼山访碑图	7	106
戊戌正月十八日儿子怡祖生志喜	诗录 卷 3	14	戊戌正月十八日儿子怡祖生志喜 清光绪二十四年正月(1898.1~2)	7	107
奉送松禅老人归虞山	诗录 卷 3	14	奉送松禅老人归虞山 清光绪二十四年四月三十日(1898.6.18)	7	107
题华亭耿伯齐海山灵梦图	诗录 卷 3	14	题华亭耿伯齐海山灵梦图 清光绪二十四年四月三十日(1898.6.18)	7	107

续 表

《张季子九录》			《张謇全集》2012年版		
篇 名	录别 卷次	页码	篇 名	卷次	页码
梦中登陶然亭	诗录 卷3	14	梦中登陶然亭 清光绪二十四年五月十九日(1898.7.7)	7	107—108
赠宗室伯茀庶常寿富	诗录 卷3	14	赠宗室伯茀庶常寿富 清光绪二十四年五月十九日(1898.7.7)	7	108
留别仲弢	诗录 卷3	14	留别仲弢 清光绪二十四年五月二十三日(1898.7.11)	7	108
都门别李磐硕	诗录 卷3	15	都门别李磐硕 清光绪二十四年五月二十六日(1898.7.14)	7	108—109
姚太夫人寿词	诗录 卷3	15	姚太夫人寿词 清光绪二十四年五月二十七日(1898.7.15)	7	109
奉和瑞安先生二木叹	诗录 卷3	15	奉和瑞安先生二木叹 清光绪二十四年五月三十日(1898.7.18)	7	109
呈松禅老人	诗录 卷3	15	呈松禅老人 清光绪二十四年七月初四日(1898.8.20)	7	109—110
题陈氏焦桐涤砚图	诗录 卷3	15	题陈氏焦桐涤砚图 清光绪二十四年十月二十九日(1898.12.12)	7	110
过太平桥	诗录 卷3	15	过太平桥 清光绪二十五年九月初七日(1899.10.11)	7	110

续 表

《张季子九录》			《张謇全集》2012 年版		
篇 名	录别 卷次	页码	篇 名	卷次	页码
晓出江宁	诗录 卷3	15	晓出江宁 清光绪二十五年十二月初八日(1900.1.8)	7	111—112
州城书所闻四首	诗录 卷3	16	州城书所闻四首 清光绪二十五年十二月二十五日(1900.1.25)	7	112
蓄须	诗录 卷3	16	蓄须 清光绪二十六年正月初六日(1900.2.5)	7	112
方墨合	诗录 卷3	16	方墨合 清光绪二十五年三月十四日(1899.4.23)	7	110
奉送新宁督部入朝	诗录 卷3	16	奉送新宁督部入朝 清光绪二十六年二月十三日(1900.3.13)	7	113
二月十五日雪	诗录 卷3	16	二月十五日雪 清光绪二十六年二月十六日(1900.3.16)	7	113
次日仍雪	诗录 卷3	16—17	次日仍雪 清光绪二十六年二月十六日(1900.3.16)	7	113—114
垞兴十首	诗录 卷3	17	垞兴十首 清光绪二十六年四月初二日(1900.4.30)	7	114—115
赠日本西村子隽时彦	诗录 卷3	17	赠日本西村子隽时彦 清光绪二十六年五月二十六日(1900.6.22)	7	115

续 表

《张季子九录》			《张謇全集》2012年版		
篇　名	录别　卷次	页码	篇　名	卷次	页码
赠陈伯严吏部三立	诗录 卷3	17	赠陈伯严吏部三立 清光绪二十六年五月二十六日（1900.6.22）	7	115
江生谦重摹其族祖慎修先生弄丸图遗象请题因为生勗	诗录 卷3	17—18	江生谦重摹其族祖慎修先生弄丸图遗象请题因为生勗 清光绪二十六年六月十九日（1900.7.15）	7	116
归安金巩伯城印谱辞	诗录 卷3	18	归安金巩伯城印谱辞 清光绪二十六年六月二十日（1900.7.16）	7	116—117
鸠巢诗	诗录 卷3	18	鸠巢诗 清光绪二十六年六月二十三日（1900.7.19）	7	117
啄木　忧妖乱将作也	诗录 卷3	18	啄木　忧妖乱将作也 清光绪二十六年六月二十三日（1900.7.19）	7	117—118
憎乌　刺时相也	诗录 卷3	18—19	憎乌　刺时相也 清光绪二十六年七月初四日（1900.7.29）	7	118
右臂患风微李读苏堪寄丁恒斋诗意甚解脱因和其韵寄恒斋	诗录 卷3	19	右臂患风微李读苏堪寄丁恒斋诗意甚解脱因和其韵寄恒韵 清光绪二十六年七月初六日（1900.7.31）	7	118
闻李磐硕挈家自京师至济南感赋十六韵	诗录 卷3	19	闻李磐硕挈家自京师至济南感赋十六韵 清光绪二十六年七月初七日（1900.8.1）	7	119

续 表

《张季子九录》			《张謇全集》2012年版		
篇　名	录别　卷次	页码	篇　名	卷次	页码
恒斋寄所画扇题曰山水虚深兹境足吾两人徜徉否诗以答之	诗录 卷3	19	恒斋寄所画扇题曰山水虚深兹境足吾两人徜徉否诗以答之 清光绪二十六年七月二十五日(1900.8.19)	7	119
王五丈自合肥寄诗见怀依韵奉答	诗录 卷3	19—20	王五丈自合肥寄诗见怀依韵奉答 清光绪二十六年十一月十八日(1901.1.8)	7	119
题缩景碧玉十三行	诗录 卷3	20	题缩景碧玉十三行 清光绪二十七年三月初十日(1901.4.28)	7	120
萱闱课读图为薛四署正葆梿作	诗录 卷3	20	萱闱课读图为薛四署正葆梿作 清光绪二十七年三月十七日(1901.5.5)	7	120
薛烈妇哀词	诗录 卷3	20	薛烈妇哀词 清光绪二十七年三月十七日(1901.5.5)	7	120
书堂	诗录 卷3	20	书堂 清光绪二十七年五月十二日(1901.6.27)	7	120
金鱼歌	诗录 卷3	20	金鱼歌 清光绪三十年正月(1904.2～3)	7	130
风车歌	诗录 卷3	20	风车歌 清光绪三十年正月(1904.2～3)	7	131
竹孙为画枯树荒塍一牯牛二吴羊于扇戏题	诗录 卷3	20	竹孙为画枯树荒塍一牯牛二吴羊于扇戏题 清光绪二十七年五月二十二日(1901.7.7)	7	121

续　表

《张季子九录》			《张謇全集》2012年版		
篇　名	录别　卷次	页码	篇　名	卷次	页码
东堤	诗录 卷3	20—21	东堤 清光绪二十七年十一月十三日(1901.12.23)	7	121
蒿枝港	诗录 卷3	21	蒿枝港 清光绪二十七年十月(1901.11～12)	7	121
海神庙	诗录 卷3	21	海神庙 清光绪二十七年十月(1901.11～12)	7	121
自清光绪二十八年壬寅讫宣统三年辛亥					
初春海荡见芦花	诗录 卷4	1	初春海荡见芦花 清光绪二十八年正月二十七日(1902.3.6)	7	122
春愁	诗录 卷4	1	春愁 清光绪二十八年二月初十日(1902.3.19)	7	122
野色	诗录 卷4	1	野色 清光绪二十八年二月十七日(1902.3.26)	7	122
益原来讯论学事喜寄以诗	诗录 卷4	1	益原来讯论学事喜寄以诗 清光绪二十八年三月三十日(1902.5.7)	7	122
喜雨	诗录 卷4	1	喜雨 清光绪二十八年四月初七日(1902.5.14)	7	122
屡出	诗录 卷4	1	屡出 清光绪二十八年四月初八日(1902.5.15)	7	123

续 表

《张季子九录》			《张謇全集》2012年版		
篇　名	录别　卷次	页码	篇　名	卷次	页码
山阴娄寿之道服小象	诗录 卷4	1	山阴娄寿之道服小象 清光绪二十八年四月二十一日(1902.5.28)	7	123
为顾石公题松华江踏雪寻诗图	诗录 卷4	1	为顾石公题松华江踏雪寻诗图 清光绪二十八年十月十六日(1902.11.15)	7	123
明杨龙友秦淮雪后泛舟图	诗录 卷4	1—2	明杨龙友秦淮雪后泛舟图 清光绪二十九年二月十八日(1903.3.16)	7	123—124
王司直属寿其季父旭庄太守仁东	诗录 卷4	2	王司直属寿其季父旭庄太守仁东 清光绪二十九年三月初十日(1903.4.7)	7	124
东游纪行二十六首	诗录 卷4	2—3	东游纪行二十六首 清光绪二十九年六月初四日(1903.7.27)	7	127—130
赠日本藤泽南岳翁	诗录 卷4	3	赠日本藤泽南岳翁 清光绪二十九年五月十三日(1903.6.8)	7	124
村山隆平上野理一西村时彦三君招饮网岛金波楼席罢赋诗呈同坐诸君	诗录 卷4	3—4	村山隆平上野理一西村时彦三君招饮网岛金波楼席罢赋诗呈同坐诸君 清光绪二十九年五月十三日(1903.6.8)	7	124
喜见西村君于大阪 自清光绪二十八年壬寅讫宣统三年辛亥	诗录 卷4	4	喜见西村君于大阪 清光绪二十九年五月十三日(1903.6.8)	7	125

续 表

《张季子九录》			《张謇全集》2012年版		
篇 名	录别 卷次	页码	篇 名	卷次	页码
札幌	诗录 卷4	4	札幌 清光绪二十九年闰五月十四日(1903.7.8)	7	126
一人	诗录 卷4	4	一人 清光绪二十九年闰五月初十日(1903.7.4)	7	126
题青森中岛旅社	诗录 卷4	4	题青森中岛旅社 清光绪二十九年闰五月十八日(1903.7.12)	7	126
华历闰五月二十三日日本伊藤博文复代桂太郎入内阁纪事	诗录 卷4	4	华历闰五月二十三日日本伊藤博文复代桂太郎入内阁纪事 清光绪二十九年闰五月二十三日(1903.7.17)	7	126—127
大久保村	诗录 卷4	4—5	大久保村 清光绪二十九年闰五月二十五日(1903.7.19)	7	127
松永道中	诗录 卷4	5	松永道中 清光绪二十九年五月(1903.5～6)	7	125
东游初归过狼山湾遇雨	诗录 卷4	5	东游初归过狼山湾遇雨 清光绪二十九年六月初十日(1903.8.2)	7	130
寄赠日本小山春卿大阪	诗录 卷4	5	寄赠日本小山春卿大阪 清光绪二十九年六月十八日(1903.8.10)	7	130

续 表

《张季子九录》			《张謇全集》2012 年版		
篇　名	录别　卷次	页码	篇　名	卷次	页码
悼老黄(并序)	诗录 卷 4	5	悼老黄(并序) 清光绪三十年二月初五日(1904. 3. 21)	7	131
题扬州赵叟诗稿	诗录 卷 4	5	题扬州赵叟诗稿 清光绪三十年十一月三十日(1905. 1. 5)	7	131—132
井龙头	诗录 卷 4	5—6	井龙头 清光绪三十一年三月十七日(1905. 4. 21)	7	134
微山湖	诗录 卷 4	6	微山湖 清光绪三十一年三月二十四日(1905. 4. 28)	7	134—135
利国驿	诗录 卷 4	6	利国驿 清光绪三十一年三月二十四日(1905. 4. 28)	7	135
房山	诗录 卷 4	6	房山 清光绪三十一年四月初一日(1905. 5. 4)	7	135
五十三岁岁朝寄怀退翁唐闸	诗录 卷 4	6	五十三岁岁朝寄怀退翁唐闸 清光绪三十一年正月初一日(1905. 2. 4)	7	133
乙巳三月云台山吊龙丈人歌	诗录 卷 4	6	乙巳三月云台山吊龙丈人歌 清光绪三十一年四月初五日(1905. 5. 8)	7	135
与勗臧久香敬铭登狼山望海楼追悼肯堂梅孙	诗录 卷 4	6	与勗臧久香敬铭登狼山望海楼追悼肯堂梅孙 清光绪三十一年正月十五日(1905. 2. 18)	7	133—134

续 表

《张季子九录》			《张謇全集》2012年版		
篇名	录别 卷次	页码	篇名	卷次	页码
惜李镇	诗录 卷4	7	惜李镇 清光绪三十一年正月三十日(1905.3.5)	7	134
病起	诗录 卷4	7	病起 清光绪三十一年三月初六日(1905.4.10)	7	134
常熟相国闱中墨桂	诗录 卷4	7	常熟相国闱中墨桂	7	134
师范学校祝先师歌	诗录 卷4	7	师范学校祝先师歌 清光绪三十年十二月二十九日(1905.2.3)	7	132
国歌为通州师范作	诗录 卷4	7	国歌为通州师范作	7	132—133
通州小学校歌之一	诗录 卷4	7	通州小学校歌之一	7	133
通州小学校歌之二	诗录 卷4	7	通州小学校歌之二	7	133
长乐镇初等小学校歌	诗录 卷4	8	长乐镇初等小学校歌	7	133
题赵忠节公临危墨迹	诗录 卷4	8	题赵忠节公临危墨迹 清光绪三十二年二月二十七日(1906.3.21)	7	136
题禹鸿胪之鼎所绘渔洋山人灞桥风雪图	诗录 卷4	8	题禹鸿胪之鼎所绘渔洋山人灞桥风雪图 清光绪三十二年二月二十七日(1906.3.21)	7	136

续 表

《张季子九录》			《张謇全集》2012年版		
篇　名	录别　卷次	页码	篇　名	卷次	页码
陪陈子砺提学游狼山示诗奉和兼怀梅孙肯堂	诗录 卷4	8	陪陈子砺提学游狼山示诗奉和兼怀梅孙肯堂 清光绪三十三年十月二十五日(1907.11.30)	7	137
夜坐寿松堂楼上北望城壕慨然有作	诗录 卷4	8	夜坐寿松堂楼上北望城壕慨然有作 清光绪三十三年十月二十二日(1907.11.27)	7	136
题关絅之直刺小象	诗录 卷4	8	题关絅之直刺小象 清光绪三十四年正月二十一日(1908.2.22)	7	137
国粹保存会第三年祝典征诗	诗录 卷4	8	国粹保存会第三年祝典征诗 清光绪三十四年正月二十三日(1908.2.24)	7	137
吴颖之前辈属题其先两代孝子画象册	诗录 卷4	8	吴颖之前辈属题其先两代孝子画象册 清光绪三十四年五月十九日(1908.6.17)	7	137
德宗景皇帝挽词	诗录 卷4	8—9	德宗景皇帝挽词 清光绪三十四年十月(1908.10～11)	7	137—138
刘雪湖画梅	诗录 卷4	9	刘雪湖画梅 清光绪三十年(1904)	7	132
己酉元夜坐华竹平安馆蒨影室悼怀徐夫人二律	诗录 卷4	9	己酉元夜坐花竹平安馆蒨影室悼怀徐夫人二律 清宣统元年正月十五日(1909.2.5)	7	138

续　表

《张季子九录》			《张謇全集》2012 年版		
篇　名	录别　卷次	页码	篇　名	卷次	页码
怡儿生日晨起在徐夫人影前焚香供面默对许时有诗	诗录 卷 4	9	怡儿生日晨起在徐夫人影前焚香供面墨对许时有诗 清宣统二年正月十八日(1910. 2. 27)	7	146—147
十六日赋得月诗	诗录 卷 4	9—10	十六日赋得月诗 清宣统二年二月十六日(1910. 3. 26)	7	148
沈梅孙方执经侍坐图	诗录 卷 4	10	沈梅孙方执经侍坐图 清宣统元年闰二月初三日(1909. 3. 24)	7	138
苏堪以诗扇奖怡儿因书其背	诗录 卷 4	10	苏堪以诗扇奖怡儿因书其背 清宣统元年三月初五日(1909. 4. 24)	7	139
三月四日花竹平安馆	诗录 卷 4	10	三月四日花竹平安馆 清宣统元年三月初四日(1909. 4. 23)	7	139
花竹平安馆临行感赋	诗录 卷 4	10	花竹平安馆临行感赋 清宣统元年三月十四日(1909. 5. 3)	7	140
离合篇	诗录 卷 4	10	离合篇 清宣统元年六月十三日(1909. 7. 29)	7	144
无题	诗录 卷 4	11	无题 清宣统元年三月二十六日(1909. 5. 15)	7	141
落花三十二韵	诗录 卷 4	11	落花三十二韵 清宣统元年十二月二十八日(1910. 2. 7)	7	146

续 表

《张季子九录》			《张謇全集》2012 年版		
篇 名	录别 卷次	页码	篇 名	卷次	页码
四月初六日夜国秀亭望新月	诗录 卷 4	11	四月初六日夜国秀望新月 清宣统元年四月初六日(1909.5.24)	7	141
祥祭徐夫人后伤感而作	诗录 卷 4	11	祥祭徐夫人后伤感而作 清宣统元年三月二十六日(1909.5.15)	7	140—141
四思篇	诗录 卷 4	12	四思篇 清宣统元年四月初八日(1909.5.26)	7	141—142
夜至天生港	诗录 卷 4	12	夜至天生港 清宣统元年四月初十日(1909.5.28)	7	142
归常乐口占	诗录 卷 4	12	归常乐口占 清宣统元年五月初八日(1909.6.25)	7	142
啬庵	诗录 卷 4	12	啬庵 清宣统元年五月十四日(1909.7.1)	7	143
平安馆寄衣至沪	诗录 卷 4	12	平安馆寄衣至沪 清宣统元年十一月初六日(1909.12.18)	7	144
感事	诗录 卷 4	12	感事 清宣统元年十二月初六日(1910.1.16)录旧作	7	145
梦中有晓行诗足成	诗录 卷 4	12	梦中有晓行诗足成 清宣统元年十二月初八日(1910.1.18)	7	145

续　表

《张季子九录》			《张謇全集》2012年版		
篇　名	录别　卷次	页码	篇　名	卷次	页码
海上杂感	诗录 卷4	12—13	海上杂感 清宣统元年十二月初八日(1910.1.18)	7	145
逢官便劝休四首	诗录 卷4	13	逢官便劝休四首 清宣统二年(1910)	7	149
庐山云气石画	诗录 卷4	13	庐山云气石画	7	149
与金沧江同在退翁榭食鱼七绝三首	诗录 卷4	13	与金沧江同在退翁榭食鱼七绝三首 清宣统二年正月二十九日(1910.3.10)	7	147
题许生扇	诗录 卷4	13	题许生扇 清宣统元年三月初六日(1909.4.25)	7	139—140
许村	诗录 卷4	13	许村 清宣统元年三月(1909.4～5)	7	139
二月十二日赋得月	诗录 卷4	13	二月十二日赋得月 清宣统二年二月十二日(1910.3.22)	7	147
慕畴堂下梅华柏秀喜而有作	诗录 卷4	13—14	慕畴堂下梅华柏秀喜而有作 清宣统二年二月十四日(1910.3.24)	7	147
慕畴堂雨中看梅	诗录 卷4	14	慕畴堂雨中看梅 清宣统二年二月十五日(1910.3.25)	7	147
柳母挽词为柳生翼谋作	诗录 卷4	14	柳母挽词(为柳生翼谋作) 清宣统二年二月十六日(1910.3.26)	7	148

续 表

《张季子九录》			《张謇全集》2012 年版		
篇　名	录别　卷次	页码	篇　名	卷次	页码
此君亭小坐	诗录 卷 4	14	此君亭小坐 清宣统二年十一月十六日(1910.12.17)	7	148
营博物苑	诗录 卷 4	14	营博物苑 清宣统二年十二月二十五日(1911.1.25)	7	148
女师范学校歌	诗录 卷 4	14	女师范学校歌 清宣统二年十二月二十六日(1911.1.26)	7	149
辛亥人日立春	诗录 卷 4	14	辛亥人日立春 清宣统三年正月初七日(1911.2.5)	7	150
为刘葱石参议题翁覃溪书金刚经塔	诗录 卷 4	14—15	为刘葱石参议题翁覃溪书金刚经塔 清宣统三年三月初五日(1911.4.3)	7	150
清明舟中	诗录 卷 4	15	清明舟中 清宣统三年三月初八日(1911.4.6)	7	150—151
途中忆三十九年前至如皋时途中诗	诗录 卷 4	15	往四扬途中忆三十九年前至如皋时途中诗 清宣统元年五月十五日(1909.7.2)	7	143
横林观涨	诗录 卷 4	15	横林观涨 清宣统元年五月二十八日(1909.7.15)	7	143—144
久不作诗因病留校书示怡儿	诗录 卷 4	15	久不作诗因病留校书示怡儿 民国元年四月初八日(1912.5.24)	7	154

续 表

《张季子九录》			《张謇全集》2012年版		
篇　名	录别　卷次	页码	篇　名	卷次	页码
寿刘太翁	诗录 卷4	15	寿刘太翁 民国二年五月十四日(1913.6.18)	7	158
藤东水榭落成集饮示校中诸子二首	诗录 卷4	15	藤东水榭落成集饮示校中诸子二首 民国二年五月二十二日(1913.6.26)	7	158
题农场核桃树	诗录 卷4	15	题农场核桃树 清宣统三年三月十二日(1911.4.10)	7	151
庭前绣球盛开海棠余红三五而已徘徊其下感而赋之	诗录 卷4	16	庭前绣球盛开海棠余红三五而已徘徊其下感而赋之 清宣统三年四月十四日(1911.5.12)	7	151
题尊素堂后石	诗录 卷4	16	题尊素堂后石 清宣统三年四月十五日(1911.5.13)	7	151
为朱桂卿同年弟七子题村午饭香图	诗录 卷4	16	为朱桂卿同年弟七子题村午饭香图 清宣统三年六月三十日(1911.7.25)	7	152
单太夫人桂阴课读图为束笙主事作	诗录 卷4	16	单太夫人桂阴课读图为束笙主事作	7	152
都门二条胡同翁相故宅后归袁太常太常死庚子之祸展转为城东电局辛亥二月入都友人邀住怆怀有作	诗录 卷4	16	都门二条胡同翁相故宅后归袁太常太常死庚子之祸展转为城东电局辛亥五月入都友人邀住怆怀有作 清宣统三年五月十二日(1911.6.8)	7	151

续 表

《张季子九录》			《张謇全集》2012年版		
篇　名	录别　卷次	页码	篇　名	卷次	页码
吊鹤	诗录 卷4	16	吊鹤 清宣统三年八月十二日(1911.10.3)	7	152
送许生归横林	诗录 卷4	16—17	送许生归横林 清宣统元年十二月二十三日(1910.2.2)	7	146
过施伯厚仲厚兄弟墓侧	诗录 卷4	17	过施伯厚仲厚兄弟墓侧 清宣统元年十二月十七日(1910.1.27)	7	145
张徐私立女校歌	诗录 卷4	17	张徐私立女校歌 民国二年(1913)	7	160
自民国元年壬子讫四年乙卯					
怡儿生日诗书寄怡儿青岛	诗录 卷5	1	怡儿生日诗书寄怡儿青岛 民国二年正月十七日(1913.2.22)	7	155
得怡儿病愈近像赋寄	诗录 卷5	1	得怡儿病愈近像赋寄 民国二年二月十一日(1913.3.18)	7	156—157
梁秘书长尊人七十生日	诗录 卷5	1	梁秘书长燕生士诒尊人七十生日 民国二年正月十四日(1913.2.19)	7	155
吴彦复哀词	诗录 卷5	1	吴彦复哀词 民国二年二月初四日(1913.3.11)	7	156
寿程梅溪八十	诗录 卷5	1	寿程梅溪八十	7	157

续 表

《张季子九录》			《张謇全集》2012 年版		
篇 名	录别 卷次	页码	篇 名	卷次	页码
梦中闻女子诵诗词至清婉应口答之旋醒惜不得此女子者听之也 附女子诗	诗录 卷 5	1—2	梦中闻女子诵诗词至清婉应口答之旋醒惜不得此女子者听之也 民国八年六月十六日(1919. 7. 13) 附女子诗	7	219
得汤雨生画因题(有序)	诗录 卷 5	2	得汤雨生画因题(有序) 民国二年三月二十六日(1913. 5. 2)	7	157
题陆云峰碑	诗录 卷 5	2	题陆云峰碑	7	157
寄酒与王栩缘索画	诗录 卷 5	2	寄酒与王栩缘索画 民国二年五月初五日(1913. 6. 9)	7	157—158
日夜苦热重闻乱耗用杜少陵毒热寄简崔评事韵	诗录 卷 5	2	日夜苦热重闻乱耗用杜少陵毒热寄简崔评事韵 民国二年七月十八日(1913. 8. 19)	7	158—159
狼山三元宫近斥僧挽词	诗录 卷 5	2	狼山三元宫近斥僧挽词 民国二年八月十二日(1913. 9. 12)	7	159
除夕宿静宜园韵琴轩	诗录 卷 5	2—3	除夕宿静宜园韵琴轩 民国三年正月初一日(1914. 1. 26)	7	161
岁朝偕马相伯张蔚西管许二生遍游香山寺静宜园诸胜	诗录 卷 5	3	岁朝偕马相伯张蔚西管许二生遍游香山寺静宜园诸胜 民国三年正月初一日(1914. 1. 26)	7	161

续　表

《张季子九录》			《张謇全集》2012年版		
篇　名	录别　卷次	页码	篇　名	卷次	页码
题庄思缄濠上观鱼图	诗录 卷5	3	题庄思缄濠上观鱼图 民国二年正月十九日(1913.2.24)	7	156
题庄思缄扶桑濯足图	诗录 卷5	3	题庄思缄扶桑濯足图 民国三年六月初九日(1914.7.31)	7	162
西楼小病	诗录 卷5	3	西楼小病 民国四年十二月十三日(1916.1.17)	7	174
德州道中	诗录 卷5	3	德州道中 民国三年三月初九日(1914.4.4)	7	161
酬金香严	诗录 卷5	3	酬金香严 民国三年闰五月二十八日(1914.7.20)	7	161
溪楼听瀑图	诗录 卷5	3	溪楼听瀑图 民国三年闰五月三十日(1914.7.22)	7	162
过颐和园	诗录 卷5	4	过颐和园 民国三年六月二十一日(1914.8.12)	7	162
周氏篝灯课读图	诗录 卷5	4	周氏篝灯课读图 民国三年六月二十九日(1914.8.20)	7	162
嘉兴张生遘难死逾年矣见其小象悼之以诗	诗录 卷5	4	嘉兴张生遘难死逾年矣见其小象悼之以诗 民国三年八月初六日(1914.9.25)	7	163

续 表

《张季子九录》			《张謇全集》2012年版		
篇　名	录别　卷次	页码	篇　名	卷次	页码
金冬心画梅为袁海观题	诗录 卷5	4	金冬心画梅为袁海观题 民国三年八月十九日(1914.10.8)	7	163
沈友卿湖山介寿图	诗录 卷5	4	沈友卿湖山介寿图 民国三年十月三十日(1914.12.16)	7	163
丁衡甫以所藏曲江楼遗札见示书其后	诗录 卷5	4	丁衡甫以所藏曲江楼遗札见示书其后 民国三年十月三十日(1914.12.16)	7	163
都门冬尽口占三绝句书寄怡儿	诗录 卷5	4	都门冬尽口占三绝句书寄怡儿 民国三年十二月二十五日(1915.2.8)	7	164
守岁行	诗录 卷5	4—5	守岁行 民国三年十二月三十日(1915.2.13)	7	164
阴历岁除休假续西山之游	诗录 卷5	5	阴历岁除休假续西山之游 民国三年十二月三十日(1915.2.13)	7	165
三至香山静宜园	诗录 卷5	5	三至香山静宜园 民国四年正月初四日(1915.2.17)	7	165
宿梯云山馆	诗录 卷5	5	宿梯云山馆 民国四年正月初三日(1915.2.16)	7	165

续 表

《张季子九录》			《张謇全集》2012年版		
篇　名	录别　卷次	页码	篇　名	卷次	页码
元日望秦许薛三子登后山	诗录 卷5	5	元日望秦许薛三子登后山 民国四年正月初四日(1915.2.17)	7	166
和蔚西元日山中	诗录 卷5	6	和蔚西元日山中 民国四年正月初四日(1915.2.17)	7	166
刘命侯梅山归隐图	诗录 卷5	6	刘命侯梅山归隐图 民国四年正月初四日(1915.2.17)	7	166
与韩周管许薛同游泰山	诗录 卷5	6	与韩周管许薛同游泰山 民国四年正月二十五日(1915.3.10)	7	166
寄任公天津	诗录 卷5	6	寄任公天津 民国四年三月初六日(1915.4.19)	7	167
管姬得心疾后忽自投大悲庵祝发许之旋又请归义所不可因感先室徐夫人	诗录 卷5	6	管姬得心疾后忽自投大悲庵祝发许之旋又请归义所不可因感先室徐夫人 民国四年六月初三日(1915.7.14)	7	168
江干堤下柳高过丈大亦欲拱询之居人云落絮所生已五六年矣赋二绝	诗录 卷5	6	江干堤下柳高过丈大亦欲拱询之居人云落絮所生已五六年矣赋二绝 民国四年六月初五日(1915.7.16)	7	168
平湖葛翁遗像	诗录 卷5	6	平湖葛翁遗象 民国四年六月十六日(1915.7.27)	7	168

续　表

《张季子九录》			《张謇全集》2012年版		
篇　名	录别　卷次	页码	篇　名	卷次	页码
观梅郎剧因赠	诗录 卷5	6—7	观梅郎剧因赠 民国四年六月十七日 (1915.7.28)	7	168—169
谭许夫人七十生日	诗录 卷5	7	谭许夫人七十生日 民国四年六月十七日 (1915.7.28)	7	169
重赠梅郎五绝句	诗录 卷5	7	重赠梅郎五绝句 民国四年六月十八日 (1915.7.29)	7	169
粤李云谷残研图六言三首	诗录 卷5	7	粤李云谷残研图六言三首 民国四年六月三十日 (1915.8.10)	7	170
题诸城四言联寄梅郎	诗录 卷5	7	题诸城四言联寄梅郎 民国四年七月十八日 (1915.8.28)	7	170
九月以汤乐民画红梅寄畹华	诗录 卷5	7	九月以汤乐民画红梅寄畹华 民国四年八月初十日 (1915.9.18)	7	170
重阳日置酒与退翁合饮并令诸子侍	诗录 卷5	7—8	重阳日置酒与退翁合饮并令诸子侍 民国四年九月初九日 (1915.10.17)	7	171
八月二十九日厚生渡江来访次日冒雨偕游狼山历观音院准提庵休憩天晴而返	诗录 卷5	8	八月二十七日厚生渡江来访次日冒雨偕游狼山历观音院准提庵休憩天晴而返 民国四年八月二十九日(1915.10.7)	7	171

续　表

《张季子九录》			《张謇全集》2012 年版		
篇　名	录别　卷次	页码	篇　名	卷次	页码
检视别业积材得榆根一长五尺许槎枒鹘突色黝似铁侧而视之丰上锐下类太湖石之有逸致者复获一柏根中孔若半璧有心若杵当璧口之缺略刓而广纳榆根之锐而植焉以俪梅坛之石作此诗当偈解脱一切	诗录 卷 5	8	检视别业积材得榆根一长五尺许槎枒鹘突色黝似铁侧而视之丰上锐下类太湖石之有逸致者复获一柏根中孔若半璧有心若杵当璧口之缺略刓而广纳榆根之锐而植焉以俪梅坛之石作此诗当偈解脱一切 民国四年九月初十日(1915.10.18)	7	172
壶外亭壶池腹周十七丈有奇傍池北为亭作半扇形向之课佣之暇于是休息	诗录 卷 5	8	壶外亭壶池腹周十七丈有奇傍池北为亭作半扇形向之课佣之暇于是休息 民国四年九月十五日(1915.10.23)	7	172
月明	诗录 卷 5	8—9	月明 民国五年七月十三日(1916.8.11)	7	183
濠东南隅银杏十余株大者围二丈七尺小者亦丈余岳庙东偏一株围一丈七尺道士闻余将规其地隶农校乃货其树于木工行伐矣校闻以银圆七十买之位树于食堂寝楼之间落成纪之以诗	诗录 卷 5	9	濠东南隅银杏十余株大者围二丈七尺小者亦丈余岳庙东偏一株围一丈七尺道士闻余将规其地隶农校乃货其树于木工行伐矣校闻以银圆七十买之位树于食堂寝楼之间落成纪之以诗 民国元年六月三十日(1912.8.12)	7	154

续 表

《张季子九录》			《张謇全集》2012年版		
篇 名	录别 卷次	页码	篇 名	卷次	页码
庭中核桃蜡梅积雨渍伤而萎悼赋	诗录 卷5	9	庭中核桃蜡梅积雨渍伤而萎悼赋 民国元年七月初二日(1912.8.14)	7	154—155
懒散	诗录 卷5	9	懒散 民国四年九月十六日(1915.10.24)	7	172—173
治壶外亭掘地得井砖脑凿枘颇见旧制	诗录 卷5	9	治壶外亭掘地得井砖脑凿枘颇见旧制 民国四年十月初四日(1915.11.10)	7	173
冻蟁	诗录 卷5	9	冻蚊 民国四年十月初三日(1915.11.9)	7	173
济宁潘翁七十	诗录 卷5	9	济宁潘翁七十 民国四年十月十八日(1915.11.24)	7	173
病中感雪	诗录 卷5	9—10	病中感雪 民国四年十二月二十二日(1916.1.26)	7	175
移松行	诗录 卷5	10	移松行 民国四年十二月(1916.1～2)	7	175—176
璎珞松歌	诗录 卷5	10	璎珞松歌 民国四年十二月(1916.1～2)	7	176
吴县杨生以辛亥为云阳中丞拟疏稿草装卷见示惝怳怆恻不翅隔世矣赋诗四章题其后归之亦以告后之论世者	诗录 卷5	10—11	吴县杨生以辛亥为云阳中丞拟疏稿草装卷见示惝怳怆恻不翅隔世矣赋诗四章题其后归之亦以告后之论世者 民国四年十二月初七日(1916.1.11)	7	173—174

续　表

《张季子九录》			《张謇全集》2012 年版		
篇　名	录别　卷次	页码	篇　名	卷次	页码
除夕日晏坐啬庵有怀西山静宜园寄英敛之并令儿子和	诗录卷 5	11	除夕日晏坐啬庵有怀西山静宜园寄英敛之并令儿子和 民国四年十二月二十九日(1916.2.2)	7	176—177
乙卯十二月十五日夜月下徘徊有作	诗录卷 5	11	乙卯十二月十五日夜月下徘徊有作 民国四年十二月二十五日(1916.1.19)	7	174
自民国五年丙辰讫七年戊午					
忆扶海垞后园梅花	诗录卷 6	1	忆扶海垞后园梅花 民国五年二月初九日(1916.3.12)	7	177
令怡儿选记后园欲移之梅	诗录卷 6	1	令怡儿选记后园欲移之梅 民国五年二月初九日(1916.3.12)	7	177
家书述二事缀为小诗寄怡儿	诗录卷 6	1	家书述二事缀为小诗寄怡儿 民国五年二月三十日(1916.4.2)	7	178
江宁陈雨翁八十生日	诗录卷 6	1	江宁陈雨翁八十生日 民国五年三月二十九日(1916.5.1)	7	178
有事往江南十日耳中间风雨连作归苑牡丹垂尽矣怆然有作	诗录卷 6	1	有事往江南十日耳中间风雨连作归苑牡丹垂尽矣怆然有作 民国五年三月二十七(1916.4.29)	7	178

续 表

《张季子九录》			《张謇全集》2012年版		
篇 名	录别 卷次	页码	篇 名	卷次	页码
晨起喜雨止	诗录 卷6	1	晨起喜雨止 民国五年三月二十八日(1916.4.30)	7	178
散步至先室徐夫人墓	诗录 卷6	1	散步至先室徐夫人墓 民国五年四月初四日(1916.5.5)	7	179
早起望南山	诗录 卷6	1	早起望南山 民国五年四月十二日(1916.5.13)	7	179
迟虚亭落成	诗录 卷6	1—2	迟虚亭落成 民国五年四月十八日(1916.5.19)	7	179
春暮独登迟虚亭	诗录 卷6	2	春暮独登迟虚亭 民国五年四月十七日(1916.5.18)	7	179
卢子衡知事为其父母六十徵诗	诗录 卷6	2	卢子衡知事为其父母六十征诗 民国九年正月十四日(1920.3.4)	7	240
连雨十四日尚不止怀忧京京赋此寄喟	诗录 卷6	2	连雨十四日尚不止怀忧京京赋此寄喟 民国五年六月初三日(1916.7.2)	7	179—180
长生光明室前高柳五十余年物也凌霄附之初以葳蕤为凋疏之饰柳今槁矣凌霄本渐大如盂盎顾亦虑其终不能自立也徘徊其下慨然而作	诗录 卷6	2	长生光明室前高柳五十余年物也凌霄附之初以葳蕤为凋疏之饰柳今槁矣凌霄本渐大如盂盎顾亦虑其终不能自立也徘徊其下慨然而作 民国五年六月十三日(1916.7.12)	7	180

续 表

《张季子九录》			《张謇全集》2012年版		
篇 名	录别 卷次	页码	篇 名	卷次	页码
连雨不止河水大涨田稼淹没殆半悯我农人有作	诗录 卷6	2	连雨不止河水大涨田稼淹没殆半悯我农人有作 民国五年六月二十四日(1916.7.23)	7	180
军山气象台视工	诗录 卷6	2	军山气象台视工 民国五年六月三十日(1916.7.29)	7	180
嘉定张氏子千金图	诗录 卷6	2	嘉定张氏子千金图 民国五年六月三十日(1916.7.29)	7	181
寿王拾珊八十	诗录 卷6	3	寿王拾珊八十 (拾珊内阁中书)	7	181
寿前知事赵楚香七十	诗录 卷6	3	寿前知事赵楚香七十	7	181
柬浣华	诗录 卷6	3	柬浣华 民国六年五月二十五日(1917.7.13)	7	199
林谿精舍诗五首	诗录 卷6	3	林谿精舍诗五首 民国五年七月二十日(1916.8.18)	7	183—184
三月三日东西林溪成置酒劳与事诸人于天祚山房	诗录 卷6	3	三月三日东西林溪成置酒劳与事诸人于天祚山房 民国六年三月初三日(1917.4.23)	7	196
景云复作栖韵诗见示次答	诗录 卷6	3	景云复作栖韵诗见示次答 民国六年三月(1917.4～5)	7	197

续 表

《张季子九录》			《张謇全集》2012年版		
篇 名	录别 卷次	页码	篇 名	卷次	页码
因视林溪工约丁禾生沙健庵金沧江潘葆之张景云同游遂憩精舍二首	诗录卷6	3—4	因视林溪工约丁禾生沙健庵金沧江潘葆之张景云同游遂憩精舍 民国六年正月二十六日(1917.2.17)	7	193
许孙诸子游琅山示诗因和其韵	诗录卷6	4	许孙诸子游琅山示诗因和其韵	7	193
祓林谣 自民国五年丙辰讫七年戊午	诗录卷6	4	祓林谣	7	193—194
裁废树根为翠微亭坐具食者不欲窃者不便毁者不易得三善焉与亭共守百年之器也记以二绝	诗录卷6	4	裁废树根为翠微亭坐具贪者不欲窃者不便毁者不易得三善焉与亭共守百年之器也记以二绝 民国六年三月初二日(1917.4.22)	7	196
新成鹤亭六言	诗录卷6	4	新成鹤亭六言 民国六年三月初二日(1917.4.22)	7	196
答人邮片	诗录卷6	4	答人邮片 民国五年七月初七日(1916.8.5)	7	181
浣华寄影片诗以答之	诗录卷6	4—5	浣华寄影片诗以答之	7	182
潘葆之七十生日	诗录卷6	5	潘葆之七十生日 民国五年七月十一日(1916.8.9)	7	182
向晚	诗录卷6	5	向晚 民国五年七月十二日(1916.8.10)	7	182

续 表

《张季子九录》			《张謇全集》2012 年版		
篇 名	录别 卷次	页码	篇 名	卷次	页码
破睡	诗录 卷 6	5	破睡 民国五年七月十三日 (1916. 8. 11)	7	182
儿时	诗录 卷 6	5	儿时 民国五年七月十四日 (1916. 8. 12)	7	183
月对	诗录 卷 6	5	月对 民国五年七月十四日 (1916. 8. 12)	7	183
城西南筑岸种树感怀先叔	诗录 卷 6	5	城西南筑岸种树感怀先叔 民国五年八月十一日 (1916. 9. 8)	7	184
重题药王庙壁(有序)	诗录 卷 6	5	重题药王庙壁(有序) 民国五年八月十四日 (1916. 9. 11)	7	185
自唐闸归别业马惊覆车知好慰问赋此报谢兼抒近怀	诗录 卷 6	5—6	自唐闸归别业马惊覆车知好慰问赋此报谢兼抒近怀 民国五年八月十六日 (1916. 9. 13)	7	185
秋感四首	诗录 卷 6	6	秋感四首 民国五年八月二十日 (1916. 9. 17)	7	185—186
慕畴堂西院龙爪盛开	诗录 卷 6	6	慕畴堂西院龙爪盛开 民国五年八月二十五日(1916. 9. 22)	7	186
晓起海上行堤	诗录 卷 6	6	晓起海上行堤 民国五年八月二十五日(1916. 9. 22)	7	187

续 表

《张季子九录》			《张謇全集》2012年版		
篇 名	录别 卷次	页码	篇 名	卷次	页码
重九日信宿林谿精舍有事西山	诗录 卷6	6	重九日信宿林谿精舍有事西山 民国五年九月初九日(1916.10.5)	7	187
刘亭	诗录 卷6	7	刘亭 民国五年九月十八日(1916.10.14)	7	187—188
刘亭后诗	诗录 卷6	7	刘亭后诗 民国五年九月十八日(1916.10.14)	7	188
上海晤梅郎	诗录 卷6	7	上海晤梅郎 民国五年十月十二日(1916.11.7)	7	188
管仲谦挽词	诗录 卷6	7	管仲谦挽词 民国五年十月初九日(1916.11.4)	7	188
海神庙	诗录 卷6	7	海神庙 清宣统三年(1911)	7	153
倒岸	诗录 卷6	7	倒岸	7	153
虚榭	诗录 卷6	7	虚榭 民国五年十二月初一日(1916.12.25)	7	188
连番	诗录 卷6	7	连番 民国五年十二月初九日(1917.1.2)	7	190
精舍独宿	诗录 卷6	7	精舍独宿 民国五年十二月初十日(1917.1.3)	7	190

续 表

《张季子九录》			《张謇全集》2012 年版		
篇 名	录别 卷次	页码	篇 名	卷次	页码
字学权曰希可以二诗寄之	诗录 卷6	7—8	字学权曰希可以二诗寄之 民国五年十二月二十七日(1917.1.15)	7	190
钱翁	诗录 卷6	8	钱翁 民国五年十二月二十七日(1917.1.20)	7	190—191
以诗侑梅赠雪君慰其新愈	诗录 卷6	8	以诗侑梅赠雪君慰其新愈 民国六年正月初一日(1917.1.23)	7	191
正月十五日农学校棉作展览会成而雪	诗录 卷6	8	正月十五日农学校棉作展览会成而雪 民国六年正月十六日(1917.2.7)	7	191—192
怡儿二十生日示训	诗录 卷6	8	怡儿二十生日示训 民国六年正月十八日(1917.2.9)	7	192—193
泽初自海上以雁与尖沙鱼见饷既饫其美适会所感	诗录 卷6	8	泽初自海上以雁与尖沙鱼见饷既饫其美适会所感 民国六年正月二十九日(1917.2.20)	7	194
黄生示所作黄山诗有逸致赋此答之以为生勗	诗录 卷6	9	罗生示所作黄山诗有逸致赋此答之以为生勖 民国八年(1919)	7	239
答金左临(有序)	诗录 卷6	9	答金左临(有序) 民国九年四月二十九日(1920.6.15)	7	243—244

续 表

《张季子九录》			《张謇全集》2012年版		
篇　名	录别　卷次	页码	篇　名	卷次	页码
讼愚	诗录 卷6	9	讼愚 民国六年二月初二日(1917.2.23)	7	194
独宿精舍	诗录 卷6	9	独宿精舍 民国六年二月初十日(1917.3.3)	7	194
沧江示所和诗复有赠	诗录 卷6	9	沧江示所和诗复有赠 民国六年二月十一日(1917.3.4)	7	194
僧徒湛若为辟溪种树甚勤勉书二诗予之	诗录 卷6	9—10	僧徒湛若为辟溪种树甚勤勉书二诗予之 民国六年二月二十日(1917.3.13)	7	194—195
无锡辛氏寒蛩诗稿寒梅馆遗稿题句	诗录 卷6	10	无锡辛氏寒蛩诗稿寒梅馆遗稿题句 民国六年二月二十四日(1917.3.17)	7	195
味雪图	诗录 卷6	10	味雪图	7	197
置梅郎小像于林豁精舍	诗录 卷6	10	置梅郎小像于林豁精舍 民国六年闰二月初二日(1917.3.24)	7	195
剡溪王芷香传题句	诗录 卷6	10	剡溪王芷香传题句 民国六年闰二月初九日(1917.3.31)	7	195
上海王氏息庐以自怜图征题	诗录 卷6	10	上海王氏息庐以自怜图征题 民国六年闰二月初九日(1917.3.31)	7	196

续 表

《张季子九录》			《张謇全集》2012年版		
篇 名	录别 卷次	页码	篇 名	卷次	页码
寿熊太夫人	诗录 卷6	10	寿熊太夫人 民国六年三月十二日 (1917.5.2)	7	198
林稚眉夫妇合寿百二十征诗为赋六韵	诗录 卷6	10	林稚眉夫妇合寿百二十征诗为赋六韵 民国六年三月十二日 (1917.5.2)	7	198
记梦	诗录 卷6	11	记梦 民国六年三月十八日 (1917.5.8)	7	198
伤所见	诗录 卷6	11	伤所见 民国六年六月初二日 (1917.7.20)	7	199
百砖研拓本为崇明施氏作	诗录 卷6	11	百砖研拓本为崇明施氏作	7	199—200
怡儿游学美洲将行诗以策之	诗录 卷6	11	怡儿游学美洲将行诗以策之 民国六年六月初七日 (1917.7.25)	7	200—201
雪宧主人以画绣送怡儿书此诗于怡儿之扇	诗录 卷6	11—12	雪宧主人以画绣送怡儿书此诗于怡儿之扇 民国六年六月初十日 (1917.7.28)	7	201
午睡起忆儿复成一诗写寄	诗录 卷6	12	午睡起忆儿复成一诗写寄	7	201
雪君发绣谦亭字为借亭养疴之报赋长律酬之	诗录 卷6	12	雪君发绣谦亭字为借亭养疴之报赋长律酬之 民国六年六月三十日 (1917.8.17)	7	201—202

续 表

《张季子九录》			《张謇全集》2012 年版		
篇　名	录别　卷次	页码	篇　名	卷次	页码
谦亭杨柳	诗录 卷 6	12	谦亭杨柳 民国六年七月初二日 (1917.8.19)	7	202
夕阳	诗录 卷 6	12	夕阳 民国六年七月初九日 (1917.8.26)	7	202
船笛	诗录 卷 6	12	船笛 民国六年七月初九日 (1917.8.26)	7	202
谦亭	诗录 卷 6	12	谦亭 民国六年七月二十九日(1917.9.15)	7	203
挽顾延卿锡爵	诗录 卷 6	12	挽顾延卿(锡爵) 民国六年八月初二日 (1917.9.17)	7	203
挽沈友卿同芳	诗录 卷 6	12	挽沈友卿(同芳) 民国六年八月初三日 (1917.9.18)	7	203
涛园见过与游琅山直其六十生日	诗录 卷 6	12	涛园见过与游琅山直其六十生日 民国六年九月初八日 (1917.10.23)	7	204
重九日风雨	诗录 卷 6	13	重九日风雨 民国六年九月初九日 (1917.10.24)	7	204
夜半闻鸡	诗录 卷 6	13	夜半闻鸡 民国六年十月二十日 (1917.12.4)	7	204
怡儿在纽约中秋重阳皆有诗来寄此慰之	诗录 卷 6	13	怡儿在纽约中秋重阳皆有诗来寄此慰之 民国六年十月二十五日(1917.12.9)	7	205

续 表

《张季子九录》			《张謇全集》2012 年版		
篇　名	录别　卷次	页码	篇　名	卷次	页码
柬易园	诗录 卷 6	13	柬易园 民国九年五月十八日(1920.7.3)	7	245
寿吴江李知事母	诗录 卷 6	13	寿吴江李知事母 民国六年十一月十四日(1917.12.27)	7	205
壶外亭小坐	诗录 卷 6	13	壶外亭小坐 民国六年十二月十八日(1917.1.30)	7	205
除日忆怡儿	诗录 卷 6	13	除日忆怡儿 民国六年十二月二十八日(1918.2.10)	7	205—206
西楼	诗录 卷 6	13	西楼 民国七年正月初二日(1918.2.12)	7	206
施监督挽词(有序)	诗录 卷 6	14	施监督挽词(有序) 民国七年二月二十九日(1918.4.10)	7	208
谢王六十生日	诗录 卷 6	14	谢王六十生日 民国七年三月二十七日(1918.5.7)	7	208
先室十周忌日为礼佛于文峰塔院成七言八韵	诗录 卷 6	14	先室十周忌日为礼佛于文峰塔院成七言八韵 民国七年三月(1918.4～5)	7	208
村庐晨起	诗录 卷 6	14	村庐晨起 民国七年四月三十日(1918.6.8)	7	209

续 表

《张季子九录》			《张謇全集》2012年版		
篇　名	录别　卷次	页码	篇　名	卷次	页码
刘宋挽词	诗录 卷6	14	刘宋挽词 民国七年五月十六日(1918.6.24)	7	209
喜怡儿归抵日本	诗录 卷6	14	喜怡儿归抵日本 民国七年五月十七日(1918.6.25)	7	210
药王庙	诗录 卷6	14—15	药王庙 民国七年五月二十九日(1918.7.7)	7	210
沈堤	诗录 卷6	15	沈堤 民国七年七月二十四日(1918.8.30)	7	210
吴船谣四首(有序)	诗录 卷6	15	吴船谣四首(有序) 民国七年五月十四日(1918.6.22)	7	209
西林千五百梅花馆拟而未建梦中若已成而休休而有诗醒记其二语因足成之	诗录 卷6	15	西林千五百梅花馆拟而未建梦中若已成而休休而有诗醒记其二语因足成之 民国八年五月十三日(1919.6.10)	7	218
九月十九日观音院陈列画绣诸像礼佛歌	诗录 卷6	15	九月十九日观音院陈列画绣诸像礼佛歌 民国七年九月初八日(1918.10.12)	7	210—211
南通公园歌	诗录 卷6	15	南通公园歌 民国六年七月初八日(1917.8.25)	7	202
归扶海垞冬祭夜行	诗录 卷6	15	归扶海垞冬祭夜行	7	238—239

续 表

《张季子九录》			《张謇全集》2012年版		
篇 名	录别 卷次	页码	篇 名	卷次	页码
明氏昆季为母八十称寿诗以美之	诗录卷6	16	明氏昆季为母八十称寿诗以美之	7	239
自民国八年己未讫十年辛酉					
元日此君亭追忆徐夫人	诗录卷7	1	元日此君亭追忆徐夫人 民国七年正月初一日(1918.2.11)	7	206
海盐徐君申如兄弟之母八十生朝以戚友所进为寿者设游民工场善事也为赋一诗	诗录卷7	1	海盐徐君申如兄弟之母八十生朝以戚友所进为寿者设游民工场善事也为赋一诗 民国八年二月三十日(1919.3.31)	7	215
小狼山	诗录卷7	1	小狼山 民国八年六月二十七日(1919.7.24)	7	221
胡大德求诗	诗录卷7	1	胡大德求诗	7	238
石壁仙人歌(有序)	诗录卷7	1—2	石壁仙人歌(有序) 民国五年七月二十日(1916.8.18)	7	184
济宁李氏重得黄氏所藏唐拓本武梁祠画像为赋长句	诗录卷7	2	济宁李氏重得黄氏所藏唐拓本武梁祠画像为赋长句 民国七年二月二十六日(1918.4.7)	7	207
林擒三十二韵	诗录卷7	2—3	林擒三十二韵	7	238
舟中有夹红桃排律十韵和人	诗录卷7	3	舟中有夹竹桃排律十韵和人 民国九年五月十六日(1920.7.1)	7	245

续 表

《张季子九录》			《张謇全集》2012年版		
篇 名	录别 卷次	页码	篇 名	卷次	页码
耐园翁以其室人砚香君画兰册属题	诗录 卷7	3	耐园翁以其室人砚香君画兰册属题 民国九年四月二十日(1920.6.6)	7	242
坳池对月	诗录 卷7	3	坳池对月 民国九年五月初九日(1920.6.24)	7	244
慕畴堂西柏	诗录 卷7	3	慕畴堂西柏 民国九年五月十八日(1920.7.3)	7	245
梦中有人命作风雪吟授简者一女郎督促甚亟成五六七言五章以应醒后脱佚补缀录之	诗录 卷7	3	梦中有人命作风雪吟授简一女郎督促甚亟成五六七言五章以应醒后脱佚补缀录之 民国九年五月十九日(1920.7.4)	7	246
易图自江湾寓书知源植林兴学慨然有经营村落之举寄赀为助复成此诗	诗录 卷7	4	易图自江湾寓书知源植林兴学慨然有经营村落之举寄资为助复成此诗 民国九年五月二十日(1920.7.5)	7	246
感事	诗录 卷7	4	感事 民国九年六月初六日(1920.7.21)	7	247
林风以诗寄寿字锦被赋长句答之	诗录 卷7	4	林风以诗寄寿字锦被赋长句答之 民国九年六月二十九日(1920.8.13)	7	247—248
中等以上学校联合运动会歌	诗录 卷7	4	中等以上学校联合运动会歌	7	284

续 表

《张季子九录》			《张謇全集》2012 年版		
篇 名	录别 卷次	页码	篇 名	卷次	页码
师范附属小学校校歌	诗录 卷 7	4	师范附属小学校校歌	7	237
七夕	诗录 卷 7	4	七夕 民国九年七月初七日(1920. 8. 20)	7	248
雨后见凤仙漂雪宦庭后池中	诗录 卷 7	4	雨后见凤仙漂雪宦庭后池中 民国九年七月二十一日(1920. 9. 3)	7	248
欲寝	诗录 卷 7	4—5	欲寝 民国九年八月初九日(1920. 9. 20)	7	249
国庆纪念日申报征诗	诗录 卷 7	5	国庆纪念日申报征诗 民国八年八月(1919. 10)	7	226
闻故友山西王梧冈之卒	诗录 卷 7	5	闻故友山西王梧冈之卒	7	248
沧江翁今年七十不以生日告人八月一日为延客觞翁于观万流亭赋诗为寿属客与翁和之	诗录 卷 7	5	沧江翁今年七十不以生日告人八月一日为延客觞翁于观万流亭赋诗为寿属客与翁和之 民国九年八月初一(1920. 9. 12)	7	249
西寺种松	诗录 卷 7	5	西寺种松 民国八年正月二十九日(1919. 3. 1)	7	214
牯牛石歌	诗录 卷 7	5	牯牛石歌	7	214

续 表

《张季子九录》			《张謇全集》2012年版		
篇 名	录别 卷次	页码	篇 名	卷次	页码
三月三日海上	诗录 卷7	5	三月三日海上 民国八年三月初三日(1919.4.3)	7	216
应季中挽词	诗录 卷7	6	应季中挽词	7	217
迟虚亭见月	诗录 卷7	6	迟虚亭见月 民国六年十月十六日(1917.11.30)	7	204
世间	诗录 卷7	6	世间	7	217
七月中旬风雨潮灾后住介山楼二日	诗录 卷7	6	七月中旬风雨潮灾后住介山楼二日 民国十年七月(1921.8～9)	7	262
拟古	诗录 卷7	6	拟古	7	263—264
闻水鸟	诗录 卷7	6	闻水鸟 民国十年七月(1921.8～9)	7	262
己未中秋约沧江叟吕鹿笙张景云罗生退翁与儿子泛舟用东坡八月十五日看潮五绝句韵	诗录 卷7	6—7	己未中秋约沧江叟吕鹿笙张景云罗生退翁与儿子泛舟用东坡八月十五日看潮五绝句韵 民国八年八月十五日(1919.10.8)	7	224—225
林溪鹤逸其一诗以送之	诗录 卷7	7	林溪鹤逸其一诗以送之 民国七年十月十七日(1918.11.20)	7	211

续 表

《张季子九录》			《张謇全集》2012年版		
篇 名	录别 卷次	页码	篇 名	卷次	页码
悼鹤	诗录 卷7	7	悼鹤 民国七年十月十五日(1918.11.18)	7	211
蒿	诗录 卷7	7	蒿 民国八年十月十四日(1919.12.5)	7	227
候台怀远	诗录 卷7	7	候台怀远 民国七年七月二十七日(1918.9.2)	7	210
因古卓锡庵址为虞楼南望虞山松禅师之墓在焉辄来登眺以致慕思	诗录 卷7	7	因古卓锡庵址为虞楼南望虞山松禅师之墓在焉辄来登眺以致慕思 民国十年四月初五日(1921.5.12)	7	257
澳亭(有序)	诗录 卷7	7	澳亭(有序) 民国十年四月初八日(1921.5.15)	7	257
可庄画梅题册为王生世裕作	诗录 卷7	7	可庄画梅题册为王生世裕作 民国十年四月十三日(1921.5.20)	7	257—258
题竹洲泪点图旌人子之不忘寡母也	诗录 卷7	7—8	题竹洲泪点图旌人子之不忘寡母也 民国七年十一月(1918.12)	7	212
题画绣花鸟寄浣华	诗录 卷7	8	题画绣花鸟寄浣华 民国七年十二月十七日(1919.1.18)	7	213
庸生来晤示所作诗诗至沈惋因其重有哈尔滨之行赋此送之	诗录 卷7	8	庸生来晤示所作诗诗至沈惋因其重有哈尔滨之行赋此送之 民国六年正月十七日(1917.2.8)	7	192

续 表

《张季子九录》			《张謇全集》2012年版		
篇　名	录别　卷次	页码	篇　名	卷次	页码
夜凉	诗录 卷7	8	夜凉	7	269
为吉生咏绍熙砖	诗录 卷7	8	为吉生咏绍熙砖	7	269
顾君仁卿以七十自遣诗见示因赋二律为寿亦以追念延卿	诗录 卷7	8	顾君仁卿以七十自遣诗见示因赋二律为寿亦以追念延卿	7	269—270
华亭雷生继兴奋昔谘议局之英也七八年来跧伏里门忧贫伤世卒不一出憔悴极可念赴至不能无哀成诗六韵	诗录 卷7	8—9	华亭雷生继兴奋昔谘议局之英也七八年来跧伏里门忧贫伤世卒不一出憔悴极可念赴至不能无哀成诗六韵	7	270
梦中作	诗录 卷7	9	梦中作	7	255
盛竹书六十生日	诗录 卷7	9	盛竹书六十生日	7	269
第三纺织厂开工祀土礼成有作	诗录 卷7	9	第三纺织厂开工祀土礼成有作 民国八年六月二十五日(1919.7.22)	7	220
喜沈叔英见过	诗录 卷7	9	喜沈叔英见过 民国八年六月二十七日(1919.7.24)	7	220—221
此君亭晏坐	诗录 卷7	9	此君亭晏坐	7	269
今朝	诗录 卷7	9	今朝	7	269

续 表

《张季子九录》			《张謇全集》2012年版		
篇 名	录别 卷次	页码	篇 名	卷次	页码
村犬	诗录 卷7	9	村犬 民国八年五月十七日(1919.6.14)	7	218
夜坐精舍	诗录 卷7	9	夜坐精舍	7	219
侯官沈涛园君挽词	诗录 卷7	9—10	侯官沈涛园君挽词 民国七年九月三十日(1918.11.3)	7	211
西山闲行	诗录 卷7	10	西山闲行 民国七年十月十四日(1918.11.7)	7	211
题东奥山庄画屏	诗录 卷7	10—11	题东奥山庄画屏 民国八年八月(1919.9～10)	7	225
景云挽词	诗录 卷7	11	景云挽词 民国八年十月初五日(1919.11.26)	7	227
吴县张仲仁云抟昆季寄家天津为其太夫人八十生日征诗	诗录 卷7	11	吴县张仲仁云抟昆季寄家天津为其太夫人八十生日征诗 民国五年九月十三日(1916.10.9)	7	187
寄答李生	诗录 卷7	11	寄答李生 民国十二年八月二十二日(1923.10.2)	7	310
九月十八日观音院落成新筑延太虚讲经二日	诗录 卷7	11	九月十八日观音院落成新筑延太虚讲经二日 民国八年九月十九日(1919.11.11)	7	227

续 表

《张季子九录》			《张謇全集》2012年版		
篇　名	录别　卷次	页码	篇　名	卷次	页码
精舍晚憩	诗录 卷7	11	精舍晚憩 民国八年九月十八日(1919.11.10)	7	227
武进于瑾怀颢笃之士丧偶征哀诔督余诗尤挚因以解之	诗录 卷7	11—12	武进于瑾怀颢笃之士丧偶征哀诔督余诗尤挚因以解之 民国八年八月十一日(1919.10.4)	7	224
夏热家居于所听睹动有遐感次以为篇	诗录 卷7	12	夏热家居于所听睹动有遐感次以为篇	7	222
晨起	诗录 卷7	12	晨起	7	223
伤春惜别词	诗录 卷7	12	伤春惜别词	7	216
叶翁畜一狮猫丰茸肥硕异绝寻常而性特驯扰毙鼠往往不食喜近客余至慕畴堂爰焉从翁索归寄者送濠南惧为小儿侮弄移于濠阳付一娃司之卒惊窜而逸不知何往大索三日不得乃悼以诗	诗录 卷7	12	叶翁畜一狮猫丰茸肥硕异绝寻常而性特驯扰毙鼠往往不食喜近客余至慕畴堂爰焉从翁索归寄者送濠南惧为小儿侮弄移于濠阳付一娃司之卒惊窜而逸不知何往大索三日不得乃悼以诗	7	270
谢生告归赋赠	诗录 卷7	12—13	谢生告归赋赠 民国十年十二月二十一日(1922.1.18)	7	268
诗成僮告得猫复志喜慰	诗录 卷7	13			
海棠深冬叶作浅绛色晨起见而有感	诗录 卷7	13	海棠深冬叶作浅绛色晨起见而有感 民国十年十二月初六日(1922.1.3)	7	267

续 表

《张季子九录》			《张謇全集》2012 年版		
篇　名	录别　卷次	页码	篇　名	卷次	页码
孟生哀词	诗录 卷 7	13	孟生哀词 民国七年十二月(1919.1)	7	213—214
五月二十四日会饮公园与众堂席罢有作示诸子	诗录 卷 7	13	五月二十四日会饮公园与众堂席罢有作示诸子 民国六年五月二十四日(1917.7.12)	7	199
书朴巢诗集后	诗录 卷 7	13	书朴巢诗集后 民国七年十一月(1918.12)	7	212
小筑蜡梅开花正中出门六日而返寒雨损浥顿谢矣对花抚树悱然有怀	诗录 卷 7	14	小筑蜡梅开花正中出门六日而返寒雨损浥顿谢矣对花抚树悱然有怀	7	212—213
南濠	诗录 卷 7	14	南濠	7	213
初闻百舌	诗录 卷 7	14	初闻百舌 民国六年正月十七日(1917.2.8)	7	192
梅欧阁一月一日招金吕方刘欧阳诸君暨怡儿就阁小饮即席各有诗	诗录 卷 7	14	梅欧阁一月一日招金吕方刘欧阳诸君暨怡儿就阁小饮即席各有诗 民国八年十一月十一日(1920.1.1)	7	227—228
梅欧阁归复有作 附怡祖诗	诗录 卷 7	14	梅欧阁归复有作 民国八年十一月(1919.12～1920.1) 附录：怡祖诗	7	228

续 表

《张季子九录》			《张謇全集》2012 年版		
篇　名	录别　卷次	页码	篇　名	卷次	页码
人有询梅欧名阁意者赋长句答之	诗录 卷 7	14	人有询梅欧名阁意者赋长句答之 民国八年十一月(1919.12～1920.1)	7	228
喜梅郎至花竹平安馆	诗录 卷 7	14—15	喜梅郎至花竹平安馆 民国八年十一月十七日(1920.1.7)	7	228
不见朱素云三十余年矣顷与梅郎来通感而有赠	诗录 卷 7	15	不见朱素云三十余年矣顷与梅郎来通感而有赠 民国八年十一月十七日(1920.1.7)	7	229
梅郎到通示剧场	诗录 卷 7	15	梅郎到通示剧场 民国八年十一月(1919.12～1920.1)	7	229—230
赠姜妙香	诗录 卷 7	15	赠姜妙香 民国八年十一月(1919.12～1920.1)	7	229
赠姚玉芙	诗录 卷 7	15	赠姚玉芙 民国八年十一月(1919.12～1920.1)	7	229
涴华为程郎艳秋索诗	诗录 卷 7	15	涴华为程郎艳秋索诗 民国八年十一月(1919.12～1920.1)	7	229
传奇乐府一	诗录 卷 7	15	传奇乐府一 民国八年十一月二十三日(1920.1.13)	7	230
传奇乐府二	诗录 卷 7	15	传奇乐府二 民国八年十一月二十四日(1920.1.14)	7	230

续 表

《张季子九录》			《张謇全集》2012 年版		
篇 名	录别 卷次	页码	篇 名	卷次	页码
传奇乐府三	诗录 卷 7	15	传奇乐府三	7	231
传奇乐府四	诗录 卷 7	16	传奇乐府四	7	231—232
传奇乐府五	诗录 卷 7	16	传奇乐府五	7	232
传奇乐府六 附怡祖诗	诗录 卷 7	16—17	传奇乐府六 附录：怡祖诗	7	232
传奇乐府七	诗录 卷 7	17	传奇乐府七	7	233
传奇乐府八	诗录 卷 7	17	传奇乐府八	7	233
传奇乐府九	诗录 卷 7	17	传奇乐府九	7	233
传奇乐府十	诗录 卷 7	17	传奇乐府十	7	233—234
与梅郎至林溪精舍观所题前寄之小象	诗录 卷 7	17	与梅郎至林溪精舍观所题前寄之小象 民国八年十二月初三日(1920. 1. 23)	7	234
惜别	诗录 卷 7	17—18	惜别 民国八年十二月初三日(1920. 1. 23)	7	234—235
候亭送梅郎二绝句	诗录 卷 7	18	候亭送梅郎二绝句 民国八年十二月初四日(1920. 1. 24)	7	235
别后忆浣华道上	诗录 卷 7	18	别后忆浣华道上 民国八年十二月初五日(1920. 1. 25)	7	235

续 表

《张季子九录》			《张謇全集》2012年版		
篇 名	录别 卷次	页码	篇 名	卷次	页码
剧场为浣华制画梅绣幔漫题其上	诗录 卷7	18	剧场为浣华制画梅绣幔漫题其上	7	235
雪后健庵来因同唯一劭直诸君小饮适然亭订梅欧阁诗录	诗录 卷7	18	雪后健庵来因同唯一劭直诸君小饮适然亭订梅欧阁诗录 民国八年十二月十三日(1920.2.2)	7	236
挽灵源僧	诗录 卷7	18—19	挽灵源僧	7	236
唯一生日不告人自就西寺僧茗谈半日事后见语云以是为功德作诗嘲之亦即所以为寿也	诗录 卷7	19	唯一生日不告人自就西寺僧茗谈半日事后见语云以是为功德作诗嘲之亦即所以为寿也	7	237
不至扬州十余年矣来值积雨慨叹成诗	诗录 卷7	19	不至扬州十余年矣来值积雨慨叹成诗 民国九年二月十一日(1920.3.30)	7	240
汪陈诸君邀游蜀冈冈高处平山堂蜿蜒带阜童童然因劝植林归成长律	诗录 卷7	19	汪陈诸君邀游蜀冈冈高处平山堂蜿蜒带阜童童然因劝植林归成长律 民国九年二月十五日(1920.4.3)	7	240
闻雪君病小愈寄二截句当柬	诗录 卷7	19	闻雪君病小愈寄二截句当柬 民国九年二月二十四日(1920.4.12)	7	241
寿康翁百岁	诗录 卷7	19	寿康翁百岁 民国十年十一月二十日(1921.12.18)	7	266

续 表

《张季子九录》			《张謇全集》2012 年版		
篇　名	录别　卷次	页码	篇　名	卷次	页码
滩行闻雁	诗录 卷 7	19	滩行闻雁 民国十年十一月二十一日(1921.12.19)	7	266—267
庚申二月晦归自阜宁海上游倦小息遂于上巳与退翁怡儿招要朋好小集观万流亭为修禊之会非第老人宜有此娱耳目适意志之事亦藉以纾朋辈时事之感伤而令乡里后生子弟知令时之足珍景光之可玩酒罢泛舟亦进丝竹自今伊始岁且为之先成二章用征唱和	诗录 卷 7	19—20	庚申二月晦归自阜宁海上游倦小息遂于上巳与退翁怡儿招要朋好小集观万流亭为修禊之会非第老人宜有此娱耳目适意志之事亦藉以纾朋辈时事之感伤而令乡里后生子弟知令时之足珍景光之可玩酒罢泛舟亦进丝竹自今伊始岁且为之先成二章用征唱和 民国九年三月初三日(1920.4.21)	7	242
得闲	诗录 卷 7	20	得闲 民国九年二月二十四日(1920.4.12)	7	241
雨后坐精舍	诗录 卷 7	20	雨后坐精舍 民国十年六月十四日(1921.7.18)	7	260
东窗	诗录 卷 7	20	东窗 民国十年七月十六日(1921.8.19)	7	262
自题三十九岁小像	诗录 卷 7	20	自题三十九岁小像 民国十年七月初六日(1921.8.9)	7	261
介山楼月	诗录 卷 7	20	介山楼月 民国十年九月十七日(1921.10.17)	7	266

续 表

《张季子九录》			《张謇全集》2012年版		
篇　名	录别　卷次	页码	篇　名	卷次	页码
黄泥山溪上见桃花飘落有诗	诗录 卷7	20	黄泥山溪上见桃花飘落有诗 民国十一年三月二十日(1922.4.16)	7	280
赠直隶高潜子	诗录 卷7	20	赠直隶高潜子	7	293
赠吴湖帆万万友人讷士之子窓斋前辈之孙画山水清远有致朋好亟称其贤适以所仿烟客摹大痴小卷见寄赋诗为报且勉其进于是也	诗录 卷7	20—21	赠吴湖帆万万友人讷士之子窓斋前辈之孙画山水清远有致朋好亟称其贤适以所仿烟客摹大痴小卷见寄赋诗为报且勉其进于是也	7	293
简母挽词	诗录 卷7	21	简母挽词	7	293
宝应卢母七十征诗	诗录 卷7	21	宝应卢母七十征诗	7	293
张生凤年以刘南庐入山图赠博物馆因题卷尾	诗录 卷7	21	张生凤年以刘南庐入山图赠博物馆因题卷尾	7	294
松	诗录 卷7	21	松 民国八年三月初六日(1919.4.6)	7	217
梅郎再至南通三日有迫即去伸意为诗祝而送之	诗录 卷7	21	梅郎再至南通三日有迫即去伸意为诗祝而送之 民国九年四月(1920.5～6)	7	243
适有感	诗录 卷7	21	适有感	7	243

续 表

《张季子九录》			《张謇全集》2012 年版		
篇 名	录别 卷次	页码	篇 名	卷次	页码
柬林风	诗录 卷 7	21—22	柬林风 民国九年五月初九日 (1920.6.24)	7	244
长孙融武生	诗录 卷 7	22	长孙融武生 民国九年五月十三日 (1920.6.28)	7	244—245
千龄观酬词八章呈退翁与乡友	诗录 卷 7	22	千龄观酬词八章呈退翁与乡友 民国九年九月二十九日(1920.11.9)	7	249—250
赠太虚	诗录 卷 7	22	赠太虚	7	250
西山村庐	诗录 卷 7	22—23	西山村庐 民国十年七月二十六日(1921.8.29)	7	263
础	诗录 卷 7	23	础 民国八年三月初六日 (1919.4.6)	7	217
此君亭	诗录 卷 7	23	此君亭 民国八年三月初六日 (1919.4.6)	7	217
汤君挽词五首	诗录 卷 7	23	汤君挽词五首 民国六年六月初四日 (1917.7.22)	7	200
健庵得九九喜子图欲作长歌意殊矜慎因先挑以发之	诗录 卷 7	23—24	健庵得九九喜子图欲作长歌意殊矜慎因先挑以发之 民国八年二月十四日 (1919.3.15)	7	214—215

续 表

《张季子九录》			《张謇全集》2012 年版		
篇　名	录别　卷次	页码	篇　名	卷次	页码
赠欧阳生	诗录 卷 7	24	赠欧阳生 民国八年五月初三日(1919. 5. 31)	7	218
小池	诗录 卷 7	24	小池 民国八年六月二十四日(1919. 7. 21)	7	220
斑竹	诗录 卷 7	24	斑竹 民国八年六月二十五日(1919. 7. 22)	7	220
自东奥经西山宿梅垞	诗录 卷 7	24	自东奥经西山宿梅垞 民国十一年八月十四日(1922. 10. 4)	7	283
梅垞种草	诗录 卷 7	24	梅垞种草 民国十一年八月十四日(1922. 10. 4)	7	283—284
雁声	诗录 卷 7	24	雁声 民国十一年九月二十五日(1922. 11. 13)	7	286
浣华以近所得清宣宗在潜邸时书扇见赠为去年湘扇之报盖清室物也作诗谢之	诗录 卷 7	25	浣华以近所得清宣宗在潜邸时书扇见赠为去年湘扇之报盖清室物也作诗谢之 民国九年五月二十四日(1920. 7. 9)	7	246
咏史六绝句	诗录 卷 7	25	咏史六绝句 民国八年六月十七日(1919. 7. 14)	7	219—220
文文山马墓碣	诗录 卷 7	25	文文山马墓碣 民国八年五月(1919. 5～6)	7	218

续 表

《张季子九录》			《张謇全集》2012 年版		
篇　名	录别　卷次	页码	篇　名	卷次	页码
寿赵母二十韵	诗录 卷 7	25—26	寿赵母二十韵	7	294
辛酉一月八日谒文恭师墓于虞山白鸽峰方还管国柱许振并周伯渔钱词筌翁振甫三人偕振甫师之从孙也	诗录 卷 7	26	辛酉一月八日谒文恭师墓于虞山白鸽峰方(还)管(国柱)许(振)并周(伯渔)钱(词筌)翁(振甫)三人偕振甫师之从孙也 民国十年正月初八日(1921. 2. 15)	7	254
虞山谒松禅师墓	诗录 卷 7	26	虞山谒松禅师墓 民国十年正月十九日(1921. 2. 26)	7	254
谢生三十初度	诗录 卷 7	26	谢生三十初度	7	270
啬庵蜡梅(有序)	诗录 卷 7	26	啬庵腊梅(有序) 民国六年十二月二十九日(1918. 2. 10)	7	206
当涂奚生侗赠露香园绣奎宿象侑诗索书因和	诗录 卷 7	26	当涂奚生侗赠露香园绣奎宿象侑诗索书因和 民国十年二月二十六日(1921. 4. 4)	7	255
春晴忽雪	诗录 卷 7	27	春晴忽雪 民国十年正月二十二日(1921. 3. 1)	7	255
隔江	诗录 卷 7	27	隔江 民国九年七月初九日(1920. 8. 22)	7	248
曹公亭	诗录 卷 7	27	曹公亭	7	253

续 表

《张季子九录》			《张謇全集》2012年版		
篇 名	录别 卷次	页码	篇 名	卷次	页码
香南雅集图长卷卷浣华物图浣华事作图者四人作诗文词者十八人题字者一人无所雷鸣矣别作此诗答浣华相属之意	诗录 卷7	27	香南雅集图长卷卷浣华物图浣华事作图者四人作诗文词者十八人题字者一人无所雷鸣矣别作此诗答浣华相属之意	7	253
啖莼生悼亡	诗录 卷7	27	啖莼生悼亡	7	253—254
山阳徐宾华诗存	诗录 卷7	27	山阳徐宾华诗存 民国九年六月二十五日(1920.8.9)	7	247
蒨蒨行赠程郎	诗录 卷7	27—28	蒨蒨行赠程郎 民国九年十月(1920.11～12)	7	250—251
赠静园	诗录 卷7	28	赠静园	7	251
题庄蘩诗书楚词	诗录 卷7	28	题庄蘩诗书楚词	7	251—252
卢知事以调去通临行惓然索诗为别因赋	诗录 卷7	28—29	卢知事以调去通临行惓然索诗为别因赋	7	252
寿饶宓僧母	诗录 卷7	29	寿饶宓僧母	7	252
退翁重新西寺为次子荐福落成为赋	诗录 卷7	29	退翁重新西寺为次子荐福落成为赋	7	252—253
融孙周晬口号	诗录 卷7	29	融孙周晬口号 民国十年五月(1921.6～7)	7	258
避暑林溪	诗录 卷7	29	避暑林溪 民国十年六七月间(1921.7～9)	7	260

续 表

《张季子九录》			《张謇全集》2012年版		
篇　名	录别　卷次	页码	篇　名	卷次	页码
池上垂柳拟古	诗录 卷7	29	池上垂柳拟古 民国十年六月(1921.7～8)	7	260—261
池上看鸳鸯	诗录 卷7	29	池上看鸳鸯	7	261
六月十八日夜林溪精舍待月	诗录 卷7	29	六月十八日夜林溪精舍待月 民国十年六月十八日(1921.7.22)	7	260
衰年	诗录 卷7	29—30	衰年 民国十年六七月间(1921.7～9)	7	260
张今颇八十生日	诗录 卷7	30	张今颇八十生日 民国十年十二月二十日(1922.1.17)	7	268
朝鲜金居士赴至年八十七矣衰而歌之	诗录 卷7	30	朝鲜金居士赴至年八十七矣衰而歌之 民国十一年正月二十六日(1922.2.22)	7	278—279
题遗像诗	诗录 卷7	30	题雪宧遗像诗 民国十年六月初三日(1921.7.7)	7	259
午梦	诗录 卷7	30	午梦	7	262
题庄代使祖画像	诗录 卷7	30	题庄代使祖画像 民国九年正月初六日(1920.2.25)	7	239
陈生为其尊人七十征诗	诗录 卷7	31	陈生为其尊人七十征诗 民国八年八月初九日(1919.10.2)	7	223

续 表

《张季子九录》			《张謇全集》2012年版		
篇　名	录别　卷次	页码	篇　名	卷次	页码
书会真记后箴元微之六首	诗录 卷7	31	书会真记后箴元微之六首 民国八年六月二十九日(1919.7.26)	7	221—222
佳人	诗录 卷7	31	佳人	7	222
自题四十四岁小像	诗录 卷7	31	自题四十四岁小像 民国十年八月十四日(1921.9.15)	7	265
小雪	诗录 卷7	31	小雪 民国十年十二月十七日(1922.1.14)	7	267
介山楼喜雪	诗录 卷7	31	介山楼喜雪 民国十年十二月十八日(1922.1.15)	7	267
怀人	诗录 卷7	31	怀人 民国十一年二月(1922.2～3)	7	280
题像	诗录 卷7	31—32	题雪宧像诗 民国十年七月初四日(1921.8.7)	7	261
八月十一日雪君生忌设奠	诗录 卷7	32	八月十一日雪君生忌设奠 民国十年八月十一日(1921.9.12)	7	264
淮东大水谣十首	诗录 卷7	32	淮东大水谣十首 民国十年八月(1921.9)	7	264—265
惜忆四十八截句	诗录 卷7	32—34	惜忆四十八截句 民国十年冬至十一年春(1921年冬～1922春)	7	271—276

续 表

《张季子九录》			《张謇全集》2012年版		
篇　名	录别　卷次	页码	篇　名	卷次	页码
曼寿堂	诗录 卷7	34	曼寿堂 民国十年十一月二十五日(1921.12.23)	7	267
自民国十一年壬戌讫十二年癸亥					
十一年一月一日	诗录 卷8	1	十一年一月一日 民国十年十二月初四日(1922.1.1)	7	267
壬戌夏历元日	诗录 卷8	1	壬戌夏历元日 民国十一年正月初二日(1922.1.29)	7	276
元夜对月意有万感	诗录 卷8	1	元夜对月意有万感 民国十一年正月十五日(1922.2.11)	7	277
垦牧乡歌	诗录 卷8	1	垦牧乡歌 民国十年三月二十日(1921.4.27)	7	256—257
垦牧乡高等小学校歌	诗录 卷8	1	垦牧乡高等小学校歌 民国十年三月二十日(1921.4.27)	7	257
女师范校歌	诗录 卷8	1	女师范校歌 民国九年(1920)	7	253
食芹而美赋之	诗录 卷8	1	食芹而美赋之 民国十一年二月十二日(1922.3.10)	7	279
曼寿堂前移松	诗录 卷8	1—2	曼寿堂前移松	7	255
雪君百日	诗录 卷8	2	雪君百日 民国十年八月十三日(1921.9.14)	7	265

续 表

《张季子九录》			《张謇全集》2012年版		
篇 名	录别 卷次	页码	篇 名	卷次	页码
新坟	诗录 卷8	2	新坟 民国十年九月十五日 (1921.10.15)	7	266
归垞看花杂兴	诗录 卷8	2	归垞看花杂兴 民国十年三月十八日 (1921.4.25)	7	256
墅行	诗录 卷8	2	野行 民国十年三月十八日 (1921.4.25)	7	256
慕畴堂西院牡丹	诗录 卷8	2	慕畴堂西院牡丹 民国十年三月十八日 (1921.4.25)	7	256
观雨与众堂	诗录 卷8	2—3	观雨与众堂 民国十年五月二十六日(1921.7.1)	7	258
与健庵坐与众堂观雨健庵诗先成因和	诗录 卷8	3	与健庵坐与众堂观雨健庵诗先成因和 民国十年五月二十六日(1921.7.1)	7	258
与健庵烈卿泛舟濠上烈卿度曲并和观雨诗因引李委与东坡事索诗为酬	诗录 卷8	3	与健庵烈卿泛舟濠上烈卿度曲并和观雨诗因引李委与东坡事索诗为酬 民国十年六月初二日 (1921.7.6)	7	258
今日	诗录 卷8	3	今日	7	259
各校营教练运动歌	诗录 卷8	3	各校营教练运动歌 民国十一年五月 (1922.5～6)	7	280—281

续 表

《张季子九录》			《张謇全集》2012 年版		
篇　名	录别　卷次	页码	篇　名	卷次	页码
千龄观自酬词八首	诗录 卷 8	3	千龄观自酬词八首	7	292
贯恂属题所画佛像会有所触成四言诗一章	诗录 卷 8	4	贯恂属题所画佛像会有所触成四言诗一章	7	295
施浣华画观音像于观音院(有序)	诗录 卷 8	4	施浣华画观音像于观音院(有序)	7	305—306
题铁厓女士画册(有序)	诗录 卷 8	4—5	题铁厓女士画册(有序) 民国十一年六月(1922.7～8)	7	282—283
陈生请为诗寿其母五十	诗录 卷 8	5	陈生请为诗寿其母五十	7	296
舞两生篇喜梅欧两生能以意复古燕舞而赋	诗录 卷 8	5	舞两生篇喜梅欧两生能以意复古燕舞而赋 民国十一年正月初五日(1922.2.1)	7	276—277
为高生寿父母	诗录 卷 8	5—6	为高生寿父母	7	295
蚊	诗录 卷 8	6	蚊 民国十一年四月十二日(1922.5.8)	7	280
惜梅垞	诗录 卷 8	6	惜梅垞 民国十年七月二十七日(1921.8.30)	7	263
书人悼亡吟后	诗录 卷 8	6	书人悼亡吟后 民国十一年二月(1922.2～3)	7	279
日晚	诗录 卷 8	6	日晚 民国十一年正月二十九日(1922.2.25)	7	279

续 表

《张季子九录》			《张謇全集》2012年版		
篇　名	录别　卷次	页码	篇　名	卷次	页码
清道光癸卯金陵六叟合画松石石作笋形汤贞愍笔也	诗录 卷8	6	清道光癸卯金陵六叟合画松石石作笋形汤贞愍笔也	7	295
送予倩率伶生之汉口	诗录 卷8	6	送予倩率伶生之汉口 民国十一年六月初二日(1922.7.25)	7	281
题冯宴海红雪词	诗录 卷8	6	题冯宴海红雪词	7	427
重九集友与退翁会饮东奥山庄	诗录 卷8	6	重九集友与退翁会饮东奥山庄 民国十一年九月初九日(1922.10.28)	7	285
落日(九月十五归自吕四途中)	诗录 卷8	6—7	落日(九月十五归自吕四途中) 民国十一年九月十五日(1922.11.3)	7	285
九月十六夜望月	诗录 卷8	7	九月十六夜望月 民国十一年九月十六日(1922.11.4)	7	285
月华吟	诗录 卷8	7	月华吟 民国十一年九月十六日(1922.11.4)	7	285—286
辞晋授勋一位作诤诗九章	诗录 卷8	7	辞晋授勋一位作诤诗九章 民国十一年九月二十七日(1922.11.15)	7	286—287
书中干蝴蝶二首	诗录 卷8	7—8	书中干蝴蝶二首	7	287
秋意	诗录 卷8	8	秋意	7	287

续 表

《张季子九录》			《张謇全集》2012 年版		
篇　名	录别　卷次	页码	篇　名	卷次	页码
十月三日吴生眉孙至邀同沧江星南烈卿小集观万流亭烈卿先有长律因赋	诗录 卷 8	8	十月三日吴生眉孙至邀同沧江星南烈卿小集观万流亭烈卿先有长律因赋 民国十一年十月初三日(1922.11.21)	7	288
题厉骇谷白华山人诗集	诗录 卷 8	8	题厉骇谷白华山人诗集	7	296
去二十八牙本	诗录 卷 8	8	去二十八牙本 民国十一年(1922)	7	291—292
应淮僧慧之续湖上留题录	诗录 卷 8	8—9	应淮僧慧之续湖上留题录	7	295—296
折枝红梅	诗录 卷 8	9	折枝红梅	7	286
寿顾少川母	诗录 卷 8	9	寿顾少川母	7	290
霜月	诗录 卷 8	9	霜月 民国十一年十一月十三日(1922.12.30)	7	290
沈四兄乙盦曾植挽词四首(有序)	诗录 卷 8	9—10	沈四兄乙盦曾植挽词四首(有序) 民国十一年十月(1922.11～12)	7	288—289
七道岭哀朝阳高生也(有序)	诗录 卷 8	10	七道岭哀朝阳高生也(有序)	7	289
汽车陷	诗录 卷 8	10	汽车陷 民国十一年十二月二十九日(1923.2.14)	7	290—291

续 表

《张季子九录》			《张謇全集》2012 年版		
篇 名	录别 卷次	页码	篇 名	卷次	页码
小除夕雷	诗录 卷 8	11	小除夕雷 民国十一年十二月二十九日(1923. 2. 14)	7	291
题会稽何烈妇遗札	诗录 卷 8	11	题会稽何烈妇遗札 民国十一年正月十六日(1922. 2. 12)	7	278
寿蔡生母七十	诗录 卷 8	11	寿蔡生母七十	7	278
癸亥岁朝	诗录 卷 8	11	癸亥岁朝 民国十二年正月初一(1923. 2. 16)	7	296
此君亭	诗录 卷 8	11	此君亭	7	296
正月庭梅盛开以诗寄人	诗录 卷 8	11	正月庭梅盛开以诗寄人 民国十二年正月(1923. 2～3)	7	296
书性命圭旨后	诗录 卷 8	11—12	书性命圭旨后 民国十二年正月二十八日(1923. 3. 15)	7	297
丝鱼港	诗录 卷 8	12	丝鱼港 民国十二年二月二十二日(1923. 4. 7)	7	297
江堤曲	诗录 卷 8	12	江堤曲	7	297
上巳日雨	诗录 卷 8	12	上巳日雨 民国十二年三月初三日(1923. 4. 18)	7	298

续 表

《张季子九录》			《张謇全集》2012年版		
篇　名	录别　卷次	页码	篇　名	卷次	页码
四月一日师范学校廿周年纪念	诗录 卷8	12	四月一日师范学校廿周年纪念 民国十二年四月初一日(1923.5.16)	7	302
林风以影像见寄到时四月十六日也率纪以诗	诗录 卷8	12	林风以影像见寄到时四月十六日也率纪以诗 民国十二年四月十六日(1923.5.31)	7	302
不然	诗录 卷8	12	不然 民国十二年四月十六日(1923.5.31)	7	303
手植木瓜乍盛有花	诗录 卷8	12—13	手植木瓜乍盛有花	7	303
葛君置酒城西招同退翁烈卿看牡丹	诗录 卷8	13	葛君置酒城西招同退翁烈卿看牡丹 民国十二年三月(1923.4～5)	7	300—301
咏絮楼主以西青散记落花诗痛惜娇红未忍攀语成辘轳体诗见示以广义推其终始为进一解	诗录 卷8	13	咏絮楼主以西青散记落花诗痛惜娇红未忍攀语成辘轳体诗见示以广义推其终始为进一解 民国十二年四月二十五日(1923.6.9)	7	303
赠袁生	诗录 卷8	13	赠袁生 民国十二年三月十四日(1923.4.29)	7	298
柳絮	诗录 卷8	13	柳絮	7	299

续 表

《张季子九录》			《张謇全集》2012年版		
篇　名	录别　卷次	页码	篇　名	卷次	页码
庭中朱藤开几匝月姚光冶色灿烂殆不可状诗以张之	诗录 卷8	13—14	庭中朱藤开几匝月姚光冶色灿烂殆不可状诗以张之 民国十二年三月十五日(1923.4.30)	7	298—299
春江鱼泛歌	诗录 卷8	14	春江鱼汛歌 民国十二年三月二十三日(1923.5.8)	7	299
两翁行	诗录 卷8	14	两翁行 民国十二年三月二十四日(1923.5.9)	7	299
至垦牧乡周视海上示与事诸子	诗录 卷8	14	至垦牧乡周视海上示与事诸子 民国十二年三月二十八日(1923.5.13)	7	300
不寐	诗录 卷8	14—15	不寐	7	300
移种枸杞	诗录 卷8	15	移种枸杞	7	300
有感	诗录 卷8	15	有感 民国十二年末(1924.1～2)	7	323
重有感	诗录 卷8	15	重有感 民国十二年末(1924.1～2)	7	323
江都王君索题同光诸贤手札	诗录 卷8	15	江都王君索题同光诸贤手札	7	323—324
小池	诗录 卷8	15	小池 民国十二年四月十三日(1923.5.28)	7	302

续 表

《张季子九录》			《张謇全集》2012年版		
篇　名	录别　卷次	页码	篇　名	卷次	页码
竹孙画儿女团圞小帧意致绝佳竹孙与余游久身后又为营南山之墓而藏其画绝少乃以三银币得之题诗于上即名之曰儿女团圞图	诗录 卷8	15	竹孙画儿女团圞小帧意致绝佳竹孙与余游久身后又为营南山之墓而藏其画绝少乃以三银币得之题诗于上即名之曰儿女团圞图 民国八年闰七月二十七日(1919.9.20)	7	223
无锡赵先生孙女归俞氏有子名彬蔚学成任某职以母寿七十求诗为赋一律	诗录 卷8	15	无锡赵先生孙女归俞氏有子名彬蔚学成任某职以母寿七十求诗为赋一律 民国八年十二月十五日(1920.2.4)	7	236
巴人张琴以清诸生游学于通习纺织勤而善画佳士也卒业归数月瘵死闻而哀之	诗录 卷8	15—16	巴人张琴以清诸生游学于通习纺织勤而善画佳士也卒业归数月瘵死闻而哀之 民国八年十二月十六日(1920.2.5)	7	237
题画绣	诗录 卷8	16	题画绣 民国八年十二月(1920.1～2)	7	237
龚伯子营堤北培原区筑璧亭因事莅游	诗录 卷8	16	龚伯子营堤北培原区筑璧亭因事莅游 民国十二年四月(1923.5～6)	7	301
鸦鹊二首	诗录 卷8	16	鸦鹊二首	7	305
挈扬缵融三孙上冢过邱氏宅	诗录 卷8	16	挈扬缵融三孙上冢过邱氏宅	7	302

续　表

《张季子九录》			《张謇全集》2012年版		
篇　名	录别　卷次	页码	篇　名	卷次	页码
王君家襄先德百岁生忌征诗昔顾亭林亦尝为丁贡士亡考衢州君生日作诗其叙有云生日设祭而谓之生忌礼乎于其既亡而事如生礼虽先王未之有可以义起也与仆说正合为诗寄王	诗录 卷8	16	王君家襄先德百岁生忌征诗昔顾亭林亦尝为丁贡士亡考衢州君生日作诗其叙有云生日设祭而谓之生忌礼乎于其既亡而事如生礼虽先王未之有可以义起也与仆说正合为诗寄王	7	322
观汪氏所藏翁文恭与郎亭侍郎手札(有序)	诗录 卷8	16—17	观汪氏所藏翁文恭与郎亭侍郎手札(有序)	7	322—323
新华车	诗录 卷8	17	新华车 民国十二年五月十九日(1923.7.2)	7	304—305
建福火	诗录 卷8	17	建福火 民国十二年五月十九日(1923.7.2)	7	304
临城票	诗录 卷8	17—18	临城票	7	303—304
苦雨	诗录 卷8	18	苦雨	7	305
潘汪八十寿	诗录 卷8	18	潘汪八十寿	7	305
耐园雅集图为欣翁作	诗录 卷8	18	耐园雅集图为欣翁作 民国九年四月二十日(1920.6.6)	7	242
邹学轩前小池二首	诗录 卷8	18	邹学轩前小池二首 民国十年十二月三十日(1922.1.27)	7	268

续 表

《张季子九录》			《张謇全集》2012年版		
篇　名	录别　卷次	页码	篇　名	卷次	页码
喜融孙	诗录 卷8	18	喜融孙	7	268—269
人日见月	诗录 卷8	18	人日见月 民国十一年正月初七日(1922.2.3)	7	277
南楼听百舌	诗录 卷8	18	南楼听百舌	7	280
沤波生行赋诗勖之	诗录 卷8	18	沤波生行赋诗勖之	7	280
赠谭郎二首	诗录 卷8	18—19	赠谭郎二首(有叙) 民国十二年农历六月初十日(1923.7.23)	7	306
属富英复演空城计赋赠	诗录 卷8	19	属富英复演空城计赋赠	7	306
寿王欣父夫妇(有序)	诗录 卷8	19	寿王欣父夫妇(有序) 民国十二年农历六月十二日(1923.8.2)	7	307
重缮苏来舫成七夕会客泛濠张乐赋二绝句	诗录 卷8	19	重缮苏来舫成七夕会客泛濠张乐赋二绝句 民国十二年七月初一日(1923.8.12)	7	307
七夕濠游后诗答坐客并示怡儿	诗录 卷8	19—20	七夕濠游后诗答坐客并示怡儿 民国十二年七月初七日(1923.8.18)	7	308
答人七夕	诗录 卷8	20	答人七夕	7	308

续 表

《张季子九录》			《张謇全集》2012年版		
篇 名	录别 卷次	页码	篇 名	卷次	页码
广李生	诗录 卷8	20	广李生	7	322
题周君月湖草堂图集元次山句	诗录 卷8	20	题周君月湖草堂图集元次山句	7	308
僧伽像赞	诗录 卷8	20	僧伽像赞	7	326—327
小筑南荣夜坐	诗录 卷8	20	小筑南荣夜坐	7	308
七月十五日夜月食后望月	诗录 卷8	20	七月十五日夜月食后望月 民国十二年七月十五日(1923.8.26)	7	309
庭树	诗录 卷8	21	庭树	7	309
吴昌硕八十生日征诗	诗录 卷8	21	吴昌硕八十生日征诗 民国十二年七月下旬(1923.9.上旬)	7	309
喜林风至	诗录 卷8	21	喜林风至 民国十一年九月初七日(1922.10.26)	7	284
送怡儿归重有感	诗录 卷8	21	送怡儿归重有感 民国十二年七月二十九日(1923.9.9)	7	309
寿许铸江母	诗录 卷8	21	寿许铸江母	7	309—310
中秋辅之招饮苏来舫无月	诗录 卷8	21	中秋辅之招饮苏来舫无月 民国十二年八月十五日(1923.9.25)	7	310

续　表

《张季子九录》			《张謇全集》2012年版		
篇　名	录别　卷次	页码	篇　名	卷次	页码
重九日与烈卿辅之保之同至如皋寿健庵六十生日	诗录 卷8	21—22	重九日与烈卿辅之保之同至如皋寿健庵六十生日 民国十二年九月十一日(1923.10.19)	7	311
喜健庵以素食饷客赋奉一诗	诗录 卷8	22	喜健庵以素食饷客赋奉一诗 民国十二年九月十一日(1923.10.20)	7	311
陈生招客为北濠之游	诗录 卷8	22	陈生招客为北濠之游	7	312
袁生为其母夫人绘夜课图征诗	诗录 卷8	22	袁生为其母夫人绘夜课图征诗 民国十二年农历九月初十日(1923.10.19)	7	310
濠上对月	诗录 卷8	22	濠上对月	7	313
梅郎三十	诗录 卷8	22	梅郎三十 民国十二年十月中下旬(1923.11～12)	7	313—314
浣华三十初度既寄三诗程艳秋徐碧云又为征诗再赋寄之	诗录 卷8	22—23	浣华三十初度既寄三诗程艳秋徐碧云又为征诗再赋寄之 民国十二年十月中下旬(1923.11～12)	7	314
后月华吟	诗录 卷8	23	后月华吟 民国十二年十月中下旬(1923.11～12)	7	314
阶下见寒蝶十百为群赋之	诗录 卷8	23	阶下见寒蝶十百为群赋之 民国十二年十月初二日(1923.11.9)	7	313

续 表

《张季子九录》			《张謇全集》2012年版		
篇 名	录别 卷次	页码	篇 名	卷次	页码
县人圮城为路	诗录 卷8	23	县人圮城为路 民国十二年十月初一日(1923. 11. 8)	7	312—313
讼雨	诗录 卷8	23	讼雨	7	314—315
白凤行	诗录 卷8	23—24	白凤行	7	315
释愁	诗录 卷8	24	释愁	7	315
题明陆文裕公书山居漫兴诗卷二首	诗录 卷8	24	题明陆文裕公书山居漫兴诗卷二首	7	315
嘉兴郭生起庭以素盦印存见示因赠	诗录 卷8	24	嘉兴郭生起庭以素盦印存见示因赠	7	316
小虫	诗录 卷8	24	小虫 民国十二年十月初五日(1923. 11. 22)	7	313
妆阁	诗录 卷8	24	妆阁	7	322
占尽	诗录 卷8	24	世间	7	217
贯恂约同烈卿楚秋饶生位思保之作消寒会	诗录 卷8	24	贯恂约同烈卿楚秋饶生位思保之作消寒会 民国十二年十一月(1923. 12～1924. 1)	7	316
为农	诗录 卷8	24	为农 民国十三年十一月(1924. 11～12)	7	365

续 表

《张季子九录》			《张謇全集》2012年版		
篇　名	录别　卷次	页码	篇　名	卷次	页码
调陈翁	诗录 卷8	25	调陈翁 民国十二年十一月初三日(1923.12.10)	7	316
和陈翁答诗次前韵	诗录 卷8	25	和陈翁答诗次前韵 民国十二年十月初四日(1923.12.11)	7	316—317
中隐园消寒第二集	诗录 卷8	25	中隐园消寒第二集 民国十二年十月初四日(1923.12.11)	7	317
千龄观看雪	诗录 卷8	25	千龄观看雪	7	317
南楼雪后王君消寒第二集	诗录 卷8	25	南楼雪后王君消寒第二集	7	317—318
嘉袁生(有序)	诗录 卷8	25—26	嘉袁生(有序)	7	318
客散	诗录 卷8	26	客散	7	318
寒月	诗录 卷8	26	寒月	7	318
十一月十六日冬至适然亭消寒第三集	诗录 卷8	26	十一月十六日冬至适然亭消寒第三集 民国十二年十一月十六日(1923.12.23)	7	318—319
续消寒第三集和烈卿韵	诗录 卷8	26	续消寒第三集和烈卿韵 民国十二年十一月十六日(1923.12.23)	7	319
刘杏生为其祖母求诗	诗录 卷8	26	刘杏生为其祖母求诗	7	319

续　表

《张季子九录》			《张謇全集》2012年版		
篇　名	录别　卷次	页码	篇　名	卷次	页码
题吴保初先世潞河话别图卷	诗录 卷8	26	题吴保初先世潞河话别图卷	7	319
池上老人诗卷	诗录 卷8	26—27	池上老人诗卷	7	319
卜雪	诗录 卷8	27	卜雪	7	320
寄人大宛蒲萄哈蜜瓜新疆杨督所寄也	诗录 卷8	27	寄人大宛蒲萄哈蜜瓜新疆杨督所寄也 民国十二年十二月二十二日(1924.1.27)	7	322
古松松贞庵所有数百年物也	诗录 卷8	27	古松松贞庵所有数百年物也 民国十二年十一月二十九日(1924.1.5)	7	320
李生将至京师学于缀玉轩主同人即中隐园设饯赋诗因以勖之	诗录 卷8	27	李生将至京师学于缀玉轩主同人即中隐园设饯赋诗因以勖之 民国十二年十一月二十三日(1923.12.30)	7	320
蜡梅著花甚繁小鸟十姊妹者日啅其蕾若以为食者适见成二截句	诗录 卷8	27	蜡梅着花甚繁小鸟十姊妹者日啅其蕾若以为食者适见成二截句	7	320
烈卿得女孙汤饼会	诗录 卷8	27	烈卿得女孙汤饼会	7	321
题杨令茀董小宛病影图	诗录 卷8	27	题杨令茀董小宛病影图	7	321
观浣华洛神剧	诗录 卷8	27	观浣华洛神剧 民国十二年十二月初十日(1924.1.15)	7	321

续 表

《张季子九录》			《张謇全集》2012年版		
篇 名	录别 卷次	页码	篇 名	卷次	页码
沪上近所见闻	诗录 卷8	28	沪上近所见闻	7	324
适晤浣华旋别	诗录 卷8	28	适晤浣华旋别	7	324
哀俞训渊(有序)	诗录 卷8	28	哀俞训渊(有序)	7	324
民国十三年甲子					
民国十三年甲子丙寅一日立春甲子历之始正月岁之始立春时之始言天者以为有治平之望也志而俟之	诗录 卷9	1	民国十三年甲子丙寅一日立春甲子历之始正月岁之始立春时之始言天者以为有治平之望也志而俟之 民国十三年正月初一日(1924.2.5)	7	325
元日两得怡儿海外讯	诗录 卷9	1	元日两得怡儿海外讯 民国十三年正月(1924.2)	7	326
春意	诗录 卷9	1	春意	7	329
热水瓶(有序)	诗录 卷9	1	热水瓶(有序)	7	330
至沪示袁生	诗录 卷9	1	至沪示袁生	7	330
缪生馈其家人所制野荸荠粉并种赋二截为谢	诗录 卷9	1	缪生馈其家人所制野荸荠粉并种赋二截为谢	7	330
李济生采芝小像	诗录 卷9	1	李济生采芝小像 民国十三年正月十九日(1924.2.23)	7	327

续 表

《张季子九录》			《张謇全集》2012年版		
篇　名	录别　卷次	页码	篇　名	卷次	页码
秦润卿僧服小像	诗录 卷9	1	秦润卿僧服小像 民国十三年正月十九日(1924.2.23)	7	327
盛竹书影像	诗录 卷9	2	盛竹书影像 民国十三年正月十九日(1924.2.23)	7	327
消寒第四集烈卿诗先成因和	诗录 卷9	2	消寒第四集烈卿诗先成因和 民国十三年正月初六日(1924.2.10)	7	326
习生置酒适然亭续消寒第四集	诗录 卷9	2	习生置酒适然亭续消寒第四集 民国十三年正月初六日(1924.2.10)	7	326
千龄观消寒第五集闻粤事稍平	诗录 卷9	2	千龄观消寒第五集闻粤事稍平 民国十三年正月二十七日(1924.3.2)	7	328
十二月十五日憖甫于适然亭续消寒第五集	诗录 卷9	2	十二月十五日憖甫于适然亭续消寒第五集 民国十二年十二月十五日(1924.1.20)	7	321
十二月十五日月	诗录 卷9	2	十二月十五日月	7	321—322
楚秋于城东水石幽居为消寒第六集	诗录 卷9	2	楚秋于城东水石幽居为消寒第六集 民国十三年二月初八日(1924.3.12)	7	331
碻髯翁来因为味雪斋消寒第七集	诗录 卷9	2—3	碻髯翁来因为味雪斋消寒第七集 民国十三年正月二十六日(1924.3.1)	7	328

续 表

《张季子九录》			《张謇全集》2012 年版		
篇　名	录别　卷次	页码	篇　名	卷次	页码
南生适然亭续消寒第七集	诗录 卷 9	3	南生适然亭续消寒第七集	7	329
饶生乍归溯沂于适然亭又续消寒第七集	诗录 卷 9	3	饶生乍归溯沂于适然亭又续消寒第七集	7	329
谢习生贵刀鱼	诗录 卷 9	3	谢习生贵刀鱼	7	330
社日鹿笙烈卿往掘港赋赠鹿笙示烈卿	诗录 卷 9	3	社日鹿笙烈卿往掘港赋赠鹿笙示烈卿	7	330
狼山大圣像	诗录 卷 9	3	狼山大圣像 民国十三年正月十九日(1924.2.23)	7	327—328
中隐园消寒第八集	诗录 卷 9	3—4	中隐园消寒第八集 民国十三年正月二十八日(1924.3.3)	7	329
续消寒第八集	诗录 卷 9	4	续消寒第八集	7	329
花朝日同诸君林溪精舍消寒第九集	诗录 卷 9	4	花朝日同诸君林溪精舍消寒第九集 民国十三年二月十二日(1924.3.16)	7	331—332
章君于其五松别业续消寒第九集	诗录 卷 9	4	章君于其五松别业续消寒第九集 民国十三年二月十三日(1924.3.17)	7	332
花朝前夕月	诗录 卷 9	4	花朝前夕月 民国十三年二月十一日(1924.3.15)	7	331
中隐园牡丹盛大胜前烈卿召客听歌赋诗	诗录 卷 9	4—5	中隐园牡丹盛大胜前烈卿召客听歌赋诗	7	338

续 表

《张季子九录》			《张謇全集》2012年版		
篇 名	录别 卷次	页码	篇 名	卷次	页码
山茶	诗录 卷9	5	山茶(二)	7	338
对花适有感	诗录 卷9	5	对花适有感	7	338
晨起行园	诗录 卷9	5	晨起行园	7	332
伯英和余吴船谣特研妙余昔称其文耳不知其工诗也赠诗以坚其自信	诗录 卷9	5	伯英和余吴船谣特研妙余昔称其文耳不知其工诗也赠诗以坚其自信	7	333
寿百岁陆翁于千龄观	诗录 卷9	5	寿百岁陆翁于千龄观 民国十三年二月十五日(1924.3.19)	7	333
退翁赎先大父幼年家金沙时为人剥蚀之田建先茔祠与塾计一百二十年矣落成率同谒告恭赋排律二十六韵	诗录 卷9	5—6	退翁赎先大父幼年家金沙时为人剥蚀之田建先茔祠与塾计一百二十年矣落成率同谒告恭赋排律二十六韵 民国十三年二月二十四日(1924.3.28)	7	333—334
冯生振之遣人送映山红至寄谢以诗	诗录 卷9	6	冯生振之遣人送映山红至寄谢以诗	7	339
寄健庵讯病	诗录 卷9	6	寄健庵讯病	7	339
与鹿笙烈卿公园看花之次日复同至天生果园看桃花	诗录 卷9	6	与鹿笙烈卿公园看花之次日复同至天生果园看桃花 民国十三年三月(1924.4～5)	7	337—338

续 表

《张季子九录》			《张謇全集》2012 年版		
篇　名	录别　卷次	页码	篇　名	卷次	页码
归扶海垞春祭啬庵斋前梅树落英无数怀人感物怅然于诗	诗录 卷 9	6	归扶海垞春祭啬庵斋前梅树落英无数怀人感物怅然于诗	7	336
感所见	诗录 卷 9	6	感所见	7	336
清明梅垞诸女弟子来游罗范二生有诗因示	诗录 卷 9	6—7	清明梅垞诸女弟子来游罗范二生有诗因示 民国十三年三月初二日(1924.4.5)	7	335
导诸君观梅垞因为修禊之饮同作	诗录 卷 9	7	导诸君观梅垞因为修禊之饮同作 民国十三年二月二十五日(1924.3.29)	7	334
冯振之哀词	诗录 卷 9	7	冯振之哀词	7	339
彦殊归自京师所为诗孟晋惟其贫可念上巳邀饮以诗慰之诗顾何与于贫也	诗录 卷 9	7	彦殊归自京师所为诗孟晋惟其贫可念上巳邀饮以诗慰之诗顾何与于贫也 民国十三年三月初三日(1924.4.6)	7	335
徐郝夫人七十	诗录 卷 9	7	徐郝夫人七十	7	336
题琼华画屏之一	诗录 卷 9	7—8	题琼华画屏之一	7	336
又题其一	诗录 卷 9	8	又题其一	7	336
垞夜	诗录 卷 9	8	垞夜	7	336

续 表

《张季子九录》			《张謇全集》2012年版		
篇 名	录别 卷次	页码	篇 名	卷次	页码
观缆港坍江港沦于江久今特名存耳	诗录 卷9	8	观缆港坍江港沦于江久今特名存耳	7	349—350
笑示客	诗录 卷9	8	笑示客	7	350
山茶	诗录 卷9	8	山茶(一)	7	338
明周东村画祝允明遗像	诗录 卷9	8	明周东村画祝允明遗像	7	336—337
庭前山茶二红者今年盛开多至百三十余朵而犹未已浅绯者寥寥三数花耳而特大瞻玩其下诗以讯之	诗录 卷9	8	庭前山茶二红者今年盛开多至百三十余朵而犹未已浅绯者寥寥三数花耳而特大瞻玩其下诗以讯之	7	338—339
烈卿赠白燕修善驯黠可喜顷晨为邻猫所噬叹悼系之	诗录 卷9	8—9	烈卿赠白燕修善驯黠可喜顷晨为邻猫所噬叹悼系之 民国十三年三月二十六日(1924.4.29)	7	340
赠鹿笙	诗录 卷9	9	赠鹿笙	7	341
罗生以吾失白燕举其素畜之双燕为赠谓以澹懊丧慰岑寂也为记长句	诗录 卷9	9	罗生以吾失白燕举其素畜之双燕为赠谓以澹懊丧慰岑寂也为记长句 民国十三年三月二十七日(1924.4.30)	7	340—341
中隐园看牡丹	诗录 卷9	9	中隐园看牡丹 民国十三年三月二十二日(1924.4.25)	7	337

续 表

《张季子九录》			《张謇全集》2012 年版		
篇 名	录别 卷次	页码	篇 名	卷次	页码
邀客看国秀坛牡丹	诗录 卷 9	9—10	邀客看国秀坛牡丹 民国十三年三月二十四日(1924.4.27)	7	339
芒种中濠南闻百舌	诗录 卷 9	10	芒种中濠南闻百舌	7	341
帕腹古齐裆也	诗录 卷 9	10	帕腹古齐裆也	7	341
林颦卿索赠	诗录 卷 9	10	林颦卿索赠 民国十三年四月初七日(1924.5.10)	7	342
蚕豆	诗录 卷 9	10	蚕豆	7	341
豌豆	诗录 卷 9	10	豌豆	7	341
题怡儿使归诗稿后	诗录 卷 9	10	题怡儿使归诗稿后 民国十三年三月(1924.4～5)	7	335
题扇赠金坛王生	诗录 卷 9	10	题扇赠金坛王生	7	342
观剧	诗录 卷 9	10	观剧 民国十三年(1924)	7	342
为农戏效拗体	诗录 卷 9	10—11	为农戏效拗体	7	342
林风馈角黍清酱	诗录 卷 9	11	林风馈角黍清酱 民国十三年四月初七日(1924.5.10)	7	342
嘲两侯	诗录 卷 9	11	嘲两侯	7	342—343

续 表

《张季子九录》			《张謇全集》2012年版		
篇　名	录别　卷次	页码	篇　名	卷次	页码
怡儿数应人讲说之请因示	诗录卷9	11	怡儿数应人讲说之请因示	7	343
坡桥偃石	诗录卷9	11	坡桥偃石	7	343
狼山懒妇花白而繁乡人云子可制粉	诗录卷9	11	狼山懒妇花白而繁乡人云子可制粉	7	343
志赵太夫人七十	诗录卷9	11	志赵太夫人七十	7	343
星南以长诗谢鲥鱼之饷奉和	诗录卷9	11—12	星南以长诗谢鲥鱼之饷奉和	7	344
雨后小池侧蔷薇橙花零落满地伫视喟然	诗录卷9	12	雨后小池侧蔷薇橙花零落满地伫视喟然	7	344
松花粉	诗录卷9	12	松花粉	7	344
淮安钱子策安去年临城道中为盗所卤知好营救历五十日始出复大病顷来忧患之余精采稍烁矣置酒相庆慰以长歌	诗录卷9	12	淮安钱子策安去年临城道中为盗所卤知好营救历五十日始出复大病顷来忧患之余精采稍烁矣置酒相庆慰以长歌	7	344—345
与退翁约同吕刘诸君同游钟秀山寺为瞿知事作生日	诗录卷9	12	与退翁约同吕刘诸君同游钟秀山寺为瞿知事作生日 民国十三年五月初二日(1924.6.3)	7	345
黄张夫人六十	诗录卷9	12—13	黄张夫人六十	7	345

续 表

《张季子九录》			《张謇全集》2012 年版		
篇　名	录别　卷次	页码	篇　名	卷次	页码
五日宴客泛舟至先室墓止客有以是日生者	诗录 卷 9	13	五日宴客泛舟至先室墓止客有以是日生者 民国十三年五月初五日(1924.6.6)	7	346
四五月所见蝶	诗录 卷 9	13	四五月所见蝶 民国十三年五月初六日(1924.6.7)	7	346
中隐图看五宝杜鹃	诗录 卷 9	13	中隐图看五宝杜鹃 民国十三年五月初三日(1924.6.4)	7	345—346
城南女师范校廿周纪念会感赋写付罗范二主任存校亦他年之纪念也	诗录 卷 9	13	城南女师范校廿周纪念会感赋写付罗范二主任存校亦他年之纪念也 民国十五年三月初六日(1926.4.17)	7	411
罗生为其父母六十生日征诗	诗录 卷 9	13	罗生为其父母六十生日征诗	7	411
杨圻谥妻记题后	诗录 卷 9	13—14	杨圻谥妻记题后 民国十四年十二月二十八日(1926.2.10)	7	405
小李港	诗录 卷 9	14	小李港	7	346
吕唐二君夜集濠上成六韵	诗录 卷 9	14	吕唐二君夜集濠上成六韵	7	347
款缓行	诗录 卷 9	14	款缓行	7	347
鹿笙示所解烈卿嘲聋与乡语之诗达识洞然和而博其趣	诗录 卷 9	14	鹿笙示所解烈卿嘲聋与乡语之诗达识洞然和而博其趣	7	347

续 表

《张季子九录》			《张謇全集》2012年版		
篇　名	录别　卷次	页码	篇　名	卷次	页码
苏来舫	诗录 卷9	14	苏来舫	7	347
乍见萤	诗录 卷9	14	乍见萤	7	347
顾张夫人七十	诗录 卷9	14	顾张夫人七十	7	348
中国红十字会二十年祝典征诗因赋	诗录 卷9	15	中国红十字会二十年祝典征诗因赋 民国十二年(1923)	7	325
展端阳会前一日鹿笙同观所陈宋元明清人画钟馗像七十余轴归忽作欬聋患顿失次日见告笑语为贺	诗录 卷9	15	展端阳会前一日鹿笙同观所陈宋元明清人画钟馗像七十余轴归忽作欬聋患顿失次日见告笑语为贺 民国十三年五月初七日(1924.6.8)	7	348
中公园展端阳会集钟馗画像七十余轴为点缀物最古者止于南北宋元明亦有之清代最近故特多然画人见箸录者仅二十余名固不妄传传名亦正不易也属诸友为诗纪之因亦同作	诗录 卷9	15	中公园展端阳会集钟馗画像七十余轴为点缀物最古者止于南北宋元明亦有之清代最近故特多然画人见箸录者仅二十余名固不妄传传名亦正不易也属诸友为诗纪之因亦同作 民国十三年五月初七日(1924.6.8)	7	348—349
五月十四夜月	诗录 卷9	16	五月十四夜月 民国十一年闰五月十四日(1922.7.8)	7	281
月	诗录 卷9	16	月	7	350

续 表

《张季子九录》			《张謇全集》2012 年版		
篇 名	录别 卷次	页码	篇 名	卷次	页码
鬻字告终以诗记之	诗录 卷 9	16	鬻字告终以诗记之 民国十三年九月初一日(1924.9.29)	7	356
白兰花	诗录 卷 9	16	白兰花 清宣统元年六月初五日(1909.7.21)	7	144
六月四日大风雨一道折树覆屋闻某家树中一蛇震死长仅五尺许耳大噱成诗	诗录 卷 9	16	六月四日大风雨一道折树覆屋闻某家树中一蛇震死长仅五尺许耳大噱成诗 民国十四年六月初四日(1925.7.24)	7	389
观万流亭夜泛	诗录 卷 9	16	观万流亭夜泛	7	350
武昌客	诗录 卷 9	16	武昌客	7	350
汉柏	诗录 卷 9	16	汉柏 清光绪六年四月十五日(1880.5.23)	7	57
唐槐	诗录 卷 9	16	唐槐 清光绪六年四月(1880.5～6)	7	57
雨过	诗录 卷 9	17	雨过	7	351
歌者马雪芳求诗因作	诗录 卷 9	17	歌者马雪芳求诗因作	7	351
雪芳将返京师以诗贶之并怀浣华	诗录 卷 9	17	雪芳将返京师以诗贶之并怀浣华	7	351
雪芳为其妹秋芳求诗	诗录 卷 9	17	雪芳为其妹秋芳求诗	7	351

续 表

《张季子九录》			《张謇全集》2012年版		
篇 名	录别 卷次	页码	篇 名	卷次	页码
盆荷开辄成两嘲之	诗录 卷9	17	盆荷开辄成两嘲之	7	352
日本大仓八十八生日征诗因赋	诗录 卷9	17	日本大仓八十八生日征诗因赋	7	352
苦旱	诗录 卷9	17	苦旱	7	352
寿徐陆夫人六十	诗录 卷9	18	寿徐陆夫人六十	7	352
题某母图	诗录 卷9	18	题某母图	7	353
离人	诗录 卷9	18	离人 民国十三年七月初六日(1924.8.6)	7	353
寿许母九十	诗录 卷9	18	寿许母九十	7	353
曼寿堂七夕	诗录 卷9	18	曼寿堂七夕 民国十三年七月初七日(1924.8.7)	7	353
庭莲	诗录 卷9	18	庭莲	7	355
周子京清道光甲申画山水	诗录 卷9	18	周子京清道光甲申画山水	7	354
十六夜月	诗录 卷9	18	十六夜月 民国十一年六月十六日(1922.8.8)	7	281—282
孙琼华画观音像	诗录 卷9	18	孙琼华画观音像	7	355
叹雨	诗录 卷9	18—19	叹雨	7	359

续 表

《张季子九录》			《张謇全集》2012年版		
篇 名	录别 卷次	页码	篇 名	卷次	页码
中秋无月江南战事亦未止欲与鹿笙烈卿登南楼不果	诗录卷9	19	中秋无月江南战事亦未止欲与鹿笙烈卿登南楼不果 民国十三年八月十五日(1924.9.13)	7	355
示二歌者	诗录卷9	19	示二歌者	7	353
金小香索诗(有序)	诗录卷9	19	金小香所诗(有序) 民国十三年七月初七日(1924.8.7)	7	353—354
西林六咏	诗录卷9	19—20	西林六咏 民国十三年七月初八日(1924.8.8)	7	354
短柏	诗录卷9	20	短柏 民国十一年八月初四日(1922.9.24)	7	283
菊糕	诗录卷9	20	菊糕	7	286
题徐印士剡溪别棹图	诗录卷9	20	题徐印士剡溪别棹图 民国十三年八月二十日(1924.9.18)	7	355—356
鼓角	诗录卷9	20	鼓角	7	357
烈卿五十有诗示客因和	诗录卷9	20	烈卿五十有诗示客因和 民国十三年九月十四日(1924.10.12)	7	357
初七月	诗录卷9	20	初七月	7	356

续 表

《张季子九录》			《张謇全集》2012年版		
篇　名	录别　卷次	页码	篇　名	卷次	页码
介山楼晓起	诗录 卷9	20	介山楼晓起	7	359
终朝	诗录 卷9	20	终朝	7	360
落叶	诗录 卷9	21	落叶	7	360
我马楼饮客作重阳	诗录 卷9	21	我马楼饮客作重阳 民国十三年九月初九日(1924.10.7)	7	356
重九夜介山堂独坐望月	诗录 卷9	21	重九夜介山堂独坐望月 民国十四年九月初九日(1925.10.26)	7	398
移住梅垞	诗录 卷9	21	移住梅垞	7	359
如梦令(有序)	诗录 卷9	21	如梦令 民国十四年九月十二日(1925.10.29)	7	398
双十节海垞 民国十三年甲子	诗录 卷9	21	双十节海垞 民国十三年九月十二日(1924.10.10)	7	356
望姑峰 民国十三年甲子	诗录 卷9	21—22	望姑峰	7	357
晚步	诗录 卷9	22	晚步	7	357
沪渎	诗录 卷9	22	沪渎 民国十三年九月十五日(1924.10.13)	7	357

续 表

《张季子九录》			《张謇全集》2012 年版		
篇　名	录别　卷次	页码	篇　名	卷次	页码
催洁芬不至	诗录 卷 9	22	催洁芬不至	7	357
同县中诸人合宴瞿卢二知事	诗录 卷 9	22	同县中诸人合宴瞿卢二知事 民国十三年九月二十三日(1924.10.21)	7	358
吴巽沂自藏所画山深林密图卷	诗录 卷 9	22	吴巽沂自藏所画山深林密图卷 民国十三年九月(1924.9～10)	7	358
罗瘿公挽诗 民国十三年甲子	诗录 卷 9	22	罗瘿公挽诗 民国十三年(1924)	7	358
瘿公赴言程郎于其病至死任医药丧葬之费慷慨不少吝视世与人交而翻覆变易者何如寄诗美之	诗录 卷 9	22	瘿公赴言程郎于其病至死任医药丧葬之费慷慨不少吝视世与人交而翻覆变易者何如寄诗美之	7	358—359
橙	诗录 卷 9	23	橙	7	359
归垞祀先检校整理垞事	诗录 卷 9	23	归垞祀先检校整理垞事 民国十三年十一月二十五日(1924.12.21)	7	365—366
橙蟹	诗录 卷 9	23	橙蟹	7	359
十月二日以家庖移南楼饮客席散有诗呈高师并要诸君同作	诗录 卷 9	23	十月二日以家庖移南楼饮客席散有诗呈高师并要诸君同作 民国十四年十月初二日(1925.11.17)	7	401—402

续 表

《张季子九录》			《张謇全集》2012年版		
篇　名	录别　卷次	页码	篇　名	卷次	页码
十月五日同人看菊花于公园遂集适然亭小饮	诗录 卷9	23—24	十月五日同人看菊花于公园遂集适然亭小饮 民国十三年十月初五日(1924.11.1)	7	360
罗生前既谢世复闻畏庐之赴感悼为词	诗录 卷9	24	罗生前既谢世复闻畏庐之赴感悼为词	7	360
岑台独望	诗录 卷9	24	岑台独望	7	360—361
岑台	诗录 卷9	24	岑台	7	361
斯人	诗录 卷9	24	斯人	7	361
晨往金沙看沧园陈列张生所艺之菊午后观七市乡保卫团合操四十六韵	诗录 卷9	24—25	晨往金沙看沧园陈列张生所艺之菊午后观七市乡保卫团合操四十六韵 民国十三年十月二十一日(1924.11.17)	7	361—362
介山楼下芙蓉尚盛对之怅然	诗录 卷9	25	介山楼下芙蓉尚盛对之怅然	7	362
视渫洗钵泉工	诗录 卷9	25	视渫洗钵泉工	7	362
夜闻示吕刘二君	诗录 卷9	25	夜闻示吕刘二君	7	362
除圃	诗录 卷9	25	除圃	7	362
悼鹤咎司鹤者	诗录 卷9	25	悼鹤咎司鹤者	7	363

续 表

《张季子九录》			《张謇全集》2012 年版		
篇 名	录别 卷次	页码	篇 名	卷次	页码
营女校廊阜园亭成	诗录 卷 9	25	营女校廊阜园亭成	7	363
楚生与余昔与其尊人书札见示盖三十五年前物也仰俛平生怳然在目惟劣札至令人惭而楚生以先世之遗故且存焉其无足存也感题二截还之	诗录 卷 9	25—26	楚生与余昔与其尊人书札见示盖三十五年前物也仰俯平生恍然在目惟劣札至令人惭而楚生以先世之遗故且存焉其无足存也感题二截还之	7	363
视沧江病	诗录 卷 9	26	视沧江病	7	363
赤莲	诗录 卷 9	26	赤莲	7	363
题松鹤鸣琴图	诗录 卷 9	26	题松鹤鸣琴图	7	363
袁生娶于金氏求诗为赋二十四韵	诗录 卷 9	26	袁生娶于金氏求诗为赋二十四韵	7	363—364
归来篇四首	诗录 卷 9	26—27	归来篇四首	7	364—365
中馆	诗录 卷 9	27	中馆	7	365
我马楼绝句	诗录 卷 9	27	我马楼绝句 民国十四年四月十二日(1925. 5. 4)	7	384
宛在堂西杉柏	诗录 卷 9	27	宛在堂西杉柏	7	367
鬻字买鹤	诗录 卷 9	27	鬻字买鹤	7	366

续 表

《张季子九录》			《张謇全集》2012年版		
篇　名	录别　卷次	页码	篇　名	卷次	页码
介山楼寒月	诗录 卷9	27	介山楼寒月	7	366
独游	诗录 卷9	27—28	独游	7	367
独酌	诗录 卷9	28	独酌 民国十一年十二月十八日(1923.2.3)	7	290
寿赵贞女	诗录 卷9	28	寿赵贞女	7	367
汭堂月下	诗录 卷9	28	汭堂月下	7	367
宿倚锦楼梦中得句醒足成之	诗录 卷9	28	宿倚锦楼梦中得句醒足成之	7	367
哀黄生	诗录 卷9	28	哀黄生	7	367—368
莲溪僧婴戏图	诗录 卷9	28—29	莲溪僧婴戏图 民国十三年十二月十五日(1925.1.9)	7	368—369
芙蓉叹	诗录 卷9	29	芙蓉叹 民国十三年十二月十二日(1925.1.6)	7	368
罗生所赠白燕小鸟雌者以笼坠致陨赋一截慰其雄	诗录 卷9	29	罗生所赠白燕小鸟雌者以笼坠致陨赋一截慰其雄	7	369
越日雄亦死哀之	诗录 卷9	29	越日雄亦死哀之	7	369

续 表

《张季子九录》			《张謇全集》2012 年版		
篇　名	录别　卷次	页码	篇　名	卷次	页码
林风以余简札纸劣不适装册书来责后勿用戏作截句答之	诗录 卷 9	29	林风以余简札纸劣不适装册书来责后勿用戏作截句答之 民国十三年八月初九日(1924. 9. 7)	7	355
楚生回吴县度岁其子女辈犹为正初馈岁赋所受物报之	诗录 卷 9	29	楚生回吴县度岁其子女辈犹为正初馈岁赋所受物报之	7	369
二十四日大风有雪	诗录 卷 9	29	二十五日庚寅大风有雪 民国十一年二月二十五日(1922. 3. 23)	7	279
除夕阴雨	诗录 卷 9	29	除夕阴雨 民国十三年十二月二十九日(1925. 1. 23)	7	369
自民国十四年乙丑讫十五年丙寅					
正月五日鹿笙姬人生子于节尚十二月也	诗录 卷 10	1	正月五日鹿笙姬人生子于节尚十二月也 民国十四年正月初十日(1925. 2. 2)	7	369—370
蜡梅	诗录 卷 10	1	蜡梅	7	370
逼迫	诗录 卷 10	1	逼迫	7	370
学佛	诗录 卷 10	1	学佛	7	370
朔漠	诗录 卷 10	1	朔漠	7	370

续　表

《张季子九录》			《张謇全集》2012年版		
篇　名	录别　卷次	页码	篇　名	卷次	页码
立春怀烈卿南归不至	诗录 卷10	1	立春怀烈卿南归不至 民国十四年正月十二日(1925.2.4)	7	370
菊仙(有序)	诗录 卷10	1—2	菊仙(有序)	7	370—371
雪后闻百舌	诗录 卷10	2	雪后闻百舌	7	371
江南	诗录 卷10	2	江南 民国十四年四月十六日(1925.5.8)	7	376
义犬	诗录 卷10	2	义犬 民国十四年四月十六日(1925.5.8)	7	384
江干卿至朋辈宴乐甚欢以其病后劝节摄干卿唯唯否否乃去垦所不二日凶问至言寝前尚啖如常晨起逾常兴之晷仆叩门入视体冰矣长句惜挽	诗录 卷10	2	江干卿至朋辈宴乐甚欢以其病后劝节摄干卿唯唯否否乃去垦所不二日凶问至言寝前尚啖如常晨起逾常兴之晷仆叩门入视体冰矣长句惜挽 民国十四年二月初四日(1925.2.26)	7	372
喜张孝移至	诗录 卷10	3	喜张孝移至	7	376
寄李生	诗录 卷10	3	寄李生	7	376
喜烈卿归	诗录 卷10	3	喜烈卿归	7	376
宿虞楼	诗录 卷10	3	宿虞楼 民国十四年四月十三日(1925.5.5)	7	384

续 表

《张季子九录》			《张謇全集》2012年版		
篇　名	录别　卷次	页码	篇　名	卷次	页码
春淹雨吝垞梅开不成片周视成诗	诗录 卷10	3	春淹雨吝垞梅开不成片周视成诗	7	371
岸柳	诗录 卷10	3	岸柳	7	371—372
故药王庙前有鸡栖树数百年物也六十年前尝嬉戏其下今庙徙建因树斋诗以纪之	诗录 卷10	3	故药王庙前有鸡栖树数百年物也六十年前尝嬉戏其下今庙徙建因树斋诗以纪之	7	372
楚生邀客禊饮适然亭大风雪	诗录 卷10	3—4	楚生邀客禊饮适然亭大风雪 民国十四年三月初三日(1925.3.26)	7	373—374
晚坐	诗录 卷10	4	晚坐	7	399
吴生得画索题画署居斋声远而无姓押滨字印疑吴江之吴滨也时双十节后五日	诗录 卷10	4	吴生得画索题画署居斋声远而无姓押滨字印疑吴江之吴滨也时双十节后五日 民国十四年八月二十八日(1925.10.15)	7	396—397
新月	诗录 卷10	4	新月	7	397
新暖	诗录 卷10	4	新暖	7	375—376
赠蒋将军	诗录 卷10	4	赠蒋将军	7	376
上巳中公园南楼看雪	诗录 卷10	4	上巳中公园南楼看雪 民国十四年三月初三日(1925.3.26)	7	374

续 表

《张季子九录》			《张謇全集》2012年版		
篇 名	录别 卷次	页码	篇 名	卷次	页码
上冢还扶海垞	诗录 卷10	4	上冢还扶海垞 民国十四年三月初四日(1925.3.27)	7	374
当阳玉泉风景之胜节庵二十年前曾为言之今丹徒吴居士示玉泉寻梦记谓尝游是山因昔梦悟为山铁塔稜金寺大根和尚之后身作记请赋其事	诗录 卷10	4—5	当阳玉泉风景之胜节庵二十年前曾为言之今丹徒吴居士示玉泉寻梦记谓尝游是山因昔梦悟为山铁塔稜金寺大根和尚之后身作记请赋其事	7	374—375
里俗	诗录 卷10	5	里俗	7	375
盆梅落尽池上娟娟独秀徘徊树下意为怃然	诗录 卷10	5	盆梅落尽池上娟娟独秀徘徊树下意为怃然 民国十四年二月二十一日(1925.3.15)	7	372
约客看梅梅垞	诗录 卷10	5	约客看梅梅垞 民国十四年二月二十八日(1925.3.22)	7	372—373
三乐乡车中所见	诗录 卷10	5	三乐乡车中所见	7	375
啬庵咏梅四绝	诗录 卷10	5	啬庵咏梅四绝	7	375
答王知事	诗录 卷10	5	答王知事	7	375
香谷今年六十谢客为贺而语殊简雅特赋长律	诗录 卷10	5—6	香谷今年六十谢客为贺而语殊简雅特赋长律	7	382
送楚生至江宁军幕	诗录 卷10	6	送楚生至江宁军幕	7	382

续　表

《张季子九录》			《张謇全集》2012 年版		
篇　名	录别　卷次	页码	篇　名	卷次	页码
中隐园千瓣牡丹数丛与常种近而变不逮去年甚其别植山石上一本花好如故余去年诗所亟推许者也亦可谓孤芳自赏矣饮散赋之	诗录 卷 10	6	中隐园千瓣牡丹数丛与常种近而变不逮去年甚其别植山石上一本花好如故余去年诗所亟推许者也亦可谓孤芳自赏矣饮散赋之	7	383
天生果园看桃花归闻鹿笙病其子治许郑学太颛之言为长歌释之兼示诸客	诗录 卷 10	6	天生果园看桃花归闻鹿笙病其子治许郑学太颛之言为长歌释之兼示诸客	7	383
金沙祭墓饮客沧图	诗录 卷 10	6	金沙祭墓饮客沧图 民国十四年三月初六日(1925. 3. 29)	7	374
避客至村庐	诗录 卷 10	6	避客至村庐 民国十四年闰四月初二日(1925. 5. 23)	7	384—385
村庐书事	诗录 卷 10	7	村庐书事	7	385
林溪精舍晓起	诗录 卷 10	7	林溪精舍晓起	7	385
罗敷媚(菊会)	诗录 卷 10	7	罗敷媚(菊会) 民国十四年九月二十六日(1925. 11. 12)	7	398—399
一丛花(鸳鸯菊)	诗录 卷 10	7	一丛花(鸳鸯菊)	7	427
减字木兰花(初六月)	诗录 卷 10	7	减字木兰花(初六月)	7	427
菩萨蛮	诗录 卷 10	8	菩萨蛮	7	428

续 表

《张季子九录》			《张謇全集》2012年版		
篇 名	录别 卷次	页码	篇 名	卷次	页码
十八日寅起霜色一白寒月西倾中庭树影分明可数徘徊四顾如置身冰壶中遂成一律	诗录 卷10	8	十八日寅起霜色一白寒月西倾中庭树影分明可数徘徊四顾如置身冰壶中遂成一律 民国十四年十月十八日(1925.12.3)	7	402
寿尤翁	诗录 卷10	8	寿尤翁	7	402
携儿采药图	诗录 卷10	8	携儿采药图	7	404—405
鲥鱼	诗录 卷10	8	鲥鱼	7	384
山庭红蔷薇之大者正开繁艳异常俗或以洋玫瑰洋牡丹呼之可厌昔张文襄易洋雁来红为海雁来红常自喜而语客今余亦以新蔷薇为其名花而有知当不怪唐突	诗录 卷10	8	山庭红蔷薇之大者正开繁艳异常俗或以洋玫瑰洋牡丹呼之可厌昔张文襄易洋雁来红为海雁来红常自喜而语客今余亦以新蔷薇为其名花而有知当不怪唐突	7	380
武进吴生为其师程子大六十征诗子大修行能文章昔稔其名闻今筑室侨鄂谢去人事将终老矣为作长句付吴生寄之	诗录 卷10	8	武进吴生为其师程子大六十征诗子大修行能文章昔稔其名闻今筑室侨鄂谢去人事将终老矣为作长句付吴生寄之	7	381
吕生新婚词	诗录 卷10	8—9	吕生新婚词	7	381
郊外见落花	诗录 卷10	9	郊外见落花	7	381

续　表

《张季子九录》			《张謇全集》2012 年版		
篇　名	录别　卷次	页码	篇　名	卷次	页码
有计伐公园心空之老柳者诗以缓之	诗录 卷 10	9	有计伐公园心空之老柳者诗以缓之	7	381
虞楼看桃花	诗录 卷 10	9	虞楼看桃花 民国十四年三月十八日(1925. 4. 10)	7	377
客散	诗录 卷 10	9	客散	7	377
剧家马连良之妹秀英索赠	诗录 卷 10	9	剧家马连良之妹秀英索赠	7	378
窄室	诗录 卷 10	9	窄室	7	376
我马楼外梨花	诗录 卷 10	9	我马楼外梨花	7	377
垞梅开尽矣竹畔一株尚盛玉色如雪喜成一绝句	诗录 卷 10	9—10	垞梅开尽矣竹畔一株尚盛玉色如雪喜成一绝句	7	377
示内(集女宾看桃花)	诗录 卷 10	10	示内(集女宾看桃花)	7	377
老虎口桃花	诗录 卷 10	10	老虎口桃花	7	378
闻王君苦吟几病嘲之	诗录 卷 10	10	闻王君苦吟几病嘲之	7	378
为施生寿其母九十	诗录 卷 10	10	为施生寿其母九十	7	378
东风(三月二十八日虞楼)	诗录 卷 10	10	东风(三月二十八日虞楼) 民国十四年三月二十八日(1925. 4. 20)	7	378

续 表

《张季子九录》			《张謇全集》2012年版		
篇　名	录别　卷次	页码	篇　名	卷次	页码
观山下桃花落处	诗录 卷10	10	观山下桃花落处	7	378
林桃落尽独红白两株正盛色尤妍冶戏成长句	诗录 卷10	10	林桃落尽独红白两株正盛色尤妍冶戏成长句	7	379
西林昔年求梨于莱阳求李于嘉兴栽地相近梨久不花今年李开大盛登我马楼观之以为梨也喜而咏之审视知误误不可讳也又赋此诗	诗录 卷10	10—11	西林昔年求梨于莱阳求李于嘉兴栽地相近梨久不花今年李开大盛登我马楼观之以为梨也喜而咏之审视知误误不可讳也又赋此诗	7	379
惜花	诗录 卷10	11	惜花	7	379
曼寿堂前海棠	诗录 卷10	11	曼寿堂前海棠	7	379
樱花岬	诗录 卷10	11	樱花岬	7	380
中隐园坐上有论牡丹名义故实者比物类兴遂成十四韵	诗录 卷10	11	中隐园坐上有论牡丹名义故实者比物类兴遂成十四韵	7	380
幽居	诗录 卷10	11	幽居	7	380
丰润王溯沂绍曾罢海门县事侨居于通时与吕刘诸君作诗酒之会是知进退之宜者感赠	诗录 卷10	11	丰润王溯沂（绍曾）罢海门县事侨居于通时与吕刘诸君作诗酒之会是知进退之宜者感赠	7	381—382
答赠兴化李审言	诗录 卷10	11—12	答赠兴化李审言	7	382

续 表

《张季子九录》			《张謇全集》2012 年版		
篇 名	录别 卷次	页码	篇 名	卷次	页码
见退翁所筑退耕堂	诗录 卷 10	12	见退翁所筑退耕堂	7	397
吕四勘垦归途所感	诗录 卷 10	12	吕四勘垦归途所感 民国十五年三月(1926.4～5)	7	413
寿平积余并以计垦来通因得浃旬之会合人事粗暇风日清美集饮南楼欢然有赋便约陈吕莫刘诸友同作	诗录 卷 10	12	寿平积余并以计垦来通因得浃旬之会合人事粗暇风日清美集饮南楼欢然有赋便约陈吕莫刘诸友同作	7	404
伶工学社评艺感言	诗录 卷 10	12	伶工学社评艺感言 民国十四年十一月十七日(1926.1.1)	7	403
示戴生观所度曲	诗录 卷 10	12	示戴生观所度曲	7	403
走笔留碻髯	诗录 卷 10	12—13	走笔留碻髯	7	403
叠前韵	诗录 卷 10	13	叠前韵	7	404
感事再叠前韵	诗录 卷 10	13	感事再叠前韵	7	404
放翁诗多自美其睡意有取也因而申之	诗录 卷 10	13	放翁诗多自美其睡意有取也因而申之	7	404
题怀素自序帖	诗录 卷 10	13	题怀素自序帖	7	426
与友放舟观校池荷花因至纪念亭与先至诸生话言	诗录 卷 10	13	与友放舟观校池荷花因至纪念亭与先至诸生话言	7	385

续 表

《张季子九录》			《张謇全集》2012年版		
篇名	录别　卷次	页码	篇名	卷次	页码
邓朴君不见五十年矣顷以江苏监狱感化会之聘莅通讲演述如车马湖夏母百岁四世子妇孙曾俱全翁笃信佛教散家行善大智愿人也为广征诗文劝导是母皈依净土亦可谓仁者之用心矣乃为赋之	诗录卷10	13—14	邓朴君不见五十年矣顷以江苏监狱感化会之聘莅通讲演述如车马湖夏母百岁四世子妇孙曾俱全翁笃信佛教散家行善大智愿人也为广征诗文劝导是母皈依净土亦可谓仁者之用心矣乃为赋之	7	386
赠刘瑟甫	诗录卷10	14	赠刘瑟甫	7	386
陈将军	诗录卷10	14	陈将军	7	386
味雪斋故师范休疗室也室他徙而雪君女士假以养病六七阅月比易为斋落成值雪因以名焉暇日与客宴坐有怀旧迹	诗录卷10	14	味雪斋故师范休疗室也室他徙而雪君女士假以养病六七阅月比易为斋落成值雪因以名焉暇日与客宴坐有怀旧迹	7	387
楚生以唐昭陵六骏图拓本并考见示时移世更观感与昔人绝异矣为赋长歌纪之	诗录卷10	14—15	楚生以唐昭陵六骏图拓本并考见示时移世更观感与昔人绝异矣为赋长歌纪之	7	423—424
旧藏礼器碑失去作小文书于所见莫氏名拓本后忽儿子来告吴生伯乔尝见于某家因踪迹而复得之前文其无当已乎成一诗释意	诗录卷10	15	旧藏礼器碑失去作小文书于所见莫氏名拓本后忽儿子来告吴生伯乔尝见于某家因踪迹而复得之前文其无当已乎成一诗释意	7	387—388
师范生纪念亭	诗录卷10	15	师范生纪念亭	7	388

续 表

《张季子九录》			《张謇全集》2012 年版		
篇 名	录别 卷次	页码	篇 名	卷次	页码
慭甫观东西池荷花后举宋人诗话所传万朵红莲一白莲语为诵复成一截示慭甫可以证漆园齐物之喻也	诗录 卷 10	15	慭甫观东西池荷花后举宋人诗话所传万朵红莲一白莲语为诵复成一截示慭甫可以证漆园齐物之喻也	7	388
雷雨后视精舍	诗录 卷 10	15	雷雨后视精舍	7	388
初八夜月	诗录 卷 10	15—16	初八夜月	7	388
倚锦楼月下诵张子野乐府有感而作	诗录 卷 10	16	倚锦楼月下诵张子野乐府有感而作	7	389
晚凉观涨	诗录 卷 10	16	晚凉观涨	7	389
吕陈莫刘诸人同游坡垞	诗录 卷 10	16	吕陈莫刘诸人同游坡垞	7	389
山庄	诗录 卷 10	16	山庄	7	389
观楚生所藏唐天后凤阁之宝并所为歌因和	诗录 卷 10	16—17	观楚生所藏唐天后凤阁之宝并所为歌因和民国十五年三月二十七日(1926. 5. 8)	7	412—413
剑山视工直大风宿我马楼	诗录 卷 10	17	剑山视工直大风宿我马楼	7	421
题竹	诗录 卷 10	17	题竹	7	387
赠沈阳黄生式序即题其集	诗录 卷 10	17	赠沈阳黄生式叙即题其集	7	387

续 表

《张季子九录》			《张謇全集》2012年版		
篇　名	录别　卷次	页码	篇　名	卷次	页码
赠吴生	诗录 卷10	17	赠吴生	7	387
烈卿携妓燕燕鸭鸭游我林溪精舍及观音院嘲之	诗录 卷10	17	烈卿携妓燕燕鸭鸭游我林溪精舍及观音院嘲之	7	389—390
十四日晚晴见月	诗录 卷10	17	十四日晚晴见月 民国十四年六月十四日(1925.8.3)	7	390
纳凉集伶生度曲	诗录 卷10	17	纳凉集伶生度曲	7	390
十五日月蚀次夕度曲适然亭	诗录 卷10	17	十五日月蚀次夕度曲适然亭 民国十四年六月十六日(1925.8.5)	7	390
答青浦沈生	诗录 卷10	17	答青浦沈生	7	390
嘉范生勤事罗生之病况	诗录 卷10	18	嘉范生勤事罗生之病况	7	390
吴巽沂山水屏歌	诗录 卷10	18	吴巽沂山水屏歌	7	391
长歌赠刘道民(有序)	诗录 卷10	18—19	长歌赠刘道民(有序) 民国十四年六月二十五日(1925.8.14)	7	391—392
庭前晚荷次第有花	诗录 卷10	19	庭前晚荷次第有花	7	392
观瓨荷	诗录 卷10	19	观瓨荷	7	392

续 表

《张季子九录》			《张謇全集》2012 年版		
篇　名	录别　卷次	页码	篇　名	卷次	页码
七夕试星河枋要诸君同作	诗录 卷 10	19	七夕试星河枋要诸君同作 民国十四年七月初七日(1925.8.25)	7	393
次日同人乘枋至唐闸	诗录 卷 10	19	次日同人乘枋至唐闸 民国十四年七月初八日(1925.8.26)	7	393
连日枋游	诗录 卷 10	19	连日枋游	7	393
归常乐庙祀	诗录 卷 10	19—20	归常乐庙祀 民国十四年七月初十日(1925.8.28)	7	393
里感	诗录 卷 10	20	里感 民国十四年七月初十日(1925.8.28)	7	394
七月十七日先室生年七十里俗冥寿之举恒至百岁义非古也哀乐乐哀两无所当缘之讽佛藉以斋僧设奠旁皇遂成长律塞悲以妄其歌有思徇俗云尔无所谓礼也	诗录 卷 10	20	七月十七日先室生年七十里俗冥寿之举恒至百岁义非古也哀乐乐哀两无所当缘之讽佛藉以斋僧设奠旁皇遂成长律塞悲以妄其歌有思徇俗云尔无所谓礼也 民国十四年七月十七日(1925.9.4)	7	394
十五夕濠楼待月	诗录 卷 10	20	十五夕濠楼待月 民国十四年七月十五日(1925.9.2)	7	394
仇涞之征濮友松宗柏挽诗濮江宁人勤救生局事至久	诗录 卷 10	20	仇涞之征濮友松宗柏挽诗濮江宁人勤救生局事至久 民国十四年七月十七日(1925.9.4)	7	395

续　表

《张季子九录》			《张謇全集》2012年版		
篇　名	录别　卷次	页码	篇　名	卷次	页码
楚生六十一生日同人为置酒感其先谊益念其遭遇之非时也	诗录 卷10	20	楚生六十一生日同人为置酒感其先谊益念其遭遇之非时也 民国十四年八月初二日(1925.9.19)	7	395
学医徐生	诗录 卷10	20	学医徐生 民国十四年八月初二日(1925.9.19)	7	395
冯徵士闭门种菜图	诗录 卷10	20	冯徵士闭门种菜图 民国十四年八月十三日(1925.9.30)	7	395
八月十三夜曼寿堂看月	诗录 卷10	21	八月十三夜曼寿堂看月 民国十四年八月十三日(1925.9.30)	7	396
凤眼莲(有序)	诗录 卷10	21	凤眼莲(有序)	7	396
晓观凤眼莲截句	诗录 卷10	21	晓观凤眼莲截句	7	396
中秋南园玩月要与游诸君同作	诗录 卷10	21	中秋南园玩月要与游诸君同作 民国十四年八月十五日(1925.10.2)	7	396
九月六日置酒东奥山庄奉邀滕县师暨诸友好小饮	诗录 卷10	21	九月六日置酒东奥山庄奉邀滕县师暨诸友好小饮 民国十四年九月初六日(1925.10.23)	7	397

续 表

《张季子九录》			《张謇全集》2012 年版		
篇　名	录别　卷次	页码	篇　名	卷次	页码
重九日吕刘诸君集饮南楼听吕四旧乐工奏乐	诗录 卷 10	21	重九日吕刘诸君集饮南楼听吕四旧乐工奏乐 民国十四年九月初九日(1925.10.26)	7	397—398
岁星	诗录 卷 10	21	岁星	7	399
孙馨远徐州凯旋过江见访临别奉赠	诗录 卷 10	22	孙馨远徐州凯旋过江见访临别奉赠 民国十四年十一月初五日(1925.12.20)	7	402
饮徐又铮席后听其按曲因赠	诗录 卷 10	22	饮徐又铮席后听其按曲因赠 民国十四年十一月初三日(1925.12.18)	7	402
满江红(挽又铮又铮工词故词以吊之)	诗录 卷 10	22	满江红(挽又铮又铮工词故词以吊之)	7	428
满江红(题又铮遗像)	诗录 卷 10	22	满江红二首题又铮遗像	7	428
秋来	诗录 卷 10	22	秋来	7	399
和鹿笙菊瘦蟹肥诗	诗录 卷 10	22	和鹿笙菊瘦蟹肥诗	7	399
三影行(有序)	诗录 卷 10	22—23	三影行(有序)	7	399—400
故人江叔海属李郎以所著书见寄为长歌报赠	诗录 卷 10	23	故人江叔海属李郎以所著书见寄为长歌报赠	7	400—401

续 表

《张季子九录》			《张謇全集》2012年版		
篇 名	录别 卷次	页码	篇 名	卷次	页码
因树斋夜雨梦中有诗既醒足成六韵	诗录 卷10	23	因树斋夜雨梦中有诗既醒足成六韵	7	401
垦两生行(有序)	诗录 卷10	23—24	垦两生行(有序) 民国十五年正月二十二日(1926.3.6)	7	405—406
题曹生母画象	诗录 卷10	24	题曹生母赵太君画象	7	401
书所见	诗录 卷10	24	书所见	7	422
闻浣华被寇盗寄诗问之	诗录 卷10	24	闻浣化被寇盗寄诗问之	7	422
送王生毕业归天水	诗录 卷10	24—25	送王生毕业归天水	7	423
王生求书归奉其父其父年政七十母五十有八兄弟四人生最少者也写以诗予之	诗录 卷10	25	王生求书归奉其父其父年政七十母五十有八兄弟四人生最少者也写以诗予之	7	423
题杨令茀画蓬门课子图	诗录 卷10	25	题杨令茀画蓬门课子图 民国十五年五月(1926.6～7)	7	418
卞玉京小像	诗录 卷10	25	卞玉京小像	7	418—419
杨妃病齿图	诗录 卷10	25	杨妃病齿图	7	405
莲花博士图	诗录 卷10	25	莲花博士图	7	405

续 表

《张季子九录》			《张謇全集》2012 年版		
篇　名	录别　卷次	页码	篇　名	卷次	页码
我闻室图	诗录 卷 10	25	我闻室图	7	405
元日	诗录 卷 10	25	元日 民国十三年正月初一(1924.2.5)	7	325
元日之二	诗录 卷 10	25—26	元日之二 民国十三年正月初一(1924.2.5)	7	325
观烧行 我马楼同吕章二王高刘诸人	诗录 卷 10	26	观烧行 我马楼同吕章二王高刘诸人 民国十五年正月二十三日(1926.3.7)	7	406—407
同星南烈卿回碧楼小坐说寒食	诗录 卷 10	26	同星南烈卿回碧楼小坐说寒食 民国十五年二月二十四日(1926.4.6)	7	409
梅垞待客不至	诗录 卷 10	26	梅垞待客不至	7	409
车中假寐三十里	诗录 卷 10	26	车中假寐三十里 民国十五年二月(1926.3～4)	7	407
检视常乐酒厂感王生	诗录 卷 10	26	检视常乐酒厂感王生 民国十五年二月(1926.3～4)	7	407—408
二月京师解严刘生得其子书生孙以诗示客因和	诗录 卷 10	26	二月京师解严刘生得其子书生孙以诗示客因和 民国十五年二月(1926.3～4)	7	409

续 表

《张季子九录》			《张謇全集》2012年版		
篇 名	录别 卷次	页码	篇 名	卷次	页码
有人归自京师述所见闻慨世乱之未已悲民生之益穷成诗一篇寄此孤愤	诗录 卷10	27	有人归自京师述所见闻慨世乱之未已悲民生之益穷成诗一篇寄此孤愤 民国十五年二月(1926.3～4)	7	408—409
廿九日约客梅垞看梅	诗录 卷10	27	廿九日约客梅垞看梅 民国十四年二月二十九日(1925.3.23)	7	373
乍见小池上绿萼	诗录 卷10	27	乍见小池上绿萼	7	373
次日看梅以诗柬客	诗录 卷10	27—28	次日看梅以诗柬客 民国十四年二月二十八日(1925.3.22)	7	373
章吕诸君约就果园置酒看桃花	诗录 卷10	28	章吕诸君约就果园置酒看桃花 民国十五年二月二十五日(1926.4.7)	7	409—410
汽车冒雨回濠阳	诗录 卷10	28	汽车冒雨回濠阳 民国十五年三月十一日(1926.4.22)	7	411
柳花	诗录 卷10	28	柳花	7	410
二月二十七日与客坐虞楼看山下桃花值大风霾	诗录 卷10	28	二月二十七日与客坐虞楼看山下桃花值大风霾 民国十五年二月二十七日(1926.4.9)	7	410
垞兴	诗录 卷10	28	垞兴 民国十五年二月(1926.3～4)	7	408

续　表

《张季子九录》			《张謇全集》2012 年版		
篇　名	录别　卷次	页码	篇　名	卷次	页码
雨归濠阳经过所见	诗录 卷 10	28—29	雨归濠阳经过所见	7	414
溯沂示立夏日招饮苏来舫诗次韵奉和	诗录 卷 10	29	溯沂示立夏日招饮苏来舫诗次韵奉和 民国十五年三月二十三日(1926.5.4)	7	412
礀翁属人借山庄避疫久待不至以诗代简问之兼致慰解	诗录 卷 10	29	礀翁属人借山庄避疫久待不至以诗代简问之兼致慰解	7	414
下山	诗录 卷 10	29	下山	7	414
记所闻	诗录 卷 10	29	记所闻	7	414
去岁	诗录 卷 10	29	去岁	7	414
村庐	诗录 卷 10	29	村庐	7	414
上巳同人修禊泛舟濠上	诗录 卷 10	29	上巳同人修禊泛舟濠上 民国十五年三月初三日(1926.4.14)	7	410—411
始夏	诗录 卷 10	29—30	始夏	7	413
同两县知事定通海江界	诗录 卷 10	30	同两县知事定通海江界 民国十五年四月二十八日(1926.6.8)	7	415
越四日复同通如知事证江界至丝鱼港	诗录 卷 10	30	越四日复同通如知事证江界至丝鱼港 民国十五年五月初三日(1926.6.12)	7	415

续　表

《张季子九录》			《张謇全集》2012年版		
篇　名	录别　卷次	页码	篇　名	卷次	页码
端午日饮客苏来舫席罢使星河舫拽之周循西濠	诗录 卷10	30	端午日饮客苏来舫席罢使星河舫拽之周循西濠 民国十五年五月初五日(1926.6.14)	7	415
五月五日忆儿子京师二首	诗录 卷10	30—31	五月五日忆儿子京师二首 民国十五年五月初五日(1926.6.14)	7	416
简新竹	诗录 卷10	31	简新竹	7	416
自题四十二岁京师小像	诗录 卷10	31	自题四十二岁京师小像	7	416—417
杨生令茀见过	诗录 卷10	31	杨生令茀见过 民国十五年五月十二日(1926.6.21)	7	417
和令茀小令	诗录 卷10	31	和令茀小令 民国十五年五月(1926.6～7)	7	417
题令茀画茄	诗录 卷10	31	题令茀画茄 民国十五年五月(1926.6～7)	7	417
读放翁春雨绝句戏进一解	诗录 卷10	31	读放翁春雨绝句戏进一解	7	419
画茄	诗录 卷10	31	画茄 民国十五年五月(1926.6～7)	7	417
五月二十一日罗范二生置酒苏来舫招同令茀及诸同学会饮并有诗和以答之	诗录 卷10	31—32	五月二十一日罗范二生置酒苏来舫招同令茀及诸同学会饮并有诗和以答之 民国十五年五月二十一日(1926.6.30)	7	419

续 表

《张季子九录》			《张謇全集》2012 年版		
篇 名	录别 卷次	页码	篇 名	卷次	页码
约友校亭剥莲北园小饮	诗录 卷 10	32	约友校亭剥莲北园小饮	7	419
荷亭剥莲	诗录 卷 10	32	荷亭剥莲	7	420
雨中观荷	诗录 卷 10	32	雨中观荷	7	420
喜春初种藤俱活二首	诗录 卷 10	32	喜春初种藤俱活二首	7	420
苏来舫溯沂置酒和烈卿诗韵	诗录 卷 10	32	苏来舫溯沂置酒和烈卿诗韵	7	420
酬齐生	诗录 卷 10	32	酬齐生	7	413
题董玄宰山水画幅	诗录 卷 10	32—33	军行水原道中 清光绪八年七月初九日(1882. 8. 22)	7	59
题刘太君书剑教子图	诗录 卷 10	33	题刘太君书剑教子图 清光绪四年七月初七日(1878. 8. 5)	7	47
题蜀石经拓本为刘健之	诗录 卷 10	33	题蜀石经拓本为刘健之	7	420—421
蔷薇	诗录 卷 10	33	蔷薇	7	413
新萤	诗录 卷 10	33	新萤	7	421
东寺时方缮治	诗录 卷 10	33	东寺时方缮治	7	421
江云	诗录 卷 10	33	江云	7	422

续 表

《张季子九录》			《张謇全集》2012 年版		
篇　名	录别　卷次	页码	篇　名	卷次	页码
买鹤得鹳	诗录 卷 10	33—34	买鹤得鹳	7	422
林溪	诗录 卷 10	34	林溪	7	422
林溪所感	诗录 卷 10	34	林溪所感	7	422
二月十五日同人梅垞作饯梅之会	诗录 卷 10	34	二月十五日同人梅垞作饯梅之会 民国十五年二月十五日(1926.3.28)	7	407
十姊妹曲二章	诗录 卷 10	34	十姊妹曲二章	7	424
题杨令茀木公金母图	诗录 卷 10	34—35	题杨令茀木公金母图 民国十五年五月(1926.6～7)	7	417—418
哀从孙女静武	诗录 卷 10	35	哀从孙女静武	7	425
惩蛇行	诗录 卷 10	35	惩蛇行	7	425
六月十六剑山文殊院台落成	诗录 卷 10	35	六月十六剑山文殊院台落成 民国十五年六月十六日(1926.7.25)	7	425
剑山规建文殊院感怀范伯子二首	诗录 卷 10	35	剑山归建文殊院感怀范伯子二首	7	425—426
大热简令茀	诗录 卷 10	35—36	大热简令茀	7	419
欲雨	诗录 卷 10	36	欲雨	7	426

续 表

《张季子九录》			《张謇全集》2012 年版		
篇 名	录别 卷次	页码	篇 名	卷次	页码
十八日夜纳凉待月	诗录 卷 10	36	十八日夜纳凉待月 民国十五年六月十八日(1926.7.27)	7	426
星二首	诗录 卷 10	36	星二首	7	426
题画册	诗录 卷 10	36	题画册	7	426
周易音训句读卷上 清光绪十七年辛卯	专录 卷 1	1—40	周易音训句读卷上	6	115—168
周易音训句读卷下 清光绪十七年辛卯	专录 卷 2	1—22	周易音训句读卷下	6	168—202
归籍记 清光绪二十三年丁酉	专录 卷 3	1—11	归籍记 清光绪三十二年(1906)	6	320—329
东游日记 清光绪二十九年癸卯	专录 卷 4	1—33	柳溪草堂日记	8	536—567
东游日记附纪行诗二十五首 清光绪二十九年癸卯	专录 卷 4	33—34	东游纪行二十六首 清光绪二十九年六月初四日(1903.7.27)	7	127—130
自序 民国九年庚申	专录 卷 5	1—2	雪宧绣谱序	6	469—471
绣谱	专录 卷 5	2—18	雪宧绣谱 民国九年(1920)	6	471—487
年谱上 民国十二年癸亥	专录 卷 6	1—22	啬翁自订年谱	8	987—1009
年谱下	专录 卷 7	1—42	啬翁自订年谱	8	1009—1049
家书(怡祖敬分归六类如左)	专录 卷 8	1—10	家书(怡祖敬分归六类如左)	3	1518—1567

续 表

《张季子九录》			《张謇全集》2012年版		
篇　名	录别　卷次	页码	篇　名	卷次	页码
联语卷上			联语		
赣榆昭忠祠 以下自光绪十四年戊子讫宣统三年辛亥	专录卷9 (联语卷上)	1	题赣榆昭忠祠 清光绪十四年五月十六日(1888.6.25)	7	432
赣榆青口选青书院	专录卷9 (联语卷上)	1	题青口选青书院 清光绪十四年五月十六日(1888.6.25)	7	433
骑岸镇关帝庙	专录卷9 (联语卷上)	1	题骑岸镇关帝庙 清光绪十五年十二月十七日(1890.1.7)	7	433
义庄	专录卷9 (联语卷上)	1	题常乐镇张氏义庄 清光绪二十二年(1896)	7	435—436
吴氏祔祠	专录卷9 (联语卷上)	1	题常乐镇张氏家庙吴氏祔祠 清光绪二十二年(1896)	7	436
龙山龙神庙(代撰)	专录卷9 (联语卷上)	1	题龙山龙神庙(代朱筱泉军门) 清光绪三年八月十五日(1877.9.21)	7	431
长生光明室(集句)	专录卷9 (联语卷上)	2	题常乐家宅长生光明室 清光绪十六年十二月(1891.1～2)	7	434
常乐镇关帝庙	专录卷9 (联语卷上)	2	题常乐镇关帝庙 清光绪二十三年十月二十九日(1897.11.23)	7	436

续 表

《张季子九录》			《张謇全集》2012年版		
篇 名	录别 卷次	页码	篇 名	卷次	页码
常乐镇城隍行庙	专录卷9（联语卷上）	2	题常乐镇城隍行祠 清光绪二十三年十月二十九日(1897.11.23)	7	436
常乐镇刘猛将军庙	专录卷9（联语卷上）	2	题常乐镇城隍庙刘猛将军祠 清光绪二十三年十月二十九日(1897.11.23)	7	436
常乐镇佛殿	专录卷9（联语卷上）	2	题常乐镇城隍庙佛殿 清光绪二十三年十月二十九日(1897.11.23)	7	436—437
常乐镇庙文昌阁	专录卷9（联语卷上）	2	题常乐镇城隍庙文昌阁 清光绪二十三年十二月二十五日(1898.1.17)	7	438
常乐镇庙戏台	专录卷9（联语卷上）	2	题常乐镇城隍庙戏台柱联 清光绪二十三年十月二十九日(1897.11.23)	7	437
金沙城隍庙	专录卷9（联语卷上）	2	题金沙城隍庙 清光绪十六年十二月初四日(1891.1.13)	7	434
江宁曾忠襄公祠	专录卷9（联语卷上）	2—3	题江宁曾忠襄公祠(代桐城师) 清光绪十六年十一月二十八日(1891.1.8)	7	433—434

续 表

《张季子九录》			《张謇全集》2012年版		
篇　名	录别　卷次	页码	篇　名	卷次	页码
贵溪象山书院陆谢二公祠	专录卷9（联语卷上）	3	题贵溪象山书院陆谢二公祠 清光绪十九年七月初九日(1893.8.20)	7	435
良口厘局	专录卷9（联语卷上）	3	题良口厘局 清光绪十六年十一月初四日(1890.12.15)	7	433
良口江神祠	专录卷9（联语卷上）	3	题良口江神祠(代叔兄) 清光绪十七年四月十五日(1891.5.22)	7	434
江神祠内良口义学	专录卷9（联语卷上）	3	题良口义学(代叔兄) 清光绪十七年十月十六日(1891.5.23)	7	434
青蛙庙(代撰)	专录卷9（联语卷上）	3	题良口青蛙庙(代叔兄) 清光绪十六年十月十一日(1890.11.22)	7	433
刘氏宗祠	专录卷9（联语卷上）	3	题刘氏宗祠 清光绪十七年十月二十四日(1891.11.25)	7	435
刘祠厅联	专录卷9（联语卷上）	3	题刘祠大厅 清光绪十七年十月二十六日(1891.11.27)	7	435
代瀓如拟	专录卷9（联语卷上）	3—4	又(代刘瀓如) 清光绪十七年十月二十五日(1891.11.26)	7	435
赵亭	专录卷9（联语卷上）	4	题赵亭 清光绪二十七年四月十三日(1901.5.30)	7	439

续 表

《张季子九录》			《张謇全集》2012年版		
篇 名	录别 卷次	页码	篇 名	卷次	页码
狼山塔院	专录卷9(联语卷上)	4	题狼山塔院 清光绪二十五年九月二十一日(1899.10.25)	7	438—439
狼山三元宫藏经楼	专录卷9(联语卷上)	4	题狼山三元宫藏经楼 光绪二十五年九月二十一日(1899.10.25)	7	439
唐闸土地庙	专录卷9(联语卷上)	4	题唐闸土地庙 清光绪二十八年五月二十三日(1902.6.28)	7	439
镇庙观泽堂	专录卷9(联语卷上)	4	题常乐镇城隍庙观泽堂 清光绪二十三年十二月十四日(1898.1.6)	7	438
通州大生纱厂大厅	专录卷9(联语卷上)	4	翁同龢联本全集未收		
厂联	专录卷9(联语卷上)	4—5	题大生纱厂(四副) 清光绪二十三年十一月(1897.11～12)	7	437—438
通州师范学校礼堂	专录卷9(联语卷上)	5	题通州师范学校礼堂 清宣统三年正月初一日(1911.1.30)	7	443
通州师范学校教员室	专录卷9(联语卷上)	5	题通州师范学校教员室 清光绪二十八年八月初一日(1902.9.2)	7	440

续 表

《张季子九录》			《张謇全集》2012年版		
篇　名	录别　卷次	页码	篇　名	卷次	页码
通州师范学校寿松堂	专录卷9 （联语卷上）	5	题通州师范学校寿松堂 清光绪二十九年正月二十八日（1903.2.25）	7	440
通海垦牧公司慕畴堂	专录卷9 （联语卷上）	5	题通海垦牧公司慕畴堂 清光绪二十八年二月十一日（1902.3.20）	7	439
通州新育婴堂	专录卷9 （联语卷上）	5—6	题通州新育婴堂（二副） 清光绪三十年六月十六日（1904.7.28）	7	440
博物馆	专录卷9 （联语卷上）	6	题博物苑（二副） 光绪三十一年十二月二十九日（1906.1.23）	7	441
博物苑谦亭	专录卷9 （联语卷上）	6	题博物苑谦亭 清宣统二年九月二十五日（1910.10.27）	7	442
尊素堂	专录卷9 （联语卷上）	6	题尊素堂	7	463
女师范学校	专录卷9 （联语卷上）	6	题女师范学校 民国二年六月初六日（1913.7.9）	7	444
赵竹君惜阴堂	专录卷9 （联语卷上）	6	题赵竹君惜阴堂 清光绪三十四（1908）	7	442

续 表

《张季子九录》			《张謇全集》2012 年版		
篇 名	录别 卷次	页码	篇 名	卷次	页码
徐夫人墓门	专录卷 9(联语卷上)	6	题徐夫人墓门(二副) 清光绪三十四年五月十八日(1908.6.16)	7	441
怡儿书室	专录卷 9(联语卷上)	6	题怡儿书室	7	463
张季草堂	专录卷 9(联语卷上)	7	题张季草堂 清光绪三十一年十二月二十九日(1906.1.23)	7	441
日本函馆关帝庙	专录卷 9(联语卷上)	7	题日本函馆关帝庙(代藩获洲) 清宣统二年五月初九日(1910.6.15)	7	442
江苏谘议局通海议员公寓	专录卷 9(联语卷上)	7	题江苏咨议局通海议员公寓 清宣统三年正月初八日(1911.2.6)	7	443
南洋劝业会内竹深留客处	专录卷 9(联语卷上)	7	题南洋劝业会竹深留客处 宣统二年(1910)	7	442
南通县钟楼	专录卷 9(联语卷上)	7	题南通县钟楼 民国四年(1915)	7	445
有斐馆	专录卷 9(联语卷上)	7	题有斐馆 民国二年六月初七日(1913.7.10)	7	444
濠南别业先像室	专录卷 9(联语卷上)	7	题濠南别业先像室 民国四年四月二十五日(1915.6.7)	7	445

续 表

《张季子九录》			《张謇全集》2012年版		
篇　名	录别　卷次	页码	篇　名	卷次	页码
濠南别业客室	专录卷9（联语卷上）	7	题濠南别业客室 民国元年三月二十七日（1912.5.13）	7	443
博物苑相禽阁	专录卷9（联语卷上）	7—8	题博物苑相禽阁 民国元年（1912）	7	443
博物苑藤东水榭	专录卷9（联语卷上）	8	题博物苑藤东水榭（二副） 民国二年（1913）	7	444
博物苑迟虚亭	专录卷9（联语卷上）	8	题博物苑迟虚亭 民国五年（1916）	7	448
博物苑壶外亭	专录卷9（联语卷上）	8	题博物苑壶外亭 民国四年（1915）	7	445
观音禅院	专录卷9（联语卷上）	8	题狼山观音禅院 民国五年正月三十日（1916.3.3）	7	446
狼山佛殿	专录卷9（联语卷上）	8	题狼山佛殿 民国五年五月二十九日（1916.6.29）	7	447
狼山江神祠	专录卷9（联语卷上）	8	题狼山江神祠 民国五年六月二十四日（1916.7.23）	7	447
北翠微亭	专录卷9（联语卷上）	8	题北翠微亭（集陈后山） 民国六年二月二十四日（1917.3.17）	7	448
东奥支庙	专录卷9（联语卷上）	9	题军山东奥支庙 民国八年（1919）	7	454

续 表

《张季子九录》			《张謇全集》2012年版		
篇　名	录别　卷次	页码	篇　名	卷次	页码
东奥山庄受颐堂	专录卷9(联语卷上)	9	题东奥山庄受颐堂 民国八年三月二十日(1919.4.20)	7	452
倚锦楼	专录卷9(联语卷上)	9	题东奥山庄倚锦楼 民国八年三月十三日(1919.4.13)	7	452
东奥山庄外客室	专录卷9(联语卷上)	9	题东奥山庄外客室 民国六年五月二十七日(1917.7.15)	7	449
觑天奥亭	专录卷9(联语卷上)	9	题觑天奥亭	7	464
后张榭	专录卷9(联语卷上)	9	题军山后张榭 民国八年三月初五日(1919.4.5)	7	452
山亭(集褉帖)	专录卷9(联语卷上)	9	题山亭(集褉帖) 民国五年正月三十日(1916.3.3)	7	446
西山村庐(集王临川)	专录卷9(联语卷上)	9	题西山村庐 民国六年五月二十七日(1917.7.15)	7	449
军山气象台	专录卷9(联语卷上)	9—10	题军山气象台 民国五年(1916)	7	448
濠阳小筑曼寿堂	专录卷9(联语卷上)	10	题濠阳小筑曼寿堂 民国六年(1917)	7	450
濠阳小筑外厅	专录卷9(联语卷上)	10	题濠阳小筑外厅 民国六年(1917)	7	450

续 表

《张季子九录》			《张謇全集》2012年版		
篇 名	录别 卷次	页码	篇 名	卷次	页码
药王庙	专录卷9（联语卷上）	10	题药王庙 民国七年（1918）	7	451
泰县王心斋祠	专录卷9（联语卷上）	10	题泰县王心斋祠 民国七年正月（1918.2～3）	7	450
田母双节祠	专录卷9（联语卷上）	10	题田母双节祠 民国七年三月二十五日（1918.5.5）	7	451
颐生酿造厂	专录卷9（联语卷上）	10	题颐生酿造厂 民国七年十二月三十日（1919.1.31）	7	451
更俗剧场	专录卷9（联语卷上）	10	题更俗剧场 民国八年闰七月初九日（1919.9.2）	7	453
又属怡儿对	专录卷9（联语卷上）	10—11	又（以上联属怡儿对） 民国八年闰七月二十五日（1919.9.18）	7	453
候亭外石门	专录卷9（联语卷上）	11	题候亭外石门 民国七年十一月（1918.12～1919.1）	7	451
候亭内石门	专录卷9（联语卷上）	11	题候亭内石门 民国七年十一月（1918.12～1919.1）	7	451
退翁新居	专录卷9（联语卷上）	11	题退翁新居（集唐句）	7	463
与众堂（集韩杜）	专录卷9（联语卷上）	11	题南公园与众堂（集韩、杜） 民国六年（1917）	7	449

续 表

《张季子九录》			《张謇全集》2012 年版		
篇 名	录别 卷次	页码	篇 名	卷次	页码
清远楼	专录卷 9 (联语卷上)	11	题中公园清远楼(集欧柳文) 民国五年六月二十三日(1916.7.22)	7	447
仰山(集范石湖)	专录卷 9 (联语卷上)	11	题中公园仰山亭(集范石湖) 民国六年(1917)	7	449
适然亭(集句)	专录卷 9 (联语卷上)	11	题中公园适然亭(集句) 民国六年(1917)	7	449
南楼	专录卷 9 (联语卷上)	11	题中公园南楼 民国四年十月(1915.11~12)	7	445
宛在堂(集古乐府宋人词)	专录卷 9 (联语卷上)	11—12	题中公园苑在堂(集古乐府、宋人词) 民国五年十月十七日(1916.11.12)	7	447
凿坏室	专录卷 9 (联语卷上)	12	题中公园凿坏室 民国六年(1917)	7	450
观万流亭(集范石湖)	专录卷 9 (联语卷上)	12	题北公园观万流亭 民国五年十二月(1916.12~1917.1)	7	448
千龄观	专录卷 9 (联语卷上)	12	题千龄观 民国九年七月初四日(1920.8.17)	7	454—455
伶工学社	专录卷 9 (联语卷上)	12	题伶工学社接待室 民国八年八月(1919.9~10)	7	454

续 表

《张季子九录》			《张謇全集》2012年版		
篇　名	录别　卷次	页码	篇　名	卷次	页码
伶工演习场	专录卷9（联语卷上）	12	题伶工学社演习场 民国八年八月（1919.9～10）	7	454
梅欧阁	专录卷9（联语卷上）	12	题梅欧阁 民国八年六月十七日（1919.7.14）	7	452—453
西山村庐厅事	专录卷9（联语卷上）	12	题西山村庐厅事 民国五年十一月初二日（1916.11.26）	7	447
又集杜少陵	专录卷9（联语卷上）	12	题山庄 民国八年八月（1919.9～10）	7	454
镶山千五百本梅垞	专录卷9（联语卷上）	13	题镶山千五百本梅垞 民国八年六月底（1919.7）	7	453
狼山山门	专录卷9（联语卷上）	13	题狼山山门 民国五年五月二十九日（1916.6.29）	7	446
怡儿办事室（集句）	专录卷9（联语卷上）	13	题怡儿办事室	7	464
绣织局	专录卷9（联语卷上）	13	题绣织局 民国十年正月（1921.2～3）	7	456
曹公祠	专录卷9（联语卷上）	13	题曹公祠（二副） 民国十年（1921）	7	457
永朝夕馆	专录卷9（联语卷上）	13	题永朝夕馆	7	462

续 表

《张季子九录》			《张謇全集》2012 年版		
篇　名	录别　卷次	页码	篇　名	卷次	页码
不垢池	专录卷 9 (联语卷上)	13	题不垢池	7	463
通海汽车公司	专录卷 9 (联语卷上)	13	题通海汽车公司	7	463
农会议堂	专录卷 9 (联语卷上)	14	题农会议堂	7	462
题某医室	专录卷 9 (联语卷上)	14	题某医室	7	462
移建药王庙	专录卷 9 (联语卷上)	14	题移建药王庙 民国十四年(1925)	7	459
南汤山陶庐	专录卷 9 (联语卷上)	14	题南汤山陶庐	7	465
弥勒院	专录卷 9 (联语卷上)	14	题马鞍山弥勒院 民国十年正月(1921.2～3)	7	456—457
弥陀阁	专录卷 9 (联语卷上)	14	题马鞍山弥陀阁 民国十年正月(1921.2～3)	7	457
虞楼	专录卷 9 (联语卷上)	14	题虞楼(二副) 民国十年正月(1921.2～3)	7	456
牟尼阁	专录卷 9 (联语卷上)	14	无	无	无
圆觉精蓝	专录卷 9 (联语卷上)	14—15	题黄泥山圆觉精蓝 民国十年正月(1921.2～3)	7	457

续 表

《张季子九录》			《张謇全集》2012年版		
篇　名	录别　卷次	页码	篇　名	卷次	页码
我马楼	专录卷9（联语卷上）	15	题马鞍山我马楼 民国十年正月(1921.2～3)	7	456
古新绿轩	专录卷9（联语卷上）	15	题古新绿轩	7	464
独秀阁	专录卷9（联语卷上）	15	题马鞍山独秀阁 民国十年正月(1921.2～3)	7	457
汲泉亭	专录卷9（联语卷上）	15	题汲泉亭	7	464
五福寺佛殿	专录卷9（联语卷上）	15	题五福寺佛殿	7	461
有有亭	专录卷9（联语卷上）	15	题有有亭	7	464
教养公积社	专录卷9（联语卷上）	15	题教养公积社	7	462
师山同学耆年会	专录卷9（联语卷上）	15	题师山同学耆年会	7	462
沪纱布交易所新筑（集句）	专录卷9（联语卷上）	15—16	题沪纱布交易所新筑	7	458
横林许氏宗祠	专录卷9（联语卷上）	16	题横林许氏宗祠	7	461
浙江临海金氏宗祠	专录卷9（联语卷上）	16	题浙江临海金氏宗祠	7	461
无锡鼋头渚广福寺	专录卷9（联语卷上）	16	题无锡鼋头渚广福寺（二副）	7	461
海门关岳庙	专录卷9（联语卷上）	16	题海门关岳庙 民国四年(1915)	7	446

续 表

《张季子九录》			《张謇全集》2012 年版		
篇 名	录别 卷次	页码	篇 名	卷次	页码
南通关岳庙	专录卷 9 (联语卷上)	16	题南通关岳庙 民国四年(1915)	7	446
河口关壮缪庙	专录卷 9 (联语卷)	16	题河口关壮缪庙 民国十一年(1922)	7	458
汉口江苏旅鄂同乡会	专录卷 9 (联语卷上)	16—17	题汉口江苏旅鄂同乡会	7	462
生圹墓门	专录卷 9 (联语卷上)	17	题李保圩生圹墓门 民国九年十一月三十日(1921.1.8)	7	455
阙	专录卷 9 (联语卷上)	17	题生圹阙(二副) 民国九年十一月三十日(1921.1.8)	7	455
华表	专录卷 9 (联语卷上)	17	题生圹华表 民国九年十一月三十日(1921.1.8)	7	455
鱼厅(集坐位)	专录卷 9 (联语卷上)	17	题鱼厅	7	464
时若亭(集句)	专录卷 9 (联语卷上)	17	题时若亭	7	464
剑山山门	专录卷 9 (联语卷上)	17	题剑山山麓门 民国十五年(1926)	7	459
剑山魁星亭	专录卷 9 (联语卷上)	17—18	题剑山魁星亭 民国十五年(1926)	7	460
剑山文殊院	专录卷 9 (联语卷上)	18	题剑山文殊院 民国十五年(1926)	7	460
剑山药师佛殿	专录卷 9 (联语卷上)	18	题剑山药师佛殿 民国十五年(1926)	7	460

续 表

《张季子九录》			《张謇全集》2012年版		
篇 名	录别 卷次	页码	篇 名	卷次	页码
剑山雷神祠	专录卷9（联语卷上）	18	题剑山雷神祠 民国十五年（1926）	7	460—461
集联					
与少牧子青饮素卿处酒边钗影灯背衣香细语喁喁情天无际忽集得二联	专录卷9（联语卷上）	18	闲联	7	534
集杜诗	专录卷9（联语卷上）	19	闲联	7	535
集诗句	专录卷9（联语卷上）	19	闲联	7	536
集文选语	专录卷9（联语卷上）	19	闲联	7	536—537
集陈后山	专录卷9（联语卷上）	19	闲联	7	537
集词句书寄梅浣华	专录卷9（联语卷上）	20	赠梅浣华 民国七年十二月初二日（1919.1.3）	7	473
集韩诗	专录卷9（联语卷上）	20	闲联	7	539
集诗句	专录卷9（联语卷上）	20—21	闲联	7	539—540
集陶诗	专录卷9（联语卷上）	21—22	闲联	7	537—539
集宋词句	专录卷9（联语卷上）	22	柳西草堂日记 民国七年正月三十日	8	841

续 表

《张季子九录》			《张謇全集》2012 年版		
篇 名	录别 卷次	页码	篇 名	卷次	页码
集杜	专录卷 9 (联语卷上)	22	闲联	7	540—541
集骚	专录卷 9 (联语卷上)	22	闲联	7	544
集柳文	专录卷 9 (联语卷上)	22	闲联	7	544
集句	专录卷 9 (联语卷上)	22—24	闲联	7	534—544
春联(清季十三副民国十五副)	专录卷 9 (联语卷上)	24—26	春联	7	529—534
挽联					
乌鲁木齐都统果敏公英翰(代吴武壮公撰)以下自清光绪五年己卯讫十八年壬辰	专录卷 10 (联语卷下)	1	挽乌鲁木齐都统果敏公英翰(代吴武壮公撰) 清光绪四年八月十五日(1878. 9. 11)	7	483
李师	专录卷 10 (联语卷下)	1	挽李师 清光绪四年正月二十七日(1878. 2. 28)	7	483
代吴武壮公撰	专录卷 10 (联语卷下)	1	代吴武壮公撰挽李师 清光绪四年正月二十五日(1878. 2. 26)	7	483
畏皇太翁	专录卷 10 (联语卷下)	1	挽畏皇太翁 清光绪四年正月二十六日(1878. 2. 27)	7	483
林先生天龄	专录卷 10 (联语卷下)	1	挽林先生天龄 清光绪四年十一月二十五日(1878. 12. 18)	7	484

续 表

《张季子九录》			《张謇全集》2012年版		
篇　名	录别　卷次	页码	篇　名	卷次	页码
刘长蔚	专录卷10（联语卷下）	1	挽刘长蔚 清光绪八年六月初五日（1882.7.19）	7	485
代吴武壮公撰	专录卷10（联语卷下）	2	又（代筱公）	7	485
武壮公长庆	专录卷10（联语卷下）	2	挽吴武壮公长庆 清光绪十年六月初四日（1884.7.25）	7	487
代叔兄撰	专录卷10（联语卷下）	2	又（代叔兄）	7	487
桐城方先生宗诚	专录卷10（联语卷下）	2	挽桐城方先生宗诚 清光绪十四年五月二十四日（1888.7.3）	7	489
孙仲平	专录卷10（联语卷下）	2	挽孙仲平 清光绪十四年五月二十七日（1888.7.6）	7	489
陶明经廷瑞	专录卷10（联语卷下）	2	挽陶明经廷瑞 清光绪十四年七月二十五日（1888.9.1）	7	489
刘明经逢吉	专录卷10（联语卷下）	2	挽刘明经逢吉 清光绪十四年九月十一日（1888.10.15）	7	490
胡香九太夫人	专录卷10（联语卷下）	2	挽胡香九太夫人 清光绪十四年八月二十五日（1888.9.30）	7	489—490
武昌高云山（代父撰）	专录卷10（联语卷下）	3	挽武昌高云山（代父撰） 清光绪十四年九月初七日（1888.10.11）	7	490

续　表

《张季子九录》			《张謇全集》2012 年版		
篇　名	录别　卷次	页码	篇　名	卷次	页码
束次云	专录卷 10(联语卷下)	3	挽束次云 清光绪十五年八月初八日(1889. 9. 2)	7	490
马通伯太翁	专录卷 10(联语卷下)	3	挽马通伯太翁 清光绪十四年十二月初四日(1889. 1. 5)	7	490
徐泽和夫人	专录卷 10(联语卷下)	3	挽徐泽和夫人(二副) 清光绪十年十月二十九日(1884. 12. 16)	7	488
玉昆生太夫人	专录卷 10(联语卷下)	3	挽玉昆生太夫人 清光绪十三年七月初四日(1887. 8. 22)	7	488
曾忠襄公	专录卷 10(联语卷下)	3	挽曾忠襄公 清光绪十六年十一月二十八日(1891. 1. 8)	7	492
陈佩廷	专录卷 10(联语卷下)	3	挽陈佩廷 清光绪十六年十二月初三日(1891. 1. 12)	7	492
曹丈谦	专录卷 10(联语卷下)	3—4	挽曹丈谦 清光绪十六年正月二十二日(1890. 2. 11)	7	491
徐先生云锦(代父撰)	专录卷 10(联语卷下)	4	挽徐先生云锦(代父) 清光绪十八年二月初四日(1892. 3. 2)	7	494
范丈如松	专录卷 10(联语卷下)	4	挽范丈如松 清光绪二十五年正月初六日(1899. 2. 15)	7	498
王先生汝麒	专录卷 10(联语卷)	4	挽王先生汝麒 清光绪二十五年正月初六日(1899. 2. 15)	7	498

续 表

《张季子九录》			《张謇全集》2012年版		
篇　名	录别　卷次	页码	篇　名	卷次	页码
陈大令谟	专录卷10（联语卷下）	4	挽陈大令谟 清光绪二十五年三月十五日（1899.4.24）	7	498
黄先生体芳	专录卷10（联语卷下）	4	又（挽黄先生体芳） 清光绪二十五年六月初六日（1899.7.13）	7	499
代王西林撰	专录卷10（联语卷下）	4	挽黄先生体芳（代王西林） 清光绪二十五年五月三十日（1899.7.7）	7	499
沈师母	专录卷10（联语卷下）	4—5	挽沈师母 清光绪十六年十二月初四日（1891.1.13）	7	492
王云悔夫人	专录卷10（联语卷下）	5	挽王云悔夫人 清光绪十六年十二月二十日（1891.1.29）	7	492
宋先生琳	专录卷10（联语卷下）	5	又（挽宋先生琳） 清光绪二十三年六月二十一日（1897.7.20）	7	497
代叔兄撰	专录卷10（联语卷下）	5	挽宋先生琳（代叔兄） 清光绪二十三年六月初四日（1897.7.3）	7	497
翟山长望山	专录卷10（联语卷下）	5	挽翟山长望山 清光绪二十三年六月初五日（1897.7.4）	7	497
刘邦泽母	专录卷10（联语卷下）	5	挽刘邦泽母 清光绪二十一年闰五月（1895.6～7）	7	496

续 表

《张季子九录》			《张謇全集》2012 年版		
篇　名	录别　卷次	页码	篇　名	卷次	页码
刘邦泽	专录卷 10（联语卷下）	5	挽刘邦泽 清光绪二十一年七月二十四日（1895. 9. 12）	7	496
孙孟平	专录卷 10（联语卷下）	5	挽孙孟平 清光绪二十一年八月初五日(1895. 9. 23)	7	497
黄丈世丰	专录卷 10（联语卷下）	5	挽黄丈世丰 清光绪十九年三月二十八日(1893. 5. 13)	7	496
宋金榜	专录卷 10（联语卷下）	5—6	挽宋金榜 清光绪十九年十二月十五日(1894. 1. 21)	7	496
刘伯延	专录卷 10（联语卷下）	6	挽刘伯延 清光绪十六年六月二十五日(1890. 8. 10)	7	491
代烟锄撰	专录卷 10（联语卷下）	6	又(代烟锄) 清光绪十六年六月二十六日(1890. 8. 11)	7	491
孙先生诒经	专录卷 10（联语卷下）	6	挽孙先生诒经 清光绪十七年二月十四日(1891. 3. 23)	7	493
陈哲甫太夫人	专录卷 10（联语卷下）	6	挽陈哲甫太夫人 清光绪十七年二月十六日(1891. 3. 25)	7	493
曹懋功	专录卷 10（联语卷下）	6	挽曹懋功 清光绪十七年七月二十一日(1891. 8. 25)	7	493

续　表

《张季子九录》			《张謇全集》2012年版		
篇　名	录别　卷次	页码	篇　名	卷次	页码
施树丈	专录卷10（联语卷下）	6	挽施树亭丈 清光绪二十一年九月（1895.10～11）	7	497
张云抟	专录卷10（联语卷下）	6	挽张云抟 清光绪十七年六月十四日（1891.7.19）	7	493
吕蕡青	专录卷10（联语卷下）	6	挽吕蕡青 清光绪十八年正月初八日（1892.2.6）	7	494
孙先生云锦	专录卷10（联语卷下）	7	挽孙先生云锦 清光绪十八年二月十五日（1892.3.13）	7	494
代孟朴撰	专录卷10（联语卷下）	7	又（代孟朴） 清光绪十八年二月二十九日（1892.3.27）	7	494
薛师母	专录卷10（联语卷下）	7	挽薛师母 清光绪十八年五月二十六日（1892.6.20）	7	494
张丈建侯	专录卷10（联语卷下）	7	挽张丈建侯 清光绪十八年五月二十七日（1892.6.21）	7	495
吴鉴若太夫人	专录卷10（联语卷下）	7	挽吴鉴若太夫人 清光绪十八年五月二十七日（1892.6.21）	7	495
黄毓琳	专录卷10（联语卷下）	7	挽黄毓琳 清光绪十九年十二年二十三日（1894.1.29）	7	496

续 表

《张季子九录》			《张謇全集》2012年版		
篇 名	录别 卷次	页码	篇 名	卷次	页码
宗室意园先生盛昱	专录卷10(联语卷下)	7	挽宗室意园先生盛昱 清光绪二十六年三月二十七日(1900.4.26)	7	499
李国桢祖母	专录卷10(联语卷下)	7—8	挽李国桢祖母 清光绪二十六年六月二十四日(1900.7.20)	7	500
孙廉卿	专录卷10(联语卷下)	8	挽孙廉卿 清光绪十八年闰六月十五日(1892.8.7)	7	495
宋佩庭	专录卷10(联语卷下)	8	挽宋佩庭 清光绪十八年闰六月十五日(1892.8.7)	7	495
高润田	专录卷10(联语卷下)	8	挽高润田 清光绪十八年十月二十一日(1892.12.9)	7	495
李审之夫人	专录卷10(联语卷下)	8	挽李审之夫人 清光绪二十六年闰八月二十日(1900.10.13)	7	500
李丈芸晖	专录卷10(联语卷下)	8	挽李丈芸晖 清光绪二十六年十月初四日(1900.11.25)	7	500
孙广文会阳	专录卷10(联语卷下)	8	挽孙广文会阳 清光绪二十六年十二月十二日(1901.1.31)	7	500
恽太夫人	专录卷10(联语卷下)	8	挽恽太夫人 清光绪二十六年十二月十九日(1901.2.7)	7	500

续 表

《张季子九录》			《张謇全集》2012年版		
篇　名	录别　卷次	页码	篇　名	卷次	页码
何梅生	专录卷10（联语卷下）	9	挽何梅生 清光绪二十七年正月十三日（1901.3.3）	7	501
宋钧镔铮太夫人	专录卷10（联语卷下）	9	挽宋钧镔铮太夫人 清光绪二十八年六月三十日（1902.8.3）	7	502—503
宋钧	专录卷10（联语卷下）	9	挽宋镔 清光绪二十八年六月三十日（1902.8.3）	7	503
某友	专录卷10（联语卷下）	9	挽香山 清光绪二十四年七月三十日（1898.9.15）	7	498
刘丈贯经	专录卷10（联语卷下）	9	挽刘丈贯经 清光绪二十五年四月（1899.5～6）	7	498—499
无锡秦丈	专录卷10（联语卷下）	9	挽无锡秦丈 清光绪二十五年十二月初五日（1900.1.5）	7	499
邓纯臣	专录卷10（联语卷下）	9	挽邓纯臣 清光绪二十六年十二月十九日（1901.2.7）	7	501
方伦叔太夫人	专录卷10（联语卷下）	9	挽方伦叔太夫人 清光绪二十七年二月二十一日（1901.4.9）	7	501
刘丙卿	专录卷10（联语卷下）	9—10	挽刘丙卿 清光绪二十七年二月二十二日（1901.4.10）	7	501
孙穆如	专录卷10（联语卷下）	10	挽孙穆如 清光绪二十七年四月十五日（1901.6.1）	7	501—502

续 表

《张季子九录》			《张謇全集》2012年版		
篇 名	录别 卷次	页码	篇 名	卷次	页码
秦烟丈	专录卷10(联语卷下)	10	挽秦烟丈 清光绪二十七年十一月初四日(1901.12.14)	7	502
刘忠诚公	专录卷10(联语卷下)	10	挽刘忠诚公 清光绪二十八年九月初六日(1902.10.7)	7	503
许丈恩溥	专录卷10(联语卷下)	10	挽许丈恩溥 清光绪二十九年三月初十日(1903.4.7)	7	503
徐翔林太夫人	专录卷10(联语卷下)	10	挽徐翔林太夫人 清光绪二十八年五月二十七日(1902.7.2)	7	502
代叔兄撰	专录卷10(联语卷下)	10	又(代叔兄)	7	502
恽中丞	专录卷10(联语卷下)	11	挽恽中丞 清光绪二十八年六月二十五日(1902.7.29)	7	502
恽莒生	专录卷10(联语卷下)	11	挽恽莒生 清光绪二十八年六月二十六日(1902.7.30)	7	502
丁叔衡	专录卷10(联语卷下)	11	挽丁叔衡 清光绪二十八年九月初一日(1902.10.2)	7	503
徐泽和	专录卷10(联语卷下)	11	挽徐泽和 清光绪二十九年三月初十日(1903.4.7)	7	503—504
罗叔蕴太夫人	专录卷10(联语卷下)	11	挽罗叔蕴太夫人 清光绪二十九年三月初十日(1903.4.7)	7	504

续 表

《张季子九录》			《张謇全集》2012年版		
篇　名	录别　卷次	页码	篇　名	卷次	页码
范太夫人	专录卷10（联语卷下）	11	挽范太夫人 清光绪二十九年六月二十八日（1903.8.20）	7	504
许年伯母	专录卷10（联语卷下）	11	挽许年伯母 清光绪二十九年十二月三十日（1904.2.15）	7	504
松禅老人	专录卷10（联语卷下）	11	挽松禅老人 清光绪三十年五月二十七日（1904.7.10）	7	504
代友撰	专录卷10（联语卷下）	11—12	又（代友挽松禅老人） 清光绪三十年六月十四日（1904.7.26）	7	505
代叔兄撰	专录卷10（联语卷下）	12	又（代叔兄挽松禅老人） 清光绪三十年六月十四日（1904.7.26）	7	505
李粤督（代叔兄撰）	专录卷10（联语卷下）	12	挽李粤督（代叔兄） 清光绪三十年十月十六日（1904.11.22）	7	505
罗叔蕴太翁	专录卷10（联语卷下）	12	挽罗叔蕴太翁 清光绪三十一年十月三十日（1905.11.26）	7	506
范肯堂 以下自清光绪三十年甲辰讫宣统三年辛亥	专录卷10（联语卷下）	12	挽范肯堂 清光绪三十年十二月二十一日（1905.1.26）	7	506
代叔兄撰	专录卷10（联语卷下）	12	又（代叔兄挽范肯堂）	7	506

续　表

《张季子九录》			《张謇全集》2012 年版		
篇　名	录别　卷次	页码	篇　名	卷次	页码
顾滋	专录卷 10 (联语卷下)	12	挽顾滋 清光绪三十一年十一月二十九日(1905.12.25)	7	506—507
丁恒斋夫人	专录卷 10 (联语卷下)	12	挽丁恒斋夫人 民国四年十一月二十四日(1915.12.30)	7	515
李磐硕太夫人	专录卷 10 (联语卷下)	12	挽李磐硕太夫人 清光绪三十二年七月(1906.8～9)	7	507
江导岷太夫人	专录卷 10 (联语卷下)	13	挽江导岷太夫人 清光绪三十一年十月初七日(1905.11.3)	7	506
蒋书箴	专录卷 10 (联语卷下)	13	挽蒋书箴 清光绪三十年九月初三日(1904.10.11)	7	505
曾少卿	专录卷 10 (联语卷下)	13	挽曾少卿 清光绪三十四年五月初十日(1908.6.8)	7	507
代叔兄撰	专录卷 10 (联语卷下)	13	又(代叔兄挽曾少卿) 清光绪三十四年五月十四日(1908.6.12)	7	508
杨斯盛	专录卷 10 (联语卷下)	13	挽杨斯盛 清光绪三十四年五月初十日(1908.6.8)	7	508
代叔兄撰	专录卷 10 (联语卷下)	13	又(代叔兄挽杨斯盛)	7	508

续 表

《张季子九录》			《张謇全集》2012年版		
篇　名	录别　卷次	页码	篇　名	卷次	页码
杨藕芳	专录卷10（联语卷下）	13	挽杨藕芳 清光绪三十三年十二月二十五日（1908.1.28）	7	507
孙诒让	专录卷10（联语卷下）	13	挽孙诒让 清光绪三十四年五月三十日（1908.6.28）	7	508
邹大钧	专录卷10（联语卷下）	13—14	挽邹大钧 清光绪三十四年五月三十日（1908.6.28）	7	508
袁大化太翁	专录卷10（联语卷下）	14	挽袁大化太翁 清光绪三十四年六月初五日（1908.7.3）	7	509
李磐硕	专录卷10（联语卷下）	14	挽李磐硕 清光绪三十四年八月二十六日（1908.9.21）	7	509
陈国璋	专录卷10（联语卷下）	14	挽陈国璋 清光绪三十四年十一月二十九日（1908.12.22）	7	509
许星璧太夫人	专录卷10（联语卷下）	14	挽许星璧太夫人 清光绪三十四年五月三十日（1908.6.28）	7	509
顾一梅	专录卷10（联语卷下）	14	挽顾一梅 清宣统元年三月二十七日（1909.5.16）	7	509
代叔兄撰	专录卷10（联语卷下）	14	又（代叔兄挽顾一梅）	7	510

续 表

《张季子九录》			《张謇全集》2012 年版		
篇　名	录别　卷次	页码	篇　名	卷次	页码
徐夫人	专录卷 10 (联语卷下)	14—15	挽徐夫人 清光绪三十四年三月(1908. 4)	7	507
周彦昇	专录卷 10 (联语卷下)	15	挽周彦升 清宣统元年十二月十八日(1910. 1. 28)	7	510
代叔兄撰	专录卷 10 (联语卷下)	15	又(代叔兄撰挽周彦升)	7	510
徐翔林	专录卷 10 (联语卷下)	15	挽徐翔林 清宣统三年正月十六日(1911. 2. 14)	7	511
代叔兄撰	专录卷 10 (联语卷下)	15	又(代叔兄挽徐翔林)	7	511
丁润斋	专录卷 10 (联语卷下)	15	挽丁润斋 清宣统二年十一月十七日(1910. 12. 18)	7	510
彭小池	专录卷 10 (联语卷下)	15	挽彭小池 清宣统二年十一月十八日(1910. 12. 19)	7	510—511
樊民一	专录卷 10 (联语卷下)	15	挽樊民一 清宣统三年二月十六日(1911. 3. 16)	7	511
沈敬夫	专录卷 10 (联语卷下)	15	挽沈敬夫 清宣统三年二月十九日(1911. 3. 19)	7	511
王子环	专录卷 10 (联语卷下)	16	挽王子环 民国元年三月初十日(1912. 4. 26)	7	511

续 表

《张季子九录》			《张謇全集》2012年版		
篇　名	录别　卷次	页码	篇　名	卷次	页码
端午桥	专录卷10 (联语卷下)	16	挽端午桥 民国元年三月十二日 (1912.4.28)	7	512
丁祖佑	专录卷10 (联语卷下)	16	挽丁祖佑 民国元年四月(1912.5~6)	7	512
王潄六	专录卷10 (联语卷下)	16	挽王潄六 清光绪三十年十月 (1904.11~12)	7	505
高立卿	专录卷10 (联语卷下)	16	挽高立卿 民国元年九月初四日 (1912.10.13)	7	512
瑞莘儒	专录卷10 (联语卷下)	16	挽瑞莘儒 民国元年六月初九日 (1912.7.22)	7	512
于香谷太夫人	专录卷10 (联语卷下)	16	挽于香古太夫人 民国二年五月十九日 (1913.6.23)	7	513
徐侯夫人	专录卷10 (联语卷下)	16	挽徐侯夫人 民国九年二月二日 (1920.3.21)	7	521
刘叔璜太夫人	专录卷10 (联语卷下)	16—17	挽刘叔璜太夫人 民国二年七月初四日 (1913.8.5)	7	513
孙敬铭	专录卷10 (联语卷下)	17	挽孙敬铭 民国二年八月十二日 (1913.9.12)	7	513
代叔兄撰	专录卷10 (联语卷下)	17	又(代叔兄挽孙敬铭)	7	513

续 表

《张季子九录》			《张謇全集》2012 年版		
篇 名	录别 卷次	页码	篇 名	卷次	页码
程雪楼太翁	专录卷 10 (联语卷下)	17	挽程雪楼太翁 民国二年十一月二十日(1913.12.17)	7	514
康长素太夫人	专录卷 10 (联语卷下)	17	挽康长素太夫人 民国二年十一月十六日(1913.12.13)	7	514
徐宝山	专录卷 10 (联语卷下)	17	挽徐宝山 民国二年六月二十三日(1913.7.26)	7	513
盛杏荪	专录卷 10 (联语卷下)	17	挽盛杏荪 民国五年八月十五日(1916.9.12)	7	517
三嫂邵夫人	专录卷 10 (联语卷下)	17	挽三嫂邵夫人 民国三年三月初十日(1914.4.5)	7	514
沈朱夫人	专录卷 10 (联语卷下)	17	挽沈坚亭母朱夫人 民国三年三月十七日(1914.4.12)	7	514
张如峰	专录卷 10 (联语卷下)	17—18	挽张如峰 民国三年五月十七日(1914.6.10)	7	514
伯兄	专录卷 10 (联语卷下)	18	挽伯兄 民国三年九月十五日(1914.11.2)	7	515
许久香夫人	专录卷 10 (联语卷下)	18	挽许久香夫人 民国三年七月十四日(1914.9.3)	7	514—515
单治堂	专录卷 10 (联语卷下)	18	挽单治堂 民国五年十一月二十一日(1916.12.15)	7	517—518

续 表

《张季子九录》			《张謇全集》2012年版		
篇　名	录别　卷次	页码	篇　名	卷次	页码
陆叟	专录卷10（联语卷下）	18	挽陆叟 民国五年十二月二十五日（1917.1.18）	7	518
袁海观	专录卷10（联语卷下）	18	挽袁海观 民国四年三月二十二日（1915.5.5）	7	515
许久香	专录卷10（联语卷下）	18	挽许久香 民国四年九月十七日（1915.10.25）	7	515
印锡璋	专录卷10（联语卷下）	18	挽印锡璋 民国四年十月二十五日（1915.12.1）	7	515
杨月如	专录卷10（联语卷下）	18	挽杨月如 民国五年二月初五日（1916.3.8）	7	516
范秋门	专录卷10（联语卷下）	19	挽范秋门 民国五年二月初七日（1916.3.10）	7	516
刘一山	专录卷10（联语卷下）	19	挽刘一山 民国五年二月二十一日（1916.3.24）	7	516
胡二梅	专录卷10（联语卷下）	19	挽胡二梅 民国五年二月二十三日（1916.3.26）	7	516
雷继兴夫人	专录卷10（联语卷下）	19	挽雷继兴夫人	7	528
李胡夫人	专录卷10（联语卷下）	19	挽李胡夫人 民国六年十月二十三日（1917.12.7）	7	519

续 表

《张季子九录》			《张謇全集》2012 年版		
篇 名	录别 卷次	页码	篇 名	卷次	页码
吴怀久	专录卷 10(联语卷下)	19	挽吴怀久 民国八年五月十六日(1919.6.13)	7	520
章仲扬	专录卷 10(联语卷下)	19	挽章仲扬	7	528
孙润江	专录卷 10(联语卷下)	19	挽孙润江 民国七年七月(1918.8~9)	7	519—520
陆某	专录卷 10(联语卷下)	19—20	挽陆某 民国七年十一月初九日(1918.12.11)	7	520
鲍序生	专录卷 10(联语卷下)	20	挽鲍序生 民国五年六月初一日(1916.6.30)	7	517
余年丈	专录卷 10(联语卷下)	20	挽余年丈(寿平同年父) 民国五年六月二十一日(1916.7.20)	7	517
宋渔父	专录卷 10(联语卷下)	20	挽宋渔父 民国二年三月(1913.4~5)	7	513
黄克强	专录卷 10(联语卷下)	20	挽黄克强 民国五年十月十五日(1916.11.10)	7	517
蔡松坡	专录卷 10(联语卷下)	20	挽蔡松坡 民国五年十月二十八日(1916.11.23)	7	517
迎蔡松坡丧过南通	专录卷 10(联语卷下)	20	挽蔡松坡丧过南通 民国五年十二月十八日(1917.1.11)	7	518

续 表

《张季子九录》			《张謇全集》2012年版		
篇　名	录别　卷次	页码	篇　名	卷次	页码
杨善德太夫人	专录卷10（联语卷下）	20	挽杨善德太夫人 民国五年十二月二十一日(1917.1.14)	7	518
王鹿鸣	专录卷10（联语卷下）	20	挽王鹿鸣 民国六年四月(1917.5～6)	7	519
白振民	专录卷10（联语卷下）	20—21	挽白振民 民国六年四月(1917.5～6)	7	519
陈毓冬	专录卷10（联语卷下）	21	挽陈毓冬 民国六年十月二十三日(1917.12.7)	7	519
顾淑基	专录卷10（联语卷下）	21	挽顾淑基	7	527
从子仁祖	专录卷10（联语卷下）	21	挽从子仁祖 民国七年四月初七日(1918.5.16)	7	519
袁慰廷夫人	专录卷10（联语卷下）	21	挽袁慰廷夫人 民国八年二月十三日(1919.3.14)	7	520
金孔夫人	专录卷10（联语卷下）	21	挽金孔夫人 民国八年正月(1919.2～3)	7	520
刘艮生	专录卷10（联语卷下）	21	挽刘艮生 民国八年三月初(1919.4)	7	520
林兰孙	专录卷10（联语卷下）	21	挽林兰孙 民国元年(1912)	7	512

续 表

《张季子九录》			《张謇全集》2012 年版		
篇　名	录别　卷次	页码	篇　名	卷次	页码
高星修	专录卷 10 (联语卷下)	21	挽高星修 民国十四年(1925)	7	526
王伯藩	专录卷 10 (联语卷下)	22	挽王伯藩 民国十四年(1925)	7	526
欧阳太夫人	专录卷 10 (联语卷下)	22	挽欧阳太夫人 民国八年十二月 (1920.1.2)	7	521
刘泽人	专录卷 10 (联语卷下)	22	挽刘泽人 民国五年(1916)	7	518
余沈女士	专录卷 10 (联语卷下)	22	挽余沈女士 民国十年五月初五日 (1921.6.10)	7	521
代传习所女生撰	专录卷 10 (联语卷下)	22	又(代传习所女生) 民国十年五月十四日 (1921.6.19)	7	522
王孝静	专录卷 10 (联语卷下)	22	挽王孝静 民国十年(1921)	7	522
于采岩	专录卷 10 (联语卷下)	22	挽于采岩 民国六年正月十二日 (1917.2.3)	7	518
孙母	专录卷 10 (联语卷下)	22	挽孙母	7	527
沙孙夫人	专录卷 10 (联语卷下)	22—23	挽沙孙夫人 清光绪三十三年十月 (1907.11～12)	7	507
徐金夫人	专录卷 10 (联语卷下)	23	挽徐金夫人	7	528

续 表

《张季子九录》			《张謇全集》2012年版		
篇 名	录别 卷次	页码	篇 名	卷次	页码
王友林	专录卷10（联语卷下）	23	挽王友林 民国十一年正月初六日(1922.2.2)	7	523
汪少兰	专录卷10（联语卷下）	23	挽汪少兰 民国十一年(1922)	7	523
章也泉	专录卷10（联语卷下）	23	挽章也泉 民国十一年十二月十二日(1923.1.28)	7	523
王程夫人	专录卷10（联语卷下）	23	挽王勉之妻程夫人 民国十四年(1925)	7	525
周少朴	专录卷10（联语卷下）	23	挽周少朴 民国十四年(1925)	7	525—526
沈晓芙	专录卷10（联语卷下）	23	挽沈晓芙 民国十年八月二十九日(1921.9.30)	7	522
周扶九	专录卷10（联语卷下）	23	挽周扶九 民国十年十一月(1921.11～12)	7	522
沈右衡	专录卷10（联语卷下）	23—24	挽沈右衡 民国十年九月(1921.10)	7	522
沈子培	专录卷10（联语卷下）	24	挽沈子培(代叔兄撰) 民国十一年(1922)	7	524
徐太夫人	专录卷10（联语卷下）	24	挽徐太夫人	7	527
徐严夫人	专录卷10（联语卷下）	24	挽徐严夫人	7	527

续 表

《张季子九录》			《张謇全集》2012 年版		
篇　名	录别　卷次	页码	篇　名	卷次	页码
何惠若	专录卷 10 (联语卷下)	24	挽何惠若	7	527
孙杨夫人	专录卷 10 (联语卷下)	24	挽孙杨夫人	7	527
杨梅汀	专录卷 10 (联语卷下)	24	挽杨梅汀 民国十二年(1923)	7	524
尤鼎孚	专录卷 10 (联语卷下)	24	挽尤鼎孚 民国十一年十二月初五日(1923. 1. 21)	7	523
沈叔英	专录卷 10 (联语卷下)	24—25	挽沈叔英 民国十一年十二月初九日(1923. 1. 25)	7	523
梁任公夫人	专录卷 10 (联语卷下)	25	挽梁任公夫人 民国十三年(1924)	7	525
许聘三	专录卷 10 (联语卷下)	25	挽许聘三	7	529
许崧甫太夫人	专录卷 10 (联语卷下)	25	挽许崧甫太夫人	7	529
潘保之	专录卷 10 (联语卷下)	25	挽潘保之 民国十三年三月二十三日(1924. 4. 26)	7	524
孙中山	专录卷 10 (联语卷下)	25	挽孙中山 民国十四年二月(1925. 3)	7	525
习荐孚	专录卷 10 (联语卷下)	25	挽习荐孚 民国十四年(1925)	7	525

续 表

《张季子九录》			《张謇全集》2012年版		
篇 名	录别 卷次	页码	篇 名	卷次	页码
管励冰	专录卷10（联语卷下）	25	挽管励冰 民国十四年(1925)	7	526
徐又铮	专录卷10（联语卷下）	25	挽徐又铮 民国十四年十一月(1925.11～12)	7	525
张仲友	专录卷10（联语卷下）	26	挽张仲友 民国十四年(1925)	7	526
余寿平	专录卷10（联语卷下）	26	挽余寿平 民国十五年(1926)	7	527
颂联					
刘生新婚	专录卷10（联语卷下）	26	贺刘生新婚(代徐石渔) 清光绪十年十一月初五日(1884.12.21)	7	468
贺姜某孙寄籍他县补学生员	专录卷10（联语卷下）	26	贺姜某孙寄籍他县补学生员(代徐石渔) 清光绪十年十一月初五日(1884.12.21)	7	468
涂尚书八十双寿	专录卷10（联语卷下）	26	贺涂尚书八十双寿(代孙云锦) 清光绪十七年十月初八日(1891.11.9)	7	468—469
湖广张督部生日	专录卷10（联语卷下）	26	寿湖广张督部六十 清光绪二十三年八月初六日(1897.9.2)	7	469
严皃芗属集句寿其姑母某太夫人	专录卷10（联语卷下）	26	寿严皃芗姑母(代严皃芗) 清光绪十年正月初四日(1884.1.31)	7	468

续 表

《张季子九录》			《张謇全集》2012年版		
篇　名	录别　卷次	页码	篇　名	卷次	页码
两江刘督部入督祝嘏	专录卷10（联语卷下）	26	贺两江刘督部入都祝嘏 清光绪二十五年十二月初五日(1900.1.5)	7	469
代新宁幕府诸君撰	专录卷10（联语卷下）	26—27	寿新宁刘坤一七十（代幕府诸君） 清光绪二十四年十二月(1899.1～2)	7	469
贺顾石公嫁女	专录卷10（联语卷下）	27	贺顾石公嫁女 清光绪二十四年十二月(1899.1～2)	7	469
两江瑞督部调任北洋	专录卷10（联语卷下）	27	贺两江端督部调任北洋 清宣统元年五月(1909.6～7)	7	470
寿郑苏堪五十（集句）	专录卷10（联语卷下）	27	寿郑苏堪五十 清宣统元年闰二月十九日(1909.4.9)	7	470
寿沈敬夫七十	专录卷10（联语卷下）	27	寿沈敬夫七十 清宣统二年四月初七日(1910.5.15)	7	471
寿潘心杭太翁七十	专录卷10（联语卷下）	27	寿潘心杭太翁七十 民国四年十月十八日(1915.11.24)	7	472
贺赵王结婚	专录卷10（联语卷下）	27	贺赵王结婚（赵竹君子，王勖臧女） 民国五年十一月十一日(1916.12.5)	7	473
赠沈雪君	专录卷10（联语卷下）	27	赠沈雪君 民国五年十月十六日(1916.11.11)	7	473

续　表

《张季子九录》			《张謇全集》2012年版		
篇　名	录别　卷次	页码	篇　名	卷次	页码
许崧甫七十	专录卷10（联语卷下）	27	寿许松甫七十 民国八年十月二十二日（1919.12.13）	7	474
沈豹君子娶妇	专录卷10（联语卷下）	28	贺沈豹君子娶妇 民国七年十二月三十日（1919.1.31）	7	474
退翁七十	专录卷10（联语卷下）	28	寿退翁六十 宣统二年九月三十日（1910.11.1）	7	471
束劭直母八十	专录卷10（联语卷下）	28	寿束劭直母八十 民国三年十月三十日（1914.12.16）	7	472
小海百岁老人康滋圃	专录卷10（联语卷下）	28	寿小海百岁老人康滋圃 民国十年十一月二十日（1921.12.18）	7	475
梅浣华祖母八十	专录卷10（联语卷下）	28	寿梅浣华祖母八十 民国八年二月二十八日（1919.3.29）	7	474
孙伯龙六十	专录卷10（联语卷下）	28	寿孙伯龙六十 民国四年（1915）	7	472
赠静圆和尚	专录卷10（联语卷下）	28	赠静圆和尚 民国十年正月（1912.2～3）	7	475
张今坡八十	专录卷10（联语卷下）	28—29	寿张今坡八十 民国十年十二月二十一日（1922.1.18）	7	475
云海秋赘婿	专录卷10（联语卷下）	29	贺云海秋赘婿	7	479

续 表

《张季子九录》			《张謇全集》2012 年版		
篇　名	录别　卷次	页码	篇　名	卷次	页码
吴骥臣母七十	专录卷 10 (联语卷下)	29	寿吴骥臣母七十	7	480—481
马相伯八十	专录卷 10 (联语卷下)	29	寿马相伯八十 民国八年三月二十五日(1919. 4. 25)	7	474
周女士嫁	专录卷 10 (联语卷下)	29	贺周女士嫁	7	480
刘馩如嫁	专录卷 10 (联语卷下)	29	贺刘馩如嫁	7	480
王女士嫁	专录卷 10 (联语卷下)	29	贺王女士嫁	7	480
梅浣华母六十	专录卷 10 (联语卷下)	29	贺梅浣华母六十	7	480
沙健庵六十	专录卷 10 (联语卷下)	29	寿沙健庵六十 民国十二年八月(1923. 9～10)	7	476
周宝孚六十	专录卷 10 (联语卷下)	29—30	寿周宝孚六十	7	480
张镜湖六十	专录卷 10 (联语卷下)	30	寿张镜湖六十 民国十三年(1924)	7	477
赠高生(集句)	专录卷 10 (联语卷下)	30	赠高生(集句)	7	478
王蒋夫妇八十	专录卷 10 (联语卷下)	30	寿王蒋夫妇八十 民国十二年六月(1923. 7～8)	7	476
谢女士嫁	专录卷 10 (联语卷下)	30	贺谢女士嫁	7	480

续　表

《张季子九录》			《张謇全集》2012年版		
篇　名	录别　卷次	页码	篇　名	卷次	页码
宋生三十书此勉之	专录卷10（联语卷下）	30	赠宋生三十 民国十四年(1925)	7	477
赠徐明四	专录卷10（联语卷下）	30	赠徐明四 民国十五年初(1923.1～2)	7	477
赠张石亲(集句)	专录卷10（联语卷下）	30	赠张石亲(集句)	7	478
春齐高偃帅师纳北燕伯于阳(昭公十有二年) 清光绪元年乙亥	外录卷1（制艺）	1—2	春齐高偃帅师纳北燕伯于阳(昭公十有二年) 清光绪十五年三月十二日(1889.4.11)	6	97—98
子贡曰如有博施于民而能济众何如可谓仁乎子曰何事于仁必也圣乎 清光绪元年乙亥	外录卷1（制艺）	2—3	子贡曰如有博施于民而能济众何如可谓仁乎子曰何事于仁必也圣乎 清光绪二年五月初二日(1876.5.24)	6	4—5
为人君止于仁为人臣止于敬为人子止于孝为人父止于慈 清光绪二年丙子	外录卷1（制艺）	3—4	为人君止于仁为人臣止于敬为人子止于孝为人父止于慈 清光绪五年五月初九日(1879.6.28)	6	17—18
曾子曰吾日三省吾身为人谋而不忠乎与朋友交而不信乎传不习乎子曰道千乘之国敬事而信节用而爱人使民以时 清光绪二年丙子	外录卷1（制艺）	4—5	曾子曰吾日三省吾身为人谋而不忠乎与朋友交而不信乎传不习乎子曰道千乘之国敬事而信节用而爱人使民以时 清光绪五年五月十一日(1879.6.30)	6	18—19

续 表

《张季子九录》			《张謇全集》2012年版		
篇 名	录别 卷次	页码	篇 名	卷次	页码
经界既正分田制禄可坐而定也 清光绪二年丙子	外录卷1 (制艺)	5—6	经界既正分田制禄可坐而定也 清光绪二十年四月十六日(1894.5.20)	6	237—238
纯如也皦如也绎如也 清光绪三年丁丑	外录卷1 (制艺)	6—7	纯如也皦如也绎如也 清光绪十二年二月初十日(1886.3.15)	6	73—74
尧独忧之举舜而敷治焉 清光绪三年丁丑	外录卷1 (制艺)	7—8	尧独忧之举舜而敷治焉 清光绪三年九月十六日(1877.10.22)	6	6—7
是月也命野虞毋伐桑柘鸣鸠拂其羽戴胜降于桑具曲植篴筐 清光绪五年己卯	外录卷1 (制艺)	8—9	是月也命野虞毋伐桑柘鸣鸠拂其羽戴胜降于桑具曲植篴筐 清光绪十五年三月十三日(1889.4.12)	6	98—99
孟子曰天时不如地利地利不如人和 清光绪五年己卯	外录卷1 (制艺)	9—10	孟子曰天时不如地利地利不如人和 清光绪五年五月初四日(1879.6.23)	6	16—17
比及三年可使足民 清光绪五年己卯	外录卷1 (制艺)	10—11	比及三年可使足民 清光绪五年七月二十八日(1879.9.14)	6	20—21
黄帝尧舜垂衣裳而天下治盖取诸乾坤 清光绪五年己卯	外录卷1 (制艺)	11—12	黄帝尧舜垂衣裳而天下治盖取诸乾坤 清光绪五年七月二十八日(1879.9.14)	6	22—23
樊迟请学稼 一章 清光绪五年己卯	外录卷1 (制艺)	12—13	樊迟请学稼 (一章) 清光绪五年八月初八日(1879.9.23)	6	24—25

续　表

《张季子九录》			《张謇全集》2012年版		
篇　名	录别　卷次	页码	篇　名	卷次	页码
犹益之于夏伊尹之于殷也孔子曰唐虞禅夏后殷周继 清光绪五年己卯	外录卷1 （制艺）	13—14	犹益之于夏伊尹之于殷也孔子曰唐虞禅夏后殷周继 清光绪五年八月初八日（1879.9.23）	6	26—27
六二鸣谦贞吉 清光绪十一年乙酉	外录卷1 （制艺）	14—15	六二鸣谦贞吉 清光绪十一年八月十二日（1885.9.20）	6	60—61
先知稼穑之艰难乃逸 清光绪十一年乙酉	外录卷1 （制艺）	15—16	先知稼穑之艰难乃逸 清光绪十一年八月十二日（1885.9.20）	6	61—62
潜有多鱼有鳣有鲔鲦鲿鰋鲤 清光绪十一年乙酉	外录卷1 （制艺）	16—17	潜有多鱼有鳣有鲔鲦鲿鰋鲤 清光绪十一年八月十二日（1885.9.20）	6	62—63
夏五月辛酉公会齐侯盟于艾（隐公六年） 清光绪十一年乙酉	外录卷1 （制艺）	17—18	夏五月辛酉公会齐侯盟于艾（隐公六年） 清光绪十一年八月十二日（1885.9.20）	6	63—64
祊之为言倞也斦之为言敬也富也者福也 清光绪十一年乙酉	外录卷1 （制艺）	18—19	祊之为言倞也斦之为言敬也富也者福也 清光绪十一年八月十二日（1885.9.20）	6	64—65
不勉而中 清光绪十一年乙酉	外录卷1 （制艺）	19	不勉而中 清光绪十一年六月十一日（1885.7.22）	6	54—55
古之学者为己 清光绪十一年乙酉	外录卷1 （制艺）	19—20	古之学者为己 清光绪十一年六月十五日（1885.7.26）	6	55—56

续 表

《张季子九录》			《张謇全集》2012年版		
篇 名	录别 卷次	页码	篇 名	卷次	页码
孔子尝为委吏矣 一节 清光绪十一年乙酉	外录卷1(制艺)	20—21	孔子尝为委吏矣(一节) 清光绪十一年八月初九日(1885.9.17)	6	59—60
子华使于齐冉子为其母请粟子曰与之釜请益曰与之庾冉子与之粟五秉子曰赤之适齐也乘肥马衣轻裘吾闻之也君子周急不继富原思为之宰与之粟九百辞子曰毋以与尔邻里乡党乎 清光绪十一年乙酉	外录卷1(制艺)	21—23	子华使于齐冉子为其母请粟子曰与之釜请益曰与之庾冉子与之粟五秉子曰赤之适齐也乘肥马衣轻裘吾闻之也君子周急不继富原思为之宰与之粟九百辞子曰毋以与尔邻里乡党乎 清光绪十一年八月初九日(1885.9.17)	6	57—58
实能容之以能保我子孙黎民尚亦有利哉 清光绪十一年乙酉	外录卷1(制艺)	23—24	实能容之以能保我子孙黎民尚亦有利哉 清光绪十一年八月初九日(1885.9.17)	6	56—57
终南何有有纪有堂 清光绪十二年丙戌	外录卷1(制艺)	24	终南何有有纪有堂 清光绪十二年三月十五日(1886.4.18)	6	77—78
子张问行 一章 清光绪十二年丙戌	外录卷1(制艺)	25	子张问行 (一章) 清光绪十二年三月十二日(1886.4.15)	6	74—75
取诸人以为善是与人为善者也故君子莫大乎与人为善 清光绪十二年丙戌	外录卷1(制艺)	26	取诸人以为善是与人为善者也故君子莫大乎与人为善 清光绪十二年三月十二日(1886.4.15)	6	76—77

续 表

《张季子九录》			《张謇全集》2012年版		
篇　名	录别　卷次	页码	篇　名	卷次	页码
曰子不通功易事以羡补不足则农有余粟女有余布子如通之则梓匠轮舆皆得食于子 清光绪十五年己丑	外录卷1 (制艺)	27—28	曰子不通功易事以羡补不足则农有余粟女有余布子如通之则梓匠轮舆皆得食于子 清光绪十五年三月初九日(1889.4.8)	6	93—94
子曰行夏之时乘殷之辂服周之冕乐则韶舞 清光绪十五年己丑	外录卷1 (制艺)	28	子曰行夏之时乘殷之辂服周之冕乐则韶舞 清光绪十五年三月初九日(1889.4.8)	6	94—95
取人以身修身以道 清光绪十五年己丑	外录卷1 (制艺)	29	取人以身修身以道 清光绪十五年三月初九日(1889.4.8)	6	95—96
秋七月辛巳豹及诸侯之大夫盟于宋 清光绪十六年庚寅	外录卷1 (制艺)	30	秋七月辛巳豹及诸侯之大夫盟于宋 清光绪十六年三月十二日(1890.4.30)	6	103—104
知所以治人　凡为天下国家有九经 清光绪十六年庚寅	外录卷1 (制艺)	31	知所以治人至凡为天下国家有九经 清光绪十六年三月初九日(1890.4.27)	6	101—102
霸者之民驩虞如也王者之民皞皞如也 清光绪十六年庚寅	外录卷1 (制艺)	31—32	霸者之民欢虞如也王者之民皞皞如也 清光绪十六年三月初九日(1890.4.27)	6	102—103
公会诸侯盟于薄释宋公 清光绪十八年壬辰	外录卷1 (制艺)	32—33	公会诸侯盟于薄释宋公 清光绪十八年三月十二日(1892.4.8)	6	211—212

续 表

《张季子九录》			《张謇全集》2012 年版		
篇　名	录别　卷次	页码	篇　名	卷次	页码
斯礼也达乎诸侯大夫及士庶人 清光绪十八年壬辰	外录卷 1 (制艺)	33—34	斯礼也达乎诸侯大夫及庶人 清光绪十八年三月初九日(1892. 4. 5)	6	207—208
子曰君子矜而不争两章 清光绪十八年壬辰	外录卷 1 (制艺)	34—35	子曰君子矜而不争(两章) 清光绪十八年三月初九日(1892. 4. 5)	6	206—207
井九百亩其中为公田八家皆私百亩同养公田 清光绪十八年壬辰	外录卷 1 (制艺)	35—36	井九百亩其中为公田八家皆私百亩同养公田 清光绪十八年三月初九日(1892. 4. 5)	6	208—209
厥亦惟我周大王王季克自抑畏文王卑服即康功田功 清光绪十八年壬辰	外录卷 1 (制艺)	36—37	厥亦惟我周大王王季克自抑畏文王卑服即康功田功 清光绪十八年三月十二日(1892. 4. 8)	6	210—211
达巷党人曰大哉孔子 清光绪二十年甲午	外录卷 1 (制艺)	37—38	达巷党人曰大哉孔子 清光绪二十年三月初九日(1894. 4. 14)	6	234—235
子曰道不远人 忠恕违道不远 光绪二十年甲午	外录卷 1 (制艺)	38—39	子曰道不远人至忠恕违道不远 光绪二十年三月初九日(1894. 4. 14)	6	235—236
庆以地 清光绪二十年甲午	外录卷 1 (制艺)	39—40	庆以地 清光绪二十年三月初九日(1894. 4. 14)	6	236—237

续 表

《张季子九录》			《张謇全集》2012年版		
篇 名	录别 卷次	页码	篇 名	卷次	页码
斗为天喉舌赋(以斟酌元气运平四时为韵) 清光绪元年乙亥	外录卷2(赋及试策)	1	斗为天喉舌赋(以斟酌元气运平四时为韵) 清光绪五年五月初二日(1879.7.21)	6	13—14
海上钓鳌客赋(以先生临沧海钓巨鳌为韵) 清光绪二年丙子	外录卷2(赋及试策)	2	海上钓鳌客赋(以先生临沧海钓巨鳌为韵) 清光绪二年四月二十九日(1876.5.22)	6	3—4
宋太祖解裘帽赐王全斌赋(以仍谕诸将以不遍及为韵) 清光绪二年丙子	外录卷2(赋及试策)	2—3	宋太祖解裘帽赐王全斌赋(以仍谕诸将以不遍及为韵) 清光绪二十年八月十三日(1894.9.12)	6	247—248
兰陵王入阵曲赋(以于是大捷共歌谣之为韵) 清光绪三年丁丑	外录卷2(赋及试策)	3—4	兰陵王入阵曲赋(以于是大捷共歌谣之为韵) 清光绪二十年八月初八日(1894.9.7)	6	246—247
牙璋起军旅赋(以进贤兴功以作邦国为韵) 清光绪五年己卯	外录卷2(赋及试策)	4	牙璋起军旅赋(以进贤兴功以作邦国为韵) 清光绪二十年八月初五日(1894.9.4)	6	245—246
书马者与尾而五赋(以作马字下曲为尾为韵) 清光绪五年己卯	外录卷2(赋及试策)	5	书马者与尾而五赋(以作马字下曲为尾为韵) 清光绪二十年正月二十二日(1894.2.27)	6	233

续　表

《张季子九录》			《张謇全集》2012 年版		
篇　名	录别　卷次	页码	篇　名	卷次	页码
拟林滋文战赋(以士之角文当如战敌为韵) 清光绪五年己卯	外录卷 2 (赋及试策)	5—6	拟林滋文战赋(以士之角文当如战敌为韵) 清光绪二十年正月二十一日(1894.2.26)	6	232—233
仁寿镜赋(以仁寿之字昭然可观为韵,有序) 清光绪十一年乙酉	外录卷 2 (赋及试策)	6—7	仁寿镜赋(以仁寿之字昭然可观为韵,有序) 清光绪二十年六月二十四日(1894.7.26)	6	242—243
缘鹄饰玉赋(以缘鹄饰玉后帝是飨为韵) 清光绪十一年乙酉	外录卷 2 (赋及试策)	7—8	缘鹄饰玉赋(以缘鹄饰玉后帝是飨为韵) 清光绪三年九月十四日(1877.10.20)	6	5—6
江南江北青山多(得游字五言八韵)	外录卷 2 (赋及试策)	8	江南江北青山多(得游字五言八韵) 清光绪五年八月初十日(1879.9.25)	7	51
马饮春泉踏浅沙(得泉字五言八韵)	外录卷 2 (赋及试策)	8	马饮春泉踏浅沙(得泉字五言八韵) 清光绪十五年三月初十日(1889.4.9)	7	78
柳拂旌旗露未干(得春字五言八韵)	外录卷 2 (赋及试策)	8—9	柳拂旌旗露未干(得春字) 清光绪十八年三月初九日(1892.4.5)	7	86
拂水柳花千万点(得花字五言八韵)	外录卷 2 (赋及试策)	9	拂水柳花千万点(得花字五言八韵) 清光绪二十年四月十六日(1894.5.20)	7	93

续　表

《张季子九录》			《张謇全集》2012年版		
篇　名	录别　卷次	页码	篇　名	卷次	页码
石鲸鳞甲动秋风(得风字五言八韵)	外录卷2(赋及试策)	9	石鲸鳞甲动秋风(得风字五言八韵)清光绪二十年八月初六日(1894.9.5)	7	94
众仙同日咏霓裳(得仙子五言八韵)	外录卷2(赋及试策)	9	众仙同日咏霓裳(得仙字五言八韵)清光绪二十年六月二十四日(1894.7.26)	7	93
尽放冰轮万丈光(得光字五言八韵)	外录卷2(赋及试策)	9	尽放冰轮万丈光(得光字五言八韵)清光绪十一年八月初十日(1885.9.18)	7	70
万里更桑罢戍边(得边字五言八韵)	外录卷2(赋及试策)	9	万里耕桑罢戍边(得边字五言八韵)清光绪五年五月十三日(1879.7.2)	7	51
南薰门观稼(得宗字五言八韵)	外录卷2(赋及试策)	9	南薰门观稼(得宗字五言八韵)清光绪五年五月初二日(1879.6.21)	7	50
钓竿欲拂珊瑚树(得竿字五言八韵)	外录卷2(赋及试策)	10	钓竿欲拂珊瑚树(得竿字五言六韵)清光绪五年五月初四日(1879.6.23)	7	50
兴来走笔如旋风(得书字五言八韵)	外录卷2(赋及试策)	10	兴来走笔如旋风(得书字五言八韵)清光绪五年五月初九(1879.6.28)	7	50

续 表

《张季子九录》			《张謇全集》2012年版		
篇　名	录别　卷次	页码	篇　名	卷次	页码
种千茎竹作渔竿(得竿字五言八韵)	外录卷2(赋及试策)	10	种千茎作渔竿(得竿字五言八韵) 清光绪二年四月二十九日(1876.5.22)	7	36
川岳涵余清(得涵字五言六韵)	外录卷2(赋及试策)	10	川岳涵余清(得涵字五言六韵) 清光绪二年五月初二日(1876.5.24)	7	36
应图求骏马(得求字五言八韵)	外录卷2(赋及试策)	10	应图求骏马(得求字五言八韵) 清光绪三年九月十四日(1877.10.20)	7	43
细筋入骨如秋鹰(得如字五言六韵)	外录卷2(赋及试策)	10	细筋入骨如秋鹰(得如字五言六韵) 清光绪三年九月十六日(1877.10.22)	7	43—44
雨洗亭皋千亩绿(得皋字五言八韵)	外录卷2(赋及试策)	10	雨洗亭皋千亩绿(得皋字五言八韵) 清光绪二十年三月初十日(1894.4.15)	7	92
策问 清光绪五年己卯	外录卷3(策问及殿试论)	1—2	策问(江苏水利) 清光绪五年七月二十八日(1879.9.14)	6	23—24
策问 清光绪五年己卯	外录卷3(策问及殿试论)	2—4	策问(宋明两代国用耗于养兵,试言其弊与所以杜其弊者) 清光绪五年五月初四日(1879.6.23)	6	14—16

续 表

《张季子九录》			《张謇全集》2012年版		
篇　名	录别　卷次	页码	篇　名	卷次	页码
第一问 清光绪十一年乙酉	外录卷3 （策问及殿试论）	4—6	乙酉科乡试第一问（问经：《论语》） 清光绪十一年八月十六日（1885.9.24）	6	65—67
第二问 清光绪十一年乙酉	外录卷3 （策问及殿试论）	6—7	乙酉科乡试第二问（问史：杂史） 清光绪十一年八月十六日（1885.9.24）	6	67—68
第三问 清光绪十一年乙酉	外录卷3 （策问及殿试论）	7—8	乙酉科乡试第三问（问小学：郑注） 清光绪十一年八月十六日（1885.9.24）	6	68—69
第四问 清光绪十一年乙酉	外录卷3 （策问及殿试论）	8—9	乙酉科乡试第四问（贡举） 清光绪十一年八月十六日（1885.9.24）	6	70—71
第五问 清光绪十一年乙酉	外录卷3 （策问及殿试论）	10—11	乙酉科乡试第五问（农政） 清光绪十一年八月十六日（1885.9.24）	6	71—72
第一问 清光绪十二年丙辰	外录卷3 （策问及殿试论）	11—12	丙戌会试第一问（经学：六经舆地之学） 清光绪十二年三月十八日（1886.4.21）	6	78—79
第二问 清光绪十二年丙辰	外录卷3 （策问及殿试论）	12—13	丙戌会试第二问（史学） 清光绪十二年三月十八日（1886.4.21）	6	79—81

续 表

《张季子九录》			《张謇全集》2012 年版		
篇　名	录别　卷次	页码	篇　名	卷次	页码
第三问 清光绪十二年丙辰	外录卷 3 (策问及殿试论)	13—14	丙戌会试第三问(宋小学) 清光绪十二年三月十八日(1886. 4. 21)	6	81—82
第四问 清光绪十二年丙辰	外录卷 3 (策问及殿试论)	14—15	丙戌会试第四问(边防) 清光绪十二年三月十八日(1886. 4. 21)	6	82—83
第五问 清光绪十二年丙辰	外录卷 3 (策问及殿试论)	15—16	丙戌会试第五问(河工) 清光绪十二年三月十八日(1886. 4. 21)	6	83—84
第一问 清光绪十六年庚寅	外录卷 3 (策问及殿试论)	16—17	庚寅会试第一问(三礼) 清光绪十六年三月十六日(1890. 5. 4)	6	104—105
第二问 清光绪十六年庚寅	外录卷 3 (策问及殿试论)	17—18	庚寅会试第二问(逸史) 清光绪十六年三月十六日(1890. 5. 4)	6	105—106
第三问 清光绪十六年庚寅	外录卷 3 (策问及殿试论)	18—19	庚寅会试第三问(历代官职) 清光绪十六年三月十六日(1890. 5. 4)	6	106—107
第四问 清光绪十六年庚寅	外录卷 3 (策问及殿试论)	19—20	庚寅会试第四问(矿务) 清光绪十六年三月十六日(1890. 5. 4)	6	108—109

续 表

《张季子九录》			《张謇全集》2012 年版		
篇 名	录别 卷次	页码	篇 名	卷次	页码
第五问 清光绪十六年庚寅	外录卷 3 (策问及殿试论)	20—21	庚寅会试第五问(北徼) 清光绪十六年三月十六日(1890.5.4)	6	109—110
第一问 清光绪十八年壬辰	外录卷 3 (策问及殿试论)	22—23	壬辰会试第一问(四书) 清光绪十八年三月十六日(1892.4.12)	6	212—213
第二问 清光绪十八年壬辰	外录卷 3 (策问及殿试论)	23—24	壬辰会试第二问(新旧唐书) 清光绪十八年三月十六日(1892.4.12)	6	213—214
第三问 清光绪十八年壬辰	外录卷 3 (策问及殿试论)	24—25	壬辰会试第三问(荀子) 清光绪十八年三月十六日(1892.4.12)	6	214—215
第四问 清光绪十八年壬辰	外录卷 3 (策问及殿试论)	25—26	壬辰会试第四问(满洲东三省舆地) 清光绪十八年三月十六日(1892.4.12)	6	215—216
第五问 清光绪十八年壬辰	外录卷 3 (策问及殿试论)	26—27	壬辰会试第五问(农书) 清光绪十八年三月十六日(1892.4.12)	6	217—218
经解 清光绪十八年壬辰	外录卷 3 (策问及殿试论)	27—28	已卯科试经解(豳兼风雅颂) 清光绪五年五月十三日(1879.7.2)	6	20

续 表

《张季子九录》			《张謇全集》2012年版		
篇　名	录别　卷次	页码	篇　名	卷次	页码
殿试策 清光绪二十年甲午	外录卷3 (策问及殿试论)	28—31	殿试策 清光绪二十年四月二十二日(1894.5.26)	6	238—241

三、1994 年版和 2012 年版《张謇全集》篇名对照索引

《张謇全集》1994年版			《张謇全集》2012年版		
题　名	卷次	页码	题　名	卷次	页码
代夏学政沥陈时事疏 清光绪五年(1879)	1	1—3	代夏学政沥陈时事疏 清光绪五年(1879)	1	3—5
代吴长庆拟致张树声函七件 清光绪八年(1882) 附录：金允植、鱼允中所探各情节略、吴长庆亲拟致张树声函	1	4—11	为吴长庆拟致张树声函七件 清光绪八年六月至七月(1882.8～9)	2	13—19
代吴长庆拟陈中日战局疏 清光绪八年(1882)	1	11—13	代吴长庆拟陈中俄战和两策疏 清光绪六年五月(1880.6～7)	1	5—6
为韩乱事致驻防吴提督孝亭函 清光绪十年(1884)	1	13—14	致吴兆有函 清光绪十年(1884)	2	24—25
为韩乱事致韩参判金允植函 清光绪十年(1884)	1	14—16	致韩参判金允植函 清光绪十年(1884)	2	26—27
论出处及韩乱事致袁子久观察函 清光绪十年(1884)	1	16—17	致袁子久函 清光绪十年(1884)	2	27—28
与朱曼君及张詧致袁世凯函 清光绪十年(1884)	1	17—22	偕朱曼君张詧与袁世凯函 清光绪十年五月十一日(1884.6.4)	2	20—24
代某公条陈朝鲜事宜疏 清光绪十一年(1885)	1	22—25	代某公条陈朝鲜事宜疏 清光绪二十年六月初十日(1894.7.12)	1	9—12
呈翰林院掌院代奏劾大学士李鸿章疏 清光绪二十年(1894)	1	25—29	呈翰林院掌院代奏劾大学士李鸿章疏 清光绪二十年九月初四日(1894.10.2)	1	12—14

续 表

《张謇全集》1994年版			《张謇全集》2012年版		
题　名	卷次	页码	题　名	卷次	页码
代鄂督条陈立国自强疏 清光绪二十一年(1895)	1	29—41	代鄂督条陈立国自强疏 清光绪二十一年闰五月二十七日(1895.7.19)	1	15—25
致张之洞函 清光绪二十一年(1895)	1	41—43	致张之洞函 清光绪二十一年二月十八日(1895.3.14)	2	68—69
致吴彦复函 清光绪二十一年至光绪二十四年(1895～1898)	1	43—44	致吴彦复函 约光绪二十一年至二十四年(1895～1898)	2	79
为拳乱致刘督部函 清光绪二十六年(1900)	1	44—45	致刘坤一函 清光绪二十六年五月二十四日(1900.6.20)	2	108—109
为招抚徐宝山致刘督部函 清光绪二十六年(1900)	1	46	致刘坤一函 清光绪二十六年七月二十二日(1900.8.16)	2	108
代刘张二督部为中俄交涉致枢府电 清光绪二十七年(1901)	1	46—47	致枢府函 清光绪二十七年二月(1901.3～4)	2	111—112
代刘张二督部为中俄交涉致各国电 清光绪二十七年(1901)	1	47—48	为江鄂二督部拟致各国电 清光绪二十七年二月(1901.3～4)	2	112
变法平议 清光绪二十七年(1901)	1	48—76	变法平议 清光绪二十七年二月十八日(1901.4.6)	4	34—62
致赵凤昌函 清光绪三十年(1904.7.12)	1	77	致赵凤昌函(四件之一) 清光绪三十年五月二十九日(1904.7.12)	2	132—133
致赵凤昌函 清光绪三十年(1904.7.13)	1	78	致赵凤昌函(四件之二) 清光绪三十年六月初一日(1904.7.13)	2	133

续 表

《张謇全集》1994年版			《张謇全集》2012年版		
题 名	卷次	页码	题 名	卷次	页码
致赵凤昌函 清光绪三十年(1904.7.16)	1	78—79	致赵凤昌函(四件之三) 清光绪三十年六月初四日(1904.7.16)	2	133—134
致赵凤昌函 清光绪三十年(1904.8.4)	1	79	致赵凤昌函(四件之四) 清光绪三十年六月二十三日(1904.8.4)	2	134
致赵凤昌函 光绪三十年(1904)	1	79	致赵凤昌函 光绪三十年(1904)	2	138
致赵凤昌函 光绪三十年(1904)	1	80	致赵凤昌函 光绪三十年(1904)	2	138
徐州应建行省议 清光绪三十年(1904)	1	80—83	徐州应建行省议 清光绪三十年(1904)	4	83—85
代某给谏条陈理财疏 清光绪三十年(1904)	1	83—88	代某给谏条陈理财疏 清光绪三十年(1904)	1	60—64
致赵凤昌函 清光绪三十一年(1905.9.6)	1	89	致赵凤昌函 清光绪三十一年八月初八日(1905.9.6)	2	145—146
为抵制美货事致袁直督函 清光绪三十一年(1905)	1	89—90	致袁世凯函 清光绪三十一年(1905)夏	2	141—142
抵制禁约实行不用美货之演说词 清光绪三十一年(1905)	1	90—91	抵制禁约实行不用美货之演说词 清光绪三十一年七月(1905.8)	4	97—98
辞谢农工商大臣见招答友函 清光绪三十一年(1905)	1	92—93	复商部大臣函 清光绪三十一年(1905)	2	160—161
复宁学务处沈观察函 清光绪三十二年(1906.4)	1	93—95	复宁学务处沈观察函 清光绪三十二年三月(1906.4)	2	162—164

续 表

《张謇全集》1994 年版			《张謇全集》2012 年版		
题　名	卷次	页码	题　名	卷次	页码
江苏学务总会复苏学务处函 清光绪三十二年(1906.5)	1	96—98	江苏学务总会复苏学务处函 清光绪三十二年四月(1906.5)	2	166—168
勉任苏路协理意见 清光绪三十二年(1906.6)	1	98—100	勉任苏路协理意见 清光绪三十二年闰四月(1906.6)	4	103—104
为沪公堂案致江督函 清光绪三十二年(1906)	1	100—101	致周馥函 清光绪三十二年(1906)	2	184—185
为沪公堂案再致江督函 清光绪三十二年(1906)	1	102	致周馥函 清光绪三十二年(1906)	2	185—186
为运动立宪致袁直督函 清光绪三十二年(1906)	1	102—103	致袁世凯函 清光绪三十二年(1906)	2	186
为时政致铁尚书函 清光绪三十二年(1906)	1	103—104	致铁良函 清光绪三十二年(1906)	2	189—190
为寄奉《日本议会史》等书致林绍年函 清光绪三十三年(1907.9.23)	1	104—105	上林绍年书 清光绪三十三年八月十六日(1907.9.23)	2	217—218
为李镇事复林绍年函 清光绪三十三年(1907)	1	105—106	复林绍年函 清光绪三十三年(1907)	2	225—226
江苏教育总会复苏抚函 清光绪三十四年(1908.1)	1	106—107	江苏教育总会复陈启泰函 清光绪三十三年十二月(1908.1)	2	228—229
宁属咨议局筹办处成立时之演说词 清光绪三十四年(1908.11.4)	1	107—108	宁属咨议局筹办处成立时之演说词 清光绪三十四年十月十一日(1908.11.4)	4	149—150

续 表

《张謇全集》1994年版			《张謇全集》2012年版		
题　名	卷次	页码	题　名	卷次	页码
致王丹揆、王胜之电 清光绪三十四年(1908.11.21)	1	108	致王清穆王同愈电 清光绪三十四年十月二十八日(1908.11.21)	2	234
致江督电及附录 清光绪三十四年(1908.11)	1	109—110	致端方电 清光绪三十四年十一月初(1908.11.下旬)	2	236
复孟、杨两君函 清光绪三十四年(1908.12)	1	110—111	复孟昭常杨廷栋函 清光绪三十四年十一月(1908.12)	2	237
代苏抚条陈规复海军疏 清光绪三十四年(1908)	1	110—116	代苏抚条陈规复海军疏 清光绪三十四年(1908)	1	159—164
上度支部大垦淮、徐、海荒地,为规复海军及地方自治教育费基本说 清宣统元年(1909.4.19)	1	116—120	上度支部大垦淮徐海荒地为规复海军及地方自治教育费基本说 清宣统元年闰二月二十九日(1909.4.19)	1	171—174
呈两江总督、江苏巡抚文 清宣统元年(1909.4) 附录:江苏咨议局研究会简章	1	120—122	呈两江总督江苏巡抚文 附录:江苏咨议局研究会简章 清宣统元年二月(1909.4)	1	174—176
电留田署牧 清宣统元年(1909.4)	1	123	致端方电 清宣统元年闰二月(1909.4)	2	246—247
答督抚颂词 清宣统元年(1909.10.14)	1	123	答督抚颂词 清宣统元年九月初一日(1909.10.14)	4	154
本省单行章程规则截清已行未行界限分别交存交议案 清宣统元年(1909.11.18)	1	124—125	本省单行章程规则截清已行未行界限分别交存交议案 清宣统元年十月初六日(1909.11.18)	1	181—182

续 表

《张謇全集》1994年版			《张謇全集》2012年版		
题 名	卷次	页码	题 名	卷次	页码
江苏咨议局首届议会闭会演说 清宣统元年(1909.12)	1	125—126	江苏咨议局首届议会闭会演说 清宣统元年十月(1909.12)	4	159—160
送十六省议员诣阙上书序 清宣统元年(1909.12)	1	127—129	送十六省议员诣阙上书序 清宣统元年十一月十七日(1909.12.29)	6	347—348
上度支部苇荡营开垦后说 清宣统元年(1909)	1	129—132	上度支部苇荡营开垦后说 清宣统元年(1909)	1	184—187
为时政致度支部尚书泽公函 清宣统元年(1909)	1	133—134	致载泽函 清宣统元年(1909)	2	250—251
请速开国会建设责任内阁以图补救意见书 清宣统元年(1909)	1	134—138	请速开国会建设责任内阁以图补救意见书 清宣统元年(1909)	1	187—190
国会代表上都察院请愿书 清宣统二年(1910.1.26)	1	138—142	国会代表上都察院请愿书 清宣统元年十二年十六日(1910.1.26)	1	193—196
江苏教育总会致各省教育总会及学界书 清宣统二年(1910.3)	1	142—143	江苏教育总会致各省教育总会及学界书 清宣统二年二月(1910.3)	1	202—203
为淮海赶筹工赈事致江督函 清宣统二年(1910.4) 附录：淮海原电	1	144	复张人骏函 清宣统二年三月(1910.4)	2	257
致督院函 清宣统二年(1910.4)	1	144—145	致张人骏函 清宣统二年三月(1910.4)	2	257

续 表

《张謇全集》1994年版			《张謇全集》2012年版		
题 名	卷次	页码	题 名	卷次	页码
国会代表第二次请愿书 清宣统二年(1910.6)	1	145—149	国会代表第二次请愿书 清宣统二年五月(1910.6)	1	204—207
招待日本实业团颂词 清宣统二年五月(1910.6.14)	1	149	招待日本实业团颂词 清宣统二年五月初八日(1910.6.14)	4	165—166
江苏咨议局布告 清宣统二年(1910.5)	1	150	江苏咨议局议长通告 清宣统二年三月二十五日(1910.5.4)	5	128
致赵凤昌函 清宣统二年(1910.10.27)	1	150	致赵凤昌函 清宣统二年九月二十五日(1910.10.27)	2	263
致浙江咨议局函 清宣统二年(1910.10)	1	150—151	致浙江咨议局函 清宣统二年九月(1910.10)	2	263—264
江苏咨议局呈请更正邮部奏案 清宣统二年(1910.10)	1	151—152	江苏咨议局呈请更正邮部奏案 清宣统二年九月(1910.10)	1	208—209
江苏咨议局之质问案 清宣统二年(1910.10)	1	152	江苏咨议局之质问案 清宣统二年九月(1910.10)	1	208
对于救国储金之感言 清宣统二年(1910)	1	153—156	对于救国储金之感言 民国四年(1915.5)	4	336—339
拟请提议照约速定裁厘加税请秘密会议文 清宣统二年(1910)	1	156—159	拟请提议照约速定裁厘加税请秘密会议文 清宣统二年(1910)	1	210—212
在苏路公司临时会上之演说 清宣统三年(1911.2.16)	1	159	在苏路公司临时会上之演说 清宣统三年正月十八日(1911.2.16)	4	180

续 表

《张謇全集》1994年版			《张謇全集》2012年版		
题 名	卷次	页码	题 名	卷次	页码
江苏咨议局议长张謇辞职书 清宣统三年(1911.5.1)	1	160—162	辞江苏咨议局议长书 清宣统三年四月初三日(1911.5.1)	1	213—214
致袁世凯电 清宣统三年(1911.5.10)	1	162	致袁世凯电 清宣统三年五月初十日(1911.6.6)	2	272
致袁世凯函 清宣统三年(1911.5.14)	1	162—163	致袁世凯函 清宣统三年五月十四日(1911.6.10)	2	272
辛亥五月十七日召见拟对 清宣统三年(1911.6.13)	1	163—164	辛亥五月十七日召见拟对 清宣统三年五月十七日(1911.6.13)	1	215—216
咨议局联合会请饬阁臣宣布借债政策呈都察院代奏稿 清宣统三年(1911.6)	1	165—168	咨议局联合会请饬阁臣宣布借债政策呈都察院代奏稿 清宣统三年五月(1911.6)	1	220—223
中央教育会开会词 清宣统三年(1911.7.20)	1	168—171	中央教育会开会词 清宣统三年六月二十日(1911.7.15)	4	188—190
请新内阁发表政见书 清宣统三年(1911.7)	1	171—173	请新内阁发表政见书 清宣统三年六月(1911.7)	1	223—225
江苏咨议局复预算维持会函 清宣统三年(1911.8)	1	173	江苏咨议局复预算维持会函 清宣统三年闰六月(1911.7～8)	2	275
致赵凤昌函 清宣统三年(1911.10.15)	1	174	致赵凤昌函 清宣统三年八月二十四日(1911.10.15)	2	279

续 表

《张謇全集》1994年版			《张謇全集》2012年版		
题 名	卷次	页码	题 名	卷次	页码
与伍廷芳等联名致摄政王电 清宣统三年(1911.10.21)	1	174—175	与伍廷芳等致载沣电 清宣统三年九月二十一日(1911.11.11)	2	283
代鲁抚孙宝琦、苏抚程德全奏请改组内阁宣布立宪疏 清宣统三年(1911.10)	1	175—177	代鲁抚孙宝琦苏抚程德全奏请改组内阁宣布立宪疏 清宣统三年八月二十五日(1911.10.16)	1	227—229
江苏咨议局为阻借外兵致各省咨议局电 清宣统三年(1911.10) 附录:致各报馆函	1	177	江苏咨议局致各省咨议局电 清宣统三年八月(1911.10)	2	279—280
致张人骏函 清宣统三年(1911.11.8)	1	178	致张人骏函 清宣统三年九月十八日(1911.11.8)	2	282—283
致袁世凯电 清宣统三年(1911.11.8)	1	178—179	致袁世凯电 清宣统三年九月十六日(1911.11.6)	2	280—281
转请告各盐商电 清宣统三年(1911.11.9)	1	179	致各盐商电 清宣统三年十月初九日(1911.11.29)	2	295
拟会程德全嘱杨廷栋进说袁世凯 清宣统三年(1911.11.13)	1	180	拟会程德全嘱杨廷栋进说袁世凯书 清宣统三年九月二十三日(1911.11.13)	1	231
致张绍曾函 清宣统三年(1911.11.15)	1	180—181	致张绍曾函 清宣统三年九月二十五日(1911.11.15)	2	285
致赵凤昌函 清宣统三年(1911.11.17)	1	181	致赵凤昌函 清宣统三年九月二十七日(1911.11.17)	2	285—286

续　表

《张謇全集》1994年版			《张謇全集》2012年版		
题　名	卷次	页码	题　名	卷次	页码
致袁内阁代辞宣慰使、农工商大臣电 清宣统三年(1911.11.19) 附录：袁世凯来电 附录：内阁复电	1	182—183	致袁世凯电 清宣统三年九月二十九日(1911.11.19)	2	286—287
致赵凤昌函 清宣统三年(1911.11.25)	1	184	致赵凤昌函 清宣统三年十月初五日(1911.11.25)	2	290
致赵凤昌函 清宣统三年(1911.11.26)	1	185	致赵凤昌函 清宣统三年十月初六日(1911.11.26)	2	291
致程德全函 清宣统三年(1911.11.27)	1	185	致程德全电 清宣统三年十月初七日(1911.11.27)	2	293
致袁世凯函 清宣统三年(1911.11.27)	1	186—187	致袁世凯函 清宣统三年十月初七日(1911.11.27)	2	291—292
致沈曾植函 清宣统三年(1911.11.27)	1	187	致沈曾植函 清宣统三年十月初七日(1911.11.27)	2	294—295
复许鼎霖函 清宣统三年(1911.11.27)	1	187—188	复许鼎霖函 清宣统三年十月初七日(1911.11.27)	2	293—294
致张绍曾函 清宣统三年(1911.11.29)	1	188—189	致张绍曾函 清宣统三年十月初九日(1911.11.29)	2	295
复汤寿潜函 清宣统三年(1911.11.30)	1	189	复汤寿潜函 清宣统三年十月初十日(1911.11.30)	2	296

续 表

《张謇全集》1994年版			《张謇全集》2012年版		
题 名	卷次	页码	题 名	卷次	页码
辛亥九月致内阁电 清宣统三年(1911.11)	1	190—191	致内阁电 清宣统三年九月(1911.11)	2	288—289
复北京内阁歌电 附录：内阁复电 清宣统三年(1911.11)	1	191—192	复内阁电 清宣统三年十月初七日(1911.11.27)	2	292
劝告铁将军函 清宣统三年(1911.11)	1	192—193	致铁良函 清宣统三年九月十八日(1911.11.8)	2	281—282
拟赴省垣告江苏父老书 清宣统三年(1911.11)	1	193—194	拟赴省垣告江苏父老书 清宣统三年九月(1911.11)	1	230—231
江苏省议会犒赏攻克金陵联军函 清宣统三年(1911.12)	1	194—195	江苏省议会贺金陵联军函 清宣统三年十一月(1911.12)	2	298
通海实业公司犒金陵捷军 清宣统三年(1911.12)	1	195	通海实业公司犒金陵捷军函 清宣统三年十一月(1911.12)	2	298—299
共和统一会意见书 清宣统三年(1911.12)	1	195—200	共和统一会意见书 清宣统三年十一月(1911.12)	1	231—236
建立共和政体之理由书 清宣统三年(1911)	1	201—202	建立共和政体之理由书 清宣统三年(1911)	4	200—201
与汤蛰先复北方将士促进共和电 清宣统三年(1911)	1	202—203	与汤寿潜复北方将士电 民国元年(1912.1.28)	2	309
张謇等致庄蕴宽函 清宣统三年(1911)	1	203	致庄蕴宽电 清宣统三年九月二十四日(1911.11.14)	2	284—285

续 表

《张謇全集》1994年版			《张謇全集》2012年版		
题 名	卷次	页码	题 名	卷次	页码
致唐绍仪电 清宣统三年(1911)	1	203	致唐绍仪电 清宣统三年十月二十一日(1911.12.11)	2	297
致袁世凯电 清宣统三年(1911)	1	204	致袁世凯电 清宣统三年九月(1911.11)	2	289
为东三省事复韩国钧函 清宣统三年(1911)	1	204—206	致韩国钧函 清宣统三年三月(1911.4)	2	270—271
致赵凤昌函 清宣统三年(1911)	1	206	致赵凤昌函 清宣统三年九月二十一日(1911.11.11)	2	284
致赵凤昌函 清宣统三年(1911)	1	207	致赵凤昌函 清宣统三年(1911)	2	301
清帝逊位诏 清宣统三年(1911)	1	207	拟清帝逊位诏 清宣统三年十二月(1912.2)	1	238—239
致孙中山函 民国元年(1912.1.3)	1	208	致孙中山函 民国元年(1912.1.3)	2	303
复李坚电 民国元年(1912.1.5) 附录：李坚致张謇电	1	208—210	复李坚电 附录：李坚致张謇电 民国元年(1912.1.5)	2	303—305
致黄兴函 民国元年(1912.1.17)	1	210	致黄兴函 民国元年(1912.1.17)	2	307
致袁世凯电 民国元年(1912.1)	1	211	致袁世凯电 民国元年(1912.1)	2	308
致袁世凯函 民国元年(1912.2.22)	1	212—213	致袁世凯函 民国元年(1912.2.22)	2	364—365
致袁世凯函 民国元年(1912.2.23)	1	213	致袁世凯函 民国元年(1912.2.23)	2	365—366

续 表

《张謇全集》1994年版			《张謇全集》2012年版		
题　名	卷次	页码	题　名	卷次	页码
致袁世凯电 民国元年(1912.2.25)	1	214	致袁世凯电(三件之二) 民国元年(1912.2.25)	2	319
实业部致各都督电 民国元年(1912.2)	1	214	实业部致各都督电 民国元年(1912.2)	2	314
致袁世凯电 民国元年(1912.2)	1	215	致袁世凯电(三件之一) 民国元年(1912.2)	2	319
致袁世凯电 民国元年(1912.2)	1	215—216	致袁世凯电 民国元年(1912.2.下旬)	2	321—322
江苏临时省议会电 民国元年(1912.2)	1	216	致临时大总统陆军财政两部等电 民国元年(1912.2)	2	318
致袁世凯电 民国元年(1912.3.3)	1	217	致袁世凯电 民国元年(1912.3.3)	2	322
致唐绍仪电 民国元年(1912.3.4)	1	217	致唐绍仪电 民国元年(1912.3.4)	2	322
致袁世凯电 民国元年(1912.3.9)	1	218	致袁世凯电(二件之一) 民国元年(1912.3.9)	2	322—323
致袁世凯电 民国元年(1912.3.10)	1	218	致袁世凯电(二件之二) 民国元年(1912.3.10)	2	323
江苏临时省议会第二届临时会上之答词 附录：庄蕴宽代理都督开会词 民国元年(1912.3.11)	1	219—220	江苏临时省议会第二届临时会上之答词 民国元年(1912.3.11) 附录：庄蕴宽代理都督开会词	4	208—209
致刘垣电 民国元年(1912.3.18)	1	220	致刘厚生电 民国元年(1912.3.18)	2	325
致钮永建电 民国元年(1912.3.23) 附录：纽永建复张謇电	1	220—221	复钮永建电 民国元年(1912.3.23)	2	326

续 表

《张謇全集》1994年版			《张謇全集》2012年版		
题 名	卷次	页码	题 名	卷次	页码
致张一麐电 民国元年(1912.3.30)	1	221	致张一麐电 民国元年(1912.3.30)	2	330
致王潜刚电 民国元年(1912.3.30)	1	222	致王潜刚电 民国元年(1912.3.30)	2	330—331
致袁世凯电 民国元年(1912.3.30)	1	222	致袁世凯电(二件之一) 民国元年(1912.3.30)	2	328
致袁世凯电 民国元年(1912.3)	1	223	复袁世凯电 民国元年(1912.3.下旬)	2	327
致袁世凯电 民国元年(1912.4.9)	1	223	致袁世凯电 民国元年(1912.4.9)	2	331
致袁世凯电 民国元年(1912.4.23)	1	223	致袁世凯电(三件之一) 民国元年(1912.4.23)	2	332—333
致袁世凯电 民国元年(1912.4.25)	1	224	致袁世凯电(三件之三) 民国元年(1912.4.25)	2	333
江苏省议会致各省议会电 民国元年(1912.7.23)	1	224	江苏省议会致各省议会电 民国元年(1912.7.23)	2	344
致大总统、参议院电 民国元年(1912.8.7)	1	225	与蒋炳章致大总统参议院电 民国元年(1912.8.7)	2	345
在共和党招待会上致词 民国元年(1912.9.17)	1	225—226	共和党招待会致词 民国元年(1912.9.17)	4	234
对日本《朝日新闻》记者之谈话 民国元年(1912.9)	1	226	对日本朝日新闻记者之谈话 民国元年(1912.9)	4	235
对于国家行政岁出费支配之末议 民国元年(1912.12)	1	227—231	对于行政费支配之末议 民国元年(1912.11)	1	246—250

续 表

《张謇全集》1994年版			《张謇全集》2012年版		
题 名	卷次	页码	题 名	卷次	页码
南通共和党欢迎章太炎部长之演说 民国元年(1912)	1	231—232	南通共和党欢迎章太炎部长之演说 民国元年(1912.4.8)	4	209—210
劝告袁内阁速决大计电 民国元年(1912)	1	232	致袁世凯电 民国元年(1912.1)	2	309—310
致库伦商会及各界电 民国元年(1912)	1	232—233	致库伦商会及各界电 清宣统三年九月二十三日(1911.11.13)	2	284
为统一苏政致江北某都督电 民国元年(1912)	1	233—234	致蒋雁行函 民国元年(1912.3～4)	2	331
对于新政府财政之意见书 民国元年(1912)	1	234—236	对于新政府财政之意见书 清宣统三年十一月初十日(1911.12.29)	1	236—237
为财政事致赵凤昌函 民国元年(1912)	1	236	致赵凤昌函 清宣统三年十一月(1911.12)	2	299
为时政致黄克强函 民国元年(1912)	1	237—238	致黄兴函 民国元年(1912.1.14)	2	306—307
为汉冶萍借款致孙总统、黄部长函 民国元年(1912)	1	238—239	致孙中山黄兴函 民国元年(1912.2.7)	2	316—317
辞实业部长电 民国元年(1912)	1	240	辞实业部长电 民国元年(1912.2.12)	2	317
复孙总统电 民国元年(1912)	1	240	复孙中山电 民国元年(1912.2.中下旬)	2	321

续 表

《张謇全集》1994年版			《张謇全集》2012年版		
题　名	卷次	页码	题　名	卷次	页码
复马次长函 民国元年(1912)	1	240—241	复马君武函 民国元年(1912.3.上中旬)	2	325—326
致袁内阁电 民国元年(1912)	1	241	致袁世凯电 民国元年(1912.1)	2	309
为时局致袁总统函 民国元年(1912)	1	242—243	致袁世凯电(三件之三) 民国元年(1912.2.25)	2	320—321
调和党争致汤济武函 民国元年(1912)	1	243—244	致汤化龙函 民国元年(1912.5)	2	338—339
北京共和党本部欢迎会答词 民国元年(1912)	1	244—246	北京共和党本部欢迎会答词 民国元年(1912.9.11) 附录：申报载北京共和党本部欢迎会答词	4	232—233 233—234
辞勋二位电文 民国元年(1912)	1	246—247	致大总统电 民国二年(1913.1.4)	2	359—360
致袁世凯函 民国元年(1912)	1	247	致袁世凯电(三件之二) 民国元年(1912.4.24)	2	333
致袁世凯电 民国元年(1912)	1	247	致袁世凯电(三件之三) 民国元年(1912.4.25)	2	333
致袁世凯电 民国元年(1912)	1	248	致袁世凯电 民国元年(1912)	2	353
致赵凤昌函 民国元年(1912)	1	248	致赵凤昌函 民国元年(1912.1.11)	2	305
致赵凤昌函 民国元年(1912)	1	249	致赵凤昌函 民国元年(1912.3.16)	2	324
再辞勋位电文 民国元年(1912)	1	249—250	再辞勋位电文 民国二年(1913.1.10)	2	360—361

续 表

《张謇全集》1994 年版			《张謇全集》2012 年版		
题 名	卷次	页码	题 名	卷次	页码
为交代盐政事咨江苏都督及财政部 民国二年(1913.1)	1	250—251	为交代盐政事咨江苏都督及财政部 民国二年(1913.1)	1	253—254
致赵凤昌函 民国二年(1913.3.24)	1	251—252	致赵凤昌函 民国二年(1913.3.24)	2	366—367
致袁世凯函 民国二年(1913.3.31)	1	252—253	致袁世凯函 民国二年(1913.3.31)	2	367—368
致赵凤昌函 民国二年(1913.4.20)	1	253—254	致赵凤昌函 民国二年(1913.3.14)	2	366
致赵凤昌函 民国二年(1913.5.26)	1	254	致赵凤昌函 民国二年(1913.5.26)	2	375
致袁世凯函 民国二年(1913.6.9)	1	254—257	致袁世凯函 民国二年(1913.6.9)	2	376—378
致袁世凯函 民国二年(1913.6.12)	1	257—258	致袁世凯函 民国二年(1913.6.中旬)	2	380—381
致袁世凯电 民国二年(1913.6.15)	1	258—259	致袁世凯电 民国二年(1913.6.15)	2	379
致梁启超、汤化龙、孙武函 民国二年(1913.6.17)	1	259—260	复梁启超汤化龙孙武函 民国二年(1913.6.17)	2	381—382
致赵凤昌函 民国二年(1913.6.17) 附录：赵凤昌致张謇函	1	260	致赵凤昌函 民国二年(1913.6.17)	2	382
复袁世凯电 民国二年(1913.6.22)	1	261	复袁世凯电 民国二年(1913.6.22)	2	383
致赵凤昌函 民国二年(1913.6.24) 附录：赵凤昌致张謇函	1	261—262	致赵凤昌函	2	384

续 表

《张謇全集》1994年版			《张謇全集》2012年版		
题　名	卷次	页码	题　名	卷次	页码
致赵凤昌函 民国二年(1913.6.27) 附录：袁世凯致张謇电 附录：赵凤昌致张謇函二则	1	262—263	致赵凤昌函 附录：袁世凯致张謇电 附录：赵凤昌致张謇函二则 民国二年(1913.7)	2	384 383 385
致某君函 民国二年(1913.6)	1	263—264	复□君函 民国二年(1913.6.中旬)	2	380
致袁世凯电 民国二年(1913.7.12)	1	264	致袁世凯电 民国二年(1913.7.12)	2	388
致袁世凯等电 民国二年(1913.7.14)	1	264	致袁世凯等函 民国二年(1913.7.14)	2	389
致赵凤昌函 民国二年(1913.7.17)	1	264—265	致赵凤昌 民国二年(1913.7.17)	2	389
致徐雨村函 民国二年(1913.7.19)	1	265	复徐雨邨函 民国二年(1913.7.19)	2	389
致赵凤昌函 民国二年(1913.7.27) 附录：袁世凯致张謇电	1	265	致赵凤昌函 民国二年(1913.7.27) 附录：袁世凯致张謇电	2	391
致赵凤昌函 民国二年(1913.9.9)	1	266	致赵凤昌函 民国二年(1913.9.19) 附录：莼生本日电	2	401—402
致钟陵电 民国二年(1913.9.10)	1	266—267	致熊希龄电(五件之四) 民国二年(1913.9.10)	2	397
致韩国钧函 民国二年(1913.9.12)	1	267—268	致韩国钧函 民国二年(1913.9.12)	2	399—400
致袁世凯电 民国二年(1913.9.14) 附录：袁世凯复电	1	268—270	致袁世凯电 民国二年(1913.9.14) 附录：袁世凯复电	2	400—401 401

续 表

《张謇全集》1994年版			《张謇全集》2012年版		
题 名	卷次	页码	题 名	卷次	页码
致袁世凯电 民国二年(1913.9.14) 附录：钟陵复电	1	268—270 269	致熊希龄电（五件之五） 民国二年(1913.9.10) 附录：熊希龄复电	2	397—398 398
对于工商部务的政见 民国二年(1913.10)	1	270—271	对于工商部务的政见 民国二年(1913.10)	4	256—257
实业政见宣言书 民国二年(1913.10)	1	271—275	实业政见宣言书 民国二年(1913.11.8)	4	257—260
宣布就部任时之政策 民国二年(1913.10)	1	275—277	宣布就部任时之政策（向部员宣布农林工商政策的通告） 民国二年(1913.10.24)	1	256—258
呈大总统 民国二年(1913.11)	1	277—278	为拟定农工商法令呈大总统文 民国二年(1913.11.14)	1	263—264
致赵凤昌函 民国二年(1913.12.15) 附录：赵凤昌来函	1	278—279	致赵凤昌函 民国二年(1913.12.15) 附录：赵凤昌来函	2	410—411
致赵凤昌函 民国二年(1913.12.25)	1	279—280	致赵凤昌函 民国二年(1913.12.25)	2	412
调和南北致孙少侯、王铁珊函 民国二年(1913)	1	280—282	复王瑚孙毓筠函 民国二年(1913.5.14)	2	372—374
国际公法学会讨论加税免厘之意见 民国二年(1913)	1	283—285	国际公法学会讨论加税免厘之意见 民国二年(1913.11)	4	260—261
致赵凤昌电 民国二年(1913)	1	285	致赵凤昌电 民国元年(1912.5.22)	2	337
致刘厚生电 民国二年(1913)	1	285—286	致刘厚生电 民国二年(1913.7.5)	2	388

续 表

《张謇全集》1994年版			《张謇全集》2012年版		
题 名	卷次	页码	题 名	卷次	页码
致赵凤昌函 民国二年(1913)	1	286	复赵凤昌函(二件之一) 民国二年(1913.7.22)	2	390
致赵凤昌函 民国二年(1913)	1	286	复赵凤昌函(二件之二) 民国二年(1913.7.22)	2	390
就部任时之通告 民国二年(1913)	1	286—287	就部任时之通告(用人原则的通告) 民国二年(1913.10.26)	1	258
合组农林、工商两部复国务院文 民国二年(1913)	1	287	合组农林工商两部复国务院文 民国二年(1913.12.18)	1	276
致袁世凯请赈沪地兵灾电 民国二年(1913)	1	288	致袁世凯电 民国二年(1913.7.31)	2	392
致袁希涛函 民国二年(1913)	1	288—289	致袁希涛函 民国二年(1913)	2	419—420
复习位思函 民国二年(1913)	1	289	致习位思函(二件之二) 民国二年(1913)	2	417
致袁世凯电 民国三年(1914.1.23)	1	290	致袁世凯函 民国三年(1914.1.23)	2	432
致商会联合会函 民国三年(1914.3)	1	291—293	致商会联合会函 民国三年(1914.3.13)	2	437—439
复商会联合会代表函 民国三年(1914.3)	1	293—296	复商会联合会代表函 民国三年(1914.3.13)	2	439—442
致赵凤昌函 民国三年(1914.6.4)	1	296	致赵凤昌函 民国三年(1914.6.4)	2	446
致管寄青函 民国三年(1914.6.9)	1	297	致管云臣函 民国三年(1914.6.9)	2	449

续 表

《张謇全集》1994年版			《张謇全集》2012年版		
题 名	卷次	页码	题 名	卷次	页码
致翟季久函 民国三年(1914.6.10)	1	297	致翟季久函 民国三年(1914.6.10)	2	449—450
复柯理尔函 民国三年(1914.6.30)	1	297—298	复柯理尔函 民国三年(1914.6.30)	2	457
致蔡儒楷函 民国三年(1914.6)	1	298	致蔡儒楷函 民国三年(1914.6.中旬)	2	451
致邓际昌函 民国三年(1914.6)	1	298	致邓朴君函 民国三年(1914.6.中旬)	2	451
复秦嵩函 民国三年(1914.7.5)	1	299	复秦嵩函 民国三年(1914.7.5)	2	460—461
复王正廷函 民国三年(1914.7.6)	1	299—300	复王正廷函 民国三年(1914.7.6)	2	461—462
致赵尔巽函 民国三年(1914.7.7)	1	300	致赵尔巽函 民国三年(1914.7.7)	2	463
致丁宝铨函 民国三年(1914.7.11)	1	300—301	复丁衡甫函 民国三年(1914.7.11)	2	469—470
复严开第函 民国三年(1914.7.11)	1	301	复严开第函 民国三年(1914.7.11)	2	470
复汤寿潜函 民国三年(1914.7.19)	1	301	复汤寿潜函 民国三年(1914.7.19)	2	479—480
致张一麐函 民国三年(1914.7.23)	1	302	致张一麐函 民国三年(1914.7.20)	2	480
致缪子才函 民国三年(1914.7.23)	1	302	致缪子才函 民国三年(1914.7.23)	2	485—486
致刘心源函 民国三年(1914.7.23)	1	303	致刘心源函 民国三年(1914.7.23)	2	486

续 表

《张謇全集》1994年版			《张謇全集》2012年版		
题　名	卷次	页码	题　名	卷次	页码
复章中子函 民国三年(1914.7)	1	303	复章孚函 民国三年(1914.7.下旬)	2	487—488
复刘烈卿函 民国三年(1914.7)	1	304	复刘烈卿函 民国三年(1914.7.上旬)	2	461
致张锡銮函 民国三年(1914.7)	1	304	致张锡銮函 民国三年(1914.7.2)	2	459
复杨石渔函 民国三年(1914.7)	1	305	复杨楫函 民国三年(1914.7.下旬)	2	489
复沈元祥函 民国三年(1914.7)	1	305	复沈元祥函 民国三年(1914.7.下旬)	2	486
复朱启钤函 民国三年(1914.7)	1	305	复朱启钤函 民国三年(1914.7.下旬)	2	487
致赵凤昌函 民国三年(1914.9.15)	1	306	致赵凤昌函 民国三年(1914.9.15)	2	492—493
致赵凤昌函 民国三年(1914.10.16)	1	306	致赵凤昌函 民国三年(1914.10.16)	2	493
呈大总统 民国三年(1914.10.17)	1	307	呈大总统 民国三年(1914.10.17)	1	401—402
致赵凤昌函 民国三年(1914.10.24)	1	307	致赵凤昌函 民国三年(1914.10.24)	2	494
为驰勘淮北水灾请派员代理部务呈 民国三年(1914.10)	1	308	为驰勘淮北水灾请派员代理部务呈 民国三年(1914.9.30)	1	382

续 表

《张謇全集》1994年版			《张謇全集》2012年版		
题　名	卷次	页码	题　名	卷次	页码
致赵凤昌函 民国三年(1914.11.30) 附录：景本白来函 附录：张一麐来函	1	308—310	致赵凤昌(四件之一) 民国三年(1914.11.30) 附录：景本白来函 附录：张一麐来函	2	496 497 497—498
请解农商部长职专任水利局务呈 民国三年(1914.11)	1	310—312	请解农商总长职专任水利局务呈 民国三年(1914.10.26)	1	404—405
致赵凤昌函 民国三年(1914.12.1)	1	312	致赵凤昌(四件之二) 民国三年(1914.12.1)	2	496—497
致赵凤昌函 民国三年(1914.12.2)	1	312	致赵凤昌(四件之三) 民国三年(1914.12.2)	2	498
致赵凤昌函 民国三年(1914.12.4)	1	313	致赵凤昌(四件之四) 民国三年(1914.12.4)	2	498
致金煦生函 民国三年(1914)	1	313—314	致金煦生函 民国三年(1914.7.中旬)	2	477
咨任可澄 民国四年(1915.4.8)	1	314	咨云南巡按使任可澄 民国四年(1915.4.8)	1	453
致张一麐函 民国四年(1915.4.14)	1	314	复张一麐函 民国四年(1915.4.14)	2	520
致沈同芳函 民国四年(1915.4.21)	1	315	致沈同芳函 民国四年(1915.4.21)	2	523
呈总统袁世凯 民国四年(1915.4.21)	1	315—316	呈总统袁世凯文 民国四年(1915.4.21)	1	454—455
呈总统袁世凯 民国四年(1915.4.22)	1	316—317	致袁世凯函 民国四年(1915.4.24)	2	526—527
致齐耀琳电 民国四年(1915.4.22)	1	317	致齐耀琳电 民国四年(1915.4.22)	2	524

续 表

《张謇全集》1994年版			《张謇全集》2012年版		
题　名	卷次	页码	题　名	卷次	页码
致段祺瑞函 民国四年(1915.4.23)	1	317—318	致段祺瑞函 民国四年(1915.4.23)	2	526
致张一麐电 民国四年(1915.4.30)	1	318	致张一麐电 民国四年(1915.4.30)	2	527
致齐耀琳电 民国四年(1915.4.30)	1	318	致齐耀琳电 民国四年(1915.4.30)	2	527
致余寿平函 民国四年(1915.4)	1	318—319	致余寿平函 民国四年(1915.4.8)	2	516
致管云臣、卢子衡函 民国四年(1915.4)	1	319	致管云臣卢鸿钧函 民国四年(1915.4.中旬)	2	518
拟狼山广教禅寺佛事通告 民国四年(1915.4)	1	320	拟狼山广教禅寺佛事通告 民国四年(1915.4.中旬)	5	148
复施徵睿函 民国四年(1915.4)	1	320	复施徵睿函 民国四年(1915.4.5)	2	513
致田步蟾函 民国四年(1915.4)	1	321	致田步蟾函 民国四年(1915.4.中旬)	2	521
致朱启钤、张一麐电 民国四年(1915.5.3)	1	321	致朱启钤张一麐电 民国四年(1915.5.3)	2	528
致袁世凯电 民国四年(1915.5.5)	1	321—322	致袁世凯电 民国四年(1915.5.5)	2	528—529
拟策令 民国四年(1915.5.5)	1	322	拟策令 民国四年(1915.5.5)	1	460
致张一麐函 民国四年(1915.5.13)	1	322—323	致张一麐函 民国四年(1915.5.13)	2	530—531

续 表

《张謇全集》1994 年版			《张謇全集》2012 年版		
题 名	卷次	页码	题 名	卷次	页码
致王溯沂函 民国四年(1915.5.23)	1	323	致王绍曾函 民国四年(1915.5.23)	2	533
复庄蕴宽函 民国四年(1915.5.25)	1	324	复庄蕴宽函 民国四年(1915.5.25)	2	533—534
致张一麐函 民国四年(1915.5.29)	1	324—325	致张一麐函 民国四年(1915.5.29)	2	537
复周自齐函 民国四年(1915.5)	1	325	复周自齐函 民国四年(1915.5.中旬)	2	529
复李博孙函 民国四年(1915.5)	1	325	复李博孙函 民国四年(1915.5.下旬)	2	534
致张一麐函 民国四年(1915.6.4)	1	326	致张一麐函 民国四年(1915.6.4)	2	539
致黄远生、狄楚青函 民国四年(1915.6),	1	326—327	致狄楚青黄远生通函 民国四年(1915.6.上旬)	2	539—540
致李治函 民国四年(1915.6)	1	327	致李治函 民国四年(1915.6.上旬)	2	540—541
致□□□函 民国四年(1915.6)	1	327	致□□□函 民国四年(1915.6.上旬)	2	541
致屈映光函 民国四年(1915.6)	1	328	致屈映光函 民国四年(1915.6)	2	542
致周学熙函 民国四年(1915.6)	1	328	致周学熙函 民国四年(1915.6)	2	545
复季融五函 民国四年(1915.7.13)	1	329	复季融五函 民国四年(1915.7.13)	2	555

续 表

《张謇全集》1994 年版			《张謇全集》2012 年版		
题　名	卷次	页码	题　名	卷次	页码
致刘五函 民国四年(1915.7.26)	1	329	致刘五函 民国四年(1915.7.26)	2	560
复韩国钧函 民国四年(1915.7.28)	1	329	复韩国钧函 民国四年(1915.7.28)	2	562
复寿尔慈函 民国四年(1915.7.29)	1	330	复寿尔慈函 民国四年(1915.7.29)	2	563
复卢荆林函 民国四年(1915.7)	1	330	复卢荆林函 民国四年(1915.7.上旬)	2	551—552
复徐绍贞函 民国四年(1915.7)	1	330—331	复徐绍贞函 民国四年(1915.7.30)	2	565
致季融五函 民国四年(1915.7)	1	331	致季融五函 民国四年(1915.7.下旬)	2	559
自请列席美国万国水利会议呈 民国四年(1915.8.11)	1	331—332	自请列席美国万国水利会议呈 民国四年(1915.8.11)	1	464—465
致刘厚生函 民国四年(1915.10.26)	1	332—333	致刘厚生函 民国四年(1915.10.26)	2	567
致赵凤昌函 民国四年(1915.12.28)	1	333	致赵凤昌函 民国四年(1915.12.28)	2	570
附答周应时等函 民国五年(1916.4) 附录一：南通官绅复周应时等函 附录二：周应时等致南通官绅函	1	333—337	复周应时等函 民国五年(1916.4) 附录一：南通官绅复周应时等函 附录二：周应时等致南通官绅函	2	582—585
致冯国璋、齐耀琳电 民国五年(1916.5.3) 附录：冯国璋、齐耀琳致张謇电 民国五年(1916.4.29)	1	337—339	复冯国璋齐耀琳电 民国五年(1916.5.3) 附录：冯国璋、齐耀琳致张謇电 民国五年(1916.4.29)	2	585—587

续 表

《张謇全集》1994 年版			《张謇全集》2012 年版		
题 名	卷次	页码	题 名	卷次	页码
致袁克定电 民国五年(1916.6.7)	1	339	致袁克定电 民国五年(1916.6.10)	2	593
贺黎总统 民国五年(1916.6.7)	1	339	致黎元洪电 民国五年(1916.6.10)	2	593
复陆徵祥函 民国五年(1916.6)	1	339—340	复陆徵祥函 民国五年(1916.6.上旬)	2	592—593
致段祺瑞电 民国五年(1916.6)	1	340	致段祺瑞电 民国五年(1916.6.10)	2	594
致黎元洪函 民国五年(1916.6)	1	340—341	致黎元洪函 民国五年(1916.6.中旬)	2	594—595
致岑春煊函 民国五年(1916.6)	1	341—342	致岑春煊函 民国五年(1916.6.中旬)	2	595—596
复段祺瑞函 民国五年(1916.6)	1	342—343	复段祺瑞函 民国五年(1916.6.中旬)	2	596—597
致吕公望函 民国五年(1916.7.6)	1	343	致吕公望函 民国五年(1916.7.6)	2	600
致陈锦涛函 民国五年(1916.7.7)	1	344	致陈兰生函 民国五年(1916.7.7)	2	601—602
致蔡竹贤函 民国五年(1916.7)	1	344	致蔡竹贤函 民国五年(1916.7)	2	607
致刘文揆函 民国五年(1916.7)	1	345	致刘文揆函 民国五年(1916.7.上旬)	2	601
致段祺瑞函 民国五年(1916.7)	1	345—346	致段祺瑞函 民国五年(1916.7)	2	607—608

续 表

续 表

《张謇全集》1994年版			《张謇全集》2012年版		
题 名	卷次	页码	题 名	卷次	页码
致冯国璋、段祺瑞函 民国七年(1918.5)	1	360	致冯国璋段祺瑞函 民国七年(1918.5.下旬)	2	649
致袁希涛函 民国七年(1918.6.3)	1	360	致袁希涛函 民国七年(1918.6.3)	2	652—653
复庄蕴宽函 民国七年(1918.6.19)	1	361	复庄蕴宽函 民国七年(1918.6.19)	2	654
致庄蕴宽函 民国七年(1918.6.19)	1	361	复庄蕴宽函 民国七年(1918.6.19)	2	654
复庄蕴宽函 民国七年(1918.6)	1	362	复庄蕴宽函 民国七年(1918.6)	2	653
致大总统、总理、各部总长电 民国七年(1918.9.4)	1	362—363	致冯国璋等电 民国七年(1918.9.4)	2	659—660
复徐世昌电 民国七年(1918.9.20)	1	363	复徐世昌电 民国七年(1918.9.20)	2	660
致北京中央、广东军政府并各省军民长官并转严修、赵尔巽、王士珍、熊希龄、梁启超、蔡元培、汪精卫电 民国七年(1918.10.4)	1	363—364	致北京中央广东军政府并各省军民长官并转严修赵尔巽王士珍熊希龄梁启超蔡元培汪精卫电 民国七年(1918.10.4)	2	662
贺徐世昌电 民国七年(1918.10.9)	1	364	贺徐世昌电 民国七年(1918.10.9)	2	663
复冯国璋函 民国七年(1918.10.10) 附录:冯国璋来电 民国七年(1918.10.9)	1	365—366	复冯国璋函 民国七年(1918.10.10) 附录:冯国璋来电 民国七年(1918.10.9)	2	664—665
为调和南北复熊希龄电 民国七年(1918.10.26)	1	366—367	复熊希龄电 民国七年(1918.10.26)	2	668

续 表

《张謇全集》1994年版			《张謇全集》2012年版		
题 名	卷次	页码	题 名	卷次	页码
复李纯电 民国七年(1918.10.27) 附录：就南北谋和李纯致熊、张电 民国七年(1918.10.24)	1	367—368	复李纯电 民国七年(1918.10.27) 附录：就南北谋和李纯致熊、张电 民国七年(1918.10.24)	2	668—669
致齐耀琳函 民国七年(1918.10)	1	368	致齐耀琳函 民国七年(1918.10.上旬)	2	663
致北京政府、广东军政府等单位公电 民国七年(1918.11.3)	1	369	致北京政府广东军政府等单位公电 民国七年(1918.11.3)	2	670—671
致熊希龄函 民国七年(1918.11.6)	1	369—371	致熊希龄函 附录：致熊希龄函 民国七年(1918.11.6)	2	672—673
复岑春煊函 民国七年(1918.11.6)	1	371—372	答岑春煊函 民国七年(1918.11.13)	2	676—678
致徐世昌、田文烈函 民国七年(1918.11.11)	1	373	致徐世昌田文烈函 民国七年(1918.11.11)	2	675—676
致李纯函 民国七年(1918.11)	1	374	致李纯函 民国七年(1918.11)	2	680
致徐世昌函 民国七年(1918.11)	1	374	致徐世昌函 民国七年(1918.11)	2	680
致徐世昌函 民国七年(1918.11)	1	375—376	致徐世昌函 民国七年(1918.11.下旬)	2	685—686
复马相伯函 民国七年(1918.11)	1	376	复马相伯函 民国七年(1918.11.下旬)	2	687

续 表

《张謇全集》1994年版			《张謇全集》2012年版		
题　名	卷次	页码	题　名	卷次	页码
致白宝山函 民国七年(1918.11)	1	376	致白宝山函 民国七年(1918.11.下旬)	2	685
致白宝山函 民国七年(1918.11)	1	377	致白宝山函 民国七年(1918.11.下旬)	2	689
致陆子欣注意改定税法电 民国七年(1918.12.1) 附录:陆徵祥复电	1	377—378	致陆徵祥电 民国七年(1918.12.1)	2	689—690
致大总统、国务院电 民国七年(1918.12.10)	1	378	致徐世昌钱能训函 民国七年(1918.12.10)	2	691
张啬庵启事 民国七年(1918.12.23)	1	379	张啬庵启事 民国七年(1918.12.23)	5	191—192
欢迎梁启超会上所致词 民国七年(1918.12.27)	1	379—380	在欢迎梁启超会上的致词 民国七年(1918.12.27)	4	388
主张国际税法平等会集会缘起 附录:主张国际税法平等会简章 民国七年(1918.12)	1	381—384	主张国际税法平等会集会缘起 民国七年(1918.12) 附录:主张国际税法平等会简章	4	384—387
为设立主张国际税法平等会事致各界函 民国七年(1918.12)	1	384	致各界函 民国七年(1918.12.10)	2	690—691
主张国际税法平等致巴黎和会电 民国七年(1918)	1	385—387	与朱佩珍沈镛等致巴黎和会电 民国八年(1919.1.18)	2	698—700
辞代表主张税法平等会往欧函 民国七年(1918)	1	387	致朱葆三沈联芳等函 民国七年(1918.12.27)	2	694

续 表

续 表

《张謇全集》1994年版			《张謇全集》2012年版		
题　名	卷次	页码	题　名	卷次	页码
致赵凤昌函 民国八年(1919.2.19)	1	399	致赵凤昌函 民国八年(1919.2.19)	2	642
致赵凤昌函 民国八年(1919.3.20)	1	399—400	致赵凤昌函 民国八年(1919.3.20)	2	707—708
致徐世昌、钱能训电 民国八年(1919.3.21) 附录：钱能训复电	1	400—401	致政府电 民国八年(1919.3.21) 附录：钱能训复电	2	708—709
致赵凤昌函 民国八年(1919.5.20)	1	401	致赵凤昌函 民国八年(1919.5.20)	2	711
致徐世昌电 民国八年(1919.5.21)	1	401—402	致徐世昌电 民国八年(1919.5.21)	2	711—712
致齐耀琳电 民国八年(1919.5.21)	1	402—403	致齐耀琳电 民国八年(1919.5.21)	2	712
敬告全国学生书 民国八年(1919.5)	1	403—405	敬告全国学生书 民国八年(1919.6)	4	437—439
为时事致徐世昌函 民国八年(1919)	1	406	致徐世昌函 民国八年(1919)	2	730—731
为中日交涉致徐总统电 民国八年(1919)	1	407	致徐世昌电 民国八年(1919.2.2)	2	703
为山东路事致徐总统、段督办电 民国八年(1919)	1	407—409	致徐世昌段祺瑞电 民国八年(1919.6.11)	2	713—714
复齐省长电 民国八年(1919)	1	409	复齐耀琳函 民国九年(1920.7.中旬)	3	775
致李思浩函 民国九年(1920.2.29)	1	409—410	致李思浩函 民国九年(1920.2.29)	2	738

续　表

《张謇全集》1994年版			《张謇全集》2012年版		
题　名	卷次	页码	题　名	卷次	页码
致齐耀琳函 民国九年(1920.3)	1	410	致齐耀琳函 民国九年(1920.3.下旬)	2	745—746
致马玉仁函 民国九年(1920.4.14)	1	410—411	致马伯良函 民国九年(1920.4.14)	2	747
复陈权均函 民国九年(1920.4.30)	1	411	复陈权均函 民国九年(1920.4.30)	2	755
致阎锡山函 民国九年(1920.4)	1	411—412	致阎锡山函 民国九年(1920.4)	2	748
致钱强斋、孙儆臣等函 民国九年(1920.4)	1	412	致钱强斋孙儆等函 民国九年(1920.4.下旬)	2	752—753
复陈炯明函 民国九年(1920.5.3)	1	413	复陈炯明函 民国九年(1920.5.3)	2	757
致张一麐函 民国九年(1920.5.17)	1	413	致张一麐函 民国九年(1920.5.17)	3	762
致李纯函 民国九年(1920.5.17)	1	414	致李纯函 民国九年(1920.5.17)	3	762—763
致费敏楷函 民国九年(1920.6.1)	1	414—415	致费敏楷函 民国九年(1920.6.1)	3	764
致王桂林函 民国九年(1920.6.9)	1	415	致王桂林函 民国九年(1920.6.9)	3	766
致李纯函 民国九年(1920.6.18)	1	415—416	致李纯函 民国九年(1920.6.18)	3	768
复韩国钧函 民国九年(1920.6.22)	1	416	复韩国钧函 民国九年(1920.6.22)	3	768—769
致李纯函 民国九年(1920.6.23)	1	417	致李纯函 民国九年(1920.6.23)	3	769

续 表

《张謇全集》1994年版			《张謇全集》2012年版		
题　名	卷次	页码	题　名	卷次	页码
复李纯函 民国九年(1920.6.27)	1	417	复李纯函 民国九年(1920.6.27)	3	769
通电 民国九年(1920.7.3)	1	418—419	通电 民国九年(1920.7.13)	3	772—774
致徐世昌、段祺瑞、李纯、卢永祥电 民国九年(1920.7.19)	1	420	致徐世昌、段祺瑞、李纯、卢永祥电 民国九年(1920.7.19)	3	775—776
主和致徐世昌、段祺瑞电 民国九年(1920.7.21)	1	420—421	致徐世昌段祺瑞电 民国九年(1920.7.21)	3	776—777
为兵工事致徐总统、曹张二使电 民国九年(1920.7.21)	1	422—423	致徐世昌张作霖电 民国九年(1920.7.23)	3	780—781
劝和致江浙督军电 民国九年(1920.7.21)	1	423	复李纯卢永祥电 民国九年(1920.7.21)	3	777—778
致李纯、卢永祥函 民国九年(1920.7.22)	1	423—424	致李纯卢永祥函 民国九年(1920.7.22)	3	778
致江重言函 民国九年(1920.7.23)	1	424	致李审言函(二件之二) 民国九年(1920.7.23)	3	779
致李纯函 民国九年(1920.7)	1	424—425	致李纯函 民国九年(1920.7)	3	775
致徐世昌函 民国九年(1920.7)	1	425	致徐世昌函 民国九年(1920.7.下旬)	3	782—783
致李纯函 民国九年(1920.7)	1	425—426	致李纯函 民国九年(1920.7.下旬)	3	783—784
再致段督办电 民国九年(1920.7)	1	427	再致段督办电 民国九年(1920.7.下旬)	3	782

续 表

《张謇全集》1994年版			《张謇全集》2012年版		
题　名	卷次	页码	题　名	卷次	页码
致徐世昌电 民国九年(1920.8.5)	1	428	致徐世昌电 民国九年(1920.8.5)	3	786
致美团芮恩施君等电 民国九年(1920.8.9)	1	428	致芮恩施等电 民国九年(1920.8.9)	3	786—787
招待美团复省议会电 附录：省议会来电 民国九年(1920.8.9)	1	429	复省议会电 民国九年(1920.8.9) 附录：省议会来电	3	787
贺叶公绰 民国九年(1920.8.15)	1	429	致叶公绰函 民国九年(1920.8.15)	3	789
致杨锦江函 民国九年(1920.8)	1	430	致杨锦江函 民国九年(1920.8)	3	791
致靳云鹏函 民国九年(1920.9.5)	1	430	致靳云鹏函 民国九年(1920.9.5)	3	794—795
致沈秉璜电 民国九年(1920.9.5)	1	431	致沈秉璜电 民国九年(1920.9.5)	3	794
致徐世昌、靳云鹏、张志谭、李纯电 民国九年(1920.9.8)	1	431	致徐世昌靳云鹏张志潭李纯电 民国九年(1920.9.8)	3	795
复梁启超函 民国九年(1920.9.22)	1	432	复梁启超函 民国九年(1920.9.22)	3	802
复朱德轩函 民国九年(1920.9.28)	1	432—433	复朱德轩函 民国九年(1920.9.28)	3	804
致刘仲夷函 民国九年(1920.9)	1	433	致刘仲夷函 民国九年(1920.9.下旬)	3	804
复褚稼先函 民国九年(1920.9)	1	433	复褚稼先函 民国九年(1920.9.中旬)	3	796

续 表

《张謇全集》1994年版			《张謇全集》2012年版		
题 名	卷次	页码	题 名	卷次	页码
复梁启超函 民国九年(1920.10.2)	1	434	复梁启超函 民国九年(1920.10.2)	3	807
致顾维钧函 民国九年(1920.10.4)	1	434	致顾维钧函 民国九年(1920.10.4)	3	807—808
致熊希龄转徐世昌电 民国九年(1920.10.7)	1	434—435	致熊希龄转徐世昌电 民国九年(1920.10.7)	3	808
致驻京代表电 民国九年(1920.10.7)	1	435	复驻京代表电 民国九年(1920.10.7)	3	808—809
致齐燮元电 民国九年(1920.10.12)	1	435	致齐燮元电 民国九年(1920.10.12)	3	812
致苏驻京代表电 民国九年(1920.10.12)	1	436	致苏驻京代表电 民国九年(1920.10.12)	3	812
致白宝山电 民国九年(1920.10.15)	1	436	致白宝山电 民国九年(1920.11.15)	3	817
致马玉仁电 民国九年(1920.10.15)	1	436	致马伯良电 民国九年(1920.11.15)	3	816
致总统、国务院电 民国九年(1920.10)	1	437	致徐世昌靳云鹏电 民国九年(1920.10.中旬)	3	812—813
唁李桂山 民国九年(1920.10)	1	437	唁李桂山函 民国九年(1920.10.中旬)	3	813
致齐燮元函 民国九年(1920.10)	1	437—438	致齐燮元函 民国九年(1920.10.中旬)	3	813
致江苏督军、省长电 民国九年(1920.10)	1	438	致李纯王瑚电 民国九年(1920.10.上旬) 致省议会电	3	809 809—810

续 表

《张謇全集》1994 年版			《张謇全集》2012 年版		
题 名	卷次	页码	题 名	卷次	页码
致大总统、国务院电 民国九年(1920.11.15)	1	438—439	致大总统国务院电 民国九年(1920.11.15)	3	816
复严家炽函 民国九年(1920.12.11)	1	439	复严家炽函 民国九年(1920.12.11)	3	822—823
致习艮枢函 民国九年(1920.12.24)	1	440	致习位思函 民国九年(1920.12.24)	3	826—827
致瞿鸿宾函 民国九年(1920.12)	1	440	致瞿鸿宾函 民国九年(1920.12.中旬)	3	823
致贾士毅函 民国九年(1920.12)	1	440—441	致贾士毅函 民国九年(1920.12.中旬)	3	824
复郭公先函 民国九年(1920.12)	1	441	复郭公先函 民国九年(1920.12.下旬)	3	829
论学潮致政府电 民国九年(1920)	1	441—442	致政府电 民国十年(1921)夏	3	885
论时事复岑云阶函 民国九年(1920)	1	442—444	答岑春煊函 民国七年(1918.11.13)	2	676—678
反对龙军移防电 民国九年(1920)	1	444	致政府及苏社等电 民国九年在(1920.10.10)	3	811—812
致齐耀琳函 民国九年(1920)	1	444—445	致齐耀琳函 民国九年(1920.6)	3	771
主和通电 民国九年(1920)	1	445—446	致北京中央广东军政府并各省军民长官并转严修赵尔巽王士珍熊希龄梁启超蔡元培汪精卫电 民国七年(1918.10.4)	3	662

续 表

《张謇全集》1994年版			《张謇全集》2012年版		
题　名	卷次	页码	题　名	卷次	页码
主张苏人治苏电 民国九年(1920)	1	446	致徐世昌靳云鹏函 民国九年(1920.9)	3	799
长尉教练所毕业训词 民国九年(1920)	1	447—448	长尉教练所毕业训词 民国二年(1913.6.2)	4	251—252
致王瑚函 民国十年(1921.1.17)	1	448	致王瑚函 民国十年(1921.1.17)	3	851—852
致叶恭绰函 民国十年(1921.1)	1	448	致叶恭绰函 民国十年(1921.1.中旬)	3	851
致严家炽函 民国十年(1921.2.2)	1	449	致严家炽函 民国十年(1921.2.2)	3	858
致陆徵祥函 民国十年(1921.2.23)	1	449	致陆徵祥函 民国十年(1921.2.23)	3	863
致王瑚函 民国十年(1921.2)	1	450	致王瑚函 民国十年(1921.2.上旬)	3	858—859
致唐继尧函 民国十年(1921.2)	1	450—451	致唐继尧函 民国十年(1921.2.上旬)	3	859
复马玉仁函 民国十年(1921.2)	1	451	复马伯良函 民国十年(1921.2.下旬)	3	865—866
复凌文渊函 民国十年(1921.3.10)	1	451—452	复凌文渊函 民国十年(1921.3.10)	3	869
致张孝若电 民国十年(1921.3.10)	1	452	致张孝若电 民国十年(1921.3.10)	3	869
致齐燮元函 民国十年(1921.3.12)	1	452—453	致齐燮元函 民国十年(1921.3.12)	3	869—870

续　表

《张謇全集》1994 年版			《张謇全集》2012 年版		
题　名	卷次	页码	题　名	卷次	页码
致齐燮元函 民国十年(1921.3.16)	1	453	致齐燮元函 民国十年(1921.3.16)	3	871
致张一麐电 民国十年(1921.3.16)	1	453	致张一麐电 民国十年(1921.3.16)	3	870
致丁锦电 民国十年(1921.3.16)	1	453	致丁锦电 民国十年(1921.3.16)	3	870
致徐世昌、靳云鹏函 民国十年(1921.3.17)	1	454	致徐世昌靳云鹏函 民国十年(1921.3.17)	3	871—872
拟为沈寿请褒扬呈 民国十年(1921.4)	1	455—456	拟为沈寿请褒扬呈 民国十年(1921.4)	1	520—521
致王瑚函 民国十年(1921.5)	1	456	致王瑚函 民国十年(1921.5.下旬)	3	882—883
致胡家琪函 民国十年(1921.6)	1	456—457	致胡家琪函 民国十年(1921.6)	3	884
致王迺斌电 民国十年(1921.7.10)	1	457	致王恩甫电 民国十年(1921.7.10)	3	891
致卢鸿钧函 民国十年(1921.7.11)	1	457	致卢鸿钧函 民国十年(1921.7.11)	3	891
复武霞峰函 民国十年(1921.7.12)	1	458	复武霞峰函 民国十年(1921.7.12)	3	891—892
致严家炽函 民国十年(1921.7.15)	1	458	致严家炽函 民国十年(1921.7.15)	3	892
复汪朴斋函 民国十年(1921.7.25)	1	458—459	复汪朴斋函 民国十年(1921.7.25)	3	894—895
致严家炽函 民国十年(1921.7)	1	459	致严家炽函 民国十年(1921.7)	3	894

续 表

《张謇全集》1994年版			《张謇全集》2012年版		
题 名	卷次	页码	题 名	卷次	页码
复汪大燮函 民国十年(1921.8.2)	1	459	复汪大燮函 民国十年(1921.8.2)	3	896
劝南北息争通电 民国十年(1921.8.4)	1	460—461	致大总统国务总理等电 民国十年(1921.9.3)	3	907—909
复樊汝贤函 民国十年(1921.8.31)	1	462	复樊汝贤函 民国十年(1921.8.31)	3	906
致孟森函 民国十年(1921.9.2)	1	462—463	致孟森函 民国十年(1921.9.2)	3	906—907
致齐耀珊、何煜电 民国十年(1921.9.4)	1	463	致齐耀珊何煜电 民国十年(1921.9.4)	3	910
辞赴太平洋会议高等顾问复外交部电 民国十年(1921.9.13)	1	464	复外交部电 民国十年(1921.9.13)	3	916—917
致夏寅官函 民国十年(1921.9.14)	1	464	致夏寅官函 民国十年(1921.9.14)	3	918
再复外交部电 民国十年(1921.9.19) 附录：外交部来电 民国十年(1921.9.15)	1	465	复外交部电 民国十年(1921.9.19) 附录：外交部来电 民国十年(1921.9.15)	3	922
复施省之电 民国十年(1921.9.19) 附录：施省之来电 民国十年(1921.9.15)	1	465—466	复施肇曾电 民国十年(1921.9.19) 附录：施省之来电 民国十年(1921.9.15)	3	921—922
致张轶欧函 民国十年(1921.9.19)	1	466	致张轶欧函 民国十年(1921.8.18)	3	901
复马玉仁函 民国十年(1921.9.19)	1	467	复马伯良函 民国十年(1921.9.19)	3	923
复梁启超函 民国十年(1921.9)	1	467—468	复梁启超函 民国十年(1921.9)	3	906

续 表

《张謇全集》1994年版			《张謇全集》2012年版		
题　名	卷次	页码	题　名	卷次	页码
复狄楚青、史量才函 民国十年(1921.9)	1	468	复狄楚青史量才函 民国十年(1921.9.中旬)	3	920—921
致叶来青函 民国十年(1921.9)	1	469	复叶来青函 民国十年(1921.10)	3	930
为劝和事致王亮畴电 民国十年(1921.9)	1	469—470	致王亮畴等电 民国十年(1921.10.1)	3	931—932
为和平会议复吴佩孚电 民国十年(1921.9)	1	470—471	致吴佩孚等电 民国十年(1921.9.13)	3	918
致朱庆澜电 民国十年(1921.10.1)	1	471	致朱庆澜电 民国十年(1921.10.1)	3	931
致卢鸿钧函 民国十年(1921.10.1)	1	471	致卢鸿钧函 民国十年(1921.10.1)	3	930
致李国珍、王式通函 民国十年(1921.10.4)	1	472	致李国珍王式通函 民国十年(1921.10.4)	3	933—934
致吴佩孚等电 民国十年(1921.10.13)	1	472	致吴佩孚等电 民国十年(1921.9.13)	3	918
复太平洋会议后援同志会电 民国十年(1921.10.20)	1	473	复太平洋会议后援同志会电 民国十年(1921.9.20)	3	924
复沈恩孚函 民国十年(1921.10.25)	1	473—474	复沈恩孚函 民国十年(1921.8.25)	3	904—905
致韩子亭函 民国十年(1921.10)	1	474	致韩子亭函 民国十年(1921.10)	3	934—935
复杨、李、沈、张、徐、曹等函 民国十年(1921.10)	1	474	复杨李沈张徐曹诸君函 民国十年(1921.10)	3	934
致韩国钧函 民国十年(1921.11.17)	1	474—475	致韩国钧函 民国十一年(1922.11.17)	3	1102

续 表

《张謇全集》1994年版			《张謇全集》2012年版		
题　名	卷次	页码	题　名	卷次	页码
复聂其杰函 民国十年(1921.11.22)	1	475	复聂云台函 民国十年(1921.11.22)	3	949
致冯耿光函 民国十年(1921.11)	1	475	致冯耿光函 民国十年(1921.11～12)	3	954
致王清穆函 民国十年(1921.11)	1	476	致王清穆函 民国十年(1921.11～12)	3	955
复徐佛苏函 民国十年(1921.11)	1	476—477	复徐佛苏函 民国十年(1921.11)	3	945—946
致卢永祥、沈金鉴函 民国十年(1921.11)	1	477—478	致卢永祥沈金鉴函 民国十年(1921.11)	3	944—945
致王瑚函 民国十年(1921.12.24)	1	478	致王瑚函 民国十年(1921.12.24)	3	968
与韩国钧联名致齐耀珊、王廼斌电 民国十年(1921.12.28)	1	479	致齐耀珊王恩甫电 民国十年(1921.12.28)	3	969—970
允任淞埠督办电 民国十年(1921)	1	479—480	致大总统国务院电 民国九年(1920.11.15)	3	816
督办吴淞商埠就职宣言 民国十年(1921)	1	480—481	督办吴淞商埠就职宣言 民国十年(1921.2.12) 附录：吴淞商埠局开幕礼答辞	4	477—478
复徐果人函 民国十年(1921)	1	481—482	致徐隽函 民国十年(1921.12.上旬)	3	959
为苏议会事致徐果人函 民国十年(1921)	1	482—483	致徐隽函 民国十年(1921.12.下旬)	3	971—972

续 表

《张謇全集》1994年版			《张謇全集》2012年版		
题　名	卷次	页码	题　名	卷次	页码
为苏议会事答季君等函 民国十年(1921)	1	483—485	答季君等函 民国十年(1921.12.下旬)	3	972—974
复段、王诸君电 附录：段、王等人冬电 民国十年(1921)	1	485—486	复段书云王清穆电 民国十年(1921..11.4) 附录：段、王等人冬电	3	944
为苏议会事复段、王诸君函 民国十年(1921)	1	486—487	致段书云王清穆函 民国十年(1921.11) 附录：为苏议会事复段王诸君函	3	951—952 952—954
劝京广湘鄂息内争通电 民国十年(1921)	1	488—489	致京广湘鄂电 民国十年(1921.4)	3	910—911
为鲁案致施、顾、王三代表电 民国十年(1921)	1	489	致巴黎和会三代表电 民国十年(1921.12.10)	3	961
为鲁案致徐总统电 民国十年(1921)	1	490	致徐世昌等电 民国十年(1921.12.10)	3	960—961
致韩国钧函 民国十年(1921)	1	491	致韩国钧函 民国十年(1921)	3	994
论省自治答赵炎午函 民国十年(1921)	1	491—493	复赵恒惕函 民国十年(1921.4～5)	3	879—881
致严家炽函 民国十年(1921)	1	493	致严家炽函 民国十年(1921.7.上旬)	3	890
复杨森函 民国十年(1921)	1	493	复杨森函 民国十年(1921.6～7)	3	889
复丁锦函 民国十年(1921)	1	494	复丁锦函 民国十年(1921.1.下旬)	3	856

续　表

《张謇全集》1994 年版			《张謇全集》2012 年版		
题　名	卷次	页码	题　名	卷次	页码
致王瑚函 民国十年(1921)	1	494	致王瑚函 民国十年(1921.3～4)	3	874
复何立坦函 民国十年(1921)	1	494—495	复何立坦函 民国十年(1921.3～4)	3	874
致陶湘函 民国十年(1921)	1	495	致陶湘函 民国十年(1921.8.中旬)	3	901—902
复苏社事务所函 民国十年(1921)	1	495—496	复苏社事务所函 民国十年(1921.12.下旬)	3	969
复聂其杰函 民国十年(1921)	1	496	致聂云台函 民国十年(1921.12.下旬)	3	969
复梁启超函 民国十年(1921)	1	496	复梁启超函 民国十年(1921.3～4)	3	873
致韩国钧、徐鼎康函 民国十年(1921)	1	497	致韩国钧徐鼎康函 民国十年(1921.11～12)	3	955
致崇明林知事函 民国十年(1921)	1	497	致林韶荣函 民国十年(1921.3～4)	3	873—874
辞运河督办呈 民国十年(1921)	1	498	辞运河督办呈 民国十年(1921.1)	1	580—581
致徐世昌、梁士诒电 民国十一年(1922.1.1)	1	499—500	致徐世昌梁士诒电 民国十一年(1922.1.1)	3	997—998
致韩国钧函 民国十一年(1922.1.10)	1	500	致韩国钧函 民国十一年(1922.1.10)	3	1005

续 表

《张謇全集》1994年版			《张謇全集》2012年版		
题　名	卷次	页码	题　名	卷次	页码
致王瑚函 民国十一年(1922.1.10)	1	501	致王瑚函 民国十一年(1922.1.10)	3	1004
致齐燮元函 民国十一年(1922.1.10)	1	501	致齐燮元函 民国十一年(1922.1.10)	3	1004—1005
复田中玉函 民国十一年(1922.1.11)	1	501—502	复田中玉函 民国十一年(1922.1.11)	3	1005
致徐世昌电 民国十一年(1922.1.12)	1	502	致徐世昌电 民国十一年(1922.1.13)	3	1005—1006
致禅公函 民国十一年(1922.1.13)	1	503	复禅公函 民国十一年(1922.1.13)	3	1006
致齐燮元、王瑚函 民国十一年(1922.1.22)	1	503—504	致齐燮元王瑚函 民国十一年(1922.1.22)	3	1007—1008
自筹赎回山东铁路之意见 民国十一年(1922.1.22)	1	504—506	赎回山东路权通电 民国十一年(1922.1.22)	3	1008—1010
复内务部函 民国十一年(1922.1)	1	507	复内务部函 民国十一年(1922.3)	3	1028
致王瑚函 民国十一年(1922.2.16)	1	507—508	致王瑚函 民国十一年(1922.2.16)	3	1019
致齐燮元函 民国十一年(1922.2.17)	1	508	致齐燮元函 民国十一年(1922.2.17)	3	1019

续 表

《张謇全集》1994 年版			《张謇全集》2012 年版		
题　名	卷次	页码	题　名	卷次	页码
致王瑚函 民国十一年(1922. 2. 20)	1	508—509	致王瑚函 民国十一年(1922. 2. 20)	3	1022—1023
致王桂林函 民国十一年(1922. 2. 21)	1	509	致王桂林函 民国十一年(1922. 2. 21)	3	1023
致国务总理电 民国十一年(1922. 2. 21)	1	509—510	致国务总理电 民国十一年(1922. 2. 21)	3	1023—1024
致齐燮元、王瑚函 民国十一年(1922. 2. 24)	1	511	致齐燮元王瑚函 民国十一年(1922. 2. 24)	3	1024—1025
致李平书、姚文枬函 民国十一年(1922. 2. 27)	1	511—512	致李平书姚文枬函 民国十一年(1922. 2. 27)	3	1026
复高凌蔚函 民国十一年(1922. 2. 27)	1	512	复高凌蔚函 民国十一年(1922. 2. 27)	3	1026—1027
复邹申远等函 民国十一年(1922. 2)	1	512	复邹申远函 民国十一年(1922. 2. 下旬)	3	1025
致高凌蔚函 民国十一年(1922. 3. 3)	1	513	致高凌蔚函 民国十一年(1922. 3. 3)	3	1029
致苏社理事会函 民国十一年(1922. 3. 7)	1	513	致苏社理事会函 民国十一年(1922. 3. 7)	3	1030
致高凌蔚函 民国十一年(1922. 3. 7)	1	513—514	致高凌蔚函 民国十一年(1922. 3. 7)	3	1031
咨江苏王省长 民国十一年(1922. 3. 11)	1	514	咨江苏王省长 民国十一年(1922. 3. 11)	1	584

续 表

《张謇全集》1994年版			《张謇全集》2012年版		
题 名	卷次	页码	题 名	卷次	页码
复农商部函 民国十一年(1922.3.24)	1	514	复农商部函 民国十一年(1922.3.24)	3	1036
致周家彦函 民国十一年(1922.3.24)	1	515	致周家彦函 民国十一年(1922.3.24)	3	1036—1037
致王瑚函 民国十一年(1922.4.1)	1	515—516	致王瑚函 民国十一年(1922.4.1)	3	1040—1041
致大总统、国务院、内务部函 民国十一年(1922.4.6)	1	516—517	致徐世昌颜惠庆高凌蔚函 民国十一年(1922.4.6)	3	1042—1043
致韩国钧函 民国十一年(1922.4.6)	1	517	致韩国钧函 民国十一年(1922.4.6)	3	1043
致徐鼎康电 民国十一年(1922.4)	1	518	致徐鼎康电 民国十一年(1922.4.上旬)	3	1041
致韩国钧电 民国十一年(1922.4)	1	518	致韩国钧电 民国十一年(1922.4.上旬)	3	1042
致徐鼎康、沈秉璜电 民国十一年(1922.5.1)	1	518	致徐鼎康沈秉璜电 民国十一年(1922.5.1)	3	1051
复田中玉电 民国十一年(1922.5.1)	1	519	复田中玉电 民国十一年(1922.5.1)	3	1051
致徐世昌、周自齐电 民国十一年(1922.5.7)	1	519—520	致徐世昌周自齐电 民国十一年(1922.5.7)	3	1053—1054
致王瑚电 民国十一年(1922.5.7)	1	520	致王瑚电 民国十一年(1922.5.7)	3	1054
致齐燮元、王瑚函 民国十一年(1922.6.6)	1	520—521	致齐燮元王瑚函 民国十一年(1922.6.6)	3	1058

续 表

《张謇全集》1994年版			《张謇全集》2012年版		
题 名	卷次	页码	题 名	卷次	页码
致王瑚函 民国十一年(1922.6.9)	1	521	致王瑚函 民国十一年(1922.6.9)	3	1059
致黎元洪电 民国十一年(1922.6.12)	1	521	致黎元洪电 民国十一年(1922.6.12)	3	1062
致韩国钧电 民国十一年(1922.6.18) 附录：韩国钧复电 民国十一年(1922.6.19)	1	522	致韩国钧电 民国十一年(1922.6.18) 附录：韩国钧复电 民国十一年(1922.6.19)	3	1062
致齐燮元函 民国十一年(1922.6)	1	522—523	致齐燮元函 民国十一年(1922.6.中旬)	3	1060—1061
致齐惠安函 民国十一年(1922.6)	1	524	致齐惠安函 民国十一年(1922.6.中旬)	3	1061
致丁乃扬函 民国十一年(1922.6)	1	524	致丁乃扬函 民国十一年(1922.6.中旬)	3	1061
致北京大总统、国务总理电 附录：张孝若允实业专使电 民国十一年(1922.7.15)	1	524—525	致黎元洪颜惠庆电 民国十一年(1922.7.15) 附录：张孝若允实业专使电	3	1066—1067 1067
复齐燮元、韩国钧函 民国十一年(1922.7.25)	1	526	复齐燮元韩国钧函 民国十一年(1922.7.25)	3	1069

续　表

《张謇全集》1994年版			《张謇全集》2012年版		
题　名	卷次	页码	题　名	卷次	页码
致黄炎培、沈恩孚函 民国十一年(1922.7.25)	1	526	致黄炎培沈恩孚函 民国十一年(1922.7.25)	3	1069
致韩国钧函 民国十一年(1922.8.2)	1	526	致韩国钧函 民国十一年(1922.8.2)	3	1075—1076
致卢鸿钧函 民国十一年(1922.8.14)	1	527	致卢鸿钧函 民国十一年(1922.8.14)	3	1076—1077
致韩国钧函 民国十一年(1922.8.25)	1	527—528	致韩国钧函 民国十一年(1922.8.25)	3	1078—1079
致叶葵初、蒋翼之函 民国十一年(1922.8.26)	1	528	致叶葵初蒋翼之函 民国十一年(1922.8.26)	3	1079
致盛炳纪函 民国十一年(1922.8.26)	1	528—529	致盛炳纪函 民国十一年(1922.8.26)	3	1079
致韩国钧函 民国十一年(1922.10.6)	1	529	致韩国钧函 民国十一年(1922.10.6)	3	1089
论警政致李万里函 民国十一年(1922.10)	1	529—530	复李万里函 民国十一年(1922.10.6)	3	1088—1089
劝和致直奉两方电 民国十一年(1922)	1	531—532	致直奉两方电 民国十一年(1922.5.20)	3	1055—1056
为江浙和平通电 民国十一年(1922)	1	532—533	为江浙和平通电 民国十一年(1922.4.13)	3	1046—1047

续 表

《张謇全集》1994 年版			《张謇全集》2012 年版		
题 名	卷次	页码	题 名	卷次	页码
劝和复张今坡、赵次山等电 民国十一年(1922)	1	533—534	致张锡銮赵尔巽函 民国十一年(1922.4～5)	3	1050—1051
复浙江卢督军电 民国十一年(1922)	1	534—535	复卢永祥电 民国十一年(1922.4.下旬)	3	1048—1049
复齐督军电 民国十一年(1922)	1	535	复齐燮元电 民国十一年(1922.5.上旬)	3	1054
为恢复县议会事答凌仁山、萧绍庭等函 民国十一年(1922)	1	535—536	致凌仁山萧绍庭函 民国十一年(1922)	3	1140—1141
重定埠界绘图呈总统文 民国十一年(1922)	1	536—537	呈大总统文 民国十一年(1922.9)	1	589—590
辞勋一位电 民国十一年(1922)	1	537—538	辞勋一位电 民国十一年(1922.11.10)	3	1098—1099
复江苏省议会龚叶诸君电 民国十一年(1922)	1	539	复龚叶宋诸君电 民国十一年(1922.11.12)	3	1101
辞兼新运河督办电 民国十一年(1922)	1	539—540	致徐世昌梁士诒电 民国十一年(1922.1.1)	3	997—998
致韩国钧函 民国十一年(1922)	1	540	致韩国钧函 民国十一年(1922.8～9)	3	1082
致施肇曾函 民国十一年(1922)	1	540	致施肇曾函 民国十一年(1922.9～10)	3	1087

续　表

《张謇全集》1994 年版			《张謇全集》2012 年版		
题　名	卷次	页码	题　名	卷次	页码
致韩国钧函 民国十一年(1922)	1	541	致韩国钧函 民国十一年(1922.10～11)	3	1094—1095
复李虎臣函 民国十一年(1922)	1	541	复李虎臣函 民国十一年(1922.10～11)	3	1095
致田春霆函 民国十一年(1922)	1	542	致田春霆函 民国十一年(1922.10～11)	3	1095
致卢永祥、张载扬函 民国十一年(1922)	1	542	致卢永祥张载扬函 民国十一年(1922.11.上旬)	3	1097
复僧圣田函 民国十一年(1922)	1	543	复僧圣田函 民国十一年(1922.2.中旬)	3	1018
致金葴经、沈秉璜电 民国十一年(1922)	1	543	致金葴经沈秉璜电 民国十一年(1922.2.18)	3	1021
致韩国钧函 民国十一年(1922)	1	543—544	致韩国钧函 民国十一年(1922.11)	3	1100
致徐鼎康函 民国十一年(1922)	1	544	致徐鼎康函 民国十二年(1923.2.中旬)	3	1152
辞运河督办电 民国十一年(1922)	1	544—545	致徐世昌颜惠庆高凌 民国十一年(1922.4.6)	3	1042—1043
复中华农学会事务所函 民国十二年(1923.2.13)	1	545	复中华农学会事务所函 民国十二年(1923.2.13)	3	1151

续 表

《张謇全集》1994年版			《张謇全集》2012年版		
题　名	卷次	页码	题　名	卷次	页码
复刘镇华函 民国十二年(1923.3.15)	1	545—546	复刘镇华函 民国十二年(1923.3.15)	3	1156
复沈士模函 民国十二年(1923.3.15)	1	546	复沈士模函 民国十二年(1923.3.15)	3	1156
致朱庆澜函 民国十二年(1923.3.15)	1	546	致朱庆澜函 民国十二年(1923.3.15)	3	1155—1156
复张绍曾函 民国十二年(1923.3.17)	1	547	复张绍曾函 民国十二年(1923.3.17)	3	1157
为匪祸致政府电 民国十二年(1923.5.10)	1	547	致黎元洪电 民国十二年(1923.5.10)	3	1163—1164
复何丰林函 民国十二年(1923.5.10)	1	548	复何丰林函 民国十二年(1923.5.10)	3	1163
复朱子濒函 民国十二年(1923.5.15)	1	548	复朱子濒函 民国十二年(1923.5.15)	3	1164
复江亢虎函 民国十二年(1923.5.21)	1	549	复江亢虎函 民国十二年(1923.5.21)	3	1167
复黎元洪电 民国十二年(1923.5.23)	1	549	复黎元洪电 民国十二年(1923.5.23)	3	1167—1168
致江苏旅京同乡会电 民国十二年(1923.5.23)	1	549—550	致江苏旅京同乡会电 民国十二年(1923.5.23)	3	1168

续 表

续 表

《张謇全集》1994年版			《张謇全集》2012年版		
题　名	卷次	页码	题　名	卷次	页码
复扬州报界联合会函 民国十二年(1923.9.20)	1	555	复扬州报界联合会函 民国十二年(1923.9.20)	3	1204
复张相文函 民国十二年(1923.10.5)	1	555	复张相文函 民国十二年(1923.10.5)	3	1209
复张一麐函 附录:黄以霖等来函 民国十二年(1923.10.10)	1	555—556	复张一麐函 附录:黄以霖等来函 民国十二年(1923.10.10)	3	1211
致《申报》函 民国十二年(1923.10.27)	1	556	致《申报》函 民国十二年(1923.10.27)	3	1212
致钱永铭函 民国十二年(1923.10)	1	557	致钱新之函 民国十二年(1923.10.下旬)	3	1214
致齐燮元、韩国钧函 民国十二年(1923.11.2)	1	557	致齐燮元韩国钧函 民国十二年(1923.11.2)	3	1217
致陈炯明函 民国十二年(1923.11.19)	1	558	致陈炯明函 民国十二年(1923.11.19)	3	1219—1220
复北京各省区公民联合会函 民国十二年(1923.11.10)	1	558—559	复北京各省区公民联合会函 民国十二年(1923.11.10)	3	1221
致张相文函 民国十二年(1923.11.17)	1	559	致张相文函 民国十二年(1923.11.17)	3	1222

续 表

《张謇全集》1994年版			《张謇全集》2012年版		
题　名	卷次	页码	题　名	卷次	页码
复全国和平统一协会函 民国十二年(1923.11.17)	1	559	复全国和平统一协会函 民国十二年(1923.11.17)	3	1222
致唐慎坊函 民国十二年(1923.11.20)	1	560	致唐慎坊函 民国十二年(1923.11.20)	3	1223
复杨增新并新疆蒙哈回缠诸王公函 民国十二年(1923.11.27)	1	560	复杨增新并新疆诸王公函 民国十二年(1923.11.27)	3	1226
致费礼门函 民国十二年(1923.11)	1	561	致费礼门函 民国十二年(1923.11.中旬)	3	1223
致周宝孚函 民国十二年(1923.12.6)	1	561—562	致周宝孚函 民国十二年(1923.12.6)	3	1232
致孟森函 民国十二年(1923.12.11)	1	562	致孟森函 民国十二年(1923.12.11)	3	1234
致沈恩孚、黄炎培函 民国十二年(1923.12.22)	1	562	致沈恩孚黄炎培函 民国十二年(1923.12.22)	3	1239
致孙宝琦函 民国十二年(1923.12)	1	563	致孙宝琦函 民国十二年(1924.1.中旬)	3	1258
辟诬致各报馆函 民国十二年(1923)	1	563—564	致各报馆书 民国十二年(1923.10.下旬)	3	1214—1215
复许世英函 民国十二年(1923)	1	564	复许世英函 民国十二年(1923.5.上旬)	3	1162—1163

续 表

《张謇全集》1994 年版			《张謇全集》2012 年版		
题　名	卷次	页码	题　名	卷次	页码
致蔡成勋函 民国十二年(1923)	1	564	致蔡成勋函 民国十二年(1923.5.中旬)	3	1165—1166
复刘宝寿函 民国十二年(1923)	1	565	复刘宝寿函 民国十二年(1923.5.中旬)	3	1166
致施肇基等通稿 民国十二年(1923)	1	565	致施肇基等函通稿 民国十二年(1923.8.下旬)	3	1198
致史蒂芬、芮恩施夫人等函 民国十二年(1923)	1	566	致史蒂芬等函通稿 民国十二年(1923.8.下旬)	3	1198—1199
致高凌蔚、吴毓麟、顾维钧等函 民国十二年(1923)	1	566—567	致高凌蔚吴毓麟顾维钧等 民国十二年(1923.8.下旬)	3	1199
致韩国钧函 民国十二年(1923)	1	567	致韩国钧函 民国十二年(1923.3～4)	3	1159
为江浙和平致政府暨江浙当道电 民国十二年(1923)	1	567—568	致中央政府暨江浙当道电 民国十二年(1923.10)	3	1215—1216
为沪警长事致何军使函 民国十二年(1923)	1	569—570	致何丰林函 民国十二年(1923.12.7)	3	1233—1234
为沪警长事致齐、韩、何电 民国十二年(1923)	1	570	致齐燮元韩国钧何丰林电 民国十二年(1923.11.22)	3	1224—1225
为沪警长事致韩省长电 民国十二年(1923)	1	571—572	致韩国钧函 民国十二年(1923.12.1)	3	1227—1229

续 表

《张謇全集》1994年版			《张謇全集》2012年版		
题 名	卷次	页码	题 名	卷次	页码
再致韩省长电 民国十二年(1923)	1	573	致韩国钧函 民国十二年(1923.12.2)	3	1229
为陇海路线致张解二君函 民国十二年(1923)	1	573—574	致张相文解树强等函 民国十二年(1923.5.8)	3	1161—1162
对于宪法之意见 民国十二年(1923)	1	574—576	对于宪法之意见 民国十二年初(1923.12)	4	557—559
致曹锟函 民国十二年(1923)	1	577	致曹锟函 民国十二年(1923.10~12)	3	1226—1227
复杨慰农函 民国十二年(1923)	1	578	复杨慰农函 民国十二年(1923.10月上旬)	3	1210
致王绍曾函 民国十二年(1923)	1	578	致王绍曾函 民国十二年(1923.10月上旬)	3	1209—1210
致黄召甘函 民国十二年(1923)	1	578	致黄召甘函 民国十二年(1923.12月下旬)	3	1241—1242
复秦雨人函 民国十二年(1923)	1	579	复秦雨人函 民国十三年(1924.1.下旬)	3	1263
五辞运局督办呈 民国十二年(1923)	1	579—580	五辞运局督办呈 民国十二年(1923)	1	655
致卢永祥函 民国十三年(1924.1.8)	1	580	致卢永祥函 民国十三年(1924.1.8)	3	1254

续 表

《张謇全集》1994 年版			《张謇全集》2012 年版		
题 名	卷次	页码	题 名	卷次	页码
复韩国钧函 民国十三年(1924.1.19)	1	580	致韩国钧函 民国十三年(1924.1.19)	3	1260
复参事会函 民国十三年(1924.1.25)	1	580—581	复参事会函 民国十三年(1924.1.25)	3	1263
致王绍曾函 民国十三年(1924.1)	1	581	致王绍曾函 民国十三年(1924.1.下旬)	3	1263
复柳芸庭函 民国十三年(1924.1)	1	581	复柳芝庭函 民国十三年(1924.1.下旬)	3	1264
致周宝孚函 民国十三年(1924.1)	1	581	复周宝孚函 民国十三年(1924.1.下旬)	3	1268
致天津《东方时报》馆函 民国十三年(1924.5)	1	582—583	致天津《东方时报》馆函 民国十三年(1924.5)	3	1293
致许剑青函 民国十三年(1924.8.20)	1	583	致许剑青函 民国十三年(1924.8.20)	3	1300
致崇明吴县长函 民国十三年(1924.8.29)	1	583	致吴鹏函 民国十三年(1924.8.29)	3	1305
致王绍曾函 民国十三年(1924.9.4)	1	583—584	致王绍曾函 民国十三年(1924.9.4)	3	1305—1306
复郑禹铭函 民国十三年(1924.9.13)	1	584	复郑禹铭函 民国十三年(1924.9.16)	3	1309—1310

续　表

《张謇全集》1994年版			《张謇全集》2012年版		
题　名	卷次	页码	题　名	卷次	页码
复韩国钧函 民国十三年(1924.9.14)	1	584—585	致韩国钧函 民国十三年(1924.9.14)	3	1308—1309
复旅津江苏同乡会函 民国十三年(1924.9.15)	1	585	复旅津江苏同乡会函 民国十三年(1924.9.15)	3	1309
致张仁奎函 民国十三年(1924.9.17)	1	585	致张仁奎函 民国十三年(1924.9.17)	3	1310
复刘懿孙函 民国十三年(1924.9.22)	1	586	复刘懿孙函 民国十三年(1924.9.22)	3	1311
致唐文治等函 民国十三年(1924.9.28)	1	586—587	致唐文治函 民国十三年(1924.9.28)	3	1312
法团电 民国十三年(1924.9)	1	587	致法团电 民国十三年(1924.9)	3	1307—1308
另电 民国十三年(1924.9)	1	587—588	致法团另电 民国十三年(1924.9)	3	1308
致王绍曾函 民国十三年(1924.10.11)	1	588	致王绍曾函 民国十三年(1924.10.11)	3	1313
致张仁奎函 民国十三年(1924.10.13)	1	588—589	致张仁奎函 民国十三年(1924.10.13)	3	1313
致梁启超函 民国十三年(1924.10.14)	1	589	致梁启超函 民国十三年(1924.10.14)	3	1314

续 表

《张謇全集》1994年版			《张謇全集》2012年版		
题 名	卷次	页码	题 名	卷次	页码
致温世珍函 民国十三年(1924.10.19)	1	589	致温世珍函 民国十三年(1924.10.19)	3	1314
致齐燮元函 民国十三年(1924.10.22)	1	590	致齐燮元函 民国十三年(1924.10.22)	3	1315
复支竹楼函 民国十三年(1924.10.24)	1	590	复支竹楼函 民国十三年(1924.10.24)	3	1315
致王清穆函 民国十三年(1924.10.25)	1	590—591	致王清穆函 民国十三年(1924.10.25)	3	1316—1317
致齐燮元电 民国十三年(1924.11.6)	1	591	致齐燮元电 民国十三年(1924.11.6)	3	1318—1319
致段祺瑞电 民国十三年(1924.11.6)	1	592	致段祺瑞电 民国十三年(1924.11.6)	3	1318
致韩国钧函 民国十三年(1924.11.7)	1	592—593	致韩国钧函 民国十三年(1924.11.7)	3	1320
复王绍曾函 民国十三年(1924.12.19)	1	593	复王绍曾函 民国十三年(1924.12.19)	3	1322—1323
为江浙和平通电 民国十三年(1924)	1	593—594	为江浙和平通电 民国十三年(1924.8.25)	3	1302
再致江浙军政长官电 民国十三年(1924)	1	594	致江浙军政长官电 民国十三年(1924.8.下旬)	3	1303

续 表

《张謇全集》1994年版			《张謇全集》2012年版		
题 名	卷次	页码	题 名	卷次	页码
致江浙省议会及农商各团体电 民国十三年(1924)	1	595—596	致江浙省议会及农商各团体电 民国十三年(1924.8.28)	3	1303—1305
救济太、嘉、昆、宝、常五县难民募捐启 民国十三年(1924)	1	596—597	救济太嘉昆宝常五县难民募捐启 民国十三年(1924.9)	5	256—257
复摄政内阁电 民国十三年(1924)	1	598	复黄郛王正廷等电 民国十三年(1924.11.8)	3	1321
致韩国钧函 民国十三年(1924)	1	598	致韩国钧函 民国十三年(1924.3.1)	3	1271
欢迎日本青年会来通参观演说 民国十三年(1924)	1	599—600	欢迎日本青年会来通参观演说 民国十三年(1924.4.19)	4	579—580
恳辞淞埠督办呈 民国十三年(1924)	1	600—602	恳辞淞埠督办呈 民国十三年(1924.5.31)	1	653—655
致陶慧甫函 民国十四年(1925.1.2)	1	602	致陶慧甫函 民国十四年(1925.1.2)	3	1325
致郑洪年函 民国十四年(1925.1.11)	1	602—603	致郑洪年函 民国十四年(1925.1.11)	3	1327
致段祺瑞函 民国十四年(1925.1.28)	1	603	致段祺瑞函 民国十四年(1925.1.28)	3	1328
致韩国钧函 民国十四年(1925.1.28)	1	603	致韩国钧函 民国十四年(1925.1.28)	3	1328

续 表

《张謇全集》1994年版			《张謇全集》2012年版		
题 名	卷次	页码	题 名	卷次	页码
致卢鸿钧函 民国十四年(1925.1)	1	604	致卢鸿钧函 民国十四年(1925.1.下旬)	3	1329
致吴淞商埠局参事会函 民国十四年(1925.1)	1	604	致吴淞商埠局参事会函 民国十四年(1925.1.下旬)	3	1328—1329
致省教育会函 民国十四年(1925.1)	1	604	致省教育会函 民国十四年(1925.1.上旬)	3	1325
致周缵庭函 民国十四年(1925.2.20)	1	605	致周缵庭函 民国十四年(1925.2.20)	3	1330
致周缵庭函 民国十四年(1925.2.21)	1	605	致周缵庭函 民国十四年(1925.2.21)	3	1330
追悼孙中山演说 民国十四年(1925.3)	1	605—607	追悼孙中山演说 民国十四年(1925.3)	4	601—602
致王凌霄函 民国十四年(1925.5.11)	1	607	致王凌霄函 民国十四年(1925.5.11)	3	1337
致杨增新函 民国十四年(1925.5.16)	1	607	致杨增新函 民国十四年(1925.5.16)	3	1340
向南通中等以上学校学生及教育界人士之演说词 民国十四年(1925.6.6)	1	608—609	向南通中等以上学校学生及教育界人士之演说词 民国十四年(1925.6.5)	4	606—607
复冷遹函 民国十四年(1925.6.28)	1	610	复冷遹函 民国十四年(1925.6.28)	3	1344—1345

续 表

续 表

《张謇全集》1994年版			《张謇全集》2012年版		
题 名	卷次	页码	题 名	卷次	页码
致白宝山电 民国十四年(1925.11.13)	1	616	致白宝山电 民国十四年(1925.11.13)	3	1378
致马玉仁电 民国十四年(1925.11.13)	1	616	致马伯良电(双挂号) 民国十四年(1925.11.13)	3	1378
致卢鸿钧函 民国十四年(1925.11.16)	1	616	致卢鸿钧函 民国十四年(1925.11.16)	3	1378
复吴淞商会、市公所函 民国十四年(1925.11.22)	1	617	复吴淞商会、市公所函 民国十四年(1925.11.22)	3	1379
复萧耀南函 民国十四年(1925.11)	1	617	复萧耀南函 民国十四年(1925.11.下旬)	3	1380
太虚以佛法批评社会主义录答问 民国十四年(1925)	1	617—623	太虚以佛法批评社会主义录答问 民国十四年(1925.7)	4	619—625
观新疆蒙哈回缠各族王公公函后之感言 民国十四年(1925)	1	623—624	观新疆蒙哈回缠各族王公公函后之感言 民国十二年(1923.11.16)	4	556—557
复某军长电 民国十四年(1925)	1	625	致□某军长函 民国十四年(1925.11)	3	1381
致孙传芳电 民国十四年(1925)	1	625—626	复孙传芳函 民国十四年(1925.10)	3	1375—1376
再致孙传芳电 民国十四年(1925)	1	626	致孙传芳函 民国十四年(1925.11)	3	1381

续 表

《张謇全集》1994年版			《张謇全集》2012年版		
题　名	卷次	页码	题　名	卷次	页码
致吴佩孚电 民国十四年(1925)	1	626—628	致吴佩孚电 民国十四年(1925.10.27)	3	1370—1372
复张作霖函 民国十四年(1925)	1	629	致张作霖函 民国十四年(1925.4)	3	1334
复姚小亭函 民国十四年(1925)	1	629	复姚小亭函 民国十四年(1925.9.中旬)	3	1357
登《通海新报》稿：答匿名信 民国十四年(1925)	1	630	答匿名信 民国十四年(1925.9～10)	3	1365—1366
致周缵廷函 民国十四年(1925)	1	630	致周缵廷函 民国十四年(1925.10.上旬)	3	1366
致房杰函 民国十四年(1925)	1	630—631	致房傑函 民国十四年(1925.10.上旬)	3	1366
致周缵廷函 民国十四年(1925)	1	631	致周缵廷函 民国十四年(1925.10.下旬)	3	1373
致房杰函 民国十四年(1925)	1	631	致房傑函 民国十四年(1925.10.下旬)	3	1373
致高熙喆函 民国十四年(1925)	1	631—632	致高熙喆函 民国十四年(1925.12.底)	3	1386—1387
复支竹楼函 民国十四年(1925)	1	632	复支竹楼函 民国十四年(1925.10～11)	3	1376

续 表

《张謇全集》1994 年版			《张謇全集》2012 年版		
题　名	卷次	页码	题　名	卷次	页码
复刘世珩函 民国十四年(1925)	1	632—633	复刘聚卿函 民国十四年(1925.10.～11)	3	1376
致陈陶遗函 民国十五年(1926.7.7)	1	633	致陈陶遗函 民国十五年(1926.7.7)	3	1402
复张宗昌函 民国十五年(1926.7.9)	1	633	复张宗昌函 民国十五年(1926.7.9)	3	1403
致江问渔函 民国十五年(1926.7.11)	1	634	致江问渔函 民国十五年(1926.7.11)	3	1404
致陈调元函 民国十五年(1926.7.14)	1	634	致陈调元函 民国十五年(1926.7.14)	3	1404
致孙传芳函 民国十五年(1926.7.16)	1	634—635	致孙传芳函 民国十五年(1926.7.16)	3	1405—1406
致陈陶遗函 民国十五年(1926.7.23)	1	635—636	致陈陶遗函 民国十五年(1926.7.23)	3	1409—1410
致金还函	1	636	致金还函 民国十五年(1926.7)	3	1407
复外交协会函	1	636	复外交协会函 民国十五年(1926.7.下旬)	3	1411—1412
复中华农学会函	1	636	复中华农学会函 民国十二年(1923.3～4)	3	1159
复水利局函	1	637	复水利局函 民国十二年(1923.4)	3	1160—1161

续 表

续 表

《张謇全集》1994年版			《张謇全集》2012年版		
题　名	卷次	页码	题　名	卷次	页码
复《神州报》馆函	1	641	复神州日报馆函 民国十四年(1925.3～4)	3	1333
致汪康年函十件	1	642—645	致汪康年函十三件(十三件之三、五～十二)	3	1582—1585
致徐积余函	1	645	致徐积馀函	3	1646
致汤蛰先函	1	645	致汤寿潜函	3	1571
郑州决口记 清光绪十三年(1887)	2	1—3	郑州决口记 清光绪十三年九月初十日(1887.10.26)	6	84—86
论河工致倪中丞函 清光绪十三年(1887)	2	3—4	上倪文蔚书(五件之一) 清光绪十三年十月十九日(1887.12.3)	2	32—33
论河工再致倪中丞函 清光绪十三年(1887)	2	5	上倪文蔚书(五件之二) 清光绪十三年十月二十一日(1887.12.5)	2	33—34
论河工三致倪中丞函 清光绪十三年(1887)	2	5—7	上倪文蔚书(五件之三) 清光绪十三年十月二十三日(1887.12.7)	2	34—35
论河工四致倪中丞函 清光绪十三年(1887)	2	7—8	上倪文蔚书(五件之四) 清光绪十三年十月下旬(1887.12)	2	35—36
论河工五致倪中丞函 清光绪十三年(1887)	2	8—10	上倪文蔚书(五件之五) 清光绪十三年十月下旬(1887.12)	2	36—37
论农会议 清光绪二十二年(1896)	2	10—11	农会议 清光绪二十四年四月十四日(1898.6.2)	4	25—26

续 表

《张謇全集》1994年版			《张謇全集》2012年版		
题 名	卷次	页码	题 名	卷次	页码
论商会议 清光绪二十二年(1896)	2	11	商会议 清光绪二十四年(1898)	4	26—27
农工商标本急策 清光绪二十三年(1897)	2	12—13	农工商标本急策 清光绪二十四年四月初三日(1898.5.22)	4	24—25
请兴农会奏 清光绪二十三年(1897)	2	13—15	请兴农会奏 清光绪二十三年五月十二日(1897.6.11)	1	27—28
代拟请留各省股款振兴农工商务疏 清光绪二十四年(1898)	2	15—16	代拟请留各省股款振兴农工商务疏 清光绪二十四年四月十三日(1898.6.1)	1	29—30
淮水疏通入海议 清光绪二十九年(1903)	2	16—19	淮水疏通入海议 清光绪二十九年十月初二日(1903.11.20)	4	70—73
卫国恤民化枭弭盗均宜变盐法议 清光绪三十年(1904)	2	20—27	卫国恤民化枭弭盗均宜变盐法议 清光绪三十年(1904)	4	85—92
盐业改良后议 清光绪三十年(1904)	2	27—29	盐业改良后议 清光绪三十年(1904)	4	92—93
变通通九场盐法议略 清光绪三十年(1904)	2	29—33	变通通九场盐法议略 清光绪三十年二月初五日(1904.3.21)	4	78—81
请速治淮疏 清光绪三十年(1904)	2	33—35	请速治淮疏 清光绪三十年(1904)	1	73—74
与王同愈等联名请派沪宁铁路总监督呈商部文 清光绪三十一年(1905.10)	2	35—36	江苏绅士吁请代奏派沪宁铁路监督公呈 清光绪三十一年十月(1905.10～11)	1	96—98

续 表

《张謇全集》1994年版			《张謇全集》2012年版		
题　名	卷次	页码	题　名	卷次	页码
致黄慎之阁学电 清光绪三十一年(1905.12)	2	36	致黄慎之电 清光绪三十一年十一月(1905.12)	2	154—155
致商部电 清光绪三十一年(1906.4.4) 附：商部复电 清光绪三十一年(1905.4.5)	2	37	致商部电 清光绪三十二年三月十一日(1906.4.4) 附：商部复电 清光绪三十二年三月十三日(1906.4.6)	2	164 165
中国图书有限公司缘起 清光绪三十二年(1906.4)	2	37—38	中国图书有限公司缘起 清光绪三十二年四月(1906.4)	4	102—103
附:《招股章程》 清光绪三十二年(1906.4.25)	2	38—40	中国图书有限公司招股章程 清光绪三十二年四月初二日(1906.4.25)	5	98—100
复淮浚河标本兼治议 清光绪三十二年(1906)	2	40—45	复淮浚河标本兼治议 清光绪三十二年十一月初七日(1906.12.22)	4	106—111
复淮浚河标本兼治议后 清光绪三十二年(1906)	2	45—46	复淮浚河标本兼治议后 清光绪三十二年十一月初七日(1906.12.22)	4	111—112
代岑粤督拟淮北工赈请拨镑余疏 清光绪三十二年(1906)	2	46—50	代岑粤督拟淮北工赈请拨镑余疏 清光绪三十二年十一月八日(1906.12.23)	1	123—126
拟组织江苏银行说 清光绪三十二年(1906)	2	50—53	拟组织江苏银行说 清光绪三十二年(1906)	4	112—114
答南皮尚书条陈兴商务、改厘捐、开银行、用人才、变习气要旨 清光绪三十二年(1906)	2	53—57	答南皮尚书条陈兴商务改厘捐开银行用人才变习气要旨 清光绪二十一年八月初四日(1895.9.22)	4	14—17

续 表

《张謇全集》1994年版			《张謇全集》2012年版		
题 名	卷次	页码	题 名	卷次	页码
论银行致铁尚书函 清光绪三十二年(1906)	2	57—60	致铁良函 清光绪三十二年(1906)	2	186—189
议办导淮公司纲要 清光绪三十三年(1907)	2	60—66	议办导淮公司纲要 清光绪三十三年(1907)秋冬	4	140—144
为如皋聚众击毁盐栈事致江督函 清光绪三十四年(1908)	2	66—67	致端方函 清光绪三十四年十一月二十五日(1908.12.18)	2	238—239
筹兴江淮水利公司案 清宣统元年(1909.11.8) 附：提案说明	2	67—68 68—69	筹兴水利为咨议局基本金之设备案 清宣统元年九月二十六日(1909.11.8) 附：提案说明	4	158—159
代江督拟设导淮公司疏 清宣统元年(1909)	2	69—72	代江督拟设导淮公司疏 清光绪三十三年五月初(1907.6.中旬)	1	135—138
为导淮筹款致江督函 清宣统元年(1909)	2	72—73	致端方函 清光绪三十三年五月(1907.6) 附录：为导淮筹款事致江督函	2	214 215
筹兴水利为咨议局基本金之设备案 清宣统元年(1909)	2	73—77	筹兴水利为咨议局基本金之设备说 清宣统元年九月(1909.10)	4	154—157
拟江北水利公司最初第一节之办法 清宣统元年(1909)	2	77—82	拟江北水利公司最初第一节之办法 清宣统元年十二月初三日(1910.1.13)	4	161—165
论导淮复江督函 清宣统元年(1909)	2	82—84	致端方函 清宣统元年(1909)	2	251—252

续 表

《张謇全集》1994年版			《张謇全集》2012年版		
题 名	卷次	页码	题 名	卷次	页码
复奉省江苏同乡官函 清宣统二年(1909.4.25)	2	84	复奉省江苏同乡官函 清宣统二年三月十六日(1910.4.25)	2	258
附：奉省江苏同乡官函 清宣统二年(1909.4.8)	2	85	附：奉省江苏同乡官函 清宣统二年二月二十九日(1909.4.8)	2	258—259
复奉天交涉使韩国钧函 清宣统二年(1910.4.25)	2	85	复奉天交涉使韩国钧函 清宣统二年三月十六日(1910.4.25)	2	258
致赵凤昌函 清宣统二年(1910.7.17)	2	85—86	致赵凤昌函 清宣统二年六月十一日(1910.7.17)	2	260
致赵凤昌函 清宣统二年(1910.9.12)	2	86	致赵凤昌函 清宣统二年八月初九日(1910.9.12)	2	262—263
预备资政院建议通改各省盐法草案 清宣统二年(1910) 附：拟减贵仍贱平剂盐价之税入比较说略 清宣统二年(1910)	2	87—93 93—95	预备资政院建议通改各省盐法草案 清宣统二年(1910) 附：拟减贵仍贱价之税入比较说略 清宣统二年(1910)	4	171—177 177—178
敬告通泰场商同胞意见书 清宣统二年(1910)	2	95	敬告通泰场商同胞意见书 清宣统二年(1910)	4	178—179
奖励植棉暨纺织业说 清宣统二年(1910)	2	96—100	奖励植棉暨纺织业说 清宣统二年(1910)	4	168—171
致赵凤昌函 清宣统三年(1911.8.29)	2	100	致赵凤昌函 清宣统三年七月初六日(1911.8.29)	2	276

续 表

《张謇全集》1994年版			《张謇全集》2012年版		
题 名	卷次	页码	题 名	卷次	页码
在华洋义振会上演说词 清宣统三年(1911.10.31)	2	101—102	华洋义振会演说词 清宣统三年(1911.10.31)	4	196—197
为统一两淮盐务致大总统电 民国元年(1912.3.30) 附:大总统通电 民国元年(1912.4.3)	2	102—104 104	致袁世凯电(二件之二) 民国元年(1912.3.30) 附:大总统电 民国元年(1912.4.3)	2	328—329 329—330
与张詧计保坍书 民国元年(1912)	2	105	致张詧函(二件之一) 民国元年(1912.6)	2	339—340
又一书 民国元年(1912.6.19)	2	105—106	致张詧函(二件之二) 民国元年(1912.6.19)	2	340
代苏皖二督关于导淮兴垦亟应筹备呈 民国元年(1912.11.14)	2	106—108	代苏皖二督关于导淮兴垦亟应筹备呈 民国元年(1912.12.22)	1	251—253
复习位思言清丈开办事书 民国元年(1912)	2	108—109	复习位思函 民国元年(1912.4～5)	2	335
致铁路路工同人共济会书 民国元年(1912)	2	109	致铁路路工同人共济会书 民国元年(1912)	2	353
改革全国盐政计划书 民国元年(1912)	2	109—132	改革全国盐政计画书 民国元年(1912.8)	4	212—231
改革全国盐法意见书 民国元年(1912)	2	132—137	改革全国盐法意见书 民国元年(1912.1)	4	201—205
改革盐场宜官规民办以期效速而用舒说 民国元年(1912)	2	137—138	改革盐场宜官规民办以期效速而用舒说 民国元年(1912)	4	237—238

续 表

《张謇全集》1994 年版			《张謇全集》2012 年版		
题　名	卷次	页码	题　名	卷次	页码
答复湘鄂西皖全体运商函 民国元年(1912)	2	138—141	复湘鄂西皖全体运商函 民国元年(1912.1)	2	310—312
为两淮盐务致熊总理函 民国元年(1912)	2	141—142	致熊希龄函 民国元年(1912)	2	359
江北水利测量局对于詹美生报告之声明书 民国元年(1912)	2	142—143	江北水利测量局对于詹美生报告之声明书 民国元年(1912.11～12)	4	235—236
拟请酌留路股合营纺织公司意见书 民国二年(1913.6.23)	2	143—145	拟请酌留路股合营纺织公司意见书 民国二年(1913.6.23)	4	252—254
导淮计划宣告书 民国二年(1913)	2	146—149	导淮计画宣告书 民国二年(1913.5)	4	245—248
附：治淮规划之概要	2	149—153	治淮规画之概要 民国二年(1913.5)	4	241—245
请就京城暂设导淮总局并颁给关防呈 民国二年(1913)	2	153	就京城暂设导淮总局并颁给关防呈 民国二年(1913.11)	1	267—268
请设全国水利局呈 民国二年(1913)	2	154	请设全国水利局呈 民国二年秋冬(1913)	1	254—255
兴垦必先通治沟渠量植林木以立水利基础呈 民国二年(1913)	2	154—155	垦荒必先通治沟洫贯通水道呈 民国四年(1915.8.16)	1	467—468
条议全国水利呈 民国二年(1913)	2	155—161	条议全国水利呈 民国三年(1914.2.16)	1	302—307
实业政见宣言书 民国二年(1913)	2	161—165	实业政见宣言书 民国二年(1913.11.8)	4	257—260

续 表

《张謇全集》1994年版			《张謇全集》2012年版		
题　名	卷次	页码	题　名	卷次	页码
宣布就部任时之政策 民国二年(1913)	2	165—167	宣布就部任时之政策 民国二年(1913.10.24)	1	256—258
请用前清《商律》、《公司律》为工商部现行条例呈 民国二年(1913)	2	167—168	拟用前清商律公司律为工商部现行条例呈 民国二年(1913.12.16)	1	275—276
致财政部会拟保育商业呈 民国二年(1913)	2	168—169	致财政部会拟保息商业呈 民国三年(1914.1)	1	287
筹划利用外资振兴实业办法呈 民国二年(1913)	2	169—171	筹画利用外资振兴实业办法呈 民国二年(1913.12.14)	1	272—274
重申改革全国盐政计划宣言书 民国二年(1913)	2	172—175	重申改革全国盐政计画宣言书 民国二年(1913.5)	4	248—251
为改革盐政致熊总理函 民国元年(1912)	2	175—182	致熊希龄函 民国二年(1913)	2	422—428
致季咫云函 民国三年(1914.5.1)	2	182	致季咫云函 民国三年(1914.5.1)	2	444
复许鼎霖函 民国三年(1914.5.10)	2	182—183	复许鼎霖函 民国三年(1914.5.10)	2	445—446
致朱启钤函 民国三年(1914.6.24)	2	183—184	致朱启钤函 民国三年(1914.6.24)	2	453—454
致蔡儒楷函 民国三年(1914.6.26)	2	184	致蔡儒楷函 民国三年(1914.6.26)	2	454
致汪秉忠函 民国三年(1914.6.27)	2	184—185	致汪秉忠函 民国三年(1914.6.27)	2	455
致袁世凯函 民国三年(1914.6.29)	2	185—186	呈大总统文 民国三年(1914.6.29)	1	339—340

续 表

《张謇全集》1994年版			《张謇全集》2012年版		
题 名	卷次	页码	题 名	卷次	页码
致袁世凯函 民国三年(1914.6)	2	186	呈大总统文 民国三年(1914.6)	1	340
致张一麐函 民国三年(1914.6)	2	186—187	致张一麐函 民国三年(1914.6.中旬)	2	450
致韩国钧函 民国三年(1914.6)	2	187	致韩国钧函 民国三年(1914.6.中旬)	2	452
复潘复函 民国三年(1914.6)	2	187—188	致潘复函 民国三年(1914.6.下旬)	2	456
复周百朋函 民国三年(1914.6)	2	188	复周百朋函 民国三年(1914.6.下旬)	2	456—457
致余觉函 民国三年(1914.7.1)	2	188	致余觉函 民国三年(1914.7.1)	2	457
致李维格函 民国三年(1914.7.7)	2	189	致李维格函 民国三年(1914.7.7)	2	462
复吕道象电 民国三年(1914.7.8)	2	189	复吕道象电 民国三年(1914.7.8)	2	464
复吕道象函 民国三年(1914.7.9)	2	189—190	复吕道象函 民国三年(1914.7.上旬)	2	465
致吕道象函 民国三年(1914.7.9)	2	190	致吕道象函 民国三年(1914.7.9)	2	465
致周自齐、张弧函 民国三年(1914.7.9)	2	190—191	致周自齐张弧函 民国三年(1914.7.9)	2	466
复沈秉璜函 民国三年(1914.7.14)	2	191—192	复沈秉璜函 民国三年(1914.7.14)	2	471

续　表

《张謇全集》1994年版			《张謇全集》2012年版		
题　名	卷次	页码	题　名	卷次	页码
复吴锦堂函 民国三年(1914.7.14)	2	192	复吴锦堂函 民国三年(1914.7.14)	2	471—472
致夏偕复函 民国三年(1914.7.15)	2	192—193	致夏偕复函 民国三年(1914.7.15)	2	472—473
致韩国钧函 民国三年(1914.7.15)	2	193—194	致韩国钧函 民国三年(1914.7.15)	2	473
致沈秉璜函 民国三年(1914.7.17)	2	194—195	致沈秉璜函 民国三年(1914.7.17)	2	475
致张一麐函 民国三年(1914.7.20)	2	195	致张一麐函 民国三年(1914.7.20)	2	480
复吕道象函 民国三年(1914.7.28)	2	195—196	复吕道象函 民国三年(1914.7.28)	2	490
复吴季诚函 民国三年(1914.7)	2	196	复吴季诚函 民国三年(1914.7.中旬)	2	477—478
致宗渭川函 民国三年(1914.7)	2	196—197	致宗渭川函 民国三年(1914.7.上旬)	2	467
复刘树棠函 民国三年(1914.7)	2	197	复刘树棠函 民国三年(1914.7.上旬)	2	469
致梁启超函 民国三年(1914.7)	2	197	致梁启超函 民国三年(1914.7.2)	2	458
复沈秉璜函 民国三年(1914.7)	2	198	复沈秉璜函 民国三年(1914.7.14)	2	474
致丁宝铨函 民国三年(1914.7)	2	198—199	致丁衡甫函 民国三年(1914.7.18)	2	475—476

续 表

《张謇全集》1994 年版			《张謇全集》2012 年版		
题　名	卷次	页码	题　名	卷次	页码
为《公司条例》《商人通例》饬法制局提前查以策令公布呈 民国三年(1914)	2	199—200	请饬法制局提前审查公司条例与商人通例施行细则呈大总统 民国三年(1914. 7. 15)	1	347—348
提议保息案 民国三年(1914)	2	200—201	提议保息案 民国三年(1914. 1. 2)	1	280—281
变通保息率及借款说明书 民国三年(1914)	2	201	变通保息率及借款说明书 民国三年(1914. 3. 23)	4	306
奖励农牧产案 民国三年(1914)	2	202—204	奖励农牧产案 民国三年(1914. 3. 22)	1	319—320
筹办棉、糖、林、牧等场列表预算经费呈 民国三年(1914) 附：筹办棉业试验场、糖业试验场、树艺试验场，各设三处，所有开办、经常等费预算表	2	204—223	为筹办棉糖林牧等试验场呈大总统(附表) 民国三年(1914. 10. 1) 附录：筹办棉业试验场糖业试验场树艺试验场各设三处所有开办经常等费豫算表	1	383—398
咨复财政部请仍酌拨筹办棉、糖、林、牧等场经费文 民国三年(1914)	2	224—225	咨复财部请仍酌拨筹办棉糖林牧等场经费文 民国四年秋(1915)	1	473—474
奖励扩充改良植棉地五千五百万亩理由书 民国三年(1914)	2	226	奖励扩充改良植棉地五千五百万亩理由书 民国三年(1914)	4	330—331
条陈全国山林计划办法呈 民国三年(1914)	2	227—232	规画全国山林办法呈大总统 民国三年(1914. 5. 3)	1	334—339
为地方植林致三兄函 民国三年(1914)	2	233	致张詧函 民国三年(1914)	2	502

续 表

《张謇全集》1994年版			《张謇全集》2012年版		
题　名	卷次	页码	题　名	卷次	页码
请先就淮北苇荡、淮南盐场垦荒并分简专员呈 民国三年(1914)	2	233—234	请先就淮北苇荡淮南盐场垦荒并分简专员呈 民国三年(1914)	1	413—414
致东三省民政长会商林垦事要旨函 民国三年(1914)	2	234—238	致东三省民政长函 民国三年(1914)	2	499—501
为东三省垦务致朱省长函 民国三年(1914)	2	238—239	致朱庆澜函 民国三年(1914)	2	502
黑龙江代垦合同之大概呈总统文 民国三年(1914)	2	239	黑龙江代垦合同祈批密呈大总统文 民国三年(1914)	1	414—415
条陈开放蒙地破除旧例另布新规呈 民国三年(1914)	2	240—242	条陈开放蒙地破除旧例另布新规呈 民国三年(1914)	1	415—417
对于移民殖边经费审查之意见 民国三年(1914)	2	242—243	对于移民殖边经费审查之意见 民国三年(1914)	4	328—329
拟订垦荒暂行条例 民国三年(1914)	2	244—249	就所拟国有荒地承垦条例提交国会审议呈文 民国三年(1914.2.26)	1	310—314
县市乡承领荒地条例说明书 民国三年(1914)	2	249—250	县市乡承领荒地条例说明书 民国三年(1914.3)	4	307—308
拟具整理茶叶办法并检查条例呈附条例 民国三年(1914)	2	251—253	为核准茶叶检查条例呈大总统文 民国三年(1914.10.26)	1	402—404
复核政治讨论会所议整理茶叶办法呈 民国三年(1914)	2	253—254	关于茶叶检查征收费用及整理茶叶办法呈大总统文 民国三年(1914.11.29)	1	406—407

续 表

《张謇全集》1994年版			《张謇全集》2012年版		
题 名	卷次	页码	题 名	卷次	页码
奖励扩充制糖原料地一千三百二十万亩理由书 民国三年(1914)	2	254—256	扩充制糖原料耕地理由书 民国三年(1914.3.25)	4	306—307
拟定度量衡制度呈 民国三年(1914)	2	256—257	拟定度量衡制度大纲呈大总统 民国三年(1914.2.6)	1	297—299
规划度量衡说帖 民国三年(1914)	2	257—259	规画度量衡说帖 民国三年(1914.2.8)	1	299—300
拟具官营矿业办法呈 民国三年(1914)	2	259—261	官营矿业办法铁业先行呈大总统文 民国三年(1914.8.20)	1	365—367
拟具官办、商办铁矿办法呈 民国三年(1914)	2	262—264	官矿商矿办法祈裁呈大总统文 民国三年(1914.8.31)	1	371—373
密陈矿业条例未便变更呈 民国三年(1914)	2	264—265	矿税未便变更给大总统密呈 民国三年(1914.7.20)	1	350—351
拟请变通矿区税则呈 民国三年(1914)	2	265—266	拟请变通矿区税则呈 民国三年(1914.7.17)	1	349—350
维持矿务监督署经费呈 民国三年(1914)	2	266—268	维持矿务监督署经费呈大总统文 民国三年(1914.9.24)	1	379—381
拟具汉冶萍公司收归国有办法呈 民国三年(1914)	2	268—270	汉冶萍公司收归国有官商合办两项办法呈 民国三年(1914.8.5)	1	356—357
拟具汉冶萍公司官商合办理由呈 民国三年(1914)	2	270—271	汉冶萍公司官商合办理由呈 民国四年(1915.2.28)	1	444—445

续 表

续　表

《张謇全集》1994 年版			《张謇全集》2012 年版		
题　名	卷次	页码	题　名	卷次	页码
规划导淮预计之报告 民国三年(1914)	2	292—300	复勘规画导淮豫计之报告 民国三年(1914.6)	4	309—315
拟具疏浚辽河应并筹沟通松辽之说帖 民国三年(1914)	2	300—302	疏浚辽河沟通松辽之说帖 民国三年(1914)	1	411—412
拟沟通松辽密呈 民国三年(1914)	2	302—303	沟通松辽筹备航业密呈 民国三年(1914)	1	412—413
致奉天省长密议沟通松辽函 民国三年(1914)	2	303—304	致奉天省长函 民国三年(1914)	2	507—508
为河工致韩省长函 民国三年(1914)	2	304—305	致韩国钧函 民国三年(1914.5.1)	2	444—445
与记者谈实业、导淮等问题 民国四年(1915.1.15)	2	305—306	与记者谈实业导淮等问题 民国四年(1915.1.15)	4	331—332
致梁启超、沈恩孚函 民国四年(1915.4.4)	2	306	致梁启超沈恩孚函 民国四年(1915.4.4)	2	512
咨蔡儒楷、韩国钧 民国四年(1915.4.4)	2	307	同源河流量测定咨苏省巡按使齐耀琳文 民国四年(1915.4.4)	1	452—453
致韩国钧函 民国四年(1915.4.7)	2	308	致韩国钧函 民国四年(1915.4.7)	2	515—516
复丁禾生函 民国四年(1915.4.8)	2	308—309	复丁禾生函 民国四年(1915.4.8)	2	516—517
咨内务部 民国四年(1915.4.10)	2	309	咨内务部 民国四年(1915.4.10)	1	454
致内务部函 民国四年(1915.4.10)	2	309	致内务部函 民国四年(1915.4.10)	2	517

续 表

《张謇全集》1994年版			《张謇全集》2012年版		
题 名	卷次	页码	题 名	卷次	页码
复韩国钧函 民国四年(1915.4.14)	2	310	复韩国钧 民国四年(1915.4.14)	2	519
复朱启钤函 民国四年(1915.4.23)	2	310	复朱启钤函 民国四年(1915.4.23)	2	524
复潘复函 民国四年(1915.4.23)	2	311	复潘复函 民国四年(1915.4.23)	2	524—525
咨齐耀琳屈映光 民国四年(1915.4.23)	2	311—312	为南通江岸保坍物料途经各关卡事咨苏浙巡按使 民国四年(1915.4.23)	1	456—457
批萧县刘汝麟等公呈 民国四年(1915.4.30)	2	312	就龙河疏浚事批萧县刘汝麟等公呈 民国四年(1915.4.30)	1	458
咨段书云 民国四年(1915.4.30)	2	312—313	为龙河疏浚事咨皖省巡按使 民国四年(1915.4.30)	1	458
饬江淮水利测量局 民国四年(1915.4.30)	2	313	为龙河疏浚事饬江淮水利测量局 民国四年(1915.4.30)	1	459
致周自齐函 民国四年(1915.4)	2	313—314	致周自齐函 民国四年(1915.4.5)	2	513
致余寿平函 民国四年(1915.4)	2	314	致余寿平函 民国四年(1915.4.8)	2	516
致丁宝铨、冯煦函 民国四年(1915.4)	2	314	致丁衡甫冯梦华函 民国四年(1915.4.14)	2	520
复徐作霖乔国桢函 民国四年(1915.4)	2	315	复徐作霖乔国桢函 民国四年(1915.4.下旬)	2	525

续 表

《张謇全集》1994 年版			《张謇全集》2012 年版		
题　名	卷次	页码	题　名	卷次	页码
致潘复函 民国四年(1915.4)	2	315	致潘复函 民国四年(1915.4.上旬)	2	517—518
致财政部函 民国四年(1915.4)	2	316—317	为核拨淮北测量费咨财政部 民国四年(1915.4)	1	459—460
致袁世凯函 民国四年(1915.5)	2	317—318	呈请特拨淮北一区域测费 民国四年(1915.5)	1	461—462
批浦局 民国四年(1915.5)	2	318	嘉许测费节支批浦局 民国四年(1915.5)	1	462
致严饴庭函 民国四年(1915.5)	2	318	致严饴庭函 民国四年(1915.5.中旬)	2	532
致周学熙函 民国四年(1915.5)	2	319	致周学熙函 民国四年(1915.5.下旬)	2	535—536
致许鼎霖函 民国四年(1915.5)	2	320	致许鼎霖函 民国四年(1915.5.下旬)	2	538
致吴吉卿函 民国四年(1915.6.9)	2	320	致吴吉卿函 民国四年(1915.6.9)	2	541
复徐公溥函 民国四年(1915.6.14)	2	320—321	复徐公溥函 民国四年(1915.6.14)	2	543
致吴吉卿函 民国四年(1915.6.15)	2	321	致吴吉卿函 民国四年(1915.6.15)	2	543—544
致金邦平函 民国四年(1915.6.23)	2	321—323	致金邦平函 民国四年(1915.6.23)	2	546—547

续 表

续 表

《张謇全集》1994年版			《张謇全集》2012年版		
题　名	卷次	页码	题　名	卷次	页码
复窦以庄函 民国四年(1915.7)	2	328	复窦以庄函 民国四年(1915.7.上旬)	2	552
复徐公溥函 民国四年(1915.7)	2	329	复徐公溥函 民国四年(1915.7)	2	554
复徐公溥函 民国四年(1915.7)	2	329	复徐公溥函 民国四年(1915.7)	2	555
致方硕甫函 民国四年(1915.7)	2	330	致方硕甫函 民国四年(1915.7.中旬)	2	556
致贝龙猛函 民国四年(1915.7)	2	330	致贝龙猛函 民国四年(1915.7.下旬)	2	558
致上海荷兰领事函 民国四年(1915.7)	2	330—331	致上海荷兰领事函 民国四年(1915.7.下旬)	2	558—559
致许鼎霖函 民国四年(1915.7)	2	331	致许鼎霖函 民国四年(1915.7.下旬)	2	560
复王梦臣函 民国四年(1915.7)	2	331	复王梦臣函 民国四年(1915.7.下旬)	2	561
复周自齐金邦平函 民国四年(1915.7)	2	332	复周自齐金邦平函 民国四年(1915.7.下旬)	2	562
复徐公溥函 民国四年(1915.7)	2	332	复徐公溥函 民国四年(1915.7.28)	2	562—563
试验植糖复王仪侃函 民国四年(1915)	2	333	复王仪侃函 民国四年(1915)	2	571

续 表

《张謇全集》1994 年版			《张謇全集》2012 年版		
题 名	卷次	页码	题 名	卷次	页码
遵拟整饬国货建议案办法呈 民国四年(1915)	2	333—336	遵拟整饬国货建议案办法呈 民国四年(1915.3.6)	1	446—449
勘查各试验场地亩并督同河海工校开学请给假呈 民国四年(1915)	2	336—337	为查勘各试验场地亩等事请假呈 民国四年(1915.3.5)	1	445
咨行赣闽川粤巡按使整顿糖业文 民国四年(1915)	2	337	咨江西巡按使整顿糖业文 民国四年(1915.3.16)	1	450
致金邦平函 民国五年(1916.5.25)	2	338	致金邦平函 民国五年(1916.5.25)	2	589
致黄柏雨、汪鲁门、毕儒臣、李寿卿、袁兰生函 民国五年(1916.5)	2	338—339	致黄以霖汪鲁门毕儒臣李寿卿袁兰生函 民国五年(1916.5)	2	587
致沙元炳函 民国五年(1916.5)	2	339	致沙元炳函 民国五年(1916.5)	2	588
复任兆霆函 民国五年(1916.5)	2	340	复任兆霆函 民国五年(1916.5)	2	588
致夏辅宜函 民国五年(1916.5)	2	340—341	致夏辅宜函 民国五年(1916.5.下旬)	2	589—590
致汪笃甫函 民国五年(1916.5)	2	341—342	致汪笃甫函 民国五年(1916.5.下旬)	2	590—591
复陈威函 民国五年(1916.6.8)	2	342	复陈威函 民国五年(1916.6.8)	2	592
致丁宝铨函 民国五年(1916.6)	2	342—343	致丁衡甫函 民国五年(1916.6.下旬)	2	599

续 表

《张謇全集》1994年版			《张謇全集》2012年版		
题 名	卷次	页码	题 名	卷次	页码
复钱新之、刘垣函 民国五年(1916.7.20)	2	343	复钱新之刘厚生函 民国五年(1916.7.20)	2	602—603
致李翰青、张孝田函 民国五年(1916.7)	2	343	致李翰青张孝田函 民国五年(1916.7)	2	604
致周季余函 民国五年(1916.7)	2	344	致周季馀函 民国五年(1916.7)	2	604
致徐国安函 民国五年(1916.7)	2	344	致徐静仁函 民国五年(1916.7)	2	606
致徐国安函 民国五年(1916.7)	2	345	致徐静仁函 民国五年(1916.7)	2	608—609
致贝龙猛函 民国五年(1916.7)	2	345	致贝龙猛函 民国五年(1916.7)	2	609
致赵凤昌函 民国五年(1916.10.7)	2	345—346	致赵凤昌函 民国五年(1916.10.7)	2	617
为江北水利会议致齐耀琳书 民国五年(1916)	2	346	致齐耀琳函 民国五年(1916)	2	623
劝告金石西马掘余东西七场公民合建摇网港大闸书 民国五年(1916)	2	346—348	劝告金石西马掘余东西七场公民合建摇网港大闸书 民国五年(1916)	4	355—357
为陇海路线事复凌植支函 民国六年(1917)	2	348—349	复凌文渊函 民国十二年(1923.5.28)	3	1170—1171
为陇海路线事复孟莼生函 民国六年(1917)	2	349—352	复孟森函 民国十二年(1923.5.28)	3	1171—1173
致齐耀琳函 民国七年(1918.5.26)	2	352—353	致齐耀琳函 民国七年(1918.5.26)	2	650—651

续 表

《张謇全集》1994年版			《张謇全集》2012年版		
题 名	卷次	页码	题 名	卷次	页码
致李纯、齐耀琳函 民国七年(1918.6.21)	2	353	致李纯齐耀琳函 民国七年(1918.6.21)	2	654—655
致曹汝霖函 民国七年(1918.8.25)	2	353—354	致曹汝霖函 民国七年(1918.8.25)	2	656—657
联名致齐省长电 民国七年(1918.8.30)	2	354—355	与张詧等致齐耀琳函 民国七年(1918.8.30)	2	657
致南通县函 民国七年(1918.11.8)	2	355	致瞿鸿宾函 民国七年(1918.11.8)	2	675
致田文烈函 民国七年(1918.11.27)	2	356—357	致田文烈函 民国七年(1918.11.27)	2	682—683
致史量才函 民国七年(1918.11)	2	357	致史量才函 民国七年(1918.11)	2	681
致齐耀琳函 民国七年(1918.11)	2	357—358	致齐耀琳函 民国七年(1918.11.下旬)	2	686—687
致齐耀琳函 民国七年(1918.11)	2	358—359	致齐耀琳函 民国七年(1918.11.上旬)	2	671
为南通保坍事声告全国及南通父老书 民国七年(1918)	2	359—363	为南通保坍事声告全国及南通父老书 民国七年(1918.6)	4	373—376
江淮水利计划第三次宣言书 民国七年(1918)	2	363—371	江淮水利计画第三次宣言书 民国七年(1918)	4	390—396
为淮盐事致李督军函 民国七年(1918)	2	371	致李纯函 民国九年(1920.8)	3	785
上书国务院 民国七年(1918)	2	371—374	上国务院书 民国七年(1918)	1	479—481

续 表

《张謇全集》1994 年版			《张謇全集》2012 年版		
题 名	卷次	页码	题 名	卷次	页码
致齐耀琳函 民国七年(1918)	2	374	致齐耀琳函 民国七年(1918.9～10)	2	661
致杨豹灵函 民国八年(1919.3.28)	2	375	致杨豹灵函 民国八年(1919.3.28)	2	709
致赵凤昌函 民国八年(1919.11.20)	2	375	致赵凤昌函 民国八年(1919.11.20)	2	728
复蒋志沂函 民国八年(1919)	2	375—376	复蒋志沂函 民国八年(1919.10～11)	3	1094
江淮水利施工计划书 民国八年(1919)	2	376—412	江淮水利施工计画书 民国八年(1919.2)	4	397—436
复江苏水利协会书 民国八年(1919)	2	412	复江苏水利协会书 民国八年(1919.7.13)	2	717
复徐世昌文 民国八年(1919)	2	412—415	致徐世昌函 民国八年(1919.8)	2	718—721
声明大陆制铁公司内容之通电 民国八年(1919)	2	415—417	大陆制铁公司通电 民国八年(1919.11.7)	2	725—727
致南通县函 民国九年(1920.2.29)	2	417	致瞿鸿宾函 民国九年(1920.2.29)	2	737
致省署及运河工程局函 民国九年(1920.3.12)	2	418	致省署及运河工程局函 民国九年(1920.3.12)	2	741
致齐耀琳函 民国九年(1920.3)	2	418—419	致齐耀琳函 民国八年(1919.3.中旬)	2	742
致沈秉璜函 民国九年(1920.4.12)	2	419	致沈秉璜函 民国九年(1920.4.12)	2	746

续　表

《张謇全集》1994年版			《张謇全集》2012年版		
题　名	卷次	页码	题　名	卷次	页码
复韩国钧徐鼎康电 民国九年(1920.4.14)	2	419—420	复韩国钧徐鼎康电 民国九年(1920.4.14)	2	746—747
致陈汉第函 民国九年(1920.4.22)	2	420—422	致陈汉第函 民国九年(1920.4.22)	2	748—750
致渔团总局函 民国九年(1920.4.24)	2	422	致渔团总局函 民国九年(1920.4.24)	2	751
致吕道象函 民国九年(1920.4.28)	2	422	致吕道象函 民国九年(1920.4.28)	2	754
复张述舆函 民国九年(1920.4)	2	423	复张述舆函 民国九年(1920.4.下旬)	2	754
复王元烈函 民国九年(1920.4)	2	423	复王元烈函 民国九年(1920.4.下旬)	2	754—755
致陈东声函 民国九年(1920.5.4)	2	423—424	复陈东声函 民国九年(1920.5.4)	2	758
致张元济函 民国九年(1920.5.28)	2	425	致张元济函 民国九年(1920.5.28)	3	764
致贝龙猛函 民国九年(1920.5)	2	425	致贝龙猛函 民国九年(1920.5.上旬)	2	756
致陈葆初函 民国九年(1920.5)	2	426	致陈琛函 民国九年(1920.5.上旬)	2	757
致胡翔琳函 民国九年(1920.6.3)	2	426—427	致胡翔琳函 民国九年(1920.6.3)	3	765—766
拟呈徐世昌文 民国九年(1920.6.23)	2	427—428	乞特褒特来克呈大总统徐世昌文 民国九年(1920.6.23)	1	485—486

续 表

《张謇全集》1994年版			《张謇全集》2012年版		
题 名	卷次	页码	题 名	卷次	页码
致李国珍、王式通函 民国九年(1920.6.29)	2	428—429	致李国珍王式通函 民国九年(1920.6.29)	3	770
致李纯函 民国九年(1920.7)	2	429	致李纯函 民国九年(1920.8)	3	785—786
致李纯函 民国九年(1920.8.10)	2	430	致李纯函 民国九年(1920.8.10)	3	788
致李国珍函 民国九年(1920.8.13)	2	430	致李国珍函 民国九年(1920.8.13)	3	788—789
致海门、如皋、南通县函 民国九年(1920.8)	2	431	致海门县如皋县南通县函 民国九年(1920.8)	3	791
致熊希龄、汪大燮函 民国九年(1920.9.14)	2	431—432	致熊希龄汪大燮函 民国九年(1920.9.14)	3	797—798
复庄蕴宽函 民国九年(1920.9.15)	2	432	复庄蕴宽函 民国九年(1920.9.中旬)	3	798—799
复许肇南函 民国九年(1920.9.25)	2	432—433	复许肇南函 民国九年(1920.9.25)	3	803
致熊希龄函 民国九年(1920.9.30)	2	433	致熊希龄函 民国九年(1920.9.30)	3	805
致鲍惠尔电 民国九年(1920.9)	2	433	致鲍惠尔电 民国九年(1920.9)	3	799—800
致沈秉璜电 民国九年(1920.9)	2	434	致沈秉璜电 民国九年(1920.9)	3	800
致姚煜函 民国九年(1920.9)	2	434	致姚煜函 民国九年(1920.9)	3	800—801
致朱庆澜电 民国九年(1920.9)	2	435	致朱庆澜电 民国九年(1920.9)	3	801

续 表

《张謇全集》1994 年版			《张謇全集》2012 年版		
题 名	卷次	页码	题 名	卷次	页码
致陶巽甫电 民国九年(1920.9)	2	435	致陶巽甫电 民国九年(1920.9)	3	801
致陈某电 民国九年(1920.9)	2	435	致陈某电 民国九年(1920.9)	3	801—802
致郭礼征、曹秉仁函 民国九年(1920.9)	2	436	致郭礼徵曹秉仁函 民国九年(1920.9.上旬)	3	793
致仰玉符、陈伯葵函 民国九年(1920.9)	2	436	致仰玉符陈伯葵函 民国九年(1920.9)	3	805
致保会坍函 民国九年(1920.10.2)	2	437	致保会坍函 民国九年(1920.10.2)	3	806—807
复直隶义赈会函 民国九年(1920.10)	2	437	复直隶义赈会函 民国九年(1920.10.上旬)	3	809
致叶恭绰函 民国九年(1920.10)	2	437—438	致叶恭绰函 民国九年(1920.10.21)	3	814
致交通部内务部函 民国九年(1920.10)	2	438	致交通部内务部函 民国九年(1920.10)	3	814—815
复南通县函 民国九年(1920.11.20)	2	438	复瞿鸿宾函 民国九年(1920.11.20)	3	817—818
复马林函 民国九年(1920.11.23)	2	439	复马林函 民国九年(1920.11.23)	3	818
复袁叔畲函 民国九年(1920.12.24)	2	439	复袁叔畲函 民国九年(1920.12.24)	3	826
呈府院咨内务部交通部陆军部全国水利局 民国九年(1920.12)	2	439—442	为治串场河呈府院咨内务部交通部陆军部全国水利局 民国九年(1920.12)	1	512—513

续 表

《张謇全集》1994年版			《张謇全集》2012年版		
题　名	卷次	页码	题　名	卷次	页码
致冯连城函 民国九年(1920.12)	2	442	致冯连城函 民国九年(1920.12.下旬)	3	828
致李维格函 民国九年(1920.12)	2	442—443	致李维格函 民国九年(1920.12.下旬)	3	828—829
复冯连城函 民国九年(1920.12)	2	443	复冯连城函 民国九年(1920.12.下旬)	3	829
致郭履征函 民国九年(1920.12)	2	443	致郭履徵函 民国九年(1920.12.下旬)	3	830
复沈秉璜函 民国九年(1920.12)	2	443—444	复沈秉璜函 民国九年(1920.12.上旬)	3	821
致局员函 民国九年(1920.12)	2	444	致徐鼎康等函 民国九年(1920.12.中旬)	3	823
两淮串场大河施工计划书 民国九年(1920)	2	444—452	两淮串场大河施工计画书 民国十年(1921)	4	470—476
运河工程局就职宣言 民国九年(1920)	2	452—456	运河工程局就职宣言 民国九年(1920.4.1)	4	454—458
运河工程局就职演说 民国九年(1920)	2	456—458	运河工程局就职演说 民国九年(1920.4.1)	4	446—448
江北运河分年施工计划书 民国九年(1920)	2	458—466	江北运河分年施工计划书 民国九年(1920.4.1)	4	448—454
淮沂沭治标商榷书 民国九年(1920)	2	466—470	淮沂沭治标商榷书 民国九年(1920.10)	4	487—490

续 表

《张謇全集》1994年版			《张謇全集》2012年版		
题　名	卷次	页码	题　名	卷次	页码
先治王家港商榷书 民国九年(1920)	2	470—478	筹治王家斗龙新洋三港商榷书 民国九年(1921.10)	4	490—497
为运河局经费致财政部电 民国九年(1920)	2	478—479	致财政部电 民国九年(1920)	3	844—845
致严家炽函 民国十年(1921.1.24)	2	479	致严家炽函 民国十年(1921.1.24)	3	852—853
致靳云鹏函 民国十年(1921.1.30)	2	480	致靳云鹏函 民国十年(1921.1.30)	3	857—858
复周自齐函 民国十年(1921.1)	2	481	复周自齐函 民国十年(1921.1)	3	852
致吴寄尘函 民国十年(1921.1)	2	481	致吴季诚函 民国十年(1921.1.24)	3	853
致褚绸堂函 民国十年(1921.1)	2	482	致褚绸堂函 民国十年(1921.1.下旬)	3	854
致马玉山函 民国十年(1921.1)	2	482	致马玉山函 民国十年(1921.1.下旬)	3	854—855
致严家炽函 民国十年(1921.2.2)	2	482—483	致严家炽函 民国十年(1921.2.2)	3	858
致严家炽函 民国十年(1921.3.6)	2	483	致严家炽函 民国十年(1921.3.6)	3	867—868
致齐燮元、王瑚电 民国十年(1921.5.27)	2	484	致齐燮元王瑚电 民国十年(1921.5.27)	3	882
致扬州运河工程局电 民国十年(1921.7.18)	2	484	致扬州运河工程局电 民国十年(1921.7.18)	3	892

续 表

《张謇全集》1994年版			《张謇全集》2012年版		
题　名	卷次	页码	题　名	卷次	页码
致全国水利局等电 民国十年(1921.7.18)	2	484—485	致全国水利局等电 民国十年(1921.7.18)	3	893
致严家炽函 民国十年(1921.7.26)	2	485	致严家炽函 民国十年(1921.7.26)	3	895
致严家炽函 民国十年(1921.8.19)	2	485—486	致严家炽函 民国十年(1921.8.19)	3	902
致王瑚电 民国十年(1921.8.23)	2	486	致王瑚电 民国十年(1921.8.23)	3	903
答劝募南通赈捐启 民国十年(1921.8.25)	2	486—487	复劝募南通振捐启 民国十年(1921.8.25)	5	217—218
致王瑚、严家炽、蔡宝善函 民国十年(1921.8～9)	2	487—488	致王瑚等函 民国十年(1921.8.下旬)	3	905
复张继高函 民国十年(1921.9.7)	2	488—489	复张继高函 民国十年(1921.9.7)	3	913—914
致熊希龄电 民国十年(1921.9.7)	2	489—490	致熊希龄电 民国十年(1921.9.7)	3	914
报灾筹赈致江苏督军省长函 民国十年(1921.9.7)	2	490—491	与张詧致齐燮元王瑚函 民国十年(1921.9.上旬)	3	911—912
致王瑚函 民国十年(1921.9.8)	2	491—492	致王瑚函 民国十年(1921.9.8)	3	914—915
致吕道象电 民国十年(1921.9.13)	2	492	致吕道象电 民国十年(1921.9.13)	3	917
复冯梦华等电 民国十年(1921.9.19)	2	492—493	复冯梦华等电 民国十年(1921.9.19)	3	919—920
致吕道象函 民国十年(1921.9.19)	2	493—494	致吕道象函 民国十年(1921.9.19)	3	923

续 表

《张謇全集》1994年版			《张謇全集》2012年版		
题　名	卷次	页码	题　名	卷次	页码
致严家炽函 民国十年(1921.9.23)	2	494—495	致严家炽函 民国十年(1921.8.23)	3	903—904
致严家炽电 民国十年(1921.9.29)	2	495	致严家炽电 民国十年(1921.9.29)	3	927
致王瑚函 民国十年(1921.9)	2	495	复王瑚函 民国十年(1921.9.上旬)	3	915
复严家炽函 民国十年(1921.9)	2	496	复严家炽函 民国十年(1921.9.上旬)	3	915
致韩国钧电 民国十年(1921.9)	2	496	致韩国钧电 民国十年(1921.9.中旬)	3	920
致韩国钧函 民国十年(1921.9)	2	496—497	致韩国钧电 民国十年(1921.9.下旬)	3	924—925
致严家炽电 民国十年(1921.10.1)	2	497	致严家炽电 民国十年(1921.10.1)	3	930
复严家炽电 民国十年(1921.10.2)	2	497	致严家炽电 民国十年(1921.10.2)	3	932
致王瑚函 民国十年(1921.10.3)	2	497—498	致王瑚函 民国十年(1921.10.3)	3	932—933
发淮沂沭治标商榷书通稿 民国十年(1921.11.3)	2	498—499	淮沂沭治标商榷书* 民国十年(1921.11.3) *题名应为《发淮沂沭治标商榷书通稿》	1	526—527
致徐国安函 民国十年(1921.11)	2	499—500	致徐静仁函 民国十年(1921.11)	3	946—947

续 表

《张謇全集》1994年版			《张謇全集》2012年版		
题　名	卷次	页码	题　名	卷次	页码
致韩国钧函 民国十年(1921.11)	2	500	致韩国钧函 民国十年(1921.11)	3	947—948
致严家炽电 民国十年(1921.12.9)	2	501	致严家炽电 民国十年(1921.12.19)	3	963
致孙仲英函 民国十年(1921.12.11)	2	501—502	致孙仲英函 民国十年(1921.12.11)	3	961—962
致华洋义赈会函 民国十年(1921.12.20)	2	502—503	致华洋义赈会函 民国十年(1921.12.20)	3	963—964
致海德生函 民国十年(1921.12.23)	2	504	致海德生函 民国十年(1921.12.23)	3	966—967
复来因电 民国十年(1921.12.30)	2	504—505	复来因电 民国十年(1921.12.30)	3	970—971
致史量才、孙仲英电 民国十年(1921.12.30)	2	505	致史量才孙仲英电 民国十年(1921.12.30)	3	971
略启 民国十年(1921.12)	2	505	王家港治理开工启 民国十年(1921.12)	5	220
《南通县图志》赋税志田赋序 民国十年(1921)	2	506—507	南通县图志赋税志田赋序 民国十年(1921)	6	518—519
《南通县图志》赋税志杂税序 民国十年(1921)	2	507—508	南通县图志赋税志杂税序 民国十年(1921)	6	519—520
致张志潭函 民国十年(1921)	2	508—509	致张志谭函 民国十年(1921.2.下旬)	3	863
致王乃斌函 民国十年(1921)	2	509	致王恩甫函 民国十年(1921.6～7)	3	885—886

续 表

《张謇全集》1994年版			《张謇全集》2012年版		
题 名	卷次	页码	题 名	卷次	页码
致徐世昌、钮传善、王乃斌、孙宝琦、靳云鹏、潘复函 民国十年(1921)	2	509—510	致徐世昌钮传善王恩甫孙宝琦靳云鹏潘复函 民国十年(1921.6～7)	3	887—888
致潘复函 民国十年(1921)	2	510	致潘复函 民国十年(1921.6～7)	3	889
通告皖北水利局及十八县同人全省父老三河坝应归苏办理启 民国十年(1921)	2	510—513	通告皖省三河坝办理事宜启 民国十年(1921.1)	5	222—224
发表淮南北治水商榷书启 民国十年(1921)	2	513—514	发表淮南北治水商榷书启 民国十年(1921.11)	5	219—220
为三河坝事呈政府电 民国十年(1921)	2	514—516	为三河坝事呈政府文 民国十年(1921.1)	1	582—583
为勘视河患后致王省长函 民国十年(1921)	2	516—519	与韩国钧致王瑚函 民国十年(1921)	3	983—987
勘视河患后致鲍执之函 民国十年(1921)	2	519—520	致鲍执之函 民国十年(1921.9.下旬)	3	928
为浚治王港复水利协进会函 民国十年(1921)	2	520—523	复水利协进会函 民国十一年夏(1922)	3	1072—1074
浚治长江计划复王省长函 民国十年(1921)	2	524—529	复王瑚函 民国十年(1921.10)	3	937—942
讨论下游治江事致下游九县各公团函 民国十年(1921)	2	530—531	致长江下游九县各公团函 民国十年(1921.10～11)	3	942

续 表

《张謇全集》1994 年版			《张謇全集》2012 年版		
题　名	卷次	页码	题　名	卷次	页码
致来因函 民国十一年(1922.1.1)	2	531	致来因函 民国十年(1921.12.下旬)	3	965
致来因函 民国十一年(1922.1.4)	2	531—532	致来因函 民国十一年(1922.1.4)	3	1000
致孙仲英、史量才函 民国十一年(1922.1.7)	2	532—533	致孙仲英史量才函 民国十一年(1922.1.7)	3	1003
致金葴经函 民国十一年(1922.1.9)	2	533	致金葴经函 民国十一年(1922.1.9)	3	1004
复沈伯傅函 民国十一年(1922.1.30)	2	533—534	复沈伯傅函 民国十一年(1922.1.30)	3	1011—1012
致史量才、孙仲英函 民国十一年(1922.2.9)	2	534	致史量才孙仲英函 民国十一年(1922.2.9)	3	1013
致严家炽函 民国十一年(1922.2.9)	2	534	致严家炽函 民国十一年(1922.2.9)	3	1013
复上蔡林知事函 民国十一年(1922.2.9)	2	535	复林知事函(上蔡县) 民国十一年(1922.2.9)	3	1014
复金葴经函 民国十一年(1922.2.12)	2	535	复金葴经函 民国十一年(1922.2.12	3	1017
致徐鼎康函 民国十一年(1922.3.6)	2	535—536	致徐鼎康函 民国十一年(1922.3.6)	3	1029—1030
致王子尊函 民国十一年(1922.3.9)	2	536	致王又三函 民国十一年(1922.3.9)	3	1031
复沈秉璜电 民国十一年(1922.3.14)	2	536	复沈秉璜电 民国十一年(1922.3.14)	3	1032

续 表

《张謇全集》1994年版			《张謇全集》2012年版		
题 名	卷次	页码	题 名	卷次	页码
致王瑚、严家炽电 民国十一年(1922.3.15)	2	536—537	致王瑚严家炽电 民国十一年(1922.3.15)	3	1033
致高凌蔚等电 民国十一年(1922.3.16)	2	537	致高凌蔚等电 民国十一年(1922.3.16)	3	1034—1035
致齐燮元、王瑚电 民国十一年(1922.3.19)	2	537	致齐燮元王瑚电 民国十一年(1922.3.19)	3	1035
致沈秉璜等电 民国十一年(1922.3.24)	2	538—539	致沈秉璜等电 民国十一年(1922.3.24)	3	1037—1038
令各县各场 民国十一年(1922.3.25)	2	539	令各县各场 民国十一年(1922.3.25)	1	584
关于交易所的宣言书 民国十一年(1922.3)	2	540	南通交易所股票停拍启 民国十一年(1922.3.7)	5	224—225
致孙仲英、史量才函 民国十一年(1922.4.6)	2	540—541	致孙仲英史量才函 民国十一年(1922.4.6)	3	1043—1044
致东台县电 民国十一年(1922.4.27)	2	541	致东台县电 民国十一年(1922.4.27)	3	1047—1048
告下游治江会九县父老书 民国十一年(1922.4)	2	541—545	告扬子江下游治江会九县父老书 民国十一年(1922.4)	5	231—234
告治江会代表启 民国十一年(1922.4)	2	545—547	敬告治江会代表书 民国十一年(1922.9)	4	515—516
为治江致韩省长函 民国十一年(1922.4)	2	547—548	致韩国钧函 民国十一年夏(1922)	3	1064—1065

续 表

《张謇全集》1994 年版			《张謇全集》2012 年版		
题 名	卷次	页码	题 名	卷次	页码
致沈秉璜电 民国十一年(1922.5)	2	548—549	致沈秉璜电 民国十一年(1922.5.上旬)	3	1052
复袁元函 民国十一年(1922.5)	2	549	复袁元函 民国十一年(1922.5.上旬)	3	1052
致孙仲英、史量才函 民国十一年(1922.5)	2	549	致孙仲英史量才函 民国十一年(1922.5.上旬)	3	1052—1053
致韩国钧函 民国十一年(1922.7.31)	2	549—550	致韩国钧函 民国十一年(1922.7.31)	3	1069—1070
鬻字启事 民国十一年(1922.7)	2	550—551	鬻字启事 民国十一年(1922.8.1)	5	239—240
致齐燮元函 民国十一年(1922.8.29)	2	551	致齐燮元函 民国十一年(1922.8.29)	3	1081
复艾华森函 民国十一年(1922.9.21)	2	551	复艾华森函 民国十一年(1922.9.21)	3	1085
致杨地三函 民国十一年(1922.10)	2	551—552	复杨地三函 民国十一年(1922.10)	3	1093
致王绍曾函 民国十一年(1922.11.8)	2	552	致王绍曾函 民国十一年(1922.11.8)	3	1096
致瞿鸿宾函 民国十一年(1922.11.11)	2	552	致瞿鸿宾函 民国十一年(1922.11.11)	3	1099
致王绍曾函 民国十一年(1922.11)	2	553	致王绍曾函 民国十一年(1922.11)	3	1100

续 表

《张謇全集》1994年版			《张謇全集》2012年版		
题 名	卷次	页码	题 名	卷次	页码
致景本白电 民国十一年(1922.12.3)	2	553	致景本白电 民国十一年(1922.12.3)	3	1107—1108
复吴□□徐□□函 民国十一年(1922.12.4)	2	553—554	复徐静仁吴季诚函 民国十二年(1922.12.4)	3	1108—1109
致盐政讨论会函 民国十一年(1922.12.5)	2	554—555	致盐政讨论会函 民国十一年(1922.12.4)	3	1109—1111
致徐国安函 民国十一年(1922.12.5)	2	556	致徐静仁函 民国十一年(1922.12.5)	3	1111
致王绍曾函 国十一年(1922.12.11)	2	556	致王绍曾函 民国十一年(1922.12.11)	3	1114
致王绍曾函 民国十一年(1922.12)	2	557	致王绍曾函 民国十一年(1922.12)	3	1111
致刘垣函 民国十一年(1922.12)	2	557	致刘厚生函 民国十一年(1922.12.上旬)	3	1106—1107
致金蕺经函 民国十一年(1922)	2	558	致金蕺经函 民国十一年(1922.2)	3	1013—1014
致赵倜函 民国十一年(1922)	2	558	致赵倜函 民国十一年(1922.1.上旬)	3	1001
敬告导淮会议与会诸君意见书 民国十一年(1922)	2	559—563	敬告导淮会议与会诸君意见书 民国十一年(1922)	4	503—507
运河工程感言 民国十一年(1922)	2	564—568	运河工程感言 民国十一年(1922)秋	4	516—519

续 表

《张謇全集》1994年版			《张謇全集》2012年版		
题 名	卷次	页码	题 名	卷次	页码
讨论治淮复张镇南函 民国十一年(1922)	2	568—571	致张镇南函 民国十一年(1922)	3	1137—1140
论淮水入下河应束堤归海复刘少青函 民国十一年(1922)	2	572—579	致刘少青函 民国十一年(1922)	3	1129—1135
答下河九县来书人启 民国十一年(1922)	2	579—581	答下河九县来书人启 民国十一年(1922.5)	4	509—510
再告东台人士函 民国十一年(1922)	2	582—583	致东台人士函 民国十一年(1922)	3	1126—1127
为辟治江北沿海五县串场大河拟具计划书呈 民国十一年(1922)	2	583—585	为辟治江北沿海五县串场大河并建省道计画书呈 民国十年(1921.2)	1	516—518
开辟新运河于淮扬全部有利无害文 民国十一年(1922)	2	585—587	开辟新运河于淮扬全部于里下河有利无害文 民国十一年(1922)	4	526—528
关于胡议员等质问辟治串场河复江苏省长文 民国十一年(1922)	2	587—590	就胡议员等质问辟治串场河复江苏省长文 民国十一年(1922)	1	592—595
为变更新运河筹款呈 民国十一年(1922)	2	590—592	变更新运河筹款呈 民国十一年(1922.3)	1	585—587
筹备浚治长江启 民国十一年(1922)	2	593—594	与王清穆筹备浚治扬子江下游启 民国十一年(1922.4)	5	229—231
致王绍曾函 民国十二年(1923.2.11)	2	594—595	致王绍曾函 民国十二年(1923.2.11)	3	1148—1149
复王绍曾函 民国十二年(1923.2.15)	2	595	复王绍曾函 民国十一年(1922.12.15)	3	1115

续 表

《张謇全集》1994年版			《张謇全集》2012年版		
题 名	卷次	页码	题 名	卷次	页码
致齐燮元电 民国十二年(1923.2.17)	2	595	复齐燮元电 民国十二年(1923.2.17)	3	1152
致李根源函 民国十二年(1923.2.26)	2	595—596	致李根源函 民国十二年(1923.2.26)	3	1152—1153
为导淮事件复齐燮元电 民国十二年(1923.2.28)	2	596	为导淮事件复齐燮元电 民国十二年(1923.2.28)	3	1154
致江常太宝通如靖崇海九县各公团函 民国十二年(1923.2)	2	596—598	致江常太宝通如靖崇海九县各公团函 民国十二年(1923.2)	3	1153—1154
致黎元洪、张绍曾函 民国十二年(1923.3.5)	2	598—599	致黎元洪张绍曾函 民国十二年(1923.3.5)	3	1154—1155
致张相文、解树强函 民国十二年(1923.5.8)	2	599—600	复张相文解树强函 民国十二年(1923.5.8)	3	1161—1162
致张相文、解树强及江苏同乡会公电 民国十二年(1923.5.8)	2	600—601	致张相文解树强及江苏同乡会公电 民国十二年(1923.5.8)	3	1162
致北京江苏同乡会电 民国十二年(1923.5.23)	2	601	致江苏旅京同乡会 民国十二年(1923.5.23)	3	1168
复陈伯盟函 民国十二年(1923.6.2)	2	601	复陈伯盟函 民国十二年(1923.6.2)	3	1173—1174
致俞慧殊函 民国十二年(1923.6.13)	2	602	致俞慧殊函 民国十二年(1923.6.13)	3	1174—1175
致张载阳函 民国十二年(1923.6.14)	2	602	致张载阳函 民国十二年(1923.6.14)	3	1175

续 表

《张謇全集》1994 年版			《张謇全集》2012 年版		
题 名	卷次	页码	题 名	卷次	页码
复张让三函 民国十二年(1923.6.14)	2	603	复张美翊函 民国十二年(1923.6.14)	3	1175
致章世嘉函 民国十二年(1923.6.18)	2	603	致章世嘉函 民国十二年(1923.6.18)	3	1176
复章世嘉函 民国十二年(1923.6.20)	2	603—604	复章世嘉函 民国十二年(1923.6.20)	3	1180
致山东、金城各银行函 民国十二年(1923.6.25)	2	604	致山东金城等各银行及公司工厂函 民国十二年(1923.6.25)	3	1181—1182
复范循廉、盛守钰、孙国珍函 民国十二年(1923.6.27)	2	604—605	复范循廉盛守钰孙国珍函 民国十二年(1923.6.27)	3	1182
复方养秋函 民国十二年(1923.6.30)	2	605	复方养秋函 民国十二年(1923.6.30)	3	1182—1183
致齐燮元韩国钧函 民国十二年(1923.7.7)	2	606	致齐燮元韩国钧函 民国十二年(1923.7.7)	3	1186
复韩国钧函 民国十二年(1923.7.12)	2	606	复韩国钧函 民国十二年(1923.7.12)	3	1188
复周乃文等函 民国十二年(1923.8.6)	2	607	复周乃文等函 民国十二年(1923.8.6)	3	1193
复吴佩孚函 民国十二年(1923.8.25)	2	607	复吴佩孚函 民国十二年(1923.8.25)	3	1199—1200

续 表

《张謇全集》1994年版			《张謇全集》2012年版		
题 名	卷次	页码	题 名	卷次	页码
复俞棣荪函 民国十二年(1923. 9. 20)	2	607—608	复俞棣荪函 民国十二年(1923. 9. 20)	3	1204
致运埠两局及保坍会函 民国十二年(1923. 9. 25)	2	608	致徐鼎康等函 民国十二年(1923. 9. 25)	3	1206
复张森楷函 民国十二年(1923. 9. 29)	2	608	复张森楷函 民国十二年(1923. 9. 29)	3	1207
致齐燮元韩国钧函 民国十二年(1923. 10)	2	609	代保坍会致齐燮元韩国钧函 民国十二年(1923. 10)	3	1216—1217
致韩国钧王清穆暨九县代表函 民国十二年(1923. 11. 4)	2	610	致韩国钧王清穆暨九县代表函 民国十二年(1923. 11. 4)	3	1218
致韩国钧严家炽函 民国十二年(1923. 11. 28)	2	610	致韩国钧严家炽函 民国十二年(1923. 11. 28)	3	1226
代张詧致齐燮元韩国钧电 民国十二年(1923. 12. 5)	2	611	代张詧致齐燮元韩国钧电 民国十二年(1923. 12. 5)	3	1230—1231
论理财致王克敏函 民国十二年(1923. 12. 12)	2	611—615	致王克敏函 民国十二年(1923. 12. 12)	3	1234—1237
致徐鼎康函 民国十二年(1923. 12. 21)	2	615	致徐鼎康函 民国十二年(1923. 12. 21)	3	1239

续 表

《张謇全集》1994年版			《张謇全集》2012年版		
题 名	卷次	页码	题 名	卷次	页码
复王清穆函 民国十二年(1923.12)	2	615—616	复王清穆函 民国十二年(1923.12.中旬)	3	1238
提议变置吴淞商埠及运河工程以节省费案 民国十二年(1923)	2	616—617	提议裁撤吴淞商埠及运河工程二局以节支案 民国十二年(1923)	1	652—653
论导淮致江总裁函 民国十二年(1923)	2	617—619	致江天铎函 民国十三年(1924.4)	3	1273—1275
论导淮致齐督军函 民国十二年(1923)	2	619—622	致齐燮元函 民国十三年(1924)	3	1275—1277
扬子江测量报告序 民国十二年(1923)	2	622—623	扬子江测量报告序 民国十二年(1923)	6	568—569
致齐燮元、韩国钧电 民国十三年(1924.1.14)	2	623	致齐燮元韩国钧电 民国十三年(1924.1.14)	3	1256—1257
致王克敏函 民国十三年(1924.1.14)	2	623	致王克敏函 民国十三年(1924.1.14)	3	1257
致韩国钧函 民国十三年(1924.1.20)	2	623—624	致韩国钧函 民国十三年(1924.1.20)	3	1262—1263
复阜宁旅宁学生同乡会函 民国十三年(1924.1.26)	2	624—625	复阜宁旅宁学生同乡会函 民国十三年(1924.1.26)	3	1266—1267
致韩国钧函 民国十三年(1924.8.11)	2	625	致韩国钧函 民国十三年(1924.8.11)	3	1299

续 表

《张謇全集》1994年版			《张謇全集》2012年版		
题 名	卷次	页码	题 名	卷次	页码
复徐钟会函 民国十三年(1924. 8. 11)	2	626	复徐锺会函 民国十三年(1924. 8. 11)	3	1299—3000
《欧美水利调查录》序 民国十三年(1924)	2	626—627	欧美水利调查录序 民国十三年初(1924)	6	575
《导淮测量处成绩目录》叙言 民国十三年(1924)	2	627—628	导淮测量处成绩目录叙言 民国十三年(1924)	6	591—593
为疏治水利答湖南赵省长函 民国十三年(1924)	2	629	答赵恒惕函 民国十三年(1924. 8)	3	1301
提议淮南各场推行板晒维持盐权兼顾灶民生计案 民国十三年(1924)	2	630—631	淮南各场试办板晒维持盐权兼顾煎丁生计案 民国十三年(1924. 9)	1	725—726
各国盐法叙 民国十三年(1924)	2	631—632	各国盐法叙 民国十三年(1924)	6	593—594
致周缵庭函 民国十四年(1925. 1. 22)	2	632	致周缵庭函 民国十四年(1925. 1. 22)	3	1327
复赵野仙函 民国十四年(1925. 4. 26)	2	633	复赵野仙函 民国十四年(1925. 4. 26)	3	1334
致交通银行股东会函 民国十四年(1925. 5. 7)	2	633	致交通银行股东会函 民国十四年(1925. 4. 29)	3	1335
致钱永铭函 民国十四年(1925. 5. 7)	2	633—634	致钱新之函 民国十四年(1925. 5. 7)	3	1336

续 表

《张謇全集》1994 年版			《张謇全集》2012 年版		
题 名	卷次	页码	题 名	卷次	页码
复梁士诒函 民国十四年(1925.5.8)	2	634	复梁士诒函 民国十四年(1925.5.8)	3	1336—1337
致常熟、太仓、宝山、靖江、海门、崇明各代表函 民国十四年(1925.5.16)	2	634	致常熟太仓宝山靖江海门崇明各代表函 民国十四年(1925.5.16)	3	1340
致王其康函 民国十四年(1925.7.24)	2	635—636	致王其康函 民国十四年(1925.7.24)	3	1346—1347
为保坍会拟呈 民国十四年(1925.7.25)	2	636	请饬沙田局转督常福利公司赔款拨通保坍会呈 民国十四年(1925.7.25)	1	775
致汪秉忠函 民国十四年(1925.7.26)	2	637	致汪秉忠函 民国十四年(1925.7.26)	3	1347—1348
致郑谦、徐兰墅函 民国十四年(1925.9.6)	2	637—638	致郑谦徐兰墅函 民国十四年(1925.9.6)	3	1356
致王其康函 民国十四年(1925.9.11)	2	638	致王其康函 民国十四年(1925.9.16)	3	1358
复郑谦函 民国十四年(1925.9.29)	2	638	复郑谦函 民国十四年(1925.9.29)	3	1364
致王其康、汪秉忠代电 民国十四年(1925.9.30)	2	639	致王其康汪秉忠函 民国十四年(1925.9.30)	3	1364—1365
复王清穆函 民国十四年(1925.10.4)	2	639	复王清穆函 民国十四年(1925.10.4)	3	1369

续　表

《张謇全集》1994年版			《张謇全集》2012年版		
题　名	卷次	页码	题　名	卷次	页码
致周缵庭、仲少梅函 民国十四年(1925.11.10)	2	640	致周缵庭仲少梅函 民国十四年(1925.11.10)	3	1376—1377
致卢鸿钧函 民国十四年(1925.11.11)	2	640	致卢鸿钧函 民国十四年(1925.11.11)	3	1377
复王雨金函 民国十四年(1925.11.29)	2	640—641	复王雨金函 民国十四年(1925.11.29)	3	1380—1381
为下游治江致郑省长函 民国十四年(1925)	2	641—642	致郑谦函 民国十四年(1925.5)	3	1343—1344
怡儿奉特命长扬子江委员会因示 民国十五年(1926.5)	2	642—643	致张孝若函 民国十五年(1926.7)	3	1408—1409
复李锡纯函 民国十五年(1926.7.5)	2	643	复李锡纯函 民国十五年(1926.7.5)	3	1402
复刘存真函 民国十五年(1926.7.14)	2	643—644	复刘存真函 民国十五年(1926.7.14)	3	1405
为缉私致孙司令函 民国十五年(1926)	2	644—645	致孙传芳函 民国十五年(1926)	3	1412
致李纯函	2	645	致李纯函 民国九年(1920.8)	3	785
致李纯函	2	646	致李纯函 民国九年(1920.8.10)	3	788
劝募公债简言	2	646	劝募地方公债简言 民国十年(1921.4)	4	482

续 表

《张謇全集》1994年版			《张謇全集》2012年版		
题 名	卷次	页码	题 名	卷次	页码
致严家炽电	2	646	致严家炽电 民国九年(1921.9.29)	3	927
复潘馨航函	2	647	复潘复函 民国三年(1914.6.下旬)	2	456
致梁启超函	2	647	致梁启超函 民国三年(1914.7.2)	2	458
致张謇	2	647—648	致张謇 民国三年(1914.7.2)	2	459—460
致丁立钧	2	648	致丁衡甫函 民国三年(1914.7.18)	2	475—476
致沈豹君	2	649	致沈秉璜函 民国三年(1914.7.17)	2	475
致汪康年函	2	649—650	致汪康年函(十三件之十三)	3	1585
致汪康年函	2	650	致汪康年函(十三件之四)	3	1582—1583
发表淮南北治水商榷书启	2	650—651	发表淮南北治水商榷书启 民国十年(1921.11)	5	219—220
致李国珍孟锡珏函	2	651	致李国珍孟锡珏函 民国十年(1921.11.1)	3	943
致孙传芳函	2	652	致孙传芳函 民国十五年(1926.7)	3	1408
复张淮清函	2	652—653	致张淮清函 民国十四年(1925.5.中旬)	3	1339

续 表

《张謇全集》1994年版			《张謇全集》2012年版		
题　名	卷次	页码	题　名	卷次	页码
复康特璋达函	2	653	致康特璋函 民国十一年(1922.12)	3	1107
致汤思斋函	2	653	致汤思斋函 民国十一年(1922.12)	3	1107
复丁知毅函	2	653	复丁知毅函 民国十二年(1923.5.10)	3	1163
复陈希周函	2	653	复陈希周函 民国十二年(1923.5.中旬)	3	1165
致金左临函	2	654	致金左临函 民国十二年(1923.5.21)	3	1167
致总统、国务院、交通部暨陇海路总公所电	2	654	致总统国务院交通部暨陇海路总公所电 民国十二年(1923.5.下旬)	3	1168—1169
致李经羲、柏文蔚、李经方函	2	655	致李经羲柏文蔚李经方函 民国十二年(1923.5.下旬)	3	1169
复江天铎函	2	655	复江天铎函 民国十二年(1923.6.中旬)	3	1177
致解树强函	2	655—656	致解树强函 民国十二年(1923.6.中旬)	3	1177
致张相文函	2	656	致张相文函 民国十二年(1923.6.中旬)	3	1179

续 表

《张謇全集》1994年版			《张謇全集》2012年版		
题　名	卷次	页码	题　名	卷次	页码
致刘鸿生函	2	656	致刘鸿生函 民国十二年(1923.8.上旬)	3	1194
致桑蚕改良会函	2	657	致桑蚕改良会函 民国十四年(1925.5)	3	1336
致汪秉忠函	2	657	致汪秉忠函 民国十四年(1925.7.26)	3	1358
致梁公约函	2	658	致梁公约函 民国十四年(1925.9.29)	3	1364
复萧耀南函	2	658	复萧耀南函 民国十四年(1925.11.下旬)	3	1380
为保坍会呈孙传芳函	2	658—659	为保坍会呈孙传芳文 民国十四年(1925.12)	1	775—776
为保坍会呈沙田局	2	659—660	为催常赔款呈沙田局 民国十四年(1925.12)	1	776—777
致孙传芳函	2	660	致孙传芳函 约民国十四年(1925.12)	3	1382
致汪秉忠函	2	660	致汪秉忠函 约民国十四年(1925.12)	3	1382—1383
致陈琛函	2	661	致陈琛函 民国十四年(1925.12.6)	3	1383
复黄振声函	2	661	复黄振声函 民国十五年(1926.7.中旬)	3	1404—1405

续 表

《张謇全集》1994年版			《张謇全集》2012年版		
题 名	卷次	页码	题 名	卷次	页码
复马树周函	2	661—662	复马树周函 民国十年(1921.3～4)	3	页875
复杨鼎盛、鞠德璜函	2	662	致杨鼎盛鞠德璜函 民国十年(1921.1.下旬)	3	855
致徐世昌、靳云鹏、张志潭、叶恭绰、周自齐、李国珍函	2	662	致徐世昌靳云鹏张志潭叶恭绰周自齐李国珍函 民国十年(1921.1.下旬)	3	856
复汪秉忠函	2	663	致汪秉忠函 民国三年(1914.7.上旬)	2	467
致□□□电	2	663	致□□□电 民国四年(1915.6.上旬)	3	1230
复杨增新函	2	663—664	复杨增新马福祥函 民国十三年(1924.1.25)	3	1265—1266
复杨锡仁函	2	664	复杨锡仁函 民国十三年(1924.1.下旬)	3	1266
致褚稼先	2	665	复褚稼先函 民国十年(1921.10)	3	929
致韩国钧函	2	665	致韩国钧函 民国十年(1921.12.初)	3	955—956
致沈秉璜函	2	666	致沈秉璜函 民国十年(1921.12.初)	3	956
致徐国安函	2	666	致徐静仁函 民国十年(1921.12.8)	3	957

续 表

《张謇全集》1994年版			《张謇全集》2012年版		
题 名	卷次	页码	题 名	卷次	页码
致徐国安函	2	667	致徐静仁函 民国十年(1921.12.上旬)	3	958
致金戟经函	2	667	致金戟经函 民国十年(1921.12.上旬)	3	958
致来因函	2	667—668	致来因函 民国十年(1921.12.下旬)	3	965
致孙仲英、史量才函	2	668	致孙仲英史量才函 民国十年(1921.12.下旬)	3	965
致徐国安函	2	668	致徐静仁函 民国十年(1921.12.下旬)	3	966
致吕道象函	2	669	致吕道象函 民国十年(1921.12.上旬)	3	959—960
致南通、海门县及农会、水利会函	2	669	致南通海门县及农会水利会函 民国十年(1921.12.下旬)	3	967
复全国道路建设协会函	2	669	复全国道路建设协会函 民国十年(1921.12.下旬)	3	968
致食场各商函	2	670	致场食各商函 民国十一年(1922.1.上旬)	3	998—999
致徐国安函	2	670—671	致徐静仁函 民国十一年(1922.1.上旬)	3	999—1000

续 表

《张謇全集》1994年版			《张謇全集》2012年版		
题　名	卷次	页码	题　名	卷次	页码
致刘光汉函	2	671	致刘光汉函 民国十一年(1922.3.上旬)	3	1030
复张畯田函	2	671—672	复张畯田函 民国十一年(1922.3.中旬)	3	1032—1033
答九县代表	2	672—673	答九县代表问 民国十一年(1922.3)	4	502—503
致段云书函	2	673—674	致段云书函 约民国四年(1915.7.上旬)	2	549
复盛炳纪函	2	674	致盛炳纪函 民国十一年(1922.8～9)	3	1081—1082
致陈琛函	2	674	致陈琛函 民国十一年(1922.12)	3	1112
致李锡纯转严家炽电	2	674	致李锡纯转严家炽电 民国十一年(1922.1.10)	3	1255
为纱厂致潘华茂、郭勋函 清光绪二十二年(1896.11.8)	3	1—2	致潘华茂郭勋函 清光绪二十二年十月初四日(1896.11.8)	2	82—83
呈南洋督部刘通厂集股节略 清光绪二十三年(1897.5.3)	3	2—3	呈南洋督部刘通厂集股节略 清光绪二十三年四月初二日(1897.5.3)	1	26—27
致商务局委员崔鼎函 清光绪二十三年(1897.6.22)	3	3	致崔鼎函 清光绪二十三年五月二十三日(1897.6.22)	2	85—86

续 表

《张謇全集》1994年版			《张謇全集》2012年版		
题　名	卷次	页码	题　名	卷次	页码
为纱厂致桂嵩庆函 清光绪二十三年(1897.7.16)	3	4	致桂嵩庆函 清光绪二十三年六月十七日(1897.7.16)	2	86
大生纱厂重订集股章程 清光绪二十三年(1897)	3	4—5	大生纱厂重订集股章程 清光绪二十三年(1897)	5	4—5
为纱厂致南洋督部刘坤一函 清光绪二十四年(1898.4.17)	3	5—6	致刘坤一函 清光绪二十四年三月十七日(1898.4.17)	2	88—89
致两湖督部张之洞函 清光绪二十四年(1898.12.26)	3	6	致张之洞函 清光绪二十四年十一月十四日(1898.12.26)	2	93
为纱厂致盛杏荪函 清光绪二十四年(1898.12.26)	3	6—7	致盛宣怀函 清光绪二十四年十一月十四日(1898.12.26)	2	92—93
			致潘保之函 清光绪二十四年(1898)	2	93—94
			致王雪澂函 清光绪二十四年(1898)	2	94
致盛杏荪函 清光绪二十四年(1899.1.10)	3	7—8	复盛宣怀函 清光绪二十四年十一月二十九日(1899.1.10)	2	94—95
为纱厂致南洋督部刘坤一函 清光绪二十四年(1899.1.11)	3	8	复刘坤一函 清光绪二十四年十一月三十日(1899.1.11)	2	95
致南洋督部刘坤一函 清光绪二十五年(1899.5.10)	3	8—10	致刘坤一函 清光绪二十五年四月初一日(1899.5.10)	2	96—97

续 表

《张謇全集》1994年版			《张謇全集》2012年版		
题　名	卷次	页码	题　名	卷次	页码
咨呈南洋督部刘坤一 清光绪二十五年(1899.5.10)	3	10—11	咨呈南洋督部刘坤一 清光绪二十五年四月初一日(1899.5.10)	1	30—31
咨呈南洋督部刘坤一 清光绪二十五年(1899.10.19)	3	11—12	咨呈南洋督部刘坤一 清光绪二十五年九月十五日(1899.10.19)	1	31—32
为纱厂再致南洋刘督部函 清光绪二十五年(1899.10.23)	3	12	再致刘坤一函 清光绪二十五年九月十八日(1899.10.22)	2	102
承办通州纱厂节略 清光绪二十五年(1899.11.17)	3	12—15	承办通州纱厂节略 清光绪二十五年十月十五日(1899.11.17)	4	27—29
咨呈南洋督部刘坤一 清光绪二十五年(1899.12.29)	3	15	咨呈南洋督部刘坤一 清光绪二十五年十一月二十七日(1899.12.29)	1	32
为纱厂致南洋刘督部函 清光绪二十五年(1899)	3	15—17	复刘坤一函 清光绪二十五年(1899)	2	99—101
厂约 清光绪二十五年(1899)	3	17—20	厂约 清光绪二十五年九月九日(1899.10.13)	5	6—9
大生纱厂未开车以前帐略 清光绪二十五年(1899)	3	21	通州大生纱厂未开车以前帐略 清光绪二十五年(1899)	5	289
大生纱厂开车以后帐略 清光绪二十五年(1899)	3	22—24	通州大生纱厂开车以后帐略 清光绪二十五年(1899)	5	289—291
大生纱厂章程 清光绪二十五年(1899)	3	24—42	大生纱厂章程 清光绪二十六年二月十五日(1900.3.15)	5	9—25

续 表

《张謇全集》1994 年版			《张謇全集》2012 年版		
题　名	卷次	页码	题　名	卷次	页码
大生纱厂章程书后 清光绪二十六年(1900)	3	42—43	大生纱厂章程书后 清光绪二十六年二月十五日(1900.3.15)	6	279—280
大生纱厂第二届说略并帐略 清光绪二十六年(1900)	3	44—48	通州大生纱厂第二届说略 清光绪二十七年二月(1901.3～4) 通州大生纱厂第二届帐略 清光绪二十七年二月(1900.3～4)	5	291 291—293
大生纱厂第三届帐略 清光绪二十七年(1901)	3	48—51	通州大生纱厂第三届帐略 清光绪二十七年(1901)	5	294—296
大生纱厂第四届说略并帐略 清光绪二十八年(1902)	3	51—56	通州大生纱厂第四届说略 通州大生纱厂第四届帐略 清光绪二十八年(1902)	5	296—297 297—298
大生纱厂第五届说略并帐略 清光绪二十九年(1903)	3	56—61	通州大生纱厂第五届说略 通州大生纱厂第五届帐略 清光绪二十九年(1903)	5	299 299—302
大生纱厂第六届说略并帐略 清光绪三十年(1904)	3	61—66	通州大生纱厂第六届说略 通州大生纱厂第六届帐略 清光绪三十年(1904)	5	302—303 303—306
大生纱厂第七届说略并帐略 清光绪三十一年(1905)	3	66—72	通州大生纱厂第七届说略 通州大生纱厂第七届帐略 清光绪三十一年(1905)	5	306—308 308—311

续 表

《张謇全集》1994 年版			《张謇全集》2012 年版		
题　名	卷次	页码	题　名	卷次	页码
大生纱厂第八届说略并帐略 清光绪三十二年(1906)	3	72—80	通州大生纱厂第八届说略 通州大生纱厂第八届帐略 清光绪三十二年(1906)	5	312—313 313—317
大生纱厂第一次股东会之报告 清光绪三十三年(1907.8.31)	3	80—88	大生纱厂第一次股东会之报告 清光绪三十三年七月二十三日(1907.8.31)	4	125—132
大生纱厂股东会提议书 清光绪三十三年(1907.8.31)	3	88—92	在第一次股东会议上提议各事之说明 清光绪三十三年七月二十三日(1907.8.31)	4	132—136
大生纱厂第九届说略并帐略 清光绪三十三年(1907)	3	92—98	通州大生纱厂第九届说略 通州大生纱厂第九届帐略 清光绪三十三年(1907)	5	317—318 319—324
大生纱厂第十届说略并帐略 清光绪三十四年(1908)	3	99—103	通州大生纱厂第十届说略 通州大生纱厂第十届说略 清光绪三十四年(1908)	5	324 324—327
大生纱厂第十一届说略并帐略 清宣统元年(1909)	3	104—108	通州大生纱厂第十一届说略 通州大生纱厂第十一届帐略 清宣统元年(1909)	5	327 328—330
大生纺织公司二十年纪念开会词 民国六年(1917)	3	109—110	大生纺织公司二十年纪念开会词 民国七年(1918.5.23)	4	372—373

续 表

《张謇全集》1994年版			《张謇全集》2012年版		
题　名	卷次	页码	题　名	卷次	页码
大生纱厂股东会建议书 民国十四年(1925)	3	110—113	大生纱厂股东会建议书 民国十二年(1923)	4	571—574
大生纱厂股东会宣言书 民国十四年(1925)	3	113—117	大生纱厂股东会宣言书 民国十二年(1923.3.26)	4	549—552
《纺工说明书》后序	3	117—118	纺工说明书后序 清宣统二年(1910)	6	357—358
致沈敬夫函(九件)	3	118—126	致沈敬夫函(九件)	3	1587—1594
致高立卿、沈敬夫函	3	126—127	致高立卿沈敬夫函(二件之一)	3	1603—1604
致沈敬夫函(三件)	3	127—128	致沈敬夫函(三件)	3	1594—1595
致沈敬夫、高立卿函	3	128—129	致高立卿沈敬夫函(二件之二)	3	1604—1605
致沈敬夫函	3	129	致沈敬夫函	3	1595—1596
致沈敬夫、高立卿函 附录：沈敬夫致张謇函	3	129—130	致沈敬夫、高立卿函 附录：沈敬夫致张謇函	3	1605
致沈敬夫函(七件)	3	130—134	致沈敬夫函(七件)	3	1597—1601
致沈敬夫、高立卿、蒋书箴函	3	134	致沈敬夫高立卿蒋锡绅函	3	1606
致沈敬夫函(二件)	3	134—135	致沈敬夫函(二件)	3	1596—1597
致蒋书箴、沈敬夫函	3	135—136	致沈敬夫蒋书箴函	3	1606—1607

续 表

《张謇全集》1994年版			《张謇全集》2012年版		
题 名	卷次	页码	题 名	卷次	页码
致沈敬夫、高立卿、徐翔林函	3	136	致沈敬夫高立卿徐石麟函	3	1606
致沈敬夫函(二件)	3	136	致沈敬夫函(二件)	3	1596
致徐陶安、查彦昭函	3	137	致徐陶安、查彦昭函	3	1646
致沪帐房函	3	137	嘱沪帐房条	3	1607
致张作三函(五件)	3	137—138	致张作三函(五件)	3	1621—1623
致恽祖祁函	3	139	致恽祖祁函	3	1624—1625
创设崇明大生分厂呈部立案文及部批 清光绪三十年(1904)	3	140—141	创设崇明大生分厂呈部立案文 清光绪三十年夏(1904.6~9)	1	51—52
大生分厂各项章程 清光绪三十年(1904)	3	141—181	大生分厂各项章程 清光绪三十年(1904)	5	58—92
致廉存函 清光绪三十二年(1906.2.27)	3	181	致邵廉存函 清光绪三十二年二月初五日(1906.2.27)	2	162
大生分厂第一次股东会报告 清光绪三十三年(1907)	3	181—184	大生分厂第一次股东会报告 清光绪三十三年八月初一日(1907.9.8)	4	136—138
大生分厂第一届说略并帐略 清光绪三十三年(1907)	3	184—189	通州大生分厂第一届说略 通州大生分厂第一届帐略 清光绪三十三年(1907)	5	388—389 389—392
致赵凤昌函 清光绪三十三年(1908.1.25)	3	190	致赵凤昌函(二件之一) 清光绪三十三年十二月二十二日(1908.1.25)	2	229

续 表

《张謇全集》1994年版			《张謇全集》2012年版		
题 名	卷次	页码	题 名	卷次	页码
致赵凤昌函 清光绪三十三年(1908.1.28)	3	190	致赵凤昌函(二件之二) 清光绪三十三年十二月二十五日(1908.1.28)	2	229
大生分厂第二届说略并帐略 清光绪三十四年(1908)	3	190—195	通州大生分厂第二届说略 通州大生分厂第二届帐略 清光绪三十四年(1908)	5	392—393 393—395
大生分厂第三届说略并帐略 清宣统元年(1909)	3	196—202	通州大生分厂第三届说略 通州大生分厂第三届帐略 清宣统元年(1909)	5	396 396—400
大生崇明分厂十年事述 民国二年(1913)	3	202—210	大生崇明分厂十年事述 民国二年(1913)	4	269—277
致韩紫石函 民国十一年(1922.11.9)	3	210—211	致韩国钧函 民国十一年(1922.11.9)	3	1097—1098
通海垦牧公司集股章程启 清光绪二十七年(1901)	3	212—221	通海垦牧公司集股章程启 清光绪二十七年五月初一日(1901.6.16)	5	25—33
通海垦牧公司招佃章程 清光绪二十七年(1901)	3	222—225	通海垦牧公司招佃章程 清光绪二十八年四月二十三日(1902.5.30)	5	34—38
致赵凤昌函 清光绪二十七年(1901.7.25)	3	226	致赵凤昌函 清光绪二十七年六月初十日(1901.7.25)	2	116—117
致赵凤昌函 清光绪二十七年(1901.8.27)	3	226—227	致赵凤昌函 清光绪二十七年七月十四日(1901.8.27)	2	118

续 表

《张謇全集》1994年版			《张謇全集》2012年版		
题　名	卷次	页码	题　名	卷次	页码
致赵凤昌函 清光绪二十七年(1901.9.8)	3	227	致赵凤昌函 清光绪二十七年七月二十六日(1901.9.8)	2	118—119
致赵凤昌函 清光绪二十七年(1901.11.12)	3	228	致汤寿潜赵凤昌函 清光绪二十七年十月初二日(1901.11.12)	2	119
通海垦牧公司第一届帐略 清光绪二十八年(1902)	3	228—230	通海垦牧公司第一届帐略 清光绪二十九年(1903)	5	426—428
通海垦牧公司说略 清光绪二十九年(1903)	3	231—234	通海垦牧公司说略 清光绪二十九年(1903)	5	428—431
为清理兵田咨苏松镇文 清光绪二十九年(1903)	3	234—235	与苏松镇徐文 清宣统元年六月十一日(1909.7.27)	1	178—179
为通海垦牧通境补地无须缴价移吕四场文 清光绪二十九年(1903)	3	235	为通海垦牧通境补地无须缴价移吕四场文 清光绪二十八年(1902)	1	46—47
通海垦牧公司第二届帐略 清光绪二十九年(1903)	3	235—238	通海垦牧公司第二届帐略 清光绪三十年(1904)	5	431—433
通海垦牧公司第二届说略 清光绪三十年(1904)	3	238—243	通海垦牧公司第二届说略 清光绪三十年(1904)	5	433—437
咨呈江督商部盐垦两公司被灾情形 清光绪三十年(1904)	3	243—246	咨呈江督商部盐垦两公司被灾情形 清光绪三十一年八月十三日(1905.9.11)	1	88—91
咨呈江督垦牧盐业被灾补救筹款之办法 清光绪三十年(1904)	3	246—248	咨呈江督垦牧盐业被灾补救筹款之办法 清光绪三十一年八月十四日(1905.9.12)	1	91—92

续 表

《张謇全集》1994年版			《张謇全集》2012年版		
题　名	卷次	页码	题　名	卷次	页码
通海垦牧公司第三届帐略 清光绪三十年(1904)	3	248—251	通海垦牧公司第三届帐略 清光绪三十一年(1905)	5	437—439
通海垦牧公司第三届说略 清光绪三十一年(1905)	3	251—258	通海垦牧公司第三届说略 清光绪三十一年(1905)	5	439—444
通海垦牧公司第四届说略 清光绪三十二年(1906)	3	258—280	通海垦牧公司第四届说略 清光绪三十二年(1906)	5	445—461
通海垦牧公司第四届帐略 清光绪三十二年(1906)	3	280—283	通海垦牧公司第四届帐略 清光绪三十二年(1906)	5	461—464
通海垦牧丙午年事例及日课时间表 清光绪三十二年(1906)	3	284—286	通海垦牧丙午年事例及日课时间表 清光绪三十二年(1906)	4	116—119
通海垦牧公司第五届说略并帐略 清光绪三十三年(1907)	3	286—299	通海垦牧公司第五届说略 通海垦牧公司第五届帐略 清光绪三十三年(1907)	5	464—471 471—473
通海垦牧公司界图扇箑 清光绪三十三年(1907)	3	299—300	题通海垦牧公司界图扇箑 清光绪三十三年(1907)	6	333—334
为通海垦牧咨呈督部文 清光绪三十四年(1908)	3	300—308	为通海垦牧咨呈督部文 清光绪三十四年八月至九月(1908.8～10)	1	147—154
为通海垦牧移请州厅场会衔出示建立界碑文 清光绪三十四年(1908)	3	308	为通海垦牧移请州厅场会衔出示建立界碑文 清宣统元年十月十二日(1909.11.24)	1	184

续 表

《张謇全集》1994年版			《张謇全集》2012年版		
题 名	卷次	页码	题 名	卷次	页码
为通海垦牧移复吕四场文 清光绪三十四年(1908)	3	308—310	为通海垦牧移复吕四场文 清光绪三十四年二月初八日(1908.3.10)	1	145—146
通海垦牧公司第六届说略并帐略 清光绪三十四年(1908)	3	310—322	通海垦牧公司第六届说略 通海垦牧公司第六届帐略 清光绪三十四年(1908)	5	474—481 482—484
移海门厅缴价文 清宣统元年(1909)	3	323—325	移海门厅缴价文 清宣统元年闰二月二十四日(1909.4.14)	1	169—171
通海垦牧公司第七届说略并帐略 清宣统元年(1909)	3	325—348	通海垦牧公司第七届说略 通海垦牧公司第七届帐略 清宣统元年(1909)	5	484—497 497—499
通海垦牧公司第八届说略并帐略 清宣统二年(1910)	3	348—381	通海垦牧公司第八届说略 通海垦牧公司第八届帐略 清宣统二年(1910)	5	500—516 516—519
为通海垦牧赋则移复州场请详咨报部文 清宣统二年(1910)	3	381—382	移复州场请详咨报部文 清宣统元年十月十二日(1909.11.24)	1	183—184
咨呈江督苏狼营田按银入股垦熟后按亩升科请准立案文 清宣统二年(1910)	3	382—383	咨呈江督苏狼营田按银入股垦熟后按亩升科请准立案文 清宣统二年五月二十二日(1910.6.28)	1	203—204
通海定界后记 清宣统三年(1911)	3	383—384	通海定界后记 清宣统三年七月下旬(1911.8～9)	6	361—363

续 表

《张謇全集》1994年版			《张謇全集》2012年版		
题 名	卷次	页码	题 名	卷次	页码
垦牧公司第一次股东会演说公司成立之历史 清宣统三年(1911)	3	384—387	垦牧公司第一次股东会演说公司成立之历史 清宣统三年三月初二日(1911.3.31)	4	180—183
为垦牧公司与端督部书 清宣统三年(1911)	3	388	致端方函 约清光绪三十四年(1908)	2	239—240
致通海垦牧公司董事会函 民国三年(1914.6.16)	3	388—389	致通海垦牧公司董事会函 民国三年(1914.6.16)	2	451—452
保护垦佃通告 民国十年(1921)	3	389	保护垦佃通告 民国八年(1919.8.18)	5	195
垦牧乡志 民国十三年(1924)	3	389—398	垦牧乡志 民国十三年(1924)	6	580—587
垦牧手牒	3	398—483	垦牧手牒	3	1433—1517
整顿垣章禀场立案文 清光绪二十九年(1903)	3	484—485	整顿垣章禀场立案文 清光绪二十九年(1903)	1	47—49
同仁泰盐业公司整顿通章 清光绪二十九年(1903)	3	486—491	同仁泰盐业公司整顿通章 清光绪二十九年(1903)	5	43—47
吕四同仁泰盐业公司筹办整顿改良说略并帐略 清光绪二十九年(1903)	3	491—499	吕四同仁泰盐业公司筹办整顿改良说略并帐略 清光绪二十九年(1903)	5	604—611
吕四同仁泰盐业公司增股启并帐略 清光绪三十年(1904)	3	500—510	吕四同仁泰盐业公司增股启并帐略 清光绪三十年十二月二十三日(1905.1.28)	5	611—619
为设立盐业公司并筹改良之法呈江督文 清光绪三十年(1904)	3	510—512	为设立盐业公司并筹改良之法呈江督文 清光绪三十年(1904)	1	55—56

续 表

《张謇全集》1994 年版			《张謇全集》2012 年版		
题 名	卷次	页码	题 名	卷次	页码
为盐制改良咨呈江督文 清光绪三十年(1904)	3	512—513	为盐制改良咨呈江督文 清光绪三十年末(1905.1～2)	1	79—80
为吕四盐业复运司函 清光绪三十年(1904)	3	514—515	复运司函 清光绪三十二年四月中下旬(1906.5)	2	165—166
为盐业致运司函 清光绪三十年(1904)	3	515	致运司函 清光绪三十二年闰四月初(1906.5)	2	168
为盐业再致运司函 清光绪三十年(1904)	3	515—516	致运司函 清光绪三十二年闰四月初(1906.5)	2	169—170
盐业整顿改良被扼记 清光绪三十一年(1905)	3	517—521	盐业整顿改良被扼记 清光绪三十四年(1908)	6	340—343
为盐业致两江周督函 清光绪三十一年(1905)	3	521—523	致周馥函 清光绪三十一年(1905)	2	157—159
垣改聚煎呈移盐院运司文 清光绪三十一年(1905)	3	523—526	垣改聚煎呈移盐院运司文 清光绪三十一年(1905)	1	110—113
同仁泰盐业公司旧法盐业说略 清光绪三十一年(1905)	3	526—531	同仁泰盐业公司旧法盐业说略 清光绪三十一年(1905)	5	619—623
同仁泰盐业公司第三届帐略 清光绪三十一年(1905)	3	532—536	同仁泰盐业公司第三届帐略 清光绪三十一年(1905)	5	624—627
同仁泰盐业公司仿日本法试验场第一届帐略 清光绪三十一年(1905)	3	537—539	同仁泰盐业公司仿日本法试验场第一届帐略 清光绪三十一年(1905)	5	627—629
致赵凤昌函 清光绪三十一年(1906.1.17)	3	539	致赵凤昌函 清光绪三十一年十二月二十三日(1906.1.17)	2	161—162

续 表

《张謇全集》1994年版			《张謇全集》2012年版		
题 名	卷次	页码	题 名	卷次	页码
为盐业事致两淮运司函 清光绪三十二年(1906)	3	539—541	致两淮运司函 清光绪三十二年(1906)	2	196—197
同仁泰盐业公司仿日本法试验场说略 清光绪三十二年(1906)	3	541—548	同仁泰盐业公司仿日本法试验场说略 清光绪三十二年(1906)	5	629—632
同仁泰盐业公司丙午年说略帐略 清光绪三十二年(1906)	3	548—559	同仁泰盐业公司丙午年说略 同仁泰盐业公司第四届帐略 清光绪三十二年(1906)	5	632—634 634—640
同仁泰盐业公司仿日本法试验场第二届帐略 清光绪三十二年(1906)	3	559—572	同仁泰盐业公司仿日本法试验场第二届帐略 清光绪三十二年(1906)	5	641—644
同仁泰盐业公司丁未年说略帐略 清光绪三十三年(1907)	3	572—582	同仁泰盐业公司丁未年说略 同仁泰盐业公司丁未年帐略 清光绪三十三年(1907)	5	649 650—653
同仁泰盐业公司仿日本法试验场第三届帐略 清光绪三十三年(1907)	3	582—591	同仁泰盐业公司仿日本法试验场第三届帐略 清光绪三十三年(1907)	5	656—659
同仁泰盐业公司板晒场第一届帐略 清光绪三十三年(1907)	3	591—593	同仁泰盐业公司板晒场第一届帐略 清光绪三十三年(1907)	5	663—664
致吕四同仁泰盐业公司各股东公启 清光绪三十三年(1907)	3	593—596	致吕四同仁泰盐业公司各股东公启 清光绪三十三年(1907)	5	108—111
同仁泰盐业公司戊申年说略帐略 清光绪三十四年(1908)	3	596—601	同仁泰盐业公司戊申年说略 同仁泰盐业公司戊申年帐略 清光绪三十四年(1908)	5	664 665—668

续 表

《张謇全集》1994年版			《张謇全集》2012年版		
题 名	卷次	页码	题 名	卷次	页码
同仁泰盐业公司聚煎场第三届帐略 清光绪三十四年(1908)	3	601—605	同仁泰盐业公司聚煎场第三届帐略 清光绪三十四年(1908)	5	668—670
同仁泰盐业公司煎晒试验场第四届帐略 清光绪三十四年(1908)	3	605—609	同仁泰盐业公司煎晒试验场第四届帐略 清光绪三十四年(1908)	5	671—673
同仁泰盐业公司第七届营业说略 清宣统元年(1909)	3	609—610	同仁泰盐业公司第七届营业说略 清宣统元年(1909)	5	673—674
同仁泰盐业公司报告板盐归入正额,拟于庚戌年推广晒板,请股东筹济资本函 清宣统元年(1909)	3	610—615	致同仁泰盐业公司股东函 清宣统元年(1909)	2	253
(同仁泰盐业公司)第七届帐略	3	611—615	同仁泰盐业公司第七届帐略 清宣统元年(1909)	5	674—677
同仁泰盐业公司报告板盐煎晒场第五届帐略 宣统元年(1909)	3	616—620	同仁泰盐业公司报告板盐煎晒场第五届帐略 宣统元年(1909)	5	680—683
同仁泰盐业公司报告板盐聚煎场第四届帐略 清宣统元年(1909)	3	620—624	同仁泰盐业公司报告板盐聚煎场第四届帐略 清宣统元年(1909)	5	677—680
为板晒盐借款致运司函 清宣统元年(1909)	3	624	致运司函(二件之一) 清宣统元年(1909)	2	243
为板晒盐借款再致运司函 清宣统元年(1909)	3	625	致运司函(二件之二) 清宣统元年(1909)	2	243—244
报告章静轩创始经办华成一年间之事实 民国六年(1917)	3	626—627	报告章静轩创始经办华成一年间之事实 民国七年(1918)	4	388—389

续 表

《张謇全集》1994 年版			《张謇全集》2012 年版		
题 名	卷次	页码	题 名	卷次	页码
阜宁学滩始末纪要序 民国八年(1919)	3	627—628	阜宁学滩始末纪要序 民国九年(1920.4)	6	465—466
布告通泰灶丁荡户文 民国十年(1921)	3	628—629	布告通泰灶丁荡户文 民国八年(1919.3.3)	5	192—193
对于各盐垦公司之通告 民国十一年(1922)	3	629—631	对于各盐垦公司之通告 民国十一年(1922)	5	244—245
致各盐垦公司论水利函 民国十一年(1922)	3	631—632	致各盐垦公司函 民国九年(1920.4)	2	750—751
整理盐垦公司刍议 民国十一年(1922)	3	632—638	整理盐垦公司刍议 民国十一年(1922)	4	519—524
盐垦公司水利规划通告股东暨公司职员函 民国十二年(1923)	3	638—642	盐垦公司水利规画通告股东暨公司职员函 民国十二年(1923)	5	251—254
盐垦股东会宣言书 民国十三年(1924)	3	642—644	盐垦股东会宣言书 民国十三年(1924.5)	4	580—581
为通泰各盐垦公司募集资金之说明书 民国十三年(1924)	3	644—662	为通泰各盐垦公司募集资金之说明书 民国十三年(1924)	4	582—594
拟发展盐垦借款成立后宣言 民国十三年(1924)	3	662—665	拟发展盐垦借款成立后宣言 民国十三年(1924)	4	597—599
为开办榨油厂咨呈南洋大臣 清光绪二十七年(1901)	3	666	为开办榨油厂咨呈南洋大臣 清光绪二十七年(1901)	1	42—43
通州广生油厂集股章程 清光绪二十七年(1901)	3	667—668	通州广生油厂集股章程 清光绪二十七年(1901)	5	33—34
致赵凤昌函 清光绪二十八年(1902.2.21)	3	668	致赵凤昌函 清光绪二十八年正月十四日(1902.2.21)	2	120

续 表

《张謇全集》1994年版			《张謇全集》2012年版		
题 名	卷次	页码	题 名	卷次	页码
通州广生油厂第一届帐略 清光绪二十九年(1903)	3	669—671	通州广生油厂第一届帐略 清光绪二十九年(1903)	5	400—401
通州广生油厂第二届帐略 清光绪三十年(1904)	3	671—674	通州广生油厂第二届帐略 清光绪三十年(1904)	5	401—404
广生油厂第三届说略并帐略 清光绪三十一年(1905)	3	675—678	通州广生油厂第三届说略 通州广生油厂第三届帐略 清光绪三十一年(1905)	5	404 404—406
广生油厂第四届说略并帐略 清光绪三十二年(1906)	3	678—683	通州广生油厂第四届说略 通州广生油厂第四届帐略 清光绪三十二年(1906)	5	404 404—409
广生油厂第五届说略并帐略 清光绪三十三年(1907)	3	683—687	通州广生油厂第五届说略 通州广生油厂第五届帐略 清光绪三十三年(1907)	5	409 409—411
广生油厂第六届说略并帐略 清光绪三十四年(1908)	3	687—690	通州广生油厂第六届说略 通州广生油厂第六届帐略 清光绪三十四年(1908)	5	411—412 412—414
广生油厂第七届说略并帐略 清宣统元年(1909)	3	690—694	通州广生油厂第七届说略 通州广生油厂第七届帐略 清宣统元年(1909)	5	414 414—416

续 表

《张謇全集》1994年版			《张謇全集》2012年版		
题　名	卷次	页码	题　名	卷次	页码
沙键庵、张退庵、张啬庵在通州广生油厂第一次股东会议上的报告 清宣统元年(1909)	3	694—695	沙键庵张退庵张啬庵在通州广生油厂第一次股东会议上的报告 清宣统元年(1909)	4	160
大生轮船公司通沪合股事略 清光绪二十八年(1902)	3	696—697	大生轮船公司通沪合股事略 清光绪二十八年(1902)	4	68—69
为内河小轮咨宁藩司李 清光绪二十九年(1903.4.13)	3	697	为内河小轮咨宁藩司李 清光绪二十九年三月十六日(1903.4.13)	1	47
为大达内河小轮致商督魏函 清光绪二十九年(1903.5.19)	3	697—698	致魏光焘函 清光绪二十九年四月二十三日(1903.5.19)	2	123
移镇江关道部 清光绪三十一年(1905.5.2)	3	698—699	移镇江关道部 清光绪三十一年三月二十八日(1905.5.2)	1	81—82
移江南商务局 清光绪三十一年(1905.5)	3	699	移江南商务局 清光绪三十一年四月(1905.5～6)	1	82
移扬州府泰州江都县甘泉县 清光绪三十一年(1905.5)	3	700	移扬州府泰州江都县甘泉县 清光绪三十一年四月(1905.5～6)	1	83
咨商督周 清光绪三十一年(1905.6.11)	3	700—701	咨商督周 清光绪三十一年五月(1905.6～7)	1	83—84
咨呈南洋周 清光绪三十一年(1905.7.23)	3	701—702	咨呈南洋周 清光绪三十一年六月二十一日(1905.7.23)	1	86—87

续　表

《张謇全集》1994年版			《张謇全集》2012年版		
题　名	卷次	页码	题　名	卷次	页码
通州大达小轮公司扬通一带内河行轮章程	3	702—704	通州大达小轮公司扬通一带内河行轮章程	5	274—275
大达公司小轮搭客章程	3	705—706	大达公司小轮搭客章程	5	276
通州大达公司内河小轮帐房舵工管轮约	3	706—708	通州大达公司内河小轮帐房舵工管轮约	5	277—278
请设上海大达轮步公司公呈 清光绪三十年(1904)	3	708—709	请设上海大达轮步公司公呈 清光绪三十年(1904)	1	72—73
天生港大达轮步公司集股启 清光绪三十一年(1905)	3	709—712	天生港大达轮步公司集股章程并启 清光绪三十一年(1905)	5	93—95
大生添轮启 清光绪三十二年(1906)	3	712	大生添轮启 清光绪三十二年(1906)	5	106
为开办通州大兴面厂咨呈 清光绪二十七年(1901.11)	3	713—714	为开办通州大兴面厂咨呈 清光绪二十七年十月初十日(1901.11.20)	1	38—39
翰林院修撰张咨呈 清光绪二十八年(1902)	3	714—715	咨呈南洋大臣 清光绪二十八年六月(1902.7～8)	1	45—46
大兴机器磨面厂集股章程 清光绪二十八年(1902.7.25)	3	715—717	大兴机器磨面厂集股章程 清光绪二十八年六月二十一日(1902.7.25)	5	38—40
通州大兴面厂日行事理	3	717—723	通州大兴面厂日行事理	5	278—283
为创设蚕桑公司禀请立案呈文 清光绪二十九年(1903)	3	723—724	为创设蚕桑公司禀请立案呈文 清光绪二十九年(1903)	1	49—50

续 表

《张謇全集》1994年版			《张謇全集》2012年版		
题 名	卷次	页码	题 名	卷次	页码
通州蚕桑公司集股兴办启 清光绪二十九年(1903)	3	724—726	通州蚕桑公司集股兴办启 清光绪二十九年(1903)	1见章程分册	50
咨商督周 清光绪三十一年(1905.7.8)	3	726—727	咨商督周 清光绪三十一年六月初六日(1905.7.8)	1	85—86
泽生水利公司创办公呈	3	727—728	泽生水利公司创办公呈 约清光绪三十年(1904)	1	74—75
泽生水利公司集股开办章程	3	728—730	泽生水利公司集股开办章程	5	283—284
移通州 清光绪三十一年(1905.4.19)	3	730	移通州 清光绪三十一年三月十五日(1905.4.19)	1	80—81
通州泽生外港水利公司章程	3	730—732	通州泽生外港水利公司章程 清光绪三十一年(1905)	5	96—97
为通埠及铁冶厂事致江督函	3	732—733	致端方函 清光绪三十三年(1907)	2	226—227
通州资生铁冶公司集股启并章程	3	733—736	资生铁冶公司集股启 资生铁冶公司集股章程 清光绪三十一年(1905)	5	92—93 97—98
资生冶厂报告第一、第二届帐略并增集股本启 清光绪三十三年(1907)	3	736—740	通州资生冶厂报告第一第二届帐略并增集股本启 清光绪三十三年(1907)	5	416—419
通州资生冶厂第三届说略并帐略 清光绪三十四年(1908)	3	740—743	通州资生冶厂第三届说略并帐略 清光绪三十四年(1908)	5	420—421

续　表

《张謇全集》1994年版			《张謇全集》2012年版		
题　名	卷次	页码	题　名	卷次	页码
通州资生冶厂第四届说略并帐略 清宣统元年(1908～1909)	3	743—746	通州资生冶厂第四届说略并帐略 清宣统元年(1908～1909)	5	422—423
通州资生冶厂第五届说略并帐略 清宣统二年(1909～1910)	3	746—748	通州资生冶厂第五届说略并帐略 清宣统二年(1910)	5	424—426
翰墨林书局章程 清光绪二十九年(1903)	3	748—754	翰墨林书局章程 清光绪二十九年(1903)	5	47—52
为翰墨林书局版权咨呈两江魏督 清光绪三十年(1904)	3	754	为翰墨林书局版权咨两江魏督 清光绪三十年六月(1904.7～8)	1	53
大生第八纺织厂招股通告 民国十三年(1924)	3	754—755	大生第八纺织股份有限公司招股通告 民国十一年(1922.3.13)	5	225—226
通海议办认捐(即包捐)本末要略 清光绪二十一年(1895)	3	756—758	通海议办认捐本末要略 清光绪二十二年四月十二日(1896.5.24)	4	21—22
海通蚕桑兴衰事略复汪穰卿 清光绪二十四年(1898)	3	758—760	复汪康年函 清光绪二十四年四月初十日(1898.5.29)	2	90—91
致汪康年函 清光绪二十五年(1899.11)	3	760	致汪康年梁启超函 清光绪二十五年十月二十日(1899.11.22)	2	103
致赵凤昌函 清光绪二十七年(1901.12.21)	3	761	致赵凤昌函 清光绪二十七年十一月十一日(1901.12.21)	2	119—120

续 表

《张謇全集》1994 年版			《张謇全集》2012 年版		
题 名	卷次	页码	题 名	卷次	页码
致赵凤昌函 清光绪二十八年(1902.4.23)	3	761	致赵凤昌函 清光绪二十八年三月十六日(1902.4.23)	2	120
劝通州商业合营储蓄兼普通商业银行说帖 清光绪二十八年(1902)	3	761—762	劝通州商业合营储蓄兼普通商业银行说帖 清光绪二十八年(1902)	4	67—68
拟开垦通分司九场蓄草余地章程 清光绪三十年(1904) 附录：奏通州盐场余地略	3	763—766	拟开垦通分司九场蓄草余地章程 清光绪三十年(1904) 附录：奏通州盐场余地略	5	55—58
因朱某图在海门设厂呈部文 清光绪三十年(1904)	3	766—767	因朱某图在海门设厂呈部文 清光绪三十年十二月初七日(1905.1.12)	1	76—77
又咨商部文 清光绪三十年(1904)	3	767—768	咨商部文 清光绪三十年十二月(1905.1～2)	1	78—79
为开埠事咨周督文 清光绪三十一年(1905.10.27)	3	769	为开埠事咨周督文 清光绪三十一年九月十九日(1905.10.17)	1	95—96
为实业致周江督函 清光绪三十一年(1905)	3	770—771	致周馥函 清光绪三十一年(1905)	2	159—160
复李外部述商部属办商会及丝茶大公司函 清光绪三十一年(1905)	3	771—772	复李外部函 清光绪三十年二月初六日(1904.3.22)	2	131—132
致唐侍郎论渔业函 清光绪三十一年(1905)	3	772—773	复唐文治函 清光绪三十一年八月(1905.9)	2	146—147

续 表

《张謇全集》1994年版			《张謇全集》2012年版		
题 名	卷次	页码	题 名	卷次	页码
请保护提倡实业呈商部文 清光绪三十一年(1905)	3	774—775	请保护提倡实业呈商部文 清光绪三十一年(1905)	1	99—100
为渔业事致江督函 清光绪三十二年(1906)	3	775	致周馥函 清光绪三十一年(1905)	2	157
为开埠复两江周督函 清光绪三十二年(1906)	3	775—776	致周馥电 清光绪三十二年(1906)	2	183—184
为盐业致王小徐函 清光绪三十二年(1906)	3	776—777	致王小徐函 清光绪三十二年(1906)	2	181
为实业致两江周督函 清光绪三十二年(1906)	3	777—778	致周馥书 清光绪三十二年(1906)	2	182—183
为商航复商部文 清光绪三十二年(1906)	3	778—782	为商航复商部文 清光绪三十二年(1906)	1	128—131
在实业公司股东会议上的报告 清光绪三十四年(1908.9.14)	3	782—784	在实业公司股东会议上的报告 清光绪三十四年八月十九日(1908.9.14)	4	147—149
海关进出口货价比较表序 清宣统三年(1911)	3	784—785	海关进出口货价比较表序 清宣统三年四月初三日(1911.5.1)	6	360—361
奖励植棉暨纺织业说 民国元年(1912)	3	785—789	奖励植棉暨纺织业说 清宣统二年(1910)	4	168—171
拟请酌留苏路股本合营纺织公司意见书 民国元年(1912)	3	789—792	拟请酌留路股合营纺织公司意见书 民国二年(1913.6.23)	4	252—254
为合资设立掘港开垦公司呈请部署立案文 民国二年(1913)	3	792—793	为合资设立掘港开垦公司呈请部署立案文 民国二年(1913)	1	278—279

续 表

《张謇全集》1994 年版			《张謇全集》2012 年版		
题 名	卷次	页码	题 名	卷次	页码
汉冶萍就职演说 民国二年(1913)	3	793—794	汉冶萍公司特别股东大会书面致词 民国元年(1912.8.12)	4	211—212
为江西瓷业有限公司请拨款维持致江西民政长函 民国四年(1915)	3	794	致戚扬函 民国四年(1915)	2	571
宣告掘港场荡地历史及所规划 民国五年(1916)	3	795—799	宣告掘港场荡地历史及所规画 民国五年(1916)	4	357—360
为中国银行风潮致段总理电 民国五年(1916)	3	799	致段祺瑞陈兰生电 民国五年(1916.12.7)	2	621—622
复北京国民外交协会发展棉业说 民国七年(1918)	3	799—800	复北京国民外交协会函 民国八年(1919.7)	2	716—717
通海实业根本计划宣言书 民国七年(1918)	3	800—801	通海实业根本计画宣言书 民国七年(1918)	4	389—390
通如海棉业公会棉产统计报告书序 民国七年(1918)	3	801	通如海棉业公会民十二年棉产统计报告书序 民国十二年(1923.11)	6	560
忠告习工妇女之父兄 民国七年(1918)	3	801—802	忠告习工妇女之父兄 民国七年(1918.3)	4	369—370
棉业季刊序 民国八年(1919)	3	802	华商纱厂联合会季刊弁言 民国八年(1919.8)	6	455
为组合中美实业复芮恩施博士函 民国八年(1919)	3	803	致芮恩施函 民国九年(1920)	3	844

续 表

《张謇全集》1994年版			《张謇全集》2012年版		
题 名	卷次	页码	题 名	卷次	页码
淮海实业银行开幕演说 民国八年(1919)	3	803—804	淮海实业银行开幕演说 民国九年(1920.1)	4	446
敬告派人来南通见习纺织之团体 民国八年(1919)	3	804	敬告派人来南通见习纺织之团体 民国八年(1919)	4	445—446
天生港设立通燧火柴公司准预备案文 民国九年(1920)	3	805	天生港设立通燧火柴公司请准予备案文 民国九年(1920)	1	511
驻沪淮海实业银行开业词 民国九年(1920)	3	805—806	拟淮海沪行训词 民国九年(1920.9)	4	463
告戒实业同人函 民国九年(1920)	3	806	与张督告戒实业同人书 民国八年(1919.5)	2	712—713
再告戒实业同人函 民国九年(1920)	3	807	再告戒实业同人函 民国八年秋(1919)	2	724—725
为中比航业致大生厂董事诸君函 民国九年(1920)	3	807—808	致大生厂董事诸君函 民国九年(1920)	3	845—847
南通联合交易所开幕词 民国十年(1921)	3	808—809	南通联合交易所开幕词 民国十年(1921.9.21)	4	486—487
告戒各实业公司同人勿营交易所函 民国十年(1921)	3	809	告戒各实业公司同人书 民国十年秋(1921)	3	995
为交易所停拍本所股票宣言 民国十一年(1922.1)	3	810	为交易所停拍本所股票宣言 民国十一年(1922.1)	4	499—500
为交易所事复吴季诚函 民国十一年(1922)	3	810—812	致吴季诚函 民国十一年(1922.2.11)	3	1015—1017

续 表

《张謇全集》1994年版			《张謇全集》2012年版		
题　名	卷次	页码	题　名	卷次	页码
设实业管理处致徐积余函 民国十一年(1922)	3	812	致徐积馀函 民国十一年(1922.3.24)	3	1038—1039
设纺织管理处致徐静仁函 民国十一年(1922)	3	812—813	致徐静仁函 民国十一年(1922.3.24)	3	1038
再致徐静仁函 民国十一年(1922)	3	813—814	致徐静仁函 民国十一年(1922)	3	1049—1050
定制布机致德人史维德函 民国十一年(1922)	3	814	致史维德函 民国十一年(1922)	3	1128
为种植烟草致简照南函 民国十一年(1922)	3	815	致简照南函 民国十一年(1922)	3	1141—1142
复制糖公司及股东会电 民国十一年(1922)	3	815—816	复制糖公司及股东会电 民国十一年(1922)	3	1142
交通银行月刊发刊词 民国十一年(1922)	3	816—817	交通银行月刊发刊词 民国十二年(1923.1.15)	6	551—552
交通银行第一届行务会议记事序 民国十一年(1922)	3	817	交通银行第一届行务会议记事序 民国十一年(1922)	6	546
维持招商局致政府电 民国十一年(1922)	3	817—818	致政府电 民国十一年(1922.11)	3	1105—1106
声辞中华国民制糖公司董事会议长启 民国十二年(1923)	3	818—819	声辞中华国民制糖公司董事会议长启 民国十二年(1923)	5	249—250
交通银行第二届行务会议记事序 民国十二年(1923)	3	820	交通银行第二届行务会议记事序 民国十二年(1923)	6	569—570

续 表

《张謇全集》1994年版			《张謇全集》2012年版		
题 名	卷次	页码	题 名	卷次	页码
商榷世界实业宜供求统计,中国实业宜应供求之趋势书 民国十二年(1923)	3	820—834	商榷世界实业宜供求统计中国实业宜应供求之趋势书 民国十二年(1923.3.1)	4	539—548
交通银行三届会议录序 民国十三年(1924)	3	835—836	交通银行三届会议录序 民国十三年(1924)	6	588—589
为实业致钱新之函 民国十四年(1925)	3	836	为实业致钱新之函 民国十四年(1925)	3	1388
为实业致吴季诚函 民国十四年(1925)	3	837	为实业致吴季诚函 民国十四年(1925)	3	1388—1389
声明大陆制铁公司内容之通电	3	838—839	大陆制铁公司通电 民国八年(1919.11.7)	2	725—727
南通各实业总稽核所成立之通告	3	839—840	南通各实业总稽核所成立之通告 民国八年(1919)	5	197
致端方函	3	840	致端方函 清光绪三十二年十二月初六日(1907.1.19)	2	200
致徐积余函(五件)	3	840—843	致徐积馀函(五件)	3	1632—1634
致李拔可函	3	843	致李拔可函 民国三年(1914.7.7)	2	463
致徐积余函(四件)	3	844—845	致徐积馀函(四件)	3	1636—1638
致李拔可函(四件)	3	845—846	致李拔可函(四件)	3	1576—1578
致缪小山函	3	846—847	致缪荃孙函(二十一件之十九)	3	1657—1658

续 表

《张謇全集》1994 年版			《张謇全集》2012 年版		
题　名	卷次	页码	题　名	卷次	页码
致君遂函	3	847	致君遂函	3	1623
致徐积余函	3	847	致徐积馀函(二件之二)	3	1638
致赵凤昌函	3	847—848	致赵凤昌函 民国五年(1916.1.6)	2	577
致徐积余函	3	848	致徐积馀函(二件之一)	3	1638
致炎之函(二件)	3	848—849	致缪荃孙函(二十一件之一) (二十一件之二十)	3	1650 1658
致何眉生函	3	849	致何嗣焜函(三件之三) 清光绪十四年十二月(1889.1)	2	43
致徐积余函(六件之一)	3	849	致徐积馀函(四件之一)	3	1639
致徐积余函(六件之二)	3	849—850	致徐积馀函 清光绪二十七年六月初五日(1901.7.20)	2	116
致徐积余函(六件之三)	3	850	致徐积馀函(四件之二)	3	1639
致徐积余函(六件之四)	3	850	致徐积馀函(四件之三)	3	1639—1640
致徐积余函(六件之五)	3	851	致徐积馀函(四件之四)	3	1640
致徐积余函(六件之六)	3	851	致徐积馀函 清光绪二十六年八月二十六日(1900.9.19)	2	110
致缪艺凤函	3	851—852	致缪荃孙函(二十一件之二十一)	3	1658—1659
致炎之函	3	852—853	致缪荃孙函(二十一件之七)	3	1652

续 表

《张謇全集》1994年版			《张謇全集》2012年版		
题 名	卷次	页码	题 名	卷次	页码
致徐积余函(四件)	3	853—855	致徐积馀函(四件)	3	1640—1642
拟兴鱼堰充采芹会议 光绪二十一年(1895)	4	1—2	拟兴鱼堰充采芹会议 清光绪二十一年(1895)	4	18—20
拟兴五山树艺扩充书院经费议 清光绪二十一年(1895)	4	3	拟兴五山树艺扩充书院经费议 清光绪二十一年(1895)	4	20
致玉岑侍郎函 清光绪二十一年(1895)	4	3—4	答溥良书 清光绪十九年九月十四日(1893.10.23)	2	51—52
致仲苏公祖函 清光绪二十一年(1895)	4	4—5	致黄仲苏函 清光绪二十一年(1895)	2	75
金陵文正书院西学堂章程 清光绪二十五年(1899)	4	5—6	金陵文正书院西学堂章程 清光绪二十三年(1897)	5	5—6
文正书院丙庚课艺录序 清光绪二十六年(1900)	4	6—7	文正书院丙庚课艺录序 清光绪二十六年(1900)	6	282—283
复顾梦璞书 清光绪二十八年(1902)	4	7	致顾梦璞函 清光绪二十八年(1902)	2	121
通海请立师范学校公呈 清光绪二十八年(1902)	4	8—10	通海请立师范学校公呈 清光绪二十八年四月十七日(1902.5.24)	1	43—45
附开办章程	4	10—11	通州师范学校开办章程	5	40—41
通州师范学校议 清光绪二十八年(1902)	4	11—16	通州师范学校议 清光绪二十八年十月(1902.10～11)	4	62—67

续 表

《张謇全集》1994年版			《张謇全集》2012年版		
题 名	卷次	页码	题 名	卷次	页码
师范章程改订例言 清光绪二十八年(1902)	4	16—17	师范章程改订例言 清光绪三十一年(1905)	5	96
致王晋蕃函 清光绪二十九年(1903.3.8)	4	17	教育手牒	3	1416—1417
致赵凤昌函 清光绪二十九年(1903.4.15)	4	17—18	致赵凤昌函 清光绪二十九年三月十八日(1903.4.15)	2	121—122
致赵凤昌函 清光绪二十九年(1903.5.10)	4	18	致赵凤昌函 清光绪二十九年四月十四日(1903.5.10)	2	122—123
致佐藤昌介函 清光绪二十九年(1903.7.23)	4	19	致佐藤昌介函 清光绪二十九年闰五月二十九日(1903.7.23)	2	125
致王静安函 清光绪二十九年(1903)	4	19	教育手牒	3	1421—1422
学制宜仿成周教法师孔子说 清光绪二十九年(1903)	4	20—22	学制宜仿成周教法师孔子说 清宣统元年闰二月至三月(1909.3～5)	4	151—154
论创办地方事业教育致端抚函 清光绪二十九年(1903)	4	22—24	致端方函 清光绪三十年(1904)	2	138—140
师范学校开校演说 清光绪二十九年(1903)	4	24—25	师范学校开校演说 清光绪二十九年四月初一日(1903.4.27)	4	69—70
师范学校年假演说 清光绪二十九年(1903)	4	25—28	师范学校年假演说 清光绪二十九年十一月十六日(1904.1.3)	4	74—76

续 表

《张謇全集》1994年版			《张謇全集》2012年版		
题　名	卷次	页码	题　名	卷次	页码
致赵凤昌函 清光绪三十年(1904.11.28)	4	28	致赵凤昌函 清光绪三十年十月二十二日(1904.11.28)	2	135
通州师范学校"坚苦自立,忠实不欺"校训跋 清光绪三十年(1904)	4	28	通州师范学校校训跋 清光绪三十年(1904)	6	315
师范学校开学演说 清光绪三十年(1904)	4	28—29	师范学校开学演说 清光绪三十年正月二十一日(1904.3.7)	4	77
海门学费议 清光绪三十年(1904)	4	30—31	海门学费议 清光绪二十九年十月初四日(1903.11.22)	4	73—74
师范奖励约束补助说呈学部 清光绪三十年(1904)	4	31—35	上学部条陈 清光绪三十四年十月(1908.10)	1	154—158
扶海垞家塾章程 清光绪三十年(1904)	4	35—37	扶海垞家塾章程 清光绪三十年正月二十五日(1904.3.11)	5	53—55
请助留英海军学生致江督电 清光绪三十年(1904)	4	37	致端方电 清光绪三十三年三月初十日(1907.4.22)	2	212
为苏省学额事致江督周玉帅函 清光绪三十一年(1905.11)	4	37—41	致周馥函 清光绪三十一年九月(1905.10)	2	147—151
附江督复张謇函 清光绪三十一年(1905)	4	41—42	附江督复张謇函 清光绪三十一年(1905)	2	151—152
致宁垣学务处沈观察电 清光绪三十一年(1905.12)	4	42	致沈同芳电 清光绪三十一年十一月二十三日(1905.12.19)	2	155

续 表

《张謇全集》1994 年版			《张謇全集》2012 年版		
题 名	卷次	页码	题 名	卷次	页码
附上海江苏学务总会致江宁苏属学生电 清光绪三十一年(1905.12.26)	4	43	附上海江苏学务总会致江宁苏属学生电 清光绪三十一年十一月二十六日(1905.12.22)	2	155
与沈同芳联名致三江师范学堂总办李观察书 光绪三十一年(1905.12)	4	43—44	与沈同芳致李梅庵书 清光绪三十一年十一月下旬(1905.12)	2	155—156
师范学校第一届简易科卒业演说 清光绪三十一年(1905)	4	44—45	师范学校第一届简易科卒业演说 清光绪三十一年六月初一日(1905.7.3)	4	94—95
师范学校暑假散学演说 清光绪三十一年(1905)	4	46—47	师范学校暑假散学演说 清光绪三十一年六月初一日(1905.7.3)	4	95—97
正告通五属办学诸君文 清光绪三十一年(1905)	4	47—48	正告通五属办学诸君文 清光绪三十二年(1906)	4	114—115
正告通五属各小学教员文 清光绪三十一年(1905)	4	49—50	正告通五属各小学教员文 清光绪三十二年(1906)	4	115—116
江苏省学额学费学务议略 清光绪三十一年(1905)	4	50—51	江苏省学额学费学务议略 清光绪三十一年(1905)	4	98—100
请设工科大学公呈 清光绪三十一年(1905)	4	52—53	请设工科大学公呈 清光绪三十一年(1905)	1	100—101
请拨给捐款补助通州中学公呈 清光绪三十一年(1905)	4	53—55	请拨给捐款补助通州中学公呈 清光绪三十二年三月(1906.3～4)	1	120—122

续 表

《张謇全集》1994年版			《张謇全集》2012年版		
题　名	卷次	页码	题　名	卷次	页码
致赵凤昌函 清光绪三十二年(1906.6.28)	4	56	致赵凤昌函 清光绪三十二年五月初七日(1906.6.28)	2	173
致赵凤昌函(二件) 清光绪三十二年(1906.7.22)	4	56	致赵凤昌函 清光绪三十二年六月初二日(1906.7.22)	2	173—174
江苏学会致学部及督抚函 清光绪三十二年(1906.10)	4	57	江苏学会致学部函 清光绪三十二年八月至九月(1906.10)	2	178—179
江苏教育总会拟请将南菁高等学堂改为文科高等学校上督抚帅及提学使书 清光绪三十二年(1906.12)	4	58—59	江苏教育总会拟请将南菁高等学堂改为文科高等学校上督抚帅及提学使书 清光绪三十二年十一月(1906.12)	1	131—132
论通州乡镇初等小学事寄劝学所教育会函 清光绪三十二年(1906)	4	59—62	致通州劝学所教育会函 清宣统元年(1909)	2	253—256
代内子作通州女子师范学校募捐启 清光绪三十二年(1906)	4	62—63	代内子作通州女子师范学校募捐启 清光绪三十二年十二月三十日(1907.2.12)	5	106—108
与周江督谈学务记 清光绪三十二年(1906)	4	64—65	与周江督谈学务记 清光绪三十二年二月十二日(1906.3.6)	6	316—317
策划南洋大学致端江督函 清光绪三十二年(1906)	4	65—68	复端方函 清光绪三十二年下半年(1906)	2	190—192
江苏教育总会复江震教育会书 清光绪三十三年(1907.3)	4	68—69	江苏教育总会复江震教育会 清光绪三十三年一月至二月(1907.3)	2	204—205

续 表

《张謇全集》1994年版			《张謇全集》2012年版		
题　名	卷次	页码	题　名	卷次	页码
为商船学校事致端监督函 清光绪三十三年(1907.7)	4	69—70	致瑞澂函 清光绪三十三年六月(1907.7)	2	216—217
通州师范学校始建记 清光绪三十三年(1907)	4	70—72	通州师范学校始建记 清光绪三十三年(1907)	6	330—331
致署江苏朱按察使劝兴盲哑学堂函 清光绪三十三年(1907)	4	72—73	致朱家宝函 清光绪三十三年三月(1907.4～5)	2	213—214
通州中学附国文专修科述义并简章 清光绪三十三年(1907)	4	74—75	通州中学附国文专修科述义并简章 清光绪三十三年(1907)	5	111—113
论国文示师范诸生 清光绪三十三年(1907)	4	75—76	教育手牒	3	1427—1428
与江易园书 清光绪三十四年(1908.1.18)	4	76	教育手牒	3	1426
上学部条陈 清光绪三十四年(1908.10)	4	77—81	上学部条陈 清光绪三十四年十月(1908.10)	1	154—158
师范学校开学演说 清光绪三十四年(1908)	4	81—83	师范学校开学演说 清光绪三十年正月二十六日(1907.3.10)	4	122—124
复江督论教育总会筹办情形函 清光绪三十四年(1908)	4	83	致端方函 清光绪三十三年十一月(1907.12)	2	224
初等教育必须改良之缘起 清光绪三十四年(1908)	4	83—85	初等小学教育必须改良之缘起 清光绪三十四年(1908)	4	150—151

续 表

《张謇全集》1994年版			《张謇全集》2012年版		
题 名	卷次	页码	题 名	卷次	页码
呈学部文 清宣统元年(1909.5)	4	85—87	呈学部文 清宣统元年三月二十六日(1909.5.15)	1	176—178
拟请将南菁高等学堂改为文科高等学校上督抚及提学使函 清宣统元年(1909)	4	87—89	江苏教育总会拟请将南菁高等学堂改为文科高等学校上督抚及提学使书 清光绪三十二年十一月(1906.12)	1	131—132
致师范黄广介、顾公毅函 清宣统元年(1909)	4	89	致黄广介顾公毅函 清光绪三十三年(1907)	2	226
与习位思计扩张城区小学书(又一书) 清宣统元年(1909)	4	89—90	致习位思函(三件之一、二) 清宣统元年(1909)	2	248
与习位思计设巡警教练所书 清宣统元年(1909)	4	90	致习位思函(三件之三) 清宣统元年(1909)	2	248
江苏教育总会咨呈江督、苏抚、宁苏提学司请开办实业教员讲习所文 清宣统二年(1910.11)	4	90—91	江苏教育总会咨呈江督苏抚宁苏提学司请开办实业教员讲习所文 清宣统二年十月(1910.11)	1	209—210
请免提苏属积谷款仍留地方办学议 清宣统二年(1910)	4	91—92	请免提苏属积谷款仍留地方办学议 清光绪三十二年十一月(1906.12)	4	121—122
复江苏毛提学使函 清宣统二年(1910)	4	92—93	复毛庆蕃函 清光绪三十四年正月(1908.2)	2	230

续 表

《张謇全集》1994年版			《张謇全集》2012年版		
题　名	卷次	页码	题　名	卷次	页码
答教育总会问学部考试奖励名目议 清宣统二年(1910)	4	93—94	答教育总会问学部考试奖励名目议 清宣统二年(1910)	4	179
江苏教育总会会场发布意见书 清宣统二年(1910)	4	94—95	江苏教育总会会场发布意见书 清光绪三十二年九月(1906.11)	4	105—106
江苏教育总会会场发布意见词 清宣统二年(1910)	4	95—96	在江苏学务总会特别会议上之声明 清光绪三十二年九月二十日(1906.11.6)	4	104—105
女子师范学校市河岸新校开学演说词 清宣统二年(1910)	4	96—98	女子师范学校市河岸新校开学演说 清宣统二年八月(1910.9～10)	4	166—167
全国教育会联合会发起词 清宣统三年(1911.4.29)	4	98	全国教育会联合会发起词 清宣统三年四月初一日(1911.4.29)	4	183
通州张氏家塾经史国文补习科答问序 清宣统三年(1911)	4	98—100	通州张氏家塾经史国文补习科答问序 民国元年(1912)	6	375—376
通州女师范第一次本科实习教授评案序 清宣统三年(1911)	4	100—101	通州女师范校第一次本科实习教授评案序 清宣统三年(1911)	6	367—368
致师范缪文功、李元蘅、顾公毅函 清宣统元年(1909)	4	101	致缪文功李元蘅顾公毅函 清宣统元年(1909)	2	252
辞江苏教育总会会长意见书 清宣统三年(1911)	4	101—102	辞江苏教育总会会长意见书 清光绪三十三年九月二十日(1906.10.26)	4	138—139

续 表

《张謇全集》1994年版			《张謇全集》2012年版		
题 名	卷次	页码	题 名	卷次	页码
致农校许生函 清宣统三年(1911)	4	102—103	致许生函 清宣统元年六月(1909.7)	2	248
论严格教育旨趣书 民国元年(1912)	4	103	论严格教育旨趣书 民国元年(1912.2)	4	207—208
致黄任之论师范及小学函 民国元年(1912)	4	104—105	致黄炎培函 民国二年(1912)	2	420—421
筹设盲哑师范传习所之意旨 民国元年(1912)	4	106	筹设盲哑师范传习所之意旨 民国元年(1912)	4	239
复留日王于两生函 民国元年(1912)	4	106—107	复王于两生函 民国元年(1912)	2	352
南通师范学校十年度支略序 民国元年(1912)	4	107—108	南通师范学校十年度支略序 民国元年二月二十八日(1912.4.15)	6	370—371
狼山盲哑学校开幕会上之演说 民国元年(1912)	4	108—109	狼山盲哑学校开幕会演说 民国五年(1916.11.25)	4	350—351
银行专修科演说 民国二年(1913)	4	109—110	银行专修科演说 民国二年(1913)	4	277—278
北京商业学校演说 民国二年(1913)	4	111—114	北京商业学校演说 清宣统三年五月二十四日(1911.6.20)	4	185—188
为统一国文读音致汪伯唐函 民国二年(1913)	4	114—115	致汪大燮函 民国二年(1913)	2	418
致张謇函 民国三年(1914.6)	4	115	致张謇函 民国三年(1914.6.下旬)	2	455

续 表

《张謇全集》1994 年版			《张謇全集》2012 年版		
题 名	卷次	页码	题 名	卷次	页码
复夏孙鹏函 民国三年(1914.6)	4	115	复夏孙鹏函 民国三年(1914.6 下旬)	2	456
复储南强函 民国三年(1914.7.2)	4	116	复储南强函 民国三年(1914.7.2)	2	458
复罗杰函 民国三年(1914.7.15)	4	116	复罗杰函 民国三年(1914.7.15)	2	472
致康特璋函 民国三年(1914.7.20)	4	117	致康特璋函 民国三年(1914.7.20)	2	480—481
致张謇函 民国三年(1914.7.27)	4	117	致张謇函 民国三年(1914.7.27)	2	487
复储铸农函 民国三年(1914.7.27)	4	118	复储南强函 民国三年(1914.7.27)	2	488
致马相伯、孙润江函 民国三年(1914.7)	4	118	致马鞏伯孙润江通函 民国三年(1914.7.2)	2	459
复张謇函 民国三年(1914.7)	4	119	复张謇函 民国三年(1914.7.18)	2	477
复江谦函 民国三年(1914.7)	4	119	复江谦函 民国三年(1914.7 中旬)	2	478
致严次约函 民国三年(1914.7)	4	119—120	致严次约函 民国三年(1914.7 中旬)	2	478—479
复沈恩孚函 民国三年(1914.7)	4	120	致沈敦和函 民国三年(1914.7.下旬)	2	489
致师范顾于李黄诸生函 民国三年(1914)	4	120—121	致顾于李黄诸生函 民国三年(1914)	2	508—509

续 表

《张謇全集》1994年版			《张謇全集》2012年版		
题 名	卷次	页码	题 名	卷次	页码
拟请申令各省速设河海工程测绘养成所呈 民国三年(1914)	4	121—122	拟请申令各省速设河海工程测绘养成所呈 民国四年(1915.8.5)	1	462—464
附 章程	4	122—125	河海工程测绘养成所章程	5	152—153
拟订测绘养成所章程附请核行呈 民国三年(1914.7)	4	125	呈拟订河海工程测绘养成所章程请核定公布文(附章程课目表) 民国四年(1915.8.19)	1	470—471
为河海工程学校致熊秉三函 民国三年(1914)	4	125—126	致熊希龄函 民国二年(1913.12)	2	412—413
请设高等土木工科学校先开河海工科专班拟具办法呈 民国三年(1914)	4	126—128	请设高等土木工科学校先开河海工科专班拟具办法呈 民国三年(1914.7)	1	353—354
拟请拨款即设河海工程学校并分省摊筹常费办法呈 民国三年(1914)	4	128—129	拟请拨款即设河海工程学校并分省摊筹常费办法呈 民国三年(1914)	1	409—410
师范第十届本科毕业演说 民国三年(1914)	4	129	师范第十届本科毕业演说 民国三年(1914)	4	329
南通纺织专门学校旨趣书 民国三年(1914)	4	129—130	南通纺织专门学校旨趣书 民国三年(1914)	4	329—330
致朱家宝、蔡儒楷、齐耀琳、屈映光函 民国四年(1915.4.6)	4	131	致朱家宝蔡儒楷齐耀琳屈映光函 民国四年(1915.4.6)	2	514—515
致朱家宝函 民国四年(1915.4.23)	4	131—132	复朱家宝函 民国四年(1915.4.16)	2	520—521

续 表

《张謇全集》1994年版			《张謇全集》2012年版		
题　名	卷次	页码	题　名	卷次	页码
拟长乐女学立案禀稿 民国四年(1915.4.23)	4	132	拟长乐女学立案禀稿 民国四年(1915.4.23)	1	455—456
致许肇南函 民国四年(1915.4)	4	133	致许肇南函 民国四年(1915.4.中旬)	2	521
复致齐耀琳函 民国四年(1915.5.29)	4	133	致齐耀琳函 民国四年(1915.5.29)	2	536—537
复芮恩施函 民国四年(1915.5.30)	4	134	复芮恩施函 民国四年(1915.5.30)	2	537—538
致吕介丞函 民国四年(1915.5)	4	134	致吕介丞函 民国四年(1915.5.下旬)	2	535
致孔明道函 民国四年(1915.6)	4	134—135	致孔明道函 民国四年(1915.6)	2	544—545
复商务印书馆函 民国四年(1915.6)	4	135	复商务印书馆函 民国四年(1915.6)	2	542
致齐耀琳函 民国四年(1915.7)	4	135—136	致齐耀琳函 民国四年(1915.7.中旬)	2	556—557
复沈恩孚函 民国四年(1915.7)	4	136	复沈恩孚函 民国四年(1915.7.中旬)	2	557
复季和函 民国四年(1915.7)	4	136	复蒋季和函 民国四年(1915.7.下旬)	2	561
复许肇南函 民国四年(1915.7)	4	137	复许肇南函 民国四年(1915.7.29)	2	564
复施进修函 民国四年(1915.7.30)	4	137	复施进修函 民国四年(1915.7.30)	2	565

续 表

《张謇全集》1994年版			《张謇全集》2012年版		
题　名	卷次	页码	题　名	卷次	页码
致金邦平、潘复函 民国五年(1916.7)	4	137—138	致金邦平潘复函 民国五年(1916.7.上旬)	2	600—601
农校开学演说 民国五年(1916)	4	138	农校开学演说 民国五年(1916)	4	349
师范校友会演说 民国五年(1916)	4	138—140	师范校友会演说 民国四年(1915.4)	4	335—336
棉作展览会报告序言 民国六年(1917)	4	140—141	棉作展览会报告序言 民国六年(1917)	6	426—427
女工传习所记事序 民国六年(1917)	4	142—143	女工传习所记事序 民国六年(1917)	6	428—429
复李剑农函 民国七年(1918.5)	4	143	复李剑农函 民国七年(1918.5.下旬)	2	650
致章琴若函 民国七年(1918.6.15)	4	144	致章琴若函 民国七年(1918.6.15)	2	653
致袁希涛函 民国七年(1918.10.14)	4	144—145	致袁希涛函 民国七年(1918.10.14)	2	666
致蔡元培函 民国七年(1918)	4	145	致蔡元培函 民国七年(1918.6～8)	2	655—656
本县农校欢迎暨南学校参观团演说 民国七年(1918)	4	146—147	本县农校欢迎暨南学校参观团演说 民国七年(1918.4.11)	4	370—371
尊孔会第一次演说 民国七年(1918)	4	147—148	尊孔会第一次演说 民国七年(1918)	4	397
师范校运动会演说 民国七年(1918)	4	148—149	师范校运动会演说 民国七年(1918.11.16)	4	383—384
南通教育状况序 民国七年(1918)	4	149—150	南通县教育状况序 民国七年(1818.11)	6	435—436

续 表

《张謇全集》1994年版			《张謇全集》2012年版		
题 名	卷次	页码	题 名	卷次	页码
复袁叔畬函 民国七年(1918)	4	150	复袁叔畬函 民国七年(1918.6～8)	2	655
商校本科毕业演说 民国七年(1918)	4	151—152	附录：商校本科毕业演说	4	443—444
因纺织校学生罢课停办,农医校学生不停课筹备加高课程之宣言 民国八年(1919)	4	152—153	因纺织校学生罢课停办农医校学生不停课筹备加高课程之宣言 民国九年(1920.4)	4	459—460
为罢课学潮致教育厅函 民国八年(1919)	4	153—154	致教育厅函 民国九年(1920.4.下旬)	2	755—756
为撤换七中校长致省长教育厅电 民国八年(1919)	4	154	致省长教育厅电 民国十三年(1924.5)	3	1294
为七中校务致省长教育厅电 民国八年(1919)	4	155	致省长教育厅电 民国十三年(1924.7)	3	1297—1298
敬告全国学生 民国八年(1919)	4	155—158	敬告全国学生书 民国八年(1919.6)	4	437—439
致南通县函 民国九年(1920.5.2)	4	158	致瞿鸿宾函 民国九年(1920.5.2)	2	756
复江启锟函 民国九年(1920.6)	4	158	复江启锟函 民国九年(1920.6.中旬)	3	767—768
致好华特厂函 民国九年(1920.7)	4	159	致好华特厂函 民国九年(1920.7.下旬)	3	783
致南通县函 民国九年(1920.8.11)	4	159	致瞿鸿宾函 民国九年(1920.8.11)	3	788

续 表

续 表

《张謇全集》1994年版			《张謇全集》2012年版		
题 名	卷次	页码	题 名	卷次	页码
复交通大学筹办处函 民国十年(1921.3.6)	4	167	复交通大学筹办处函 民国十年(1921.3.6)	3	867
致王瑚函 民国十年(1921.3.7)	4	167	致王瑚函 民国十年(1921.3.7)	3	868
复张国瑞函 民国十年(1921.6.8)	4	168	复张国瑞函 民国十年(1921.6.6)	3	884
致许肇南函 民国十年(1921.7)	4	168	致许肇南函 民国十年(1921.7.下旬)	3	895
致叶恭绰函 民国十年(1921.10.1)	4	168—169	复叶恭绰函 民国十年(1921.10.1)	3	928—929
致屈均畹等函 民国十年(1921.11)	4	169	致屈均畹函 民国十年(1921.11)	3	948
复市北公学建筑校舍筹备会函 民国十年(1921)	4	169	复市北公学建筑校舍筹备会函 民国十年(1921.3～4)	3	875
师范学校后记 民国十年(1921)	4	169—171	师范学校后记 民国十年(1921)	6	515—516
整饬南通教育界通告 民国十年(1921)	4	171	整饬南通教育界通告 民国十年(1921)	5	221
告六校营教练诸生 民国十年(1921)	4	172—173	告六校营教练诸生 民国十年(1921)	4	498—499
金沙市第十六国民学校演说 民国十年(1921)	4	173—174	金沙市第十六国民学校演说 民国十年(1921)	4	497—498
垦牧乡高等小学开校演说 民国十年(1921)	4	174—175	垦牧乡高等小学开校演说 民国十一年(1922.2.23)	4	500—501

续 表

《张謇全集》1994年版			《张謇全集》2012年版		
题　名	卷次	页码	题　名	卷次	页码
致李国珍函 民国十一年(1922. 2. 16)	4	175—176	致李国珍函 民国十一年(1922. 2. 16)	3	1018—1019
致李元蘅函 民国十一年(1922. 3. 12)	4	176	致李元蘅函 民国十一年(1922. 3. 12)	3	1031
致唐劭牧函 民国十一年(1922. 3. 12)	4	176	致唐劭牧函 民国十一年(1922. 3. 12)	3	1032
致李湛田函 民国十一年(1922. 11)	4	177	致李湛田函 民国十一年(1922. 11)	3	1105
蚕桑发网女工招生二则 民国十一年(1922)	4	177—178	蚕桑发网女工招生二则 民国十一年(1922)	5	241—242
女师范校友会演说 民国十一年(1922)	4	178—179	女师范校友会演说 民国十二年(1923. 4. 17)	4	552
师范附属小学廿周年纪念演说 民国十一年(1922)	4	179—180	师范附属小学廿周纪念演说 民国十五年(1926. 5. 17)	4	639
南通中等以上学校联合运动会演说 民国十一年(1922)	4	180—181	南通中等以上学校联合运动会演说 民国十一年(1922. 6. 18)	4	511—512
河海工程专门学校第四届毕业演说 民国十一年(1922)	4	181—183	河海工程专门学校第四届毕业演说 民国十三年(1924)	4	596—597
复同济大学函 民国十二年(1923. 5. 21)	4	183	复同济大学函 民国十二年(1923. 5. 21)	3	1166

续 表

《张謇全集》1994年版			《张謇全集》2012年版		
题　名	卷次	页码	题　名	卷次	页码
致江宗候函 民国十二年(1923.6.20)	4	184	致江宗候函 民国十二年(1923.6.20)	3	1179—1180
复萨镇冰函 民国十二年(1923.6.24)	4	184	复萨镇冰函 民国十二年(1923.6.24)	3	1181
复赵秋心函 民国十二年(1923.6)	4	185	复赵秋心函 民国十二年(1923.6.中旬)	3	1176
复定海中学函 民国十二年(1923.6)	4	185	复定海中学函 民国十二年(1923.6.中旬)	3	1178
复陶知行函 民国十二年(1923.7.13)	4	185—186	复陶知行函 民国十二年(1923.7.13)	3	1188—1189
复上宝公学函 民国十二年(1923.8)	4	186	复上宝公学函 民国十二年(1923.8.下旬)	3	1200
复司步瀛函 民国十二年(1923.9.20)	4	186	复司步瀛函 民国十二年(1923.9.20)	3	1204
致蒋维乔函 民国十二年(1923.10.3)	4	186—187	致蒋维乔函 民国十二年(1923.10.3)	3	1213—1214
复沈奎候函 民国十二年(1923.11)	4	187	复沈祖伟函 民国十二年(1923.22.下旬)	3	1224
元旦日对南通各校学生演说 民国十二年(1923)	4	187—190	元旦日对南通各校学生演说 民国十二年(1923.1.1)	4	532—535

续 表

《张謇全集》1994年版			《张謇全集》2012年版		
题 名	卷次	页码	题 名	卷次	页码
论新教育致黄任之函 民国十二年(1923)	4	191—193	致黄炎培函 民国十二年(1923)	3	1249—1251
忠告省议会省学校函 民国十二年(1923)	4	193—196	忠告省议会与学校 民国十二年(1923.1.28)	4	535—538
女师范校毕业演说 民国十二年(1923)	4	196—197	女师范校毕业演说 民国十二年(1923.7)	4	555
拟续办商船科致省政府函 民国十二年(1923)	4	197—198	致省政府函 民国十二年(1923)	3	1252
拟续办商船科致省教育会函 民国十二年(1923)	4	198—199	致省教育会函 民国十二年(1923)	3	1252—1253
为婚姻问题复甘肃师进信等函 民国十二年(1923)	4	199—200	复甘肃师进信等函 民国十二年(1923)	3	1253—1254
复旅沪同乡会函 民国十二年(1923)	4	200	复旅沪同乡会函 民国十二年(1923)	3	1254
五九日国耻纪念会演说 民国十二年(1923)	4	200—201	五九日国耻纪念会演说 民国十二年(1923.5.9)	4	553—554
致马连甲函 民国十三年(1924.1.25)	4	201—202	致马连甲函 民国十三年(1924.1.25)	3	1264—1265
致齐燮元函 民国十三年(1924.1)	4	202	致齐燮元函 民国十三年(1924.1)	3	1257—1258
复震旦大学同学会函 民国十三年(1924.9.21)	4	202	复震旦大学同学会函 民国十三年(1924.9.21)	3	1310

续 表

《张謇全集》1994 年版			《张謇全集》2012 年版		
题　名	卷次	页码	题　名	卷次	页码
致包文函 民国十三年(1924.11)	4	203	致包文鲍惠尔函 民国十三年(1924.1.中旬)	3	1258
介绍宋生报告游历欧美情形 民国十三年(1924)	4	203—205	介绍宋生报告游历欧美情形 民国十三年初(1924)	4	575—576
致美国政府请求以退还庚子赔款酌拨补助南通文化教育事业基金意见书 民国十三年(1924)	4	205—207	致美国政府请求以退还庚子赔款酌拨补助南通文化教育事业基金意见书 民国十三年(1924.5)	1	722—725
女师范校友会演说 民国十三年(1924)	4	207—209	女师范校友会演说 民国十三年(1924.4.17)	4	577—578
为角斜设小学复缪君等函 民国十三年(1924)	4	209	复缪金源等函 民国九年(1920)	3	847
致周谷人函 民国十四年(1925.5.27)	4	209	致周谷人函 民国十四年(1925.5.27)	3	1340—1341
致江谦函 民国十四年(1925.8.3)	4	210	致江谦函 民国十四年(1925.8.3)	3	1349
致周缵庭函 民国十四年(1925.10.29)	4	210	致周缵庭函 民国十四年(1925.10.29)	3	1374
正告南通自立非自立各学校学生及教职员 民国十四年(1925)	4	211—212	正告南通自立非自立各学校学生及教职员 民国十四年(1925.7)	4	612—614
暑期讲习会演说 民国十四年(1925)	4	213—214	暑期讲习会演说 民国十四年(1925.7.27)	4	614—615

续 表

《张謇全集》1994年版			《张謇全集》2012年版		
题 名	卷次	页码	题 名	卷次	页码
暑期讲习会第二次演说 民国十四年(1925)	4	214—216	暑期讲习会第二次演说 民国十四年(1925.8.2) 附录：通海新报所载之演说词	4	625—626 626—627
为沪案召集学生演说 民国十四年(1925)	4	216—218	为沪案召集学生演说 民国十四年(1925.6)	4	607—609
南通教育年鉴序 民国十四年(1925)	4	218—219	南通教育年鉴序 民国十四年(1925)	6	612—613
勘破近日毁坏南通教育名誉之事状 民国十四年(1925)	4	219—222	勘破近日毁坏南通教育名誉之事状 民国十四年(1925.4.21)	4	602—605
南通女师范廿周纪念演说 民国十五年(1926)	4	223	南通女师范廿周纪念演说 民国十五年(1926.4.17)	4	637—638
女师范纪念小学校记 民国十五年(1926)	4	224	女师范纪念小学校记 民国十五年(1926)	6	621
为师范甘肃毕业学生演说 民国十五年(1926)	4	224—225	为师范甘肃毕业学生演说 民国十五年(1926.6)	4	640—641
全县童子军会操演说 民国十五年(1926)	4	225	全县童子军会操演说 民国十五年(1926.5.9)	4	638—639
全县童子军会操勖词 民国十五年(1926)	4	225—226	全县童子军会操勖词 民国十五年(1926.5.9)	6	620—621
教育手牒	4	226—245	教育手牒	3	1413—1433
对师范学生布告	4	245	对师范学生布告	5	284

续 表

《张謇全集》1994 年版			《张謇全集》2012 年版		
题 名	卷次	页码	题 名	卷次	页码
致戚扬函	4	245—246	致戚扬函 民国四年(1914.7.27)	2	489—490
拟聘职工教员约稿	4	246	拟聘职工教员约稿 民国四年(1915.7.下旬)	5	151—152
致师范、师附、农、商、医、纺、中、高小各学校	4	246—247	致师范师附农商医纺中高小各学校函 民国七年(1918.10)	2	667
致南通县长函	4	247—248	致瞿鸿宾函	2	648—649
复中华教育改进社函	4	248	复中华教育改进社函 民国十一年(1922.2.下旬)	3	1025—1026
致王瑚函	4	248	致王瑚函 民国十年(1921.11.2)	3	943
致屈均畹函	4	249	致屈均畹函 民国十年(1921.11)	3	948
复金球宝函	4	249	复金球宝函 民国十三年(1924.9.下旬)	3	1310—1311
致陈介函	4	249—250	致陈蔗青函 民国十四年(1925.5.中旬)	3	1338
复丁泽华函	4	250	复丁泽华函 民国十四年(1925.9.上旬)	3	1355
复裴义礼函	4	250—251	复斐义理函 民国十四年(1925.9～10)	3	1365

续 表

《张謇全集》1994 年版			《张謇全集》2012 年版		
题　名	卷次	页码	题　名	卷次	页码
致黄雨辰函	4	251	致黄雨辰函 民国十四年（1925.10.下旬）	3	1374
致徐积余函（四件）	4	251—252	致徐积馀函（四件）	3	1635—1636
致咏清、宋跃门函	4	253	致宋跃门林咏清函	3	1620
致宋跃门函（十三件）	4	253—258	致宋跃门函（十三件）	3	1607—1612
致小山函	4	258—259	致缪荃孙函（二十一件之九）	3	1653
致炎之函（十一件之一）	4	259	致缪荃孙函	3	1659
致炎之函（十一件之二至十一）	4	259—262	致缪荃孙函（二十一件之八、十、十一、十二、十三、十四、十六、十七、十八、六）	3	1650—1659
致缪荃荪函	4	263	致缪荃孙函（二十一件之十五）	3	1655
致冯耿光函	4	263	致冯耿光函 民国十年（1921.11～12）	3	954
复河海工科毕业同学会函	4	263	致河海工科毕业同学会函 民国十四年（1925.5.中旬）	3	1339
致运动会诸君书	4	263—265	致运动会诸君书 清光绪三十一年十月下旬（1905.11）	2	153—154
致孙敬铭函（十六件之一至六，十四、十五）	4	265—269	致孙宝书函（九件之四至七，之一、二、八、九）	3	1572—1574

续 表

《张謇全集》1994年版			《张謇全集》2012年版		
题　名	卷次	页码	题　名	卷次	页码
致孙敬铭函(十六件之七、八)	4	267	致孙宝书函(三件之一、二)	3	1575
致孙敬铭函(十六件之九)	4	267—268	致孙宝书函	2	236
致孙敬铭函(十六件之十)	4	268	嘱孙宝书条 清光绪三十四年(1908)	2	240
致孙敬铭函(十六件之十一)	4	268	嘱孙宝书条 清光绪三十四年十二月十五日(1909.1.6)	2	240
致孙敬铭函(十六件之十二)	4	268	致孙宝书函 清宣统三年(1911)	2	301
致孙敬铭函(十六件之十三)	4	268	嘱孙宝书条 光绪三十一年九月十九日(1905.10.17)	2	147
致孙敬铭函(十六件之十六)	4	269	嘱孙宝书条 清宣统二年六月十三日(1910.7.19)	2	260
致江谦函	4	269	致江谦函 清光绪三十一年(1905)	2	156
各学校校训	4	270	各学校校训	4	444—445
海通泰如合习乐舞议 清光绪二十一年(1895)	4	271—272	海通泰如合习乐舞议 清光绪二十二年八月(1896.9～10)	4	23—24
上学部请设博览馆议 清光绪三十一年(1905)	4	272	上学部请设博览馆议 清光绪三十一年(1905)	1	113—114
上南皮相国请京师建设帝国博览馆议 清光绪三十一年(1905)	4	272—277	上南皮相国请京师建设帝国博览馆议 清光绪三十一年(1905)	1	114—118

续 表

《张謇全集》1994年版			《张謇全集》2012年版		
题　名	卷次	页码	题　名	卷次	页码
请建图书馆呈 清光绪三十四年(1908)	4	277—278	请建图书馆呈 清光绪三十四年(1908)	1	159
通州博物馆敬征通属先辈诗文集书画及所藏金石古器启 清光绪三十四年(1908)	4	278—279	通州博物馆敬征通属先辈诗文集书画及所藏金石古器启 清光绪三十四年(1908)	5	121—125
为图书馆征求乡先生遗著启 民国二年(1913)	4	279	为图书馆征求乡先生遗著启 民国二年(1913.7.26)	5	137—138
国家博物院图书馆规划条议 民国二年(1913)	4	280—282	国家博物院图书馆规画条议 民国二年(1913)	4	278—280
复蒋志范函 民国二年(1913)	4	282—283	复蒋志范函 民国二年(1913)	2	421—422
又致蒋志范函 民国二年(1913)	4	283	致蒋志范函 民国二年(1913)	2	422
南通博物苑品目序 民国三年(1914)	4	283—284	南通博物苑品目序 民国三年(1914)	6	395—396
复宋育堂函 民国三年(1914)	4	284	致宋育堂函 民国四年(1914.7.上旬)	2	462
复丁芝孙、蒋志范函 民国四年(1915.4.11)	4	284—285	复丁芝孙蒋志范函 民国四年(1915.4.11)	2	518
致沙元炳函 民国四年(1915.5.1)	4	285	致沙元炳函 民国四年(1915.5.1)	2	528
为博物苑征求本省金石拓本 民国四年(1915.5)	4	285	为博物苑征求本省金石拓本 民国四年(1915.5.下旬)	5	150

续 表

《张謇全集》1994年版			《张謇全集》2012年版		
题　名	卷次	页码	题　名	卷次	页码
军山气象台报告书序 民国五年(1916)	4	286	军山气象台报告书序 民国五年(1916)	6	417
致廿一区函 民国五年(1916)	4	286—287	致廿一区函 民国五年(1916.7)	2	605
致汤思斋函 民国五年(1916.7)	4	287	致汤思斋函 民国五年(1916.7)	2	610
复钱实秋函 民国五年(1916.7)	4	287	复钱实秋函 民国五年(1916.7)	2	610
复马德赉函 民国五年(1916.7)	4	288	复马云卿函 民国五年(1916.7)	2	611
致梅兰芳函(十件之一) 民国五年～八年 (1916～1919)	4	288	致梅兰芳函(三件之三) 民国五年(1916.11.7)	2	619—620
致梅兰芳函(十件之一) 民国五年～八年 (1916～1919)	4	288—289	致梅兰芳函(二件之二) 民国五年(1916.12.中旬)	2	622—623
致梅兰芳函(十件之二) 民国五年～八年 (1916～1919)		289	致梅兰芳函(二件之一) 民国六年(1917.10.20)	2	635—636
致梅兰芳函(十件之三) 民国五年～八年 (1916～1919)		289—290	致梅兰芳函(二件之二) 民国六年(1917.10.25)	2	636
致梅兰芳函(十件之四) 民国五年～八年 (1916～1919)		290	致梅兰芳函 民国六年(1917.11.16)	2	638
致梅兰芳函(十件之五) 民国五年～八年 (1916～1919)		290	致梅兰芳函(二件之一) 民国八年(1919.1)	2	697—698
致梅兰芳函(十件之五) 民国五年～八年 (1916～1919)		290	致梅兰芳函(二件之二) 民国八年(1919.1.5)	2	698

续 表

《张謇全集》1994年版			《张謇全集》2012年版		
题　名	卷次	页码	题　名	卷次	页码
致梅兰芳函(十件之六) 民国五年～八年 (1916～1919)		290—291	致梅兰芳函 民国八年(1919.2.1) (含十件之七的一部分)	2	702—703
致梅兰芳函(十件之七) 民国五年～八年 (1916～1919)		291	致梅兰芳函 民国八年(1919.2.8) (含十件之七的一部分)	2	703—704
致梅兰芳函(十件之八) 民国五年～八年 (1916～1919)		291	致梅兰芳函 民国八年(1919.3.16)	2	707
致梅兰芳函(十件之九) 民国五年～八年 (1916～1919)		291—292	致梅兰芳函 民国八年(1916.6.16)	2	715
致梅兰芳函(十件之十) 民国五年～八年 (1916～1919)		292	致梅兰芳函 民国八年(1919.8.6)	2	718
南通图书馆记 民国六年(1917)	4	293—294	南通图书馆记 民国七年(1918)后	6	446—448
为沟通中西医学致阎督军函 民国八年(1919)	4	295	复阎锡山函 民国八年(1919)	2	731—732
拟集资订中药经征求同意书 民国八年(1919)	4	296—297	拟集资订中药经征求同意书 民国十年(1921.4) 附录:拟订中药经博征同意书	4	478—480 480—481
复阎锡山函 民国八年(1919)	4	298	复阎锡山函 民国八年(1919)	2	732—733
致陈星南函 民国九年(1920.9.1)	4	298—299	致陈星南函 民国九年(1920.9.1)	3	793
与金沧江论舞笔谈 民国九年(1920)	4	299—300	与金沧江论舞笔谈 民国九年(1920)	4	467—469

续 表

《张謇全集》1994 年版			《张謇全集》2012 年版		
题 名	卷次	页码	题 名	卷次	页码
中国科学社年会欢迎词 民国九年(1920)	4	301	中国科学社年会欢迎词 民国十一年(1922.8.20)	6	533—534
科学社年会送别演说 民国九年(1920)	4	301—302	科学社年会送别演说 民国十一年(1922.8.22)	4	513—514
绣谱 民国九年(1920)	4	303—321	雪宧绣谱序 民国九年(1920) 雪宧绣谱 民国九年(1920)	6	469—471 471—487
致叶恭绰函 民国十年(1921.2)	4	322	致叶恭绰函 民国十年(1921.2.下旬)	3	864
致唐在礼函 民国十年(1921.2)	4	322	致唐在礼函 民国十年(1921.2.下旬)	3	864
复欧阳予倩函 民国十年(1921)	4	322—323	复欧阳予倩函 民国十年(1921.12.9)	3	959
中国科学社七次年会开会词 民国十一年(1922.8.20)	4	323	中国科学社七次年会开会词 民国十一年(1922.8.20)	4	512
宴请出席中国科学社七次年会会员时讲话 民国十一年(1922.8.22)	4	323—324	科学社年会送别演说注 民国十一年(1922.8.22)	4	513
致欧阳予倩函 民国十一年(1922.10)	4	324	致欧阳予倩函 民国十一年(1922.10)	3	1092—1093
为伶工学社开评议会启 民国十二年(1923.3)	4	324—325	为伶工学社开评议会启 民国十一年(1922.7)	5	239

续　表

《张謇全集》1994年版			《张謇全集》2012年版		
题　名	卷次	页码	题　名	卷次	页码
为更俗剧场停演告伶工学社 民国十二年(1923)	4	325	为更俗剧场停演告伶工学社 民国十三年(1924.9.16)	5	259
复陈约斋函 民国十三年(1924.1)	4	326	复陈约斋函 民国十三年(1924.1.中旬)	3	1262
观梅郎三剧之商榷 民国十三年(1924)	4	326—327	观梅郎三剧之商榷 民国十三年(1924.1)	4	574—575
致王瑚函	4	327—328	致王瑚函 民国十年(1921.12.24)	3	967—968
复蒋丙然函	4	328	复蒋丙然函 民国十三年(1924.10.下旬)	3	1316
致莫仲武函	4	328	致莫仲武函 民国三年(1914.6.中下旬)	2	453
致宋跃门函(五件)	4	329—331	致宋跃门函(六件)	3	1613—1615
致李拔可函(二件)	4	331	致李拔可函(二件)	3	1578
致缪荃荪函	4	332	致缪荃荪函(二十一件之五)	3	1651
南通文化事业预备购置之基产地情形及计算	4	332—333	致美国政府请求以退还庚子赔款酌拨补助南通文化教育事业基金意见书 民国十三年(1924.5)	1	724—725
致尤逵庵函 清光绪十年(1884)	4	334	致尤逵庵函 清光绪十年(1884)	2	24

续 表

《张謇全集》1994年版			《张謇全集》2012年版		
题　名	卷次	页码	题　名	卷次	页码
请提积谷息款赈海门下沙灾区呈 清光绪十四年(1888)	4	334—336	请提积谷息款赈海门下沙灾区呈 清光绪十七年(1891)	1	8—9
为海门溥善堂禀厅呈 清光绪十六年(1890)	4	336	为海门溥善堂禀厅呈 清光绪十六年(1890)	1	6—7
为溥善堂再禀厅呈 清光绪十六年(1890)	4	337	为溥善堂再禀厅呈 清光绪十六年(1890)	1	7
南通新育婴堂发起原案呈 清光绪三十年(1904)	4	337—338	南通新育婴堂发起原案呈 清光绪三十年十一月二十九日(1905.1.4)	1	75—76
南通新育婴堂募捐启 清光绪三十年(1904)	4	338—339	南通新育婴堂募捐启 清光绪三十二年(1906)	5	105
鬻字字婴后启 宣统元年(1909)	4	339	鬻字字婴后启 宣统元年(1909)	5	126
移生日宴客费并馈金建养老院启 民国元年(1912)	4	340	移生日宴客费并馈金建养老院启 民国元年(1912.3)	5	132
南通养老院记 民国元年(1912)	4	340—341	南通养老院记 民国元年(1912)	6	372—373
借款赈江皖灾电政府 民国元年(1912)	4	342	致政府电 民国元年(1912)	2	352—353
致郭礼徵、曹秉仁函 民国二年(1913.11)	4	342—343	致郭礼徵曹秉仁函 民国七年(1918.11.下旬)	2	684
南通义园记 民国二年(1913)	4	343—344	南通义园记 民国二年(1913)	6	382—383
养老院征求旧物启 民国二年(1913)	4	344	为养老院征求旧物启 民国二年(1913.6.16)	5	137

续 表

《张謇全集》1994年版			《张謇全集》2012年版		
题　名	卷次	页码	题　名	卷次	页码
江苏同乡代表苏灾区人民陈谢呈 民国三年(1914)	4	344—345	代表江苏灾区人民恭陈谢悃请钧鉴文 民国三年(1914.8.27)	1	370
答劝募南通赈捐启 民国四年(1915)	4	345—346	复劝募南通振捐启 民国十年(1921.8.25)	5	217—218
致姚煜函 民国四年(1915.4.5)	4	346	致姚煜函 民国四年(1915.4.5)	2	514
致严修函 民国四年(1915.6)	4	347	致严修函 民国四年(1915.6)	2	545
致赵凤昌函 民国五年(1916.3.3)	4	347—348	致赵凤昌函 民国五年(1916.3.3)	2	578—579
致赵凤昌函 民国五年(1916.3.25)	4	348	致赵凤昌函 民国五年(1916.3.25)	2	579
致江笃甫函 民国五年(1916.5)	4	348—349	致汪笃甫函 民国五年(1916.5.下旬)	2	590—591
致夏辅宜函 民国五年(1916.5)	4	349—350	致夏辅宜函 民国五年(1916.5.下旬)	2	589—590
致丁禾生函 民国五年(1916.7)	4	350	致丁禾生函 民国五年(1916.7)	2	609—610
残废院募捐启 民国五年(1916)	4	350—351	残废院募捐启 民国五年(1916.1.20)	5	169—170
为残废院盲哑学校鬻字启 民国五年(1916)	4	351—352	为残废院盲哑学校鬻字启 民国五年(1916.1.8)	5	167—169
继续鬻字启 民国六年(1917.3.25)	4	352—353	继续鬻字启 民国六年(1917.3.25)	5	180

续 表

《张謇全集》1994 年版			《张謇全集》2012 年版		
题　名	卷次	页码	题　名	卷次	页码
北方工赈事致熊秉三函 民国九年(1920)	4	353	致熊希龄函 民国九年(1920.9.30)	3	805
致东台县函 民国十年(1921.4)	4	353—354	致东台县函 民国十年(1921.4)	3	878
报告南通水灾并救济办法致省政府函 民国十年(1921)	4	354—355	与张詧致齐燮元王瑚函 民国十年(1921.9.上旬)	3	911—912
为教养公积社备案事致南通县长书 民国十年(1921)	4	355—356	致卢鸿钧函 民国十年(1921.5)	3	883
致高安九函 民国十年(1921)	4	356	致高安九函 民国十年(1921.3～4)	3	875—876
新年公宴醵资助赈启 民国十年(1921)	4	357	新年公宴醵资助赈启 民国十一年(1922.2)	5	221—222
垦牧乡设族葬处通告 民国十一年(1922)	4	357—358	垦牧乡设族葬处通告 民国十一年(1922)	5	240—241
南通第三养老院开幕启 民国十一年(1922)	4	358—359	南通第三养老院开幕启 民国十一年(1922)	5	234—235
南通第三养老院开幕演说 民国十一年(1922)	4	359—360	第三养老院开幕演说 民国十一年(1922.5.27)	4	508
为慈善公益鬻字启 民国十一年(1922)	4	360	为慈善公益鬻字启 民国十一年(1922.7.12)	5	237
复东台贫民工场函 民国十二年(1923.4)	4	360—361	复东台贫民工场函 民国十一年(1922.4.上旬)	3	1041—1042

续 表

《张謇全集》1994年版			《张謇全集》2012年版		
题 名	卷次	页码	题 名	卷次	页码
复惠爱施医院函 民国十二年(1923.6)	4	361	复惠爱施医院函 民国十二年(1923.6.中旬)	3	1176—1177
致东台县知事函 民国十二年(1923.8.22)	4	361	致东台县王县长函 民国十一年(1922.8.22)	3	1077
复上海惠爱施诊医院函 民国十二年(1923)	4	362	复上海惠爱施诊医院函 民国十二年(1923.10.下旬)	3	1212—1213
致瞿鸿宾函 民国十三年(1924)	4	362	致南通县长函 民国十二年(1923.8.上旬)	3	1194
救济太嘉昆宝常五县难民募捐启 民国十三年(1924)	4	362—364	救济太嘉昆宝常五县难民募捐启 民国十三年(1924.9)	5	256—257
为慈善鬻字启 民国十三年(1924)	4	364	为慈善鬻字启 民国七年(1918.3.10)	5	186—187
复公济典函 民国十四年(1925.11)	4	364	复公济典函 民国十四年(1925.11.下旬)	3	1380
复张仁奎函	4	365	复张仁奎函 民国十三年(1924.1.下旬)	3	1268—1269
致赵凤昌函	4	365	致赵凤昌函 民国五年(1916.3.25)	2	579
致宋跃门函	4	365	致宋跃门函	3	1612—1613
海门团防营制 清光绪二十一年(1895)	4	366—372	海门团防营制 清光绪二十一年二月至闰五月(1895.2—7)	4	8—14

续 表

《张謇全集》1994年版			《张謇全集》2012年版		
题　名	卷次	页码	题　名	卷次	页码
通海劝防歌 清光绪二十一年(1895)	4	372—373	通海劝防歌 清光绪二十一年(1895)	7	95—97
民团续议 清光绪二十一年(1895)	4	373—374	民团续议 清光绪二十一年(1895)	4	17—18
规划江宁贡院改建市场说明书 清光绪三十二年(1906)	4	374—375	规画江宁贡院改建市场说明书 清光绪三十二年二月中下旬(1906.3)	4	100—101
拟江宁贡院不留之屋售于公园事例 清光绪三十二年(1906)	4	375—376	拟江宁贡院不留之屋售于公园事例 清光绪三十二年二月中下旬(1906.3)	4	101—102
预计地方自治经费厘订地方税界限应请开国会议 清光绪三十三年(1907)	4	376—379	预计地方自治经费厘订地方税届限应请开国会议 清宣统二年二月初六日(1910.3.16)	1	199—202
南通地方自治筹拨经费呈督部文 清光绪三十三年(1907)	4	380—382	南通地方自治筹拨经费呈督部文 清光绪三十三年九月初七日(1907.10.13)	1	140—141
七月初八潮灾赈济致度支部电 清宣统二年(1910)	4	382—383	致度支部电 清宣统三年七月初八日(1911.8.3)	2	277
潮灾赈济致民政部电 清宣统二年(1910)	4	383	致民政部电 清宣统三年七月初八日(1911.8.31)	2	278
为江坍请款上度支民政两部略 清宣统二年(1910)	4	383—385	为江坍请款上度支民政两部略 清宣统三年闰六月初七日(1911.8.1)	1	225—227

续 表

《张謇全集》1994年版			《张謇全集》2012年版		
题　名	卷次	页码	题　名	卷次	页码
复习位思书 清宣统二年(1910)	4	385—386	致习位思函 清宣统二年(1910)	2	267
南通县测绘全境图序 清宣统三年(1911)	4	386—387	南通县测绘全境图序 清宣统三年(1911)	6	365—366
题保坍会纪念扇 清宣统三年(1911)	4	387—388	题保坍会纪念扇 清宣统三年(1911)	6	368—369
通州江岸潮灾报告书序 清宣统三年(1911)	4	388—389	通州江岸潮灾报告书序 清宣统三年(1911)	6	366—367
感言之设计 民国元年(1912)	4	389—390	感言之设计 民国元年(1912)	4	236—237
筹款保坍致大总统及财政部农林部电 民国元年(1912)	4	391—392	致大总统及财政部农林部电 民国元年(1912.6.23)	2	341—342
请复议借款保坍书 民国元年(1912)	4	392—393	请复议借款保坍书 民国元年(1912.8～9)	1	242—243
江苏测绘舆图议 民国二年(1913)	4	393—396	江苏测绘舆图议 民国三年(1914.6)	4	315—318
为江苏测绘舆图致韩巡按函 民国二年(1913)	4	396—397	复韩国钧函 民国三年(1914)	2	509—511
为测量局议案致参议两会函 民国二年(1913)	4	398—399	致南通县参议两会函 民国二年(1913.9.21)	2	403—404
为清丈经费复测量局函 民国二年(1913)	4	399	复南通县测量局函 民国二年(1913.9.24)	2	404
为长尉教练所毕业生实习致张运司函 民国二年(1913)	4	399—400	致张运司函 民国二年(1913)	2	418—419

续 表

《张謇全集》1994 年版			《张謇全集》2012 年版		
题　名	卷次	页码	题　名	卷次	页码
致鲍泽新、胡介明函 民国三年(1914.6.9)	4	400	致鲍泽新胡介明函 民国三年(1914.6.9)	2	449
致张詧函 民国三年(1914.6.26)	4	400—401	致张詧函 民国三年(1914.6.26)	2	454—455
致陶普施函 民国三年(1914.7.3)	4	401	致陶普施函 民国三年(1914.7.3)	2	460
致孟森函 民国三年(1914.7.7)	4	402	致孟森函 民国三年(1914.7.7)	2	464
复张詧函 民国三年(1914.7.18)	4	402	复张詧函 民国三年(1914.7.18)	2	476
致孙支夏、刘叔璜函 民国三年(1914.7)	4	403	致孙杞刘叔璜函 民国三年(1914.7.上旬)	2	469
致张詧函 民国三年(1914.7)	4	403	致张詧函 民国三年(1914.7.上旬)	2	464
为县会接收清图事致测量局函 民国三年(1914)	4	403—404	致南通县测量局函 民国三年(1914.1.10)	2	431
致张友曾函 民国四年(1915.4)	4	404	致张友曾函 民国四年(1915.4.中旬)	2	523
复张相文函 民国四年(1915.4)	4	404	复张相文函 民国四年(1915.4.中旬)	2	522
致陈蔗青函 民国四年(1915.4)	4	405	致陈蔗青函 民国四年(1915.4.中旬)	2	522

续 表

《张謇全集》1994年版			《张謇全集》2012年版		
题　名	卷次	页码	题　名	卷次	页码
致吴翔甫函 民国四年(1915.4)	4	405	致吴翔甫函 民国四年(1915.4.中旬)	2	522—523
为保坍事致沈次长函 民国四年(1915)	4	405—406	致沈次长函 民国四年(1915)	2	572
拟领荒荡地为自治基本产请分期缴价呈 民国四年(1915)	4	406—408	呈筹备自治基金拟领荒荡地分期缴价缮具单册请批示施行文 民国四年(1915.2.21)	1	430—441
致陶昌善函 民国五年(1916.7)	4	408	致陶昌善函 民国五年(1916.7)	2	604—605
为保卫地方复周某等函 民国五年(1916)	4	408—410	复周应时等函 民国五年(1916.4)	2	582—583
为南通公园征求应用器皿启事 民国六年(1917.6.9)	4	410	为南通公园征求应用器皿启事 民国六年(1917.6.9)	5	182—183
南通公园记 民国六年(1917)	4	411—413	南通公园记 民国六年(1917)	6	421—423
致许肇南函 民国七年(1918.5)	4	413—414	致许肇南函 民国七年(1918.5.下旬)	2	651—652
致江知源简 民国七年(1918.7.21)	4	414	垦牧手牒	3	1513—1514
复应季中函 民国七年(1918.10)	4	414	复应德闳函 民国七年(1918.10.上旬)	2	664
复蒋丙然电 民国七年(1918.11)	4	415	复蒋丙然函 民国七年(1918.11.下旬)	2	688

续 表

《张謇全集》1994年版			《张謇全集》2012年版		
题 名	卷次	页码	题 名	卷次	页码
复马相伯函 民国七年(1918.11)	4	415	复马相伯函 民国七年(1918.11.下旬)	2	687
致南通县函 民国七年(1918.11)	4	416	致瞿鸿宾函 民国七年(1918.11)	2	681
为民治学会立案事致省政府函 民国七年(1918)	4	416	致省政府函 民国七年(1918)	2	697
致南通县函 民国七年(1918)	4	417	致瞿鸿宾函 民国七年(1918.8~9)	2	658
致默示、海月、春江、学权及各董事等函 民国七年(1918)	4	417—418	致默示海月春江学权及各董事等函 民国七年(1918.8~9)	2	658—659
南通公园纪念会启事 民国七年(1918)	4	418	南通公园纪念会启事 民国七年(1918.10.12)	5	190—191
南通中公园赠石题名记 民国七年(1918)	4	418—419	南通中公园赠石题名记 民国六年(1917)	6	424
狼山观音院尊藏大士像楼落成启事 民国七年(1918)	4	419	狼山观音院尊藏大士像楼落成会启事 民国七年(1918.10.12)	5	191
为荷工程师逝世致荷沪总领事函 民国八年(1919)	4	420	致荷驻沪总领事函 民国八年(1919.8)	2	721
致荷总领事请介绍工程师函 民国八年(1919)	4	420—421	致荷驻沪总领事函 民国八年秋(1919)	2	721—722
函聘南通观音院院董启 民国八年(1919)	4	421—423	附录：函聘南通观音院院董启	2	659

续 表

《张謇全集》1994年版			《张謇全集》2012年版		
题 名	卷次	页码	题 名	卷次	页码
访求和尚致欧阳予倩函 民国八年(1919)	4	423	致欧阳予倩函 民国八年秋(1919)	2	722
致江谦函 民国八年(1919)	4	423—424	致江谦函 民国八年秋(1919)	2	724
又致江易园函 民国八年(1919)	4	424	致江谦函 民国八年秋(1919)	2	724
致程雪楼函 民国八年(1919)	4	424—425	致程德全函 民国八年秋(1919)	2	723
致金山寺静园法师函 民国八年(1919)	4	425	致静圆函 民国八年秋(1919)	2	723
交通警察养成所开学演说 民国八年(1919)	4	425—426	交通警察养成所开学演说 民国八年(1919.9.14)	4	439—440
对于东台欢迎答辩 民国八年(1919)	4	426—427	对于东台欢迎答辩 民国八年(1920.4.17)	4	458—459
致徐世昌、李思浩函 民国九年(1920.2.29)	4	427—428	致徐世昌李思浩函 民国九年(1920.2.29)	2	738—739
致科学社社长函 民国九年(1920.2.29)	4	428	致科学社社长函 民国九年(1920.2.29)	2	739
致张仁奎、县知事函 民国九年(1920.5.29) 附：致各机关	4	428—429	致张仁奎瞿鸿宾等函 民国九年(1920.5.25) 附录：致各机关	3	763
致汪朴斋函 民国九年(1920.7.15)	4	429	致汪朴斋函 民国九年(1920.7.15)	3	774
致陈光甫函 民国九年(1920.8)	4	430	致陈光甫函 民国九年(1920.8)	3	792
致鲍执之函 民国九年(1920.8)	4	430	致鲍执之函 民国九年(1920.8)	3	791—792

续 表

《张謇全集》1994年版			《张謇全集》2012年版		
题 名	卷次	页码	题 名	卷次	页码
致南通县公署函 民国九年(1920.12.8)	4	431	致瞿鸿函 民国九年(1920.12.8)	3	820—821
致云海秋函 民国九年(1920.12)	4	431—432	致云海秋函 民国九年(1920.12.24)	3	826
为南通警政致内务部函 民国九年(1920)	4	432—435	致内务部函 民国九年(1920)	3	837—839
为南通监狱致司法部函 民国九年(1920)	4	435—437	致司法部函 民国九年(1920)	3	839—841
为观音像致王省长函 民国九年(1920)	4	437—438	致省公署函 民国十年(1921.4.23)	3	878—879
为已故荷国工程师请锡褒词呈 民国九年(1920)	4	438—439	乞特褒特来克呈大总统徐世昌文 民国九年(1920.6.23)	1	485—486
苏社开幕宣言 民国九年(1920)	4	439—440	苏社开幕宣言 民国九年(1920.5.12)	4	460—461
敬告苏社诸君 民国九年(1920)	4	440—441	敬告苏社诸君 民国九年(1920.9)	4	464
续告苏社诸君 民国九年(1920)	4	441	续告苏社诸君 民国九年(1920.9)	4	464—465
规划县路请公议即日兴修案 民国九年(1920)	4	442—443	规画县路请公议即日兴修案 民国九年三月二十五日(1920.3.25)	1	483—485
募集地方自治公债案 民国九年(1920)	4	443—444	募集地方自治公债案 民国九年(1920)	1	509—510
劝募地方自治公债简言 民国九年(1920)	4	445	劝募地方自治公债简言 民国十年(1921.4)	4	482

续 表

《张謇全集》1994年版			《张謇全集》2012年版		
题 名	卷次	页码	题 名	卷次	页码
为南通保坍事声告全国及南通父老书 民国九年(1920)	4	445—449	为南通保坍事声告全国及南通父老书 民国七年(1918.6)	4	373—376
正告江常聚丰公司仇视及分辨之人 民国九年(1920)	4	450—452	正告江常聚丰公司仇视及分辨之人 民国七年(1918.9)	4	377—379
为段山夹滩地事致吴季诚函 民国九年(1920)	4	452—454	致吴季诚函 民国九年(1920)	3	842—844
致松樵函 民国十年(1921.2)	4	454	致松樵函 民国十年(1921.2.下旬)	3	864—865
致省公署函 民国十年(1921.4.23)	4	454—455	致省公署函 民国十年(1921.4.23)	3	878—879
南通水利已办工程及未来之计划 民国十年(1921)	4	455—457	南通水利已办工程及未来之计画 民国十年(1921.8.25)	4	484—486
呈报南通地方自治第二十五年报告会筹备处成立文 民国十年(1921)	4	457—458	呈报南通地方自治第二十五年报告会筹备处成立文 民国十年(1921)	1	523—524
为南通地方自治二十五年报告会呈政府文 民国十年(1921)	4	458—460	为南通地方自治二十五年报告会呈政府文 民国十年(1921)夏	1	524—525
南通县图志续纂后序 民国十年(1921)	4	460—462	南通县图志续纂后序 民国十年三月(1921.4)	6	501—503
辞人称寿移助地方自治报告会启 民国十年(1921)	4	462—463	辞人称寿移助地方自治报告会启 民国十年(1921.6.21)	5	206—207

续 表

《张謇全集》1994年版			《张謇全集》2012年版		
题 名	卷次	页码	题 名	卷次	页码
自治报告会因灾重展期至民国十六年举办通告 民国十年(1921)	4	463—464	自治报告会展期通告 民国十年(1921.9)	5	218—219
自治会报告书序 民国十年(1921)	4	465—466	自治会报告书序 民国十年(1921.1.1)	6	496—497
通告城区父老昨日一日之观念 民国十年(1921)	4	466—467	通告城区父老昨日一日之观念 民国八年(1919.11)	4	440—441
谢参观南通者之启事 民国十年(1921)	4	467—468	谢参观南通者之启事 民国九年(1920.3.6)	5	198—199
为海门水利致财政厅长函 民国十年(1921)	4	468—469	致胡翔琳函 民国九年(1920.6.3)	3	765—766
致谢强公函 民国十一年(1922.2.25)	4	469	复谢强公函 民国十一年(1922.2.25)	3	1018
俱乐部开股东会启 民国十一年(1922.7)	4	470	俱乐部开股东会启 民国十一年(1922.7)	5	238—239
致卢鸿钧函 民国十一年(1922.8.14)	4	470—471	致卢鸿钧函 民国十一年(1922.8.14)	3	1076—1066
为日舰员擅自登陆游猎致日本政府函 民国十一年(1922)	4	471—472	致日本政府书 民国九年(1920.3.中旬)	2	743—744
为段山夹及导淮事复人电 民国十一年(1922)	4	473	为段山夹及导淮事复人电 民国十一年(1922.3.15)	3	1034
辞苏社理事函 民国十一年(1922)	4	473—474	致苏社理事会函 民国十一年(1922.3.7)	3	1030

续 表

《张謇全集》1994年版			《张謇全集》2012年版		
题　名	卷次	页码	题　名	卷次	页码
答苏社诸君 民国十一年(1922)	4	474	答苏社诸君 民国十一年春(1922)	3	1039—1040
复旅沪同乡统一会筹备处函 民国十一年(1922. 5. 26)	4	475	复旅沪同乡统一会筹备处函 民国十二年(1923. 5. 26)	3	1169
复郭木初函 民国十二年(1923. 10)	4	475	复郭木初函 民国十二年(1923. 10. 上旬)	3	1210
南通水利计划书 民国十二年(1923)	4	476—490	南通水利计画书 民国十二年(1923)	4	559—571
论自治复刘君函 民国十二年(1923)	4	490	复刘君函 民国十二年(1923)	3	1247
南通县路工处公共汽车归并长途汽车公司之商榷 民国十三年(1924)	4	491—492	南通县路工处公共汽车归并长途汽车公司之商榷 民国十三年(1924)	4	594—595
禁止地方采用五山石启事 民国十三年(1924)	4	493	禁止地方采用五山石启事 民国十五年(1926. 5. 12)	5	270
致卢鸿钧函 民国十四年(1925. 1. 7)	4	494	致卢鸿钧函 民国十四年(1925. 1. 7)	3	1326
致卢鸿钧函 民国十四年(1925. 1)	4	494	致卢鸿钧函 民国十四年(1925. 1)	3	1326
复张作霖函 民国十四年(1925. 4)	4	495	致张作霖函 民国十四年(1925. 4)	3	1334
为明岁公园征集通如海菊花大会启 民国十四年(1925)	4	495—496	为明岁公园征集通如海菊花大会启 民国十三年底(1924)	5	260

续 表

《张謇全集》1994 年版			《张謇全集》2012 年版		
题 名	卷次	页码	题 名	卷次	页码
公园治沼记 民国十四年(1925)	4	496—497	公园治沼记 民国十四年(1925)	6	609—610
为南通保坍会及垦地致陈省长函 民国十四年(1925)	4	497—498	致陈陶遗函 民国十五年(1926. 2. 8)	3	1393—1395
致孙传芳函 民国十五年(1926. 5)	4	498—499	致孙传芳函 民国十五年(1926. 5. 15)	3	1401
附孙传芳复函 民国十五年(1926. 5. 17)	4	499	附录：孙传芳复函 无	3	1401
致仇徕之函 民国十五年(1926. 7. 26)	4	499	致仇徕之函 民国十五年(1926. 7. 26)	3	1410
在沙案订界报告会之演说 民国十五年(1926. 7)	4	500—502	在沙案订界报告会之演说 民国十五年(1926. 7. 24)	4	641—642
致陈陶遗函 民国十五年(1926. 7)	4	502	致陈陶遗函 民国十五年(1926. 7. 下旬)	3	1411
复裴义理函 民国十五年(1926. 7)	4	502	复裴义理函 民国十五年(1926. 7. 下旬)	3	1411
为维持保坍经费原案复省政府函 民国十五年(1926)	4	502—504	致孙传芳陈陶遗函 民国十五年(1926. 4. 上旬)	3	1396—1398
复韩嘉会函	4	505	复韩嘉会函 民国十三年(1924. 10. 下旬)	3	1316

续 表

《张謇全集》1994年版			《张謇全集》2012年版		
题　名	卷次	页码	题　名	卷次	页码
为公园义犬募捐启	4	505	为公园义犬募捐启 民国十四年(1925.2～3)	5	260
致达圆和尚函	4	505	致僧达圆函 民国十四年(1925.9.上旬)	3	1355—1356
谢晓夫招饮函 清光绪二年(1876)	4	506	致沈晓夫函 清光绪元年十一月二十九日(1875.12.26)	2	3
致邱履平函(二件) 清光绪二年(1876)	4	506—507	致邱履平函 清光绪二年十月初七日(1876.11.22)	2	3—4
代父致孙师馈物函 清光绪三年(1877)	4	507	代父贺孙师函 清光绪三年十月(1877.11～12)	2	4
致邱履平函 清光绪四年(1878)	4	507—508	致邱履平函 清光绪四年十二月十八日(1879.1.10)	2	4—5
代杨辅臣师致张金门函 清光绪六年(1880)	4	508	为杨辅臣师拟答张金门书 清光绪六年(1880)	2	8—9
致邱履平函(四件之一) 清光绪六年(1880)	4	508—509	致邱履平函 清光绪六年三月十七日(1880.4.25)	2	7
致邱履平函(四件之二) 清光绪六年(1880)	4	509	致邱履平函 清光绪八年十月初一日(1882.11.11)	2	20
致邱履平函(四件之三) 清光绪六年(1880)	4	509	致邱履平函 清光绪六年(1880)	2	8

续 表

《张謇全集》1994年版			《张謇全集》2012年版		
题　名	卷次	页码	题　名	卷次	页码
致邱履平函(四件之四) 清光绪六年(1880)	4	509—510	致邱履平函 清光绪六年六月初五日(1880.7.11)	2	7—8
谢还朝鲜王酒具启 清光绪八年(1882)	4	510	谢还朝鲜王酒具启 清光绪八年八月初二日(1882.9.13)	2	19—20
致何眉生函 清光绪八年(1886)	4	510	致何嗣焜函 清光绪八年八月二十二日(1882.10.3)	2	20
致黄学使函 清光绪十年(1884)	4	510—511	致黄体芳函 清光绪十年(1884)冬	2	28
致邱履平函(二件之一) 清光绪十一年(1885)	4	511—512	致邱履平函 清光绪十一年九月十二日(1885.10.19)	2	30
致邱履平函(二件之二) 清光绪十一年(1885)	4	512	致邱履平函 清光绪十一年四月二十六日(1885.6.8)	2	29
致何眉生函 清光绪十一年(1885)	4	512—513	致何嗣焜函 清光绪十二年六月初十日(1886.7.11)	2	30—31
致倪中丞函 清光绪十一年(1886)	4	513—514	上倪文蔚书 清光绪十四年四月初八日(1888.5.18)	2	39
致邱履平函 清光绪十三年(1887)	4	514—515	致邱履平函 清光绪五年八月二十九日(1879.10.14)	2	6—7
致煦初、何眉生函 清光绪十三年(1887)	4	515	致何嗣焜煦初函 清光绪十四年四月初八日(1888.5.18)	2	39—40

续 表

《张謇全集》1994年版			《张謇全集》2012年版		
题　名	卷次	页码	题　名	卷次	页码
代孙师复调江宁知府李函 清光绪十三年(1887)	4	515—516	代孙师复李晓轩函 清光绪十三年二月二十六日(1887.3.20)	2	31
致郑孝胥函(二件之一) 清光绪十三年(1887)	4	516	致郑孝胥函 清光绪十三年十二月二十四日(1888.2.5)	2	38
致郑孝胥函(二件之二) 清光绪十三年(1887)	4	516—517	致郑孝胥函 清光绪十三年十二月(1888初)	2	37—38
致郑孝胥函 清光绪十四年(1888.3.9)	4	517	致郑孝胥函 清光绪十四年三月初十日(188.4.20)	2	38—39
致郑孝胥函(三件) 清光绪十四年(1888)	4	517—518	致郑孝胥函(三件) 清光绪十四年(1888)	2	41—42
致何眉生函(五件之一) 清光绪十四年(1888)	4	518	致何嗣焜函 清光绪十四年十二月(1889.1)	2	43—44
致何眉生函(五件之二) 清光绪十四年(1888)	4	518	致何嗣焜函(三个之二) 清光绪十四年十二月初六日(1889.1.7)	2	43
致何眉生函(五件之三) 清光绪十四年(1888)	4	519	致何嗣焜函(三件之一) 清光绪十四年十二月初四日(1889.1.5)	2	42
致何眉生函(五件之四) 清光绪十四年(1888)	4	519	致何嗣焜函(二件之二) 清光绪十四年十月二十八日(1888.12.1)	2	41
致何眉生函(五件之五) 清光绪十四年(1888)	4	519—520	致何嗣焜函(二件之一) 清光绪十四年九月三十日(1888.11.3)	2	40

续 表

《张謇全集》1994年版			《张謇全集》2012年版		
题　名	卷次	页码	题　名	卷次	页码
致吴挚甫先生函 清光绪十五年(1889)	4	520	致吴汝纶函 清光绪十五年二月二十九日(1889.3.30)	2	45
谢安徽沈抚院启 清光绪十六年(1890)	4	521	谢沈秉臣函 清光绪十六年八月初八日(1890.9.21)	2	46
致顾延卿函 清光绪十七年(1891)	4	521—522	致顾延卿函 清光绪十七年七月二十七日(1891.8.31)	2	46—47
致李智俦函 清光绪十八年(1892)	4	523	致李智俦函 清光绪十八年四月二十一日(1892.5.17)	2	48—49
致意园师函 清光绪十八年(1892)	4	523—524	致盛昱函 清光绪十八年四月二十九日(1892.5.25)	2	49
致韦道辞书局事函 清光绪二十一年(1895)	4	524	致韦道函 清光绪二十一年十一月二十一日(1896.1.5)	2	76
致南皮辞书局事函 清光绪二十一年(1895)	4	524	致张之洞函 清光绪二十一年十一月二十一日(1896.1.5)	2	76
代文童吴玉树草捐助礼器禀 清光绪二十一年(1895)	4	524—525	代文童吴玉树草捐助礼器禀 清光绪二十一年六月二十九日(1895.8.19)	1	26
致如皋龙大令函 清光绪二十一年(1895)	4	525	致龙璋函 清光绪二十二年八月(1896.9)	2	81—82
致沈子培函 清光绪二十三年(1897)	4	526	致沈曾植函 清光绪二十三年三月初二日(1897.4.3)	2	83—84

续 表

《张謇全集》1994年版			《张謇全集》2012年版		
题　名	卷次	页码	题　名	卷次	页码
致丁恒斋函 清光绪二十三年(1897)	4	527—528	致丁立钧书 清光绪二十三年四月初七日(1897.5.8)	2	84—85
复彦升问某公旨趣函 清光绪二十三年(1897)	4	528—529	复周彦升函 清光绪二十三年六月初三日(1897.7.2)	2	86
请建赵亭禀牍 清光绪二十七年(1901)	4	529	请建赵亭禀牍 清光绪二十七年正月初八日(1901.2.16)	1	34—35
致赵凤昌函 清光绪二十七年(1901)	4	530	致赵凤昌函 清光绪三十年一月三十日(1904.3.16)	2	131
致赵凤昌函 清光绪二十九年(1903.4.25)	4	530	致赵凤昌函 清光绪二十九年三月二十八日(1903.4.25)	2	122
致赵凤昌函 清光绪二十九年(1903.5.3)	4	530	致赵凤昌函 清光绪二十九年四月二十七日(1903.5.3)	2	122
复商部函 清光绪三十一年(1905.9)	4	531—533	复商部函 清光绪三十一年八月初六日(1905.9.4)	2	143—145
致赵凤昌函 清光绪三十二年(1906.12.26)	4	534	致赵凤昌函 清光绪三十二年十一月初十(1906.12.25)	2	180—181
致许情荃函 清光绪三十二年(1906)	4	534	致许情荃函 清光绪三十二年(1906)	2	181—182
谢亲友临贺启 清光绪三十三年(1907)	4	534—535	谢亲友临贺启 清光绪三十三年正月(1907.2)	5	108

续 表

《张謇全集》1994年版			《张謇全集》2012年版		
题　名	卷次	页码	题　名	卷次	页码
苏浙路公司致江督电 清光绪三十三年(1907)	4	535	与汤寿潜致端方电 清光绪三十三年十月初五日(1907.11.10)	2	222
苏路、浙路总协理上外部、邮传部函电 清光绪三十三年(1907)	4	535—536	与王清穆等上外部邮传部电 清光绪三十三年九月二十四日(1907.10.30)	2	221
苏路张协理、浙路汤总理上张中堂电 清光绪三十三年(1907)	4	536—537	与汤寿潜致张百熙函 清光绪三十三年初(1907)	2	211
江浙两路公司致北京浙路办事处电 清光绪三十三年(1907)	4	537	江浙两路公司复邮传部电 清光绪三十三年(1907)	2	228
致赵凤昌函 清宣统二年(1910.7.29)	4	537	致赵凤昌函 清宣统二年六月二十三日(1910.7.29)	2	261
致赵凤昌函 清宣统二年(1910.7.30)	4	538	致赵凤昌函 清宣统二年六月二十四日(1910.7.30)	2	261—262
致赵凤昌函 清宣统二年(1910.9.1)	4	538	致赵凤昌函 清宣统二年七月二十八日(1910.9.1)	2	262
致赵凤昌函 清宣统二年(1910.11.27)	4	539	致赵凤昌函(二件之一) 清宣统二年十月二十六日(1910.11.27)	2	266
致赵凤昌函 清宣统二年(1910.11)	4	539	致赵凤昌函(二件之二) 清宣统二年十月二十六日(1910.11.27)	2	266—267
赵凤昌函 清宣统二年(1910)	4	539	赵凤昌函 清宣统二年十一月十六日(1910.12.17)	2	267

续 表

《张謇全集》1994年版			《张謇全集》2012年版		
题 名	卷次	页码	题 名	卷次	页码
致赵凤昌函 清宣统三年(1911. 1. 30)	4	540	致赵凤昌函 清宣统三年三月初一日(1911. 1. 30)	2	268—269
答张生函 清宣统三年(1911)	4	540	答张生函 清宣统三年(1911)	2	300
致赵凤昌函 民国二年(1913. 6. 7)	4	540—541	致赵凤昌函 民国二年(1913. 6. 7)	2	376
与习位思书 民国二年(1913)	4	541	致习位思函(二件之一) 民国二年(1913)	2	417
致某某函 民国二年(1913)	4	541—542	致韩国钧函 民国二年(1913)	2	405—406
熊希龄、张謇为浙路国有致汤寿潜函 民国三年(1914. 3)	4	542—543	与熊希龄致汤寿潜函 民国三年(1914. 3)	2	442
复余觉函 民国三年(1914. 6. 12)	4	543	复余觉函 民国三年(1914. 6. 12)	2	450
致段祺瑞函 民国三年(1916. 7. 14)	4	543—544	致段祺瑞函 民国三年(1916. 7. 14)	2	470
复许久香函 民国三年(1916. 7. 16)	4	544	复许鼎霖函 民国三年(1916. 7. 16)	2	474
复孙支夏函 民国三年(1914. 7)	4	544	复孙杞函 民国三年(1914. 7. 下旬)	2	490—491
致吴晓江函(四件之一) 民国三年(1914)	4	545	致吴晓江函 民国三年(1914)	2	494
致吴晓江函(四件之二) 民国三年(1914)	4	545	致吴晓江函 民国三年(1914)	2	493

续 表

《张謇全集》1994年版			《张謇全集》2012年版		
题　名	卷次	页码	题　名	卷次	页码
致吴晓江函(四件之三) 民国三年(1914)	4	545	致吴晓江函 民国六年(1917)	2	629
致吴晓江函(四件之四) 民国三年(1914)	4	545—546	致吴晓江函 民国六年(1917)	2	629
致顾公毅函 民国三年(1914)	4	546	致顾公毅函 民国三年(1914)	2	509
致赵凤昌函 民国四年(1915.5.12)	4	546—547	致赵凤昌函 民国四年(1915.5.12)	2	530
致赵凤昌函 民国四年(1915.5.23)	4	547	致赵凤昌函 民国四年(1915.5.23)	2	532—533
复云韶函 民国四年(1915.5)	4	547	复云海秋函 民国四年(1915.5.下旬)	2	535
复张朗斋、谢蘅聪、樊时勋函 民国四年(1915.5)	4	548	复张朗斋谢蘅聪樊时勋函 民国四年(1915.5.中旬)	2	531—532
致杨仲达函 民国四年(1915.5)	4	548	致杨仲达函 民国四年(1915.5.下旬)	2	538
致吴吉卿函 民国四年(1915.5)	4	548	致吴吉卿函 民国四年(1915.5.中旬)	2	531
致李少园函 民国四年(1915.7.6)	4	549	致李少园函 民国四年(1915.7.6)	2	551
复吴季诚函 民国四年(1915.7)	4	549	复吴季诚函 民国四年(1915.7)	2	553
复陈祺寿函 民国四年(1915.7.9)	4	549—550	复陈星南函 民国四年(1915.7.9)	2	552

续　表

《张謇全集》1994年版			《张謇全集》2012年版		
题　名	卷次	页码	题　名	卷次	页码
复杨钧函 民国四年(1915.7)	4	550	复杨钧函 民国四年(1915.7.上旬)	2	551
复方益善函 民国四年(1915.7)	4	550	复方益善函 民国四年(1915.7)	2	553
复施小亭函 民国四年(1915.7)	4	550—551	复施小亭函 民国四年(1915.7)	2	553—554
致张元济函 民国四年(1915.7)	4	551	致张元济函 民国四年(1915.7)	2	554
致张相文函 民国四年(1915.7)	4	551	致张相文函 民国四年(1915.7.下旬)	2	559
复徐绍贞函 民国四年(1915.7)	4	551—552	复徐绍贞函 民国四年(1915.7.30)	2	565
致赵凤昌函 民国四年(1915)	4	552	致赵凤昌函 民国四年(1915.12.28)	2	570
致屠振先电 民国四年(1915)	4	552	致屠振先电 民国四年(1915.4.上旬)	2	515
致北京水利局电 民国四年(1915)	4	552	致北京水利局电 民国四年(1915.4.上旬)	2	515
为儿子举行冠婚礼请观礼启 民国四年(1915)	4	553—554	为儿子举行冠婚礼请观礼启 民国四年(1915.12)	5	154—155
致蔡竹贤函 民国五年(1916.7)	4	554	致蔡竹贤函 民国五年(1916.7)	2	607
致赵凤昌函 民国五年(1916.8.7)	4	554	致赵凤昌函(三件之一) 民国五年(1916.8.7)	2	612

续　表

《张謇全集》1994年版			《张謇全集》2012年版		
题　名	卷次	页码	题　名	卷次	页码
致赵凤昌函 民国五年(1916.8.16)	4	555	致赵凤昌函(三件之二) 民国五年(1916.8.16)	2	613
致赵凤昌函 民国五年(1916.8.22)	4	555	致赵凤昌函(三件之三) 民国五年(1916.8.22)	2	613
致赵凤昌函 民国五年(1916.9.13)	4	556	致赵凤昌函(二件之一) 民国五年(1916.9.13)	2	616
致赵凤昌函 民国五年(1916.9.20)	4	556	致赵凤昌函(二件之二) 民国五年(1916.9.20)	2	616
女孙汤饼会谢启 民国五年(1916)	4	556	女孙汤饼会谢启 民国五年(1916.12.14)	5	173
复黄炎培书 民国六年(1917.3.25)	4	557—558	复黄炎培书 民国六年(1917.3.25)	2	625—626
致赵凤昌函 民国六年(1917.10.26)	4	558	致赵凤昌函 民国四年(1915.10.26)	2	567—568
致吴晓江函(四件之一) 民国六年(1917)	4	558—559	嘱吴晓江条 民国七年(1918.2)	2	641—642
致吴晓江函(四件之二) 民国六年(1917)	4	559	嘱吴晓江条 民国七年(1918.11.30)	2	689
致吴晓江函(四件之三) 民国六年(1917)	4	559	嘱吴晓江条 民国七年(1918.11.7)	2	674—675
致吴晓江函(四件之四) 民国六年(1917)	4	559	嘱吴晓江条 民国七年(1918.2.10)	2	640—641
致吴锦堂函 民国七年(1918.5)	4	560	致吴锦堂函 民国七年(1918.5.下旬)	2	650
唁沈曾植 民国七年(1918.10)	4	560	与张謇唁沈瑜庆亲属函 民国七年(1918.10.上旬)	2	663—664

续 表

《张謇全集》1994年版			《张謇全集》2012年版		
题　名	卷次	页码	题　名	卷次	页码
致刘垣电 民国七年(1918.11.11)	4	560	致刘厚生电 民国七年(1918.11.11)	2	675
复于志圣函 民国七年(1918.11)	4	561	复于志圣函 民国七年(1918.11)	2	682
复张竞立函 民国七年(1918.11)	4	561	复张竞立函 民国七年(1918.11.下旬)	2	687—688
复董芝初函 民国七年(1918.11)	4	562	复董芝初函 民国七年(1918.11.下旬)	2	688
谢李督军贺寿启 民国七年(1918)	4	562	谢李督军贺寿启 民国七年(1918)夏	5	189—190
复江谦函 民国七年(1918)	4	562—563	致江谦函 民国七年(1918)	2	696—697
分致谛闲、冶开二法师函 民国七年(1918)	4	563—564	分致冶开谛闲函 民国八年秋(1919)	2	722
致庄思缄函 民国七年(1918)	4	564	复庄蕴宽函 民国七年(1918)	2	695—696
介绍钱剑秋书家 民国八年(1919.6.15)	4	564—565	介绍钱剑秋函 民国八年(1919.6.15)	5	194
致赵凤昌函 民国八年(1919.11.23)	4	565	致赵凤昌函 民国八年(1919.11.23)	2	621
谢教育慈善募捐启 民国八年(1919)	4	565—566	谢教育慈善募捐启 民国八年(1919)	5	196—197
复吴徐蒋刘诸君函 民国八年(1919)	4	566	与张詧复吴季诚等诸君函 民国八年(01919.11.15)	2	727

续 表

《张謇全集》1994 年版			《张謇全集》2012 年版		
题 名	卷次	页码	题 名	卷次	页码
复谢淮扬诸君函 民国八年(1919)	4	566	复谢淮扬诸君文 民国八年(1919)	2	733
复张仲仁函 民国八年(1919)	4	567	致张一麐函 民国八年(1919)	2	729—730
复刘灵华函 民国八年(1919)	4	567	复刘灵华函 民国八年(1919)	2	729
为叔兄生日敬告父老伯叔兄弟 民国八年(1919)	4	567—568	为叔兄生日敬告父老伯叔兄弟 民国八年(1919.10)	5	196
致顾竹庵函 民国九年(1919)	4	568	复顾竹庵函 民国八年(1919)	2	730
复徐君函 民国八年(1919)	4	569	复徐君函 民国八年(1919)	2	731
贺李纯寿 民国九年(1920)	4	569	贺李纯书 民国九年(1920.9.中旬)	3	798
致顾昂千函 民国九年(1920)	4	570	答顾昂千书 民国九年(1920)	3	845
复谢李督军函 民国九年(1920)	4	570	致李纯函 民国九年(1920.7.31)	3	785
致刘灵华函 民国九年(1920)	4	571	致刘灵华函 民国九年(1920)	3	841—842
致江谦函 民国九年(1920)	4	571	致江谦函 民国九年(1920.8.19)	3	789—790
招友人千龄观会饮启 民国九年(1920)	4	572	招友人千龄观会饮启 民国九年(1920.10.24)	5	202—203
谢常熟招待诸友 民国十年(1921.2.22)	4	572	谢常熟招待诸友 民国十年(1921.2.22)	3	861

续 表

《张謇全集》1994年版			《张謇全集》2012年版		
题　名	卷次	页码	题　名	卷次	页码
谢苏州招待诸友 民国十年(1921.2.22)	4	573	谢苏州招待诸友 民国十年(1921.2.22)	3	861
谢扬州、如皋诸君 民国十年(1921.2.22)	4	573	谢扬州如皋诸君 民国十年(1921.2.22)	3	862
致周伯渔函 民国十年(1921.3)	4	574	致周伯渔函 民国十年(1921.3)	3	872
致钱词笙函 民国十年(1921.3)	4	574	致钱词笙函 民国十年(1921.3)	3	872—873
致徐世昌函 民国十年(1921.4)	4	575	致徐世昌函 民国十年(1921.4)	3	879
致齐茂林函 民国十年(1921.9.17)	4	575	致齐茂林函 民国十年(1921.8.16)	3	900
致严家炽函 民国十年(1921)	4	575—576	致严家炽函 民国十年(1921.7.上旬)	3	890
致翁振甫函 民国十年(1921)	4	576	致翁振甫函 民国十年(1921.2)	3	866—867
复谢予倩函 民国十年(1921)	4	577	谢欧阳予倩函 民国十年(1921)	3	994
谢寿启 民国十年(1921)	4	577	谢寿通函 民国十年(1921.6～7)	3	888—889
致叶恭绰函 民国十年(1921)	4	577—578	致叶恭绰函 民国十年(1921.6～7)	3	887
复袁叔畬函 民国十年(1921)	4	578	复袁叔畬函 民国十年(1921.1.下旬)	3	855
致张孝田、李翰青、李伯生函 民国十一年(1922.2.17)	4	578	致张孝田李翰青李伯生函 民国十一年(1922.2.17)	3	1020

续 表

《张謇全集》1994年版			《张謇全集》2012年版		
题 名	卷次	页码	题 名	卷次	页码
致沙养瑜函 民国十一年(1922.4.28)	4	579	致沙养瑜函 民国十一年(1922.4.28)	3	1048
味雪斋为雪君养病纪念告文 民国十一年(1922.5.28)	4	579	味雪斋为雪君养病纪念告文 民国十一年五月二十八日(1922.6.23)	6	533
复华商纱厂联合会函 民国十一年(1922.10)	4	579—580	复华商纱厂联合会函 民国十一年(1922.10～11)	3	1094
复许世英函 民国十一年(1922)	4	580	复许世英函 民国十一年(1922.10～11)	3	1095—1096
非公启 民国十一年(1922)	4	580—581	非公启 民国十一年(1922)	5	242—243
七十生日告客启 民国十一年(1922)	4	582	七十生日告客启 民国十一年(1922.6)	5	235—236
谢寿启 民国十一年(1922)	4	582—583	谢寿启 民国十一年(1922.6)	5	236
复张选甫函 民国十二年(1923.3.20)	4	583	复张选甫函 民国十二年(1923.3.20)	3	1157
致齐燮元、韩国钧函 民国十二年(1923.3)	4	583	致齐燮元韩国钧函 民国十二年(1923.4)	3	1160
致张竹亭函 民国十二年(1923.5)	4	584	致张竹亭函 民国十二年(1923.5.中旬)	3	1165
致蔡成勋函 民国十二年(1923.5)	4	584	致蔡成勋函 民国十二年(1923.5.中旬)	3	1165—1166

续 表

《张謇全集》1994 年版			《张謇全集》2012 年版		
题　名	卷次	页码	题　名	卷次	页码
致刘宝寿函 民国十二年(1923.5)	4	584—585	致刘宝寿函 民国十二年(1923.5.中旬)	3	1166
复赵野仙函 民国十二年(1923.6)	4	585	复赵野仙函 民国十二年(1923.6.中旬)	3	1178
致鲍惠尔函 民国十二年(1923.7.4)	4	585	致鲍惠尔函 民国十二年(1923.7.4)	3	1185—1186
致吴兆曾函 民国十二年(1923.7.4)	4	585—586	致吴季诚函 民国十二年(1923.7.4)	3	1186
复郁慕侠函 民国十二年(1923.9.26)	4	586	复郁慕侠函 民国十二年(1923.9.26)	3	1206—1207
与黎元洪之谈话函 民国十二年(1923.9)	4	586—587	与黎元洪之谈话 民国十二年(1923.9.13)	4	555—556
复陈卓立函 民国十二年(1923.11.21)	4	587	复陈卓立函 民国十二年(1923.11.21)	3	1224
代张詧拟稿复齐燮元函 民国十二年(1923.11)	4	588	为张詧拟复齐燮元函 民国十二年(1923.11.上旬)	3	1219
复张让三函 民国十二年(1923.11)	4	588	复张美翊函 民国十二年(1923.12.上旬)	3	1229—1230
复冯衷博函 民国十二年(1923.11)	4	588—589	复冯衷博函 民国十二年(1923.12.上旬)	3	1230
致高熙喆函 民国十二年(1923.11)	4	589	致高熙喆函 民国十二年(1923.11.上旬)	3	1218—1219

续 表

《张謇全集》1994年版			《张謇全集》2012年版		
题 名	卷次	页码	题 名	卷次	页码
致陈任先函 民国十二年(1923)	4	589	致陈任先函 民国十二年(1923.11.上旬)	3	1217—1218
复王光宾函 民国十二年(1923)	4	590	复王光宾函 民国十二年(1923.10.下旬)	3	1212
致吴季诚函 民国十二年(1923)	4	590	致吴季诚函 民国十二年(1923)	3	1248
致吴季诚函 民国十二年(1923)	4	590	致吴季诚函 民国十二年(1923)	3	1248
复唐蔚之函 民国十二年(1923)	4	591	致唐文治函 民国十二年(1923)	3	1249
谢寿启 民国十二年(1923)	4	591	谢寿启 民国十二年(1923.7)	5	248
复齐燮元、韩国钧等祝寿通稿 民国十二年(1923)	4	591—592	复齐燮元韩国钧等祝寿通稿 民国十二年(1923.7)	3	1187
致刘和涵函 民国十二年(1923)	4	592—593	致刘和涵函 民国十二年(1923)	3	1246
致杨梅汀函 民国十二年(1923)	4	593	致杨梅汀函 民国十二年(1923)	3	1247
复人论夫妇函 民国十二年(1923)	4	594—595	致余觉函 民国十年(1921.8.9)	3	897—900
复陈雨亭函 民国十三年(1924.1)	4	595	复陈雨亭函 民国十三年(1924.1.中旬)	3	1261
复陈公洽函 民国十三年(1924.1)	4	595	复陈公洽函 民国十三年(1924.1.中旬)	3	1262

续 表

《张謇全集》1994年版			《张謇全集》2012年版		
题　名	卷次	页码	题　名	卷次	页码
复俞若曾函 民国十三年(1924.1)	4	596	复俞若曾函 民国十三年(1924.1.中旬)	3	1261
复施少崖函 民国十三年(1924.8.11)	4	596	复施徵睿函 民国十三年(1924.8.11)	3	1300
复黄厚安函 民国十三年(1924.9.22)	4	596—597	复黄厚安函 民国十三年(1924.9.22)	3	1311
复许乃文、杨鼎、叶龄等函 民国十三年(1924.9.26)	4	597	复许乃文杨鼎叶龄等函 民国十三年(1924.9.26)	3	1311—1312
致王清穆函 民国十三年(1924.10.25)	4	597	致王清穆函 民国十三年(1924.10.25)	3	1316—1317
致马隽卿函 民国十三年(1924.11.5)	4	597—598	致马隽卿函 民国十三年(1924.11.5)	3	1318
复李审言函 民国十三年(1924)	4	598	复李审言书 民国十三年(1924)	3	1307
复松月和尚函 民国十三年(1924)	4	598	复松月和尚函 民国十三年(1924)	3	1307
复冯生函 民国十三年(1924)	4	599	复冯生函 民国十三年(1924)	3	1323—1324
聘女记室启 民国十三年(1924)	4	599—600	聘女记室启 民国十三年(1924)	5	259
复唐驼函 民国十四年(1925.5.15)	4	600	复唐驼函 民国十四年(1925.5.15)	3	1338

续 表

《张謇全集》1994 年版			《张謇全集》2012 年版		
题 名	卷次	页码	题 名	卷次	页码
复安东义乔函 民国十四年(1925.5)	4	600	致安东函 民国十四年(1925.5.15)	3	1339
复张宗昌函 民国十四年(1925.5)	4	600—601	复张宗昌函 民国十四年(1925.5)	3	1337
致王瑞臻函 民国十四年(1925.7)	4	601	致王瑶顷函 民国十四年(1925.7.下旬)	3	1348
致邓际昌函 民国十四年(1925.7)	4	601	致邓朴君函 民国十四年(1925.7.中旬)	3	1348
谢寿通启 民国十四年(1925.7)	4	602	谢寿通启 民国十四年(1925.7)	5	263—264
表扬如皋苴镇义犬演说 民国十四年(1925)	4	602—603	表扬如皋苴镇义犬演说 民国十四年(1925.3.6)	4	600
复陈宗彝函 民国十五年(1926.7.7)	4	603	复陈宗彝函 民国十五年(1926.7.7)	3	1402—1403
复张禹声函 民国十五年(1926.7.17)	4	604	复张禹声函 民国十五年(1926.7.17)	3	1406
复王豫熙函 民国十五年(1926.7)	4	604	复王欣甫函 民国十五年(1926.7.上旬)	3	1403
致赵凤昌函(二件)	4	604—605	致赵凤昌函(二件) 之一民国八年(1919.11.20) 之二民国二年(1913.12.25)	2 2	728 412
致徐积余函(十七件之一)	4	605—606	致徐积馀函 清光绪二十七年六月二十八日(1901.8.12)	2	117

续 表

《张謇全集》1994年版			《张謇全集》2012年版		
题　名	卷次	页码	题　名	卷次	页码
致徐积余函(十七件之二)	4	606	致徐积馀函(十件之一)	3	1642—1643
致徐积余函(十七件之三)	4	606	致徐积馀函(十件之二)	3	1643
致徐积余函(十七件之四)	4	606	致徐积馀函(十件之三)	3	1643
致徐积余函(十七件之五)	4	607	致徐积馀函(十件之四)	3	1643
致徐积余函(十七件之六)	4	607	致徐积馀函(十件之五)	3	1643—1644
致徐积余函(十七件之七)	4	607	致徐积馀函(十件之六)	3	1644
致徐积余函(十七件之八)	4	607	致徐积馀函(十件之七)	3	1644
致徐积余函(十七件之九)	4	607	致徐积馀函(五件之二)民国二年(1913)	2	387
致徐积余函(十七件之十)	4	608	致徐积馀函(五件之三)民国二年(1913)	2	387
致徐积余函(十七件之十一)	4	608	致徐积馀函(五件之四)民国二年(1913)	2	387
致徐积余函(十七件之十二)	4	608	致徐积馀函(五件之一)民国二年(1913)	2	386
致徐积余函(十七件之十三)	4	608	致徐积馀函(五件之五)民国二年(1913)	2	388
致徐积余函(十七件之十四)	4	609	致徐积馀函(十件之八)	3	1644—1645

续 表

《张謇全集》1994年版			《张謇全集》2012年版		
题　名	卷次	页码	题　名	卷次	页码
致徐积余函(十七件之十五)	4	609	致徐积馀函 清光绪二十五年九月十七日(1899.10.21)	2	101
致徐积余函(十七件之十六)	4	609	致徐积馀函(十件之九)	3	1645
致徐积余函(十七件之十七)	4	610	致徐积馀函(十件之十)	3	1645
致治堂、徐积余函	4	610	致单治堂徐积馀函 民国二年(1913.7.24)	2	390—391
致炎之函(三件)	4	610—611	致缪荃孙函(二十一件之二、三、四)	3	1650—1651
致沈敬夫函(四件)	4	611—613	致沈敬夫函(四件)	3	1601—1603
致沈寿函函(五件)	4	613—614	致沈寿函函(五件)	2	633—634
复僧忠恕函	4	614	复僧忠恕函 民国十四年(1925.9.上旬)	3	1355
寄三兄叔俨	4	614—615	致张詧函 清光绪二十五年七月二十七日(1899.9.1)	2	98—99
复王宽甫函	4	615	复王宽甫函 民国九年底至十年初(1920年底～1921年初)	3	847
复尹仲伊函	4	615	复尹仲伊函 民国十一年(1922.9.下旬)	3	1085
致诸宗元函	4	615—616	致诸宗元函 民国十一年(1922.9～10)	3	1087—1088

续 表

《张謇全集》1994年版			《张謇全集》2012年版		
题 名	卷次	页码	题 名	卷次	页码
致周百朋函	4	616	致周百朋函 民国十一年(1922.10)	3	1092
复冯启铎函	4	616	复冯启铎函 民国十三年(1924.1.中旬)	3	1261
复陈卓立函	4	616—617	复陈卓立函 民国十三年(1924.1.下旬)	3	1267
复白道文函	4	617	复白道文函 民国十三年(1924.9.6)	3	1306
复胡仪曾函	4	617	复胡仪曾函 民国十三年(1924.11.上旬)	3	1319
复赖绶丞函	4	617	复赖绶丞函 民国十四年(1925.9.中旬)	3	1360
致汪康年函(二件)	4	618	致汪康年函(十三件之一、二)	3	1581
致桓士函(二件)	4	618—619	致桓士函(二件) 清光绪二十七年四月(1901.6)	2	113—114
致吴彦复函(五件)	4	619—620	致吴彦复函(五件)	3	1579—1580
上某师	4	620	上某师 清光绪二十七年十月十八日(1901.11.19)	2	47—48
致李拔可函(三件)	4	620	致李拔可函(三件)	3	1578—1579
致宋跃门等函	4	621—624	致宋跃门等函	3	1615—1619

续 表

《张謇全集》1994年版			《张謇全集》2012年版		
题 名	卷次	页码	题 名	卷次	页码
致荫人函	4	625	致刘荫人函	3	1570
致兰宾函	4	625	致施兰宾函	3	1569
致地山、陈葆初函	4	625	致张地山陈琛函	3	1569
致范肯堂夫人函	4	626	致姚蕴素函	3	1625
致孙敬铭函(三件之一)	4	626	致孙宝书函(三件之三)	3	1575—1576
致孙敬铭函(三件之二)	4	626—627	致孙宝书(九件之三)	3	1572—1573
致孙敬铭函(三件之三)	4	627	嘱孙宝书条 清光绪三十二年闰四月初七日(1906.5.29)	2	171
致默公函	4	627	复丁衡甫函 民国三年(1914.7.11)	2	469—470
致小块和尚函	4	628	致小块和尚函	3	1568
致吴夫人(七件)	4	629—630	致吴夫人	3	1518—1519
致张孝若(怡祖)	4	630—680	致孝若	3	1519—1567
述训 清光绪六年(1880)	5(上)	1—5	述训 清光绪二十六年(1900)后	6	284—288
大人命初易范氏地约 清光绪六年(1880)	5(上)	6	大人命初易范氏地约 光绪六年二月二十四日(1880.4.3)	6	33
代大人作合绘张氏吴氏四代支象记 清光绪六年(1880)	5(上)	6—7	代大人作合绘张氏吴氏四代支像记 清光绪六年(1880)	6	34—35

续 表

《张謇全集》1994年版			《张謇全集》2012年版		
题 名	卷次	页码	题 名	卷次	页码
重修蓬莱县学宫记 清光绪六年(1880)	5(上)	7—8	重修蓬莱县学宫记 清光绪六年(1880)	6	35—36
玄琴说为林怡庵作 清光绪八年(1882)	5(上)	8—9	玄琴说为林怡庵作 清光绪九年六月二十三日(1883.7.26)	6	47
壬午、癸未读书札记 清光绪八年、九年(1882、1883)	5(上)	9—15	日记 光绪八年九月～十月	8	183—193
说文或从体例错出 清光绪十二年(1886)	5(上)	15	说文或从体例错出 清光绪十二年十二月初一日(1886.11.26)	6	84
蜀先主论 清光绪十三年(1887)	5(上)	15—16	蜀先主论 清光绪十三年(1887)	4	3
赣榆释 清光绪十四年(1888)	5(上)	16—17	赣榆释 清光绪十四年(1888)	6	92—93
督抚提镇即古诸侯说 清光绪十五年(1889)	5(上)	17—18	督抚提镇即古诸侯说 清光绪十五年(1889)	6	99—100
不穀不仅诸侯自称说 清光绪十五年(1889)	5(上)	19	不穀不仅诸侯自称说 清光绪十五年(1889)	6	100—101
周易音训句读卷上 清光绪十七年(1891)	5(上)	19—81	周易音训句读卷上 清光绪十七年(1891)	6	115—168
周易音训句读卷下 清光绪十七年(1891)	5(上)	81—121	周易音训句读卷下 清光绪十七年(1891)	6	168—202
移建象山书院记 清光绪十九年(1893)	5(上)	121—122	移建象山书院记 清光绪十九年七月十六日(1893.8.27)	6	229—230
记造桥和尚 清光绪二十一年(1895)	5(上)	123	记造桥和尚 民国八年六月二十八日(1919.7.25)	6	454

续 表

《张謇全集》1994年版			《张謇全集》2012年版		
题 名	卷次	页码	题 名	卷次	页码
重摹朱衣神像记 清光绪二十一年(1895)	5(上)	124	重摹朱衣神像记 清光绪二十一年(1895)	6	258
易地约后记 清光绪二十二年(1896)	5(上)	125	易地约后记 清光绪二十二年(1896)	6	269
纪梦 清光绪二十二年(1896)	5(上)	125—127	纪梦 清光绪二十五年(1899)后	6	277—279
西园记 清光绪二十二年(1896)	5(上)	127—128	西园记 清光绪二十二年八月二十一日(1896.9.28)	6	266—267
归籍记 清光绪二十三年(1897)	5(上)	128—140	归籍记 清光绪三十二年(1906)	6	320—329
考订心太平本黄庭经凡与颍本不同者二十二处 清光绪二十四年(1898)	5(上)	140	考订心太平本黄庭经凡与颍本不同者二十二处 清光绪二十四年五月十六日(1898.7.4)	6	274
世麟桥记 清光绪二十六年(1900)	5(上)	140—141	世麟桥记 清光绪二十六年四月初一日(1900.4.29)	6	280—281
逐簃记 清光绪二十九年(1903)	5(上)	141	逐簃记 清光绪二十九年九月二十四日(1903.11.12)	6	301—302
辑逐簃扉题 清光绪二十九年(1903)	5(上)	142—143	辑逐簃扉题 清光绪二十九年十月初一日(1903.11.19)	6	302—303
析产书 清光绪三十年(1904)	5(上)	143—146	析产书 清光绪三十年正月二十九日(1904.3.15)	6	304—306
记海门河工讼案 清光绪三十年(1904)	5(上)	146—149	记海门河工讼案 清光绪三十年(1904)	6	311—313

续　表

《张謇全集》1994年版			《张謇全集》2012年版		
题　名	卷次	页码	题　名	卷次	页码
记吴枭 清光绪三十年(1904)	5(上)	149—150	记吴枭 清光绪三十年(1904)	6	314
记论舜为实业政治家 清光绪三十年(1904)	5(上)	151—152	记论舜为实业政治家 清光绪三十年(1904)	4	82
记海州朱翁 清光绪三十一年(1905)	5(上)	152—153	记海州朱翁 清光绪三十四年(1908)	6	343—344
记沈雨辰说梅巧林 清光绪三十一年(1905)	5(上)	153	记沈雨辰说梅巧林 清光绪三十四年(1908)	6	344—345
博物苑美人石记 清光绪三十二年(1906)	5(上)	153—154	博物苑美人石记 清光绪三十二年(1906)	6	318—319
记吴军门述马杨事 清光绪三十四年(1908)	5(上)	154	记吴军门述马杨事 清光绪三十四年(1908)	6	345
书邱大刀 清宣统元年(1909)	5(上)	154—156	书邱大刀 民国八年六月二十八日(1919.7.25)	6	452—454
古食盐考 清宣统二年(1910)	5(上)	156—157	古食盐考 清宣统二年五月初六日(1910.6.12)	6	352—353
记顾绣董香光书昼锦堂记 清宣统二年(1910)	5(上)	157	顾绣昼锦堂记屏跋 清宣统三年二月(1911.3)	6	360
樊氏勤稼别墅记 清宣统三年(1911)	5(上)	158—159	樊氏勤稼别墅记 清宣统三年正月初一日(1911.1.30)	6	359—360
革命论 民国元年(1912)	5(上)	159—161	革命论 民国元年(1912.1.11)	4	205—207
重修临淮广运桥记 民国元年(1912)	5(上)	161—162	重修临淮广运桥记 民国二年(1913.5)	6	380

续 表

《张謇全集》1994 年版			《张謇全集》2012 年版		
题　名	卷次	页码	题　名	卷次	页码
重建南通三里岸桥记 民国元年(1912)	5(上)	162	重建南通三里岸桥记 民国元年(1912)	6	374
儿子怡祖字说 民国二年(1913)	5(上)	162—163	儿子怡祖字说 民国二年十二月二十四日(1913.1.30)	6	381—382
尧舜论上 民国二年(1913)	5(上)	163—165	尧舜论上 民国二年(1913)	4	263—265
尧舜论中 民国二年(1913)	5(上)	165—167	尧舜论中 民国二年(1913)	4	265—266
尧舜论下 民国二年(1913)	5(上)	167—168	尧舜论下 民国二年(1913)	4	266—268
江苏省议会通海议员公寓记 民国二年(1913)	5(上)	168—169	江宁省议会通海议员公寓记 民国二年(1913)	6	382
重建宋文忠烈公渡海亭记 民国四年(1915)	5(上)	169—170	重建宋文忠烈公渡海亭记 民国四年(1915)	6	402—403
新辟林溪记 民国四年(1915)	5(上)	170—171	新辟林溪记 民国五年(1916)	6	416—417
江都李氏宗祠记 民国四年(1915)	5(上)	171	江都李氏宗祠记 民国十二年(1923.5)	6	555
重建狼山观音院记 民国四年(1915)	5(上)	172	重建狼山观音院记 民国四年(1915)	6	403—404
迁吴氏张氏常乐先茔记 民国五年(1916)	5(上)	173	迁吴氏张氏常乐先茔记 民国五年二月初二日(1916.3.5)	6	412—413
气象台新路记 民国五年(1916)	5(上)	173—174	气象台新路记 民国五年十一月初四日(1916.11.28)	6	414

续 表

《张謇全集》1994年版			《张謇全集》2012年版		
题 名	卷次	页码	题 名	卷次	页码
书陈君《宦游偶记》 民国六年(1917)	5(上)	174	书陈君宦游偶记 民国六年(1917)	6	425
东奥山庄记 民国八年(1919)	5(上)	175	东奥山庄记 民国八年五月(1919.5~6)	6	448—449
相山记 民国八年(1919)	5(上)	175	相山记 民国八年(1919)	6	460
千龄观记 民国九年(1920)	5(上)	176—177	千龄观记 民国九年(1920)	6	468—469
狼山观音院后记 民国十年(1921)	5(上)	177—178	狼山观音院后记 民国十年(1921)	6	516—517
重修兴化禅寺记 民国十年(1921)	5(上)	178—179	重修兴化禅寺记 民国八年(1919)	6	455—456
地券 民国十年(1921)	5(上)	180	沈寿墓地券 民国十年七月初七日(1921.8.10)	6	509
重造洛阳天津桥记 民国十年(1921)	5(上)	180—182	重造洛阳天津桥记 民国十年十月二十四日(1912.11.23)	6	511—513
记葛裕泰 民国十年(1921)	5(上)	182—183	记葛裕泰 民国十年(1921)	6	517—518
《南通县图志》杂纪 民国十年(1921)	5(上)	183—186	南通县图志杂纪 民国十年(1921)	6	520—523
重修南通孔庙记 民国十年(1921)	5(上)	187—188	重修南通孔庙记 民国九年十二月十三日(1921.1.21)	6	467—468
黄泥山改建圆觉精蓝记 民国十一年(1922)	5(上)	188—189	黄泥山改建圆觉精蓝记 民国十一年(1922)	6	538—539

续 表

《张謇全集》1994年版			《张謇全集》2012年版		
题 名	卷次	页码	题 名	卷次	页码
马鞍山始建牟尼阁弥勒院记 民国十一年(1922)	5(上)	189—190	马鞍山始建牟尼阁弥勒院记 民国十一年(1922)	6	539—540
冯晏海红雪词题记 民国十一年(1922)	5(上)	190	冯晏海红雪词题记 民国十一年(1922)	6	549
海门长兴镇创建无量寺祔祀节孝记 民国十一年(1922)	5(上)	191—192	海门长兴镇创建无量寺祔祀节孝记 民国十一年(1922)	6	540—541
内园集宴留像记 民国十三年(1924)	5(上)	192—193	内园集宴留像记 民国十三年(1924)	6	588
释惑 民国十四年(1925)	5(上)	193—196	释惑 民国十四年(1925)	4	631—634
记如皋二犬 民国十四年(1925)	5(上)	196—197	记如皋二犬 民国十四年(1925)	6	611
唐孝子祠校记 民国十四年(1925)	5(上)	197—198	唐孝子祠校记 民国十四年十二月初八日(1926.1.21)	6	608—609
焦尾阁遗稿序 清光绪七年(1881)	5(上)	199	焦尾阁遗稿序 清光绪七年(1881)	6	37—38
代吴军门序焦尾阁遗稿 清光绪七年(1881)	5(上)	200	代吴军门序焦尾阁遗稿 清光绪七年(1881)	6	38—39
庐江舒城孙氏合修支谱序 清光绪八年(1882)	5(上)	201	庐江舒城孙氏合修支谱序 清光绪八年十月初七日(1882.11.17)	6	42—43
题方小东联 清光绪八年(1882)	5(上)	202	题方小东联 清光绪八年(1882)	6	45—46
齐法化跋 清光绪八年(1882)	5(上)	202	齐法化跋 清光绪八年(1882)	6	46

续 表

《张謇全集》1994年版			《张謇全集》2012年版		
题　名	卷次	页码	题　名	卷次	页码
校雨轩斋榜跋(为通海楼题) 清光绪八年(1882)	5(上)	203	校雨轩斋榜跋 清光绪八年九月二十三日(1882.11.3)	6	41
大人命跋所集"后世贤，师吾俭，臣父清，恐人知"训联 清光绪八年(1882)	5(上)	203	集后世贤师吾俭臣父清恐人知联跋(大人命) 清光绪八年十二月三十日(1883.2.7)	6	43
朝鲜金石菱参判《谭屑》序 清光绪九年(1883)	5(上)	204	朝鲜金石菱参判谭屑序 清光绪九年(1883)	6	48
刘紫回制艺稿序 清光绪十一年(1885)	5(上)	204—205	刘紫回制艺稿序 清光绪十一年(1885)	6	72—73
光绪赣榆县志序 清光绪十四年(1888)	5(上)	205—208	光绪赣榆县志序 清光绪十四年七月(1888.8～9)	6	89—92
随庵先生匾跋 清光绪十七年(1891)	5(上)	209	随庵先生匾跋 清光绪十七年(1891)	6	204—205
严铁桥摹秦琅邪台刻石拓本跋 清光绪二十年(1894)	5(上)	209	严铁桥摹秦琅邪台刻石拓本跋 清光绪二十年(1894)	6	250—251
江宁同文馆课艺序 清光绪二十一年(1895)	5(上)	210—211	江宁同文馆课艺序 清光绪二十一年(1895)	6	256—258
题崔桐行书自书诗卷 清光绪二十一年(1895)	5(上)	211—212	题崔桐行书自书诗卷 清光绪二十一年三月二十三日(1895.4.17)	6	254—255
校次孙开封遗集后序 清光绪二十二年(1896)	5(上)	212	校次孙开封遗集后序 清光绪二十二年三月初一日(1896.4.13)	6	261—262

续 表

《张謇全集》1994年版			《张謇全集》2012年版		
题 名	卷次	页码	题 名	卷次	页码
金溪邓氏家谱序 清光绪二十二年(1896)	5(上)	213—214	金溪邓氏家谱序 清光绪二十二年三月二十三日(1896.5.5)	6	262—263
施报说跋章铜官感旧图 清光绪二十二年(1896)	5(上)	214—215	施报说跋章铜官感旧图 清光绪二十二年八月二十二日(1896.10.4)	6	267—268
经义徵学序 清光绪二十四年(1898)	5(上)	215—216	经义征学序 清光绪二十七年(1901)后	6	294—295
龚定庵海门先啬文书后 清光绪二十四年(1898)	5(上)	216—219	龚定庵海门先啬文书后 民国八年六月二十六日(1919.7.23)	6	450—452
题黄忠端墨迹册子 清光绪二十四年(1898)	5(上)	219	题黄忠端墨迹册子 清光绪二十四年五月初五日(1898.7.23)	6	274
天祚题名跋 清光绪二十五年(1899)	5(上)	219—220	天祚题名跋 清光绪二十五年九月十一日(1899.10.15)	6	277
题补注洗冤录集证 清光绪二十六年(1900)	5(上)	220	题补注洗冤录集证 清光绪二十六年(1900)	6	283
西湖载鹤图序 清光绪二十六年(1900)	5(上)	220—221	西湖载鹤图序 清光绪二十六年(1900)	6	283—284
鄦斋丛书序 清光绪二十六年(1900)	5(上)	221—222	鄦斋丛书序 清光绪二十六年六月十八日(1900.7.14)	6	281
松月居士集印序 清光绪二十七年(1901)	5(上)	222—223	松月居士集印序 清光绪二十七年(1901)	6	292
通州师范学校寿松堂匾跋 清光绪二十八年(1902)	5(上)	223	通州师范学校寿松堂匾跋 清光绪二十八年(1902)	6	298

续 表

续 表

《张謇全集》1994 年版			《张謇全集》2012 年版		
题 名	卷次	页码	题 名	卷次	页码
耕织图跋 清光绪三十一年(1905)	5(上)	228—229	耕织图跋 清光绪三十一年(1905)	6	315—316
题通州师范学校孔子像碑 清光绪三十二年(1906)	5(上)	229	题通州师范学校孔子像碑 清光绪三十二年(1906)	6	318
题通州师范学校石刻孟子像 清光绪三十二年(1906)	5(上)	229	题通州师范学校石刻孟子像 清光绪三十二年(1906)	6	318
题博物苑石额 清光绪三十二年(1906)	5(上)	230	题博物苑石额 清光绪三十二年(1906)	6	318
日本议会史序 清光绪三十二年(1906)	5(上)	230—231	日本议会史序 清光绪三十二年(1906)	6	319—320
朝鲜金沧江刊申紫霞诗集序 清光绪三十三年(1907)	5(上)	231—232	朝鲜金沧江刊申紫霞诗集序 清光绪三十三年(1907)	6	331—332
意大利万国博览会纪略调查欧西实业纪要序 清光绪三十三年(1907)	5(上)	232—233	意大利万国博览会纪略调查欧西实业纪要序 清光绪三十三年(1907)	6	332—333
题包壮行墨梅 清光绪三十三年(1907)	5(上)	233—234	题包壮行墨梅 清光绪三十三年八月二十二日(1907.9.29)	6	329—330
题黄坚设色天官图轴	5(上)	234	无		
题曹星谷墨笔梅花图轴	5(上)	234	无		
为李育设色牧羊图轴题签	5(上)	234	无		
题中国名画集 清宣统元年(1909)	5(上)	234—235	题中国名画集 清宣统元年二月(1909.2～3)	6	345—346

续 表

《张謇全集》1994年版			《张謇全集》2012年版		
题 名	卷次	页码	题 名	卷次	页码
朝鲜金沧江云山韶濩堂集序 清宣统元年(1909)	5(上)	235—236	朝鲜金沧江云山韶濩堂集序 清宣统元年(1909)	6	349—350
违警律讲义序 清宣统元年(1909)	5(上)	236	违警律讲义序 清宣统元年(1909)	6	350
叶氏刻翁书金刚经塔拓本跋 清宣统元年(1909)	5(上)	236—237	叶氏刻翁书金刚经塔拓本跋 清宣统元年(1909)	6	350
存悔斋文稿序 清宣统元年(1909)	5(上)	237—238	存悔斋文稿序 清宣统元年(1909)	6	351—352
吴陋轩遗像跋 清宣统二年(1910)	5(上)	238	吴陋轩遗像跋 清宣统二年(1910)	6	358
农学通释序 清宣统二年(1910)	5(上)	239—240	农学通释序 清宣统二年五月(1910.6～7)	6	353—354
万物炊累室类稿序 清宣统三年(1911)	5(上)	240—241	万物炊累室类稿序 清宣统三年七月(1911.8～9)	6	363—364
农务联合会杂志序 清宣统三年(1911)	5(上)	241—242	农务联合会杂志序 清宣统三年(1911)	6	364—365
惠壸先生乡谥跋 清宣统三年(1911)	5(上)	242—243	惠壸先生乡谥跋 清宣统三年(1911)	6	369
题资政府君暨金太夫人画像 清宣统三年(1911)	5(上)	243	题资政府君暨金太夫人画像 清宣统三年(1911)	6	369—370
禁烟必读序 民国元年(1912)	5(上)	243—244	禁烟必读序 民国元年(1912)	6	374—375
费氏哀思录序 民国元年(1912)	5(上)	244—245	费氏哀思录序 民国二年(1913)	6	384

续 表

《张謇全集》1994 年版			《张謇全集》2012 年版		
题 名	卷次	页码	题 名	卷次	页码
题朱石甫草书横幅 民国元年(1912)	5(上)	245	题朱石甫草书横幅 民国元年(1912)	6	376
题白佩荷花 民国元年(1912)	5(上)	246	题白佩荷花 民国元年(1912)	6	377
题钱文伟山水 民国元年(1912)	5(上)	246	题钱文伟山水 民国元年(1912)	6	377
题朱石甫墨竹 民国元年(1912)	5(上)	246	题朱石甫墨竹 民国元年(1912)	6	377
题顾骢墨竹 民国元年(1912)	5(上)	246	题顾骢墨竹 民国元年(1912)	6	377
题范箴画牛 民国元年(1912)	5(上)	247	题范箴画牛 民国元年(1912)	6	378
题李敩谟荷花 民国元年(1912)	5(上)	247	题李敩谟荷花 民国元年(1912)	6	378
题刘伊草书田琴墨梅合帧 民国元年(1912)	5(上)	247	题刘伊草书田琴墨梅合帧 民国元年(1912)	6	378
题丁有煜画牡丹 民国元年(1912)	5(上)	247—248	题丁有煜画牡丹 民国元年(1912)	6	378
题张小斋缓带轻裘图 民国元年(1912)	5(上)	248	题张小斋缓带轻裘图 民国元年(1912)	6	379
题冒襄行书七律条轴 民国元年(1912)	5(上)	248	无		
题王文治题潘恭寿设色花鸟图轴 民国元年(1912)	5(上)	248	无		
题李如林行草条轴 民国元年(1912)	5(上)	248	无		

续　表

《张謇全集》1994 年版			《张謇全集》2012 年版		
题　名	卷次	页码	题　名	卷次	页码
题石珩行书屏 民国元年(1912)	5(上)	249	无		
题朱玮行书轴 民国元年(1912)	5(上)	249	无		
题褚章枯笔秋林晚眺图轴 民国元年(1912)	5(上)	249	题褚章枯笔秋林晚眺图轴 民国元年(1912)	6	372
为钱球设色雪山行旅图轴题签 民国元年(1912)	5(上)	249	无		
题文徵明山水 民国二年(1913)	5(上)	250	题文徵明山水 民国二年(1913)	6	385
题刘松年百寿图 民国二年(1913)	5(上)	250	题刘松年百寿图 民国二年(1913)	6	385
题绢本十虎三彪图 民国二年(1913)	5(上)	251	题绢本十虎三彪图 民国二年(1913)	6	386
题刘文清行楷册 民国二年(1913)	5(上)	251	题刘文清行楷册 民国二年(1913)	6	386
题僧明中山水册 民国二年(1913)	5(上)	252	题僧明中山水册 民国二年(1913)	6	386—387
题何子贞字屏 民国二年(1913)	5(上)	252	题何子贞字屏 民国二年(1913)	6	387
题童原山鼠图 民国二年(1913)	5(上)	252	题童原山鼠图 民国二年(1913)	6	387
工商统计表序 民国二年(1913)	5(上)	253	工商统计表序 民国二年(1913)	6	383—384
县署钟楼题甃 民国二年(1913)	5(上)	253	县署钟楼题甃 民国四年(1915)	6	404

续 表

《张謇全集》1994年版			《张謇全集》2012年版		
题　名	卷次	页码	题　名	卷次	页码
道故斋榜跋 民国二年(1913)	5(上)	254	道故斋榜跋 民国二年(1913)	6	385
题李鱓墨笔枯木竹石图轴 民国二年(1913)	5(上)	254	题李鱓墨笔枯木竹石图轴 民国二年十月(1913.10～11)	7	159—160
海战公法序 民国三年(1914)	5(上)	254—255	海战公法序 民国三年(1914)	6	393
如皋胡氏重修族谱序 民国三年(1914)	5(上)	255—256	如皋胡氏重修族谱序 民国三年(1914)	6	394
治淮计划英译序 民国三年(1914)	5(上)	256—257	治淮计划英译序 民国三年(1914)	6	395
博物中馆匾并题语 民国三年(1914)	5(上)	257	博物苑中馆匾并题语 民国三年十二月(1915.1～2)	6	392
题张云林九龙图 民国三年(1914)	5(上)	258	题张云林九龙图 民国三年(1914)	6	398
题说文统系图 民国三年(1914)	5(上)	258	题说文统系图 民国三年(1914)	6	398
题梁鸿传 民国四年(1915)	5(上)	258—259	题梁鸿传 民国四年十二月二十八日(1916.2.1)	6	402
山东物品展览会报告书序 民国四年(1915)	5(上)	259—260	山东物品展览会报告书序 民国四年(1915.9)	6	401—402
中华游美实业团报告序 民国四年(1915)	5(上)	260	中华游美实业团报告序 民国四年(1915)	6	404—405
南通县警察状况序 民国五年(1916)	5(上)	260—262	南通县警察状况序 民国六年(1917.6)	6	420—421

续 表

《张謇全集》1994年版			《张謇全集》2012年版		
题　名	卷次	页码	题　名	卷次	页码
春晖小识书后 民国五年(1916)	5(上)	262—263	春晖小识书后 民国五年(1916)	6	417—418
延令孙希贤七十寿诗并序 民国五年(1916)	5(上)	263—264	延令孙希贤七十寿诗并序 民国五年(1916)	7	189
郭氏书序 民国六年(1917)	5(上)	264—265	郭氏书序 民国六年(1917)	6	425—426
题郑蕙设色人物山水图轴 民国六年(1917)	5(上)	265	无		
题潮州人物画扇 民国六年(1917)	5(上)	266	无		
适然亭跋 民国六年(1917)	5(上)	266	适然亭跋语 民国六年(1917)	6	429
中公园戒旦堂跋 民国六年(1917)	5(上)	266	中公园戒旦堂跋 民国六年(1917)	6	429
濠阳小筑曼寿堂跋 民国六年(1917)	5(上)	266—267	濠阳小筑曼寿堂跋 民国六年(1917)	6	429
奥簃遗训跋 民国七年(1918)	5(上)	267	奥簃遗训跋 民国七年(1918)	6	438
题吴万画山水横卷 民国七年(1918)	5(上)	267	题吴万画山水横卷 民国七年(1918)	6	438
易经遵朱序 民国七年(1918)	5(上)	267—268	易经遵朱序 民国七年(1918)	6	436—437
题遂生堂药店画屏 民国七年(1918)	5(上)	269	题遂生堂药店画屏 民国七年(1918)	6	438—439
题任阜长设色观音像轴 民国七年(1918)	5(上)	269	无		

续 表

《张謇全集》1994 年版			《张謇全集》2012 年版		
题 名	卷次	页码	题 名	卷次	页码
题哥釉瓶 民国七年(1918)	5(上)	269	无		
张君耀轩从政三十年纪念录序 民国八年(1919)	5(上)	270—271	张君耀轩从政三十年纪念录序 民国八年(1919)	6	457—458
中国关税问题序 民国八年(1919)	5(上)	271—272	中国关税问题序 民国八年(1919.6)	6	449—450
理论实用纺绩学序 民国八年(1919)	5(上)	272—273	理论实用纺绩学序 民国八年(1919)	6	458
穀园诗余题辞 民国八年(1919)	5(上)	273	穀园诗余题辞 民国八年(1919)	6	458—459
题僧炅虚画刘南庐入山图 民国八年(1919)	5(上)	274	题僧炅虚画刘南庐入山图 民国八年(1919)	6	459
题徐清惠公遗像 民国八年(1919)	5(上)	274	题徐清惠公遗像 民国八年(1919)	6	459—460
京观亭匾跋 民国八年(1919)	5(上)	275	京观亭匾跋 民国八年(1919)	6	460
丁节母节孝匾跋 民国八年(1919)	5(上)	275	丁节母节孝匾跋 民国八年(1919)	6	460
雪宧绣谱序 民国九年(1920)	5(上)	275—277	雪宧绣谱序 民国九年(1920)	6	469—471
周季諴为母七十寿征文启后附言 民国九年(1920)	5(上)	277—278	周季諴为母七十寿征文启后附言 民国九年(1920)	6	488—489
梅欧阁诗录序 民国九年(1920)	5(上)	278	梅欧阁诗录序 民国九年(1920)	6	469

续 表

《张謇全集》1994 年版			《张謇全集》2012 年版		
题　名	卷次	页码	题　名	卷次	页码
题怀素自序卷后 民国九年(1920)	5(上)	278—279	题怀素自序卷后 民国九年(1920.3)	6	464
边苇间画册跋 民国九年(1920)	5(上)	279	边苇间画册跋 民国九年八月二十三日(1920.10.14)	6	466
梅垞绣雪槛跋 民国九年(1920)	5(上)	279	梅垞绣雪槛跋 民国九年(1920)	6	489
与浣华笺牍跋 民国九年(1920)	5(上)	280	与浣华笺牍跋 民国九年(1920.1)	6	463
南通县图志续纂后序 民国十年(1921)	5(上)	280—282	南通县图志续纂后序 民国十年三月(1921.4)	6	501—503
南通张氏常乐支谱序 民国十年(1921)	5(上)	283	南通张氏常乐支谱序 民国十年(1921.1)	6	497—498
法轮禅寺同戒录序 民国十年(1921)	5(上)	284—285	法轮禅寺同戒录序 民国九年(1920)	6	487—488
藤华馆遗诗序 民国十年(1921)	5(上)	285—286	藤华馆遗诗序 民国十年三月(1921.4)	6	499—501
题无锡顾响泉先生写洞阳公命子书真迹 民国十年(1921)	5(上)	286—287	题无锡顾响泉先生写洞阳公命子书真迹 民国十年(1921)	6	523
吕四鹤城书院丈室跋 民国十年(1921)	5(上)	287	吕四鹤城书院丈室跋 民国十年(1921)	6	523
题张恕寿星 民国十年(1921)	5(上)	288	题张恕寿星 民国十年(1921)	6	524
题戴大有设色兰竹灵芝图轴 民国十年(1921)	5(上)	288	题戴大有设色兰竹灵芝图轴 民国十年(1921)	6	524

续 表

《张謇全集》1994 年版			《张謇全集》2012 年版		
题 名	卷次	页码	题 名	卷次	页码
题梅兰芳设色观音像轴 民国十年(1921)	5(上)	288—289	施浣华画观音像于观音院(有序)	7	305—306
题张君度泰山松色图 民国十年(1921)	5(上)	289	题张君度泰山松色图 民国十年(1921)	6	524
寿恺堂集序 民国十一年(1922)	5(上)	289—290	寿恺堂集序 民国十一年十一月二十三日(1923.1.9)	6	537—538
韩国历代小史序 民国十一年(1922)	5(上)	290—291	韩国历代小史序 民国十一年(1922)	6	541—542
太阴图说序 民国十一年(1922)	5(上)	292—293	太阴图说序 民国十一年(1922)	6	542—543
申报五十年纪念序 民国十一年(1922)	5(上)	293—294	申报五十年纪念序 民国十一年(1922)	6	543—544
新闻报三十年纪念序 民国十一年(1922)	5(上)	294—295	新闻报三十年纪念册序 民国十一年(1922)	6	544—545
万国航业伦敦大会报告书序 民国十一年(1922)	5(上)	295—296	万国航业伦敦大会报告书序 民国十一年(1922)	6	545—546
虞楼匾跋 民国十一年(1922)	5(上)	296	虞楼匾跋 民国十一年(1922)	6	548
题王锡畴设色观音像轴 民国十一年(1922)	5(上)	296—297	题王锡畴设色观音像轴 民国十一年九月十五日(1922.11.3)	6	536—537
题道愔绣大士像 民国十一年(1922)	5(上)	297	题道愔绣大士像 民国十一年九月十九日(1922.11.7)	6	537
文衡山小字长卷跋 民国十一年(1922)	5(上)	297	文衡山小字长卷跋 民国十一年(1922)	6	548

续 表

《张謇全集》1994年版			《张謇全集》2012年版		
题 名	卷次	页码	题 名	卷次	页码
年谱自序 民国十二年(1923)	5(上)	298—299	年谱自序 民国十二年(1923)	6	564—565
程一夔君文甲集序 民国十二年(1923)	5(上)	299	程一夔君文甲集序 民国十二年(1923)	6	565—566
程一夔君游陇集序 民国十二年(1923)	5(上)	300	程一夔君游陇集序 民国十二年(1923)	6	566
棉纺辑要序言 民国十二年(1923)	5(上)	300—301	棉纺辑要序言 民国十二年(1923)	6	567
中国名人小传序 民国十二年(1923)	5(上)	301—302	美人勃德编中国名传序 民国十二年(1923)	6	567—568
欧美水利调查录序 民国十二年(1923)	5(上)	302—303	欧美水利调查录序 民国十三年初(1924)	6	575
题沈绣 民国十二年(1923)	5(上)	303	题沈绣 民国十二年(1923)	6	570
徐清惠公年谱书后 民国十二年(1923)	5(上)	303—304	徐清惠公年谱书后 民国十二年(1923)	6	570—571
杨孝威匾跋 民国十二年(1923)	5(上)	304	杨梅汀乡谥(拟孝威) 民国十二年(1923)	6	571
题周镐松阁观瀑布墨笔山水图轴 民国十二年(1923)	5(上)	304	题周镐松阁观瀑布墨笔山水图轴 民国十二年六月(1923.7～8)	7	307
题刘子臣遗像 民国十三年(1924)	5(上)	305	题刘子臣遗像 民国十三年(1924)	6	591
《南通商埠警察状况》序 民国十三年(1924)	5(上)	305—306	南通商埠警察状况序 民国十三年(1924)	6	589—590
凌氏重修宗谱序 民国十三年(1924)	5(上)	306	凌氏重修宗谱序 民国十三年(1924)	6	590—591

续 表

《张謇全集》1994年版			《张謇全集》2012年版		
题 名	卷次	页码	题 名	卷次	页码
监利王氏道咸同光诸贤手札跋 民国十三年(1924)	5(上)	307	监利王氏道咸同光诸贤手札跋 民国十三年(1924)	6	594
李生诗册跋 民国十三年(1924)	5(上)	307—308	李生诗册跋 民国十三年(1924)	6	594—595
徐徵君并子元尹孝廉遗著序 民国十三四年(1925)	5(上)	308—309	徐征君并子少石孝廉遗著叙 民国十四年正月(1925.2)	6	602—603
致沈敬夫旧牍跋 民国十四年(1925)	5(上)	309—310	致沈敬夫旧牍跋 民国十四年(1925)	6	613—614
题钱心斋松月图 民国十四年(1925)	5(上)	310	题钱心斋松月图 民国十四年六月(1925.7～8)	6	605
题潘思牧乔岳长松图 民国十四年(1925)	5(上)	310—311	题潘思牧乔岳长松图 民国十四年(1925)	6	614
金松岑诗序 民国十四年(1925)	5(上)	311—312	天放楼诗集序 民国十一年(1922)	6	547—548
失碑书铜井文房明拓礼器碑后 民国十四年(1925)	5(上)	312—313	失碑书铜井文房明拓礼器碑后 民国十四年六月二十八日(1925.8.17)	6	604
再题莫楚生所藏礼器碑后 民国十四年(1925)	5(上)	313—314	再题莫楚生所藏礼器碑后 民国十四年七月初四日(1925.8.20)	6	605
亦秀野亭跋 民国十四年(1925)	5(上)	314	亦秀野亭跋 民国十四年(1925)	6	614
又跋唐昭陵《六骏图》拓本 民国十五年(1926)	5(上)	314—315	又跋唐昭陵六骏图拓本 民国十五年(1926)	6	621—622

续 表

《张謇全集》1994年版			《张謇全集》2012年版		
题　名	卷次	页码	题　名	卷次	页码
题四相簪花图 民国十五年(1926)	5(上)	315	题四相簪花图 民国十五年正月十三日(1926.2.25)	6	618
题怀素帖 民国十五年(1926)	5(上)	315	题怀素帖 民国十五年(1926)	6	622
题李唐美人坐落花图 民国十五年(1926)	5(上)	316	题李唐美人坐落花图 民国十五年(1926)	6	622
代庆军寿徐仁山方伯五十生日序 清光绪三年(1877)	5(上)	317—319	代庆军寿徐仁山方伯五十生日序 清光绪三年(1877)	6	7—9
奉送赵训导师归无锡序 清光绪四年(1878)	5(上)	319—320	奉送赵训导师归无锡序 清光绪四年三月初一日(1828.4.3)	6	9—10
吴军门五十寿序 清光绪四年(1878)	5(上)	320—323	吴军门五十寿序 清光绪四年五月十六日(1878.6.16)	6	10—13
代吴军门寿萨尔图母宗室太夫人八十序 清光绪六年(1880)	5(上)	323—325	代吴军门寿萨尔图母宗室太夫人八十序 清光绪六年(1880)	6	36—37
寿顾母七十序 清光绪七年(1881)	5(上)	325—326	寿顾母七十序 清光绪七年(1881)	6	39—40
送林怡庵序 清光绪八年(1882)	5(上)	326—327	送林怡庵序 清光绪八年(1882)	6	44
送李将军之山西序 清光绪八年(1882)	5(上)	327—328	送李将军之山西序 清光绪八年(1882)	6	44—45
周彦升祖母八十母六十合寿序 清光绪八年(1882)	5(上)	328—329	周彦升祖母八十母六十合寿序 清光绪八年十月初四日(1882.11.14)	6	41

续 表

《张謇全集》1994年版			《张謇全集》2012年版		
题　名	卷次	页码	题　名	卷次	页码
奉送孙江宁调守开封序 清光绪十三年(1887)	5(上)	329—331	奉送孙江宁调守开封序 清光绪十三年(1887)	6	86—87
徵士徐君清寿之颂(有序) 清光绪十三年(1887)	5(上)	331—332	征士徐君清寿之颂(有序) 清光绪十三年(1887)	6	87—88
常熟尚书六十寿序 清光绪十三年(1887)	5(上)	332—333	常熟尚书六十寿序 清光绪十三年(1887)	6	88—89
桐城孙先生七十寿序 清光绪十七年(1891)	5(上)	333—335	桐城孙先生七十寿序 清光绪十七年二月十三日(1891.3.22)	6	113—114
顾外谷先生六十寿序 清光绪二十年(1894)	5(上)	335—336	顾外谷先生六十寿序 清光绪二十年八月初一日(1894.8.31)	6	244—245
恽太夫人八十寿序 清光绪二十年(1894)	5(上)	336—337	恽太夫人八十寿序 清光绪二十年八月二十四日(1894.9.23)	6	248—249
袁太恭人八十寿序 清光绪二十年(1894)	5(上)	337—338	袁太恭人八十寿序 清光绪二十年九月初八日(1894.10.6)	6	249—250
张丈七十寿序 清光绪二十年(1894)	5(上)	339—340	张丈七十寿序 清光绪二十年七月二十九日(1894.8.29)	6	243—244
吴粤生年丈寿序 清光绪二十一年(1895)	5(上)	340—341	吴粤生年丈寿序 清光绪二十一年(1895)	6	259—260
江生祖母七十寿序 清光绪二十三年(1897)	5(上)	341—342	江生祖母七十寿序 清光绪二十三年九月初十日(1897.10.5)	6	270—271
沙同年父母七十寿序 清光绪二十三年(1897)	5(上)	343—344	沙同年父母七十寿序 清光绪二十三年九月十三日(1897.10.8)	6	271—272

续 表

《张謇全集》1994年版			《张謇全集》2012年版		
题　名	卷次	页码	题　名	卷次	页码
钱观察六十寿序 清光绪二十八年(1902)	5(上)	344—346	钱观察六十寿序 清光绪二十八年(1902)	6	298—300
杨梅汀八十寿序 民国七年(1918)	5(上)	346—348	杨梅汀八十寿序 民国七年(1918)	6	439—440
怡儿使行之训 民国十一年(1922)	5(上)	348—350	怡儿使行之训 民国十一年六月(1922.8)	6	534—535
沙健庵六十生日序 民国十二年(1923)	5(上)	350—352	沙健庵六十生日序 民国十二年八月十五日(1923.9.25)	6	555—557
如皋葛佩华八十寿序 民国十二年(1923)	5(上)	352	如皋葛佩华八十寿序 民国十二年(1923)	6	571—572
赠吴将军入鸡公山序 民国十三年(1924)	5(上)	353—355	赠吴将军入鸡公山序 民国十三年(1924)	6	595—596
束母曹太夫人九十寿颂(并序) 民国十三年(1924)	5(上)	355—356	束母曹太夫人九十寿颂(并序) 民国十三年(1924)	6	579—580
书赠金品之 民国十三年(1924)	5(上)	356	书赠金品之 民国十三年(1924)	6	597
施翁八十寿序 民国十四年(1925)	5(上)	356—357	施翁八十寿序 民国十年(1921)	6	524—525
张母八十寿言(有序) 民国十四年(1925)	5(上)	357—358	张母八十寿言(有序) 民国十四年(1925)	6	614—615
为陈峙西订画例 民国十四年(1925)	5(上)	358	陈峙西画例 民国十四年(1925)	5	266
代吴军门作庐江程先生传 清光绪五年(1879)	5(上)	359—360	代吴军门作庐江程先生传 清光绪五年(1879)	6	28—29

续 表

《张謇全集》1994年版			《张謇全集》2012年版		
题 名	卷次	页码	题 名	卷次	页码
金太夫人行述 清光绪五年(1879)	5(上)	360—361	金太夫人行述 清光绪五年(1879)	6	29—30
葛太夫人行述 清光绪七年(1881)	5(上)	362	葛太夫人行述 清光绪七年(1881)	6	40
清建威将军广东水师提督三等轻车都尉世袭云骑尉瑚敦巴图鲁谥壮武吴公行状(代黄侍郎体芳作) 清光绪十年(1884)	5(上)	363—369	清建威将军广东水师提督三等轻车都尉世袭云骑尉瑚敦巴图鲁谥壮武吴公行状(代黄侍郎体芳作) 清光绪十年闰五月二十七日(1884.7.19)	6	49—54
清故吏部侍郎仁和夏公墓志铭 清光绪十六年(1890)	5(上)	369—372	清故吏部侍郎仁和夏公墓志铭 清光绪十六年(1890)	6	110—112
徐先生墓志铭 清光绪十八年(1892)	5(上)	372—374	徐先生墓志铭 清光绪十八年二月初七日(1892.3.5)	6	205—206
候选教谕秦扶九墓铭 清光绪十八年(1892)	5(上)	374	候选教谕秦扶九墓铭 清光绪十八年十二月初五日(1893.1.22)	6	223
清故光禄大夫振威将军河南巡抚兼提督衔倪公墓志铭 清光绪十九年(1893)	5(上)	374—377	清故光禄大夫振威将军河南巡抚兼提督衔倪公墓志铭 清光绪十九年六月二十一日(1893.8.2)	6	226—229
亡妾陈氏葬志 清光绪十九年(1893)	5(上)	377—378	亡妾陈氏葬志 清光绪十九年十二月二十四日(1894.1.30)	6	232
黄生父大块葬铭 清光绪二十年(1894)	5(上)	378	黄生父大块葬铭 清光绪二十年八月十七日(1894.9.16)	6	248

续 表

《张謇全集》1994年版			《张謇全集》2012年版		
题　名	卷次	页码	题　名	卷次	页码
泰和萧氏楷堂家传 清光绪二十一年(1895)	5(上)	378—379	泰和萧氏楷堂家传 清光绪二十一年(1895)	6	260—261
中宪府君墓志铭 清光绪二十一年(1895)	5(上)	380—382	中宪府君墓志铭 清光绪二十一年四月(1895.4～5)	6	255—256
江浦夏君丙亭墓志铭 清光绪二十二年(1896)	5(上)	382—383	江浦夏君丙亭墓志铭 清光绪二十二年四月十三日(1896.5.25)	6	263—264
乌程张封公墓碣 清光绪二十二年(1896)	5(上)	384—386	乌程张封公墓碣 清光绪二十二年四月十六日(1896.5.28)	6	264—266
东台翟先生墓志铭 清光绪二十四年(1898)	5(上)	386—387	东台翟先生墓志铭 清光绪二十三年九月十八日(1897.10.13)	6	273
清通奉大夫福建分巡延建邵兵备道翟公墓表 清光绪二十四年(1898)	5(上)	387—388	清通奉大夫福建分巡延建邵兵备道翟公墓表 清光绪二十四年(1898)	6	275—276
清通奉大夫工部郎中加五级南浔刘公墓志铭 清光绪二十七年(1898)	5(上)	389—391	清通奉大夫工部郎中加五级南浔刘公墓志铭 清光绪二十七年四月十六日(1901.5.23)	6	289—291
清故中宪大夫李公墓志铭 清光绪二十八年(1902)	5(上)	391—392	清故中宪大夫李公墓志铭 清光绪二十八年八月二十二日(1902.9.21)	6	295—296
山阴潘贞孝墓志铭 清光绪二十八年(1902)	5(上)	392—393	山阴潘贞孝墓志铭 清光绪二十八年十月二十八日(1902.11.27)	6	296—297
束锦传 清光绪三十三年(1907)	5(上)	394	束锦传 民国十年(1921)	6	514—515

续 表

《张謇全集》1994年版			《张謇全集》2012年版		
题　名	卷次	页码	题　名	卷次	页码
婺源施丈鲁堂暨配洪宜人墓表 清光绪三十三年(1907)	5(上)	394—396	婺源施丈鲁堂暨配洪宜人墓表 清光绪三十三年(1907)	6	334—335
亡妻徐夫人墓表 清光绪三十四年(1908)	5(上)	396—398	亡妻徐夫人墓表 清光绪三十四年六月十五日(1908.7.13)	6	335—338
顾君一梅墓志铭 清宣统元年(1909)	5(上)	399	顾君一梅墓志铭 清宣统元年(1909)	6	352
清赠光禄大夫原任四川盐茶道黄公墓志 清宣统二年(1910)	5(上)	400—402	清赠光禄大夫原任四川盐茶道黄公墓志 清宣统二年(1910)	6	354—356
婴宁居士乌程蒋君墓志 民国二年(1913)	5(上)	402—404	婴宁居士乌程蒋君墓志 民国二年(1913)	6	388—390
管氏先坟记 民国二年(1913)	5(上)	404	管氏先坟记 民国二年六月(1913.7)	6	381
高君立卿墓志 民国二年(1913)	5(上)	405—406	高君立卿墓志 民国二年(1913)	6	387—388
临川李君墓碣 民国三年(1914)	5(上)	406—407	临川李君墓碣 民国三年(1914)	6	398
狼山近岸和尚塔铭 民国四年(1915)	5(上)	407	狼山近岸和尚塔铭 民国四年(1915)	6	406
清赠资政大夫盐城管府君墓表 民国四年(1915)	5(上)	408—409	清赠资政大夫盐城管府君墓表 民国四年(1915)	6	406—407
良农海门刘叟墓碣 民国四年(1915)	5(上)	409—410	良农海门刘叟墓碣 民国四年(1915)	6	407—408
盐城陶先生墓志铭 民国四年(1915)	5(上)	411—413	盐城陶先生墓志铭 民国四年(1915)	6	409—411

续 表

《张謇全集》1994年版			《张謇全集》2012年版		
题　名	卷次	页码	题　名	卷次	页码
长清周先生墓碣 民国四年(1915)	5(上)	413—414	长清周先生墓碣 民国四年(1915)	6	411
顾生母墓志铭 民国六年(1917)	5(上)	414—415	顾生母墓志铭 民国六年(1917)	6	430
何先生纪念碑 民国六年(1917)	5(上)	415—416	何先生纪念碑 民国六年(1917)	6	431
清赠光禄大夫余府君墓志铭 民国六年(1917)	5(上)	416—417	清赠光禄大夫余府君墓志铭 民国六年(1917)	6	431—432
书周冰墓碑阴 民国六年(1917)	5(上)	417—418	书周冰墓碑阴 民国五年(1916)	6	419
兴武将军朱君墓志铭 民国七年(1918)	5(上)	418—420	兴武将军朱君墓志铭 民国七年(1918)	6	440—442
鲍君墓志铭 民国七年(1918)	5(上)	421	鲍君墓志铭 民国六年(1917)	6	433
无锡张君墓志铭 民国七年(1918)	5(上)	422—423	无锡张君墓志铭 民国七年(1918)	6	443—444
泰兴孙润江行述 民国七年(1918)	5(上)	423—424	泰兴孙润江行述 民国七年(1918)	6	444—445
刘君墓志铭 民国八年(1919)	5(上)	425—426	刘君墓志铭 民国八年(1919)	6	461—462
姚女士昕葬铭(有序) 民国九年(1920)	5(上)	427	姚女士昕葬铭(有序) 民国九年(1920)	6	494—495
孙徵君墓表 民国九年(1920)	5(上)	427—429	孙征君墓表 民国九年(1920)	6	489—491
荷兰工程师特来克君墓表 民国九年(1920)	5(上)	429—431	荷兰工程师特来克君墓表 民国九年(1920)	6	491—492

续 表

《张謇全集》1994年版			《张謇全集》2012年版		
题 名	卷次	页码	题 名	卷次	页码
临淮刘太夫人墓表 民国九年(1920)	5(上)	431—432	临淮刘太夫人墓表 民国九年(1920)	6	492—493
江都王母墓碣 民国九年(1920)	5(上)	432—433	江都王母墓碣 民国九年(1920)	6	494
南通县图志沈燮均传 民国十年(1921)	5(上)	433—434	南通县图志沈燮均传 民国十年(1921)	6	525—526
灵源和尚塔铭 民国十年(1921)	5(上)	434—435	灵源和尚塔铭 民国十年(1921)	6	526—527
美术家吴县沈女士灵表 民国十年(1921)	5(上)	435—437	美术家吴县沈女士灵表 民国十年七月初四日(1921.8.7)	6	506—509
重修曹公祠碑 民国十年(1921)	5(上)	437—438	重修曹公祠碑 民国十年十月二十六日(1921.11.25)	6	513—514
常熟萧君暨吴孺人墓志铭 民国十年(1921)	5(上)	439—440	常熟萧君暨吴孺人墓志铭 民国十年(1921)	6	527—528
贞节李王传 民国十一年(1922)	5(上)	440	贞节李王传 民国十一年(1922)	6	549—550
吴江淑康传 民国十二年(1923)	5(上)	441—442	吴江淑康传 民国十二年(1923)	6	572—573
鲍母汪宜人墓志铭 民国十二年(1923)	5(上)	442—443	鲍母汪宜人墓志铭 民国十二年(1923)	6	573
沙贞妇传 民国十二年(1923)	5(上)	443	沙贞妇传 民国十二年(1923)	6	574
海门孝威杨君墓碑 民国十二年(1923)	5(上)	443—445	海门孝威杨君墓碑 民国十二年十月(1923.11)	6	558—559

续 表

《张謇全集》1994年版			《张謇全集》2012年版		
题 名	卷次	页码	题 名	卷次	页码
盐城鱼节母陈太夫人节孝坊阴 民国十三年(1924)	5(上)	445—446	盐城鱼节母陈太夫人节孝坊阴 民国十三年(1924)	6	600
宁河齐太公墓表 民国十三年(1924)	5(上)	446—447	宁河齐太公墓表 民国十三年(1924)	6	599—600
宁海章太翁墓表 民国十三年(1924)	5(上)	448—449	宁海章太翁墓表 民国十三年二月初六日(1924.3.10)	6	576—577
四川忠县秦太公墓表 民国十三年(1924)	5(上)	449—451	四川忠县秦太公墓表 民国十年七月十七日(1921.8.20)	6	509—511
宋君子云家传 民国十三年(1924)	5(上)	451—452	宋君子云家传 民国十三年(1924)	6	597—598
龚宋太君传 民国十三年(1924)	5(上)	452—453	龚宋太君传 民国十三年(1924)	6	598
云阳程公纪念之碑 民国十四年(1925)	5(上)	453—454	云阳程公纪念之碑 民国十四年(1925)	6	616
武进许君墓志铭 民国十四年(1925)	5(上)	454—455	武进许君墓志铭 民国十四年(1925)	6	617—618
汤蛰先先生家传 民国十四年(1925)	5(上)	456—459	汤蛰先先生家传 民国十四年(1925.12)	6	605—608
张君墓碣 民国十五年(1926)	5(上)	459	张君墓碣 民国十五年(1926.1)	6	620
王祖懋妻歙程葬铭 民国十五年(1926)	5(上)	460	王祖懋妻歙程葬铭 民国十五年(1926)	6	622
祭如皋黄丈文 清光绪五年(1879)	5(上)	461	祭如皋黄丈文 清光绪五年九月十二日(1879.10.26)	6	27

续 表

《张謇全集》1994 年版			《张謇全集》2012 年版		
题　名	卷次	页码	题　名	卷次	页码
江都柬织云哀辞 清光绪五年(1879)	5(上)	462	江都柬织云哀辞 清光绪五年十一月初四日(1879.12.16)	6	27—28
周丈哀辞 清光绪五年(1879)	5(上)	463—464	周丈哀辞 清光绪五年(1879)	6	31—32
告太子太保侯官沈文肃公文 清光绪六年(1880)	5(上)	464—465	告太子太保侯官沈文肃公文 清光绪六年二月十三日(1880.3.23)	6	32—33
秦姚臣哀词 清光绪八年(1882)	5(上)	465—466	秦姚臣哀词 清光绪八年十月初六日(1882.11.16)	6	42
祭吴县潘尚书文 清光绪十七年(1891)	5(上)	466—467	祭吴县潘尚书文 清光绪十七年二月十五日(1891.3.24)	6	114—115
祭桐城孙夫子文 清光绪十八年(1892)	5(上)	467—468	祭桐城孙夫子文 清光绪十八年六月十一日(1892.7.4)	6	218—219
祭亡友朱曼君文 清光绪二十年(1894)	5(上)	468—469	祭亡友朱曼君文 清光绪二十年(1894)	6	251—252
祭张濂亭夫子文 清光绪二十年(1894)	5(上)	469—470	祭张濂亭夫子文 清光绪二十年(1894)	6	252
中宪府君哀启 清光绪二十年(1894)	5(上)	470—471	哀启 清光绪二十年(1894)	5	3—4
告父文 清光绪二十年(1894)	5(上)	472—473	告奠文 清光绪二十年(1894)	6	253
题主祝辞 清光绪二十年(1894)	5(上)	473	题主祝辞 清光绪二十年(1894)	6	254

续 表

《张謇全集》1994 年版			《张謇全集》2012 年版		
题 名	卷次	页码	题 名	卷次	页码
祖奠祝辞 清光绪二十年(1894)	5(上)	473	祖奠祝辞 清光绪二十年(1894)	6	254
家庙落成祝文 清光绪二十二年(1896)	5(上)	474	家庙落成祝文 清光绪二十二年十二月二十日(1897.1.22)	6	268
焚黄祝文 清光绪二十三年(1897)	5(上)	474	丁酉焚黄祝文 清光绪二十三年正月十七日(1897.2.18)	6	269
祭苏州知府可庄王君文 清光绪二十六年(1900)	5(上)	474—475	祭苏州知府可庄王君文 清光绪十九年十一月二十八日(1894.1.4)	6	230—231
祭刘猛将军祝文 清光绪二十六年(1900)	5(上)	475	祭刘猛将军祝文 清光绪二十六年七月初六日(1900.7.13)	6	281—282
公祭何君梅生文 清光绪二十七年(1901)	5(上)	476	公祭何君梅生文 清光绪二十七年正月十四日(1901.3.4)	6	288—289
王母赵恭人诔 清光绪二十七年(1901)	5(上)	476—477	王母赵恭人诔 清光绪二十七年(1901)	6	292—293
祭神开工祝文 清光绪二十七年(1901)	5(上)	477—478	祭神开工祝文 清光绪二十七年十月二十二日(1901.12.2)	6	291
祭先室徐夫人文 清光绪三十四年(1908)	5(上)	478	祭先室徐夫人文 清光绪三十四年九月二十日(1908.10.14)	6	338—339
祭管仲谦文 民国五年(1916)	5(上)	479	祭管仲谦文 民国五年十月二十日(1916.11.15)	6	414—415
孙润江哀辞(并序) 民国七年(1918)	5(上)	479—480	孙润江哀辞(并序) 民国七年(1918)	6	445—446

续 表

《张謇全集》1994 年版			《张謇全集》2012 年版		
题　名	卷次	页码	题　名	卷次	页码
祭张星垣文 民国九年(1920)	5(上)	480—481	祭张星垣文 民国九年(1920)	6	495
哀黄生辞(有序) 民国十年(1921)	5(上)	481—482	哀黄生辞(有序) 民国十二年四月(1923.5)	6	553—554
追悼黄生演说 民国十年(1921)	5(上)	483	追悼黄励生演说 民国十二年(1923.6.1)	4	554
雪宧哀辞(有序) 民国十年(1921)	5(上)	483—485	雪宧哀辞(有序) 民国十年五月二十九日(1921.7.4)	6	503—505
九月九日祖奠沈所长文 民国十年(1921)	5(上)	486	九月九日祖奠沈所长文 民国十年九月初九日(1921.10.9)	6	511
追悼女工传习所余沈所长演说 民国十年(1921)	5(上)	486—488	追悼女工传习所余沈所长演说 民国十年(1921)夏	4	482—484
祭东奥山庄支庙文 民国十年(1921)	5(上)	488	祭东奥山庄支庙文 民国十年三月初二日(1921.4.9)	6	499
味雪斋为雪君养病纪念告文 民国十年(1921)	5(上)	489	味雪斋为雪君养病纪念告文 民国十一年五月二十八日(1922.6.23)	6	533
祭告城隍神祈雨文 民国十一年(1922)	5(上)	489—490	祭告城隍神祈雨文 民国十一年五月二十日(1922.6.15)	6	532—533
唁美国芮恩施夫人函 民国十二年(1923)	5(上)	490	唁芮恩施夫人函	3	1246
哀马女士 民国十二年(1923)	5(上)	490—491	哀马女士 民国十一年(1922)	6	550

续 表

《张謇全集》1994年版			《张謇全集》2012年版		
题　名	卷次	页码	题　名	卷次	页码
追悼孙中山演说 民国十四年(1925)	5(上)	491—492	追悼孙中山演说 民国十四年(1925.3)	4	601—602
子贡曰如有博施于民而能济众何如可谓仁乎子曰何事于仁必也圣乎 清光绪二年五月(1876)	5(上)	493—494	子贡曰如有博施于民而能济众何如可谓仁乎子曰何事于仁必也圣乎 清光绪二年五月初二日(1876.5.24)	6	4—5
尧独忧之举舜而敷治焉 清光绪三年九月(1877)	5(上)	494—495	尧独忧之举舜而敷治焉 清光绪三年九月十六日(1877.10.22)	6	6—7
纯如也皦如也绎如也 清光绪三年(1877)	5(上)	496—497	纯如也皦如也绎如也 清光绪十二年二月初十日(1886.3.15)	6	73—74
孟子曰天时不如地利地利不如人和 清光绪五年五月(1879)	5(上)	497—498	孟子曰天时不如地利地利不如人和 清光绪五年五月初四日(1879.6.23)	6	16—17
为人君止于仁为人臣止于敬为人子止于孝为人父止于慈 清光绪五年五月(1879)	5(上)	498—499	为人君止于仁为人臣止于敬为人子止于孝为人父止于慈 清光绪五年五月初九日(1879.6.28)	6	17—18
曾子曰吾日三省吾身为人谋而不忠乎与朋友交而不信乎传不习乎子曰道千乘之国敬事而信节用而爱人使民以时 清光绪五年五月(1879)	5(上)	500—501	曾子曰吾日三省吾身为人谋而不忠乎与朋友交而不信乎传不习乎子曰道千乘之国敬事而信节用而爱人使民以时 清光绪五年五月十一日(1879.6.30)	6	18—19
比及三年可使足民 清光绪五年七月(1879)	5(上)	501—502	比及三年可使足民 清光绪五年七月二十八日(1879.9.14)	6	20—21

续 表

《张謇全集》1994 年版			《张謇全集》2012 年版		
题　名	卷次	页码	题　名	卷次	页码
黄帝尧舜垂衣裳而天下治盖取诸乾坤 清光绪五年七月(1879)	5(上)	502—503	黄帝尧舜垂衣裳而天下治盖取诸乾坤 清光绪五年七月二十八日(1879.9.14)	6	22—23
樊迟请学稼　一章 清光绪五年八月(1879)	5(上)	504—505	樊迟请学稼　一章 清光绪五年八月初八日(1879.9.23)	6	24—25
犹益之于夏伊尹之于殷也孔子曰唐虞禅夏后殷周继 清光绪五年八月(1879)	5(上)	505—506	犹益之于夏伊尹之于殷也孔子曰唐虞禅夏后殷周继 清光绪五年八月初八日(1879.9.23)	6	26—27
不勉而中 清光绪十一年六月(1885)	5(上)	506—507	不勉而中 清光绪十一年六月十一日(1855.7.22)	6	54—55
古之学者为己 清光绪十一年六月(1885)	5(上)	507—509	古之学者为己 清光绪十一年六月十五日(1855.7.26)	6	55—56
实能容之以能保我子孙黎民尚亦有利哉 清光绪十一年八月(1885)	5(上)	509—510	实能容之以能保我子孙黎民尚亦有利哉 清光绪十一年八月初九日(1885.9.17)	6	56—57
子华使于齐冉子为其母请粟子曰与之釜请益曰与之庾冉子与之粟五秉子曰赤之适齐也乘肥马衣轻裘吾闻之也君子周急不继富原思为之宰与之粟九百辞子曰毋以与尔邻里乡党乎 清光绪十一年八月(1885)	5(上)	510—511	子华使于齐冉子为其母请粟子曰与之釜请益曰与之庾冉子与之粟五秉子曰赤之适齐也乘肥马衣轻裘吾闻之也君子周急不继富原思为之宰与之粟九百辞子曰毋以与尔邻里乡党乎 清光绪十一年八月初九日(1885.9.17)	6	57—58

续　表

《张謇全集》1994 年版			《张謇全集》2012 年版		
题　名	卷次	页码	题　名	卷次	页码
孔子尝为委吏矣　一节 清光绪十一年八月(1885)	5(上)	512—513	孔子尝为委吏矣　一节 清光绪十一年八月初九日(1885.9.17)	6	59—60
六二鸣谦贞吉 清光绪十一年八月(1885)	5(上)	513—514	六二鸣谦贞吉 清光绪十一年八月十二日(1885.9.20)	6	60—61
先知稼穑之艰难乃逸 清光绪十一年八月(1885)	5(上)	514—515	先知稼穑之艰难乃逸 清光绪十一年八月十二日(1885.9.20)	6	61—62
潜有多鱼有鳣有鲔鲦鲿鰋鲤 清光绪十一年八月(1885)	5(上)	515—517	潜有多鱼有鳣有鲔鲦鲿鰋鲤 清光绪十一年八月十二日(1885.9.20)	6	62—63
夏五月辛酉公会齐侯盟于艾(隐公六年) 清光绪十一年八月(1885)	5(上)	517—518	夏五月辛酉公会齐侯盟于艾(隐公六年) 清光绪十一年八月十二日(1885.9.20)	6	63—64
祊之为言倞也肵之为言敬也富也者福也 清光绪十一年八月(1885)	5(上)	518—519	祊之为言倞也肵之为言敬也富也者福也 清光绪十一年八月十二日(1885.9.20)	6	64—65
子张问行　一章 清光绪十二年三月(1886)	5(上)	519—520	子张问行　一章 清光绪十二年三月十二日(1886.4.15)	6	74—75
取诸人以为善是与人为善者也故君子莫大乎与人为善 清光绪十二年三月(1886)	5(上)	521—522	取诸人以为善是与人为善者也故君子莫大乎与人为善 清光绪十二年三月十二日(1886.4.15)	6	76—77
终南何有有纪有堂 清光绪十二年三月(1886)	5(上)	522—523	终南何有有纪有堂 清光绪十二年三月十五日(1886.4.18)	6	77—78

续 表

《张謇全集》1994年版			《张謇全集》2012年版		
题 名	卷次	页码	题 名	卷次	页码
曰子不通功易事以羡补不足则农有余粟女有余布子如通之则梓匠轮舆皆得食于子 清光绪十五年三月(1889)	5(上)	523—524	曰子不通功易事以羡补不足则农有余粟女有余布子如通之则梓匠轮舆皆得食于子 清光绪十五年三月初九日(1889.4.8)	6	93—94
子曰行夏之时乘殷之辂服周之冕乐则韶舞 清光绪十五年三月(1889)	5(上)	525—526	子曰行夏之时乘殷之辂服周之冕乐则韶舞 清光绪十五年三月初九日(1889.4.8)	6	94—95
取人以身修身以道 清光绪十五年三月(1889)	5(上)	526—527	取人以身修身以道 清光绪十五年三月初九日(1889.4.8)	6	95—96
春齐高偃帅师纳北燕伯于阳(昭公十有二年) 清光绪十五年三月(1889)	5(上)	527—528	春齐高偃帅师纳北燕伯于阳(昭公十有二年) 清光绪十五年三月十二日(1889.4.11)	6	97—98
是月也命野虞毋伐桑柘鸣鸠拂其羽戴胜降于桑具曲植籧筐 清光绪十五年三月(1889)	5(上)	529—530	是月也命野虞毋伐桑柘鸣鸠拂其羽戴胜降于桑具曲植籧筐 清光绪十五年三月十三日(1889.4.12)	6	98—99
知所以治人　凡为天下国家有九经 清光绪十六年三月(1890)	5(上)	530—531	知所以治人至凡为天下国家有九经 清光绪十六年三月初九日(1890.4.27)	6	101—102
霸者之民欢虞如也王者之民皞皞如也 清光绪十六年三月(1890)	5(上)	531—532	霸者之民欢虞如也王者之民皞皞如也 清光绪十六年三月初九日(1890.4.27)	6	102—103

续 表

《张謇全集》1994年版			《张謇全集》2012年版		
题 名	卷次	页码	题 名	卷次	页码
秋七月辛巳豹及诸侯之大夫盟于宋(襄公二十有七年) 清光绪十六年三月(1890)	5(上)	533—534	秋七月辛巳豹及诸侯之大夫盟于宋(襄公二十有七年) 清光绪十六年三月十二日(1890.4.30)	6	103—104
子曰君子矜而不争两章 清光绪十八年三月(1892)	5(上)	534—535	子曰君子矜而不争两章 清光绪十八年三月初九日(1892.4.5)	6	206—207
斯礼也达乎诸侯大夫及士庶人 清光绪十八年三月(1892)	5(上)	535—536	斯礼也达乎诸侯大夫及士庶人 清光绪十八年三月初九日(1892.4.5)	6	207—208
井九百亩其中为公田八家皆私百亩同养公田 清光绪十八年三月(1892)	5(上)	537—538	井九百亩其中为公田八家皆私百亩同养公田 清光绪十八年三月初九日(1892.4.5)	6	208—209
厥亦惟我周大王王季克自抑畏文王卑服即康功田功 清光绪十八年三月(1892)	5(上)	538—539	厥亦惟我周大王王季克自抑畏文王卑服即康功田功 清光绪十八年三月十二日(1892.4.8)	6	210—211
公会诸侯盟于薄释宋公(僖公二十有一年) 清光绪十八年三月(1892)	5(上)	539—540	公会诸侯盟于薄释宋公(僖公二十有一年) 清光绪十八年三月十二日(1892.4.8)	6	211—212
达巷党人曰大哉孔子 清光绪二十年三月(1894)	5(上)	540—541	达巷党人曰大哉孔子 清光绪二十年三月初九日(1894.4.14)	6	234—235
子曰道不远人 忠恕违道不远 清光绪二十年三月(1894)	5(上)	542—543	子曰道不远人忠恕违道不远 清光绪二十年三月初九日(1894.4.14)	6	235—236

续　表

《张謇全集》1994 年版			《张謇全集》2012 年版		
题　名	卷次	页码	题　名	卷次	页码
庆以地 清光绪二十年三月(1894)	5(上)	543—544	庆以地 清光绪二十年三月初九日(1894.4.14)	6	236—237
经界既正分田制禄可坐而定也 清光绪二十年四月(1894)	5(上)	544—545	经界既正分田制禄可坐而定也 清光绪二十年四月十六日(1894.5.20)	6	237—238
海上钓鳌客赋　以先生临沧海钓巨鳌为韵 清光绪二年四月(1876)	5(上)	546—547	海上钓鳌客赋　以先生临沧海钓巨鳌为韵 清光绪二年四月二十九日(1876.5.22)	6	3—4
缘鹄饰玉赋　以缘鹄饰玉后帝是飨为韵 清光绪三年九月(1877)	5(上)	547—548	缘鹄饰玉赋　以缘鹄饰玉后帝是飨为韵 清光绪三年九月十四日(1877.10.20)	6	5—6
斗为天喉舌赋　以斟酌元气运平四时为韵 清光绪五年五月(1879)	5(上)	549—550	斗为天喉舌赋　以斟酌元气运平四时为韵 清光绪五年五月初二日(1879.7.21)	6	13—14
拟林滋文战赋　以士之角文当如战敌为韵 清光绪二十年正月(1894)	5(上)	550—551	拟林滋文战赋　以士之角文当如战敌为韵 清光绪二十年正月二十一日(1894.2.26)	6	232—233
书马者与尾而五赋　以作马字下曲为尾为韵 清光绪二十年正月(1894)	5(上)	551	书马者与尾而五赋　以作马字下曲为尾为韵 清光绪二十年正月二十二日(1894.2.27)	6	233
仁寿镜赋　以仁寿之字昭然可观为韵(有序) 清光绪二十年六月(1894)	5(上)	552—553	仁寿镜赋　以仁寿之字昭然可观为韵(有序) 清光绪二十年六月二十四日(1894.7.26)	6	242—243

续 表

《张謇全集》1994年版			《张謇全集》2012年版		
题 名	卷次	页码	题 名	卷次	页码
牙璋起军旅赋 以进贤兴功以作邦国为韵 清光绪二十年八月(1894)	5(上)	553—554	牙璋起军旅赋 以进贤兴功以作邦国为韵 清光绪二十年八月初五日(1894.9.4)	6	245—246
兰陵王入阵曲赋 以於是大捷共歌谣之为韵 清光绪二十年八月(1894)	5(上)	554—555	兰陵王入阵曲赋 以于是大捷共歌谣之为韵 清光绪二十年八月初八日(1894.9.7)	6	246—247
宋太祖解裘帽赐王全斌赋 以仍谕诸将以不遍及为韵 清光绪二十年八月(1894)	5(上)	555—556	宋太祖解裘帽赐王全斌赋 以仍谕诸将以不遍及为韵 清光绪二十年八月十三日(1894.9.12)	6	247—248
种千茎竹作渔竿 得竿字五言八韵 清光绪二年四月(1876)	5(上)	556	种千茎竹作渔竿 得竿字五言八韵 清光绪二年四月二十九日(1876.5.22)	7	36
川岳涵余清 得涵字五言六韵 清光绪二年五月(1876)	5(上)	557	川岳涵余清 得涵字五言六韵 清光绪二年五月初二日(1876.5.24)	7	36
应图求骏马 得求字五言八韵 清光绪三年九月(1877)	5(上)	557	应图求骏马 得求字五言八韵 清光绪三年九月十四日(1877.10.20)	7	43
细筋入骨如秋鹰 得如字五言六韵 清光绪三年九月(1877)	5(上)	557	细筋入骨如秋鹰 得如字五言六韵 清光绪三年九月十六日(1877.10.22)	7	43—44
南薰门观稼 得宗字五言八韵 清光绪五年五月(1879)	5(上)	558	南薰门观稼 得宗字五言八韵 清光绪五年五月初二日(1879.6.21)	7	50

续 表

《张謇全集》1994年版			《张謇全集》2012年版		
题 名	卷次	页码	题 名	卷次	页码
钓竿欲拂珊瑚树　得竿字五言六韵 清光绪五年五月(1879)	5(上)	558	钓竿欲拂珊瑚树　得竿字五言六韵 清光绪五年五月初四日(1879.6.23)	7	50
兴来走笔如旋风　得书字五言八韵 清光绪五年五月(1879)	5(上)	558	兴来走笔如旋风　得书字五言八韵 清光绪五年五月初九日(1879.6.28)	7	50
万里耕桑罢戍边　得边字五言八韵 清光绪五年五月(1879)	5(上)	559	万里耕桑罢戍边　得边字五言八韵 清光绪五年五月十三日(1879.7.2)	7	51
江南江北青山多　得游字五言八韵 清光绪五年八月(1879)	5(上)	559	江南江北青山多　得游字五言八韵 清光绪五年八月初十日(1879.9.25)	7	51
尽放冰轮万丈光　得光字五言八韵 清光绪十一年八月(1885)	5(上)	559	尽放冰轮万丈光　得光字五言八韵 清光绪十一年八月初十日(1885.9.18)	7	70
马饮春泉踏浅沙　得泉字五言八韵 清光绪十五年三月(1889)	5(上)	560	马饮春泉踏浅沙　得泉字五言八韵 清光绪十五年三月初十日(1889.4.9)	7	78
柳拂旌旗露未干　得春字五言八韵 清光绪十八年三月(1892)	5(上)	560	柳拂旌旗露未干　得春字五言八韵 清光绪十八年三月初九日(1892.4.5)	7	86
雨洗亭皋千亩绿　得皋字五言八韵 清光绪二十年三月(1894)	5(上)	560	雨洗亭皋千亩绿　得皋字五言八韵 清光绪二十年三月初十日(1894.4.15)	7	92

续 表

《张謇全集》1994年版			《张謇全集》2012年版		
题 名	卷次	页码	题 名	卷次	页码
拂水柳花千万点 得花字五言八韵 清光绪二十年四月(1894)	5(上)	561	拂水柳花千万点 得花字五言八韵 清光绪二十四年四月十六日(1894.5.20)	7	93
众仙同日咏霓裳 得仙字五言八韵 清光绪二十年六月(1894)	5(上)	561	众仙同日咏霓裳 得仙字五言八韵 清光绪二十年六月二十四日(1894.7.26)	7	93
石鲸鳞甲动秋风 得风字五言八韵 清光绪二十年八月(1894)	5(上)	561	石鲸鳞甲动秋风 得风字五言八韵 清光绪二十年八月初六日(1894.9.5)	7	94
策问(宋明两代国用耗于养兵,试言其弊与所以杜其弊者) 清光绪五年五月(1879)	5(上)	562—564	策问(宋明两代国用耗于养兵,试言其弊与所以杜其弊者) 清光绪五年五月初四日(1879.6.23)	6	14—16
策问(江苏水利) 清光绪五年七月(1879)	5(上)	564—566	策问(江苏水利) 清光绪五年七月二十八日(1879.9.14)	6	23—24
第一问(问经:《论语》) 清光绪十一年八月(1885)	5(上)	567—568	乙酉科乡试第一问(问经:《论语》) 清光绪十一年八月十六日(1885.9.24)	6	65—67
第二问(问史:杂史) 清光绪十一年八月(1885)	5(上)	568—570	乙酉科乡试第二问(问史:杂史) 清光绪十一年八月十六日(1885.9.24)	6	67—68
第三问(问小学:郑注) 清光绪十一年八月(1885)	5(上)	570—571	乙酉科乡试第三问(问小学:郑注) 清光绪十一年八月十六日(1885.9.24)	6	68—69

续表

《张謇全集》1994年版			《张謇全集》2012年版		
题　名	卷次	页码	题　名	卷次	页码
第四问（贡举） 清光绪十一年八月（1885）	5（上）	572—573	乙酉科乡试第四问（贡举） 清光绪十一年八月十六日（1885.9.24）	6	70—71
第五问（农政） 清光绪十一年八月（1885）	5（上）	573—575	乙酉科乡试第五问（农政） 清光绪十一年八月十六日（1885.9.24）	6	71—72
第一问（经学：六经舆地之学） 清光绪十二年三月（1886）	5（上）	575—576	丙戌会试第一问（经学：六经舆地之学） 光绪十二年三月十八日（1886.4.21）	6	78—79
第二问（史学） 清光绪十二年三月（1886）	5（上）	577—578	丙戌会试第二问（史学） 光绪十二年三月十八日（1886.4.21）	6	79—81
第三问（宋小学） 清光绪十二年三月（1886）	5（上）	578—579	丙戌会试第三问（宋小学） 光绪十二年三月十八日（1886.4.21）	6	81—82
第四问（边防） 清光绪十二年三月（1886）	5（上）	579—581	丙戌会试第四问（边防） 光绪十二年三月十八日（1886.4.21）	6	82—83
第五问（河工） 清光绪十二年三月（1886）	5（上）	581—582	丙戌会试第五问（河工） 光绪十二年三月十八日（1886.4.21）	6	83—84
第一问（三礼） 清光绪十六年三月（1890）	5（上）	582—583	庚寅会试第一问（三礼） 清光绪十六年三月十六日（1890.5.4）	6	104—105
第二问（逸史） 清光绪十六年三月（1890）	5（上）	583—585	庚寅会试第二问（逸史） 清光绪十六年三月十六日（1890.5.4）	6	105—106

续 表

《张謇全集》1994年版			《张謇全集》2012年版		
题　名	卷次	页码	题　名	卷次	页码
第三问(历代官职) 清光绪十六年三月(1890)	5(上)	585—586	庚寅会试第三问(历代官职) 清光绪十六年三月十六日(1890.5.4)	6	106—107
第四问(外务) 清光绪十六年三月(1890)	5(上)	586—587	庚寅会试第四问(矿务) 清光绪十六年三月十六日(1890.5.4)	6	108—109
第五问(北徼) 清光绪十六年三月(1890)	5(上)	588—589	庚寅会试第五问(北徼) 清光绪十六年三月十六日(1890.5.4)	6	109—110
第一问(四书) 清光绪十八年三月(1892)	5(上)	589—590	壬辰会试第一问(四书) 清光绪十八年三月十六日(1892. 4.12)	6	212—213
第二问(新旧唐书) 清光绪十八年三月(1892)	5(上)	591—592	壬辰会试第二问(新旧唐书) 清光绪十八年三月十六日(1892. 4.12)	6	213—214
第三问(荀子) 清光绪十八年三月(1892)	5(上)	592—593	壬辰会试第三问(荀子) 清光绪十八年三月十六日(1892. 4.12)	6	214—215
第四问(满洲东三省舆地) 清光绪十八年三月(1892)	5(上)	593—594	壬辰会试第四问(满洲东三省舆地) 清光绪十八年三月十六日(1892. 4.12)	6	215—216
第五问(农书) 清光绪十八年三月(1892)	5(上)	595—596	壬辰会试第五问(农书) 清光绪十八年三月十六日(1892.4.12)	6	217—218
经解(豳兼风雅颂) 清光绪五年五月(1879)	5(上)	596—597	己卯科试经解(豳兼风雅颂) 清光绪五年五月十三日(1879.7.2)	6	20

续 表

《张謇全集》1994 年版			《张謇全集》2012 年版		
题　名	卷次	页码	题　名	卷次	页码
殿试策 清光绪二十年四月(1894)	5(上)	597—601	殿试策 清光绪二十年四月二十二日(1894.5.26)		238—241
《外录》自序 民国十二年(1923)	5(上)	601—602	外录自序 民国三年(1914)	6	396—397
清光绪二年(1876)以前					
画鸭	5(下)	1	画鸭	7	3
中秋宋宅楼中对月	5(下)	1	中秋宋宅楼中对月	7	3
宋氏塾冬夜大雪	5(下)	1	宋氏塾冬夜大雪	7	3
过排河观	5(下)	2	过排河观	7	3
叔兄、徐沛之(辅清)偕宿州城东延寿庵	5(下)	2	叔兄徐沛之(辅清)偕宿州城东延寿庵	7	4
西亭诗社分赋杏林春燕	5(下)	2	西亭诗社分赋杏林春燕	7	4
千佛寺	5(下)	2	千佛寺	7	4
题山水	5(下)	3	题山水	7	4
早梅	5(下)	3	早梅	7	4
南村	5(下)	3	南村	7	4—5
山寺遇雪	5(下)	3	山寺遇雪	7	5
习静	5(下)	3—4	习静	7	5
雨霁	5(下)	4	雨霁	7	5
西亭诗社分赋闺怨	5(下)	4	西亭诗社分赋闺怨	7	5
苦樵行为徐翔林(石麟)作	5(下)	4	苦樵行为徐翔林(石麟)作	7	5

续 表

续 表

《张謇全集》1994年版			《张謇全集》2012年版		
题　名	卷次	页码	题　名	卷次	页码
田家	5(下)	9	田家	7	10
瓷盎兰花盛开，芳郁茜茂，以诗宠之	5(下)	9	瓷盎兰花盛开芬郁蒨茂以诗宠之	7	10
春思	5(下)	10	春思	7	10
试时城东楼对月	5(下)	10	试时城东楼对月	7	10
琅山	5(下)	10	琅山	7	10
马鞍山	5(下)	10	马鞍山	7	10
军山	5(下)	10—11	军山	7	10—11
剑山	5(下)	11	剑山	7	11
黄泥山	5(下)	11	黄泥山	7	11
晚晴	5(下)	11	晚晴	7	11
江都道中	5(下)	11—12	江都道中 清同治十三年二月下旬(1874.4)	7	21
扬州	5(下)	12	扬州 清同治十三年二月下旬(1874.4)	7	21—22
燕子矶怀古	5(下)	12	燕子矶怀古 清同治十三年三月二十三(1874.5.8)	7	23
青溪杂咏	5(下)	12	青溪杂咏	7	11
古意仿庾子山体	5(下)	13	古意仿庾子山体	7	12
乾鹊	5(下)	13	乾鹊	7	12

续 表

续 表

《张謇全集》1994 年版			《张謇全集》2012 年版		
题 名	卷次	页码	题 名	卷次	页码
小鸥波馆再题	5(下)	17	小鸥波馆再题	7	15
江晴远眺	5(下)	18	江晴远眺	7	15
渡江	5(下)	18	渡江	7	16
网船曲	5(下)	18	网船曲	7	16
题元人塞外校猎图	5(下)	18—19	题元人塞外校猎图	7	16
送施伯厚迎叔柩山西	5(下)	19	送施伯厚迎叔柩山西	7	16—17
赠沈晓芙(煊)	5(下)	19	赠沈晓芙(煊)	7	17
代赋闺思	5(下)	19	代赋闺思	7	17
李晓村(之香)挽词	5(下)	20	李晓村(之香)挽词	7	17
秋风篇答孙东甫(孟平)	5(下)	20	秋风篇答孙东甫(孟平)	7	17—18
病起题画梅寄人	5(下)	20	病起题画梅寄人	7	18
奉题赵训导师鞠隐图	5(下)	20—21	奉题赵训导师鞠隐图	7	18—19
柬施敬轩(陈修)病中兼怀石一泉	5(下)	21	柬施敬轩(陈修)病中兼怀石一泉	7	19
应孙观察公书记之召,将之江宁,答周彦升(家禄)三首	5(下)	21—22	应孙观察公书记之召将之江宁答周彦升(家禄)三首 清同治十年二月初六日(1874.3.23)	7	19
药王庙题壁	5(下)	22	药王庙题壁	7	20
题文姬归汉图	5(下)	22	题文姬归汉图	7	20
留别诸友用彦升元夜赠行韵	5(下)	22	留别诸友用彦升元夜赠行韵	7	20

续 表

《张謇全集》1994年版			《张謇全集》2012年版		
题名	卷次	页码	题名	卷次	页码
思故乡行 清同治十三年二月十二日	5(下)	23	思故乡行	7	20—21
与徐沛之(翔林)话别	5(下)	23—24	与徐沛之(翔林)话别	7	21
谒明史阁部墓 清同治十三年二月二十六日	5(下)	24	谒明史阁部墓 清同治十三年二月二十六日(1874.4.12)	7	22
听人说秦中风景二首	5(下)	24	听人说秦中风景二首	7	22
龙山出险歌	5(下)	24—25	龙山出险歌 清同治十三年二月二十六日(1874.4.12)	7	22—23
送孙次明(莘)赴书记之聘	5(下)	25	送孙次明(莘)赴书记之聘 清同治十三年三月初三日(1874.4.18)	7	23
江宁怀古二十四首 清同治十三年三月二十三日	5(下)	25—27	江宁怀古二十四首 清同治十三年三月二十三(1874.5.8)	7	23—25
登北极阁 清同治十三年四月十五日	5(下)	27	登北极阁 清同治十三年四月十五日(1874.5.30)	7	25
从孙观察公奉差淮安纪行十六首 清同治十三年七月二十八日	5(下)	27—28	从孙观察公奉差淮安纪行十六首 清同治十三年七月二十八日(1874.9.8)	7	26—28
湖上曲	5(下)	28—29	湖上曲	7	28
寄周彦升病中 清同治十三年八月二十日	5(下)	29	寄周彦升病中 清同治十三年八月二十日(1874.9.30)	7	29

续 表

《张謇全集》1994年版			《张謇全集》2012年版		
题 名	卷次	页码	题 名	卷次	页码
施敬轩挽词 清光绪元年正月十三日	5(下)	29	施敬轩挽词 清光绪元年正月十三日(1875.2.18)	7	29—30
谢时大令(乃功)赠画梅	5(下)	29	谢时大令(乃功)赠画梅	7	28
谢时大令饯别即所见调之	5(下)	30	谢时大令饯别即所见调之	7	29
奉呈庆军统领庐江吴提督	5(下)	30	奉呈庆军统领庐江吴提督 清同治十三年七月二十二日(1874.9.2)	7	26
读史四首	5(下)	30—31	读史四首 清同治十三年七月十二日(1874.8.23)	7	25—26
寿沈羲民明府(伟田)二十二韵	5(下)	31	寿沈羲民明府(伟田)二十二韵 清光绪元年四月初二日(1875.5.6)	7	30—31
燕燕篇(怜某生困于谗也)	5(下)	31—32	燕燕篇(怜某生困于谗也) 清光绪元年夏(1875)	7	31
答人	5(下)	32	答人 清光绪元年夏(1875)	7	31—32
江宁送周彦升归里	5(下)	32	江宁送周彦升归里 清光绪元年二月(1875.3～4)	7	30
鹰次彦升韵	5(下)	33	鹰(次彦升韵)	7	30
草堂偶成	5(下)	33	草堂偶成	7	32

续 表

《张謇全集》1994年版			《张謇全集》2012年版		
题　名	卷次	页码	题　名	卷次	页码
自清光绪二年(1876)讫清光绪十年(1884)					
元夜吟 清光绪二年正月十五日	5(下)	34	元夜吟 清光绪二年正月十五日(1876.2.9)	7	32
通州别叔兄 清光绪二年正月二十四日	5(下)	34	通州别叔兄 清光绪二年正月二十四日(1876.2.18)	7	32
盆松 清光绪二年正月二十四日	5(下)	35	盆松 清光绪二年正月二十四日(1876.2.18)	7	33
雨泊白塔河中夜有作 清光绪二年正月二十七日	5(下)	35	雨泊白塔河中夜有作 清光绪二年正月二十七日(1876.2.21)	7	33
翔林屡约同游金焦不果,今以旧约期翔林,复以事不余偕,因来送别,赋此示之	5(下)	35—36	翔林屡约同游金焦不果今以旧约期翔林复以事不余偕因来送别赋此示之	7	33—34
六闸 清光绪二年正月二十九日	5(下)	36	六闸 清光绪二年正月二十九日(1876.2.23)	7	34
将之瓜州 清光绪二年正月三十日	5(下)	36	将之瓜州 清光绪二年正月三十日(1876.2.24)	7	34
喜风	5(下)	36	喜风 清光绪二年二月初二(1876.2.26)	7	34
诘明风雨诗以自解	5(下)	36—37	诘明风雨诗以自解	7	34
寄怀彦升用东坡陈州别文郎逸民韵	5(下)	37	寄怀彦升用东坡陈州别文郎逸民韵	7	35

续 表

《张謇全集》1994 年版			《张謇全集》2012 年版		
题 名	卷次	页码	题 名	卷次	页码
将归海门留示王大令江宁	5(下)	37	将归海门留示王大令江宁 清光绪二年二月十七日(1876.3.12)	7	35
春晚黄氏塾	5(下)	37	春晚黄氏塾 清光绪二年三月二十五日(1876.4.19)	7	35
黄封翁松鹤图 清光绪二年四月一日	5(下)	37—38	黄封翁松鹤图 清光绪二年四月初一日(1876.4.24)	7	35
示别黄氏诸子	5(下)	38	示别黄氏诸子 清光绪二年四月二十五日日(1876.5.18)	7	35—36
浦口军中答彦升用前韵	5(下)	38	浦口军中答彦升用前韵 清光绪二年八月(1876.9～10)	7	36
酬泰兴朱曼君(铭盘)	5(下)	38—39	酬泰兴朱曼君(铭盘)	7	36—37
梦中有诗,醒忘其半,因足成之	5(下)	39	梦中有诗醒忘其半因足成之	7	37
浦子口中敌台 清光绪二年十月十日	5(下)	39	浦子口中敌台 清光绪二年十月初十日(1876.11.25)	7	37
酬含山严礼卿(家让)	5(下)	39	酬含山严礼卿(家让)	7	37—38
送杨子承孝廉(昌祐)归无锡,用酬严礼卿韵	5(下)	40	送杨子承孝廉(昌祐)归无锡用酬严礼卿韵	7	38
海州邱生歌 清光绪二年十月	5(下)	40	海州邱生歌 清光绪二年十月(1876.11～12)	7	38—39
赠邱履平	5(下)	40—41	赠邱履平	7	39

续 表

《张謇全集》1994年版			《张謇全集》2012年版		
题 名	卷次	页码	题 名	卷次	页码
仿院本贴绒帐衔 清光绪三年二月三十日	5(下)	41	仿院本贴绒帐衔 清光绪三年二月三十日(1877.4.13)	7	39—40
松影 清光绪三年三月十日	5(下)	42	松影 清光绪三年三月初十(1877.4.23)	7	40
竹影	5(下)	42	竹影 清光绪三年三月初十日(1877.4.23)	7	40
梅影	5(下)	42	梅影 清光绪三年三月初十日(1877.4.23)	7	40—41
游摄山 清光绪三年三月二十二日	5(下)	42—43	游摄山 清光绪三年三月二十二日(1877.5.5)	7	41
早萤 清光绪三年三月二十五日	5(下)	43	早萤 清光绪三年三月二十五日(1877.5.8)	7	41
清明舟中 清光绪三年四月一日改定	5(下)	43	清明舟中 清光绪三年四月初一日(1877.5.13)	7	41
女贞篇为陈节母作 清光绪三年四月五日	5(下)	43	女贞篇为陈节母作 清光绪三年四月初五日(1877.5.17)	7	41—42
履平饷带鱼 清光绪三年五月二日	5(下)	44	履平饷带鱼 清光绪三年五月初二日(1877.6.12)	7	42
雨叹	5(下)	44	雨叹	7	42—43

续 表

《张謇全集》1994年版			《张謇全集》2012年版		
题 名	卷次	页码	题 名	卷次	页码
西征官军收复新疆 清光绪三年八月十日	5(下)	45	西征官军收复新疆 清光绪三年八月初十日(1877.9.16)	7	43
闻西征捷报寄博孙 清光绪三年八月十日	5(下)	45	闻西征捷报寄博孙 清光绪三年八月初十日(1877.9.16)	7	43
答养田见示,感怀之作 清光绪三年十一月二十五日	5(下)	45	答养田见示感怀之作 清光绪三年十一月二十五日(1877.10.20)	7	44
瞽卜图 清光绪三年十一月二十六日	5(下)	46	瞽卜图 清光绪三年十一月二十六日(1877.12.30)	7	44
题涧蘋捉絮图 清光绪三年十一月二十八日	5(下)	46	题涧蘋捉絮图 清光绪三年十一月(1877.12～1878.1)	7	44
良吏篇为故东台令常公作 清光绪三年十一月二十九日	5(下)	46—47	良吏篇为故东台令常公作 清光绪三年十一月二十九日(1878.1.2)	7	45
阻雪龚氏题箕踞图 清光绪三年十二月四日	5(下)	47	阻雪龚氏题箕踞图 清光绪三年十二月初四日(1878.1.6)	7	45—46
奉送王子敷观察(治覃)归零陵	5(下)	47	奉送王子敷观察(治覃)归零陵	7	46
哑鹦	5(下)	47	哑鹦	7	46
桃叶山 清光绪四年二月十九日	5(下)	48	桃叶山 清光绪四年二月十九日(1878.3.22)	7	46

续 表

《张謇全集》1994年版			《张謇全集》2012年版		
题 名	卷次	页码	题 名	卷次	页码
桃华——题纨扇	5(下)	48	题纨扇桃花 清光绪四年二月十九日(1878.3.22)	7	46
题刘太君书剑教子图 清光绪四年七月七日	5(下)	48	题刘太君书剑教子图 清光绪四年七月初七日(1878.8.5)	7	47
题邱履平扇赠行 清光绪四年八月十六日	5(下)	49	题邱履平扇赠行 清光绪四年八月十六日(1878.9.12)	7	47
从子德祖殇哭之 清光绪四年十一月一日	5(下)	49	从子德祖殇哭之 清光绪四年十一月初一日(1878.11.24)	7	47—48
哭女淑	5(下)	49—50	哭女淑 附录:叔兄读季弟哭女淑诗书示	7	48
王欣父、刘馥畴、范肯堂、黄君俭、杨子钦同在海门作消寒会,别后分寄诸君 清光绪四年十一月二十四日	5(下)	50	王欣父刘馥畴范肯堂黄君俭杨子钦同在海门作消寒会别后分寄诸君 清光绪四年十一月二十四日日(1878.12.17)	7	48—49
董伎	5(下)	50	董伎	7	49
题丹徒赵嘉生(瑞禾)临程松圆山水遗卷 清光绪四年十二月十九日	5(下)	51	题丹徒赵嘉生(瑞禾)临程松圆山水遗卷 清光绪四年十二月十九日(1879.1.11)	7	49
送履平之淮安 清光绪五年三月十九日	5(下)	51	送履平之淮安 清光绪五年三月十九日(1879.4.10)	7	49—50

续 表

《张謇全集》1994年版			《张謇全集》2012年版		
题　名	卷次	页码	题　名	卷次	页码
戏答仲厚	5(下)	51—52	戏答仲厚	7	51
舟行联句倒押五物韵 清光绪六年三月二十日	5(下)	52—53	舟行联句倒押五物韵 清光绪六年三月二十日(1880.4.28)	7	52—53
诸葛忠武画像联句 清光绪六年三月二十一日	5(下)	53	诸葛忠武画象联句 清光绪六年三月二十一日(1880.4.29)	7	53
哀双凤联句三十二韵(并序) 清光绪六年三月二十二日	5(下)	53—54	哀双凤联句三十二韵(并序) 清光绪六年三月二十二日(1880.4.30)	7	53—54
仪征道中联句 清光绪六年三月二十五日	5(下)	54—55	仪征道中联句 清光绪六年三月二十五日(1880.5.3)	7	54—55
扬州杂咏四首	5(下)	55	扬州杂咏四首 清光绪六年四月初(1880.5)	7	55—56
众兴旅舍书杨子承题名后 清光绪六年四月八日	5(下)	56	众兴旅舍书杨子承题名后 清光绪六年四月初八日(1880.5.16)	7	56
晓发 清光绪六年四月九日	5(下)	56	晓发 清光绪六年四月初九日(1880.5.17)	7	56
沂水 清光绪六年四月十二日	5(下)	56	沂水 清光绪六年四月十二日(1880.5.20)	7	56
沂州	5(下)	57	沂州 清光绪六年四月十二日(1880.5.20)	7	57

续 表

《张謇全集》1994年版			《张謇全集》2012年版		
题 名	卷次	页码	题 名	卷次	页码
长清晓发 清光绪六年四月十七日	5(下)	57—58	长清晓发 清光绪六年四月十七日(1880.5.25)	7	57—58
病马	5(下)	58	病马 清光绪六年四月二十日(1880.5.28)	7	58
汉柏	5(下)	58	汉柏 清光绪六年四月十五日(1880.5.23)	7	57
唐槐	5(下)	58	唐槐 清光绪六年四月(1880.5～6)	7	57
哀杭州汪子樵于宣南观音院 清光绪六年五月二日	5(下)	58—59	哀杭州汪子樵于宣南观音院 清光绪六年五月初二日(1880.6.9)	7	58
分题仇十洲士女图,戏集唐人句	5(下)	59	分题仇十洲士女图戏集唐人句 清光绪八年十月十四日(1882.11.24)之后	7	60—61
为林怡庵(葵)题宫人饲鹤图	5(下)	59	为林怡莽(葵)题宫人饲鹤图	7	58
荷锸图为刘生桂馨作	5(下)	59	荷臿图为刘生桂馨作	7	59
军行水原道中 清光绪八年七月九日	5(下)	60	军行水原道中 清光绪八年七月初九日(1882.8.22)	7	59
有感 清光绪八年九月五日	5(下)	60	有感 清光绪八年九月初五日(1882.10.16)	7	59—60

续　表

《张謇全集》1994 年版			《张謇全集》2012 年版		
题　名	卷次	页码	题　名	卷次	页码
蓬莱阁感事	5(下)	60—61	蓬莱阁感事 清光绪八年九月初五日(1882.10.16)	7	59
重有感	5(下)	61	重有感 清光绪八年九月(1882.10～11)	7	60
驻军蓬莱阁呈节使	5(下)	61	驻军蓬莱阁呈节使 清光绪八年九月二十四日(1882.11.4)	7	60
题王西室画本事诗后 清光绪九年三月九日	5(下)	61—62	题王西室画本事诗后 清光绪九年四月初九日(1883.5.15)	7	61
少年——赠南海徐生 清光绪九年六月十日	5(下)	62	少年赠南海徐生 清光绪九年六月初十日(1883.7.13)	7	61
卞玉京小象 清光绪九年六月十八日	5(下)	62	卞玉京小象 清光绪九年六月十八日(1883.7.21)	7	62
为曼君题梅,因事嘲之 清光绪九年六月二十三日	5(下)	63	为曼君题梅因事嘲之 清光绪九年六月二十三日(1883.7.26)	7	62
朝鲜金石菱参判(昌熙)命其子敬献既冠来见,与诗勖之 清光绪九年六月二十五日	5(下)	63	朝鲜金石菱参判(昌熙)命其子教献既冠来见,与诗勖之 清光绪九年六月二十五日(1883.7.28)	7	62
书朝鲜赵玉垂参判(冕镐)异苔同岑诗卷后	5(下)	63—64	书朝鲜赵玉垂参判(冕镐)异苔同岑诗卷后	7	62
历下亭	5(下)	64	历下亭 清光绪九年秋(1883)	7	63

续 表

《张謇全集》1994年版			《张謇全集》2012年版		
题 名	卷次	页码	题 名	卷次	页码
历山	5(下)	64	历山 清光绪九年秋(1883)	7	63
题山水	5(下)	64	题山水	7	63
调玉垂逸妾	5(下)	64	调玉垂逸妾	7	63
书朝鲜近事	5(下)	65	书朝鲜近事	7	63
送黄李二生归江原道	5(下)	65	送黄李二生归江原道	7	64
招隐三首赠金石菱	5(下)	65	招隐三首赠金石菱 石菱筑三思亭,期十载后归隐,索诗为券,感而赋之	7	64
奉和叔兄咏梅	5(下)	66	奉和叔兄咏梅 附录:叔兄《咏梅》	7	64
镇海杨生示春燕诗即赠 清光绪十年正月十七日	5(下)	66	镇海杨生示春燕诗即赠 光绪十年正月十七日(1884.2.13)	7	65
海岳归来图为某作 清光绪十年五月二十九日	5(下)	66	海岳归来图为某作 清光绪十年五月二十九日(1884.6.22)	7	65
新晴游吴山	5(下)	67	新晴游吴山 光绪十年四月下旬(1884.5)	7	65
金州述别联句 清光绪十年七月十日	5(下)	67	金州述别联句二首 清光绪十年七月初十日(1884.8.30)	7	65—66
赠金州同知陈鹤洲(士芸)联句 清光绪十年七月十四日	5(下)	67	赠金州同知陈鹤洲(士芸)联句 清光绪十年七月十四日(1884.9.3)	7	66

续 表

《张謇全集》1994年版			《张謇全集》2012年版		
题 名	卷次	页码	题 名	卷次	页码
为黄仲弢题《龙女图》 清光绪十年七月二十一日	5(下)	68	为黄仲弢题龙女图 清光绪十年九月二十一日(1884.11.8)	7	66
蒋研香女士画兰 清光绪十年七月二十二日	5(下)	68	蒋研香女士画兰 清光绪十年九月二十二日(1884.11.9)	7	66—67
为欣父题梅花士女图帐额(欣父方四十生日,且有谓其将纳姬者) 清光绪十年七月二十三日	5(下)	69	为欣父题梅花士女图帐额(欣父方四十生日且有谓其将纳姬者) 清光绪十年九月二十三日(1884.11.10)	7	67
淮水 清光绪十年十月七日	5(下)	69	淮水 清光绪十年十月初七日(1884.11.24)	7	67
书乍所感明月 清光绪十年十月八日	5(下)	69—70	书乍所感明月 清光绪十年十月初八日(1884.11.25)	7	68
邻船母答儿 清光绪十年十月二十一日	5(下)	70	邻船母答儿 清光绪十年十月二十一日(1884.12.8)	7	68
还家 清光绪十年十月二十二日	5(下)	70	还家 清光绪十年十月二十二日(1884.12.9)	7	68
赠赵参将 清光绪十年十一月二日	5(下)	70—71	赠赵参将 清光绪十年十一月初二日(1884.12.18)	7	69
读史杂感(金州归后作)	5(下)	71	读史杂感(金州归后作)	7	69
自题画像寄畏皇广州	5(下)	71	自题画像寄畏皇广州	7	69

续 表

续 表

《张謇全集》1994年版			《张謇全集》2012年版		
题 名	卷次	页码	题 名	卷次	页码
集杜题《仕隐图》，应范月查观察 清光绪十三年三月三日	5(下)	75	集杜题仕隐图应范月查观察 清光绪十三年三月初三日(1887.3.27)	7	73
昔悔 清光绪十三年七月二十九日	5(下)	75	昔悔 清光绪十三年七月二十九日(1887.9.16)	7	73
种树 清光绪十三年七月二十九日	5(下)	76	种树 清光绪十三年七月二十九日(1887.9.16)	7	73—74
开封寄怀郑太夷江宁二十韵 清光绪十三年八月二日	5(下)	76—77	开封寄怀郑太夷江宁二十韵 清光绪十三年八月初二日(1887.9.18)	7	74
送徐大归淮安 清光绪十三年八月二十四日	5(下)	77	送徐大归淮安 清光绪十三年八月二十四日(1887.10.10)	7	74
题归舟载石图卷子	5(下)	77	题归舟载石图卷子 清光绪十三年八月二十四日(1887.10.10)	7	75
书怀示同里生 清光绪十三年八月二十五日	5(下)	77—78	书怀示同里生 清光绪十三年八月二十五日(1887.10.11)	7	75
徐州道上 清光绪十三年十一月二十一日	5(下)	78	徐州道上 清光绪十三年十一月二十一日(1888.1.4)	7	75
双沟 清光绪十三年十一月二十二日	5(下)	78	双沟 清光绪十三年十一月二十二日(1888.1.5)	7	75—76

续　表

《张謇全集》1994年版			《张謇全集》2012年版		
题　名	卷次	页码	题　名	卷次	页码
桃园旅舍有感吴武壮公 清光绪十三年十一月二十四日	5(下)	78	桃园旅舍有感吴武壮公 清光绪十三年十一月二十四日(1888.1.7)	7	76
为曹大令懋功题其祖曹孝子闽归集 清光绪十四年正月二十二日	5(下)	79	为曹大令懋功题其祖曹孝子闽归集 清光绪十四年正月二十二日(1888.3.4)	7	76
野外(纪事也) 清光绪十四年三月十八日	5(下)	79	野外 清光绪十四年三月十八日(1888.4.28)	7	76
清河至赣榆道中十首 清光绪十四年三月二十日	5(下)	79—80	清河至赣榆道中十首 清光绪十四年三月十九日(1888.4.29)	7	76—77
太仓知州莫君善徵(祥芝)挽词三首 清光绪十五年五月二十九日	5(下)	80	太仓知州莫君善徵(祥芝)挽词三首 清光绪十五年五月二十九日(1889.6.27)	7	78
检书看剑图题辞 清光绪十五年十月十四日	5(下)	80—81	检书看剑图题辞 清光绪十五年十月十四日(1889.11.6)	7	78—79
黄郎中挽词二首 清光绪十五年十月二十五日	5(下)	81	黄郎中挽词二首 清光绪十五年十月二十五日(1889.11.17)	7	79
归田园题辞	5(下)	81	归田园题辞 清光绪十五年十月二十五日(1889.11.17)	7	79
寄叔兄江西四首(时将至梁口厘差) 清光绪十六年七月十三日	5(下)	81—82	寄叔兄江西四首(时将至梁口厘差) 清光绪十六年七月十三日(1890.8.28)	7	79—80

续 表

《张謇全集》1994年版			《张謇全集》2012年版		
题 名	卷次	页码	题 名	卷次	页码
奉和袁爽秋侍御都门赠行,即用其韵 清光绪十六年七月十八日	5(下)	82—83	奉和袁爽秋侍御都门赠行即用其韵 清光绪十六年七月十八日(1890.9.2)	7	80
出都酬沈子培 清光绪十六年七月十九日	5(下)	83	出都酬沈子培 附录:子培赠诗 清光绪十六年七月十九日(1890.9.3)	7	81
闻下斜街旧寓因雨尽圮,寄可庄、勖臧昆季兼示苏龛 清光绪十六年七月二十七日	5(下)	83—84	闻下斜街旧寓因雨尽圮寄可庄勖臧昆季兼示苏龛 清光绪十六年七月二十七日(1890.9.11)	7	81—82
检粤雅堂丛书寄王可庄修撰 清光绪十六年七月二十八日	5(下)	84	检粤雅堂丛书寄王可庄修撰 清光绪十六年七月二十八日(1890.9.12)	7	82
题安吴包倦翁论书篇后,用东坡醉墨堂韵,索子培、苏龛和之 清光绪十六年七月二十九日	5(下)	84—85	题安吴包倦翁论书篇后用东坡醉墨堂韵索子培苏龛和 清光绪十六年七月二十九日(1890.9.13)	7	82
初秋偶兴寄苏堪 清光绪十六年八月五日	5(下)	85	初秋偶兴寄苏堪 清光绪十六年八月初五日(1890.9.18)	7	82—83
题缦卿所藏徐高士(枋)画山水 清光绪十七年二月三十日	5(下)	85—86	题缦卿所藏徐高士(枋)画山水 清光绪十七年二月三十日(1891.4.8)	7	83—84
为欣父作富安串场河竣工喜示诸绅 清光绪十七年三月二十三日	5(下)	86	为欣父作富安串场河竣工喜示诸绅 清光绪十七年三月二十九日(1891.5.1)	7	84

续 表

续 表

《张謇全集》1994年版			《张謇全集》2012年版		
题　名	卷次	页码	题　名	卷次	页码
瑞安黄先生以六十自寿诗见示,报罢将归,赋诗为献 清光绪十八年五月二日	5(下)	89—90	瑞安黄先生以六十自寿诗见示报罢将归赋诗为献 清光绪十八年五月初二日(1892.5.27)	7	87—88
被放将归,意园祭酒贻书,谓仆与君交大似余廷心之于戴九灵,时人拟之泰不华之于煮石山农者妄也。謇何足当斯语。重悲盛恉,奉诗呈别 清光绪十八年五月三日	5(下)	90—91	被放将归意园祭酒贻书谓仆与君交大似余廷心之于戴九灵时人拟之泰不华之于煮石山农者妄也謇何足当斯语重悲盛恉奉诗呈别 清光绪十八年五月初三日(1892.5.28)	7	88—89
因勖臧舍人索诸果木于冯果卿同年(汝桓)	5(下)	91	因勖臧舍人索诸果木于冯果卿同年(汝桓) 清光绪十八年五月初三日(1892.5.28)	7	89
为祁君月(师曾)题张石公钱献之石经题名册 清光绪十八年五月六日	5(下)	91	为祁君月(师曾)题张石公钱献之石经题名册 清光绪十八年五月初六日(1892.5.31)	7	89
中秋日附舟省叔兄于江西 清光绪十八年八月十五日	5(下)	92	中秋日附舟省叔兄于江西 清光绪十八年八月十五日(1892.10.5)	7	90
至贵溪喜晤叔兄 清光绪十八年九月一日	5(下)	92	至贵溪喜晤叔兄 清光绪十八年九月初一日(1892.10.21)	7	90
别叔兄归里 清光绪十八年九月二十三日	5(下)	92	别叔兄归里 清光绪十八年九月二十三日(1892.11.12)	7	90

续 表

《张謇全集》1994年版			《张謇全集》2012年版		
题　名	卷次	页码	题　名	卷次	页码
古樟 清光绪十八年九月二十四日	5(下)	92—93	古樟 清光绪十八年九月二十四日(1892.11.13)	7	90
水碓二十四韵 清光绪十八年九月二十六日	5(下)	93	水碓二十四韵 清光绪十八年九月二十六日(1892.11.15)	7	90—91
明日 清光绪十八年九月二十七日	5(下)	93	明日 清光绪十八年九月二十七日(1892.11.16)	7	91
雨中望上饶诸山云气	5(下)	93—94	雨中望上饶诸山云气 清光绪十八年九月二十七日(1892.11.16)	7	91
玉山女 清光绪十八年九月二十八日	5(下)	94	玉山女 清光绪十八年九月二十八日(1892.11.17)	7	92
上滩二十二韵 清光绪十八年九月二十日作,十一月一日定稿	5(下)	94	上滩二十二韵 清光绪十八年九月二十七日作,十一月初一日定稿(1892.11.16～12.19)	7	92
顾丈调令醴泉,政声益盛,明年六十生日,聘耆同年既令以小文为寿,乡里官京曹者约更为诗 清光绪二十年七月二日	5(下)	95	顾丈调令醴泉政声益盛明年六十生日聘耆同年既令以小文为寿乡里官京曹者约更为诗 清光绪二十年七月初二(1894.8.2)	7	93
嘲吴彦复 清光绪二十年七月二十三日	5(下)	95	嘲吴彦复 清光绪二十年七月二十三日(1894.8.23)	7	93—94
寄酬查翼甫同年 清光绪二十年八月六日	5(下)	95	寄酬查翼甫同年 清光绪二十年八月初六日(1894.9.5)	7	94

续 表

《张謇全集》1994 年版			《张謇全集》2012 年版		
题 名	卷次	页码	题 名	卷次	页码
自清光绪二十一年(1895)讫清宣统三年(1911)					
题松鹤图 清光绪二十一年七月十三日	5(下)	96	题松鹤图 清光绪二十一年七月十三日(1895.9.1)	7	94
裴敖宜人七十寿	5(下)	96	裴敖宜人七十寿	7	95
奉题江宁顾氏忠贞录,从石公之请也 清光绪二十一年七月二十二日	5(下)	96—97	奉题江宁顾氏忠贞录从石公之请也 清光绪二十一年七月二十二日(1895.9.10)	7	95
太夷置酒吴园修禊 清光绪二十二年三月十六日	5(下)	97	太夷置酒吴园修禊 清光绪二十二年三月十六日(1896.4.28)	7	97
礼卿约同小山、石公、太夷雨中看牡丹,用石公韵	5(下)	97	礼卿约同小山石公太夷雨中看牡丹用石公韵 清光绪二十二年三四月间(1896.4～6)	7	97
唐夫人百花图为锟华太守作 清光绪二十二年三月三十日	5(下)	97	唐夫人百花图为锟华太守作 清光绪二十二年三月三十日(1896.5.12)	7	97
同人集书院为旬会,石公示所作诗,依韵答之,呈诸君兼怀前院长武冈邓弥之(辅纶) 清光绪二十二年四月四日	5(下)	98	同人集书院为旬会石公示所作诗依韵答之呈诸君兼怀前院长武冈邓弥之(辅纶) 清光绪二十二年四月初四日(1896.5.16)	7	98
石公招集龙潭饯春,和伯虞第一首韵	5(下)	98	石公招集龙潭饯春和伯虞第一首韵 清光绪二十二年四月初四日(1896.5.16)	7	98

续 表

《张謇全集》1994年版			《张謇全集》2012年版		
题 名	卷次	页码	题 名	卷次	页码
吴园看芍药、荼蘼，次所语示太夷三首 清光绪二十二年四月八日	5(下)	98—99	吴园看芍药荼蘼次所语示太夷三首 清光绪二十二年四月初八日(1896.5.20)	7	98—99
题陈蓝洲山水为石公作 清光绪二十二年八月三十日	5(下)	99	题陈蓝洲山水为石公作 清光绪二十二年八月三十日(1896.10.6)	7	99
题遁窟图 清光绪二十二年十月三十日	5(下)	99	题遁窟图 清光绪二十二年十月三十日(1896.12.4)	7	99
有感五行家言	5(下)	99	有感五行家言	7	99
东城 清光绪二十三年正月二十五日	5(下)	100	东城 清光绪二十三年正月二十五日(1897.2.26)	7	99—100
病齿示家人 清光绪二十三年正月	5(下)	100	病齿示家人 清光绪二十三年正月二十五日(1897.2.26)	7	100
东台谒外祖父母茔志哀 清光绪二十三年正月二十八日	5(下)	100—101	东台谒外祖父母茔志哀 清光绪二十三年正月二十八日(1897.3.1)	7	100—101
重过如皋学宫 清光绪二十三年二月一日	5(下)	101	重过如皋学宫 清光绪二十三年二月初一日(1897.3.3)	7	101
江宁送内子归海门 清光绪二十三年四月九日	5(下)	101	江宁送内子归海门 清光绪二十三年四月初九日(1897.5.10)	7	101
题太夷濠堂，用原诗首句惜哉此江山为韵 清光绪二十三年四月十八日	5(下)	102	题太夷濠堂用原诗首句惜哉此江山为韵 清光绪二十三年四月十八日(1897.5.19)	7	101—102

续 表

《张謇全集》1994年版			《张謇全集》2012年版		
题　名	卷次	页码	题　名	卷次	页码
题扬州郑茗仙女士画卷 清光绪二十三年四月二十日	5(下)	102	题扬州郑茗仙女士画卷 清光绪二十三年四月二十日(1897.5.21)	7	102
聚卿、积余、茗生招同缪小山、谭复生、杨仁山、郑太夷、邓熙止、顾石公观水嬉秦淮，熙之示诗，和韵奉答，并呈诸君 清光绪二十三年五月五日	5(下)	103	聚卿积馀茗生招同缪小山谭复生杨仁山郑太夷邓熙止顾石公观水嬉秦淮熙之示诗和韵奉答并呈诸君 清光绪二十三年五月初五日(1897.6.4)	7	102
题秦淮图 清光绪二十三年五月七日	5(下)	103	题秦淮图 清光绪二十三年五月初七日(1897.6.6)	7	102—103
经通州西亭杂感四首 清光绪二十三年五月二十三日	5(下)	103—104	经通州西亭杂感四首 清光绪二十三年五月二十三日(1897.6.22)	7	103
朝中措 清光绪二十三年七月三十日	5(下)	104	朝中措 清光绪二十三年七月三十日(1897.8.27)	7	103
书陈节妇殉夫事 清光绪二十三年九月三日录前作	5(下)	104	书陈节妇殉夫事 清光绪二十三年九月初三日（1897.9.28）录前作	7	103—104
寄内子并示诸姬十首 清光绪二十三年九月二十四日	5(下)	104—105	寄内子并示诸姬十首 清光绪二十三年九月二十四日(1897.10.19)	7	104
题陈骏公太守峰泖官隐图 清光绪二十三年九月二十五日	5(下)	105	题陈骏公太守峰泖官隐图 清光绪二十三年九月二十五日(1897.10.20)	7	105

续 表

《张謇全集》1994 年版			《张謇全集》2012 年版		
题 名	卷次	页码	题 名	卷次	页码
题徐积余太守定林访碑图十二韵(丙申七月,积余与梁节庵、郑太夷、刘聚卿、况葵生、周仪同游钟山,得陆放翁题名) 清光绪二十三年十月二日	5(下)	105—106	题徐积馀太守定林访碑图十二韵 清光绪二十三年十月初二日(1897.10.27)	7	105
赠陈谅三大令(谟)	5(下)	106	赠陈谅三大令(谟) 清光绪二十三年十月初二日(1897.10.27)	7	105
积余属题王惕甫、曹墨琴合书前后赤壁赋卷	5(下)	106	积馀属题王惕甫曹墨琴合书前后赤壁赋卷	7	105—106
积余嘱题颜平原麻姑仙坛记,吴珊珊夫人故物(末有题云:乙亥春日,赐次子双蟾、次媳若君珍藏)	5(下)	106	积馀属题颜平原麻姑仙坛记吴珊珊夫人故物(末有题云:乙亥春日,赐次子双蟾、次媳若君珍藏)	7	106
积余嘱题《狼山访碑图》	5(下)	107	积馀属题狼山访碑图	7	106
题任朱胡合作棉花菊花老少年 清光绪二十三年十月二十七日	5(下)	107	题任朱胡合作棉花菊花老少年 清光绪二十三年十月二十七日(1897.11.21)	7	106
题雪中送炭图 清光绪二十三年十月二十八日	5(下)	107	题雪中送炭图 清光绪二十三年十月二十八日(1897.11.22)	7	106
戊戌正月十八日儿子怡祖生志喜 清光绪二十四年正月	5(下)	107—108	戊戌正月十八日儿子怡祖生志喜 清光绪二十四年正月(1898.1～2)	7	107
奉送松禅老人归虞山 清光绪二十四年四月三十日	5(下)	108	奉送松禅老人归虞山 清光绪二十四年四月三十日(1898.6.18)	7	107

续 表

《张謇全集》1994年版			《张謇全集》2012年版		
题　名	卷次	页码	题　名	卷次	页码
题华亭耿伯齐海山灵梦图	5(下)	108	题华亭耿伯齐海山灵梦图 清光绪二十四年四月三十日(1898.6.18)	7	107
梦中登陶然亭 清光绪二十四年五月十九日	5(下)	108	梦中登陶然亭 清光绪二十四年五月十九日(1898.7.7)	7	107—108
赠宗室伯茀庶常寿富	5(下)	109	赠宗室伯茀庶常寿富 清光绪二十四年五月十九日(1898.7.7)	7	108
留别仲弢 清光绪二十四年五月二十三日	5(下)	109	留别仲弢 清光绪二十四年五月二十三日(1898.7.11)	7	108
乍雨 清光绪二十四年五月二十四日	5(下)	109	乍雨 清光绪二十四年五月二十四日(1898.7.12)	7	108
都门别李磐硕 清光绪二十四年五月二十六日	5(下)	109—110	都门别李磐硕 清光绪二十四年五月二十六日(1898.7.14)	7	108—109
姚太夫人寿词 清光绪二十四年五月二十七日	5(下)	110	姚太夫人寿词 清光绪二十四年五月二十七日(1898.7.15)	7	109
奉和瑞安先生二木叹 清光绪二十四年五月二十八日	5(下)	110	奉和瑞安先生二木叹 清光绪二十四年五月三十日(1898.7.18)	7	109
呈松禅老人 清光绪二十四年七月四日	5(下)	110—111	呈松禅老人 清光绪二十四年七月初四日(1898.8.20)	7	109—110
题陈氏焦桐涤砚图 清光绪二十四年十月二十九日	5(下)	111	题陈氏焦桐涤砚图 清光绪二十四年十月二十九日(1898.12.12)	7	110

续 表

《张謇全集》1994年版			《张謇全集》2012年版		
题　名	卷次	页码	题　名	卷次	页码
方墨合 清光绪二十五年三月十四日	5(下)	111	方墨合 清光绪二十五年三月十四日(1899.4.23)	7	110
过太平桥 清光绪二十五年九月七日	5(下)	111	过太平桥 清光绪二十五年九月初七日(1899.10.11)	7	110
晓出江宁 清光绪二十五年十二月八日	5(下)	112	晓出江宁 清光绪二十五年十二月初八日(1990.1.8)	7	111—112
州城书所闻四首 清光绪二十五年十二月二十五日	5(下)	112	州城书所闻四首 清光绪二十五年十二月二十五日(1990.1.25)	7	112
题大生厂厂儆图谣四首 清光绪二十五年	5(下)	113	题大生厂厂儆图谣四首 清光绪二十五年(1899)	7	111
蓄须 清光绪二十六年正月六日	5(下)	113	蓄须 清光绪二十六年正月初六日(1990.2.5)	7	112—113
奉送新宁督部入朝 清光绪二十六年二月十三日	5(下)	113—114	奉送新宁督部入朝 清光绪二十六年二月十三日(1900.3.13)	7	113
二月十五日雪 清光绪二十六年二月十六日	5(下)	114	二月十五日雪 清光绪二十六年二月十六日(1900.3.16)	7	113
次日仍雪	5(下)	114	次日仍雪 清光绪二十六年二月十六日(1900.3.16)	7	113
春晚 清光绪二十六年三月二十九日	5(下)	115	春晚 清光绪二十六年三月二十九日(1900.4.28)	7	114

续 表

《张謇全集》1994年版			《张謇全集》2012年版		
题　名	卷次	页码	题　名	卷次	页码
垞兴十首 清光绪二十六年四月二日	5(下)	115	垞兴十首 清光绪二十六年四月初二日(1900.4.30)	7	114—115
赠日本西村子隽(时彦) 清光绪二十六年五月二十六日	5(下)	115—116	赠日本西村子隽(时彦) 清光绪二十六年五月二十六日(1900.6.22)	7	115
赠陈伯严吏部(三立)	5(下)	116	赠陈伯严吏部(三立) 清光绪二十六年五月二十六日(1900.6.22)	7	115
江生谦重摹其族祖慎修先生弄丸图遗像请题，因为生勖 清光绪二十六年六月二十日	5(下)	116	江生谦重摹其族祖慎修先生弄丸图遗象请题因为生勖 清光绪二十六年六月十九日(1900.7.15)	7	116
归安金巩伯城印谱辞	5(下)	117	归安金巩伯城印谱辞 清光绪二十六年六月二十日(1900.7.16)	7	116—117
鸠巢诗 清光绪二十六年六月二十三日	5(下)	117	鸠巢诗 清光绪二十六年六月二十三日(1900.7.19)	7	117
啄木，忧妖乱将作也	5(下)	118	啄木忧妖乱将作也 清光绪二十六年六月二十三日(1900.7.19)	7	117—118
憎乌，刺时相也 清光绪二十六年七月四日	5(下)	118	憎乌刺时相也 清光秀二十六年七月初四日(1900.7.29)	7	118
右臂患风微挛，读苏堪寄丁恒斋诗意甚解脱，因和其韵，寄恒斋 清光绪二十六年七月六日	5(下)	119	右臂患风微挛读苏堪寄丁恒斋诗意甚解脱因和其韵寄恒斋 清光绪二十六年七月初六日(1900.7.31)	7	118

续 表

《张謇全集》1994年版			《张謇全集》2012年版		
题 名	卷次	页码	题 名	卷次	页码
闻李磐硕挈家自京师至济南，感赋十六韵 清光绪二十六年七月七日	5(下)	119—120	闻李磐硕挈家自京师至济南感赋十六韵 清光绪二十六年七月初七日(1900.8.1)	7	119
恒斋寄所画扇，题曰“山水虚深，兹境足吾两人徜徉否”？诗以答之 清光绪二十六年七月二十五日	5(下)	120	恒斋寄所画扇题曰山水虚深兹境足吾两人徜徉否诗以答之 清光绪二十六年七月二十五日(1900.8.19)	7	119
王五丈自合肥寄诗见怀，依韵奉答 清光绪二十六年十一月十八日	5(下)	120	王五丈自合肥寄诗见怀依韵奉答 清光绪二十六年十一月十八日(1901.1.8)	7	119
题缩景碧玉十三行 清光绪二十七年三月九日	5(下)	120—121	题缩景碧玉十三行 清光绪二十七年三月初十日(1901.4.28)	7	120
萱闱课读图为薛四署正葆樾作 清光绪二十七年三月十七日	5(下)	121	萱闱课读图为薛四署正葆樾作 清光绪二十七年三月十七日(1901.5.5)	7	120
薛烈妇哀词	5(下)	121	薛烈妇哀词 清光绪二十七年三月十七日(1901.5.5)	7	120
书堂 清光绪二十七年五月十二日	5(下)	121	书堂 清光绪二十七年五月十二日(1901.6.27)	7	120
金鱼歌	5(下)	122	金鱼歌 清光绪三十年正月(1904.2～3)	7	130
风车歌	5(下)	122	风车歌 清光绪三十年正月(1904.2～3)	7	131

续 表

《张謇全集》1994年版			《张謇全集》2012年版		
题 名	卷次	页码	题 名	卷次	页码
竹孙为画枯树荒塍一牯牛二吴羊于扇，戏题 清光绪二十七年五月二十二日	5(下)	122	竹孙为画枯树荒塍一牯牛二吴羊于扇戏题 清光绪二十七年五月二十二日(1901.7.7)	7	121
蒿枝港 清光绪二十七年七月	5(下)	122—123	蒿枝港 清光绪二十七年十月(1901.11～12)	7	121
海神庙 清光绪二十七年十月	5(下)	123	海神庙 清光绪二十七年十月(1901.11～12)	7	121
东堤 清光绪二十七年十一月十三日	5(下)	123	东堤 清光绪二十七年十一月十三日(1901.12.23)	7	121
初春海荡见芦花 清光绪二十八年正月二十七日	5(下)	123	初春海荡见芦花 清光绪二十八年正月二十七日(1902.3.6)	7	122
春愁 清光绪二十八年二月十日	5(下)	124	春愁 清光绪二十八年二月初十日(1902.3.19)	7	122
野色 清光绪二十八年二月十七日	5(下)	124	野色 清光绪二十八年二月十七日(1902.3.26)	7	122
益原来讯论学事，喜寄以诗 清光绪二十八年三月三十日	5(下)	124	益原来讯论学事喜寄以诗 清光绪二十八年三月三十日(1902.5.7)	7	122
喜雨 清光绪二十八年四月七日	5(下)	124—125	喜雨 清光绪二十八年四月初七日(1902.5.14)	7	122

续　表

《张謇全集》1994年版			《张謇全集》2012年版		
题　名	卷次	页码	题　名	卷次	页码
屡出 清光绪二十八年四月八日	5(下)	125	屡出 清光绪二十八年四月初八日(1902.5.15)	7	123
山阴娄寿之道服小象 清光绪二十八年四月二十一日	5(下)	125	山阴娄寿之道服小象 清光绪二十八年四月二十一日(1902.5.28)	7	123
为顾石公题松花江踏雪寻诗图 清光绪二十八年十月十六日	5(下)	125	为顾石公题松花江踏雪寻诗图 清光绪二十八年十月十六日(1902.11.15)	7	123
明杨龙友秦淮雪后泛舟图 清光绪二十九年二月十八日	5(下)	126	明杨龙友秦淮雪后泛舟图 清光绪二十九年二月十八日(1903.3.16)	7	123—124
王司直属寿其季父旭庄太守仁东 清光绪二十九年三月十日	5(下)	126	王司直属寿其季父旭庄太守仁东 清光绪二十九年三月初十日(1903.4.7)	7	124
赠日本藤泽南岳翁 清光绪二十九年五月十三日	5(下)	126—127	赠日本藤泽南岳翁 清光绪二十九年五月十三日(1903.6.8)	7	124
村山隆平、上野理一、西村时彦三君招饮网岛金波楼，席罢赋诗呈同座诸君	5(下)	127	村山隆平上野理一西村时彦三君招饮网岛金波楼席罢赋诗呈同座诸君 清光绪二十九年五月十三日(1903.6.8)	7	124
喜见西村君于大阪 清光绪二十九年五月	5(下)	127	喜见西村君于大阪 清光绪二十九年五月十三日(1903.6.8)	7	125
答高桥嵒吉饷药 清光绪二十九年五月	5(下)	128	答高桥嵒吉饷药 清光绪二十九年五月(1903.5～6)	7	125

续 表

《张謇全集》1994年版			《张謇全集》2012年版		
题 名	卷次	页码	题 名	卷次	页码
松永道中(有感日本山水) 清光绪二十九年五月二十三日	5(下)	128	松永道中(有感日本山水) 清光绪二十九年五月(1903.5～6)	7	125
东游纪行二十六首 清光绪二十九年六月四日	5(下)	128—131	东游纪行二十六首 清光绪二十九年六月初四日(1903.7.27)	7	127—130
札幌 清光绪二十九年闰五月十四日	5(下)	131	札幌 清光绪二十九年闰五月十四日(1903.7.8)	7	126
一人	5(下)	131	一人 清光绪二十九年闰五月初十日(1903.7.4)	7	126
题青森中岛旅馆 清光绪二十九年闰五月十八日	5(下)	131	题青森中岛旅馆 清光绪二十九年闰五月十八日(1903.7.12)	7	126
华历闰五月二十三日，日本伊藤博文复代桂太郎入内阁纪事	5(下)	132	华历闰五月二十三日日本伊藤博文复代桂太郎入内阁纪事 清光绪二十九年闰五月二十三日(1903.7.17)	7	126—127
大久保村 清光绪二十九年闰五月二十五日	5(下)	132	大久保村 清光绪二十九年闰五月二十五日(1903.7.19)	7	127
东游初归，过狼山湾遇雨 清光绪二十九年六月十日	5(下)	132	东游初归过狼山湾遇雨 清光绪二十九年六月初十日(1903.8.2)	7	130
寄赠日本小山春卿大阪 清光绪二十九年六月十八日	5(下)	133	寄赠日本小山春卿大阪 清光绪二十九年六月十八日(1903.8.10)	7	130

续 表

《张謇全集》1994年版			《张謇全集》2012年版		
题 名	卷次	页码	题 名	卷次	页码
悼老黄(并序) 清光绪三十年二月五日	5(下)	133	悼老黄(并序) 清光绪三十年二月初五日(1904.3.21)	7	131
题扬州赵叟诗稿 清光绪三十年十一月三十日	5(下)	133	题扬州赵叟诗稿 清光绪三十年十一月三十日(1905.1.5)	7	131—132
井龙头	5(下)	134	井龙头 清光绪三十一年三月十七日(1905.4.21)	7	134
微山湖	5(下)	134	微山湖 清光绪三十一年三月二十四日(1905.4.28)	7	134—135
利国驿	5(下)	134	利国驿 清光绪三十一年三月二十四日(1905.4.28)	7	135
房山	5(下)	134	房山 清光绪三十一年四月初一日(1905.5.4)	7	135
通州师范学校校歌 清光绪三十年	5(下)	135	通州师范学校校歌 光绪三十年(1904)	7	131
师范学校祝先师歌	5(下)	135	师范学校祝先师歌 清光绪三十年十二月二十九日(1905.2.3)	7	132
华族祖国歌	5(下)	135	国歌为通州师范作	7	132—133
通州小学校歌之一	5(下)	136	通州小学校歌之一	7	133
通州小学校歌之二	5(下)	136	通州小学校歌之二	7	133
长乐镇初等小学校歌	5(下)	136	长乐镇初等小学校歌	7	133

续 表

《张謇全集》1994年版			《张謇全集》2012年版		
题 名	卷次	页码	题 名	卷次	页码
五十三岁岁朝，寄怀退翁唐闸 清光绪三十一年正月初一日	5(下)	136	五十三岁岁朝寄怀退翁唐闸 清光绪三十一年正月初一日(1905.2.4)	7	133
与勖臧、久香、敬铭登狼山望海楼追悼肯唐、梅孙 清光绪三十一年正月十五日	5(下)	137	与勖臧久香敬铭登狼山望海楼追悼肯唐梅孙 清光绪三十一年正月十五日(1905.2.18)	7	133—134
惜李镇 清光绪三十一年正月三十日	5(下)	137	惜李镇 清光绪三十一年正月三十日(1905.3.5)	7	134
病起 清光绪三十一年三月六日	5(下)	137	病起 清光绪三十一年三月初六日(1905.4.10)	7	134
常熟相国闱中墨桂	5(下)	138	常熟相国闱中墨桂	7	134
乙巳三月云台山吊龙丈人歌 清光绪三十一年三月九日	5(下)	138	乙巳三月云台山吊龙丈人歌 清光绪三十一年四月初五日(1905.5.8)	7	135
题赵忠节公临危墨迹 清光绪三十二年二月二十七日	5(下)	139	题赵忠节公临危墨迹 清光绪三十二年二月二十七日(1906.3.21)	7	136
题禹鸿胪之鼎所绘渔洋山人灞桥风雪图	5(下)	139	题禹鸿胪之鼎所绘渔洋山人灞桥风雪图 清光绪三十二年二月二十七日(1906.3.21)	7	136
夜坐寿松堂楼上北望城壕，慨然而作 清光绪三十三年十月二十二日	5(下)	139	夜坐寿松堂楼上北望城壕慨然有作 清光绪三十三年十月二十二日(1907.11.27)	7	136

续 表

《张謇全集》1994年版			《张謇全集》2012年版		
题 名	卷次	页码	题 名	卷次	页码
陪陈子砺提学游狼山，示诗奉和，兼怀梅孙、肯堂 清光绪三十三年十月二十四日	5(下)	140	陪陈子砺提学游狼山示诗奉和兼怀梅孙肯堂 清光绪三十三十月二十五日(1907.11.30)	7	137
题关絅之直刺小像 清光绪三十四年正月二十一日	5(下)	140	题关絅之直刺小象 清光绪三十四年正月二十一日(1908.2.22)	7	137
国粹保存会第三年祝典征诗 清光绪三十四年正月二十三日	5(下)	140	国粹保存会第三年祝典征诗 清光绪三十四年正月二十三日(1908.2.24)	7	137
吴颖之前辈属题其先两代孝子画像册 清光绪三十四年五月十九日	5(下)	141	吴颖之前辈属题其先两代孝子画象册 清光绪三十四年五月十九日(1908.6.17)	7	137
德宗景皇帝挽词 清光绪三十四年十月	5(下)	141	德宗景皇帝挽词 清光绪三十四年十月(1908.10～11)	7	137—138
刘雪湖画梅	5(下)	141—142	刘雪湖画梅 清光绪三十年(1904)	7	132
己酉元夜坐花竹平安馆蒨影室悼怀徐夫人二律 清宣统元年正月十五日	5(下)	142	己酉元夜坐花竹平安馆蒨影室悼怀徐夫人二律 清宣统元年正月十五日(1909.2.5)	7	138
沈梅孙方执经侍坐图 清宣统元年闰二月三日	5(下)	142	沈梅孙方执经侍坐图 清宣统元年闰二月初三日(1909.3.24)	7	138
苏堪以诗扇奖怡儿，因其书背 清宣统元年闰二月五日	5(下)	143	苏堪以诗扇奖怡儿因其书背 清宣统元年三月初五日(1909.4.24)	7	139

续 表

《张謇全集》1994年版			《张謇全集》2012年版		
题 名	卷次	页码	题 名	卷次	页码
三月四日花竹平安馆 清宣统元年三月四日	5(下)	143	三月四日花竹平安馆 清宣统元年三月初四日(1909.4.23)	7	139
许村	5(下)	143	许村 清宣统元年三月(1909.4～5)	7	139
题许生扇 清宣统元年三月六日	5(下)	144	题许生扇 清宣统元年三月初六日(1909.4.25)	7	139—140
花竹平安馆临行感赋 清宣统元年三月十四日	5(下)	144	花竹平安馆临行感赋 清宣统元年三月十四日(1909.5.3)	7	140
祥祭徐夫人后伤感而作 清宣统元年三月二十六日	5(下)	144—145	祥祭徐夫人后伤感而作 清宣统元年三月二十六日(1909.5.15)	7	140—141
离合篇	5(下)	145	离合篇 清宣统元年六月十三日(1909.7.29)	7	144
无题	5(下)	145—146	无题 清宣统元年三月二十六日(1909.5.15)	7	141
四月初六日夜国秀亭望新月 清宣统元年四月六日	5(下)	146	四月初六日夜国秀亭望新月 清宣统元年四月初六日(1909.5.24)	7	141
四思篇 清宣统元年四月八日	5(下)	146—147	四思篇 清宣统元年四月初八日(1909.5.26)	7	141—142
夜至天生港 清宣统元年四月十日	5(下)	147	夜至天生港 清宣统元年四月初十日(1909.5.28)	7	142

续 表

《张謇全集》1994年版			《张謇全集》2012年版		
题 名	卷次	页码	题 名	卷次	页码
归常乐口占 清宣统元年五月八日	5(下)	147	归常乐口占 清宣统元年五月初八日(1909.6.25)	7	142
书寄从子仁祖都门 清宣统元年五月十四日	5(下)	147—148	书寄从子仁祖都门诗三首 清宣统元年五月十三日(1909.6.30)	7	142—143
啬庵 清宣统元年五月十四日	5(下)	148	啬庵 清宣统元年五月十四日(1909.7.1)	7	143
往四扬途中忆三十九年前至如皋时途中诗 清宣统元年五月十五日补录	5(下)	148	往四扬途中忆三十九年前至如皋时途中诗 清宣统元年五月十五日(1909.7.2)补录	7	143
横林观涨 清宣统元年五月二十八日	5(下)	148	横林观涨 清宣统元年五月二十八日(1909.7.15)	7	143—144
白兰花 清宣统元年六月五日	5(下)	149	白兰花 清宣统元年六月初五日(1909.7.21)	7	144
平安馆寄衣至沪 清宣统元年十一月七日	5(下)	149	平安馆寄衣至沪 清宣统元年十一月初六日(1909.12.18)	7	144
感事 清宣统元年十二月六日录旧作	5(下)	149	感事 清宣统元年十二月初六日(1910.1.16)录旧作	7	145
梦中有晓行诗,足成	5(下)	149—150	梦中有晓行诗足成 清宣统元年十二月初八日(1910.1.18)	7	145

续表

《张謇全集》1994年版			《张謇全集》2012年版		
题名	卷次	页码	题名	卷次	页码
海上杂感	5(下)	150	海上杂感 清宣统元年十二月初八日(1910.1.18)	7	145
过施伯厚、仲厚兄弟墓侧 清宣统元年十二月十七日	5(下)	150	过施伯厚仲厚兄弟墓侧 清宣统元年十二月十七日(1910.1.27)	7	145
送许生归横林 清宣统元年十二月二十三日	5(下)	150	送许生归横林 清宣统元年十二月二十三日(1910.2.2)	7	146
落花二十二韵 清宣统元年十二月二十八日	5(下)	151	落花二十二韵 清宣统元年十二月二十八日(1910.2.7)	7	146
怡儿生日,晨起在徐夫人影前焚香供面,默对许时,有诗 清宣统二年正月十八日	5(下)	151	怡儿生日晨起在徐夫人影前焚香供面默对许时有诗 清宣统二年正月十八日(1910.2.27)	7	146—147
与金沧江同在退翁榭食鱼七绝三首 清宣统二年正月二十九日	5(下)	152	与金沧江同在退翁榭食鱼七绝三首 清宣统二年正月二十九日(1910.3.10)	7	147
二月十二日赋得月 清宣统二年二月十二日	5(下)	152	二月十二日赋得月 清宣统二年二月十二日(1910.3.22)	7	147
慕畴堂下梅华柏秀,喜而有作 清宣统二年二月十四日	5(下)	152	慕畴堂下梅华柏秀喜而有作 清宣统二年二月十四日(1910.3.24)	7	147
慕畴堂雨中看梅 清宣统二年二月十五日	5(下)	153	慕畴堂雨中看梅 清宣统二年二月十五日(1910.3.25)	7	147

续 表

《张謇全集》1994年版			《张謇全集》2012年版		
题 名	卷次	页码	题 名	卷次	页码
十六日赋得月诗 清宣统二年二月十六日	5(下)	153	十六日赋得月诗 清宣统二年二月十六日(1910.3.26)	7	148
柳母挽词(为柳生翼谋作)	5(下)	153	柳母挽词(为柳生翼谋作) 清宣统二年二月十六日(1910.3.26)	7	148
此君亭小坐 清宣统二年十一月十六日	5(下)	153	此君亭小坐 清宣统二年十一月十六日(1910.12.17)	7	148
营博物苑 清宣统二年十二月二十五日	5(下)	154	营博物苑 清宣统二年十二月二十五日(1911.1.25)	7	148
女师范学校歌 清宣统二年十二月二十六日	5(下)	154	女师范学校歌 清宣统二年十二月二十六日(1911.1.26)	7	149
逢官便劝休四首 清宣统二年	5(下)	154	逢官便劝休四首 清宣统二年(1910)	7	149
庐山云气石画	5(下)	155	庐山云气石画	7	149
辛亥人日立春 清宣统三年正月七日	5(下)	155	辛亥人日立春 清宣统三年正月初七日(1911.2.5)	7	150
为刘葱石参议题翁覃溪书金刚经塔 清宣统年三月五日	5(下)	155	为刘葱石参议题翁覃溪书金刚经塔 清宣统年三月初五日(1911.4.3)	7	150
清明舟中 清宣统三年三月十日补录	5(下)	156	清明舟中 清宣统三年三月初八日(1911.4.6)	7	150—151

续　表

《张謇全集》1994 年版			《张謇全集》2012 年版		
题　名	卷次	页码	题　名	卷次	页码
题农场核桃树 清宣统三年三月十二日	5(下)	156	题农场核桃树 清宣统三年三月十二日 (1911. 4. 10)	7	151
庭前绣球盛开，海棠余红三五而已，徘徊其下，感而赋之 清宣统三年四月十四日	5(下)	156	庭前绣球盛开海棠余红三五而已徘徊其下感而赋之 清宣统三年四月十四日 (1911. 5. 12)	7	151
题尊素堂后石 清宣统三年四月十五日	5(下)	157	题尊素堂后石 清宣统三年四月十五日 (1911. 5. 13)	7	151
都门二条胡同翁相故宅，后归袁太常。太常死庚子之祸，展转为城东电局。辛亥五月入都，友人邀住，怆怀有作 清宣统三年五月十二日	5(下)	157	都门二条胡同翁相故宅后归袁太常太常死庚子之祸展转为城东电局辛亥五月入都友人邀住怆怀有作 清宣统三年五月十二日 (1911. 6. 8)	7	151
为朱桂卿同年弟七子题村午饭香图 清宣统三年六月三十日	5(下)	157	为朱桂卿同年弟七子题村午饭香图 清宣统三年六月三十日 (1911. 7. 25)	7	152
单太夫人桂阴课读图为束笙主事作	5(下)	158	单太夫人桂阴课读图为束笙主事作	7	152
吊鹤 清宣统三年八月十二日	5(下)	158	吊鹤 清宣统三年八月十二日 (1911. 10. 3)	7	152
垦牧乡小学校歌	5(下)	158—159	垦牧乡小学校歌 清宣统三年八月十二日 (1911. 10. 3)	7	153

续 表

《张謇全集》1994年版			《张謇全集》2012年版		
题 名	卷次	页码	题 名	卷次	页码
庙 清宣统三年	5(下)	159	海神庙 清宣统三年(1911)	7	153
倒岸	5(下)	159	倒岸	7	153
自民国元年(1911)讫民国七年(1918)					
壬子元日,命怡儿作诗,因示 民国元年正月初一日	5(下)	160	壬子元日命怡儿作诗因示 民国元年正月初一日(1912.2.18)	7	153
久不作诗,因病留校,书示怡儿 民国元年四月八日	5(下)	160	久不作诗因病留校书示怡儿 民国元年四月初八日(1912.5.24)	7	154
濠东南隅,银杏十余株,大者围二丈七尺,小者亦丈余。岳庙东偏一株,围一丈七尺,道士闻余将规其地隶农校,乃货其树于木工,行伐矣,校闻以银圆七十买之,位树于食堂寝楼之间,落成纪之以诗 民国元年六月三十日	5(下)	161	濠东南隅银杏十余株大者围二丈七尺小者亦丈余岳庙东偏一株围一丈七尺道士闻余将规其地隶农校乃货其树于木工行伐矣校闻以银圆七十买之位树于食堂寝楼之间落成纪之以诗 民国元年六月三十日(1912.8.12)	7	154
庭中核桃、蜡梅积雨渍伤而萎,悼赋示怡儿 民国元年七月二日	5(下)	161	庭中核桃蜡梅积雨渍伤而萎悼赋 民国元年七月初二日(1912.8.14)	7	154—155
梁秘书长(燕生士诒)尊人七十生日 民国元年正月十四日	5(下)	161—162	梁秘书长燕生(士诒)尊人七十生日 民国二年正月十四日(1913.2.19)	7	155

续 表

《张謇全集》1994年版			《张謇全集》2012年版		
题　名	卷次	页码	题　名	卷次	页码
怡儿生日，诗书寄怡儿青岛 民国元年正月十七日	5(下)	162	怡儿生日诗书寄怡儿青岛 民国二年正月十七日 (1913. 2. 22)	7	155
题庄思缄《濠上观鱼图》 民国二年正月十九日	5(下)	162	题庄思缄濠上观鱼图 民国二年正月十九日 (1913. 2. 24)	7	156
吴彦复哀词 民国二年三月四日	5(下)	163	吴彦复哀词 民国二年二月初四日 (1913. 3. 11)	7	156
得怡儿病愈近像赋寄 民国二年三月十一日	5(下)	163	得怡儿病愈近像赋寄 民国二年二月二十一日 (1913. 3. 18)	7	156—157
寿程梅溪八十	5(下)	163—164	寿程梅溪八十	7	157
得汤雨生画，因题（有序） 民国二年三月二十六日	5(下)	164	得汤雨生画因题（有序） 民国二年三月二十六日 (1913. 5. 2)	7	157
题陆云峰碑	5(下)	164	题陆云峰碑	7	157
寄酒与王栩缘索画 民国二年五月五日	5(下)	164	寄酒与王栩缘索画 民国二年五月初五日 (1913. 6. 9)	7	157—158
寿刘太翁 民国二年五月十四日	5(下)	165	寿刘太翁 民国二年五月十四日 (1913. 6. 18)	7	158
藤东水榭落成，集饮示校中诸子二首 民国二年五月二十二日	5(下)	165	藤东水榭落成集饮示校中诸子二首 民国二年五月二十二日 (1913. 6. 26)	7	158

续 表

《张謇全集》1994年版			《张謇全集》2012年版		
题 名	卷次	页码	题 名	卷次	页码
日夜苦热，重闻乱耗，用杜少陵毒热寄简崔评事韵 民国二年七月十八日(1913.8.19)	5(下)	165—166	日夜苦热重闻乱耗用杜少陵毒热寄简崔评事韵 民国二年七月十八日(1913.8.19)	7	158—159
狼山三元宫近厈僧挽词 民国二年八月十二日	5(下)	166	狼山三元宫近厈僧挽词 民国二年八月十二日(1913.9.12)	7	159
张徐私立女校歌 民国二年	5(下)	166	张徐私立女校歌 民国二年(1913)	7	160
拟国歌 民国二年	5(下)	166—167	拟国歌 民国二年(1913)	7	160
除夕宿静宜园韵琴轩 民国三年正月初一	5(下)	167	除夕宿静宜园韵琴轩 民国三年正月初一日(1914.1.26)	7	161
岁朝偕马相伯，张蔚西，管、许二生遍游香山寺静宜园诸胜	5(下)	167	岁朝偕马相伯张蔚西管许二生遍游香山寺静宜园诸胜 民国三年正月初一日(1914.1.26)	7	161
德州道中 民国三年三月九日	5(下)	168	德州道中 民国三年三月初九日(1914.4.4)	7	161
酬金香严 民国三年闰五月二十八日	5(下)	168	酬金香严 民国三年闰五月二十八日(1914.7.20)	7	161
溪楼听瀑图 民国三年闰五月三十日	5(下)	168	溪楼听瀑图 民国三年闰五月三十日(1914.7.22)	7	162

续 表

《张謇全集》1994年版			《张謇全集》2012年版		
题 名	卷次	页码	题 名	卷次	页码
题庄思缄扶桑濯足图 民国三年六月九日	5(下)	169	题庄思缄扶桑濯足图 民国三年六月初九日 (1914.7.31)	7	162
过颐和园 民国三年六月二十一日	5(下)	169	过颐和园 民国三年六月二十一日 (1914.8.12)	7	162
周氏篝灯课读图 民国三年六月二十九日	5(下)	169	周氏篝灯课读图 民国三年六月二十九日 (1914.8.20)	7	162
嘉兴张生遘难死逾年矣,见其小像悼之以诗 民国三年八月六日	5(下)	170	嘉兴张生遘难死逾年矣见其小象悼之以诗 民国三年八月初六日 (1914.9.25)	7	163
金冬心画梅,为袁海观题 民国三年八月十九日	5(下)	170	金冬心画梅为袁海观题 民国三年八月十九日 (1914.10.8)	7	163
沈友卿湖山介寿图 民国三年十月三十日	5(下)	170	沈友卿湖山介寿图 民国三年十月三十日 (1914.12.16)	7	163
丁衡甫以所藏曲江楼遗札见示,书其后	5(下)	170—171	丁衡甫以所藏曲江楼遗札见示书其后 民国三年十月三十日 (1914.12.16)	7	163
都门冬尽,口占三绝句书寄怡儿 民国三年十二月二十五日	5(下)	171	都门冬尽口占三绝句书寄怡儿 民国三年十二月二十五日(1915.2.8)	7	164
守岁行 民国三年十二月三十日(甲寅除夕)	5(下)	171—172	守岁行 民国三年十二月三十日 (1915.2.13)	7	164

续 表

续 表

《张謇全集》1994年版			《张謇全集》2012年版		
题　名	卷次	页码	题　名	卷次	页码
管姬得心疾,后忽自投大悲庵祝发,许之。旋又请归,义所不可。因感先室徐夫人 民国四年六月三日	5(下)	175	管姬得心疾后忽自投大悲庵祝发许之旋又请归义所不可因感先室徐夫人 民国四年六月初三日(1915.7.14)	7	168
江干堤下柳高过丈,大亦欲拱。询之居人云,落絮所生,已五六年矣。赋二绝 民国四年六月五日	5(下)	175	江干堤下柳高过丈大亦欲拱询之居人云落絮所生已五六年矣赋二绝 民国四年六月初五日(1915.7.16)	7	168
平湖葛翁遗象 民国四年六月十六日	5(下)	176	平湖葛翁遗象 民国四年六月十六日(1915.7.27)	7	168
观梅郎剧因赠 民国四年六月十七日	5(下)	176	观梅郎剧因赠 民国四年六月十七日(1915.7.28)	7	168—169
谭许夫人七十生日	5(下)	176	谭许夫人七十生日 民国四年六月十七日(1915.7.28)	7	169
重赠梅郎五绝句 民国四年六月十八日	5(下)	176—177	重赠梅郎五绝句 民国四年六月十八日(1915.7.29)	7	169
粤李云谷残研图六言三首 民国四年六月三十日	5(下)	177	粤李云谷残研图六言三首 民国四年六月三十日(1915.8.10)	7	170
题诸城四言联寄梅郎 民国四年七月十八日	5(下)	177	题诸城四言联寄梅郎 民国四年七月十八日(1915.8.28)	7	170

续 表

《张謇全集》1994年版			《张謇全集》2012年版		
题 名	卷次	页码	题 名	卷次	页码
八月以汤乐民画红梅寄畹华 民国四年八月初十日	5(下)	178	九月以汤乐民画红梅寄畹华 民国四年八月初十日(1915.9.18)	7	170
八月二十七日厚生渡江来访,二十九日冒雨偕游狼山,历观音院准提庵休憩,天晴而返 民国四年八月二十九日	5(下)	178	八月二十七日厚生渡江来访次日冒雨偕游狼山历观音院准提庵休憩天晴而返 民国四年八月二十九日(1915.10.7)	7	171
重阳日晴暖置酒与退翁合饮并令诸子侍 民国四年九月九日	5(下)	179	重阳日置酒与退翁合饮并令诸子侍 民国四年九月初九日(1915.10.17)	7	171
检视别业积材,得榆根一,长五尺许,槎枒鹘突,色黝似铁,侧而视之,丰上锐下,类太湖石之有逸致者。复获一柏根,中孔若半璧,有心若杵,当璧口之缺,略刓而广纳榆根之锐而植焉,以俪梅坛之石,作此诗当偈,解脱一切 民国四年九月十日补录	5(下)	179—180	检视别业积材得榆根一长五尺许槎枒鹘突色黝似铁侧而视之丰上锐下类太湖石之有逸致者复获一柏根中孔若半璧有心若杵当璧口之缺略刓而广纳榆根之锐而植焉以俪梅坛之石作此诗当偈解脱一切 民国四年九月初十日(1915.10.18)补录	7	172
壶外亭壶池腹周十七丈有奇,傍池北为亭,作半扇形向之,课佣之暇,于是休息 民国四年九月十五日	5(下)	180	壶外亭壶池腹周十七丈有奇傍池北为亭作半扇形向之课佣之暇于是休息 民国四年九月十五日(1915.10.23)	7	172
懒散 民国四年九月十六日	5(下)	180	懒散 民国四年九月十六日(1915.10.24)	7	172—173

续 表

《张謇全集》1994年版			《张謇全集》2012年版		
题　名	卷次	页码	题　名	卷次	页码
冻蚊 民国四年十月三日	5(下)	180	冻蚊 民国四年十月初三日(1915.11.9)	7	173
治壶外亭，掘地得井，砖脑凿枘，颇见旧制 民国四年十月四日	5(下)	181	治壶外亭掘地得井砖脑凿枘颇见旧制 民国四年十月初四日(1915.11.10)	7	173
济宁潘翁七十 民国四年十月十八日日	5(下)	181	济宁潘翁七十 民国四年十月十八日日(1915.11.24)	7	173
吴县杨生以辛亥为云阳中丞拟疏稿草装卷见示，惝恍怆恻，不翅隔世矣。赋诗四章题其后归之，亦以告后之论世者 民国四年十二月七日	5(下)	181—182	吴县杨生以辛亥为云阳中丞拟疏稿草装卷见示惝恍怆恻不翅隔世矣赋诗四章题其后归之亦以告后之论世者 民国四年十二月初七日(1916.1.11)	7	173—174
西楼 民国四年十二月十三日	5(下)	182	西楼小病 民国四年十二月十三日(1916.1.17)	7	174
乙卯十二月十五日夜，月下徘徊有作 民国四年十二月十五日	5(下)	182	乙卯十二月十五日夜月下徘徊有作 民国四年十二月十五日(1916.1.19)	7	174
病中感雪	5(下)	182—183	病中感雪 民国四年十二月二十二日(1916.1.26)	7	175
移松行	5(下)	183	移松行 民国四年十二月(1916.1～2)	7	175—176

续 表

《张謇全集》1994年版			《张謇全集》2012年版		
题　名	卷次	页码	题　名	卷次	页码
璎珞松歌	5(下)	183—184	璎珞松歌 民国四年十二月(1916.1～2)	7	176
除夕日宴坐,啬庵有《怀西山静宜园》寄英敛之并令儿子及前同游诸生和 民国四年十二月二十九日	5(下)	184	除夕日宴坐啬庵有《怀西山静宜园》寄英敛之并令儿子和 民国四年十二月二十九日(1916.2.2)	7	176—177
忆扶海垞后园梅花 民国五年二月九日	5(下)	184	忆扶海垞后园梅花 民国五年二月初九日(1916.3.12)	7	177
令怡儿选记后园欲移之梅	5(下)	185	令怡儿选记后园欲移之梅 民国五年二月初九日(1916.3.12)	7	177
家书述二事,缀为小诗寄怡儿 民国五年二月三十日	5(下)	185	家书述二事缀为小诗寄怡儿 民国五年二月三十日(1916.4.2)	7	178
三月三日东西林溪成,置酒劳与事诸人与天祚山房 民国五年三月三日	5(下)	185	三月三日东西林溪成置酒劳与事诸人与天祚山房 民国六年三月初三日(1917.4.23)	7	196
景云复作栖韵诗见示,次答	5(下)	185—186	景云复作栖韵诗见示次答 民国六年三月(1917.4—5)	7	197

续 表

《张謇全集》1994 年版			《张謇全集》2012 年版		
题　名	卷次	页码	题　名	卷次	页码
有事往江南十日耳，中间风雨连作，归，苑牡丹垂尽矣。怆然有作 民国五年三月二十七	5(下)	186	有事往江南十日耳中间风雨连作归苑牡丹垂尽矣怆然有作 民国五年三月二十七(1916.4.29)	7	178
晨起喜雨止 民国五年三月二十八日	5(下)	186	晨起喜雨止 民国五年三月二十八日(1916.4.30)	7	178
江宁陈雨翁八十生日 民国五年三月二十九日	5(下)	186	江宁陈雨翁八十生日 民国五年三月二十九日(1916.5.1)	7	178
散步至先室徐夫人墓 民国五年四月四日	5(下)	187	散步至先室徐夫人墓 民国五年四月初四日(1916.5.5)	7	179
早起望南山 民国五年四月十二日	5(下)	187	早起望南山 民国五年四月十二日(1916.5.13)	7	179
春暮独登迟虚亭 民国五年四月十七日	5(下)	187	春暮独登迟虚亭 民国五年四月十七日(1916.5.18)	7	179
迟虚亭落成 民国五年四月十八日	5(下)	188	迟虚亭落成 民国五年四月十八日(1916.5.19)	7	179
连雨十四日尚不止，怀忧京京，赋此寄喟 民国五年六月三日	5(下)	188	连雨十四日尚不止怀忧京京赋此寄喟 民国五年六月初三日(1916.7.2)	7	179—180

续 表

《张謇全集》1994年版			《张謇全集》2012年版		
题 名	卷次	页码	题 名	卷次	页码
长生光明室前高柳，五十余年物也。凌霄附之，初以葳蕤为凋疏之饰。柳今槁矣，凌霄本渐大如盂盎，顾亦虑其终不能自立也，徘徊其下，慨然而作 民国五年六月十三日	5(下)	188	长生光明室前高柳五十余年物也凌霄附之初以葳蕤为凋疏之饰柳今槁矣凌霄本渐大如盂盎顾亦虑其终不能自立也徘徊其下慨然而作 民国五年六月十三日(1916.7.12)	7	180
连雨不止，河水大涨，田稼淹没殆半，悯我农人有作 民国五年六月二十四日	5(下)	189	连雨不止河水大涨田稼淹没殆半悯我农人有作 民国五年六月二十四日(1916.7.23)	7	180
军山气象台视工 民国五年六月三十日	5(下)	189	军山气象台视工 民国五年六月三十日(1916.7.29)	7	180
嘉定张氏子千金图	5(下)	189	嘉定张氏子千金图 民国五年六月三十日(1916.7.29)	7	181
寿王拾珊八十(拾珊前内阁中书)	5(下)	190	寿王拾珊八十(拾珊前内阁中书)	7	181
寿前知州赵楚香七十	5(下)	190	寿前知州赵楚香七十	7	181
柬浣华	5(下)	190	柬浣华 民国六年五月二十五日(1917.7.13)	7	199
答人邮片 民国五年七月七日	5(下)	190	答人邮片 民国五年七月初七日(1916.8.5)	7	181
浣华寄影片以诗答之	5(下)	191	浣华寄影片以诗答之	7	182
潘葆之七十生日 民国五年七月十一日	5(下)	191	潘葆之七十生日 民国五年七月十一日(1916.8.9)	7	182

续 表

《张謇全集》1994年版			《张謇全集》2012年版		
题 名	卷次	页码	题 名	卷次	页码
向晚 民国五年七月十二日	5(下)	191	向晚 民国五年七月十二日 (1916.8.10)	7	182
破睡 民国五年七月十三日	5(下)	191—192	破睡 民国五年七月十三日 (1916.8.11)	7	182
月明 民国五年七月十三日	5(下)	192	月明 民国五年七月十三日 (1916.8.11)	7	183
儿时 民国五年七月十四日	5(下)	192	儿时 民国五年七月十四日 (1916.8.12)	7	183
月对	5(下)	192	月对 民国五年七月十四日 (1916.8.12)	7	183
林溪精舍五首 民国五年七月二十日	5(下)	192—193	林溪精舍五首 民国五年七月二十日 (1916.8.18)	7	183—184
石壁仙人歌(有序)	5(下)	193	石壁仙人歌(有序) 民国五年七月二十日 (1916.8.18)	7	184
城西南筑岸种树,感怀先叔 民国五年八月十一日	5(下)	193	城西南筑岸种树,感怀先叔 民国五年八月十一日 (1916.9.8)	7	184
重题药王庙壁(有序) 民国五年八月十四日	5(下)	194	重题药王庙壁(有序) 民国五年八月十四日 (1916.9.11)	7	185
自唐闸归别业,马惊覆车,知好慰问,赋此报谢,兼抒近怀 民国五年八月十六日	5(下)	194	自唐闸归别业,马惊覆车,知好慰问,赋此报谢,兼抒近怀 民国五年八月十六日 (1916.9.13)	7	185

续 表

《张謇全集》1994 年版			《张謇全集》2012 年版		
题　名	卷次	页码	题　名	卷次	页码
秋感四首 民国五年八月二十日	5(下)	195	秋感四首 民国五年八月二十日(1916.9.17)	7	185—186
慕畴堂西院龙爪盛开 民国五年八月二十五日	5(下)	195—196	慕畴堂西院龙爪盛开 民国五年八月二十五日(1916.9.22)	7	186
晓起海上行堤	5(下)	196	晓起海上行堤 民国五年八月二十五日(1916.9.22)	7	187
重九日信宿林溪精舍，有事西山 民国五年九月九日	5(下)	196	重九日信宿林溪精舍有事西山 民国五年九月初九日(1916.10.5)	7	187
吴县张仲仁云抟昆季寄家天津，为其太夫人八十生日征诗 民国五年九月十三日	5(下)	197	吴县张仲仁云抟昆季寄家天津，为其太夫人八十生日征诗 民国五年九月十三日(1916.10.9)	7	187
刘亭 民国五年九月十八日	5(下)	197	刘亭 民国五年九月十八日(1916.10.14)	7	187—188
刘亭后诗	5(下)	197	刘亭后诗 民国五年九月十八日(1916.10.14)	7	188
管仲谦挽词 民国五年十月九日	5(下)	197—198	管仲谦挽词 民国五年十月初九日(1916.11.4)	7	188
上海晤梅郎 民国五年十月十二日	5(下)	198	上海晤梅郎 民国五年十月十二日(1916.11.7)	7	188

续 表

《张謇全集》1994 年版			《张謇全集》2012 年版		
题　名	卷次	页码	题　名	卷次	页码
虚榭 民国五年十二月一日	5(下)	198	虚榭 民国五年十二月初一日(1916.12.25)	7	188
连番 民国五年十二月九日	5(下)	198	连番 民国五年十二月初九日(1917.1.2)	7	190
精舍独宿 民国五年十二月十日	5(下)	199	精舍独宿 民国五年十二月初十日(1917.1.3)	7	190
字学权曰希可,以二诗寄之 民国五年十二月二十二日	5(下)	199	字学权曰希可,以二诗寄之 民国五年十二月二十二日(1917.1.15)	7	190
钱翁 民国五年十二月二十七日	5(下)	199	钱翁 民国五年十二月二十七日(1917.1.20)	7	190—191
以诗侑梅赠雪君慰其新愈 民国六年正月一日	5(下)	199—200	以诗侑梅赠雪君慰其新愈 民国六年正月初一日(1917.1.23)	7	191
正月十五日农学校棉作展览会成而雪 民国六年正月十六日	5(下)	200	正月十五日农学校棉作展览会成而雪 民国六年正月十六日(1917.2.7)	7	191—192
初闻百舌 民国六年正月十七日	5(下)	200	初闻百舌 民国六年正月十七日(1917.2.8)	7	192
庸生来晤,示所作诗。诗至沉惋,因其重有哈尔滨之行,赋此送之 民国六年正月十七日	5(下)	201	庸生来晤示所作诗诗至沉惋因其重有哈尔滨之行赋此送之 民国六年正月十七日(1917.2.8)	7	192

续 表

《张謇全集》1994年版			《张謇全集》2012年版		
题　名	卷次	页码	题　名	卷次	页码
怡儿二十生日示训 民国六年正月十八日	5(下)	201	怡儿二十生日示训 民国六年正月十八日(1917.2.9)	7	192—193
因视林溪工,约丁禾生、沙健庵、金沧江、潘葆之、张景云同游,遂憩精舍二首 民国六年正月二十六日	5(下)	202	因视林溪工约丁禾生沙健庵金沧江潘葆之张景云同游遂憩精舍 民国六年正月二十六日(1917.2.17)	7	193
许、孙诸子游琅山示诗,因和其韵	5(下)	202	许孙诸子游琅山示诗因和其韵	7	193
祓林谣	5(下)	202—203	祓林谣	7	193—194
泽初自海上以雁与尖沙鱼见饷,既饫其美,适会所感 民国六年正月二十九日	5(下)	203	泽初自海上以雁与尖沙鱼见饷既饫其美适会所感 民国六年正月二十九日(1917.2.20)	7	194
黄生示所作黄山诗有逸致,赋此答之,以为生勖	5(下)	203	罗生示所作黄山诗有逸致赋此答之以为生勖 民国八年(1919)	7	239
讼愚 民国六年二月二日	5(下)	204	讼愚 民国六年二月初二日(1917.2.23)	7	194
剡溪王芷香传题句 民国六年二月九日	5(下)	204	剡溪王芷香传题句 民国六年闰二月初九日(1917.3.31)	7	195
上海王氏息庐以自怜图征题	5(下)	204	上海王氏息庐以自怜图征题 民国六年闰二月初九日(1917.3.31)	7	196

续 表

《张謇全集》1994年版			《张謇全集》2012年版		
题 名	卷次	页码	题 名	卷次	页码
独宿精舍 民国六年二月十日	5(下)	204	独宿精舍 民国六年二月初十日 (1917.3.3)	7	194
沧江示所和诗复有赠 民国六年二月十一日	5(下)	205	沧江示所和诗复有赠 民国六年二月十一日 (1917.3.4)	7	194
僧徒湛若为辟溪种树甚勤勉,书二诗予之 民国六年二月二十日	5(下)	205	僧徒湛若为辟溪种树甚勤勉书二诗予之 民国六年二月二十日 (1917.3.13)	7	194—195
无锡辛氏寒蛩诗稿、寒梅馆遗稿题句 民国六年二月二十四日	5(下)	205—206	无锡辛氏寒蛩诗稿寒梅馆遗稿题句 民国六年二月二十四日 (1917.3.17)	7	195
味雪图	5(下)	206	味雪图	7	197
置梅郎小像于林溪精舍 民国六年闰二月二日	5(下)	206	置梅郎小像于林溪精舍 民国六年闰二月初二日 (1917.3.24)	7	195
寿熊太夫人八十生日 民国六年三月十二日	5(下)	206	寿熊太夫人 民国六年三月十二日 (1917.5.2)	7	198
林稚眉夫妇合寿百二十征诗,为赋六韵	5(下)	207	林稚眉夫妇合寿百二十征诗为赋六韵 民国六年三月十二日 (1917.5.2)	7	198
记梦 民国六年三月十八日	5(下)	207	记梦 民国六年三月十八日 (1917.5.8)	7	198

续　表

《张謇全集》1994年版			《张謇全集》2012年版		
题　名	卷次	页码	题　名	卷次	页码
裁废树根为翠微亭坐具。贪者不欲,窃者不便,毁者不易,得三善焉,与亭共守百年之器也。记以二绝 民国六年三月二日	5(下)	207	裁废树根为翠微亭坐具贪者不欲窃者不便毁者不易得三善焉与亭共守百年之器也记以二绝 民国六年三月初二日(1917.4.22)	7	196
新成鹤亭六言	5(下)	208	新成鹤亭六言 民国六年三月初二日(1917.4.22)	7	196
五月二十四日会饮公园与众堂,席罢有作示诸子 民国六年五月二十四日	5(下)	208	五月二十四日会饮公园与众堂席罢有作示诸子 民国六年五月二十四日(1917.7.12)	7	199
伤所见 民国六年六月初	5(下)	208	伤所见 民国六年六月初二日(1917.7.20)	7	199
百砖研拓本为崇明施氏作	5(下)	209	百砖研拓本为崇明施氏作	7	199—200
汤君挽词五首 民国六年六月四日	5(下)	209	汤君挽词五首 民国六年六月初四日(1917.7.22)	7	200
怡儿游学美洲将行,诗以策之 民国六年六月七日	5(下)	210	怡儿游学美洲将行诗以策之 民国六年六月初七日(1917.7.25)	7	200—201
雪宧主人以画绣送怡儿,书此诗于怡儿之扇 民国六年六月十日	5(下)	210	雪宧主人以画绣送怡儿书此诗于怡儿之扇 民国六年六月初十日(1917.7.28)	7	201
午睡起忆儿,复成一诗写寄	5(下)	211	午睡起忆儿复成一诗写寄	7	201

续 表

《张謇全集》1994年版			《张謇全集》2012年版		
题　名	卷次	页码	题　名	卷次	页码
雪君发绣谦亭字，为借亭养疴之报，赋长律酬之 民国六年六月三十日	5(下)	211	雪君发绣谦亭字为借亭养疴之报赋长律酬之 民国六年六月三十日 (1917.8.17)	7	201—202
谦亭杨柳 民国六年七月二日	5(下)	211	谦亭杨柳 民国六年七月初二日 (1917.8.19)	7	202
南通公园歌 民国六年七月八日	5(下)	212	南通公园歌 民国六年七月初八日 (1917.8.25)	7	202
夕阳 民国六年七月九日	5(下)	212	夕阳 民国六年七月初九日 (1917.8.26)	7	202
船笛	5(下)	212	船笛 民国六年七月初九日 (1917.8.26)	7	202
谦亭 民国六年七月二十九日	5(下)	212	谦亭 民国六年七月二十九日 (1917.9.15)	7	203
挽顾延卿锡爵 民国六年八月二日	5(下)	213	挽顾延卿锡爵 民国六年八月初二日 (1917.9.17)	7	203
挽沈友卿同芳 民国六年八月三日	5(下)	213	挽沈友卿同芳 民国六年八月初三日 (1917.9.18)	7	203
涛园见过，与游琅山，直其六十生日 民国六年九月八日	5(下)	213	涛园见过与游琅山直其六十生日 民国六年九月初八日 (1917.10.23)	7	204

续 表

续 表

《张謇全集》1994 年版			《张謇全集》2012 年版		
题　名	卷次	页码	题　名	卷次	页码
寄雪君 民国七年二月十一日	5(下)	217	寄雪君 民国七年二月十二日 (1918.3.24)	7	206—207
济宁李氏重得黄氏所藏唐拓本武梁祠画像，为赋长句 民国七年二月二十六日	5(下)	217—218	济宁李氏重得黄氏所藏唐拓本武梁祠画像为赋长句 民国七年二月二十六日 (1918.4.7)	7	207
施监督挽词(有序) 民国七年二月	5(下)	218	施监督挽词(有序) 民国七年二月二十九日 (1918.4.10)	7	208
谢王六十生日 民国七年三月十七日	5(下)	218	谢王六十生日 民国七年三月二十七日 (1918.5.7)	7	208
先室十周忌日，为礼佛于文峰塔院，成七言八韵	5(下)	218—219	先室十周忌日为礼佛于文峰塔院成七言八韵 民国七年三月(1918.4～5)	7	208
村庐晨起 民国七年四月三十日	5(下)	219	村庐晨起 民国七年四月三十日 (1918.6.8)	7	209
吴船谣四首(有序) 民国七年五月十四日	5(下)	219	吴船谣四首(有序) 民国七年五月十四日 (1918.6.22)	7	209
刘宋挽词 民国七年五月十六日	5(下)	220	刘宋挽词 民国七年五月十六日 (1918.6.24)	7	209
喜怡儿归抵日本 民国七年五月十七日	5(下)	220	喜怡儿归抵日本 民国七年五月十七日 (1918.6.25)	7	210

续 表

《张謇全集》1994 年版			《张謇全集》2012 年版		
题 名	卷次	页码	题 名	卷次	页码
药王庙 民国七年五月二十九日	5(下)	220	药王庙 民国七年五月二十九日 (1918.7.7)	7	210
沈堤 民国七年七月二十四日	5(下)	221	沈堤 民国七年七月二十四日 (1918.8.30)	7	210
候台怀远 民国七年七月二十七日	5(下)	221	候台怀远 民国七年七月二十七日 (1918.9.2)	7	210
九月十九日观音院陈列画绣诸像礼佛歌 民国七年九月八日	5(下)	221	九月十九日观音院陈列画绣诸像礼佛歌 民国七年九月初八日 (1918.10.12)	7	210—211
侯官沈涛园君挽词 民国七年九月三十日	5(下)	222	侯官沈涛园君挽词 民国七年九月三十日 (1918.11.3)	7	211
西山闲行 民国七年十月十四日	5(下)	222	西山闲行 民国七年十月十四日 (1918.11.17)	7	211
林溪鹤逸其一，诗以送之 民国七年十月十七日	5(下)	222	林溪鹤逸其一诗以送之 民国七年十月十七日 (1918.11.20)	7	211
悼鹤 民国七年十月十八日	5(下)	222—223	悼鹤 民国七年十月十五日 (1918.11.18)	7	211
喜闻雪君病愈 民国七年十一月十三日	5(下)	223	喜闻雪君病愈 民国七年十一月十三日 (1918.12.15)	7	212

续 表

《张謇全集》1994 年版			《张謇全集》2012 年版		
题　名	卷次	页码	题　名	卷次	页码
题竹洲泪点图，旌人子之不忘寡母也 民国七年十一月	5(下)	223	题竹洲泪点图旌人子之不忘寡母也 民国七年十一月(1918.12)	7	212
书朴巢诗集后 民国七年十一月	5(下)	224	书朴巢诗集后 民国七年十一月(1918.12)	7	212
小筑蜡梅开花正中，出门六日而返，寒雨损浥顿谢矣。对花扶树，悱然有怀	5(下)	224	小筑蜡梅开花正中出门六日而返寒雨损浥顿谢矣对花扶树悱然有怀	7	212—213
南濠	5(下)	224	南濠	7	213
题画绣花鸟寄浣华 民国七年十二月十七日	5(下)	225	题画绣花鸟寄浣华 民国七年十二月十七日(1919.1.18)	7	213
孟生哀词 民国七年十二月	5(下)	225	孟生哀词 民国七年十二月(1919.1)	7	213—214
自民国八年(1919)讫民国十一年(1922)					
西寺种松 民国八年正月二十九日	5(下)	226	西寺种松 民国八年正月二十九日(1919.3.1)	7	214
牯牛石歌	5(下)	226	牯牛石歌	7	214
海盐徐君申如兄弟之母八十生朝，以戚友所进为寿者设游民工场，善事也。为赋一诗 民国八年正月三十日	5(下)	227	海盐徐君申如兄弟之母八十生朝以戚友所进为寿者设游民工场善事也为赋一诗 民国八年二月三十日(1919.3.31)	7	215

续 表

《张謇全集》1994年版			《张謇全集》2012年版		
题 名	卷次	页码	题 名	卷次	页码
健庵得《九九喜子图》,欲作长歌,意殊矜慎,因先挑以发之 民国八年二月十四日	5(下)	227	健庵得九九喜子图欲作长歌意殊矜慎因先挑以发之 民国八年二月十四日 (1919.3.15)	7	214—215
为怡儿作寿梅母诗 民国八年二月三十日	5(下)	228	为怡儿作寿梅母诗 民国八年二月三十日 (1919.3.31)	7	215
平生(为金沧江作)	5(下)	228	平生(为金沧江作) 民国八年二月三十日 (1919.3.31)	7	216
伤春惜别词	5(下)	228	伤春惜别词	7	216
三月三日海上 民国八年三月三日	5(下)	229	三月三日海上 民国八年三月初三日 (1919.4.3)	7	216
应季中挽词	5(下)	229	应季中挽词	7	217
世间	5(下)	229	世间	7	217
础 民国八年三月六日	5(下)	230	础 民国八年三月初六日 (1919.4.6)	7	217
松	5(下)	230	松 民国八年三月初六日 (1919.4.6)	7	217
此君亭	5(下)	230	此君亭 民国八年三月初六日 (1919.4.6)	7	217
赠欧阳生 民国八年五月三日	5(下)	230	赠欧阳生 民国八年五月初三日 (1919.5.31)	7	218

续 表

《张謇全集》1994年版			《张謇全集》2012年版		
题 名	卷次	页码	题 名	卷次	页码
西林千五百梅花馆拟而未建,梦中若已成而休,休而有诗。醒记其二语,因足成之 民国八年五月十三日	5(下)	231	西林千五百梅花馆拟而未建梦中若已成而休休而有诗醒记其二语因足成之 民国八年五月十三日(1919.6.10)	7	218
村犬 民国八年五月十七日	5(下)	231	村犬 民国八年五月十七日(1919.6.14)	7	218
夜坐精舍	5(下)	231	夜坐精舍	7	219
梦中闻女子诵诗,词至清婉,应口答之,旋醒,惜不得此女子者听之也 附:女子诗 民国八年六月十六日	5(下)	231—232	梦中闻女子诵诗词至清婉应口答之旋醒惜不得此女子者听之也 民国八年六月十六日(1919.7.13)	7	219
咏史六绝句 民国八年六月十七日	5(下)	232	咏史六绝句 民国八年六月十七日(1919.7.14)	7	219—220
文文山马墓碣	5(下)	232	文文山马墓碣 民国八年五月(1919.5~6)	7	218
小池 民国八年六月二十四日	5(下)	233	小池 民国八年六月二十四日(1919.7.21)	7	220
斑竹 民国八年六月二十五日	5(下)	233	斑竹 民国八年六月二十五日(1919.7.22)	7	220
第三纺织厂开工祀土,礼成有作	5(下)	233	第三纺织厂开工祀土礼成有作 民国八年六月二十五日(1919.7.22)	7	220

续 表

《张謇全集》1994年版			《张謇全集》2012年版		
题　名	卷次	页码	题　名	卷次	页码
喜沈叔英见过 民国八年六月二十七日	5(下)	233—234	喜沈叔英见过 民国八年六月二十七日 (1919.7.24)	7	220—221
小狼山 民国八年六月二十七日	5(下)	234	小狼山 民国八年六月二十七日 (1919.7.24)	7	221
书会真记后箴元微之六首 民国八年六月二十九日	5(下)	234—235	书会真记后箴元微之六首 民国八年六月二十九日 (1919.7.26)	7	221—222
佳人	5(下)	235	佳人	7	222
夏热家居,于所听睹,动有遐感,次以为篇	5(下)	235—236	夏热家居于所听睹动有遐感次以为篇	7	222
晨起	5(下)	236	晨起	7	223
竹孙画女儿团圞小帧,意致绝佳。竹孙与余游久身后又为营南山之墓而藏,其画绝少,乃以三银币得之,题诗于上即名之曰儿女团圞图 民国八年七月二十七日	5(下)	236	竹孙画女儿团圞小帧意致绝佳竹孙与余游久身后又为营南山之墓而藏其画绝少乃以三银币得之题诗于上即名之曰儿女团圞图 民国八年七月二十七日 (1919.9.20)	7	223
陈生为其尊人七十征诗 民国八年八月九日	5(下)	236	陈生为其尊人七十征诗 民国八年八月初九日 (1919.10.4)	7	223
武进于瑾怀顗笃之士,丧偶征哀诔,督余诗尤挚,因以解之 民国八年八月十一日	5(下)	237	武进于瑾怀顗笃之士丧偶征哀诔督余诗尤挚因以解之 民国八年八月十一日 (1919.10.4)	7	224

续 表

《张謇全集》1994年版			《张謇全集》2012年版		
题 名	卷次	页码	题 名	卷次	页码
己未中秋约沧江叟、吕鹿笙、张景云、罗生、退翁与儿子泛舟用，东坡八月十五日看潮五绝句韵 民国八年八月十五日	5(下)	237—238	己未中秋约沧江叟吕鹿笙张景云罗生退翁与儿子泛舟用东坡八月十五日看潮绝句韵 民国八年八月十五日(1919.10.8)	7	224—225
题东奥山庄画屏 民国八年	5(下)	238—239	题东奥山庄画屏 民国八年八月(1919.9～10)	7	225
国庆纪念日申报征诗 民国八年八月	5(下)	239	国庆纪念日申报征诗 民国八年八月(1919.10)	7	226
精舍晚憩 民国八年九月十八日	5(下)	240	精舍晚憩 民国八年九月十八日(1919.11.10)	7	227
九月十八日观音院落成新筑，延太虚讲经二日 民国八年九月十九日	5(下)	240	九月十八日观音院落成新筑延太虚讲经二日 民国八年九月十九日(1919.11.11)	7	227
景云挽词 民国八年十月五日	5(下)	240	景云挽词 民国八年十月初五日(1919.11.26)	7	227
视环本港闸 民国八年十月十四日	5(下)	241	蒿 民国八年十月十四日(1919.12.5)	7	227
梅欧阁一月一日，招金吕方刘欧阳诸君暨怡儿，就阁小饮，即席各有诗 民国八年十一月十一日	5(下)	241	梅欧阁一月一日招金吕方刘欧阳诸君暨怡儿就阁小饮即席各有诗 民国八年十一月十一日(1920.1.1)	7	227—228

续 表

续 表

《张謇全集》1994年版			《张謇全集》2012年版		
题 名	卷次	页码	题 名	卷次	页码
传奇乐府二 民国八年十一月二十四日	5(下)	244	传奇乐府二 民国八年十一月二十四日(1920.1.14)	7	230
传奇乐府三	5(下)	244	传奇乐府三	7	231
传奇乐府四	5(下)	244—245	传奇乐府四	7	231—232
传奇乐府五	5(下)	245	传奇乐府五	7	232
传奇乐府六 附：怡祖诗	5(下)	245—246	传奇乐府六 附：怡祖诗	7	232
传奇乐府七	5(下)	246	传奇乐府七	7	233
传奇乐府八	5(下)	246	传奇乐府八	7	233
传奇乐府九	5(下)	246—247	传奇乐府九	7	233
传奇乐府十	5(下)	247	传奇乐府十	7	233—234
与梅郎至林溪精舍，观所题前，寄之小像 民国八年十二月一日	5(下)	247	与梅郎至林溪精舍观所题前赠之小象 民国八年十二月初三日(1920.1.23)	7	234
惜别	5(下)	248	惜别 民国八年十二月初三日(1920.1.23)	7	234—235
候亭送梅郎二绝句 民国八年十二月四日	5(下)	248	候亭送梅郎二绝句 民国八年十二月初四日(1920.1.24)	7	235
别后忆浣华道上	5(下)	248	别后忆浣华道上 民国八年十二月初五日(1920.1.25)	7	235
剧场为浣华制画梅绣幔，漫题其上	5(下)	249	剧场为浣华制画梅绣幔漫题其上	7	235

续 表

续 表

《张謇全集》1994年版			《张謇全集》2012年版		
题　名	卷次	页码	题　名	卷次	页码
集云峄字题仙人崖	5(下)	253	集云峄字题仙人崖 民国八年十二月(1920.1～2)	7	239
题庄代使祖画像 民国九年正月六日	5(下)	253	题庄代使祖画像 民国九年正月初六日(1920.2.25)	7	239
卢子衡知事为其父母六十征诗 民国九年正月十四日	5(下)	253	卢子衡知事为其父母六十征诗 民国九年正月十四日(1920.3.4)	7	240
闻雪君病小愈,寄二截句当柬 民国九年二月二十四日	5(下)	254	闻雪君病小愈寄二截句当柬 民国九年二月二十四日(1920.4.12)	7	241
不至扬州十余年矣,来值积雨,慨叹成诗 民国九年二月十一日	5(下)	254	不至扬州十余年矣来值积雨慨叹成诗 民国九年二月十一日(1920.3.30)	7	240
汪陈诸君邀游蜀冈(冈高处平山堂,蜿蜒带阜,童童然,因劝值林,归成长律。) 民国九年二月十五日	5(下)	254	汪陈诸君邀游蜀冈冈高处平山堂,蜿蜒带阜,童童然,因劝值林,归成长律。 民国九年二月十五日(1920.4.3)	7	240
庚申二月晦,归自阜宁,海上游倦小息,遂于上巳与退翁、怡儿招要朋好小集观万流亭,为修禊之会。非第老人宜有此娱耳目、适意志之事,亦藉以纾朋辈时事之感伤,而令乡里后生子弟知令时之足珍,景光之可玩。酒罢泛舟,亦进丝竹。自今伊始,岁且为之。先成二章,用征唱和 民国九年三月三日	5(下)	255	庚申二月晦归自阜宁海上游倦小息遂于上巳与退翁怡儿招要朋好小集观万流亭为修禊之会非第老人宜有此娱耳目适意志之事亦藉以纾朋辈时事之感伤而令乡里后生子弟知令时之足珍景光之可玩酒罢泛舟亦进丝竹自今伊始岁且为之先成二章用征唱和 民国九年三月初三日(1920.4.21)	7	242

续 表

《张謇全集》1994年版			《张謇全集》2012年版		
题 名	卷次	页码	题 名	卷次	页码
得闲	5(下)	255	得闲 民国九年二月二十四日(1920.4.12)	7	241
耐园雅集图为欣翁作 民国九年四月二十日	5(下)	255—256	耐园雅集图为欣翁作 民国九年四月二十日(1920.6.6)	7	242
耐园翁以其室人砚香君画兰册属题 民国九年四月二十日	5(下)	256	耐园翁以其室人砚香君画兰册属题 民国九年四月二十日(19206.6)	7	242
梅郎再至南通三日,有迫即去,伸意为诗,祝而送之 民国九年四月	5(下)	256	梅郎再至南通三日有迫即去伸意为诗祝而送之 民国九年四月(1920.5~6)	7	243
适有感	5(下)	256	适有感	7	243
柬林风	5(下)	257	柬林风 民国九年五月初九日(1920.6.24)	7	244
答金左临(有序) 民国九年四月二十九日	5(下)	257	答金左临(有序) 民国九年四月二十九日(1920.6.15)	7	243—244
坳池对月 民国九年五月九日	5(下)	257—258	坳池对月 民国九年五月初九日(1920.6.24)	7	244
长孙融武生 民国九年五月十三日	5(下)	258	长孙融武生 民国九年五月十三日(1920.6.28)	7	244—245
舟中有夹竹桃,排律十韵和人 民国九年五月十六日	5(下)	258	舟中有夹竹桃排律十韵和人 民国九年五月十六日(1920.7.1)	7	245

续 表

《张謇全集》1994 年版			《张謇全集》2012 年版		
题 名	卷次	页码	题 名	卷次	页码
慕畴堂西柏 民国九年五月十八日	5(下)	259	慕畴堂西柏 民国九年五月十八日 (1920.7.3)	7	245
柬易园 民国九年五月十八日	5(下)	259	柬易园 民国九年五月十八日 (19207.3)	7	245
梦中有人命作《风雪吟》。授简者一女郎,督促甚亟,成五六七言五章以应,醒后脱佚,补缀录之 民国九年五月十九日	5(下)	259—260	梦中有人命作风雪吟授简者一女郎督促甚亟成五六七言五章以应醒后脱佚补缀录之 民国九年五月十九日 (1920.7.4)	7	246
易园自江湾寓书知源值林兴学,慨然有经营村落之举,寄赀为助,复成此诗 民国九年五月三十日	5(下)	260	易园自江湾寓书知源值林兴学慨然有经营村落之举寄资为助复成此诗 民国九年五月二十日 (1920.7.5)	7	246
感事 民国九年六月六日	5(下)	260	感事 民国九年六月初六日 (1920.7.21)	7	247
次韵奉答江重言 民国九年六月七日	5(下)	260—261	次韵奉答李审言 民国九年六月初七日 (1920.7.22)	7	247
山阳徐宾华诗存 民国九年六月二十五	5(下)	261	山阳徐宾华诗存 民国九年六月二十五日 (1920.8.9)	7	247
林风以诗寄寿字锦被,赋长句答之 民国九年六月二十九日	5(下)	261	林风以诗寄寿字锦被赋长句答之 民国九年六月二十九日 (1920.8.13)	7	247—248

续 表

《张謇全集》1994年版			《张謇全集》2012年版		
题 名	卷次	页码	题 名	卷次	页码
七夕 民国九年七月七日	5(下)	261—262	七夕 民国九年七月初七日(1920.8.20)	7	248
隔江 民国九年七月九日	5(下)	262	隔江 民国九年七月初九日(1920.8.22)	7	248
雨后见凤仙漂雪宧庭后池中 民国九年七月二十一日	5(下)	262	雨后见凤仙漂雪宧庭后池中 民国九年七月二十一日(1920.9.3)	7	248
闻故友山西王梧冈之卒	5(下)	262	闻故友山西王梧冈之卒	7	248
沧江翁今年七十,不以生日告人。八月一日为延客觞翁于观万流亭,赋诗为寿,属客与翁和之 民国九年八月一日	5(下)	263	沧江翁今年七十不以生日告人八月一日为延客觞翁于观万流亭赋诗为寿属客与翁和之 民国九年八月初一(1920.9.12)	7	249
欲寝 民国九年八月九日	5(下)	263	欲寝 民国九年八月初九日(1920.9.20)	7	249
千龄观酬词八章呈退翁与乡友 民国九年九月二十九	5(下)	263—264	千龄观酬词八章呈退翁与乡友 民国九年九月二十九日(1920.11.9)	7	249—250
赠太虚	5(下)	264	赠太虚	7	250
倩倩行赠程郎 民国九年十月	5(下)	264—265	倩倩行赠程郎 民国九年十月(1920.11～12)	7	250—251
赠静园	5(下)	265	赠静圆	7	251

续 表

《张謇全集》1994年版			《张謇全集》2012年版		
题 名	卷次	页码	题 名	卷次	页码
题庄蘩诗书楚词	5(下)	265	题庄蘩诗书楚词	7	251—252
卢知事以调去通,临行惓然,索诗为别,因赋	5(下)	266	卢知事以调去通临行惓然索诗为别因赋	7	252
寿饶宓僧母	5(下)	266	寿饶宓僧母	7	252
退翁重新西寺,为次子荐福,落成为赋	5(下)	267	退翁重新西寺为次子荐福落成为赋	7	252—253
曹公亭	5(下)	267	曹公亭	7	253
香南雅集图长卷	5(下)	267	香南雅集图长卷卷浣华物图浣华事作图者四人作诗文词者十八人题字者一人无所雷鸣矣别作此诗答浣华相属之意	7	253
女师范校歌 民国九年	5(下)	268	女师范校歌 民国九年(1920)	7	253
唁莼生悼亡	5(下)	268	唁莼生悼亡	7	253—254
辛酉一月八日谒文恭师墓于虞山白鸽峰方还、管国柱、许振,并周伯渔、钱词笙、翁振甫三人偕。振甫,师之从孙也 民国十年正月八日	5(下)	268—269	辛酉一月八日谒文恭师墓于虞山白鸽峰方还管国柱许振并周伯渔钱词笙翁振甫三人偕振甫师之从孙也 民国十年正月初八日(1921.2.15)	7	254
虞山谒松禅师墓 民国十年正月十九日	5(下)	269	虞山谒松禅师墓 民国十年正月十九日(1921.2.26)	7	254
春晴忽雪 民国十年正月二十二日	5(下)	269	春晴忽雪 民国十年正月二十二日(1921.3.1)	7	255

续 表

续 表

《张謇全集》1994年版			《张謇全集》2012年版		
题 名	卷次	页码	题 名	卷次	页码
可庄画梅题册，为王生世裕作	5(下)	272	可庄画梅题册为王生世裕作 民国十年四月十三日(1921.5.20)	7	257—258
融孙周晬口号 民国十年五月	5(下)	273	融孙周晬口号 民国十年五月(1921.6～7)	7	258
观雨与众堂 民国十年五月二十六日	5(下)	273	观雨与众堂 民国十年五月二十六日(1921.7.1)	7	258
与健庵坐与众堂观雨，健庵诗先成，因和 民国十年五月二十七日	5(下)	273	与健庵坐与众堂观雨健庵诗先成因和 民国十年五月二十六日(1921.7.1)	7	258
与健庵、烈卿泛舟濠上，烈卿度曲并和观雨诗，因引李委与东坡事，索诗为酬 民国十年六月二日	5(下)	273—274	与健庵烈卿泛舟濠上烈卿度曲并和观雨诗因引李委与东坡事索诗为酬 民国十年六月初二日(1921.7.6)	7	258
今日	5(下)	274	今日	7	259
雪宧遗像诗 民国十年六月三日至七月	5(下)	274—275	题雪宧遗像诗 民国十年六月初三日(1921.7.7)	7	259
雨后坐精舍 民国十年六月十四日	5(下)	275	雨后坐精舍 民国十年六月十四日(1921.7.18)	7	260
六月十八日夜，林溪精舍待月 民国十年六月十八日	5(下)	275	六月十八日夜，林溪精舍待月 民国十年六月十八日(1921.7.22)	7	260

续 表

《张謇全集》1994年版			《张謇全集》2012年版		
题 名	卷次	页码	题 名	卷次	页码
衰年	5(下)	275—276	衰年 民国十年六七月间(1921.7～9)	7	260
避暑林溪	5(下)	276	避暑林溪 民国十年六七月间(1921.7～9)	7	260
池上垂柳拟古 民国十年六月	5(下)	276	池上垂柳拟古 民国十年六月(1921.7～8)	7	260—261
池上看鸳鸯	5(下)	276	池上看鸳鸯	7	261
谦亭元日	5(下)	277	谦亭元日	7	261
午梦	5(下)	277	午梦	7	262
自题三十九岁小像 民国十年七月六日	5(下)	277	自题三十九岁小像 民国十年七月初六日(1921.8.9)	7	261
东窗 民国十年七月十六日	5(下)	277	东窗 民国十年七月十六日(1921.8.19)	7	262
七月中旬风雨潮灾后住介山楼二首 民国十年七月	5(下)	278	七月中旬风雨潮灾后住介山楼二首 民国十年七月(1921.8～9)	7	262
闻水鸟 民国十年七月	5(下)	278	闻水鸟 民国十年七月(1921.8～9)	7	262
西山村庐 民国十年七月二十六日	5(下)	278—279	西山村庐 民国十年七月二十六日(1921.8.29)	7	263

续 表

《张謇全集》1994 年版			《张謇全集》2012 年版		
题　名	卷次	页码	题　名	卷次	页码
惜梅埦 民国十年七月二十六日	5(下)	279	惜梅埦 民国十年七月二十七日(1921.8.30)	7	263
拟古	5(下)	279	拟古	7	263—264
八月十一日雪君生忌设奠 民国十年八月十一日	5(下)	279	八月十一日雪君生忌设奠 民国十年八月十一日(1921.9.12)	7	264
淮东大水谣十首 民国十年八月	5(下)	280	淮东大水谣十首 民国十年八月(1921.9)	7	264—265
雪君百日 民国十年八月十三日	5(下)	280—281	雪君百日 民国十年八月十三日(1921.9.14)	7	265
自题四十四岁小像 民国十年八月十四日	5(下)	281	自题四十四岁小像 民国十年八月十四日(1921.9.15)	7	265
新坟 民国十年九月十五日	5(下)	281	新坟 民国十年九月十五日(1921.10.15)	7	266
介山楼月 民国十年九月十七日	5(下)	281	介山楼月 民国十年九月十七日(1921.10.17)	7	266
寿康翁百岁 民国十年十一月二十日	5(下)	282	寿康翁百岁 民国十年十一月二十日(1921.12.18)	7	266
滩行闻雁 民国十年十一月二十一日	5(下)	282	滩行闻雁 民国十年十一月二十一日(1921.12.19)	7	266—267
曼寿堂 民国十年十一月二十五日	5(下)	282	曼寿堂 民国十年十一月二十五日(1921.12.23)	7	267

续 表

《张謇全集》1994年版			《张謇全集》2012年版		
题 名	卷次	页码	题 名	卷次	页码
海棠深冬叶作浅绛色，晨起见而有感 民国十年十二月六日	5(下)	282	海棠深冬叶作浅绛色晨起见而有感 民国十年十二月初六日(1922.1.3)	7	267
小雪 民国十年十二月十七日	5(下)	283	小雪 民国十年十二月十七日(1922.1.14)	7	267
介山楼喜雪 民国十年十二月十八日	5(下)	283	介山楼喜雪 民国十年十二月十八日(1922.1.15)	7	267
张今颇八十生日 民国十年十二月二十日	5(下)	283	张今颇八十生日 民国十年十二月二十日(1922.1.17)	7	268
谢生告归赋赠 民国十年十二月二十一日	5(下)	284	谢生告归赋僧 民国十年十二月二十一日(1922.1.18)	7	268
邹学轩前小池二首 民国十年十二月三十日	5(下)	284	邹学轩前小池二首 民国十年十二月三十日(1922.1.27)	7	268
喜融孙	5(下)	284	喜融孙	7	268—269
此君亭晏坐	5(下)	285	此君亭晏坐	7	269
今朝	5(下)	285	今朝	7	269
盛竹书六十岁生日	5(下)	285	盛竹书六十岁生日	7	269
夜凉	5(下)	285	夜凉	7	269
为吉生咏绍熙砖	5(下)	285	为吉生咏绍熙砖	7	269
顾君仁卿以七十自遣诗见示，因赋二律为寿，亦以追念延卿	5(下)	286	顾君仁卿以七十自遣诗见示因赋二律为寿亦以追念延卿	7	269—270

续 表

《张謇全集》1994 年版			《张謇全集》2012 年版		
题 名	卷次	页码	题 名	卷次	页码
华亭雷生继兴奋,昔咨议局之英也。七八年来,跧伏里门,忧贫伤世,卒不一出,憔悴极可念。赴至不能无哀,成诗六韵	5(下)	286	华亭雷生继兴奋昔咨议局之英也七八年来跧伏里门忧贫伤世卒不一出憔悴极可念赴至不能无哀成诗六韵	7	270
谢生三十初度	5(下)	286—287	谢生三十初度	7	270
叶翁畜一狮猫,丰茸肥硕,异绝寻常,而性特驯,扰鼪鼠往往不食,喜近客。余至慕畴堂爱焉,从翁索归。寄者送濠南,惧为小儿侮弄,移于濠阳,付一娃司之,卒惊窜而逸,不知何往,大索三日不得,乃悼以诗	5(下)	287	叶翁畜一狮猫丰茸肥硕异绝寻常而性特驯扰鼪鼠往往不食喜近客余至慕畴堂爱焉从翁索归寄者送濠南惧为小儿侮弄移于濠阳付一娃司之卒惊窜而逸不知何往大索三日不得乃悼以诗	7	270
诗成,僮告得猫,复志喜慰	5(下)	287	诗成僮告得猫复志喜慰	7	271
惜忆四十八截句 民国十年冬至十一年春	5(下)	288—291	惜忆四十八截句 民国十年冬至十一年春 (1921 年冬～1922 春)	7	271—276
十一年一月一日 民国十一年正月初一	5(下)	291	十一年一月一日 民国十年十二月初四日 (1922. 1. 1)	7	267
壬戌夏历元日	5(下)	292	壬戌夏历元日 民国十一年正月初二日 (1922. 1. 29)	7	276
舞两生篇,喜梅欧两生能以意复古燕舞而赋 民国十一年正月五日	5(下)	292	舞两生篇喜梅欧两生能以意复古燕舞而赋 民国十一年正月初五日 (1922. 2. 1)	7	276—277

续 表

《张謇全集》1994年版			《张謇全集》2012年版		
题　名	卷次	页码	题　名	卷次	页码
人日见月 民国十一年正月七日	5(下)	293	人日见月 民国十一年正月初七日(1922.2.3)	7	277
元夜对月，意有万感 民国十一年正月十五日	5(下)	293	元夜对月意有万感 民国十一年正月十五日(1922.2.11)	7	277
题会稽何烈妇遗札 民国十一年正月十六日	5(下)	293	题会稽何烈妇遗札 民国十一年正月十六日(1922.2.12)	7	278
寿蔡生母七十	5(下)	293	寿蔡生母七十	7	278
朝鲜金居士赴至，年八十七矣，哀而歌之 民国十一年正月二十六日	5(下)	294	朝鲜金居士赴至年八十七矣哀而歌之 民国十一年正月二十六日(1922.2.22)	7	278—279
日晚 民国十一年正月二十九日	5(下)	294	日晚 民国十一年正月二十九日(1922.2.25)	7	279
食芹而美赋之 民国十一年二月十二日	5(下)	294	食芹而美赋之 民国十一年二月十二日(1922.3.10)	7	279
二十五日大风有雪 民国十一年二月二十五日	5(下)	295	二十五日庚寅大风有雪 民国十一年二月二十五日(1922.3.23)	7	279
书人悼亡吟后 民国十一年二月	5(下)	295	书人悼亡吟后 民国十一年二月(1922.2～3)	7	279
怀人 民国十一年二月	5(下)	295	怀人 民国十一年二月(1922.2～3)	7	280

续　表

《张謇全集》1994 年版			《张謇全集》2012 年版		
题　名	卷次	页码	题　名	卷次	页码
黄泥山溪上见桃花飘落有诗 民国十一年三月二十日	5(下)	296	黄泥山溪上见桃花飘落有诗 民国十一年三月二十日(1922.4.16)	7	280
南楼听百舌	5(下)	296	南楼听百舌	7	280
沤波生行,赋诗勖之	5(下)	296	沤波生行,赋诗勖之	7	280
蚊 民国十一年四月中旬	5(下)	296	蚊 民国十一年四月十二日(1922.5.8)	7	280
各校营教练运动歌 民国十一年五月	5(下)	297	各校营教练运动歌 民国十一年五月(1922.5～6)	7	280—281
五月十四夜月 民国十一年闰五月十四日	5(下)	297	五月十四夜月 民国十一年闰五月十四日(1922.7.8)	7	281
送予倩率伶生之汉口 民国十一年六月二日	5(下)	297	送予倩率伶生之汉口 民国十一年六月初二日(1922.7.25)	7	281
十六夜月 民国十一年六月十六日	5(下)	298	十六夜月 民国十一年六月十六日(1922.8.8)	7	281—282
题铁崖女士画册(有序) 民国十一年六月	5(下)	298—299	题铁厓女士画册(有序) 民国十一年六月(1922.7～8)	7	282—283
中等以上学校联合运动会歌	5(下)	299	中等以上学校联合运动会歌	7	284
短柏 民国十一年八月四日	5(下)	300	短柏 民国十一年八月初四日(1922.9.24)	7	283

续 表

《张謇全集》1994年版			《张謇全集》2012年版		
题 名	卷次	页码	题 名	卷次	页码
自东奥经西山宿梅垞 民国十一年八月十三日	5(下)	300	自东奥经西山宿梅垞 民国十一年八月十四日 (1922.10.4)	7	283
梅垞种草	5(下)	300	梅垞种草 民国十一年八月十四日 (1922.10.4)	7	283—284
喜林风至 民国十一年九月七日	5(下)	301	喜林风至 民国十一年九月初七日 (1922.10.26)	7	284
重九集友与退翁会饮东奥山庄 民国十一年九月九日	5(下)	301	重九集友与退翁会饮东奥山庄 民国十一年九月初九日 (1922.10.28)	7	285
落日(九月十五归自吕四途中) 民国十一年九月十五日	5(下)	301	落日(九月十五归自吕四途中) 民国十一年九月十五日 (1922.11.3)	7	285
九月十六夜望月 民国十一年九月十六日	5(下)	301—302	九月十六夜望月 民国十一年九月十六日 (1922.11.4)	7	285
月华吟	5(下)	302	月华吟 民国十一年九月十六日 (1922.11.4)	7	285—286
折枝红梅	5(下)	302	折枝红梅	7	286
菊糕(名见《乾淳岁时记》,戏以杭产菊令肆为之,颇堪饷客)	5(下)	303	菊糕(名见《乾淳岁时记》,戏以杭产菊令肆为之,颇堪饷客)	7	286
浣华以近所得清宣宗在潜邸时书扇见赠,为去年湘扇之报,盖清室物也。作诗谢之	5(下)	303	浣华以近所得清宣宗在潜邸时书扇见赠为去年湘扇之报盖清室物也作诗谢之 民国九年五月二十四日 (1920.7.9)	7	246

续　表

《张謇全集》1994年版			《张謇全集》2012年版		
题　名	卷次	页码	题　名	卷次	页码
雁声 民国十一年九月二十五日	5(下)	303	雁声 民国十一年九月二十五日(1922.11.13)	7	286
辞晋授勋一位,作诤诗九章 民国十一年九月二十七日	5(下)	303—304	辞晋授勋一位作诤诗九章 民国十一年九月二十七日(1922.11.15)	7	286—287
书中干蝴蝶二首	5(下)	304	书中干蝴蝶二首	7	287
秋意	5(下)	304	秋意	7	287
十月三日,吴生眉孙至,邀同沧江、星南、烈卿小集观万流亭,烈卿先有长律,因赋 民国十一年十月三日	5(下)	305	十月三日吴生眉孙至邀同沧江星南烈卿小集观万流亭烈卿先有长律因赋 民国十一年十月初三日(1922.11.21)	7	288
沈四兄乙盦曾植挽词四首(有序) 民国十一年十月	5(下)	305—306	沈四兄乙盦曾植挽词四首(有序) 民国十一年十月(1922.11～12)	7	288—289
七道岭,哀朝阳高生也(有序)	5(下)	306—307	七道岭哀朝阳高生也(有序)	7	289
寿顾少川母	5(下)	307	寿顾少川母	7	290
霜月 民国十一年十一月十三日	5(下)	307	霜月 民国十一年十一月十三日(1923.12.30)	7	290
独酌 民国十一年十二月十八日	5(下)	307	独酌 民国十一年十二月十八日(1923.2.3)	7	290
汽车陷 民国十一年十二月二十九日	5(下)	308	汽车陷 民国十一年十二月二十九日(1923.2.14)	7	290—291

续 表

《张謇全集》1994 年版			《张謇全集》2012 年版		
题 名	卷次	页码	题 名	卷次	页码
小除夕雷	5(下)	308	小除夕雷 民国十一年十二月二十九日(1923. 2. 14)	7	291
去二十八牙本 民国十一年	5(下)	308—309	去二十八牙本 民国十一年(1922)	7	291—292
千龄观自酬词八首	5(下)	309—310	千龄观自酬词八首	7	292
赠直隶高潜子	5(下)	310	赠直隶高潜子	7	293
赠吴湖帆万。万，友人讷士之子，窸斋前辈之孙，画山水清远有致，朋好亟称其贤，适以所仿烟客摹大痴小卷见寄，赋诗为报，且勉其进于是也	5(下)	310	赠吴湖帆万万友人讷士之子窸斋前辈之孙画山水清远有致朋好亟称其贤适以所仿烟客摹大痴小卷见寄赋诗为报且勉其进于是也	7	293
简母挽词	5(下)	310	简母挽词	7	293
宝应卢母七十征诗	5(下)	311	宝应卢母七十征诗	7	293
张生风年以刘南庐《入山图》赠博物馆，因题卷尾	5(下)	311	张生风年以刘南庐入山图赠博物馆因题卷尾	7	294
寿赵母二十韵(有序)	5(下)	311—312	寿赵母二十韵(有序)	7	294
为高生寿父母	5(下)	312	为高生寿父母	7	295
清道光癸卯，金陵六叟合画松石。石作笋形，汤贞愍笔也	5(下)	312—313	清道光癸卯金陵六叟合画松石石作笋形汤贞愍笔也	7	295
贯恂属题所画佛像，会有所触，成四言诗一章	5(下)	313	贯恂属题所画佛像会有所触成四言诗一章	7	295
应淮僧慧之续湖上留题录	5(下)	313	应淮僧慧之续湖上留题录	7	295—296

续 表

《张謇全集》1994年版			《张謇全集》2012年版		
题　名	卷次	页码	题　名	卷次	页码
题厉骇谷白华山人诗集	5(下)	313	题厉骇谷白华山人诗集	7	296
陈生请为诗，寿其母五十	5(下)	314	陈生请为诗寿其母五十	7	296
题梅郎合影	5(下)	314	题梅郎合影 民国十一年八月十四日(1922.10.4)	7	284
自民国十二年(1923)讫民国十三年(1924)					
癸亥岁朝 民国十二年正月初一日	5(下)	315	癸亥岁朝 民国十二年正月初一(1923.2.16)	7	296
此君亭	5(下)	315	此君亭	7	296
正月庭梅盛开以诗寄人 民国十二年正月	5(下)	315	正月庭梅盛开以诗寄人 民国十二年正月(1923.2～3)	7	296
书性命圭旨后 民国十二年正月二十八日	5(下)	315—316	书性命圭旨后 民国十二年正月二十八日(1923.3.15)	7	297
丝渔港 民国十二年二月二十二日	5(下)	316	丝渔港 民国十二年二月二十二日(1923.4.7)	7	297
江堤曲	5(下)	316	江堤曲	7	297
上巳日雨 民国十二年三月三日	5(下)	317	上巳日雨 民国十二年三月初三日(1923.4.18)	7	298
赠袁生 民国十二年三月十四日	5(下)	317	赠袁生 民国十二年三月十四日(1923.4.29)	7	298

续 表

《张謇全集》1994年版			《张謇全集》2012年版		
题 名	卷次	页码	题 名	卷次	页码
庭中朱藤开几匝月，姚光冶色，灿烂殆不可状。诗以张之 民国十二年三月十五日	5(下)	317—318	庭中朱藤开几匝月姚光冶色灿烂殆不可状诗以张之 民国十二年三月十五日(1923.4.30)	7	298—299
春江鱼汛歌 民国十二年三月二十三日	5(下)	318	春江鱼汛歌 民国十二年三月二十三日(1923.5.8)	7	299
两翁行 民国十二年三月二十四日	5(下)	318	两翁行 民国十二年三月二十四日(1923.5.9)	7	299
柳絮	5(下)	319	柳絮	7	299
至垦牧乡周视海上，示与诸事子 民国十二年三月二十八日	5(下)	319	至垦牧乡周视海上示与诸事子 民国十二年三月二十八日(1923.5.13)	7	300
不寐	5(下)	320	不寐	7	300
移种枸杞	5(下)	320	移种枸杞	7	300
葛君置酒城西，招同退翁、烈卿看牡丹 民国十二年三月	5(下)	320	葛君置酒城西招同退翁烈卿看牡丹 民国十二年三月(1923.4～5)	7	300—301
龚伯子营堤北培原区，筑璧亭，因事莅游 民国十二年四月	5(下)	320—321	龚伯子营堤北培原区筑璧亭因事莅游 民国十二年四月(1923.5～6)	7	301
挈扬缵融三孙上冢过邱氏宅	5(下)	321	挈扬缵融三孙上冢过邱氏宅	7	302

续 表

《张謇全集》1994 年版			《张謇全集》2012 年版		
题 名	卷次	页码	题 名	卷次	页码
四月一日师范学校廿周纪念 民国十二年四月一日	5(下)	321—322	四月一日师范学校廿周纪念 民国十二年四月初一日(1923.5.16)	7	302
小池 民国十二年四月十三日	5(下)	322	小池 民国十二年四月十三日(1923.5.28)	7	302
林风以影像见寄，到时四月十六日也，率纪以诗 民国十二年四月十六日	5(下)	322	林风以影像见寄到时四月十六日也率纪以诗 民国十二年四月十六日(1923.5.31)	7	302
不然 民国十二年四月十六日	5(下)	322	不然 民国十二年四月十六日(1923.5.31)	7	303
咏絮楼主以《西青散记》落花诗“痛惜娇红未忍攀”语成辘轳体诗见示以广义推其终始为进一解 民国十二年四月二十五日	5(下)	323	咏絮楼主以西青散记落花诗痛惜娇红未忍攀语成辘轳体诗见示以广义推其终始为进一解 民国十二年四月二十五日(1923.6.9)	7	303
手植木瓜乍盛有花	5(下)	323	手植木瓜乍盛有花	7	303
临城票	5(下)	323—324	临城票	7	303—304
建福火 民国十二年五月十九日	5(下)	324	建福火 民国十二年五月十九日(1923.7.2)	7	304
新华车	5(下)	324	新华车 民国十二年五月十九日(1923.7.2)	7	304—305

续　表

《张謇全集》1994年版			《张謇全集》2012年版		
题　名	卷次	页码	题　名	卷次	页码
鸦鹊二首	5(下)	324—325	鸦鹊二首	7	305
苦雨	5(下)	325	苦雨	7	305
潘汪八十寿	5(下)	325	潘汪八十寿	7	305
施浣华画观音像于观音院(有序)	5(下)	325—326	施浣华画观音像于观音院(有序)	7	305—306
赠谭郎二首(有序) 民国十二年六月十日	5(下)	326	赠谭郎二首(有叙) 民国十二年六月初十日(1923.7.23)	7	306
属富英复演《空城计》赋赠	5(下)	327	属富英复演空城计赋赠	7	306
寿王欣父夫妇(有序) 民国十二年六月二十日	5(下)	327	寿王欣父夫妇(有序) 民国十二年农历六月二十日(1923.8.2)	7	307
重缮苏来舫成,七夕会客泛濠张乐,赋二绝句 民国十二年七月一日	5(下)	327—328	重缮苏来舫成七夕会客泛濠张乐赋二绝句 民国十二年七月初一日(1923.8.12)	7	307
七夕濠游后诗答坐客并示怡儿 民国十二年七月七日	5(下)	328	七夕濠游后诗答坐客并示怡儿 民国十二年七月初七日(1923.8.18)	7	308
答人七夕	5(下)	328	答人七夕	7	308
题周君月湖草堂图,集元次山句	5(下)	328	题周君月湖草堂图集元次山句	7	308
小筑南荣夜坐	5(下)	329	小筑南荣夜坐	7	308
七月十五日夜,月食后望月 民国十二年七月十五日	5(下)	329	七月十五日夜月食后望月 民国十二年七月十五日(1923.8.26)	7	309

续 表

《张謇全集》1994 年版			《张謇全集》2012 年版		
题 名	卷次	页码	题 名	卷次	页码
庭树	5(下)	329	庭树	7	309
吴昌硕八十生日征诗	5(下)	329	吴昌硕八十生日征诗 民国十二年七月下旬(1923.9.上旬)	7	309
送怡儿归重有感 民国十二年七月二十九日	5(下)	330	送怡儿归重有感 民国十二年七月二十九日(1923.9.9)	7	309
寿许铸江母	5(下)	330	寿许铸江母	7	309—310
中秋辅之招饮苏来舫,无月 民国十二年八月十五日	5(下)	330	中秋辅之招饮苏来舫无月 民国十二年八月十五日(1923.9.25)	7	310
广李生 民国十二年八月二十二日	5(下)	331	寄答李生 民国十二年八月二十二日(1923.10.2)	7	310
袁生为其母夫人绘《夜课图》征诗 民国十二年农历九月十日	5(下)	331	袁生为其母夫人绘《夜课图》征诗 民国十二年农历九月初十日(1923.10.19)	7	310
重九日与烈卿、辅之、保之同至如皋,寿健庵六十生日 民国十二年九月十一日	5(下)	331—332	重九日与烈卿辅之保之同至如皋寿健庵六十生日 民国十二年九月十一日(1923.10.20)	7	311
喜健庵以素食饷客,赋奉一诗	5(下)	332	喜健庵以素食饷客赋奉一诗 民国十二年九月十一日(1923.10.20)	7	311
陈生招客为北濠之游	5(下)	332	陈生招客为北濠之游	7	312

续 表

《张謇全集》1994年版			《张謇全集》2012年版		
题　名	卷次	页码	题　名	卷次	页码
江霄纬为无锡荣氏并蒂莲征诗赋寄二绝	5(下)	332—333	江霄纬为无锡荣氏并蒂莲征诗赋寄二绝	7	312
题周舜卿遗像	5(下)	333	题周舜卿遗像 民国十二年九月二十九日(1923.11.7)后	7	312
濠上对月	5(下)	333	濠上对月	7	313
梅郎三十	5(下)	333	梅郎三十 民国十二年十月中下旬(1923.11～12)	7	313—314
浣华三十初度既寄三诗,程艳秋、徐碧云又为征诗,再赋寄之	5(下)	334	浣华三十初度既寄三诗程艳秋徐碧云又为征诗再赋寄之 民国十二年十月中下旬(1923.11～12)	7	314
后月华吟	5(下)	334	后月华吟	7	314
县人圮城为路 民国十二年十月一日	5(下)	334—335	县人圮城为路 民国十二年十月初一日(1923.11.8)	7	312—313
阶下见寒蝶十百为群,赋之 民国十二年十月二日	5(下)	335	阶下见寒蝶十百为群赋之 民国十二年十月初二日(1923.11.9)	7	313
小虫 民国十二年十月五日	5(下)	335	小虫 民国十二年十月初五日(1923.11.22)	7	313
讼雨	5(下)	335—336	讼雨	7	314—315
白凤行	5(下)	336	白凤行	7	315
释愁	5(下)	336	释愁	7	315

续 表

《张謇全集》1994年版			《张謇全集》2012年版		
题　名	卷次	页码	题　名	卷次	页码
题明陆文裕公书山居漫兴诗卷二首	5(下)	336	题明陆文裕公书山居漫兴诗卷二首	7	315
嘉兴郭生起庭以《素盦印存》见示因赠	5(下)	337	嘉兴郭生起庭以素盦印存见示因赠	7	316
占尽	5(下)	337	世间	7	217
贯恂约同烈卿、楚秋、饶生、位思、保之作消寒会 民国十二年十一月	5(下)	337	贯恂约同烈卿楚秋饶生位思保之作消寒会 民国十二年十一月(1923.12～1924.1)	7	316
调陈翁 民国十二年十一月三日	5(下)	338	调陈翁 民国十二年十一月初三日(1923.12.10)	7	316
和陈翁答诗,次前韵 民国十二年十月四日	5(下)	338	和陈翁答诗次前韵 民国十二年十月初四日(1923.12.11)	7	316—317
中隐园消寒第二集	5(下)	338	中隐园消寒第二集 民国十二年十月初四日(1923.12.11)	7	317
千龄观看雪	5(下)	339	千龄观看雪	7	317
南楼雪后王君消寒第二集	5(下)	339	南楼雪后王君消寒第二集	7	317—318
嘉袁生(有序)	5(下)	339—340	嘉袁生(有序)	7	318
客散	5(下)	340	客散	7	318
寒月	5(下)	340	寒月	7	318
十一月十六日冬至,适然亭消寒第三集 民国十二年十一月十六日	5(下)	340—341	十一月十六日冬至适然亭消寒第三集 民国十二年十一月十六日(1923.12.23)	7	318—319

续 表

续 表

《张謇全集》1994年版			《张謇全集》2012年版		
题　名	卷次	页码	题　名	卷次	页码
十二月十五日月	5(下)	344	十二月十五日月	7	321—322
寄答李生 民国十二年八月二十二日	5(下)	344	寄答李生 民国十二年八月二十二日(1923.10.2)	7	310
妆阁	5(下)	345	妆阁	7	322
王君家襄先德百岁生忌征诗,昔顾亭林亦尝为丁贡士亡考衢州君生日作诗,其叙有云:"生日设祭而谓之生忌,礼乎?于其既亡而事如生礼,虽先王未之有,可以义起也。"与仆说正合,为诗寄王	5(下)	345	王君家襄先德百岁生忌征诗昔顾亭林亦尝为丁贡士亡考衢州君生日作诗其叙有云生日设祭而谓之生忌礼乎于其既亡而事如生礼虽先王未之有可以义起也与仆说正合为诗寄王	7	322
观汪氏所藏翁文恭与郎亭侍郎手札(有序)	5(下)	345—346	观汪氏所藏翁文恭与郎亭侍郎手札(有序)	7	322—323
有感 民国十二年	5(下)	346	有感 民国十二年末(1924.1～2)	7	323
重有感	5(下)	346	重有感 民国十二年末(1924.1～2)	7	323
江都王君索题同光诸贤手札	5(下)	346	江都王君索题同光诸贤手札	7	323—324
题杨令茀山水	5(下)	347	题杨令茀山水	7	324
观浣华《洛神》剧 民国十二年十二月	5(下)	347	观浣华洛神剧 民国十二年十二月初十日(1924.1.15)	7	321
沪上近所见闻	5(下)	347	沪上近所见闻	7	324
适晤浣华旋别	5(下)	347	适晤浣华旋别	7	324

续 表

《张謇全集》1994 年版			《张謇全集》2012 年版		
题　名	卷次	页码	题　名	卷次	页码
哀俞训渊(有序)	5(下)	348	哀俞训渊(有序)	7	324
中国红十字会二十年祝典征诗，因赋 民国十二年(1923)	5(下)	348	中国红十字会二十年祝典征诗因赋 民国十二年(1923)	7	325
元日 民国十三年正月初一	5(下)	349	元日 民国十三年正月初一(1924.2.5)	7	325
元日之二	5(下)	349	元日之二 民国十三年正月初一(1924.2.5)	7	325
民国十三年甲子丙寅一日立春。甲子历之始，正月岁之始，立春时之始，言天者以为有治平之望也，志而俟之	5(下)	349	民国十三年甲子丙寅一日立春甲子历之始正月岁之始立春时之始言天者以为有治平之望也志而俟之 民国十三年正月初一(1924.2.5)	7	325
元日两得怡儿海外讯	5(下)	349—350	元日两得怡儿海外讯 民国十三年正月(1924.2)	7	326
习生置酒适然亭，续消寒第四集	5(下)	350	习生置酒适然亭续消寒第四集 民国十三年正月初六日(1924.2.10)	7	326
消寒第四集，烈卿诗先成，因和 民国十三年正月六日	5(下)	350	消寒第四集烈卿诗先成因和 民国十三年正月初六日(1924.2.10)	7	326
僧伽像赞 民国十三年正月十九日	5(下)	350—351	僧伽像赞	7	326—327

续 表

《张謇全集》1994 年版			《张謇全集》2012 年版		
题　名	卷次	页码	题　名	卷次	页码
李济生采芝小像 民国十三年正月十九日	5(下)	351	李济生采芝小像 民国十三年正月十九日(1924. 2. 23)	7	327
秦润卿僧服小像	5(下)	351	秦润卿僧服小像 民国十三年正月十九日(1924. 2. 23)	7	327
盛竹书影像	5(下)	351	盛竹书影像 民国十三年正月十九日(1924. 2. 23)	7	327
卞玉京小像 民国十三年正月十九日	5(下)	351—352	卞玉京小像	7	418—419
礀髯翁来,因为味雪斋消寒第七集 民国十三年正月二十六日	5(下)	352	礀髯翁来因为味雪斋消寒第七集 民国十三年正月二十六日(1924. 3. 1)	7	328
千龄观消寒第五集,闻粤事稍平 民国十三年正月二十七日	5(下)	352	千龄观消寒第五集闻粤事稍平 民国十三年正月二十七日(1924. 3. 2)	7	328
中隐园消寒第八集 民国十三年正月二十八日	5(下)	352—253	中隐园消寒第八集 民国十三年正月二十八日(1924. 3. 3)	7	329
南生适然亭续消寒第七集	5(下)	353	南生适然亭续消寒第七集	7	329
饶生乍归溯沂,于适然亭又续消寒第七集	5(下)	353	饶生乍归溯沂于适然亭又续消寒第七集	7	329
续消寒第八集	5(下)	353	续消寒第八集	7	329
春意	5(下)	353	春意	7	329
热水瓶(有序)	5(下)	354	热水瓶(有序)	7	330

续 表

《张謇全集》1994年版			《张謇全集》2012年版		
题　名	卷次	页码	题　名	卷次	页码
至沪示袁生	5(下)	354	至沪示袁生	7	330
社日鹿笙、烈卿往掘港，赋赠鹿笙，示烈卿	5(下)	354	社日鹿笙烈卿往掘港赋赠鹿笙示烈卿	7	330
狼山大圣像	5(下)	354—355	狼山大圣像 民国十三年正月十九日 (1924.2.23)	7	327—328
缪生馈其家人所制，野荸荠粉并种，赋二截为谢	5(下)	355	缪生馈其家人所制野荸荠粉并种赋二截为谢	7	330
谢习生贵刀鱼	5(下)	355	谢习生贵刀鱼	7	330
楚秋于城东水石幽居为消寒第六集 民国十三年二月八日	5(下)	355—356	楚秋于城东水石幽居为消寒第六集 民国十三年二月初八日 (1924.3.12)	7	331
花朝前夕月	5(下)	356	花朝前夕月 民国十三年二月十一日 (1924.3.15)	7	331
花朝日同诸君林溪精舍消寒第九集 民国十三年二月十二日	5(下)	356	花朝日同诸君林溪精舍消寒第九集 民国十三年二月十二日 (1924.3.16)	7	331—332
章君于其五松别业续消寒第九集 民国十三年二月十三日	5(下)	357	章君于其五松别业续消寒第九集 民国十三年二月十三日 (1924.3.17)	7	332
晨起行园	5(下)	357	晨起行园	7	332
伯英和余《吴船谣》特妍妙。余昔称其文耳，不知其工诗也。赠诗以坚其自信	5(下)	357	伯英和余吴船谣特妍妙余昔称其文耳不知其工诗也赠诗以坚其自信	7	333

续 表

《张謇全集》1994年版			《张謇全集》2012年版		
题　名	卷次	页码	题　名	卷次	页码
寿百岁陆翁于千龄观 民国十三年二月十五日	5(下)	358	寿百岁陆翁于千龄观 附录:张詧同名诗 民国十三年二月十五日(1924.3.19)	7	333
退翁赎先大父幼年家金沙时为人剥蚀之田,建先茔祠与塾,计一百二十年矣。落成率同谒告,恭赋排律二十六韵 民国十三年二月二十四日	5(下)	358—359	退翁赎先大父幼年家金沙时为人剥蚀之田建先茔祠与塾计一百二十年矣落成率同谒告恭赋排律二十六韵 民国十三年二月二十四日(1924.3.28)	7	333—334
清明梅垞,诸女弟子来游,罗范二生有诗,因示 民国十三年三月二日	5(下)	359	清明梅垞诸女弟子来游罗范二生有诗因示 民国十三年三月初二日(1924.4.5)	7	335
导诸君观梅垞,因为修禊之饮,同作 民国十三年二月二十五日	5(下)	359—360	导诸君观梅垞因为修禊之饮同作 民国十三年二月二十五日(1924.3.29)	7	334
彦殊归自京师,所为诗孟晋,惟其贫可念。上巳邀饮,以诗慰之。诗顾何与于贫也	5(下)	360	彦殊归自京师所为诗孟晋惟其贫可念上巳邀饮以诗慰之诗顾何与于贫 民国十三年三月初三日(1924.4.6)	7	335
冯振之哀词	5(下)	360	冯振之哀词	7	339
题怡儿使归诗稿后	5(下)	360	题怡儿使归诗稿后 民国十三年三月(1924.4～5)	7	335
徐郝夫人七十	5(下)	361	徐郝夫人七十	7	336
题琼华画屏之一	5(下)	361	题琼华画屏之一	7	336
又题其一	5(下)	361	又题其一	7	336

续 表

《张謇全集》1994年版			《张謇全集》2012年版		
题　名	卷次	页码	题　名	卷次	页码
垞夜	5(下)	361	垞夜	7	336
归扶海垞春祭,啬庵斋前梅树落英无数,怀人感物,怅然于诗	5(下)	361	归扶海垞春祭啬庵斋前梅树落英无数怀人感物怅然于诗	7	336
感所见	5(下)	362	感所见	7	336
明周东村画祝允明遗像	5(下)	362	明周东村画祝允明遗像	7	336—337
与鹿笙、烈卿公园看花之次日,复同至天生果园看桃花 民国十三年三月二十二日	5(下)	362—363	与鹿笙烈卿公园看花之次日复同至天生果园看桃花 民国十三年三月(1924.4～5)	7	337—338
中隐园看牡丹 民国十三年三月二十二日	5(下)	363	中隐园看牡丹 民国十三年三月二十二日(1924.4.25)	7	337
山茶(一)	5(下)	363	山茶(一)	7	338
山茶(二)	5(下)	363	山茶(二)	7	338
中隐园牡丹盛大胜前,烈卿召客听歌,赋诗	5(下)	363—364	中隐园牡丹盛大胜前烈卿召客听歌赋诗	7	338
对花适有感	5(下)	364	对花适有感	7	338
庭前山茶,二红者今年盛开,多至百三十余朵而犹未已。浅绯者寥寥三数花耳,而特大,瞻玩其下,诗以讯之	5(下)	364	庭前山茶二红者今年盛开多至百三十余朵而犹未已浅绯者寥寥三数花耳而特大瞻玩其下诗以讯之	7	338—339
邀客看国秀坛牡丹 民国十三年三月二十四日	5(下)	364	邀客看国秀坛牡丹 民国十三年三月二十四日(1924.4.27)	7	339

续 表

《张謇全集》1994 年版			《张謇全集》2012 年版		
题　名	卷次	页码	题　名	卷次	页码
冯生振之遣人送映山红至,寄谢以诗	5(下)	364—365	冯生振之遣人送映山红至寄谢以诗	7	339
寄健庵讯病	5(下)	365	寄健庵讯病	7	339
烈卿赠白燕,修善驯黠可喜。顷晨为邻猫所噬,叹悼系之	5(下)	365	烈卿赠白燕修善驯黠可喜顷晨为邻猫所噬叹悼系之 民国十三年三月二十六日(1924. 4. 29)	7	340
罗生以吾失白燕,举其素畜之双燕为赠,谓以澹懊丧慰岑寂也。为记长句 民国十三年三月二十七日	5(下)	366	罗生以吾失白燕举其素畜之双燕为赠谓以澹懊丧慰岑寂也为记长句 民国十三年三月二十七日(1924. 4. 30)	7	340—341
赠鹿笙	5(下)	366	赠鹿笙	7	341
芒种中濠南闻百舌	5(下)	366	芒种中濠南闻百舌	7	341
帕腹古齐裆也	5(下)	366—367	帕腹古齐裆也	7	341
蚕豆	5(下)	367	蚕豆	7	341
豌豆	5(下)	367	豌豆	7	341
题扇赠金坛王生	5(下)	367	题扇赠金坛王生	7	342
观剧	5(下)	367—368	观剧 民国十三年(1924)	7	342
为农戏效拗体	5(下)	368	为农戏效拗体	7	342
林风馈角黍清酱 民国十三年四月七日	5(下)	368	林风馈角黍清酱 民国十三年四月初七日(1924. 5. 10)	7	342

续 表

续 表

《张謇全集》1994年版			《张謇全集》2012年版		
题　名	卷次	页码	题　名	卷次	页码
五日，宴客泛舟至先室墓止，客有以是日生者 民国十三年五月五日	5(下)	372	五日宴客泛舟至先室墓止有以是日生者 民国十三年五月初五日 (1924.6.6)	7	346
四五月所见蝶 民国十三年五月六日	5(下)	372	四五月所见蝶 民国十三年五月初六日 (1924.6.7)	7	346
中隐园看五宝杜鹃 民国十三年五月三日	5(下)	373	中隐园看五宝杜鹃 民国十三年五月初三日 (1924.6.4)	7	345—346
小李港	5(下)	373	小李港	7	346
吕、唐二君夜集濠上，成六韵	5(下)	373	吕唐二君夜集濠上成六韵	7	347
款缓行	5(下)	373—374	款缓行	7	347
鹿笙示所解烈卿朝聋与乡语之诗，达识洞然，和而博其趣	5(下)	374	鹿笙示所解烈卿朝聋与乡语之诗达识洞然和而博其趣	7	347
苏来舫	5(下)	374	苏来舫	7	347
乍见萤	5(下)	374	乍见萤	7	347
顾张夫人七十	5(下)	374—375	顾张夫人七十	7	348
展端阳会前一日，鹿笙同观所陈宋元明清人画钟馗像七十余轴，归忽作咳，聋患顿失。次日见告，笑语为贺	5(下)	375	展端阳会前一日鹿笙同观所陈宋元明清人画钟馗像七十余轴归忽作咳聋患顿失次日见告笑语为贺 民国十三年五月初七日 (1924.6.8)	7	348

续 表

《张謇全集》1994年版			《张謇全集》2012年版		
题 名	卷次	页码	题 名	卷次	页码
中公园展端阳会集钟馗画像七十余轴为点缀物，最古老者止于南北宋，元明亦有之，清代最近，故特多。然画人见著录者仅二十余。名固不妄传，传名亦正不易也。属诸友为诗纪之，因亦同作	5(下)	375—376	中公园展端阳会集钟馗画像七十余轴为点缀物最古老者止于南北宋元明亦有之清代最近故特多然画人见著录者仅二十余名固不妄传传名亦正不易也属诸友为诗纪之亦同作 民国十三年五月初七日(1924.6.8)	7	348—349
观缆港、坍江港沦于江久，今特名存耳	5(下)	376	观缆港坍江港沦于江久，今特名存耳	7	349—350
笑示客	5(下)	376	笑示客	7	350
观万流亭夜泛	5(下)	377	观万流亭夜泛	7	350
武昌客	5(下)	377	武昌客	7	350
月	5(下)	377	月	7	350
雨过	5(下)	377	雨过	7	351
歌者马雪芳求诗，因作 民国十三年五月二十六日	5(下)	378	歌者马雪芳求诗因作 民国十三年五月二十六日(1924.6.27)	7	351
雪芳将返京师，以诗贶之，并怀浣华	5(下)	378	雪芳将返京师以诗贶之并怀浣华	7	351
雪芳为其妹秋芳求诗 民国十三五月二十七日	5(下)	378	雪芳为其妹秋芳求诗 民国十三五月二十七日(1924.6.28)	7	351
盆荷开辄成两，嘲之	5(下)	379	盆荷开辄成两嘲之	7	352
日本大仓八十八生日征诗，因赋	5(下)	379	日本大仓八十八生日征诗因赋	7	352

续 表

《张謇全集》1994年版			《张謇全集》2012年版		
题 名	卷次	页码	题 名	卷次	页码
苦旱	5(下)	379	苦旱	7	352
寿徐陆夫人六十	5(下)	380	寿徐陆夫人六十	7	352
题某母图	5(下)	380	题某母图	7	353
离人	5(下)	380	离人 民国十三年七月初六日 (1924.8.6)	7	353
寿许母九十	5(下)	380	寿许母九十	7	353
曼寿堂七夕	5(下)	380—381	曼寿堂七夕 民国十三年七月初七日 (1924.8.7)	7	353
示二歌者	5(下)	381	示二歌者	7	353
金小香索诗(有序) 民国十三年七月七日	5(下)	381	金小香索诗(有序) 民国十三年七月初七日 (1924.8.7)	7	353—354
西林六咏 民国十三年七月八日	5(下)	381—382	西林六咏 民国十三年七月初八日 (1924.8.8)	7	354
周子京清道光甲申画山水	5(下)	382	周子京清道光甲申画山水	7	354
庭莲	5(下)	382	庭莲	7	355
孙琼华画观音像	5(下)	382	孙琼华画观音像	7	355
林风以余简札纸劣不适装册,书来责后勿用,戏作截句答之 民国十三年八月九日	5(下)	383	林风以余简札纸劣不适装册书来责后勿用戏作截句答之 民国十三年八月初九日 (1924.9.7)	7	355

续 表

《张謇全集》1994年版			《张謇全集》2012年版		
题 名	卷次	页码	题 名	卷次	页码
中秋无月，江南战事亦未止，欲与鹿笙、烈卿登南楼不果 民国十三年八月十五日	5(下)	383	中秋无月江南战事亦未止欲与鹿笙烈卿登南楼不果 民国十三年八月十五日 (1924.9.13)	7	355
题徐印士郯溪别棹图 民国十三年八月二十日	5(下)	383	题徐印士郯溪别棹图 民国十三年八月二十日 (1924.9.18)	7	355—356
鬻字告终以诗记之 民国十三年九月一日	5(下)	384	鬻字告终以诗记之 民国十三年九月初一日 (1924.9.29)	7	356
初七月	5(下)	384	初七月	7	356
我马楼饮客作，重阳 民国十三年九月九日	5(下)	384	我马楼饮客作重阳 民国十三年九月初九日 (1924.10.7)	7	356
双十节梅垞 民国十三年九月十二日	5(下)	385	双十节梅垞 民国十三年九月十二日 (1924.10.10)	7	356
望姑峰	5(下)	385	望姑峰	7	357
鼓角	5(下)	385	鼓角	7	357
烈卿五十，有诗示客，因和 民国十三年九月十四日	5(下)	385—386	烈卿五十有诗示客因和 民国十三年九月十四日 (1924.10.12)	7	357
晚步	5(下)	386	晚步	7	357
沪渎 民国十三年九月十五日	5(下)	386	沪渎 民国十三年九月十五日 (1924.10.13)	7	357
催洁芬不至	5(下)	386	催洁芬不至	7	357

续 表

《张謇全集》1994 年版			《张謇全集》2012 年版		
题 名	卷次	页码	题 名	卷次	页码
同县中诸人合宴瞿、卢二知事 民国十三年九月二十三日	5(下)	386	同县中诸人合宴瞿卢二知事 民国十三年九月二十三日(1924.10.21)	7	358
吴巽沂自藏所画山深林密图卷 民国十三年九月	5(下)	387	吴巽沂自藏所画山深林密图卷 民国十三年九月(1924.9～10)	7	358
罗瘿公挽诗 民国十三年	5(下)	387	罗瘿公挽诗 民国十三年(1924)	7	358
瘿公赴言程郎于其病至死,任医药丧葬之费,慷慨不少吝,视世与人交而翻复变易者何如。寄诗美之	5(下)	387	瘿公赴言程郎于其病至死任医药丧葬之费慷慨不少吝视世与人交而翻复变易者何如寄诗美之	7	358—359
橙	5(下)	388	橙	7	359
橙蟹	5(下)	388	橙蟹	7	359
叹雨	5(下)	388	叹雨	7	359
移住梅垞	5(下)	388	移住梅垞	7	359
介山楼晓起	5(下)	389	介山楼晓起	7	359
终朝	5(下)	389	终朝	7	360
落叶	5(下)	389	落叶	7	360
十月五日同人看菊花于公园,遂集适然亭小饮	5(下)	389	十月五日同人看菊花于公园遂集适然亭小饮 民国十三年十月初五日(1924.11.1)	7	360
罗生前既谢世,复闻畏庐之赴,感悼为词	5(下)	390	罗生前既谢世复闻畏庐之赴感悼为词	7	360

续 表

续 表

《张謇全集》1994年版			《张謇全集》2012年版		
题　名	卷次	页码	题　名	卷次	页码
袁生娶于金氏求诗，为赋二十四韵	5(下)	394	袁生娶于金氏求诗为赋二十四韵	7	363—364
归来篇四首	5(下)	395	归来篇四首	7	364—365
中馆	5(下)	395—396	中馆	7	365
为农 民国十三年十一月	5(下)	396	为农 民国十三年十一月(1924.11～12)	7	365
归垞祀先，检校整理垞事 民国十三年十一月二十五日	5(下)	396	归垞祀先检校整理垞事 民国十三年十一月二十五日(1924.12.21)	7	365—366
鬻字买鹤	5(下)	397	鬻字买鹤	7	366
介山楼寒月	5(下)	397	介山楼寒月	7	366
独游	5(下)	397	独游	7	367
宛在堂西杉柏	5(下)	397	宛在堂西杉柏	7	367
寿赵贞女	5(下)	398	寿赵贞女	7	367
汭堂月下	5(下)	398	汭堂月下	7	367
宿倚锦楼梦中得句醒足成之	5(下)	398	宿倚锦楼梦中得句醒足成之	7	367
哀黄生	5(下)	398	哀黄生	7	367
莲溪僧婴戏图 民国十三年十二月十五日	5(下)	398—399	莲溪僧婴戏图 民国十三年十二月十五日(1925.1.9)	7	368—369
芙蓉叹 民国十三年十二月十二日	5(下)	399	芙蓉叹 民国十三年十二月十二日(1925.1.6)	7	368

续 表

《张謇全集》1994年版			《张謇全集》2012年版		
题　名	卷次	页码	题　名	卷次	页码
罗生所赠白燕小鸟，雌者以笼坠致陨，赋一截慰其雄	5(下)	399—400	罗生所赠白燕小鸟雌者以笼坠致陨赋一截慰其雄	7	369
越日雄亦死，哀之	5(下)	400	越日雄亦死哀之	7	369
楚生回吴县度岁，其子女辈犹为正初馈岁，赋所受物报	5(下)	400	楚生回吴县度岁其子女辈犹为正初馈岁赋所受物报	7	369
除夕阴雨 民国十三年十二月二十九日	5(下)	400	除夕阴雨 民国十三年十二月二十九日(1925.1.23)	7	369
自民国十四年(1925)讫民国十五年(1926)					
正月五日鹿笙姬人生子，于节尚十二月也 民国十四年一月十日	5(下)	401	正月五日鹿笙姬人生子于节尚十二月也 民国十四年正月初十(1925.2.2)	7	369—370
蜡梅	5(下)	401	蜡梅	7	370
逼迫	5(下)	401	逼迫	7	370
学佛	5(下)	401—402	学佛	7	370
朔漠	5(下)	402	朔漠	7	370
立春怀烈卿南归不至	5(下)	402	立春怀烈卿南归不至 民国十四年正月十二日(1925.2.4)	7	370
菊仙(有序)	5(下)	402—403	菊仙(有序)	7	370—371
雪后闻百舌	5(下)	403	雪后闻百舌	7	371
春淹雨吝，垞梅开不成片，周视成诗	5(下)	403	春淹雨吝垞梅开不成片周视成诗	7	371

续 表

《张謇全集》1994年版			《张謇全集》2012年版		
题　名	卷次	页码	题　名	卷次	页码
岸柳	5(下)	403	岸柳	7	371—372
故药王庙前有鸡栖树，数百年物也。六十年前尝嬉戏其下，今庙徙，建因树斋，诗以纪之	5(下)	404	故药王庙前有鸡栖树数百年物也六十年前尝嬉戏其下今庙徙建因树斋，诗以纪之	7	372
江干卿至，朋辈宴乐甚欢。以其病后劝节摄，干卿唯唯否否。乃去垦所，不二日，凶问至，言寝前尚饮啖如常，晨起逾常兴之晷，仆叩门入视，体冰矣。长句惜挽 民国十四年二月四日	5(下)	404	江幹卿至朋辈宴乐甚欢以其病后劝节摄幹卿唯唯否否乃去垦所不二日凶问至言寝前尚饮啖如常晨起逾常兴之晷仆叩门入视体冰矣长句惜挽 民国十四年二月初四日(1925.2.26)	7	372
约客看梅梅垞 民国十四年二月二十八日	5(下)	404	约客看梅梅垞 民国十四年二月二十八日(1925.3.22)	7	372—373
廿九日约客梅垞看梅 民国十四年二月二十九日	5(下)	405	廿九日约客梅垞看梅 民国十四年二月二十九日(1925.3.23)	7	373
次日看梅以诗柬客 民国十四年三月一日	5(下)	405	次日看梅以诗柬客 民国十四年二月二十八日(1925.3.22)	7	373
乍见小池上绿萼	5(下)	405	乍见小池上绿萼	7	373
楚生邀客禊饮适然亭，大风雪 民国十四年三月三日	5(下)	405—406	楚生邀客禊饮适然亭大风雪 民国十四年三月初三日(1925.3.26)	7	373—374
上巳中公园南楼看雪 民国十四年三月三日	5(下)	406	上巳中公园南楼看雪 民国十四年三月初三日(1925.3.26)	7	374

续 表

《张謇全集》1994年版			《张謇全集》2012年版		
题 名	卷次	页码	题 名	卷次	页码
上冢还扶海垞	5(下)	406	上冢还扶海垞 民国十四年三月初四日(1925.3.27)	7	374
当阳玉泉风景之胜，节庵二十年前曾为言之。今丹徒吴居士示《玉泉寻梦记》，尝谓游是山，因昔梦悟为山铁塔棱金寺大根和尚之后身作记，请赋其事	5(下)	407	当阳玉泉风景之胜节庵二十年前曾为言之今丹徒吴居士示玉泉寻梦记尝谓游是山因昔梦悟为山铁塔棱金寺大根和尚之后身作记请赋其事	7	374—375
三乐乡车中所见	5(下)	407	三乐乡车中所见	7	375
啬庵咏梅四绝	5(下)	407	啬庵咏梅四绝	7	375
答王知事	5(下)	408	答王知事	7	375
里俗	5(下)	408	里俗	7	375
盆梅落尽，池上娟娟独秀。徘徊树下，意为怃然 民国十四年二月二十一日	5(下)	408	盆梅落尽池上娟娟独秀徘徊树下意为怃然 民国十四年二月二十一日(1925.3.15)	7	372
新暖	5(下)	408	新暖	7	375—376
赠蒋将军	5(下)	409	赠蒋将军	7	376
喜张孝移至	5(下)	409	喜张孝移至	7	376
寄李生	5(下)	409	寄李生	7	376
喜烈卿归	5(下)	409	喜烈卿归	7	376
江南	5(下)	409—410	江南	7	376
窄室	5(下)	410	窄室	7	376

续 表

《张謇全集》1994年版			《张謇全集》2012年版		
题　名	卷次	页码	题　名	卷次	页码
我马楼外梨花	5(下)	410	我马楼外梨花	7	377
垞梅开尽矣，竹畔一株尚盛，玉色如雪，喜成一绝句	5(下)	410	垞梅开尽矣竹畔一株尚盛玉色如雪喜成一绝句	7	377
示内(集女宾看桃花)	5(下)	410	示内(集女宾看桃花)	7	377
虞楼看桃花 民国十四年三月十八日	5(下)	411	虞楼看桃花 民国十四年三月十八日(1925.4.10)	7	377
客散	5(下)	411	客散	7	377
剧家马连良之妹秀英索赠	5(下)	411	剧家马连良之妹秀英索赠	7	378
老虎口桃花	5(下)	411	老虎口桃花	7	378
闻王君若吟几病嘲之	5(下)	412	闻王君若吟几病嘲之	7	378
为施生寿其母九十	5(下)	412	为施生寿其母九十	7	378
东风(三月二十八虞楼) 民国十四年三月二十八日	5(下)	412	东风(三月二十八虞楼) 民国十四年三月二十八日(1925.4.20)	7	378
观山下桃花落处	5(下)	412	观山下桃花落处	7	378
林桃落尽，独红白两株正盛，色尤妍冶，戏成长句	5(下)	413	林桃落尽独红白两株正盛色尤妍冶戏成长句	7	379
西林昔年求梨于莱阳，求李于嘉兴，栽地相近。梨久不花，今年李开大盛，登我马楼观之，以为梨也，喜而咏之。审视知误，误不可讳也。又赋此诗	5(下)	413	西林昔年求梨于莱阳求李于嘉兴栽地相近梨久不花今年李开大盛登我马楼观之以为梨也喜而咏之审视知误误不可讳也又赋此诗	7	379

续 表

《张謇全集》1994年版			《张謇全集》2012年版		
题 名	卷次	页码	题 名	卷次	页码
惜花	5(下)	413—414	惜花	7	379
曼寿堂前海棠	5(下)	414	曼寿堂前海棠	7	379
樱花岬	5(下)	414	樱花岬	7	380
中隐园坐上有论牡丹名义故实者,此物类兴,遂成十四韵	5(下)	414	中隐园坐上有论牡丹名义故实者此物类兴遂成十四韵	7	380
幽居	5(下)	414—415	幽居	7	380
山庭红蔷薇之大者正开,繁艳异常,俗或以洋玫瑰、洋牡丹呼之,可厌。昔张文襄易洋雁来红为海雁来红,常自喜而语客,今余亦以新蔷薇为其名。花而有知,当不怪唐突	5(下)	415	山庭红蔷薇之大者正开繁艳异常俗或以洋玫瑰洋牡丹呼之可厌昔张文襄易洋雁来红为海雁来红常自喜而语客今余亦以新蔷薇为其名花而有知当不怪唐突	7	380
武进吴生为其师程子大六十征诗。子大修行能文章,昔稔其名,闻今筑室侨鄂,谢去人事,将终老矣。为作长句,付吴生寄之	5(下)	415	武进吴生为其师程子大六十征诗子大修行能文章昔稔其名闻今筑室侨鄂谢去人事将终老矣为作长句付吴生寄之	7	381
吕生新婚词	5(下)	415—416	吕生新婚词	7	381
郊外见落花	5(下)	416	郊外见落花	7	381
有计伐公园心空之老柳者,诗以缓之	5(下)	416	有计伐公园心空之老柳者,诗以缓之	7	381
丰润王溯沂(绍曾)罢海门县事,侨居于通,时与吕、刘诸君作诗酒之会,是知进退之宜者。感赠	5(下)	416	丰润王溯沂(绍曾)罢海门县事侨居于通时与吕刘诸君作诗酒之会是知进退之宜者感赠	7	381—382

续 表

《张謇全集》1994年版			《张謇全集》2012年版		
题 名	卷次	页码	题 名	卷次	页码
答赠兴化李审言	5(下)	417	答赠兴化李审言	7	382
香谷今年六十,谢客为贺,而语殊简雅。特赋长律	5(下)	417	香谷今年六十谢客为贺而语殊简雅特赋长律	7	382
送楚生至江宁军幕	5(下)	417	送楚生至江宁军幕	7	382
中隐园千瓣牡丹数丛,与常种近而变,不逮去年甚。其别植山石上一本,花好如故,余去年诗所亟推许者也,亦可谓孤芳自赏矣。饮散赋之	5(下)	418	中隐园千瓣牡丹数丛与常种近而变不逮去年甚其别植山石上一本花好如故余去年诗所亟推许者也亦可谓孤芳自赏矣饮散赋之	7	383
天生果园看桃花归,闻鹿笙病其子治许郑学太专之言,为长歌释之,兼示诸客	5(下)	418	天生果园看桃花归闻鹿笙病其子治许郑学太颛之言为长歌释之兼示诸客	7	383
金沙祭墓,饮客沧园	5(下)	419	金沙祭墓饮客沧园 民国十四年三月初六日(1925.3.29)	7	374
避客至村庐	5(下)	419	避客至村庐 民国十四年闰四月初二日(1925.5.23)	7	384—385
村庐书事	5(下)	419	村庐书事	7	385
林溪精舍晓起	5(下)	419	林溪精舍晓起	7	385
鲥鱼	5(下)	420	鲥鱼	7	384
我马楼绝句 民国十四年四月十二日	5(下)	420	我马楼绝句 民国十四年四月十二日(1925.5.4)	7	384

续 表

《张謇全集》1994年版			《张謇全集》2012年版		
题　名	卷次	页码	题　名	卷次	页码
宿虞楼 民国十四年四月十三日	5(下)	420	宿虞楼 民国十四年四月十三日 (1925. 5. 5)	7	384
义犬 民国十四年四月十六日	5(下)	421	义犬 民国十四年四月十六日 (1925. 5. 8)	7	384
与友放舟观校池荷花，因至纪念亭与先至诸生话言	5(下)	421	与友放舟观校池荷花因至纪念亭与先至诸生话言	7	385
邓朴君不见五十年矣，顷以江苏监狱感化会之聘，莅通讲演，述如车马湖夏母百岁，四世子妇孙曾俱全，翁笃信佛教，散家行善，大智愿人也。为广征诗文，劝导是母皈依净土，亦可谓仁者之用心矣。乃为赋之	5(下)	422	邓朴君不见五十年矣顷以江苏监狱感化会之聘莅通讲演述如车马湖夏母百岁四世子妇孙曾俱全翁笃信佛教散家行善大智愿人也为广征诗文劝导是母皈依净土亦可谓仁者之用心矣乃为赋之	7	386
赠刘瑟甫	5(下)	422	赠刘瑟甫	7	386
陈将军	5(下)	423	陈将军	7	386
味雪斋故师范休疗室也。室他徙，而雪君女士假以养病六七阅月，比易为斋，落成值雪，因以名焉。暇日与客宴坐，有怀旧迹	5(下)	423	味雪斋故师范休疗室也室他徙而雪君女士假以养病六七阅月比易为斋落成值雪因以名焉暇日与客宴坐有怀旧迹	7	387
题竹	5(下)	423	题竹	7	387
赠沈阳黄生式叙即题其集	5(下)	423	赠沈阳黄生式叙即题其集	7	387
赠吴生	5(下)	424	赠吴生	7	387

续 表

《张謇全集》1994 年版			《张謇全集》2012 年版		
题 名	卷次	页码	题 名	卷次	页码
旧藏礼器碑失去,作小文书于所见莫氏明拓本后,忽儿子来告,吴生伯乔尝见于某家,因踪迹而复得之。前文其无当已乎,成一诗释意	5(下)	424	旧藏礼器碑失去作小文书于所见莫氏明拓本后忽儿子来告吴生伯乔尝见于某家因踪迹而复得之前文其无当已乎成一诗释意	7	387—388
师范生纪念亭	5(下)	425	师范生纪念亭	7	388
悫甫观东西池荷花后,举宋人诗话所传"万朵红莲一白莲"语为诵。复成一截示悫甫,可以证漆园齐物之喻也	5(下)	425	悫甫观东西池荷花后举宋人诗话所传万朵红莲一白莲语为诵复成一截示悫甫可以证漆园齐物之喻也	7	388
雷雨后视精舍	5(下)	425	雷雨后视精舍	7	388
初八夜月	5(下)	425	初八夜月	7	388
倚锦楼月下诵张子野乐府,有感而作	5(下)	426	倚锦楼月下诵张子野乐府有感而作	7	389
晚凉观涨	5(下)	426	晚凉观涨	7	389
吕陈莫刘诸人同游坡垞	5(下)	426	吕陈莫刘诸人同游坡垞	7	389
山庄	5(下)	426	山庄	7	389
六月四日大风雨,一道折树覆屋,闻某家树中一蛇震死,长仅五尺许耳,大噱成诗	5(下)	427	六月四日大风雨一道折树覆屋闻某家树中一蛇震死长仅五尺许耳大噱成诗 民国十四六月初四日(1925.7.24)	7	389
烈卿携妓燕燕、鸭鸭游我林溪精舍及观音院,嘲之	5(下)	427	烈卿携妓燕燕鸭鸭游我林溪精舍及观音院嘲之	7	389—390

续 表

《张謇全集》1994年版			《张謇全集》2012年版		
题　名	卷次	页码	题　名	卷次	页码
十四日晚晴见月	5(下)	427	十四日晚晴见月 民国十四年六月十四日(1925.8.3)	7	390
纳凉集伶生度曲	5(下)	427	纳凉集伶生度曲	7	390
十五日月蚀,次夕度曲适然亭	5(下)	428	十五日月蚀次夕度曲适然亭 民国十四年六月十六日(1925.8.5)	7	390
答青浦沈生	5(下)	428	答青浦沈生	7	390
嘉范生勤事罗生之病况	5(下)	428	嘉范生勤事罗生之病况	7	390
吴巽沂山水屏歌	5(下)	428—429	吴巽沂山水屏歌	7	391
长歌赠刘道民(有序) 民国十四年六月二十五日	5(下)	429—430	长歌赠刘道民(有序) 民国十四年六月二十五日(1925.8.14)	7	391—392
庭前晚荷次第有花	5(下)	430	庭前晚荷次第有花	7	392
观瓨荷	5(下)	430	观瓨荷	7	392
七夕试星河舫要诸君同作 民国十四年七月七日	5(下)	430	七夕试星河枋要诸君同作 民国十四年七月初七日(1925.8.25)	7	393
次日同人乘舫至唐闸 民国十四年七月八日	5(下)	431	次日同人乘枋至唐闸 民国十四年七月初八日(1925.8.26)	7	393
连日舫游	5(下)	431	连日舫游	7	393
归常乐庙祀	5(下)	431	归常乐庙祀 民国十四年七月初十日(1925.8.28)	7	393

续 表

《张謇全集》1994年版			《张謇全集》2012年版		
题 名	卷次	页码	题 名	卷次	页码
里感	5(下)	431	里感 民国十四年七月初十日 (1925.8.28)	7	394
十五夕濠楼待月	5(下)	432	十五夕濠楼待月 民国十四年七月十五日 (1925.9.2)	7	394
七月十七日,先室生年七十。里俗冥寿之举,恒至百岁,义非古也。哀乐乐哀两无所当。缘之讽佛,籍以斋僧。设奠旁皇,遂成长律。塞悲以妄,其歌有思,徇俗云尔,无所谓礼 民国十四年七月十七日	5(下)	432	七月十七日先室生年七十里俗冥寿之举恒至百岁义非古也哀乐乐哀两无所当缘之讽佛籍以斋僧设奠旁皇遂成长律塞悲以妄其歌有思徇俗云尔无所谓礼 民国十四年七月十七日 (1925.9.4)	7	394
仇涞之征濮友松宗柏挽诗,濮江宁人,勤救生局事至久 民国十四年七月十七日	5(下)	433	仇涞之征濮友松宗柏挽诗濮江宁人勤救生局事至久 民国十四年七月十七日 (1925.9.4)	7	395
楚生六十一生日,同人为置酒。感其先谊,益念其遭遇之非时也 民国十四年八月二日	5(下)	433	楚生六十一生日同人为置酒感其先谊益念其遭遇之非时也 民国十四年八月初二日 (1925.9.19)	7	395
学医徐生	5(下)	433	学医徐生 民国十四年八月初二日 (1925.9.19)	7	395
冯徵士《闭门种菜图》 民国十四年八月十三日	5(下)	434	冯徵士闭门种菜图 民国十四年八月十三日 (1925.9.30)	7	395

续 表

《张謇全集》1994年版			《张謇全集》2012年版		
题 名	卷次	页码	题 名	卷次	页码
八月十三夜曼寿堂看月	5(下)	434	八月十三夜曼寿堂看月 民国十四年八月十三日(1925.9.30)	7	396
凤眼莲(有序)	5(下)	434	凤眼莲(有序)	7	396
晓观凤眼莲截句	5(下)	435	晓观凤眼莲截句	7	396
中秋南园玩月,要与游诸君同作 民国十四年八月十五日	5(下)	435	中秋南园玩月要与游诸君同作 民国十四年八月十五日(1925.10.2)	7	396
吴生得画索题。画署居斋声远而无姓,押滨字印,疑吴江之吴滨也。时双十节后五日 民国十四年八月二十八日	5(下)	435	吴生得画索题画署居斋声远而无姓押滨字印疑吴江之吴滨也时双十节后五日 民国十四年八月二十八日(1925.10.15)	7	396—397
新月	5(下)	435	新月	7	397
见退翁所筑退耕堂	5(下)	436	见退翁所筑退耕堂	7	397
九月六日置酒东奥山庄,奉邀滕县师暨诸友好小饮 民国十四年九月六日	5(下)	436	九月六日置酒东奥山庄奉邀滕县师暨诸友好小饮 民国十四年九月初六日(1925.10.23)	7	397
重九日吕、刘诸君集饮南楼,听吕四旧乐工奏乐 民国十四年九月九日	5(下)	436—437	重九日吕刘诸君集饮南楼听吕四旧乐工奏乐 民国十四年九月初九日(1925.10.26)	7	397—398
重九夜介山堂独坐望月 民国十四年九月九日	5(下)	437	重九夜介山堂独坐望月 民国十四年九月初九日(1925.10.26)	7	398

续 表

《张謇全集》1994年版			《张謇全集》2012年版		
题　名	卷次	页码	题　名	卷次	页码
如梦令(有序) 民国十四年九月十二日	5(下)	437	如梦令(有序) 民国十四年九月十二日 (1925.10.29)	7	398
岁星	5(下)	437	岁星	7	399
晚坐	5(下)	438	晚坐	7	399
罗敷媚(菊会)	5(下)	438	罗敷媚(菊会) 民国十四年九月二十六日(1925.11.12)	7	398—399
一丛花(鸳鸯菊)	5(下)	438	一丛花(鸳鸯菊)	7	427
秋来	5(下)	439	秋来	7	399
和鹿笙菊瘦蟹肥诗	5(下)	439	和鹿笙菊瘦蟹肥诗	7	399
三影行(有序)	5(下)	439—440	三影行(有序)	7	399—400
故人江叔海属李郎以所著书见寄,为长歌报赠	5(下)	440	故人江叔海属李郎以所著书见寄为长歌报赠	7	400—401
因树斋夜雨,梦中有诗,既醒足成六韵	5(下)	440	因树斋夜雨梦中有诗既醒足成六韵	7	401
题曹生母画象	5(下)	441	题曹生母赵太君画象	7	401
十月二日以家庖移南楼饮客,席散有诗呈高师并要诸君同作 民国十四年十月初二日 (1925.11.17)	5(下)	441	十月二日以家庖移南楼饮客席散有诗呈高师并要诸君同作 民国十四年十月初二日 (1925.11.17)	7	401—402
减字木兰花(初六月)	5(下)	441—442	减字木兰花(初六月)	7	427
菩萨蛮	5(下)	442	菩萨蛮	7	428

续 表

《张謇全集》1994年版			《张謇全集》2012年版		
题 名	卷次	页码	题 名	卷次	页码
十八日寅起，霜色一白，寒月西倾，中庭树影分明可数，徘徊四顾，如置身冰壶中，遂成一律	5(下)	442	十八日寅起霜色一白寒月西倾中庭树影分明可数徘徊四顾如置身冰壶中遂成一律 民国十四年十月十八日(1925.12.3)	7	402
寿尤翁	5(下)	442	寿尤翁	7	402
孙馨远徐州凯旋，过江见访，临别奉赠 民国十四年十一月五日	5(下)	442—443	孙馨远徐州凯旋过江见访临别奉赠 民国十四年十一月初五日(1925.12.20)	7	402
饮徐又铮，席后听其按曲，因赠	5(下)	443	饮徐又铮席后听其按曲因赠 民国十四年十一月初三日(1925.12.18)	7	402
满江红(挽又铮，又铮工词，故词以吊之)	5(下)	443	满江红(挽又铮又铮工词故词以吊之)	7	428
满江红(题又铮遗像)	5(下)	443—444	满江红(题又铮遗像)	7	428
伶工学社评艺感言 民国十四年十一月	5(下)	444	伶工学社评艺感言 民国十四年十一月十七日(1926.1.1)	7	403
示戴生，观所度曲	5(下)	444	示戴生观所度曲	7	403
走笔留碣髯	5(下)	444	走笔留碣髯	7	403
叠前韵	5(下)	445	叠前韵	7	404
感事再叠前韵	5(下)	445	感事再叠前韵	7	404
放翁诗多自美其睡意，有取也，因而申之	5(下)	445	放翁诗多自美其睡意有取也因而申之	7	404
携儿采药图	5(下)	445	携儿采药图	7	404—405

续 表

《张謇全集》1994年版			《张謇全集》2012年版		
题 名	卷次	页码	题 名	卷次	页码
杨妃病齿图	5(下)	446	杨妃病齿图	7	405
莲花博士图	5(下)	446	莲花博士图	7	405
我闻室图	5(下)	446	我闻室图	7	405
杨圻《谥妻记》题后 民国十四年十二月二十八日	5(下)	446	杨圻谥妻记题后 民国十四年十二月二十八日(1926. 2. 10)	7	405
垦两生行(有序) 民国十五年正月二十二日	5(下)	447	垦两生行(有序) 民国十五年正月二十二日(1926. 3. 6)	7	405—406
观烧行我马楼同吕章二王高刘诸人 民国十五年正月二十三日	5(下)	447—448	观烧行我马楼同吕章二王高刘诸人 民国十五年正月二十三日(1926. 3. 7)	7	406—407
同星南烈卿回碧楼小坐说寒食 民国十五年二月二十四日	5(下)	448	同星南烈卿回碧楼小坐说寒食 民国十五年二月二十四日(1926. 4. 6)	7	409
梅垞待客不至	5(下)	448	梅垞待客不至	7	409
车中假寐三十里 民国十五年二月	5(下)	448	车中假寐三十里 民国十五年二月(1926. 3～4)	7	407
检视常乐酒厂感王生 民国十五年二月	5(下)	449	检视常乐酒厂感王生 民国十五年二月(1926. 3～4)	7	407—408
二月京师解严，刘生得其子书生孙，以诗示客，因和	5(下)	449	二月京师解严刘生得其子书生孙以诗示客因和 民国十五年二月(1926. 3～4)	7	409

续 表

《张謇全集》1994年版			《张謇全集》2012年版		
题 名	卷次	页码	题 名	卷次	页码
有人归自京师，述所见闻，慨世乱之未已，悲民生之益穷，成诗一篇，寄此孤愤 民国十五年二月	5(下)	449—450	有人归京师述所见闻慨世乱之未已悲民生之益穷成诗一篇寄此孤愤 民国十五年二月(1926.3～4)	7	408—409
二月十五日同人梅垞作饯梅之会	5(下)	450	二月十五日同人梅垞作饯梅之会 民国十五年二月十五日(1926.3.28)	7	407
章吕诸君约就果园置酒看桃花 民国十五年二月二十五日	5(下)	450—451	章吕诸君约就果园置酒看桃花 民国十五年二月二十五日(1926.4.7)	7	409—410
柳花	5(下)	451	柳花	7	410
二月二十七日与客坐虞楼看山下桃花，值大风霾	5(下)	451	二月二十七日与客坐虞楼看山下桃花值大风霾 民国十五年二月二十七日(1926.4.9)	7	410
垞兴	5(下)	451—452	垞兴 民国十五年二月(1926.3～4)	7	408
城南女师范校廿周纪念会感赋，写付罗、范二主任存校，亦他年之纪念也 民国十五年三月	5(下)	452	城南女师范校廿周纪念会感赋写付罗范二主任存校亦他年之纪念也 民国十五年三月初六日(1926.4.17)	7	411
罗生为其父母六十生日征诗	5(下)	452	罗生为其父母六十生日征诗	7	411
汽车冒雨回濠阳 民国十五年三月十一日	5(下)	452	汽车冒雨回濠阳 民国十五年三月十一日(1926.4.22)	7	411

续 表

《张謇全集》1994年版			《张謇全集》2012年版		
题 名	卷次	页码	题 名	卷次	页码
观楚生所藏唐天后凤阁之宝并所为歌，因和 民国十五年三月二十七日	5(下)	453	观楚生所藏唐天后凤阁之宝并所为歌因和 民国十五年三月二十七日(1926.5.8)	7	412—413
上巳同人修禊，泛舟濠上 民国十五年三月三日	5(下)	453—454	上巳同人修禊泛舟濠上 民国十五年三月初三日(1926.4.14)	7	410—411
酬齐生	5(下)	454	酬齐生	7	413
吕四勘垦归涂所感 民国十五年三月	5(下)	454	吕四勘垦归涂所感 民国十五年三月(1926.4～5)	7	413
寿平、积余并以计垦来通，因得浃旬之会合。人事粗暇，风日清美，集饮南楼，欢然有赋，便约陈吕莫刘诸友同作	5(下)	455	寿平积馀并以计垦来通因得浃旬之会合人事粗暇风日清美集饮南楼欢然有赋便约陈吕莫刘诸友同作	7	404
始夏	5(下)	455	始夏	7	413
蔷薇	5(下)	455	蔷薇	7	413
下山	5(下)	455	下山	7	414
记所闻	5(下)	456	记所闻	7	414
去岁	5(下)	456	去岁	7	414
村庐	5(下)	456	村庐	7	414
雨归濠阳经过所见	5(下)	456	雨归濠阳经过所见	7	414
溯沂示立夏日招饮苏来舫诗，次韵奉和	5(下)	457	溯沂示立夏日招饮苏来舫诗次韵奉和 民国十五年三月二十三日(1926.5.4)	7	412

续 表

《张謇全集》1994年版			《张謇全集》2012年版		
题 名	卷次	页码	题 名	卷次	页码
碣翁属人借山庄避疫，久待不至，以诗代简，问之兼致慰解	5(下)	457	碣翁属人借山庄避疫久待不至以诗代简问之兼致慰解	7	414
同两县知事定通海江界 民国十五年四月二十八日	5(下)	457—458	同两县知事定通海江界 民国十五年四月二十八日(1926.6.8)	7	415
越四日，复同通如知事证江界至丝渔港 民国十五年五月三日	5(下)	458	越四日复同通如知事证江界至丝渔港 民国十五年五月初三日(1926.6.12)	7	415
端午日饮客苏来舫，席罢使星河舫拽之，周循西濠 民国十五年五月五日	5(下)	458	端午日饮客苏来舫席罢使星河舫拽之周循西濠 民国十五年五月初五日(1926.6.14)	7	415
五月五日忆儿子京师二首	5(下)	458—459	五月五日忆儿子京师二首 民国十五年五月初五日(1926.6.14)	7	416
简新竹	5(下)	459	简新竹	7	416
自题四十二岁京师小像	5(下)	459	自题四十二岁京师小像	7	416—417
杨生令茀见过	5(下)	460	杨生令茀见过 民国十五年五月十二日(1926.6.21)	7	417
和令茀小令	5(下)	460	和令茀小令 民国十五年五月(1926.6～7)	7	417
题令茀画茄	5(下)	460	题令茀画茄 民国十五年五月(1926.6～7)	7	417

续 表

《张謇全集》1994 年版			《张謇全集》2012 年版		
题　名	卷次	页码	题　名	卷次	页码
读放翁《春雨》绝句，戏进一解	5(下)	460	读放翁春雨绝句戏进一解	7	419
画茄	5(下)	460	画茄 民国十五年五月(1926.6～7)	7	417
五月二十一日，罗、范二生置酒苏来舫，招同令弗及诸同学会饮并有诗，和以答之	5(下)	461	五月二十一日罗范二生置酒苏来舫招同令弗及诸同学会饮并有诗和以答之 民国十五年五月二十一日(1926.6.30)	7	419
约友校亭剥莲，北园小饮	5(下)	461	约友校亭剥莲北园小饮	7	419
荷亭剥莲	5(下)	461	荷亭剥莲	7	420
雨中观荷	5(下)	461	雨中观荷	7	420
喜春初种藤俱活二首	5(下)	462	喜春初种藤俱活二首	7	420
苏来舫溯沂置酒，和烈卿诗韵	5(下)	462	苏来舫溯沂置酒和烈卿诗韵	7	420
题蜀石经拓本，为刘健之	5(下)	462—463	题蜀石经拓本为刘健之	7	420—421
剑山视工直大风，宿我马楼	5(下)	463	剑山视工直大风宿我马楼	7	421
新萤	5(下)	463	新萤	7	421
东寺(时方缮治)	5(下)	463	东寺时方缮治	7	421
江云	5(下)	463	江云	7	422
买鹤得鹳	5(下)	464	买鹤得鹳	7	422

续 表

《张謇全集》1994年版			《张謇全集》2012年版		
题 名	卷次	页码	题 名	卷次	页码
林溪	5(下)	464	林溪	7	422
林溪所感	5(下)	464	林溪所感	7	422
书所见	5(下)	464	书所见	7	422
闻浣华被寇盗,寄诗问之	5(下)	464	闻浣华被寇盗寄诗问之	7	422
送王生毕业归天水	5(下)	465	送王生毕业归天水	7	423
王生求书,归奉其父。其父年政七十,母五十有八,兄弟四人,生最少者也。写一诗予之	5(下)	465	王生求书归奉其父其父政七十母五十有八兄弟四人生最少者也写一诗予之	7	423
楚生以唐昭陵六骏图拓本并考见示。时移世更,观感与昔人绝异矣。为赋长歌纪之	5(下)	465—466	楚生以唐昭陵六骏图拓本并考见示时移世更观感与昔人绝异矣为赋长歌纪之	7	423—424
十姊妹曲二章	5(下)	466	十姊妹曲二章	7	424
题杨令茀《木公金母图》	5(下)	466—467	题杨令茀木公金母图 民国十五年五月(1926.6～7)	7	417—418
哀从孙女静武	5(下)	467	哀从孙女静武	7	425
惩蛇行	5(下)	467	惩蛇行	7	425
六月十六剑山文殊院台落成	5(下)	468	六月十六剑山文殊院台落成 民国十五年六月十六日(1926.7.25)	7	425
剑山规建文殊院,感怀范伯子二首	5(下)	468	剑山规建文殊院感怀范伯子二首	7	425—426
大热简令茀	5(下)	468	大热简令茀	7	419

续 表

《张謇全集》1994 年版			《张謇全集》2012 年版		
题 名	卷次	页码	题 名	卷次	页码
欲雨	5(下)	468—469	欲雨	7	426
十八日夜纳凉待月	5(下)	469	十八日夜纳凉待月 民国十五年六月十八日(1926. 7. 27)	7	426
星二首	5(下)	469	星二首	7	426
题画册	5(下)	469	题画册	7	426
题怀素自叙贴	5(下)	469	题怀素自叙贴	7	426
题杨令茀画《蓬门课子图》	5(下)	470	题杨令茀画蓬门课子图 民国十五年五月(1926. 6～7)	7	418
对联　题联(上)					
龙山龙神庙(代撰) 清光绪三年八月十五日	5(下)	471	题龙山龙神庙(代朱筱泉军门) 清光绪三年八月十五日(1877. 9. 21)	7	431
赣榆昭忠祠 清光绪十四年五月	5(下)	471	题赣榆昭忠祠 清光绪十四年五月十六日(1888. 6. 25)	7	432
赣榆僧亲王祠 清光绪十四年五月十六日	5(下)	472	题赣榆僧亲王祠 清光绪十四年五月十六日(1888. 6. 25)	7	432
骑岸镇关帝庙 清光绪十五年十二月十七日	5(下)	472	题骑岸镇关帝庙 清光绪十五年十二月十七日(1890. 1. 7)	7	433
青蛙庙 清光绪十六年十月十一日	5(下)	472	题良口青蛙庙(代叔兄) 清光绪十六年十月十一日(1890. 11. 22)	7	433

续 表

《张謇全集》1994年版			《张謇全集》2012年版		
题 名	卷次	页码	题 名	卷次	页码
江宁曾忠襄公祠(代桐城师作) 清光绪十六年十一月二十八日	5(下)	473	题江宁曾忠襄公祠(代桐城师) 清光绪十六年十一月二十八日(1891.1.8)	7	433—434
金沙城隍庙 清光绪十六年十二月四日	5(下)	473	题金沙城隍庙 清光绪十六年十二月初四日(1891.1.13)	7	434
良口江神祠(代叔兄撰。地在十八滩下,惶恐滩上) 清光绪十七年四月十五日	5(下)	473	题良口江神祠(代叔兄) 清光绪十七年四月十五日(1891.5.22)	7	434
刘氏宗祠 清光绪十七年十月二十四日	5(下)	473—474	题刘氏宗祠 清光绪十七年十月二十四日(1891.11.25)	7	435
代激如拟祠联 清光绪十七年十月二十五日	5(下)	474	又(代刘激如题刘氏宗祠) 清光绪十七年十月二十五日(1891.11.26)	7	435
刘祠厅联 清光绪十七年十月二十六日	5(下)	474	题刘祠大厅 清光绪十七年十月二十六日(1891.11.27)	7	435
文昌宫 清光绪十九年	5(下)	474	题贵溪文昌宫 光绪十九年七月初九日(1891.11.27)	7	435
贵溪象山书院陆谢二公祠(象山金溪人,叠山弋阳人) 清光绪十九年七月九日	5(下)	475	题贵溪象山书院陆谢二公祠 清光绪十九年七月初九日(1893.8.20)	7	435
义庄 清光绪二十二年七月	5(下)	475	题常乐镇张氏义庄 清光绪二十二年(1896)	7	435—436

续 表

《张謇全集》1994年版			《张謇全集》2012年版		
题　名	卷次	页码	题　名	卷次	页码
张氏家庙吴氏祔祠 清光绪二十二年	5(下)	475	题常乐镇张氏家庙吴氏祔祠 清光绪二十二年(1896)	7	436
常乐镇关帝庙 清光绪二十三年十月二十九日	5(下)	475—476	题常乐镇关帝庙 清光绪二十三年十月二十九日(1897.11.23)	7	436
常乐镇城隍行庙	5(下)	476	题常乐镇城隍行祠 清光绪二十三年十月二十九日(1897.11.23)	7	436
常乐镇刘猛将军庙	5(下)	476	题常乐镇城隍庙刘猛将军祠 清光绪二十三年十月二十九日(1897.11.23)	7	436
常乐镇佛殿	5(下)	476	题常乐镇城隍庙佛殿 清光绪二十三年十月二十九日(1897.11.23)	7	436—437
常乐镇庙戏台柱联 清光绪二十三年十月二十九日	5(下)	476	题常乐镇城隍庙戏台柱联 清光绪二十三年十月二十九日(1897.11.23)	7	437
常乐镇庙戏台屏联	5(下)	477	题常乐镇城隍庙戏台屏联 清光绪二十三年十月二十九日(1897.11.23)	7	437
常乐镇庙观泽堂 清光绪二十三年十二月十四日	5(下)	477	题常乐镇城隍庙观泽堂 清光绪二十三年十二月十四日(1898.1.6)	7	438
常乐镇庙文昌阁 清光绪二十三年十二月二十五日(1898.1.17)	5(下)	477	题常乐镇城隍庙文昌阁 清光绪二十三年十二月二十五日(1898.1.17)	7	438

续 表

《张謇全集》1994 年版			《张謇全集》2012 年版		
题 名	卷次	页码	题 名	卷次	页码
遗爱祠	5(下)	477	题常乐镇城隍庙遗爱祠 清光绪二十三年十月二十九日(1897.11.23)	7	437
狼山塔院 清光绪二十五年九月二十一日	5(下)	478	题狼山塔院 清光绪二十五年九月二十一日(1899.10.25)	7	438—439
狼山三元宫藏经楼	5(下)	478	题狼山三元宫藏经楼 清光绪二十五年九月二十一日(1899.10.25)	7	439
赵亭 清光绪二十七年四月十三日	5(下)	478	题赵亭 清光绪二十七年四月十三日(1901.5.30)	7	439
唐闸土地庙 清光绪二十八年五月二十三日	5(下)	479	题唐闸土地庙 清光绪二十八年五月二十三日(1902.6.28)	7	439
顾黄王三先生祠 清光绪二十九年二月十六日	5(下)	479	题顾黄王三先生祠 清光绪二十九年二月十六日(1903.3.14)	7	440
徐夫人墓门 清光绪三十四年五月十八日	5(下)	479	题徐夫人墓门(二副) 清光绪三十四年五月十八日(1908.6.16)	7	441
日本函馆关帝庙(榜题“大汉威灵”) 清宣统二年五月九日	5(下)	480	题日本函馆关帝庙(代藩获洲) 清宣统二年五月初九日(1910.6.15)	7	442
观音禅院门联 民国二年五月十三日	5(下)	480	题狼山观音禅师院门 民国二年五月十三日(1913.6.17)	7	444
观音禅院 民国五年正月三十日	5(下)	480	题狼山观音禅院 民国五年正月三十日(1916.3.3)	7	446

续 表

《张謇全集》1994年版			《张謇全集》2012年版		
题 名	卷次	页码	题 名	卷次	页码
狼山山门 民国五年五月二十九日	5(下)	480	题狼山山门 民国五年五月二十九日(1916.6.29)	7	446
狼山佛殿	5(下)	481	题狼山佛殿 民国五年五月二十九日(1916.6.29)	7	447
狼山江神祠 民国五年六月二十四日	5(下)	481	题狼山江神祠 民国五年六月二十四日(1916.7.23)	7	447
钟秀山佛殿	5(下)	481	题钟秀山佛殿 民国十一年(1922)	7	458
泰县王心斋祠 民国七年正月	5(下)	481	题泰县王心斋祠 民国七年正月(1918.2～3)	7	450
田母双节祠 民国七年三月二十五日	5(下)	482	题田母双节祠 民国七年三月二十五日(1918.5.5)	7	451
药王庙 民国七年五月	5(下)	482	题药王庙 民国七年(1918)	7	451
东奥支庙	5(下)	482	题军山东奥山支庙 民国八年(1919)	7	454
曹公祠	5(下)	482	题曹公祠(二副) 民国十年(1921)	7	457
弥勒院 民国十年一月	5(下)	483	题马鞍山弥勒院 民国十年正月(1921.2～3)	7	456—457
弥勒阁	5(下)	483	题马鞍山弥陀阁 民国十年正月(1921.2～3)	7	457

续 表

《张謇全集》1994年版			《张謇全集》2012年版		
题 名	卷次	页码	题 名	卷次	页码
黄泥山圆觉精蓝	5(下)	483	题黄泥山圆觉精蓝 民国十年正月(1921.2～3)	7	457
五福寺佛殿	5(下)	483	题五福寺佛殿	7	461
横林许氏宗祠	5(下)	483	题横林许氏宗祠	7	461
浙江临海金氏宗祠	5(下)	484	题浙江临海金氏宗祠	7	461
无锡鼋头渚广福寺	5(下)	484	题无锡鼋头渚广福寺(二副)	7	461
海门关岳庙	5(下)	484	题海门关岳庙 民国四年(1915)	7	446
南通关岳庙	5(下)	484	题南通关岳庙 民国四年(1915)	7	446
河口关壮缪庙	5(下)	485	题河口关壮缪庙 民国十一年(1922)	7	458
李保圩生圹墓门 民国九年十一月三十日	5(下)	485	题李保圩生圹墓门 民国九年十一月三十日(1921.1.8)	7	455
生圹阙	5(下)	485	题生圹阙(二副) 民国九年十一月三十日(1921.1.8)	7	455
华表	5(下)	486	题生圹华表 民国九年十一月三十日(1921.1.8)	7	455
傅筱庵宗祠 民国十二年	5(下)	486	题临海傅氏宗祠 民国十二年(1923)	7	459
移建药王庙 民国十三年	5(下)	486	题移建药王庙 民国十四年(1925)	7	459

续 表

《张謇全集》1994年版			《张謇全集》2012年版		
题 名	卷次	页码	题 名	卷次	页码
剑山山麓门	5(下)	486	题剑山山麓门 民国十五年(1926)	7	459
山上大门	5(下)	487	题剑山上大门 民国十五年(1926)	7	459
山上二门	5(下)	487	题剑山上二门 民国十五年(1926)	7	460
半山魁星亭	5(下)	487	题剑山魁星亭(二副) 民国十五年(1926)	7	460
剑山文殊院	5(下)	487	题剑山文殊院 民国十五年(1926)	7	460
剑山药师佛殿	5(下)	488	题剑山药师佛殿 民国十五年(1926)	7	460
剑山雷神祠	5(下)	488	题剑山雷神祠 民国十五年(1926)	7	460—461
题联(下)					
营门 清光绪二年九月二十一日	5(下)	489	题浦口庆军营门 清光绪二年九月二十一日(1876.11.6)	7	431
大门 清光绪二年十二月二十四日	5(下)	489	题常乐家宅大门 清光绪二年十二月二十四日(1877.2.6)	7	431
集联,厨所用也 清光绪八年十二月九日	5(下)	489	题厨所 清光绪八年十二月初九日(1883.1.17)	7	431—432
集句得门帖(大人命也) 清光绪九年正月十八日	5(下)	490	题常乐家宅门(家大人命集句) 清光绪九年正月十八日(1883.2.25)	7	432

续 表

《张謇全集》1994年版			《张謇全集》2012年版		
题　名	卷次	页码	题　名	卷次	页码
偶集楹帖于野居 清光绪九年三月七日	5(下)	490	题野居 清光绪九年三月初七日(1883.4.13)	7	432
再集书室联，亦在家时严命也 清光绪九年六月五日	5(下)	490	题书室(家大人命集句) 清光绪九年六月初五日(1883.7.8)	7	432
赣榆青口选青书院 清光绪十四年五月十六日	5(下)	490	题青口选青书院 清光绪十四年五月十六日(1888.6.25)	7	433
长生光明室(集句)	5(下)	491	题常乐家宅长生光明室 清光绪十六年十二月(1891.1～2)	7	434
良口厘局 清光绪十六年十一月四日	5(下)	491	题良口厘局 清光绪十六年十一月初四日(1890.12.15)	7	433
良口义学(代叔兄撰) 清光绪十七年四月十六日	5(下)	491	题良口义学(代叔兄) 清光绪十七年四月十六日(1891.5.23)	7	434
良口义学门联(集句)	5(下)	492	题良口义学门 清光绪十七年四月十六日(1891.5.23)	7	434
通州大生纱厂大厅	5(下)	492	题大生纱厂公事厅 清光绪二十五年九月二十一日(1899.10.25)	7	438
大生纱厂厂联 清光绪二十三年十一月	5(下)	492—493	题大生纱厂(四副) 清光绪二十三年十一月(1897.11～12)	7	437—438
通海垦牧公司慕畴堂(集《庄子》、韩文) 清光绪二十八年二月十一日	5(下)	493	题通海垦牧公司慕畴堂 清光绪二十八年二月十一日(1902.3.20)	7	439

续 表

《张謇全集》1994年版			《张謇全集》2012年版		
题　名	卷次	页码	题　名	卷次	页码
通州师范学校礼堂(一) 清光绪二十八年八月一日	5(下)	493	题通州师范学校礼堂 清光绪二十八年八月初一日(1902.9.2)	7	439
通州师范学校教员室	5(下)	493	题通州师范学校教员室 清光绪二十八年八月初一日(1902.9.2)	7	440
通州师范学校寿松堂 清光绪二十九年正月二十八日	5(下)	494	题通州师范学校寿松堂 清光绪二十九年正月二十八日(1903.2.25)	7	440
通州新育婴堂 清光绪三十年六月十六日	5(下)	494	题通州新育婴堂(二副) 清光绪三十年六月十六日(1904.7.28)	7	440
校西在中沚亭 清光绪三十一年十二月十五日	5(下)	494	题在中沚亭 清光绪三十一年十二月十五日(1906.1.9)	7	440
博物馆	5(下)	495	题博物苑(二副) 清光绪三十一年十二月二十九日(1906.1.23)	7	441
张季草堂 清光绪三十一年十二月二十九日	5(下)	495	题张季草堂 清光绪三十一年十二月二十九日(1906.1.23)	7	441
园林学校 清光绪三十四年九月二十五日	5(下)	495	题园林学校 清光绪三十四年九月二十五日(1908.10.19)	7	441—442
题赵竹君惜阴堂 清光绪三十四(1908)	5(下)	496	题赵竹君惜阴堂 清光绪三十四(1908)	7	442
尊素堂	5(下)	496	题尊素堂	7	463
怡儿书室	5(下)	496	题怡儿书室	7	463

续　表

《张謇全集》1994年版			《张謇全集》2012年版		
题　名	卷次	页码	题　名	卷次	页码
博物苑谦亭 清宣统二年九月二十五日	5(下)	496—497	题博物苑谦亭 清宣统二年九月二十五日(1910.10.27)	7	442
通州师范学校礼堂(二) 清宣统三年正月元日	5(下)	497	题通州师范学校礼堂 清宣统三年正月初一日(1911.1.30)	7	443
江苏咨议局通海议员公寓 清宣统三年正月八日	5(下)	497	题江苏咨议局通海议员公寓 清宣统三年正月初八日(1911.2.6)	7	443
南洋劝业会内竹深留客处	5(下)	497	题南洋劝业会竹深留客处 宣统二年(1910)	7	442
南通县钟楼	5(下)	497	题南通县钟楼 民国四年(1915)	7	445
濠南别业(集句) 民国元年三月二十七日	5(下)	498	题濠南别业先像室 民国四年四月二十五日(1915.6.7)	7	445
濠南别业客室(集句)	5(下)	498	濠南别业客室 民国元年三月二十七日(1912.5.13)	7	443
博物苑相禽阁	5(下)	498	题博物苑相禽阁 民国元年(1912)	7	443
博物苑藤东水榭	5(下)	498	题博物苑藤东水榭(二副) 民国二年(1913)	7	444
博物苑迟虚亭	5(下)	499	题博物苑迟虚亭 民国五年(1916)	7	448
博物苑壶外亭	5(下)	499	题博物苑壶外亭 民国四年(1915)	7	445

续 表

《张謇全集》1994年版			《张謇全集》2012年版		
题　名	卷次	页码	题　名	卷次	页码
女师范学校 民国二年六月六日	5(下)	499	题女师范学校 民国二年六月初六日 (1913.7.9)	7	444
有斐馆 民国二年六月七日	5(下)	499	题有斐馆 民国二年六月初七日 (1913.7.10)	7	444
通海垦牧公司大厅	5(下)	500	题大有晋垦牧公司 民国二年八月十九日 (1913.9.19)	7	444
濠南别业先像室 民国四年四月二十五日	5(下)	500	题濠南别业先像室 民国四年四月二十五日 (1915.6.7)	7	445
山亭(集禊帖) 民国五年一月三十日	5(下)	500	题山亭(集禊帖) 民国五年正月三十日 (1916.3.3)	7	446
军山气象台 民国五年	5(下)	500	题军山气象台 民国五年(1916)	7	448
清远楼(集欧柳文) 民国五年六月二十三日	5(下)	501	题中公园清远楼(集欧柳文) 民国五年六月二十三日 (1915.7.22)	7	447
仰山亭(集范石湖)	5(下)	501	题中公园仰山亭(集范石湖) 民国六年(1917)	7	449
南公园与众堂(集韩、杜)	5(下)	501	题南公园与众堂(集韩、杜) 民国六年(1917)	7	449
北翠微亭(集陈后山) 民国六年二月二十四日	5(下)	502	题北翠微亭(集陈后山) 民国六年二月二十四日 (1917.3.17)	7	448

续 表

《张謇全集》1994年版			《张謇全集》2012年版		
题 名	卷次	页码	题 名	卷次	页码
中公园南楼 民国六年五月	5(下)	502	题中公园南楼 民国四年十月(1915.11～12)	7	445
宛在堂(集古乐府、宋人词)	5(下)	502	题中公园宛在堂(集古乐府、宋人词) 民国五年十月十七日(1916.11.12)	7	447
适然亭(集句)	5(下)	503	题中公园适然亭(集句) 民国六年(1917)	7	449
凿坏室	5(下)	503	题中公园凿坏室 民国六年(1917)	7	450
嘉会堂	5(下)	503	题中公园嘉会堂 民国六年(1917)	7	450
林溪精舍圆门	5(下)	503	题林溪精舍圆门 民国五年(1916)	7	448
西山村庐(集王临川) 民国六年五月二十七日	5(下)	504	题西山村庐 民国六年五月二十七日(1917.7.15)	7	449
西山村庐厅事	5(下)	504	题西山村庐厅事 民国五年十一月初二日(1916.11.26)	7	447
濠阳小筑曼寿堂	5(下)	504	题濠阳小筑曼寿堂 民国六年(1917)	7	450
濠阳小筑外厅	5(下)	504	题濠阳小筑外厅 民国六年(1917)	7	450
北公园观万流亭(集范石湖)	5(下)	505	题北公园观万流亭 民国五年十二月(1916.12～1917.1)	7	448
苏来舫	5(下)	505	题苏来舫(二副) 民国七年(1918)	7	452

续 表

《张謇全集》1994年版			《张謇全集》2012年版		
题 名	卷次	页码	题 名	卷次	页码
颐生酿造厂 民国七年十二月三十日	5(下)	505	题颐生酿造厂 民国七年十二月三十日(1918.1.31)	7	451
后张榭 民国八年三月五日	5(下)	506	题军山后张榭 民国八年三月初五日(1919.4.5)	7	452
东奥山庄倚锦楼 民国八年三月十三日	5(下)	506	题东奥山庄倚锦楼 民国八年三月十三日(1919.4.13)	7	452
东奥山庄受颐堂 民国八年三月二十日	5(下)	506	题东奥山庄受颐堂 民国八年三月二十日(1919.4.20)	7	452
东奥山庄外客室(集王临川)	5(下)	506	题东奥山庄外客室 民国六年五月二十七日(1917.7.15)	7	449
觍天奥亭	5(下)	507	题觍天奥亭	7	464
梅欧阁 民国八年六月十七日	5(下)	507	题梅欧阁 民国八年六月十七日(1919.7.14)	7	452—453
镶山千五百本梅垞 民国八年六月二十九日	5(下)	507	题镶山千五百本梅垞 民国八年六月底(1919.7)	7	453
千载楼	5(下)	507	题千载楼 民国八年六月底(1919.7)	7	453
更俗剧场 民国八年闰七月九日	5(下)	508	题更俗剧场 民国八年闰七月初九日(1919.9.2)	7	453
伶工学社演习场 民国八年八月	5(下)	508	题伶工学社演习场 民国八年八月(1919.9～10)	7	454

续 表

续 表

《张謇全集》1994年版			《张謇全集》2012年版		
题　名	卷次	页码	题　名	卷次	页码
独秀閣	5(下)	512	题马鞍山独秀閣 民国十年正月(1921.2～3)	7	457
汲泉亭	5(下)	512	题汲泉亭	7	464
有有亭	5(下)	512	题有有亭	7	464
鱼厅(集坐位)	5(下)	512	题鱼厅	7	464
时若亭(集句)	5(下)	513	题时若亭	7	464
南通中学息焉游焉之室 民国十一年六月	5(下)	513	题南通中学息焉游焉之室 民国十一年六月(1922.7～8)	7	457—458
南通中学惜景轩(集东坡、班固句)	5(下)	513	题南通中学惜景轩 民国十一年六月(1922.7～8)	7	458
南汤山陶庐	5(下)	513	题南汤山陶庐	7	465
教养公积社	5(下)	514	题教养公积社	7	462
师山同学耆年会	5(下)	514	题师山同学耆年会	7	462
沪纱布交易所新筑(集句) 民国十一年九月十四日	5(下)	514	题沪纱布交易所新筑 民国十一年九月十四日(1922.11.2)	7	458
农会议堂	5(下)	514	题农会议堂	7	462
汉口江苏旅鄂同乡会	5(下)	514	题汉口江苏旅鄂同乡会	7	462
布业公所	5(下)	515	题布业公所	7	462
永朝夕馆	5(下)	515	题永朝夕馆	7	462
某医室	5(下)	515	题某医室	7	462
通海汽车公司	5(下)	515	题通海汽车公司	7	463

续 表

《张謇全集》1994年版			《张謇全集》2012年版		
题　名	卷次	页码	题　名	卷次	页码
不垢池	5(下)	515	题不垢池	7	463
精益眼镜公司	5(下)	516	题精益眼镜公司(二副)	7	463
贺联					
贺戴德书 清同治十三年二月十日	5(下)	517	贺戴德书 清同治十三年二月初十日(1874.3.27)	7	465
为石师制句 清同治十三年十一月八日	5(下)	517	赠某(代徐石渔) 清同治十三年十一月初八日(1874.12.16)	7	465
赠某(为李翰臣撰) 清光绪元年四月四	5(下)	517	赠某(代李翰臣) 清光绪元年四月初四	7	465
集句赠子承 清光绪二年十月十二日	5(下)	518	赠杨子承 清光绪二年十月十二日(1876.11.27)	7	465
集联赠邱履平 清光绪二年十月二十四日	5(下)	518	赠邱履平 清光绪二年十月二十四日(1876.12.9)	7	466
寿陈丈七十 清光绪三年正与二十七日	5(下)	518	寿陈丈七十 清光绪三年正月二十七日(1877.3.11)	7	466
贺故人子入泮娶妇(为吴武壮公撰) 清光绪三年八月二日	5(下)	518	贺故人子入泮娶妇(代吴长庆) 清光绪三年八月初二日(1877.9.8)	7	466
赠痴丈 清光绪三年十二月十七日	5(下)	519	赠痴丈 清光绪三年十二月十七日(1878.1.19)	7	466
赠培根 清光绪三年十二月十八日	5(下)	519	赠培根 清光绪三年十二月十八日(1878.1.20)	7	466—477

续 表

《张謇全集》1994年版			《张謇全集》2012年版		
题 名	卷次	页码	题 名	卷次	页码
赠人（为翔林撰） 清光绪三年二月二十一日	5（下）	519	赠人（代徐翔林） 清光绪三年二月二十一日（1877.4.4）	7	466
赠人扇（集联） 清光绪四年六月十七日	5（下）	519	闲联	7	534
贺沈某子婚（集句） 清光绪四年十一月三十日	5（下）	520	贺沈某子婚 清光绪四年十一月三十日（1878.12.23）	7	467
集后汉书北史语赠竹添渐卿 清光绪九年六月十四日	5（下）	520	赠竹添渐卿 清光绪九年六月十四日（1883.7.17）	7	467
诣季亮，直其母寿，集《文选》为联 清光绪九年三月二日	5（下）	520	寿陶季亮母 清光绪九年三月初二日（1883.4.8）	7	467
集句寄眉孙 清光绪九年六月二十六日	5（下）	521	赠何眉孙 清光绪九年六月二十六日（1883.7.29）	7	468
严凫芗属集句寿其姑母某太夫人 清光绪十年正月初四日	5（下）	521	寿严凫芗姑母（代严凫芗） 清光绪十年正月初四日（1884.1.31）	7	468
赠哲夫	5（下）	521	赠哲夫 清光绪十年正月初四日（1884.1.31）	7	468
刘生新婚（代石师作） 清光绪十年十一月五日	5（下）	521	贺刘生新婚（代徐石渔） 清光绪十年十一月初五日（1884.12.21）	7	468
贺姜某孙寄籍他县补学生员（代石师作）	5（下）	522	贺姜某孙寄籍他县补学生员（代石师作） 清光绪十年十一月初五日（1884.12.21）	7	468

续 表

《张謇全集》1994年版			《张謇全集》2012年版		
题 名	卷次	页码	题 名	卷次	页码
涂尚书八十双寿(代孙先生撰) 清光绪十七年十月八日	5(下)	522	贺涂尚书八十双寿(代孙云锦) 清光绪十七年十月初八日(1891.11.9)	7	468—469
刘宣甫娶张(为勖臧作) 清光绪十八年四月八日	5(下)	522	贺刘宣甫娶张(代王勖臧) 清光绪十八年四月初八日(1892.5.4)	7	469
湖广张督部生日 清光绪二十三年八月六日	5(下)	522—523	寿湖广张督部六十 清光绪二十三年八月初六日(1897.9.2)	7	469
寿新宁(为幕府诸君撰) 清光绪二十四年十二月	5(下)	523	寿新宁刘坤一七十(代幕府诸君) 清光绪二十四年十二月(1899.1～2)	7	469
贺顾石公嫁女	5(下)	523	贺顾石公嫁女 清光绪二十四年十二月(1899.1～2)	7	469
两江刘督部入都祝嘏 清光绪二十五年十二月五日	5(下)	523	贺两江刘督部入都祝嘏 清光绪二十五年十二月初五日(1900.1.5)	7	469
贺管砺冰 清光绪二十七年	5(下)	523—524	贺管砺冰婚 清光绪二十七年(1901)	7	470
诵钱琴斋(代陈兰薰辈作) 清光绪二十八年四月二十二日	5(下)	524	诵钱琴斋(代陈兰熏辈作) 清光绪二十八年四月二十二日(1902.5.29)	7	470
赠江都柬织云 清光绪三十三年	5(下)	524	赠柬织云 清光绪三十三年(1907)	7	470

续 表

《张謇全集》1994年版			《张謇全集》2012年版		
题 名	卷次	页码	题 名	卷次	页码
寿郑苏堪五十(集句) 清宣统元年闰二月十九日	5(下)	525	寿郑苏堪五十(集句) 清宣统元年闰二月十九日(1909.4.9)	7	470
两江端督部调任北洋 清宣统元年五月	5(下)	525	贺两江端督部调任北洋 清宣统元年五月(1909.6～7)	7	470
寿沈敬夫七十 清宣统二年四月七日	5(下)	525	寿沈敬夫七十 清宣统二年四月初七日(1910.5.15)	7	471
寿许翁 民国元年三月二十九日	5(下)	525	寿许翁六十 民国元年三月二十九日(1912.5.15)	7	471
寿张少轩(勋) 民国三年十月	5(下)	526	寿张少轩六十 民国三年十月三十日(1914.12.16)	7	471—472
束劭直母八十 民国三年十月三十日	5(下)	526	寿束劭直母八十 民国三年十月三十日(1914.12.16)	7	472
寿潘心杭太翁七十 民国四年十月十八日	5(下)	526	寿潘心杭太翁七十 民国四年十月十八日(1915.11.24)	7	472
赠沈雪君 民国五年十月十六日	5(下)	526	赠沈雪君 民国五年十月十六日(1916.11.11)	7	473
贺赵王结婚(赵竹君子，王勖臧女) 民国五年十一月十一日	5(下)	527	贺赵王结婚(赵竹君子，王勖臧女) 民国五年十一月十一日(1916.12.5)	7	473
书寄梅浣华(集词句) 民国七年十二月二日	5(下)	527	赠梅浣华 民国七年十二月初二日(1919.1.3)	7	473

续 表

《张謇全集》1994年版			《张謇全集》2012年版		
题　名	卷次	页码	题　名	卷次	页码
沈豹君子娶妇 民国七年十二月三十日	5(下)	527	贺沈豹君子娶妇 民国七年十二月三十日(1919.1.31)	7	474
梅浣华祖母八十 民国八年二月二十八日	5(下)	528	寿梅浣华祖母八十 民国八年二月二十八日(1919.3.29)	7	474
马湘伯八十 民国八年三月二十五日	5(下)	528	寿马相伯八十 民国八年三月二十五日(1919.4.25)	7	474
孙伯龙六十	5(下)	528	寿孙伯龙六十 民国四年(1915)	7	472
许崧甫七十 民国八年十月二十二日	5(下)	528	寿许松甫七十 民国八年十月二十二日(1919.12.13)	7	474
薛母寿 民国九年正月六日	5(下)	529	寿薛母 民国九年正月初六日(1920.2.25)	7	474
退翁六十	5(下)	529	寿退翁六十 宣统二年九月三十日(1910.11.1)	7	471
赠静圆和尚 民国十年一月	5(下)	529	赠静圆和尚 民国十年正月(1912.2～3)	7	475
小海百岁老人康滋圃 民国十年十一月二十日	5(下)	530	寿小海百岁老人康滋圃 民国十年十一月二十日(1921.12.18)	7	475
张今坡八十 民国十年十二月二十一日	5(下)	530	寿张今坡八十 民国十年十二月二十一日(1922.1.18)	7	475

续 表

《张謇全集》1994年版			《张謇全集》2012年版		
题 名	卷次	页码	题 名	卷次	页码
华云浦八十 民国十年	5(下)	530	寿华云浦八十 民国十年(1921)	7	475
吴骧臣母七十	5(下)	530	寿吴骧臣母七十	7	480—481
云海秋赘婿	5(下)	531	贺云海秋赘婿	7	479
周女士嫁	5(下)	531	贺周女士嫁	7	480
刘馩如嫁	5(下)	531	贺刘馩如嫁	7	480
王女士嫁	5(下)	531	贺王女士嫁	7	480
寿吴佩孚五十 民国十一年	5(下)	531	寿吴佩孚五十 民国十一年(1922)	7	476
葛执中父八十 民国十二年正月十二日	5(下)	532	寿葛执中父八十 民国十二年正月十二日(1923.2.27)	7	476
王蒋夫妇八十 民国十二年六月	5(下)	532	寿王蒋夫妇八十 民国十二年六月(1923.7～8)	7	476
沙健庵六十 民国十二年八月	5(下)	532	寿沙健庵六十 民国十二年八月(1923.9～10)	7	476
梅浣华母六十	5(下)	532	寿梅浣华母六十	7	480
周宝孚六十	5(下)	533	贺周宝孚六十	7	480
张镜湖六十	5(下)	533	寿张镜湖六十 民国十三年(1924)	7	477
赠高生(集句)	5(下)	533	赠高生(集句)	7	478
寿张作霖 民国十二年十一月	5(下)	533	寿张作霖 民国十二年十一月(1923.12～1924.1)	7	476—477

续 表

《张謇全集》1994年版			《张謇全集》2012年版		
题 名	卷次	页码	题 名	卷次	页码
吕道象罗夫人六十	5(下)	534	寿吕道象罗夫人六十	7	481
寿陈坚母太夫人(集句)	5(下)	534	寿陈坚母太夫人	7	481
谢女士嫁	5(下)	534	贺谢女士嫁	7	480
宋生三十书此勉之	5(下)	534	赠宋生三十 民国十四年(1925)	7	477
赠徐明四	5(下)	534	赠徐明四 民国十五年初(1926.1～2)	7	477
赠张石亲(集句)	5(下)	535	赠张石亲(集句)	7	478
保母张孺人六十	5(下)	535	寿保母张孺人六十 宣统元年(1909)	7	471
蕴素校长迁新居	5(下)	535	蕴素校长迁新居	7	479
陈雪轩四十(时乙丑冬月) 民国十四年冬	5(下)	535	赠陈雪轩四十 民国十四年冬(1925.10～12)	7	477
挽联					
叔枚 清同治十二年九月二十四日	5(下)	536	挽叔枚 清同治十二年九月二十四日(1873.11.13)	7	481
沈烟萝 清同治十三年十月八日	5(下)	536	挽沈烟萝 清同治十三年十月初八日(1874.11.16)	7	481—482
敬轩 清同治十三年十一月二十三日	5(下)	536	挽敬轩 清同治十三年十一月二十三日(1874.12.31)	7	482
晋师 清光绪元年七月十五日	5(下)	537	挽晋师 清光绪元年七月十五日(1875.8.15)	7	482

续 表

《张謇全集》1994年版			《张謇全集》2012年版		
题　名	卷次	页码	题　名	卷次	页码
邓廷楠母 清光绪二年闰五月四日	5(下)	537	挽邓廷楠母 清光绪二年闰五月初四日(1876.6.25)	7	482
徐莪门 清光绪三年十二月二十五日	5(下)	537	挽徐莪门 清光绪三年十二月二十五日(1878.1.27)	7	482
代吴武壮公撰挽李师 清光绪四年正月二十五日	5(下)	537	代吴武壮公撰挽李师 清光绪四年正月二十五日(1878.2.26)	7	483
畏皇太翁 清光绪四年正月二十六日	5(下)	538	挽畏皇太翁 清光绪四年正月二十六日(1878.2.27)	7	483
李师 清光绪四年正月二十七日	5(下)	538	挽李师 清光绪四年正月二十七日(1878.2.28)	7	483
乌鲁木齐都统果敏公英翰(代吴武壮公撰) 清光绪四年八月十五日	5(下)	538—540	挽乌鲁木齐都统果敏公英翰(代吴武壮公撰) 清光绪四年八月十五日(1878.9.11)	7	483
林先生天龄 清光绪四年十一月二十五日	5(下)	540	挽林先生天龄 清光绪四年十一月二十五日(1878.12.18)	7	484
欣甫太夫人(为子钦作) 清光绪四年十二月二十二日	5(下)	541	挽欣甫太夫人(代子钦) 清光绪四年十二月二十二日(1879.1.14)	7	485
刘长蔚 清光绪八年六月五日	5(下)	541	挽刘长蔚 清光绪八年六月初五日(1882.7.19)	7	485
石一泉 清光绪八年十月十日	5(下)	541—542	挽石一泉 清光绪八年十月初十日(1882.11.20)	7	485

续 表

《张謇全集》1994年版			《张謇全集》2012年版		
题 名	卷次	页码	题 名	卷次	页码
筱公属为各营撰挽海楼联 清光绪九年六月二十九日	5(下)	542	挽刘海楼(代黄松亭) 清光绪九年六月二十九日(1883.8.1)	7	485—486
挽海楼 清光绪九年六月三十日	5(下)	542	又(挽刘海楼) 清光绪九年六月三十日(1883.8.2)	7	486
代筱公挽海楼	5(下)	543	又(代筱公挽刘海楼)	7	486
代怡庵挽海楼	5(下)	543	又(代怡庵挽刘海楼)	7	486
为延陵挽吴春帆中丞 清光绪十年闰五月九日	5(下)	543	挽吴春帆中丞(代延陵) 清光绪十年闰五月初九日(1884.7.1)	7	486
吴武壮公长庆 清光绪十年六月四日	5(下)	543—544	挽吴武壮公长庆 清光绪十年六月初四日(1884.7.25)	7	487
徐泽和夫人 清光绪十年十月二十九日	5(下)	544	挽徐泽和夫人(二副) 清光绪十年十月二十九日(1884.12.16)	7	488
玉昆生太夫人 清光绪十三年七月四日	5(下)	544	挽玉昆生太夫人 清光绪十三年七月初四日(1887.8.22)	7	488
桐城方先生宗诚 清光绪十四年五月二十三日	5(下)	545	挽桐城方先生宗诚 清光绪十四年五月二十四日(1888.7.3)	7	489
孙仲平(海岑先生次子) 清光绪十四年五月二十七日	5(下)	545	挽孙仲平 清光绪十四年五月二十七日(1888.7.6)	7	489
陶明经廷瑞 清光绪十四年七月二十五日	5(下)	545	挽陶明经廷瑞 清光绪十四年七月二十五日(1888.9.1)	7	489

续 表

《张謇全集》1994年版			《张謇全集》2012年版		
题　名	卷次	页码	题　名	卷次	页码
代欣甫挽其族兄 清光绪十四年八月十六日	5(下)	546	代欣甫挽其族兄兰伯 清光绪十四年八月十六日(1888.9.21)	7	489
胡香九太夫人 清光绪十四年八月二十五日	5(下)	546	挽胡香九太夫人 清光绪十四年八月二十五日(1888.9.30)	7	489—490
武昌高云山(代父撰) 清光绪十四年九月七日	5(下)	546	挽武昌高云山(代父撰) 清光绪十四年九月初七日(1888.10.11)	7	490
刘明经逢吉 清光绪十四年九月十一日	5(下)	547	挽刘明经逢吉 清光绪十四年九月十一日(1888.10.15)	7	490
为烟锄作挽馥畴 清光绪十四年九月十二日	5(下)	547	又(代烟锄挽刘明经逢吉) 清光绪十四年九月十二日(1888.10.16)	7	490
马通伯太翁 清光绪十四年十二月四日	5(下)	547	挽马通伯太翁 清光绪十四年十二月初四日(1889.1.5)	7	490
束次云 清光绪十五年八月八日	5(下)	548	挽束次云 清光绪十五年八月初八日(1889.9.2)	7	490
为人作挽某书办母 清光绪十五年十月二十七日	5(下)	548	挽某书办母(代) 清光绪十五年十月二十七日(1889.11.19)	7	491
某翁	5(下)	548	挽某翁(代) 清光绪十五年十月二十七日(1889.11.19)	7	491
曹丈谦 清光绪十六年正月二十二日	5(下)	548	挽曹丈谦 清光绪十六年正月二十二日(1890.2.11)	7	491

续 表

《张謇全集》1994年版			《张謇全集》2012年版		
题 名	卷次	页码	题 名	卷次	页码
刘伯延 清光绪十六年六月二十五日	5(下)	549	挽刘伯延 清光绪十六年六月二十五日(1890.8.10)	7	491
又(代烟锄撰) 清光绪十六年六月二十六日	5(下)	549	又(代烟锄挽刘伯延) 清光绪十六年六月二十六日(1890.8.11)	7	491
刘竹屏 清光绪十六月十月三十日	5(下)	549	挽刘竹屏 清光绪十六月十月(1890.11～12)	7	492
曾忠襄公 清光绪十六年十一月二十八日	5(下)	550	挽曾忠襄公 清光绪十六年十一月二十八日(1891.1.8)	7	492
陈佩廷 清光绪十六年十二月三日	5(下)	550	挽陈佩廷 清光绪十六年十二月初三日(1891.1.12)	7	492
沈师母 清光绪十六年十二月四日	5(下)	550	挽沈师母 清光绪十六年十二月初四日(1891.1.13)	7	492
王云悔夫人 清光绪十六年十二月二十日	5(下)	551	挽王云悔夫人 清光绪十六年十二月二十日(1891.1.29)	7	492
孙先生诒经 清光绪十七年二月十四日	5(下)	551	挽孙先生诒经 清光绪十七年二月十四日(1891.3.23)	7	493
陈哲甫太夫人 清光绪十七年二月十六日	5(下)	551	挽陈哲甫太夫人 清光绪十七年二月十六日(1891.3.25)	7	493
徐觐侯 清光绪十七年三月五日	5(下)	551—552	挽徐觐侯 清光绪十七年三月初五日(1891.4.13)	7	493

续 表

《张謇全集》1994年版			《张謇全集》2012年版		
题 名	卷次	页码	题 名	卷次	页码
张云抟 清光绪十七年六月十四日	5(下)	552	挽张云抟 清光绪十七年六月十四日(1891.7.19)	7	493
曹懋功 清光绪十七年七月二十一日	5(下)	552	挽曹懋功 清光绪十七年七月二十一日(1891.8.25)	7	493
吕蕡青 清光绪十八年正月八日	5(下)	552	挽吕蕡青 清光绪十八年正月初八日(1892.2.6)	7	494
徐先生云锦(代父撰) 清光绪十八年二月四日	5(下)	553	挽徐先生云锦(代父撰) 清光绪十八年二月初四日(1892.3.2)	7	494
孙先生云锦 清光绪十八年二月十五日	5(下)	553	挽孙先生云锦 清光绪十八年二月十五日(1892.3.13)	7	494
又(代孟朴撰) 清光绪十八年二月二十九日	5(下)	553	又(代孟朴挽孙先生云锦) 清光绪十八年二月二十九日(1892.3.27)	7	494
薛师母 清光绪十八年五月二十六日	5(下)	554	挽薛师母 清光绪十八年五月二十六日(1892.6.20)	7	494
张丈建侯 清光绪十八年五月二十七日	5(下)	554	挽张丈建侯 清光绪十八年五月二十七日(1892.6.21)	7	495
吴鉴若太夫人	5(下)	554	挽吴鉴若太夫人 清光绪十八年五月二十七日(1892.6.21)	7	495
孙廉卿 清光绪十八年闰六月十五日	5(下)	554	挽孙廉卿 清光绪十八年闰六月十五日(1892.8.7)	7	495

续 表

《张謇全集》1994年版			《张謇全集》2012年版		
题　名	卷次	页码	题　名	卷次	页码
宋佩庭	5(下)	555	挽宋佩庭 清光绪十八年闰六月十五日(1892.8.7)	7	495
高润田 清光绪十八年十月二十一日	5(下)	555	挽高润田 清光绪十八年十月二十一日(1892.12.9)	7	495
黄丈世丰 清光绪十九年三月二十八日	5(下)	555	挽黄丈世丰 清光绪十九年三月二十八日(1893.5.13)	7	496
宋金榜 清光绪十九年十月十五日	5(下)	555	挽宋金榜 清光绪十九年十二月十五日(1894.1.21)	7	496
黄毓琳 清光绪十九年十年二十三日	5(下)	556	挽黄毓琳 清光绪十九年十二年二十三日(1894.1.29)	7	496
刘邦泽母 清光绪二十一年闰五月二十九日	5(下)	556	挽刘邦泽母 清光绪二十一年闰五月(1895.6～7)	7	496
刘邦泽 清光绪二十一年七月二十四日	5(下)	556	挽刘邦泽 清光绪二十一年七月二十四日(1895.9.12)	7	496
孙孟平 清光绪二十一年八月五日	5(下)	557	挽孙孟平 清光绪二十一年八月初五日(1895.9.23)	7	497
施树亭丈 清光绪二十一年九月二十五日	5(下)	557	挽施树亭丈 清光绪二十一年九月(1895.10～11)	7	497
又(代叔兄撰) 清光绪二十三年六月四日	5(下)	557	挽宋先生琳(代叔兄) 清光绪二十三年六月初四日(1897.7.3)	7	497

续 表

《张謇全集》1994年版			《张謇全集》2012年版		
题 名	卷次	页码	题 名	卷次	页码
翟山长望山 清光绪二十三年六月五日	5(下)	558	挽翟山长望山 清光绪二十三年六月初五日(1897.7.4)	7	497
宋先生琳 清光绪二十三年六月二十一日	5(下)	558	挽宋先生琳(代叔兄) 清光绪二十三年六月二十一日(1897.7.20)	7	497
某友 清光绪二十四年六月三十日	5(下)	558	挽香山 清光绪二十四年七月三十日(1898.9.15)	7	498
范丈如松 清光绪二十五年正月六日	5(下)	559	挽范丈如松 清光绪二十五年正月初六日(1899.2.15)	7	498
王先生汝麒(先生卒年七十有七)	5(下)	559	挽王先生汝麒 清光绪二十五年正月初六日(1899.2.15)	7	498
陈大令谟 清光绪二十五年三月十五日	5(下)	559	挽陈大令谟 清光绪二十五年三月十五日(1899.4.24)	7	498
刘丈贯经 清光绪二十五年四月	5(下)	560	挽刘丈贯经 清光绪二十五年四月(1899.5～6)	7	498—499
代王西林撰,挽黄瑞安 清光绪二十五年五月三十日	5(下)	560	挽黄先生体芳(代王西林) 清光绪二十五年五月三十日(1899.7.7)	7	499
黄先生体芳 清光绪二十五年六月六日	5(下)	560	挽黄先生体芳(代王西林) 清光绪二十五年六月初六日(1899.7.13)	7	499

续 表

《张謇全集》1994 年版			《张謇全集》2012 年版		
题 名	卷次	页码	题 名	卷次	页码
无锡秦丈 清光绪二十五年十二月五日	5(下)	561	挽无锡秦丈 清光绪二十五年十二月初五日(1900.1.5)	7	499
宗室意园先生盛昱 清光绪二十六年三月二十七日	5(下)	561	挽宗室意园先生盛昱 清光绪二十六年三月二十七日(1900.4.26)	7	499
李国桢祖母 清光绪二十六年六月二十四日	5(下)	561	挽李国桢祖母 清光绪二十六年六月二十四日(1900.7.20)	7	500
李审之夫人 清光绪二十六年闰八月二十日	5(下)	562	挽李审之夫人 清光绪二十六年闰八月二十日(1900.10.13)	7	500
李丈芸晖 清光绪二十六年十月四日	5(下)	562	挽李丈芸晖 清光绪二十六年十月初四日(1900.11.25)	7	500
孙广文会阳 清光绪二十六年十二月十二日	5(下)	562	挽孙广文会阳 清光绪二十六年十二月十二日(1901.1.31)	7	500
恽太夫人 清光绪二十六年十二月十九日	5(下)	563	挽恽太夫人 清光绪二十六年十二月十九日(1901.2.7)	7	500
邓纯臣游击 清光绪二十六年十二月十九日	5(下)	563	挽邓纯臣 清光绪二十六年十二月十九日(1901.2.7)	7	501
何梅生 清光绪二十七年正月十三日	5(下)	563	挽何梅生 清光绪二十七年正月十三日(1901.3.3)	7	501
方伦叔太夫人 清光绪二十七年二月二十一日	5(下)	563—564	挽方伦叔太夫人 清光绪二十七年二月二十一日(1901.4.9)	7	501

续 表

《张謇全集》1994年版			《张謇全集》2012年版		
题 名	卷次	页码	题 名	卷次	页码
刘丙卿(世玮) 清光绪二十七年二月二十二日	5(下)	564	挽刘丙卿 清光绪二十七年二月二十二日(1901.4.10)	7	501
孙穆如 清光绪二十七年四月十五日	5(下)	564	挽孙穆如 清光绪二十七年四月十五日(1901.6.1)	7	501—502
秦烟丈 清光绪二十七年十一月四日	5(下)	565	挽秦烟丈 清光绪二十七年十一月初四日(1901.12.14)	7	502
徐翔林太夫人 清光绪二十八年五月二十七日	5(下)	565	挽徐翔林太夫人 清光绪二十八年五月二十七日(1902.7.2)	7	502
恽中丞 清光绪二十八年六月二十五日	5(下)	565	挽恽中丞 清光绪二十八年六月二十五日(1902.7.29)	7	502
恽莒生 清光绪二十八年六月二十六日	5(下)	566	挽恽莒生 清光绪二十八年六月二十六日(1902.7.30)	7	502
宋钧镔铮太夫人 清光绪二十八年六月三十日	5(下)	566	挽宋钧镔铮太夫人 清光绪二十八年六月三十日(1902.8.3)	7	502—503
宋镔	5(下)	566	挽宋镔 清光绪二十八年六月三十日(1902.8.3)	7	503
丁叔衡 清光绪二十八年九月一日	5(下)	566	挽丁叔衡 清光绪二十八年九月初一日(1902.10.2)	7	503
刘忠诚公 清光绪二十八年九月六日	5(下)	567	挽刘忠诚公 清光绪二十八年九月初六日(1902.10.7)	7	503

续 表

《张謇全集》1994年版			《张謇全集》2012年版		
题 名	卷次	页码	题 名	卷次	页码
许丈恩溥 清光绪二十九年三月十日	5(下)	567	挽许丈恩溥 清光绪二十九年三月初十日(1903.4.7)	7	503
徐泽和 清光绪二十九年三月十日	5(下)	567	挽徐泽和 清光绪二十九年三月初十日(1903.4.7)	7	503—504
罗叔蕴太夫人	5(下)	568	挽罗叔蕴太夫人 清光绪二十九年三月初十日(1903.4.7)	7	504
范太夫人 清光绪二十九年六月二十八日	5(下)	568	挽范太夫人 清光绪二十九年六月二十八日(1903.8.20)	7	504
无锡杨子承 清光绪二十九年九月二十七日	5(下)	568	挽无锡杨子承 清光绪二十九年九月二十七日(1903.11.15)	7	504
许年伯母(许鲁山同年之母) 清光绪二十九年十二月三十日	5(下)	568	挽许年伯母 清光绪二十九年十二月三十日(1904.2.15)	7	504
松禅老人 清光绪三十年五月二十七日	5(下)	569	挽松禅老人 清光绪三十年五月二十七日(1904.7.10)	7	504
又(代友) 清光绪三十年六月十四日	5(下)	569	又(代友挽松禅老人) 清光绪三十年六月十四日(1904.7.26)	7	505
又(代叔兄)	5(下)	569	又(代叔兄挽松禅老人) 清光绪三十年六月十四日(1904.7.26)	7	505
蒋书箴(别号撄宁居士) 清光绪三十年九月三日	5(下)	569	挽蒋书箴(别号撄宁居士) 清光绪三十年九月初三日(1904.10.11)	7	505

续　表

《张謇全集》1994年版			《张謇全集》2012年版		
题　名	卷次	页码	题　名	卷次	页码
李粤督(代叔兄撰) 清光绪三十年十月十六日	5(下)	570	挽李粤督(代叔兄) 清光绪三十年十月十六日(1904.11.22)	7	505
代叔兄撰,挽范肯堂 清光绪三十年十二月二十一日	5(下)	570	又(代叔兄挽范肯堂) 清光绪三十年十二月二十一日(1905.1.26)	7	506
范肯堂 清光绪三十年十二月二十一日	5(下)	570	挽范肯堂 清光绪三十年十二月二十一日(1905.1.26)	7	506
蛰先太夫人 清光绪三十一年十月七日	5(下)	570	挽蛰先太夫人 清光绪三十一年十月初七日(1905.11.3)	7	506
江导岷太夫人(知源母) 清光绪三十一年十月七日	5(下)	571	挽江导岷太夫人 清光绪三十一年十月初七日(1905.11.3)	7	506
罗叔蕴太翁 清光绪三十一年十月三十日	5(下)	571	挽罗叔蕴太翁 清光绪三十一年十月三十日(1905.11.26)	7	506
顾滋 清光绪三十一年十一月二十九日	5(下)	571	挽顾滋 清光绪三十一年十一月二十九日(1905.12.25)	7	506—507
李磐硕太夫人 清光绪三十二年七月	5(下)	571	挽李磐硕太夫人 清光绪三十二年七月(1906.8～9)	7	507
杨藕芳 清光绪三十三年十二月二十五日	5(下)	572	挽杨藕芳 清光绪三十三年十二月二十五日(1908.1.28)	7	507
徐夫人 清光绪三十四年三月	5(下)	572	挽徐夫人 清光绪三十四年三月(1908.4)	7	507

续 表

《张謇全集》1994年版			《张謇全集》2012年版		
题　名	卷次	页码	题　名	卷次	页码
曾少卿 清光绪三十四年五月十日	5(下)	572	挽曾少卿 清光绪三十四年五月初十日(1908.6.8)	7	507
杨斯盛	5(下)	572	挽杨斯盛 清光绪三十四年五月初十日(1908.6.8)	7	508
代叔兄撰,挽曾少卿	5(下)	573	又(代叔兄挽曾少卿) 清光绪三十四年五月十四日(1908.6.12)	7	508
代叔兄撰,挽杨斯盛	5(下)	573	又(代叔兄挽杨斯盛)	7	508
许星璧太夫人 清光绪三十四年五月三十日	5(下)	573	挽许星璧太夫人 清光绪三十四年五月三十日(1908.6.28)	7	509
孙诒让 清光绪三十四年五月三十日	5(下)	574	挽孙诒让 清光绪三十四年五月三十日(1908.6.28)	7	508
邹大钧(湖南舆地学专家也)	5(下)	574	挽邹大钧 清光绪三十四年五月三十日(1908.6.28)	7	508
袁大化太翁 清光绪三十四年六月五日	5(下)	574	挽袁大化太翁 清光绪三十四年六月初五日(1908.7.3)	7	509
李磐硕 清光绪三十四年八月二十六日	5(下)	575	挽李磐硕 清光绪三十四年八月二十六日(1908.9.21)	7	509
陈国璋 清光绪三十四年十一月二十九日	5(下)	575	挽陈国璋 清光绪三十四年十一月二十九日(1908.12.22)	7	509

续 表

《张謇全集》1994年版			《张謇全集》2012年版		
题　名	卷次	页码	题　名	卷次	页码
王漱六	5(下)	575	挽王漱六 清光绪三十年十月(1904.11～12)	7	505
顾一梅 清宣统元年三月二十七日	5(下)	576	挽顾一梅 清宣统元年三月二十七日(1909.5.16)	7	509
周彦升(君负文誉,校《晋书》尤勤,故属联引晋人况之) 清宣统元年十二月十八日	5(下)	576	挽周彦升 清宣统元年十二月十八日(1910.1.28)	7	510
丁润斋 清宣统二年十一月十七日	5(下)	577	挽丁润斋 清宣统二年十一月十七日(1910.12.18)	7	510
彭小池 清宣统二年十一月十八日	5(下)	577	挽彭小池 清宣统二年十一月十八日(1910.12.19)	7	510—511
徐翔林 清宣统三年正月十六日	5(下)	577	挽徐翔林 清宣统三年正月十六日(1911.2.14)	7	511
樊民一 清宣统三年二月十六日	5(下)	578	挽樊民一 清宣统三年二月十六日(1911.3.16)	7	511
沈敬夫 清宣统三年二月十九日	5(下)	578	挽沈敬夫 清宣统三年二月十九日(1911.3.19)	7	511
王子环 民国元年三月十日	5(下)	578	挽王子环 民国元年三月初十日(1912.4.26)	7	511

续 表

《张謇全集》1994年版			《张謇全集》2012年版		
题　名	卷次	页码	题　名	卷次	页码
端午桥 民国元年三月十二日	5(下)	578	挽端午桥 民国元年三月十二日(1912.4.28)	7	512
丁祖佑	5(下)	579	挽丁祖佑 民国元年四月(1912.5～6)	7	512
瑞莘儒 民国元年六月九日	5(下)	579	挽瑞莘儒 民国元年六月初九日(1912.7.22)	7	512
高立卿 民国元年九月四日	5(下)	579	挽高立卿 民国元年九月初四日(1912.10.13)	7	512
宋渔父 民国二年三月	5(下)	579	挽宋渔父 民国二年三月(1913.4～5)	7	513
于香谷太夫人 民国二年五月十九日	5(下)	580	挽于香谷太夫人 民国二年五月十九日(1913.6.23)	7	513
徐宝山 民国二年六月二十三日	5(下)	580	挽徐宝山 民国二年六月二十三日(1913.7.26)	7	513
刘叔璜太夫人 民国二年七月四日	5(下)	580	挽刘叔璜太夫人 民国二年七月初四日(1913.8.5)	7	513
孙敬铭(二副) 民国二年八月十二日	5(下)	580—581	挽孙敬铭 民国二年八月十二日(1913.9.12)	7	513
程雪楼太翁 民国二年十一月二十日	5(下)	581	挽程雪楼太翁 民国二年十一月二十日(1913.12.17)	7	514

续 表

《张謇全集》1994年版			《张謇全集》2012年版		
题 名	卷次	页码	题 名	卷次	页码
康长素太夫人 民国二年十一月十六日	5(下)	581	挽康长素太夫人 民国二年十一月十六日 (1913.12.13)	7	514
三嫂邵夫人 民国三年三月十日	5(下)	581	挽三嫂邵夫人 民国三年三月初十日 (1914.4.5)	7	514
沈朱夫人(沈坚亭母) 民国三年三月十七日	5(下)	582	挽沈坚亭母朱夫人 民国三年三月十七日 (1914.4.12)	7	514
张如峰 民国三年五月十七日	5(下)	582	挽张如峰 民国三年五月十七日 (1914.6.10)	7	514
许久香夫人 民国三年七月十四日	5(下)	582	挽许久香夫人 民国三年七月十四日 (1914.9.3)	7	514—515
伯兄 民国三年九月十五日	5(下)	582	挽伯兄 民国三年九月十五日 (1914.11.2)	7	515
袁海观 民国四年三月二十二日	5(下)	583	挽袁海观 民国四年三月二十二日 (1915.5.5)	7	515
许久香 民国四年九月十七日	5(下)	583	挽许久香 民国四年九月十七日 (1915.10.25)	7	515
印锡璋 民国四年十月二十五日	5(下)	583	挽印锡璋 民国四年十月二十五日 (1915.12.1)	7	515
丁恒斋夫人 民国四年十一月二十四日	5(下)	583	挽丁恒斋夫人 民国四年十一月二十四日(1915.12.30)	7	515

续 表

《张謇全集》1994年版			《张謇全集》2012年版		
题 名	卷次	页码	题 名	卷次	页码
杨月如 民国五年二月五日	5(下)	584	挽杨月如 民国五年二月初五日 (1916.3.8)	7	516
范秋门 民国五年二月七日	5(下)	584	挽范秋门 民国五年二月初七日 (1916.3.10)	7	516
刘一山(中河豚毒死) 民国五年二月二十一日	5(下)	584	挽刘一山 民国五年二月二十一日 (1916.3.24)	7	516
胡二梅 民国五年二月二十三日	5(下)	584	挽胡二梅 民国五年二月二十三日 (1916.3.26)	7	516
鲍序生 民国五年六月一日	5(下)	585	挽鲍序生 民国五年六月初一日 (1916.6.30)	7	517
余年丈(寿平同年父) 民国五年六月二十一日	5(下)	585	挽余年丈(寿平同年父) 民国五年六月二十一日 (1916.7.20)	7	517
盛杏荪 民国五年八月十五日	5(下)	585	挽盛杏荪 民国五年八月十五日 (1916.9.12)	7	517
黄克强 民国五年十月十五日	5(下)	585	挽黄克强 民国五年十月十五日 (1916.11.10)	7	517
蔡松坡 民国五年十月二十八日	5(下)	586	挽蔡松坡 民国五年十月二十八日 (1916.11.23)	7	517
单治堂 民国五年十一月二十一日	5(下)	586	挽单治堂 民国五年十一月二十一日(1916.12.15)	7	517—518

续 表

《张謇全集》1994 年版			《张謇全集》2012 年版		
题 名	卷次	页码	题 名	卷次	页码
迎蔡松坡丧过南通 民国五年十二月十八日	5(下)	586	挽蔡松坡丧过南通 民国五年十二月十八日(1917.1.11)	7	518
杨善德太夫人 民国五年十二月二十一日	5(下)	586	挽杨善德太夫人 民国五年十二月二十一日(1917.1.14)	7	518
陆叟 民国五年十二月二十五日	5(下)	587	挽陆叟 民国五年十二月二十五日(1917.1.18)	7	518
雷继兴夫人	5(下)	587	挽雷继兴夫人	7	528
于采岩 民国六年正月十二日	5(下)	587	挽于采岩 民国六年正月十二日(1917.2.3)	7	518
王鹿鸣 民国六年四月二十九日	5(下)	588	挽王鹿鸣 民国六年四月(1917.5～6)	7	519
白振民	5(下)	588	挽白振民 民国六年四月(1917.5～6)	7	519
李胡夫人 民国六年十月二十三日	5(下)	588	挽李胡夫人 民国六年十月二十三日(1917.12.7)	7	519
陈毓冬	5(下)	588	挽陈毓冬 民国六年十月二十三日(1917.12.7)	7	519
顾淑基	5(下)	589	挽顾淑基	7	527
从子仁祖 民国七年四月七日	5(下)	589	挽从子仁祖 民国七年四月初七日(1918.5.16)	7	519

续 表

《张謇全集》1994年版			《张謇全集》2012年版		
题 名	卷次	页码	题 名	卷次	页码
孙润江 民国七年七月	5(下)	589	挽孙润江 民国七年七月(1918.8～9)	7	519—520
陆某(知源请也) 民国七年十一月九日	5(下)	589	挽陆某 民国七年十一月初九日(1918.12.11)	7	520
金孔夫人 民国八年正月二十九日	5(下)	590	挽金孔夫人 民国八年正月(1919.2～3)	7	520
袁慰廷夫人 民国八年二月十三日	5(下)	590	挽袁慰廷夫人 民国八年二月十三日(1919.3.14)	7	520
刘艮生 民国八年三月初	5(下)	590	挽刘艮生 民国八年三月初(1919.4)	7	520
吴怀久 民国八年五月十六日	5(下)	590	挽吴怀久 民国八年五月十六日(1919.6.13)	7	520
章仲扬	5(下)	591	挽章仲扬	7	528
郑汝成将军 民国八年	5(下)	591	挽郑汝成将军 民国四年(1915)	7	516
孙时雨(桐城人)	5(下)	591	挽孙时雨(桐城人)	7	528
沈仲瑜广文	5(下)	591	挽沈仲瑜广文	7	528
顾聘耆	5(下)	591	挽顾聘耆 民国十二年(1923)	7	524
林兰孙	5(下)	592	挽林兰孙 民国元年(1912)	7	512

续 表

《张謇全集》1994 年版			《张謇全集》2012 年版		
题 名	卷次	页码	题 名	卷次	页码
高星修	5(下)	592	挽高星修 民国十四年(1925)	7	526
王伯藩	5(下)	592	挽王伯藩 民国十四年(1925)	7	526
徐侯夫人 民国九年二月二日	5(下)	592	挽徐侯夫人 民国九年二月二日(1920.3.21)	7	521
李纯 民国九年十月	5(下)	593	挽李纯 民国九年十月(1920.11～12)	7	521
欧阳太夫人	5(下)	593	挽欧阳太夫人 民国八年十二月(1920.1～2)	7	521
刘泽人	5(下)	593	挽刘泽人 民国五年(1916)	7	518
余沈女士 民国十年五月五日	5(下)	593	挽余沈女士 民国十年五月初五日(1921.6.10)	7	521
又(代传习所女生撰) 民国十年五月十四日	5(下)	593	又(代传习所女生) 民国十年五月十四日(1921.6.19)	7	522
王孝静	5(下)	594	挽王孝静 民国十年(1921)	7	522
沈晓芙 民国十年八月二十九日	5(下)	594	挽沈晓芙 民国十年八月二十九日(1921.9.30)	7	522
周扶九 民国十年十一月三十日	5(下)	594	挽周扶九 民国十年十一月(1921.11～12)	7	522

续 表

《张謇全集》1994年版			《张謇全集》2012年版		
题 名	卷次	页码	题 名	卷次	页码
沈右衡	5(下)	594	挽沈右衡 民国十年九月(1921.10)	7	522
沈子培(代叔兄撰)	5(下)	595	挽沈子培(代叔兄撰) 民国十一年(1922)	7	524
徐太夫人	5(下)	595	挽徐太夫人	7	527
徐严夫人	5(下)	595	挽徐严夫人	7	527
何惠若	5(下)	595	挽何惠若	7	527
孙杨夫人	5(下)	595	挽孙杨夫人	7	527
陈雨生 民国十年	5(下)	596	挽陈作霖 民国九年(1920)	7	521
孙母	5(下)	596	挽孙母	7	527
沙孙夫人	5(下)	596	挽沙孙夫人 光绪三十三年十月(1907.11～12)	7	507
徐金夫人	5(下)	596	挽徐金夫人	7	528
严墨卿 民国十年	5(下)	597	挽严墨卿 民国十年(1921)	7	522—523
王友林 民国十一年正月六日	5(下)	597	挽王友林 民国十一年正月初六日(1922.2.2)	7	523
汪少兰	5(下)	597	挽汪少兰 民国十一年(1922)	7	523
尤鼎孚 民国十一年十二月五日	5(下)	597	挽尤鼎孚 民国十一年十二月初五日(1923.1.21)	7	523

续 表

《张謇全集》1994 年版			《张謇全集》2012 年版		
题 名	卷次	页码	题 名	卷次	页码
沈叔英 民国十一年十二月九日	5(下)	598	挽沈叔英 民国十一年十二月初九日(1923.1.25)	7	523
章也泉 民国十一年十二月十二日	5(下)	598	挽章也泉 民国十一年十二月十二日(1923.1.28)	7	523
杨梅汀(又) 民国十二年	5(下)	598	挽杨梅汀 民国十二年(1923)	7	524
潘保之 民国十三年三月二十三日	5(下)	599	挽潘保之 民国十三年三月二十三日(1924.4.26)	7	524
梁任公夫人 民国十三年	5(下)	599	挽梁任公夫人 民国十三年(1924)	7	525
许聘三	5(下)	599	挽许聘三	7	529
许崧甫太夫人	5(下)	599	挽许崧甫太夫人	7	529
孙中山 民国十四年二月	5(下)	600	挽孙中山 民国十四年二月(1925.3)	7	525
刁荐孚	5(下)	600	挽刁荐孚 民国十四年(1925)	7	525
王程夫人 民国十四年	5(下)	600	挽王勉之妻程夫人 民国十四年(1925)	7	525
周少朴 民国十四年	5(下)	600	挽周少朴 民国十四年(1925)	7	525—526
陈劭吾 民国十四年	5(下)	601	挽陈劭吾 民国十四年(1925)	7	526
管励冰	5(下)	601	挽管励冰 民国十四年(1925)	7	526

续　表

《张謇全集》1994 年版			《张謇全集》2012 年版		
题　名	卷次	页码	题　名	卷次	页码
徐又铮 民国十四年十一月	5(下)	601	挽徐又铮 民国十四年十一月(1925.11～12)	7	525
张仲友	5(下)	601	挽张仲友 民国十四年(1925)	7	526
余寿平	5(下)	602	挽余寿平 民国十五年(1926)	7	527
刘文光	5(下)	602	挽刘文光	7	528
孟森母	5(下)	602	挽孟森母	7	528
春联(四十副)	5(下)	603—607		7	529—534
得一知己 清光绪三年十一月三日	5(下)	608	闲联	7	534
与少牧、子青饮素卿处，酒边钗影、灯背衣香、细语喁喁，情天无际，忽集得二联 清光绪三年十一月二十五日	5(下)	608	闲联	7	534
集《泰山心经字》联(二联) 清光绪四年三月二日	5(下)	608	闲联	7	534
集山谷句成联(三联) 光绪九年正月十八日	5(下)	609	闲联	7	534—535
奉严命集联乞武昌师书 清光绪九年六月四日	5(下)	609	闲联	7	535
集六朝文 清光绪九年六月二十八日	5(下)	609	闲联	7	535

续 表

《张謇全集》1994年版			《张謇全集》2012年版		
题 名	卷次	页码	题 名	卷次	页码
集经语	5(下)	610	闲联	7	535
集《庄子》 清光绪十年十月五日	5(下)	610	闲联	7	535
集杜诗 清光绪十九年正月	5(下)	610	闲联	7	535
集句(四联)	5(下)	610—611	闲联	7	535—536
集诗句 清光绪二十八年二月十六日	5(下)	611	闲联	7	536
集句(三联) 清光绪二十八年十一月七日	5(下)	611—612	闲联	7	536
集文选语(七联)	5(下)	612—613	闲联	7	536
集陈后山(二联)	5(下)	613	闲联	7	537
集宋词句	5(下)	613	闲联 民国七年正月三十日	8	841
集韩诗(五联)	5(下)	613—614	闲联	7	539
集诗句(八联)	5(下)	614—615	闲联	7	539—540
集陶诗(十三联)	5(下)	615—616	闲联	7	537—539
集杜(三联)	5(下)	617	闲联	7	540—541
集骚	5(下)	617	闲联	7	544
集柳文	5(下)	617	闲联	7	544
集句(三十三联)	5(下)	617—621	闲联	7	537 541—544

续 表

《张謇全集》1994年版			《张謇全集》2012年版		
题 名	卷次	页码	题 名	卷次	页码
词赋铭赞					
磬铭为薛师寿 清光绪三年(1877)	5(下)	622	磬铭为薛师寿 清光绪三年八月十一日(1877.9.17)	6	5
无锡赵菊泉先生像赞 清光绪八年(1882)	5(下)	622	无锡赵菊泉先生像赞 清光绪八年(1882)	6	46
墨铭 清光绪九年(1883)	5(下)	622—623	自制墨铭 清光绪九年六月二十三日(1883.7.26)	6	47
(墨铭)又	5(下)	623	合作墨铭 清光绪九年六月二十三日(1883.7.26)	6	48
自题像赞 清光绪十年(1884)	5(下)	623	自题像赞 清光绪十年闰五月二十九日(1884.7.21)	6	54
印香炉铭 清光绪十八年(1892)	5(下)	623—624	印香炉铭(三则) 清光绪十八年十一月三十日(1893.1.17)	6	223
癸巳水门铭 清光绪十九年(1893)	5(下)	624	癸巳水门铭 清光绪十九年十二月二十二日(1894.1.28)	6	231
水合铭 清光绪二十年(1894)	5(下)	625	水合铭 清光绪二十年六月十八日(1894.7.20)	6	242
枕铭 清光绪二十二年(1896)	5(下)	625	枕铭(二则) 清光绪二十二年(1896)	6	269
黄生母龚媪葬铭 清光绪二十三年(1897)	5(下)	625	黄生母龚媪葬铭 清光绪二十三年二月(1897.3～4)	6	270

续 表

《张謇全集》1994年版			《张謇全集》2012年版		
题　名	卷次	页码	题　名	卷次	页码
为石公题梅花研铭 清光绪二十三年(1897)	5(下)	626	为石公题梅花研铭 清光绪二十三年十月初三日(1897.10.28)	6	274
摹晋张氏砖文于墨盒系之以铭 清光绪二十五年(1899)	5(下)	626	摹晋张氏砖文于墨盒系之以铭 清光绪二十五年三月十三日(1899.4.22)	6	276
宜宦作铜尺铭 清光绪二十五年(1899)	5(下)	626	宜宦作铜尺铭(五则) 清光绪二十四年(1898)	6	276
员端研序铭 清光绪二十五年(1899)	5(下)	627	员端研铭(并序) 清光绪二十五年九月十七日(1899.10.21)	6	277
撄宁居士参禅图赞(并序) 清光绪二十七年(1901)	5(下)	627	撄宁居士参禅图赞(并序) 清光绪二十七年六月二十四日(1901.8.8)	6	291
通海界柱铭(并序) 清光绪二十七年(1901)	5(下)	628	通海界柱铭(并序) 清光绪二十七年(1901)	6	293—294
床铭(并序) 清光绪二十九年(1903)	5(下)	628	床铭(并序) 清光绪二十九年十一月(1903.12～1904.1)	6	303
文峰塔院东原新阡石阙铭(有序) 清光绪三十四年(1908)	5(下)	629	文峰塔院东原新阡石阙铭(有序) 清光绪三十四年五月十九日(1908.6.17)	6	335
蒨影室铭(并序) 清光绪三十四年(1908)	5(下)	629	蒨影室铭(并序) 清光绪三十四年十一月十九日(1908.12.12)	6	339
季寿缶铭(并序) 清光绪三十四年(1908)	5(下)	630	季寿缶铭二则(并序) 清光绪三十四年十二月初三日(1908.12.25)	6	339

续 表

《张謇全集》1994年版			《张謇全集》2012年版		
题 名	卷次	页码	题 名	卷次	页码
钟研铭 清宣统元年(1909)	5(下)	630	钟研铭 清宣统元年六月三十日(1909.8.15)	6	346
荷叶研铭 清宣统元年(1909)	5(下)	630	荷叶研铭 清宣统元年六月三十日(1909.8.15)	6	346
苑中喷水钵龙铭 清宣统三年(1911)	5(下)	631	博物苑喷水钵龙铭 清宣统三年八月十二日(1911.10.3)	6	364
苑中喷水铜蟾蜍铭 清宣统三年(1911)	5(下)	631	博物苑喷水铜蟾蜍铭 清宣统三年八月十二日(1911.10.3)	6	364
周铎铭(并序) 清宣统三年(1911)	5(下)	631	周铎铭(并序) 清宣统三年(1911)	6	370
博物北馆金石书画之藏 清宣统三年(1911)	5(下)	632	博物北馆金石书画之藏 清宣统三年(1911)	6	370
狼山观音岩铭 民国元年(1912)	5(下)	632	狼山观音岩观音造像记 民国元年(1912.12)	6	371—372
徐夫人像赞 民国二年(1913)	5(下)	633	徐夫人像赞 民国二年(1913)	6	390—391
代门人濠南别业上梁文 民国三年(1914)	5(下)	633—634	代门人濠南别业上梁文 民国三年(1914)	6	399—400
耶稣绣像赞 民国四年(1915)	5(下)	634—635	耶稣绣像赞 民国四年(1915)	6	412
翕崖铭 民国五年(1916)	5(下)	635	翕崖铭 民国五年三月十二日(1916.4.14)	6	413
林溪精舍上梁文 民国五年(1916)	5(下)	635—636	林溪精舍上梁文 民国五年(1916)	6	419—420

续 表

《张謇全集》1994 年版			《张謇全集》2012 年版		
题 名	卷次	页码	题 名	卷次	页码
诚斋张丈像赞 民国五年(1916)	5(下)	636	诚斋张丈像赞 民国五年(1916)	6	420
图书馆曝书台铭 民国六年(1917)	5(下)	636	图书馆曝书台铭 民国六年(1917)	6	433
古檀本铭(有序) 民国六年(1917)	5(下)	637	古檀本铭(有序) 民国六年(1917)	6	434
味雪斋铭 民国六年(1917)	5(下)	637	味雪斋铭 民国六年(1917)	6	434
古有有亭榜铭 民国七年(1918)	5(下)	637—638	古有有亭榜铭 民国七年(1918)	6	437—438
倚锦楼铭 民国八年(1919)	5(下)	638	倚锦楼铭 民国八年五月十七日(1919.6.14)	6	448
兴业银行颂词 民国八年(1919)	5(下)	638—639	兴业银行颂词 民国八年(1919)	6	462—463
曾少卿像赞 民国八年(1919)	5(下)	639	曾少卿像赞 民国八年(1919)	6	463
倚锦楼石屏铭 民国八年(1919)	5(下)	639	倚锦楼石屏铭 民国八年五月(1919.5~6)	6	448
题江苏运河工程局季刊词 民国九年(1920)	5(下)	639—640	题江苏运河工程局季刊词 民国九年(1920)	6	495—496
山茶湾舍辞(有序) 民国九年(1920)	5(下)	640	山茶湾舍辞(有序) 民国九年(1920)	6	496
题三罍铭 民国九年(1920)	5(下)	640	题三罍铭 民国九年八月二十三日(1920.10.4)	6	466

续 表

续 表

《张謇全集》1994年版			《张謇全集》2012年版		
题 名	卷次	页码	题 名	卷次	页码
汤壶甲铭 民国十一年(1922)	5(下)	646	汤壶甲铭 民国十一年(1922)	6	551
汤壶乙铭 民国十一年(1922)	5(下)	646	汤壶乙铭 民国十一年(1922)	6	551
吴浸阳六十四琴斋铭(有序) 民国十一年(1922)	5(下)	646—647	吴浸阳六十四琴斋铭(有序) 民国十一年七月十三日(1922.9.4)	6	535—536
画兰赋(为孙琼华作) 民国十二年(1923)	5(下)	647	画兰赋(为孙琼华作) 民国十二年八月十六日(1923.9.26)	6	557—558
周采丞像赞 民国十二年(1923)	5(下)	647—648	周宲丞像赞 民国十二年(1923)	6	574
后洛神赋(并序) 民国十二年(1923)	5(下)	648—651	后洛神赋(并序) 民国十二年十二月二十八日(1924.2.2)	6	560—563
通海新报改为日刊,书此勖之 民国十三年(1924)	5(下)	652	通海新报改为日刊书此勖之 民国十三年(1924.3.12)	6	577
王张夫人像赞 民国十三年(1924)	5(下)	652	王张夫人像赞 民国十三年(1924)	6	601
田少瀛像赞 民国十三年(1924)	5(下)	652	田少瀛像赞 民国十三年(1924)	6	601
题黄泥山东南麓石 民国十三年(1924)	5(下)	653	题黄泥山东南麓石 民国十三年(1924)	6	601
苍玉笏铭 民国十三年(1924)	5(下)	653	苍玉笏铭 民国十三年(1924)	6	601—602

续 表

续 表

《张謇全集》1994年版			《张謇全集》2012年版		
题 名	卷次	页码	题 名	卷次	页码
光绪十年(1884)	6	221—241	光绪十年(1884)	8	194—218
光绪十一年(1885)	6	242—258	光绪十一年(1885)	8	218—235
光绪十二年(1886)	6	259—267	光绪十二年(1886)	8	235—249
光绪十三年(1887)	6	268—281	光绪十三年(1887)	8	249—268
光绪十四年(1888)	6	282—295	光绪十四年(1888)	8	268—286
光绪十五年(1889)	6	296—305	光绪十五年(1889)	8	286—302
光绪十六年(1890)	6	306—318	光绪十六年(1890)	8	302—321
光绪十七年(1891)	6	319—331	光绪十七年(1891)	8	321—337
光绪十八年(1892)	6	332—347	光绪十八年(1892)	8	337—359
光绪十九年(1893)	6	348—357	光绪十九年(1893)	8	360—373
光绪二十年(1894)	6	358—368	光绪二十年(1894)	8	374—385
光绪二十一年(1895)	6	369—376	光绪二十一年(1895)	8	385—399
光绪二十二年(1896)	6	377—387	光绪二十二年(1896)	8	399—417
光绪二十三年(1897)	6	388—403	光绪二十三年(1897)	8	417—440
光绪二十四年(1898)	6	404—417	光绪二十四年(1898)	8	440—458
光绪二十五年(1899)	6	418—430	光绪二十五年(1899)	8	458—475
光绪二十六年(1900)	6	431—447	光绪二十六年(1900)	8	475—496
光绪二十七年(1901)	6	448—461	光绪二十七年(1901)	8	496—513
光绪二十八年(1902)	6	462—476	光绪二十八年(1902)	8	513—531
光绪二十九年(1903)	6	477—522	光绪二十九年(1903)	8	531—577
光绪三十年(1904)	6	523—545	光绪三十年(1904)	8	577—600

续 表

《张謇全集》1994年版			《张謇全集》2012年版		
题 名	卷次	页码	题 名	卷次	页码
光绪三十一年(1905)	6	546—566	光绪三十一年(1905)	8	601—622
光绪三十二年(1906)	6	567—585	光绪三十二年(1906)	8	622—640
光绪三十三年(1907)	6	586—593	光绪三十三年(1907)	8	641—654
光绪三十四年(1908)	6	594—611	光绪三十四年(1908)	8	654—674
宣统元年(1909)	6	612—631	宣统元年(1909)	8	674—696
宣统二年(1910)	6	632—644	宣统二年(1910)	8	696—713
宣统三年(1911)	6	645—664	宣统三年(1911)	8	713—734
民国元年(1912)	6	665—674	民国元年(1912)	8	734—749
民国二年(1913)	6	675—687	民国二年(1913)	8	749—765
民国三年(1914)	6	688—701	民国三年(1914)	8	765—783
民国四年(1915)	6	702—712	民国四年(1915)	8	783—802
民国五年(1916)	6	713—723	民国五年(1916)	8	802—821
民国六年(1917)	6	724—733	民国六年(1917)	8	821—840
民国七年(1918)	6	734—743	民国七年(1918)	8	840—856
民国八年(1919)	6	744—753	民国八年(1919)	8	857—875
民国九年(1920)	6	754—763	民国九年(1920)	8	875—894
民国十年(1921)	6	764—775	民国十年(1921)	8	894—914
民国十一年(1922)	6	776—786	民国十一年(1922)	8	914—931
民国十二年(1923)	6	787—801	民国十二年(1923)	8	931—948
民国十三年(1924)	6	802—811	民国十三年(1924)	8	948—962
民国十四年(1925)	6	812—821	民国十四年(1925)	8	962—977

续 表

《张謇全集》1994 年版			《张謇全集》2012 年版		
题 名	卷次	页码	题 名	卷次	页码
民国十五年(1926)	6	822—826	民国十五年(1926)	8	977—984
啬翁自订年谱	6	827—898	啬翁自订年谱	8	987—1049

后 记

2012年，新版《张謇全集》在上海辞书出版社出版后，因增加了1994年版《张謇全集》未予收录的张謇存世著述，引起学界的关注。有学者提出，张謇逝世以后，他生前著述先后出版有中华书局的《张季子九录》、江苏古籍出版社的《张謇全集》以及其他各种选本，张謇同一篇诗文在各个版本中往往用不同的篇名，给阅读、查找和引用带来不便；另外，2012年版《张謇全集》中出现的中外人名将近一万个，不少人名对今天的读者而言已比较陌生，为此，编纂人名和篇名对比索引十分必要。

2016年6月，张謇研究中心负责同志赴华中师范大学拜访著名的历史学家章开沅先生，在谈到编写索引时，章先生对编写索引的想法十分赞同，同时这一设想得到华中师范大学近代史研究所田彤教授的支持。在此后的两年时间里，田彤教授主持编纂了索引的初稿。初稿形成后，张謇研究中心组织编纂组对初稿进行反复的校核和调整，经有关领导审阅后，最终定稿。

本书由张小平、尤世玮、张廷栖策划，戴致君、陈炅整理校阅，王敦琴教授审阅了部分书稿，张謇研究中心驻会同人对编校工作提出了许多宝贵的意见和建议。

由于资料和学识的限制，本书的疏漏和不足在所难免，敬请读者批评指正。